W0069391

grenzen los

Geschichte der Menschen am Inn

Katalog zur ersten Bayerisch-Oberösterreichischen
Landesausstellung 2004

Asbach – Passau – Reichersberg – Schärding

Hrsg. von Egon Boshof, Max Brunner, Elisabeth Vavra

Verlag Friedrich Pustet, Regensburg

Bibliografische Information der Deutschen Bibliothek

Die Deutsche Bibliothek verzeichnet diese Publikation in der Deutschen Nationalbibliografie;
bibliografische Daten sind im Internet über http://dnb.ddb.de abrufbar.

ISBN 3-7917-1876-2
© Amt der Oberösterreichischen Landesregierung – Landeskulturdirektion,
Landkreis Passau – Kulturreferat, Stadt Passau – Oberhausmuseum
Verlag Friedrich Pustet, Regensburg
Umschlaggestaltung: Dr. Robert Lang Marketing & Consulting
Gesamtherstellung: Friedrich Pustet, Regensburg
Printed in Germany 2004

Die Landeskulturdirektion Oberösterreich dankt den Generalsponsoren der ersten Bayerisch-Oberösterreichischen Landesausstellung 2004: Energie AG Oberösterreich, Oberösterreichische Versicherung AG, Raiffeisenlandesbank Oberösterreich,
voestalpine Stahlhandel GmbH.

Der Landkreis Passau und die Stadt Passau danken ihren Hauptsponsoren Stadtsparkasse Passau und Versicherungskammer
Bayern sowie den Förderern Bezirk Niederbayern, Europäische Union (Interreg III) und Kulturfonds Bayern.
Weiter geht der Dank des Landkreises Passau an die Ernst-Pietsch-Stiftung und die Sponsoren Kopschitz Kerzen, Rottaler
Fruchtsaft eG, Handwerkskammer Niederbayern-Oberpfalz, der Dank der Stadt Passau an die Sponsoren Stadtwerke Passau,
Ostbayerische Kulturstiftung der ZF Passau, Bistum Passau.

Inhalt

Josef Pühringer   Grenzenlos ins neue Europa! 9

Hanns Dorfner   Grußwort 10

Albert Zankl   Grußwort 11

Max Brunner   Grenzenlos – Geschichte der Menschen am Inn.
Ein europäisches Projekt 13

Egon Boshof   Land am Inn 15

Museum Kloster Asbach
Adelsherrschaft – Klosterleben

. . . . 21

Heiko Weiß   Die Klosterlandschaft am Inn in agilolfingischer und
karolingischer Zeit 24

Wilhelm Störmer   Der Adel im Donau-Inn-Bereich vom 8. bis zum Ende
des 11. Jahrhunderts 29

Josef Hofbauer   Die Grafschaft Neuburg am Inn 34

Mario Puhane   Die Grafen von Ortenburg bis zur Reformation 40

Elke Goez   Benediktiner und Zisterzienser im Land am unteren Inn . 45

Egon Boshof   Augustinerchorherren am Inn 51

Jörg Kastner   Niederbayerische Bücherwelt. Streifzüge durch
die Klosterbibliotheken von Sankt Nikola, Vornbach,
Aldersbach, Asbach, Fürstenzell und Sankt Salvator . . . 56

Ludger Drost   Die Klöster im Bereich des unteren Inns im Zeitalter
des Barock 66

Kerstin Petermann   Die Bildhauerfamilie Schwanthaler in Ried 75

Katalogteil
1. Römer und Bajuwaren 83
2. Adel im Mittelalter 87
3. Klöster im Mittelalter 95
4. Barocke Pracht und Frömmigkeit 109
5. Freiherren und Grafen: Adel in Niederbayern . . . 123
6. Barockskulptur am Inn – im Dienste der Klöster
und des Adels 132
7. Schlossbauten 139

Oberhausmuseum Passau
HerrschaftsZeiten – Glanz und Ende des Fürstbistums Passau 141

Peter Claus Hartmann   Das Hochstift Passau als Glied des Heiligen Römischen Reiches Deutscher Nation in der Neuzeit 144

Konrad Amann   Das Habsburgische Kaiserhaus und das Fürstbistum Passau im 17. und 18. Jahrhundert 152

Rita Haub   Erzherzog Leopold V. von Österreich-Tirol - Förderer der Jesuiten in Passau und Innsbruck - und der Naturwissenschaftler Christoph Scheiner SJ 159

Udo Arnold   Erzherzog Leopold Wilhelm von Österreich - Kirchenfürst und Hochmeister des Deutschen Ordens . . 163

Jozef Mertens, Franz Aumann, Arnout Mertens   Leopold Wilhelm als Statthalter der spanischen Niederlande (1647-1656) 169

Herbert W. Wurster   Unruhen und Aufstände im Hochstift Passau während der Frühen Neuzeit 176

Walter Hartinger   Die katholische Aufklärung und das Fürstbistum Passau . 182

Alois Brunner   Passauer Kunst des 17. und 18. Jahrhunderts im Überblick 188

Konrad Ruhland   Musikgeschichte „grenzenlos". Einige Anmerkungen hierzu aus der Passauer Region . . 195

Katalogteil
A. HDAV-Multivision: „Der Löwe von Passau" 202
B. Das Fürstentum Passau zwischen Bayern und Österreich 202
C. Passau und das österreichische Kaiserhaus 224
D. Das Hochstift zwischen barocker Tradition, Aufklärung und Untergang 231

Schärding
Stadt. Menschen. Leben. 265

Elisabeth Vavra   Städtelandschaften 268

Walter Schuster   Städtische Verfassung und Verwaltung 276

Martin Scheutz   Handwerksordnungen, Zunftzeichen und Lebenswelt des alten Handwerks am Inn 282

Elisabeth Vavra   Leben und Sterben in der Stadt N. 290

Gunter Dimt   Inn, Innstadt und Innstadthaus 301

Sieglinde Baumgartner   Wallfahrten und Heiligenverehrung 308

Katalogteil

1. Eine wohlgebaute und befestigte Stadt 323
2. Die burger regieren ir stet und märkt selbs 333
3. Ohne Arbeit kan der Mensch nicht leben 345
4. Irrdischer Himmel des guten / irrdische Höll'
   des bösen Ehestands 357
5. Wohlregulierte Haushaltung 363
6. ... der Himmel hanget voller Geigen 368
7. Vor Pest, Hunger und Krieg bewahre uns, o Herr . . . 376

Stift Reichersberg
Bauern, drent und herent

. . . . 385

Siegfried Bernkopf	Historische Kulturpflanzen	388
Michael Hohla	Kostbarkeiten der heutigen Flora am unteren Inn	390
Josef H. Reichholf	Der untere Inn. Rückblick auf ein Jahrtausend Flussgeschichte	394
Karl Brunner	Bauern im Innviertel	398
Roman Sandgruber	Agrarland beiderseits des Inns	408
Gunter Dimt	Bauernhöfe zwischen Sauwald und Weilhartforst	417
Hermann Scheuringer	Achse statt Grenze. Dialektlandschaften am unteren Inn .	424

Katalogteil

1. Blick-Richtungen 427
2. Arbeit 433
3. Besitz 439
4. Die Böden und ihr Ertrag 447
5. Wald und Fluss 453
6. Ordnung 459
7. Dörfer 471
8. Freizeit 475
9. Ängste 478
10. Alle Heiligen, bittet für uns 488

Doris Prenn	Gestaltung, Grafik und Didaktik als Schnittstellen zwischen Ausstellung und BesucherInnen	494
	Anhang	498

Grenzenlos ins neue Europa!

„Grenzenlos" – mit diesem Motto schlagen heuer die Oberösterreichischen Landesausstellungen ein ganz neues Kapitel ihrer nunmehr fast 40-jährigen Geschichte auf, denn erstmals findet mit der bayerisch-oberösterreichischen Landesausstellung 2004 eine Landesausstellung in zwei benachbarten Ländern statt. An vier Ausstellungsorten – in der Barockstadt Schärding und im Stift Reichersberg auf oberösterreichischer Seite sowie im Oberhausmuseum Passau und im Kloster Asbach auf bayerischer Seite – werden die Geschichte und das Leben der Menschen am unteren Inn dargestellt. Den historischen Bezugspunkt dieser Schau stellt die Zäsur des Jahres 1779 dar, als unter der Regentschaft Maria Theresias mit dem Frieden von Teschen der Bayerische Erbfolgekrieg zu Ende ging und das Innviertel zu Österreich kam. Der Unterlauf des Inn sollte von da an – von kurzen Unterbrechungen abgesehen – für mehr als 200 Jahre zum Grenzfluss zwischen Bayern und Österreich werden.

Mit dem Beitritt Österreichs zur Europäischen Union, am 1. Jänner 1995, wurden die beiden Länder Bayern und Oberösterreich, die stets enge kulturelle und wirt-schaftliche Beziehungen unterhielten, zu Nachbarn im gemeinsamen Haus Europa. Damit reifte auch die Idee, die gemeinsame kulturelle und soziale Identität der Menschen zu beiden Seiten des Inn, ihre Wurzeln und ihre Lebensweise in einer grenzüberschreitenden Landesausstellung einer breiten Öffentlichkeit zu zeigen.

Die erste bayerisch-oberösterreichische Landesausstellung unter dem Titel „Grenzenlos – Geschichte der Menschen am Inn" versteht sich aber nicht nur als länderübergreifendes kulturelles und touristisches Leitprojekt, sie ist – gerade vor dem Hintergrund des Beitritts von zehn weiteren Ländern Ostmitteleuropas zur Europäischen Union im Jahre 2004 – auch ein Beispiel einer gutnachbarschaftlichen Zusammenarbeit, bei der sich Menschen über Staats- und Verwaltungsgrenzen hinweg auf die Suche nach ihrer gemeinsamen geistigen und kulturellen Identität in einem sich ständig erweiternden Europa der Regionen machen. Ich danke daher allen, die zum Zustandekommen dieses einzigartigen Ausstellungsprojektes beigetragen haben, insbesondere aber unseren Partnern auf bayerischer Seite, dem Bezirk Niederbayern, dem Landkreis Passau sowie der Stadtgemeinde Passau, deren politische Vertreter und Kulturverwaltungen in enger Kooperation mit der oberösterreichischen Landeskulturdirektion dieses außergewöhnliche Kulturereignis möglich gemacht haben.

In diesem Sinne heiße ich alle Besucherinnen und Besucher herzlich willkommen und wünsche erlebnisreiche Stunden an den Ufern des Inn!

Dr. Josef Pühringer
Landeshauptmann von Oberösterreich

Grußwort

Wer durch unsere Städte und Dörfer diesseits und jenseits des Inns geht, trifft auf zahlreiche Bauwerke, die Zeugen einer gemeinsamen Geschichte sind. Große kulturelle Strömungen prägen die Geschichte unserer Region. Sie stellen heute unser „gemeinsames geschichtliches Erbe" dar und sind Grundlage unserer spezifischen Lebensart. Mit der grenzüberschreitenden Landesausstellung wollen wir uns dieser gemeinsamen Wurzeln bewusst werden und daraus die Kraft für die Gestaltung unserer Zukunft schöpfen. Vieles, was vergangene Generationen geschaffen haben, übt auf uns heutige Menschen eine faszinierende Wirkung aus. Das ist das Erfolgsrezept von Ausstellungen mit historischen Themenschwerpunkten. Sie befriedigen die Sehnsucht der Menschen nach Dingen, die überzeitliche kulturelle und „grenzenlose" Bedeutung haben.

Viele Menschen gehen gerne auf geschichtliche Spurensuche, Landesgrenzen spielen dabei keine Rolle mehr. Deshalb werden sie an der ersten grenzüberschreitenden Landesausstellung große Freude haben, die die Geschichte der Menschen am Inn in das Zentrum der Betrachtung rückt. Der Fluss hat über Jahrhunderte Menschen gleicher Herkunft miteinander verbunden, und über den Fluss hinweg hat immer eine kulturelle Begegnung stattgefunden.

Die Landesausstellung intensiviert diesen kulturellen Austausch von Österreich und Bayern. Nur durch die grenzüberschreitende Kooperation von Experten in Kultur, Marketing, Verkehr und Tourismus konnte das Ausstellungsprojekt Wirklichkeit werden. Diese Zusammenarbeit soll fortgesetzt werden, damit sich unsere Region beiderseits des Inns als bedeutende Freizeit- und Erholungslandschaft mit einem umfassenden kulturellen und touristischen Angebot weiter entwickeln kann.

In der Kulturarbeit des Landkreises Passau spielt das Museum Kloster Asbach, ein Zweigmuseum des Bayerischen Nationalmuseums, eine zentrale Rolle. Es ist das unschätzbare Verdienst des Kulturkreises Kloster Asbach e.V., die Restaurierung der Klosterruine seit 1976 schrittweise in Angriff genommen zu haben. Die Landesausstellung bedeutet für Asbach die Krönung seiner fast dreißigjährigen Restaurierungsgeschichte.

Allen, die sich für dieses Ausstellungsprojekt eingesetzt haben, gilt mein herzlicher Dank. Besonders danken möchte ich den staatlichen Förderstellen der Europäischen Union, des Freistaates Bayern und des Bezirkes Niederbayern. Weiter haben großzügige finanzielle Zuwendungen der Sparkasse Passau, der Sparkassenstiftung, der Versicherungskammer Bayern und anderer Sponsoren zur Realisierung dieser Ausstellung in Asbach beigetragen. Dank ergeht an die zahlreichen öffentlichen und privaten Leihgeber, ohne deren großartige Unterstützung diese Ausstellung nicht denkbar wäre.

Am Schluss ist es mir ein besonderes Bedürfnis, allen denjenigen zu danken, die am Entstehen dieser Ausstellung unmittelbar beteiligt waren. Ich danke den Autoren des Katalogs, den Ausstellungsmachern und allen Mitarbeitern unseres Landkreis-Kulturreferats Passau und im Museum Kloster Asbach.

Die Landesausstellung ist eine gute Gelegenheit, unsere Region mit ihrer reichen Geschichte als gastfreundlich und weltoffen zu präsentieren.

Ein herzliches Grüß Gott

Hanns Dorfner
Landrat des Landkreises Passau

Grußwort

Fast ein Jahrzehnt ist vergangen, seit im Jahre 1995 die ersten Sondierungsgespräche über die Idee einer gemeinsamen Bayerisch-Oberösterreichischen Landesausstellung geführt wurden.

Österreich war gerade Mitglied der Europäischen Union geworden, für die Verantwortlichen auf beiden Seiten des Inns ein aktueller Anlass, die schon bisher so gute Nachbarschaft durch ein großes kulturelles Gemeinschaftsprojekt zu dokumentieren. Nicht zufällig wurde das Jahr 2004 anvisiert - ein Erinnerungsjahr für die oberösterreichisch-bayerische Geschichte, denn 1779, vor 225 Jahren also, wurde das Innviertel österreichisch und blieb es - von kurzen Unterbrechungen abgesehen - bis heute. So lag es auch auf der Hand, dass die fachlich und politisch Verantwortlichen der Landeskulturdirektion auf oberösterreichischer, der Stadt und des Landkreises Passau auf bayerischer Seite die „Geschichte der Menschen am Inn" als Rahmen für das gemeinsame Ausstellungsprojekt vorgaben. Als Ausstellungsorte wurden Schärding und Stift Reichersberg, sowie das Oberhausmuseum Passau und Kloster Asbach ausgewählt. Von Anfang an wurde eine intensive Zusammenarbeit gepflegt, sei es nun zwischen den Wissenschaftlern der vier Projekte, die jeweils selbständig die einzelnen Ausstellungen konzipierten und einrichteten, Schnittstellen und Berührungspunkte aber regelmäßig abstimmten, was unter anderem in der Herausgabe dieses gemeinsamen Kataloges gipfelt, sei es hinsichtlich der Marketingstrategien, die miteinander entwickelt und deren Aktivitäten abgesprochen wurden. Die Einbindung der verschiedenen Tourismusorganisationen geschah in einem - zumindest für Stadt und Landkreis Passau - bisher nie gekannten Ausmaß.

Maßgeblichen Ausdruck fand die Akzeptanz dieses grenzüberschreitenden Projektes in der großzügigen Bezuschussung durch Mittel der Europäischen Union und auf bayerischer Seite des Freistaates und des Bezirks Niederbayern. Dazu kamen großzügige Förderungen durch private Sponsoren. Besonders freut mich natürlich, dass der neue Sonderausstellungstrakt unseres Oberhausmuseums rechtzeitig für diese Ausstellung fertiggestellt werden konnte und Einheimische wie Gäste aus nah und fern nach den erfolgreichen Ausstellungen der vergangenen Jahre wieder eine Möglichkeit haben, an einer spannenden Zeitreise durch eine bedeutende Epoche der Geschichte, Kunst und Kultur unseres bayerisch-österreichisch-böhmischen Grenzraumes teilzunehmen.

Mein Dank gilt allen, die am Zustandekommen und an der Durchführung dieses bayerisch-oberösterreichischen Ausstellungsprojektes Anteil hatten und haben, namentlich den Verantwortlichen aus Politik und Verwaltungsstellen, die durch ihr Engagement die Finanzierung durch öffentliche Fördergelder erst möglich gemacht haben, den privaten Sponsoren und Förderern, und schließlich den Wissenschaftlern, Ausstellungsmachern, Museums- und Marketingleuten und den vielen Helfern, ohne deren unermüdliche Arbeit dieses Projekt nicht mit Leben erfüllt werden könnte. Ich wünsche den vier Ausstellungsorten viele interessierte Besucher und dem Gesamtprojekt „Grenzenlos. Leben der Menschen am Inn" den verdienten großen Erfolg.

Albert Zankl
Oberbürgermeister der Stadt Passau

Max Brunner

Grenzenlos – Geschichte der Menschen am Inn

Ein europäisches Projekt

Beinahe ein Jahrzehnt ist es her, seit im Jahre 1995 die ersten Gespräche über ein gemeinsames bayerisch-oberösterreichisches Ausstellungsprojekt zur Geschichte der Menschen am Inn stattgefunden haben.

Die grundlegenden Ziele standen früh fest: Es galt die historische Entwicklung eines uralten „baierischen" Kulturraumes darzustellen, der durch die Region um den unteren Inn geographisch umrissen und seit dem Mittelalter durch seine Funktion als Grenzregion zwischen den bayerischen und österreichischen, konkret wittelsbachischen und habsburgischen Interessenssphären, geprägt ist. Seit dem Frieden von Teschen, der 1779 den Bayerischen Erbfolgekrieg beendete, gehört nun das Land rechts des Inns, unmittelbar bis an die Stadtgrenze Passaus, zu Österreich. Der Inn wurde also „von Bayerns Land zu Bayerns Grenze". Uralte Verbindungen zwischen den Menschen auf beiden Seiten des Flusses wurden unterbrochen, gestört und verändert, in vieler Hinsicht unterschiedliche Entwicklungen eingeleitet und dadurch – bei aller Wahrung der verwandtschaftlichen und persönlichen Beziehungen – Tendenzen der Entfremdung gefördert.

Aktuelle Anlässe zur Realisierung dieses großen Ausstellungsprojektes gab und gibt es genug. Am 1. Januar 1995, also im Jahr der ersten Vorgespräche zur Ausstellung, war Österreich der Europäischen Union beigetreten. Im Ausstellungsjahr 2004 werden zehn weitere Mitglieder in die Staatengemeinschaft aufgenommen. Die Problematik der Grenzverschiebungen und ihrer Auswirkungen auf die Geschichte der Menschen in den betroffenen Regionen wurde gerade im Rahmen der jüngsten Beitrittsverhandlungen wieder deutlich vor Augen geführt. Allgemein anerkannt wurde die Notwendigkeit, über damit zusammenhängende politische und gesellschaftliche Entwicklungen aufzuklären und die Ergebnisse öffentlich zu diskutieren.

Die Verantwortlichen aus Kultur und Politik in Oberösterreich und Bayern kamen überein, sich gemeinsam dieser Herausforderung zu stellen und die Thematik am Beispiel von vier Themenschwerpunkten an vier verschiedenen Ausstellungsorten in Bayern und Oberösterreich zu untersuchen. Als Partner für

die Umsetzung dieses internationalen Kulturprojektes fanden sich die Landeskulturdirektion beim Amt der Oberösterreichischen Landesregierung, bisher schon verantwortlich für zahlreiche „Oberösterreichische Landesausstellungen", sowie die Stadt und der Landkreis Passau. Während die Landeskulturdirektion für die Ausstellungen auf österreichischer Seite in Schärding und Stift Reichersberg verantwortlich zeichnet, liegt die Realisierung des Projektes in Passau beim Oberhausmuseum, für die Ausstellung im Museum Kloster Asbach beim Landkreis Passau.

Ein europäisches Projekt sollte entstehen, das nicht nur die „Geschichte der Menschen am Inn" umfassend durchleuchtete, sondern auch den Bezug zur Gegenwart herstellte und die gemeinsame Lösung von Aufgaben diesseits und jenseits der Staatsgrenzen beinhaltete. Deshalb bilden weitere Schwerpunkte im Rahmen des Gesamtprojektes Kooperationen im Bereich der Wirtschaft und des Tourismus, die Verbesserung gemeinsamer Infrastrukturen und natürlich die Durchführung unterschiedlichster Projekte aus allen Bereichen von Kunst und Kultur. Dies fand auch seinen Niederschlag in der Art und dem Umfang der unterschiedlichen öffentlichen Förderungen ebenso wie im finanziellen Engagement privater Sponsoren.

Dass zudem die bisherige Zusammenarbeit im Rahmen der Vorbereitung dieses gemeinsamen kulturellen und touristischen Großprojektes für alle Beteiligten höchst fruchtbar, lehrreich und in jeder Beziehung positiv war, sei hier angemerkt.

Jede der vier Ausstellungen wurde als selbständiges Projekt konzipiert, wissenschaftlich bearbeitet und eingerichtet, wobei die thematischen Schwerpunkte zwischen den Verantwortlichen der einzelnen Ausstellungen abgestimmt wurden.

Bei aller Unterschiedlichkeit hinsichtlich Thematik, Inhalt und Präsentation der einzelnen Ausstellungen in Asbach, Passau, Reichersberg und Schärding besteht deshalb kein Zweifel an der Geschlossenheit des Gesamtprojektes. Dies unterstreicht auch der vorliegende Katalog, der die wissenschaftlichen Ergebnisse wie die Beschreibung der Ausstellungsexponate aller vier Ausstellungsorte zusammenfasst. Marketing und Öffentlichkeitsarbeit wurden, soweit sinnvoll, gemeinsam durchgeführt, individuelle Maßnahmen der einzelnen Veranstaltungsorte in jedem Fall koordiniert. Absicht der Veranstalter ist es, alle Altersgruppen der Bevölkerung diesseits und jenseits des Inns zu erreichen, außerdem natürlich die große Zahl der historisch und kulturell Interessierten von nah und fern anzusprechen. Um ein möglichst umfassendes Bild vermitteln zu können, wird zudem angestrebt, dass möglichst viele Menschen den Zeitraum zwischen April und November 2004 nutzen, um alle vier Ausstellungen zu besuchen. Dementsprechend vereinheitlicht wurden deshalb Modus und Preise für den Eintritt.

Mit Bedacht wurden die Ausstellungsorte gewählt: die beiden Städte Passau und Schärding sowie die Klöster Asbach und Reichersberg. Alle vier bilden nicht nur auf Grund ihrer Geschichte, sondern auch durch ihren landschaftlichen und architektonischen Reiz ideale Kulissen für ein gemeinsames bayerisch-oberösterreichisches Ausstellungsprojekt.

Dort, wo sich Inn und Ilz mit der Donau vereinigen, liegt die alte Bischofsstadt PASSAU, deren italienisch-barocke Kulisse am linken Innufer sich mit Stephansdom und mittelalterlicher Altstadt zu einem beeindruckenden Ensemble verbindet. Hoch über der Stadt auf der VESTE OBERHAUS findet die Ausstellung „HerrschaftsZeiten – Glanz und Ende des Fürstbistums Passau" statt. Sie erzählt von der wechselvollen Geschichte des geistlichen Fürstbistums im 17. und 18. Jahrhundert bis zu seinem Ende im Verlauf der Säkularisation 1803. Auf mehr als 1000 qm Ausstellungsfläche werden diese bewegten Zeiten mit einzigartigen Exponaten aus bedeutenden europäischen Sammlungen, spannenden Inszenierungen und Multivisionen zu neuem Leben erweckt.

KLOSTER ASBACH, im 11. Jahrhundert als Benediktinerabtei gegründet, war über Jahrhunderte kultureller Mittelpunkt des Rottals. Die Ausstellung „Adelsherrschaft. Klosterleben" vermittelt bei einem Rundgang durch die prachtvollen Räume des Klosters den Besuchern einen Eindruck von der Bedeutung der Klöster und erzählt von der Geschichte bedeutender Adelsgeschlechter. Zahlreiche Exponate verweisen auf das Leben des Adels zwischen Alltag und höfischer Kultur, zwischen Turnier und Kampf. Kostbar bebilderte mittelalterliche Handschriften, barocke Gemälde, Skulpturen und kirchliche Goldschmiedewerke, von denen

viele erstmals gezeigt werden, zeugen vom Einfluss der Klöster auf Wissenschaft, Kunst, Frömmigkeit und Grundherrschaft.

Weiter im Süden thront das mehr als 900 Jahre alte AUGUSTINER CHORHERRENSTIFT REICHERSBERG auf oberösterreichischer Seite über dem Inn. Unter dem Titel „Bauern, drent und herent" beschäftigt sich die Ausstellung mit dem Wandel bäuerlicher Lebensweise und Arbeitstechniken über die Jahrhunderte hinweg. Die dortige Kulturlandschaft war geprägt von einander ähnlichen bäuerlichen Wirtschaftsformen, einer gemeinsamen Nutzung des Inns als Transportweg und einer die Menschen diesseits und jenseits des Flusses verbindenden Volkskultur. Im Rahmen eines faszinierenden Rundganges durch die historischen Gewölberäume des Klosters nimmt der Besucher teil an den Bräuchen, Festen und Ritualen der Menschen im Innviertel und entdeckt die Veränderungen in der Naturlandschaft am unteren Inn.

Auf dem Weg flussabwärts liegt am oberösterreichischen Innufer die Barockstadt SCHÄRDING. „Stadt. Menschen. Leben." ist der Titel der dortigen Ausstellung. Kaum ein anderer Ort wäre besser geeignet, um das urbane Leben vom Mittelalter bis zur Neuzeit zu präsentieren. Vom Mittelalter bis zur frühen Neuzeit galt die Stadt als Mikrokosmos: Das Leben der Menschen war geprägt von Standesbewusstsein und Ehrgefühl, von Rechten und Pflichten des freien Bürgers, aber auch vom Gegensatz zwischen Arm und Reich. Die Städte waren nicht nur die Zentren von Handel, Gewerbe und Politik, oftmals überbevölkert bildeten sie auch den Ausgangspunkt für schreckliche Seuchen genauso wie für überschwängliche Feste und geselliges Leben.

Noch nie ist die Geschichte der Menschen am Inn in ihrer Vielschichtigkeit und so umfassend gezeigt worden wie in diesem bayerisch-oberösterreichischen Landesausstellungsprojekt. Der vorliegende Katalog fasst die Inhalte und Ergebnisse der einzelnen Ausstellungen zusammen und erweitert die Informationen um aktuelle Fachaufsätze. In gewisser Hinsicht ist er aber auch als Handbuch zu begreifen für alle, die mehr wissen wollen über die „Geschichte der Menschen am Inn", ganz gleich ob sie diesseits oder jenseits oder, wie es in unserer gemeinsamen Mundart so schön heißt, „drent oder herent" leben und arbeiten.

Egon Boshof

Land am Inn

Von jeher haben Flüsse eine doppelte Funktion besessen: Sie bilden natürliche Grenzen, aber sie stellen auch ein verbindendes Element dar, können menschliche Kommunikation auf verschiedenen Ebenen erleichtern oder gar erst ermöglichen. So bedarf es keiner eingehenden Begründung, wenn unsere grenzüberschreitende Ausstellung einen Fluss ins Zentrum der Betrachtung rückt, der über die Jahrhunderte hin auf beiden Ufern Menschen gleicher Herkunft miteinander verband, aber durch die politischen Wechselfälle zu einer Grenze zwischen zwei historisch gewordenen Völkern - Österreichern und Deutschen/ Bayern - wurde. Der Inn, der in den Rätischen Alpen nahe dem Malojapass entspringt und in Passau in die Donau mündet, hat dank der natürlichen geologischen Gegebenheiten unterschiedliche Einzellandschaften geprägt; die Region am Unterlauf - Schwerpunkt der Ausstellung - ist erst in der Neuzeit durch die Flussgrenze zerschnitten worden, die beiderseits lebenden Menschen aber haben sich ein Bewusstsein gemeinsamer Vergangenheit bewahrt, das eine wichtige Voraussetzung für ein Zusammenleben in einem zusammenwachsenden Europa darstellen dürfte.

In der großen politischen Einheit des Römischen Reiches bildete der Inn hier die Grenze zwischen zwei Provinzen, Ufernorikum (Noricum Ripense) und Raetien (Raetia secunda), deren politische Zentren mit dem jeweiligen Sitz des Statthalters in Virunum (Zollfeld), später Wels beziehungsweise Kempten, später Augsburg lagen. Die Donau wurde zur Kulturgrenze zwischen der römischen und der barbarischen Welt. Auf der norischen Seite war Ende des ersten Jahrhunderts n. Chr. ein Kastell Boiodurum (Passau-Rosenau) errichtet worden, das in der zweiten Hälfte des 3. Jahrhunderts von Alemannen zerstört wurde; an dessen Stelle trat als neue Befestigung etwa einen Kilometer innaufwärts das Kastell Boiotro. Auf der raetischen Seite sind die archäologischen Befunde zum Teil schwer zu deuten; jedenfalls sind auch hier in zeitlicher Folge vom ersten bis zum 5. Jahrhundert mindestens zwei Kastelle (bei Niedernburg) zu belegen, deren zeitweise dort stationierte Truppe, die *cohors nona Batavorum,* mit der Zivilsiedlung *ad Batavos/ Batavis* dem späteren Passau den Namen gab. Bevor die

Herrschaft Roms an Donau und Inn in der Epoche der Völkerwanderung endgültig zusammenbricht, fällt noch einmal ein Schlaglicht auf die politischen und kirchlichen Verhältnisse in diesem Raume durch eine für diese Epoche ganz außergewöhnliche Quelle: die von Eugippius verfasste Vita des hl. Severin, der in dieser Übergangszeit als charismatische Persönlichkeit, wohl ohne Amt, im kirchlichen und weltlichen Bereich administrative Funktionen wahrnahm. Die Vita bezeugt für Batavis die Existenz einer Mönchszelle und eines Baptisteriums, woraus auf das Vorhandensein einer Gemeindekirche geschlossen werden darf, und belegt für das jenseits des Inn liegende Boiotro eine Basilika mit einem kleinen Kloster. Auf den Ansturm der Germanen reagierte der in Rom im Auftrag Ostroms regierende germanische Söldnerführer Odoakar mit dem Evakuierungsdekret des Jahres 488. Der Rückzug der Romanen war jedoch nicht ein vollständiger; es blieben romanische Siedlungsinseln inmitten einer sich mehr und mehr germanisierenden Umwelt bestehen - am Zusammenfluss von Inn und Donau dürfte sich eine romanische Minderheit noch bis ins 8. Jahrhundert erhalten haben -, und es gab damit auch für ein Restchristentum die Möglichkeit zum Überleben und zur Ausübung des Kultes in bescheidenen Formen.

Das Ostgotenreich Theoderichs des Großen († 526) griff zeitweise in das Alpenvorland bis zur Donau aus; die Preisgabe dieser Provinzen um 536/37 bedeutete das endgültige Ende der Antike. Um diese Zeit erfolgte hier, mit dem Zentrum im Raume um Regensburg und Straubing, die Bildung des Bajuwarenstammes um die „Männer aus dem Lande Baja" als Traditionskern, die, wohl aus dem böhmischen Kessel kommend, die verschiedenen romanischen und germanischen Ethnien zu einem neuen Volk zusammenfassten; noch vor 600 dürfte diese Entwicklung auch den Innraum einbezogen haben. Das im Laufe des 6. Jahrhunderts in mehreren Redaktionen stufenweise entstandene, im 8. Jahrhundert überarbeitete und schließlich durch Tassilo III. und Karl den Großen novellierte Stammesrecht, die Lex Baiuvariorum, weist dem Geschlecht der Agilolfinger die Herzogswürde zu; von Anfang an erscheinen die Bajuwarenherzöge in enger Beziehung zum fränkischen Königtum. Um 555 begegnet mit Garibald ein erster Bayernherzog in den Quellen, aber für die Frühzeit bleibt vieles dunkel. Auf festeren Boden gelangen wir mit jener spektakulären Reise, die der Herzog Theodo wohl um die Wende des Jahres 715/16 mit Gefolge nach Rom unternahm, „um als erster seines Volkes an den Schwellen des heiligen Apostels Petrus zu beten", wie die Chronik der Päpste, der Liber Pontificalis, formuliert. Die damals für das Herzogtum geplante Diözesanordnung ist nicht verwirklicht worden; sie gab aber das Vorbild ab für die kanonische Errichtung der bayerischen Bistümer durch den Missionserzbischof und päpstlichen Legaten, den Angelsachsen Winfred-Bonifatius, im Jahre 739. Mit der auf Betreiben Karls des Großen erfolgten Erhebung Arns von Salzburg zum Erzbischof im Jahre 798 war dieses Organisationswerk vollendet: Für die bayerische Kirche war damit die Metropolitanverfassung in Geltung. Zur Kirchenprovinz gehörten neben dem Metropolitansitz Salzburg die Suffragane Regensburg, Passau, Freising und das im 10. Jahrhundert nach Brixen verlegte Alpenbistum Säben.

Zu diesem Zeitpunkt war eine der großen Zäsuren der bayerischen Geschichte bereits erfolgt: Auf der Reichsversammlung des Jahres 788 in Ingelheim hatte Karl der Große dem selbstbewussten, auf Autonomie bedachten Regiment des Bayernherzogs Tassilo III. ein Ende gesetzt. Der von großen Teilen seines Adels verlassene Agilolfinger wurde wegen Hochverrats zum Tode verurteilt, von Karl aber begnadigt und mit seiner Familie zur Klosterhaft verurteilt. Die Herzogswürde wurde nicht mehr vergeben, Bayern einem Präfekten unterstellt und damit fest ins Frankenreich eingegliedert. Die Einheit des Herzogtums aber blieb erhalten, und die alten agilolfingischen Verwaltungsmittelpunkte und Pfalzen behielten unter karolingischer Herrschaft ihre Funktion; als Pfalzorte sind in dem uns interessierenden Raum neben Passau mit einiger Sicherheit Aibling (Landkreis Rosenheim), (Alt-)Ötting und Ranshofen nachzuweisen. Hauptort des Stammes blieb Regensburg, das im Verlaufe des 9. Jahrhunderts als „Hauptstadt" des ostfränkischen Reiches unter Ludwig dem Deutschen und Arnulf von Kärnten seine Bedeutung noch steigern konnte. Mit dem agilolfingischen Herzogsgut fielen auch die Herzogsklöster – also etwa Chiemsee, Mattsee, Mondsee, (Nieder-)Altaich, Kremsmünster, Chammünster, vermutlich auch Passau-Niedernburg, Weltenburg, Metten und Altmünster am Traunsee – an den karolingischen Fiskus.

Der Niedergang der karolingischen Macht und die Gefährdung des Reiches durch die Ungarn schufen die Voraussetzungen für den Aufstieg adeliger Familien aus der Reichsaristokratie. In Bayern erlangte der als Markgraf in Karantanien und Oberpannonien eingesetzte Liutpold († 907 in der Schlacht bei Pressburg gegen die Ungarn), der in enger Beziehung zum karolingischen Königshaus stand, eine Machtposition, die seinem Sohne Arnulf den Weg zum Herzogtum ebnete. Der Griff nach der Königskrone aber wurde durch Heinrich I. (919–936) vereitelt, unter dem das ostfränkisch-deutsche Reich Gestalt annahm. Der Prozess der festen Eingliederung Bayerns ins Reich war mit Kaiser Heinrich II. (1002–1024), dem vormaligen Herzog von Bayern, endgültig abgeschlossen. Unter den Saliern gewann Bayern erneut geradezu die Bedeutung eines Kronlandes; mit der Ernennung Welfs IV. zum Herzog durch Heinrich IV. im Jahre 1070 begann das welfische Jahrhundert der bayerischen Geschichte. In dieser Zeit kam auch die Herrschaftsbildung der gräflichen Dynastengeschlechter auf der Grundlage von Allodialbesitz, Ämtern, Vogteirechten und Lehen zur vollen Entfaltung. Neben den Babenbergern in der Ostmark, den Wels-Lambachern, Andechsern, Ebersbergern, Falkensteinern und Bogenern ragen die Formbacher im bayerischen Adel hervor. Ihr Herrschaftsaufbau erfolgte auf der Grundlage der alten Reichsgutkomplexe im Rottachgau, insbesondere der ausgedehnten Wald- und Forstgebiete; dazu kamen Vogteirechte, z. B. über die Reichsabtei Niederaltaich und über Besitz des Augustinerchorherrenstiftes St. Nikola (Passau). In der ersten Hälfte des 11. Jahrhunderts mit dem Grafentitel erscheinend, spaltet sich das Haus gegen Ende des Jahrhunderts in mehrere Linien auf.

Im Jahre 1094 errichtete Graf Ekbert I. am Stammsitz der Familie (heute Vornbach) eine Benediktinerabtei, nachdem – entsprechend dem neuen adeligen Selbstverständnis – das neue Herrschaftszentrum bereits als Höhenburg über dem Inn, die Neuburg, nicht weit entfernt von den bäuerlichen Siedlungen des Herrschaftsbereiches, angelegt worden war. Die Grafen von Formbach standen im großen Konflikt zwischen Kaisertum und Papsttum, dem so genannten Investiturstreit, auf der Seite Papst Gregors VII. gegen Kaiser Heinrich IV. Nach ihrem Erlöschen im Mannesstamme mit dem Tode Ekberts III. 1158 traten u. a. die Andechser ihr Erbe an.

Die Abtei Vornbach ist nicht die einzige Adelsgründung in dem uns interessierenden Raum in dieser Epoche, die durch die kirchliche und monastische Reform geprägt war und in der bis in die erste Hälfte des 12. Jahrhunderts gerade in der Salzburger Kirchenprovinz die Kanonikerreform große Bedeutung erlangte. Suben wird um 1050, Reichersberg 1084 gegründet; das in Ranshofen wohl schon bestehende Kollegiatstift wird 1125 durch den bayerischen Herzog Heinrich den Schwarzen Augustinerchorherren übergeben, und in den in agilolfingische Zeit zurückreichenden Stiften Au und Gars erfolgt die Regulierung ebenfalls um diese Zeit. Bereits um 1067 hatte der Bischof Altmann von Passau das Stift St. Nikola in seiner Stadt mit der klaren Zielsetzung der Durchführung der Kirchenreform gegründet.

Für die bayerische Geschichte war die Umwandlung der Markgrafschaft Österreich in ein Herzogtum und die Ausstattung des Herzogs Heinrich Jasomirgott und seiner byzantinischen Gemahlin Theodora mit besonderen Vorrechten im Privilegium minus vom 17. September 1156 von einschneidender Bedeutung. Die Entscheidung Kaiser Friedrich Barbarossas legte den Konflikt zwischen dem Herzog Heinrich dem Löwen und dem Babenberger Heinrich Jasomirgott um die bayerische Herzogswürde zugunsten des Welfen bei, gewährte aber Heinrich Jasomirgott, der von 1143 bis 1154/56 Herzog von Bayern gewesen war, die Entschädigung, durch die eine nach Reichsrecht unzumutbare Standesminderung des Babenbergers vermieden wurde. Eine Grenzziehung wird im Privileg nicht vorgenommen; ob die drei Grafschaften, die nach dem Bericht Ottos von Freising mit der Mark Österreich zum Herzogtum erhoben wurden, auch oberösterreichisches Gebiet betrafen, ist in der Forschung umstritten, aber eher unwahrscheinlich; denn es gibt eindeutige Indizien dafür, dass die Oberhoheit des bayerischen Herzogs im Osten noch bis an die Enns reichte: Im Jahre 1176 hielt nämlich Heinrich der Löwe im Markt Enns einen Gerichtstag ab, der einen Streit zwischen dem Adeligen Heinrich von Stein (am Inn) und dem

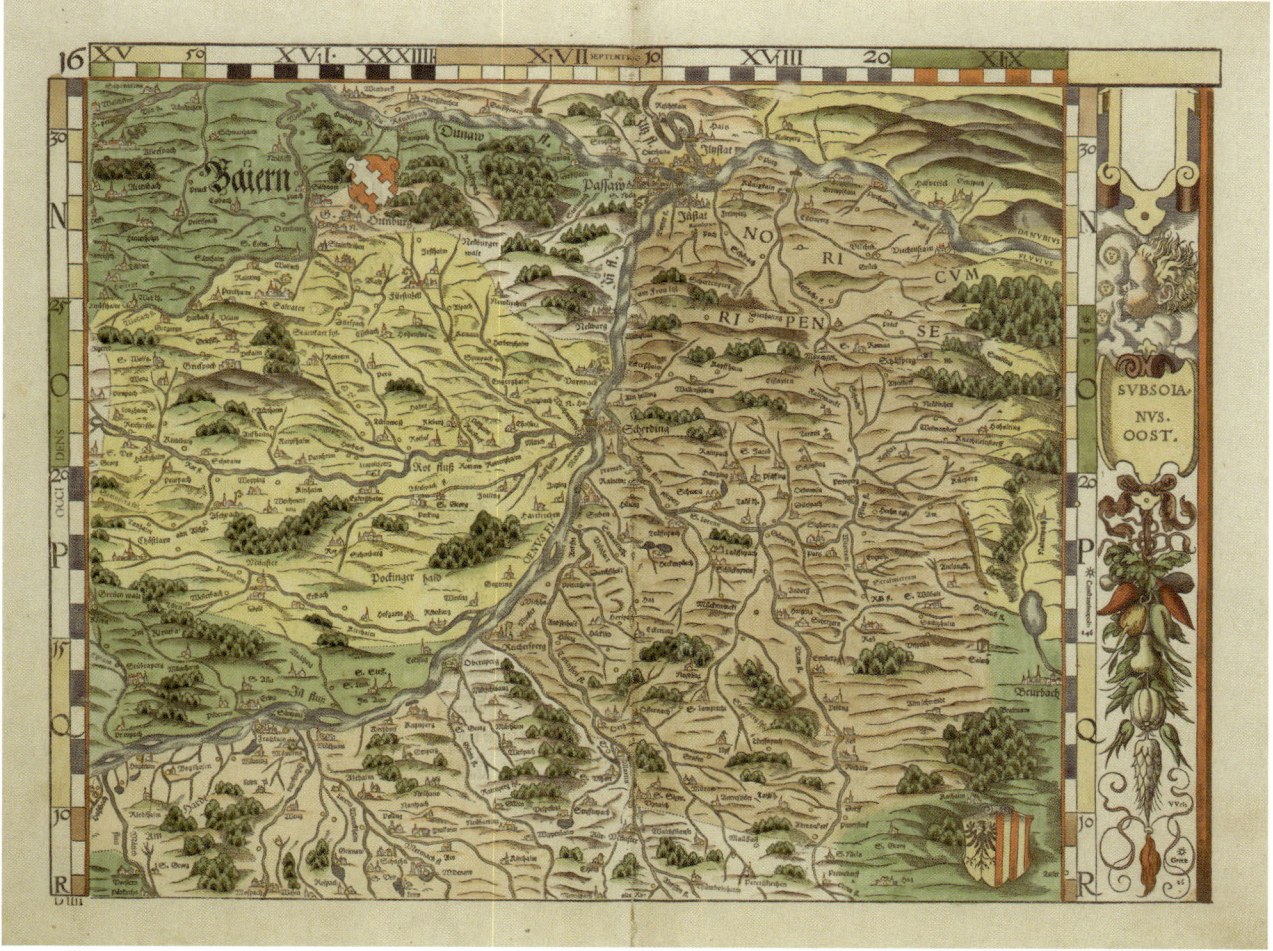

Abb. 1 *Der untere Inn bei Passau, kolorierter Holzschnitt aus Apian, Bayerische Landtafeln, Nürnberg 1568*

Stift Reichersberg entschied, am Nachmittag desselben Tages traf der Löwe sich östlich der Enns zu Verhandlungen mit dem österreichischen Herzog Heinrich – der Fluss bestimmte die Grenze!

Der Sturz Heinrichs des Löwen 1180 bedeutete eine weitere Machteinbuße für das bayerische Herzogtum. Die Steiermark wurde in ein Herzogtum umgewandelt, der Herrschaftsbereich der Otakare (Traungauer) im heutigen Oberösterreich schied damit aus der Verbindung mit Bayern, das nun endgültig zum Binnenherzogtum wurde, aus. Mit dem Aussterben der Otakare im Mannesstamme übernahmen die österreichischen Herzöge 1192 auf Grund des 1186 geschlossenen Erbvertrages von Georgenberg die Herrschaft auch über die Steiermark.

Mit der bayerischen Herzogswürde hatte Friedrich Barbarossa 1180 den bayerischen Pfalzgrafen Otto von Wittelsbach belehnt. Nicht ohne Schwierigkeiten haben sich die ersten Herzöge aus der neuen Dynastie gegenüber dem mächtigen Adel durchsetzen können. Im Osten mussten sie den Verlust altbayerischen Landes in Kauf nehmen, da die österreichischen Herzöge durch eine zielstrebige Erwerbspolitik ihren Herrschaftsbereich über die Enns nach Westen ausdehnten und schließlich mit dem Hausruck und dem Salletwald jene Grenze erreicht wurde, die jahrhundertelang Bestand haben sollte. Die Habsburger haben als Erben der Babenberger diese Politik fortgesetzt, und mit der Einrichtung des „Gerichtes ob der Enns" 1281 hat der Reichsverweser und spätere Herzog Albrecht die Weichen gestellt für die Entstehung des Landes ob der Enns. Das starke Landesfürstentum hat auch den hohen Adel in Schranken halten können. Neben den mit den Habsburgern aus Schwaben nach Österreich gekommenen Herren von Wallsee, die für fast zwei Jahrhunderte das Amt des Landrichters, dann des Hauptmanns ob der Enns innehatten, spielten eine besondere Rolle die Herren von Schaunberg. Im 12. Jahrhundert als Edelfreie von Julbach (bei Simbach am Inn) im Gefolge der Formbacher in Erscheinung tretend, schufen sie sich mit der Burg Stauf und der dann namengebenden Burg Schaunberg – heute noch eine eindrucksvolle Ruine bei Eferding – neue Zentren einer wesentlich auf Rodung beruhenden Herrschaft, nahmen Ende des 13. Jahrhunderts den Grafentitel an und versuchten, in langwierigem Ringen mit den Habsburgern, zeitweise auch in Anlehnung an die Bischöfe von Passau, von denen sie 1367 die Stadt Eferding durch Kauf erwarben, eine vom Herzogtum unabhängige Landesherrschaft zu errichten. Sie scheiterten in der Schaunberger Fehde 1380/81 und 1385/86, behaupteten aber bis zu ihrem Aussterben 1559 eine Sonderstellung im Lande. Ihr Erbe traten die Starhemberger und die Liechtensteiner an.

In ihrem Bemühen um die Konsolidierung der Herzogsgewalt haben die ersten Wittelsbacher Herzöge von ihrer engen Bindung an das staufische Herrscherhaus, aber auch durch dynastischen Zufall profitiert. Als Herzog Otto VIII. von Andechs-Meranien in das kuriale Lager übertrat, entzog Kaiser Friedrich II. ihm 1248 die Inngrafschaft um Neuburg und Schärding und belehnte damit den Bayernherzog Otto II., der freilich diesen Gewinn letztlich nicht behaupten konnte. Mit dem Tode Ottos VIII. noch in demselben Jahre erlosch das Haus Andechs, sein Herrschaftsbereich wurde zerschlagen, und die Gefahr der Entstehung eines dem wittelsbachischen Herzogtum ebenbürtigen Herrschaftsbereiches auf dem Boden Bayerns war damit gebannt. In die Katastrophe des Hauses Andechs wurden die Falkensteiner und Konrad von Wasserburg hineingezogen. Der Wittelsbacher war in beiden Fällen ebenso wie beim Erlöschen der Bogener schon 1242 und des bayerischen Pfalzgrafenamtes nach dem Tode des Ortenburgers Rapoto III. 1248 der Nutznießer. Den jüngeren Ortenburgern blieb lediglich das kleine Gebiet um den Markt Ortenburg, das als Grafschaft vom Reich lehnsrührig war. Herzog Otto II. hat wie seine Nachfolger das Heimfallsrecht für sich in Anspruch genommen, aber auch erbrechtliche Vorstellungen dynastischer Provenienz auf ursprünglich vom Reich stammende Amtsbereiche und Lehen übertragen.

Um 1300 waren die Wittelsbacher ohne Konkurrenz; Niederbayern aber blieb durchsetzt von einer großen Zahl kleiner Adelsherrschaften, die sich, auch begünstigt durch das Erlöschen der älteren Grafenhäuser, weniger auf Eigenbesitz als vielmehr auf Reichskirchenlehen, z. B. von den Bamberger und den Passauer Bischöfen, sowie auf Vogteirechte und Teilvogteien gründeten und in nicht immer eindeutig erkennbarer Weise auch durch Lehnsbindungen den großen Dynasten zuzuordnen sind. Auch die Ministerialen haben unter günstigen Umständen Herrschaft bilden und damit ihren ursprünglich unfreien Status abstreifen können. Die sozialen Unterschiede zwischen höherem und Kleinadel oder Landherren und Rittern konnten dabei recht groß sein; die Edelsitze des Kleinadels waren nicht selten von bescheidener Qualität, keine

Burgen, sondern von einem Bauernhof kaum zu unterscheiden. Die für Niederbayern erlassene Ottonische Handfeste von 1311 gewährte allen, die dem Herzog eine Steuer bewilligten, die niedere Gerichtsbarkeit; Hochgerichtsbarkeit kam allein noch einigen Vertretern des alten hochfreien Adels, beispielsweise den Ortenburgern und den Grafen von Hals, zu. So formte sich der Ständestaat aus, in dem Prälaten und Adel, schließlich auch die Städte dem Landesherrn gegenübertraten. Für einen Adeligen war der Besitz eigener Gerichtsbarkeit das Qualifikationskriterium für die Zugehörigkeit zur Landschaft als ständischem Organ; die Hauptmasse der Landsassengüter bildeten die Hofmarken, deren Inhaber - Adelige wie auch Klöster - über die niedere Gerichtsbarkeit, eventuell auch die Polizeigewalt, Scharwerk (Frondienste) und das Recht zur Vornahme der Musterung wie auch der Einziehung der an den Rentmeister abzuführenden Steuern verfügten. Um 1500 betrug die Zahl der adeligen Landsassen in Niederbayern etwa 800; im Land ob der Enns stellten die Vertreter der „oberen Stände" elf Mitglieder des Herren- und 139 des Ritterstandes, neben denen der Prälatenstand und die sieben landesfürstlichen Städte im Landtag vertreten waren.

Der Großteil der kleinen niederbayerischen Adelsherrschaften ist freilich im Laufe von zwei, drei Jahrhunderten nach 1300 vom landesherrlichen Territorialstaat aufgesogen worden. Ein Beispiel bietet die Herrschaft Ering: Ursprünglich aus Königsgut an das Bistum Bamberg gekommen, gibt der Besitz im 12. Jahrhundert einem edelfreien Geschlecht den Namen, das wohl das dann bambergische Asbach gestiftet hat und Teilvogteien von Asbach innehatte. Herrschaftssitz war das von Bamberg lehnbare Erneck. Den Edelfreien von Ering folgten die Grafen von Hals nach, als deren erster Herrschaftssitz das unterhalb der Ortenburg gelegene Kamm (Chambe) belegt ist, bis Ering im 14. Jahrhundert durch Kauf an die Wittelsbacher überging. Die Herrschaft blieb als kleines Pfleggericht bestehen und wurde zusammen mit Frauenstein von einer Linie der aus Wasserburg stammenden bürgerlichen Familie Baumgartner/Paumgarten erworben - ein interessanter Beleg für die Möglichkeit von Bürgern, durch Reichtum und Dienst, gegebenenfalls durch Wappenverleihung und Nobilitierung, in den niederen Adel aufzusteigen.

In den politischen Wirren des 14./15. Jahrhunderts, den zahlreichen Kriegen und Fehden, haben die Stände durch das Steuerbewilligungsrecht ihre Positio-

nen ausbauen können; darüber hinaus bewirkten die zahlreichen Erbteilungen im wittelsbachischen Hause eine Schwächung der landesfürstlichen Gewalt. Sie hatten anderseits freilich auch den Effekt, dass die Landesherren in den Teilherzogtümern gezwungen waren, eine um so energischere Territorialpolitik zu betreiben. Mit der Primogeniturordnung Albrechts IV. von 1506 wurde schließlich aber die Einheit Bayerns für die Zukunft gesichert.

Es wäre allerdings einseitig, die Struktur des Ständestaates allein unter dem Aspekt eines antagonistischen Verhältnisses von Landesherren und Ständen zu beurteilen. Die Bewältigung der staatlichen Aufgaben, die Sicherung von Recht und Frieden zwangen beide Seiten immer auch zur Kooperation. Die Landesherren haben dabei im Laufe des 16. Jahrhunderts ihre Macht in Richtung auf Durchsetzung der fürstlichen Souveränität ausweiten können; die Entwicklung mündete in den absolutistischen Staat. Dabei stellt das Zeitalter der Reformation eine entscheidende Phase dar. Die vielfältigen Missstände in der Kirche - mangelnde Ausbildung der Geistlichen und dadurch bedingte Defizite in der Seelsorge, drückende Abgaben für das Kirchenvolk, Verfall der Disziplin in Klerus und Mönchtum bis hinauf in die Kurie - haben der Lehre Martin Luthers beiderseits des Inn enormen Zulauf verschafft. Im Lande ob der Enns wurde die Mehrheit der weltlichen Stände protestantisch, in Bayern haben allerdings die Wittelsbacher von Anfang an die Ausbreitung der neuen Lehre einzudämmen versucht. Für die weitere Entwicklung wurde entscheidend, dass sich konfessionelle und ständische Fragen miteinander verquickten. In Niederbayern stand Graf Joachim von Ortenburg (1552-1600), der in seinem reichsunmittelbaren Territorium 1563 die Reformation eingeführt hatte, an der Spitze des Adels. Militärisch war er Herzog Albrecht V. nicht gewachsen, aber dank der Reichsunmittelbarkeit konnte er seine Grafschaft entsprechend den Bestimmungen des Augsburger Religionsfriedens als einzige protestantische Enklave in Bayern behaupten. Sowohl in Bayern als auch in Österreich haben die energischen gegenreformatorischen Maßnahmen der Landesherren, unterstützt durch eine wesentlich von den Jesuiten sowie reformfreudigen Bischöfen wie beispielsweise dem Passauer Bischof Urban von Trenbach (1561-1598) mitgetragene katholische Erneuerung, schließlich vollen Erfolg gehabt. Mit der Rekatholisierung, in Österreich durch Ferdinand III. (1637-1657), in Bayern durch Maximilian I. (1591-1651), das Haupt der Katholischen Liga, vollendet, wurde auch die Macht der Stände endgültig gebrochen. Freilich hielt sich in Oberösterreich noch lange ein Geheimprotestantismus, der im protestantischen Ortenburg Rückhalt fand.

Die letzte große Zäsur vor der Französischen Revolution war für Bayern der Verlust des Innviertels. Der kinderlose Tod des Kurfürsten Maximilian III. Joseph am 30. Dezember 1777 rief die europäischen Mächte auf den Plan, da mit dem Aussterben der bayerischen Wittelsbacher die Gleichgewichtsinteressen der Großmächte tangiert waren. Der Kurfürst hatte rechtzeitig auf der Grundlage des Hausvertrages von Pavia 1329 und seiner Erneuerungen, wonach die erlöschende Wittelsbacher Linie von der überlebenden beerbt werden sollte, die Erbfolge der pfälzischen Linie, d. h. des Kurfürsten Karl Theodor, zu sichern versucht. Die wittelsbachischen Hausverträge wiesen allerdings den Mangel auf, dass das Problem nicht reichsrechtlich gelöst war und Kaiser Joseph II. den Standpunkt vertrat, dass das Kurfürstentum Bayern als erledigtes Reichslehen einzuziehen sei. Die diplomatischen Verhandlungen, in denen auch der Plan erörtert wurde, dass Karl Theodor für seinen Verzicht auf Bayern zugunsten Österreichs mit den Niederlanden entschädigt werden sollte, verliefen erfolglos, als der Preußenkönig Friedrich II., der eine Vergrößerung Österreichs nicht hinnehmen wollte, am 5. Juli 1778 in Böhmen einmarschierte. Große militärische Aktionen hat es in diesem schon von den Zeitgenossen als „Kartoffelkrieg" bezeichneten Bayerischen Erbfolgekrieg nicht gegeben. Er wurde unter Vermittlung Frankreichs und Russlands am 13. Mai 1779 im Frieden von Teschen been-

det: Bayern verlor das Innviertel an Österreich. Abgerundet wurde diese Vergrößerung Oberösterreichs durch den Vertrag vom 27. Juni 1782, in dem der Fürstbischof von Passau, Kardinal Leopold Ernst von Firmian, die Landeshoheit über die passauischen Herrschaften Obernberg am Inn und Viechtenstein an der Donau sowie die passauische Maut in Wernstein am Inn an Österreich abtrat. Bayern hatte seine Selbständigkeit gerettet, für Österreich waren nicht alle Hoffnungen in Erfüllung gegangen. Immerhin schrieb Joseph an seine Mutter Maria Theresia über den Erwerb des Innviertels: „Es ist ein winziger Gegenstand, wenn man bedenkt, was vielleicht hätte gelingen können; aber an und für sich ist dieser Landstrich schön und gut und für Österreich sehr gelegen."

Literatur

Es würde den Rahmen dieses Überblicks sprengen, die umfangreiche Spezialliteratur zu den Einzelproblemen zu zitieren. Verwiesen sei auf die Literaturangaben in den Handbüchern: Handbuch der bayerischen Geschichte, begr. von Max Spindler, hrsg. von Andreas Kraus, Bd. I und II, München 2. Aufl. 1981 bzw. 1988, sowie die einschlägigen Bände der von Herwig Wolfram u. a. herausgegebenen Österreichischen Geschichte, Wien 1994 ff.; ferner: Haider, Siegfried: Geschichte Oberösterreichs, München 1987; Ausst.-Kat. Tausend Jahre Oberösterreich. Das Werden eines Landes, hrsg. vom Land Oberösterreich, 2. Bde., Linz 1983. Zur Adelsgeschichte im besonderen vgl. Diepolder, Gertrud: Oberbayerische und niederbayerische Adelsherrschaften im wittelsbachischen Territorialstaat des 13. bis 15. Jahrhunderts, in: ZBLG 25 (1962) S. 35-70; Reinle, Christine: Wappengenossen und Landleute. Der bayerische Niederadel zwischen Aufstieg und Ausgrenzung, in: Andermann, Kurt/Johanek, P.: Zwischen Nicht-Adel und Adel, (Vorträge und Forschungen, 53) Stuttgart 2001, S. 105-156.

Museum
Kloster Asbach

Adelsherrschaft
Klosterleben

Die ehemalige Benediktinerabtei Asbach blickt auf eine mehr als 900-jährige Geschichte zurück. Bereits gegen Ende des 11. Jahrhunderts errichtete die Adelige Christina südlich der Rott eine Mönchszelle. Einige Zeit später ging das Kloster an Bischof Otto von Bamberg (1103–1139) über, der die Kirche mit dem Patronat des hl. Matthäus 1127 weihte. Schwere Zeiten folgten, in denen das Kloster mehrmals, zuletzt im Landshuter Erbfolgekrieg 1504, zerstört wurde. Erst unter dem Abt Wolfgang II. Faber (1584–1604) begann eine wirtschaftliche Erholung und eine geistige Erneuerung im Sinne der Gegenreformation.

Von den mittelalterlichen Bauten hat sich nichts erhalten. Seine heutige Gestalt verdankt das Kloster, dessen zweigeschossige Konventsgebäude um zwei versetzt angeordnete Höfe gruppiert sind, den Baumaßnahmen des 17. und 18. Jahrhunderts. Abt Innozenz Moser (1660–1696) ließ um 1680 durch Dominikus Christophorus Zuccali, Stadtbaumeister von Burghausen, die um den östlichen Hof liegenden Gebäude errichten, denen unter Abt Robert Priemiller (1696–1707) der hintere Konventstock, heute Hotel, mit reichem Stuckdekor angebaut wurde.

Während in den Räumen des östlichen Hofs und des hinteren Konventstocks die Klausur mit Kreuzgang, Kapitelsaal, Speisesaal und den Schlafräumen der Mönche lag, befanden sich in den Gästetrakten und der Prälatur, heute Pfarrei, um den westlichen, öffentlich zugänglichen Hof die Repräsentationsräume des Klosters. Den südlichen Flügel mit dem um 1740 und 1770 ausgestatteten Grafensaal, in dem Porträts von Adeligen der Region hängen, und dem Benediktensaal mit einem Deckenbild, das den Tod des hl. Benedikt darstellt, ließ Abt Corbinian Föderl (1707–1739) errichten. Der sich anschließende Westflügel ist vielleicht schon von ihm begonnen, von seinem Nachfolger, Abt Marian Rauscher (1739–1742), wohl vollendet worden. Dessen Initialen M.A.I.A. (Marian Abt in Asbach) finden sich am schmiedeeisernen Gitter der Hofeinfahrt. Die Ausstattung der Räume erfolgte unter Abt Maurus Wimmer (1752–1773) um 1770. In ihnen zeigt sich der hohe Anspruch der Äbte des vergleichsweise kleinen Konvents Asbach, ihrem Rang und Stand in der Ausstattung der Repräsentationsräume Ausdruck zu verleihen, den großen benediktinischen Klöstern vergleichbar. In den Deckenfresken der ersten beiden Räume des Traktes wird auf das fruchtbare Gedeihen des Klosters als Hort der Künste und Wissenschaft verwiesen. Der dritte Raum war zugleich Speisesaal für Gäste und Kaiserzimmer. Das Deckenbild von Johann Jakob Zeiller von 1771 mit der Darstellung der Mannalese und die Supraporten mit Szenen aus dem Leben Christi beziehen sich auf die Bedeutung des Raumes als Speisesaal. Die ganzfigurigen Porträts des Kaiserpaares Maria Theresia und Franz I. sowie die Porträts ihres Sohnes Joseph II. und seiner zweiten Gemahlin Josepha Maria Antonia von Bayern, zwischen 1765 und 1767 entstanden, verdeutlichten kurz vor der Aufhebung des Klosters noch einmal dessen Loyalität zur weltlichen Macht und die eigene politische Bedeutung als Prälatenstand.

Ab 1771 wurde die Klosterkirche nach Plänen von François Cuvilliés d. J. von dem Maurermeister Ignatius Brechler, der die Bauarbeiten in Asbach leitete und Hofpalier Cuvillés' war, errichtet. Nachdem Abt Maurus Wimmer 1773 verstorben war, wurde die Kirche unter seinem Nachfolger Abt Rupert Feigele (1775–1787) vollendet und ausgestattet. Die Aufträge erhielten bedeutende Künstler: Joseph Deutschmann fertigte die Skulpturen der Altäre und der Kanzel, der Tiroler Josef Schöpf malte die Deckenfresken und Martin Johann Schmidt aus Krems führte die Altarblätter der Seitenaltäre und des Hauptaltars aus.

Mit der Säkularisation 1803 wurde der zwar kleine, dennoch wirtschaftlich erfolgreiche Konvent mit einem Abt und 19 Patres aufgelöst. Im 19. Jahrhundert dienten die Gebäude als Brauerei, bis 1974 landwirtschaftlichen und gastronomischen Zwecken. Erst die durch den 1976 gegründeten Kulturkreis Kloster Asbach initiierte Restaurierung rettete die baufälligen Gebäude vor dem endgültigen Verfall. Seit 1984 unterhält das Bayerische Nationalmuseum hier ein Zweigmuseum; der Landkreis Passau nutzt die Räumlichkeiten seit den 80er Jahren vereinzelt, seit 1991 regelmäßig für Sonderausstellungen.

Kerstin Petermann

Heiko Weiß

Die Klosterlandschaft am Inn
in agilolfingischer und karolingischer Zeit

Gleich den Perlen einer Kette, so reihen sich heute die Klöster und Stifte an den Ufern des Inns. Über Jahrhunderte hinweg bildeten sie bedeutende Zentren, die das geistliche, geistige und künstlerische Leben des Landes stark beeinflussten, ja gar lenkten. Allerdings haben viele dieser Orte mittlerweile ihre monastische Leuchtkraft verloren, so dass oft nur architektonische Relikte des einstigen Glanzes zurückblieben. Das 8. und 9. Jahrhundert dagegen – die Spanne der Herrschaft der bayerischen Herzöge aus dem Geschlecht der Agilolfinger und der karolingischen Könige – gilt als die Gründungsphase der Klosterlandschaft Bayerns. Bis zum Ende des 9. Jahrhunderts lassen sich klösterliche Gemeinschaften in Kufstein-Zell, Gars, Au am Inn, Altötting, Ering, Rotthalmünster-Kühbach und Passau nachweisen. Die Lage am Inn und seinen Nebenflüssen war keineswegs zufällig, ermöglichte sie doch die Nutzung des Fischreichtums für den Speiseplan während der Fast- und Abstinenzzeiten und bot die natürliche Voraussetzung für den Bau von Mühlen. Das Stift zu Altötting und das Passauer Kloster Niedernburg sind Beispiele für die bevorzugte Errichtung klösterlicher Niederlassungen an wichtigen Pfalzorten und Bischofssitzen. Diese und ähnliche Kriterien lassen sich für viele Klostergründungen des 8. und 9. Jahrhunderts in ganz Bayern aufzeigen.[1]

Für die Innklöster der hier zu behandelnden Zeitspanne stehen dem Historiker nur wenige Quellen zur Verfügung. Spärliche Auskunft zu Zell bei Kufstein, Gars und Au am Inn gibt die Notitia Arnonis, eine Auflistung des Besitzes der Salzburger Kirche, die Bischof Arn (nach 740–821) anlegen ließ, um sie Karl dem Großen zur Bestätigung vorzulegen, mit dem Ziel, auch nach dem Machtwechsel in Bayern 788 die Rechtssicherheit garantiert zu wissen. So liegt hier eine Schriftquelle vor, die eine Vielzahl älterer Dokumente der Agilolfingerzeit stark gekürzt und in Abschrift enthält. Die Notitia ist lediglich in Abschriften erhalten, deren früheste aus dem 12. Jahrhundert stammt.[2] Aus demselben Grund wie die Notitia entstanden, zeigt der Breviarius Urolfi, das Güterverzeichnis des Klosters Niederaltaich, den gleichen Charakter. Auch hier handelt es sich um eine Aufzählung älterer und ausführlicherer Urkunden. Wie die Notitia so ist auch dieses

Zeugnis nur in Abschriften auf uns gekommen. Die Quellen für das Gebiet des Bistums Passau sind etwas ergiebiger. Hier ist das Traditionsbuch des Hochstifts erhalten, in dem Schenkungs-, Tausch- und Rechtsbelege der kirchlichen Institution gesammelt sind. Für Passau liegt also vor, was in Salzburg nur indirekt über die Notitia greifbar ist. Doch auch hier muss der Historiker schmerzliche Überlieferungslücken beklagen. Über die Geschichte des Pfalzstifts Altötting geben Königsurkunden Auskunft, da wir es bei diesem Stift mit einer königlichen Gründung zu tun haben. Neben diesen unterschiedlichen Typen der Schriftquellen können auch archäologische Funde von den vergangenen Zeiten berichten. Dagegen lassen uns die Quellen zum Passauer Kloster Niedernburg und zum Domkloster der Stadt für die frühe Zeit völlig im Stich. Der knappe Überblick über das Material, aus dem der Historiker Geschichte rekonstruiert, verdeutlicht, dass unser heutiges Wissen von den ersten Klöstern des Inntals auch maßgeblich von den Intentionen abhängig ist, die die Autoren der Texte verfolgten, die uns heute als Quellen dienen. Der Zufall der Überlieferung ist es, der Geschehenes verhüllt oder aufdeckt.

Suchen wir nun, dem Flusslauf folgend, die einzelnen Klöster auf und betrachten ihre Entwicklung bis in die Zeit um 900.

Kufstein-Zell

Der einzige schriftliche Beleg für eine klösterliche Gemeinschaft in Kufstein-Zell[3] findet sich in der Notitia Arnonis, wo in einer Auflistung zu Salzburg gehörender Kirchen und Besitzungen der Zeit des Herzogs Tassilo III. folgender Eintrag zu lesen ist: „In Kufstein: Eine Kirche mit Land und Kloster (cellola), wo unsere Brüder mit den Händen arbeiten." Diese Passage belegt lediglich die Existenz und die Zugehörigkeit des Klosters zu Salzburg. Die „Handarbeit" der dort lebenden Mönche könnte nach Bachmann auf dem Maierhof der Salzburger Kirche in Kufstein verrichtet worden sein. Die Kapitelüberschrift, unter der die Eintragung der Notitia zu finden ist, verweist auf Tradierung durch „liberi Baioarii". Durch archäologische Ausgrabungen in der Martinskirche von Zell, das Kufstein gegenüber am jenseitigen Innufer liegt, konnte die *Cellola* der Notitia nun auch baulich nachgewiesen werden: Einem älteren Holzbau (zweite Hälfte des 7. Jahrhunderts) folgte ein erster steinerner Kirchenbau in Form eines Saals mit eingezogenem apsidialem Presbyterium, das außen rechteckig ummauert ist. Der Saal maß beinahe 9 m in der Länge und 5,75 m in der Breite. Archäologisch lässt sich dieser Befund ins 8. oder 9. Jahrhundert datieren. Größe und Ausstattung der Kirche lassen Rückschlüsse auf die Aufgaben der dortigen Mönchsgemeinschaft zu: Die Dimension der Kirche entspricht den ungefähr gleichzeitig errichteten Kirchen der Umgebung und überstieg somit deutlich den Raumbedarf der eher kleinen klösterlichen Gemeinschaft. Das Gotteshaus war demnach wahrscheinlich auch das spirituelle Zentrum einer kleinen Christengemeinde. Darüber hinaus fand sich im Westen des Saals ein in den Boden eingelassenes Taufbecken. Dies spricht für eine Missionstätigkeit der Zeller Mönche. Für das zur Kirche gehörende Kloster wird eine Lage in unmittelbarer Nachbarschaft zum Gotteshaus angenommen. Der Zeitpunkt der Schenkung an Salzburg lag vermutlich vor 739, da der Inn durch die Bistumsorganisation des Bonifatius zur Grenze zwischen dem Freisinger und Salzburger Diözesansprengel wurde. Die Lage des Klösterchens westlich des Inns lässt sich demnach nur durch einen frühzeitigen Schenkungsakt erklären.

Gars und Au am Inn

Wiederum werden wir auf die Notitia Arnonis verwiesen, wenn wir uns mit der Frühgeschichte der Klöster Gars und Au am Inn bei Waldkraiburg beschäftigen. Zu Gars[4] berichtet die Quelle, der Kleriker Boso habe auf einem herzoglichen Lehen eine St. Peter geweihte Zelle errichtet und dazu die Erlaubnis des Herzogs Tassilo eingeholt, der sodann Boso zusammen mit seiner Gründung an das Salzburger Peterskloster übergab. Der Besitz, der während des 8. und 9. Jahrhunderts an Gars übertragen wurde, lässt sich aus einer Salzburger Urkunde von 924 ablesen, die einen Gütertausch des Salzburger Erzbischofs besiegelt: Als Garser Besitz werden zahlreiche Fronhöfe am östlichen Innufer genannt, die sich von Krems bei Tüßling im Norden bis nach Schwabering am Simssee erstrecken. Darüber hinaus verfügte das Kloster noch über den

Drittelzehnt von neun Kirchen in der Umgebung von Rosenheim.

Ganz ähnlich wie in Gars verlief die Gründung von Au am Inn[5] durch die Priester Baldun und Hrodbert. Auch hier wurde zuvor die Erlaubnis des Herzogs eingeholt. Tassilo selbst übergab dann die Neugründung zusammen mit weiteren von Adeligen gestifteten Besitzungen an Salzburg. Hier und auch am Beispiel Gars wird deutlich, wie die Bischöfe versuchten, neue Klostergründungen an sich zu ziehen. Lediglich die herzoglichen Gründungen, die nach 788 zu Königs- oder Reichsklöstern wurden, konnten sich dieser Tendenz zumindest teilweise entziehen.

Altötting

Das Pfalzstift Altötting[6] hat seine Wurzeln in einer königlichen Pfalzkapelle. Altötting wurde unter den Karolingern neben Regensburg zur zweiten wichtigen Königspfalz in Bayern. Von den 28 erhaltenen Urkunden König Karlmanns verweisen 13 auf Ötting als Ausstellungsort. Reste der Pfalz wurden bei archäologischen Grabungen auf dem Kapellplatz nachgewiesen. Das Oktogon der Gnadenkapelle ist der letzte erhaltene Teil der einstigen Anlage. Erstmals ist in einem Diplom König Karlmanns vom 24. Februar 877 die Rede von einem Kloster in Ötting. Die Urkunde berichtet, dass Karlmann die Abtei Mattsee, die Kapelle in Ötting und einen Hof in Buch an das Kloster schenkte. Für die Datierung der Klostergründung ist diese Urkunde von enormer Wichtigkeit, liefert sie doch nicht nur einen ersten Beleg für die Existenz des Klosters, sondern nennt mit Karlmann auch den Klostergründer. Die Stiftung wird demnach nicht allzu lange vor der Ausstellung des Diploms erfolgt sein. Genannt werden auch die Patrone der neuen Gründung, nämlich die Gottesmutter Maria und der Apostel Philippus. Darüber, dass man dem Stift große Bedeutung zumaß, kann kein Zweifel bestehen. Dafür spricht schon die mit der Urkunde vorgenommene Übertragung der Abtei Mattsee an die Neugründung. Mattsee war bislang als alte Agilolfingerstiftung Königsabtei. Ein weiteres Indiz dafür ist die ebenfalls in der Urkunde erwähnte reiche Ausstattung mit Reliquien, die Karlmann seiner Stiftung zukommen ließ. Eine zweite Urkunde vom 9. September 878 bestätigt eine neuerliche großzügige Schenkung Karlmanns: Der mit umfangreichen Besitzungen versehene Königshof Treffen bei Villach in Kärnten ging jetzt in den Besitz des Stifts über. Darüber hinaus belegt das Diplom eine Reliquientranslation: Die Gebeine der Heiligen Maximilian und Felicitas wurden in die Öttinger Stiftskirche überführt. Störmer vermutet, dass die Übertragung dieser Reliquien anlässlich der Kirchenweihe erfolgte. Dass Karlmann die von ihm errichtete Stiftskirche zu seiner Grablege wählte, zeigt deutlich, wie hoch er das von ihm gegründete Stift schätzte. Doch er blieb nicht der einzige Karolinger, der Altötting gewogen war. Auch für Karl III. ist eine reiche Schenkung an das Stift belegt: 885 übergab er dem Kloster das Recht auf den Neunten von 20 bayerischen Königshöfen. Wie Störmer zeigt, bezweckten die späten Karolinger durch ihre reichen Stiftungen die „Einbindung der Pfalzstiftgüter in die königliche Interessenssphäre"[7]. Dies erklärt dann auch Schenkungen in weit entfernten Regionen. Die Forschung nimmt für Altötting nicht eine Mönchsgemeinschaft im eigentlichen Sinne, sondern ein Kanonikerstift an. Der wichtigste Unterschied der beiden Ordines bestand in der Frage nach dem Besitz des einzelnen Mitglieds: War es dem Kanoniker erlaubt, privaten Besitz zu haben, so war dies dem Mönch streng untersagt. Mit dem Verfall der Karolingerherrschaft in Ostfranken endete auch die Blütezeit des Pfalzstiftes Altötting: Eine auf 907 datierte, unechte Urkunde, die Ludwig das Kind ausgestellt haben soll, bestätigt den Besitz Altöttings für Passau. In der Tat dürfte in diese Zeit auch das Ende des königlichen Pfalzstiftes anzusetzen sein. Möglicherweise steht dies in Zusammenhang mit dem Stiftsabt Burchard, der 903 den Passauer Bischofsstuhl bestieg. 980 jedenfalls erfolgte die Translation der Maximiliansreliquien durch Bischof Pilgrim in den Passauer Dom. Damit markierte nun auch ein symbolischer Akt das Ende der Eigenständigkeit Altöttings.

Ering

Eröffnen die Quellen zu Altötting teilweise gute Einblicke in die Geschichte des dortigen Stifts, so liegt für die Zelle in Ering[8] lediglich eine kurze Bemerkung im Breviarius Urolfi vor. Berichtet wird, dass Fricho, Ratolf und dessen Brüder die Zelle Ering mit Zustimmung Tassilos zusammen mit acht Mansen an das Kloster Niederaltaich übergeben haben. Die Lage der *Cella* wird heute mit dem Eringer Ortsteil Münchham in Verbindung gebracht.

Rotthalmünster-Kühbach

Einen interessanten Einblick in die Gründungszeit geben die Quellen zum Kloster bei Rotthalmünster.[9] Auch hier erfahren wir nur indirekt von der Gründung einer Zelle. Die in den Passauer Traditionen überlieferte Urkunde von 789/91 hält die Übergabe des Klosters durch die Tochter des Gründers Wilhelm an die Passauer Kirche fest. Von der Gründung erfährt man, Wilhelm habe in waldiger Gegend das der Heiligen Maria und dem Heiligen Michael geweihte Nonnenkloster mit Zustimmung der Herzöge Hucbert und Odilo errichtet. Sodann habe der Gründer das Kloster an seine Tochter Irminswind und ihre „Sanctimoniales" übergeben. In Gegenwart des Bischofs Waltrich von Passau verfasste Irminswind schließlich ein Testament: Das Kloster sollte an ihre Nichte Sapientia und nach deren Tod wiederum an Imma, die ebenfalls Mitglied der klösterlichen Gemeinschaft war, übergehen. Nach dieser Zeit, so bestimmte die anscheinend hochbetagte Irminswind, sollte das Kloster - vorbehaltlich der Zustimmung Karls des Großen - an die Passauer Kirche fallen. Die Quellen nennen den Ort des Klosters „Chirihpah". Die Forschung geht davon aus, dass er identisch ist mit dem heutigen Kühbach bei Rotthalmünster. Die Nennung des Klostergründers Wilhelm bringt die Zelle in die Nähe zur mächtigen Sippe der Wilhelminer, die bis ans Ende des 9. Jahrhunderts ihre Machtposition im Südosten halten konnte. Störmer sieht Wilhelm als engen Gefolgsmann der bayerischen Herzöge, seine Klostergründung wird daher nur in Absprache mit den Agilolfingern erfolgt sein. Der Übergang an die Passauer Bischofskirche kann hier stellvertretend für das Schicksal einer Vielzahl von Adelsklöstern stehen. Bis gegen Ende des 8. Jahrhunderts gelang es den Bischöfen, beinahe alle Adelsklöster unter ihre Verfügungsgewalt zu bringen. Auch Königsklöster gingen zuweilen an die Bischöfe über.

Passau

Passau beherbergt mit der Gemeinschaft der Domkleriker und dem Frauenkloster Niedernburg nochmals zwei näher zu betrachtende Kommunitäten. Das Domkloster[10] wird als „monasterium Patavis ad ecclesiam sancti Stephani protomartyris" erstmals in einer Schenkungsurkunde von 796 erwähnt. Die Ursprünge dieser Institution bleiben daher völlig dunkel. Bedenkt man, dass an den anderen bayerischen Bischofssitzen ursprünglich eine Verbindung von Bischofskirche und Kloster bestand und die Bischöfe gleichzeitig die Funktion des Abtes ausübten und dass eine Trennung beider Institutionen erst im Lauf der Zeit erfolgte, so scheint die Entwicklung in Passau anders verlaufen zu sein. Es finden sich keine Hinweise auf ein Mönchskloster, das neben der Kathedralkirche ein zweites spirituelles Zentrum der Stadt bildete. In einer nur bruchstückhaft überlieferten Urkunde aus der Mitte des 9. Jahrhunderts werden die Mitglieder des Domklosters als *„turma plurima canonicorum"* bezeichnet. Es besteht daher die Möglichkeit, dass sich das Passauer Domkapitel von Anfang an aus einer Kanonikergemeinschaft entwickelte. Mönche lassen sich am Stephansdom jedenfalls nicht nachweisen.

Lässt die Quellenlage schon zur Klerikergemeinschaft am Dom nur wenige gesicherte Aussagen zu, so ist die Frühzeit des Frauenklosters Niedernburg[11] ganz ins Dunkel der Geschichte gehüllt. Die erste Erwähnung findet sich in einem Diplom König Arnulfs, das auf den 8. Februar 888 datiert ist. Die Quellenarmut lässt sich vielleicht mit der Vernichtung des Klosterarchivs beim Stadtbrand 1662 erklären. Über die Frühzeit des Klosters liegen nur spätere Quellen vor. Da Otto II. 976 Niedernburg an das Bistum übergab, muss das Kloster bis zu diesem Zeitpunkt Reichskloster gewesen sein. Dies lässt auf eine Gründung durch die Karolinger oder aber ihre Vorgänger, die bayerischen Herzöge aus dem Geschlecht der Agilolfinger, schließen. Die Lokaltradition berichtet von einer Gründung durch den Herzog. Nach dem Sturz Tassilos III. 788 wurde aus dem Herzogskloster ein karolingisches Königskloster. Oswald möchte das Gründungsdatum in Analogie zu den Frauenklöstern an anderen bayerischen Bischofssitzen in unmittelbare zeitliche Nähe zur Bistumsgründung legen. Für einen sicheren Nachweis ist die Quellenbasis jedoch zu schmal.

Fragt man nach den Regeln, an denen die Mitglieder der geistlichen Kommunitäten am Inn ihr Leben ausrichteten, so haben die Forschungen von Josef Semmler[12] aufgezeigt, dass die Regula sancti Benedicti keineswegs die einzige Klosterregel war, die im agilolfingischen Bayern Gültigkeit beanspruchte. Lediglich zum Kloster Rotthalmünster-Kühbach berichten die Quellen, die Nonnen hätten nach der Benediktregel gelebt. Auch *monachi* und *canonici* treten in den Quellen vielfach nebeneinander auf, so dass man annehmen

muss, die Mischregelobservanz habe auch nach der Klosterreform Benedikts von Aniane und Ludwigs des Frommen 816 am Inn noch weitgehend dominiert. Eine reine Kanonikergemeinschaft ist lediglich für das Pfalzstift Altötting nachzuweisen, das nach dem Vorbild von Aachen und Compiègne gegründet wurde. Als reines Kanonikerstift erscheint auch das Passauer Domkloster. Die Quellenlage lässt hier jedoch keine absolute Sicherheit zu.

Auffällig ist, dass wir mit Ausnahme des Altöttinger Pfalzstifts und des Passauer Domklosters über die Geschichte der Klöster am Inn während des 9. Jahrhunderts keine Aussagen treffen können. Zellen wie Kufstein, Ering und Rotthalmünster verschwinden wieder im Dunkel, ohne dass wir über das Ende dieser Gemeinschaften Nachrichten besitzen. Ursache dieser Krise waren sicherlich nicht nur die immer wieder genannten Ungarneinfälle des späten 9. Jahrhunderts. Sie sind vielmehr der Endpunkt einer Entwicklung, die sich schon in der ersten Jahrhunderthälfte abzeichnete: „Der religiöse Elan der Gründerepoche scheint weitgehend erloschen; Stagnation und Niedergang sind nicht zu übersehen."[13] Die Reformen Ludwigs des Frommen besaßen in bayerischen Klöstern nur wenig Stoßkraft. Das Nachlassen des Reformeifers am Kaiserhof musste in einer Randregion des Reichs wie Bayern erst recht zum Verfall führen.

Anmerkungen

1 Wilhelm Störmer, Beobachtungen zur historisch-geographischen Lage der ältesten bayerischen Klöster und ihres Besitzes, in: Zwink, Eberhard (Hrsg.): Frühes Mönchtum in Salzburg, (Salzburger Diskussionen, 4) Salzburg 1983, S. 109–123.

2 Willibald Hauthaler, Salzburger Urkundenbuch, Bd. 1, Salzburg 1910, S. 3–4.

3 Hanns Bachmann, Studien zur Entstehung der in der Notitia Arnonis genannten Kirchen Tirols. 2. Teil, in: MIÖG 82 (1974) S. 30–84, hier: S. 39–52; Josef Semmler, Das Klosterwesen im bayerischen Raum vom 8. bis zum 10. Jahrhundert, in: Boshof, Egon/Wolff, Hartmut (Hrsg.): Das Christentum im bairischen Raum, Köln/Weimar/Wien 1994, S. 291–324, hier: S. 297; Wilhelm Sydow, Archäologische Untersuchungen in der Martinskirche in Zell bei Kufstein, Tirol, in: Fundberichte aus Österreich 23 (1986) S. 169–178.

4 Hauthaler 1910, Nr. 44a; Wilhelm Störmer, Frühmittelalterliche Grundherrschaft bayerischer Kirchen (8.–10. Jahrhundert), in: Rösener, Werner (Hrsg.): Strukturen der Grundherrschaft im frühen Mittelalter, Göttingen 1989, S. 370–410, hier: S. 382–383.

5 Semmler 1994, S. 297.

6 Erwin Keller, Ausgrabungen in der karolingisch-ottonischen Pfalz auf dem Kapellplatz in Altötting, in: Das archäologische Jahr in Bayern 1984, Stuttgart 1985, S. 142–146; MGH. D Kar. III

128. MGH. D Karlm. 2, 11, 12, 13, 14, 19, 20, 21, 22, 23, 24, 25, 26, 27, 28. MGH. D LK. 84; Wilhelm Störmer, Die Anfänge des karolingischen Pfalzstifts Altötting, in: Berg, Dieter/Goetz, Hans-Werner (Hrsg.): Ecclesia et regnum. Beiträge zur Geschichte von Kirche, Recht und Staat im Mittelalter, Bochum 1989, S. 61-71; Wilhelm Störmer, Besitz und Herrschaftsgefüge im Passauer Raum des 8./9. Jahrhunderts. Herzog, König, Adel und Kirche, in: Boshof, Egon/Wolff, Hartmut (Hrsg.): Das Christentum im bairischen Raum. Von den Anfängen bis ins 11. Jahrhundert, Köln/Weimar/Wien 1994, S. 389-422, hier: S. 399-400.

7 Störmer 1989, S.67.

8 Heinrich Tiefenbach, Die Namen des Breviarius Urolfi. Mit einer Textedition und zwei Karten, in: Schützeichel, Rudolf (Hrsg.): Ortsname und Urkunde. Frühmittelalterliche Ortsnamenüberlieferung, Heidelberg 1990, S. 60-96; Herbert W. Wurster, Ering. Ein bayerischer Ort im Inntal, in: Wurster, Herbert (Hrsg.): 1200 Jahre Ering am Inn. Festschrift zur 1200-Jahr-Feier 1988, Ering 1988, S. 5-70, hier: S. 6-10.

9 Egon Boshof, Die Regesten der Bischöfe von Passau, Bd. 1, München 1992, Nr. 39, Nr. 50; Max Heuwieser (Hrsg.), Die Traditionen des Hochstifts Passau, München 1930, Nr. 33; Herbert Reinhart, Festschrift zur 750-Jahrfeier des Marktes Rotthalmünster, Rotthalmünster 1998, hier: S. 13-37. Störmer 1994, S. 407 f.

10 Boshof 1992, Nr. 42, Nr. 134; Heuwieser 1930, Nr. 44, Nr. 80; Semmler 1994, S. 306 f.

11 Boshof 1992, Nr. 234; MGH.D Arn. 13. MGH.D O. II 136; Josef Oswald, Niedernburg, in: Oswald, Josef (Hrsg.): Alte Klöster in Passau und Umgebung, Passau 1950, S. 11-43.

12 Josef Semmler, Benediktinisches Mönchtum in Bayern im späten 8. und frühen 9. Jahrhundert, in: Zwink 1983, S. 199-218.

13 Egon Boshof, Die Kirche in Bayern und Schwaben unter der Herrschaft der Karolinger, in: Brandmüller, Walter (Hrsg.): Handbuch der bayerischen Kirchengeschichte, Bd. 1, St. Ottilien 1999, S. 95-132, hier: S. 121.

Wilhelm Störmer

Der Adel im Donau-Inn-Bereich vom 8. bis zum Ende des 11. Jahrhunderts

In der Agilolfingerzeit ist der Begriff *nobilis* (edel, adelig) noch außerordentlich selten. In der Lex Baiuvariorum findet er sich nur an zwei Stellen. Es scheint, dass zunächst freie Gefolgschaftskrieger zusammen mit dem Herzog das Land beherrschten und bewohnten. Die Siedlungen, die sie übernahmen oder neu gründeten, trugen häufig ihren Personennamen. Der Kriegsdienst für Herzog und König war eine der wichtigsten Voraussetzungen für wirtschaftlichen Besitzzugewinn, da Dienst ja nicht mit Geld entlohnt werden konnte.

Agilolfinger- und Karolingerzeit

In der zweiten Hälfte des 8. Jahrhunderts unterscheidet Bischof Arbeo von Freising deutlich *nobiles* und *ignobiles* (Edle und Unedle); Herzog Tassilo spricht von seinen *optimates* (Besten). Die Dingolfinger Synode (um 770) kennt *nobiles, liberi, servi* (= Edle, Freie, Knechte). Hier wird betont, dass alle Güter, welche die Vorfahren Herzog Tassilos ihren adeligen Vasallen (*nobiles intra Baiuarios*) verliehen hatten, in der Verfügungsgewalt der Lehensnehmer und ihrer Nachkommen bleiben sollten, solange diese ihren „vasallitischen Vertrag" gewissenhaft erfüllten und demgemäß dem Herzog dienten. Ähnlich deutlich ist die Begriffsprache in dem für den niederbayerischen Donauraum so wichtigen Niederaltaicher Breviarius Urolfi, der ein Güter-, Schenkungs- und Entfremdungsverzeichnis ist, wie die gleichzeitigen Salzburger Güterverzeichnisse. Diese sollten eine Art Beweisurkunde sein, die man wohl kurz nach 788 Karl dem Großen, dem neuen Herrn in Bayern, vorlegen wollte oder musste. Der Breviarius des Niederaltaicher Abtes und nachmaligen Bischofs von Passau (804–806) ist folgendermaßen eingeteilt:

a) Herzogs- und Konsensschenkungen unter den Herzögen Odilo und Tassilo, b) Schenkungen von Adeligen, c) unrechtmäßige Entfremdungen. Unter Titel b finden sich nicht weniger als 31 Adelige, die in der Zeit der letzten Herzöge an das Kloster Niederaltaich jeweils *hereditas* (Erbgut) geschenkt haben. Der Ort des Schenkungsguts ist ebenfalls angegeben.

Das Bild des Adelsbesitzes lässt sich in unserer Untersuchungszeit nur aus Schenkungen (meist Seelgerätstiftungen) an Bischofs- und Klosterkirchen und Tauschhandlungen einzelner Adeliger rekonstruieren. Selbst bei opulenten Schenkungen eines Adeligen wird man nicht mit dessen gesamten Besitzungen zu rechnen haben, sondern eher mit einem bescheidenen Teil. Ein Güterbestand musste ja für die folgenden Generationen gesichert bleiben. Dazu kommt: Wir können vor dem 11. Jahrhundert adelige Familien oder Gruppen kaum über längere Zeit verfolgen, weil sich die Sozialgebilde Familie und Sippe bei frühen adeligen Grundherren relativ rasch verändern.

Da die Passauer Schenkungsurkunden des 8./9. Jahrhunderts im Vergleich zu jenen des Bistums Freising nur bruchstückhaft überliefert sind, lässt sich auf den ersten Blick über den weltlichen Wohltäterkreis um die Domkirche Passau nicht allzu viel sagen. Doch fällt auf, dass auch in dieser Überlieferung eine große Schar von Besitz-Schenkern besonders seit 777 auftritt, deren Güter vorwiegend am Inn, in Oberösterreich (Gurten, Andiesen) und an der Rott liegen. Zunächst glaubte man, diese nicht einordnen zu können. Besonders Gertrud Diepolder hat beispielsweise herausgearbeitet, dass zahlreiche Personennamen des relativ fernen Kloster-Schäftlarner Schenkerkreises in den Passauer Traditionen wieder präsent sind. Man kann also nicht sagen, dass die Wohltäter des Bistums Passau einfache „Ortsadelige" gewesen seien. Dazu kommt, dass in diesem Kreis so bedeutende (Hoch-) Adelige wie Gotafrid, Machelm, Wilhelm und David vertreten sind.

Für das regionale Panorama adeliger Grundbesitzer und Machthaber spielen seit dem 8. Jahrhundert die geographischen Gegebenheiten durch das Flusssystem eine beträchtliche Rolle. Donau, Inn, Rott, Salzach und Traun waren nicht nur Leitlinien der Besiedlung, sondern auch der Herrschaft. Gerade am Inn ist seit der Agilolfingerzeit das enge Verwobensein von Herzogs- bzw. Königsgut und Adelsgut auffällig. War der Verkehrsweg der Donau von zentraler Bedeutung für die kriegerischen Auseinandersetzungen mit den östlichen Nachbarn, so war die Inn-Salzach-Linie nicht minder bedeutend für die Aufrechterhaltung bayerischer Stammesinteressen. Hier liegen allein zwei Bischofssitze und die Königspfalzen Osterhofen an der Donau, Altötting am Inn und Ranshofen unweit der Mündung der Salzach in den Inn. Um diese Pfalzen liegen gewaltige Königsforste als höfisches Jagdgebiet. Auch das älteste Adelskloster Bayerns in oder um Rotthalmünster wird hier fassbar. Aus der Übertragung adeligen Besitzes an die Kirchen lassen sich vor allem für das 8./9. Jahrhundert gewisse Schenkungslinien und damit Adelspositionen rekonstruieren.

Im Westen zeigt uns der Breviarius Urolfi die Herzogs- und Adelsschenkungen an das Kloster Niederaltaich. Vom Südosten reichen die Schenkungen an das Herzogskloster Mondsee quer über den Inn bis zum Rottal und südlich der Donau bis in Isarnähe. Die Adelsschenkungen an die Domkirche Passau sind primär am Inn orientiert, und zwar bis in die Nähe von Altötting.

Die Salzburger Überlieferung des späten 8. Jahrhunderts zeigt uns die Fortsetzung adeliger Positionen nach Süden, vor allem östlich der Salzach; eine weitere „Schenkungslinie" folgt der ehemaligen Römerstraße Salzburg-Linz. Auffällig ist auch die Schenkungsausstrahlung östlich des Klosters Kühbach-Rotthalmünster und Egglfings, wo uns der Herzog, der Umkreis des Grafen Machelm und die Wilhelminer begegnen, und weiter südlich eine „Linie" von Braunau am Inn über Mattighofen, Munderfing nach Straßwalchen. Je weiter die Adelsforschung fortschreitet, um so deutlicher tritt uns in der ausgehenden Agilolfingerzeit der überraschend hohe Prozentsatz von besonders „illustren" Grundherren auf.

Spitzenvertreter des agilolfingischen Adels im Passauer Umfeld

Aus den bruchstückhaften Quellen lässt sich erkennen, dass ein Graf Machelm eine hervorragende Rolle in der Umgebung der Herzöge Odilo und Tassilo gespielt haben muss. Schon kurz nach dem Tode Herzog Odilos ist er Zeuge der Erneuerung einer Besitzschenkung des verstorbenen Herzogs durch seinen noch minderjährigen Sohn Tassilo. Machelm, von 748/50 bis etwa 788 in Bayern bezeugt, ist der einzige Grundherr, der sämtliche bayerischen Domkirchen beschenkte, außerdem noch die Klöster Niederaltaich

und Mondsee, beide Gründungen Herzog Odilos († 748). Er hatte Besitz von Herzog Odilo erhalten, schenkte auch zum Seelenheil Odilos und Tassilos an bayerische Kirchen. Da er im castrum Wels (OÖ) und der Herzogspfalz Ostermiething Rechtsgeschäfte vornahm, scheint er hier auch „Amtsträger" gewesen zu sein. Wo Machelm Graf war, lässt sich nicht ermitteln. Seine grundherrschaftlichen Positionen lagen vornehmlich um und östlich von Inn und Salzach. Im Mattiggau war er wohl der angesehenste Grundherr; im Innviertel und im westlichen Traungau reihen sich seine Besitzungen wie an einer Perlenschnur auf. Machelms Beziehungen gehen offenbar weit über den bayerischen Raum hinaus. Er gehörte zu den ganz wenigen Personen, die im Bayern des 8. Jahrhunderts einen hervorhebenden Titel tragen. Machelm wird als *vir clarissimus, vir illustris, comes* und *nobilis* bezeichnet.

Der 824 genannte Machelm *„de Baioaria"*, der von Kaiser Ludwig dem Frommen den Auftrag einer wichtigen Gesandtschaftsreise nach Bulgarien erhielt, scheint ein Nachkomme dieses Machelm zu sein.

In unmittelbarer Nachbarschaft zu Machelms großer Schenkung in Bachmaning am Grünbach (OÖ) schenkt auch Helmo *illustris* alles, was er im Ort Grünbach besitzt, an Salzburg. Dieser Helmo *illustris* darf wohl mit dem Grafen Helmuni identifiziert werden, der 793 Besitz im Sualafeld an Freising schenkt und dessen Sippe im Donaugau besitzmächtig ist. Die Helmuni-Sippe muss im 8./9. Jahrhundert in Bayern entscheidende Positionen besessen haben. Der Titel *illustris*, der uns von Helmo im Salzburger Quellenmaterial überliefert ist, zeigt uns Prestige und Selbstbewusstsein eines Vertreters dieser Gruppe, wohl aber auch der Sippe überhaupt. Drei Personen dieser Sippe tragen den Grafentitel. Dazu kommt noch ihr personeller Zugriff auf mindestens zwei bayerische Diözesansitze.

Schon unter den Herzögen Hucbert (ca. 727–ca. 737) und Odilo (737?–748) gründete in Kühbach bei Rotthalmünster ein Willihelm ein Nonnenkloster für seine Tochter Irminswind. Willihelm hat somit das erste adelige Nonnenkloster in Bayern geschaffen, Zeichen nicht nur seines religiösen Anliegens, sondern auch seines Ansehens und seines Besitzreichtums. Die Verwandtschaft dieses Mannes hat denn auch die Geschichte nicht nur unseres Untersuchungsraumes, sondern auch des Traungaus und seit dem 8. Jahrhundert des Raumes östlich von München und Freising mitbestimmt. Als Grafen im Traungau hatten die Wilhelminer im 9. Jahrhundert beträchtliche Macht, doch führte die Niederlage des bayerischen Heerbanns 871 zur so genannten Wilhelminerfehde, die die östlichen Marken Bayerns geradezu erschütterte. Zwar verloren sie 893 sämtliche Ämter und Güter, doch kamen die meisten ihrer Grafschaften, Ämter und Eigengüter in die Hand ihrer Verwandten, unter anderem der Grafen von Ebersberg. Die so genannten jüngeren Wilhelminer hatten vor allem im Osten bis weit in das 11. Jahrhundert wichtige Positionen ihrer Ahnen erhalten und ausgebaut.

Das 10. Jahrhundert

In einer Zeit, in der in den bayerischen Marken die Adelsmacht sich deutlich verfestigt, Adelsoppositionen und Sippenfehden fast zur Tagesordnung im Osten werden, zeigt sich am östlichen Horizont ein neuer, viel gefährlicherer Feind als Slawen und Awaren: die Ungarn. Immerhin lernten die Bayern im Osten offenbar als Erste, die Schwächen des beweglichen, leichten Reiterheeres der Ungarn auszunutzen und die mit Beute beladenen, ermüdet in die Heimat ziehenden Scharen zu stellen. Im Jahre 900 vernichtete der bayerische Markgraf und königliche Stellvertreter Luitpold gemeinsam mit dem Passauer Bischof auf dem nördlichen Donauufer bei Linz eine Ungarnschar, die plündernd in Bayern eingebrochen war. Ein weiteres Treffen zwischen Bayern und Ungarn ist 903 bezeugt; seinen Ausgang kennen wir leider nicht.

Die neue Ennsburg (Stadt Enns) war zunächst die Grenze des Passauer Aufgabenbereichs. In diesem Grenzraum Donau-Enns scheint Graf Guntheri gewirkt zu haben, der schon 819 an Passau bzw. St. Florian geschenkt hatte. 907 freilich ist Graf Aribo Präfekt der Ennsburg. 947/55 überlässt schließlich der Passauer Bischof das Gut Ennsburg dem bayerischen Herzog gegen Übergabe eines Ortes in Niederbayern. Ein Zeichen dafür, dass er es allein gegen die Ungarn nicht halten konnte.

Betrachtet man die Quellen des 10. Jahrhunderts, dann findet man lange keine konkreten Hinweise auf Adel im Raum Donau-Inn, trotz vieler Krisen. 913 wurde das Ungarnheer am Inn von Herzog Arnulf geschlagen, dem sicherlich ein adeliges Kontingent zur Verfügung stand.

Es wäre denkbar, dass die Schlacht unweit der Pfalz Altötting stattfand. Da 939 Bayern erneut von den Ungarn verwüstet wurde und 943 der Traungau Ziel eines ungarischen Einfalls war, wird man in der Inn-Salzach-Zone eine Verteidigungslinie sehen dürfen, die ebenfalls nur mit Hilfe adeliger Besitzer denkbar ist.

Wo diese Adeligen saßen und wie sie hießen, was überhaupt mit den mächtigen Familien des 8./9. Jahrhunderts dieser Zone geschah, wissen wir nicht, auch nicht in welchen Familien des 11. Jahrhunderts sie weiterlebten. Die aggressive Politik Bischof Pilgrims von Passau (971–991) muss Strukturänderungen des Adels am unteren Inn zur Folge gehabt haben. Der kämpferische Bischof schuf sich offensichtlich eine größere Vasallenschar.

Trotz der Quellenstille werden schon in der zweiten Hälfte des 10. Jahrhunderts neue adelige Machthaber östlich des Inns sichtbar. Südwestlich von Wels entstand an der Ager die Burg der Grafen von Lambach, deren Einfluss bis an den Inn reichte. 1018 lag Antiesenhofen in der Grafschaft des Lambachers Arnold. Die Passauer Bischöfe lagen mit diesen Lambachern seit Bischof Adalbert (946–970/71) im Streit um Forstrechte.

Im beginnenden 11. Jahrhundert hatten die Lambacher Grafen bereits weite und hervorragende Verwandtschaftsbeziehungen. Arnold II. erhielt vom Kaiser 1035 die Kärntner Mark an der mittleren Mur verliehen. Seine Söhne Gottfried und Arnold III. fielen um 1050 einem Mordanschlag zum Opfer. Der dritte Sohn Bischof Adalbero von Würzburg brachte den Familienbesitz um Wels und Lambach sowie am Inn an das Bistum Würzburg. Er gründete 1056 auf seiner Stammburg das Kloster Lambach, das im Investiturstreit ein Schwerpunkt gregorianischer und antiköniglicher Politik wurde. Das übrige Erbe fiel an die Formbacher und vor allem an die steirischen Otakare.

Während sich östlich des Inns die so genannten Lambacher Grafen etablierten, drängten vom Westen längs der Donau die späteren österreichischen Markgrafen der Babenberger als Grafen im Donaugau, zumindest bis zur Isarmündung und den Raum Deggendorf, vor. Eine ihrer wichtigsten frühen Herrschaftsbasen ist dieser Donauraum. Luitpold, der erste Markgraf (seit 976) des bayerischen Ostens, wird 962 bereits als Graf im Donaugau genannt, sein Sohn Adalbert, ebenfalls Markgraf (1018–1055), war Graf im Schweinach-, Künzig- und unteren Donaugau. Man wird also davon ausgehen dürfen, dass die österreichischen Babenberger zwischen ca. 960 bis 1050 als Grafen eine Art Oberherrschaft über den übrigen Adel des Raumes ausübten, und zwar in der Zeit der Kaiser Otto II., Otto III., Heinrich II., Konrad II. und Heinrich III.

Überblickt man die Grafschaften des Raumes, so fällt auf, dass der Donaugau im 9., 10. und 11. Jahrhundert bis zur Isarmündung im Osten reichte. Zwischen Isarmündung und unterer Vils begegnen Grafschaftsnennungen im Künziggau und Schweinachgau, während der mächtige Rottachgau von der oberen Rott über den unteren Inn und von Passau bis Ering am Inn reicht. Im Süden erstreckt sich der Mattiggau von der Westseite des Inns (Haiming und Machendorf) bis Gurten im Osten und nach Süden bis zum Wallersee.

Das 11. Jahrhundert

Nicht viel später als die Grafschaft der Wels-Lambacher wird man den Beginn der Herrschaft der Grafen von Formbach ansetzen dürfen. Zwar wird erst 1028 ein Timo (I.) als Graf von „Fornbach" genannt, doch setzt diese Bezeichnung bereits die Existenz der „Stamm"-Burg und eine größere Herrschaftszone voraus. Dieser Formbacher Timo I. könnte identisch sein mit jenem Grafen Dietmar, der wohl seit 1003, spätestens 1007 die Grafschaft Volkfeld, zu der auch Bamberg gehörte, innehatte. Das bedeutete, dass er zu den frühen engen Gewährsleuten König Heinrichs II. gehörte, wahrscheinlich schon in dessen bayerischer Herzogszeit (seit 986). Er wäre damit auch Garant der herzoglichen und königlichen Positionen im südlichen Umkreis Passaus, an dem König Heinrich II. so viel lag.

Die Vorfahren der Grafen von Formbach lassen sich mit hoher Wahrscheinlichkeit zurückführen in das 10. Jahrhundert, einmal durch Formbacher Leitnamen, zum anderen durch Amtstätigkeit. Ein Ulrich gilt in der Stiftergenealogie als „Stammvater" der Formbacher. In der Mitte des 10. Jahrhunderts ist bereits ein Graf Meginhard, Bruder eines Ulrich, Vogt des Klosters Niederaltaich. Nach ihm treten bis weit in das 11. Jahrhundert Formbacher als Vögte Niederaltaichs auf. Gegen Ende dieses Jahrhunderts spaltete sich das Haus Formbach in mehrere Linien auf, deren Sitze unweit von Vornbach, aber im Neusiedelland lagen: Windberg, Neuburg und Vichtenstein.

Eine besondere Rolle spielten die Grafen von Formbach im so genannten Investiturstreit als Gegner König Heinrichs IV. Der Widerstand in Bayern gegen den jungen König wurde seit 1077 im unteren Inngebiet vorwiegend von ihnen und ihrer großen Zahl von Verwandten und Vasallen getragen. Die Formbacher beherrschten den Raum zwischen Inn, teilweise sogar zwischen Isar im Westen, und Hausruck im Osten ohne wirksame Konkurrenz. Heinrich war daher noch im Winter 1077 gezwungen, gegen diese ostbayerischen Gregorianer, die Grafen von Formbach und ihre Anhänger, militärisch vorzugehen, und zwar mit Unterstützung böhmischer Truppen. Dabei belagerte er drei Formbacher Burgen, konnte sie aber zunächst nicht einnehmen, während er ohne Widerstand die Bischofsstadt Passau besetzte. Nach der Verdrängung des Formbach-Clans ging Heinrich IV. an die Neustrukturierung des Raumes, wie R. Loibl zeigen konnte. Sie begann mit dem Entzug formbachischer Grafschaftsrechte. Im Künziggau westlich von Passau amtierte jetzt – spätestens seit August 1079 – Pfalzgraf Kuno von Rott, einer der engsten bayerischen Parteigänger des Königs.

Trotz der Verdrängung der Formbacher nach dem Osten blieben einige ihrer Vasallen. Wenn nach dem Tode des mächtigen kaiserlichen Burggrafen Ulrich (1099) ein Mazili von Kamm Vogt der Bamberger Güter und auch der Bamberger Eigenklöster südlich der Donau wurde und die Vogtei über die Passauer Bischofskirche an Ulrich von Wilhering kam, dann zeigt dies, dass die einstigen Vasallen der Grafen von Formbach sich längst in die Parteigängerschar Heinrichs IV. eingegliedert hatten, ja mehr noch, dass sie sich offensichtlich für den Kaiser hervorragend qualifiziert hatten.

Wenden wir uns kurz der Bischofsstadt Passau zu, wo sofort nach dem Ausbruch des Investiturstreits der gregorianische Bischof Altmann vertrieben wurde. Hier übte 1078 ein Graf Rapoto – offensichtlich aus der Familie der Rapotonen-Diepoldinger – das Grafenamt aus, der auch die Grafschaft im Rottachgau innehatte. Die Stadtpräfektur oder Burggrafschaft über die strategisch wichtige Bischofsstadt Passau verlieh Heinrich IV. seinem Parteigänger Ulrich von Passau († 1099). Dieser vertrat offensichtlich alle königlichen Interessen in der Stadt, vielleicht auch noch im bischöflich Passauer Immunitätsbereich. Wohl in diesem Zusammenhang konnte Graf Ulrich auch die Vogtei über das Bamberger Eigenstift Osterhofen und die umfangreichen bambergischen Besitzungen südlich der Donau erwerben. Es versteht sich, dass man diesen Ulrich, der eine außerordentliche Schlüsselposition um Passau für den König innehatte, als *prepotens et predives* (Vielreich) bezeichnete. R. Loibl konnte nachweisen, dass Graf Ulrich von Passau ein Sohn des königstreuen Grafen Rapoto IV. von Cham-Vohburg war. Nach dem Schlachtentode Pfalzgraf Kunos von Rott auf der Seite Heinrichs IV. wurde Ulrichs Bruder Rapoto V. bayerischer Pfalzgraf.

Etwa 15 km südlich von Vornbach begegnet im Investiturstreit eine weitere Adelsfamilie, deren wichtigster Vertreter Wernher Herr der Burg Reichersberg war. Da er mit einer Schwester des Erzbischofs Gebhard von Salzburg vermählt war, scheint er auch eine starke gesellschaftliche Position besessen zu haben. Der Besitz seiner Familie reichte von der Antiesen und dem südlichen Rottal bis in den Kärntner Raum. Durch den Tod seines einzigen Sohnes Gebhard und seiner Gemahlin sah sich Wernher veranlasst, seine Burg Reichersberg und seinen Besitz zur Gründung eines Klosters zu stiften. Es sieht so aus, als habe Wernher diese Verfügung ohne Absprache mit seinen Verwandten getroffen, denn nach seinem Tode (5. Oktober, etwa 1084-1086) wurde die neue Reichersberger Reformmönchs- (oder schon Chorherren-) Gemeinschaft von den Neffen des Stifters mit Gewalt vertrieben. Diese „Erben" gehörten im Gegensatz zu Wernher der prokönigichen Partei an, was den Konflikt noch verschärfte. Vor dem Investiturstreit scheint auch Wernher, der Schwager des streitbaren Erzbischofs, durch eine gewisse Königsnähe geprägt. Die Familie scheint – offensichtlich über den König – weitgehend Bamberger Lehen am Inn besessen zu haben. In den Verwandtschaftskreis Wernhers gehört wohl auch ein potenter Graf Askwin (Vater oder Onkel), der ebenfalls am Inn und in Kärnten im 11. Jahrhundert mit beachtlicher Machtfülle greifbar wird.

Wann die Vorfahren Wernhers in den genannten Bamberger Besitzkomplex um Ering und Antiesen als Lehensträger (oder gar Vögte?) eingestiegen sind, entzieht sich mangels Quellen unserer Kenntnis. Aber man wird annehmen dürfen, dass bereits die Burg Reichersberg der Sicherung und dem Schutze dieser gesamten Bamberger Lehensmasse diente. Es ist auffällig, dass nach der Reichersberger Stiftsgründung die neue Burg der Sippe, nämlich Stein, noch mehr an das bambergische Zentrum Antiesenhofen heranrückte.

In den letzten Jahrzehnten des 11. Jahrhunderts formierten sich in unserem Raum wie anderwärts zunehmend kleinere Adelsfamilien, die oft erst im 12. Jahrhundert in den Quellen erscheinen. Dazu drängte sich noch eine neue bedeutende Kraft aus dem Süden des Salzachgebiets: die Grafen von Tengling wurden Vögte des großen Reichsguts im Weilharter Forst und wohl des gesamten Reichsguts um Burghausen, so dass sie sich als Grafen von Burghausen titulieren konnten.

Quellen und Literatur

Boshof, Egon: Die Regesten der Bischöfe von Passau 731-1206, (Regesten zur bayerischen Geschichte 1) München 1992

Breviarius Urolfi, ed. in: Roth, Karl: Kleine Beiträge zur deutschen Sprach-, Geschichts- und Ortsforschung 3, München 1854, S. 17-28

Heuwieser, Max: Die Traditionen des Hochstifts Passau, München 1930

Lošek, Fritz: Notitia Arnonis und Breves Notitiae. Die Salzburger Güterverzeichnisse aus der Zeit um 800, in: Mitteilungen der Gesellschaft für Salzburger Landeskunde 130 (1990) S. 5-192

Rath, Gerhard/Reiter, E.: Das älteste Traditionsbuch des Klosters Mondsee, Linz 1989

Spindler, Max (Hrsg.): Handbuch der bayerischen Geschichte I, München 2. Aufl. 1981, S. 151-318, 364-424

Historischer Atlas von Bayern, Teil Altbayern, folgende Bände: 19, 1970; 20, 1969; 29, 1972; 31, 1973; 32, 1974; 35, 1977

Zur Agilolfinger- und Karolingerzeit

Diepolder, Gertrud: Schäftlarn. Nachlese in den Traditionen der Gründerzeit, in: Eberl, Immo u.a. (Hrsg.): Früh- und hochmittelalterlicher Adel in Schwaben und Bayern (Regio 1), Sigmaringendorf 1988, S. 161-188

Störmer, Wilhelm: Adelsgruppen im früh- und hochmittelalterlichen Bayern, (Studien zur bayerischen Verfassungs- und Sozialgeschichte 4) München 1972

ders., Probleme des frühmittelalterlichen Adels im ostniederbayerischen Raum, in: Ostbairische Grenzmarken 18 (1976) S. 49-62

Zum 10. Jahrhundert

Reindel, Kurt: Die bayerischen Luitpoldinger 893-989, München 1953

Störmer, Wilhelm: Früher Adel I, II, (Monographien zur Geschichte des Mittelalters 6) Stuttgart 1973

Zum 11. Jahrhundert

Boshof, Egon: Die Grafen von Formbach und die Anfänge der Neuburg am Inn, in: Lieb, Stefanie (Hrsg.): Form und Stil. Festschrift für Günther Binding, Darmstadt 2001, S. 135-141

Loibl, Richard: Der Herrschaftsraum der Grafen von Vornbach und ihrer Nachfolger, (Hist. Atlas von Bayern, T. Altbayern, R. II, H. 5) München 1997

Störmer, Wilhelm: Gründungs- und Frühgeschichte des Stifts Reichersberg am Inn, in: 900 Jahre Augustiner Chorherrenstift Reichersberg, Linz 1983, S. 23-42

Josef Hofbauer

Die Grafschaft Neuburg am Inn

Die Geschichte der Grafschaft Neuburg am Inn ist geprägt vom Willen und vom Schicksal der Herrschaftsinhaber und von der geographischen Struktur dieses Landstrichs und damit von den wirtschaftlichen Gegebenheiten und Möglichkeiten. Schon ein Blick auf die Karte macht dies deutlich.

Das Land

Auf seinem Weg von Passau verlässt der Wanderer bei Straß ein kompaktes Waldgebiet, den östlichen Teil des Neuburger Waldes, der in seinem geologischen Aufbau mit dem Bayerischen Wald verbunden ist. Zwischen dem Abraham in der Nähe des Kraftwerks Ingling und dem Schmelzinger kurz vor Straß, westlich der heutigen Bundesstraße 388, ist der prächtige Waldbestand noch von keiner Siedlung durchbrochen. Das Forstdiensthaus Schönplatzl stört da nicht. Nach Westen dehnt sich der Forst nur wenig geschmälert bis nach Pfenningbach und Sperrwies aus und reicht über Altenmarkt und Voglarn bis nahe an die Wolfach heran.

Bei Dommelstadl öffnet sich der Blick in die Weite. Der Inn schlängelt sich als grünes Band durch ein reiches Bauernland mit Dörfern, Kirchen und Klöstern, mit fruchtbaren Ackerfluren, Wiesen und Wäldern. Diesseits und jenseits der heutigen Landesgrenze das gleiche Bild, das Bild einer ausgeprägten, alten Kulturlandschaft.

Flüsse trennen oft. Der Inn ist zwar heute ein Grenzfluss, aber für die Menschen an beiden Ufern galt eine Trennung nicht. Da blieben Simbach und Braunau verbunden und für das mittlere und untere Rottal war Schärding die Stadt des heimischen Handels. Der Fluss öffnet aber den Blick nach dem Süden. Die „Wasserstraße" – und andere gab es hier nur beschränkt – schaffte Arbeit, aber auch das Streben nach Gewinn. Sie wurde zum Machtfaktor, vor allem durch die Zollgefälle.

Darin liegt auch der Grund für die Anlage der alten Burg im heutigen Vornbach am Inn[1] und deren Verlegung nach dem Norden mit dem Bau der neuen Burg, der Neuburg (Abb. 1). Und da sich von oben her die Durchfahrt nicht so leicht beherrschen ließ, wurde gegenüber der Neuburg am „Wehrenden Stein", also in

Abb. 1
Neuburg am Inn, Luftbild 2003

Wernstein, eine zweite Anlage gebaut, von der man unbotmäßiger Schiffer leichter habhaft werden konnte. Man geht wohl nicht fehl, wenn man der Neuburg den Glanz der Hofhaltung zuspricht, der Anlage in Wernstein die praktische Arbeit.

Die frühe Geschichte der Schifffahrt auf dem Inn ist erstmals schriftlich bei Eugippius, dem Biografen des hl. Severin, in Kap. III belegt. Favianis-Mautern war in großer Not. Die Versorgung der Stadt war zusammengebrochen. Nur auf dem Wasserweg erhoffte man noch Hilfe, und sie kam: „Es erschienen ganz unverhofft reich beladene Fähren (rates) aus dem Gebiet der Räter. Sie waren viele Tage lang im dicken Eis des Inns festgehalten.“[2]

Die Entwicklung im Mittelalter nahm einen beträchtlichen Aufschwung durch das Salz, das von Hall Inn abwärts verfrachtet wurde und über die „Goldenen Steige“ ins Böhmische gelangte. Der Handelsweg Inn aufwärts erreichte über Innsbruck und die Brennerstraße Tirol und Oberitalien.[3] Der gesamte Personen- und Frachtverkehr auf dem Inn passierte die Vornbacher Enge, ein einträgliches Geschäft für den, der die Mautstelle beherrschte. Daher ist es nicht zu verwundern, wenn sich die Interessen der verschiedenen Herrschaften immer wieder kreuzten.

Die Herrschaftsträger

Die Grafen von Formbach

Viel ist über die Frühzeit dieses einst mächtigen Geschlechts nicht bekannt, obwohl Historiker erhebliche Mühe aufgebracht haben, Licht in diese dunkle Epoche zu bringen. Eine erste zuverlässige und äußerst differenzierte Genealogie des Grafengeschlechts der Lambacher und Formbacher erarbeitete Kamillo Trotter.[4]

In Kürze ergibt sich folgendes Bild: Als Stammvater ist Meginhart I. zu sehen, Graf im Traungau. Er ist um 930 belegt. Seine beiden Söhne Meginhart II. und Udalrich I. begründeten die beiden Linien, Meginhard die Arnold'sche und Udalrich die Linie der Thiemo. Ihre Herrschaftsgebiete reichten in wechselnder Zuständigkeit vom Traunsee und Lurngau in Tirol bis zum Rottach- und Quinziggau in Niederbayern. Der letzte Spross aus der Arnold'schen Linie war die Tochter Mathilde, die sich mit Ekbert I. vermählte, dem Spross der Linie Udalrich-Thiemo. Somit war es gelungen, den Familienbesitz zu wahren.

Mit Graf Ekbert II. änderte sich an der Gesamtlage noch nichts. Aber mit dessen Sohn Ekbert III. ereilte auch diese Familie das Schicksal, das schon manches Geschlecht ausgelöscht hatte. Der Graf kam im Konflikt Kaiser Friedrichs I. Barbarossa mit den oberitalienischen Städten 1158 vor Mailand ums Leben und hinterließ keinen Erben.

Aus der großen Zahl berühmter Familienmitglieder dieses Geschlechts seien nur drei etwas herausgehoben, Bischof Adalbero von Würzburg, der Bruder Graf Arnolds III., und Tuta und Himiltrudis d. Ä., die Nichte bzw. Schwägerin des Grafen Thiemo II.

Adalbero – die Kirche erhob ihn zur Ehre der Altäre – geboren als Graf von Lambach und Wels, war ein Studienfreund der späteren Bischöfe Altmann von Passau und Gebhard von Salzburg und seit 1045 Bischof von Würzburg. Er trat als entschiedener Vertreter der Klosterreform von Gorze für die Erneuerung des kirchlichen Lebens und der Klosterdisziplin ein und war Mitbegründer verschiedener Klöster wie Zwiefalten bei Reutlingen oder Göttweig. In den politischen Wirren des 11. Jahrhunderts wurde er als Anhänger Rudolfs von Schwaben aus seinem Bistum vertrieben und 1085 von der Wormser Synode abgesetzt. Schon ein Jahr später gelangte er mit Waffengewalt zurück und verbrachte dann seine letzten Jahre im Eigenkloster zu Lambach († 1090).[5]

In Frömmigkeit und fern weltlicher Geschäfte lebten Tuta und Himiltrudis. Sie beschlossen nach bzw. um 1050, aus ihrem Eigen je ein Kloster zu gründen, Tuta in Suben am Inn und Himiltrudis am Stammsitz der Grafen in Vornbach am Inn.[6] Dort befand sich schon seit alter Zeit eine viel besuchte Wallfahrtsstätte, Maria am Sand. Erst die Säkularisation empfand die Kapelle als überflüssig und riss sie kurzweg ab. Übrigens erlebte fast das gleiche Schicksal die alte Vornbacher „Leutkirche“, also die Kirche für die Laien, für die Leut'. Von ihr überließ die Spitzhacke nur mehr einen kümmerlichen Rest, der heute als Friedhofskapelle dient.

Die wirtschaftliche Ausstattung der beiden Klostergründungen scheint bescheiden gewesen zu sein, denn zunächst war den Konventen kein besonderer Glanz beschieden. Entscheidend aber war, dass Kloster, Wallfahrtsort und Herrschaftssitz am gleichen Ort auf die Dauer nicht tragbar waren. Der Bau eines neuen Adelssitzes wurde schon aus diesem Grunde notwendig und er entsprach ganz dem Gefühl der Zeit. Für seine neuen Burgen liebte der Adel die Höhenlage.

Die Grafen von Andechs und ihr Nachlass (1158–1283)

Mit dem überraschenden Tod des Grafen Ekbert III. ohne männlichen Erben war die Frage nach dem Erbe offen.[7] Da Kunigunde, eine Schwester Ekberts III., mit Berthold I. von Andechs verheiratet war, erhoben die Andechser ihren Anspruch. Zudem hatte Graf Ekbert III. vor seinem Zug nach Italien den Sohn seiner Schwester, Berthold III., zum Nachfolger bestellt, sollte ihm etwas zustoßen. Zwar setzten sich die Grafen von Andechs als Erben durch, doch schon 1248 erlosch ihr Geschlecht. Dessen letzter Spross starb wieder kinderlos. Die Grafschaft Neuburg wurde Bayern zugesprochen (Abb. 2).

Infolge der von König Ottokar II. von Böhmen mit Rudolf von Habsburg ausgelösten Kriegswirren geriet die Grafschaft unter Ottokars Einfluss. Da die bayerischen Herzöge ständig die Fronten wechselten, gestaltete sich ihre politische Lage zusehends schwieriger. Schließlich wurden sie auch vom Pech verfolgt. Als nämlich Ottokar 1278 in der Schlacht auf dem Marchfeld fiel, stand der bayerische Herzog Heinrich XIII. gerade auf der falschen Seite. Als Parteigänger Ottokars verlor er das Land ob der Enns; freilich, Neuburg, Schärding und Ried verblieben ihm zunächst noch. Doch der Streit im bayerischen Herzogshaus brachte dann dem Hause Habsburg den erstrebten Vermittlerlohn ein. Im Frieden von Zell bei Ried 1283 fiel die Grafschaft Neuburg endgültig an Österreich, Schärding und Ried blieben noch bayerisch.

Hans von Rohrbach und der Streit um die Grafschaft (1463–1467)

Entgegen allen Verträgen wechselte die Grafschaft Neuburg immer wieder den Besitzer. Die Burg wurde zerstört und wieder aufgebaut, verpfändet und eingelöst, Verwalter (Pfleger) beherrschten die Grafschaft, mal bayerische, mal österreichische.

Erst mit Hans von Rohrbach (1463-1467) schien eine ruhigere Zeit zu kommen. Als Vertrauter des Kaisers Friedrich III. erfolgte seine Erhebung in den Reichsgrafenstand, nachdem ihm die Neuburg mit Wernstein und Neufels und das zugehörige Land um 36 000 Taler verkauft worden waren. Die Landeshoheit blieb immer bei Österreich. Da verunglückte Rohrbachs einziger Sohn 1467 tödlich. Der Vater überlebte den Verlust nicht lange; er starb bereits im folgenden

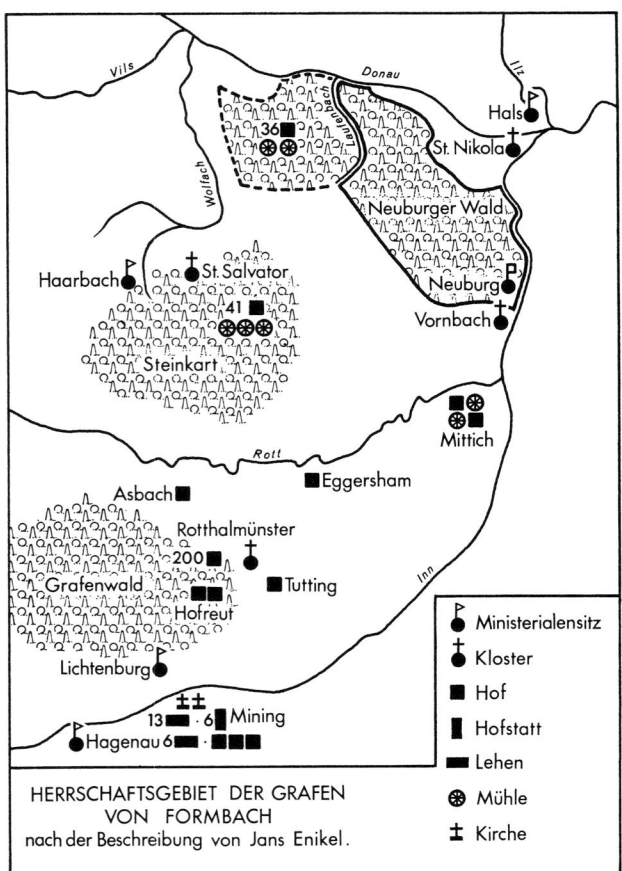

Abb. 2 *Das Formbacher Erbe der Grafen von Andechs, nach der Beschreibung von Jans Enikel (um 1200)*

Jahr. Seine Witwe aber beabsichtigte, die Grafschaft an ihre beiden Schwiegersöhne, Graf Sebastian von Ortenburg und Ritter Heinrich von Aholming, aufzuteilen. Damit wäre die Grafschaft unter bayerische Landeshoheit geraten. Eine österreichische Streitschar rückte an, besetzte die Burg und setzte die kranke Witwe und ihre zufällig zur Pflege anwesende Tochter fest. Sebastian von Ortenburg bestach die Wache, befreite seine Damen und warf die Österreicher aus der Burg. Der Gegenschlag ließ natürlich nicht lange auf sich warten, und so setzte sich das Spiel bis 1473 fort.

Dann kam eine Zeit relativer Ruhe bis zum Beginn des Landshuter Erbfolgekrieges 1504, der von Räubereien und Erpressungen geprägt war. Als Ergebnis wurde dem Habsburger Maximilian I. 1507 der Besitz der Grafschaft neuerdings bestätigt. Wieder übernahm ein Pfleger die Verwaltung.

Die Grafen von Salm

Die Grafen von Salm entstammen dem luxemburgischen Haus im Herzogtum Lothringen. Um 1200 gliederte sich das Geschlecht in die zwei Linien der Obersalm und der Niedersalm. Einer Seitenlinie entstammte der erste Inhaber der Grafschaft Neuburg, nämlich Graf Niklas II. (1459-1529). Schon in jungen Jahren trat er in österreichische Dienste und zeichnete sich als Heerführer im Kampf gegen die Türken und gegen Franz I. von Frankreich aus. Um 1527 wurde er vom österreichischen Kaiser mit der Grafschaft belehnt.

Unter der Regierung der Salm erlebte die Grafschaft wieder ein Auf und Ab; großer Wertschätzung scheinen sich die Grafen bei der Bevölkerung nicht erfreut zu haben. Nach Ansicht der Untertanen wurden sie von ihren Pflegern in ungewöhnlich harter Weise ausgenützt, so dass es in der Bauernschaft mächtig zu gären begann.

Zur Zeit des Grafen Julius von Salm (1531-1575) drängte die Lehre Martin Luthers in die Grafschaft[8], und auch die Auseinandersetzungen mit Bayern verschärften sich zusehends. Man kann diese Epoche auch als „Zeit der großen Irrungen" bezeichnen. Im Grunde wurde die Grafschaft wirtschaftlich ausgesogen. Unter Graf Karl von Salm (1604-1662) erreichten die unhaltbaren Zustände einen traurigen Höhepunkt. Dazu fiel in seine Regierungszeit auch der Dreißigjährige Krieg mit all seinen Schrecken. Das Gebiet der Grafschaft scheint zwar unmittelbar kaum betroffen gewesen zu sein, doch die Kriegskontributionen belasteten es sehr. Auch hatte die Pest 1634 und 1648 gewütet. Noch Jahrzehnte nach dem Friedensschluss lag manches Anwesen öde. Graf Karl von Salm konnte schließlich seine Grafschaft nicht mehr halten und verkaufte sie 1654 um etwa 200 000 Gulden Rheinisch an den Grafen Georg Ludwig von Sinzendorf.

Georg Ludwig Graf von Sinzendorf (1654–1676)

Das Geschlecht der Sinzendorf stammt aus der Nähe von Kremsmünster und besaß im Traungau ansehnliche Ländereien. Zahlreiche Mitglieder standen in kaiserlichen Diensten. So war auch Georg Ludwig, geboren 1616, schließlich bis zum Hofkammerpräsidenten aufgestiegen. Seine guten Vermögensverhältnisse erlaubten es ihm, 1654 die Grafschaft Neuburg von den

verschuldeten Salm zu kaufen. Eine gute Zeit schien für die Untertanen anzubrechen. Der Graf suchte mit Bayern Frieden, und tatsächlich schwanden die Streitigkeiten. Der Bauernschaft wurde generell das Erbrecht zugestanden; jeder Grundholde konnte also frei Grund und Boden verkaufen, nur nicht an „Ausländer".

Zum besonderen Anliegen wurden dem Grafen wirtschaftliche Unternehmungen, die vom aufkommenden Merkantilismus geprägt waren.[9] Er errichtete im jenseitigen Wernstein eine Münzstätte[10] und eine Gold- und Silberdrahtfabrikation, eine Pulvermühle, für die er den nötigen Salpeter in einem eigens dafür angelegten Stadel in Dommelstadl „züchtete", und förderte die Kalk- und Ziegelbrennerei, die sich über die Ära Sinzendorf hinaus bewährte. Seiner Tabakpflanzung war allerdings nur eine kurze Lebensdauer beschieden, während der Brauereibetrieb auch weiterhin florierte. Den Hopfen bezog der Graf aus seinen Besitzungen in Böhmen.

Auch Handwerk und Gewerbe erlebten einen Aufschwung. Ein „Huterer" (Hutmacher) arbeitete bei der Pulvermühle am Inn, ein „Hölzerner Uhrmacher" in Kopfsberg. Vor allem wurden die Leinenweberei und die Tuchmacherei gefördert und Spitzenklöpplerinnen angeworben. Sieben Weber webten allein drüben in Wernstein. Der Jagd und der Fischerei maß der Graf große Bedeutung bei, auch der Hege des Wildes und der Pflege des Fischbestandes. Fischteiche ließ der Graf planmäßig besetzen und abfischen. Zur Fischerei zählte auch die Perlfischerei in einigen Bächen des Neuburger Waldes. Die Goldwäscherei glückte allerdings nur wenig. Den Wald sah Sinzendorf unter forstwirtschaftlichem Aspekt. Den Grundholden und den umliegenden Klöstern Vornbach, Fürstenzell und Sankt Nikola wurden zwar die alten Nutzungsrechte nicht geschmälert, aber die Holzqualität und die Bezugsmenge bestimmte der Graf.

Sinzendorf hielt sich häufig in Neuburg auf. Er setzte daher viele Mittel ein, der Burg ein neues, zeitgemäßes Gesicht zu geben (Abb. 3). Die Burg wurde unter seiner Hand zum barocken Schloss. An der steilen Innseite schien Platz für einen Lustgarten, ganz im Stil der Zeit.[11] Am jenseitigen Innufer, also in Wernstein, errichtete er die prächtige Mariensäule, die er eigens aus Wien heranschaffen ließ.

Den fürstlichen Höhepunkt erlebte die Neuburg 1676, als Kaiser Leopold I. mit seiner Braut, der Pfalzgräfin Eleonore, auf der Neuburg weilte.[12] Im festlichen

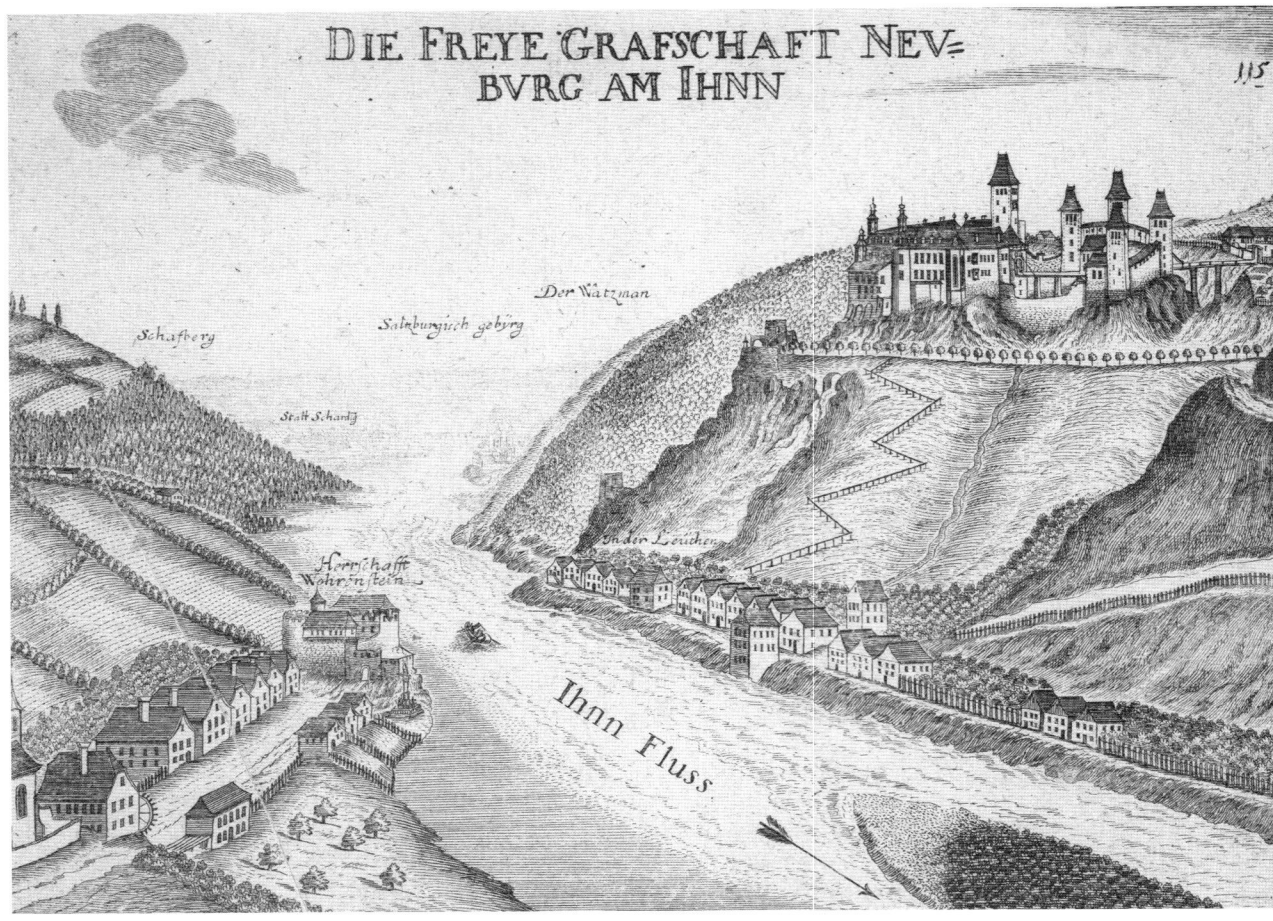

Abb. 3   *Schloss Neuburg am Inn mit Wernstein, Kupferstich aus Georg Matthäus Vischer, Topographia Archiducatus Austriae superioris modernae, 1674*

Mittelpunkt stand ein fulminantes Feuerwerk. Der letzte Knall setzte gleichsam einen Schlusspunkt unter die Ära Sinzendorf. Georg Ludwig wurde der Unterschlagung von mehr als einer Million Gulden angeklagt, aller Ehren und Ämter enthoben und zur Rückzahlung seiner Schulden verpflichtet. Kurze Zeit später starb er.

Die letzten hundert Jahre der Grafschaft

Nun regierte wieder ein Pfleger auf der Burg. Etwa zwanzig Jahre später – um 1698 – wurde die Grafschaft Neuburg an den Reichsgrafen und kaiserlichen Kämmerer Jakob von Hamilton zunächst pfandweise um 300 000 Gulden vergeben, dann 1701 unter Vorbehaltsrecht übertragen. Schon drei Jahre später geriet die Grafschaft in den Strudel des Spanischen Erbfolgekrieges, wurde von den Bayern erobert, von den Österreichern zurückerobert und blieb dann auch wieder österreichisch. Trotz der Kriegsfolgelasten scheint es in

der Grafschaft zu keinen Bauernaufständen wie in der Nachbarschaft gekommen zu sein. Ein Sendling oder Aidenbach blieb ihr erspart. 1716 starb der Graf. Auch sein Sohn Julius Franz Xaver Leopold erbte Zwistigkeiten mit Bayern, vor allem mit dem Kloster Vornbach. Die sonn- und feiertäglichen Gottesdienste in der Schlosskapelle waren den Vornbacher Klosterherren ein Dorn im Auge. Dieser Streit führte letztlich zum Neubau der Kirche in Dommelstadl. Doch Sohn Julius plagte sich nicht lange mit seinen Nachbarn und veräußerte 1719 seine Grafschaft mit sattem Gewinn.

Carl Joseph Graf von Lamberg-Sprinzenstein kaufte sie um 440 000 Gulden. Schon 1730 wechselte die Herrschaft neuerdings den Besitzer. Der Fürstbischof von Passau, Joseph Dominikus Graf von Lamberg, erwarb die Grafschaft um 515 000 Gulden und 1000 Dukaten. Allerdings ging es unter dem Hochstift den Leuten nicht schlecht. Die Säkularisation in Bayern beendete dann eine wechselvolle Geschichte. Durch den Reichsdeputationshauptschluss von 1803 wurden schließlich die Neuburger zu Neubürgern Bayerns. Es gab noch ein kurzes Nachspiel, weil man wohl nicht recht wusste, was man mit der so günstig erworbenen Grafschaft anfangen sollte. Zunächst wurde sie zur Churfürstlich Bayerischen Grafschaft Neuburg am Inn, 1806 Teil des Königlich Bayerischen Landgerichtes Passau, 1838 Teil des Landgerichtes Passau II und 1862 Teil des Königlichen Bezirksamtes Passau. Der Streit Österreich/Bayern aber hatte sich erledigt.

Die Rettung der Neuburg

Mit der Säkularisation in Bayern hatte die Neuburg einen endgültigen Herrn gefunden, den bayerischen Staat. Aber dieser ging mit seinen Neuerwerbungen meist sehr rüde um.[13] Viele kaum ersetzbare Kulturdenkmäler gingen verloren, teils wurden sie privatisiert und dann ausgeschlachtet, teils überhaupt beseitigt. In diesen Strudel geriet auch die Neuburg. 1810 brach dann noch ein verheerendes Feuer aus, das der Bausubstanz den Rest zu geben schien. Hundert Jahre lang verfiel die Burg so vor sich hin, und im Frühjahr 1908 sollte sie dann abgerissen werden. Die Nachricht schreckte den „Bayerischen Verein für Volkskunst und Volkskunde" in München auf (heute „Bayerischer Landesverein für Heimatpflege"). Vor allem dem damaligen Regierungsrat Dr. Julius Maria Groeschel ist die Rettung der Burg zu verdanken. Zusammen mit Ministerialrat Gustav Kahr betrieb er mit hohem persönlichen Einsatz eine Sammlung der zum Kauf notwendigen Mittel. Staatliche Zuwendungen halfen dem Unternehmen und die „Münchner Künstlervereinigung" sah in renovierten Gebäudeteilen günstige Räumlichkeiten als „Erholungsheim für unterstützungsbedürftige Künstler". Aber erst nachdem sich der Regierungspräsident von Niederbayern und der Passauer Justizrat Heberle aktiv eingeschaltet hatten, gelang der Kauf. Der Preis: 50 000 Mark.

Die Renovierung aber erschien hoffnungslos, die Kosten dafür waren unerschwinglich. Da halfen auch Spendenaufrufe und Versteigerungserlöse der von Künstlern gespendeten Werke nicht viel. Noch am 18. Juni 1914 besuchte König Ludwig III. die Neuburg, Ehre und Werbung zugleich, aber schon am 1. August

brach der große Krieg aus. Trotzdem gelang es, 1922 das „Prinzregent Luitpold Künstlererholungsheim" zu eröffnen.

Und wieder drohten Krieg und Wirtschaftskrisen alles zunichte zu machen. Neben dem bayerischen Staat und zahlreichen öffentlichen Institutionen ist es vor allem auch der Gemeinde Neuburg am Inn, dem Förderkreis Neuburg am Inn und der Universität Passau zu verdanken, dass sich die Burg mit Leben füllt und das öffentliche Interesse nicht schwindet. Als schließlich die beiden Gemeinden Wernstein und Neuburg 2003 ihre gute Nachbarschaft besiegelten, gab es einen ehrlichen Anlass zu feiern.

Anmerkungen

1 Nach Josef Oswald, Vorlesung um 1950.

2 Eugippius, Vita Sancti Severini, Faksimile-Ausgabe des Textes in Codex 1064 der Österreichischen Nationalbibliothek fol. 61r–80r mit Transskription und Übersetzung, Einleitung von Franz Unterkirchner, Graz 1982, Kommentar S. 36.

3 Ernst Neweklowsky, Die Schiffahrt und Flößerei im Raume der oberen Donau, Bd. 1, Linz 1952, S. 443-457.

4 Kamillo Trotter, Die Grafen von „Lambach" und „Formbach", in: Dungern, Otto: Genealogisches Handbuch zur bairisch-österreichischen Geschichte, Graz 1931, S. 39/40; Richard Loibl, Der Herrschaftsraum der Grafen von Vornbach, (Hist. Atlas von Bayern, Teil Altbayern II/5) München 1997.

5 Lexikon für Theologie und Kirche 1 (1930) Sp. 79.

6 Josef Oswald (Hrsg.), Alte Klöster in Passau und Umgebung, Passau 1. Aufl. 1950.

7 Zu den verschiedenen Grafschaftsinhabern und zur Geschichte der Grafschaft vgl. Josef Hofbauer, Die Grafschaft Neuburg am Inn, (Hist. Atlas von Bayern, Teil Altbayern, H. 20) München 1969.

8 Wilfried Hartleb, Die „Lutherische Schule" auf der Neuburg unter Graf Julius I. von Salm, in: Schönere Heimat. Erbe und Auftrag, Sonderheft 8, 1991, S. 11-14.

9 Heinrich Wimmer, Graf Georg Ludwig von Sinzendorf, in: Schönere Heimat, Sonderheft 8, 1991, S. 20-22.

10 Hans-Jörg Kellner, Zur Münzgeschichte von Neuburg am Inn, in: Schönere Heimat, Sonderheft 8, 1991, S. 23-24.

11 Michael Goecke, Die Gärten am Schloss Neuburg/Inn, in: Schönere Heimat, Sonderheft 8, 1991, S. 37-38; Heinz Verfondern: Die Callot-Figuren von Schloss Neuburg am Inn, in: Schönere Heimat, Sonderheft 8, 1991, S. 39-43.

12 Jörg Kastner, Schloss Neuburg und die Kaiserhochzeit von 1676, in: Schönere Heimat, Sonderheft 8, 1991, S. 25-30.

13 Hans Roth, Die Rettung der Neuburg vor dem Verfall, in: Schönere Heimat, Sonderheft 8, 1991, S. 44-54.

Mario Puhane

Die Grafen von Ortenburg bis zur Reformation

Nach den Wittelsbachern und Andechsern waren die Ortenburger im hohen Mittelalter das mächtigste bayerische Dynastengeschlecht. Im gesellschaftlichen Rang nachgeordnet, waren sie, wenn man das tatsächliche Machtverhältnis betrachtet, den beiden anderen potenten Familien in Bayern aber ebenbürtig. Die Aufnahme des Panthers, der über Graf Rapoto II. und die Spanheimer zum Ortenburger Wappentier wurde, in das große bayerische Staatswappen kennzeichnet noch heute die bedeutende Stellung der Ortenburger, die damit Altbayern vertreten.[1]

Die Ortenburger[2] verfügten auf dem Höhepunkt ihrer Macht über einen ausgedehnten Herrschaftsbereich von der Oberpfalz bis Kärnten und von Tirol über den Chiemseeraum bis nach Böhmen. Zahlreiche Ämter wurden der Familie der Ortenburger und den direkten Vorfahren im Laufe der Geschichte übertragen: die Klostervogteien von Aldersbach, von Baumburg und von Frauenchiemsee, des Benediktinerklosters Mondsee und des Augustinerchorherrenstifts St. Nikola bei Passau, die Teilvogteien der Domkapitel von Passau und Salzburg, die Grafschaften von Spanheim, im Kraichgau, an der Rott und an der Donau, die Gaugrafschaften im Puster- und Lavanttal, die Ungarnmark (NÖ) und Markgrafschaft Istrien, die Pfalzgrafschaft in Bayern, das Herzogtum Kärnten und natürlich seit der Zeit um 1130 die Grafschaft von Ortenberg, beziehungsweise ab 1531 die Reichsgrafschaft zu Ortenburg.

Als Urahn und Stammvater der Ortenburger gilt der Graf Siegfried von Spanheim (um 1000–1065), der, von der rheinfränkischen Burg Spanheim bei Bad Kreuznach stammend, als Vertrauter Kaiser Konrads II. 1035 nach Kärnten kam. Er heiratete die vornehme Gräfin Richgard von Siegharding, Erbtochter des Grafen Engelbert im Puster- und Lavanttal. Mit dieser Ehe gelangte ein umfangreiches Erbe in die Familie Siegfrieds. 1045 wurde er für kurze Zeit Markgraf der Ungarnmark.

Engelbert II. († 1141), seit 1108 Markgraf von Istrien und seit 1123 Herzog von Kärnten, Siegfrieds Enkel, heiratete um 1100 Uta, Erbtochter des Burggrafen Ulrich von Passau, womit die Grafen von Spanheim-Kärnten umfangreichen Besitz in Niederbayern erwarben. Mit Uta fielen die Grafenrechte im Bereich der Rott und nördlich davon bis hin zur Donau an die Familie. Zeitgenossen nannten Ulrich den „Vielreichen". Am Lebensende zog er sich von seinen Ämtern zurück und ging als Mönch ins Kloster Seeon.

Mit Rapoto I. von Spanheim († ca. 1186), vierter Sohn von Engelbert II. und erster Graf von Ortenburg, konnte das einflussreiche Geschlecht um 1120 in Bayern Fuß fassen. Rapoto I. errichtete zunächst eine Nebenlinie der Spanheimer in Niederbayern. Zusätzlich erbte er von seinem Bruder Engelbert III. den Besitz um Kraiburg am Inn und Marquartstein in Oberbayern. Einen Eckpfeiler in der Familiengeschichte setzte er dadurch, dass er um 1120 die für die späteren Grafen namensgebende Stammburg („Alt-Ortenburg" oder „Vorderschloss") auf einem Vorsprung über der Wolfach erbauen ließ. Fortan nannten sich die Burgherren bis Mai 1531 „Grafen von Ortenberg", dann „Grafen zu Ortenburg". Durch seine Ehe mit Gräfin Elisabeth von Sulzbach erhielt Rapoto I. bedeutenden Besitz nördlich der Donau um Murach und im Oberpfälzer Wald.

Seinen beiden Söhnen Heinrich I. († 1241) und Rapoto II. († 1231) hinterließ Rapoto I. ein reiches Erbe, das zunächst von beiden gemeinsam verwaltet und beträchtlich erweitert wurde. Als die Brüder ihren Besitz nach dem Tod ihres Vaters untereinander aufteilten, bekam Rapoto die oberbayerischen Besitzungen und Heinrich die niederbayerischen und Oberpfälzer Lande. Mit dieser Aufteilung ging eine Schwächung der Machtposition gegenüber den in Bayern stark werdenden Wittelsbachern einher, die den Untergang des Geschlechtes einleitete.

Die Ortenburger gerieten 1192 mit dem benachbarten Grafen Albert, dem Wilden, von Bogen und dessen Verbündeten Herzog Ottokar von Böhmen, Herzog Leopold von Österreich und Herzog Berthold von Andechs-Meranien in eine blutige Fehde um Gebiets- und Jagdgrenzen. Wie der Geschichtsschreiber Aventinus berichtet, wurden ganze Landstriche entvölkert, sogar Frauen und Kirchen wurden geschändet. Auch die Ortenburg wurde von Herzog Leopold im Oktober 1192 erstürmt und zerstört. Bis 1226 folgten noch drei weitere kriegerische Auseinandersetzungen zwischen Bogen und Ortenburg.

Nach der Ächtung des Pfalzgrafen Otto VIII. von Wittelsbach, des Mörders König Philipps von Schwaben, wurde Graf Rapoto II. von Ortenburg († 1231) im Jahre 1209 Pfalzgraf in Bayern. Damit standen die Ortenburger auf dem Höhepunkt ihrer Macht und wurden unheilvoll die Hauptkontrahenten der Wittelsbacher in Bayern. Mit Rapoto III. von Ortenburg, Pfalzgraf von Bayern, starb 1248 dieser Familienzweig im Mannesstamme aus und der Besitz der Ortenburger und damit auch das Pfalzgrafenamt fielen über seine Tochter Elisabeth an die Wittelsbacher zurück.

Graf Heinrich I. von Ortenburg († 1241), Bruder Rapotos II., war zweimal verheiratet: in erster Ehe mit der Königstochter Jutta von Böhmen, in zweiter Ehe mit Richza von Hohenburg. Auf Passauer Lehnsgut gründete er 1206 die Stadt Vilshofen als Marktsiedlung an der Donau.

Durch die Übergabe der Herrschaft Murach an Richza und ihre Söhne kam es aus erbrechtlichen Gründen zum Bruch zwischen Graf Heinrich II. von Ortenburg († um 1257) und seinem Vater Heinrich I. und seiner Stiefmutter: Die Übernahme der Herrschaft in der Grafschaft durch Heinrich II. im Jahre 1241 führte zur Auseinandersetzung mit Herzog Otto II. von Bayern, da Richza beim bayerischen Herzog Schutz suchte. Otto besetzte daraufhin, nicht uneigennützig, mit den Städten Vilshofen und Nabburg wichtige Stützpunkte der Ortenburger Herrschaft und ging noch weiter gegen die Ortenburger vor. Der bedrängte Heinrich II. musste Zuflucht an den bischöflichen Höfen in Passau und Bamberg und schließlich beim böhmischen König in Prag suchen. Am Ende konnte Heinrich lediglich die Grafschaft Ortenburg für sich behaupten, seinen restlichen Besitz musste er auf seiner Flucht vor Herzog Otto verpfänden, verschenken oder verkaufen, eine Tatsache, die ihm den Beinamen „der Schenker" einbrachte. Übrig blieben nur weit verstreute Einzelbesitzungen und das Stammland um die Ortenburg selbst.

Die nächsten drei Grafengenerationen betrieben daher eine Konsolidierungspolitik. Mittels Arrondierungen konnte der Besitzstand der Grafen sogar wieder vermehrt werden, wenn auch die große Blütezeit des Ortenburger Einflusses vorbei war.[3]

Die Gefahr eines weiteren Familienzerwürfnisses bestand bei den Stiefsöhnen des Grafen Heinrich V. von Ortenburg († 1449). Zwar teilte sich die Familie mit Georg II. und Sebastian I. in zwei Linien auf, aber man einigte sich darauf, dass nur der Älteste aller Linien als regierender Graf von Ortenburg die Leitung der Grafschaft fortsetzen sollte. Dieses System hat sich auch eine Generation später behauptet, als sich noch eine dritte Linie der Ortenburger herausgebildet hatte. Man hatte die Lehren aus der Katastrophe des 13. Jahrhunderts gezogen.

Eine besondere Aufwertung wurde Graf Georg II. von Ortenburg († 1488) von Kaiser Friedrich III. zuteil. Mit kaiserlicher Urkunde vom 14. April 1479 bekam Ortenburg erneut das Marktrecht verliehen, das dahingehend erweitert wurde, dass nun jährlich fünf Jahrmärkte abgehalten werden durften. Mittels weiterer Privilegien wurde die Stellung der Ortenburger wieder gestärkt. Um die Reichsunmittelbarkeit und die besondere Stellung der Familie zu betonen, nannte sich Jahrzehnte später Wolfgang „von Gottes Gnaden Graf zu Ortenberg".

Während des Landshuter Erbfolgekriegs (1503–1505) innerhalb des Hauses Wittelsbach wurde die Burg im Oktober 1504 zerstört. Graf Wolfgang von Ortenburg († 1519), der Neffe Graf Sebastians I. († 1490), hatte sich der Partei um Herzog Albrecht IV. von Oberbayern angeschlossen. Als der Graf entfernt von seiner Burg in Vilshofen weilte und nur eine Minimalbesatzung auf der Ortenburg stationiert war, nutzte der mit den Örtlichkeiten vertraute Lehnsmann des Grafen Andreas Wils auf der Seite der gegnerischen Pfälzer die Gunst der Stunde, überlistete die Burgwache und setzte am 15. Oktober 1504 die gesamte Anlage in Brand.

Mit der Hochzeit Graf Christophs von Ortenburg (1480–1551) mit der Erbtochter Anna von Holub zu Mattighofen und Neudeck im Jahre 1515 kamen umfangreiche Gebiete im Innviertel in Ortenburger Besitz. Die Familie zählte nun wieder zu den reichsten Familien in Bayern, eine Tatsache, die wiederum zum Konflikt mit den Wittelsbachern führte. Deren Politik zielte darauf ab, nach der Vereinigung von Ober- und Niederbayern im Jahre 1505, die Fremdherrschaften im Wittelsbacher Herrschaftsraum zu beseitigen. Nur Ortenburg blieb als einzige Herrschaft selbstständig. Kurioses ereignete sich beim Erbstreit Christophs gegen den Spanier Gabriel de Salamanca um die Grafschaft Ortenburg in Oberkärnten bei Spital an der Drau. Kaiser Karl V. wies im Jahre 1524 die Ansprüche des niederbayerischen Grafen zurück. Auch weitere Proteste, erneute Erbforderungen, der bis heute folgenreiche Namenswechsel in „Ortenburg" zur Untermauerung der Ansprüche und sogar die Übernahme

Abb. 1 *Ortenburger Erbanspruchswappen auf dem Totenschild Joachims von Ortenburg († 1600), Marktkirche Ortenburg*

des Kärntner Wappens zum seither geführten „Erbanspruchswappen von 1531" änderten nichts am ergebnislosen Anspruch auf die Kärntner Grafschaft.[4] Ab 1570 nannte sich Graf Joachim zur Unterstreichung der nach wie vor fälschlicherweise geltend gemachten Erbansprüche auf Kärnten „Joachim, der ältern Grafen Graf zu Ortenburg"[5] (Abb. 1).

Durch Verzicht der älteren Grafen Ulrich II. († 1524) und Johann III. (1529–1568) erhielt Joachim von Ortenburg (1530–1600)[6] (Abb. 2) im Jahre 1551 die Grafschaft Ortenburg und übernahm damit eine wohl geordnete und schuldenfreie Herrschaft. Zwei Jahre zuvor heiratete er Ursula, Gräfin Fugger, mit der eine ansehnliche Mitgift in das Ortenburger Vermögen kam. Als fähiger Verwalter kam Joachim zu größtem Ansehen. Als äußerliches Symbol seiner gesellschaftlichen Stellung ließ er die Ortenburg von 1562 bis 1567 in ein feudales Renaissance-Schloss umgestalten und dabei den östlichen Teil vollständig neu anlegen.[7]

Ins Rampenlicht der bayerischen Politik gelangte der Ortenburger Graf im Jahre 1563. Auf dem Ingolstädter Landtag trat er, auf der Basis des Augsburger Religionsfriedens von 1555, jeder Landesfürst bestimmt die Konfession für sich und seine Untertanen selbst, offiziell zum evangelischen Glauben über und führte ungeachtet seines eigenen Übertritts zur Lehre Calvins die lutherische Lehre (Augsburger Konfession)

in seiner Grafschaft ein – ein Vorgehen, welches die Streitigkeiten mit Bayern verschärfte, obwohl Joachim in einem späteren Edikt betonte, dass nur in der Grafschaft, nicht aber in den weiteren bayerischen Besitzungen der Grafen der protestantische Glaube eingeführt werde. Noch im Oktober 1563 fanden so die ersten evangelischen Gottesdienste in der Schlosskapelle und in der Marktkirche Ortenburgs statt.

Die bayerischen Herzöge überzogen die Ortenburger Grafen mit Verrats- und Umsturzverdächtigungen, falschen Anschuldigungen, kriegerischen Zugriffen bis hin zu Besitzentzug. Aus bayerischer Sicht handelte es sich um die so genannte „Ortenburger Adelsverschwörung von 1563/64"[8], in der rund 50 Familien mit Joachim an der Spitze gemeinsame Sache gegen die Wittelsbacher machten. Ein verräterischer Briefwechsel auf Schloss Mattighofen bestärkte die Vermutungen. Die ständigen Streitigkeiten, Fehden und Prozesse ruinierten die begrenzten Finanzen der kleinen Grafschaft fast vollständig. Zudem fochten die Wittelsbacher-Herzöge seit 1548 beim Reichskammergericht die Reichsunmittelbarkeit der Ortenburger an. So bildete der Streit zwischen Ortenburg und Bayern eine um 50 Jahre vorgezogene Parallele zum Dreißigjährigen

Abb. 2 *Graf Joachim von Ortenburg, 1590 (Kat. Nr. 5.4.9)*

Abb. 3 *Hochgrab des Grafen Joachim von Ortenburg, Hans Pötzlinger, 1576/77, Marktkirche Ortenburg*

Krieg (1618–1648), eine unheilvolle Mixtur aus macht- und religionspolitischen Fragen, die einen Glaubenskrieg auslöste.

Da die lutherischen Predigten aus dem umliegenden bayerischen Gebiet großen Zulauf erhielten, wurde Joachim nach München vorgeladen und von Herzog Albrecht V. von Bayern zur Rückkehr zum katholischen Glauben aufgefordert. Mit Waffengewalt ging der Herzog gegen die Grafschaft vor: Zuerst verhängte er eine Blockade über Ortenburg, die Zufahrtsstraßen und Feldwege wurden mit Ketten versperrt und von herzoglichen Soldaten kontrolliert und anschließend sogar die Grafschaft und die beiden Burgen Alt- und Neu-Ortenburg durch bayerische Truppen besetzt. Jedweder Handelsverkehr in die Grafschaft war damit unterbunden. Dieser Rechtsbruch und der Verlust aller bayerischen Besitzungen für Joachim änderten nichts am steigenden Zuspruch des evangelischen Glaubens in und um Ortenburg. Mittels eines provisorischen Vertrags kam es auf Veranlassung Kaiser Maximilians I. und der Reichsfürsten 1565 zu einem Vergleich und damit zur Freigabe der Grafschaft aus der bayerischen Umklammerung.

1573 entschied schließlich das Reichskammergericht in Speyer nach 25 Jahren Streitigkeiten zu Gunsten der Ortenburger für deren Reichsunmittelbarkeit. Wegen der anschließend vollständigen Durchführung

der Reformation in Ortenburg kam es erneut zum Zwist mit Bayern. Da eine Lösung des Konflikts nicht in Aussicht und Joachim selbst körperlich und wirtschaftlich erschöpft war, alleine der Prozess kostete angeblich 30 000 Goldgulden, bot er schließlich sogar Herzog Wilhelm V. von Bayern den Kauf der Grafschaft Ortenburg an, der aber unter anderem wegen der zu hohen Kaufsumme nicht zu Stande kam. Verarmt, hoch verschuldet und im Exil in Nürnberg lebend, aber in seiner protestantischen Einstellung ungebrochen, verstarb Joachim im März 1600. Bestattet wurde er im neuen Erbbegräbnis in der Marktkirche zu Ortenburg (Abb. 3).

Erst 1602, zwei Jahre nach dem Tod Joachims, akzeptierte der bayerische Herzog Maximilian I. die Souveränität der Ortenburger und gab die eingezogenen Güter mit Ausnahme von Mattighofen an die Grafschaft zurück. Der Kampf um das protestantische Bekenntnis brachte dem Grafen, seiner Familie und seinen Untertanen viel Leid, aber bis heute hat sich die Lehre Luthers in Ortenburg behauptet.

Als in den Jahren 1624 und 1625 Kaiser Ferdinand II. von Österreich die Ausweisung aller Protestanten aus seinem Erbland verfügte, fanden Hunderte von Flüchtlingen in der Grafschaft unter Graf Friedrich Casimir (1591–1658) ihr Unterkommen. Im gerodeten Waldgebiet östlich von Ortenburg schufen sich diese in den neu entstandenen Orten Vorder- und Hinterhainberg eine neue Heimat.

Als Resümee kann man mit dem Genealogen Franz Tyroller (1924) zusammenfassen: „Wer vom Niedergang Ortenburgs erzählt, erzählt vom Aufstieg Bayerns."[9] Gemeint dabei ist aber nicht der Staat, sondern das Geschlecht der Wittelsbacher.

Anmerkungen

1 Siehe Walter Fuchs (Hrsg.), Schloss Ortenburg. Ortenburger Baudenkmäler und die Geschichte der Reichsgrafschaft Ortenburg, Ortenburg 2000, S. 32f.

2 Siehe hierzu Friedrich Hausmann, Die Grafen zu Ortenburg und ihre Vorfahren im Mannesstamm, die Spanheimer in Kärnten, Sachsen und Bayern, sowie deren Nebenlinien. Ein genealogischer Überblick, in: Ostbairische Grenzmarken 36 (1994) S. 9‑62; Johann Ferdinand Huschberg, Geschichte des herzöglichen und gräflichen Gesammt-Hauses Ortenburg aus den Quellen bearbeitet, Sulzbach 1828; Markus Lorenz, Der Übergang der Grafschaft Ortenburg an Bayern im Jahr 1805. Tradition und Umbruch in einer Adelsherrschaft, (Ortenburger Geschichtsblätter, H. 2) Ortenburg 1997; Eberhard Graf zu Ortenburg-Tambach, Geschichte des reichsständischen, herzoglichen und gräflichen Gesamthauses Ortenburg, 2 Bde., Vilshofen 1932; Heinz Pellender, Tambach. Vom Langheimer Klosteramt zur Ortenburg'schen Grafschaft, (Schriftenreihe der historischen Gesellschaft Coburg, H. 3) Coburg 1985; Wilhelm Störmer, Ortenberg, in: Lexikon des Mittelalters 6, Sp. 1481 f.; Franz Tyroller, Ortenburgs Größe und Niedergang, in: Ostbairische Grenzmarken 13 (1924) S. 1‑9.

3 Heinrich IV. ist um 1395 verstorben und wurde zusammen mit seiner Gemahlin Agnes, Gräfin von Hals, in der St. Sixtuskapelle am Domkreuzgang beigesetzt. Zum Hochgrab und der Korrektur des Todesjahres, das in der älteren Forschung um 1360 angesetzt wurde, vgl. Hausmann, S. 25 mit Anm. 384.

4 Pellender 1985, S. 61.

5 Ebd., S. 42.

6 Siehe Julius Denk, Die Einführung des exercitium Augustanae confessionis in der Grafschaft Ortenburg und die daraus entstandene Irrung, in: Verhandlungen des Historischen Vereins für Niederbayern 30 (1894) S. 3‑64; Carl Mehrmann, Geschichte der evangelisch-lutherischen Gemeinde Ortenburg in Niederbayern, Landshut 1863; Pellender, 1985, S. 22, 42; Hans Schellnhuber, Die Reformation in der Reichsgrafschaft Ortenburg, Ortenburg 1963; Albert Strohm (Hrsg.), Vier Jahrhunderte evangelische Kirche im östlichen Niederbayern, in: Evangelisch-Lutherisches Dekanat Passau, Erlangen 1984, S. 20 und 97; Leonhard Theobald, Joachim von Ortenburg und die Durchführung der Reformation in seiner Grafschaft, München 1927.

7 Siehe Fuchs 2000; Hans Schellnhuber, Schloss Ortenburg. Seine Geschichte und seine baulichen Sehenswürdigkeiten, Ortenburg 1924.

8 Siehe Gerhard Taddey, Bayerische Adelsverschwörung, in: Lexikon der deutschen Geschichte, 1979, S. 929.

9 Zitiert bei Pellender 1985, S. 39.

Literatur

Boshof, Egon u. a. (Hrsg.): Geschichte der Stadt Passau, Regensburg 1999

Hausmann, Friedrich: Archiv der Grafen zu Ortenburg. Urkunden der Familie und Grafschaft Ortenburg (in Tambach und München), Band 1: 1142‑1400, Neustadt an der Aisch 1984

Hausmann, Gerhild: Anton Graf zu Ortenburg (1550‑1573). Ein Beitrag zur Bildungsgeschichte des protestantischen Adels im 16. Jahrhundert, Diss. Graz 1968

Lanzinner, Maximilian: Fürst, Räte und Landstände. Die Entstehung der Zentralbehörden in Bayern 1511‑1598, Göttingen 1980

Loibl, Richard: Der Herrschaftsraum der Grafen von Vornbach und ihrer Nachfolger. Studien zur Herrschaftsgeschichte Ostbayerns im hohen Mittelalter, München 1997

Schleich, Heinz Wolf: Ortenburg, in: Bosl, Karl (Hrsg.): Bayern, (Handbuch der historischen Stätten Deutschlands, Bd. 7) Stuttgart 3. Aufl. 1981, S. 561 f.

Elke Goez

Benediktiner und Zisterzienser im Land am unteren Inn

Die Ausbreitung der klösterlichen Lebensform hatte während der späten Merowinger- und frühen Karolingerzeit den bayerischen Raum erreicht; am Saum der Nordalpen und entlang der Donau war binnen weniger Jahrzehnte eine nicht geringe Zahl monastischer Niederlassungen entstanden. Aber die Lande rings um den unteren Inn waren davon noch frei geblieben. Hier kam es erst im Verlauf des Hochmittelalters, während jener Phase einer Vertiefung des religiösen Lebens, deren dramatischsten Abschnitt man üblicherweise, ihn damit freilich in seiner historischen Bedeutung erheblich verkürzend, „Investiturstreit" nennt, mit Asbach und Vornbach zur Stiftung zweier Benediktinerklöster. Zu ihnen gesellten sich kurz vor der Mitte des 12. Jahrhunderts, nachdem die von Burgund ausgehende Welle zisterziensischer Spiritualität das rechtsrheinische Deutschland erfasst hatte, die Konvente Aldersbach und Raitenhaslach. Mehr als ein volles Saeculum später errichteten die „weißen" Mönche schließlich in diesem Gebiet noch eine weitere Abtei: Fürstenzell. Alle fünf Klöster entstanden in engem Zusammenwirken von Adligen der Region mit dem Episkopat: dem Erzbischof von Salzburg bzw. den Bischöfen von Bamberg und Passau. Zweifellos stand beim Stiftungsakt jeweils die fromme Sorge der Gründer um das eigene Seelenheil und das ihrer Angehörigen im Vordergrund; aber gleichzeitig spielte für sie auch eine politische wie wirtschaftliche Intensivierung des Landesausbaus eine erhebliche Rolle. Diese schien durch die Einrichtung monastischer Institutionen gewährleistet, solange die Herrschaftsrechte der Stifterfamilien behauptet werden konnten, was freilich in höchst unterschiedlichem Maße und zumeist nur vorübergehend gelang. Ein ausgesprochenes „Rodungskloster" – wie manche der Zisterzen jenseits der Grenze zu Böhmen oder nördlich davon im westslawischen Siedlungsraum – war keine der fünf Niederlassungen; die Stiftung erfolgte vielmehr jeweils auf Altsiedelland. Dennoch leisteten die Mönche bis zur Aufhebung der Konvente im Zuge der Säkularisation im frühen 19. Jahrhundert generationenlang Wesentliches für die geistliche, kulturelle und materielle Kultur des Landes am unteren Inn.

Asbach

Die Gründung des Benediktinerklosters Asbach erfolgte – wie diejenige von Vornbach – im Zuge der kirchlichen Reformbewegung im Bistum Passau, die sich während des großen Kampfes zwischen Papsttum und Kaisertum, der mit den Namen Gregors VII. und seiner Nachfolger sowie Heinrichs IV. und seines gleichnamigen Sohnes verbunden ist, trotz der zweimaligen Bestellung von Gegenbischöfen im Ganzen gegen die Salier zu behaupten vermochte. Wohl noch zu Lebzeiten des großen Passauer Bischofs Altmann († 1091) dürfte Christina, die Witwe des Gaugrafen Gero, in dem Ort südlich der Rott eine Mönchszelle eingerichtet haben; als sie starb, vermachte sie ihr den dortigen Eigenbesitz. Graf Ulrich, wohl einer ihrer Verwandten, übernahm die Vogtei. Zwar war er ein Parteigänger Heinrichs IV., der ihm die Obhut über Passau anvertraute; dennoch stand der junge Konvent eher auf Seiten der Gregorianer. Nach Ulrichs Tod (1099) übernahmen seine Verwandten, die Grafen von Formbach, in Asbach die Schutzgewalt; doch lagen ihnen ersichtlich die eigenen Gründungen – das Chorherrenstift Suben und die Benediktinerabtei, die sie in ihrer Stammburg gründeten – mehr am Herzen. Asbach geriet ins Hintertreffen; die Situation des Konvents veränderte sich indessen grundlegend, als ihn 1125 der bedeutende, heiligmäßige Bischof Otto von Bamberg im Zuge seiner ostbayerischen Kloster- und Bistumspolitik erwarb. Zeitweilig unterstellte er Asbach der eigenen Gründung Prüfening (bei Regensburg). Aber trotz aller Förderung, die er, aber auch Teile des örtlichen Adels dem Kloster im Rottal angedeihen ließen, blieb der Besitz beschränkt.

Während des späteren Mittelalters erlitt Asbach wiederholt schwere Zeiten. Zweimal wurde es zerstört – 1212 in der Bogen-Ortenburger Fehde, 1266 im Bayerisch-Böhmischen Krieg, 1323 wegen der Parteinahme für den mit dem Bann geschlagenen König Ludwig den Bayern von der Kurie gar mit dem Interdikt belegt, das erst 1356 wieder aufgehoben wurde. Die Anerkennung, welche seitens der Wittelsbacher dem Konvent zuteil wurde – 1336 ernannte Herzog Heinrich XI. von Niederbayern den Abt von Asbach zu seinem Hof-

Abb. 1 *Die Klostergründer Himiltrud, Ekbert I. von Formbach und Ulrich von Windberg-Radelnberg, Vornbacher Traditionsbuch, 12. Jh. (Kat. Nr. 2.4.1)*

gagement für die klösterlichen Hintersassen bei den wiederholt den Inn-Raum verheerenden Wirtschaftskrisen aus. Dreißig Jahre nach seinem Tod traf die Säkularisation einen Konvent, der sich um die Bevölkerung im Tal der Rott kirchlich, kulturell und wirtschaftlich immer wieder große Verdienste errungen hatte.

Vornbach

In Vornbach bestand seit 1028 eine Burg und eine Zollstation, die gemeinsam mit der St. Martinskirche den Herrschaftsschwerpunkt der dort ansässigen Grafen am unteren Inn bildeten. Nach 1030 (wohl um 1050) stiftete Himiltrud die Ältere, die söhnelose Witwe des Grafen Heinrich, bei St. Martin eine klösterliche Zelle, die indessen nur schlecht gedieh. Zusammen mit dem Ort dürfte sie im Verlauf der Kämpfe zwischen König Heinrich IV. und Bischof Altmann von Passau 1077 zerstört worden sein. Aber als Graf Ekbert I. aus der Verbannung zurückkehrte und sich in Neuburg am Inn einen neuen Sitz schuf, stiftete er 1094 gemeinsam mit seiner Frau Mathilde an der alten Stelle ein Benediktinerkloster (Abb. 1). Der erste Abt Berengar kam entweder aus Münsterschwarzach oder aus Göttweig. Der Konvent erhielt sehr rasch das Recht auf freie Abtwahl und wurde unmittelbar dem Papst unterstellt; Innozenz II. nahm ihn 1139 in seinen Schutz. Bald entwickelte sich eine Wallfahrt zu der dem Kloster gehörenden Kirche Maria am Sand; seither übernahm Vornbach in der Marienverehrung im Bistum Passau eine wesentliche Rolle. Namentlich unter Abt Wirnto, einem hochangesehenen Vertreter der Kirchenreform, engagierten sich die Brüder in der bislang unzureichend wahrgenommenen Pfarrseelsorge. Zugleich kümmerten sie sich um die wirtschaftliche Konsolidierung; die Besitzungen des Klosters erstreckten sich bald zu beiden Seiten des Inn bis nach Niederösterreich. Damit dehnten sie ihre Aktivitäten auf das gesamte Gebiet aus, in welchem die Grafen von Formbach Fuß zu fassen suchten; die Abtei wurde dadurch zu einer wichtigen Säule der gräflichen Herrschaft. Namentlich die Klosterfiliale Gloggnitz in der Grafschaft Pitten diente dieser als Stützpunkt im Expansionsgebiet jenseits des Inn. Damit begannen die Formbacher Grafen allerdings sich zugleich auf Kosten des Klosters auszudehnen; das wohl verfälschte Schutzprivileg Lothars III. von 1136 dürfte eine Ant-

kaplan, und dieser Ehrentitel verblieb dessen Nachfolgern –, brachte durchaus nicht nur Vorteile; namentlich die Gastungspflichten beutelten das Kloster schwer, drückende Schulden waren die Folge. Auch deshalb schloss sich Asbach im frühen 15. Jahrhundert der Melker Reform an, was zeitweilig zu einer erheblichen Verbesserung der zerrütteten Verhältnisse führte, die allerdings durch Verwüstungen während des Bayerischen Erbfolgekrieges von 1504 wieder zunichte gemacht wurden. In der Reformation blieb der Konvent trotz macher Einbußen dem alten Glauben treu; ein nachhaltiger, sowohl wirtschaftlicher wie spiritueller und kultureller Aufschwung setzte mit der katholischen Reform ein. Abt Wolfgang II. Faber (1584–1604) nannte man geradezu den „goldenen Prälaten"; unter seinen Nachfolgern zeichnete sich namentlich Abt Maurus III. Wimmer (1752–1773) sowohl durch wissenschaftliche Aktivität im Sinn der katholischen Aufklärung wie durch sein vorbildliches soziales Enwort auf die zunehmenden Pressionen darstellen, unter denen der Konvent zu leiden hatte. Auf dem Gebiet der Seelsorge spürte das Kloster zudem zunehmend die Konkurrenz der Augustinerchorherren von Reichersberg sowie jene des Stifts Vorau; dennoch erweiterte sich der Sprengel, in welchem die Mönche die Seelsorge übernahmen. Weniger erfolgreich agierte die Abtei in wirtschaftlicher Hinsicht; der Streubesitz ließ sich nur mangelhaft verwalten. Zunehmend belasteten außerdem die Spannungen zwischen den Wittelsbachern und Herzog Friedrich dem Streitbaren von Österreich und Steiermark um das Erbe der Andechs-Meranier den Konvent. Namentlich im Verlauf des 14. Jahrhunderts wurden zahlreiche Besitzungen dem Kloster entfremdet, während seine spirituelle Bedeutung für das Umland zunahm; das bezeugen auch die zahlreichen Ablassbriefe, die seit 1257 immer wieder für Vornbach ausgestellt wurden. Nicht zuletzt dies führte zu einer nachhaltigen Verbesserung der Finanzlage des Konvents, der sich im 15. Jahrhundert der Melker Reform anschloss. Durch die damit verbundene Abkehr der anfänglich betonten Adelsexklusivität erfolgte eine sich intensivierende Einbettung Vornbachs in die Region. Wissenschaft und Kunst blühten auf; namentlich in der Buchmalerei entstanden bemerkenswerte Leistungen. An der Schwelle zur Neuzeit wurde der Konvent zu einem wichtigen Zentrum der Gelehrsamkeit. Abt Angelus Rumpler (1501–1513), Sohn eines Bäckers, ein Freund des Abtes Wolfgang Marius von Aldersbach sowie des Passauer Domkustos Johann Staindl, zweier bedeutender bayerischer Frühhumanisten, begann mit dem systematischen Ausbau der Bibliothek; in seiner viel gelesenen historischen Schrift *calamitates Bavariae* beschrieb er die Schrecken des Landshuter Erbfolgekrieges. Noch in der Zeit des Dreißigjährigen Krieges, der die Abtei weitgehend verschonte, begann man in Vornbach mit einem Neubau des Gotteshauses (1630–1637) und der barocken Ausschmückung der Filialkirchen Rottersham und Eholfing. 1688 wurde die Umgestaltung unter Abt Wolfgang II. Islinger vollendet; ungeachtet beträchtlicher Schäden im Spanischen Erbfolgekrieg brach eine Blütezeit an, die in einer barocken Prachtdekoration sichtbaren Ausdruck fand. Unter Abt Plazidus II. Ponigl (1784–1803) wurde 1794 die 700-Jahrfeier der Klostergründung feierlich begangen; es war das letzte große Fest, das Vornbach erlebte, denn nur neun Jahre später wurde der Konvent säkularisiert. Die bedeutende Münzsammlung und etliche Bücher gelangten nach München; hingegen wurde das viel gerühmte Naturalien-Kabinett achtlos verschleudert; es ist verloren.

Aldersbach

1139 durch Bischof Otto den Heiligen von Bamberg als Augustinerchorherrenstift St. Peter gegründet, wurde Aldersbach 1146 in eine Zisterze umgewandelt und von Mönchen aus Ebrach im Steigerwald besiedelt. Somit war Aldersbach wie alle anderen Zisterzen Südostdeutschlands eine Enkeltochter von Morimond, einem der fünf Mutterkonvente des Ordens. Die Abkehr von der kanonikalen Lebensform ist nicht leicht zu erklären; sie könnte auf einen Wunsch des Staufers Konrad III. zurückzuführen sein, der eine ausgesprochene Vorliebe für die „weißen" Mönche besaß. Wiederholt bediente er sich des neuen Reformordens, um

Abb. 2 *Kirche von Schützing und die Klostergründer Graf Wolfger von Tegernbach, seine Frau Hemma, Erzbischof Konrad von Salzburg, Graf von Wald, Begräbnisbuch von Raitenhaslach, 1448 (Kat. Nr. 3.1.1)*

in Räumen präsent zu werden, in denen die Kron-
gewalt nur geringe Ansatzmöglichkeiten besaß. Doch
von Anfang an war auch der regionale Adel den Zisterziensern in Aldersbach besonders gewogen. Rasch
konnte der Konvent einen stattlichen Besitz erwerben
und 1164 einen Wirtschaftshof in der Stadt Passau anlegen, um dort die Agrarprodukte des Klosters zu verkaufen. Wegen der günstigen Lage zur Flusslände gewann der Hof rasch - namentlich für den Salz- und
Weinhandel - erhebliche Bedeutung; er wurde in der
Folge weiter ausgebaut. Gerade auf agrarischem und
administrativem Gebiet erwiesen sich die Zisterzienser
überall als besonders fortschrittlich; sie trugen wirksam zur Intensivierung des Landesausbaus bei, wobei
in Bayern nicht so sehr die Rodung im Vordergrund
stand, als vielmehr der Anbau bislang ungebräuch-
licher Nutzpflanzen und innovative Techniken des
Wasserbaus. Anfänglich erwies sich für Aldersbach
freilich die Vogteigewalt eines Adelsherrn der Region,
des Alram von Kamm, als drückende Fessel. Das Privileg der freien Vogtwahl durch Kaiser Friedrich Barbarossa (1183) befreite die junge Zisterze davon. Dafür
gewannen nun freilich die Grafen von Ortenburg sowie
bald auch - und diesmal auf Dauer - die Herzöge
von Bayern Einfluss auf die äußeren und inneren
Geschicke der Abtei. 1283 übernahm Herzog Heinrich XIII. von Niederbayern die Schutzgewalt über den
Konvent; damit war Aldersbach faktisch landsässig geworden, was den Verlust mancher gewichtiger zisterziensischer Freiheiten bedeutete. Umgekehrt wirkte
sich jedoch die Übernahme vermehrter Fürsorge
durch die Landesherren auch positiv aus, vor allem
das Engagement Ludwigs des Bayern. So war und blieb
das Bild, welches Aldersbach bietet, viele Generationen
lang durchaus erfreulich. Erst nach der Mitte des
14. Jahrhunderts brachte eine strittige Abtwahl eine
tiefe, längerfristige Krise; zeitweilig lebten nur noch
fünf Brüder in dem Konvent. Aber am Ausgang des
Mittelalters besserte sich die Situation grundlegend
wieder; unter Abt Wolfgang Marius wurde der Konvent
zu einem Zentrum des bayerischen Humanismus. Zugleich bemühte man sich angesichts der neu gewonnenen wirtschaftlichen wie spirituellen Stabilität nicht
ohne Erfolg, Aldersbach eine gewisse Unabhängigkeit
von der herzoglichen Landesherrschaft zu verschaffen.
Trotz gewisser Schwankungen im 16. Jahrhundert hielt
diese Blütezeit lange an. In dieser Zeit wurde Aldersbach architektonisch grundlegend umgestaltet und
damit zu einem über ganz Süddeutschland und den

Ostalpenraum ausstrahlenden Vorbild barocker Bau-
und Bildkunst. Aber weder die gesunde wirtschaftliche
Grundlage - Besitz an 61 Orten - noch die kulturelle
Bedeutung und das zu keinem Tadel Anlass bietende
geistliche Leben retteten die Zisterze; wie die anderen Konvente wurde auch Aldersbach 1803 säkularisiert.

Raitenhaslach

Wie nicht wenige Zisterzen wurde Raitenhaslach zunächst an anderer Stelle gegründet, nämlich nördlich
von Schützing an der Alz, aber wenig später an den
jetzigen Ort verlegt (Abb. 2). Das Bodensee-Kloster
Salem entsandte die ersten Mönche, welche 1145/46
auf die Uferterrasse der Salzach umsiedelten. Ein wesentlicher Grund für den Ortswechsel dürfte das Bestreben Erzbischof Konrads von Salzburg gewesen
sein, die Abtei auf Dauer regional in die Erzdiözese
stärker einzubinden; ein landesherrschaftliches, aber
auch kirchenpolitisches Ziel, welches seine Nachfolger
weiterverfolgten. Indessen versuchten gleichzeitig die
Staufer, die junge Zisterze durch wirtschaftliche und
rechtliche Förderung auf ihre Seite zu ziehen und dadurch für ihre Belange zu instrumentalisieren. Die im
Widerspruch zu der Entscheidung des Gesamtordens
stehende Parteinahme Raitenhaslachs im Alexander-
schisma 1159-1177 für den Gegenpast Paschalis III. ist
wesentlich aus der engen Bindung an den Herrscher
zu erklären. Dennoch fügte sich das Kloster indessen
in die erzbischöfliche Landespolitik ein, was ihm zahlreiche Privilegien einbrachte. Indessen lockerte sich im
Verlauf der Zeit diese Bindung; eine neue Zuordnung
wird deutlich: die zum Herzogtum Bayern. Ihren Anfang nahm sie mit dem ersten Privileg Heinrichs des
Löwen (1166). Je stärker der Raum am unteren Inn
und der Salzach ins Blickfeld der Herzöge geriet, desto
intensiver förderten sie - nicht zuletzt im eigenen politischen Interesse - die Zisterze. Bis 1350 stellten die
Wittelsbacher nicht weniger als 80 Urkunden für Raitenhaslach aus, darunter Gnadenbriefe über gerichtliche Sonderrechte, Privilegien bezüglich der Salzgewinnung, Zollbefreiungen auf der Mautstraßen des
Herzogtums: Gunsterweise, die den wirtschaftlichen
Aufschwung förderten. Zeitweise diente die Klosterkirche als Grablege der Nebenlinie, die in Burghausen
residierte. Auch zahlreiche Mitglieder des Niederadels
der Region ließen sich in den Klostermauern bestatten.

Abb. 3 *Stifterbild mit Herzog Heinrich XIII. und Magister Hartwig, Grundbuch von Fürstenzell, 1470 (Kat. Nr. 3.1.2)*

Aber die engen Beziehungen zum Herzogshaus brachten Raitenhaslach nicht immer nur Vorteile: Dreimal wurde das Interdikt über die Abtei verhängt: 1335, als der Konvent dem exkommunizierten Kaiser Ludwig dem Bayern die Treue hielt, 1387, als Herzog Friedrich den Erzbischof Pilgrim II. von Salzburg in den Konventsmauern gefangen nahm, und 1447, als man den Ingolstädter Teilherzog Ludwig mit dem Bart feierlich in Raitenhaslach bestattete, obwohl er im Kirchenbann gestorben war. Die in diesen drei Fällen selbst Rom trotzende, treu wittelsbachische Haltung der Mönche hing zweifellos wesentlich damit zusammen, dass durch die Fürsorge der Landesherren die Zisterze einer der reichsten Konvente Altbayerns geworden war.

Kurz vor 1500 wurde das Klosterleben durch eine Brandkatastrophe, aber auch durch disziplinarische Probleme schwer erschüttert. Nur zeitweilig bewirkte das Eingreifen Herzog Ludwigs des Reichen von Bayern-Landshut eine Besserung der Verhältnisse. Aber das ganze 16. Jahrhundert bedeutete eine Phase fortwährender Krisen. Erst im 17. Jahrhundert ging es wieder aufwärts, doch die allzu großzügige barocke Umgestaltung, die man 1694 begann, belastete den Klosterhaushalt in übermäßigem Umfang und führte zu Schulden, die nicht beglichen werden konnten. Schon vor 1803 war Raitenhaslach ökonomisch hart

getroffen, zumal der umfängliche Besitz im Innviertel verloren ging, als Bayern 1779 dieses an Österreich abtreten musste. Wie bei den anderen Klöstern der Region brachte die Säkularisation sodann das Ende.

Fürstenzell

1274 gründete Magister Hartwig, Leiter der Passauer Domschule, Arzt und Hofkaplan des Herzogs von Bayern, auf einem wüstliegenden Hof in der Pfarrei Irsham die Zisterze Fürstenzell (Abb. 3); für ihre Ausstattung hatte er seit längerer Zeit planmäßig Liegenschaften erworben. Ursprünglich lautete der Name des neuen Klosters *Cella beati Laurentii,* doch es wurde bald in *Cella principis* umbenannt. Der Wechsel besaß programmatischen Charakter; er spiegelt die früh erfolgte Anbindung an die bayerischen Herzöge wider; erst eine durch diese verbesserte materielle Ausstattung verhalf Fürstenzell zu dauernder Lebensfähigkeit. Freilich zahlten die Mönche dafür einen hohen Preis: Ungeachtet eines Freiheitsprivilegs König Rudolfs von Habsburg aus dem Jahr 1280 verfügten die Wittelsbacher über die Zisterze als eine ihrer Hausabteien; Fürstenzell diente ihnen allerdings niemals als Grablege. Der Platz bildete gleichsam einen herzoglich-bayerischen Vorposten gegenüber dem Hochstift Passau, obwohl angesichts der Kleinheit des Konvents die realpolitische Bedeutung beschränkt blieb. Die Beziehungen zur Mutterabtei Aldersbach blieben lange lebendig; beide konnten die Abhängigkeit von den wittelsbachischen Landesherren und die damit verbundene Landsässigkeit niemals abschütteln. Trotzdem erwies sich die herzogliche Fürsorge nicht nur als Hemmnis, sondern wiederholt auch als Vorteil, vor allem in der unruhigen Frühzeit, als Fürstenzell innerhalb eines halben Jahrhunderts 15-mal einen Abtswechsel erlebte und deshalb keine innere Stabilität zu erlangen vermochte. König Ludwig der Bayer bedachte die Zisterze mit vier Privilegien, und 1335 legte Margarete, die Gemahlin Herzog Heinrichs XIV. von Niederbayern und Tochter König Johanns von Böhmen, geradezu demonstrativ Wert darauf, die Obhut über die Abtei zu übernehmen. Aber die materiellen Opfer, die sie dafür zu bringen bereit war, hielten sich in Grenzen. Fürstenzell gehörte niemals zu den reichen Zisterzienserklöstern, obwohl seit dem Ende des 14. Jahrhunderts eine deutliche Konsolidierung der Finanzen eintrat. Doch der Aufschwung verebbte rasch wieder. Die Pest, Verwüstungen im Landshuter Erbfolgekrieg und Unruhen während der Reformation ließen den Konvent nicht zur Ruhe kommen. Zeitweilig lebten nur noch zwei Mönche im Kloster. Erst nach dem Ende des Dreißigjährigen Krieges trat eine Wende ein. Sichtbarer Ausdruck einer neu gewonnenen Stabilität, geistlichen Disziplin und Konsolidierung der Wirtschaftslage waren die baulichen Umgestaltungen der Konventsanlage im 18. Jahrhundert. Nicht zu Unrecht hat man Abt Stephan Mayr (1727-1761) als zweiten Stifter gefeiert, unter ihm erfolgte die barocke Ausschmückung der Klosterkirche. Zugleich legte man in Fürstenzell besonderen Wert auf die Musikpflege; namhafte Organisten, von denen mehrere als Komponisten hervorgetreten sind, deren Wirken weit über die Mauern des Konvents ausstrahlte, so beispielsweise auch nach Vornbach, wurden angestellt. Die Säkularisation bereitete der sowohl spirituell wie wirtschaftlich gesundeten Zisterze ein jähes Ende, und dies zu einem Zeitpunkt, als sich Fürstenzell mit der Einrichtung von Dorfschulen ein neues, viel verheißendes kulturelles Aufgabengebiet zu erschließen begann.

Literatur

850 Jahre Zisterzienserkloster Aldersbach 1996, Festschrift zur Feier der 850. Wiederkehr des Gründungstages des Zisterzienserklosters Aldersbach am 2. Juli 1996, Aldersbach 1996

Boshof, Egon: Die Anfänge der Zisterze Aldersbach. Untersuchungen zur ostbayerischen Klosterlandschaft im 12. und beginnenden 13. Jahrhundert, in: Wollenberg, Klaus (Hrsg.): In Tal und Einsamkeit, 725 Jahre Kloster Fürstenfeld, Bd. III: Kolloquium, Fürstenfeldbruck 1990, S. 48-67

Goez, Elke: Pragmatische Schriftlichkeit und Archivpflege der Zisterzienser. Ordenszentralismus und regionale Vielfalt, namentlich in Franken und Altbayern (1098-1525), (Vita regularis 17) Münster/Hamburg/London 2003

Hartig, Michael: Die niederbayerischen Stifte, mächtige Förderer deutscher Kunst, München 1939

Heuwieser, Max: Fürstenzell, in: Oswald, Josef (Hrsg.): Alte Klöster in Passau und Umgebung, Passau 1950, S. 259-280

Hopfgartner, Wolfgang: 1200 Jahre Raitenhaslach, (Burghauser Geschichtsblätter, 43) Burghausen 1987

Krausen, Edgar: Die Zisterzienserabtei Raitenhaslach, (GS NF, 11/1) Berlin/New York 1977

Krausen, Edgar: Die Wittelsbacher und die mittelalterlichen Reformorden, in: Ausst.-Kat. Wittelsbacher und Bayern I/1: Die Zeit der frühen Herzöge. Von Otto I. zu Ludwig dem Bayern, hrsg. v. Hubert Glaser, München/Zürich 1980, S. 349-351

Wurster, Herbert W.: Das Benediktinerkloster Vornbach am Inn im Mittelalter, in: Eckl, Josef/Duschl, Josef (Hrsg.): Das Kloster Vornbach - 900 Jahre Benediktinische Kultur im Unteren Inntal, Vornbach 1994, S. 9-32

Wurster, Herbert W.: Die Geschichte des Klosters Asbach. Von den Anfängen bis zur Säkularisation, in: Josef Schöpf in Asbach. Person - Werk - Geschichte, begleitende Materialien zur Ausstellung „Die letzten Freskenmaler des Barock", Museum Kloster Asbach 1998, S. 33-38

Egon Boshof

Augustinerchorherren am Inn

Die kirchliche Reformbewegung des 11. Jahrhunderts, die auf eine Verwirklichung der Freiheit der Kirche von allen Verstrickungen in weltliche Angelegenheiten abzielte, war nicht nur monastisch geprägt, sondern erfasste auch die als „Kanoniker" bezeichneten Klerikergemeinschaften an den Kathedral- und Stiftskirchen. Der Begriff *(canonici clerici)* erscheint in den kirchenrechtlichen Quellen seit dem 6. Jahrhundert und kennzeichnet in der Abhebung vom allgemeinen Klerus jene Geistlichen, die wegen des ihnen aufgetragenen Vollzugs des feierlichen Gottesdienstes und der liturgischen Gestaltung der Tagzeiten eine Sonderstellung einnahmen, in einer engen Beziehung zum Bischof standen und von diesem zumeist auch eine wirtschaftliche Versorgung in Gestalt von *stipendia* und *munera* erhielten.

Schon für die Frühzeit wird man für diese Kleriker auch Formen eines gemeinsamen Lebens, einer *vita communis* (Wohnung, Mahlzeiten), annehmen dürfen, die in irgendeiner Weise geregelt sein mussten. Wie weit aber von schriftlich fixierten Regeln auszugehen ist, bleibt ungewiss. Über die etymologische Erklärung des Begriffes *canonicus* besteht in der Forschung keine einheitliche Auffassung. Am ehesten wird man ihn auf *canon* im Sinne eines Verzeichnisses der versorgungsberechtigten bischöflichen Kleriker beziehen dürfen; darüber hinaus dürfte aber auch die Herleitung von *canones* (kanonisches Recht) als Hinweis auf ein kirchenrechtlich korrektes Leben das Wortverständnis mitbestimmt haben.

Die Nähe zum Mönchtum machte auf Dauer eine deutlichere Abgrenzung durch eine spezifische Kanonikerregel notwendig. Im lokalen Rahmen besorgte dies für den Metzer Kathedralklerus der Bischof Chrodegang († 766), dessen Vorschriften für das gemeinsame Leben seiner Kleriker programmatischen Charakter gewannen und Vorbild für spätere Regelungen wurden. Im Zuge der auf Vereinheitlichung der Gewohnheiten ausgerichteten karolingischen Reformen wurden sowohl für die Kanoniker als auch für die weiblichen Gemeinschaften der Kanonissen auf der Aachener Synode von 816 Vorschriften erlassen, die das Gemeinschaftsleben in seinem Jahres- und Tagesablauf sowie den liturgischen Dienst regelten und

die internen Aufgaben einzelnen Amtsträgern unter der Leitung eines Propstes *(praepositus)* übertrugen (Institutiones Aquisgranenses). Damit war eine klare Unterscheidung von Mönchtum *(ordo monasticus)* und Kanonikertum *(ordo canonicorum)* durchgesetzt.

Im Laufe der Zeit waren wie in so vielen anderen Bereichen auch im Klerus Missstände eingerissen, die die Forderung nach Reformen laut werden ließen. Für das kanonikale Leben erhielt die unter dem entscheidenden Einfluss des späteren Papstes Gregor VII. stehende Lateransynode von 1059 besondere Bedeutung. Dabei stieß vor allem auf Kritik, dass den Kanonikern nach der Aachener Regel Privatbesitz erlaubt war; als Ideal wurde nun ein gemeinsames Leben propagiert, das sich an der Urkirche, der Lebensweise der Apostel *(vita apostolica),* ausrichten sollte, also von Armut und Askese sowie einer feierlichen Gestaltung des Gottesdienstes bestimmt war. Im Kern bedeutete die Kanonikerreform eine Erneuerung des Priestertums, und dazu gehörte auch, verstärkt seit Beginn des 12. Jahrhunderts, die Seelsorge. Die Kanoniker, die nach der neuen Ordnung lebten, werden in der Forschung als Regularkanoniker bezeichnet[1]; von ihnen sind die am Privatbesitz festhaltenden als Säkularkanoniker, die sich der Reform nicht anschlossen, abzusetzen.

Die Reformbewegung wurde von Päpsten, Synoden und Bischöfen gefördert und übte ihre Anziehungskraft auch auf den weltlichen Adel aus, so dass im Laufe des 12. Jahrhunderts eine Vielzahl von Kanonikerstiften errichtet wurde, die für die Bischöfe auch, da manche sich zu Zentren wissenschaftlicher Betätigung entwickelten, über die religiöse Erneuerung hinaus für die Administration und das geistig-kulturelle Leben der einzelnen Diözesen Bedeutung gewannen und zu Keimzellen der entstehenden Universitäten werden konnten. Die Anfänge der Kanonikerreform standen im Zeichen einer eher allgemeinen Ausrichtung des Lebens am Vorbild der vom heiligen Augustinus als Bischof von Hippo/Nordafrika († 430) für die Kleriker an seiner Kirche erlassenen Vorschriften; seit dem Papst Urban II. (1088–1099) orientierte man sich konkret an dieser Augustinusregel, wobei sich entsprechend den zwei überlieferten Fassungen (Praeceptum und Ordo monasterii) zwei unterschiedliche Richtungen, eine gemäßigtere und eine strengere, ausformten. Zur Ausbildung einer einheitlichen Observanz ist es nicht gekommen; die Vielgestaltigkeit ist das besondere Signum der Entwicklung des 12. Jahrhunderts.

Abb. 1   *Hl. Augustinus, Altarflügel aus dem Stift Reichersberg, um 1500 (Kat. Nr. 3.2.1)*

Einzelne Reformzentren hatten sich bereits seit der Mitte des 11. Jahrhunderts ausgeformt und wirkten verbandsbildend, beispielsweise St. Ruf bei Avignon, San Frediano in Lucca, Springiersbach in der Erzdiözese Trier oder Rottenbuch in Bayern[2]. Prémontré, die Gründung des Norbert von Xanten († 1134 als Erzbischof von Magdeburg), wurde zur Keimzelle des der Augustinusregel folgenden, stark eremitisch orientierten Prämonstratenserordens.[3] Größte Bedeutung für die Gesamtbewegung der Augustinerchorherren erhielt das Privileg, das der Papst Urban II. 1092 dem Stift Rottenbuch ausstellte: Hier nämlich wurde in programmatischer Weise die besondere, von der apostolischen Tradition und den patristischen Autoritäten her begründete reform-kanonikale Lebensweise definiert und dem Mönchtum als gleichwertig gegenübergestellt.

Eines der ersten Beispiele für die Erneuerung des kanonikalen Lebens im Reich war die Gründung des Stiftes St. Nikola vor Passau durch den Bischof Altmann (1065-1091) um 1070.[4] Von der Kaiserin Agnes, deren Kapellan Altmann gewesen war, materiell und ideell unterstützt, wurde die Neugründung 1074 und 1075 sowohl durch den König Heinrich IV. als auch den Papst Gregor VII. privilegiert. Altmann hat seine Zielvorstellung, den Klerus seines Bistums nach dem Vorbild der Urkirche zu erneuern, systematisch zu verwirklichen versucht; er hat die Reform in St. Florian und St. Pölten eingeführt und war wesentlich an der Gründung des Stiftes Rottenbuch durch den Herzog Welf IV. im Jahre 1073 beteiligt, bei der anscheinend bereits Kanoniker aus St. Nikola herangezogen wurden – ein Zeichen für das schnelle Aufblühen des Passauer Stiftes. Der Ausbruch des großen Konfliktes zwischen Heinrich IV. und Gregor VII., in dem es zunächst um die Führung der Christenheit, im weiteren Verlauf bis zum Wormser Konkordat 1122 vor allem um die Investitur der Bischöfe ging, hat die vielversprechenden Ansätze in Passau zunichte gemacht. Altmann trat auf die Seite Gregors VII. und musste seine Bischofsstadt verlassen. Es war ihm zudem nicht gelungen, das Domkapitel für seine Reformbemühungen zu gewinnen. Seine Lieblingsstiftung, das Augustinerchorherrenstift Göttweig, in dem er sich während seines Exils vornehmlich aufhielt, wechselte nach seinem Tode die Observanz und nahm die Benediktregel an. Erst unter seinem Nachfolger Ulrich (1092-1121) konsolidierten sich die Verhältnisse im Bistum wieder.

Um diese Zeit hatte der Erzbischof Konrad I. von

Salzburg (1106–1147) seine Kathedralkirche zum Zentrum eines kanonikalen Reformverbandes gestaltet, dem auch die Innklöster Reichersberg, Au, Gars, Suben und Ranshofen angehörten.[5] Reichersberg lag zwar in der Diözese Passau, war aber Salzburger Eigenkloster durch die Schenkung des Edlen Werner, der seine Burg und seinen Besitz um 1080/84 nach dem Tode seines Sohnes seinem Schwager, dem Erzbischof Gebhard von Salzburg, übereignet hatte. In den Wirren der Zeit war der Konvent mehrmals zur Flucht gezwungen, bis der Erzbischof Konrad um 1121/22 die Erneuerung durchführte und dem Stift in dem Propst Gerhoch (1132–1169) einen Leiter gab, der zu den bedeutendsten Gelehrten im Reich zählte und damit auch die geistig-kulturelle Führungsrolle der Augustinerchorherren repräsentierte. In Reichersberg existierte auch bis in die erste Hälfte des 15. Jahrhunderts ein Konvent von Chorfrauen.

Gerhoch hat seine Reformvorstellungen von der Verwirklichung der *vita apostolica* mit rigoroser Schärfe durchzusetzen versucht und dabei gegen eine zunehmende Verweltlichung der Kirche, die er in der sich rasant entwickelnden Geldwirtschaft und dem auch die kirchliche Entwicklung bestimmenden Feudalisierungsprozess begründet sah, angekämpft. Für ihn waren irregulär lebende Kleriker Schismatikern und Häretikern gleichzusetzen, und gegen die ihren Siegeszug antretende Scholastik und den vorwaltenden Einfluss der Pariser Schulen hat er sich immer wieder auf die anerkannte Autorität der römischen Kirche und der Kirchenväter berufen. Sein Bruder Arno († 1175), der seine kanonikale Prägung wie Gerhoch in Rottenbuch erhalten hatte und in seinem reichen literarischen Schaffen eng mit dem Bruder zusammenarbeitete, hat in dem Traktat „Scutum canonicorum" (Schild der Kanoniker, verfasst 1146/47) die Lebensform der Kanoniker verteidigt und dabei die defensive Streitschrift mit einem Consuetudinarium, einer Zusammenfassung der gültigen Gewohnheiten der Regularkanoniker, verknüpft.

Au und Gars reichten als Zellen bereits in die agilolfingische Zeit zurück. Sie erhielten ihre kanonikale Formung in den zwanziger Jahren durch den Erzbischof Konrad. Dabei ist auch Au, das durch die Herren und späteren Grafen von Megling gefördert wurde, ein Beispiel für die Verbindung der Regularkanoniker mit dem Adel. In Ranshofen, dem alten karolingischen Pfalzstift, hat der bayerische Herzog – Heinrich der Schwarze oder Heinrich der Stolze – um 1125/26 die

Abb. 2 *Hl. Chorfrau, 17. Jh., Stift Reichersberg (Kat. Nr. 3.1.6)*

Regularkanoniker eingeführt. Die Welfen haben Ranshofen geradezu als Hauskloster angesehen. Als erste Stifterin von Suben gilt eine „Königin Tuta". Sie gehörte der Familie der Grafen von Formbach an und war wohl eine Tochter der Himiltrud, der Stifterin des Klosters Vornbach. Den Königstitel verdankte sie, wie in der Forschung allgemein angenommen wird, ihrer Ehe mit dem König Bela I. von Ungarn (1061–1063). Über ihre Tochter fiel Suben als Erbe dem Bischof Altmann von Trient (1124–1149) zu, der das Stift förderte und 1142 in feierlicher Form dem Salzburger Domstift übereignete, „damit hier das apostolische Leben und die Regel des heiligen Augustinus eingeführt werden".[6]

Mit dem 13. Jahrhundert setzte allmählich ein Niedergang der Chorherrenkongregationen ein; andere Orden wie etwa die Bettelorden entsprachen eher den kirchlich-gesellschaftlichen Bedürfnissen. Aber die Reformbemühungen von Päpsten und Konzilien zeitigten immer wieder Erfolge. So wurde das 1333 als erstes böhmisches Augustinerchorherrenstift gegründete Raudnitz[7] zum Mittelpunkt einer kanonikalen Erneuerung, die, unterstützt auch von Kaiser Karl IV., weit in die benachbarten Länder ausstrahlte, freilich nicht selten auch auf Widerstand stieß, wie etwa in Reichersberg, wo man an den Salzburger Gewohnheiten festhalten wollte. Aus der Devotio moderna ging in den Niederlanden seit dem Ende des 14. Jahrhunderts die Windesheimer Kongregation hervor, die um 1530 dreiundachtzig Männer- und dreizehn Frauenklöster umfasste.[8] Hussitenstürme dort und Reformation hier, dazu die mit den konfessionellen Konflikten einhergehenden politischen Auseinandersetzungen führten erneut einen Niedergang von Disziplin und Moral in den einzelnen Klöstern herbei, der sich in den Visitationsprotokollen deutlich widerspiegelt und sich natürlich auch in den inkorporierten Pfarreien auswirkte. In manchen Stiften hielt die Lehre Martin Luthers Einzug; in St. Nikola beispielsweise trat der Propst Thomas Gunner zum Protestantismus über und floh 1556 nach Österreich, ebenso konvertierten der Dekan August Trapp und einige Chorherren zur neuen Lehre. Um diese Zeit befanden sich nur noch sieben Chorherren im Stift.

Der Visitationsbericht des Kardinals Commendone von 1569 für Reichersberg macht den bedenklichen Verfall der Disziplin, aber auch den Mangel an theologischem Wissen bei den Stiftsherren deutlich. Beanstandet werden die unsauberen Kirchengeräte und dürftigen Messgewänder, viel schwerer aber wog die Unwissenheit hinsichtlich der Sakramente. Die Krankenölung wurde nicht mehr gespendet, und der Dechant sprach sogar die Absolutionsformel falsch. Als die herzoglichen Kommissare anlässlich der Neuwahl nach dem Tode des Propstes Gaßner 1573 ein Inventar erstellten, konnten sie zwar hinsichtlich der finanziellen Lage ein nicht ungünstiges Bild zeichnen, aber die Hälfte der dreizehn für die Prälatenwahl examinierten Konventualen gestand, für dieses Amt „ungelehrt" zu sein, und fast alle lebten im Konkubinat.[9]

Der neue Aufschwung im Zuge der Gegenreformation war in der Passauer Diözese nicht zuletzt dem Reformeifer des Bischofs Urban von Trenbach

Abb. 3 *Franz II. Konrad, letzter Propst von St. Nikola (1795–1803), Stiftsmuseum Klosterneuburg (Kat. Nr. 4.5.2)*

(1561-1598) und dem Wirken einiger bedeutender Pröpste in den einzelnen Stiften zu verdanken. Die Bemühungen um eine wirtschaftliche Sanierung bildeten dabei eine wesentliche Voraussetzung für die Wiederherstellung der klösterlichen Zucht und die Erneuerung des liturgischen Dienstes. Äußerer Ausdruck dieser neuen Blüte war schließlich eine rege Bautätigkeit im Zeichen des Barock. Am Ende des 18. Jahrhunderts bieten die meisten Stifte im äußeren Erscheinungsbild wie in der Lebensführung ein nicht ungünstiges Bild. Suben, St. Nikola, Au, Gars und Ranshofen aber haben die Säkularisation nicht überdauert. Sie wurden ein Opfer der großen Politik.

Anmerkungen

1 Rudolf Schieffer, in: Lexikon des Mittelalters 7 (1995) Sp. 608.

2 Jakob Mois, Das Stift Rottenbuch in der Kirchenreform des XI.-XII. Jahrhunderts, München 1953.

3 Vgl. Ludger Horstkötter/L. Caals, in: Lexikon des Mittelalters 7 (1995) Sp. 146-152 (mit Lit.).

4 Egon Boshof, Bischof Altmann, St. Nikola und die Kanonikerreform. Das Bistum Passau im Investiturstreit, in: Pollok, Karl-Heinz (Hrsg.): Tradition und Entwicklung, Gedenkschrift für Johannes Riederer, Passau 1981, S. 317-345.

5 Stefan Weinfurter, Salzburger Bistumsreform und Bischofspoli-
tik im 12. Jahrhundert. Der Erzbischof Konrad I. von Salzburg
(1106-1147) und die Regularkanoniker, (Kölner Hist. Abh. 24)
Köln 1975. Vgl. zur Geschichte der hier behandelten Klöster auch:
Ausst.-Kat. 900 Jahre Stift Reichersberg. Augustiner Chorherren
zwischen Passau und Salzburg, Ausstellung des Landes Oberösterreich im Stift Reichersberg, Linz 1984.

6 Suben 1142 an Salzburg; Mon. Boica IV., S. 523, Nr. 1.

7 Franz Machilek, Die Augustiner-Chorherren in Böhmen und
Mähren, in: Archiv f. Kirchengeschichte v. Böhmen - Mähren -
Schlesien 4 (1976) S. 107-144 (mit Lit.).

8 Gisela Drossbach, in: Lexikon des Mittelalters 9 (1998) Sp.
233-235 (mit Lit.).

9 Vgl. S. John, in: 900 Jahre Augustiner Chorherrenstift Reichersberg, Linz 1983, S. 124f.

Literatur

Backmund, Norbert: Die Chorherren und ihre Stifte in Bayern,
Passau 1966

Bosl, Karl: Das Jahrhundert der Augustinerchorherren, in: Berg,
Dieter/Goetz, Hans-Werner (Hrsg.): Historiographia medievalis. Stu-
dien zur Geschichtsschreibung und Quellenkunde des Mittelalters.
Festschrift F. J. Schmale, Darmstadt 1988, S. 1-17

Dereine, Charles: Chanoines, in: Dictionnaire d'Histoire et de Géo-
graphie ecclésiastiques 12 (1953) Sp. 353-405

La Vita commune del Clero nei secoli XI e XII, 2 Bde., (Miscellanea
del Centro di studi medioevali, 3) Mailand 1962

Van Damme, J. B.: Moines - chanoines - Citeaux. Influences réci-
proques, in: Aureavallis. Mélanges historiques réunis à l'occasion du
neuvième centenaire de l'abbaye d'Orval, Lüttich 1975, S. 15-54

Weinfurter, Stefan: Neuere Forschungen zu den Regularkanonikern
im deutschen Reich des 11. und 12. Jahrhunderts, in: Historische
Zeitschrift 224 (1977) S. 379-397

Ders.: Reformkanoniker und Reichsepiskopat im Hochmittelalter, in:
Hist. Jahrbuch 97/98 (1978) S. 158-193

Istituzioni monastiche e Istituzioni canonicali in Occidente (1123-
1215), (Miscellanea del Centro di studi medioevali, 9) Mailand
1980

Jörg Kastner

Niederbayerische Bücherwelt

Streifzüge durch die Klosterbibliotheken von Sankt Nikola, Vornbach, Aldersbach, Asbach, Fürstenzell und Sankt Salvator

Sankt Nikola

Das mit Abstand bedeutendste Kloster unserer Region zwischen Donau und Inn war das Augustiner-Chorherrenstift St. Nikola vor den Toren Passaus. Das Stift verfügte vom Anfang seiner Geschichte bis zu seiner Aufhebung über eine bedeutende Bibliothek, die heute in alle Winde zerstreut ist. Erhaltene handschriftliche Bibliothekskataloge sind die einzigen Quellen, die uns noch eine leise Vorstellung von der Bedeutung der Wissenschaftspflege im Stift geben können. Ein erstes handschriftliches Bibliotheksverzeichnis besitzen wir in einem Eintrag aus der Mitte des 12. Jahrhunderts in Clm 16053 (Bayerische Staatsbibliothek München, fol. 1r und 76v). Er ist relativ ungeordnet, beginnend mit Bibelhandschriften, liturgischen Texten und natürlich ist den Werken des Kirchenvaters Augustinus ein besonderes Augenmerk gewidmet. Hier sind auch mehrere Handschriften aufgeführt, die St. Nikola eigens aus Rom bezogen hat. Mit dieser Erwerbung hat man wohl in erster Linie den Bestand an Augustinus-Texten erweitern wollen. Die Bibliothek besaß aber auch laut unserem Verzeichnis damals antike bzw. spätantike Texte. Aus der Regierungszeit von Propst Leonhard (1471–1489) hat sich ein Verzeichnis der seit 1471 erworbenen Bücher und Handschriften erhalten. Jetzt tauchen bereits gedruckte Bücher auf, Beispiele des späterhin so überreichen Bestandes an Inkunabeln, der in St. Nikola vorhanden war.

Von St. Nikola wissen wir, dass es im 12. Jahrhundert über ein leistungsfähiges, wohl geordnetes Skriptorium verfügte. Ineichen-Eder hat zurecht darauf hingewiesen, dass die ältesten Handschriften Clm 16007, 16054, 16106 und 16119 paläographisch deutlich verwandt sind mit den Händen, die im Traditionsbuch des Stiftes auftauchen (Bayerisches Hauptstaatsarchiv München, Passau KL 1).[1] Ja wir wissen, dass St. Nikola vor 1136 eine ursprünglich dreibändige Bibel im Auftrag Herzog Leopolds von Österreich geschrieben hat, der sie wohl als Kirchweihgabe für das von ihm 1133 durch Einführung von Augustiner-Chorherren reformierte Klosterneuburg bestellt hatte. Dafür gewährt

Leopold dem Stift Mautfreiheit auf der Donau und Immunität für die Klosterbesitzungen auf dem Gebiet seiner Mark. Die Bibel ist mit einfachen Initialen von roter Federzeichnung mit kräftigen Spiralranken, mehrteiligen, räumlich bewegten Blüten- und Blattendmotiven geschmückt. Es sei dahingestellt, und lässt sich wohl nie mit Sicherheit entscheiden, ob die Initialen, wie Alois Haider annimmt, in Klosterneuburg eingemalt worden sind, oder doch auch in St. Nikola. Später, um 1315, scheint das Stift immer noch eine leistungsfähige Schreibschule gehabt zu haben, aber keinen Buchmaler mehr. Dies beweist die zu dieser Zeit entstandene und nach ihrem ursprünglichen Aufbewahrungsort, Schloss Sucha, in Polen (heute Wawel-Museum) liegende Bibel, die in St. Nikola geschrieben und in St. Florian ausgemalt wurde.

Die älteste illuminierte Handschrift, die nachweislich in St. Nikola vorhanden war, ist der „Liber de natura rerum" Isidors von Sevilla aus dem 9., mit Teilen aus dem 8. Jahrhundert (Clm 16128). Die naturwissenschaftlichen Schemata unserer Handschrift sind koloriert und mit figuralen Details ausgestaltet. Eine in Radform dargestellte Tafel der Monate (fol. 7v) trägt in der Nabe ein Menschenantlitz, es folgen schmucklose Schemata der vier Jahreszeiten, vier Himmelsrichtungen und vier Eigenschaften (fol. 11r). Der Weltkreis mit fünf Erdteilen (fol. 13v) zeigt wieder ein menschliches Gesicht. Am auffälligsten ist ein Schema der vier Elemente und der vier Eigenschaften, welches von einer Frau gehalten wird, die mit dem Rücken auf einem stilisierten Pfau liegt (Abb. 1). Das flächige Bänderwerk der Handschrift, wenn auch sehr zurückgenommen, lässt an irische Stileinflüsse denken, und Kurt Holter hat zu Recht an die Figurengestaltung des Wiener Cutbercht-Psalters erinnert.[2]

Die Forschung, vertreten in erster Linie durch Georg Swarzenski und Elisabeth Klemm, hat sich vor allem auf zwei Handschriften gestützt, auf Clm 16002, ein Evangelistar für die Feiertage, das man um 1160 datiert, und Clm 16003, ein Evangeliar, das Ende 11. oder Anfang 12. Jahrhundert zu datieren ist, um eventuell doch mit aller gebotenen Behutsamkeit und Vorsicht

Abb. 1 *Schema der vier Elemente und vier Eigenschaften, Isidor von Sevilla, Liber de natura rerum, Salzburg 8./9. Jh., Bayerische Staatsbibliothek München, Clm 16128, fol. 15r (Kat. Nr. 3.3.2)*

eine eigenständige Buchmalerei in St. Nikola zu postulieren. Vorneweg muss betont werden, dass beide Handschriften von höchstem künstlerischem Rang sind und völlig isoliert innerhalb der Passauer Überlieferung dastehen. Das ist ein Faktum, das nicht übersehen werden darf. Man kann nicht für alles und jedes die schweren Bibliotheksverluste haftbar machen, die gerade auch St. Nikola betroffen haben, durch seine Auslagerungen auf die Neuburg 1293 und 1389, wobei die Bibliothek jedesmal verbrannte. Wie man jedoch gerade an beiden erhaltenen Prachthandschriften sieht, hat man es sehr wohl verstanden, dafür zu sorgen, dass diese Cimelien bewahrt wurden. Das ältere Evangeliar steht noch deutlich in der Tradition der großen ottonischen Prunkhandschriften. Die Initialornamentik erinnert an Salzburger Stilzüge, wenn auch

die in gold-silbernen Blütenenden auslaufenden Ornamentranken an Regensburger Vorbilder denken lassen. Die ganzseitigen vier Evangelistendarstellungen (Abb. 2) sind in kräftigsten Deckfarben ausgeführt und sitzen vor düsteren purpurnen Hintergründen. Matthäus (fol. 10v), Markus (fol. 44v) und Lukas (fol. 66v) sind in schwere, räumlich und farbig dargestellte Mäanderrahmen gefasst, die Mitte des 12. Jahrhunderts ansonsten bereits ungebräuchlich waren, begrenzt von dicken auf Minium gemalten Goldrahmen. Die Evangelisten thronen in starrer Haltung, den Blick wie magisch bannend auf den Betrachter oder auf ihr Symbol gerichtet. Der Faltenwurf hat etwas rund Bewegtes an sich und erinnert an byzantinischen Habitus. Die Antlitze sind hartknochig mit tief herausmodellierten Augenhöhlen und mit Deckweiß aufgehellten Glanzlichtern. Besonders auffällig ist der Faltenwurf der Evangelisten durch eine kräftig bewegte Raffung, insbesondere bei Johannes. Sein Oberkleid bauscht sich in der Mitte des Leibes zu einem geradezu körperunabhängigen Geschlinge. Die Tiefe dieser Faltung wird noch unterstrichen durch den kräftigen roten Grund zwischen den Falten. Die daraus resultierende wogende Unruhe, gleichsam ins Bild gesetzte spirituelle Erregung, wird wieder in statische Fassung zurückgeführt durch die überlange Gestalt des Evangelisten und die ruhig-klare Linienführung, mit der die Gewandung umgrenzt ist. Neben den bereits erwähnten Einflüssen der Bayerischen Klosterschule, Salzburgs und Regensburgs verrät die Typologie der Evangelisten die Mitwirkung eines vielleicht von Salzburg überkommenen byzantinischen Wandermalers. Immerhin sind die Einzelzüge so deutlich von den Entwicklungszentren der eben genannten Schulen unterschieden, dass man, mit gewissem Recht, eine Entstehung in St. Nikola für dieses Evangeliar angenommen hat.

Weit schwieriger gestalten sich die Verhältnisse bei dem jüngeren Evangelistar für die Feiertage von ca. 1160 (Clm 16002). Hier vertreten die Argumente vor allem von Georg Swarzenski wohl immer noch trotz gelegentlich abweichenden Einzelvermutungen die Communis opinio.[3] Die prächtige Handschrift weist einen reichen Initialschmuck auf, der in sehr hellen Farben gehalten ist: Wasserblau, Hellgrün, gedämpftes Zinnober und lichter Purpur. In die phantasievoll gestalteten Ranken sind Figuren eingemalt, die sich meist auf die zugehörige Perikope beziehen. Außerdem findet sich natürlich Augustinus, ein Hinweis darauf, dass die Handschrift für ein Augustiner-Chorherrenstift geschrieben wurde. Die Handschrift ist für ihren schmalen Umfang (44 fol.) reich mit ganzseitigen Miniaturen ausgeschmückt, die jeweils auf der Versoseite gegenüber dem Beginn der zugehörigen Perikope stehen. Swarzenski hat nun zwei Meister aus dem Stil der Miniaturen herausgearbeitet: den Petrusmeister, benannt nach der Marter des Apostels Petrus (fol. 32v), dem er noch den Grabesengel (fol. 20v), die Geburt des Täufers (fol. 30v) und die Kreuzigung Petri (fol. 32v) zuweist. Der zweite Meister ist der Meister der thronenden Ecclesia; ihm rechnet Swarzenski die Darbringung im Tempel (fol. 10v), das Abendmahl (fol. 15v), Pfingsten (fol. 27v), die Geburt Mariens (fol. 37v) und eben die Thronende Ecclesia (fol. 39v) zu (Abb. 3). Während der Petrusmeister noch ganz salzburgisch im Stil des Antiphonars von St. Peter und des Vorauer und St. Florianer Evangeliars, mit pastosem malerischem Auftrag der Farben,[4] im Gewandstil und den Kopftypen Salzburgs verbleibt, zeigt der Meister der Ecclesia ein anderes Bild. Er gestaltet abweichende Kopftypen und besitzt „eine Freude am ausdrucksvollen Ornament der Form, eine manieristische Neigung zu parallelem Linienschwung und eine auffallende Spannung des Ausdrucks, die dem romanischen Idealtypus der Salzburger Schule beinahe fremd ist."[5] Swarzenski spricht im Hinblick auf diese Merkmale von einer Umbildung der Salzburger Schultradition. Ist aber der Schluss möglich, dass hier ein eigenständiger, vielleicht auch in Salzburg ausgebildeter Passauer Meister am Werk war? Wir werden es nie mit definitiver Sicherheit entscheiden können. Wie dem auch sei, in der Miniatur der thronenden Ecclesia ist eines der großen Meisterwerke mittelalterlicher Buchmalerei geglückt. Es ist eine thronende „Ecclesia imperatrix" vor Goldgrund in einer zinnengekrönten Arkade. Alles an der mächtigen Gestalt ist festlich-herrscherliche Hoheit und dennoch bleibt sie menschennah, näher als die eisigferne Ecclesia imperatrix des Prüfeninger Deckenfreskos. In der linken Hand des abgewinkelten Armes trägt sie eine an rotem Stab hängende Kreuzfahne, auf den spitzen Fingern ruht eine Amphora mathematica, die sich auch auf der großen Fleuronnéleiste der Vornbacher Bibel auf fol. 1r findet, ein Symbol für die glühende Liebe der Trinität, wie es auch noch der Jesuitenemblematiker Jakob Boschius kennt. Wie auch immer man sich entscheidet, ob man St. Nikola derartige Spitzenleistungen auf dem Gebiet der Buchmalerei zutrauen will oder nicht, es bleibt das brennende Interesse des Stiftes an hochrangigen Kunstwerken,

denn die Beschaffung oder das Anfertigenlassen einer derartigen Handschrift war zu keiner Zeit eine billige Angelegenheit.

Aus dem 15. Jahrhundert sollen hier noch zwei Handschriften wenigstens kurz erwähnt werden, da ich sie andernorts bereits behandelt habe. Die eine Handschrift ist ein „Speculum humanae salvationis", welches 1456 von Konrad Pruckhay (s. fol. 134v) geschrieben wurde und Teil eines Sammelbandes (fol. 86r-134v) ist (Clm 16223). Das „Speculum humanae salvationis" ist ein wahrscheinlich in Italien entstandenes Erbauungsbuch, das auf typologische Weise das Heilswirken Christi parallelisiert mit Szenen aus dem Alten Testament, aber auch des Marienlebens und mit Ereignissen aus der Zeit nach Christi Tod mit der Überwindung des Teufels, dem Weltgericht, den Qualen der Hölle und den Freuden des Himmels. Das Exemplar St. Nikolas steht einem bereits Mitte des 14. Jahrhunderts entstandenen und im Besitz Sankt Mangs bei Füssen gewesenen Speculum nahe (UB Augsburg, Cod. I.2.2° 23). Pruckhay und mit ihm die Illustratoren haben die Text- und Bildfolge freilich durcheinander gebracht. Der beachtenswerte und eigenartige, vom üblichen Schema abweichende Bilderzyklus, lavierte Federzeichnungen, bedarf noch eingehender Untersuchungen.

Das naturwissenschaftliche Interesse, das in St. Nikola durch seine ganze Geschichte hindurch lebendig war, zeigt sich in der zweiten illuminierten Handschrift, die uns aus dem 15. Jahrhundert erhalten ist (Clm 16189). Es handelt sich um den Text von Thomas von Cantimprés „Liber de natura rerum" zusammen mit einem Physiologus, geschrieben in einer flüchtigen Bastarda des 15. Jahrhunderts. Der auf fol. 100r folgende Physiologus steht dem Aldersbacher Physiologus nahe. Seine leicht lavierten Federzeichnungen sind stilistisch mit den Zeichnungen im „Speculum humanae salvationis" von Sankt Nikola vergleichbar.

Auch über den entscheidenden Paradigmenwechsel hinaus, die Ablösung der Handschrift durch das gedruckte Buch, hat Sankt Nikola stets ein besonderes Augenmerk auf die eigene Bibliothek gerichtet, auch wenn wir gerade für die Frühe Neuzeit kaum etwas wissen. Unter Propst Franz Joseph Jans (1723-1795) wurden zusammen mit seinem Bibliothekar Gaudentius Neumayr (1754-1836), der das Ende seines Klosters und vor allem der Bibliothek noch miterleben musste, eichene Bücherschränke beschafft, die die zahlreichen Neuerwerbungen aufnehmen sollten. Unverzichtbar für eine längst fällige Erforschung der Wissenschaftspflege in St. Nikola sind die von Franz Xaver Prauer (1734–1814) zwischen 1784 und 1794 angelegten Fachkataloge. Wirft man prüfend auch nur einen flüchtigen Blick in diese Kataloge, so ist man über das weitgespannte Interessenfeld des Klosters überrascht.

Kloster Vornbach

Mit Vornbach begegnen wir im Bereich der Innlandschaft einem Benediktinerkloster. Es steht heute sehr malerisch da, beinahe wie Schloss Duino, in den ruhig gebändigten Innstausee kühn eingebaut, aber das ist durch moderne Technik erzeugter Trug; ursprünglich stand das Kloster auf einer hohen Felsenklippe, der Trägerin der alten Hausburg der Formbacher, und blickte hinab in den schäumenden Schlund der Vornbacher Enge. Die Bibliothek dieses durch die Gründerfamilie der Kirchenreform nahestehenden Klosters hat von Anfang an ein sonderbares Schattendasein im Urteil der Kenner geführt. Selbst der Altmeister der regionalen Geschichtsschreibung, Josef Oswald, sprach noch 1967 von der verhältnismäßig bescheidenen Vornbacher Klosterbibliothek, und Helmut Wagner hat sich nach einigem Zögern diesem Urteil angeschlossen. Obwohl der Bestand der Bibliothek zur Zeit der Säkularisation lediglich 4000 Bände umfasste, muss man doch von einem höheren Rang der Bibliothek ausgehen, vor allem wegen der Qualität der spätmittelalterlichen Handschriften sowie zahlreicher Inkunabeln und ihrer Illuminierungen, die heute den wertvollsten Bestand der Staatlichen Bibliothek Passau bilden. Der bedeutendste Abt, den Vornbach hervorbrachte, Angelus Rumpler, Humanist und Freund von Marius von Aldersbach, war wohl neben seinem unmittelbaren Vorgänger Leonhard Strasser der wichtigste Förderer der Bibliothek. Ich habe andernorts nachzuweisen versucht,[6] dass es im ausgehenden Mittelalter in Vornbach aktive Buchmalerei gegeben haben muss und zwar von höchster Qualität. Die Leithandschrift ist die 1421 geschaffene wuchtige Vornbacher Bibel (vgl. Kat. Nr. 3.3.12), gemalt von Heinrich von Gloggnitz, einem von Vornbach abhängigen Priorat am Semmering, der in Vornbach seine Mönchsprofess abgelegt hatte. Fast alle Vornbacher illuminierten Handschriften und Inkunabeln haben eine Fleuronnéeleiste mit besonders ausgreifendem Rankenwerk, mit ge-

zackten Blättern, Blüten und Goldkeulen und einer kräftigen Farbigkeit. Die Vornbacher Bibel kennt fast ausschließlich figurierte Initialen, sieht man von Christus als Weltenschöpfer, dem Pfingstbild und dem offensichtlich von einer schwächeren Hand stammenden Johannes vor der Apokalypse ab. Die Figuren sind im Stil der Schönen Madonnen gehalten und ähneln in ihrer feinen Körperbiegung, den zart gemalten Details etwa des Blütenkranzes im Haar der Ruth den Figuren der Prager Wenzelsbibel. Auch die Initialornamentik hält sich an ein durchgehendes Schema und verwendet Blattgold, das meist mit floraler Ornamentik, aber auch mit Schräg- oder Punktlinien punziert ist. Sie bevorzugen kräftige Akkorde einer abgestuften Farbskala zwischen Tiefblau, Purpur, Gelb, Orange und sattem Grün. Manchmal ist der Buchstabenkorpus in Blattgold gehalten und der Hintergrund in Deckfarbe und in diesem Fall meist mit feinen, floralen Ranken in dunklerer Tönung oder mit Muschelgold verziert. Zurückhaltung übt der Künstler in Bezug auf zoomorphe Initialornamentik. So bildet der Abstrich der H-Initiale von Exodus fol. 23r einen rankenspeienden Drachen und die obere Krümmung der S-Initiale zu dem Paralipomenon fol. 159r mündet aus in einen Widderkopf, die untere Krümmung in einen Drachenkopf.

Ganz in diesem Stile gehalten ist die Ausschmückung, die eine Reihe von Inkunabeln durch die Vornbacher Malschule erfuhr. Es sind weitgehend Drucke, die aus dem Besitz des Passauer Domkustos und Geschichtsschreibers Johannes Staindl († 1518) stammten, und die Staindl nach seinem Tod dem Kloster überließ. Es handelt sich um das „Speculum historiale" des Vinzenz von Beauvais. Die gewaltige dreibändige Inkunabel von 1474 (Inc 11) ist 1709 unter Abt Wolfgang II. Islinger neu gebunden worden. Sie enthält Marginalnotizen des Vorbesitzers Johannes Staindl und ist mit besonders reichem Fleuronnée geschmückt, das wieder die typischen Vornbacher Stilzüge trägt. Am Fußende der Seite bilden die Fleuronnéeranken einen Wirbel in Form einer liegenden 8, in deren Rundungen der Herzog von Burgund in roter Tunika mit Szepter und Krone auf einem Throngesiedel sitzend mit dem Wappen von Burgund und der Dominikaner Vinzenz von Beauvais, aus einer auf einem Schreibpult liegenden Handschrift heraus lehrend, eingemalt sind.

Besonders reich ist das Fleuronnée der Kobergerbibel von 1475 (Inc 14). Die Inkunabel ist offensichtlich für Johannes Staindl illuminiert worden. Das Fleuronnée bildet auf fol. 1r am unteren Blattrand drei

Abb. 2   *Evangelist Johannes, Evangeliar, Passau, 12. Jh.,*
Bayerische Staatsbibliothek München, Clm 16003,
fol. 102v (Kat. Nr. 3.3.6)

Abb. 3   *Thronende Ecclesia, Evangelistar, Passau, um*
1170/80, Bayerische Staatsbibliothek München,
Clm 16002, fol. 39v

kreisförmige Wirbel. In den mittleren ist das Wappen von Johannes Staindl eingemalt, das auch sonst im Fleuronnée immer wieder auftaucht. Auch ist es mitten in der Beatus-vir-Initiale zu Anfang des Psalters enthalten, wodurch eine typologische Parallele zum psallierenden König David hergestellt wird.

Wiederum ein unter Abt Wolfgang II. Islinger gebundener und auf 1716 datierter Band (Inc 22) liegt im „Liber de priscorum proprietate verborum" von Junianus Maius vor. Vom Buchschmuck her gesehen ist der Band eher unauffällig und besitzt lediglich eine unziale A-Initiale nach Vornbacher Manier, während das Fleuronnée weitgehend dem offensichtlich besonders rüden Buchbinder zur Zeit Wolfgangs II. Islinger nahezu ganz zum Opfer gefallen ist.

Mehr malerische Leistung hat man in die Inkunabelausgabe der „Vita Christi" Ludolphs von Sachsen investiert, die Anton Koberger in Nürnberg 1478 ediert hat (Inc 26). Wie nahezu alle Vornbacher Bindungen ist auch diese ursprünglich in größtem Format gedruckte

Inkunabel vom heimischen Buchbinder arg beschnitten worden. Die Fleuronnéeleiste zu Beginn des Haupttextes fol. 4r (sie ist eingeklappt wie häufig in Vornbach, der Buchbinder musste das vorgegebene Format einhalten und hat auf diese Weise die Schönheit der Malerei bewahrt) übersteigert die gewohnten Vornbacher Stilzüge spürbar: die Blüten sind groß. Das Rankenwerk windet sich um einen Mittelstab, um den in Form einer 8 ein Schriftband geschlungen ist mit der Aufschrift: „1480 Iesus XDS" (= Christus Deus Salvator). Der Vornbacher Abt zu dieser Zeit war Leonhard Strasser (1474-1501), der Vorgänger von Angelus Rumpler, von dessen Bucherwerbungen wir wissen. In die Ranken eingezeichnet ist ein Wappen, bestehend aus zwei schwarzen Feldern mit jeweils zwei halben Rädern, die einander mit der Krümmung zugewandt sind, sowie zwei roten Feldern mit einem gelben Quadrat am oberen Rand. Im Buchstabeninneren ist eine Figur eingemalt, wohl Ludolph von Sachsen, in weinroter Tunika mit kräftig bewegtem Faltenwurf, detail-

liert gezeichneten Gesichtszügen, einem flaschengrü-
nen, etwas oval verzerrten Nimbus auf dem langen
grauen Haar, auf flaschengrünem Grund stehend, in
den Händen, die aus einem ultramarinblauen, kurzen
Ärmelstück ragen, ein Andreaskreuz.

Eine Inkunabel aus dem Besitz Johannes Staindls
und erneut unter Wolfgang II. Islinger gebunden
(Inc 210) mit dem Text der „Historia Ecclesiastica" des
Eusebius von Caesarea 1479 durch Johann Schall in
Mantua gedruckt, in der Bearbeitung von Rufinus, ist
von Staindl mit einem Register und einer Abschrift des
„Anonymus Mellicensis de viris illustribus" versehen
worden. Die Inkunabel besitzt zwei Initialen im Vornbacher Stil und ein Fleuronnée, das sich um das Wappen Staindls windet.

In drei Imperialfoliobänden, 1709 unter Wolfgang II.
Islinger gebunden, besaß Vornbach eine Vulgata mit
der „Glossa ordinaria" Walahfried Strabos zusammen
mit Interlinearglossen Anselms von Laon, die 1481 von
Adolf Rusch in Straßburg im Auftrag Anton Kobergers
gedruckt wurde (Inc 210). Auch hier findet sich die typische Vornbacher Ornamentik mit Fleuronnéeleiste,
die trotz Umklappens arg beschnitten wurde, Deckfar-
beninitialen und den Wappen der Propstei Gloggnitz
und des Abtes Leonhard Straßer in Rankenkreise eingemalt. Unter der Rankenleiste trägt ein gewundenes
Schriftband die Jahreszahl 1475.

Wiederum für Johannes Staindl ausgeschmückt
und über ihn in die Vornbacher Bibliothek gelangt ist
die Inkunabel „In Romam instauratum" des Flavius
Blondus, 1481 zu Verona bei Bononius de Boniniis aus
Ragusa gedruckt zusammen mit der „Italia illustrata"
des Blondus. Der Band enthält eine Deckfarbeninitiale
mit Muschelgoldrankenwerk, wie es in der Vornbacher
Bibel gebräuchlich war, mit eingemaltem Wappen Johannes Staindls und einer weiteren grünen I-Initiale
auf rosa Grund.

Der farbenfreudige und realistische Stil der Vornbacher Bibel wird noch weitergeführt und übertroffen
in der vier Foliobände umfassenden, bei Anton Koberger in Nürnberg 1486–1497 erschienenen „Summa
theologica" des Antonin von Florenz (Inc 105,1). Ins
Auge fällt unmittelbar ein prächtiges unziales Initial-U,
dessen breite Schäfte mit dem Vornbacher florealen
Ornament, wenn auch hier weit plastischer wirkend,
verziert sind. Der Buchstabe ist oben mit einem Quer-
balken gedeckt, der nach links hinter den Rahmen
hinausgezogen ist und anstelle eines Fleuronnée eine
knopfförmige Ranke bildet. In die Buchstabenhöhlung

eingemalt steht vor purpurnem Hintergrund mit flo-
realer Muschelgoldornamentik auf einem weißen, offenbar gefliesten Boden Antonin von Florenz im Domi-
nikanerhabit. Er deutet mit der Rechten in weisender
Geste auf ein Buch, das er mit der aufgeschlagenen
Seite dem Betrachter entgegenhält. Das Antlitz Anto-
nins ist mit unglaublicher Präzision und realistischer
Lebendigkeit gemalt und ist den besten Leistungen der
Vornbacher Bibel mindestens ebenbürtig.

In einem weiteren Koberger-Druck von 1419 (Inc
111) besaß man die „Perlustratio" Bonaventuras zum
Sentenzenkommentar des Petrus Lombardus. Das Ini-
tialschema ist hier etwas modifiziert und verwendet
noch kräftigere Farben, die aber auch stumpfer wirken.
Der Buchstabenkorpus ist nicht unbedingt floreal, sondern mit einer geradezu abstrakt wirkenden Verschlin-
gung ausgestattet. Neu ist auch die kräftige rot-grüne
Rahmung, abgeteilt durch feine gelbe Striche, so dass
der Eindruck eines gemauerten Fenstergewändes entsteht.

Eine Sonderstellung nehmen die Federzeichnungen zum Traditionsbuch Vornbachs ein (Bayerisches
Hauptstaatsarchiv München, Vornbach KL 1). Das Traditionsbuch wurde wohl unter Abt Dietrich (1127/33–
1146) konzipiert und unter Abt Wernhard (1147–
1163) angelegt. Es enthält vier ganzseitige Federzeichnungen auf einem um das erste Blatt reduzierten und
der Handschrift vorgebundenen Binio. Auf fol. 84r
ist Graf Eckbert III. von Formbach an den Rand der
Traditionsnotizen gezeichnet. Die vier ganzseitigen
Federzeichnungen, die stilistisch dem Salzburger Anti-
phonar verpflichtet sind,[7] sind streng symmetrisch
einander zugeordnet. Auf dem ersten Bild thront der
Gottessohn unter einem mit Zinnen und Türmchen
versehenen Rundbogen, auf dem zweiten die Gottesmutter. Im ersten Bild sind Jesus die Gründer des Klosters zugeordnet: kniend Himiltrud, rechts stehend der
Wiederbegründer Eckbert I. von Pütten († 1109), links
Graf Ulrich von Windberg-Radelnberg († 1097). Im
zweiten Bild umstehen die thronende Gottesmutter
mit Kind die drei Vornbacher Äbte Berengar (rechts,
der erste Abt), links sein Nachfolger Wirnto und unter
dem Thron kniend Abt Dietrich. Im zweiten Bilderpaar
ist die Architekturstaffage durch einen einfachen Rahmen ersetzt. Hier ist einmal Kaiser Lothar III. und
im anderen Papst Innozenz II. dargestellt, die einem
Mönch, dem jeweiligen Abt, ein Schutzprivileg aushändigen. Die Gewänder des Kaisers und Papstes sind
mit großer Sorgfalt und großem Detailreichtum ge-

zeichnet. Ins Auge fallen hier freilich am meisten die gewaltigen Urkunden, die bei Innozenz geradezu wie ein riesiges Faltplakat Dreiviertel der Bildfläche einnehmen. Der Figurenstil des Traditionsbuches ist charakterisiert durch große, langgestreckte Gestalten mit überproportionalem Oberkörper, was in erster Linie bei den thronenden Figuren zur Wirkung kommt. Der Faltenwurf ist geometrisierend und vor allem im thronenden Christus, aber auch in der Mutter Gottes ist byzantinisierender Einfluss sichtbar. Auf fol. 84r schließlich ist an den Rand gezeichnet Eckbert III. von Formbach mit der Überschrift „occisus Eckebertus comes."

Eine Sonderstellung innerhalb der Gruppe um die Vornbacher Bibel nimmt auch das Vornbacher Missale ein (SBPassau, Mst. 2; vgl. Kat. Nr. 3.3.13), welches zwischen 1430 und 1450 zu datieren ist. Die Farbpalette ist hier bleich und wässrig geworden, und die Rankenkreise der Fleuronnéeleiste sind ausgezogen und vereinfacht zu langgestreckten Wellenbögen. Den deutlichsten Unterschied aber erkennt man im Kanonbild (fol. 101v). Im Vordergrund steht das Kreuz mit einem langgestreckten Korpus. Das Inkarnat ist fahl, um so schmerzlicher und dramatischer sticht das rote Blut ab, das aus der Seitenwunde spritzt und bis zu den Knien hinabströmt. Die Gesichter und Körperteile sind mit schwarzer Tinte konturiert und gewinnen einen herben Zug mit Ausnahme des Antlitzes Christi, das von einem ergreifenden Ausdruck des Vollbrachtseins und der Erfüllung geprägt ist. Die Gewänder haben den fließenden weichen Charakter der Vornbacher Bibel verloren. Die Faltung ist erstarrt, gebrochen, geometrisierend, durch gerade, geknickte Linien lediglich angedeutet. Der Miniator verzichtet auf Licht und Schatten. Die Erhabenheit dieser ergreifenden Miniatur lebt ganz aus der Graphik.

Stilistisch überraschend verwandt ist ein Passauer Missale, das heute im Stadtarchiv Retz aufbewahrt wird (Inv.-Nr. 65/2) und dessen Entstehung Alois Haider in Niederösterreich um 1470/80 ansiedeln möchte. Das Kanonbild (fol. 117v) hat die Vornbacher floreale Hintergrundmusterung. Auch hier lebt der geradezu expressionistische, erhaben-schmerzliche Ausdruck im Antlitz Christi, der Mutter Gottes und des Lieblingsjüngers Johannes rein aus der Graphik, die Gewandfaltung ist ebenso wie im Vornbacher Missale geometrisierend stilisiert, die Farben sind stumpf und wässrig. Auffallend freilich die gewaltig überhöhten vergoldeten Nimben in schiefer Ellipsenform.

Eine Zwischenstellung zwischen den Federzeichnungen des Traditionsbuches und der Figurengestaltung der Vornbacher Bibel nimmt das so genannte „Gloggnitzer Urbar" (Privatbesitz, derzeit verwahrt im Niederösterreichischen Landesarchiv) ein. Dieses wurde unter Abt Engelschalk 1343 angelegt und verzeichnet alle Besitzungen Vornbachs in Bayern, Österreich und der Steiermark, alle Zehnten und die dem Kloster verliehenen Privilegien. Der Besitz des von Vornbach abhängigen Priorates Gloggnitz findet sich verzeichnet auf S. 205-224. Die Handschrift wurde offenbar in Vornbach geschrieben und gelangte erst später nach Gloggnitz. Zeitgleich mit dem Text entstand das Stifterbild (fol. 1r), eine lavierte Federzeichnung. Vor dunkelblauem Grund schwebt der Thron, auf dem Maria sitzt, den die Arme breitenden Christusknaben auf dem rechten Arm, in der Linken einen Rosenzweig, nahezu im abstrakten, leeren Raum. Darunter sind auf Erdschollen kniend der Abt Engelschalk und zwei Männer, die als „comites Eckebertus et Odalricus fundatores" bezeichnet sind und der Mutter Gottes das Urbarbuch darbieten. In der feinen Gesichtszeichnung, dem bewegten, räumliche Tiefe veranschaulichenden Faltenwurf kann man schon die späteren Leistungen der Vornbacher Bibel vorausahnen.

Kloster Aldersbach, Asbach, Fürstenzell und St. Salvator

Aldersbach, das an der Vils liegt, wurde ursprünglich 1122 als Augustiner-Chorherrenstift gegründet, wurde dann aber seit 1146 Zisterzienserkloster. Die Abtei besaß eine Klosterbibliothek von beträchtlichem Umfang. 1779 sollen ca. 30 000 Bände vorhanden gewesen sein. 1786, also wieder in einer Zeit, da das Wetterleuchten des Untergangs schon hätte spürbar sein können, kaufte man die Sammlung mathematischer und physikalischer Bücher des Erlanger Professors Simon Gabriel Suckow (1721-1786) und noch 1803 reiht man die Bücher des Zisterziensers Siegfried Greindl (1751-1802) in die eigene Bibliothek ein. Das Kloster, das eine hervorragend eingerichtete Wirtschaft entfaltete und auf beträchtliche Einnahmen hat zurückgreifen können, leistete sich über dem Refektorium einen hohen, sich über zwei Stockwerke erstreckenden Bibliothekssaal, der mit einem Deckenfresko von Matthäus Günther ausgemalt war, in warmen duftigen Farbtönen und in perspektivisch raffiniert gemalten

Abb. 4 *Priscian und Grammatica, Sermones des Petrus Comestor, Bayerische Staatsbibliothek München, Clm 2599, fol. 102r*

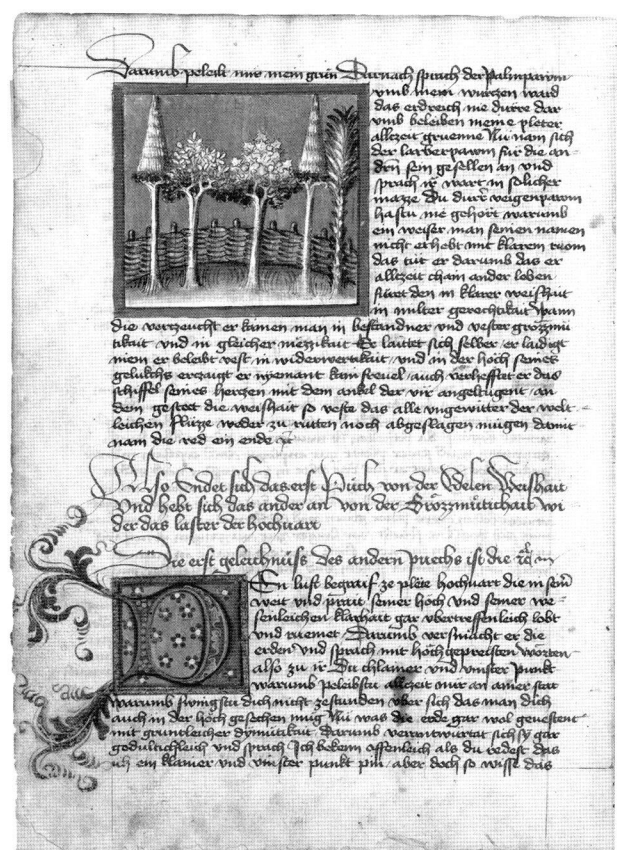

Abb. 5 *Ulrich von Pottenstein, Buch der natürlichen Weisheit, 1430, Bayerische Staatsbibliothek München, Cgm 254, fol. 22v (Kat. Nr. 3.3.14)*

Kuppeln sind dargestellt die Hl. Dreifaltigkeit, um sie versammeln sich Apoll und die Musen auf dem Parnass, als Vertreter der weltlichen Wissenschaften und Künste, die Ecclesia mit Vertretern der Theologie und der christlichen Repräsentanten der Naturwissenschaften wie Cosmas und Damian. Dargestellt ist die Vision des hl. Bernhard, der umringt ist von Vertretern der christlichen Mystik. Die prächtigen dreigeschossigen Eichenholzschränke, von Säulen gestützt und über vier Treppen begehbar, hat man im 19. Jahrhundert verkauft. Wir müssen uns hier aus Raumgründen auf wenige illuminierte Handschriften beschränken. Erwähnt sei ein um 1300 entstandener Physiologus, wieder gepaart mit Thomas von Cantimprés „Liber de natura rerum". Vom Textaufbau ähnelt sie dem Exemplar von Sankt Nikola, beginnt mit der unbelebten Natur und steigt dann über die Pflanzen- und Tierwelt zum Menschen auf. S. 95r ff. folgt ein Physiologus mit kräftig lasierten Figuren und tiefem, raumvollem Faltenwurf.

Ikonographisch schwierig zu beurteilen ist eine Aldersbacher Handschrift mit den „Sermones" des Petrus Comestor und einem Musiktraktat (Clm 2599). Sie besitzt auf den letzten 20 Seiten eine Folge von Zeichnungen, unabhängig vom vorherigen Text, unter anderem eine thronende Philosophie mit den Personifizierungen der sieben freien Künste mit jeweils einem antiken Vertreter (Abb. 4), eine Darstellung des Boëthius im Kerker (fol. 106v), sieben Seiten mit paarweise auftretenden antiken Autoren und schließlich ebenfalls paarweise die sieben Weisen. Dem letzten ist ein Motiv aus der Aesop-Fabel vom Wolf und vom Kranich beigegeben. Die Zeichnungen bieten manieristisch übersteigerte schlanke, gelängte Figuren in üppig fließenden Gewändern mit häufig verknoteten Gewandzipfeln und ornamentalisierender Gewandzeichnung im Parzellenstil aus der Mitte des 12. Jahrhunderts. Elisabeth Klemm hat als Vorlage dieser Figuren neben einer Regensburg-Prüfeninger Schicht vor allem englische Einflüsse sehen wollen.

In Aldersbach besaß man Ulrichs von Pottenstein „Buch der natürlichen Weisheit" in einer 1430 geschriebenen Papierhandschrift (Cgm 254, Abb. 5), eine Übersetzung der so genannten Cyrillusfabeln durch den Hofkaplan und nachmaligen Pfarrer von Pottenstein (ca. 1404). Die aus dem böhmischen Bereich stammenden allegorisch-moralisierenden Texte sind meistens Dialoge zwischen Mensch und Tier, Auge und Ohr, Mond und Sonne oder Willen und Seele. Der Text, geschrieben in Bastarda, ist mit 95 Deckfarbenbildern verziert, mit flächigem Farbauftrag durch Federzeichnungen konturiert, die Hintergründe lassen etwas wie eine Farbperspektive anklingen.

Das bambergische Asbach scheint nie eine rechte Blütezeit erlebt zu haben. 1212 wurden Kirche und Kloster verwüstet, 1222 aber wieder von Bischof Ekbert von Bamberg neu geweiht. 1266 wurde das Kloster erneut durch Ottokar II. von Böhmen niedergebrannt. In Asbach gab es wohl keine nennenswerte Buchmalerei. An mittelalterlichen verzierten Handschriften ist lediglich eine Sammelhandschrift mit Teilen aus dem 12. bis 14. Jahrhundert vorhanden mit kosmologischen Schemata aus der Zeit vom 13. und 14. Jahrhundert (Clm 321b), sowie ein Kalenderfragment aus der Mitte des 12. Jahrhunderts mit Arkadenumrahmung in sehr grober, unbeholfener Federzeichnung. Erwähnenswert, weil in den Rahmen der Bibeldidaxe gehörend, wie die Historienbibeln, Specula humanae salvationis und Bibliae pauperum ist eine „Biblia curtata" aus dem 15. Jahrhundert, welche sich auf den Text der „Historia Scholastica" des Petrus Comestor († 1179 oder 1189) stützt. Letzterer hat unter Zuhilfenahme von Quellen wie die „Antiquitates" des Flavius Josephus, Hieronymus und Augustinus eine „populärtheologische" Gesamtdarstellung der biblischen Geschichte geliefert, bereichert durch Kommentare und allegorische Auslegungen. Das Werk war eine wichtige Quelle für die im Spätmittelalter besonders beliebten Historienbibeln.

Von der Zisterze Fürstenzell ist ebenfalls nicht viel zu berichten. Unter Abt Otto II. Prasser (1761–1792) wird zwischen 1760 und 1770 der prächtige Fürstenzeller Bibliothekssaal im Obergeschoss über einen ganzen Flügel des Klosters hin errichtet. Der Saal war ursprünglich mit einem Deckenfresko von Matthäus Günther und Johann Jakob Zeiller geschmückt. Noch heute aber sind die prachtvollen Arbeiten des Passauer Bildhauers Joseph Deutschmann erhalten: eine geschnitzte Brüstung, die das ganze Obergeschoss um-

läuft, allegorische Figuren der vier Jahreszeiten und der vier Elemente. Über den Regalen sitzen goldgegürtete Putti mit den Symbolen, die den Inhalt der Regale bezeichnen: Rhetorik, Kirchenväter, Geographie, Priester des Alten und Neuen Testament, der Alte und Neue Bund. Zwei fechtende Putti in höfischem Habit repräsentieren die wissenschaftliche Auseinandersetzung. Die Meisterstücke Deutschmanns sind jedoch die halbfigurigen Atlanten mit individuellen, derben, bodenständigen Männergesichtern, die unter der Last, die sie tragen müssen, zu stöhnen scheinen. Der Handschriftenbestand Fürstenzells, soweit er in München gelandet ist, umfasst immerhin 55 Handschriften, darunter das illuminierte „Grundpuech unser lieben Frawen Gotzhaws und Stift zw Fürstenzell" von 1475 (Clm 7204) und ein Bibelplenar mit zahlreichen gemalten Initialen (Clm 7206) sowie ein Brevier mit Kalendarium (Clm 7213) ebenfalls mit gemalten Initialen.

St. Salvator bei Griesbach im Rottal wurde ursprünglich 1289 als Einsiedelei gegründet, 1300 übernahm es die Augustinerregel, 1309 schloss sich St. Salvator dem Prämonstratenserorden an. 1632 und 1703 brannte die Abtei nieder. Hier ging auch die von Abt Christian Freisleben (1687–1702) errichtete Bibliothek zugrunde mitsamt den Büchern. Aretin nannte die Bibliothek von St. Salvator „äußerst unbedeutend", auch Joseph Hazzi meint noch 1804: „Es sind hier ganz und gar keine Bücher vorhanden", und der Lokalkommissär Puck[8] berichtet an das Präsidium der kurfürstlichen General-Landes-Direktion in München (München, den 30. November 1802): „Das untersuchte Archiv, die Bibliothek und die kleine Registratur fand sich in vollem Wust ..." und: „Die Bibliothek aber ist der Verwüstung der Ratten so sehr ausgesetzt, dass wenn dieses Ungeziefer nicht immer zusammen gefangen würde, die Bibliothek in kurzer Zeit dem gänzlichen Ruin unterliegen müsste. Man musste sich also in der Folge begnügen, dass man in der Abtei alles aufzeichnete und die privat Bibliothek des Abbts, dann 2 Kästen mit den Geräthschaften von vorzüglichstem Werth, endlich den Bücher Catalog unter die Obsignation nahm ..." Immerhin besaß man in Sankt Salvator Bestände des bayerischen Geschichtsforschers Wiguläus Hundt von Sulzemoos, hauptsächlich kirchenrechtliche Bände aus der Frühdruckzeit mit Hundts prächtigem Wappenexlibris.

Am Ende unserer Streifzüge durch alte niederbayerische Klosterbibliotheken bleibt ein leiser Nachgeschmack von Melancholie, Trauer über den Verlust an langem Atem der Geschichte, den Verlust des Gefühls für den Zauber der Dinge, der Bibliothek als Labyrinth und kabbalistischen Phantasiegarten. Wir sind nüchtern geworden, es herrschen die Verwaltungsmonteure und „synergetischen Effekte", wie man das modische Verklumpen von Behörden mit ihrem zwanghaften Kreißen bürokratischen Umstands nennt.

Anmerkungen

1 Mittelalterliche Bibliothekskataloge Deutschlands und der Schweiz, 4,1: Bistümer Passau und Regensburg, bearb. von Christine Elisabeth Ineichen-Eder, München 1977, S. 47.

2 Kurt Holter, Der Codex Millenarius im Rahmen der Mondseer und Salzburger Buchmalerei, in: Der Codex Millenarius, (Forschungen zur Geschichte Österreichs, 6) Graz 1959, S. 158.

3 Georg Swarzenski, Die Salzburger Malerei von den ersten Anfängen bis zur Blütezeit des Romanischen Stils. Studien zur Geschichte der deutschen Malerei und Handschriftenkunde des Mittelalters, Stuttgart 1969, Bd. 1, S. 122-126, Abb. Bd. 2, Taf. 87-89.

4 Ebd., S. 125.

5 Ebd., S. 125.

6 Jörg Kastner, Buchmalerei im Umkreis der Formbacher Bibel, in: Das Kloster Vornbach. 900 Jahre Benediktinische Kultur im Unteren Inntal, hrsg. v. Josef Eckl und Josef Duschl, Neuhaus (Inn) 1994, S. 93-110.

7 Christine Sauer, Fundatio und Memoria. Stifter und Klostergründer im Bild 1100 bis 1350, (Veröffentlichungen des Max-Planck-Instituts für Geschichte, 109) Göttingen 1993, S. 77.

8 Bayerisches Hauptstaatsarchiv KL Fasz. 644/2, fol. 160-178.

Ludger Drost

Die Klöster im Bereich des unteren Inns im Zeitalter des Barock

An den Ufern des Inns reihen sich zwischen der Mündung der Salzach und Passau die Klöster von Ranshofen, Reichersberg, Suben, Vornbach und St. Nikola. Diesen „Innklöstern" im engeren Sinne lassen sich in der weiteren Umgebung noch das an der Salzach gelegene Raitenhaslach sowie die im niederbayerischen Innenland situierten Klöster von Fürstenzell, Asbach, St. Salvator und Aldersbach zur Seite stellen. Sie alle erfuhren ihre entscheidende bauliche Prägung während des 17. und 18. Jahrhunderts, also jener Epoche, die wir heute als „Barock" bezeichnen. Im folgenden Beitrag soll die künstlerische Entwicklung der Kirchen und Stiftsanlagen im Laufe dieser Zeit sowie ihre wechselseitigen und von außen kommenden Beeinflussungen aufgezeigt werden.[1]

Die erste Phase der Barockisierung von etwa 1600 bis 1648

Entgegen einer landläufig weit verbreiteten Ansicht begann das barocke Bauschaffen in unserer Region keineswegs erst nach den Schrecken des Dreißigjährigen Krieges. Im Gegenteil entstanden gerade in der ersten Hälfte des 17. Jahrhunderts bereits eine ganze Reihe bedeutender Klosterbaulichkeiten.

Im Bereich des Kirchenbaus machten die Zisterzienser in Aldersbach mit dem Bau eines neuen Chors im Jahre 1617 den Anfang. Über die ursprüngliche innere Ausgestaltung dieses außen mit polygonalem Abschluss und Strebepfeilern noch recht mittelalterlich

Abb. 1 *Vornbach, Innenansicht mit Blick auf den Hochaltar, vor 1630–1637 und 1728–1733*

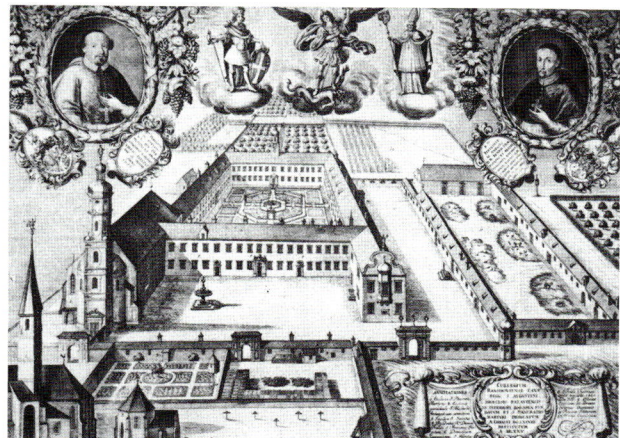

Abb. 2   *Ansicht von Ranshofen, Johann Ulrich Krauss,*
1688, Kupferstich

wirkenden Bauwerks gibt es keine Nachrichten. Man darf aber wohl davon ausgehen, dass es Analogien zu der gleichzeitig von Aldersbach aus errichteten Wallfahrtskirche in Sammarei gab. Eine schlichte antikische Gliederung aus toskanischen Pilastern und geometrischem Gewölbestuck verleiht dieser Kirche des

Münchner Hofbaumeisters Isaak Pader ihr besonderes Gepräge. Zusammen mit dem neuen Chor erhielt die Aldersbacher Kirche auch eine neue Altarausstattung, von der noch das Hochaltarbild und eine Madonna von Hans Degler erhalten sind.

Eine erste Barockisierung erfuhr in dieser Zeit auch die Stiftskirche der Augustiner Chorherren von Ranshofen. Anlass gab der Einsturz des gotischen Turms im Jahr 1621. Der in seiner Grabinschrift als *„architectus insignis"* bezeichnete Propst Philipp Vetterl ließ im Westen einen halbrunden Anbau mit Empore für einen Konventchor[2] errichten, dem außen der neue Turm vorgelagert war. Der übrige Innenraum erhielt durch die Beseitigung der spätmittelalterlichen Buntfarbigkeit und des Lettners sowie durch neue Fenster, antikisierende Portale und moderne Ausstattungsgegenstände einen der Zeit entsprechenden Charakter.

In der Benediktinerabtei Vornbach (vor 1630–1637, Abb. 1) und dem Chorherrenstift Reichersberg (1629–1644) entstanden zu dieser Zeit Kirchenneubauten, die in vielerlei Hinsicht miteinander verwandt sind. Tatsächlich hatte der Reichersberger Propst 1628 die

Abb. 3   *Stift Reichersberg, Luftbild 2003*

Vornbacher Baustelle besichtigt.[3] In beiden Fällen errichtete man auf den Umfassungsmauern der mittelalterlichen Vorgängerkirchen Säle mit angegliederten, niedrigen und tiefen Seitenkapellen. Unter den hohen, weit in das Gewölbe reichenden Obergadenfenstern verlaufen Oratoriengänge, die nur durch schmale Rechteckfenster im Inneren in Erscheinung treten. In Reichersberg sind die Kapellen nur auf der Nordseite, der Oratoriengang ausschließlich südseitig ausgeführt.

Mit der Aufgabe der traditionellen Mehrschiffigkeit zugunsten eines Saalraumes demonstrierten die Bauherren moderne Baugesinnung. In Vornbach verweisen die halbrunden Seitenkapellen, wie schon oft bemerkt wurde, auf das Vorbild von St. Michael in München. Andererseits sind Vornbach und Reichersberg keine Wandpfeiler-, sondern Massebauten, und es fehlt die straffe architektonische Gliederung, wie man sie in St. Michael oder anderen zeitgenössischen Kirchen wie beispielsweise Isaak Paders Burghausener Jesuitenkirche von 1630/31 findet. Die vorgeschlagene Zuschreibung des Vornbacher Baus an diesen Münchner Architekten oder auch an Hans Krumper erscheint daher unwahrscheinlich. Eher ist an einen lokalen Meister wie den für Reichersberg nachgewiesenen Christoph Weiß aus Ried zu denken.

Viel konsequenter folgt der neuen antikischen Bauweise die Kirche des Prämonstratenserstifts St. Salvator, die von 1633-1642 durch Bartolomeo Viscardi ohne Rücksicht auf ältere Bausubstanz am neuen Ort errichtet werden konnte. Der vierjochige Wandpfeilersaal mit flachen, schiffshohen Seitenkapellen und toskanischer Pilastergliederung reiht sich „in die Gruppe der ‚klassizierenden' Architektur des frühen 17. Jahrhunderts."[4] In später etwas veränderter Gestalt sind hier auch noch der zur Erstausstattung gehörende Hochaltar und zwei Seitenaltäre erhalten.

In die erste Hälfte des 17. Jahrhunderts fallen auch bereits einige groß angelegte Veränderungen an den Stiftsgebäuden. Noch vor 1622 erbauten die Augustiner Chorherren von St. Nikola auf der zum Inn gelegenen Seite ihres Klosters einen lang gestreckten Gebäudetrakt, der uns heute nur noch aus alten Stichen bekannt ist. Er ersetzte eine Reihe disparater mittelalterlicher Bauten. Zusammen mit einem weiteren, nach Norden führenden Gebäuderiegel gliederte er den großen Stiftshof in einen Prälaten- und einen Wirtschaftsteil.

In Ranshofen entstanden kurz darauf (1624-1636) um einen vierseitigen Hof südlich der Kirche neue

Konventgebäude. Ein in der Verlängerung des Südflügels stehender Kopfbau diente der Prälatur. In den folgenden Jahren bis 1651 baute man weiter südlich ein weiteres Geviert für die Klosterwirtschaft und eine alles einfassende Mauer mit antikisch rustizierten Toren sowie Ecktürmchen. An dieser ersten großen barocken Gesamtanlage (Abb. 2) war wohl Bartolomeo Viscardi maßgeblich beteiligt, der sich 1642 „Stift Ranshofenscher Baumeister" nennt. Er hatte zuvor schon den wesentlich kleineren Stiftsbau in St. Salvator geleitet.

Weitere Klosterbauten der Zeit sind der relativ bescheidene Neubau der Konventgebäude des 1624 abgebrannten Stiftes Reichersberg durch die Graubündner Niklas Zillier, Cassian und Anthoni Ragathon und der Neubau der Vornbacher Prälatur ab 1638.[5]

Allen diesen Bauten gemeinsam ist der Gedanke, ältere, locker aneinander gefügte Einzelbauten durch ein System langer, Höfe umschließender Trakte zu ersetzen. Die Gebäuderiegel selbst zeichnen sich durch eine starke Betonung der Horizontalen aus, die durch gleichmäßige Fensterreihen und Gesimsbänder erreicht wird. Einzelne architektonische Akzente setzen Portalarchitekturen und Turmerker, die jedoch oft ohne Rücksicht auf Symmetrien oder einen anderen Gesamtzusammenhang nach Bedarf angefügt sind.

Die Zeit zwischen Dreißigjährigem Krieg und Spanischem Erbfolgekrieg (1648–1701)

Eine Pause im Bauschaffen der Klöster brachte dann aber doch die Zeit unmittelbar nach dem Dreißigjährigen Krieg. Erst in den letzten beiden Jahrzehnten des Jahrhunderts wurden konsequent in fast allen Klöstern die teils noch mittelalterlichen Klostergebäude ersetzt.

Beispielhaft sollen im Folgenden die beiden für Carlo Antonio Carlone gesicherten Anlagen in Reichersberg und St. Nikola besprochen werden. Etwa ab 1687 plante in Reichersberg Carlone den großen Stiftshof westlich des eigentlichen Konvents (Abb. 3). Der über gewaltigen Substruktionen am Hang errichtete Südflügel mit der Sommerprälatur sowie die niederen Wirtschaftsgebäude mit dem Torturm gehen auf seine Planung zurück. Runderker, Torturm, Dacherker und mannigfaltige Höhenstaffelungen bei den einzelnen

Abb. 4
Raitenhaslach, Innenansicht mit Blick auf den Hochaltar, 1694–1698, Ausstattung ab 1737

Trakten scheinen noch einer älteren Stilstufe anzugehören. Carlone hat hier offenbar manches übernommen, was in dem von Thomas Prünner aus Ried 1664 vollendeten Fürstentrakt an der Nordseite bereits vorgegeben war. Die gesamte großzügig gestaltete Anlage hebt sich aber vor allem durch ihre auf Symmetrie zielende Gesamtkonzeption deutlich von den oben behandelten Stiftsneubauten der ersten Jahrhunderthälfte ab. Sie bildet damit auch eine wichtige Vorstufe zu den großen barocken Klosterprojekten, die in der Folgezeit in Österreich entstanden.

Etwa um die gleiche Zeit, von 1680–1690, arbeitete Carlone auch für das Stift St. Nikola (Abb. 6). Hier errichtete er den Konventhof und die nördliche Prälatur völlig neu. Anders als in Reichersberg zeichnen sich diese Gebäude gerade nicht durch eine besondere Mannigfaltigkeit der Formen aus. Vielmehr perfektionierte Carlone hier das in der ersten Hälfte des Jahrhunderts begonnene System Höfe umschließender Trakte. Sämtliche Gebäudeflügel wurden nun fast völlig identisch gestaltet. Anstelle des in Reichersberg über allem stehenden Prinzips der Symmetrie erzielt Carlone in St. Nikola Einheitlichkeit für den Gesamtplan durch eine konsequent gleichartige Gestaltung der Einzelglieder. Bewusst verzichtete er hier auch auf damals moderne gliedernde Elemente wie Risalite oder Annexbauten.

Die Anlage von St. Nikola scheint in der folgenden Zeit vorbildhaft gewirkt zu haben. In Vornbach, Alders-

bach und Suben befinden oder befanden sich ähnlich gestaltete lange Klostertrakte, deren einziges Gliederungselement oft Fenster und Pfeilerarkaden sind. In dem erst ab 1697 aufgeführten kompakten Konventhofgeviert von Suben werden dann erstmals auch Eckpavillons als gliedernde Elemente eingesetzt.

Im Kirchenbau erfolgten größere Baumaßnahmen erst in den letzten Jahren des 17. Jahrhunderts. Die Zisterzienser von Raitenhaslach wandelten 1694–1698 ihre dreischiffige Basilika in einen Wandpfeilersaal mit schiffshohen Seitenkapellen ohne seitliche Emporen um (Abb. 4). Mit der Aufstellung des Hochaltares zwischen Gemeinderaum und Konventchor versuchte man offenbar der Längenerstreckung des Baus entgegenzuwirken.

In der 1697–1699 erneut veränderten Stiftskirche Ranshofen ist noch das gesamte ursprüngliche barocke Ausstattungskonzept erhalten. Erstmals kam es zu einer alle Raumelemente (Architektur, Stuck, Fresken, Altäre) einbeziehenden Planung. Vorbildhaft dürfte hierfür der Passauer Dombau von 1667ff gewirkt haben. Neu ist in Ranshofen die stärkere Gewichtung des rein Ornamentalen gegenüber dem Tektonischen. Dies zeigt sich vor allem an den ausschließlich aus Akanthusranken gebildeten Seitenaltären. Durch ihre kulissenartige Aufstellung an den Pfeilern wirken sie raumbildend. Ihre Ornamentik korrespondiert mit dem Stuck des Matthias Salleitner und Josef Schmidt. Dieser erinnert in seiner voluminösen Gestaltung zwar noch an den Passauer Dom, ist aber im Gegensatz zu dort frei von allen bedeutungstragenden Elementen. Inhaltliche Aussagen bleiben auf die ausgedehnten Freskenfelder beschränkt.

Die Barockbauten des 18. Jahrhunderts

Der Spanische Erbfolgekrieg (1701–1714) führte zunächst zu einer Pause im Bauschaffen der Klöster. Die folgende Zeit brachte dann jedoch eine ganze Reihe herausragender Kirchenbauprojekte hervor.

Am Anfang stehen zwei so unterschiedliche Bauten wie die von 1715–1725 barockisierte Kirche von St. Nikola und der alles Vorige in den Schatten stellende Neubau in Aldersbach, zu dem der Grundstein im Jahr 1718 gelegt worden war.

In St. Nikola blieb wie in Ranshofen der dreischiffige Vorgängerbau in der Grundstruktur erhalten. Den Raumeindruck bestimmte hier jedoch weniger die Ausstattung[6], als das architektonische Konzept des Jakob

Abb. 5 *Aldersbach, Innenansicht des Chorraums, Bau und Ausstattung ab 1718*

Pawagner. Nach dem Vorbild des Passauer Domes behandelte er die einzelnen Seitenschiffjoche wie die Seitenkapellen eines Saalraumes. Die Stuckaturen sind in St. Nikola gegenüber Ranshofen noch weiter zurückgenommen und ordnen sich den Deckenfresken des Wolfgang Andreas Heindl völlig unter.[7]

Beim Neubau der Aldersbacher Kirche (Abb. 5) fügte der Landauer Stadtbaumeister Domenico Magzin aus Graubünden dem Chor einen neuen fünfachsigen Wandpfeilersaal mit schiffshohen Seitenkapellen, ähnlich dem von Raitenhaslach an. Das in Ranshofen verwirklichte Prinzip der kulissenartig hintereinander gestaffelten Seitenaltäre wurde hier aufgenommen und gesteigert. Von Westen nach Osten nimmt die Formenvielfalt der Altäre zu und gipfelt in den beiden Chorbogenaltären, die zusammen mit den schräg gestellten Blendwänden des Chorgestühls den Hochaltar optisch einfassen.

Völlig neu ist das Dekorationssystem der Gewölbe, für das die Gebrüder Asam verantwortlich zeichnen. Die mittleren drei Joche des Langhauses nimmt nun ein einziges riesiges Fresko ein. Typisch für Cosmas Damian Asam ist hier das Spielen mit den verschiedenen Realitätsebenen: Durch eine gemalte Balustrade, die den Raum nach oben hin illusionistisch erweitert, blickt der Kirchenbesucher zusammen mit dem hier dargestellten hl. Bernhard in einen perspektivisch scheinbar kippenden Raum, in dem sich die Vision des Heiligen vollzieht.[8]

Ein ganz anderes Ausstattungskonzept verfolgten die Benediktiner in Vornbach bei der Ausgestaltung ihrer Klosterkirche in der Zeit zwischen 1728–1733 (Abb. 1). Der aus Oberösterreich kommende Stuckateur Franz Ignaz Holzinger überzog den rund einhundert Jahre zuvor entstandenen, herben Massebau mit einem feinen Netz von Bandlwerkornamenten und erstellte Altäre und Kanzel. Noch konsequenter als in Ranshofen verzichtete man in Vornbach auf architektonisch gliedernde Elemente. Die nur von Ornamentbändern, Brokat- und Freskofeldern belebte Fläche bestimmt den Raumeindruck.

Noch während in Aldersbach die Ausstattungsarbeiten im Gang waren, nahmen ab 1737 auch die Ordensbrüder des Zisterzienserklosters Raitenhaslach die Umgestaltung ihrer Kirche in Angriff (Abb. 4). Trotz des erst vierzig Jahre zuvor erfolgten, tief greifenden Umbaus erschien den Zeitgenossen das Kircheninnere als altmodisch, gotisch und schmutzig.[9] Nach einigen verändernden baulichen Eingriffen erhielt die

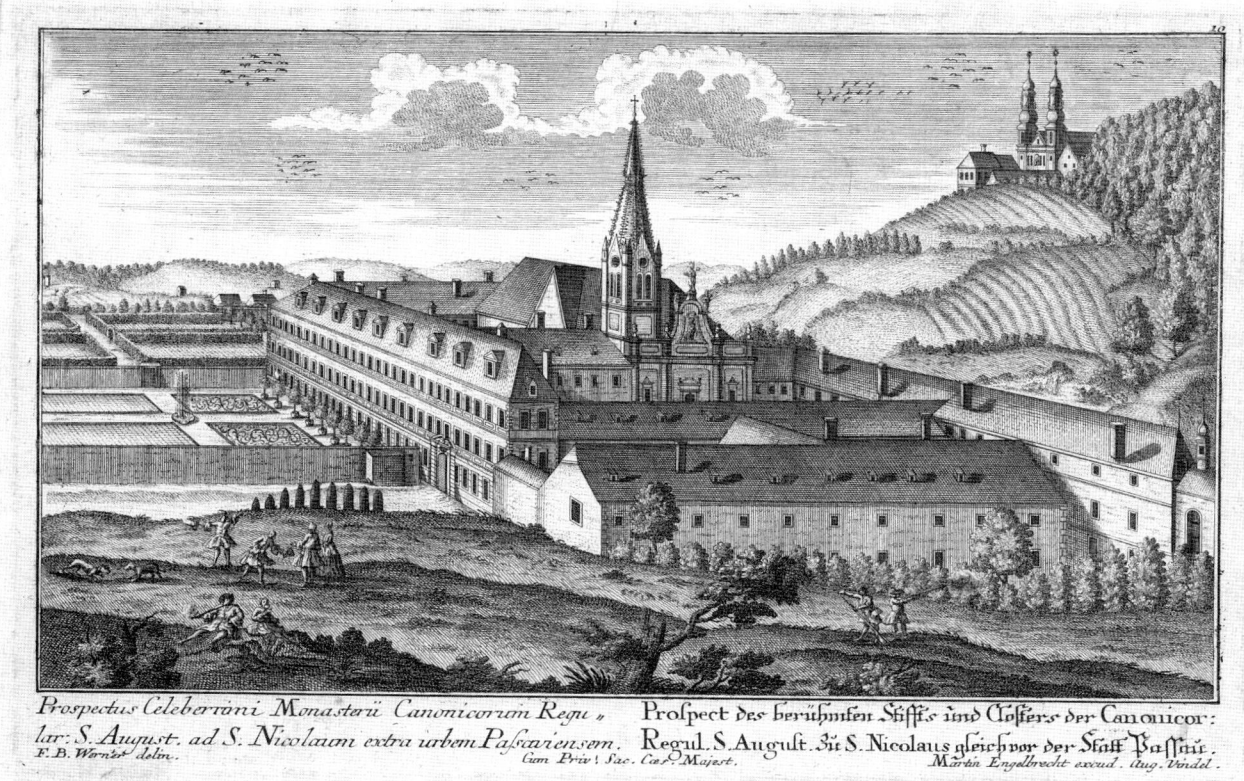

Prospectus Celeberrimi Monasterii Canonicorum Regu „ Prospect des berühmten Stiffts und Closters der Canonicor: lar: S. August. ad S. Nicolaum extra urbem Passarensem. Regul. S. August. Zu S. Nicolaus gleich vor der Statt Passau. F.B. Werner delin.   Cum Priv: Sac. Caes Majest.   Martin Engelbrecht excud. Aug. Vindel.

Abb. 6   *St. Nikola von Westen, Werner/Engelbrecht, um 1730, Kupferstich*

Kirche eine Ausstattung, die sichtlich mit der Aldersbacher wetteifert. An den Wandpfeilerwänden reiht sich eine Folge von fünf Seitenaltarpaaren in Stuckmarmor. Den Raumabschluss bildet das von einer gewaltigen Vorhangdraperie eingefasste Presbyterium mit dem Hochaltar. Wie in Aldersbach nimmt ein zentrales Deckenfresko die mittleren drei Joche des Langhauses ein. Insgesamt sind die freskierten Zonen im Gewölbe gegenüber Aldersbach noch vergrößert. Meister der Malereien ist der Münchner Johann Zick. Auch die bereits zur Rocaille übergehenden Stuckaturen, deren Zuschreibung noch strittig ist, atmen den Geist Münchner Hofkunst.

Um die gleiche Zeit, ab 1739, erfolgte der Neubau der Zisterzienserklosterkirche Fürstenzell. Das Grundkonzept ist trotz einiger Verwicklungen zu Planungsbeginn und Misshelligkeiten im Verlauf der Ausführung dem Münchner Baumeister Johann Michael Fischer zuzuschreiben.[10] Auch Fürstenzell ist wie die Neubauten der Ordensbrüder eine Wandpfeilerkirche, wenn auch mit Emporen über den Seitenkapellen. Statt einer konsequenten Ausrichtung der Architektur auf die West-Ost-Achse, tritt aber nun die Abfolge zweier zentralisierend aufgefasster Raumeinheiten. Chor und Langhaus sind vor allem durch die Kehlungen an den Schmalwänden und die darüber ausgemuldeten Gewölbe voneinander geschieden. Die Seitenkapellen sind durch sphärische Scheidbögen und die an den Stirnwänden stehenden Altäre ganz auf den mittleren Saalraum ausgerichtet.

Für die Stuckierung stellte man dem Holzinger-Schüler Johann Baptist Modler auf Anraten Fischers den mit der neuesten Münchner Kunst besser vertrauten Johann Georg Funk an die Seite. Auch den Hochaltar entwarf mit Johann Baptist Straub ein Münchner. Die Deckenfresken von 1744/45 stammen dagegen von einem Österreicher. Johann Jakob Zeillers Fürstenzeller Werk erinnert in seiner reduzierten, tonigen Farbigkeit stark an das gleichzeitige Werk seines Lehrers Paul Troger.[11]

Das kleine Kloster St. Salvator leistete sich im Jahr 1751 eine neue Ausmalung seiner Kirche durch den damals erst 20-jährigen Franz Anton Rauscher. Die karge Architektur des 17. Jahrhunderts bereicherte er durch aufgemalte Pilaster, fingierten Stuck und Goldbrokat an den Gewölben, in den die eigentlichen Bildfelder eingefügt sind. Diese relativ günstige, schnell anzufertigende Art der Dekoration wurde zum Vorläufer der späteren Ausgestaltungen in Reichersberg und Asbach.

Noch zuvor entstand in den Jahren 1766–1770 der Neubau der Stiftskirche Suben. Ganz offensichtlich folgte man bei der Auswahl der Künstler dem Vorbild von Fürstenzell. Die Pläne entwarf der Fischer-Schüler Simon Frey aus Pullach bei München. Johann Baptist Modler stuckierte und Johann Jakob Zeiller freskierte die Kirche. Die Architektur greift Ideen Fischers auf. Ähnlich wie beispielsweise in Aufhausen oder Rott am Inn wird ein mittiger Zentralraum von einem Presbyterium und einem Orgeljoch eingefasst. Der Subener Hauptraum stellt eine Mischung aus Fischers Arkaden-Oktogonen und einem dreijochigen Wandpfeilersystem mit Querarmen dar. Insgesamt wird der Gemeinderaum wieder stärker als bei Fischer auf die West-Ost-Achse ausgerichtet.

Abb. 7   *Fürstenzell, Westfassade, Türme um 1775*

Diese Tendenz führt der letzte große Klosterkirchenbau der Region weiter. In Asbach entstand unmittelbar nach Suben ab 1771 wieder ein ganz auf die Längsachse ausgerichteter Wandpfeilerraum nach Plänen des Münchner Baumeister F. Cuvilliés d. J.[12] In seiner Grundstruktur gleicht er (abgesehen von der zum Chor überleitenden Kehlung) wieder den Kirchenräumen des beginnenden Jahrhunderts in Raitenhaslach und Aldersbach. Neu ist jedoch die strenge architektonische Gliederung mit demonstrativ antikisch geformten, unverkröpften Pilastern und Gebälken. Die Ausmalung der Gewölbe durch Johann Nepomuk Schöpf aus dem Jahr 1784 zeigt Architektur betonenden Stuck. Die Bildfelder sind in geradlinige Rahmen eingefasst und verzichten weitgehend auf illusionistische Raumöffnung. Sie nähern sich dem klassizistischen Ideal eines an die Decke projizierten Tafelgemäldes.[13]

Die Neuausstattung der Reichersberger Kirche hatte sich über das gesamte 18. Jahrhundert hingezogen: Hochaltar von 1713, Kanzel von 1718 und Seitenaltäre Johann Baptist Modlers 1761–1766. Im Jahr 1774 stürzte schließlich nach einer misslungenen Erneuerung der Turm auf die Westteile der Kirche. Im Gefolge verlängerte man die Kirche, errichtete einen neuen Turm und ließ die Gewölbe 1777–1779 von dem Münchner Hofmaler Christian Wink dekorieren. Die Bildfelder sind hier noch reichhaltiger gerahmt als im sechs Jahre späteren Asbach. Auch ist die Untersicht in der Darstellung und damit die Illusion eines nach oben geöffneten Gewölbes noch stärker ausgeprägt.

In das 18. Jahrhundert fallen auch der Bau und die Umgestaltung einiger Stiftsanlagen. In Aldersbach erbaute man im Laufe des Jahrhunderts die Abtei, den Gasttrakt, Wirtschaftsgebäude und Teile des Konvents neu. St. Nikola gestaltete um 1730 unter Aufgabe der zu Anfang des 17. Jahrhunderts geschaffenen Trakte seinen westlichen großen Hof völlig um (Abb. 6). Um 1740 entstanden wesentliche Teile der heutigen Anlage des Klosters Asbach. Zwischen 1752 und 1780 baute man in Raitenhaslach Prälatur, Gästetrakt, Konvent und Wirtschaftshof neu. Und in Fürstenzell wurden nach 1770 bis auf den Ostflügel die Klostergebäude völlig neu errichtet. Vielfach erhielten die Repräsentationsräume der Klöster eine neue Ausstattung. Dabei konnte insbesondere der Stuckateur Johann Baptist Modler manchen Auftrag für sich gewinnen. Seine Arbeiten finden sich in Asbach, St. Nikola und vor allem Aldersbach. Hier stattete er 1746/47 und um 1760 die Prälaturräume aus. Mit seinen stuckierten

Bildreliefs an den Deckenplafonds und den Gewölbe-
mulden bewies Modler, dass auf diesem Gebiet und
nicht so sehr in rundplastischen Darstellungen (wie
etwa an der Fürstenzeller Kanzel) seine besonderen
Fähigkeiten lagen.

Mit der beginnenden Aufklärung erfolgte in vielen
Klöstern auch der Ausbau repräsentativer Bibliotheken. In Aldersbach liegt sie über dem Refektorium des
Südflügels und erstreckt sich über zwei Geschosse.
Das Deckenfresko malte Matthäus Günther 1760. Leider ist das Schrankwerk nicht mehr erhalten. In Fürstenzell (nach 1770) fehlt umgekehrt das Deckenfresko
(der Überlieferung nach von Günther und Zeiller),
dafür ist die von Joseph Deutschmann aus St. Nikola
geschaffene Ausstattung noch vorhanden, die sich in
heiter-ironisierender Weise mit dem wissenschaftlich-
theologischen Arbeiten in diesem Saal auseinander-
setzt. Die vollständig erhaltene Reichersberger Bibliothek birgt ein Deckenfresko des Johann Nepomuk
Schöpf aus dem Jahr 1771. Im 19. Jahrhundert abgebrochen wurde dagegen der Bibliothekssaal von Raitenhaslach, der noch zwischen 1780 und 1792 durch
Johann Nepomuk und Clemens della Croce ausgemalt
worden war.

Die Klosteranlagen des 18. Jahrhunderts zielten auf
eine geordnete Gestaltung des gesamten Klosterareals.
Die Stiftskirchen wurden durch die vielerorts neu
gebauten Westfassaden als Zentrum ausgezeichnet.
Schon in St. Nikola richtete man die Gestaltung des
neuen westlichen Hofes um 1730 ganz auf die neue,
ehemals von einer geschweiften Attika bekrönte Kir-
chenfassade Jakob Pawagners aus (Abb. 6). In Raitenhaslach plante der Trostberger Franz Aloys Mayr im
Zusammenhang mit dem Bau der Stiftsgebäude 1751
einen in seinen strengen architektonischen Formen
fast klassizistischen Westvorbau für die Kirche. Die
Aldersbacher Einturmfassade eines unbekannten Meisters von 1755 orientiert sich an den Bauten der
Ordensbrüder in Wilhering (nach 1734) und Engelszell (1754–1764). Sie verzichtet jedoch auf Säulen- und
Pilasterstellungen zugunsten einer stärkeren Betonung
der ornamental aufgefassten Fenster und des Portals.
In Vornbach erfolgte die barocke Umgestaltung der
romanischen Zweiturmanlage in der Zeit zwischen
1766–1770. Die neuen Turmbekrönungen weisen
starke Ähnlichkeiten mit den Fürstenzeller Türmen
auf. Diese gehören anders als lange Zeit angenommen
nicht zur ursprünglichen Planung Johann Michael
Fischers, sondern wurden erst um 1775 im Zusam-

menhang mit der Errichtung des neuen dreigeschossigen Prälaturtraktes errichtet (Abb. 7).[14] Auch die erste
Planung für den 1774–1779 durch den Schärdinger
Baumeister Blasius Aichinger erstellten Reichersberger
Turm zeigt einen ähnlichen Turmhelm. Die auf kurfürstlichen Befehl schlichtere Ausführung verweist
dann aber zusammen mit der geradlinigen Gliederung
des Baukörpers auf die kommende frühklassizistische
Gestaltung des Asbacher Turmes von F. Cuvilliés d. J.
Dessen Planungen in Zell an der Pram hatte Aichinger
zwischen 1771–1777 ausgeführt.

Anmerkungen

1 Bei den grundlegenden Daten der im Folgenden untersuchten
  Kirchen und Klöster (Bauzeiten, Künstlernamen etc.) beziehe ich
  mich, sofern nicht anders angemerkt, auf das einschlägige, im
  Literaturverzeichnis aufgeführte Schrifttum bzw. die entsprechenden Bände der Kunstdenkmäler von Bayern, der Österreichischen Kunsttopographie und des Dehio-Handbuches.

2 Die Bestimmung des Anbaues geht aus einer Notiz anlässlich der
  Barockisierung zu Ende des 17. Jahrhunderts hervor: „„Ein er-
  höhter unter dem Liecht stehender Seitengang' von einem Chor
  zum andern wurde entfernt" (ÖKT 30, 1947 Braunau, S. 113).
  Damit kann nur ein Gang zwischen dem Konventchor nördlich
  des Presbyteriums zum Westchor gemeint gewesen sein.

3 Benno Ulm, Zum Kunstschaffen im Stift Reichersberg, in:
  900 Jahre Stift Reichersberg. Augustiner Chorherren zwischen
  Passau und Salzburg, Ausstellung des Landes Oberösterreich im
  Stift Reichersberg, Linz 1983, S. 248. Ulm sieht allerdings keine
  Verwandtschaft zwischen den beiden Bauten.

4 Georg Skalecki, Deutsche Architektur zur Zeit des Dreißigjährigen Krieges, Regensburg 1989, S. 107.

5 Eine Erforschung der in dieser Zeit in Aldersbach entstandenen
  Klostergebäude steht noch aus.

6 Sie befindet sich seit der Säkularisation größtenteils in der Pfarrkirche Vilshofen.

7 Zu ihm vgl. Ernst Guldan, Wolfgang Andreas Heindl, München/
  Wien 1970.

8 Vgl. Bernhard Rupprecht, Der Deckenmaler Cosmas Damian
  Asam, in: Ausst.-Kat Cosmas Damian Asam 1686–1739. Leben
  und Werk, hrsg. v. Bruno Bushart, Bernhard Rupprecht, Aldersbach 1986, S. 24.

9 „fuliginosam ac gotica vetustate squalentem formam" heißt es im
  Bericht eines Chronisten, vgl. das Zitat Kunstdenkmäler Oberbayern, Bd 8, 1905, S. 2596.

10 Fischers Anteil diskutierten zuletzt Gabriele Dischinger u. a.,
   Re-Vision von Fürstenzell, in: Dischinger, Gabriele/Peter, Franz:
   Johann Michael Fischer, Bd 1., Tübingen 1995, S. 218–221, und
   Manfred Wundram, Fischer und der Wandpfeilersaal, ebd.,
   S. 27–29.

11 Franz Matsche, Der Freskomaler Johann Jakob Zeiller (1708–
   1783), Diss. Marburg 1970, S. 190, 465.

12 Die Zuschreibung der Kirche an Cuvilliés bei Guby 1928, S. 2–7
   erscheint nach wie vor schlüssig. Der von Gerhager 1833 erwähnte Maurermeister Ignatius Brechler, der die Bauarbeiten in

Asbach leitete, war Hofpalier Cuvilliés' und arbeitete mit diesem in Zell an der Pram zusammen. Die stilistischen Analogien Asbachs zu diesem Bau weist Guby überzeugend nach. In dem von Gerhager erwähnten berühmten Baumeister, der die Pläne für Asbach anfertigte, sei deshalb F. Cuvilliés d. J. zu erkennen.

13 Thomas Kupferschmied, Die Fresken Josef Schöpfs in Asbach, in: Ausst.-Kat. Josef Schöpf in Asbach, 1989, S. 12.

14 Vgl. Dischinger, Anm. 10, S. 213-216. Ob man mit den Autoren aus der Beteiligung des gebürtigen Fürstenzellers und Wiener Akademiemitglieds Vinzenz Fischer an der Ausmalung des Festsaales auch auf dessen Urheberschaft der gesamten Fürstenzeller Planungen von 1775 schließen kann, bleibt allerdings zweifelhaft. Die Herleitung der Turmbekrönungen von Melk und Engelszell ist ebenso wenig nachvollziehbar wie der daraus abgeleitete Rückschluss auf eine Autorschaft Vinzenz Fischers beim Bau der Kirche Engelszell (vgl. a.a.O. S. 216 mit Anm. 19).

Literatur

Ausst.-Kat. 900 Jahre Stift Reichersberg. Augustiner Chorherren zwischen Passau und Salzburg, Ausstellung des Landes Oberösterreich im Stift Reichersberg, Linz 1984

Ausst.-Kat. Josef Schöpf in Asbach. Person - Werk - Geschichte, begleitende Materialien zur Ausstellung „Die letzten Freskenmaler des Barock", Museum Kloster Asbach 1998

900 Jahre Augustiner Chorherrenstift Reichersberg, Linz 1983

Dischinger, Gabriele/Götz, Ernst/Karnehm, Christl: Revision von Fürstenzell, in: Dischinger, Gabriele/Peter, Franz: Johann Michael Fischer, Bd 1., Tübingen 1995, S. 213-221

Drost, Ludger: St. Nikola in Passau, Passau 2003

Eitzlmayr, Max: Das Saeculum Octavum oder die große 800-Jahrfeier im Kloster Ranshofen im Jahre 1699, in: Oberösterreichische Heimatblätter 38, H. 2 (1984) S. 128-145

Guby, Rudolf: Die ehemalige Klosterkirche der Benediktiner in Asbach im Rottal und ihre Meister, in: Die ostbairischen Grenzmarken 17 (1928) S. 1-8, S. 33-39

Hauer, Willibald: Die Asamkirche zu Aldersbach, in: 1250 Jahre Aldersbach. Festschrift zur zwölfhundertfünfzig Jahrfeier von Aldersbach 735-1985, Aldersbach 1985, S. 65-68

Hopfgartner, Wolfgang: Raitenhaslach, Regensburg 11. Aufl. 1997

Kalhammer, Hubert: Kloster Aldersbach, Passau 1994

Kleinhanns, Günther: Die Stiftsbauten von Ranshofen, Reichersberg und Suben, in: Oberösterreichische Heimatblätter 38, H. 2 (1984) S. 172-200

Kupferschmied, Thomas: Die Fresken Josef Schöpfs in Asbach. Anmerkungen zu Werk und Werkvorbereitung, in: Josef Schöpf in Asbach. Person - Werk - Geschichte, begleitende Materialien zur Ausstellung „Die letzten Freskenmaler des Barock", Museum Kloster Asbach 1998, S. 8-21

Schäffer, Gottfried: Vornbach/Inn, München/Zürich 6. Aufl. 1992

Schauber, Gregor: Stift Reichersberg, Ried 2. Aufl. 1992

Wurster, Herbert W./Wagenhammer, Hans: St. Salvator bei Bad Griesbach im Rottal, Passau 1988

Kerstin Petermann

Die Bildhauerfamilie Schwanthaler in Ried

Die rege Bautätigkeit der Kloster- und Pfarrherren führte im 17. und 18. Jahrhundert auch zu einer Erneuerung der zum großen Teil noch mittelalterlichen Ausstattungen der Kirchen. Zahlreiche Künstler fanden so vor allem in der Zeit bis 1680/90 und erneut - nach den Belastungen der Türkenkriege und des Spanischen Erbfolgekrieges - im 18. Jahrhundert ihr Auskommen. Bildhauerwerkstätten lassen sich in fast allen Städten und selbst in kleineren Marktgemeinden des Kurfürstentums Bayern nachweisen.[1] Die Anzahl der Werkstätten in den Städten war beschränkt, nur vereinzelt wie in München, Ingolstadt, Landshut und Weilheim gab es im 18. Jahrhundert mehrere Bildhauerwerkstätten. Die Zunft regelte nicht nur die Ausbildung der Lehrjungen und Gesellen, sondern auch die Niederlassung der Meister, die verheiratet sein und das Bürgerrecht besitzen mussten, und hielt damit unerwünschte Konkurrenz ab. Diese Einschränkungen führten oft zu Unstimmigkeiten. Auch scheinen nicht in allen Gemeinden die Zunftbedingungen für Bildhauer genau geregelt gewesen zu sein, wie das Beispiel des Thomas Schwanthaler (1634-1707) in Ried zeigt.

In der kleinen Marktgemeinde Ried im Innviertel arbeiteten in der zweiten Hälfte des 17. Jahrhunderts zwei Bildhauer: Thomas Schwanthaler und Veit Adam Vogl. Wie schon sein Vater Hans Schwabenthaler in Ludwig Vogl hatte Thomas in dessen Sohn Veit Adam einen schwierigen Konkurrenten, so dass Auseinandersetzungen vor Gericht nicht ausblieben. Jeder machte dem anderen die rechtmäßige Ausübung des Bildhauerhandwerks streitig. Thomas machte 1668 geltend, dass Veit Adam Vogl nach der Heirat mit einer Wirtstochter das Rieder Bürgerrecht nur auf das Gastgewerbe und nicht - wie Thomas 1667 selbst - auf das Bildhauerhandwerk erworben habe. Veit Adam wiederum verlangte während des Prozesses die Vorlage der Lehrbriefe von Thomas und dessen Vater, die dieser jedoch nicht vorweisen konnte. Die Tatsache, dass die Prozesse vor dem Rat und Marktgericht geführt wurden und in den schriftlichen Quellen nie von einer Zunft oder einer Bruderschaft der Bildhauer die Rede ist, hat schon Benno Ulm zu der Frage veranlasst, ob die Bildhauer in Ried außerhalb einer Zunft frei und ohne Meisterbrief arbeiten durften.[2]

Damit könnte erklärt sein, warum Thomas sein Handwerk in einer eigenen Werkstatt ausüben durfte, ohne eine Lehrzeit (und somit wohl auch die zur Erlangung der Meistergerechtigkeit notwendigen Gesellenjahre), die er ja bei seinem Vater, einem einfachen Inwohner in Ried, und nicht bei einem Bildhauermeister absolviert hatte, im Sinne des zünftischen Denkens „offiziell" belegen zu können. Im Konkurrenzkampf mit Veit Adam Vogl um Aufträge setzte sich allerdings schnell die überragende Begabung des Thomas Schwanthaler durch, der heute zu den bedeutendsten süddeutschen Bildhauern gezählt wird und der wichtigste Vertreter der Bildhauerfamilie Schwanthaler in Ried war. Ihre dortige Tätigkeit erstreckte sich über fünf Generationen und fand noch im 19. Jahrhundert mit den Arbeiten des Franz Jacob (1760-1820) und vor allem des Ludwig Schwanthaler (1802-1848), der die Bavaria auf der Theresienhöhe geschaffen hat, in München ihre Fortsetzung.

Die Anfänge von Thomas' Tätigkeit liegen in der Werkstatt seines Vaters Hans, der spätestens 1633, dem Jahr seiner Eheschließung, aus der Gegend um Altötting nach Ried zugezogen war und sich noch Schwabenthaler nannte. Der frühe Tod des Vaters 1656 machte Thomas Schwanthaler schon 22-jährig zum Vorstand der Familie, der mit dem Handwerk des Vaters sich, seine Mutter und fünf Geschwister ernähren musste.

Die künstlerische Herkunft von Thomas Schwanthaler liegt weitgehend im Dunkeln, da seinem Vater Hans mit einiger Sicherheit nur der Grablegungschristus aus der Pfarrkirche in Eitzing von 1641 (heute im Museum Innviertler Volkskundehaus, Ried) zugewiesen werden kann und somit dessen künstlerische Eigenart kaum bestimmbar ist. Zudem erfahren wir aus den Äußerungen des Veit Adam während des Prozesses lediglich, dass es in Ried nicht bekannt gewesen zu sein scheint, wo Hans Schwabenthaler gelernt hat.

Auf eine mögliche Spur weist Benno Ulm. Er sieht weniger Altötting mit seinen von der Münchner Hofkunst, Hans Krumper und Hans Degler, bestimmten Skulpturen als vorbildlich für Hans Schwabenthaler an, sondern vielmehr die fortschrittlichere, frühbarocke Züge zeigende Bildhauerei in Trostberg bei

Abb. 2   *Thomas Schwanthaler, Bauer mit Garbe und Sichel, Rötelzeichnung (Kat. Nr. 6.2.1)*

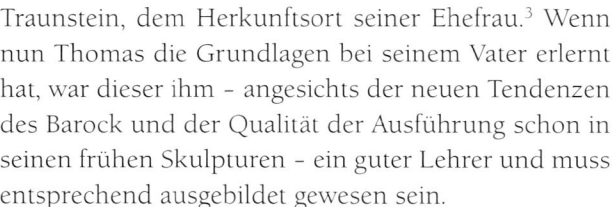

Abb. 1   *Thomas Schwanthaler, Maria reicht Heiligen den Rosenkranz, Rötelzeichnung (Kat. Nr. 6.2.2)*

Traunstein, dem Herkunftsort seiner Ehefrau.[3] Wenn nun Thomas die Grundlagen bei seinem Vater erlernt hat, war dieser ihm – angesichts der neuen Tendenzen des Barock und der Qualität der Ausführung schon in seinen frühen Skulpturen – ein guter Lehrer und muss entsprechend ausgebildet gewesen sein.

Zudem bleibt es fraglich, ob sich Thomas nach beendeter Lehrzeit bei seinem Vater als Geselle auf Wanderschaft begeben hat und somit noch in einer anderen Werkstatt tätig war. In Thomas' Äußerungen während des Prozesses mit Veit Adam Vogl findet sich – zumindest in den erhaltenen Quellen – kein derartiger Hinweis (eine Tätigkeit bei einem bekannten Meister einer anderen Stadt wäre zur Stärkung der eigenen Position vor Gericht sicherlich erwähnenswert gewesen); allerdings ist anzunehmen, dass er sich in der weiteren Umgebung nach künstlerischen Vorbildern umsah. Denn mit seiner Kunst setzt er sich gleich zu Beginn seiner Tätigkeit von der bisherigen Kunst im Innviertel ab.

Verschiedenste Einflüsse lassen sich schon in den frühen Zeichnungen und Skulpturen ablesen, so im Imster Skizzenbuch, in dem sich Werkzeichnungen von ihm, Skizzen für später auszuführende Skulpturen oder auch Zeichnungen nach ausgeführten Skulpturen als Formenrepertoire für die Werkstatt finden, die monogrammiert sind und sich durch eine Datierung (1667) sowie Bezüge zum Werk in die Zeit vor 1669 einordnen lassen.[4] Diesen Rötelzeichnungen können weitere mit dem Rötel ausgeführte Blätter zugeordnet werden, die aus dem Nachlass der Familie stammen und heute im Museum Innviertler Volkskundehaus in Ried aufbewahrt werden (Abb. 1 u. 2). Betrachtet man die Gewänder, vor allem das Mariens auf der Zeichnung „Maria reicht Heiligen den Rosenkranz", wird deutlich, dass Thomas Schwanthaler an die Tradition der Spätgotik des Inn-/Donauraumes anschließt. Die stark gekräuselten, y-förmigen Falten der Gewänder der thronenden Maria und des hl. Nikolaus von Tolentino erinnern an Falten spätgotischer Bildschnitzer im

Umkreis und in der Nachfolge Hans Leinbergers, was z. B. ebenso für die um 1670 geschnitzte Figur der Schutzmantelmadonna vom Hochaltar der Filialkirche St. Sebastian in Andorf (Innviertel) gilt. Die Naturdarstellung auf dem Relief „Ruhe auf der Flucht" (St. Florian, Augustinerchorherrenstift) verweist auf Landschaften der Donauschule. Für Thomas war es nicht schwierig, mittelalterliche Kunstwerke zu sehen, da sich noch zahlreiche spätgotische Skulpturen in den Kirchen der näheren Umgebung erhalten hatten. Überdies griffen zahlreiche Künstler in der zweiten Hälfte des 17. Jahrhunderts bewusst auf gotische Formen zurück, die ihnen als vorbildliche Beispiele des alten Glaubens in einer gegenreformatorisch bestimmten Zeit dienten.

Dass Thomas auch die Arbeiten der Bildhauer aus Weilheim, einem um 1600 bedeutenden Kunstzentrum, kannte, ist anzunehmen, da diese auch im Innviertel und im Land ob der Enns Aufträge erhalten hatten, so Hans Degler z. B. vom Stift Reichersberg und Hans Spindler vom Stift Garsten/Steyr. Weitere Anregungen stammen von Martin Zürn, der seit 1643 in Braunau ansässig war, wie z. B. die drastische Wiedergabe einiger Martyriumsszenen (so in der Figurengruppe der Enthauptung der hl. Barbara in Schalchen, Innviertel) oder Details wie die Lockenfülle und Gesichtszüge der Figuren Zürns.[5] Anders als dessen noch im Sinne des späten Manierismus gezierte, labil stehende Figuren sind die kräftigen Figuren des Thomas mit beiden Beinen fest dem Boden verbunden. Trotz ausgreifender Gesten drückt sich Bewegung vor allem in den teilweise wie vom Wind zersausten Haaren und Gewändern aus, unter denen sich die Körper deutlich abzeichnen. Seine Figuren haben eine wirklichkeitsnahe Präsenz, fügen sich aber ohne ausgeprägte individuelle Züge in die traditionelle Darstellungsweise von Heiligenfiguren ein.

Weiteres Anschauungsmaterial boten Kupferstiche, die im 17. und 18. Jahrhundert zur Verbreitung der Kenntnis bekannter Gemälde, Gebäude und Skulpturen vor allem des römischen Barock beitrugen. Jedes Kloster besaß eine eigene Kupferstichsammlung und konnte bei einer Auftragsvergabe einem Künstler entsprechende Blätter als Vorlagen zur Verfügung stellen. So lassen sich auch die wenigen Bezüge zur römischen Barockskulptur, die sich erst langsam in Süddeutschland durchsetzen sollte, im Werk Thomas Schwanthalers erklären; in Rom mit seinen Werken Berninis und Algardis war Thomas jedenfalls nicht.

Diese unterschiedlichen Anregungen verarbeitete der begabte Bildhauer zu einem eigenen unverwechselbaren Stil.

Neben dem Handwerk der Bildschnitzerei beherrschte er auch das der Steinbildhauerei und Elfenbeinschnitzerei, wie aus einem Wappenbrief hervorgeht, den er 1679 von einem mit dem Recht der Wappenverleihung kaiserlich privilegierten Pfalz- und Hofgrafen erwarb. In diesem lässt Thomas Schwanthaler alle seine Tätigkeitsbereiche genau aufschreiben. So heißt es, dass er nicht nur Bildhauer in Holz, Bein (Elfenbein), Stein und Stahl, sondern auch Maler, Inventor und Zeichner war.

Die Bezeichnung Inventor bezieht sich auf die Erstellung eines eigenen Entwurfes zumeist von Altaraufsätzen, an denen neben der Werkstatt des Bildschnitzers auch die Werkstätten des Schreiners, Fassmalers und zuweilen Malers für die Altarblätter beteiligt waren. So arbeitete auch Thomas mit Fassmalern und Schreinern zusammen. Gelegentlich scheint er seine Figuren auch selbst gefasst zu haben, wie aus dem Vertrag mit der Pfarrkirche Atzbach von 1673 hervorgeht. Zumeist waren es die Auftraggeber, die bestimmten, was auf dem Altar dargestellt sein sollte, zuweilen gaben sie auch einzelne Details vor; die Aufgabe des Inventors war es jedoch, die Vorgaben überzeugend umzusetzen und einen genauen Entwurf zu erstellen, der in Form einer Visierung, einer detaillierten Zeichnung, stets dem Vertrag beigefügt wurde.

Schon früh, ein Jahr nach seiner Hochzeit mit der Tochter eines Rieder Buchbinders im Jahr 1660, erhielt Thomas Schwanthaler seinen ersten größeren Auftrag für einen Altar, allerdings zeichnete er hier noch nicht für den Entwurf verantwortlich. Der Rat des Marktes Ried beauftragte ihn, lediglich die Holzfiguren für den 1663/65 fertig gestellten Hochaltar der Pfarrkirche St. Peter und Paul zu schnitzen. 1669 folgte dann der Auftrag der Rieder Brauerzunft für den Florianialtar der Kirche mit der Darstellung des hl. Florian und der Stadt Ried als Relief des Mittelbildes.

Anders verhielt es sich bei dem 1675/76 im Auftrag der Benediktiner von Mondsee errichteten Doppelaltar von St. Wolfgang, für den Thomas den Entwurf sowohl für die Figuren als auch für die Altararchitektur lieferte. Dieser Altar ist das bedeutendste Werk Thomas Schwanthalers und zählt zu seinen wichtigsten Aufträgen. Der Doppelaltar sollte zwei ältere Altäre, den Altar des Kirchenpatrons und einen Sakraments- oder Reliquienaltar, ersetzen und steht an dem Ort, an dem sich

Abb. 3   *Thomas Schwanthaler, Erzengel Michael*
            (Kat. Nr. 6.2.6)

Abb. 4   *Thomas Schwanthaler, Maria vom Siege*
            (Kat. Nr. 6.2.7)

die ursprüngliche Kirche des hl. Wolfgang befand. So vereinte Thomas zwei Altarreliefs mit der Darstellung der heiligen Familie auf dem Weg nach Jerusalem bzw. des hl. Wolfgang über zwei Altarmensen in einem prächtigen Aufbau mit drei weinlaubumrankten gedrehten Säulen, der von den Figuren des hl. Benedikt und der hl. Scholastika flankiert und von einem Aufsatz mit einer Marienkrönung und dem Erzengel Michael bekrönt wird.[6]

Bis in die 1680er Jahre reicht diese Zeit der großen Altaraufträge. Es ist auch die Zeit, in der Thomas Schwanthaler beginnt, für das Augustinerchorherrenstift Reichersberg tätig zu werden. 1678 erhält er von den Augustinerchorherren 150 Gulden für seine Arbeit am Hochaltar von Münsteuer, 1686 180 Gulden für die am Hochaltar von Orth. Beide Ortschaften waren inkorporierte Pfarreien des Stiftes, für deren Ausstattung

die Augustinerchorherren zuständig waren. Weitere Altaraufträge blieben zwar aus, doch fertigte er in diesen und den folgenden Jahren die drei Grabsteine des Dechanten Johannes Chrysostomos Simon (1683) sowie der Pröpste Anton Ernst (1685) und Theobald Antißner (1704) in Stein, 1694 die bronzene Brunnenfigur des Erzengels Michael im Reichersberger Stiftshof sowie kleinere Figuren wie die beiden um 1695 entstandenen Statuetten des Erzengels Michael (Abb. 3) und der Maria vom Siege aus Holz (Abb. 4) oder 1698 eine Gruppe mit Jesus, Maria und Josef aus Elfenbein. Darüber hinaus stammte laut Stiftsrechnung von 1686 ein Kruzifix von ihm; dessen hohe Rechnungssumme lässt darauf schließen, dass es sich hierbei ebenfalls um eine Elfenbeinfigur handelte. Ob der Elfenbeinkruzifix, der sich in Reichersberg erhalten hat, mit dem in den Rechnungen genannten identifiziert werden kann, lässt sich allerdings nicht sicher sagen.[7] In den Reichersberger Arbeiten zeigt sich die schon im Wappenbrief deutlich gewordene Fertigkeit des Thomas Schwanthaler, in verschiedenen Materialien zu arbeiten und auch Kleinbildwerke zu schnitzen. So haben sich eine Reihe kleinformatiger Holzreliefs erhalten, die wohl vor allem für die Kunstkammern geistlicher und weltlicher Auftraggeber entstanden sind. Das Stift St. Florian besitzt noch heute zwei ungefasste Reliefs mit der Darstellung der „Ruhe auf der Flucht" und der „Hl. Maria Magdalena" aus Birnholz.

Das letzte urkundlich gesicherte Werk des Thomas ist die 1702 errichtete Ölberggruppe der Pfarrkirche Hohenzell (Innviertel), von der nur ein Fragment erhalten ist. Die eng verbundene Figurengruppe Christi und des Engels, der mit vorgeschobenem Bein den zusammengesunkenen Körper des Heilands am Arm stützt, findet sich auch am prominenteren Beispiel des Ölbergs der Rieder Stadtpfarrkirche. Daher schreibt Waltrude Oberwalder den Rieder Ölberg Thomas zu und ordnet ihn in die Hochphase seines Schaffens, der Zeit vor 1680, ein.[8]

Die zahlreichen Aufträge – in den 1670er Jahren entstand jedes Jahr ein großer Altaraufsatz, 1675/76 wurde an fünf Altären gleichzeitig gearbeitet – führte Thomas Schwanthaler in seiner Werkstatt gemeinsam mit je einem Gesellen und fünf Söhnen aus. Daher sind oftmals persönliche Zuschreibungen an Thomas nicht möglich. Denn sowohl seine Gesellen als auch seine Söhne ordneten sich bei den gemeinsamen Arbeiten dem Stil des Werkstattleiters unter. Das Imster Skizzenbuch mit den monogrammierten Zeichnungen des Thomas, das dieser seinem Gesellen, dem Tiroler Andreas Thamasch, um 1670 bei dessen Austritt aus der Werkstatt überlassen hat, zeigt, dass Zeichnungen als Anleitung und Vorbereitung für die Ausführung der geschnitzten Figuren und Reliefs sowie als Motivschatz, auf den immer wieder zurückgegriffen werden konnte, in der Werkstatt verwendet wurden. Diese Zeichnungen geben vorwiegend vollständig ausgeführte Skulpturen auf dem Papier als Modelle für die Werkstatt wieder; es sind keine skizzenhaften Entwurfszeichnungen, die den Formfindungsprozess des Bildschnitzers nachvollziehen lassen. Diese finden sich allerdings auch, denn einige Zeichnungen des Skizzenbuches können als Vorstudien und zeichnerische Übungen bestimmt werden.

Derartige Zeichnungen verblieben in der Regel in der Werkstatt oder wurden – wie im Fall Thamasch –

den Gesellen als Vorlagenmaterial für die eigenen Tätigkeiten mitgegeben. Zudem führten die Gesellen auf ihrer Wanderung ein Stammbuch mit, in das sich ihr jeweiliger Lehrmeister mit einer Zeichnung eintrug. Thomas tat dies 1679 mit einer farbigen Zeichnung bei seinem Gesellen Johann Carl Zay, einem Schweizer, der während seiner Wanderschaft ein Jahr als Geselle in der Rieder Werkstatt tätig war.[9]

Dass es in der Werkstatt üblich war, auch plastische Entwürfe als Vorlage zu gebrauchen, zeigen die beiden kleinen Apostelfiguren aus Ton des Johann Franz Schwanthaler (1683–1762), der als jüngster Sohn 1710, drei Jahre nach dem Tod seines Vaters Thomas, die Werkstatt in Ried übernehmen sollte. Zeichnungen und plastische Modelle wurden an die nachfolgenden Generationen weitergegeben, die diesen als Vorbilder für die eigene Tätigkeit dienten. Johann Peter d. Ä.

Abb. 5 *Johann Peter d. Ä. Schwanthaler, Erzengel Michael (Kat. Nr. 6.2.8)*

Abb. 6   Johann Peter d. Ä. Schwanthaler, Beweinung
Christi, Museum Innviertler Volkskundehaus
Ried im Innkreis (Kat. Nr. 6.2.12)

Schwanthaler (1720–1795) bezieht sich mit der kleinen Figur des Erzengels Michael im Stift Reichersberg
(Abb. 5) auf die dortige Brunnenfigur gleichen Themas
seines Großvaters Thomas von 1694, seine Apostel-
figur des Petrus in der Pfarrkirche Tumeltsham (Innviertel) ähnelt der Tonfigur des Vaters.[10]

Johann Peter übernahm 1759 im Alter von 39 Jahren
die Werkstatt seines Vaters Johann Franz in Ried, die
wegen hoher Verschuldung seit Ende der 1730er Jahre
nicht mehr im Besitz der Familie war, von dieser aber
noch genutzt wurde. Ihm gelang es nach der Heirat mit
einer Bauerstochter die Werkstatt zurückzukaufen und
Bürger in Ried zu werden. Keinem anderen Vertreter
der Familie können so viele erhaltene Werke zugewiesen werden, was für einen erfolgreichen Werkstatt-
betrieb spricht. Neben großformatigen Skulpturen für
Altaraufsätze gingen auch Kleinplastiken wie Tauf-

gruppen, szenische Reliefs, Krippenfiguren und Kruzifixe für kirchliche und private Auftraggeber in den
Städten und auf dem Land aus seiner Werkstatt hervor. Seine erhaltenen Werke lassen eine rationelle
Arbeitsweise und eine gut organisierte Werkstatt erkennen, die überkommene Vorbilder leicht abwan-
delnd in unterschiedlichen Materialien umsetzte und
dabei dennoch einen eigenen Werkstattstil erkennen
lässt: Charakteristisch sind schlanke Figuren mit
scharfkantig, rautenförmig gefalteten Gewändern,
deren Körper im Detail eine realistische Wiedergabe
erkennen lassen – so zeichnen sich die Adern auf den
Handrücken deutlich ab – und deren Gesichter tief
liegende, schräg gestellte Augen, die halb vom Lid verdeckt sind, sowie schmale Nasen aufweisen.

Deutlich wird die Arbeitsweise der Werkstatt in
einer Reihe von Gruppen der Beweinung Christi, die
zum Teil Wiederholungen sind, zum Teil auf eine gemeinsame Vorlage zurückgehen und sich nur in der
Anzahl der beteiligten Personen oder der neuen Zusammenstellung der Motive voneinander unterscheiden. Die drei um 1750 entstandenen Formulierungen
des Beweinungsthemas auf dem Steingussrelief des
Museums Innviertler Volkskundehaus in Ried (Abb. 6)
und den Reliefs aus Terrakotta und Holz im Stift
St. Florian bzw. im Oberösterreichischen Landesmuseum in Linz stimmen alle überein. Die schmerz-
erfüllte, vor dem Kreuz sitzende Gottesmutter präsentiert den Leichnam Christi, der auf ihrem Schoß ruht
und dem Betrachter frontal zugewandt ist. Ein Engel
stützt ihren Körper und berührt mit der rechten Hand
die Stelle ihres Herzens; zwei Putti halten Arm und
Hand Christi. Eine sehr ähnliche Version dieses Themas aus der Zeit um 1735 findet sich im Werk Georg
Raphael Donners, die sich z. B. lediglich in der Kopf-
haltung Mariens und der Haltung des niedriger stehenden Engels, dessen rechte Hand nunmehr auf der
Schulter der Gottesmutter ruht, unterscheidet. Vermutlich gehen alle Versionen auf eine gemeinsame, nicht
erhaltene italienische Vorlage, wohl in der Form eines
Kupferstiches, zurück, die von den Künstlern jeweils
abgewandelt wurde.[11] Die Beliebtheit des Themas in
der Schwanthaler-Werkstatt, das vielleicht schon von
Johann Franz dem Formenrepertoire hinzugefügt worden ist, zeigt sich in weiteren, nun stärker veränderten
Fassungen. Als Beispiel sei die Beweinungsgruppe des
Passauer Oberhausmuseums genannt (Abb. 7). Hier
ist nicht nur die Haltung des Leichnams Christi eine
andere, auch die Anzahl der beteiligten Personen hat

Abb. 7   *Johann Peter d. Ä. Schwanthaler, Beweinung Christi, Oberhausmuseum Passau (Kat. Nr. 6.2.13)*

sich geändert. Hinzugekommen sind Johannes der Evangelist und Maria Magdalena, dafür fehlt der rechte Putto. Zudem ist hier Maria durch das Schwert in der Brust sehr viel deutlicher als Mater Dolorosa darge-stellt als auf den Reliefs. Dennoch bleibt deutlich, dass sich Johann Peter d. Ä. immer noch auf die Vorlage be-zieht, die auch seinen Reliefs zugrunde lag.

Mit seinem Sohn Johann Peter d. J. (1762–1838) endet die Tätigkeit der Schwanthaler in Ried. Nur kurze Zeit nachdem 1779 das Innviertel und damit Ried zu Österreich gekommen war, begann Kaiser Joseph II. ab 1782 mit der Aufhebung der österreichi-schen Klöster und Stifte, denen 1803 dann die bayeri-schen folgten. Die schon zuvor immer weniger gewor-denen Aufträge der Klöster blieben nun ganz aus. Johann Peter d. J. musste sich als Zeichenlehrer ver-dingen. Die nachfolgenden Generationen, Franz Jakob

Schwanthaler und sein Sohn Ludwig Michael, suchten ihren Erfolg daher in der bayerischen Residenzstadt München.

Anmerkungen

1 Volker Liedke, Die Bildhauerwerkstätten im Kurfürstentum Baiern zwischen 1715 und 1779, in: Ausst.-Kat. Bayerische Roko-koplastik. Vom Entwurf zur Ausführung, Bayerisches National-museum, München 1985, S. 14–26 (mit einem Verzeichnis der kurbayerischen Bildhauer).

2 Der Katalog zur großen Schwanthaler-Ausstellung im Stift Rei-chersberg bildet noch immer die Grundlage jeglicher Beschäfti-gung mit der Familie: Ausst.-Kat. Die Bildhauerfamilie Schwan-thaler 1633–1848. Vom Barock zum Klassizismus, Ausstellung des Landes Oberösterreich im Stift Reichersberg, Linz 1974. Neue Werke der Familie sind durch die Ausstellung der Archäo-logischen Staatssammlung München im Burgmuseum Grünwald 2003 bekannt geworden, vgl. das zur Ausstellung erschienene Begleitheft von Peter Volk, Skulpturen und graphische Werk der

Bildhauerfamilie Schwanthaler vom Barock zur Romantik. Die Sammlung Dr. Schwanthaler, (Mitteilungen der Freunde der Bayerischen Vor- und Frühgeschichte, Nr. 105) 2003. Eine ausführliche Schilderung der gerichtlichen Auseinandersetzung bei Benno Ulm, Die Familie Schwanthaler, in: Ausst.-Kat. Schwanthaler, 1974, S. 63 ff.

3 Ebd., S. 63.

4 Imster Skizzenbuch, Heimatmuseum Imst, Inv. Nr. 53, als Leihgabe im Tiroler Landesmuseum Ferdinandeum, Innsbruck. Dazu mit älterer Literatur Michael Krapf, Thomas Schwanthaler als Zeichner, in: Ausst.-Kat. Schwanthaler, 1974, S. 126-137. Thomas betätigte sich auch anderweitig als Zeichner, so stammt von ihm die Entwurfszeichnung für den Titelkupfer der Theologischen Thesis aus der Summa des hl. Thomas von Aquin an der Universität Salzburg durch Paulus Metzger OSB, 1673, die unten links mit „Thomas Schwantaller del." signiert ist. Siehe Ausst.-Kat. Das barocke Thesenblatt. Entstehung - Verbreitung - Wirkung. Der Göttweiger Bestand, Stift Göttweig 1985.

5 Waltrude Oberwalder, Die Innviertler Kunst von der Zeit der Brüder Zürn bis zu Thomas Schwanthaler, in: Ausst.-Kat. Die Bildhauerfamilie Zürn 1585-1724, Ausstellung des Landes Oberösterreich in Braunau, Linz 1979, S. 136-146, hier S. 143- 145.

6 Zur Auftragsvergabe von St. Wolfgang und weiterer Altaraufträgen vgl. Ulm, in: Ausst.-Kat. Schwanthaler, 1974, S. 69; Max Bauböck, Probleme und Situation der Schwanthaler-Forschung, in: Oberösterreich 18 (1968) S. 27-41, hier S. 29.

7 Vgl. Ausst.-Kat. 900 Jahre Stift Reichersberg. Augustiner Chorherren zwischen Passau und Salzburg, Ausstellung des Landes Oberösterreich im Stift Reichersberg, Linz 1984, Kat.-Nr. 11.01.

8 Ausst.-Kat. Schwanthaler, 1974, Kat.-Nr. 65, S. 123.

9 Künstlerstammbuch des Schweizer Bildhauers Johann Carl Zay (Zey), angefertigt während seiner Gesellenwanderung in Ulm, Ried, Salzburg, Augsburg usw., Handschrift auf Papier, 1678-1683; vgl. www.antiquariatsmessen.de/xtfs.htm (TFS Antiquariat, Basel), Oktober 2003.

10 Waltrude Oberwalder, Die Schwanthaler der Barockzeit, in: Ausst.-Kat. Schwanthaler, 1974, S. 148, S. 157; Helga Achleitner, Johann Peter der Ältere Schwanthaler. Der bayerisch-österreichische Rokoko-Bildhauer. Eine Stilanalyse, Ried 1991, S. 32 u. Nr. B 2.4.

11 Eine ausführliche Diskussion zu den verschiedenen Versionen und Ableitungen des Themas im Umkreis Georg Raphael Donners und der Schwanthaler sowie weiterer Künstler findet sich bei: Claudia Diemer, Georg Raphael Donner. Die Reliefs, Nürnberg 1979 (Diss. Heidelberg 1977), S. 185 ff. Vgl. auch Ausst.-Kat. Georg Raphael Donner 1693-1741, Unteres Belvedere, Österreichische Galerie, Wien 1993, Kat. Nrn. 28, 30; Claudia Diemer, Unbekannte Arbeiten der Bildhauerfamilie Schwanthaler in Nürnberg und Berlin, in: Anzeiger des Germanischen Nationalmuseums 1980, S. 105-114.

1. Römer und Bajuwaren

Der ostbayerische Raum zwischen Donau und Inn gelangte erst in der 2. Hälfte des 1. Jhs. n. Chr. unter direkte römische Herrschaft. Der militärischen Okkupation folgten in der Regel römische Siedlungen (*vici, villae rusticae*). So entstanden am Zusammenfluss von Donau und Inn, zu den Passauer Kastellen in der Altstadt (*Batavis*) bzw. Innstadt (*Boiodurum*), zwei zivile Niederlassungen. Parallel dazu wurde auch das naheliegende Hinterland am unteren Inn romanisiert. Wichtigster Ort war der Straßenvicus von Pocking an der Verkehrsverbindung Augsburg (*Augusta Vindelicum*) – Passau bzw. Wels (*Ovilava*). Dessen Gründung erfolgte etwa in den 80er Jahren des 1. Jhs. n. Chr. Hier wohnten Händler und Handwerker, die Eigenprodukte (Keramik, Werkzeuge) oder Importware (Terra Sigillata, Trachtenzubehör, Schmuck) den Reisenden oder den Bewohnern der umliegenden Gutshöfe (z. B. Rotthof, Rottersham, Eholfing) anboten. Dieser Zeitabschnitt endete 259/60 n. Chr. mit dem Fall des obergermanisch-rätischen Limes durch den Ansturm der Alamannen.

Danach folgten zwei Jahrhunderte, die vom Untergang der römischen Staatlichkeit geprägt waren. Ein Bild davon liefert der spätantike Autor Eugippius in seiner *vita Severini*. Severin († 482) nahm in kirchlichen und weltlichen Bereich administrative Aufgaben war und half den christlichen Gemeinden bei ihrem Rückzug von Künzing (*Kastell Quintanis*) über Passau (*Kastell Boiotro*) nach Enns (*Kastell Lauriacum*). Nach dem Ende des Römischen Reiches und dem Abzug der Römer 488 erfolgte im 6. Jh. mit dem Zentrum im Raum Regensburg und Straubing die Bildung des Bajuwarenstammes um die „Männer aus dem Lande Baja", die wohl aus dem böhmischen Kessel stammten und die verschiedenen romanischen und germanischen Ethnien zu einem neuen Volk zusammenfassten. An seiner Spitze stand bereits seit der Mitte des 6. Jhs. ein Bayernherzog, der bis zum Sturz Tassilos III. 788 aus dem Geschlecht der Agilolfinger stammte.

Lit.: Thomas Fischer, Römer und Bajuwaren an der Donau, Regensburg 1988

W. W.

1.1 Römer am unteren Inn

1.1.1
Grabstein des Essimnus
2. Jh. n. Chr.
Abguss, H. 106 cm, B. 75 cm, T. 47 cm
Passau, Universität

Der Grabstein des Weinhändlers Essimnus wurde 1988 in Höhe des Schaiblingturmes aus dem Wasser des Inns gebaggert, als die Innpromenade befestigt wurde. Dorthin war er wahrscheinlich zur Sicherung der Schiffslände gelangt. Er könnte ursprünglich in einem Gräberfeld auf der innstädtischen Seite gestanden haben. Der Verstorbene, Publius Tenatius Essimnus aus Trient, ist in qualitätvollen Reliefs auf der linken Seite, angetan mit Tunika und Kapuzenmantel sowie wohl mit einem Korb Trauben in den Händen dargestellt, während er auf der rechten Seite nur mit einer Tunika bekleidet neben verkleinerten Weinfässern steht und aus einem Stechheber Wein in einen Weinbecher (*kantharos*) einführt. Die Inschrift lautet: „D(is) M(anibus) / P(ublio) Tenatio Ess/imno negot/ianti vinar/iario domo / Iulia Triden/tum (obito) anno/(rum) LVII/P. Tenatius Pater/nus patri / pientissimo / fecit (Den göttlichen Totengeistern, dem Publius Tenatius Essimnus, dem Weinhändler, mit der Heimat Trient, gestorben mit 57 Jahren, hat Publius Tenatius Paternus seinem sehr rechtschaffenen Vater (dieses Grabmal) aufgestellt).

Lit.: Hartmut Wolff, Inschriftenfunde in Passau, in: Ostbairische Grenzmarken 23 (1981) S. 5–16.

E. B.

1.1.2
Vicus Pocking, 2./3. bzw. 4. Jh. n. Chr.
Grabung Pocking 1990–1992
a) Teller, Terra Sigillata, ∅ 21, H. 4,5 cm
b) Becher, Terra Sigillata, ∅ 8,1, H. 9,2 cm
c) Bilderschüssel, Terra Sigillata, ∅ 21,5, H. 12 cm
d) Spiralring mit Menschenköpfen, Silber, ∅ 2,2 cm
e) Scheibenfibel, Bronze mit Glaseinlage, ∅ 2,6 cm
f) As, Vespasianus (71 n. Chr.), Kupfer; Inv. 36/1991
g) Denar, Vespasianus (76 n. Chr.), Silber; Inv. 8/1992
h) Denar, Traianus (103–111 n. Chr.), Silber; Inv. 125/1991
i) Dupondius, Hadrianus (119–121 n. Chr.), Messing; Inv. 25/1991
j) As, Marcus Aurelius (145 n. Chr.), Kupfer; Inv. 1/1991
k) Denar, Septimius Severus (202–210 n. Chr.), Silber; Inv. 26/1991
l) Denar, Caracalla (215 n. Chr.), Silber; Inv. 11/1991
m) Folis, Constantinus I. (330 n. Chr.), Bronze, versilbert; Inv. 76/1991
n) Folis, Constantinus II. (333/35 n. Chr.), Bronze, versilbert; Inv. 130/1991
o) Centenionalis, Constans (347/48 n. Chr.), Bronze, versilbert; Inv. 58/1991
p) Keltischer Anhänger (Têtè coupèe), Bronze, 1. Jh. v. Chr., H. 3,9 cm
q) Formschüsselfragmente, Ton, L. 7,5/5,5/4,4 cm

Pocking, Kreisarchäologie Passau

Lit.: Walter Wandling, Bernward Ziegaus, Die römische Siedlung von Pocking und die Fundmünzen aus den Grabungen 1990–1992, in: Bayerische Vorgeschichtsblätter 58 (1993) S. 123–142.

1.1.2 b)

1.1.3
Vicus Pocking, 2./3. Jh. n. Chr.
Grabung Pocking 1990–1992
a) Schreibgriffel (*stilus*), Eisen,
   L. 12,5 cm
b) Schlangengefäß, Ton, H. 18 cm;
   München, Arch. StSlg.
c) Adlerfibel, Bronze, L. 3,3 cm
d) Spiralfibel, Bronze, L. 5,7 cm
e) Spiralfibel, Bronze, L. 4,9 cm
f) Schwertgürtelbeschlag (Balteus),
   Bronze, verzinnt, 6,7 × 6,5 cm
g) Löffel, Bronze, verzinnt, L. 8,3 cm
h) Spielsteine, Bein, ⌀ 1,7 bzw. 2 cm
i) Angelhaken, Bronze, L. 3,8 cm
j) Schale, Terra Nigra, ⌀ 19,5,
   H. 9 cm
k) Öllämpchen, Ton, L. 9,4 cm
l) Gussformfragment Thekenbeschlag,
   Schrift: [AQUIS HE(lveticis)
   GEMELLIA]**NVS F**(ecit), Ton,
   7,8 × 6,3 cm
Pocking, Kreisarchäologie Passau
W. W.

1.2. Von Quintanis nach Lauriacum – Der hl. Severin

1.2.1
Quintanis, 4./5. Jh.
Grabung Künzing 1977
a) Perlenkette, L. 29 cm; Grab 36
b) Perlenkette auf Drahtring,
   ⌀ 10,8 cm; Grab 47
c) Tierkopfarmring, Bronze, ⌀ 6,4 cm;
   Grab 1
d) Fingerring, Silber, ⌀ 2 cm; Grab 32
München, Archäologische Staatssammlung – Museum für Vor- und Frühgeschichte

1.2.2
Batavis, 4./5. Jh.
Grabung Passau-Altstadt 1985
a) Zwiebelknopffibel, Bronze, L. 7,9 cm
b) Lanzenspitze, Eisen, L. 15,4 cm
c) Pfeilspitze, Eisen, L. 6,3 cm
d) Solidus, Gold, Maxentius
   (306/07 n. Chr.), Kopie
e) Pferdchenfibel, Bronze, L. 4,1 cm
f) Nadel mit Axtzierkopf, Bein, L. 6 cm
g) Nadel mit menschl. Zierkopf, Bein,
   L. 9,4 cm
h) Spinnwirtel, Bein, ⌀ 4,1 cm
i) Kamm, Bein, L. 11,1 cm

Boiotro, 5. Jh.
Grabung Passau-Innstadt 1985
j) Teller „Horreum-Keramik", Ton,
   ⌀ 25,1 cm
k) Krug, Ton, H. 28,4 cm
München, Archäologische Staatssammlung – Museum für Vor- und Frühgeschichte

1.2.3
Lauriacum, 1. Drittel 5. Jh., (Kinder-)Grab 12
Grabung Enns-Lorch, Ziegelfeld 1953
a) Ring, Bronze, ⌀ 2,4 cm
b) Perlen (7), Glas
c) Fingerring mit VIVAS-Monogramm,
   Silber, ⌀ 1,8 cm
d) Dreieckkamm, Bein, L. 13,6 cm
e) Tutulusfibel, Bronze, H. 7,7 cm
f) Fläschchen, Glas, H. 7 cm
g) Schlüssel, Bronze, L. 5,4 cm
h) Ringscheibe, Bein, ⌀ 6,9 cm
i) Ringfragment, Bein
j) Römische Münze, für Cornelia
   Salonina (254–268 n. Chr.), Bronze
Linz, OÖLM

1.2.4
Ring mit Christogramm XP
Lauriacum, um 400 n. Chr.
Grabung Enns-Lorch, Ziegelfeld 1953
Bronze, ⌀ 2,3 cm; Grab 100
Linz, OÖLM
W. W.

1.3 Frühmittelalterliche Reihengräber an der Donau und am Inn

Für die Siedlungsgeschichte des Frühmittelalters gibt es eine überaus wichtige archäologische Geschichtsquelle: die Grabstätten. Glücklicherweise konnte in Straubing-Bajuwarenstraße das bis jetzt größte und älteste Reihengräberfeld Niederbayerns entdeckt und untersucht werden. Von 1980 bis 1983 wurden dort 819 Gräber aufgezeichnet. Hinzu kommen die großen bajuwarischen Friedhöfe von Pocking-Schlupfing mit 283 und Linz-Zizlau mit 156 Gräbern. In ihren Inventaren befinden sich Tausende wertvolle Beigaben, die einen wichtigen Beitrag zur Rekonstruktion jener, zumeist schriftlosen Gesellschaft ermöglichen.

Vereinzelt treten hier in Gräbern wohlhabender Individuen auch christliche Symbole auf.

Lit.: Hans Geisler, Das frühbairische Gräberfeld Straubing-Bajuwarenstraße I. Katalog der archäologischen Befunde und Funde, Rahden/Westf. 1998 – Hertha Ladenbauer-Orel, Linz-Zizlau. Das bairische Gräberfeld an der Traunmündung, Wien/München 1960.
W. W.

1.3.1
Reihengräberfeld, 5.–7. Jh., Keramik
Grabung Straubing, Bajuwarenstraße 1980–1983
a) Schüssel „Friedenhain-Prestoviče",
   Ton, H. 14 cm; Grab 35/1952
b) Becher, stempelverziert, Ton,
   H. 9,5 cm; Grab 488
c) Topf, stempelverziert, Ton,
   H. 17 cm; Grab 374
d) Knickwandtopf, stempelverziert, Ton,
   H. 9,6 cm; Grab 366
e) Knickwandtopf, stempelverziert, Ton,
   H. 11,5 cm; Grab 508
Straubing, Gäubodenmuseum

1.3.2
Reihengräberfeld, 6./7. Jh., Frauenbeigaben
Grabung Straubing, Bajuwarenstraße 1980–1983
a) Paar Ohrringe, Silber, ⌀ 4 cm;
   Grab 66
b) Paar Bügelfibeln, langobardisch,
   Silber, vergoldet, L. 8 cm; Grab 450
c) Paar Riemenzungen, Silber,
   vergoldet, L. 5,3 cm; Grab 450
d) Bügelfibel, thüringisch, Silber,
   vergoldet, L. 7 cm; Grab 477
e) Bügelfibel, langobardisch, Silber,
   vergoldet, L. 6,7 cm; Grab 800
f) Bügelfibel, alamannisch, Silber,
   vergoldet, L. 6,5 cm; Grab 800
g) Paar Bügelfibeln, Silber, vergoldet,
   L. 9,7 cm; Grab 786
h) Bügelfibel, Silber, vergoldet, L. 8,1 cm;
   Grab 449
i) S-Fibel, Silber, vergoldet, L. 2,9 cm;
   Grab 633
j) Scheibenfibel, Silber, vergoldet,
   ⌀ 2,6 cm; Grab 700
k) Vogelfibel, Silber, vergoldet, L. 2,8 cm;
   Grab 149
l) Perlenkette, z. T. Glas bzw. Bernstein,
   L. 90 cm; Grab 678

m) Perlenkette, z. T. Glas bzw. Bernstein, L. ca. 32 cm; Grab 631

n) Paar Ohrringe, Silber, vergoldet, ∅ 3,8 cm; Grab 266

o) Paar Ohrringe, Silber, vergoldet, ∅ 3 cm; Grab 238

p) Vogelkopfnadel, Silber, vergoldet, Granat, L. 14,9 cm; Grab 238

q) Klappladenkamm, Bein, L. 15 cm; Grab 267

Straubing, Gäubodenmuseum

1.3.3
Reihengräberfeld, 6./7. Jh., Männerbeigaben

Grabung Straubing, Bajuwarenstraße 1980–1983

a) Schnalle, Bronze/Glas, L. 5 cm; Grab 330

b) Schnalle, Eisen, B. 5,2 cm; Grab 357

c) Schnalle mit Beschlag, Eisen/Bronze, L. 9,2 cm; Grab 261

d) Schnalle, Bronze, verzinnt, L. 9,3 cm; Grab 710

e) Schildbuckel, Eisen/Bronze, ∅ 15,8 cm; Grab 272

f) Lanzenspitze, Eisen, L. 14,3 cm; Grab 272

g) Sax, Eisen, L. 45 cm; Grab 493

h) Spatha mit damaszierter Klinge, Eisen/Bronze, L. 89 cm; Grab 280

Straubing, Gäubodenmuseum

1.3.4
Reihengräberfeld, 6./7. Jh.

Grabung Pocking-Schlupfing

a) Scheibenfibel, Silber, vergoldet, Granat und Lapislazuli, ∅ 3,9 cm; Grab 161

b) 2 Bügelfibeln, Silber, vergoldet, L. 5,9 cm; Grab 18

c) 2 S-Fibeln, Silber, vergoldet, L. 2,7 cm; Grab 18

d) Ring mit 10 Perlen (Amulettgehänge); Grab 18

e) Spatha mit Silbertauschierung, Eisen, L. 93,5 cm; Grab 33

f) Gürtelgarnitur mit Silbertauschierung, Eisen, L. gesamt 25,6 cm; Grab 28

München, Archäologische Staatssammlung – Museum für Vor- und Frühgeschichte

1.3.5
Christliche und heidnische Beigaben, 7. Jh.

Grabung Linz-Zizlau 1941

a) Goldblattkreuz, 5,8 × 6,6 cm; Grab 97, Kopie

Linz, Nordico-Museum der Stadt

Grabung Pocking-Inzing 1901

b) Scheibenfibel mit christl. Darstellung, Bronze, vergoldet, ∅ 3,5 cm; Grab 309

München, Archäologische Staatssammlung – Museum für Vor- und Frühgeschichte

Oeppelhausen

c) Schnalle, Bronze, vergoldet, L. 5,5 cm

Braunau am Inn, Museumsverein, Inv. Nr. P 295

Sulzbach am Inn 1998

d) Klappladenkamm, Bein, L. 19,5 cm; Grab 18

Passau, Kreisarchäologie

1.3.6
Reihengräberfeld, 7. Jh.

Grabung Linz-Zizlau 1941

(Frauen-)Grab 83:

a) Armreif, Silber, 7,5 × 6,3 cm, Kopie

b) Quadratisches Pressblech, Bronze, 3 × 3 cm

c) Paar Ohrringe, Gold, 5 × 3,8 cm, Kopie

d) Perlenkette (43), Glas

e) Schnalle, Eisen, 2,5 × 2,7 cm

(Männer-)Grab 97:

f) Verschiedene Riemenzungen, Silber, 4 × L. 3,8/2 × 4,2/2 × 2,8 cm

g) Riemenzunge, Bronze, L. 9,4 cm

h) Schnalle, Bronze, L. 4,8 cm

i) Lanzenspitze, Eisen, L. 34,5 cm

j) Sax, Eisen, L. 31 cm

k) Messer, Eisen, L. 13 cm

l) Pfeilspitze, Eisen, L. 4 cm

Linz, Nordico-Museum der Stadt

W. W.

1.4 Herzog, Adel, Klöster

1.4.1
Beigaben christlicher Adeliger

Grabung Freilassing-Salzburghofen 1966

a) Schildbuckel mit Kreuzapplike, Eisen/Silber, ∅ 21 cm; Grab 42

b) Paar Ohrringe, Silber, L. 3/2,5 cm; Grab 117a

c) 2 Scheibenfibeln, Silber, vergoldet, ∅ 2,7/2,5 cm; Grab 117a

Grabung Freilassing-Hofham 1927

d) Goldblattkreuz, 4,5 × 4,3 cm; Grab 7

München, Archäologische Staatssammlung – Museum für Vor- und Frühgeschichte

1.4.2
Adelsgräber, Bestattungen, 7. Jh.

Grabung Straubing-St. Peter 1997

a) 2 Solidi, Heraclius/Constantinus (610–641 n. Chr.), Gold; Grab 2

b) Paar Armreife, Silber, ∅ 6,5/6,2 cm; Grab 3

c) Gürtelgarnitur, byzantinisch, Bronze; Grab 2

d) Paar Bommelohrringe, Gold, L. 3,4/3,5 cm; Grab 4

e) Gürtelschnalle, byzantinisch, Bronze, L. 6,2 cm; Grab 4

f) Schnalle, Bronze, L. 3,9 cm; Grab 4

g) Paar Riemenzungen, Silber, L. 3,5/3,3 cm; Grab 4

Straubing, Gäubodenmuseum

W. W.

1.4.3
Tassilo-Kelch

Salzburg (?), 768/69–788

Kopie, Kupfer, versilbert/vergoldet, H. 25,5 cm, ∅ 15,6 (Kuppa)

Stift Kremsmünster

Der Tassilo-Kelch gilt als der bedeutendste erhaltene Kelch aus dem frühen Mittelalter. Das Inschriftenband auf dem unteren Rand verweist auf den tapferen Herzog Tassilo (TASSILO DVX FORTIS) und die aus königlichem Geschlecht stammende Liutpirc (LIVTPIRC VIRGA REGALIS). Damit ist zugleich ein Hinweis auf die Entstehungszeit gegeben, die zwischen 768/69 (Hochzeit des Herzogs Tassilo III. mit der langobardischen Königstochter Liutpirc) und 788 (Sturz des

Herzogs) anzusetzen ist. Wenn der Kelch von Anfang an als Weihegabe für das von Tassilo errichtete Kloster Kremsmünster bestimmt war, käme auch die Zeit um 777, das Gründungsdatum des Klosters, in Frage. Ob das Gefäß als Hochzeitskelch gedacht war oder als Spendekelch gedient hat, ist nicht sicher entschieden. Aus den unterschiedlichen teils italischen, teils angelsächsischen Stilelementen ist auf den Hintergrund Salzburgs als Entstehungsort zu schließen. Auf der Kuppa sind in flechtbandgerahmten Medaillons Christus mit den griechischen Buchstaben Alpha und Omega und die vier Evangelisten mit ihren Symbolen dargestellt; von den vier gleichartigen Medaillons auf dem Fuß sind Maria und Johannes der Täufer durch lateinisch-griechische Kürzel eindeutig zu identifizieren.

Lit.: Hermann Fillitz, Schatzkunst. Die Goldschmiede- und Elfenbeinarbeiten aus österreichischen Schatzkammern des Hochmittelalters, Salzburg u. a., 1987, S. 59, Nr. 2.

E. B.

1.3.4 a)

1.4.2 d)

2. Adel im Mittelalter

Im Früh- und Hochmittelalter bildete der auf spätantik-römische und germanische Ursprünge zurückgehende Adel einen zwar abgestuften, aber doch festen Stand, der sich im Verhältnis zum Königtum durch Teilhabe an der Herrschaft auszeichnete. Das Erlöschen der großen Dynastengeschlechter in Bayern – der Formbacher, Bogener, Andechser, Falkensteiner, Wasserburger u. a. – im Laufe der 2. Hälfte des 12. und des 13. Jhs. führte zur Ausbildung einer neuen adeligen Oberschicht, deren bestimmendes Element die Ministerialen, ursprünglich unfreie Dienstmannen, darstellten. Das wittelsbachische Herzogtum hat die zunächst chaotische Entwicklung in geordnete Bahnen gelenkt. Nur wenige altadelige Familien wie etwa die Ortenburger, die eine reichsunmittelbare Herrschaft aufbauen konnten, behaupteten sich, waren aber für den sich konsolidie-renden Herzogsstaat nicht mehr gefähr-lich. Auch die um den Besitzbereich der Dynasten sich zumeist als deren Vasallen gruppierende Schicht der zunächst noch zahlreicheren kleineren edelfreien Herren schmolz im 13./14. Jh. zusammen. Aufstieg und Wachstum der Ministerialität hatten eine starke Differenzierung der Adelsschicht zur Folge. Zu Anfang des 14. Jhs. gliederte sie sich in die drei Gruppen der Grafen und Freien, der Ministerialen und der nach Rittern und Knechten geordneten Ritterbürtigen. In der frühen Neuzeit wuchsen neue bürgerliche Führungsschichten heran, die die Landesherren in die alten Führungsschichten zu integrieren suchten. Das geschah durch die dem Kaiser vorbehaltene Standeserhöhung (Zuteilung eines Wappens, privilegierter Gerichtsstand, Ausübung von Gerichtsbarkeit). Voraussetzung war dafür auch ein entsprechender Besitz, der dem Begünstigten ein ritterliches Leben ermöglichte. Jedoch hat sich der höhere Adel vom niederen z. B. durch die Turnierfähigkeit, d. h. die Zulassung zu den ritterlichen Spielen, abzukapseln versucht.

Lit.: Lexikon des Mittelalters I (1980) Sp. 118–128 (mit Literatur).

E. B.

2.1 Die Grafen von Formbach, Falkenstein und Ortenburg

2.1.1
Modell der Neuburg am Inn
Zustand um 1350
Entwurf: Büro für Burgenforschung Dr. Zeune, Ausführung: Amos Anschauungsmodellbau Jürgen Schillinger, München 2003
Maßstab 1 : 200, Grundplatte
180 × 180 cm

2.1.2

Im Zusammenhang mit der Umwandlung ihres Stammsitzes Vornbach in ein Kloster haben die Grafen von Formbach in der 2. Hälfte des 11. Jhs. ihren neuen Herrschaftssitz, die „neue Burg" (Niuwenburc), als Höhenburg über dem Inn angelegt. Nach dem Aussterben der Formbacher zeitweise im Besitz der Andechs-Meranier, wurde die Grafschaft Neuburg nach dem Erlöschen dieser Familie zum Zankapfel zwischen Bayern und Habsburg, bis sie seit 1283 bei Österreich verblieb und als Lehen an verschiedene Inhaber ausgegeben wurde. Ihre heutige Gestalt erhielt die Anlage mit Vorburg und Hauptburg ab 1310. Der wehrhafte Charakter wird deutlich in der besonderen Gestaltung der Vorburg mit hoher Ringmauer und vier mächtigen Vierecktürmen; sie war durch eine den breiten Halsgraben überquerende, in den ungewöhnlich stark befestigten Bergfried mündende Brücke mit der Hauptburg verbunden. In den folgenden Jahrhunderten weiter ausgebaut, wurde die Neuburg zu einer der imposantesten Burganlagen Bayerns.

E. B.

2.1.2
Vogelschau auf den Inn zwischen Falkenstein und Brannenburg
1685
Kolorierte Federzeichnung auf Papier, H. 33 cm, B. 44,5 cm
München, BayHStA, PLS 20945

Die Darstellung der Herrschaft Falkenstein durch den kurbayerischen Geometer Daniel Beich 1685 steht im Zusammenhang mit einem Streit zwischen dem derzeitigen Inhaber der Herrschaft Maximilian Franz Frhr. von Ruepp und einigen Jurisdiktionsuntertanen um bestimmte Baukosten zur Einrichtung von Hochwasserschutzbauten. Der Plan verdeutlicht die Lage der Burg Falkenstein (am linken Bildrand) als Höhenburg über dem Inn. Dahinter erhebt sich auf einem Bergkegel das Hauskloster Petersberg, St. Peter am Madron.

Lit.: Ausst.-Kat. Altbayerische Flußlandschaften an Donau, Lech, Isar und Inn. Handgezeichnete Karten des 16. bis 18. Jahrhunderts, Bayerisches Hauptstaatsarchiv München, Weißenhorn 1998, Nr. 113.

E. B.

2.1.3 (Ausschnitt)

2.1.3
Codex Falkensteinensis
Um 1166–1196
Pergament, mit farbigen Federzeichnungen, 40 Bll., H. 27,3 cm, B. 17,7 cm
Reproduktion (fol. 1v und 2r)
München, BayHStA, Weyarn KL 1

Die in der 1. Hälfte des 12. Jhs. errichtete Burg Falkenstein (südlich Rosenheim) war der Stammsitz einer bedeutenden bayerischen Grafenfamilie. Unter dem Grafen Siboto IV. († um 1200) wurde der Codex Falkensteinensis angelegt, ein Traditionsbuch (Besitz- und Lehensverzeichnis), das als einziges uns überliefertes Traditionsbuch einer weltlichen Herrschaft von einzigartiger Bedeutung für die Wirtschafts- und Rechtsgeschichte des hochmittelalterlichen Adels ist. Die mit zahlreichen Miniaturen ausgestattete Handschrift entstand wohl um 1166 im Stift Herrenchiemsee – vielleicht zur Besitz- und Herrschaftssicherung für die Söhne des Grafen anlässlich seines Aufbruchs zum Italienzug Friedrich Barbarossas – und wurde bis 1196 weitergeführt. 1260 erlosch die Familie im Mannesstamme.

Lit.: Codex Falkensteinensis. Die Rechtsaufzeichnungen der Grafen von Falkenstein, bearb. v. Elisabeth Noichl, München 1978 – Lexikon des Mittelalters 2 (1983) Sp. 2204.

E. B.

2.1.4
Urkunde des Gebhard von Ortenburg
1268
Orig.-Pergament, mit ältestem erhaltenen Ortenburger Siegel, H. 8,5 cm, B. 13,7 cm, Siegel 5 × 4,5 cm
Graf zu Ortenburg, Tambach, Sign. T 29

Vor seiner Abreise in fremde Länder überträgt Gebhard von Ortenburg seinem Bruder Diepold die volle Verfügungsgewalt über seine Güter während seiner Abwesenheit.

Lit.: Archiv der Grafen zu Ortenburg. Urkunden, bearb. v. Friedrich Hausmann, Neustadt a. d. Aisch 1984, Nr. 60.

E. B.

2.1.5
Richtschwert der Herrschaft Aholming
15./16. Jh.
Stahl, L. 109 cm (Klinge 87,9 cm), B. Parierstange 21,5 cm, B. Klinge 5,5 cm
Schloss Moos, S. H. Dipl. Ing. Riprand Graf von und zu Arco Zinneberg

Die vom bayerischen Herzog an die später in den Grafenstand aufgestiegenen Herren von Nothaft verliehene Herrschaft Aholming (Lkr. Deggendorf) besaß seit 1419 die Hochgerichtsbarkeit (Halsgericht, Stock und Galgen) und kam damit den reichsunmittelbaren Grafen von Ortenburg sowie den Grafen von Neuburg gleich. Das Richtschwert ist Kennzeichen der Blutgerichtsbarkeit, die für Mord, Totschlag, Brandschatzung, Notzucht und schweren Raub galt. Das Aholminger Richtschwert mit eingeätzter Radmarke und charakteristisch ovalem Abschluss der Klinge ist mit Ornamenten verziert.

Lit.: Klaus Rose, Deggendorf, (Hist. Atlas von Bayern, Altbayern Reihe 1, Heft 27) München 1971, S. 144–154 – Ausst.-Kat. Ritterburg und Fürstenschloß, Oberhausmuseum Passau, Bd. 1, Passau 1998, S. 22.

E. B.

2.2 Edelfreie und Dienstmannen – Herrensitze im Inn-Donau-Raum

Der Burgstall von Untergriesbach liegt gleich südlich vom Hauptort, auf einem kleinen bewaldeten Bergsporn über dem Griesenbachtal. Hier stand vom 11. bis etwa Mitte des 13. Jhs. die mutmaßliche Burg Griesbach. In den Jahren 1995/96 gelang der Kreisarchäologie Passau, Teile der Kernburg mit Umwehrung und Innenbebauung zu dokumentieren. Eine weitere Untersuchung erfolgte auf dem Schlossberg bei Windorf, wo vermutlich die Überreste der einst mächtigen Burg Windberg entdeckt wurden. Ferner konnten 2003 erste archäologische Erkenntnisse in der ehemaligen Burg Hirschstein bei Fürstenzell gewonnen werden. Auslöser dieser Ausgrabung war der überraschende Fund von Fragmenten einer einmaligen Eisenrüstung aus dem 14. Jh. Etwa zeitgleich mit diesen Anlagen ist auch die Ratzlburg bei Braunau einzuordnen. Dort wurden von 1992 bis 1998 von einem Grabungsteam des Oberösterreichischen Landesmuseums die Fundamente eines massiven achteckigen Wohnturmes untersucht.

Lit.: Walter Wandling, Die Geschichte des Burgstalls von Untergriesbach aus archäologischer Sicht, in: Ausst.-Kat. Ritterburg und Fürstenschloß, Bd. 1, Passau 1998, S. 287–292 – Wolfgang Klimesch, Die „Ratzlburg" – ein Bodendenkmal der Stauferzeit, in: Worauf wir stehen, Austellungsprojekt, Linz 2003, S. 197–198.

W. W.

2.2.1
Burg Griesbach, 12.–13. Jh.
Grabung Untergriesbach 1995–1996
a) Kamm mit Kreisaugenverzierung, Bein, hellbraun, 2,9 × 2,5 cm

b) Kamm mit Kreisaugenverzierung, Bein, dunkelbraun, 3,1 × 2,75 cm
c) Zaumzeugbeschlag mit Drachengestalt, Bronze, L. 7,9 cm
d) 5 Schlüssel, Eisen, L. 10,5/11,8/ 12,4/14,1/16,3 cm
e) Schere, Eisen, L. 10,6 cm
f) Beschlag mit vergoldeter Verzierung, Bronze, erh. L. 5,6 cm
g) Gürtelschnalle mit Eisendorn, Bronze/Eisen, B. 3,7 cm
h) Gürtelschnalle mit Beschlagsrest, Bronze, B. 3,35 cm
i) 4 Passauer Pfennige, Ulrich II. bzw. Gebhard von Pleyen (1215–1232), Silber
j) Ungarische Münze mit pseudokufischer Schrift, Bela III. (1172–1196), Bronze, ∅ 2,2 cm

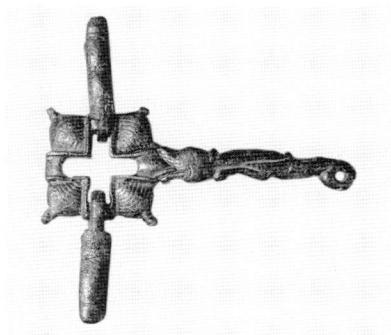

2.2.1 c)

Burg, 12.–14. Jh.
Grabung Windorf-Schloßberg 2001
k) Inhalt einer Geldbörse: 62 Pfennige, Silber
Passau, Kreisarchäologie

2.2.2
Burg Hirschstein, 14. Jh.
Grabung Fürstenzell-Irsham
a) Brustpanzerfragment und Rüstungsteile, Eisen, Brustpanzer ca. 30 × 20 cm
b) Dolch, Eisen, L. 31 cm
c) 70 Armbrustbolzen, Eisen
d) Schwerer Wurfbolzen, Eisen, L. 14,3 cm
e) Lanzenspitze, Eisen, L. 13,3 cm
f) Reitersporn, Eisen, L. 14 cm
Fürstenzell, Michael Zimmermann

2.2.3
Ratzelburg, 12.–14. Jh.
Grabung Überackern-Oberrothenbuch 1992–1998
a) 3 Randscherben mit Verzierung, Ton, ∅ 32/16/15 cm
b) Gürtelschnalle, Eisen, 4,8 × 4,9 cm
c) Hufeisenfragment, erh. H. 9,9 cm
d) Schlüssel, Eisen, L. 13 cm
e) Schlüssel, Eisen, L. 6,2 cm
f) Beschlag, Drachengestalt, Bronze, vergoldet, L. 11 cm
g) Spinnwirtel, Ton, ∅ 4,3 cm
h) 3 Würfel, Bein, max. ∅ 0,8/0,8/ 0,9 cm
i) Reitersporn, Eisen, L. 11,5 cm
Linz, OÖ LM

W. W.

2.2.4
Votivtafel des Bernhard von Seyboltsdorf
1499
Malerei auf Holz, H. 82 cm, B. 65,5 cm
Schärding, Heimathaus

Die Votivtafel, die zu den seltenen Innenansichten einer Burg gehört, stellt den Schärdinger Burghof mit Ringmauer, Wohnbauten, Burgbrunnen und dem Bergfried mit Hocheinstieg, Holztreppe und einem Marienbild dar. Der Anlass für die Stiftung dieser Tafel war die Errettung eines Kindes aus der Familie des Bernhard von Seyboltsdorf, das in den Brunnen des Burghofs gefallen war. Die Familie Bernhards, der auf der Tafel als Stifter im Vordergrund erscheint, hatte ihren Stammsitz Seyboltsdorf bei Vilsbiburg. Er war Pfleger des bayerischen Herzogs auf der Burg Schärding und ist wohl identisch mit dem in der Landshuter Hofordnung genannten Bernhard, der 1514 zu den Räten Herzog Ludwigs X. von Niederbayern gehörte.

Lit.: Ausst.-Kat. Gotik Schätze Oberösterreich, Oberösterreichisches Landesmuseum Linz, Wien 2002, S. 250 – Die Landshuter Stadtresidenz. Architektur und Ausstattung, hrsg. v. Iris Lauterbach, München 1998, S. 18 f.

E. B. / K. P.

2.2.4

2.3 Ritterliches Leben und höfische Kultur

Der königliche Hof war nicht nur Mittelpunkt von Verwaltung und Politik, sondern auch Zentrum des gesellschaftlichen und kulturellen Lebens und wirkte so als Vorbild für die im Zuge der Territorialisierung entstehenden Fürstenhöfe. Kennzeichen der Hofgesellschaft waren entsprechende Umgangsformen, Tischsitten und Kleidung, die bei den Höhepunkten gesellschaftlichen Lebens, den an hohen Kirchenfesten, bei Reichsversammlungen und anlässlich familiärer Ereignisse des Herrscherhauses abgehaltenen Hoffesten, mit großer Prunkentfaltung zur Schau gestellt wurden. Dabei dienten die höfische Dichtung, volkssprachige Dichtung in der Form der Min-

nelyrik und der höfischen Epik, ebenso wie die Turniere der Unterhaltung. Sie waren Ausdruck eines laikalen Selbstverständnisses und zugleich Mittel der Erziehung zu einem ritterlichen Dasein, das unter den Postulaten des Strebens nach Ruhm in der Welt und nach Gnade vor Gott stand und vom Ritter nicht nur mutiges Handeln, sondern auch feines Benehmen und Eleganz im Auftreten verlangte.

E. B.

2.3.1

Fragment eines Reiterstandbildes des Mauerkirchener Ritters: Topfhelm

Regensburg (?), um 1300
Stuck mit Fassungsresten, H. 27 cm
Braunau am Inn, Museumsverein,
Inv. Nr. SG 2

Der Topfhelm ist das einzig erhaltene Fragment von zwei lebensgroßen Reiterstandbildern, die beim Brand der Pfarrkirche von Mauerkirchen 1865 zerstört wurden. Die beiden Statuen sind wohl um 1300 entstanden und stellten ein bedeutendes Dokument höfischer Kultur dar. Ihr ursprüngliches Aussehen ist noch fassbar, z. B. in Wandmalereien der Kirche von Pyrawang (Innviertel), im Turnierbuch des Ludwig von Eyb (1519, BayStB, Cgm 961) sowie einem Wappenbuch aus Fugger'schem Besitz (um 1550, BayStB, Cgm 931). Nach deren erläuternden Texten werden die Standbilder entgegen ihrer tatsächlichen Entstehungszeit in den Zusammenhang der Ungarnkriege des 10. Jhs. zurückprojiziert und sollen aus Dank für den Sieg eines Königs Heinrich angefertigt worden sein.

Lit.: Ausst.-Kat. Bayern – Ungarn. Tausend Jahre, Bayerische Landesausstellung 2001 im Oberhausmuseum Passau, Augsburg 2001, S. 93–96 – Ausst.-Kat. Gotik Schätze 2002 (wie Kat. Nr. 2.2.4), S. 250.

E. B.

2.3.2.
Turnierbuch des Herzogs Wilhelm IV. von Bayern (1493–1550)

Wappenmeister Hans Schenck, Maler Hans Ostendorfer, 1541
Reproduktion (S. 4 u. 5),
H. 24 cm, B. 27,5 cm
München, BayStB, Cgm 2800

Das Turnierbuch verzeichnet mit der Beigabe von 16 doppelseitigen Miniaturen alle Turniere, an denen Herzog Wilhelm teilgenommen hat. Die gezeigte Tafel stellt eines seiner drei mit dem Grafen Christoph von Ortenburg durchgeführten Treffen, hier das vom 21. Januar 1510, dar. Der Herzog wird mit seinem bayerisch-pfälzischen Wappen und dem Wahlspruch „ich wardt der Zeit", der Graf mit dem Ortenburger Wappen und seinem Wahlspruch „Kein Zeit ân verlangen" abgebildet.

Lit.: Georg Leidinger, Turnierbuch Herzog Wilhelms IV. von Bayern, (Miniaturen aus Handschriften der Kgl. Hof- und Staatsbibliothek in München 3) München 1913.

E. B.

2.3.3
Medaille auf Graf Sebastian II.
von Ortenburg

Ludwig Neufahrer (?), 1530/35
Avers: Graf Sebastian, Umschrift
„SEBASTIAN GRAVE ZV ORTEMBERG"
Revers: Maria mit Kind und
hl. Sebastian, Umschrift „HILF DV
ALLERHEILIGISTE MVETER GOTTES"
Gold, 128,79 g, Ø 58,4 mm
Graf zu Ortenburg, Tambach

Die Medaille zeigt in Halbfigur laut Umschrift Graf Sebastian von Ortenburg, der
eine Rüstung trägt und in seiner rechten
Hand eine Lanze hält. Die Muttergottes
und der Namenspatron des Grafen, der
hl. Sebastian, auf der Rückseite verweisen auf den erbetenen Schutz der Muttergottes. Der Dargestellte ist wohl als Sebastian II. († 1559) und nicht als dessen
Vater Sebastian I. (1434–1490) zu identifizieren, wofür die Gewandung und die
Tatsache, dass Bildnismedaillen erst im
16. Jh. nördlich der Alpen Verbreitung
fanden, spricht. Sebastian II. verzichtete
1551 wegen körperlicher Gebrechen zugunsten seines Neffen Joachim auf die
Herrschaft in Ortenburg.

Lit.: Georg Habich, Die deutschen Schaumünzen des XVI. Jahrhunderts, Bd. I, 2, München
1931, S. 182, Nr. 1312 – Markus Lorenz, Graf
Sebastian I. von Ortenburg und der „Schwanenritterorden", in: Ortenburger Geschichtsblätter 1 (1997) S. 7 (Abb.).

K. P.

2.3.4
Stamm- und Wappenbuch der Ahamer,
Bd. I

Verf. Pater Adrianus von Aham, 1675
Handschrift, Latein, Papier u.
Pergament, 259 Bll., H. 30,5 cm,
B. 21 cm
Augustiner-Chorherrenstift Reichersberg,
Stiftsarchiv

Die Turnierszene im Stammbuch der
Adelsfamilie Aham von 1675 illustriert
ein Verzeichnis der Familienmitglieder,
die im Mittelalter Teilnehmer eines Turniers waren. Turnierhelm und das Wappen der Aham, der rote Leopard, zieren
den linken Reiter.
Das Turnier war im Mittelalter ein Vorrecht des Adels und mit seinem Zeremoniell und seinen Regeln Teil der höfischen Kultur und Selbstdarstellung. Ein
wichtiges Element war die Helmschau,

2.3.3

die Präsentation der Helme und Wappenschilde, zur Feststellung der Turnierfähigkeit der Teilnehmer, bevor diese in einem
Zweikampf mit einer Lanze gegeneinander anritten.

Lit.: Peter Fußl, Die Stammbücher der Ahamer, in: Buntschuh 2 (1999) S. 37–49.

K. P.

2.3.5
Schaller

Italien, um 1430
Stahl, Reste von Bemalung, H. 27,5 cm,
B. 19 cm, T. 24 cm
Ingolstadt, Bayerisches Armeemuseum,
Inv. Nr. A 5602

Zweiteilig geschlagene Helmglocke, leichter Kamm, in Augenhöhe fehlende Stellen, Nackenschutz, Futternieten, Reste
von roter Bemalung, ergänzt restauriert.
Der Schaller ist eine gotische Helmform,
dieses Stück gehört zu dem ältesten
Typus.

G. R. v. K.

2.3.6
Kettenhemd

Deutschland, 15. Jh.
Stahl, H. 80 cm, B. 40 cm
Ingolstadt, Bayerisches Armeemuseum,
Inv. Nr. A 1022

Langärmelig, Kragenausschnitt zuknöpfbar, Zacken am unteren Rand, Stahlringe
geschmiedet.
Der Ursprung des Kettenpanzers ist keltisch, er fand auch in der römischen
Armee Verwendung. Der Kettenpanzer
findet im westeuropäischen Schutzwaffensystem während der Kreuzzüge im
12. Jh. Eingang, als die Kreuzfahrer Bekanntschaft mit dem Ringelpanzer ihrer
orientalischen Gegner machten. Diese
neue Art der Schutzwaffe löst den früheren Schuppenpanzer ab. In der Kreuzzugszeit war der Kettenpanzer die einzige

2.3.4

übliche Art ritterlicher Rüstung. Von den Kettenpanzerharnischen, die bis zum Ende des 14. Jhs. in Gebrauch waren, ist fast nichts erhalten. Im 15. Jh. diente er nur zur Ergänzung des vollständigen Plattenpanzers oder auch als Körperschutz der aufkommenden Infanterie. Das Geflecht, kleine Eisenringe, war genietet, geschmiedet oder nur zusammengebogen. Mit der Herstellung waren die so genannten „Sarwirker" beschäftigt.

G. R. v. K.

2.3.7
Schwert
Süddeutschland, 15. Jh.
Stahl, Holz, Messing, Gesamtlänge 70,2 cm, Klingenlänge 56 cm, Klingenbreite 4,1 cm
Ingolstadt, Bayerisches Armeemuseum, Inv. Nr. A 9247

Volle Klinge mit flachem Rücken, einschneidig, Ende abgebrochen, kurze Parierstange, rund, zum Ende verdickt mit geradem Abschluss, an einer Seite am Mitteleisen senkrecht stehender flacher Knopf. Die Angel in Breite des Griffes, mit flachen Griffschalen aus Holz, mit einfachem gravierten Ornament belegt, von drei durchgehenden Messingröhrchen gehalten, Teile ausgebrochen, achteckiger gerader Stahlknauf im Umriss des Griffes.

G. R. v. K.

2.3.8
Dolch (Schweizer Dolchtyp)
Deutschland, 2. Hälfte 15. Jh.
Stahl, L. 33 cm, B. 9 cm
Ingolstadt, Bayerisches Armeemuseum, Inv. Nr. A 9214

Der Dolch ist eine kurze Blankwaffe (Griffwaffe) mit kurzer, im europäischen Bereich gerader, meist zweischneidiger Stoßklinge und mit geradem symmetrischen Griff.
Gratklinge, zweischneidig, gerade symmetrisch, Mittelspitze, auf jeder Seite Schmiedemarke. Nach oben gebogene Parierstange, Holzgriff mit eingebrannten Marken, nach unten gebogener Knauf.

G. R. v. K.

2.3.9
Kurzhalsiger Radsporn
Deutschland, Bodenfund, Anfang 14. Jh.
Eisen, L. 14 cm
Ingolstadt, Bayerisches Armeemuseum, Inv. Nr. A 7356

Der Spornhals (Radhalter) ist genauso lang wie der einstige Stachelhals, und die Stellung ist wie bei den Stachelsporen des 12. und 13. Jhs. abwärts geneigt. Der Bügel ist geschweift und hat einfache Ringendungen. Das Rad hat zwölf Zacken, die nach außen zugespitzt sind.

Lit.: Ausst.-Kat. Aus dem adeligen Leben im Spätmittelalter, Haus der Bayerischen Geschichte, München 1986, S. 103.

G. R. v. K.

2.3.10
Radsporn
Deutschland, 15. Jh.
Eisen, L. 15 cm
Ingolstadt, Bayerisches Armeemuseum, Inv. Nr. A 7794

Der Spornhals (Radhalter) ist länger und steiler nach unten gebogen, das Rad ist kleiner, schärfer und spitzer als im 14. Jh. Das Rad hat hier acht Zacken. Der Bügel ist leicht gebogen, mit vertikalen Einkerbungen geziert, an beiden Enden waagerechte viereckige Ösen, eine mit Schnalle versehen.

Lit.: Ausst.-Kat. Aus dem adeligen Leben im Spätmittelalter, 1986, S. 103.

G. R. v. K.

2.3.11
Schwert
Deutschland, um 1480
Stahl, Leder, Gesamtlänge 112,5 cm, Klingenlänge 86 cm, Parierstange 39,5 cm
Ingolstadt, Bayerisches Armeemuseum, Inv. Nr. A 354

Die primäre Art der Hieb- und Stichwaffen ist das Schwert. Es wurde auf den europäischen Kampffeldern am längsten gebraucht. Deshalb erwarb es sich große Achtung und ist von zahlreichen Sagen umwoben. Diese Waffe hat eine breite gerade und an beiden Seiten geschliffene Klinge, deren Spitze in der Längsachse der Klinge liegt. Seine größte Verbreitung erfuhr diese Waffe im Mittelalter, wo die Ritter die führende Rolle auf dem Schlachtfeld hatten.

Gerade zweischneidige Klinge, beidseitige Kehlung, gerade Parierstange mit abgeflachten Kugelenden, Parierring, lederbezogener Griff, abgeflachter Kugelknauf, flaches Vernietknäufchen.

G. R. v. K.

2.3.12
Halbharnisch
Deutschland, um 1510
Stahl, H. 102 cm, B. 75 cm
Passau, Oberhausmuseum, Inv. Nr. 95

Geschlossener Helm: zweiteilig geschlagen, Mittelkamm, aufschlächtig, Blasebalgvisier auf- und abklappbar, Visiersperre, Kragen. Brust: Mittelgrat, aufgetriebener Kielbogen, gebörtelter Oberrand, bewegliche Armeinsätze gebörtelt, angeschraubte Rüsthaken. Armzeug: Oberarmzeug, Armkacheln, Unterarmzeug, Hentzen (Eisenfäustlinge). Rücken, Gesäßreifen, Gürtelreifen, dreimal geschobene Bauchreifen, letzter mit Schamausschnitt, viermal geschobene bewegliche Beintaschen, Ränder gebörtelt.

G. R. v. K.

2.3.13
Schild (Tartsche oder Pavese)
Deutschland, Anfang 15. Jh.
Holz, Leinen, Eisen, H. 104 cm, B. 46 cm
Straubing, Gäubodenmuseum, Inv. Nr. 52391

Die italienische Bezeichnung „Pavese" bedeutet nicht eine ursprüngliche Herleitung aus der Stadt Pavia. Sie stammt vielmehr aus dem altgriechischen Wort „Pavetzeon", das im Mittelalter benutzte Latein nannte sie „Pavisorius", beide Worte bedeuteten eine Art Verteidigungswaffe. Die Pavesen wurden hauptsächlich mit Wappen oder Heiligenbildern bemalt, auch mit beidem, oder mit Ornamenten. Sie kamen Anfang des 15. Jhs. in der Zeit der Hussitenkriege auf. Wegen des häufigen Gebrauchs mussten die Oberflächen der Pavesen häufig ausgebessert und bemalt werden.
Gewölbter Holzkorpus in rechteckiger Form, leicht gerundete nach unten parallele Seiten und abgerundete Ecken. Durchgehende wulstförmige Mittelrippe, die Vorderseite mit grober Sackleinwand bezogen und auf Kreidegrund mit Ornamenten farbig bemalt, am unteren Rand

zwei gemalte Wappenkartuschen mit Kreuz halb sichtbar. An der Rückseite rot eingefärbt, nur eine Eisenöse für den nicht mehr vorhandenen Trageriemen erhalten. In allen Teilen erhaltene Handtartsche, die alte Farbfassung teilweise betrieben und bestoßen, an einigen Randstellen durch Absplitterung des Kreidegrundes verloren.

G. R. v. K.

2.3.14
Bidenhänder
Passau, um 1590
Stahl, Holz, Wolle, Gesamtlänge 165 cm, Parierstangenlänge 50 cm
Passau, Oberhausmuseum, Inv. Nr. 88

Bidenhänder, auch Beihänder, Bihänder, Schlachtschwert. Entwickelte sich aus dem Anderthalbhänder durch Gefäßverlängerung im 14. Jh. Während der Landsknechtszeit Angriffswaffe des so genannten verlorenen Haufens, auch zur Bewaffnung der Fahnenrotte. Auf dem Marsch geschultert getragen, selten mit Scheide. Im 17. Jh. nur noch von symbolischer Bedeutung als Zeremonial- und Trabantenwaffe ohne praktischen Wert. Flamberg, auch Flammberg, Flammberger ist eine geflammte, wellenförmig geschmiedete oder auf andere Weise solchermaßen gestaltete Klinge insbesondere für Bidenhänder. Leitet sich her von Flohberge (= ruhmreiche Beschützerin), dem Namen des Schwertes des Haimonsohnes Renaud (karoling. Sagenkreis), wird durch Beeinflussung von franz. Glambe (= Flamme) zu flamberge, gelangt Ende des 16. Jhs. ins Deutsche und wird als Flamberg speziell auf den Bidenhänder mit geflammter Klinge übertragen.
Geflammte Klinge mit Mittelspitze, Passauer Meistermarke, zwei Parierhaken. Gefäß nach unten gebogene Parierstange, zwei nach unten gebogene Parierbügel, Parierringe, Holzgriff mit Stoff überzogen, mit Fransen verziert, birnenförmiger oder kugelförmiger Knauf, Vernietknäufchen.

Lit.: Ausst. Kat. Ritterburg und Fürstenschloß 1998 (wie Kat. Nr. 2.1.5), S. 109.

G. R. v. K.

2.3.15
Nibelungenlied und die Klage
Handschrift C der F. F. Hofbibliothek Donaueschingen (seit 2001 in der Badischen Landesbibliothek Karlsruhe), Faksimile-Ausgabe Suttgart 1968
Passau, Staatliche Bibliothek, Sign. Yg 97

Die von Karl Lachmann mit der Sigle C bezeichnete Handschrift gehört neben der Münchner Handschrift A und der Sankt Gallener Handschrift B zu den drei wichtigsten Textzeugnissen für das Nibelungenlied und die Klage. Auf Grund der Schrift und des Gesamtbildes der Handschrift datiert man ihre Entstehung heute in das zweite Viertel des 13. Jhs. Die sprachliche Gestalt deutet auf eine Entstehung im alemannisch-bairischen Alpenraum hin. Die Geschichte dieser wichtigen und fast kompletten Textbearbeitung des Nibelungenliedes ist zum ersten Mal 1755 fassbar, als sie der Lindauer Arzt Jacob Hermann Obereit in der Bibliothek der Grafen von Hohenems entdeckt. 1815 taucht die Handschrift in Wien auf, wo sie der begeisterte Mittelalterforscher Joseph Frhr. von Laßberg erwirbt. Sein prächtiges Wappen ziert heute die erste Seite der Handschrift. 1855 gelangt der Codex in die Fürstlich Fürstenbergische Hofbibliothek in Donaueschingen, 2001 erwirbt Baden Württemberg die Handschrift und deponiert sie in der Badischen Landesbibliothek Karlsruhe.

Lit.: Ausst.-Kat. Das Nibelungenlied und seine Welt, Badisches Landesmuseum Karlsruhe, Darmstadt 2003, S. 13–14.

J. K.

2.3.16
Codex Manesse
Die große Heidelberger Liederhandschrift, Faksimile-Ausgabe, Frankfurt am Main 1979 (fol. 179v aufgeschlagen)
Passau, Staatliche Bibliothek, Sign. a Yg 357-1

Der Codex Manesse ist eine Liederhandschrift, entstanden wohl in Zürich bald nach 1300, die nach der als Sammler von Lieddichtung in Erscheinung tretenden Zürcher Patrizierfamilie der Manesse benannt ist. Sie ist gegliedert nach dem Autorenprinzip; jedem Liedkorpus ist eine ganzseitige Miniatur, oft mit (erfundenem) Wappen und Helmzier des Sängers oder thematisch durch Liedpassagen

inspiriert, vorangestellt. Die Handschrift stellt ein herausragendes Beispiel profaner Buchmalerei der Zeit dar, wie die gezeigte Darstellung des als „Der von Johansdorf" bezeichneten Sängers verdeutlicht.
Die Johansdorfer mit dem Stammsitz in Jahrstorf an der Vils waren Ministerialen des Passauer Bischofs. Nach den urkundlichen Belegen zwischen 1146 und 1255 kämen als Minnesänger drei Träger dieses Namens in Frage, am ehesten aber wohl der als Ministeriale des Bischofs Wolfger von Erla 1200–1204 belegte Albrecht. Er repräsentiert also den in der höfischen Gesellschaft als Gelegenheitsdichter auftretenden Ritter.

Lit.: Silvia Ranawake, Albrecht von Johansdorf, ein Wegbereiter Walthers von der Vogelweide?, in: Boshof, Egon/Knapp, Fritz Peter (Hrsg.): Wolfger von Erla, Heidelberg 1994, S. 249–280.

E. B.

2.4 Gedenken und Seelenheil – Die Klostergründungen der Grafen von Formbach

2.4.1
Traditionsbuch aus Vornbach
Vornbach, 12. Jh.
Codex, Pergament, 69 Bll., H. 27,5 cm, B. 19,5 cm; Reproduktion
München, BayHStA, Vornbach KL 1

Das Traditionsbuch ist als Aufzeichnung des klösterlichen Grundbesitzes um 1150 entstanden und hat zugleich die Funktion, das Andenken der Gründerfamilie, der Formbacher, zu bewahren und auf die Anfänge der monastischen Gemeinschaft zu verweisen. Daher enthält es ein Bild der Gründer im Angesicht des Gottessohnes und der ersten drei Äbte in Verehrung der Gottesmutter. Darüber hinaus zeigen zwei Miniaturen den Kaiser Lothar III. und den Papst Innozenz II. mit den von ihnen ausgestellten Privilegien, um zu dokumentieren, dass das Kloster dem Schutz der beiden höchsten christlichen Gewalten unterstellt war.

Lit.: Eva Chrambach, Die Traditionen des Klosters Formbach, Diss. München 1983, Altendorf 1987 – Christine Sauer, Fundatio und Memoria. Stifter- und Klostergründungen im Bild 1100 bis 1350, Göttingen 1993.

E. B.

2.4.2

Schutzurkunde des Kaisers Lothar III. für das Kloster Vornbach

Merseburg, 1136 Mai 14
Angebl. Orig.-Pergament, Siegel fehlt,
H. 57,5 cm, B. 50 cm
München, BayHStA, Vornbach KU 4

Kaiser Lothar III. nimmt um seines und seiner Gemahlin Richenza Seelenheil willen die von seinen Verwandten gestiftete Abtei Vornbach in seinen Schutz und bestätigt die von den Stiftern, den Grafen Ekbert und Ulrich, getroffenen Verfügungen, u. a. die Ergebung in den päpstlichen Schutz, die freie Wahl des Abtes und des Vogtes aus der Stifterfamilie sowie den Besitzstand. Mit Zeugen und Monogramm, das sich aus den Buchstaben von Namen und Titel des Kaisers zusammensetzt. Das Diplom ist Ende des 12. Jhs. durch die Interpolation der Verleihung von Markt- und Münzrecht in Neunkirchen verfälscht worden.

Ed. Monumenta Germaniae Historica VIII: Die Urkunden Lothars III. und der Kaiserin Richenza (1927) S. 128, Nr. 83 – J.F. Böhmer/ W. Petke, Regesta Imperii IV 1: Die Regesten des Kaiserreichs unter Lothar III. und Konrad III., 1. Teil, 1994, S. 305, Nr. +480 (mit Literatur).

E. B.

2.4.3

Grabstein der Stifterin Tuta von Formbach

Um 1425
Abguss, Original aus Rotmarmor in der Pfarrkirche Suben, H. 230 cm, B. 118 cm
Augustiner-Chorherrenstift Reichersberg

Tuta von Formbach, wohl gegen Ende des 11. Jhs. verstorben, erhielt als Stifterin von Suben ihre Grabstätte in der Klosterkirche. Zu ihrem Gedenken errichtete Propst Matthäus Meermoser um 1425 einen neuen Grabstein vielleicht für ein Hochgrab. Die Umschrift „Hye leyt die hochgeporen chünichleychis geschlechtes czu ungern genat Tuta stifterin decz gegenwertigen gotshaus hie czu Suben gestorben MCXXXVI Kls Maÿ" (mit falschem Sterbedatum) verweist wie Krone und Zepter auf ihren ungarischen Königstitel. Zu ihren Füßen das Subener Stiftswappen (sechs Lilien).

Lit.: Ausst.-Kat. 900 Jahre Stift Reichersberg, Ausstellung des Landes Oberösterreich, Linz 1984, S. 329, Nr. 5.03 (mit älterer Literatur).

K. P.

3. Klöster im Mittelalter

Das abendländische Mönchtum wurde wesentlich geprägt durch Benedikt von Nursia, der im Jahre 529 das Kloster Montecassino gründete. Im Zuge der Kirchenreform des 11. Jhs. blühten die benediktinischen Reformorden, vor allem Zisterzienser und Kartäuser auf. Die Kanoniker gehören dem Säkularklerus an; sie führten ein gemeinsames Leben an Kathedral- und Stiftskirchen. Auch sie schlossen sich im 11 Jh. der Reformbewegung an; die meisten dieser Gemeinschaften übernahmen die von Augustinus, Bischof von Hippo († 430), für seinen Kathedralklerus erlassene Regel. Sie werden als Regularkanoniker bezeichnet; zu ihnen gehören Augustinerchorherren und Prämonstratenser. Ihre Bedeutung für die Diözesanbischöfe lag vor allem in der Seelsorge und der Einbeziehung in die Administration des Bistums. Die monastische und kanonikale Reformbewegung des 11. Jhs. hatte in der Region am Inn die Gründung und das Aufblühen zahlreicher Klöster zur Folge, die das wirtschaftliche und kulturelle Leben entscheidend geprägt haben. Als Benediktinerabteien entstanden Vornbach und Asbach. Dem Zisterzienserorden gehörten Aldersbach, Fürstenzell und Raitenhaslach an. Als Kanonikerstifte wurden St. Nikola, Suben, Reichersberg und Ranshofen gegründet bzw. geformt.

E. B.

3.1 Fundatio

3.1.1

Daz puech der Grebnuzz zw Raittenhaslach

Raitenhaslach, 1448 mit Nachträgen
Codex, Papier, 42 Bll. (fol. 15v und 16r aufgeschlagen), H. 29 cm, B. 22 cm
München, BayStB, Cgm 1823
(Ausstellungszeitraum 23.4.–2.8.)

Das unter Abt Leonhard Schellenstein um 1448 angelegte Begräbnisbuch dient zunächst dem Totengedenken für die Wohltäter und Freunde des Klosters. In diesem Zusammenhang wird auch der Stifter gedacht, des Grafen Wolfger von Tegernbach und seiner Frau Hemma, die

in Verbindung mit Gründungsgeschichte – die erste Anlage wurde in der fol. 16r oben abgebildeten Kirche von Schützing errichtet –, Kirchenbau und Weihe durch den Erzbischof Konrad von Salzburg bildlich dargestellt werden.

Lit.: Karin Schneider, Die deutschen Handschriften der Bayerischen Staatsbibliothek. Die mittelalterlichen Handschriften aus Cgm 888–4000, Wiesbaden 1991, S. 306 ff. – Edgar Krausen, Die Zisterzienserabtei Raitenhaslach, (Germania Sacra. N.F. 11) Berlin/New York 1977, S. 148 – Ausst.-Kat. zur 850. Wiederkehr der Besiedlung des ehemaligen Zisterzienserklosters Raitenhaslach, bearb. v. Wolfgang Hopfgartner, hrsg. v. der Stadt Burghausen, Burghausen 1996, Nr. 2.2.

E. B.

3.1.2

Das Grundpuech unser lieben Frawen Gotzhaws und Stift zu Fürstenzell

Fürstenzell, 1474 mit Nachträgen
Codex, Papier, 51 Bll. (fol. 2v aufgeschlagen), H. 40 cm, B. 29,5 cm
(mit Einband)
München, BayStB, Clm 7201
(Ausstellungszeitraum 2.8.–2.11.)

Das Grundbuch der Zisterze, das den Besitz des Klosters verzeichnet, bringt auf fol. 2v eine Abbildung der ursprünglichen einfachen Klosterkirche mit dem Stifter, dem Passauer Domherrn Magister Hartwig, und dem Herzog Heinrich XIII. von Bayern, der die Gründung des Klosters wesentlich unterstützt hatte und daher auch als Stifter erscheint. Dem Herzog ist das bayerische Rautenwappen, Hartwig das Wappen von Fürstenzell beigegeben (unter weiß-rotem gezwickelten Sparren (Zelt) auf Blau eine goldene Fürstenkrone).

Lit.: Edgar Krausen, Die Klöster des Zisterzienserordens in Bayern, München 1953, S. 45.

E. B.

3.1.3

Privileg des Papstes Innozenz III. für das Kloster Aldersbach

Rom, St. Peter, 1214 März 23
Urkunde, Orig.-Pergament, Bleibulle mit farbigen Seidenfäden, H. 61 cm, B. 61 cm
München, BayHStA, Aldersbach KU 13

Auf die Bitte des Abtes Ludwig und des Konventes unterstellt Innozenz III. das Kloster dem päpstlichen Schutz, ordnet an, dass die Zisterzienserregel für alle Zeiten beachtet werden soll, bestätigt die im einzelnen aufgeführten Grangien und übrigen Besitzungen und verbietet die Entfremdung von Klosterbesitz, regelt die Aufnahme in das Kloster und sein Verhältnis zum Diözesanbischof und bestätigt summarisch für Aldersbach alle von seinen Vorgängern und von den weltlichen Gewalten dem Zisterzienserorden gewährten Privilegien.

Die Bleibulle zeigt auf dem Avers die stilisierten Köpfe des hl. Paulus und des hl. Petrus sowie auf dem Revers den Namen des Papstes. Das Privileg ist unterfertigt vom Papst selbst unter Beifügung der Rota mit Devise und der Bene-Valete-Formel (abgekürzt) sowie den Kardinälen in drei Kolumnen (Kardinalpriester, Kardinalbischöfe, Kardinaldiakone). Auf der Rückseite hat ein Klosterschreiber ein 20 Nummern umfassendes Verzeichnis der päpstlichen Vergünstigungen angefertigt.

Ed. Monumenta Boica 5, 1765, S. 365, Nr. XII – Regest: Augustus Potthast, Regesta Pontificum Romanorum I, Nr. 4908.

E. B.

3.1.4

Diplom des Kaisers Friedrich I. Barbarossa für das Zisterzienserkloster Aldersbach

Nürnberg, 1183 März 13
Orig.-Pergament, Majestätssiegel mit farbigen Seidenfäden, H. 40 cm, B. 31 cm
München, BayHStA, Aldersbach KU 5/1

Friedrich Barbarossa beurkundet das Urteil des Hofgerichts, das auf die Beschwerde des Abtes Eberhard hin dem Alram von Kamm wegen der Bedrängung des Klosters die Vogtei über Aldersbach aberkennt, und gewährt dem Abt das Recht, sich mit dem Rat des Bischofs von Bamberg, einen geeigneten Schirmvogt zu wählen.

Lit.: Egon Boshof, Die Anfänge der Zisterze Aldersbach, in: Ostbairische Grenzmarken 31 (1989) S. 195–210 – Ed. Monumenta Germaniae Historica X 4: Die Urkunden Friedrichs I. 1181–1190, 1990, S. 50, Nr. 840.

E. B.

3.1.5
Gefälschte größere Stiftungsurkunde des Bischofs Altmann von Passau (so genanntes Maius) für das Augustiner Chorherrenstift St. Nikola

Passau, 1074 Mai 21
Angebliches Orig.-Pergament, aufgedrücktes Wachssiegel, H. 51 cm, B. 72 cm
München, BayHStA, St. Nikola KU 2

Bischof Altmann stiftet das Kloster St. Nikola, verleiht ihm zusätzlich zu den Bestimmungen der (ebenfalls gefälschten) Gründungsurkunde von 1067 (Minus) bestimmte Rechte, u. a. das Patronatsrecht an allen dem Stift übertragenen Kirchen, und erlässt Bestimmungen über die Vogtei. Fälschung des 13. Jhs., die wie auch das Minus dem Zweck diente, die z. T. unbestrittenen Rechte des Klosters auf den Gründer zurückzuführen und eine feierliche Stiftungsurkunde vorweisen zu können.

Lit.: Egon Boshof, Die Regesten der Bischöfe von Passau I, 1992, S. 108, Nr. + 364 – Ed. Urkundenbuch des Landes ob der Enns II, Linz 1856, S. 109, Nr. 80.

E. B.

3.1.6
Hl. Chorfrau

17. Jh.
Holz, farbig gefasst, H. 130 cm, B. 53 cm
Augustiner-Chorherrenstift Reichersberg

1138 wurde neben dem Stift der Augustinerchorherren in Reichersberg ein Frauenkonvent gegründet. Die gezeigte Skulptur einer Reichersberger Chorfrau und ihr Gegenstück, das sich ebenfalls im Stift erhalten hat, waren offensichtlich Assistenzfiguren eines Altares. Sie stammen wohl aus der alten Frauenkirche und sollten das Andenken an die dort bis etwa 1440 lebenden Chorfrauen lebendig erhalten. Sie ist nach Art der alten Chorfrauen mit offenem Mantel und Brustschleier bekleidet. Das vorne herabhängende Leinenband (Sarokkel, sacrum rochettum, geweihtes Chorhemd) ist noch etwa doppelt so breit wie die heute üblichen.

Lit.: Ausst.-Kat. 900 Jahre Stift Reichersberg 1984 (wie Kat. Nr. 2.4.3), S. 385, Nr. 10.05.

G. S.

3.1.7
Übereinkommen zwischen dem Chorherren- und dem Chorfrauenkonvent zu Reichersberg

Passau, 1332 Februar 2
Urkunde, Orig.-Pergament, drei anhängende Wachssiegel
Stift Reichersberg, Stiftsarchiv, Nr. 97

Bischof Albert von Passau bestätigt das Übereinkommen, in dem festgehalten wird, dass je nach der wirtschaftlichen Situation die Pfründen beider Konvente verbessert oder vermindert würden. Anhängend die Siegel des Bischofs (beschädigt), des Chorherrenkonventes (teilweise abgebrochen) und das einzig erhaltene Siegel der Reichersberger Chorfrauen.

Lit.: Ausst.-Kat. 900 Jahre Stift Reichersberg 1984 (wie Kat. Nr. 2.4.3), S. 374, Nr. 9.09 – Ed. Urkundenbuch des Landes ob der Enns VI, S. 52, Nr. 44.

G. S.

3.1.8
Zwei Löwen

Mitte 14. Jh.
Rotmarmor, H. 56 cm, B. 70 cm
Braunau am Inn, Museumsverein, Inv. Nr. SG 34 a und b

Die beiden Löwenfiguren, die ursprünglich je eine Säule trugen, stammen wohl vom Portal der alten Prälatur des Stiftes Ranshofen, das nach seiner Zerstörung infolge kriegerischer Ereignisse 1283 wieder aufgebaut wurde. Sie zählen zu den wenigen erhaltenen Teilen der mittelalterlichen Klosterbauten am Inn. Portallöwen als Symbole des Dämonischen dienten als Wächter gleichzeitig der Abwehr böser Mächte am Eingang zur Kirche und zum Kloster.

Lit.: Rudolf Guby, Ranshofen, in: Josef Oswald, Alte Klöster in Passau und Umgebung, Passau 1954, S. 212–213 – Ausst.-Kat. 900 Jahre Stift Reichersberg 1984 (wie Kat. Nr. 2.4.3), S. 316, Nr. 4.21 – Ausst.-Kat. Rantesdorf 788–1988. 1200 Jahre Ranshofen, Braunau 1988.

K. P.

3.2 Regel und Gemeinschaft

3.2.1
Hl. Augustinus

Donauschule (Passau?), um 1510/20
Mischtechnik auf Holz, H. 90 cm, B. 45 cm (mit Rahmen)
Augustiner-Chorherrenstift Reichersberg

Die Augustinerchorherren leben seit dem 11. Jh. nach der Regel des hl. Augustinus, der häufig in den Kirchen und Räumen der Stifte dargestellt wurde. Die Reichersberger Tafel war sicherlich wie ihr Gegenstück mit dem Bild des hl. Ambrosius Flügel eines kleinen Altarretabels. Dem als Bischof gekleideten Kirchenvater ist als Attribut ein nackter Knabe beigeben, der mit einem Löffel das Meer ausschöpfen wollte – ein Hinweis auf das vergebliche Bemühen des Augustinus, die Geheimnisse des dreifaltigen Gottes zu ergründen.

Lit.: Ausst.-Kat. 900 Jahre Stift Reichersberg 1984 (wie Kat. Nr. 2.4.3), S. 370, Nr. 8.13.

K. P.

3.2.2
Hl. Benedikt

Werkstatt des Rueland Frueauf d. Ä., Passau, um 1500
Malerei auf Nadelholz, H. 70 cm, B. 48 cm
München, BayStGS, Inv. Nr. 1363
Museen der Stadt Regensburg

Dargestellt ist wohl der hl. Benedikt, worauf Mönchskute, Tonsur, Abtstab und

3.2.2

das Buch in seiner rechten Hand hinweisen. Er sitzt auf einer Bank und wird von einem grün gemusterten Ehrentuch hinterfangen. Das Tafelbild kann mit dem „altgotischen Gemäld" identifiziert werden, das der Galeriedirektor Georg Dillis während der Säkularisation 1803 als Nachtrag in seine Liste der nach München zu verbringenden Gemälde und Kupferstiche aus dem Zisterzienserkloster Fürstenzell aufgenommen hat: „Ein kleiner Verschlag mit einem altgotischen Gemäld. den Heiligen Leonard vorstellend auf Holz kleine Figur". Benedikt von Nursia schuf um 540 seine Regula als ordnende Regel für seine Mönchsgemeinschaft auf dem Monte Cassino.

Lit.: Regensburg im Mittelalter, Katalog der Abteilung Mittelalter im Museum der Stadt Regensburg, hrsg. v. Martin Angerer, Regensburg 1995, S. 181-182, Nr. 24.9.

K. P.

3.2.3
Benediktinerregel aus dem Kloster Asbach

Asbach (?), 13. Jh., Provenienz Asbach
Codex, Pergament, 36 Bll. (fol. 16v und 15r aufgeschlagen), H. 15,5 cm, B. 11 cm
München, BayStB, Cgm 91

Die Regel des hl. Benedikt († um 560) setzt Vorschriften für alle Bereiche des monastischen Lebens. Sie enthält u. a. Bestimmungen über die Aufgaben des Abtes, den Gottesdienst, das Chorgebet, Fragen des Klostereigentums, die klösterliche Gastfreundschaft und die Aufgaben der einzelnen Klosterämter. Seit dem beginnenden 9. Jh. wurde sie zur maßgeblichen Norm des abendländischen Mönchtums, auf der auch die Zisterzienserregel beruht. Die vorliegende Asbacher Regel ist in deutscher, ostbairischer Sprache verfasst und weist einfachsten Buchschmuck auf.

Lit.: Elisabeth Klemm, Die illuminierten Handschriften des 13. Jahrhunderts deutscher Herkunft in der Bayerischen Staatsbibliothek, Wiesbaden 1998, Nr. 270.

E. B.

3.2.4
Abt- und Konventsiegel

a) Ältestes Abtsiegel von Aldersbach von 1263
Ovales Wachssiegel (Abguss) mit Darstellung eines stehenden Abtes
Umschrift: SIGILV[M] ABB[AT]IS DE ALDERSPACH
Original an der Urkunde von 1363 März 16, München, BayHStA, Aldersbach KU 39

b) Ältestes Aldersbacher Konventsiegel von 1478
Rundes Wachssiegel mit thronender Muttergottes mit Kind, rechts und links je zwei anbetende Personen
Umschrift: S CONVENTUS DE ALDERSPACH
München, BayHStA, Metallabgusssammlung G 84

Der Abt ist das unbestrittene Oberhaupt des Klosters. Dass der Konvent selbst die Siegelführung erlangte, kennzeichnet die Einschränkung der monarchischen Stellung des Abtes im Laufe der Entwicklung.

Lit.: Ausst.-Kat. Das Zisterzienser-Kloster Aldersbach, Dokumentation seiner Geschichte zur Ausstellung Cosmas Damian Asam. Zum 300. Geburtstag, Kloster Aldersbach, 1986, S. 5, Nr. A 5, A 8.

E. B.

3.2.5
Konventsiegelstempel (Typar)

Reichersberg, um 1250
Siegelplatte aus Messingbronze,
⌀ 60 mm, Plattendicke 5,5 mm
Augustiner-Chorherrenstift Reichersberg, Stiftsarchiv

Im Feld des Rundstempels steht nach rechts gewendet der Erzengel Michael auf dem geflügelten Drachen. Er stößt diesem mit beiden Händen eine Lanze in das weit geöffnete Maul. Majuskelinschrift: + S(igillum). MICHAEL(is). ARCHANGELI. CO(n)VE(n)T(us). IN. REICHERSPERG. Auf der Rückseite ist ein Steg mit einer Öse aufgelötet. Durch diese wurde ein Kettchen gezogen, an dem der Stempel vom siegelberechtigten Vertreter des Konvents (Dechant) um den Hals getragen werden konnte. Dadurch sollte jede unbefugte Verwendung ausgeschlossen werden.

Lit.: Ludwig Freidinger, Die mittelalterlichen Konventsiegel unserer Stifte, in: Jahrbuch der österreichischen Augustiner-Chorherren-Kongregation 49 (2002) S. 87–89.

G. S.

3.2.6
Sechs Professzettel aus Raitenhaslach

15.–18. Jh.
Pergament, Papier
München, BayHStA, Raitenhaslach
KL 116

Nach dem Noviziat, der in einzelnen Observanzen unterschiedlichen Prüfungszeit, während der der ins Kloster Eingetretene in Regel und Gewohnheiten unterwiesen wird, erfolgt nach einer Eignungsprüfung die Zulassung zur Profess. Der Novize gibt seine Zusage zum monastischen Stand, der charakterisiert ist durch die evangelischen Räte Armut, Keuschheit und Gehorsam, und gelobt nach der Benediktregel vor Abt und Konvent Beständigkeit (*stabilitas*), Bekehrung seiner Sitten (*conversio morum*) und Gehorsam (*obedientia*). Das von ihm verlesene Gelübde legt er am Altar nieder, wirft sich vor dem Konvent zu Boden und wird eingekleidet.

Lit.: Ausst.-Kat. Raitenhaslach 1996 (wie Kat. Nr. 3.1.1), S. 25, Nr. 2.11.

E. B.

3.3 Bibliothek und Skriptorium

3.3.1
Kanontafel des Ingolstädter Evangeliars (Fragment)

Mondsee, Ende 8. Jh.
Doppelblatt, Pergament, insgesamt 64 Bll. (fol. 1a v u. 2b r aufgeschlagen), H. 35 cm, B. 26 cm
München, BayStB, Clm 27270
(Ausstellungszeitraum 23.4.–2.8.)

Das von mindestens drei Händen zweispaltig in Unziale geschriebene Evangeliar ist, wie sich aus dem Schriftvergleich ergibt, im Kloster Mondsee entstanden. Mit Buchmalerei ausgestaltet sind die Kanontafeln sowie die Initialen zu den Vorreden und Textanfängen der Evangelien und zu zahlreichen einzelnen Kapiteln. Die ausgestellten Kanontafeln, die die übereinstimmenden Abschnitte der

3.3.1 (fol. 1av)

Evangelien tabellarisch aufgliedern, zeigen im oberen Bogenfeld die Evangelistensymbole. Ikonographisch wie stilistisch weisen diese Beziehungen zu den Medaillons des Tassilokelches auf.

Lit.: Ausst.-Kat. Illuminierte Handschriften der Agilolfinger- und frühen Karolingerzeit, Prähistorische Staatssammlung, München 1989, S. 37, Nr. 21 (mit älterer Literatur).

E. B.

3.3.2
Isidor, De natura rerum u. a. Sammelhandschrift
Salzburg, 8./9. Jh., Provenienz St. Nikola
Codex, Pergament, 269 Bll., mit kolorierten Federzeichnungen (fol. 15r aufgeschlagen), H. 19,5 cm, B. 12,5 cm

München, BayStB, Clm 16128
(Ausstellungszeitraum 2.8.–2.11)

Bereits im Frühmittelalter hat man naturwissenschaftliche Texte schematisierend illustriert. Die Handschrift von Isidors von Sevilla naturwissenschaftlichem Kompendium aus Sankt Nikola wurde koloriert und mit figuralen Details ausgeschmückt. Besonders auffällig ist die hier gezeigte Darstellung der vier Elemente und vier Eigenschaften. Das Schema wird von einer Frau gehalten, die auf dem Rücken eines Pfauen liegt. Kurt Holter hat in der Malerei deutliche Parallelen zum Salzburger Cutbercht-Codex gesehen.

Lit.: Jörg Kastner, Cimelia Pataviensia. Kost-

bare Handschriften aus Passau 9.–15. Jahrhundert, Ausstellung in der Staatlichen Bibliothek Passau, Passau 1980, Nr. 5, S. 22.

J. K.

3.3.3
Sammelhandschrift mit Texten grammatischen und metrischen Inhalts
Passau, Mitte 9. Jh.
Codex, Pergament, 96 Bll. (fol. 56v u. 57r aufgeschlagen), H. 22,3 cm, B. 15,5 cm (mit Einband)
München, BayStB, Clm 6411
(Ausstellungszeitraum 23.4.–2.8.)

Der bis zur Säkularisation im Besitz der Freisinger Dombibliothek befindliche und aus Passau stammende Codex bestand ursprünglich aus zwei getrennten Handschriften. Die Schrift und die Initialen lassen insularen, irischen Einfluss erkennen. Der erste Teil des Codex enthält u. a. die Grammatik des Eutyches (Euticius), der zweite Teil vorwiegend metrische Schriften. Anscheinend wurden die Handschriften als Handbuch eines Lehrers für den Grammatikunterricht verwandt. Von den Kopisten, vielleicht dem Lehrer selbst und Schülern, haben zwei ihren Text mit Initialen geschmückt.

Lit.: Franz Brunhölzl, Studien zum geistigen Leben in Passau im achten und neunten Jahrhundert, München 2000, S. 28 ff.

E. B.

3.3.4
Sammelhandschrift mit Carmen ad Deum
Passau, Mitte 9. Jh.
Codex, Pergament, 67 S. (S. 39 aufgeschlagen), H. 23 cm, B. 14,5 cm (mit Einband)
München, BayStB, Clm 19410
(Ausstellungszeitraum 2.8–2.11.)

Die Bibliotheksheimat dieser aus Tegernseer Beständen im Zuge der Säkularisation in die königliche Hofbibliothek gekommenen Handschrift, die um die Mitte des 9. Jhs. oder bald darauf angefertigt worden ist und Texte unterschiedlichster Art (u. a. Briefe, Gedichte, Inschriften, ein Runenalphabet) umfasst, war Passau. Die Handschrift enthält eines der bekanntesten althochdeutschen Sprachdenkmäler, das so genannte Carmen ad Deum (S. 39). Dem irischen Rhythmus *Sancte sator*, *suffragator* (Heiliger Schöpfer und Helfer) ist hier – im Wechsel mit dem lateinischen Halbvers oder Vers – die althochdeutsche, offenbar in Passau entstandene Übersetzung in den Text eingefügt. Neuerdings wird dieser Text auch als Beleg für die Anwesenheit irischer Lehrer an der Passauer Domschule gewertet.

Lit.: Brunhölzl 2000 (wie Kat. Nr. 3.3.4), S. 5 ff.

E. B.

3.3.5
Bibel von Ranshofen

a) Teil 1: AT Pentateuch bis Paralipomena
Verm. Salzburg, um 1140–1150, Provenienz Ranshofen
Codex, Pergament, 216 Bll. (fol. 112v aufgeschlagen), H. 44,5 cm, B. 32 cm
München, BayStB, Clm 23039
(Ausstellungszeitraum 23.4.–2.8.)

b) Teil 2: AT Jesaia bis Makabäer
Verm. Salzburg, um 1140–1150, Provenienz Ranshofen
Codex, Pergament, 252 Bll. (fol. 98v aufgeschlagen), H. 42,5 cm, B. 31 cm
München, BayStB, Clm 12601
(Ausstellungszeitraum 2.8–2.11.)

Die relativ einfache, zweispaltig in einer Hand des 12. Jhs. geschriebene Bibel ist heute in zwei Teilen unvollständig überliefert. Sie besitzt zum Eingang eines jeden biblischen Buches figurierte Initialen von einfacher Zeichnung mit klaren, geometrisierenden Gewandfalten. Der Hintergrund ist wasserblau oder wassergrün jeweils komplementär zu der verwendeten Gewandfarbe. Die Ranshofener Bibel gehört einer Salzburger Sondergruppe an und steht der Erlanger Gumperts-Bibel nahe, auch Regensburger Einflüsse sind feststellbar.

Lit.: Georg Swarzenski, Die Salzburger Malerei von den ersten Anfängen bis zur Blütezeit des romanischen Stils, Leipzig 1913, S. 125 – E. F. Bange, Eine bayerische Malerschule des XI. und XII. Jahrhunderts, München 1923, S. 151 ff. – Jörg Kastner, Salvatoris liber. Die Bibel und ihre Welt mit besonderer Berücksichtigung Niederbayerns, Ausstellung in der Staatlichen Bibliothek Passau 1992, S. 27–28, Nr. 3.

J. K.

3.3.6
Evangeliar

Passau, um oder kurz nach Mitte 12. Jh., Provenienz St. Nikola
Codex, Pergament, 134 Bll. (fol. 102v aufgeschlagen), H. 32,5 cm, B. 24 cm
München, BayStB, Clm 16003
(Ausstellungszeitraum 23.4.–2.8.)

Die Handschrift steht in der Tradition der ottonischen Prunkevangeliare. Die Initialornamentik greift offenbar auf Salzburger Vorbilder zurück. Die in gold-silbernen Blütenenden auslaufenden Ornamentranken verweisen allerdings auf Regensburger Vorbilder. Ungebräuchlich im 12. Jh. ist der kräftig kolorierte Mäanderrahmen, mit dem die Miniaturen der vier Evangelisten umrahmt sind. Auffällig ist die kräftige, bewegte, körperunabhängige Raffung des Faltenwurfs. Die statische, an Ikonen erinnernde Ruhe des Evangelisten lässt an byzantinische Einflüsse denken.

Lit.: Jörg Kastner, Cimelia, 1980 (wie Kat. Nr. 3.3.2), Nr 7, S. 23.

J. K.

3.3.7
Augustinus, Sermones de verbis domini – In epistolam Iohannis

Verm. Passau, 2. Viertel 12. Jh. ?, Provenienz St. Nikola
Codex, Pergament, 169 Bll. (fol. 2v aufgeschlagen), H. 35,5 cm, B. 26 cm
München, BayStB, Clm 16048
(Ausstellungszeitraum 2.8–2.11.)

Die einspaltig in einer abbreviaturreichen karolingischen Minuskel geschriebene Handschrift weist fol. 2v die Federzeichnung eines stehenden Augustinus im Bischofsornat mit aufgeschlagenem Buch auf. Die rot-braune Federzeichnung mit brauner Lavierung ist präzise, mit leichtem, vertrieben wirkendem Farbauftrag. Die Endblätter der Ranken sind durch braune Schatten plastisch modelliert. Elisabeth Klemm hat hinter dem Figurenstil italienische Einflüsse vermutet, was durch den römischen Bucherwerb Sankt Nikolas verständlich ist.

Lit.: Swarzenski 1913 (wie Kat. Nr. 3.3.5), S. 126, Anm. 5 – Kastner, Cimelia, 1980 (wie Kat. Nr. 3.3.2), S. 23, Nr. 6 – Elisabeth Klemm, Die romanischen Handschriften der Bayerischen Staatsbibliothek, Bd. 1.1 Die Bistümer Regensburg, Passau und Salzburg, Wiesbaden 1980, S. 125–126, Nr. 202.

J. K.

3.3.8
Gerhoch von Reichersberg, Psalmenkommentar, Pars 6

Reichersberg, um 1160
Codex, Pergament, 157 Bll. (fol. 52v und fol. 53r aufgeschlagen: Ps 57 Quid gloriaris in malitia), H. 27 cm, B. 20 cm
Stift Reichersberg, Stiftsarchiv, Hs. 6

Die Handschrift enthält Kommentare zu Psalm 51 bis 64. Psalm 63 war 1153 abgeschlossen, daran schließt sich auf Blatt 104 der schon früher verfasste Kommentar zu Psalm 64 an, ohne dass im Schriftbild eine Zäsur auftritt. Er war also bei der Reinschrift schon vorhanden.
Die 14 Initialen sind von derselben Hand ausgeführt. Deutlich erkennbar ist die Vorliebe für die Eingliederung von Tieren in den freien Flächen und im Rankenwerk.

Lit.: Kurt Holter, Mittelalterliche Buchkunst in Reichersberg, in: 900 Jahre Augustiner-Chorherrenstift Reichersberg, Linz 1983, S. 195–312.

G. S.

3.3.9
Theologische Sammelhandschrift

Aldersbach, 14. Jh.
Codex, Pergament, 111 Bll. (fol. 108v aufgeschlagen), H. 17 cm, B. 12 cm
München, BayStB, Clm 2633
(Ausstellungszeitraum 23.4.–2.8.)

Die theologische Sammelhandschrift ist im Bibliotheksverzeichnis Abt Hugos von Aldersbach aufgeführt. Sie ist in einer kleinen gotischen Minuskel von mehreren Händen, wohl um 1300, geschrieben. Ausgestattet ist sie relativ schlicht mit verzierten Lombarden und einer ganzseitigen Federzeichnung vor dem letzten Text, vor Alanus' ab Insulis „De sex alis Cherubim". Die sechs Flügel sind nummeriert und ihre jeweiligen Bedeutungen werden angegeben. So bedeutet der erste Flügel die „Confessio", der zweite „Satisfacio(!)" usw. Jeder Flügel besteht aus fünf Federn, in welche die Tugenden und ihre Eigenschaften eingeschrieben sind. Der Kopftypus und die Gewandfalten erinnern an die Zeichnung des Mikro- und Makrokosmos in der Aldersbacher Handschrift Clm 2655.

Lit.: Béatrice Hernad, Die gotischen Handschriften deutscher Herkunft in der Bayeri-

schen Staatsbibliothek, Teil 1. Vom späten 13.
bis zur Mitte des 14. Jhs., Wiesbaden 2000,
Nr. 120, S. 76–77.

J. K.

3.3.10
Naturwissenschaftliche Sammel-handschrift

Aldersbach, zwischen 1295 und 1308
Codex, Pergament, 120 Bll. (fol. 104v
aufgeschlagen), H. 33,5 cm, B. 23,5 cm
München, BayStB, Clm 2655
(Ausstellungszeitraum 23.4.–2.8.)

Diese Handschrift aus dem 13. Jh. enthält im wesentlichen Thomas von Cantimprés „Liber de natura rerum" und
einen Physiologus. Entgegen der allgemein üblichen Anordnung des „Liber de
natura rerum" beginnt die Aldersbacher
Abschrift mit der unbelebten Natur und
steigt dann über Pflanzen und Tiere zum
Menschen auf. Der Physiologus zeigt
kräftig lasierte Figuren mit tiefem, raum-
vollen Faltenwurf, ein Porträt Abt Hugos
von Aldersbach und ein Mikro- und Ma-
krokosmosbild, hinter dem man französischen Einfluss vermutet.

Lit.: Jörg Kastner, Mundus mirabilis fictus.
Phantasie und Wirklichkeit in der Welt der
Fabelwesen, Ausstellung in der Staatlichen
Bibliothek Passau 1994, S. 35–36, Nr. 6.

J. K.

3.3.11
Thomas von Cantimpré, De natura rerum – Physiologus

Bistum Passau (?), frühes 14. Jh.,
Provenienz Asbach
Codex, Pergament, 159 Bll. (fol. 150v
aufgeschlagen), H. 28,2 cm, B. 20 cm
München, BayStB, Clm 3206
(Ausstellungszeitraum 23.4.–2.8.)

Diese Asbacher Handschrift, vermutlich
des frühen 14. Jhs., steht wohl wegen
der Nennung zahlreicher Ortsnamen in
einem Bezug zum Bistum Passau. Die in
einer Textualis von einer Hand in zwei
Spalten geschriebene Handschrift enthält
wie üblich neben Thomas von Cantimpré
den Physiologus. Geschmückt ist sie an
den Kapitelanfängen mit zwei bis fünfzei-
ligen roten Lombarden, einige davon weisen einfaches rotes oder braunes Fleuronnée auf. Zu Beginn des Physiologus
(fol. 145v) findet sich eine große Deckfarbeninitiale, der Physiologus selbst ist

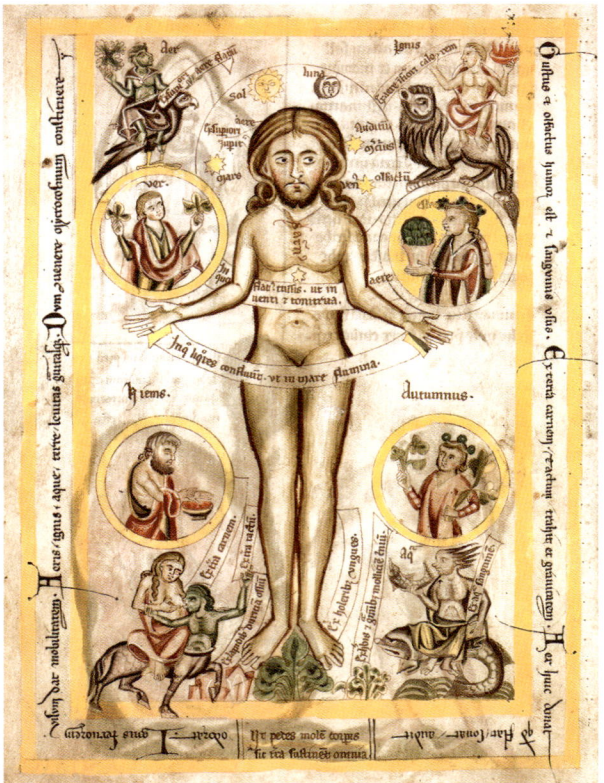

3.3.10

3.3.11

mit 28 Miniaturen illustriert, in den Farben Blau, Orange, Grün, Karmin und Lachsrosa, Hellrosa, Braun, Blaugrau, Rot, Gelb und Weiß. Fast alle Miniaturen sind gerahmt und ragen über den Satzspiegel hinaus, manche sind zweiteilig. Sie zeigen eine knapp-andeutende Landschaftsdarstellung, stilisierte Bäume, häufig, wie auf der gezeigten Miniatur, szenische Darstellungen, hier einen Schiffer, der bedroht von einem Meeresungeheuer, das Segel setzt.

Lit.: Hernard, Gotische Handschriften, 2000 (wie Kat. Nr. 3.3.9), S. 95, Nr. 152.

J. K.

3.3.12
Formbacher Bibel

Vornbach, 1421
Codex, Pergament, 538 Bll., H. 52 cm, B. 35 cm
Passau, Staatliche Bibliothek, Mst. 1
(Ausstellungszeitraum 23.4.–2.8.)

Die Formbacher Bibel ist ein auf 1421 datiertes Bibelplenarium (es fehlen die Psalmen). Sie ist das Hauptwerk der bis heute nicht zulänglich erforschten spätgotischen Vornbacher Malschule. Der Meister der Formbacher Bibel war Propst Heinrich von Gloggnitz, einem von Vornbach abhängigen Priorat am Semmering. Die Bibel kennt im Wesentlichen Autorenbilder zu den Evangelien und Darstellungen der wichtigsten Figuren des Alten Testamentes sowie prächtige Initialen mit

3.3.12

3.3.13

punziertem Blattgold und mit Deckweiß ornamentierte Buchstabencorpora. Eine Ausnahme bildet die figurenreiche Darstellung des Pfingstwunders und der Anfang der Apokalypse. Die höchst qualitätvolle, dichte Malerei liebt kräftige Farbakkorde zwischen dunklem Purpur und tiefem Blau, leuchtendem Grasgrün und Ocker. Die Figuren, vor allem Ruth und die Ekklesia des Hohenliedes, erinnern vom Typus her an den Stil der schönen Madonnen. Insgesamt sind deutliche Anklänge an die Prager Wenzelschule bis hin zu dem kräftigen und mitunter leise humorvollen Realismus und dem ausgeprägten Fleuronnée dieser prächtigen Malerei zu erkennen.

Lit.: Kastner, Cimelia, 1980 (wie Kat. Nr. 3.3.2), S. 33, Nr. 16 – Jörg Kastner, Buchmalerei im Umkreis der Formbacher Bibel, in: Das Kloster Vornbach, hrsg. v. Josef Eckl u. a., Vornbach 1994, S. 94–100.

J. K.

3.3.13
Formbacher Missale

Vornbach, zwischen 1430 und 1450
Codex, Pergament, 204 Bll. (fol. 101v aufgeschlagen), H. 36 cm, B. 27 cm
Passau, Staatliche Bibliothek, Mst. 2
(Ausstellungszeitraum 2.8.–2.11.)

Die Farbpalette des späteren Meisters des Formbacher Missale, eines Messbuches mit Gebeten, Lesungen und Liedern für die Messfeier, ist aufgehellt und wirkt wässrig, die Rankenkreise sind zu Wellen ausgezogen. Die einzige Miniatur ist das Kanonbild. Es liebt kräftige Effekte: auf dem fahlen Inkarnat fallen die flutenden Blutspritzer besonders ins Auge. Dennoch lässt die hochrangige Miniatur den malerischen und farbigen Realismus der Formbacher Bibel vermissen. Die Gewandfalten sind flächig und stark geometrisierend, ohne jede räumliche Tiefe. Diese Malerei lebt ausschließlich von der expressiven ausdrucksschweren Grafik

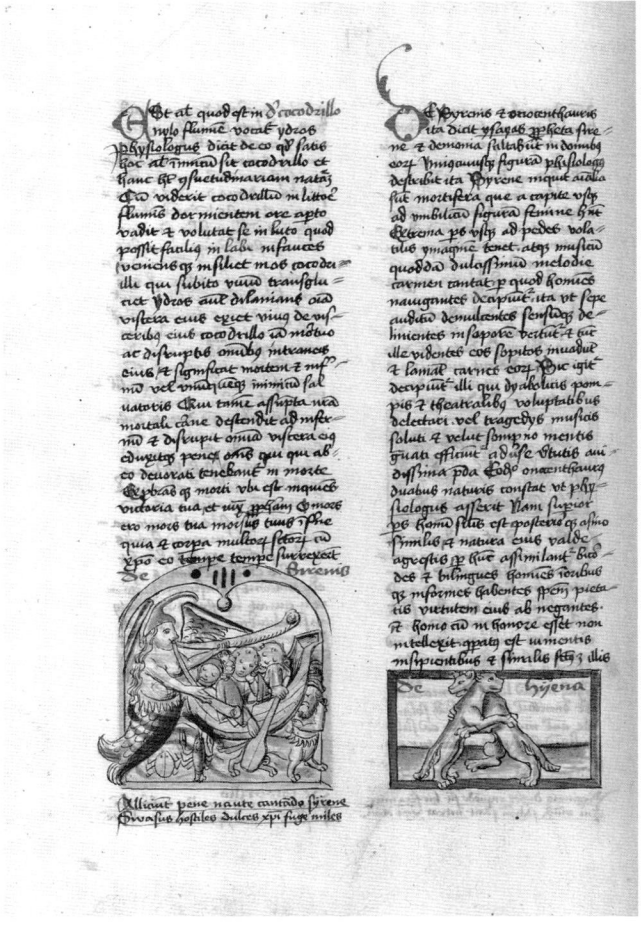

3.3.15

bis zur unbelebten Natur wieder. Der Physiologus steht dem Aldersbacher Physiologus sehr nahe. Er ist mit leicht lavierten Federzeichnungen geschmückt, die in ihrer stilistischen Haltung an das in Sankt Nikola entstandene „Speculum humanae salvationis" von 1456 erinnern (Clm 16223). Die Papierhandschrift weist sich auf Grund eines Besitzvermerks als aus dem Kloster Sankt Nikola stammend aus.

Lit.: Kastner, Mundus, 1994 (wie Kat. Nr. 3.3.10), S. 36–37, Nr. 8.

J. K.

3.3.16
Wolfgang Marius, Abt von Aldersbach (1514–1544), Annales ecclesiae Alderspacensis, Autograph 1518
Codex, Papier, 124 Bll. (fol. 5v u. 6r aufgeschlagen), H. 30 cm, B. 21 cm (mit Einband)
München, BayStB, Clm 1012
(Ausstellungszeitraum 23.4.–2.8.)

Wolfgang Marius, von 1514–1544 Abt von Aldersbach, zählt wie der Abt Angelus Rumpler von Vornbach, dem er freundschaftlich verbunden war, zu den bedeutenden Vertretern des so genannten bayerischen Klosterhumanismus. Als Lukas Mayer/Mair am 18. Oktober 1469 in einfachen Verhältnissen in der Ortenburger Dorfmark Dorfbach geboren, latinisierte er später nach Humanistenbrauch seinen Namen. 1490 legte er in Aldersbach die Profess ab und wurde nach einem Studium in Heidelberg und der Priesterweihe 1497 im Jahre 1514 zum Abt gewählt. Er sorgte für die wirtschaftliche Sanierung und geistige Erneuerung des Konventes, entfaltete eine rege Bautätigkeit im Kloster und außerhalb (u. a. Bau der Pfarrkirche Kößlarn) und machte sich als Schriftsteller einen Namen. Sein Werk umfasst – meist religiöse – Dichtungen, apologetische Schriften gegen die Reformation und historiographische Arbeiten. Die vielfach aus den Quellen gearbeiteten Annales stellen in belehrender Absicht die Geschichte des Klosters Aldersbach von den Anfängen bis in das Jahr 1542 dar, beschränken sich aber nicht auf diesen Gegenstand, sondern greifen immer wieder in die Welt- und Kirchengeschichte aus. Wolfgang verstarb am 11. Oktober 1544.

der Antlitze. Es kommt dem Künstler auf die Darstellung seelischer Erschütterung und tiefer Trauer an.

Lit.: Kastner, Cimelia, 1980 (wie Kat. Nr. 3.3.2), S. 34, Nr. 17 – Kastner, Buchmalerei, 1994 (wie Kat. Nr. 3.2.12), S. 100–101.

J. K.

3.3.14
Ulrich von Pottenstein, Cyrillusfabeln
Bayern, 1430, Provenienz Aldersbach
Codex, Papier, 78 Bll. (fol. 22v aufgeschlagen), H. 30,5 cm, B. 21,5 cm
München, BayStB, Cgm 254
(Ausstellungszeitraum 2.8.–2.11.)

Ulrich von Pottenstein (ca. 1390–1404) war Hofkaplan Albrechts IV. von Österreich und Pfarrer von Pottenstein am Wienerwald. Er übersetzte die vielgelesenen Fabeln eines gewissen Cyrillus Episcopus, von dem vermutlich die lateinische Vorlage des „Speculum ecclesiae" stammt, eine wohl aus Böhmen stammende Sammlung allegorisch-moralisierender Texte, häufig Dialoge zwischen Tieren, den Sinnen, Auge und Ohr, und Sonne und Mond. Die farbenkräftigen Bilder, die stets sinnfällig die Quintessenz der Fabelsituation illustrieren, dürften aus einem Regensburger Atelier stammen.

Lit.: Kastner, Mundus, 1994 (wie Kat. Nr. 3.3.10), S. 40, Nr. 11.

J. K.

3.3.15
Thomas von Cantimpré, Liber de natura rerum – Physiologus
St. Nikola, 15. Jh.
Codex, Papier, 389 Bll. (fol. 101v aufgeschlagen), H. 30,5 cm, B. 22 cm (mit Einband)
München, BayStB, Clm 16189
(Ausstellungszeitraum 2.8.–2.11.)

Der in einer Bastarda des 15. Jhs. geschriebene schmucklose Band gibt die Reihenfolge der Naturreiche in der üblichen Weise absteigend vom Menschen

Lit.: Josef Oswald, Abt Wolfgang Marius von Aldersbach. Leben und geschichtliche Schriften, in: Speculum Historiale, Freiburg/München 1965, S. 354–374 – Ed. M. Hartig, in: Verh. d. Hist. Ver. v. Niederbayern 42 (1906) u. 43 (1907); Übers. von H. Kalhammer u. A. Kapsner, in: 1146–1996. 850 Jahre Kloster Aldersbach, Festschrift 1996, S. 48–165.

E. B.

3.3.17
Angelus Rumpler, Abt von Vornbach (1510–1513), Sammelhandschrift, Autograph, vor 1513

Codex, Papier, 278 Bll. (fol. 153v u. 154r aufgeschlagen), H. 22,5, B. 16 cm (mit Einband)
München, BayStB, Clm 1806
(Ausstellungszeitraum 2.8.–2.11.)

Angelus Rumpler, von 1510–1513 Abt von Vornbach, wurde um 1462 als Sohn des Vornbacher Klosterbäckers geboren; 1478 legte er die feierliche Profess ab und bekleidete vor seinem Abbatiat die Ämter des Cellerars und Archivars. Er hat die Klosterschule besucht, doch ist über seine weitere Ausbildung nicht viel bekannt. Seine Werke – Gedichte, Briefe, Geschichtswerke – sind ausschließlich in lateinischer Sprache verfasst und stellen ein wichtiges Zeugnis des so genannten Klosterhumanismus dar. Zu seinem Freundeskreis gehörten der Aldersbacher Abt Wolfgang Marius und der Passauer Domherr Johannes Staindl, Verfasser einer Weltchronik; engeren Kontakt hat er wohl auch zu dem berühmten Humanisten Konrad Celtis gehabt. 1504 schrieb er die „Sechs Bücher der Ereignisse in Bayern", die vor allem der Darstellung des Landshuter Erbfolgekrieges gewidmet sind. Bei der Beschreibung Passaus spielt er zwar auf eine angeblich mythologische Überlieferung zu den Ursprüngen an, verzichtet aber auf ein eindeutiges Urteil zur Historizität einer solchen Überlieferung. Rumpler verstarb am 6. März 1513.

Lit.: Erika Dorrer, Angelus Rumpler, Abt von Formbach (1510–1513) als Geschichtsschreiber, Kallmünz 1965 – Ed. A.E. Oefele, Rerum Boicarum Scriptores T. I, Aug. Vindelicorum 1763.

E. B.

3.3.18

3.3.18
Totenrotel des Abtes Angelus Rumpler aus dem Kloster Vornbach

1513 März 6 (Todestag)
Rotel (Rotulus, Schriftstück in Rollenform), Pergament, B. 20 cm, mehrere Meter lang
München, BayHStA, Vornbach KL 24
(Ausstellungszeitraum 23.4–2.8.)

Im Totenrotel teilt ein Kloster anderen klösterlichen Gemeinschaften, mit denen es in einer Gebetsverbrüderung steht, das Ableben eines Mitbruders, vor allem des Abtes, mit und verbindet damit die Bitte um das Totengedenken. In der Regel werden in der einleitenden *encyclica*, oft in Gedichtform, eine kurze Biografie und die Würdigung des Verstorbenen gegeben. Es folgen die datierten Eingangsbestätigungen der einzelnen Klöster, denen der Rotel durch Boten überbracht worden ist. Seit dem 15. Jh. begann man die Roteln auch künstlerisch zu gestalten. So wird die Vornbacher Pergamentrolle mit der Darstellung der Stifter Himiltrud, Ekbert d. Ä. und Ekbert d. J. von Formbach eröffnet, die das Kirchenmodell der Muttergottes mit Kind darbie-

ten. Maria hält einen Granatapfel in der Hand, und ihr zur Seite sind vier Wappen beigegeben.

Lit.: Edgar Krausen, Totenrotel-Sammlungen bayerischer Klöster und Stifte, in: Archivalische Zeitschrift 60 (1964) S. 11–35.

E. B.

3.4 Gottesdienst, Seelsorge, Totengedenken

3.4.1
Kasel

Kaselkreuz mit Reliefstickerei 1. Hälfte 15. Jh., Gewebe (Seide/Leinen) 17. Jh., H. 102,5 cm, B. 67 cm, Kößlarn, Kath. Pfarrkirchenstiftung

Wie Altargeräte dienten liturgische Gewänder der feierlichen Ausgestaltung der Messe. Dabei kommt der Kasel als Oberbekleidung des Priesters eine besondere Rolle zu. Die barocke Kasel aus Kößlarn, einer von den Aldersbacher Zisterziensern betreuten Wallfahrtskirche, trägt auf Vorder- und Rückseite einen Stab mit Stickereien, der von einem spätmittelalterlichen Kaselkreuz stammt und im

3.4.1

18. Jh. auf einen Stoff des 17. Jhs. mit Granatapfelmuster aufgenäht worden ist. Die farbige Reliefstickerei zeigt auf der Vorderseite die hl. Katharina, auf der Rückseite Maria mit Kind und die hl. Margareta mit dem Drachen.

Lit.: Die Kunstdenkmäler von Bayern, Niederbayern, Bd. XXI, Bezirksamt Griesbach, München 1929, S. 172 – Ausst.-Kat. Faszination Mittelalter. Himmlisches Streben. Irdisches Leben, Oberhausmuseum Passau, Passau 2002, S. 26, Nr. 2.2.

K. P.

3.4.2
Monstranz
Ende 15. Jh.
Silber, teilvergoldet, H. 85 cm
Handenberg, Pfarrkirche

Mit der Einführung des Fronleichnamsfestes 1264 durch Papst Urban IV. entwickelte sich die Monstranz als Schaugefäß für die konsekrierte Hostie, die zur Verehrung feierlich ausgesetzt und bei Prozessionen mitgetragen wird. Die Monstranz der Pfarrkirche Handenberg (Innviertel), in der die Ranshofener Augustinerchorherren seelsorgerisch tätig waren, hat einen retabelartigen Aufbau mit filigranen, der gotischen Architektur entlehnten Formen. Kleine Säulen tragen Figuren der Heiligen Wolfgang, Rupert, Margareta und Agnes; einen symbolischen Bezug zum Altarsakrament schafft die Kreuzigungsgruppe im Auszug. Das

Glasgefäß für die Hostie ist eine moderne Ergänzung.

Lit.: Ausst.-Kat. 900 Jahre Stift Reichersberg 1984 (wie Kat. Nr. 2.4.3), S. 325, Nr. 4.40 (mit älterer Literatur).

K. P.

3.4.3
Thernberger Madonna
Süddeutschland, um 1330/40
Kalksandstein, vollrund, H. 130 cm
Wien, Erzbischöfliches Dom- und Diözesanmuseum, Inv. Nr. L–8

Die Marienfigur mit dem Jesuskind auf dem Arm, das einen Vogel hält, stammt aus der Pfarrkirche Thernberg (NÖ), einer als Kapelle durch den Adeligen Rapoto errichteten und 1147 geweihten Filiale der Reichersberger Pfarrei Bromberg. In dieser übte ein Chorherr die Pfarrrechte aus, ein Kaplan betreute die Hörigen der Adelsherrschaft. Vielleicht war die Thernberger Madonna eine Stiftung des Adels zur Ausstattung der eigenen Kapelle.

3.4.2

3.4.3

Aus stilistischen Gründen wird die italienisch beeinflusste Figur von der Forschung in die Zeit um 1330/40 datiert.

Lit.: Die Marienkirche Thernberg, hrsg. anläßlich ihres 850jährigen Bestehens 1147–1997, S. 7–12 – Geschichte der bildenden Kunst in Österreich, Bd. II Gotik, hrsg. v. Günter Brucher, München/London/New York 2000 (mit älterer Literatur).

K. P.

3.4.4
Maria mit Kind (Lusterweibchen)
Leonhard Astl-Werkstatt, um 1520
Hartholz, originale Fassungsreste und spätere Fassung, H. 60 cm, B. 40 cm
Salzburg, Residenzgalerie,
Inv. Nr. 506

Die beiden Wappen an der schrägen Konsole der halbfigurigen Skulptur der Himmelskönigin Maria mit dem Christuskind weisen Propst Matthäus Pirkner von Reichersberg (1495–1527) als Auftraggeber aus. Links erscheint das Wappen Pirkners (eine turmbekrönte Burg), rechts das des Stiftes (zwei Flügel). Die Figur diente als Lusterweibchen, als Leuchter, der durch ein Hirschgeweih ergänzt Kerzen aufnehmen konnte und von der Decke hing,

3.4.4

vielleicht im Refektorium oder den Privaträumen des Propstes.

Lit.: Lydia Höller, Passion. Spätgotische Bestände der Residenzgalerie Salzburg, Salzburg 1998, S. 87–98, S. 129–130 – Ausst.-Kat. Gotik Schätze 2002 (wie Kat. Nr. 2.2.4), S. 283.

K. P.

3.4.5
Brevis cronica
Reichersberg, um 1510
Codex, Pergament, 372 Seiten
(S. 19 und 20 aufgeschlagen),
H. 22 cm, B. 30 cm
Stift Reichersberg, Stiftsarchiv, Nr. 135

Der Reichersberger Codex enthält u. a. neben einer kurzen Chronik des Stiftes bis 1250 und den Namen der Gründer, Protektoren, Wohltäter und Pröpste vor allem Aufzeichnungen zur inkorporierten Pfarrei Bromberg, so ein Urbarium, Privilegien der Erzbischöfe von Salzburg, der Päpste und Kaiser zum Zehnt der Pfarreien Bromberg, Pitten und Edlitz sowie chronikalische Notizen. Die kolorierte Federzeichnung auf S. 19 zeigt die Übergabe des Zehnts von Bromberg durch Erzbischof Konrad I. an Propst Gerhoch von Reichersberg im Jahr 1144, dem Beginn der seelsorgerischen Tätigkeit der Augustinerchorherren in Niederösterreich.

Lit.: Ausst.-Kat. 900 Jahre Stift Reichersberg 1984 (wie Kat. Nr. 2.4.3), S. 374, Nr. 9.11.

G. S.

3.4.6
Nekrolog des Klosters Aldersbach
Aldersbach, 1627
Codex, Papier, 241 Bll. (fol. 7v und 8r aufgeschlagen), H. 31,5 cm, B. 21,5 cm
München, BayHStA, Aldersbach KL 7
(Ausstellungszeitraum 23.4.–2.8.)

Nekrologien stellen eine besondere Gattung mittelalterlicher Quellen dar. In ihnen wurden, dem Kalender folgend, die Namen verstorbener Konventualen und Mitbrüder anderer Klöster, aber auch von Laien, die als Wohltäter und Stifter dem Kloster nahe standen, eingetragen. An dem jeweils verzeichneten Todestag wurde ihrer im Gebet gedacht, indem die Namen im Kapitel vorgelesen wurden. Das Necrologium von Aldersbach wurde um 1627 angelegt, die Liste der Äbte bis zum Abt Malachias Niederhofer (Amtsantritt 1669) fortgeführt. Die kalligraphische Gestaltung des kalendarischen Teils und der Äbtetafel, die kolorierte Darstellung des Auferstandenen und des Todes auf dem Titelblatt sowie die äußere Gestaltung mit Goldschnitt und geprägtem Ledereinband verdeutlichen den Wert dieser Handschrift für das Kloster.

Lit.: Ed. MGH Necrol. 4, S. 3–26.

E. B.

3.4.7
Necrologium Aspacense
Asbach, um 1680, mit Nachträgen des 18. Jhs.
Codex, Papier, 175 Bll., H. 31,4 cm, B. 23 cm (mit Einband)
München, BayStB, Clm 1331
(Ausstellungszeitraum 2.8.–2.11.)

Das Necrologium von Asbach wurde um 1680 auf der Grundlage älterer Aufzeichnungen angelegt. Es reicht mit mehreren Einträgen ins 11. Jh. zurück und wurde noch bis ins 18. Jh. fortgeführt. Durch den Verlust der ersten acht Blätter fehlen heute die ersten 16 Tage des Monats Januar. Im Vergleich zum Nekrolog von Aldersbach ist das Asbacher Totengedenkbuch einfacher gestaltet.

Lit.: Johann Geier, Die Traditionen, Urkunden und Urbare des Klosters Asbach, München 1969, S. 10*, 23ff.*, 27f.* – Ed. MGH Necrol. 4, S. 73–105.

E. B.

3.4.8
Seelgerätstiftung des Grafen Heinrich von Ortenburg zugunsten der Mönche von Aldersbach
Ortenberg, 1241 März 17
Urkunde, Orig.-Pergament, Reitersiegel, H. 8,5 cm, B. 12 cm
München, BayHStA, Aldersbach KU 22

Schenkung eines Gutes in Liessing und eines Hörigen mit Namen Wernhardus aus Penzing an den Konvent von Aldersbach mit der Auflage, für das Seelenheil des Stifters zu beten. Die Urkunde ist auf dem Totenbett (in articulo mortis constitutus) geschrieben, von Zeugen unterfertigt und „zur größeren Sicherheit" mit dem Siegel des Stifters versehen worden.

Lit.: Unveröffentlicht.

E. B.

3.4.9
Gebetsverbrüderung der Augustinerchorherrenstifte Suben und Reichersberg
1416 März 27
Urkunde, Orig.-Pergament, zwei anhängende Wachssiegel, H. 11,5 cm, B. 33,5 cm
Stift Reichersberg, Stiftsarchiv, Nr. 422, neu 598

1416 gingen die Augustinerchorherren von Suben und Reichersberg eine Gebetsverbrüderung ein, um einander in ihren Gebeten zu gedenken. Diese vertragliche Vereinbarung wurde beurkundet und die Siegel des Propstes und des Konventes von Suben angehängt. Das Konventsiegel zeigt den Stiftspatron, den hl. Lambert.

Lit.: Ausst.-Kat. 900 Jahre Stift Reichersberg 1984 (wie Kat. Nr. 2.4.3), S. 336, Nr. 5.30.

G. S.

3.5 Grundherrschaft und Wirtschaft

Die Klöster des Mittelalters und der frühen Neuzeit waren nicht nur kulturelle Zentren und Bildungsstätten, sie haben durch ihre Grundherrschaft in einer agrarisch geprägten Welt eine entscheidende Bedeutung für das Wirtschaftsleben gehabt. Der z. T. sehr umfangreiche Grundbesitz, der durch die Gründungsdotation, spätere Schenkungen und kolonisatorische Arbeit zusammengekommen war, wurde im Wesentlichen durch Grundholden, abhängige Bauern, die Pachtverträge unterschiedlicher Geltung hatten und zu Diensten und Abgaben verpflichtet waren, bewirtschaftet. Auch die Zisterzienser, die ursprünglich auf Autarkie, Eigenwirtschaft, die in Grangien, Großbetrieben mit durchschnittlich etwa 150–200 ha, organisiert war und von Laienbrüdern (Konversen) getragen wurde, ausgerichtet waren, haben schließlich bei wachsendem Besitz und Rückgang der Arbeitskräfte das Land gegen Zins an Bauern ausgeben müssen. Für die Organisation des überwiegend verstreut liegenden Klosterbesitzes wurde schon früh Verwaltungsschriftgut entwickelt: Urbare (Güterverzeichnisse) in unterschiedlicher Form, Abgabenregister, Salbücher usw. Der Weinbedarf konnte nicht selten durch eigenen Weinanbau in den entsprechenden Regionen gedeckt werden, das wichtige Salz wurde in eigenen Salinen oder im Handel gewonnen. So hat man auch den Handel organisieren müssen und häufig durch landesherrliche Privilegien (z. B. Mautbefreiung) abgesichert. Schließlich haben die Klöster auch dem Gewerbe, den handwerklichen Tätigkeiten, in eigenen Werkstätten wesentliche Impulse gegeben, und nicht zuletzt ist der Bergbau – vor allem bei manchen Zisterzienserklöstern – ein Betätigungsfeld gewesen. Durch zielstrebigen Einstieg in die sich entwickelnde Ware-Geld-Wirtschaft, insbesondere durch Produktion für den städtischen Markt, konnten Klöster Gewinne erwirtschaften, die dann z. B. der Bautätigkeit oder der Förderung der bildenden Künste zugute kamen.

E. B.

3.5.1
Liber privilegiorum major des Klosters Aldersbach
Aldersbach, 1517
Codex, Pergament, 102 Bll. (fol. 42v und 43r aufgeschlagen), H. 37 cm, B. 27,5 cm
München, BayHStA, Aldersbach KL 3
(Ausstellungszeitraum 23.4.–2.8.)

Das unter dem Abt Marius (1514–1544) angelegte Kopialbuch enthält die Abschriften der von weltlichen und geistlichen Fürsten dem Kloster erteilten Privilegien sowie der Kauf- und Tauschurkunden und gestattet damit einen Überblick über den Grundbesitz des Klosters. Die Handschrift stellt sich mit ihren großformatigen Pergamentblättern, der Buchmalerei und dem reichen Initialenschmuck eher als ein Dokument der Repräsentation klösterlichen Reichtums denn als ein Instrument täglicher Verwaltungsarbeit dar.

Lit.: Ausst.-Kat. Zisterzienser-Kloster Aldersbach, 1986 (wie Kat. Nr. 3.2.4), S. 7, Nr. A 18.

E. B.

3.5.2
Grundbuch des Klosters Asbach
Asbach, 1596
Codex, Papier, 451 und XXI (Register) Bll. (fol. 247v und 248r aufgeschlagen), H. 33 cm, B. 23 cm
München, BayHStA, Asbach KL 8
(Ausstellungszeitraum 23.4.–2.8.)

Das Grundbuch, das unter dem Abt Wolfgang Faber (1584–1604) angelegt und bis 1789 fortgeführt worden ist, ver-

3.5.3

zeichnet die Güter, Höfe, Lehen und Sölden des Klosters.

Lit.: Unveröffentlicht.

E. B.

3.5.3
Grundzinsbuch des Klosters Raitenhaslach
1438, mit Nachträgen
Codex, Pergament, 301 Seiten (fol. 1v aufgeschlagen), H. 35,5 cm, B. 26,5 cm (mit Einband)
München, BayStB, Cgm 1517
(Ausstellungszeitraum 2.8.–2.11.)

Das vorliegende Grundzinsbuch, das die Abgaben und Zehnten von allen Hörigen des Klosters Raitenhaslach verzeichnet, hat der Abt Leonhard von Schellenstein 1438 im ersten Jahr seines Abbatiates anlegen lassen. Es zeichnet sich gegenüber anderen Exemplaren solchen Geschäftsschriftgutes durch die besonders kostbare Buchmalerei aus. Das Dedikationsbild in der A-Initiale zeigt den Abt mit Wappen kniend vor der thronenden Muttergottes mit dem Jesuskind, das sich zu ihm hinunterneigt, auf der Eingangsseite, die von einer mit reichem Blattwerk verzierten Ranke eingerahmt ist. Im unteren Bereich finden sich Mischwesen mit Pfeil und Bogen. Die I-Initiale mit dem erstem Zinseintrag zeigt den hl. Bernhard von Clairvaux mit Buch und Stab über dem Zisterzienserwappen.

Lit.: Karin Schneider, Die deutschen Handschriften der Bayerischen Staatsbibliothek München: Die mittelalterlichen Handschriften aus Cgm 888–4000, Wiesbaden 1991, S. 194–196.

E. B./K. P.

3.5.4
Urbarium et diplomatarium monasterii Ranshofen
Ranshofen, 1277/1303
Codex, Pergament, 155 Bll., H. 32 cm, B. 21,5 cm
München, BayHStA, Ranshofen KL 1
(Ausstellungszeitraum 2.8.–2.11.)

Die Handschrift enthält zwei Urbare (Güterverzeichnisse) und zwei Kopialbücher, die der Propst Konrad I. von Ranshofen 1277 bzw. 1303 anlegen ließ. Die Einzelteile sind wahrscheinlich erst im 17. Jh. zu einem Codex zusammengefasst worden. Der Stiftsbesitz war auf acht Urbarämter aufgeteilt, wozu noch Weingärten in der Wachau kamen. Die Kopialbücher enthalten wertvolles Urkundenmaterial in Abschriften, deren Originale zum Teil nicht auf uns gekommen sind.

Lit.: Ausst.-Kat. 900 Jahre Stift Reichersberg 1984 (wie Kat. Nr. 2.4.3), S. 312, Nr. 4.12 (mit älterer Literatur) – Ed. Die mittelalterlichen Stiftsurbare des Erzherzogtums Österreich ob der Enns, 1. Teil, Wien 1912, S. 277 ff.

E. B.

3.5.5
Graf Heinrich von Schaunberg bestätigt dem Stift Reichersberg die Mautfreiheit in Aschach für Wein und Getreide
Schaunberg, 1375 Dezember 18
Urkunde, Orig.-Pergament, mit Reitersiegel, H. 18,5 cm, B. 33,5 cm, Siegel ⌀ 10,5 cm
Stift Reichersberg, Stiftsarchiv Nr. 217

Das prachtvoll gearbeitete Reitersiegel dokumentiert auch das Selbstverständnis der Schaunberger, die sich über einen langen Zeitraum hin um die Aufrichtung

einer unabhängigen Herrschaft bemüht haben.

Lit.: Ausst.-Kat. Die Schaunberger in Oberösterreich 12.–16. Jahrhundert, Eferding, Linz 1978, S. 66, Nr. 17 – Ausst.-Kat. Gotik Schätze 2002 (wie Kat.-Nr. 2.2.4), S. 162.

E. B.

3.5.6
Salbuch des Klosters Asbach
Asbach, 1472
Codex, Papier, 222 und V Bll. (fol. 34v und 35r aufgeschlagen), H. 31 cm, B. 22,5 cm
München, BayHStA, Asbach KL 3

Der Codex ist eine Sammelhandschrift, in die der Abt Johannes III. im Anschluss an ein 1472 angelegtes Urbar Dokumente unterschiedlicher Art, u. a. Urkundenabschriften, ein Verzeichnis des Zehnts in Ering, Kirn und Münchham, ein Verzeichnis der vom Kloster abgeschlossenen Gebetsverbrüderungen, Notizen über die Weihen von Altären und Kapellen, Ablassbriefe, kurze Annalen und einen Bericht über die im Jahre 1212 erfolgte Zerstörung des Klosters aufnehmen ließ. Auf fol. 209–216v folgt eine Rechtsaufzeichnung in deutscher Sprache, 217–222 sind leer. Das Urbar verzeichnet die Abgaben von Naturalien (Eier, Getreide, Käse), Zehnten, Steuern, Dienste.

Lit.: Geier, Traditionen, 1969 (wie Kat. Nr. 3.4.7), S. 15*f.

E. B.

3.5.7
Dürrnberger Grubenkarte
1554
Pergament, H. 161 cm, B. 93 cm
Reproduktion (Ausschnitt),
Salzburg, Landesarchiv, KuR A 29

Auf der Dürrnberger Grubenkarte, von der ein Ausschnitt gezeigt wird, ist der gesamte Verlauf der Stollen im Salzbergwerk Dürrnberg bei Hallein wiedergegeben. Dabei sind die sich kreuzenden, als verschieden farbige Linien gezeichneten Stollen auf einer Ebene abgebildet; in Wirklichkeit liegen sie übereinander. Im Dürrnberg baute auch das Kloster Raitenhaslach Salz ab. 1207 schenkte der Salzburger Erzbischof Eberhard II. den Zisterziensern einen Salinenanteil und gestattete ihnen, Salz abzubauen, zu sie

den und zu verkaufen. 1454 endete die eigene Salzproduktion des Klosters, die Rechte gingen gegen eine jährliche Salzlieferung an den Erzbischof zurück. Die Salzgewinnung war neben der Weinerzeugung eine wichtige Einnahmequelle der Klöster.

Lit.: Krausen, Raitenhaslach, 1977 (wie Kat. Nr. 3.1.1), S. 194 – Ausst.-Kat. Fürsterzbischof Wolf Dietrich von Raitenau, 4. Salzburger Landesausstellung, Salzburg 1987, S. 396, Nr. 224 – Ausst.-Kat. Raitenhaslach, 1996 (wie Kat. Nr. 3.1.1), Nr. 5.1.

K. P.

3.5.8
Hofmark St. Nikola
1596
Kolorierte Federzeichnung auf Papier, auf Leinen aufgezogen, H. 61 cm, B. 61 cm (obere Anstückung 79 cm)
München, BayHStA, PLS 5318

Die Hofmark im Kurfürstentum Bayern stellte einen fest abgegrenzten Bezirk dar, in dem die Hofmarksherrschaft die so genannte Hofmarksgerechtigkeit (Niedergerichtsbarkeit, Steuerveranlagungs- und Musterungsrecht) ausübte. Die Federzeichnung der Hofmark von St. Nikola bildet den durch eine Ringmauer abgeschlossenen Klosterkomplex mit den um die Kirche gruppierten Gebäuden ab, der sich an der Nordseite mit einem Torturm zur Straße hin öffnet. Die großzügige Renaissance-Gartenanlage ist in den Konventsgarten und den Prälatengarten, der durch seine geometrisch angelegten Beete und das zweigeschossige Lusthaus gekennzeichnet ist, gegliedert. Im oberen Teil fällt der Blick auf die Ummauerung der Stadt Passau mit dem Bürgtor. Am linken oberen Rand befindet sich die Kirche St. Jakob, die von dem Friedhof für die Verstorbenen der Hofmark umgeben ist.

Lit.: Ludger Drost, St. Nikola in Passau, Passau 2003, S. 67, Anm. 223 (mit älterer Literatur).

E. B.

3.5.9
Kloster und Hofmark Ranshofen
Um 1730
Öl auf Lwd., H. 120 cm, B. 180 cm
Ranshofen, Kath. Pfarramt

Das von einem unbekannten Künstler um 1730 geschaffene Bild zeigt rechts auf

der Anhöhe, dem Klosterberg, die Stiftskirche Ranshofen, im Vordergrund die
alte Pfarrkirche, neben der noch die
Heilig-Geist-Kapelle zu sehen ist. An die
Klosterkirche angebaut ist die Prälatur,
die unter dem Propst Simon Mayr
(1635–1665) errichtet wurde; im Vordergrund ist die „untere Hofmark" mit der
großen Taferne, dem Krämerhaus und
dem Hofrichterhaus zu sehen. Links im
Hintergrund die Stadt und Festung Braunau mit der Pfarrkirche St. Stephan; jenseits des Inns das Dorf Simbach.

Lit.: Ausst.-Kat. 900 Jahre Stift Reichersberg
1984 (wie Kat. Nr. 2.4.3), S. 309, Nr. 4.06.

E. B.

3.6 St. Nikola und die Reformation

3.6.1
Leonhard Paminger, Cantiones ecclesiasticae, Druck Theodor Gerlach, Nürnberg 1573
Buch, Papier, H. 16 cm, B. 21 cm
Linz, Oberösterreichische Landes-
bibliothek, Sign. I-60082

Leonhard Paminger (1495–1567), der als
der fruchtbarste Komponist der Passauer
Musikgeschichte gilt und in Aschach an

der Donau geboren wurde, studierte in
Wien und kam um 1517 wohl als Schul-
gehilfe in das Stift St. Nikola. Hier stieg er
zum Leiter der Schule und Sekretär, also
in das höchste Laienamt im Kloster, auf
und wurde damit der wichtigste Mitarbeiter des Propstes. Neben theologischen
Traktaten hinterließ er ein sehr umfangreiches kompositorisches Werk, das sein
Sohn Sophonias nach seinem Tode he-
rausgab. Die Cantiones ecclesiasticae umfassen etwa 700 kirchenmusikalische Vo-
kalwerke, Motettenkompositionen über
Antiphonen des Offiziums und Evange-
lientexte sowie Sequenzen und deutsch-
sprachige Lieder, u. a. die fast vollstän-
dige Vertonung des Psalters.

Lit.: Heinz Walter Schmitz, Passauer Musikgeschichte, Passau 1999, S. 539ff. – Ausst.-Kat.
900 Jahre Stift Reichersberg 1984 (wie Kat. Nr.
2.4.3), S. 375, Nr. 9.13.

E. B.

3.6.2
Martin Luther, In Epistolam S. Pauli Ad Galatas commentarius, Wittenberg 1538 (mit einer persönlichen Widmung an Leonhard Paminger)
Buch, Papier, H. 20,5 cm, B. 16 cm
Augsburg, Universitätsbibliothek,
Sign. 02/XIII.4.4.124

Die Lehre Luthers hat ebenso wie in der
Bürgerschaft Passaus auch im Stift St. Nikola und in dessen oberösterreichischen
Pfarreien Fuß gefasst. Für die Atmosphäre im Stift ist sicherlich bezeichnend,
dass Leonhard Paminger trotz seiner reformatorischen Gesinnung, die sich u. a.
in seiner Forderung nach dem Laienkelch
dokumentierte, im Kloster bleiben und
seine Stellung als Sekretär behalten
konnte. Seine engen Kontakte zu Martin
Luther werden durch die persönliche
Widmung bezeugt, die der Reformator
seinem Paminger übersandten Kommentar zum Galaterbrief 1538 einschrieb.
Dieses Exemplar erbte sein Sohn Sophonias, der es seinem Schwiegersohn, dem
Superintendenten Herrnschmidt in Öt-
tingen weitergab. Darauf kam es an den
Superintendenten Wasser und von diesem an den Vorsteher der Öttingischen
Bibliothek Michel.

Lit.: D. Martin Luthers Werke. Kritische Ge-
samtausgabe, Bd. 48, Weimar 1927, S. 35–36,
Nr. 43.

E. B.

4. Barocke Pracht und Frömmigkeit

Im Verlauf der Gegenreformation und der wirtschaftlichen Erholung nach der Katastrophe des Dreißigjährigen Krieges (1618–1648) kam es zu einer neuen Blüte der Klöster und der Errichtung zahlreicher neuer Kirchen- und Klostergebäude. Die Äbte und Pröpste der Orden der Benediktiner, Zisterzienser, Augustinerchorherren und Prämonstratenser standen in Bayern als Prälaten einem landständischen Kloster vor, das als Grundherr einen Vertreter in die Landschaft entsenden durfte. Die Prälaten besaßen das Recht, die Pontifikalien als Ausweis ihres Ranges bei feierlichen Anlässen zu tragen.

Im Mittelpunkt des klösterlichen Lebens standen weiterhin das Chorgebet, die Messfeier sowie die Seelsorge in den inkorporierten Pfarreien. Vielerorts wurde durch eine Förderung der Wallfahrten und der Reliquienverehrung der Volksfrömmigkeit Rechnung getragen. Innerhalb der klösterlichen Gemeinschaft

übernahm jeder Konventuale ein Amt in Wissenschaft, Bildung, Verwaltung oder Wirtschaftsführung. Das Interesse an der Astronomie, Physik und Botanik führte zur Einrichtung eigener Naturalienkabinette und Sammlungen naturwissenschaftlicher Instrumente. Gemälde, Kupferstiche, Kleinkunstwerke, Münzen, auch Raritäten wurden in den Kunstsammlungen, Münzkabinetten und Wunderkammern gesammelt. Das gesteigerte Geschichtsbewusstsein und die Freude an barocker Prachtentfaltung zeigt sich in den aufwendigen Jubelfeiern, mit denen der Gründung der Klöster und Orden gedacht wurde. Zugleich wurden Galerien mit den Porträts aller Äbte und Pröpste angelegt. Bis zur Säkularisation 1803 waren die Klöster vorrangiger Träger des kulturellen, sozialen und wirtschaftlichen Lebens auf dem Lande.

K. P.

4.1 Barockprälaten und Bauherren

4.1.1

Porträt des Propstes Ildephons Schalkhamer von Suben (1763–1767)
Nach 1767
Öl auf Lwd., H. 135 cm, B. 105 cm
(mit Rahmen)
Inschrift: ILDEPHONSUS / SCHALKHAMER. / Bavar. Rottalmonaster. / Praepositus in Suben / 1763 † 1767
Augustiner-Chorherrenstift Reichersberg

Die Klosteroberen trugen Sorge für die Neuerrichtung oder Renovierung und Ausstattung der Klosterkirchen und ließen sich häufig selbstbewusst als Bauherren darstellen. So weist der Subener Propst Ildephons Schalkhamer in der weißen Tracht der Augustinerchorherren mit der rechten Hand auf einen Bauplan, der den Grundriss der von ihm bei dem Baumeister Simon Frey aus Pullach bei München in Auftrag gegebenen neuen Stiftskirche zeigt. Die Fertigstellung der Kirche erlebte der aus Rotthalmünster stammende Schalkhamer nicht mehr. Nachdem der Konvent im Januar 1767 zugestimmt hatte, die alte Kirche im Mai abgetragen war und die Fundamente für den Neubau gelegt waren, verstarb der Propst am 7. August 1767 im Stift Suben, dem er nach Studien in Passau und an der Universität Salzburg seit 1720 angehörte hatte.

Lit.: Ausst.-Kat. 900 Jahre Stift Reichersberg 1984 (wie Kat. Nr. 2.4.3), S. 75, S. 335, Nr. 5.27 – Hans Rödhammer, Die Pröpste des Augustiner-Chorherrenstiftes Suben, in: Oberösterreichische Heimatblätter 32 (1978) S. 246–247.

K. P.

4.1.2

Porträt des Propstes Joseph Anton Griesmüller von St. Nikola (1712–1741)
Passau, um 1735
Öl auf Lwd., H. 76,5 cm, B. 57 cm
Passau, Familie Brunner

Der in Praitenbruck in Österreich 1662 geborene Joseph Anton Griesmüller legte 1685 die Profess im Stift St. Nikola ab. Bereits drei Jahre nach seinem Amts-

4.1.1

antritt als Propst begann er 1715 mit der Barockisierung der Kirche, indem er den Baumeister des Passauer Domkapitels Jakob Pawanger mit der Planung und Ausführung beauftragte. Die Ausstattung, an der sich u. a. der Freskant Wolfgang Andreas Heindl und die Bildhauer Joseph Hartmann und Joseph Matthias Götz beteiligten, war 1725 fertiggestellt. Das sehr schlichte Porträt zeigt den Propst von St. Nikola in Halbfigur nah an den Betrachter herangerückt, so dass sein Gesicht und seine Persönlichkeit in den Vordergrund treten. Nur das Pektorale vor seiner Brust verweist auf sein Amt.

Lit.: Ausst.-Kat. 900 Jahre Stift Reichersberg 1984 (wie Kat. Nr. 2.4.3), S. 275, Nr. 2.20 – Ludger Drost, St. Nikola in Passau, Passau 2003, S. 118 ff.

K. P.

4.1.3
Erzengel Michael
Johann Eustachius Kendlbacher
(1660–1725), 1713
Öl auf Lwd. (Ausschnitt aus dem ehemaligen Hochaltarbild), H. 230 cm,
B. 150 cm (mit Rahmen)
Augustiner-Chorherrenstift Reichersberg

Das Gemälde Kendlbachers zeigt eine nicht mehr vollständig erhaltene Darstellung des Engelsturzes, die ehemals den 1713 errichteten Hochaltar der Reichersberger Stiftskirche schmückte. Der Erzengel Michael verstößt den hochmütigen Engel Luzifer zu ewiger Verdammnis aus dem Himmel, da dieser sich angemaßt hatte, dem Allerhöchsten gleich zu sein (Jesaja 14, 13–15). Kendlbacher bezieht sich mit diesem gegenreformatorischen Sinnbild des Sieges der katholischen Kir-

4.1.3

che auf das Hochaltarblatt des Christoph Schwarz von 1587/88 in der Münchner Jesuitenkirche St. Michael.

Lit.: Ausst.-Kat. 900 Jahre Stift Reichersberg 1984 (wie Kat. Nr. 2.4.3), S. 389, Nr. 10.23.

K. P.

4.1.4
Modell für den Tabernakel des Hochaltars der ehem. Klosterkirche in Aldersbach
Joseph Matthias Götz (1696–1760),
Passau (St. Nikola), um 1723
Holz, vergoldet, stellenweise lüstriert und bemalt, Eisen; Sockel modern,
H. 40,5 cm, B. 40,3 cm
Regensburg, Museen der Stadt,
Inv. Nr. K 1932/ 1
Das Modell stimmt weitgehend überein mit dem ausgeführten Tabernakel des um 1723 entstandenen Hochaltars der ehem. Klosterkirche von Aldersbach, einem der Hauptwerke von Joseph Matthias Götz. Dieser Tabernakel besitzt einen Mechanismus (nicht mehr funktionstüchtig), mit dessen Hilfe man die bekrönenden Skulpturen der Muttergottes und der sie flankierenden Putten in der Passionszeit versenken kann, um Platz zu machen für

4.1.4

4.1.5

Chors der Klosterkirche 1617 und das Hochaltarblatt von 1619 des Augsburger Stadtmalers Johann Matthias Kager zurück, dessen Gehilfe das kleinere Altarbild der Privatkapelle gemalt haben könnte. Dargestellt sind die drei Patrone des Klosters: Johannes der Täufer und die hl. Dorothea bitten die thronende Muttergottes um den Schutz der Zisterze am Aldersbach. Im Hintergrund findet sich die älteste erhaltene Ansicht des Klosters.

Lit.: Johannes Erichsen, Zwei Bildzeugnisse für Kloster Aldersbach aus dem frühen 17. Jahrhundert, in: Verhandlungen des Hist. Vereins für Niederbayern 114/115 (1988/89) S. 28–43 – Ausst.-Kat. Der blaugestreifte Reiter. Gemälde aus dem Münchner Stadtmuseum, hrsg. v. J. Müller-Meiningen, München 2001, Nr. 22.

K. P.

4.1.6
Porträt des Abtes Theobald II. Reitwinkler von Aldersbach (1745–1779)
Um 1760
Öl auf Lwd., H. 107 cm, B. 90 cm
Aldersbach, Kath. Pfarrkirchenstiftung

Das Wappen auf dem Buch in der linken Hand weist den mit einem schwarzen kurzen Schulterumhang, der Mozetta, weißem Chorrock und schwarzer Mütze Bekleideten als Abt Theobald II. Reitwinkler aus, der sich mit den Pontifikalien, den Insignien seines Ranges, porträtieren ließ – ein den Äbten von Aldersbach bereits 1444 verliehenes Recht. Er trägt den Ring und das mit Steinen besetzte Brustkreuz; die Mitra dage-

4.1.6

die Figur des auferstandenen Christus. Die Platten, die die Öffnungen verschließen und auf denen die Figuren stehen, kann man in Nuten einschieben. Mit einem weiteren Mechanismus lässt sich die Monstranz von der Aussetzungsnische auf die Mensa herabbewegen. Das Modell berücksichtigt die Vorrichtung zum Versenken der Figuren und außerdem weitere Verwandlungsmöglichkeiten. So sind in der Mitte zwei drehbare Zylinder übereinander angeordnet. Der untere enthält eine Nische für das Ciborium und trägt Gemälde des Emmausmahls und des Schweißtuchs der Veronika, zwischen denen man wählen kann. Der obere zeigt dekorierte Nischen für das Kruzifix und die Monstranz sowie eine Sitzfigur der Muttergottes. Auch die Seitenteile sind mit drehbaren Zylindern mit je drei Verwandlungsmöglichkeiten ausgestattet.

Lit.: Ausst.-Kat. Bayerische Rokokoplastik. Vom Entwurf zur Ausführung, Bayerisches Nationalmuseum München, München 1985,

S. 104–105, Kat. Nr. 107 (Peter Volk) mit 2 Abb. – Peter Volk, Ergänzungen zum Ausstellungskatalog, in: Entwurf und Ausführung in der europäischen Barockplastik (Ergänzungsband zum genannten Ausst.-Kat.), hrsg. v. Peter Volk, München 1986, S. 275–287, hier: S. 280 – Ders., Bemerkungen zu einigen Altarmodellen des 18. Jahrhunderts, in: Studien zur Werkstattpraxis der Barockskulptur im 17. und 18. Jahrhundert, hrsg. v. Konstanty Kalinowski, Posen 1992, S. 269–290, hier: S. 277–278, Abb. 5, 6.

P. V.

4.1.5
Thronende Muttergottes mit Heiligen aus dem Kloster Aldersbach
Augsburg (?), um 1612/19
Öl auf Lwd., H. 122 cm, B. 81 cm
Münchner Stadtmuseum,
Inv. Nr. Gm 90/63

Abt Michael Kirchberger (1612–1635), dessen Namenspatron, der Erzengel Michael, zur Rechten Mariens sitzt, wird dieses Bild – vielleicht für seine Privatkapelle – in Auftrag gegeben haben. Denn auf ihn geht auch der Bau des neuen gen liegt auf dem Tisch neben ihm, der Stab ist an die Wand gelehnt, so als habe er beide gerade erst abgelegt. Säule und Vorhang im Hintergrund unterstreichen die Würde des Porträtierten. Reitwinkler, der 1705 als Braumeistersohn in Hackl-berg geboren wurde, kam nach Studien in Freising und Ingolstadt 1726 in das Kloster und war einer seiner bedeutends-ten Äbte. So war er Visitator der Zisterzen in Bayern und Förderer der Wissenschaf-ten. Ihm ist u. a. der Bau der Kirchen-fassade und die Ausmalung der Porten-kapelle und Bibliothek durch Matthäus Günther zu verdanken.

Lit.: Zisterzienser-Kloster Aldersbach, 1986 (wie Kat. Nr. 3.2.4), S. 12–13, Nr. A 40 (mit älterer Literatur).

K. P.

4.1.7
Pastorale (Stab) des Propstes Ernest Theophil Scharrer von Suben (1679–1696)

Passau, 1684
Beschauzeichen Passau, Meistermarke ST, Tobias Schuemann
Silber, vergoldet, farbige Steine,
H. 198 cm
Linz, Domschatz

Der Stab wurde anlässlich der Verleihung des Rechts der Pontifikalien an den Su-bener Propst 1684 durch Papst Inno-zenz XI. bei dem Passauer Meister Tobias Schuemann in Auftrag gegeben. Das Wappen des Stiftes mit der Inschrift „Er-nestes Theophilus Abbas, Eccl. Suben-

4.1.9

sis" findet sich auf einem gravierten Schild an der Krümme, die zudem mit Akanthusblättern und farbigen Steinen besetzt ist. Die Halbfigur des als Bischof gekleideten hl. Augustinus verweist auf die Verwendung des Stabes in einem Augustinerchorherrenstift.

Lit.: Ausst.-Kat. 900 Jahre Stift Reichersberg 1984 (wie Kat. Nr. 2.4.3), S. 343, Nr. 5.70.

K. P.

4.1.8
Pontifikalien des Stiftes Reichersberg

a) Pektorale
   Anfang 19. Jh.
   Messing, versilbert, geschliffene Glas-steine, H. 13 cm, B. 8,5 cm
b) Mitra,
   2. Hälfte 17. Jh.
   Reine Seide, Silberstickerei
c) Pontifikalschuhe
   2. Hälfte 18. Jh.
   Damast, Goldstickerei
d) Handschuhe
   19. Jh.
   Seide, Goldstickerei

Propst Adam Pichler erhielt 1654 das Recht der Pontifikalien (Mitra, Stab, Brustkreuz). Die früheren Prälaten trugen nur einen Ring am Finger.

Lit.: Ausst.-Kat. 900 Jahre Stift Reichersberg 1984 (wie Kat. Nr. 2.4.3), S. 394, 396.

G. S.

4.1.7

4.1.9
Abtweihe des Abund I. Arleth von Fürstenzell und Emanuel I. Scholz von Raitenhaslach

1701
Öl auf Lwd. (restauriert), H. 200 cm,
B. 300 cm
Reproduktion
Hagnau am Bodensee, Pfarrkirche

Das Bild zeigt die feierliche Weihe der Äbte Abund I. Arleth von Fürstenzell und Emanuel I. Scholz von Raitenhaslach durch Stephan I. Jung von Salem am 21.9.1701 in der Raitenhaslacher Klos-terkirche. Der Salemer Abt setzt dabei dem vor ihm Knienden, der wohl als Abund I. Arleth zu identifizieren ist, die Mitra auf. Der Weihe wohnen die Äbte Balduin Helm von Fürstenfeld und En-gelbert Vischer von Aldersbach in fest-lichem Ornat und mit ihren Pontifikalien am rechten Bildrand bei. Die an den fünf Altarleuchtern befestigten Wappen bezo-gen sich ursprünglich sicherlich auf alle fünf Äbte, heute sind dagegen nur die Wappen des Fürstenzeller (einmal, leicht verfälscht), des Salemer und Raitenhas-lacher Abtes (je zweimal) dargestellt, wohl eine Folge der Restaurierung der unkenntlichen Wappen auf der beschä-digten Leinwand.

Der Abt von Salem stand nicht nur dem Mutterkloster der Zisterze Raitenhaslach vor, sondern war auch Generalvikar der Oberdeutschen Kongregation des Zisterzienserordens, zu der auch die bayerischen landsässigen Klöster gehörten. In dieser Eigenschaft führte er Visitationen in den Klöstern seiner Kongregation durch, nahm an den Wahlen der Äbte teil und vollzog deren feierliche Weihe.

Lit.: Petra Sachs-Gleich, „Die Pflanzung klösterlicher, gottgefälliger Disziplin", in: Jahrbuch des Bodenseekreises 13 (1996) S. 253 – Wolfgang Hopfgartner, Die Abtweihe im Kloster Raitenhaslach im Jahr 1701. Das Hagnauer Bild, in: Oettinger Land 18 (1998) S. 125–128.

K. P.

4.2 Im Dienste Gottes

4.2.1
Porträt des Johannes Baptist Drexler von Falkenfels
Passau, 1734
Öl auf Lwd., H. 110 cm, B. 86 cm (mit Rahmen)
Inschrift: Ioh. Bapt. Drexler / Chorherr v. St. Nikolei / Pfarrer zu Pocking
Pocking, Kath. Pfarrkirchenstiftung

Johannes Baptist Drexler (1683–1761) übte als Chorherr von St. Nikola das Amt des Pfarrers in Pocking aus, wie aus der beigegebenen Inschrift hervorgeht. Bereits ein Jahr nach seinem 1716 erfolgten Amtsantritt begann er mit dem Bau eines neuen Pfarrhofs, in dem er 37 Jahre bleiben sollte, bevor er 1753 in das Stift

4.2.2

St. Nikola zurückkehrte. In diesen Jahren bemühte er sich um die Renovierung der Kirche, ließ 1725 den Zwiebelturm aufsetzen und erwarb 1730 den alten Hochaltar des Klosters Vornbach. Nur der von ihm geplante, finanziell schwierige Ausbau des Langhauses wurde erst 1758/59 ausgeführt. Das standesgemäße, den barocken Lebensstil auch der Pfarrherren widerspiegelnde Porträt zeigt Johannes Baptist Drexler in einem fiktiven Raum mit Säule und Vorhang als Würdeformel sowie einem Ausblick auf den repräsentativen Pfarrhof mit Gartenanlage. Die dem Betrachter präsentierte Taschenuhr in seiner rechten Hand verweist zugleich auf sein sittlich geregeltes Leben.

Lit.: Max Eder, Baugeschichte der Pfarrkirche Pocking, in: Ostbairische Grenzmarken 17 (1928) S. 71–76 – Ausst.-Kat. 900 Jahre Stift Reichersberg 1984 (wie Kat. Nr. 2.4.3), S. 275, Nr. 2.21.

K. P.

4.2.2
Pfarrbuch der Pfarrei Sulzbach, 1686–1740
Handschrift, Papier, Ledereinband,
H. 31,5 cm, B. 23 cm
Passau, Archiv des Bistums Passau, Pfarrbücher Sulzbach 2

Das Matrikelbuch von Sulzbach, einer inkorporierten Pfarrei des Klosters Vornbach, enthält ein Tauf-, ein Trau- und ein Sterberegister. Jedes Register beginnt mit einem biblischen Spruch und einer farbigen Zeichnung. Am Anfang des Trauregisters stehen in Latein die Worte „Die Ehe soll bei allen in Ehren gehalten werden und das Ehebett soll rein bleiben" (Hebr. 13) sowie die Jahreszahl 1686; auf dem folgenden Blatt findet sich die Darstellung eines Vornbacher Benediktinerpaters, der einem festlich gekleideten Brautpaar den kirchlichen Segen gibt. Die ineinandergelegten Hände des Paares (*dextrarum junctio*) kennzeichnen die vollzogene Trauung.

Lit.: Siegfried Herböck, Das Leben in der Pfarrei Sulzbach, in: 1200 Jahre Stephanuskirche in Sulzbach am Inn 788–1988, Sulzbach 1988, S. 105 ff.

K. P.

4.2.3
Monstranz
Augsburg, um 1680/85
Beschauzeichen Augsburg, Meistermarke CR im Queroval, wahrscheinlich Caspar Riß von Rissenfels
Silber, teilvergoldet, farbige Steine,

4.2.1

4.2.3

Emailmedaillons, H. 85 cm, B. 35 cm
(Sonne), 32 cm (Fuß)
Aldersbach, Kath. Pfarrkirchenstiftung

Die Form der Monstranz wandelte sich
in der Barockzeit, als die mittelalterliche
Turmmonstranz von der Scheibenmon-
stranz (Strahlen- oder Sonnenmonstranz)
abgelöst wurde. Der Strahlenkranz der
reich verzierten Aldersbacher Monstranz
umgibt ein herzförmiges Schaugefäß für
die Hostie, das von roten Steinen und 15
Emailmedaillons mit Darstellungen der
Rosenkranzgeheimnisse gerahmt ist. Auf
den vier Emailmedaillons mit Purpurma-
lerei am Fuß sind das Emmausmahl, die
Taufe Jesu, die Fußwaschung und das
Abendmahl wiedergegeben. Als Bekrönung Gottvater und die Taube des hl.
Geistes, am Schaft eine Immaculata.
Der Goldschmied Casper Riß von Rissen-
feld war von 1612 bis zu seinem Tod
1712 in Augsburg, der bedeutendsten
Produktionsstätte für Goldschmiedearbeiten im 17. und 18. Jh., tätig.

Lit.: Ausst.-Kat. Zisterzienser-Kloster Aldersbach 1986 (wie Kat. Nr. 3.2.4), Nr. A 24 –
Ausst.-Kat. Kostbarkeiten aus kirchlichen
Schatzkammern. Goldschmiedekunst im Bistum Regensburg, bearb. v. Achim Hubel, Diözesanmuseum Regensburg 1979, München
1979, S. 144, Nr. 325 (Vergleichsbeispiele).

K. P.

4.2.4
Monstranz
Passau, um 1715
Beschauzeichen Passau, Meistermarke
LH, wahrscheinlich Leopold Heindl
Silber, teilvergoldet, farbige Steine,
H. 65 cm, B. 30 cm (Sonne),
24,5 cm (Fuß)
Beutelsbach, Kath. Pfarrkirchenstiftung

Die Engel mit Leidenswerkzeugen in den
Akanthusranken um das herzförmige
Schaugefäß und die Leidenswerkzeuge
am Fuß der Monstranz beziehen sich auf
die Passion und den Opfertod Christi. Ergänzt wird der figürliche Schmuck durch
eine thronende Mondsichelmadonna
sowie Gottvater und den hl. Geist. Die
Monstranz der Kirche in Beutelsbach, in
der die Zisterzienser aus Fürstenzell seelsorgerisch tätig waren, ist ein Werk des
Leopold Heindl. Er wurde nach der Heirat mit der Tochter des Passauer Goldschmieds Johann Christoph Schmidt
1703 und einer Tätigkeit als Meister in
Wien im Jahr 1712 in die Meisterge-
rechtsame seines Schwiegervaters in Passau aufgenommen, wo er bis 1738 tätig
war. 1743 ist er bereits verstorben.

Lit.: Wolfgang Maria Schmid, Alt-Passauer
Zünfte, Teil III, in: Niederbayerische Monatsschrift 8 (1919) S. 64–65 – Die Kunstdenkmäler von Bayern, Niederbayern, XIV, Bezirks-

4.2.4

amt Vilshofen, München 1926, S. 111 –
Ausst.-Kat. Kostbarkeiten, Regensburg 1979,
S. 182–183, Nr. 429, 430 (Vergleichsbei-
spiele).

K. P.

4.2.5
Monstranz
Landshut, 1780/90
Beschauzeichen Landshut, Meistermarke
CB im Zweipass, Caspar Bettinger
Silber, teilvergoldet, farbige Steine,
H. 80 cm, B. 38 cm (Sonne), 33 cm (Fuß)
Asbach, Kath. Pfarrkirchenstiftung

Die Monstranz ist für die Ausstattung der
neu errichteten Asbacher Klosterkirche
bei dem Landshuter Goldschmied Caspar Bettinger in Auftrag gegeben worden. Wie die Kirche verweist sie in ihren
Zierformen auf den Übergang vom Rokoko zum Klassizismus gegen Ende des
18. Jhs. Die Weintrauben auf den Strahlen bilden einen symbolischen Bezug zur
Eucharistie.
Caspar Bettinger war seit 1780 Meister in
Landshut, wo er bereits 1793 verstarb.

Lit.: Die Kunstdenkmäler von Bayern, Niederbayern, XXI, Bezirksamt Griesbach, München
1929, S. 62 – Ausst.-Kat. Kostbarkeiten,
Regensburg 1979, S. 99, Nr. 199 (Vergleichs-
beispiel).

K. P.

4.2.6
Reliquienmonstranz

Um 1768
Ohne Beschauzeichen und Meistermarke
Silber, vergoldet, farbige Steine,
H. 33 cm, B. 13,5/17 cm
Sulzbach, Kath. Pfarrkirchenstiftung

Reliquiare haben häufig die Form einer Monstranz. Die Sulzbacher Reliquienmonstranz bewahrt in ihrem kreuzförmigen Schaugefäß ein Partikel vom Kreuz Christi, dessen Echtheit durch ein im Fuß des Reliquiars befindliches Dokument, eine so genannte Authentik, bestätigt wird. Sie trägt das Datum 1767 mit einem handschriftlichen Zusatz von 1768.

Lit.: Unveröffentlicht.

K. P.

4.2.7
Ziborium

Passau, um 1720
Beschauzeichen Passau, Meistermarke LH im Herz, Leopold Heindl
Silber, teilvergoldet, farbige Steine (1 Stein fehlt), H. 44 cm, Ø 17,5 cm (Fuß), 13 cm (Kuppa)
Vornbach, Kath. Pfarrkirchenstiftung

Das Ziborium dient der Aufbewahrung der konsekrierten, für die Kommunion bestimmten Hostien. Im 17. Jh. über-

nimmt es die Form des Kelches und unterscheidet sich von diesem allein durch die Größe und einen Deckel. Das Vornbacher Ziborium trägt – wie im Barock üblich – eine durchbrochene Krone als würdiges Zeichen des heiligen Gefäßes und weist Engelsköpfe, Bandl- und Gitterwerk als Ornamentzier auf.

Lit.: Die Kunstdenkmäler von Bayern, Niederbayern, XXI, Bezirksamt Passau, München 1929, S. 62 – Ausst.-Kat. Kostbarkeiten, Regensburg 1979, S. 182–183, Nr. 429, 430 (Vergleichsbeispiele).

K. P.

4.2.8
Kelch

Regensburg, 1609
Beschauzeichen Regensburg, Meistermarke FH
Silber, vergoldet, H. 19,5 cm, Ø 15 cm (Fuß), 9 cm (Kuppa)
Halsbach, Kath. Pfarrkirchenstiftung

Die gotische Form des Kelches blieb bis in das beginnende 17. Jh. die vorherrschende Grundform, wie sie auch der Kelch aus Halsbach, einer inkorporierten Pfarrei von Raitenhaslach zeigt. Über einen Sechspassfuß erhebt sich der Schaft mit gedrücktem Nodus, der mit gravierten Lilien verziert ist und eine einfache Kuppa trägt. Auf dem Fuß findet sich ein graviertes Kreuz, unter dem Fuß ein Wappen sowie das Monogramm „IG 1609".

K. P.

4.2.9
Renaissance-Kelch

Ende 16. Jh.
Ohne Beschauzeichen und Meistermarke
Silber, vergoldet, H. 21 cm, Ø 14 cm (Fuß), 9 cm (Kuppa)
Fürstenzell, Kath. Pfarrkirchenstiftung

Der sechspassige Fuß und die Kuppa des Fürstenzeller Kelches sind mit Arabesken auf punziertem Grund geschmückt. Die hohe schlanke Form des Kelches und die sechseckige Form der Kuppa sind ungewöhnlich.

Lit.: Die Kunstdenkmäler von Bayern, Niederbayern, IV, Bezirksamt Passau, München 1920, S. 76.

K. P.

4.2.9

4.2.10
Kelch aus St. Anna

München, 1685
Beschauzeichen München, Meistermarke FK im Queroval, Franz Keßler
Silber, teilvergoldet, H. 24,5 cm, Ø 15 cm (Fuß), 9,5 cm (Kuppa)
Ering, Kath. Pfarrkirchenstiftung

4.2.7

4.2.10

Im Barock erhalten die Kelche reichen plastischen Schmuck an Fuß und Schaft, dessen Nodus die Form einer Balustervase annehmen konnte. Die Kuppa wird nun von einem Korb, Träger des Ornamentes, überfangen. Kuppaüberfang und Fuß des Kelches aus der Eringer Filialkirche St. Anna zieren Engelsköpfe und Akanthusranken. Unter dem Fuß findet sich in einem Medaillon das Doppelwappen des Klosters Asbach und des Abtes Innozenz Moser (1660–1696) mit dem Datum 1685, dem Jahr der Stiftung des Kelches, auf dem Fuß in einem Medaillon unter der Zahl 1595 das Wappen der Freiherren von Paumgarten über der Inschrift „1688 RENOVIERT". Die beiden anderen Medaillons tragen das Christus- bzw. Marienmonogramm „IHS" und „MRA".

Franz Keßler, von dem zahlreiche Arbeiten erhalten sind, erlangte 1664 die Meisterwürde in München, wo er 1717 starb.

Lit.: Die Kunstdenkmäler von Bayern, Niederbayern, Bezirksamt Pfarrkichen, München 1923, S. 49 – Ausst.-Kat. Kostbarkeiten, Regensburg 1979, S.131–133, Nr. 290–296 (Vergleichsbeispiele).

K. P.

4.2.11
Kelch

Passau, um 1700
Beschauzeichen Passau, Meistermarke wohl Tobias Schuemann
Silber, vergoldet, Emailmedaillons,
H. 27 cm, ⌀ 19,4 cm (Fuß),
⌀ 11,3 cm (Kuppa)
Fürstenzell, Kath. Pfarrkirchenstiftung

Engelsköpfe und Emailmedaillons zieren den Kelch aus Fürstenzell. Auf den farbigen Medaillons des Fußes sind die Geißelung, das Gebet am Ölberg und das Abendmahl, auf denen der Kuppa die Kreuzabnahme, Dornenkrönung und Kreuzigung dargestellt.

Tobias Schuemann ist von 1682 bis 1709 als Meister in Passau nachweisbar, wo er seit 1684 auch Vorsteher der Zunft und Bürgermeister war.

Lit.: Schmid, Zünfte, 1919 (wie Kat. Nr. 4.2.4), S. 63 – Die Kunstdenkmäler von Bayern, Niederbayern, IV, Bezirksamt Passau, München 1920, S. 76.

K. P.

4.2.12
Kelch

München, 1727
Beschauzeichen München, Meistermarke IME, Johann Michael Ernst
Silber, vergoldet, H. 27 cm, ⌀ 19,5 cm (Fuß), 10,5 cm (Kuppa)
Asbach, Kath. Pfarrkirchenstiftung

Der Kelch mit reichem Bandlwerk, Fruchtkörben und Engelsköpfen ist ein Geschenk der Maria Monika Rauch an ihren in den Jesuitenorden eingetretenen Sohn, wie aus der innen am Fuß angebrachten Inschrift hervorgeht: „Charismo filio R.P. Leoni so: Jesu agnum immakulatum imolanti hunc calicem materno afectu offert. Maria monica rauch in 8. Juny 1727". Nach der Aufhebung des Jesuitenordens 1773 wird der Kelch nach Asbach gekommen sein.

Lit.: Die Kunstdenkmäler von Bayern, Niederbayern, XXI, Bezirksamt Griesbach, München 1929, S. 62.

K. P.

4.2.13
Kelch

Passau, um 1730
Beschauzeichen Passau, Meistermarke LH im Herz, Leopold Heindl
Silber, teilvergoldet, H. 25 cm
Rotthalmünster, Kath. Pfarrkirchenstiftung

Um 1720/30 löst das aus geschwungenen und geraden Bändern bestehende Bandlwerk die Akanthusblätter als vorherrschende Ornamentform ab. Der Kelch des Leopold Heindl aus Rotthalmünster, einer inkorporierten Pfarrei des Klosters Aldersbach, stellt mit seinem Laub- und Bandlwerk und den Engelsköpfen ein charakteristisches Beispiel dieser Zeit dar.

Lit.: Die Kunstdenkmäler von Bayern, Niederbayern, XXI, Bezirksamt Griesbach, München 1929, S. 254 – Ausst.-Kat. Kostbarkeiten, Regensburg 1979, S. 182–183, Nr. 429, 430 (Vergleichsbeispiele).

K. P.

4.2.14
Kelch

Passau, 1737
Beschauzeichen Passau, Meistermarke LH im Herz, Leopold Heindl
Silber, vergoldet, mit Emailmedaillons, H. 25 cm, ⌀ 17 cm (Fuß), 9,5 cm (Kuppa)
Sulzbach, Kath. Pfarrkirchenstiftung

Die Emailmedaillons des mit Engelsköpfen und Bandlwerk verzierten Kelches zeigen auf dem Fuß die Heiligen Rochus, Nepomuk vor der Stadtkulisse Prags und Sebastian, auf der Kuppa die Himmelfahrt Christi, einen römischen Märtyrerheiligen und den hl. Florian.

Die Inschrift am Fuß verweist auf die Stiftung des Kelchs im Jahr 1737: „Memento hunc calicem offerentis M. Elisabethae Lachhamerin 1737".

K. P.

4.2.15
Kelch

Augsburg, 1767/69
Beschauzeichen Augsburg, Meistermarke undeutlich, vielleicht ICS, Johann Carl Stippeldey
Silber, vergoldet, H. 24,5 cm, ⌀ 16 cm (Fuß), 9 cm (Kuppa)
Mittich, Kath. Pfarrkirchenstiftung

In den 40er Jahren des 18. Jhs. setzt sich die Rocaille als bestimmende Ornamentform des Rokoko durch. Sie bildet die beherrschende plastische Zierform des Augsburger Kelches aus Mittich, einer seit dem 17. Jh. eigenen inkorporierten Pfarrei des Stiftes St. Nikola.

Lit.: Die Kunstdenkmäler von Bayern, Niederbayern, XXI, Bezirksamt Griesbach, München 1929, S. 206.

K. P.

4.2.15

4.2.16

4.2.16
Kelch

Landshut, 1771
Beschauzeichen Landshut, Meistermarke
IFS im Schild, Johann Ferdinand Schmid
Silber, vergoldet, rote und weiße Steine,
H. 29,5 cm, ⌀ 20 cm (Fuß), 10 cm
(Kuppa)
Sammarei, Kath. Pfarrkirchenstiftung

Der Kelch der Wallfahrtskirche Sammarei
ist eine Stiftung des Aldersbacher Abtes
Theobald II. Reitwinkler, wie aus den beiden gravierten Wappen des Klosters und
des Abtes sowie aus der Inschrift „F.T.A.A.
(Frater Theobaldus Abbas Alderspacensis) 1771 D.D.D. (Do Dono Dedico)"
unter dem Fuß hervorgeht. Der besonders reich geschmückte Kelch weist
neben Rocaillen sechs Medaillons mit
Emailmalerei auf. Auf dem Fuß sind das
Sammareier Gnadenbild der Muttergottes, der hl. Josef mit dem Jesuskind
und der hl. Bernhard, auf der Kuppa die
Kreuzigung, die Geißelung und das Emmausmahl dargestellt.
Johann Ferdinand Schmid ist von 1741
bis 1790 in Landshut nachweisbar, wo er
die größte Goldschmiedewerkstatt des
Ortes im 18. Jh. besaß.

Lit.: Die Kunstdenkmäler von Bayern, Niederbayern, XIV, Bezirksamt Vilshofen, München
1926, S. 291 – Ausst.-Kat. Zisterzienser-Kloster Aldersbach 1986, Nr. A 39 (wie Kat. Nr.

3.2.4) – Ausst.-Kat. Kostbarkeiten, Regensburg 1979, S. 95–99, Nr. 188–196 (Vergleichsbeispiele).

K. P.

4.2.17
Kelch

Augsburg, 1777/79
Beschauzeichen Augsburg, Meistermarke
CXS, Caspar Xaver Stippeldey
Silber, vergoldet, H. 25 cm, B. 15 cm
(Fuß), 8 cm (Kuppa)
Ering, Kath. Pfarrkirchenstiftung

1784 erwarb der Asbacher Benediktiner
Ildefons Trost bei dem Augsburger Gold-
schmied Caspar Xaver Stippeldey einen
Kelch für die Kirche in Ering, in der er als
Vikar tätig war, wie aus der Gravur am
Fuß hervorgeht: „FRATER ILDEFONSUS
TROST BENEDICTINUS PRESBIVTER
IN ASPACH FIERI FECIT . H . T.
VICARIUS IN ERING INDIGNUS Ao
1784". Stippeldey, der von 1766 bis nach
1809 in Augsburg das Goldschmiede-
handwerk ausübte und eine sehr produk-
tive Werkstatt leitete, steht mit seinem
Werk an der Schwelle zum Klassizismus.
So finden sich auf dem Eringer Kelch Ro-
koko-Ornamente neben klassizistischen
Girlanden.

Lit.: Die Kunstdenkmäler von Bayern, Niederbayern, Bezirksamt Pfarrkirchen, München
1923, S. 49 – Ausst.-Kat. Kostbarkeiten, Regensburg 1979, S. 174–176, Nr. 404–411
(Vergleichsbeispiele).

K. P.

4.2.18
Messkännchen-Garnitur

Augsburg, um 1700
Beschauzeichen Augsburg, Meistermarke
IL am Teller, Johann Joachim I Lutz, IM
an den Kännchen
Silber, teilvergoldet, 30 × 23 cm (Teller),
H. 13/12,5 cm (Kännchen)
Kößlarn, Kath. Pfarrkirchenstiftung

Der Teller der Messkännchen-Garnitur ist
mit Engelsköpfen und Akanthus verziert;
in den Medaillons Leidenswerkzeuge, in
den Spiegeln, auf denen die Kännchen
stehen, das Christus- bzw. Marienmonogramm.

Lit.: Die Kunstdenkmäler von Bayern, Niederbayern, XXI, Bezirksamt Griesbach, München
1929, S. 171.

K. P.

4.2.19
Messkännchen-Garnitur

Augsburg, um 1730
Beschauzeichen Augsburg, Meistermarke
FP am Teller, LS an den Kännchen
Silber, vergoldet, 27,5 × 21 cm (Teller),
H. 12 cm (Kännchen)
Heiligenberg, Kath. Pfarrkirchenstiftung

Die Messkännchen gehören zur Wallfahrtskirche Heiligenberg.

K. P.

4.2.20
Messkännchen-Garnitur

Passau, um 1750
Beschauzeichen Passau, Meistermarke
IPS im Herz, Johann Peter Schwendtner
Silber, teilvergoldet, L. 34 cm (Tablett),
H. 16,5 cm (Kännchen)
Hartkirchen, Kath. Pfarrkirchenstiftung

Der prächtige mit Rocaillen verzierte Teller trägt in seinen Spiegeln zwei Wappen,
die laut den Kunstdenkmälern einer Familie Stöger zugehören. Die Buchstaben
A und V auf den Deckeln der Kännchen
kennzeichnen wie bei den beiden vorherigen Garnituren die Gefäße für Wasser
(*aqua*) und Wein (*vinum*).
Johann Peter Schwendtner wird 1732
zum ersten Mal als Meister erwähnt,
1788 verkauft er seine Gerechtsame. Er
schuf die Garnitur für die Kirche Hartkirchen, eine inkorporierte Pfarrei des
Stiftes St. Nikola.

Lit.: Schmid, Zünfte, 1919 (wie Kat. Nr.
4.2.4), S. 65 – Die Kunstdenkmäler von Bayern, Niederbayern, XXI, Bezirksamt Griesbach,
München 1929, S. 128.

K. P.

4.3 Kunst und Wissenschaft

4.3.1
Franz Joachim Beich (1665–1748)

Ideale Gebirgslandschaft
Öl auf Lwd., H. 65 cm, B. 96 cm
München, BayStGS, Inv. Nr. 4603
Bischöfl. Ordinariat Eichstätt

In einer idealen Gebirgslandschaft wenden sich im Vordergrund Christus und
seine Jünger einem am Wegesrand sitzenden Bettler mit Hund zu.
Der Landschaftsmaler Franz Joachim
Beich, in Ravensburg als Sohn des Geo-
meters Daniel Beich geboren, war Hof-

4.3.1

4.3.2

maler des bayerischen Kurfürsten Max Emanuel und arbeitete nach dessen Tod 1726 vorwiegend für Auftraggeber aus dem Adelsstand und den Klöstern. Seine bevorzugten Themen waren Landschaften mit biblischen Figuren. So besaß das Stift St. Nikola allein vier Bilder des Künstlers, die während der Säkularisation 1803 von dem Galerieinspektor Georg von Dillis für die kurfürstliche Galerie in München ausgewählt wurden. Der Weg der Bilder lässt sich über die von Dillis in St. Nikola angefertigte Liste aller abzutransportierenden Gemälde und Kupferstiche über die frühen Inventare der Galerie bis zum heutigen Verbleib in den Bayerischen Staatsgemäldesammlungen verfolgen.

Lit.: Ausst.-Kat. Barocke Weltenbilder. Franz Joachim Beich, Zeppelin Museum Friedrichshafen, 1998.

K. P.

4.3.2
Hl. Sebastian und Wappen von Abt Gerard Hörger von Aldersbach
Süddeutschland, 1651/69
Buchsbaum, ungefasst, Sockel, Baumstamm und Pfeile fehlen, einige Finger ergänzt, H. (Figur) 27,3 cm, (Wappen) 9,4 cm
München, Bayerisches Nationalmuseum, Inv. Nr. R 7085 a und b

Sebastian mit schmerzerfülltem Gesicht ist bis auf ein um die Hüften geschlungenes Tuch nackt wiedergegeben. Körper und Gliedmaßen zeigen Einschüsse von Pfeilen. Der hochgereckte linke Arm war an einen heute verlorenen Baum gebunden. Zugehörig ist eine Kartusche, die vielleicht ursprünglich am nicht erhaltenen originalen Sockel befestigt war, mit dem Wappen von Gerard Hörger, von 1651 bis 1669 Abt von Kloster Aldersbach, der die Skulptur vermutlich in Auftrag gegeben hat. Deren Herkunft lässt sich allerdings nur bis 1881 (Slg. v. Mayenfels, Meersburg) zurückverfolgen.

Der vollrund ausgearbeitete Körper wirkt ungeschönt und ist kleinteilig modelliert. Wegen der altmeisterlichen Behandlung von Haaren und Lendentuch hat man die Figur früher irrtümlich in die Dürerzeit datiert. Werke aus dieser Epoche haben bis ins 17. Jh. hinein stilbildend gewirkt, und diese Tradition ist auch bei der Sebastiansfigur spürbar.

Lit.: Ernst Friedrich Bange, Die Kleinplastik der deutschen Renaissance in Holz und Stein, München 1928, S. 96, Taf. 105 – Ausst.-Kat. Dürers Verwandlung in der Skulptur zwischen Renaissance und Barock, hrsg. v. Herbert Beck und Peter C. Bol, Liebieghaus Museum alter Plastik, Frankfurt/Main 1981, Nr. 160 (Bernhard Decker) mit Abb. – Ausst.-Kat. Zisterzienser-Kloster Aldersbach, 1986 (wie Kat. Nr. 3.2.4), Nr. A 22 (Martin Angerer) mit Abb. – Christian Theuerkauff, Veit Lang. Weiterhin ein Unbekannter, in: Skulptur in Süddeutschland 1400–1770. Festschrift für Alfred Schädler, hrsg. v. Rainer Kahsnitz u. Peter Volk, München/Berlin 1998, S. 220–240, hier S. 236, Abb. 17.

P. V.

4.3.3
Schaumünze des Abtes Emanuel II. Mayr von Raitenhaslach
Josef Scheufel, 1779
Silber, ⌀ 3,9 cm
München, Staatliche Münzsammlung

Personenmedaillen oder Schaumünzen von Äbten wurden zumeist als Geschenk für befreundete Mitbrüder angefertigt. Die ausgestellte Medaille stellt den Abt Emanuel II. Mayr von Raitenhaslach (1759–1780) im Brustporträt dar. Die Buchstaben der Legende sind aufzulösen: „Reverendissimus Dominus Emanuel Abbas Sacri Ordinis Cisterciensis IN Raitenhaslach 1779". Der Revers zeigt unter dem strahlenkranzumgebenen Auge Gottes das aus den Einzelbuchstaben gebildete Monogramm Mariens, in der Umschrift die Devise des Abtes: „AMORE. ET. FIDVCIA" und am unteren

4.3.3

Rand den Namen des Medailleurs Josef Scheufel. Abt Emanuel, Sohn eines Tagelöhners, hat sich als Bauherr einen bedeutenden Namen gemacht; u. a. ist ihm der Neubau der Wallfahrtskirche Marienberg zu verdanken.

Lit.: Ausst.-Kat. Die Zisterzienser. Ordensleben zwischen Ideal und Wirklichkeit, Ausstellung des Landschaftsverbandes Rheinland u. a. in Aachen, Köln 1980, Nr. I 72.

E. B.

4.3.4
Pokal mit der Ansicht von Asbach
Böhmen oder Bayerischer Wald, 1725
Glas, Matt- und Blankschnitt, H. 24 cm
Regensburg, Museen der Stadt,
Inv. Nr. K 1937/12

Der Pokal mit einer Ansicht des Klosters auf der Vorder- und dem Wappen des Abtes Corbinian Föderl mit den Initialen C.A.I.A. auf der Rückseite trägt den Schriftzug: „VIVA CORBINIANUS ABBAS IN ASPACH" und die Jahreszahl 1725. Abt Corbinian (1707–1739) zählt zu den Asbacher Äbten des 18. Jhs., die sich durch eine rege Bautätigkeit im Kloster auszeichneten.

Lit.: Gläser. Antike, Mittelalter, Neuere Zeit, Museum der Stadt Regensburg, Katalog der Glassammlung, Sammlung Brauser, Regensburg 1977, Nr. 200.

K. P.

4.3.5
Becher mit Wappen des Abtes Edmund Bachmayr von Fürstenzell
Böhmen oder Bayerischer Wald, um 1800
Glas, Matt- und Blankschnitt, H. 11,8 cm
Regensburg, Museen der Stadt,
Inv. Nr. K 1931/35b

Unter den beiden Wappen des Zisterzienserordens und des Klosters Fürstenzell erscheint das Wappen des letzten Abtes, Edmund Bachmayr (1792–1803): eine auffliegende Taube mit Ölzweig im Schnabel unter dem Auge Gottes. Ein weiterer Becher mit dem Wappen Bachmayrs hat sich im Bayerischen Nationalmuseum in München erhalten.

Lit.: Katalog der Glassammlung Regensburg 1977, Nr. 212 – Die Glassammlung des Bayerischen Nationalmuseums, bearb. v. Rainer Rückert, Bd. 1, München 1982, Nr. 731.

K. P.

4.3.6
P. Stephan Wiest, Institutiones Theologicae, Bd. 6: Demonstratio Dogmatum Catholicorum, Ingolstadt 1789
Buch, Papier, H. 20 cm, B. 12 cm
Passau, Staatliche Bibliothek, Sign. BBP/ CA 27-6

Stefan Wiest ist am 7. März 1748 in Teisbach Niederbayern geboren. († 10. April 1797 in Aldersbach). In Landshut besucht er das Gymnasium und tritt 1767 in das Zisterzienserkloster Aldersbach ein. Nach Studium in Ingolstadt und Lehrtätigkeit in Aldersbach wird er in Ingolstadt Professor für Dogmatik, wo er sich auch mit Patristik und besonders mit der Geschichte der Theologie auseinander setzt. 1787–1788 ist er Rektor der Universität Ingolstadt, legt 1794 sein Amt nieder und kehrt in sein angestammtes Kloster zurück. Als Theologe war Wiest Eklektiker. In Auseinandersetzung mit dem Vernunftbegriff der Aufklärung und insbesondere mit dem Christian Wolffs betont er eine neuerliche Begründung der Theologie in der Offenbarung.

Lit.: Bernhard Müller, Vernunft und Theologie. Eine historisch-systematische Untersuchung zum Verhältnis von Denken und Glauben bei Stephan Wiest (1748–1797), Regensburg 1988 – Philipp Schäfer, Kirche und Vernunft. Die Kirche in der katholischen Theologie der Aufklärungszeit, München 1974, S. 155–205.

J. K.

4.4 Jubiläen und Trauerfeiern

4.4.1
Festzug von Ranshofen 1699
Bilderhandschrift, Aquarell auf Papier, H. 50,7 cm, B. 75 cm
Reproduktion
Linz, OÖLM, Inv. Nr. Ha III 6751

Besondere Anlässe, vor allem die Jubiläen der Ordens- und Klostergründungen, wurden in den Klöstern aufwändig begangen. Zu den oft mehr als eine Woche dauernden Feierlichkeiten gehörten Festpredigten, die Errichtung von Triumphbögen als Teil der Festarchitektur mit vielfältigen allegorischen und symbolischen Bezügen sowie Prozessionen, in denen die Gebeine römischer Katakombenheiliger feierlich erhoben wurden.
Das Stift Ranshofen gab anlässlich seiner 800-Jahrfeier, zu der Propst Ivo Kurzbauer die Kirche modernisieren ließ, 1699 eine großformatige Bilderhandschrift heraus. In farbigen Aquarellen sind die Festarchitektur und die Prozession der Braunauer Bürger mit prunkvollen Festwagen festgehalten.

Lit.: Ausst.-Kat. 900 Jahre Stift Reichersberg 1984 (wie Kat. Nr. 2.4.3), S. 315, Nr. 4.18.

K. P.

4.4.2
Glorwürdiges Sechstes Jubel-Jahr oder Sechs-Hundert-Jähriger Welt-Gang deß heiligen und befreyten Cistercienser Ordens celebriert in dem hochlöbl. Gottes-Hauß deß gemelten Ordens Raiten-Haßlach so im Jahr 1698, Druck Salzburg 1699
Buch, 248 S. mit 9 z. T. ausfaltbaren Kupfertafeln, H. 20 cm, B. 17 cm
München, BayStB, Res/4 Bavar. 1091

Das Zisterzienserkloster Raitenhaslach beging am 17. August 1698 das 600-jährige Jubiläum der Gründung des Mutterklosters Cîteaux (1098). Aus die-

4.4.1

4.4.4

sem Anlass wurden die Reliquien der hl. Römischen Märtyrer und Blut-Zeugen Christi Ausanius, Concordia und Fortunata in einer festlichen Prozession in die Klosterkirche überführt. Ihre Gebeine finden sich noch heute in Raitenhaslach. Der Bericht über die Feierlichkeiten gibt Auskunft über die anlässlich des Festes aufgestellten Triumphbögen und die während der Oktav täglich gehaltenen Festpredigten.

Lit.: Ausst.-Kat. Zisterzienser 1980 (wie Kat. Nr. 4.3.3), Kat. Nr. I 66.

K. P.

4.4.3
Memoria Sexcentenaria. Das ist: Sechshundert jährige Gedächtnuß der beständigen Verharnuß deß hochlöblichen Gotthauß und Closters Ordinis S. Benedicti zu Formbach in Underlands Bayern, Druck Passau 1694
Buch, 64 S., H. 18,5 cm, B. 14,6 cm
München, BayStB, Res/4 Bavar. 1091

In der Jubelschrift zu den Feierlichkeiten anlässlich des 600-jährigen Bestehens

des Klosters Vornbach, das 1694 unter Abt Wolfgang begangen wurde, ist die am 26. September gehaltene Festpredigt des Frater Romanus Austriacus aus Niederwallsee (NÖ) abgedruckt. Frater Romanus war Kapuziner sowie Hof- und Domprediger zu Passau. Auch in Vornbach verband man das Jubiläum mit einer triumphalen Erhebung der Gebeine eines hl. Märtyrers, hier des hl. Clarus.

Lit.: Unveröffentlicht.

K. P.

4.4.4
Pröpste-Album
1707
Codex, Pergament, 69 Bll., H. 40 cm, B. 28 cm
Augustiner-Chorherrenstift Reichersberg

Die in diesem Band enthaltenen Porträts sämtlicher Pröpste bis Konrad Meindl († 1915) mit einer kurzen Lebensbeschreibung sind von verschiedenen Händen angefertigt und mit Ölfarbe auf Pergament gemalt. Die gezeigte Abbildung stellt Propst Ambrosius Kreuzmayr

(1770–1810) dar. Er stammte aus Schärding und trat 1746 in das Stift Reichersberg ein. 1770 wurde er zum Propst gewählt und erlebte während seiner Amtszeit die Abtretung des Innviertels an Österreich und die Franzosenkriege.

Lit.: Ausst.-Kat. 900 Jahre Stift Reichersberg 1984 (wie Kat. Nr. 2.4.3), S. 375, Nr. 9.12.

G. S.

4.4.5
Rotelblatt (Todesanzeige) für Romanus Deibl aus Asbach
Asbach an das Kloster Schlehdorf, 1752 November 30
Doppelblatt, Papier, H. 30 cm, B. 20 cm
München, BayHStA, Asbach KL 66, fol. 33–34

Der Brauch, verbrüderten Klöstern die Nachricht über den Tod eines Mitbruders zukommen zu lassen, lebte nach der Reformation wieder auf. Man machte sich nun den Buchdruck zunutze und ließ, statt einen einzigen Rotulus an alle Klöster zu versenden (vgl. Kat. Nr. 3.3.18), für jedes verbrüderte Kloster ein Exemplar drucken und durch den Rotelboten austragen. Im Empfängerkloster wurde das Todesdatum ins Nekrologium eingetragen und auf der Todesnachricht selbst die Erfüllung der vereinbarten geistlichen Hilfe vermerkt. Dann hinterlegte man diese im Archiv. Die Rotelblätter waren unterschiedlich gestaltet, entweder voll-

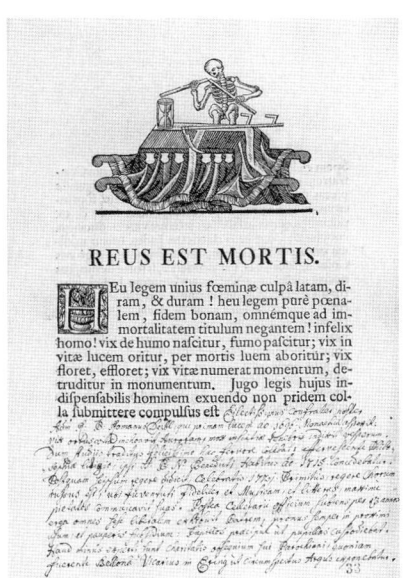

4.4.5

ständig gedruckt oder ganz handge-
schrieben oder mit gedrucktem allgemeinen Formular, in das man mit Hand die
Personaldaten einfügte. Besonders ausgestaltet wurde die Titelvignette, im vorliegenden Falle der Tod, der den Stab
über einem mit Bahrtuch bedeckten Sarg
bricht, auf dem Sanduhr und Sense liegen.

Über Romanus Deibl, der aus Gasteig bei
München stammte und 1716 seine Profess in Asbach ablegte, wird u. a. gesagt,
dass er sich als Cellerar allen gegenüber
freigebig erwies, Vikar in Ering und Prior
des Klosters war.

Lit.: Edgar Krausen, Totenrotelsammlungen
bayerischer Klöster und Stifte, in: Archivalische Zeitschrift 60 (1964) S. 11 ff. – Benedikt Wagner, Gebetsverbrüderung, Totenrotel
und Rotelbücher der Ordensstifte, in: Ausst.
Kat. Groteskes Barock, Niederösterreichische
Landesausstellung, Stift Altenburg 1975,
S. 51–53.

E. B.

4.4.6

**Verzeichnis der an die Konventualen
des Klosters Asbach abgegebenen
Habite und Socken 1736–1740**

Papier, ca. 140–150 Bll., Bll. 1–56
beschriftet (fol. 8r aufgeschlagen),
H. 20,5 cm, 16 cm
München, BayHStA, Asbach KL 59

Romanus Deibl erhält in den Jahren
1736 bis 1741 nicht nur ein neues Win-

ter- und Sommerhabit, sondern auch
neue Socken, wohl einen floccus („*Flok-
hen*"), ein mantelartiges Übergewand,
und eine „*Hirschens Hosen*", eine Hose
aus Hirschleder.

Diese Handschrift gibt einen Einblick in
den Alltag der Asbacher Mönche und zugleich einen Hinweis auf das Leben des
1752 verstorbenen Romanus Deibl in
Asbach.

Lit.: Unveröffentlicht.

K. P.

4.4.7

**Gedächtnisschrift zum Tod des Abtes
Theobald Weißenbach
von Raitenhaslach (1780–1792)**
1792
5 Bilder, Öl auf Lwd., in einem Einband
zusammengebunden, H. 40 cm, B. 26 cm
Burghausen, Stadtarchiv, So-1

Das gezeigte Leinwandbild stellt einen
Katafalk unter Baldachin mit Kerzen,
Mitra und Stab, zwei trauernden Beifigu-

ren und den beiden Tugenden Gerechtigkeit (Schwert) und Weisheit (Spiegel) in
farbigen Gewändern dar. Die übrigen
Bilder enthalten u. a. Darstellungen der
Klostergründung, der Heiligen Benedikt
von Nursia und Bernhard von Clairvaux,
der Muttergottes und der Wappen des
Stifterpaares.

Lit.: Ausst.-Kat. zur 850. Wiederkehr der Besiedlung des ehemaligen Zisterzienserklosters
Raitenhaslach, bearb. v. Wolfgang Hopfgartner, hrsg. v. der Stadt Burghausen, Burghausen
1996, S. 29–30, Nr. 2.18 1–5.

E. B.

4.4.8

**Trauerrede auf Abt Corbinian
von Asbach**
Sichtbare Sonnen-Finsterniß … über d.
Kloster Aspach d.i. Gottseel. Hintritt
Corbiniani Prälaten, Druck Passau 1739
Papier, 14 Bll., H. 30 cm, B. 19 cm
München, BayStB, Sign. 2 Bavar. 970,
III, 17

4.4.7

Die während der Trauerfeierlichkeiten gehaltenen Leichenpredigten wurden im Barock vielfach gedruckt und fanden zum Nachruhm des Verstorbenen weite Verbreitung. Die Trauerrede auf Abt Corbinian Föderl (1707–1739) ist in Passau gedruckt worden und setzt mit ihrem Titel den Tod des Abtes mit einer Sonnenfinsternis gleich. Abt Corbinian, der aus München stammte, zeichnete sich im Kloster besonders durch seine Baumaßnahmen aus. Ihm sind u.a. Teile der Konventstrakte, das Brauhaus und eine neue Wasserleitung zu verdanken.

Lit.: Unveröffentlicht.

K. P.

4.4.9
Castrum Doloris für Abt Otto Doringer von Aldersbach

1797

Holz, farbig bemalt

a) Tumbabrett mit seifenblasendem Knaben, „Sicut ludus parvuli", H. 151 cm
b) Tumbabrett mit Strohhalm und Bäumen, die vom Sturm gebeugt werden, „Quasi stipula", H. 151 cm
c) Tumbabrett mit Phönix, „Non moriar", H. 210 cm
d) Tumbabrett mit Phönix, „Sed vivam", H. 210 cm
e) Tumbabrett mit Phönix, „Et requiescam", H. 210 cm

Aldersbach, Kath. Pfarrkirchenstiftung

Die prunkvolle Aufbahrung der Leichen hochgestellter Personen im weltlichen wie im kirchlichen Bereich hat große Tradition. Die besondere Form des Trauergerüstes (Castrum Doloris, „Trauriger Schauplatz") hat mit Vorläufern in Italien und Burgund im 17. und 18. Jh. weite Verbreitung in Europa gefunden. Das hier gezeigte Trauergerüst ist für den vorletzten Abt in Aldersbach Otto Doringer (1779–1797) hergestellt worden. Von ihm haben sich 14 Emblemkegel, einige von einem Totenkopf mit gekreuzten Knochen gekrönt, erhalten. Das Castrum Doloris wurde bei der Totenmesse in der Kirche aufgestellt. Die Emblematik kreist um die Themen menschlicher Vergänglichkeit, Tod und Auferstehung. So stehen der seifenblasende Knabe und der die Bäume bewegende Sturm für die Hinfälligkeit des Daseins; der Vogel Phönix auf

4.4.9

weiteren drei Emblemkegeln symbolisiert die Auferstehung und das ewige Leben, wobei die lateinischen Beischriften jeweils als Erklärung dienen.

Lit.: Ausst.-Kat. Zisterzienser (wie Kat. Nr. 4.3.4), Nr. I 75 – Liselotte Popelka, Castrum Doloris oder „Trauriger Schauplatz", Wien 1994.

E. B.

4.5 Das Ende der Klöster

4.5.1
Tagebuch des Abtes Otto Doringer (1780–1797)

Handschrift, Autograph, Papier, 116 Bll., Teil I Pappband mit Lederrücken (82 S.), Teil II lose Blätter (34 S.), H. 23,5 cm, B. 20,5 cm

Aldersbach, Kath. Pfarrkirchenstiftung

Das lateinisch geschriebene Tagebuch des Aldersbacher Abtes stellt eine interessante Quelle zur Zeitgeschichte kurz vor der Säkularisation dar. Es spiegelt vor allem in den Aufzeichnungen über die kirchenpolitischen Maßnahmen Kaiser Josephs II. deutlich die Sorge vor einer ähnlichen Entwicklung auch in Bayern und einer drohenden Auflösung des Klosters wieder.

Lit.: Peter Zauner, Das Tagebuch des Zisterzienserabtes Otto Doringer von Aldersbach (1779–1797) in: Ostbairische Grenzmarken 14 (1972) S. 14–48.

E. B.

4.5.2
Propst Franz II. Konrad von St. Nikola

Passau, 1797 (?)

Öl auf Lwd., H. 143 cm, B. 114 cm
Klosterneuburg, Stiftsmuseum,
Inv. Nr. GM 566

Franz II. Konrad war der letzte Propst von St. Nikola. 1795 gewählt, erlebte er 1803 die Aufhebung des Stiftes. Am 21. März kam der zum Lokalkommissar für St. Nikola berufene bayerische Salzbeamte Anton Dümler in das Stift, um die Auflösung zu verkünden. Sogleich begann er mit der Einziehung der Gelder, Pretiosen, Silber- und Goldgeräte sowie des übrigen Besitzes samt der Gebäude und Ländereien. Auch die Bibliothek, das berühmte Naturalienkabinett und die Gemäldegalerie wurden aufgelöst. Die wertvollsten Bücher und Kunstgegenstände kamen nach München, das übrige wurde verkauft oder versteigert.

Ob auf dem Bild – wie bisher angenommen – Anton Dümler dargestellt ist, der dem Propst das Aufhebungsdekret überreicht, ist allerdings nicht gesichert. Denn auf einer Seite des Buches, das Franz Konrad aufschlägt, erkennt man die Worte „Sta (?) Croce" und die Jahreszahl 1797, ein möglicher Hinweis auf das Entstehungsdatum. In diesem Fall könnte die weltliche Person auf dem Gemälde, die einen Siegelstempel an einer Kette trägt, vielleicht der Sekretär des Stiftes sein.

Lit.: Ausst.-Kat. Bayern ohne Klöster? Die Säkularisation 1802/03 und die Folgen, Bayerisches Hauptstaatsarchiv München, Neuburg a. d. Donau 2003, Nr. 26 (mit älterer Literatur).

K. P.

5. Freiherren und Grafen: Adel in Niederbayern

In den Bauten des bayerischen Herrenstandes zeigen sich die großen wirtschaftlichen Unterschiede innerhalb des Standes. Einen Überblick über die verschiedenen Herrschaftsbauten gibt das vierbändige Werk „Historico-topographica descriptio Bavariae" des Michael Wening (1645–1718), Hofkupferstecher des bayerischen Kurfürsten Ferdinand Maria. Wening bereiste die bayerischen Lande, um Klöster und Adelssitze zu dokumentieren: vom einfachen Adelssitz, der sich mit einem einflügeligen steinernen Haus oder vereinzelt noch Holzbau nur geringfügig von den umgebenden bäuerlichen Behausungen unterschied, bis zum großen repräsentativen Schlossbau. Nur bedeutendere Adelsfamilien waren Besitzer mehrerer Hofmarken und Schlösser. Gerade Niederbayern zeichnete sich durch eine große Anzahl von Herrensitzen und Hofmarken aus. Der Inhaber einer Hofmark verfügte über die niedere Gerichtsbarkeit und nahm polizeiliche und administrative Aufgaben (Musterung, Steuern) wahr.

K. P.

5.1. Herrensitze im 18. Jahrhundert

a) Schloss Ruhstorf
Reproduktion aus: Michael Wening, Historico-topographica descriptio. Das ist: Beschreibung deß Churfürsten- und Hertzogthumbs Ober- und Nidern Bayrn, III. Rentamt Landshut, 1724

Der nicht mehr erhaltene einfache Wohnsitz besteht aus einem mehrstöckigen Einflügelbau ohne Turm. Laut Wening bezieht sich der Stich auf das Schloss Ruhstorf bei Arnstorf.

b) Schloss Schönau
Reproduktion aus: Michael Wening, Historico-topographica descriptio. Das ist: Beschreibung deß Churfürsten- und Hertzogthumbs Ober- und Nidern Bayrn, III. Rentamt Landshut, 1724

Schloss Schönau (Lkr. Rottal-Inn) ist seit 1671 im Besitz der Freiherren Riederer von Paar und bildet durch seine Türme einen größeren Gebäudekomplex aus.

c) Schloss Katzenberg
Reproduktion aus: Michael Wening, Historico-topographica descriptio. Das ist: Beschreibung deß Churfürsten- und Hertzogthumbs Ober- und Nidern Bayrn, II. Rentamt Burghausen, 1721

Schloss Katzenberg (Innviertel), von 1595 bis 1819 im Besitz der Grafen von Taufkirchen, zählt zu den größeren vierflügeligen Schlossanlagen am Inn.

Lit.: Enno Burmeister, Die Schlösser des altbayerischen Landadels. Typologie nach den Kupferstichen Michael Wenings Anfang des 18. Jahrhunderts, Diss. München 1977.

K. P.

5.2 Die Familie Paumgartner

Das wittelsbachische Pfleggericht Ering mit Frauenstein und dem Dorf Mining wurde am 8. Februar 1508 durch den bayerischen Herzog Albrecht IV. an die Brüder Peter Paumgartner (Baumgarten), Kanzler zu Landshut, und Wolfgang Paumgartner, Rentmeister zu Burghausen, wegen ihrer Verdienste im bayerischen Erbfolgekrieg für 13 500 Gulden – ausgenommen die landesfürstliche Obrigkeit und das Halsgericht – verkauft. 1511 wurde der Kauf durch Kaiser Maximilian bestätigt. Durch Zugewinne, u. a. die Hofmark Stubenberg, wurde der Besitz vergrößert. Nach vorübergehender Teilung unter zwei Familienzweige blieb die Herrschaft seit 1602 eine Einheit mit dem Hauptsitz Ering. Grablege der Familie war zunächst die Pfarrkirche von Mining. Da der größte Teil der Besitzungen auf dem linken Innufer lag, verlor das Schloss Frauenstein an Bedeutung; dagegen wurde Ering im Laufe des 18. Jhs. zu einer imposanten barocken Anlage ausgebaut. Trotz Begünstigung durch Hans Christoph I., neben dem Grafen Joachim von Ortenburg einer der Führer der Adelsopposition gegen Albrecht V., hatte die Reformation in der vom Kloster Asbach pastoral betreuten Herrschaft keine Erfolge. Im Jahre 1629 wurden die Paumgartner in den Freiherrenstand, 1745 in den Grafenstand erhoben. Kurfürst Max III. Joseph verlieh dem Grafen Johann Joseph in Erwägung seiner „distinguierten Meriten" 1766 die freie Gerichtsbarkeit mit Blutbann. Diese wurde in der Folgezeit auch ausgeübt. Damit schied die Herrschaft Ering-Frauenstein aus dem Bezirk des Landgerichtes Braunau aus. Nach dem Übergang des Innviertels an Österreich wurde diese Verleihung für die rechts des Inns gelegenen Besitzungen hinfällig. 1845 erlosch die Familie Baumgarten im Mannesstamme.

Lit.: H.W. Wurster, in: 1200 Jahre Ering am Inn, Festschrift 1988, S. 5–71 (mit Literatur).

E. B.

5.2.1
Herrschaftssitze

a) Schloss Frauenstein
Reproduktion aus: Michael Wening, Historico-topographica descriptio. Das ist: Beschreibung deß Churfürsten- und Hertzogthumbs Ober- und Nidern Bayrn, II. Rentamt Burghausen, 1721

b) Schloss Ering
Reproduktion aus: Michael Wening, Historico-topographica descriptio. Das ist: Beschreibung deß Churfürsten- und Hertzogthumbs Ober- und Nidern Bayrn, II. Rentamt Burghausen, 1721

5.2.2
Kaufbrief an Peter Paumgartner
1508 Februar 7
Libell, Pergament, anhängendes Wachssiegel, H. 35 cm, B. 25,5 cm
Landshut, Staatsarchiv, Schlossarchiv Ering U 197/I

Verkauf des Schlosses Frauenstein und der Herrschaft Erneck mit Ering u. a. Zubehör durch Herzog Albrecht IV. an Peter Paumgartner.
Für ihn und seinen Bruder Wolfgang wurde je eine Urkunde mit eigenhändiger Unterschrift des Herzogs ausgestellt. Beide Exemplare sind in unterschiedlichem Erhaltungszustand vorhanden. Sie wurden wohl während der vielen Teilungen unter den Paumgartnern an verschiedenen Orten, wahrscheinlich in Ering und Frauenstein, aufbewahrt.

Lit.: Johann Geiger, Das Schlossarchiv Ering, in: Bll. des Bayer. Landesver. f. Familienkunde 47 (1984) S. 60–65.

E. B.

5.2.4

5.2.5

5.2.3

Mandat des Herzogs Albrecht an die Untertanen in der Herrschaft Frauenstein und Erneck wegen des Verkaufs an die Brüder Paumgartner

München, 1508 Februar 11
Urkunde, Orig.-Pergament, Rücksiegel
Sekret, H. 26 cm, B. 32 cm
Landshut, Staatsarchiv, Schlossarchiv
Ering U 198

Lit.: Unveröffentlicht.

E. B.

5.2.4

Glasfenster der Pfarrkirche Mining: Peter Paumgartner

Hans Wertinger, Landshut, 1524
Hüttenglas, H. 55 cm, B. 36,1 cm
München, Bayerisches Nationalmuseum,
Inv. Nr. G 736

Die Glasgemälde mit den Stifterdarstellungen des Peter und Wolfgang Paumgartner (Kat. Nr. 5.2.5) stammen aus dem Chor der Pfarrkirche Mining (Inn-

viertel), die 1524 umgebaut wurde und in der sich Peter Paumgartners Grabstein († 1525) befindet. Das Glasbild zeigt den Juristen, der nach einem Studium in Wien 1478 Professor des kanonischen Rechts in Ingolstadt, ab 1490 bzw. 1503 herzoglicher Rat und Kanzler in Landshut war, kniend mit Mütze und Rosenkranz in seiner Hand. Hinter ihm steht sein Namenspatron, der hl. Petrus. Neben seinem Wappen (Löwe) findet sich das seiner Ehefrau Anna von Trenbach, die er 1496 geheiratet hatte, darunter die Inschrift: „Peter . Baũgartner . Zv . fraunstain . Bedẽ. Rechtn . doctor. Anna . Võ . Trenbach . vxor ."

Lit.: Kataloge der Glasgemälde des Bayerischen Nationalmuseums in München, bearb. v. Johannes Schinnerer, München 1908, S. 37–38, Nr. 153 – Heinz Lieberich, Landherren und Landleute. Zur politischen Führungsschicht Baierns im Spätmittelalter, München 1964, S. 79.

K. P.

5.2.5

Glasfenster der Pfarrkirche Mining: Wolfgang Paumgartner

Hans Wertinger, Landshut, 1524
Hüttenglas, H. 55,8 cm, B. 34 cm
München, Bayerisches Nationalmuseum,
Inv. Nr. G 737

Wolfgang Paumgartner in voller Rüstung wird von seinem Namenspatron, dem hl. Wolfgang, empfohlen. Wie auf dem Glasgemälde seines Bruders ist auf dem des Wolfgang das Wappen der Paumgartner und das der Ehefrau, hier der Margarete von Nußdorf, dargestellt. Auf dem Balken, der das Bild nach oben abschließt, befindet sich die Jahreszahl 1524, unten die Inschrift: „Wolffgang . Baũgartner . Zum fravnstain. Margret . Von . Nvstorff . vxor ."

Lit.: Kataloge der Glasgemälde des Bayerischen Nationalmuseums in München, bearb. v. Johannes Schinnerer, München 1908, S. 38, Nr. 154.

K. P.

5.2.6

5.2.6
Hochzeit des Johann Wolfgang Paumgartner mit Felicitas Fronheimer
1612

Öl auf Lwd., Reproduktion
Original Privatbesitz

1612 heiratete Johann Wolfgang von Paumgarten Felicitas Fronheimer. Bereits ein Jahr später erwarb er den Sitz der Familie zu Malching vom Bruder Achatzius Fronheimer, Domherr zu Passau. Dessen Wappen befindet sich auf dem Hochzeitsbild zu Füßen des Lautenspielers in antiker Gewandung. Das Gemälde versetzt die Hochzeitsgesellschaft in eine Fantasielandschaft, in der im Hintergrund Musiker mit verschiedenen Instrumenten an Tischen sitzen und im Vordergrund Paare auf einer Terrasse flanieren. Zwei Amoretten mit Pfeil und Bogen spielen auf den Anlass der Entstehung des Bildes an.
Große standesgemäße Hochzeitsfeste des Adels zeigen die Bedeutung der Heirat für den Fortbestand der Familie und damit für die Sicherung des Besitzes.
Lit.: Ausst.-Kat. Ritterburg und Fürstenschloß 1998 (wie Kat. Nr. 2.1.5), S. 97 (Abb.).

K. P.

5.2.7
Erhebung in den Freiherrenstand – Wappenbrief für Johann Wolfgang von Paumgarten
Wien, 5. Februar 1629
Orig.-Pergament, Goldbulle, H. 58 cm, B. 91 cm
Landshut, Staatsarchiv, Schlossarchiv Ering U 882

Mit dieser Urkunde erhebt Kaiser Ferdinand II. Johann Wolfgang von Paumgarten in den Freiherrenstand und verbindet damit für diesen selbst, seine Brüder und seine Nachkommen eine Wappenbesserung. Mit der Goldbulle, die das Majestätssiegel zeigt, ist der besondere Wert der Urkunde verdeutlicht. Für den Empfänger hieß das aber auch, dass er für diese Standeserhöhung eine hohe Geldsumme zu zahlen hatte. Die goldgerahmte Wappenzeichnung ist in den Text integriert. Am unteren Rand sind die beiden Namenspatrone des Empfängers, Johannes der Täufer und der hl. Bischof Wolfgang von Regensburg, mit ihren Attributen dargestellt.
Lit.: Unveröffentlicht.

E. B.

5.2.7

5.2.8

Verleihung des Blutbanns in der Herrschaft Ering an Johann Joseph Graf von Paumgarten und seine Erben

München, 1766 August 9

Libell, Pergament, H. 37,3 cm, B. 60 cm (aufgeschlagen), Wachssiegel in anhängender Holzkapsel

Landshut, Staatsarchiv, Schlossarchiv Ering U 1095

Lit.: Unveröffentlicht.

E. B.

5.2.9

Porträt des Johann Joseph Franz Albrecht Thaddäus Max Graf von Paumgarten (1713–1772)

Um 1768

Öl auf Lwd., H. 216 cm, B. 127,5 cm

Museum Kloster Asbach, Grafensaal

Das Porträt des Grafen ist das größte Gemälde im Grafensaal des Klosters Asbach, in dem Wohltäter des Klosters dargestellt sind. In prächtigem Gewand mit dem St.-Georgs-Kreuz an der Kette um seinen Hals und dem St.-Georgs-Stern des ritterlichen Hausordens der Großkreuzherren an der Brust, zeigt er mit der rechten Hand auf drei Briefe in Form von Libelli. Die Beschriftungen „Zum Churfürstl. Oberst Kämmerer Ampt", „Zum Churfürstl. löbl. Geistl. Rath." und „Zum Churfürstl. Departement der Ausländischen Geschäfte" verweisen auf seine Ämter, die er am kurfürstlichen Hof in München innehatte. So war er u. a. Oberstkämmerer und bayerischer Konferenzminister, zudem kaiserlicher Rat und zwei Jahre Präsident der Akademie der Wissenschaften.

Das gleiche Porträt hängt im Schloss Ering und ist dort bezeichnet: „B: D' Lander inv: et pinxit 1768".

Lit.: Die Kunstdenkmäler von Bayern, Niederbayern, Bezirksamt Pfarrkichen, München 1923, S. 52–53.

K. P.

5.2.9

5.3 Die Familie Aham im Innviertel

Das hochadelige Geschlecht der Ahamer, das zum bayerischen Turnieradel zählte, nannte sich nach der Ortschaft Aham im heutigen Bezirk Braunau am Inn (OÖ). Der legendenhaften Überlieferung nach soll bereits im Jahr 938 ein Ahamer an einem Turnier in Magdeburg teilgenommen haben. Tatsächlich aber treten die Ahamer erstmals um 1140 als Ministerialen des Hochstifts Passau, dessen Erbkämmerer sie von ca. 1220 bis 1803 waren, urkundlich in Erscheinung. Viele Ahamer empfingen im Lauf der Jahrhunderte von Kaisern, Königen, Fürsten und Päpsten höchste Ämter und Würden. Der letzte des Geschlechtes, Joseph Mathias Franz Xaver Benedikt Graf von Aham, starb am 12. Jänner 1881 auf seinem Schloss Neuhaus in der Gemeinde Geinberg (OÖ).

F. B.

5.3.1

Herrschaftssitze

a) Schloss Neuhaus

Reproduktion aus: Michael Wening, Historico-topographica descriptio. Das ist: Beschreibung deß Churfürsten- und Hertzogthumbs Ober- und Nidern Bayrn, II. Rentamt Burghausen, 1721

b) Schloss Wildenau

Reproduktion aus: Michael Wening, Historico-topographica descriptio. Das ist: Beschreibung deß Churfürsten- und Hertzogthumbs Ober- und Nidern Bayrn, II. Rentamt Burghausen, 1721

5.3.2

Das ritterliche Geschlecht der Ahamer wird in den Reichsfreiherrenstand erhoben

Wien, 1652 Juni 3

Libell, Papier, 8 Bll., Goldbulle (Avers: Thronsiegel, Revers: Doppeladler, Wachssiegel fehlt), H. 33,8 cm B. 26 cm

Augustiner-Chorherrenstift Reichersberg, Stiftsarchiv

Kaiser Ferdinand III. erhebt alle Angehörigen des Geschlechtes sowie deren eheliche Nachkommen in Anerkennung *„… ihres schuldtigen gehorsambs unnd Riderlichen Redlichen Tadten und getreuen*

5.3.2

litätvollen Malereien der Wappen, Turnierszenen und Porträts anfertigte, ist nicht bekannt.

Die aufgeschlagenen Seiten zeigen das gräfliche Wappen von 1691 sowie „*Das Alte Wappen des Hoch Edlen Rittermäsßigen Geschlechts Deren Von Aham*", welches bis zur Erhebung in den Freiherrenstand im Jahr 1652 geführt wurde. Beide Blätter wurden erst um 1696 dazugebunden.

Lit.: Fußl 1999 (wie Kat.Nr. 2.3.4), S. 37–49.

F. B.

5.3.5
Ahnenprobe: Sechzehn-Ahnen-stammbaum

Regensburg, 1729 April 11
Deckfarben auf Papier, gerahmt,
H. 66,5 cm, B. 68,5 cm
Privatbesitz

Stammbaum der Maria Katharina Helena Gräfin von Aham auf Neuhaus und Geinberg. Die 1687 als sechstes Kind von Johann Joseph Franz Freiherrn von Aham und der Maria Anna Katharina, geb. Freiin von Franking, in Straubing geborene Gräfin trat in das kaiserlich freiweltliche Reichsstift Niedermünster in Regensburg ein. Für den Eintritt in ein adeliges Stift war Ritterbürtigkeit Voraussetzung. Genügten im 14. Jh. vier adelige Vorfahren, so waren im 17./18. Jh. durch die „Ahnenprobe" mindestens 16 adelige Vorfahren nachzuweisen. Damit wurde „Neuadeligen" der Eintritt unmöglich gemacht. Damenstifte dienten vor allem der Versorgung adeliger Töchter, die jedoch das Stift nicht selten zwecks Heirat wieder verließen.

Lit.: Unveröffentlicht.

F. B.

5.3.6
Eine Gräfin von Aham zu Wildenau als Nonne

1698
Öl auf Lwd., H. 108 cm, B. 90 cm
Augustiner-Chorherrenstift Reichersberg

Dreiviertelporträt der Maria Anna Christina Theresia Gräfin von Aham zu Wildenau (1663–1709) in Ordenstracht vor einem Tischaltar. Auf dem Bild ist noch das alte ritterliche Wappen der Ahamer (die Linie Wildenau wurde 1693 in den Grafenstand erhoben) zu sehen.

Diensten …" in den Reichsfreiherrenstand. Mit dieser Standeserhebung war auch eine Wappenverbesserung verbunden: Der Leopard und die modernisierte Helmzierde bekamen eine Freiherrenkrone, aus welcher mit halbem Leib ein mit Pfauenfedern bebuschter Leopard herausragt, der in der einen Tatze eine zerbrochene Turnierlanze, in der anderen einen Lorbeerkranz hält. Im Hintergrund prangt ein Hermelinmantel.

Lit.: Konrad Meindl, Genealogische Abhandlung über das altbairische Adelsgeschlecht der Ritter, Freiherren und Grafen von Aham auf Hagenau, Wildenau und Neuhaus, in: Verhandlungen des hist. Vereins von u. für Niederbayern XX. Band, Heft 3 und 4, o. O. u. J., S. 8 u. 104–108.

F. B.

5.3.3
Kaiserliches Erhebungsdiplom

Wien, 1691 Juli 7
Libell, Papier, 9 Bll., rotes Wachssiegel in Holzbulle (Deckel fehlt), H. 35 cm, B. 26,5 cm
Augustiner-Chorherrenstift Reichersberg, Stiftsarchiv

Kaiser Leopold I. erhebt die Brüder Johann Joachim Ignaz und Johann Josef Franz von Aham von der Linie Neuhaus mit dem Prädikat „Hochwohlgeboren" in den Reichsgrafenstand. Damit verbunden war auch eine Wappenvermehrung „*… mit des uhralten der Freyherren von Tanneckh Wappenschild (drei Becher im schwarzen Feld) und Helm Kleinodt …*".

Die Mutter der Brüder war eine geborene Freiin von Tanneck. Ausschlaggebend für die Standeserhebung dürfte der gute Kontakt, den Johann Joachim Ignaz als geistlicher Würdenträger zum Kaiser hatte, gewesen sein. Die Verleihung des Grafentitels war nicht gratis, sondern mit Zahlung einer hohen Geldsumme verbunden – 4.000 Gulden waren dafür an die Reichskammer zu entrichten.

Die Linie Wildenau wurde mit Diplom vom 30. Dezember 1693 ebenfalls in den Reichsgrafenstand erhoben.

Lit.: Meindl o. J. (wie Kat. Nr. 5.3.2), S. 95–97 u. 108–117.

F. B.

5.3.4
Stamm- und Wappenbuch der Ahamer, Bd. II

Verf. Pater Adrianus von Aham
(Nikolaus Bernhard Freiherr von Aham 1632–1721), 1675
Handschrift, Papier u. Pergament,
264 Bll., Holzeinband mit Kalbsleder,
H. 30,5/32 cm, B. 21/22 cm
Augustiner-Chorherrenstift Reichersberg, Stiftsarchiv

Das Stamm- und Wappenbuch wurde 1675 in einer lateinischen und einer deutschen Version (je zwei Bände mit insgesamt 635 bzw. 605 paginierten Seiten) angelegt. Auftraggeber waren die Brüder Johann Ignaz von Aham auf Wildenau und Franz Alois von Aham auf Neuhaus. Als Verfasser gilt deren Bruder Pater Adrianus. Ob dieser auch die qua-

5.3.6

Maria Anna kam als 18. und vorletztes Kind des Grafen Johann Ignaz von Aham, Freiherr zu Wildenau auf Weiffendorf und der Maria Elisabeth, geborene Freiin von Aham auf Ottenhofen, zur Welt. Sie trat mit 26 Jahren 1689 in das Adelige Institut der Englischen Fräulein in München ein, wo sie am 29. Oktober 1709 im 46. Lebensjahr verstarb.

Lit.: Meindl o. J. (wie Kat. Nr. 5.3.2), S. 87–89.

F. B.

5.4 Die Grafen von Ortenburg

5.4.1
Stammbaum der Ortenburger
Michael Wening, 1679, mit Ergänzung des 18. Jhs.
Kupferstich (späterer Abzug), in der Platte bez. „Michael Wening Sculpsit Monachij A.o 1679", H. 106,5 cm, B. 61,5 cm
Passau, Landkreis

Das Geschlecht der Ortenberger/Ortenburger geht auf die aus Rheinfranken stammenden Spanheimer zurück, die im 11. Jh. in Kärnten ansässig wurden.

Um 1120 errichtete Rapoto I. die Burg Ortenburg und begründete damit eine niederbayerische Nebenlinie des Geschlechtes. Der von Wening gestochene Stammbaum lässt aber entsprechend dem adeligen Selbstverständnis das Geschlecht in sagenhafte Ursprünge zurückreichen, indem er einen angeblich um 740 gefallenen ersten Grafen Ortlieb zu einem Gefolgsmann Karl Martells macht. In der links angebrachten Tafel sind die Quellen angegeben, rechts verweist der Verfasser in der vom Ortenburger Wappen bekrönten Kartusche eigens auf Aventin und Wiguleus Hund. Links oben ist dargestellt Ulrich III. von Spanheim († 1269; mit dem Kärntner Wappen), mit dem die Herrschaft der Spanheimer in Kärnten endete, schräg darüber erscheint der Erzbischof Hartwig von Salzburg als Heiliger. Hier hat der Verfasser aber den Salzburger Erzbischof († 1023), der nicht zur Familie der Spanheimer gehört, mit dem gleichnamigen Erzbischof von Magdeburg († 1102) verwechselt. Offenbar ging es ihm darum, einen Heiligen in der Familie unterzubringen. Der Stammbaum erwächst aus einer Landschaft, in der links das heute abgegangene Schloss Alt-Ortenburg, in

der Mitte das neue Schloss und rechts der Markt Ortenburg zu sehen sind.

Lit.: Unveröffentlicht.

E. B.

5.4.2
Medaille auf Graf Johann III. von Ortenburg (1529–1568)
Avers: Porträt des Johann III. im Profil
Revers: Wappen mit Umschrift „JOHANN DES ALT GESCHLECHTS GRAF IN ORTENBURG"
Blei, H. 4 cm, B. 3,5 cm
Graf zu Ortenburg, Tambach

Johann III. wurde am 27. April 1529 in Söldenau geboren. 1551 wurde er kaiserlicher Rat, 1554 erscheint er als kaiserlicher Hauptmann auf dem Nonnsberg (Südtirol). Wegen seines Gesundheitszustandes verzichtete er 1559 auf die ihm zustehende Regierung der Grafschaft zugunsten seines Vetters Joachim. 1560 war er fürstbischöflich-brixener Hauptmann auf Säben bzw. in Klausen. Am 22. Februar 1568 ist er in Klausen verstorben, sein Grabmal befindet sich in Passau.
Bildnismedaillen waren Ausdrucksmittel des Persönlichkeitskultes der Renaissance und dienten zur eigenen Betonung des Selbstbewusstseins und des Ruhms der Familie.

Lit.: Friedrich Hausmann, Die Grafen zu Ortenburg und ihre Vorfahren im Mannestamm, in: Ostbairische Grenzmarken 36 (1994) S. 33.

E. B.

5.4.3
Medaille auf Graf Joachim von Ortenburg (1530–1600)
Avers: Porträt des Grafen Joachim im ³/₄ Profil mit Umschrift „IOACHIM : COMES : ANTIQVI : IN ORTENBURG"
Revers: Wappen mit Devise „EIL MIT WEIL"
Blei, H. 3,1 cm, B. 2,4 cm
Graf zu Ortenburg, Tambach

Am 6. September 1530 geboren in Mattighofen. 1551 wurde er kaiserlicher Rat. Durch Verzicht seines Oheims Sebastian II. von Ortenburg und Belehnung durch Kaiser Karl V. 1551 regierender Graf von Ortenburg. 1584 zum kurpfälzischen Viztum und Statthalter der Oberpfalz in Amberg ernannt, wurde er auf eigenes Ersuchen 1590 aus diesem Amt entlassen. Verstorben in Nürnberg am

19. März 1600, fand er seine Grablege im
neuen Erbbegräbnis in der Marktkirche
zu Ortenburg.

Lit.: Hausmann 1994 (wie Kat. Nr. 5.4.2),
S. 32 f.

E. B.

5.4.4
**Bestätigung der Ortenburgischen
Hausordnung durch Kaiser
Maximilian II.**
Prag, 1567 April 17
Libell, Pergament, 37 Bll. (+Umschlag),
mit Goldbulle (Majestätssiegel),
H. 34 cm, B. 50 cm
Graf zu Ortenburg, Tambach

Kaiser Maximillian II. bestätigt den Grafen Johann III., Joachim und Ulrich III.
von Ortenburg die von ihnen am 27. Oktober 1566 beurkundete Erbeinigung als
Hausgesetz. Die Urkunde über diese Ei-
nigung ist in vollem Wortlaut in das kaiserliche Diplom inseriert. Die vom Kaiser
unterfertigte Urkunde – gezeigt wird die
letzte Seite mit der Unterschrift Maximilians und Gegenzeichnung der Reichs-
kanzlei – ist mit der Goldbulle des Kaisers beglaubigt. Das bis 1813 geltende
Hausgesetz musste von jedem männlichen Mitglied beim Erreichen der Großjährigkeit mit 18 Jahren sowie von den
zur Familie kommenden Ehefrauen bei
der Heirat vor einem Notar als für jeden
von ihnen verbindlich erklärt werden.
Desgleichen hatten die Töchter bei Erhalt
der Aussteuer den per Gesetz geforderten
Erbverzicht zu leisten.

Frdl. Mitteilung von Prof. Dr. Friedrich Hausmann, Graz.

E. B.

5.4.5
**Stangenglas mit Wappen der Orten-
burger und Fugger**
Süddeutschland, 1554
Glas mit Emailmalerei, H. 22,8 cm,
∅ 7,7 cm bzw. 11,4 cm (Fuß)
Hamburg, Museum für Kunst und
Gewerbe, Inv. Nr. 1920.154

Das Stangenglas, ein frühes, wohl in Süddeutschland entstandenes Beispiel, zeigt
auf der Wandung in Emailmalerei das
Wappen des Joachim von Ortenburg und
seiner ersten Ehefrau, der Gräfin Ursula
von Fugger-Kirchberg (1530–1570), bestehend aus Lilien, weiblicher Gestalt
und Büffelhörnern. Am oberen Rand fin-

5.4.5

det sich zweimal die Datierung 1.5.5.4.
Joachim heiratete seine erste Frau Ursula
im Jahr 1549. Aus dieser Ehe ging ein
Sohn, Anton, hervor, der bereits im
Alter von 23 Jahren 1573 starb. Ursula
von Fugger-Kirchberg unterstützte ihren
Mann in den Auseinandersetzungen mit
dem bayerischen Herzog um die Einführung des Lutherischen Bekenntnisses
in Ortenburg.
Ein weiteres Glas von 1554 mit den Wappen Ortenburg und Fugger-Kirchberg hat
sich im Schloss Berchtesgaden, zwei Gläser mit den Wappen Joachims und seiner
zweiten Ehefrau Lucia Schenkin von Limburg, die er 1570 geheiratet hatte, im
Schloss Stolzenfels am Rhein erhalten.
Alle Gläser sind kurz nach den Vermäh-
lungen entstanden und verweisen mit
ihren Wappen auf die neuen Familienver-
bindungen.

Lit.: Axel von Saldern, Glas. Antike bis Ju-
gendstil. Die Sammlung im Museum für Kunst
und Gewerbe, Stuttgart 1995, Kat. Nr. 42* –
Martha Schad, Die Frauen des Hauses Fugger
von der Lilie (15.–17. Jahrhundert). Augsburg
– Ortenburg –Trient, Tübingen 1989, S. 71 ff.

K. P.

5.4.6
**Schreibkalender für das Jahr 1563
mit eigenhändigen Eintragungen des
Grafen Joachim zu Ortenburg**
Papier, 97 Bll., H. 15 cm, B. 10,5 cm
Graf zu Ortenburg, Tambach

Der vorliegende Schreibkalender stellt in
gewissem Sinne einen Vorläufer moderner Terminkalender dar. Hier hat der Graf
mit „eigener Hand" seine Geschäfte und
Erlebnisse aufgezeichnet. 1563 führte er
in Wahrnehmung seines *ius reformandi*
die lutherische Lehre in seiner Grafschaft
ein; am Sonntag, dem 17. Oktober, fand
in seiner und des Grafen Ulrich und
deren Gemahlinnen Gegenwart der erste
öffentliche Gottesdienst mit Predigt und
Abendmahl statt. Dabei verkündete der
Prediger Doktor Coelestin die Einführung der Reformation nach Augsburger Konfession in der Grafschaft. Das
Ereignis hat Graf Joachim durch einen
entsprechenden Eintrag in seinem
Schreibkalender festgehalten: „17. Oktober: Stift Neydeck. Das erstmall in d(er)
Khirch(en) zu Neuen Ortenburg gepre-
digt offentlich in d(er) Khirchen vnd
Sacramenta geraicht".

Lit.: Ausst.-Kat. Wittelsbach und Bayern,
Bd. II/2: Um Glauben und Reich. Kurfürst
Maximilian I., Residenz München 1980, S. 28,
Nr. 36.

E. B.

5.4.7
**Kurzfassung des Reichskammer-
gerichtsurteils von 1573**
Papier, anhängendes Siegel, H. 23 cm,
B. 58 cm
Graf zu Ortenburg, Tambach

In der Auseinandersetzung um die Reichsunmittelbarkeit ihrer Grafschaft waren
die Ortenburger seit 1549 beim Reichskammergericht in einen Prozess mit dem
Herzog Wilhelm IV. von Bayern verwickelt. Dieses Verfahren war noch an-
hängig, als der Graf 1563 in seinem Territorium die Reformation einführte und
damit den Anspruch auf Reichsunmittelbarkeit untermauerte. 1573 gewann der
Graf seinen Prozess vor dem kaiserlichen
Gericht und trat noch im gleichen Jahr
zum Calvinismus über. Die Einwohner
der Grafschaft blieben allerdings Lutheraner.

Lit.: Unveröffentlicht.

E. B.

5.4.8

5.4.8
Kelch der evangelischen Marktkirche zu Ortenburg
1573
Ohne Beschauzeichen und Meistermarke
Silber, vergoldet, H. 16,5 cm,
∅ 13,5 cm (Fuß), ∅ 11 cm (Kuppa)
Ortenburg, Evangelische Kirchengemeinde

Der Kelch hat einen hohen Fuß mit getriebenen Lilien auf grautem Grund und einen großen Nodus, der von einem mittelalterlichen Kelch aus dem 14. Jh. stammt und dessen weit ausladende Rotuln Zierscheiben mit Köpfen aufweisen. Auf dem Schaftring finden sich die Buchstaben ARA und BALThAR. Vergleichbare Knäufe finden sich auf Kelchen des 14. Jhs. aus Nürnberg (frdl. Hinweis von Gertrud Voll).
Auf den Lilien des Fußes sind das Ortenburg-Wappen und die Jahreszahl 1573 eingraviert. Damit nimmt dieser Kelch Bezug auf das Jahr des Reichskammergerichtsurteils und erinnert an die Einführung der Reformation durch den Grafen Joachim.

Lit.: Die Kunstdenkmäler von Bayern, Niederbayern, XIV, Bezirksamt Vilshofen, München 1926, S. 242.

E. B./K. P.

5.4.9
Graf Joachim zu Ortenburg (1530–1600)
Süddeutschland, 1590
Öl auf Lwd., H. 136 cm, B. 103 cm
(mit Rahmen)
Graf zu Ortenburg, Tambach

Das Porträt des Grafen Joachim entstand – wie aus der Datierung „AETATIS SVAE LX ANNO 1590" und der Inschrift hervorgeht – im Jahr seines Ausscheidens aus dem Amt des kurpfälzischen Statthalters, das er 1584 auf Grund wirtschaftlicher Schwierigkeiten nach den nicht enden wollenden Zwistigkeiten mit dem bayerischen Herzog übernommen hatte. Der schwarze Rock und Umhang verweisen in ihrer Strenge auf den calvinistischen Glauben des Grafen; der weiße Mühlkragen, die Lederhandschuhe in seiner rechten Hand, das fellbesetzte Innenfutter des Umhangs sowie Goldkette und -knöpfe zugleich aber auf seinen vornehmen Stand.

Lit.: Ausst.-Kat. Wittelsbach 1980 (wie Kat. Nr. 5.4.6), S. 28, Nr. 35.

K. P.

5.4.10
Bibel des Grafen Friedrich Kasimir zu Ortenburg
Druck Christoph Raben, Herborn 1601
Papier, 700 Bll., Einband Silber, vergoldet, H. 19,8 cm, B. 12,6 cm
Graf zu Ortenburg, Tambach

Friedrich Kasimir (1591–1658) wird als Sohn des Grafen Heinrich VI. und dessen zweiter Gemahlin Johannetta, Freiin von Winneberg, 1627 regierender Graf und erhält 1628 von Kaiser Ferdinand II. die Belehnung mit der Grafschaft, ohne diese tatsächlich zu besitzen, da sie zu dieser Zeit verpfändet war.
Die Widmungen der Eltern auf den Innenseiten des vorderen und hinteren Buchdeckels der Bibel deuten darauf hin, dass sie ein Geschenk aus Anlass seines zehnten Geburtstags gewesen ist. Auf dem Einband eingraviert ist das Wappen der Grafen zu Ortenburg, umgeben von einem Lorbeerkranz, Blumen und Ranken über hölzernem Buchdeckel.

Lit.: Ausst.-Kat. Wittelsbach 1980 (wie Kat. Nr. 5.4.6), S. 30, Nr. 40 – Hausmann 1994 (wie Kat. Nr. 5.4.2), S. 36.

E. B.

5.5 Die Familie Closen auf Arnstorf, Gern und Haidenburg

Die Familie Closen zählte zu den bedeutendsten Adelsfamilien Niederbayerns und gehörte, 1623 von Kaiser Ferdinand II. in den Freiherrenstand erhoben, dem bayerischen Turnieradel an. Vermutlich liegen die Ursprünge im 12. Jh., um die Mitte des 13. Jhs. werden ein Wernhard und ein Albert (Inclusus) Closener in Urkunden des Stiftes Osterhofen erwähnt. Sie hatten zu dieser Zeit wohl die Ortsherrschaft in Arnstorf bei Eggenfelden inne. Anfang des 14. Jhs. erwarben die Closener die Burg Gern bei Eggenfelden. Insgesamt verfügten sie über eine größere Anzahl von Hofmarken. Der Ritter Hans von Closen war als Vertreter der Stände wesentlich an den Verhandlungen mit dem Herzog über die bayerische Landesordnung von 1516 beteiligt. Wolfgang von Closen, Sohn des Alban Closen zu Haidenburg, war 1555–1561 Bischof von Passau. Im 17. Jh. wurde die Herrschaft Closen mehrfach aufgeteilt. Neben dem alten oberen Schloss entstand in Arnstorf ein unteres Schloss. Das obere, die mittelalterliche Stammburg, wurde in der Zeit vom 15. zum 18. Jh. allmählich durch einen Neubau ersetzt, dessen obere Stockwerke einen prachtvollen barocken „Kaisersaal" aufweisen. Die letzte Freiin von Closen vererbte 1847 ihren Besitz an ihren Schwiegersohn, den Grafen von Deym, dessen Nachkommen noch heute Besitzer des Schlosses sind.

Lit.: Ludwig Kitzinger, Arnstorf im Wandel der Zeit, Passau 1989, S. 67–133.

E. B.

5.5.1
Stammbaum des Passauer Bischofs Wolfgang von Closen (1555–1561)
Malerei auf Naturleinen, L. 564 cm, H. 42 cm
Graf Deym Arnstorf

Der Stammbaum des Bischofs Wolfgang von Closen, der auf einem schmalen Stoffband dargestellt ist, beginnt um 1132. Der letzte Abschnitt mit Nachfahren des Bischofs ist im 17. und 18. Jh. angestückt worden, das jüngste Datum lautet 1783. Das den Bischof kennzeichnende Wappen ist besonders hervorgehoben.

Als Sohn des in herzoglichen Diensten stehenden Alban von Closen schlug Wolfgang von Closen die geistliche Laufbahn ein. 1555 wurde er zum Bischof von Passau gewählt. Er war zwar durch schwere Krankheit bald an der Ausübung seiner bischöflichen Amtsfunktion gehindert, setzte aber die Bautätigkeit seines Vorgängers fort und vollendete den Treppenturm im inneren Burghof des Oberhauses sowie das Weingewölbe am Residenzplatz.

Lit.: Unveröffentlicht.

K. P.

5.5.2
Porträt einer Adeligen mit Allianzwappen Closen Aham

Anfang 17. Jh.
Öl auf Lwd., H. 122 cm, B. 94 cm
Stadt Eggenfelden, Sammlung Hofmark Gern

Das Allianzwappen Closen (heraldisch rechts) und Aham (heraldisch links) verweist auf die Eheverbindung der beiden Familien. Die distanzierte Haltung der Dargestellten und ihre Kleidung erweisen sie weniger als individuelle Persönlichkeit denn als Repräsentantin ihres Standes. Dazu tragen vor allem der reiche Schmuck, ihr starres schwarzes, noch an die spanische Hoftracht erinnerndes Kleid mit dem hohen Spitzenkragen und das ihre Vornehmheit unterstreichende Taschentuch in der linken Hand bei. Charakteristische Formeln der Porträtdarstellung der Zeit sind auch der Vor-

5.5.3

hang sowie der Tisch, auf dem ihre rechte Hand ruht. Derartige Adelsporträts waren Bestandteil von Porträtgalerien zur Selbstdarstellung der eigenen Familie.

Lit.: Ausst.-Kat. Ritterburg und Fürstenschloß 1998 (wie Kat. Nr. 2.1.5), S. 55, Nr. 5/1.

K. P.

5.5.3
Hofmark Gern

Max Krinner, 1725
Öl auf Lwd., H. 200 cm, B. 270 cm
Stadt Eggenfelden, Sammlung Hofmark Gern

Zu Beginn des 14. Jhs. kam die Hofmark als herzogliches Lehen an die Ritter von Closen. Sie errichteten nach Abriss der alten Anlage um 1450 eine Schlossanlage in vier Flügeln, die von Wassergräben umgeben war. Über eine Holzbrücke wurde die Verbindung zum alten Hofmarkzentrum mit der Georgskirche hergestellt. Im 18. Jh. errichteten die Closen im Osten der Hofmark ein repräsentatives Barockschloss mit großer Parkanlage. Nach Zerstörung des alten Schlosses 1742 und des neuen durch Brand 1921 blieben nur die Georgskirche, die Verwaltungsgebäude, Lager und Stallungen bestehen.

Lit.: Ausst.-Kat. Ritterburg und Fürstenschloß 1998 (wie Kat. Nr. 2.1.5), S. 13, Nr. 1/3 – Josef Haushofer, Geschichte von Eggenfelden, Eggenfelden 3. Aufl. 2002, S. 309 ff.

E. B.

5.5.4
Truhe mit Wappen der Closen und Törring

Süddeutschland, 1629
Eiche, L. 259 cm, H. 102 cm, T. 75 cm
Haidenburg, G. Adam Frhr. v. Aretin

Möbel, die zu den originalen Ausstattungen der Adelsschlösser gehören, haben sich sehr selten erhalten. Eine Ausnahme stellt die Truhe mit dem Wappen des Georg Ernreich Freiherr von Closen zu Haidenburg und seiner Ehefrau Catharina Maria von Törring dar. Mit Rollwerk-Ornament und Voluten verziert, ist sie das einzige Ausstattungsstück, das bei einem Brand des Schlosses Haidenburg Ende des 19. Jhs. gerettet werden konnte. Die Jahreszahl 1629, die persönlichen Initialen des Paares und die Devisen „Fiercht Gott" unter dem Wappen Closen und „Lieb Tugent" unter dem Wappen Törring weisen die Truhe als Hochzeitstruhe aus. In Hochzeitstruhen (oder Brauttruhen) wurde die Aussteuer der Braut, die verschiedene Gegenstände des täglichen Gebrauchs und Kleidungsstücke umfasste, aufbewahrt.

Lit.: Die Kunstdenkmäler von Bayern, Niederbayern, XIV, Bezirksamt Vilshofen, München 1926, S. 138.

K. P.

5.5.2

6. Barockskulptur am Inn –
im Dienste der Klöster und des Adels

6.1 Joseph Deutschmann und die Klosterwerkstatt in St. Nikola

Im Augustinerchorherrenstift St. Nikola in Passau, einer kurbaierischen Hofmark außerhalb des damaligen Stadtgebiets, arbeitete zwischen 1715 und 1787 die bedeutendste Bildhauerwerkstatt der ganzen Region. Ihre Tätigkeit erstreckte sich von Straubing im Westen bis weit nach Österreich hinein.

1715 ließ sich der erst neunzehnjährige Bamberger Bildhauersohn Joseph Matthias Götz (1696–1760) dort nieder, nachdem man ihm in der Stadt Passau die Berufsausübung nicht erlaubt hatte. Als er 1742 trotz erfolgreicher Tätigkeit die Bildhauerei aufgab, um als Ingenieur-Leutnant in die bayerische Armee einzutreten, verkaufte er die Werkstatt an seinen Gesellen Joseph Deutschmann (1717–1787) aus Imst in Tirol. Der umtriebige und organisatorisch begabte Götz hatte Holz- und Steinskulpturen geschaffen, außerdem Kleinplastik aus Elfenbein und gelegentlich aus Koralle und Perlmutt. Als Unternehmer hatte er die Ausführung ganzer Ensembles dirigiert, sogar als Architekt war er tätig geworden. Deutschmann, der sich weitgehend auf Holzskulptur beschränkte, daneben aber ebenfalls Kleinplastik aus Elfenbein und auch aus Stein anfertigte, verstand es, die produktive Werkstatt auf hohem künstlerischem Niveau bis zu seinem Tod weiterzuführen.

P. V.

6.1.1
Der Bildhauer Joseph Deutschmann
Josef Schöpf (1745–1822), Kloster Asbach, 1785
Bleistift und schwarzer Stift auf Papier, H. 29,3 cm, B. 22,5 cm
Inschrift: Portrait des Nikolaus (irrtümlich für Joseph) Teutschmann Bildhauer zu St. Nikolaus bey Passau. 1785.
Museum Stift Tams, Tirol, Inv. Nr. Bd. 21/Nr. 1888 (Nachlass Jos. Schöpf)

Der Tiroler Maler Josef Schöpf (1745–1822) schuf nach seinen Studienjahren in Italien 1784 mit den Deckenfresken der Klosterkirche von Asbach sein erstes

großes Werk nördlich der Alpen. Für die Ausstattung dieser Kirche arbeitete damals gleichzeitig mit ihm der Bildhauer Joseph Deutschmann, den Schöpf auf dieser 1785 datierten Zeichnung, einem der in dieser Zeit seltenen Bildnisse süddeutscher Bildhauer, dargestellt hat.

Zurückhaltend, fast schüchtern steht Deutschmann in bürgerlicher Kleidung hinter einem Tisch. Die schmalschultrige Gestalt des 68-jährigen wirkt schmächtig aber nicht vom Alter gebeugt oder gar greisenhaft. Ohne den bei barocken Künstlerporträts üblichen formalen Aufwand hat Schöpf seinen Künstlerkollegen im Geschmack der Übergangszeit zum Klassizismus betont schlicht und schmucklos ins Bild gesetzt und die auf sein Metier hinweisenden Accessoires, die Büste im Hintergrund sowie Zeichengerät und Messzirkel auf dem Tisch, völlig zurücktreten lassen. Wichtig war für ihn vor allem der intensive Ausdruck des Gesichts mit dem versonnenen, melancholischen Blick, zu dem es gut passt, dass der Dargestellte seine Hand unter die Weste schiebt.

Lit.: Unveröffentlicht.

P. V.

6.1.1

6.1.2

6.1.2
Zwei heilige Bischöfe
Joseph Deutschmann (1717–1787), um 1750/60
Lindenholz, abgelaugt, H. 83/81 cm, B. 54,5/54 cm
Regensburg, Museen der Stadt, Inv. Nr. K 1955/87a, K 1955/87b

Die beiden Halbfiguren zweier Bischöfe werden von Heisig Josef Deutschmann zugeschrieben, der hier dem Figurenstil seines Lehrers Götz verpflichtet bleibt. Eine genaue Identifizierung der Dargestellten ist schwierig. Der Fisch verweist auf den hl. Benno oder hl. Ulrich, das Buch des anderen Bischofs erlaubt keine genaue Bestimmung.

Die Büsten waren ursprünglich wohl Aufsatzfiguren eines Altars. Nach Angaben des Kunsthandels sollen sie aus Aldersbach stammen, was allerdings nicht gesichert ist.

Lit.: Alexander Heisig, Joseph Matthias Götz (1696–1770). Spätbarocke Skulptur in Bayern und Österreich, Regensburg (im Druck).

K. P.

6.1.3
Maria mit dem Jesuskind
Joseph Deutschmann (1717–1787), Passau (St. Nikola), um 1740/50
Elfenbein, H. 10,3 cm, B. 8,2 cm
München, Bayerisches Nationalmuseum, Inv. Nr. R 4533

Höhepunkte von Deutschmanns klein-plastischem Schaffen sind zwei, fast gleich gestaltete Krümmen für Abtsstäbe (München, Bayerisches National-museum, und London, Victoria and Albert Museum), von denen die eine „I. T.“ (für Joseph Teutschmann) signiert und die andere mit den Wappen von Kloster Aldersbach sowie von dessen Abt Theo-bald Reitwinkler (1745–1779) versehen ist. Im Sinne des Rokoko sind bei ihnen Figuren und Ornament kunstvoll zur Einheit verschmolzen. Im Vergleich dazu wirkt das kleine Madonnenrelief schlicht; es verzichtet auf Ornament. Maria und Jesus stehen frontal nebeneinander, bei der Muttergottes, die in der Linken ein großes Zepter hält, verschwinden die Beine hinter der Balustrade, auf der das Kind mit der Weltkugel steht. Es blickt die Mutter an und legt sein Ärmchen um ihren Hals. Die Figuren mit ihrer Körper-fülle und den derben Gesichtern wirken bodenständig. Ihre irdische, nicht ideali-sierte Erscheinung entspricht dem Cha-rakter der Kunst Deutschmanns. Die Kin-derfigur lässt sich in ihrem Stil leicht mit den Putten bei seinen gesicherten Arbei-ten in Verbindung bringen.

Lit.: Rudolf Berliner, Die Bildwerke in Elfen-bein, Knochen, Hirsch- und Steinbockhorn, (Die Bildwerke des Bayerischen National-museums, Bd. XIII, 4) Augsburg 1926, S. 123, Kat. Nr. 661, Taf. 181 – Eugen von Philippo-vich, Elfenbein, Braunschweig 1961, S. 198 – Hubert Vogl, Joseph Deutschmann 1717–1787. Der letzte Klosterbildhauer von St. Ni-kola vor Passau, Weißenhorn 1989, S. 202, Kat. Nr. Z 5 K, Taf. 32.

P. V.

6.1.4
Hl. Johannes von Nepomuk in der Verklärung

Joseph Deutschmann (1717–1787),
Passau (St. Nikola), 3. Viertel 18. Jh.
Elfenbein, H. 7,7 cm, B. 5,0 cm
München, Bayerisches Nationalmuseum,
Inv. Nr. D 513

Der hl. Johannes von Nepomuk erscheint als Halbfigur in Kanonikerkleidung mit der Märtyrerpalme in der erhobenen Lin-ken verklärt in Wolken. Hingebungsvoll blickt er auf, und sorgsam birgt er ein Kruzifix in seinem Arm. Der Prager Ge-neralvikar, der von den Schergen König Wenzels 1393 in Prag von der Brücke in die Moldau gestürzt worden war, wurde

6.1.4

6.1.5

1729 heilig gesprochen und bald vor allem als Brückenheiliger besonders ver-ehrt. Im Kunsthandel ist jüngst ein ovales Elfenbeinmedaillon mit einer Darstellung des Heiligen aufgetaucht (H. 10,5 cm, B. 8,5 cm), das IT (für Ioseph Teutsch-mann) monogrammiert ist. Es konnte noch in die Ausstellung, aber nicht mehr in den Katalog aufgenommen werden.

Lit.: Verzeichnis einer auserlesenen Sammlung von Elfenbeinarbeiten (...), welche weil. S. T. Herr Andreas Udalrich Mayr (...) hinterlassen hat, Regensburg 1803, S. 31, Nr. 156 – Berli-ner 1926 (wie Kat. Nr. 6.1.3), S. 123, Kat. Nr. 653, Taf. 270 – Ausst.-Kat. Johannes von Nepomuk, Adalbert Stifter Verein und Münch-ner Stadtmuseum, München 1971, S. 150–151, Kat. Nr. 40 – Vogl 1989 (wie Kat. Nr. 6.1.3), S. 202–203, Kat. Nr. Z 9 K, Taf. 42.

P. V.

6.1.5
Hl. Augustinus

Joseph Deutschmann (1717–1787),
Passau (St. Nikola), 3. Viertel 18. Jh.
Alabaster, H. 18 cm, B. 10 cm
Regensburg, Museen der Stadt,
Inv. Nr. K 1957/50

Der Kirchenvater wurde als Bischof mit Mitra und Rauchmantel wiedergegeben. Er sitzt hinter einem runden Tisch, auf dem ein aufgeschlagenes Buch liegt; mit dem Zeigefinger deutet er auf eine be-stimmte Textstelle. Bei einem weiteren Buch am Boden, auf das er den Fuß setzt, handelt es sich um eine Häretikerschrift.

Von den beiden Englein unter dem ge-rafften Vorhang hält der eine den Bi-schofsstab und der andere als Attribut des Heiligen dessen vor Liebe zu Gott brennendes Herz. Vor allem sind es die beiden Kinderfiguren, die eine Zuschrei-bung des kleinen Alabasterreliefs an Deutschmann erlauben. Es ist vielleicht identisch mit einem „Hl. Augustinus in einem Rahmen in Schneidarbeit“ (nach Vogl), der bei einer Versteigerung aus dem Klosterbesitz von St. Nikola erwähnt wird.

Lit.: Vogl 1989 (wie Kat. Nr. 6.1.3), S. 204, Kat. Nr. Z 17 K, Taf. 41.

P. V.

6.1.6
Vision eines hl. Bischofs

Joseph Deutschmann (1717–1787),
Passau (St. Nikola), 3. Viertel 18. Jh.
Elfenbein, H. 9,3 cm, B. 15 cm, T. 4 cm
Passau, Oberhausmuseum,
Inv. Nr. 5712

Bisher konnten weder der Dargestellte identifiziert noch die Szene gedeutet wer-den. Ein hl. Bischof, dessen Mitra und Bi-schofsstab von Putten gehalten werden, sitzt an einem Tisch. Er hat seine Lektüre unterbrochen und blickt betend mit ge-falteten Händen auf zu einer Himmels-erscheinung. Sein rechter Arm umfängt einen Pilger- oder Wanderstab, und durch eine Türöffnung erblickt man eine vieltürmige Burg auf einem steilen Berg. Vielleicht erhält der Heilige durch eine

6.1.6

gehört. Sie entspricht seitenverkehrt einer Zeichnung desselben Motivs im Imster Skizzenbuch. Das Kopieren bzw. Abzeichnen und damit die Weitergabe bereits vorhandener Motive an Lehrlinge, Gesellen und Nachkommen ist charakteristisch für die Arbeitsweise in der Schwanthaler-Werkstatt.

Lit.: Ausst.-Kat. Die Bildhauerfamilie Schwanthaler 1633–1848. Vom Barock zum Klassizismus, Ausstellung des Landes Oberösterreich im Stift Reichersberg, Linz 1974, Nr. 87.

K. P.

6.2.2
Maria reicht vier Heiligen den Rosenkranz
Thomas Schwanthaler, vor 1669
Rötelzeichnung auf Papier, H. 29 cm,
B. 18,7 cm
Ried im Innkreis, Museum Innviertler Volkskundehaus, Inv. Nr. 69360

Diese Rötelzeichnung kann auf Grund ihrer stilistischen Nähe zu den monogrammierten Zeichnungen im Imster Skizzenbuch Thomas Schwanthaler zugeschrieben werden. Im Himmel reichen Maria und das Jesuskind vier Heiligen Rosenkränze: rechts dem hl. Sebastian und dem hl. Eremiten Antonius in Mönchskutte, die als Nothelfer gegen die Pest angerufen wurden, links dem hl. Nikolaus von Tolentino, der als asketischer Augustinereremit mit einem Stern auf dem Mantel dargestellt ist, und vielleicht Papst Gregor dem Großen mit päpstlichem Kreuzstab zu seinen Füßen, ungewöhnlich allerdings in nichtliturgischem Ornat. Beide waren Fürsprecher der Armen Seelen im Fegefeuer, deren Qualen der Gläubige mit Gebeten und Messfeiern lindern konnte. So könnte sich die Zeichnung auf das Relief eines Altaraufsatzes beziehen, das sich nicht erhalten hat.

Lit.: Ausst.-Kat. Schwanthaler 1974 (wie Kat. Nr. 6.2.1), Nr. 109.

K. P.

himmlische Stimme den Auftrag, zu dieser Burg aufzubrechen.

Die Zuschreibung an Deutschmann stützt sich auf die für ihn charakteristischen Putten und Engelsköpfchen. Deutschmanns kleinplastisches Werk harrt noch einer schärferen Abgrenzung von den Arbeiten seines Lehrers Joseph Matthias Götz und einer chronologischen Ordnung.

Lit.: Vogl 1989 (wie Kat. Nr. 6.1.3), S. 203, Kat. Nr. Z 14 K.

P. V.

6.1.7
Griff für einen Spazierstock
Süddeutschland, um 1730/40
Elfenbein, H. 6,6 cm, L. 15,1 cm
München, Bayerisches Nationalmuseum,
Inv. Nr. R 4153

Die phantasievoll-groteske Verbindung der Büste eines aufblickenden Türken mit einem geschuppten Fischleib zu einem Griff für einen Spazierstock mag Vogl zu seiner Zuschreibung an Deutschmann veranlasst haben. Auch der ausdrucksstarke Kopf dieser qualitätvollen Elfenbeinschnitzerei hat dabei vielleicht eine Rolle gespielt. Außerdem haben der Griff und das Nepomuk-Relief (Kat. Nr. 6.1.4) die gleiche Provenienz; sie stammen beide aus der umfangreichen Sammlung von Elfenbeinskulpturen des bischöflichen Hofkaplans Andreas Ulrich Mayr (gest. vor 1803) in Regensburg. Allerdings unterscheiden sich die Formen der sparsam verwendeten Ornamente

deutlich von denen der gesicherten dekorativen Elfenbeinarbeiten aus der Werkstatt von St. Nikola; sie verweisen auf eine Entstehung in den 1730er Jahren. Von dem Griff gibt es Nachbildungen in Porzellan aus den Manufakturen von Kloster Veilsdorf und Zürich (?); die Zusammenhänge sind noch nicht geklärt. Es spricht wenig für die vermutete Autorschaft Deutschmanns.

Lit.: Verzeichnis einer auserlesenen Sammlung von Elfenbeinarbeiten (…), welche weil. S. T. Herr Andreas Udalrich Mayr (…) hinterlassen hat, Regensburg 1803, S. 73, Kat. Nr. 340 – Berliner 1926 (wie Kat. Nr. 6.1.3), S. 105, Kat. Nr. 495, Taf. 275 – Vogl 1989 (wie Kat. Nr. 6.1.3), S. 202, Kat. Nr. Z 7 K.

P. V.

6.2 Die Bildhauerfamilie Schwanthaler

6.2.1
Bauer mit Garbe und Sichel
Werkstatt des Thomas Schwanthaler, vor 1669
Rötelzeichnung auf Papier, H. 19,2 cm,
B. 14,7 cm
Ried im Innkreis, Museum Innviertler Volkskundehaus, Inv. Nr. 69362

Neben den Zeichnungen Thomas Schwanthalers im Imster Skizzenbuch (Tiroler Landesmuseum Ferdinandeum, Innsbruck) haben sich einige Einzelblätter des Bildhauers erhalten, zu der die gezeigte Rieder Zeichnung des Bauern

6.2.3
Selbstbildnis als Bildhauer
Bildnis seiner Ehefrau
Bonaventura Schwanthaler ?
(1678–1744)
2 Reliefs, Alabaster, H. 11 cm, 9 cm
Linz, OÖLM, Inv. Nr. S 495, S 496

Das kleine Relief mit der Darstellung eines Bildhauers wird auf Grund einer späteren handschriftlichen Notiz des 19. Jhs. auf der Rückseite des Rahmens Bonaventura Schwanthaler zugeschrieben, einem der neun Söhne des Thomas, der nach seiner Teilnahme an der bayerischen Bauernrebellion während des Spanischen Erbfolgekrieges 1705/06 wohl ab 1715 wieder in Ried ansässig wurde und ab 1721 in Enzenkirchen zunächst als Bildhauer, 1722 als Schulmeister erwähnt wird. Bis auf frühe, noch zu Lebzeiten seines Vaters entstandene Arbeiten sind keine weiteren Werke von ihm bekannt. So ist die Zuschreibung des Selbstbildnisses zwar nicht gesichert, aber möglich, da das Relief einen Bildhauer zeigt, der mit dem Finger auf eine Statuette in seiner rechten Hand weist. Darunter liegen auf einem Tisch seine Werkzeuge. Das Relief und sein Pendant mit dem ebenfalls bezeichneten Bildnis der Ehefrau (einer bisher nicht bekannten ersten Ehefrau? namens Josepha) könnten in Ried nach 1715 gefertigt worden sein.

Lit.: Ausst.-Kat. Schwanthaler 1974 (wie Kat. Nr. 6.2.1), S. 66–67; S. 144, Nr. 126/127.

K. P.

6.2.4
Zwei Apostel

Johann Franz Schwanthaler (1683–1762)
Ton, H. 23,7 cm und 24 cm
Bez. „F.S./1" an der Unterseite einer Figur
Linz, OÖLM, Inv. Nr. S 336, S 337

Die beiden vielleicht Petrus und Paulus darstellenden Figuren sind Bozetti, plastische Entwürfe, die Johann Franz Schwanthaler, dem jüngsten Sohn von Thomas, der die Werkstatt in Ried 1710 übernahm, zugeschrieben werden. Sie waren wohl Teil einer Serie von mehreren Apostelfiguren aus Ton, die als Modelle in der Schwanthaler-Werkstatt verwendet wurden. Denn die auf der Schwanthalerausstellung 1910 gezeigten, aus Rieder Privatbesitz stammenden Tonfiguren eines Paulus und eines Matthäus, der mit „F.S." und der Nummer 3 bezeichnet war, weisen darauf hin, dass einmal mehr Figuren vorhanden waren.

Lit.: Ausst.-Kat. Schwanthaler 1974 (wie Kat. Nr. 6.2.1), S. 152, Nr. 154/155.

K. P.

6.2.5
Altarmodell

Johann Peter d. Ä. Schwanthaler (1720–1795), um 1778
Lindenholz, Zirbelholz, gefasst,
H. 97 cm, B. 56 cm, T. 24 cm
Köln, Museum Schnütgen, Inv. Nr. A 961

Wie Zeichnungen und Bozetti geben auch Altarmodelle Einblick in die Arbeitsweise einer Bildhauerwerkstatt. Mit ihrer Hilfe konnte den Auftraggebern das geplante Aussehen eines umfangreichen Altars besser veranschaulicht werden.
Das Altarmodell des Johann Peter d. Ä. zählt zu den besonders detailreichen und aufwändig gefassten Beispielen des Rokoko. Der Aufbau mit gedrehten Säulen und Baldachin rahmt eine Kreuzigungsgruppe, über der Gottvater thront. Darunter steht auf der Altarmensa der Tabernakel mit zwei Engeln.
Für welche Kirche und welchen Altar das Modell gedacht war, ist nicht bekannt.

Vielleicht kam es – von den Auftraggebern verworfen – nie zur Ausführung. Wohl später als Hausaltar verwendet, befand es sich bis in die 1930er Jahre in Rieder Privatbesitz.

Lit.: Ausst.-Kat. Schwanthaler 1974 (wie Kat. Nr. 6.2.1), S. 168–169, Nr. 206.

K. P.

6.2.6
Erzengel Michael

Thomas Schwanthaler (1634–1707), um 1695
Bergahorn, gefasst (Zweitfassung, 1973/74 ergänzt), H. 79 cm (mit Lanze 100 cm)
Augustiner-Chorherrenstift Reichersberg

Die Figur des Erzengels Michael war ursprünglich wie eine Silberstatuette ganz in glänzendem und mattem Silber und Gold gefasst. Thomas Schwanthalers Darstellung des Heiligen – Schutzpatron der Reichersberger Stiftskirche –, der im

6.2.5

antikisierenden Gewand mit einer Lanze den am Boden liegenden Luzifer, Sinnbild der Häresie, besiegt, bezieht sich zwar auf die Figurengruppe Hubert Gerhards an der Fassade der Jesuitenkirche St. Michael in München von 1588, allerdings in der Haltung nicht so genau wie seine Brunnenfigur. Der stärker gedrehte Oberkörper und geneigtere Kopf ähneln mehr der Silberstatuette eines Reliquiars von 1596 aus dem Heiltumsschatz Wilhelms V. für St. Michael, die wiederum die Figur Hubert Gerhards variiert und auf Grund ihrer Bedeutung den Augustinerchorherren sicherlich – vielleicht wie Gerhards Michael durch Nachstiche – bekannt und möglicherweise als Vorbild gewünscht war.

Lit.: Ausst.-Kat. Schwanthaler 1974 (wie Kat. Nr. 6.2.1), Nr. 60.

K. P.

6.2.7
Maria vom Siege

Thomas Schwanthaler (1634–1707), um 1695
Bergahorn, gefasst (Zweitfassung, 1973/74 ergänzt), H. 80 cm
Augustiner-Chorherrenstift Reichersberg

Die Figur der Maria vom Siege bildet das Gegenstück zur Figur des Erzengels Michael. Wie diese gibt sie ein im Zuge der Gegenreformation weit verbreitetes Thema wieder, in dem der Sieg über das Böse und den Unglauben thematisiert wird. Maria steht auf einer Weltkugel und hält ihren Sohn im Arm, der mit dem Kreuzstab die Paradiesschlange, Sinnbild des Teufels und des Todes, besiegt. Thomas bezieht sich mit seiner Reichersberger Figur auf seine Maria vom Siege in Zell am Pettenfirst (um 1670). Er bediente sich damit zwar eines älteren Modells, veränderte dieses aber durch eine andere Haltung des Jesusknaben und leichte Abwandlungen im Gewand.

Lit.: Ausst.-Kat. Schwanthaler 1974 (wie Kat. Nr. 6.2.1), Nr. 60.

K. P.

6.2.8
Erzengel Michael

Johann Peter d. Ä. Schwanthaler (1720–1795), um 1780
Holz, gefasst (1973 Originalfassung freigelegt), H. 35 cm
Augustiner-Chorherrenstift Reichersberg

6.2.10

Der Enkel Thomas Schwanthalers schuf für das Augustinerchorherrenstift Reichersberg um 1780 ebenfalls eine Skulptur des Erzengels Michael, jedoch in sehr viel kleinerem Format. Als Vorbild diente ihm die Brunnenfigur seines Großvaters, die er seinem eigenen Stil entsprechend leicht abwandelte, was sich in den Gewandfalten, dem Gesicht und den Flügeln zeigt. Die Figur verweist zum einen auf die Tradition der Schwanthaler-Werkstatt, einmal gefundene Formulierungen eines Themas, vor allem des Thomas, in den folgenden Generationen zu bewahren, zum anderen auf die im Stift Reichersberg weiterhin gültige Vorbildlichkeit der Münchner Darstellung des Erzengels von Hubert Gerhard.

Lit.: Ausst.-Kat. Schwanthaler 1974 (wie Kat. Nr. 6.2.1), S. 167, Nr. 200 – Ausst.-Kat. 900 Jahre Stift Reichersberg 1984 (wie Kat. Nr. 2.4.3), Nr. 10.12 – Helga Achleitner, Johann Peter der Ältere Schwanthaler, Ried 1991, Nr. D 2.9.

K. P.

6.2.9
Ruhe auf der Flucht – Hl. Magdalena im Gebirge

Thomas Schwanthaler (1634–1707)
2 Reliefs, Birnholz, ungefasst, H. 22 cm, B. 16 cm und H. 14,7 cm, B. 10,8 cm
Augustiner-Chorherrenstift St. Florian

Die beiden Thomas Schwanthaler zugeschriebenen Reliefs aus St. Florian sind Beispiele seines kleinplastischen Schaffens für klösterliche Kunstkammern. Die feine und detaillierte Schnitzarbeit zeigt in einer Waldlandschaft Maria, die ihr Kind stillt und mit Josef und zwei Engeln eine eng verbundene Gruppe bildet, über der ein Vorhang von zwei Putten gehalten wird.
Die büßende Maria Magdalena mit Kreuz, Geißel, Buch und Totenkopf auf dem anderen Relief aus St. Florian ist dagegen schlafend in einer Felslandschaft dargestellt. Auch ihr sind zwei, von rechts herbeieilende Engel beigegeben.

Lit.: Ausst.-Kat. Schwanthaler 1974 (wie Kat. Nr. 6.2.1), S. 118, Nr. 49, 50.

K. P.

6.2.10
Ruhe auf der Flucht
Thomas Schwanthaler (1634–1707)
Relief, Obstholz, gefasst, H. 20,1 cm,
B. 14,1 cm
München, Bayerisches Nationalmuseum,
Inv. Nr. 63/132

Das Münchner Relief entspricht stilistisch dem Relief gleichen Themas aus St. Florian, nur dass Thomas Schwanthaler das Motiv hier etwas abwandelte. Die ihr Kind stillende Maria nimmt nun die linke Bildhälfte ein, neben ihr kniet Josef. Während die Gruppe des Reliefs aus St. Florian in einer nordalpinen Landschaft rastet, ruht die Münchner Heilige Familie unter einer Palme in einer Steinlandschaft.

Lit.: Ausst.-Kat. Schwanthaler 1974 (wie Kat. Nr. 6.2.1), S. 124, Nr. 70.

K. P.

6.2.11
Erschaffung Adams und Evas
Werkstatt des Thomas Schwanthaler,
1669/76
Relief, Obstholz, ungefasst, H. 14,95 cm,
B. 11 cm
Hamburg, Museum für Kunst und
Gewerbe, Inv. Nr. 1956/139

Gottvater erweckt Adam zum Leben, indem er sich mit einem Segensgestus über den Schlafenden beugt und dessen rechten Arm berührt. Im Hintergrund ist die Erschaffung Evas in einer Waldlandschaft dargestellt, deren Blattwerk dem des Reliefs der Ruhe auf der Flucht in St. Florian ähnelt. Weitere Bezüge zum Werk des Thomas Schwanthaler lassen sich feststellen. Oberwalder schreibt das Relief seiner Werkstatt zu, die sich sicherlich nicht nur an den großen Altaraufträgen, sondern auch an der Ausführung der zahlreich erhaltenen, nicht nur von einer Hand stammenden Reliefs aus Holz und Elfenbein beteiligt hat.

Lit.: Ausst.-Kat. Schwanthaler 1974 (wie Kat. Nr. 6.2.1), S. 138–139, Nr. 113.

K. P.

6.2.12
Beweinung Christi
Johann Peter d. Ä. Schwanthaler
(1720–1795), um 1750
Relief, Steinguss, H. 46 cm, B. 26 cm
Ried im Innkreis, Museum Innviertler
Volkskundehaus, Inv. Nr. 100

Das Steinrelief verweist auf die zahlreichen Versionen des Beweinungsthemas bei den Schwanthalern, denen wohl ursprünglich eine Vorlage zugrunde lag, die immer wieder leicht abgewandelt werden konnte. Aber auch genaue Wiederholungen finden sich, wie die Reliefs aus Terrakotta im Stift St. Florian und Holz in Linz (OÖLM) zeigen.

Lit.: Achleitner 1994 (wie Kat. Nr. 6.2.8), S. 114, Nr. 1.4.12.

K. P.

6.2.13
Beweinung Christi
Johann Peter d. Ä. Schwanthaler
(1720–1795), um 1750
Lindenholz, gefasst, im Glaskasten,
H. 62 cm, B. Sockel 54 cm, T. 18 cm
Passau, Oberhausmuseum, Inv. Nr. 625

Die von tiefer Trauer geprägte Figurengruppe der Beweinung Christi zeigt – ergänzt um die Personen des Johannes und der Maria Magdalena – eine andere Variante des Beweinungsthemas als das Rieder Relief. Die Beweinung spielt sich ab vor einer auf die Rückwand des Glaskastens gemalten Darstellung des Berges Golgatha mit den beiden Schächern; an der Stelle des Kreuzes Christi findet sich ein mit Glasperlen und -steinen besetztes Reliquienkreuz. Von den kleinen thematisch zugehörenden Figuren am Gehäuse des Kastens haben sich nur die vier Evangelistensymbole und das Lamm Gottes sowie Frau Welt als alte Frau unter der Weltkugel, ein Totenkopf und Knochen am Sockel erhalten; die seitlichen Figuren des Moses (Alter Bund) und der Ecclesia (Neuer Bund) sind verloren.

Lit.: Ausst.-Kat. Schwanthaler 1974 (wie Kat. Nr. 6.2.1), S. 169, Nr. 208 – Achleitner 1994 (wie Kat. Nr. 6.2.8) S. 114, Nr. 1.4.11.

K. P.

6.2.14
Der jugendliche Johannes der Täufer in der Einöde – Die Enthauptung Johannes des Täufers
Johann Georg Schwanthaler
(1740–1811), Gmunden, um 1780
Laubholz, ungefasst bis auf Pupillen,
Lippen der Frauen, Hundekrallen, Richtschwert und Blut des Enthaupteten,
originale verglaste Holzrahmen,
H. 26 cm, B. 29,9 cm und H. 24 cm,
B. 30 cm, Rahmen: 31,5 × 37,0 cm
Bezeichnet jeweils unten rechts mit
Monogramm „S. G." bzw. „G. S."
München, Bayerisches Nationalmuseum,
Inv. Nr. 90/175 und 90/176

6.2.14

Unter den einundzwanzig Bildhauern aus der Familie Schwanthaler ist Johann Georg (1740–1811), der sich 1765 in Gmunden niederließ, ein liebenswürdiger Kleinmeister. Eine Spezialität von ihm waren kleine ungefasste Holzreliefs, bei denen er häufig ältere Vorbilder aus der Schwanthaler-Werkstatt in Ried aufnahm und dem gemäßigten Stil des späten 18. Jhs. anpasste. Das gilt auch für die beiden mit ihren Originalrahmen erhaltenen Exemplare mit Darstellungen aus der Geschichte Johannes des Täufers, dem jugendlichen Heiligen in der Einöde mit der Muschel als Zeichen für das Wasser und die Taufe sowie dem Lamm, das auf Christus hinweist, und außerdem der Enthauptung des Täufers, die sich vor einer mächtigen Architekturkulisse abspielt. Der Passauer Postmeister Max Joseph Heyss hat die beiden Stücke am 14. Mai 1831 bei seinem Abschied aus Schweinfurt nach Schloss Mainburg geschenkt.

Lit.: Bayerisches Nationalmuseum. Jahresbericht 1990, München 1991, S. 20, Abb. auf S. 21 – Erwerbungsbericht (Bayerisches Nationalmuseum), in: Münchner Jahrbuch der bildenden Kunst 3. F. 42 (1991) S. 187–188 (Peter Volk), Abb. 3.

P. V.

6.2.15
Zwei kämpfende Pferde
Johann Georg Schwanthaler
(1740–1811)
Holz, ungefasst, H. 16,5 cm
Linz, OÖLM, Inv. Nr. S 264

Im Werk Johann Georg Schwanthalers finden sich Tierhatz- und Pferdegruppen aus Holz und Ton, die u. a. in den Kunstsammlungen der Stifte St. Florian und Kremsmünster erhalten sind. Auch die gezeigte Kleinplastik zweier kämpfender Pferde, zu der es ein Pendant gibt, wird als Sammlerstück entstanden sein. Die Provenienz (Gmunden) und Bezüge zu seinen Krippenfiguren erlauben eine Zuschreibung an Johann Georg.

Lit.: Ausst.-Kat. Schwanthaler 1974 (wie Kat. Nr. 6.2.1), S. 177, Nr. 237.

K. P.

6.2.16
Anbetung der Hl. Drei Könige
Johann Dionysius Schwanthaler ?
(1718–1783), 2. Hälfte 18. Jh.
Relief, Lindenholz, mit Glaskasten
H. 32 cm, B. 23 cm (mit Kasten)
Passau, Oberhausmuseum,
Inv. Nr. 13751

Da sein Bruder Johann Peter d. Ä. die Werkstatt in Ried übernahm, musste Johann Dionysius in einer anderen Stadt sein Auskommen suchen. 1747 heiratete er in Hals bei Passau als Geselle die Witwe des dortigen Bildhauers, um als Meister die Werkstatt weiterführen zu können und das Bürgerrecht zu erwerben.

Urkundlich bezeugte Werke von ihm sind nicht bekannt, einzig eine fragmentarisch erhaltene Ölberggruppe in der Art der Schwanthaler (Oberhausmuseum Passau) aus der Halser Pfarrkirche wird ihm mit einiger Wahrscheinlichkeit zugeschrieben. Vielleicht kann ihm auch das Relief der Hl. Drei Könige zugewiesen werden (Helga Achleitner, Expertise). Zumindest fehlen den Figuren – anders als den Figuren des Vaters Johann Franz – die Feinheiten in der Ausführung.

Lit.: Unveröffentlicht.

K. P.

7. Schlossbauten

Zu Beginn des 16. Jahrhunderts setzte auch am Inn eine Entwicklung ein, die durch eine Umgestaltung der mittelalterlichen Burgen und Schlösser in repräsentative und wohnlichere Bauten gekennzeichnet war. Zunächst war Italien mit seinen Renaissancebauten, seit dem 18. Jahrhundert der französische Schlossbau Vorbild für die adeligen Bauherren. Zur Erziehung der Söhne gehörten Kenntnisse in der Architektur, die auf den Kavalierstouren vertieft wurden. Anspruchsvolle Bauformen und repräsentative Themen in der malerischen Ausgestaltung der Räume waren dem Ansehen und der eigenen Selbstdarstellung verpflichtet. Doch nicht alle Schlösser waren ständiger Wohnsitz, einige dienten nur zeitweise ihren Besitzern als ländlicher Aufenthaltsort oder Jagdschloss, besonders im Innviertel. Als dieses 1779 zu Österreich kam, hatte allein Graf Aham auf Schloss Neuhaus dort noch seinen Wohnsitz.

K. P.

7.1 Neuburg – Die Renaissance-Säle

Graf Niklas II. von Salm, kaiserlicher Rat und Sohn des 1530 verstorbenen gleichnamigen siegreichen Kämpfers gegen die Türken, beauftragte 1529 den Passauer Maler Wolf Huber als Baumeister, zwei Gebäudetrakte im Renaissance-Stil mit Arkaden- und Laubengängen auf Rotmarmorsäulen um den Burghof der Neuburg zu errichten. Heute ist nur noch der Ostflügel mit drei zu Beginn des 20. Jhs. rekonstruierten Sälen erhalten; der Südflügel, dessen westliche Fassade einen Renaissancegiebel mit Voluten trug, wurde nach einem Brand 1810 abgetragen. Die ursprüngliche Ausgestaltung zweier Säle mit Weiß- bzw. Rotmarmorplatten und Ornamentfriesen aus Terrakotta, von denen sich einige Originale mit Fassungsresten erhalten haben, weist auf die frühe Übernahme oberitalienischer Vorbilder am Inn. Sie ist die erste ihrer Art nördlich der Alpen: vergleichbare Terrakottaverzierungen finden sich im bayerisch-österreichischen Raum in dieser Zeit noch nicht. Die ausführenden

Kunsthandwerker waren wohl Italiener, die im 16. Jh. üblicherweise für den Bau der Renaissanceschlösser herangezogen wurden. Der Straubinger Hafner Sebastian Hartinger, dessen Namenszug mit der Jahreszahl 1531 auf einer Ofenkachel erhalten ist, wird die noch in einem Urbar von 1674 erwähnten Öfen geschaffen haben. 1531 sind auch die Säle bereits fertig gestellt. Ob Wolf Huber für den Entwurf der Innenräume verantwortlich zeichnet, ist nicht unumstritten. Zumindest liegen aber einigen der figürlichen Terrakottaverzierungen Ornamentstiche der Nürnberger Barthel und Hans Sebald Beham sowie des Meisters IB nach italienischen Vorlagen zugrunde – eine verbreitete Form der Vermittlung italienischer Formen nach Norden –, die Wolf Huber sicherlich zugänglich waren. Auch wird seine Werkstatt die Wandmalereien in den neu erbauten Trakten, von denen nur geringe Reste erhalten sind, ausgeführt haben, da sein Auftraggeber ihn zugleich als Maler beschäftigte. Auffallend sind die engen Bezüge zwischen der Architekturmalerei auf dem Wandbildrest des Parisurteils im Obergeschoss des mittelalterlichen Traktes der Neuburg nördlich der Kapelle (heute Landkreisgalerie) und den Terrakottaverkleidungen der Marmorsäle.

Graf Niklas II. von Salm kann mit dem Umbau der Neuburg als Vertreter einer gebildeten Adelsschicht angesehen werden, der die neuen Formen und Themen der italienischen Renaissance und damit der Antike Ausdruck ihrer humanistischen Gesinnung waren.

Lit.: Franz Winzinger, Wolf Huber. Das Gesamtwerk, 2 Bde., München 1979, Bd. 1 S. 63–65, S. 188–189 (mit älterer Literatur).

K. P.

7.1.1
Einzug der Eleonore von Pfalz-Neuburg in die Neuburg am Inn anlässlich ihrer Hochzeit mit Kaiser Ferdinand I. mit einer Ansicht des Schlosses, auf der die Renaissancetrakte von der Hofseite zu sehen sind
Druck nach dem Kupferstich von Johann Martin Lerch nach Clemens Beutler, 1676, H. 32 cm, B. 45 cm

7.1.2
Teil eines Frieses mit Zyklopen nach einem Kupferstich des Meisters IB (Bartsch 45)
1531
Terrakotta mit Resten blauer Fassung, H. 17,5 cm, B. 45,5 cm, T. 6 cm
Passau, Landkreis, Inv. Nr. 70

7.1.3
Teil eines Frieses mit Reiterkampfszene nach dem Kupferstich Griechen und Trojaner von Hans Sebald Beham (1500–1550) (Bartsch 69)
1531
Terrakotta mit Resten grüner und roter Fassung, H. 18,5 cm, B. 44,5 cm, T. 5,5 cm
Passau, Landkreis, Inv. Nr. 62 (2)

7.1.4
Teil eines Puttenfrieses mit thronendem Putto
1531
Terrakotta, H. 17,9 cm, B. 27,6 cm, T. 5,3 cm
Passau, Landkreis, Inv. Nr. 61

7.1.5
Pilasterfüllung mit Groteskenornament
1531
Terrakotta mit Resten roter und blauer Fassung, H. 54,5 cm, B. 15,5 cm, T. 10 cm
Passau, Landkreis, Inv. Nr. 125 (1)

7.1.6
Konsole der Gewölberippen in Form eine Engelskopfes aus dem - Rotmarmorsaal
1531
Terrakotta, H. 16,5 cm, B. 20,5 cm
Passau, Landkreis, Inv. Nr. 177

7.1.7
Halbsäule mit Weinranken und Widderkopfkapitel vor Pilaster mit Delphinen, Schnecken, Pilzen und Efeuranken
Gipsabguss der Terrakotta-Widderkopfsäulen aus dem Rotmarmorsaal, H. 152 cm, B. 25,6 cm
Passau, Landkreis, Inv. Nr. XVIII 98/3

7.2

7.2 Aurolzmünster –
Das Versailles des Innviertels

1676 erwarb Graf Ferdinand Franz Albrecht von der Wahl (1640?–1703), dessen Vater Johann Christian während des Dreißigjährigen Krieges mit dem Erhalt des Titels eines Reichsgrafen 1636 den sozialen Aufstieg der Familie begründet hatte, die Herrschaft Aurolzmünster und begann bald darauf mit dem Bau eines neuen Schlosses. Die Pläne lieferte höchstwahrscheinlich Henrico Zucalli. Er war mit dem Grafen, der auch kurfürstlicher Generalbaudirektor war, bekannt und sollte ein Palais für dessen Familie in München errichten. Zudem weist die Anlage Ähnlichkeiten zum Schloss Lustheim auf, einem späteren Bau Zucallis in Schleissheim. Die Ausführung vor Ort, mit der um 1685 begonnen wurde, oblag dem Graubündener Baumeister Antonio Riva. Nach dem Tod des Bauherrn 1703 führte sein Sohn Ferdinand Franz Xaver von der Wahl (1671–1732) den Neubau und dessen Ausstattung bis 1705 zu Ende.

Das Schloss weist die französische Bauform einer Dreiflügelanlage auf, die einen Hof umschließt und von einem Wassergraben umgeben ist. Niedrige Trakte verbinden das Haupthaus mit zwei Pavillons, von denen einer in Form einer hohen Säulenhalle als Pferdestall diente. Die ca. 400 m lange, zu ihrer Zeit in Bayern einzigartige, heute nicht mehr erhaltene Gartenanlage nimmt Bezug auf die französische Gartenkunst. Eine Besonderheit des Baus stellt der pavillonartige Dachaufbau dar, dessen Vorbilder in Böhmen, wo die Familie Ländereien besaß, zu suchen sind. Der auch heute nur über eine schmale Treppe zu erreichende Raum wurde nicht als Festsaal genutzt, sondern war mit seiner Ausmalung von 1699 allein dem Andenken des ruhmreichen Vaters Johann Christian gewidmet. Im ersten Geschoss, dem piano nobile, in dem sich auch der Festsaal und die Schlosskapelle befinden, waren die Decken mit Stuckrahmen, in die Leinwandbilder eingefügt waren, und mit Deckenfresken verziert. Die von dem Münchner Hofmaler Johann Eustachius Kendlbacher gemalten mythologischen Szenen und Allegorien beziehen sich auf die Geschichte der Familie und die Hoffnung ihres weiteren Wachsens und Gedeihens.

Lit.: Stefan Nadler, Schloß Aurolzmünster, in: Schönere Heimat 79 (1990) S. 37–41 – Ders., Das Schloss – Juwel, Herrschaft, Geheimnis, Verfall und Hoffnung, in: Aurolzmünster, hrsg. v. Ferdinand Reindl, Ried o. J., S. 104–121.

K. P.

Oberhausmuseum
Passau

HerrschaftsZeiten – Glanz und Ende des Fürstbistums Passau

Nach seiner Belehnung mit der Grafschaft im Ilzgau durch Kaiser Friedrich II. im Jahre 1217 begann Bischof Ulrich II. 1219 mit dem Bau einer Burg auf dem Georgsberg, hoch über seiner Residenzstadt Passau. Er dokumentierte damit nicht nur seine reichsfürstliche Position, sondern sicherte sie auch gegen Feinde von innen und außen und schuf eine wesentliche Grundlage für den Erhalt der fürstbischöflichen Macht für sich und seine Nachfolger. Diese bauten im Laufe der Jahrhunderte die Burg kontinuierlich als landesherrliche Residenz in Krisenzeiten ebenso wie als uneinnehmbare Festung aus. Bis weit in das 18. Jahrhundert wurden die Verteidigungsanlagen den jeweiligen militärischen Erfordernissen angepasst, so dass die Veste Oberhaus erst zu Beginn des 19. Jahrhunderts zum ersten – und einzigen – Mal seit ihrem Bestehen militärisch eingenommen werden konnte. Heute gehört sie zu den großen erhaltenen Festungsanlagen Europas und ist neben der gesamten Altstadt mit ihren barocken Plätzen und Häusern um Stephansdom, fürstbischöfliche Residenzen und Domherrenpalais einer der beliebtesten touristischen Anziehungspunkte der an Geschichte, Kunst und Kultur so reichen Stadt Passau.

Das „Oberhausmuseum" ist einer der vier Partner des bayerisch-oberösterreichischen Landesausstellungsprojektes „Grenzenlos. Geschichte der Menschen am Inn". Mit der Ausstellung „Herrschaftszeiten. Glanz und Ende des Fürstbistums Passau" erfüllen die Ausstellungsmacher einen lange gehegten Wunsch des Publikums und beleuchten zudem das Rahmenthema „Grenzenlos" unter einem ganz besonderen Aspekt: Die Besucher tauchen ein in die Welt des 17. und 18. Jahrhunderts, die Zeitalter des Barock, des Dreißigjährigen Krieges, der Aufklärung und des Unterganges des „Ancien Régime" nach französischer Revolution und napoleonischen Kriegen durch Mediatisierung und Säkularisation. Anhand einmaliger Exponate aus bedeutenden Sammlungen und Museen Europas, unterstützt durch aufschlussreiche Installationen und aktuellste Präsentations- und Museumstechnologie, erleben die Besucher auf über 1000 qm Ausstellungsfläche in der Veste Oberhaus, wie die Ereignisse dieser zwei bewegten Jahrhunderte auf Hochstift, Bistum, Residenzstadt Passau und ihre Menschen eingewirkt haben bzw. welche Entwicklungen von hier ausgegangen sind. Grundlagen, Strukturen und Gesetzmäßigkeiten der Regierung über das kleine geistliche Fürstentum Passau werden offen gelegt, dessen Herrscher auf Grund der besonderen geopolitischen Lage im Laufe der Jahrhunderte stets zwischen Habsburg und Wittelsbach, Österreich und Bayern lavieren mussten.

Ein Paukenschlag steht am Beginn der Zeitreise: Nach Jahrhunderten wittelsbachischer Dominanz vollzieht der bedeutende Fürstbischof Urban von Trenbach die Wende zu den Habsburgern und sorgt kurz vor seinem Tod dafür, dass Erzherzog Leopold von Österreich zum nachfolgeberechtigten Koadjutor ernannt wird. Ein Jahr danach – 1598 – ist der Habsburgerprinz, wenn auch ohne höhere Weihen, als Fürstbischof geistlicher Oberhirt über die größte Diözese im Heiligen Römischen Reich Deutscher Nation und zudem Landesherr über das zwar kleine, aber strategisch bedeutende Fürstbistum. Hochstift, Stadt und Bistum Passau erleben bewegte Zeiten. Sowohl Erzherzog Leopold als auch sein Nachfolger Leopold Wilhelm spielten eine maßgebliche Rolle im Reich. Passau war für sie eine von mehreren Basen habsburgischer Macht und damit wechselnd Haupt- und Nebenschauplatz der Geschichte. Die Funktion als bischöfliche Residenzstadt wirkte auf alle Bereiche des Lebens und alle Bevölkerungsschichten ein und prägte Wirtschaftskraft, sowie gesellschaftliches und kulturelles Klima in der Stadt. Auch nach Beendigung der Habsburgischen Sekundogenitur 1664 wurden nur noch Kandidaten aus habsburgverbundenen Häusern zu Fürstbischöfen gewählt. Sie kümmerten sich intensiv um ihre Diözese, waren vor allem geistliche Oberhirten, im späten 17. und 18. Jahrhundert aber auch Herrscher des aufgeklärten Absolutismus, die gegen alte Zöpfe vorgingen und noch heute beeindruckende Maßnahmen und Reformen im Bereich des Sozial-, Gesundheits- oder Bildungswesens durchführten. Die Ausstellung beleuchtet die Lebensumstände der Menschen auf dem Land und in der Stadt. Der Besucher wird Teil ihres Lebens, betritt – virtuell – Plätze und Häuser, nimmt Teil an Bildern und Gesprächen. Er erlebt den barocken Alltag der Wohlhabenden und die Entbehrungen der Armen, den Glanz und das Ende des Fürstbistums Passau.

Max Brunner

Peter Claus Hartmann

Das Hochstift Passau als Glied des Heiligen Römischen Reiches Deutscher Nation in der Neuzeit

Das 1802/03 säkularisierte, mediatisierte und zunächst 1803 zum einen Teil und 1805 zum anderen Teil in Bayern einverleibte Hochstift Passau stellte einen geistlichen Zwergstaat dar, der beachtliche Leistungen vor allem im Bereich von Kultur und Bildung aufzuweisen hatte.[1] Der Fürstbischof von Passau, der wie die anderen geistlichen Reichsfürsten des Alten Reiches eine Doppelfunktion als Oberhirte einer Diözese einerseits und Landesherr eines Territoriums andererseits ausübte, regierte seit dem späten Hochmittelalter über das Hochstift Passau, d. h. ein kleines Territorium, dessen Umfang sich im Laufe der Jahr-

hunderte veränderte. Im 18. Jahrhundert umfasste das reichsunmittelbare Territorium das Abteiland, ferner ein Gebiet donauaufwärts mit Rathmannsdorf sowie die Exklaven Riedenburg und Viechtenstein, zusammen 15 Quadratmeilen (= 825 km²), und zählte 24 000 Einwohner, wozu noch etwa 28 000 mittelbare Untertanen zahlreicher Grundherrschaften kamen, die meist unter österreichischer Landeshoheit standen.[2] Die Einkünfte des Hochstifts waren mit ca. 200 000 fl. Ende des 18. Jahrhunderts relativ bescheiden, die Truppenstärke zumindest seit 1648 verschwindend klein.[3] Trotzdem hat der geistliche Zwergstaat, wie an-

gedeutet, große Leistungen, etwa im Bereich von Kunst und Architektur, aufzuweisen. Dies gilt für die Donauschule mit Passauer Künstlern wie Rueland Frueauf, Stefan Kriechbaum oder Wolf Huber[4], aber auch für das 17. Jahrhundert, als nach dem großen Stadtbrand von 1668 mit dem Dom der größte hochbarocke Kirchenbau nördlich der Alpen errichtet bzw. wiederaufgebaut und ausgestattet wurde. Auch die Alte und Neue Residenz und die Nebenschlösser wie Eggendobl, Hacklberg und Freudenhain sind architektonische und künstlerische Großleistungen.[5] Die geistliche Residenzstadt stellte auch ein bedeutendes Zentrum der Musikpflege und des Theaterwesens dar und war außerdem ein wichtiger Mittelpunkt für Bildung und Wissenschaft mit einem sehr frequentierten Jesuitenkolleg, das 1773 als Gymnasium weitergeführt wurde und einer Hochschule, die zeitweilig aus drei Fakul-

täten (Theologie, Philosophie und Jurisprudenz) bestand.[6] Im 17. Jahrhundert spielten auch die Patres Nicolaus Avancinus und Prokop von Templin als Dichter eine überregionale Rolle.[7]

Diese für einen Zwergstaat mit so wenigen Einwohnern, bescheidenen Einkünften und geringer militärischer Macht beachtlichen kulturellen Leistungen waren nur möglich, weil das kleine geistliche Territorium in das große Heilige Römische Reich mit seiner Rechts- und Friedensordnung eingebunden war; denn diese Rechts- und Friedensordnung schützte im Allgemeinen nach dem Prinzip „Recht vor Macht" auch die kleinen und winzigen Glieder des Reiches. Dieses Alte Reich mit seinen zahlreichen sehr verschiedenartigen Gemeinwesen, d. h. weltlichen und geistlichen Territorien, Reichsstädten und Reichsdörfern, bildete den Rahmen für staatliche, religiöse und wirtschaftliche und besonders auch kulturelle Vielfalt.[8]

Das kleine Passau war Mitglied dieses Reiches und besaß eine relative Unabhängigkeit durch die Landesherrschaft und seit 1648 Landeshoheit. Wie die anderen Territorien erkannte es den Kaiser als gemeinsames Oberhaupt des Reiches an[9], hatte Sitz und Stimme auf dem Reichstag, seit 1663 auf dem Immerwährenden Reichstag in Regensburg[10], und war der Rechtsprechung der beiden höchsten Reichsgerichte unterworfen, nämlich dem Reichskammergericht in Speyer, ab 1689 in Wetzlar, und dem Reichshofrat in Wien.[11]

Da das Hochstift ab 1598 nur noch Bischöfe hatte, die aus den habsburgischen Erblanden stammten[12], übten immer wieder Passauer Fürstbischöfe in der Reichspolitik im Dienste des Kaisers wichtige Funktionen aus. Dies gilt für die ersten beiden Fürstbischöfe aus dem Hause Habsburg, Fürstbischof Leopold (1598–1625) und Leopold Wilhelm (1625–1662), die kirchenrechtlich nur Administratoren des Bistums waren, da sie nicht zum Priester und Bischof geweiht wurden. Beide fungierten u. a. als kaiserliche Feldherren.[13] Fürstbischof Sebastian von Pötting (1673–1689) wurde 1684 Prinzipalkommissar, d. h. Stellvertreter des Kaisers auf dem Immerwährenden Reichstag zu Regensburg.[14] Die gleiche Funktion übte seit 1699 Fürstbischof Johann Philipp Graf von Lamberg (1689–1712) aus.[15]

Abb. 1 *Das Bistum Passau um 1719; Passau, Oberhausmuseum, Inv.-Nr. 4812*

Für das praktische Verfassungsleben und die Politik des Fürstbistums war neben der Mitgliedschaft im Reich die Einbindung in den Bayerischen Reichskreis von zentraler Bedeutung.

Angesichts der etwa 300 staatlichen und halbstaatlichen Gebilde des Alten Reiches, das ganz Mitteleuropa, angefangen vom Gebiet des heutigen Belgien im Westen bis hin zu den östlichen Grenzen der heutigen Staaten Tschechien oder Niederösterreich, umfasste, war es nämlich in der frühen Neuzeit wichtig, zusammen mit anderen Territorien in eine Region eingebunden zu sein. Dort konnten nämlich überterritoriale Probleme kollegial und gleichzeitig relativ effizient gemeinsam geregelt werden, welche das sehr große konföderale Reich mit seiner schwachen Zentrale nicht lösen konnte. Das Hochstift Passau war Mitglied einer solchen Region des Alten Reiches, nämlich des Bayerischen Reichskreises. Dieser im Juli 1500 errichtete Kreis wurde vom Erzbischof von Salzburg und dem Herzog bzw. ab 1623 Kurfürst von Bayern geleitet. Seit 1500 war das Heilige Römische Reich in sechs, und seit 1512 in zehn Reichskreise eingeteilt, denen im Laufe der Zeit immer mehr Funktionen zuwuchsen. Einer dieser Kreise war der Bayerische, der an den Österreichischen, Fränkischen und Schwäbischen grenzte und in etwa das Gebiet der altbayerischen heutigen Regierungsbezirke Ober-, Niederbayern, bis 1779 mit dem Innviertel, der Oberpfalz und das heutige österreichische Bundesland Salzburg umfasste. Die Zahl der Kreisstände, d. h. die Mitglieder des Bayerischen Kreises, veränderte sich im Laufe der 300 Jahre seiner Geschichte. Seit Ende des 17. Jahrhunderts betrug sie 20 Stände. Diese gliederten sich in eine Geistliche und eine Weltliche Bank. Zur ersteren gehörten das Erzstift Salzburg, die Hochstifte Freising, Passau und Regensburg, die Fürstpropstei Berchtesgaden sowie die Reichsabteien St. Emmeram, Nieder- und Obermünster in Regensburg.

Nach dem Stand Ende des 17. Jahrhunderts gehörten der Weltlichen Bank das Kurfürstentum Bayern, die Fürstentümer Pfalz-Neuburg und Pfalz-Sulzbach, die Landgrafschaft Leuchtenberg, die Grafschaften Haag, Ortenburg, Hohenwaldeck (mit Miesbach) und Störnstein (Lobkowitz), die Herrschaften Ehrenfels, Wolfstein (= Sulzbürg-Pyrbaum) und Breitenegg sowie die Reichstadt Regensburg an.[16]

Die 20 Mitglieder besaßen eine recht unterschiedliche Größe und ein diverses Gewicht. Hatte Kurbayern ca. 1,2 Millionen Einwohner, das Erzstift Salzburg 220 000 bis 250 000 Menschen, Pfalz-Neuburg etwa 88 000, so zählte der kleinste Kreisstand, die Reichsgrafschaft Ortenburg nur 2000 Einwohner. Zusammen wohnten im Kreis Ende des 18. Jahrhunderts nach einer Aufstellung der Reichstagsakten 1 509 500 Menschen, von denen nach den Rekatholisierungsmaßnahmen im ersten Drittel des 17. Jahrhunderts in Pfalz-Neuburg und in der Oberpfalz 97,6 % katholisch und nur 2,4 % evangelisch waren.[17]

Der Bayerische Kreis, der zu den kleinsten, aber auch geschlossensten des Reiches zählte, hatte mehrere wichtige Institutionen.[18]

Institutionen des Kreises

Von besonderer Bedeutung war hier das Kreisausschreibeamt, das vom Herzog bzw. Kurfürsten von Bayern und dem Erzbischof von Salzburg gemeinsam und gleichberechtigt ausgeübt wurde, was eine enge, kollegiale Kooperation der beiden leitenden Fürsten des Kreises erforderte. Sie hatten jeweils zu zweit gemeinsam das Recht, auf Wunsch des Kaisers oder aus eigener Initiative den bayerischen Kreistag auszuschreiben und in eine salzburgische oder bayerische Stadt oder in die eines anderen Kreisstandes einzuberufen. Sie legten die Beratungspunkte fest und hatten darauf zu achten, dass die Kreistagsbeschlüsse durchgeführt wurden. Schließlich hatten die Kreisausschreibenden Fürsten für die Befolgung der Reichsgerichtsbeschlüsse zu sorgen, die Exekution der Reichsgerichtsurteile zu veranlassen und als regionale Verwaltungsorgane von Kaiser und Reich im Kreis und den Mitkreisständen gegenüber zu fungieren.[19]

Wichtig war ferner das Kreisdirektorenamt, das seit 1555 abwechselnd von Salzburg und Bayern jeweils für eine Kreisversammlung ausgeübt wurde. Der Vertreter des Erzbischofs bzw. des Herzogs/Kurfürsten leitete die Sitzungen des jeweiligen Kreistages, präsentierte die zu beratenden Punkte, führte die Korrespondenz der Kreisversammlung, verfasste den eigentlichen Kreistagsbeschluss oder Kreisabschied und kümmerte sich schließlich um die Aufbewahrung des Kreisschrifttums im Kreisarchiv. Für die Leitung der Kreistruppen waren der Kreishauptmann und spätere Kreisobrist und mehrere Zugeordnete zuständig. Der Oberbefehl kam immer dem bayerischen Herzog/Kurfürst zu.[20]

Eine besonders wichtige Institution des Kreises stellte ferner die Versammlung seiner Stände dar. Dort berieten diese nämlich über alle Kreisangelegenheiten und über alle Reichstagsbeschlüsse, die vom Kreis realisiert, d. h. in die Tat umgesetzt werden sollten.

Das Hochstift Passau entsandte zu allen 99 Kreistagen, die angefangen von der ersten Versammlung im Juli 1521 in Mühldorf bis zur letzten im Februar/ März 1793 in Wasserburg stattfanden, seine Vertreter. Während man sich besonders oft in Regensburg und Landshut versammelte, beherbergte Passau den bayerischen Kreistag nur dreimal, nämlich 1537, 1541 und 1543.

Bei den Versammlungen, die jeweils in der großen Ratsstube der gastgebenden Stadt tagten, gab es eine feste Sitzordnung mit Direktoriumstisch und -sessel, Protokollantentisch und zwei Bänken. Zur Rechten des Direktoriums befand sich die Geistliche, zur Linken die Weltliche Bank. Auf der ersten saß der Vertreter Passaus auf dem vierten Platz nach den Gesandten Salzburgs, Freisings und des Hochstifts Regensburg.

Wie beim Immerwährenden Reichstag stimmten die Bänke trotz separater Sitzordnung gemeinsam ab. Jede Stimme eines Kreisstandes, ob Kurbayern, Hochstift Passau oder die kleine Grafschaft Ortenburg wurde im Gegensatz zum Reichstag gleichwertig gezählt. Wie die anderen bayerischen Kreisstände schickte auch Passau im Allgemeinen Vertreter des Landesherrn zum Kreistag, so z. B. 1531 Doktor Jörg Spies, 1622 den Domherren Rodericus Freiherr von Sandelier, den fürstlich passauischen geheimen Rat und Kanzler Franz Ganzneth und den Rat und Doktor der Rechte Andreas Metzger oder 1757 den hochfürstlich-passauischen wirklichen Hofrat und geheimen Kabinettssekretär Johann Jacob von Molitor.[21]

Wie die Protokolle beweisen, gestalteten sich die Kreisversammlungen durchaus lebendig, geprägt von intensiven Diskussionen, Protesten, Erwiderungen und hart abgerungenen Beschlüssen. Als Beispiel mag der besonders wichtige und lang dauernde Kreistag dienen, der nach dem Ende des Dreißigjährigen Krieges vom 23. November 1648 bis zum 15. April 1649 in Wasserburg abgehalten wurde. Dort stritt und diskutierte man um die zu leistenden Zahlungen angesichts der Kriegsfolgen besonders heftig. Die Kreisvertreter traten zu 37 Sitzungen, die im Allgemeinen um 8 Uhr früh begannen, zusammen. Nach dem auf Kreistagen üblichen Usus trug zunächst das Direktorium den Tagesordnungspunkt vor und erläuterte ihn ausführ-

lich. Dann gab meist abwechselnd ein geistlicher und ein weltlicher Stand in der Reihenfolge der Sitzordnung sein Votum ab, das manchmal durchaus lang und ausführlich sein konnte. Das Hochstift Passau kam bei jedem Durchgang nach der Landgrafschaft Leuchtenberg und vor der Grafschaft Störnstein zu Wort. Wie das Protokoll vermerkt, gab es auf diesem Kreistag damals immerhin 837 Interventionen. Während das damals bayerische Direktorium 83-mal das Wort ergriff, tat dies der Vertreter Passaus 42-mal. Man kann, wenn man diese Versammlung näher analysiert, durchaus zu dem Schluss kommen, dass es sich um eine Vorform des Parlamentarismus handelte.[22]

Als letzte Institution seien schließlich noch die Münzprobationstage genannt. Im sehr kleinteiligen Reich war es nötig, das Geld- und Münzwesen zu koordinieren, zu kontrollieren und zu regeln. Deshalb übertrugen verschiedene Reichstage des 16. Jahrhunderts diese Aufgabe den Kreisen. Dabei bildeten jeweils zwei bis drei Reichskreise eigene Währungszonen. Als gemeinsame Leitwährung des Reiches dienten der Reichstaler und der Rheinische Gulden. Der Bayerische Kreis und somit auch das Hochstift Passau gehörten zur gemeinsamen Währungszone der drei Kreise Franken, Schwaben und Bayern. Deren Deputierte hielten ab 1564 gemeinsame Münzprobationstage ab, die in Nürnberg, Bamberg, Regensburg, Nördlingen oder Augsburg stattfanden. Die Vertreter der drei Kreise versammelten sich immerhin 153-mal.[23]

Nach dieser Präsentation der bedeutendsten Institutionen sei in einem zweiten Teil ein Blick auf die wichtigsten Funktionen und Aufgaben des Bayerischen Kreises und speziell die des Hochstifts Passau innerhalb dieses Reichszirkels geworfen.

Funktionen und Aufgaben

Es gab damals zwei Kategorien von Reichssteuern, die u. a. auch das Hochstift Passau zu zahlen hatte, den Kammerzieler und die Römermonate. Es war Aufgabe der Kreise, dafür zu sorgen, dass diese Steuern auch wirklich bezahlt wurden. Beim Kammerzieler handelte es sich um eine Matrikelsteuer, d. h. jeder Reichsstand musste die jeweils für ihn in der Reichsmatrikel festgeschriebene Summe entrichten, das Hochstift Passau pro Halbjahr 118 fl. 33½ Kr. Wenn Beträge ausblieben, wandte sich der kaiserliche Fiskal an die Kreisausschreibenden Fürsten. So schritten auf deren Forde-

Abb. 2 *Münze (halber Reichsguldiner), 1574, Silber, Münzstätte: Passau, Münzherr: Urban von Trennbach (1561–1598), Passau, Oberhausmuseum, Inv. Nr. M 109*

Abb. 3 *Münze (Taler), 1694, Gold, Münzstätte: Regensburg, Münzherr: Johann Philipp von Lamberg (1689–1712), Passau, Oberhausmuseum, Inv. Nr. M 120*

rung hin z. B. im Jahr 1665 Erzbischof Guidobald von Salzburg und Kurfürst Ferdinand Maria von Bayern ein, um die Entrichtung unbezahlter Rückstände verschiedener Kreisstände durchzusetzen. Obwohl Passau wie alle geistlichen Territorien im Allgemeinen ein gewissenhafter Zahler der Reichssteuern war, schuldete es damals dem Reichskammergericht noch einen Rest von 30 fl. 20 Kr. und 2 Hl. Es hat diese Schulden allerdings nach der Ermahnung durch die Kreisausschreibenden Fürsten sofort beglichen. Aus einem Verzeichnis der Reichstagsakten von 1785 geht hervor, dass damals Passau für die 132 Jahre seit 1653 keinen einzigen Kreuzer mehr schuldig geblieben war.[24]

Die wichtigste Reichssteuer bildeten damals aber die jeweils bei Bedarf vom Reichstag bewilligten Römermonate, die im Allgemeinen zur Finanzierung des Reichsheeres dienten. Als Grundlage für den Steuersatz, den die einzelnen Reichsstände zu zahlen hatten, diente die Wormser Reichsmatrikel von 1521. Sie legte den zu zahlenden Grundbetrag (genannt Römermonat) für das gesamte Reich fest. Dieser Grundbetrag wurde dann vom Reichstag 30, 40, 50, 60-mal oder mehr bewilligt. Im Spanischen Erbfolgekrieg waren sogar 250 Römermonate zu zahlen. Für das Hochstift Passau machte dieser Grundbetrag (ein Römermonat) immerhin 528 fl. aus. Wie alle geistlichen Territorien und Reichsstädte wurde das Hochstift nämlich weit überproportional zu diesen Steuern herangezogen. Das Herzogtum Bayern hatte z. B. im 16. Jahrhundert ein Simplum (einen Römermonat) von nur 1828 fl., somit nicht einmal das Vierfache zu entrichten, obwohl es ca. 40-mal so viele Einwohner wie das Hochstift Passau zählte.

Wie die neuesten Forschungen zeigen, brachten die Kreise und hier besonders die Hochstifte und Reichsstädte gewaltige Summen für das Reich, besonders im Kampf gegen die Türken, auf. 1595 bewilligte der Reichstag z. B. 25 Römermonate (25 × den Grundbetrag) „wider den Erbfeind". Von den Kreisausgaben von 153 945 fl. 56 Kr. 6 Hl. zahlten Salzburg und Bayern jeweils 45 700 fl. und das kleine Hochstift Passau 13 200 fl.[25]

Eine weitere wichtige Funktion des Reichskreises war die Aufstellung, Verwaltung und Unterhaltung der Kontingente für die Reichsarmee, zu der das Hochstift Passau immer gewissenhaft seinen Beitrag leistete. Die Aufstellung der Reichsarmeekontingente, die aus den Soldaten der verschiedenen Territorien und Reichsstädte zusammengesetzt waren und die nur zur Verteidigung und Friedenssicherung dienten, erinnert an die heutigen Friedenstruppen der UNO. Obwohl der bayerische Herzog bzw. Kurfürst als Kreisobrist den Oberbefehl über das Kreiskontingent führte, war die Kreisversammlung für die Verwaltung zuständig und die Versorgung und Ausrüstung wurde in Kooperation durch die Kreisstände gesichert. Dies verminderte allerdings die Effizienz der Truppen, die vor dem Krieg keine gemeinsamen Übungen hatten. Trotzdem erbrachten sie bei längeren Verteidigungskriegen, etwa gegen die Türken oder Franzosen, wie neuere Forschungen zeigen, durchaus positive Leistungen. Wie die Geldzahlungen so waren auch die Kontingente, die jeder einzelne Kreisstand zu stellen hatte, in der Wormser Reichsmatrikel von 1521 festgelegt. Salzburg und Bayern mussten demnach jeweils 120 Mann zu Pferd und 554 zu Fuß stellen, während auf das Hochstift Passau 36 Reiter und 156 Infanteristen fielen. Die weiterhin überverhältnismäßige Belastung der geistlichen Territorien führte zu deren dauernden Klagen und Reduktionsforderungen. Aber erst im 17. Jahrhundert konnten sie entsprechende Verminderungen ihrer Beiträge erreichen. So durfte Passau sein Simplum auf

18 Reiter und 78 Fußsoldaten halbieren und 1664 sogar auf 6 Reiter und 26 Infanteristen reduzieren. Trotzdem mussten im Bayerischen Kreis die geistlichen Stände, die etwa 17 % der Kreisbewohner beherbergten, immer noch 35 % des Kreisheeres aufbringen. Für das kleine Hochstift Passau bedeuteten die Reichsverpflichtungen eine große Last. Somit waren die Einbindung in die Reichsfriedensordnung und der Schutz durch die Rechtsordnung durchaus teuer erkauft.[26]

Für das kleine Fürstbistum Passau war es schließlich von erheblicher Bedeutung, in eine große Währungszone eingebunden zu sein, da sich sonst seine Wirtschaft und sein Handel kaum hätten entfalten können. Somit war die Mitgliedschaft im Kreis, d. h. einer größeren Region, erforderlich. Für das Wirtschaftsleben des Kreises, d. h. für den Handels- und Güteraustausch, die Versorgung der Städte mit Nahrungsmitteln und den Geldverkehr war es darüber hinaus wichtig, dass im ganzen süddeutschen Raum das Münzwesen, der Wert der gängigen Münzen, die Verpflichtung, den Metallgehalt bei der Prägung zu garantieren, der Geldverkehr usw. einheitlich geregelt wurden. Allerdings konnten in diesem territorial zersplitterten Raum mit seinen zahlreichen relativ kleinen Reichsständen, die vielfach ihr Münzregal ausübten, die Probleme nur in kollegialer Absprache gelöst werden. Für die Regelung all der Fragen, die mit dem Münz- und Geldwesen zusammenhingen, führten, wie erwähnt, die drei Reichskreise Bayern, Franken und Schwaben gemeinsame Münzprobationstage durch.

Während der Fränkische und besonders der Schwäbische Kreis sich regelmäßig mit Wirtschafts- und Zollangelegenheiten befassten, geschah dies im Bayerischen nur hier und da. Immerhin beschäftigte man sich auf den Kreistagen mit der Frage territoriumsübergreifender Handwerksordnungen, mit der Bekämpfung von Missständen, wie Trinkexzessen von durchreisenden Gesellen und übertriebenen Forderungen bei Festen. Außerdem beschloss man eine Kreispolizeiordnung und gemeinsame Maßnahmen gegen Räuber, Bettler und umherziehende Gruppen.[27]

Zusammenfassend ist zu betonen, dass der kleine geistliche Zwergstaat Passau durch die Reichsordnung als Mitglied des Alten Reiches geschützt und gesichert war und deshalb eine außerordentliche kulturelle Fruchtbarkeit in Architektur, Kunst und Bildung entwickeln konnte, aber auch durch große Leistungen für das Reich belastet wurde, die in viel höherem Maße zur

erheblichen Verschuldung des Hochstifts zum Zeitpunkt der Säkularisation beigetragen haben als die von den Aufklärern damals betonten Strukturschwächen. Diese immer wieder hervorgehobenen Schwächen, wie wirtschaftliche und ideologische Rückständigkeit der geistlichen Territorien, wird in einer vor kurzem erschienenen Habilitationsschrift über das Hochstift Augsburg widerlegt und relativiert.[28]

In ähnlicher Weise hebt Stephan Mauelshagen in seinem 2001 erschienenen Buch hervor, wie „wohladministriert" und wirtschaftlich auf der Höhe das nicht allzu große Hochstift Speyer im 18. Jahrhundert war.[29]

Man kann also in der neuesten Forschung eine wesentlich positivere Einschätzung der geistlichen Territorien feststellen, die mehr und mehr die recht negative der früheren Forschungsmeinung relativiert und korrigiert.

Anmerkungen

1 Zur Säkularisation des Hochstifts vgl. Anton Landersdorfer (Hrsg.), Vor 200 Jahren - Die Säkularisation in Passau, (Neue Veröffentl. d. Inst. f. ostb. Heimatforschung, Bd. 51) Passau 2003. Eberhard Weis, Die Begründung des modernen bayerischen Staates und König Max I. (1799-1825), in: Alois Schmid/ Max Spindler (Hrsg.), Handbuch der bayerischen Geschichte, Bd. IV 1, München ²2003, S. 46-53; zur kulturellen Leistung des Hochstifts: Peter Claus Hartmann, Das Ende des Fürstbistums Passau, in: Landersdorfer 2003, S. 21-33.

2 Ludwig Veit, Passau. Das Hochstift, (Historischer Atlas von Bayern, Teil Altbayern, H. 35) München 1978, S. 86 ff.; Peter Claus Hartmann, Das Hochstift Passau und das Erzstift Salzburg. Zwei geistliche Territorien zwischen Bayern und Österreich, in: Ostbairische Grenzmarken 30 (1988) S. 17-26.

3 Joseph Elias Seyfried, Statistische Nachrichten über die ehemaligen geistlichen Stifte Augsburg, Bamberg, Constanz, Eichstädt, Freysing, Passau, Regensburg, Salzburg und Würzburg, hrsg. v. Johann C. v. Aretin, Landshut 1804, S. 323-325.

4 Karl Möseneder, Malerei der Spätgotik und der Renaissance, in: Egon Boshof u. a. (Hrsg.): Geschichte der Stadt Passau, ²Regensburg 2003, S. 519-528.

5 Karl Möseneder, Architektur und Innendekoration 1560-1800, in: Boshof u. a. 2003, S. 529-548; Holger Schulten, Plastik und Malerei des 17. und 18. Jahrhunderts, in: Boshof u. a 2003, S. 549-564.

6 Vgl. dazu Margarete Laudenbach, Aufklärung und Schule. Die Reform des Elementarschulwesens im fürstbischöflichen Passau unter dem Einfluß zeitgenössischer Schulreformkonzepte, Passau 1993; Albrecht Aign, Geschichte des Gymnasiums Passau, Bd. 1, Passau 1962; Franz Xaver Eggersdorfer, Die Philosophisch-theologische Hochschule Passau. Dreihundert Jahre ihrer Geschichte. Ein Blick in die Entwicklung der katholischen geistlichen Bildung in Deutschland seit dem Ausgang des Mittelalters zur Jahrhundertfeier 1933, Passau 1933; Edith Schmidtmaier, Die fürstbischöflichen Residenzen in Passau. Baugeschichte und

Ausstattung vom Spätmittelalter bis zur Säkularisation, (Europäische Hochschulschriften 28, Kunstgesch. 215) Frankfurt a. M. u. a. 1994; Gottfried Schäffer, Das Fürstbischöfliche und Königliche Theater zu Passau (1783-1883). Beiträge zur Theaterkultur in der fürstbischöflichen Residenzstadt Passau und deren Nachwirkungen im 19. Jahrhundert, (Neue Veröffentl. d. Inst. f. Ostb. Heimatforschung, Bd. 33) Passau 1973.

7 Peter Claus Hartmann, Jahrhundert der Katastrophen und des Neuaufbaus 1598-1712, in: Boshof u. a. 2003, S. 165-186, hier S. 173 f.

8 Vgl. Peter Claus Hartmann, Kulturgeschichte des Heiligen Römischen Reiches 1648 bis 1806. Verfassung, Religion, Kultur, (Studien zu Politik und Verwaltung, Bd. 72) Wien u. a. 2001.

9 Vgl. Hartmann 2001, S. 38 ff.

10 Vgl. Walter Fürnrohr, Der immerwährende Reichstag zu Regensburg, Regensburg/Kallmünz 1964; Anton Schindling, Die Anfänge des immerwährenden Reichstags zu Regensburg. Ständevertretung und Staatskunst nach dem Westfälischen Frieden, (Veröffentl. d. Inst. f. Europ. Gesch. Mainz, Abt. f. Universalgesch., 143) Mainz 1991.

11 Vgl. Bernhard Diestelkamp (Hrsg.), Die politische Funktion des Reichskammergerichts, (Qu. u. Forsch. z. höchst. Gerichtsbarkeit im Alten Reich, 24) Köln u. a. 1993; Wolfgang Sellert (Hrsg.), Reichshofrat und Reichskammergericht. Ein Konkurrenzverhältnis, (Qu. u. Forsch. z. höchst. Gerichtsbarkeit im Alten Reich, Bd. 34) Köln u. a. 1999.

12 Vgl. August Leidl, Die Bischöfe von Passau in Kurzbiographien, (Neue Veröffentlichungen des Instituts f. Ostb. Heimatforschung, Bd. 38) Passau ²1978, S. 36-41.

13 Vgl. Erwin Gatz (Hrsg.), Die Bischöfe des Heiligen Römischen Reiches 1448 bis 1648. Ein biographisches Lexikon, 1448-1648, Berlin 1996, S. 416-418; 1648-1803, Berlin 1990, S. 265-267.

14 Gatz 1996, S. 347 f.

15 Vgl. Leidl 1978, S. 40 f.; Franz Niedermayer, Johann Philipp von Lamberg, Fürstbischof von Passau (1651-1712). Reich, Landesfürstentum und Kirche im Zeitalter des Barock, (Veröffentl. d. Inst. f. Ostbair. Heimatforschung in Passau, Bd. 16) Passau 1938, S. 11-77; Rudolf Weiß, Das Bistum unter Kardinal Joseph Dominikus von Lamberg (1723-1761). Zugl. ein Beitrag zur Geschichte des Kryptoprotestantismus in Oberösterreich, (Münchner theolog. Studien, Abt. 1, 21) St. Ottilien 1979, S. 55-58.

16 Peter Claus Hartmann, Der Bayerische Reichskreis (1500 bis 1803). Strukturen, Geschichte und Bedeutung im Rahmen der Kreisverfassung und der allgemeinen institutionellen Entwicklung des Heiligen Römischen Reiches, (Schriften zur Verfassungsgesch., Bd. 52) Berlin 1997.

17 Vgl. Peter Claus Hartmann, Bevölkerungszahlen und Konfessionsverhältnisse des Heiligen Römischen Reiches deutscher Nation und der Reichskreise am Ende des 18. Jahrhunderts, in: ZHF 22 (1995) S. 345-369, hier bes. S. 351-357; ders. 1997, S. 110-197.

18 Vgl. Wilhelm Volkert, Der bayerische Reichskreis, in: Max Spindler/Andreas Kraus (Hrsg.): Handbuch der bayerischen Geschichte, Bd. III 3, München ³1995, S. 225-235.

19 Hartmann 1997, S. 200 f.

20 Ebd., S. 202-205.

21 Ebd., S. 205, 233-267.

22 Vgl. Peter Claus Hartmann, Die Kreistage des Heiligen Römi-

schen Reiches - eine Vorform des Parlamentarismus? Das Beispiel des Bayerischen Reichskreises (1521-1793), in: ZHF 19 (1992) S. 29-47; ders. 1997, S. 247-253.

23 Johann Georg Lori, Sammlung des baierischen Münzrechts, [München 1768] Bd. 2, S. 29; Bd. 3, S. 5-264; ders., Sammlung des baierischen Kreisrechts, München 1764, S. 131 ff.; Hartmann 1997, S. 209-213.

24 Hartmann 1997, S. 268-273.

25 Ebd., S. 273-276; Maximilian Lanzinner, Friedenssicherung und politische Einheit des Reiches unter Kaiser Maximilian II. (1564-1576), (Schriftenreihe d. Hist. Komm. b. d. Bayerischen Akademie d. Wiss., Bd. 45) Göttingen 1993, S. 178.

26 Hartmann 1997, S. 276-287.

27 Ebd., S. 288-291.

28 Vgl. Wolfgang Wüst, Geistlicher Staat und Altes Reich. Frühneuzeitliche Herrschaftsformen, Administration und Hofhaltung im Augsburger Fürstbistum, (Studien z. bayer. Verf.- u. Sozialgesch., 19) München 2001.

29 Stephan Mauelshagen, Ordensritter - Landesherr - Kirchenfürst. Damian Hugo von Schönborn (1676-1743). Ein Leben im Alten Reich, (Veröffentl. d. Histor. Komm. d. Stadt Bruchsal, Bd. 18) Ubstadt-Weiher 2001, bes. S. 135-182.

Gedruckte Quellen und Literatur

Aign, Albrecht: Geschichte des Gymnasiums Passau, Bd. 1, Passau 1962

Diestelkamp, Bernhard (Hrsg.): Die politische Funktion des Reichskammergerichts, (Qu. u. Forsch. z. höchst. Gerichtsbarkeit im Alten Reich, 24) Köln u. a. 1993

Eggersdorfer, Franz Xaver: Die Philosophischtheologische Hochschule Passau. Dreihundert Jahre ihrer Geschichte. Ein Blick in die Entwicklung der katholischen geistlichen Bildung in Deutschland seit dem Ausgang des Mittelalters zur Jahrhundertfeier 1933, Passau 1933

Fürnrohr, Walter: Der immerwährende Reichstag zu Regensburg, Regensburg/Kallmünz 1964

Gatz, Erwin (Hrsg.): Die Bischöfe des Heiligen Römischen Reiches 1448 bis 1648, Berlin 1993, Die Bischöfe des Heiligen Römischen Reiches 1648-1803, Berlin 1990

Hartmann, Peter Claus: Bevölkerungszahlen und Konfessionsverhältnisse des Heiligen Römischen Reiches deutscher Nation und der Reichskreise am Ende des 18. Jahrhunderts, in: ZHF 22 (1995) S. 345-369

Hartmann, Peter Claus: Das Ende des Fürstbistums Passau, in: Landersdorfer (Hrsg.), Vor 200 Jahren, S. 21-33

Hartmann, Peter Claus: Das Hochstift Passau und das Erzstift Salzburg. Zwei geistliche Territorien zwischen Bayern und Österreich, in: Ostbairische Grenzmarken 30 (1988) S. 17-26

Hartmann, Peter Claus: Der Bayerische Reichskreis (1500 bis 1803). Strukturen, Geschichte und Bedeutung im Rahmen der Kreisverfassung und der allgemeinen institutionellen Entwicklung des Heiligen Römischen Reiches, (Schriften zur Verfassungsgesch., Bd. 52) Berlin 1997

Hartmann, Peter Claus: Die Kreistage des Heiligen Römischen Reiches - eine Vorform des Parlamentarismus? Das Beispiel des Bayerischen Reichskreises (1521-1793), in: ZHF 19 (1992) S. 29-47

Hartmann, Peter Claus: Jahrhundert der Katastrophen und des

Neuaufbaus 1598–1712, in: Egon Boshof u. a. (Hrsg.): Geschichte der Stadt Passau, ²Regensburg 2003, S. 165–186

Hartmann, Peter Claus: Kulturgeschichte des Heiligen Römischen Reiches 1648 bis 1806. Verfassung, Religion, Kultur, (Studien zu Politik und Verwaltung, Bd. 72) Wien u. a. 2001

Landersdorfer, Anton (Hrsg.): Vor 200 Jahren – Die Säkularisation in Passau, (Neue Veröffentl. d. Inst. f. ostb. Heimatforschung, Bd. 51), Passau 2003

Lanzinner, Maximilian: Friedenssicherung und politische Einheit des Reiches unter Kaiser Maximilian II. (1564–1576), (Schriftenreihe d. Hist. Komm. b. d. Bayerischen Akademie d. Wiss., Bd. 45) Göttingen 1993

Laudenbach, Margarete: Aufklärung und Schule. Die Reform des Elementarschulwesens im fürstbischöflichen Passau unter dem Einfluß zeitgenössischer Schulreformkonzepte, Passau 1993

Leidl, August: Die Bischöfe von Passau in Kurzbiographien, (Neue Veröffentlichungen des Instituts f. Ostb. Heimatforschung, Bd. 38) Passau ²1978

Lori, Johann Georg: Sammlung des baierischen Kreisrechts, München 1764

Lori, Johann Georg: Sammlung des baierischen Münzrechts, [München 1768]

Mauelshagen, Stephan: Ordensritter – Landesherr – Kirchenfürst. Damian Hugo von Schönborn (1676–1743). Ein Leben im Alten Reich, (Veröffentl. d. Histor. Komm. d. Stadt Bruchsal, Bd. 18) Ubstadt–Weiher 2001

Möseneder, Karl: Architektur und Innendekoration 1560–1800, in: Egon Boshof u. a. (Hrsg.): Geschichte der Stadt Passau, ²Regensburg 2003, S. 529–548

Möseneder, Karl: Malerei der Spätgotik und der Renaissance, in: Egon Boshof u. a. (Hrsg.): Geschichte der Stadt Passau, ²Regensburg 2003, S. 519–528

Niedermayer, Franz: Johann Philipp von Lamberg, Fürstbischof von Passau (1651–1712). Reich, Landesfürstentum und Kirche im Zeitalter des Barock, (Veröffentl. d. Inst. f. Ostbair. Heimatforschung in Passau, Bd. 16) Passau 1938

Schäffer, Gottfried: Das Fürstbischöfliche und Königliche Theater zu Passau (1783–1883). Beiträge zur Theaterkultur in der fürstbischöf-lichen Residenzstadt Passau und deren Nachwirkungen im 19. Jahrhundert, (Neue Veröffentl. d. Inst. f. Ostb. Heimatforschung, Bd. 33) Passau 1973

Schindling, Anton: Die Anfänge des immerwährenden Reichstags zu Regensburg. Ständevertretung und Staatskunst nach dem Westfälischen Frieden, (Veröffentl. d. Inst. f. Europ. Gesch. Mainz, Abt. f. Universalgesch., 143) Mainz 1991

Schmidtmaier, Edith: Die fürstbischöflichen Residenzen in Passau. Baugeschichte und Ausstattung vom Spätmittelalter bis zur Säkularisation, (Europäische Hochschulschriften 28, Kunstgesch. 215) Frankfurt a. M. u. a. 1994

Schulten, Holger: Plastik und Malerei des 17. und 18. Jahrhunderts, in: Egon Boshof u. a. (Hrsg.): Geschichte der Stadt Passau, ²Regensburg 2003, S. 549–564

Sellert, Wolfgang (Hrsg.): Reichshofrat und Reichskammergericht. Ein Konkurrenzverhältnis, (Qu. u. Forsch. z. höchst. Gerichtsbarkeit im Alten Reich, Bd. 34) Köln u. a. 1999

Seyfried, Joseph Elias: Statistische Nachrichten über die ehemaligen geistlichen Stifte Augsburg, Bamberg, Constanz, Eichstädt, Freysing, Passau, Regensburg, Salzburg und Würzburg, hrsg. v. Johann C. v. Aretin, Landshut 1804

Veit, Ludwig: Passau. Das Hochstift, (Historischer Atlas von Bayern, Teil Altbayern, H. 35) München 1978

Volkert, Wilhelm: Der bayerische Reichskreis, in: Max Spindler/Andreas Kraus (Hrsg.): Handbuch der bayerischen Geschichte, Bd. III 3, München ³1995, S. 223–235

Weis, Eberhard: Die Begründung des modernen bayerischen Staates und König Max I. (1799–1825), in: Schmid, Alois/Spindler, Max (Hrsg.): Handbuch der bayerischen Geschichte, Bd. IV 1, München ²2003, S. 1–126

Weiß, Rudolf: Das Bistum unter Kardinal Joseph Dominikus von Lamberg (1723–1761). Zugl. ein Beitrag zur Geschichte des Kryptoprotestantismus in Oberösterreich, (Münchner theolog. Studien, Abt. 1, 21) St. Ottilien 1979

Wüst, Wolfgang: Geistlicher Staat und Altes Reich. Frühneuzeitliche Herrschaftsformen, Administration und Hofhaltung im Augsburger Fürstbistum, (Studien z. bayer. Verf.- u. Sozialgesch., 19) München 2001

Konrad Amann

Das Habsburgische Kaiserhaus und das Fürstbistum Passau im 17. und 18. Jahrhundert

Weit zurück reichen die Kämpfe zwischen Bayern und Österreich um die Besetzung des Passauer Bischofsstuhls. Damit lag die Bischofsstadt im Spannungsgefüge zwischen Wien und München, mal dahin, mal dorthin gezerrt, und oft handgreiflichen Rivalitäten ausgesetzt. Bischof Altmann und der Investiturstreit, die Niederschrift des Nibelungenliedes wohl im Passauer Bistumsbereich, der Babenberger Bistumsplan Rudolfs IV., die mehrfachen Auseinandersetzungen um die wirtschaftliche Nutzung der privilegierten Salzhandelsstraßen, die Tätigkeit Passauer Bischöfe als Mitarbeiter des Habsburgischen Kaiserhauses, die durch die Reformation notwendig gewordene Kooperation zwischen Bischof und habsburgischem Landesherrn bis hin zum Passauer Vertrag von 1552 oder die Passauer Kaiserhochzeit von 1676 waren Momente intensiver Gemeinschaft zwischen Habsburg und Passau.

Ausgangspunkt dieser Initiativen war nicht eine besondere Vorliebe, sondern vielmehr eine strukturell und geographisch angelegte Kohabitation. Strukturell war es in erster Linie die in der Verfassung des Römischen Reiches Deutscher Nation eigenartig gemischte Herrschaftsstellung des Fürst-Bischofs im Kontext des herrschaftlichen Reichsverbandes, geographisch war es die Nachbarschaft, ja sogar die Verflechtung der beiden Einflusszonen. So drängte gerade in der Frühen Neuzeit (zwischen 1500 und 1800), und verstärkt noch im 17. und 18. Jahrhundert, die Rivalität, Konkurrenz, Verflechtung oder Zweckgemeinschaft zwischen Landesherrn und Bischof zu immer neuen Kontroversen, die jedoch im Rahmen der Reichsverfassung nicht grundsätzlich gelöst werden konnten.

Stellt man dies vor den Hintergrund des frühneuzeitlichen Absolutismus als Phase einer säkularen Herrschaftsintensivierung und -durchdringung, so gelangt man allein schon auf Grund dieser rechtlichen und strukturellen Vorgaben schnell zu dem Schluss, dass es eigentlich immer Reibungsflächen geben

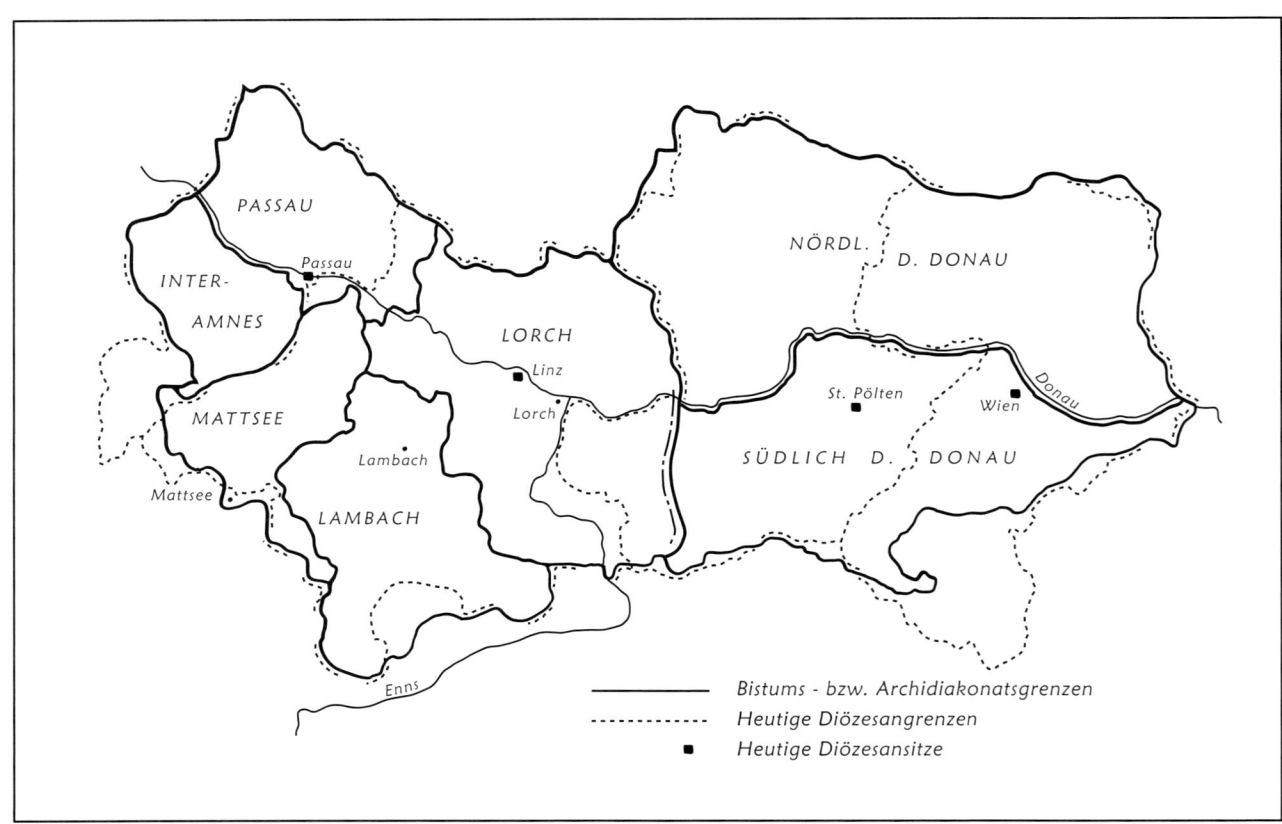

Abb. 1 *Das Bistum Passau um 1500*

musste. Die Beschreibung bischöflich-geistlicher Aufgaben wie etwa Seelsorge, Pfarrorganisation, Bistumsverwaltung, Schulaufsicht oder Leitung und Gestaltung der Volksfrömmigkeit standen dabei ebenso zur Debatte wie umgekehrt die landesherrlichen Obliegenheiten im wirtschaftlichen und sozialen Bereich. Wenn es also nicht zu einer strukturellen Entflechtung kommen sollte, so mussten wenigstens der Führungsanspruch oder die Frage der Unterordnung im Namen der Koordination geklärt werden. Heftig eskalierten die Streitigkeiten immer dann, wenn es etwa im Rahmen des so genannten Josefinismus um die Abschaffung von Feiertagen, um die Regelung des Alltagslebens, um die geistlich-kirchliche Einkleidung des Lebens, um die Eingrenzung von Wallfahrten, um die Organisation staatlicher Schulen in Konkurrenz zu den kirchlichen Bildungseinrichtungen, um die Sicherstellung der Ketzerbekämpfung im Rahmen der Türkenabwehr oder um die Sicherstellung des katholischen Glaubens in Zeiten der Reformation ging. Der folgende Beitrag möchte einen kleinen Perspektivenwechsel versuchen und sozusagen den Wiener Standpunkt einigermaßen gleichberechtigt daneben schieben. Dies soll in fünf kleinen Kapiteln geschehen.

1. Maßnahmen im Zeichen der Gegenreformation
2. Die Notzeiten des Dreißigjährigen Krieges
3. Im Zeichen des Wiederaufbaus
4. Passauer Bischöfe in kaiserlichen Diensten
5. Reformen in Passau und Wien

Maßnahmen im Zeichen der Gegenreformation

Während das Hochstift Passau (also das Gebiet, wo der Bischof auch weltlicher Landesherr war) den Strömungen der Reformation seit der großen Visitation von 1558/59 mit Hilfe Bayerns einen Riegel vorschieben konnte, scheiterten ähnliche Bemühungen in der Passauer Diözese auf österreichischem Territorium. Dort im heutigen Ober- und Niederösterreich bis über Wien hinaus zeichnete in erster Linie der Habsburger als Landesherr für die konfessionelle Gestaltung verantwortlich, der in seiner Doppelfunktion als Kaiser und Landesherr spätestens seit Ferdinand I. (1556) eine exponierte Position im konfessionell zweigeteilten Reich einnahm, auch wenn das Motto „cuius regio eius religio" seit 1555 für die Habsburger als Landesherren galt. Wenn also die Habsburger der katholischen Reli-

Abb. 2 *Triumph der Gegenreformation im Waldviertel 1652/54, Georg Vrtlmayr, 1654, Gouache auf Pergament, Österreichische Nationalbibliothek Wien (Cod. 7757, fol. Ir)*

gion weiterhin die Treue halten und dies auch für ihre Untertanen verpflichtend vorschreiben wollten, mussten sie nicht nur ein Vorgehen gegen die reformatorischen Strömungen anstreben, sondern auch die Zusammenarbeit mit dem Passauer Diözesanbischof suchen. Hier mussten also Abstimmungskriterien festgelegt werden, zugleich aber auch Durchführungsbestimmungen und Exekutionskompetenzen, und dies in einem Umfeld, wo jeder sorgsam auf seine Rechte sah. Wer also sollte sich in dieser Situation als Zugpferd herauskristallisieren und wie weit gingen seine Kompetenzen?

Erst nachdem Ferdinand I., Maximilian II., Rudolf II. und Matthias als Kaiser und Habsburger Landesherren ihre Regentschaft auf dem Kaiserthron und in Wien abgesichert hatten, einigten sich Bischof und

Landesherr auf ein gezielteres Vorgehen gegen das inzwischen eingewohnte Luthertum in Österreich. Die sich verfestigenden Strukturen einer lutherischen Konfession in der zweiten Hälfte des 16. Jahrhunderts erforderten für die gegenreformatorischen Maßnahmen allerdings ein umso härteres Zugreifen bei der Wende. Doch erst nachdem sich die Habsburger für eine eindeutige prokatholische Linie entschieden und im Krieg gegen die Türken wenigstens einen Status Quo erreicht hatten, einigten sich Bischof und Landesherr auf ein gezielteres Vorgehen gegen das Luthertum. Kirchengemeindegründungen wurden behindert, die evangelische Predigt eingeschränkt, alte Zusagen der Religionstoleranz widerrufen und vor allem die katholische Glaubenslehre durch verschiedene Maßnahmen begünstigt. Ein heftiger Widerstand formierte sich, da der landsässige Adel, die Städte und auch die Bevölkerung auf dem Lande das Luthertum nicht nur kennen gelernt, sondern auch weitgehend anerkannt hatten. Somit wurde die konfessionelle Auseinandersetzung auch zu einer Konfrontation zwischen dem Landesherrn und der mit ihm verbündeten katholischen Kirche einerseits und den Untertanen andererseits. Pfarrerwahl, Selbstbestimmungsrecht bei den biblischen Glaubenslehren, Selbstverwaltung kirchlicher Gemeindegüter und Gemeinden im Sinne des allgemeinen Priestertums, Kontrolle über die steuerlichen und kirchlichen Abgabeleistungen wie Zehnten, Stolgebühren usw., aber auch die Ansprüche auf eine schulische Ausbildung für alle (Bibellektüre), die Frage nach der Geltung des Widerstandsrechtes im Rahmen der konfessionellen Freiheiten wurden zu heiß umkämpften Streitpunkten.

Durch die enge Verflechtung des Augsburger Grundsatzes von 1555 „cuius regio eius religio", also frei übersetzt, „da, wo ein Herr regiert (geographisch gesehen), bestimmt er auch die Konfession für alle dort Lebenden", wurden in erster Linie dem Landesherrn die Aufgaben der konfessionellen Überwachung übertragen, dem Bischof dagegen nur eine geistliche Assistenz zugesichert. Dem Landesherrn war demnach die cura religionis im Sinne des ius circa sacra übertragen worden. Diese Konstellation sollte in Österreich zum Ausgangspunkt der vielbesprochenen „Pietas Austriaca" werden, von der in Zeiten Karls VI. und noch Maria Theresias die Rede ist.

Damit war der Landesherr aber auch zuständig für die Abstellung der Gravamina, die die bekannten kirchlichen Übergriffe und Missstände seit der Reformation aufführten. In diesem Forderungskatalog stand unter anderm eine Verbesserung der Pfarrstruktur, damit die sonntäglichen Gottesdienste auch in einem zumutbaren Rahmen abgefordert werden konnten, eine bessere Pastoral, d. h. eine Seelenführung in der Landessprache oder eine biblische Unterweisung und nicht eine Heiligen- und Mythenunterweisung, eine verbesserte Ausbildung der Geistlichen in ihrem theologischen Grundwissen, weniger Abgaben an die Kirche, kurzum eine effizientere pastorale Kirche. Angesichts dieser Aufgabenstellung waren Landesherr und Bischof zu einem gemeinsamen Vorgehen gegen die Reformation gezwungen, wollten sie nicht durch ihre Uneinigkeit Schwächen zeigen und Missstände vertiefen. Wer aber sollte bei diesem Unternehmen die Führung übernehmen, der Landesherr, der in Augsburg scheinbar dazu beauftragt worden war, oder der Bischof, dem bis dahin weitgehend solche Aufgaben zugefallen waren?

Das katholische Kaiserhaus der Habsburger entschied diese Frage sehr pragmatisch zu seinen Gunsten. Man setzte nachgeborene Söhne auf die Passauer Kathedra und machte damit das Reformanliegen zu einer Familienangelegenheit. Erzherzog Leopold amtierte als Passauer Bischof 1598 bzw. 1605-1626/30. Erzherzog Leopold Wilhelm 1630-1662 und Erzherzog Franz Karl war designierter Bischof von 1662 bis 1664, ehe er vorzeitig starb. Auf kaiserliche Empfehlung nahmen die Passauer Kathedra ein: Sebastian Graf von Pötting (1673-1689), Johann Philipp Graf von Lamberg (1690-1712) usw. Spätestens mit Leopold also war die Habsburger Dominanz auf der Passauer Kathedra gesichert, zunächst über mehr als 50 Jahre durch Familienangehörige, dann für wenigstens weitere 50 Jahre durch enge Vertraute des Kaiserhauses. Trotz dieser engen Bindungen verlief die Beziehung nicht ohne Konflikte, wenngleich gerade die Wittelsbacher Konkurrenz auf den Passauer Bischofsstuhl immer wieder zur Zusammenarbeit zwang.

Die Notzeiten des Dreißigjährigen Krieges

Die durch die engen familiären Bande grundgelegte Kooperation von Bischof und Landesherr äußerte sich trotz wittelsbachischen Störfeuers in einer Vielzahl von gemeinsamen Projekten. So trat etwa Leopold von Passau 1610 der Liga als einer der Ersten bei. Diese Vereinigung katholischer Fürsten hatte es sich zum Ziel gesetzt, dem Luthertum den Kampf auf militärischem und politischem Gebiet innerhalb des Reiches anzusagen. Dafür warb Leopold 12 000 Mann Kriegsvolk an, zu dessen Anwerbung und Unterhalt große Geldsummen notwendig waren, die das Passauer Hochstift kaum aufbringen konnte. Leopold ließ dafür eine Steuerveranlagung verabschieden, die trotz rigoroser Eingriffe nicht zum Unterhalt der Truppen ausreichte. Die Passauer Truppen, oder das Passauer Kriegsvolk, wie sie bald heißen sollten, kompensierten ihre Unterhaltsforderungen durch Plünderungen, Raub und räuberische Erpressungen auch in Oberösterreich. Nachdem Oberösterreich auch habsburgische Steuerforderungen trafen, kam es zum Widerstand, oder aus Habsburger Sicht zur Rebellion. Finanziell-wirtschaftliche und konfessionelle Argumente dienten zur Legitimation des Widerstandes, fanden aber weder beim Landesherrn noch beim Bischof Gehör. Mit bayerischer Hilfe wurde der Aufstand 1620 blutig niedergeschlagen.

1612, also noch vor dem Aufstand, hatte Leopold gegen den Widerstand des Passauer Domkapitels ein Jesuitenkolleg in Passau eingerichtet, um die katholische Konfession zu stärken und gegenreformatorische Maßnahmen einzuleiten. Er machte damit deutlich, dass eine umfassende Rekatholisierung innerhalb der Bistumsgrenzen angestrebt wurde. Der Zugriff auf die Untertanen und Diözesanen von Seiten des Bischofs darf nicht darüber hinwegtäuschen, dass Leopold kaum in Passau residierte, sondern vielmehr seine Zeit in Diensten des Kaisers verbrachte. Dieser Umstand macht deutlich, dass Leopold mit strategischen Überlegungen sowohl der konfessionellen wie auch der wirtschaftlichen Frage näher treten wollte und dabei die Unterstützung Habsburgs besaß. Die Kooperation zwischen Bischof und Landesherrn nahm also deutlich sichtbar unter Leopold seinen Ausgang.

Auch sein Nachfolger Leopold Wilhelm von Habsburg war kaum in Passau anzutreffen. Er stand als General in kaiserlichen Diensten, vorwiegend auf den Schlachtfeldern des Dreißigjährigen Krieges. In seine Regentschaft fällt der Besuch des Kaisers bei den Passauer Jesuiten (1630), der auch die Kooperation mit den Jesuiten kaiserlicherseits deutlich macht. 1634 beeinträchtigte eine verheerende Seuche aus Oberösterreich kommend Passau. Darüber hinaus gab es im Gefolge des Dreißigjährigen Krieges manche schwere Kriegsschäden zu vermelden, die überdies durch ein-

schneidende Schwedensteuern verschärft wurden. Angesichts derartiger Bedrängnisse griff man gerne zu den von den Jesuiten angebotenen kirchlichen Hilfsmitteln der Wallfahrt, der Reliquienprozession und des geistlichen Gebets in Form von Andachten und Fürbittgebeten. Die Schwächung der Bevölkerung in diesen Notzeiten griff das Selbstbewusstsein der Untertanen ganz empfindlich an und ließ Schutz suchen unter dem paternalistischen Gehabe des Bischofs und des Landesherrn. Deshalb folgte nach den Wirren des Dreißigjährigen Krieges eine Phase der landesväterlichen Fürsorge und des Wiederaufbaus, die allerdings nun in den Händen der bischöflichen und landesherrlichen Obrigkeit lagen.

Im Zeichen des Wiederaufbaus

Die aus dem Krieg und seinen Folgelasten entstandene enorme Schuldenlast bedrückte Kaiser und Bischof, besonders aber die Untertanen. Ein mühsamer Wiederaufbau zwang zu manchen Kompromissen zwischen Obrigkeit und Untertanen, aber auch zu überharten Sparmaßnahmen zu Lasten der Untertanen. Wenzeslaus Graf von Thun suchte jede sich bietende finanzielle Quelle auszuloten und für sich zu nutzen und bedrängte seine Untertanen, besonders die Stadt, die durch einen verheerenden Brand 1662 zusätzlich geschädigt worden war, mit manchen Geldforderungen. Die Auseinandersetzung gipfelte im bischöflichen Erpressungsversuch gegen den Stadtrat, den er zur Erzwingung finanzieller Leistungen gefänglich einziehen ließ. Kaiser Leopold I. wurde als Schiedsrichter gerufen und hatte wenigstens einigermaßen ein Einsehen mit der Stadt. Zugleich gewann Kaiser Leopold mit dieser Aktion an Autorität, auch gegenüber dem Bischof.

Bischof Sebastian war es nach dem Tode Wenzels vorbehalten, 1676 die Kaiserhochzeit Leopolds mit Eleonore von Pfalz-Neuburg in Passau zu zelebrieren. Derselbe Kaiser flüchtete sich 1683 angesichts der türkischen Bedrohung Wiens mit seinem Hofstaat nach Passau, veranstaltete dort Bittprozessionen gegen die osmanische Bedrohung und gelobte eine Dankwallfahrt nach Passau (Maria Hilf). Der kaiserliche Aufenthalt kostete Geld, den Dank allerdings erhielt Bischof Sebastian allein. Er wurde zum kaiserlichen Gesandten auf dem Immerwährenden Regensburger Reichstag ernannt.

Passauer Bischöfe in kaiserlichen Diensten

Aus dem kaiserlichen diplomatischen Dienst kommend wurde Johann Philipp Graf von Lamberg auf Empfehlung Kaiser Leopolds I. gleichsam als Belohnung für seine Dienste auf die Passauer Kathedra ge-

hoben. 1699 stieg Johann Philipp zum kaiserlichen Prinzipal-Kommissar im Regensburger Reichstag auf. 1700 wurde ihm die Kardinalswürde verliehen. Damit war Johann Philipp noch im Jahre 1700 einer der wenigen Passauer Bischöfe, die an einer Papstwahl teilnehmen durften. Das Türschild beim Konklave wies ihn als „parochus ex Germania" also als Seelsorger aus Deutschland aus. Von unbekannter Hand soll hinzu-

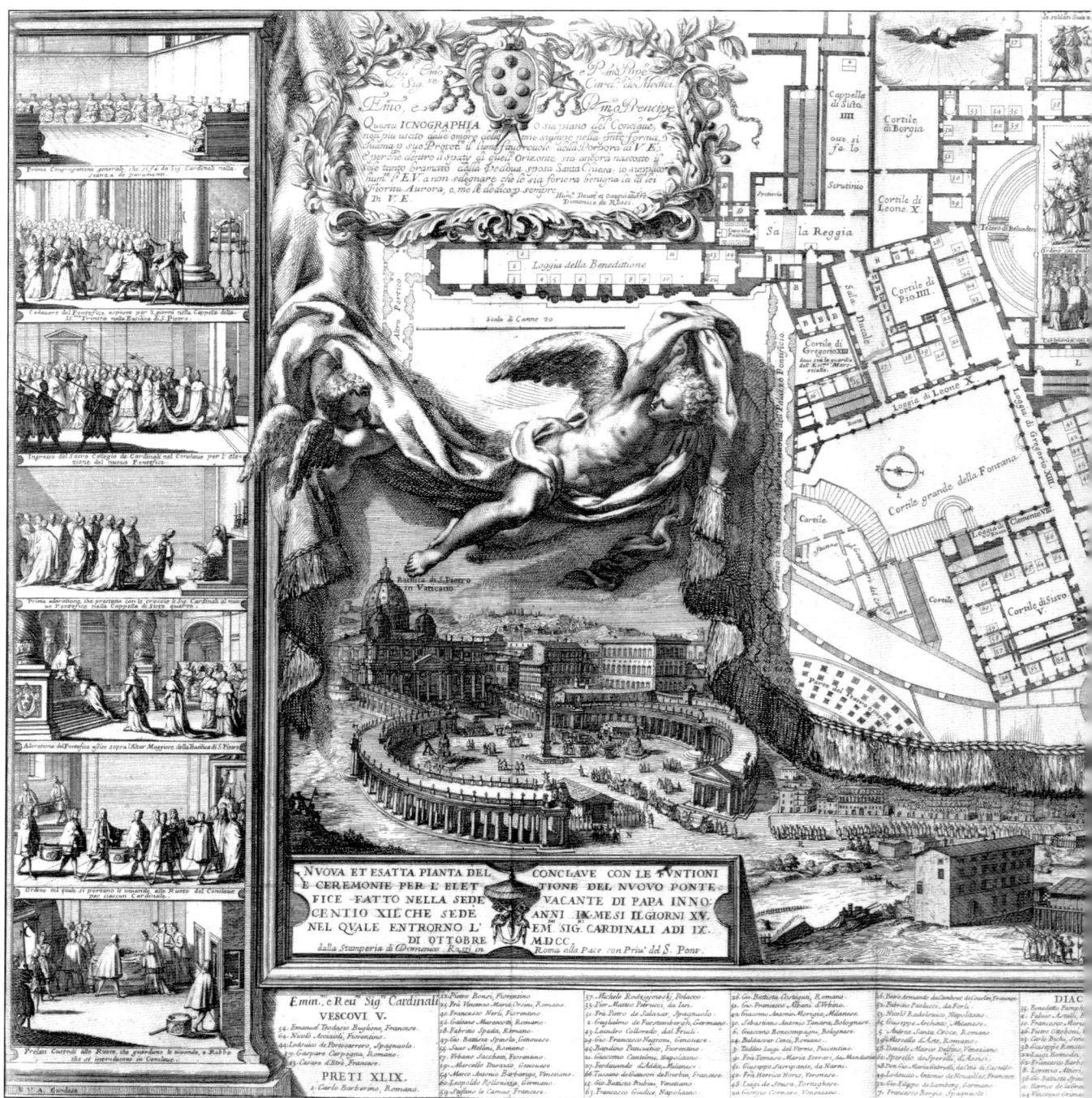

Abb. 3   *Leichenzug Innozenz' XII. und Konklave zur Wahl Klemens XI., R. van Audenaerde, Kupferstich, Albertina, Wien (Hist. Bl. Rom, 1700)*

gefügt worden sein: „si non esses Germanus, esses pontifex Romanus", ein Ausweis dafür, dass Johann Philipp nicht nur als Diplomat, sondern auch als bischöflicher Seelsorger Anerkennung gefunden hatte. Kaiser Leopolds Freude jedenfalls über Johann Philipps Kardinalserhebung äußerte sich nicht zuletzt darin, dass der Kaiser dem Passauer eigenhändig das Kardinalsbarett aufs Haupt setzte.

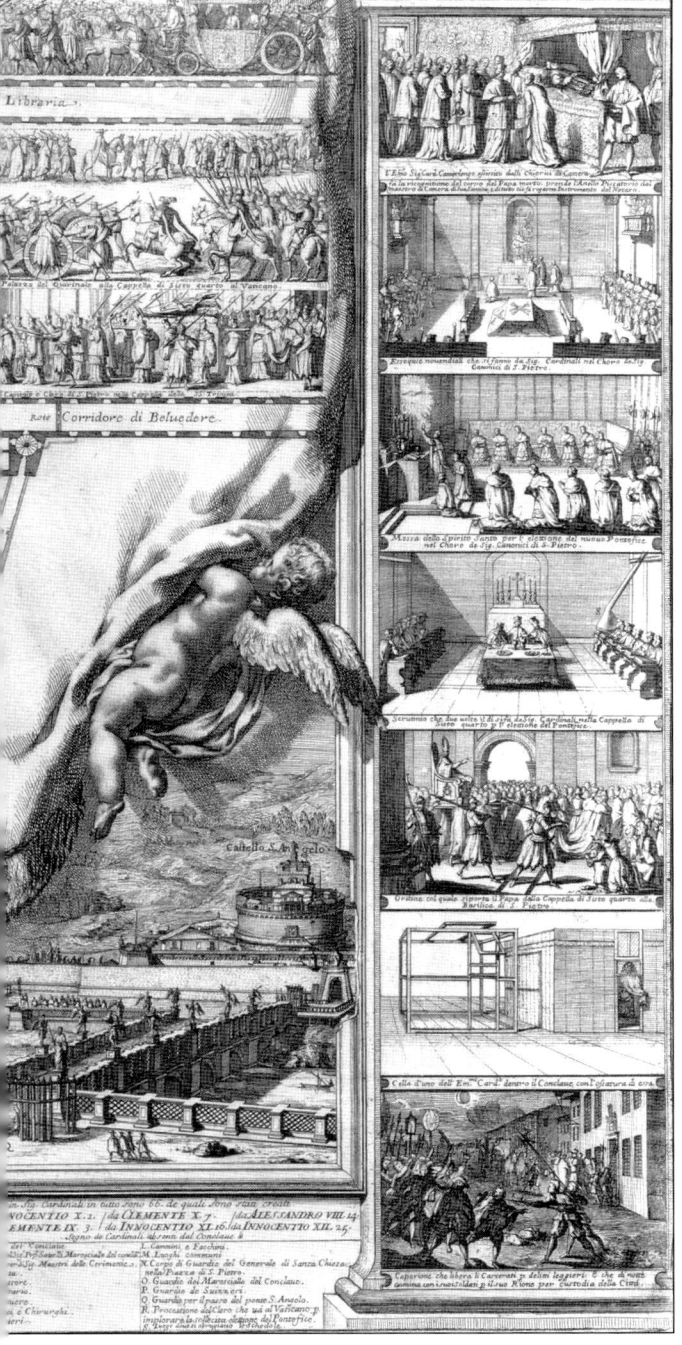

Der nunmehrige Kardinal und Kaiserintimus hatte in seinen Diensten als Vertrauten einen gebürtigen Mainzer namens Philipp Wilhelm von Hörnigk. Dieser machte weniger als gelernter Jurist denn vielmehr als Kameralist von sich reden. Hörnigk beschäftigte sich als Passauer Bischofssekretär mit der Geschichte des Passauer Bistums, mit der Reorganisation des Hochstifts, mit wirtschaftlichen Reformmaßnahmen, mit der Neuordnung des Passauer Hochstiftsarchivs und nicht zuletzt mit Maßnahmen zur besseren Wertabschöpfung des Hochstifts im Rahmen des Kameralismus. Kameralistische Ansätze als Wirtschaftstheorie sind also vor der großen Welle des 18. Jahrhunderts in Preußen und Norddeutschland bereits in Wien und Passau zu Ende des 17. Jahrhunderts zu greifen, freilich ohne größeren Erfolg, da die Verwaltungsstrukturen eine durchgreifende Reform noch nicht zuließen. Da Fürstbischof Johann Philipp Hörnigk weitgehend freie Hand ließ und ihn protegierte – trotz mancher Widerstände – konnte Hörnigk mit seinen Reformversuchen einen wirtschaftlichen Aufschwung im Hochstift einleiten. Hörnigks Arbeiten in verschiedenen Bereichen der Geschichtsforschung machten nicht zuletzt auch Kardinal Lamberg deutlich, dass das Hochstift trotz aller habsburgischen Fürsorge ein eigenständiges Gebilde war und blieb, dass es aber ohne eine Kooperation mit den Nachbarn kaum Entwicklungschancen gab. Trotzdem hörten die Bedrängnisse im kaiserlich-habsburgischen Fahrwasser nicht auf. Im Rahmen des Spanischen Erbfolgekrieges hatte Passau seine Parteinahme für die Habsburger mit einer bayerischen Besetzung 1704 zu büßen.

Reformen in Passau und Wien

Als Josef Maria Graf von Thun am 15. Juni 1763 während einer Visitationsreise bei Mattigkofen erkrankte und verstarb, trauerte das Passauer Bistum nicht nur um seinen Bischof, sondern auch das Hochstift um einen reformfreudigen Landesvater. Noch bevor die theresianischen oder josefinischen Reformen in Österreich umgesetzt wurden, verlieh Josef Maria nicht nur der Stadt Passau einen zweiten Jahrmarkt, gründete einen Verein zur Unterstützung der Hausarmen, organisierte den Durchstich des Oberhausberges zur Erleichterung des Verkehrs, errichtete Papier-, Woll- und Seidenzeugfabriken, ließ Maulbeerplantagen anlegen, sondern schaffte auch eine ganze Reihe von Feiertagen ab, um die Arbeit zu fördern und die Armut zu lindern. Hier finden wir erste Ansätze praktischer Umsetzung des von Hörnigk angelegten Kameralismus. Anregungen dieses kameralistischen Denkens aus dem Ende des 17. Jahrhunderts unter Leopold I. in Österreich fanden sich auch in den josefinischen Reformen wieder.

Die Reformfreude und -willigkeit Josef Marias setzte sein Nachfolger Leopold Ernst Graf von Firmian in moderaterem Maße fort. Leopold Ernst fand zudem Anerkennung bei Maria Theresia (St. Stephansorden 1765) und bei Josef II. (Vorschlag zur Kardinalswürde 1772). In Passau nutzte Leopold Ernst die päpstliche Aufhebung des Jesuitenordens 1772, um ein Lyzeum und eine juridische Fakultät einzurichten. Ein allgemeines Krankenhaus, ein außerstädtischer Friedhof (Innstadt), eine groß angelegte Brotpreissubvention nach einer Getreideverteuerung (1770–1772), die Förderung des Straßenbaus sowie die mehrmals laut geäußerten Vorbehalte gegen die Todesstrafe künden vom Reformgeist des Fürstbischofs. Nach seinem Tode allerdings trat das Ereignis ein, das die Passauer Historiographie Josef II. schwer ankreidete, nämlich die Errichtung der habsburgisch-österreichischen Diözesanordnung. Auf sie ist etwas näher einzugehen, bedeutet sie doch gleichsam eine Umkehrung unserer Ausgangssituation.

Waren im 16. und frühen 17. Jahrhundert gegenreformatorische Maßnahmen durch die ungeklärte Zuordnung der Kompetenzen zwischen Landesherrn und Bischof noch weitgehend blockiert, so legte erst das Motto „cuius regio eius religio" die potenzielle Handlungskompezenz des Landesherrn zu Grunde, wobei pikanterweise gerade Passau beim Zustandekommen dieses Kompromisses eine maßgebliche Rolle spielte im Zusammenwirken mit dem österreichischen Landesherrn und König Ferdinand.

Josef II. erhob 1783 die landesherrliche Fürsorgepflicht für das religiöse Heil seiner Untertanen zum Hauptargument seiner Reformen. Dass wiederum Passauer Fürstbischöfe den Reformeifer des Kaisers unterstützten, liegt inzwischen zu Tage. Dass sie dabei aber auch ihr Bistum entscheidend beschneiden lassen mussten, war wohl nicht beabsichtigt, wenngleich es keine gravierenden Proteste gab.

Schluss

Die Passauer Bischöfe waren auf Grund der geographischen Lage ihres Hochstifts in die Auseinandersetzung mit dem österreichischen Nachbarn hineingezwungen. Als die Habsburger zur Kaiserwürde aufgestiegen waren, verkomplizierte sich die Lage. Unter reichsrechtlichem Schutz, aber von den Expansionsgelüsten des Nachbarn bedroht, mussten die Passauer Fürstbischöfe gerade in der frühen Neuzeit einen Weg suchen, der ihnen ihre Eigenständigkeit nicht benahm, trotzdem aber ein Auskommen mit den kaiserlichen Nachbarn sicherte. Die zeitgeschichtlichen Herausforderungen von der Reformation bis hin zu den verschiedenen kriegerischen Auseinandersetzungen, ja bis hin zu den nötigen Reformen der zweiten Hälfte des 18. Jahrhunderts bedingten eine zeitweise Identifizierung der Ziele, aber auch eine energische Behauptung der Eigenständigkeit. Erst mit dem Zugriff der Habsburger auf die Passauer Kathedra und der familiären Einbindung, dann mit der sanften Bevormundung des Passauer Stifts und schließlich mit der letztlich doch abrupten Trennung gewannen die Habsburger die Oberhand. Trotz des Reformeifers der Passauer Fürstbischöfe im 18. Jahrhundert, der zeitweise dem habsburgischen vorgriff, allerdings auch den brutalen Schnitt von 1783 vorbereitete, scheinen die gemeinsamen Ziele aus dem frühen 17. Jahrhundert, nämlich eine kirchliche und organisatorische Reform herbeizuführen, erreicht worden zu sein.

Literatur

Ausst.-Kat. Adel im Wandel. Politik–Kultur–Konfession 1500–1700, Niederösterreichische Landesausstellung Rosenburg, Wien 1990

Evans, R. J. W.: Das Werden der Habsburger Monarchie 1550–1700. Gesellschaft, Kultur, Institutionen, Wien/Köln/Graz 1986

Schindling, Anton/Ziegler, Walter (Hrsg): Die Kaiser der Neuzeit 1519–1918. Heiliges Römisches Reich, Österreich, Deutschland, München 1990

Schmal, Kerstin: Die Pietas Maria Theresias im Spannungsfeld von Barock und Aufklärung. Religiöse Praxis und Sendungsbewusstsein gegenüber Familie, Untertanen und Dynastie, (Mainzer Studien zur neueren Geschichte, Bd. 7) Frankfurt a. M. u. a. 2001

Winkelbauer, Thomas: Fürst und Fürstendiener. Gundaker von Liechtenstein, ein österreichischer Aristokrat des konfessionellen Zeitalters, (Mitteilungen des Instituts für österreichische Geschichtsforschung, Ergänzungsbd. 34) Wien/München 1999

Rita Haub

Erzherzog Leopold V. von Österreich-Tirol

Förderer der Jesuiten in Passau und Innsbruck –
und der Naturwissenschaftler Christoph Scheiner SJ

Gründung des Jesuitenkollegs in Passau

Der 1586 geborene Erzherzog Leopold V., Bruder Kaiser Ferdinands II., war schon mit zwölf Jahren Koadjutor von Passau geworden, aber bis zu seiner Großjährigkeit in Judenburg und Graz geblieben. Als er 1605 nach Passau kam, brachte er seinen Beichtvater, Pater Heinrich Bivarius Aquensis SJ, und seinen Lehrer der Theologie, Pater Johann Baptist L'Abbé SJ, mit. Der neue Bischof hegte schon gleich den Wunsch, ein Jesuitenkolleg zu errichten, denn er war selbst in

Abb. 1 *Fürstbischof Leopold mit einem Plan des von ihm gestifteten Jesuitenkollegs in Passau, liber oeconomicus (fol. 2r), Passau 1709*

einem Jesuitengymnasium erzogen worden und mit dem jesuitischen Geist am Hof seiner Mutter in Graz in Berührung gekommen. 1611 waren drei Patres in Passau, und in den „Litterae annuae" wird bereits von einer „Missio Pataviensis" berichtet. Im selben Jahr ließ der Bischof den Provinzial der Österreichischen Jesuitenprovinz nach Passau kommen, um mit ihm über das Kolleg zu verhandeln. Am 11. Februar 1612 unterzeichnete Leopold I., Fürstbischof von Passau, die erste Stiftung mit 50 000 Gulden für das Kolleg und nennt in seinem Stiftungsbrief folgende Gründe für die Errichtung eines Jesuitenkollegs in der Stadt:

1. „Weill wir in unsern weitschichtigen geistlichen district, an frommen gelehrten Priestern ainen mercklichen mangl ... gespürt."
2. „In unserer dioces [sind] hin- und wider noch vil Landtsässen, Burger, und undterthonen, die der wahren Allainsäligmachunden Catholischen Religion nit zuegethon."
3. Die Jugend in Passau ist „der gueten zucht, und thogentlichen undterweisung sehr bedürftig."

Im März 1612 eröffneten die Patres die Schule in dem ihnen vom Bischof überlassenen „Steuberschen Haus" mit 70 Schülern in zwei Klassen. Bereits am 1. November 1612 fand die Grundsteinlegung für das neue Kolleg durch den Bischof statt. Der Bischof hatte damit das Domkapitel, das hauptsächlich aus finanziellen Überlegungen dagegen war - es fürchtete um die Schmälerung seiner eigenen Einkünfte und meinte, für die laufenden Kosten mit herangezogen zu werden -, einfach vor vollendete Tatsachen gestellt. Nach langwierigen Verhandlungen, in denen er am 11. April 1614 schließlich die Tilgung der restlichen Schulden des Hochstifts bindend garantierte, erreichte er die Zustimmung des Domkapitels doch noch, so dass er am 22. Dezember 1615 den eigentlichen Fundationsbrief des Kollegs ausfertigen konnte, der das Kolleg endgültig sicherte und dem auch das Domkapitel zustimmte. Die lateinische Urkunde wiederholt die Bestimmungen des Stiftungsbriefes, ergänzt sie aber durch eine genaue Umgrenzung des Gebietes, das den Jesuiten für Kirche,

Schule und Gebäude zur Verfügung steht. Innerhalb des Stadtbezirks und außerhalb dieses Areals sind dem Orden Zuerwerb und Liegenschaften nur unter ausdrücklicher Zustimmung durch Bischof und Domkapitel erlaubt, innerhalb des Areals und außerhalb der Stadtgrenzen muss diese Zustimmung nicht eingeholt werden. Neben der Grundlegung der Schule wird auch die des Hochschulstudiums festgehalten. In aufsteigender Folge sollen die Humaniora bis zur Rhetorik gelehrt werden, dem sich dann Vorlesungen in Dialektik, Kontrovers- und Moraltheologie anschließen sollen. Dazu bekräftigte ein Privilegienbrief Leopolds vom 5. Oktober 1625, dass die Jesuiten die ausschließliche Jurisdiktion des Rektors und der Lehrer über die Schüler und Studenten des Jesuitenkollegs hätten – also dieselben Privilegien wie in ihren anderen Kollegien. Niemand dürfe sich in diese Jurisdiktion einmischen, es sei denn, nächtliche Ruhestörer und Verbrecher werden in flagranti ertappt. Diese dürfen über Nacht in Gewahrsam genommen werden und müssen am anderen Morgen dem Rektor zur Bestrafung überstellt werden.

Das Jesuitenkolleg in Innsbruck

Zu den bedeutendsten Kollegien der Oberdeutschen Ordensprovinz gehört das bedeutendste Jesuitenkolleg Tirols in der Landeshauptstadt Innsbruck. Bereits 1555 begannen erste Verhandlungen zwischen den Habsburgern und der Gesellschaft Jesu mit dem Ziel,

in Innsbruck ein Jesuitenkolleg zu errichten. Tatsächliche Vereinbarungen darüber wurden jedoch erst 1561 getroffen. Noch im September des gleichen Jahres kam der erste Jesuit in Innsbruck an. Bald folgten weitere Ordensangehörige. Der Unterrichtsbetrieb wurde bereits am 3. Dezember 1561 aufgenommen. Ein kaiserliches Edikt machte die Gründung der Schule am 12. Mai 1562 bekannt und die feierliche Eröffnung fand am 25. Juni 1562 statt. Kaiser Ferdinand I. unterzeichnete die Stiftungsurkunde des Jesuitenkollegs am 20. Mai 1564. Drei Jahre später wurde die Stiftung am 23. September 1567 durch Erzherzog Ferdinand bestätigt.

Wie die Schulräume schon schnell zu eng wurden, so war auch die 1568–1571 erbaute Kirche bald zu klein. Für einen Neubau hatte Erzherzog Maximilian III. der Deutschmeister, Graf von Tirol, Geld gegeben. Der Grundstein konnte jedoch erst vier Monate nach Maximilians Tod gelegt werden.

Erzherzog Maxmilian III. ließ den Jesuiten und Naturwissenschaftler Christoph Scheiner wiederholt zu sich nach Innsbruck kommen, um sich in astronomischen und mathematischen Fragen beraten zu lassen, so auch im November 1614. Scheiner baute das Fernrohr des Erzherzogs, das die Gegenstände seitenverkehrt und auf dem Kopf stehend darstellte, mittels einer dritten Linse zu einem terrestrischen Fernrohr um, so dass Maximilian die Landschaft aufrecht betrachten konnte. Als Dank dafür erbat sich Scheiner ein Grundstück für den Bau der Jesuitenkirche. Die

Abb. 2
Mit dem Gnadenbild von Passau – einer Kopie des Innsbrucker Marienbildes von Lukas Cranach d. Ä. – begründete Marquard von Schwendi 1622 die Wallfahrt Mariahilf

Abb. 3
Christoph Scheiner SJ (1575–1650): Pantographice seu ars delineandi res quaslibet per parallelogrammum lineare seu cavum mechanicum, mobile, Rom 1631. Kupferstich; Titelblatt, das die beiden Anwendungsmöglichkeiten des Pantografen zeigt (Kat. Nr. B.1.5.3)

Grundsteinlegung erfolgte am 14. März 1619, vier Monate nach dem Tod Maximilians, durch seinen Nachfolger, Erzherzog Leopold V. von Österreich-Tirol. Dieser schenkte Scheiner ebenfalls sein Vertrauen und betraute ihn mit dem Bau der neuen Kirche. Als diese 1626 fast vollendet war, stürzte sie am 12. September des Jahres ein. Die beiden vom Erzherzog beigezogenen Sachverständigen Santino Solari, erzbischöflicher Baumeister in Salzburg, und Elias Holl, Stadtbaumeister von Augsburg, bezeichneten in ihrem Gutachten als Ursachen des Unglücks Schwäche der Fundamente, Mängel am Mauerwerk und fehlerhafte Konstruktion des schweren Daches. Schon Christoph Scheiner, der 1619–1621 Bauleiter war, macht in einem vom 16. Oktober 1621 datierten Gutachten scharf auf die begangenen Fehler aufmerksam und lehnt die Verantwortung dafür ab.

Das Mariahilf-Gnadenbild von Lukas Cranach d. Ä. (um 1537)

Erzherzog Leopold, Bischof von Straßburg und Passau, Bruder Kaiser Ferdinands II., der Gründer und Förderer des Passauer Jesuitenkollegs, trat 1619 die Regentschaft in Tirol an. Als er noch Fürstbischof von Passau war, erhielt er bei einem Besuch in Dresden von Kurfürst Johann Georg I. von Sachsen das Mariahilf-Gnadenbild von Lukas Cranach d. Ä. (1472–1533). Das um 1537 gemalte Bild hatte sich anfangs in der Dresdener Heiligkreuzkirche und nach seiner reformationsbedingten Entfernung aus dieser Kirche in der herzoglich-sächsischen Kunstkammer in Dresden befunden. Nachdem es nun im Besitz von Erzherzog Leopold V. war, brachte dieser es, nachdem er zuerst (1619) Statthalter, dann (1623) selbstständiger Landesfürst von Tirol geworden war und mit Genehmigung des Heiligen Stuhles auf seine geistlichen Würden resigniert hatte, mit sich in die Hofburg nach Innsbruck. Die Anmut des Bildes hat von Anfang an jedermann zu inniger Verehrung der Gottesmutter Maria bewegt. Nachdem es während der drohenden Gefahren des Dreißigjährigen Krieges gelegentlich bei Marienandachten öffentlich zur Schau gestellt worden war, erhielten Innsbrucks Bürger „das Original des heiligen wunderthätigen Unnser Lieben Frawen Bildnus, Maria Hilf genannt" am 23. Juni 1650 nach langem Bitten vom Tiroler Landesfürsten, Erzherzog Ferdinand Karl von Österreich, dem Sohn Erzherzog Leopolds V.,

als dauernde Zierde in ihrer St.-Jakobs-Stadtpfarrkirche, wo es seither den Mittelpunkt der Marienverehrung bildet. – Die beste Kopie des Bildes befindet sich in „Mariahilf" in Passau. Bemerkenswert ist auch, dass in fast allen Jesuitenkollegien Kopien dieses Bildes zu finden sind.

Christoph Scheiner

Christoph Scheiner wurde 1575 in Markt Wald bei Mindelheim als Sohn armer Leute geboren. 1595 trat er in die Gesellschaft Jesu ein. Sein Philosophiestudium in Ingolstadt und Dillingen schloss er mit dem Magister Artium ab, das Theologiestudium in Ingolstadt mit dem Doktorat. 1610–1617 war er in Ingolstadt Professor für Mathematik und Hebräisch. Er hielt Vorlesungen über Sonnenuhren, über praktische Geometrie, Astronomie und Optik und ein Seminar über das Fernrohr. Auch fallen in diese Zeit seine bedeutendsten literarischen Arbeiten, wenn sie zum Teil auch erst viel später gedruckt wurden. Nach Aufenthalten in Innsbruck, Freiburg im Breisgau und Wien kam Scheiner 1622 nach Neisse in Schlesien, wo im darauf folgenden Jahr das Kolleg mit ihm als Hausoberen eröffnet wurde. Nach Aufenthalten in Rom und Wien in den Jahren 1624–1637 kehrte Scheiner nach Neisse zurück, wo er seine letzten dreizehn Lebensjahre verbrachte und am 18. Juli 1650 an den Folgen eines Schlaganfalls starb.

Scheiner war ein herausragender Naturwissenschaftler, dessen Leistungen noch heute aktuell sind. Gleich hervorragend als Mathematiker, Physiker und Techniker konstruierte er 1603 den Pantografen, auch „Storchenschnabel" genannt, ein Zeicheninstrument, mit dessen Hilfe man Linien oder ein Bild in vergrößertem oder verkleinertem Maßstab kopieren kann. Im selben Jahr konstruierte er für eine Untersuchung der Kegelschnitte den Ellipsenzirkel. Zur Beobachtung des Kometen von 1607 baute er an einem einzigen Tag einen hölzernen Sextanten, um die Bahn des neuen Kometen besser vermessen zu können – ein erstaunlicher Beweis für sein großes praktisches Geschick. Er baute Instrumente zur Beobachtung des Weltalls und erstellte 1614 die erste Mondkarte. Unabhängig von Galileo Galilei beobachtete Scheiner am 6. März 1611 in Gegenwart seines Schülers Johann Baptist Cysat vom Turmzimmer der Heilig-Kreuz-Kirche in Ingolstadt aus, das ihm als Observatorium diente, die Sonnenflecken. Er projizierte die Sonnenstrahlen mittels eines von ihm konstruierten Fernrohres, des Heliotrops, auf einen Schirm, so dass er die Sonne deutlich sehen und die Position der Sonnenflecken bestimmen konnte. Scheiner beschrieb die Anatomie des Auges. Er erkannte den Grauen Star, entwickelte ein gläsernes Augenmodell und befasste sich mit dem Gesichtswinkel und dem Augendrehpunkt. Der „Scheiner-Versuch" zum Nachweis einer Fehlsichtigkeit wird heute noch in der Augenheilkunde gelehrt.

Der Mathematiker, Physiker, Astronom und Jesuit Christoph Scheiner, der sich ein Leben lang mit der Astronomie beschäftigte und das geozentrische Weltbild vertrat, stand mit anderen am Beginn des modernen naturwissenschaftlichen Denkens und ist mit Sicherheit einer der berühmtesten unter den einst in Ingolstadt wirkenden Naturwissenschaftlern. Als einfallsreicher Erfinder physikalischer und optischer Instrumente trug er maßgeblich zur Entwicklung der astronomischen Fernrohre bei und wurde als Naturforscher zum Mitbegründer der physiologischen Optik. Vor allem seine exakte Beschreibung der Sonnenflecken gehört zu den größten wissenschaftlichen Leistungen.

Christoph Scheiner und Erzherzog Leopold V. von Österreich-Tirol

In Erzherzog Leopold V. hat Christoph Scheiner einen weiteren Förderer gefunden. Nach seinem Einsatz als Bauleiter der Jesuitenkirche in Innsbruck kam Scheiner im Herbst 1620 auf Wunsch Leopolds nach Freiburg im Breisgau, wurde aber im Frühjahr des nächsten Jahres wieder abberufen. Der Grund dafür dürfte gewesen sein, dass Karl von Österreich, Leopolds Bruder, den Jesuiten als Beichtvater wünschte. 1623 wurde Scheiner Oberer des in Neisse in Schlesien neu errichteten Jesuitenkollegs. König Philipp IV. von Spanien hatte Erzherzog Karl für das Amt des Vizekönigs von Portugal ausgewählt, und dieser begab sich nun auf die Reise nach Madrid. Scheiner begleitete ihn ab Innsbruck bis Livorno. Der Erzherzog starb 1624 in Madrid an einem Fieber. Scheiner reiste nun nach Rom weiter, um dort Gründungsangelegenheiten des Kollegs in Neisse zu regeln. Er blieb bis 1633 in Rom, wo sein

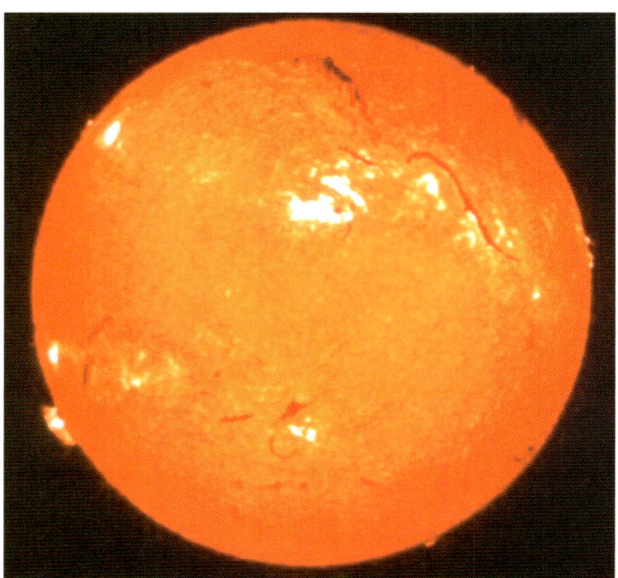

Abb. 4   *Sonne mit Sonnenflecken. 2000, Kiepenheuer-Institut für Sonnenphysik, Freiburg im Breisgau*

Hauptwerk „Rosa Ursina sive Sol" über die Sonnenflecken erschien.

Aus diesem Zeitraum sind die Briefe Scheiners an Erzherzog Leopold V. erhalten: aus Freiburg im Breisgau, aus Innsbruck, aus Wien und Prag (1620–1624) und aus Rom (1625–1632). Mit dem Tod Erzherzog Leopolds V. 1632 endet der Briefwechsel. Die Briefe geben einen Einblick in die Verhältnisse der ersten Hälfte des 17. Jahrhunderts, in die Jesuitengeschichte, in die Diskussion um die Sonnenflecken und in die Geschehnisse während des Dreißigjährigen Krieges in Schlesien.

Literatur

Aign, Albrecht: Geschichte des Gymnasiums Passau I: Das Jesuitengymnasium 1612–1773, Passau 1962

Die Jesuiten in Passau - Schule und Bibliothek 1612–1773. 375 Jahre Gymnasium Leopoldinum und Staatliche Bibliothek Passau, Passau 1987

Eggersdorfer, Franz Xaver: Die Philosophisch-Theologische Hochschule Passau - Dreihundert Jahre ihrer Geschichte zur Zentenarfeier 1933, Passau 1933

Daxecker, Franz: Briefe des Naturwissenschaftlers Christoph Scheiner SJ an Erzherzog Leopold V. von Österreich-Tirol 1620–1632, Innsbruck 1995

Haub, Rita: Christoph Scheiner – Der Mensch. Sein Leben als Jesuit und Naturwissenschaftler, in: Festschrift Christoph Scheiner SJ (1575–1650), (Sammelblatt des Historischen Vereins Ingolstadt 109/2000) Ingolstadt 2001, 15–31

Schönewald, Beatrix (Red.): Sonne entdecken - Christoph Scheiner 1575–1650, Ingolstadt 2000

Udo Arnold

Erzherzog Leopold Wilhelm von Österreich – Kirchenfürst und Hochmeister des Deutschen Ordens

Leopold Wilhelm wurde 1614 als jüngster Sohn Erzherzog Ferdinands von Innerösterreich geboren. Als der Vater, der bereits stellvertretend für seinen kinderlosen Vetter Kaiser Matthias die Erbländer verwaltet hatte, auch zu dessen Nachfolger bestimmt wurde, stand für Leopold Wilhelm fest, dass er eine bedeutendere Rolle in der Politik des Hauses Habsburg spielen werde, als Jüngster jedoch nicht die Nachfolge im kaiserlichen Amt antreten würde. Das bedeutete, für ihn eine standesgemäße Versorgung zu finden, die gleichzeitig den Interessen des habsburgisch geführten Reiches diente. Töchter wurden möglichst mit regierenden Fürsten verheiratet. So auch die Schwestern Leopold Wilhelms: Maria Anna mit Maximilian I. von Bayern und Caecilie mit Wladyslaw IV. von Polen. Söhne hatten bis dahin noch die Position von Mitregenten erhalten können, doch nach 1621, nach der Festlegung des Vaters Ferdinand II. auf eine unteilbare erbliche Gesamtmonarchie, war dies für Leopold Wilhelm nicht mehr möglich. So kam primär die Versorgung mit geistlichen Pfründen in Frage, wobei die Reichsbistümer wegen ihrer Einkünfte und ihres politischen Gewichts im Fürstenrat des Reichstags am begehrtesten waren.

Dazu war die Mitgliedschaft in Domkapiteln eine gute Voraussetzung und Leopold Wilhelms Position wurde bereits früh vorbereitet:[1] Im Jahr nach seiner Geburt erhielt er die erste Domherrenstelle in Köln (1615), es folgten Mainz (1621), Trier (1622), Bamberg (1623), Minden (1625), Passau (1625) und Speyer (1625); hinzu kam noch Osnabrück.[2] Allein diese Aufzählung zeigt nicht nur ein Versorgungsdenken des Vaters für seinen minderjährigen Sohn, sondern auch das Streben nach politischem Einfluss, der sich möglicherweise beim Aufsteigen bis zum Bischof realisieren ließ, zumindest aber bei der Wahl eines Bischofs: Köln, Mainz und Trier waren Kurfürstentümer, der Bischof von Bamberg führte den Vorsitz im einflussreichen Fränkischen Reichskreis, Passau gehörte zum Bayerischen Reichskreis, beide Bistümer hatten natürlich auch Sitz und Stimme im Reichsfürstenrat.

Noch sicherer denn als Domherr war die Position als Koadjutor eines Amtsinhabers, also als früh gewählter, zukünftiger Nachfolger. Dies gelang für den Elfjährigen 1625 bei seinem Onkel Leopold als Bischof von Passau und Bischof von Straßburg sowie nach dem Tod seines Onkels Karl in Form einer Nachfolgezusage bei Volljährigkeit als Hochmeister des Deutschen Ordens. Das war eine stattliche Basis sowohl für die zukünftige Versorgung des jungen Erzherzogs als auch für die Sicherung des habsburgischen Einflusses über die bereits vorher von Familienmitgliedern besetzten Pfründen.

Dabei spielte die Kurie eine nicht zu unterschätzende Rolle.[3] Zum einen musste sie der jeweiligen Bischofswahl zustimmen, zum andern aber auch der

Abb. 1 *Leopold Wilhelm als Hochmeister des Deutschen Ordens, Landkommende Mechelen, 1641/62, Mechelen, Staatsarchiv*

im 16. Jahrhundert nicht möglichen Wahl eines Bischofs zum Hochmeister. So galt bis 1618 der Grundsatz der Unvereinbarkeit beider Ämter. „Denn bisher war noch niemals ein Fürstbischof zum Hochmeister des Ordens gewählt worden, weil die Ehe des Bischofs mit seiner Kirche - im Bischofsring versinnbildlicht - als inkompatibel mit der zu beschwörenden Ordensarmut und der Verpflichtung des Hochmeisters zum Führen des Schwertes gegen die Reichs- und Glaubensfeinde angesehen wurde."[4] Doch Erzherzog Karl hatte die päpstliche Genehmigung zur Wahl als Hochmeisterkoadjutor erreicht, obwohl er bereits Bischof von Breslau und Brixen war, womit das entscheidende Präjudiz für Leopold Wilhelm gegeben war. Seiner offiziellen Bestellung zum Koadjutor 1639 stand also nichts mehr im Wege, die Nachfolger seines Onkels Karl als Hochmeister - Johann Eustach von Westernach (1625-1627) und Johann Kaspar von Stadion (1627-1641)[5] - waren nur Platzhalter für den jungen Erzherzog.

Als sein Onkel Leopold resignierte, wurde Leopold Wilhelm 1625 zum Bischof von Passau gewählt, kurz später vom Papst bestätigt. 1626 folgte er als Fürstabt der elsässischen Abteien Murbach und Luders und als Bischof von Straßburg, die päpstlichen Bestätigungen kamen rasch. Auch wenn der 1614 Geborene diese Pfründen aus Altersgründen noch nicht selbst verwalten durfte, so waren doch Einkünfte und politischer Einfluss bereits gesichert. Gerade Letzteres war in jener Zeit für das Haus Habsburg besonders wichtig: Seit acht Jahren tobte der Dreißigjährige Krieg, das Kriegsglück konnte ausgesprochen launisch sein, auch wenn 1625/26 die kaiserlichen Erfolge - nicht zuletzt mit Hilfe des neuen Feldherrn Wallenstein - beachtlich waren. Doch gerade diese erste Epoche nach der Schlacht am Weißen Berge und der für Habsburg günstigen Lösung der Böhmischen Frage zeigte vor allem im überwiegend protestantischen Norddeutschland, wie wichtig die Besetzung der Reichsbistümer und -abteien für den Erfolg der habsburgischen Politik und damit eng verbunden der katholischen Sache war.

Vor allem der letzte Punkt erfuhr durch Leopold Wilhelm eine deutliche Stärkung, nicht nur als Stütze für die Politik des kaiserlichen Vaters und ihm folgenden Bruders, sondern auch in Fortsetzung der Politik seines Onkels und Vorgängers Leopold. Die Errichtung von Priesterseminaren und Förderung des Jesuitenordens durch den Jesuitenschüler bildeten deutliche Signale. Damit empfahl er sich in den Augen der

Katholiken vor allem für den norddeutschen Raum. Seine Stationen dort hießen Hersfeld (1626), Halberstadt (1627), Bremen und Magdeburg (beide 1628). Weniger problematisch war der Erwerb der Bistümer Olmütz in Mähren (1637/38) und Breslau in Schlesien (1655/56), lagen sie doch im unmittelbaren habsburgischen Machtbereich. Auch wenn allein diese Aufzählung das Urteil Demels zu bestätigen scheint, dass Leopold Wilhelm „zu den größten Pfründenjägern der Reichskirche" gehört habe,[6] so ging es doch nicht nur um finanzielle Fragen.[7]

Zeitlich parallel mit der Bischofswahl und -ernennung in Olmütz wurde an der Kurie endgültig die Nachfolge Leopold Wilhelms im Amt des Hochmeisters des Deutschen Ordens geregelt. Rom erteilte wie 1618 seinem Onkel Karl die Erlaubnis, Bischofsämter und Hochmeisteramt zu kumulieren. Dabei ging es für Leopold Wilhelm um Passau, Straßburg, Halberstadt und Olmütz, also die Bistümer, die er zu dem Zeitpunkt konkret innehatte, wobei Halberstadt noch am ehesten in die Kategorie Wunschdenken gehörte. Papst Urban VIII. stimmte auf Grund der Kriegsläufte selbstverständlich zu, so dass 1639 die feierliche Einkleidung in den Deutschen Orden und der Ritterschlag durch den über 70-jährigen Hochmeister Johann Kaspar von Stadion persönlich erfolgte, unmittelbar anschließend die Postulation als Koadjutor Stadions. Erst dann reiste der neue Generalissimus und Oberbefehlshaber des kaiserlichen Heeres gemeinsam mit dem Hochmeister von Wien zu seinen Truppen nach Prag. Bis 1642 übte er das Amt des Oberbefehlshabers aus, wenngleich mit wechselndem Kriegsglück. Es war klar, dass er nicht in der Ordenszentrale Mergentheim seinen Sitz nehmen würde, auch nach dem Tod Stadions 1641 und der im nächsten Jahr erfolgten Inthronisation als Meister nicht. Doch hatte sich der Orden seit der Wahl Erzherzog Maximilians III. zum Koadjutor 1585 und dessen endgültigem Amtsantritt als Hochmeister 1590 daran bereits gewöhnt. Das war der Preis, den der Orden für die Stützung seiner Existenz durch das Reichsoberhaupt zahlen musste und zu dessen Zahlung er sich auch bereitfand, erst recht unter der Bedrohung des Dreißigjährigen Krieges, dessen Schrecken er bis in seine Zentrale hinein schmerzhaft hatte spüren müssen.[8] Mit der Wahl zum künftigen Meister des Deutschen Ordens war die Persönlichkeitsstruktur Leopold Wilhelms wohl noch deutlicher getroffen als mit den vorausgehenden Bischofswahlen. Die Kombination von militärischem und geistlichem Leben, wie das Ideal des Ordensritters es seit der Regelreform von 1606 vorsah, entsprach dem Leben des Erzherzogs deutlich mehr als seine bisherigen Bischofswürden, auch wenn er sich vorbehielt, *den orden aus erheblichen wichtigen ursachen widerumb ablegen* zu können.[9]

Von dieser Affinität profitierte der Orden nach dem Rückzug Leopold Wilhelms von seinen militärischen und politischen Ämtern Ende 1642 wohl auch mehr als die verschiedenen Bistümer. In diesem Jahr hatte er offiziell die Nachfolge Stadions als Meister angetreten und führte damit eine weitere Stimme im Fürstenrat des Reichstags – die ranghöchste, die er erreichte, da der Deutschmeister seit dem Ende des 15. Jahrhunderts und damit auch der Hochmeister des 17. Jahrhunderts seinen Sitz nach den Erzbischöfen vor den Bischöfen hatte. Neben den Einkünften aus dem eigentlichen Deutschordensgebiet im Reich verfügte er damit noch über ein persönliches Tafelgut, die Herrschaft Freudenthal, die sein Onkel Karl 1621 als Entschädigung für eine Finanzanleihe an den Kaiser aus der Verfügungsmasse der böhmischen Protestanten nach der Schlacht am Weißen Berge erhalten hatte. Aus der Herrschaft war ihm bereits 1625 ein freiwilliges Deputat zugestanden worden, doch betraf das nur einen Teil der Einkünfte, ohne Einfluss auf die Verwaltung. Darüber konnte er erst als Hochmeister ab 1642 verfügen.[10]

Als Leopold Wilhelm 1645 erneut den Oberbefehl über die kaiserlichen Truppen übernahm, versuchte er, im Deutschen Orden das Projekt eines Leibregiments zu Pferd durchzusetzen. Zwar gelang die Einberufung eines Generalkapitels nicht, doch die Vertreter der Balleien Franken und Österreich kamen 1645 in Wien zusammen und stimmten dem Projekt zu, das eine deutliche Unterstützung der kaiserlichen Truppen bedeutet hätte, jedoch von den anderen Balleien in der Folgezeit blockiert wurde. Weitere Ordensprobleme, vor allem auch im Zusammenhang mit dem Krieg, wurden besprochen, um die in allen Balleien schwierige Lage des Ordens zu konsolidieren.

Letztlich galt jedoch, dass die eigentliche Erholung des Ordens erst nach Ende des Dreißigjährigen Krieges und nach der anschließenden Ablösung der Kontributionszahlungen erfolgte. Das war ein entscheidendes Problem Leopold Wilhelms als Hochmeister. Zwar konnte er 1647 den schwedischen Plan abwehren, die Besitzungen des Malteser- und des Deutschen Ordens zur Befriedigung der Ansprüche an Schweden abzu-

treten, doch musste er 1649 zustimmen, dass die Ordensgüter zwei Jahre lang verpfändet wurden, um die Satisfaktionsgelder aufzubringen. Es dauerte mehrere Jahre, bis alle Kommenden wieder im Besitz des Ordens waren. Trotzdem konnte der Deutschordensbesitz als sichere Pfründe betrachtet werden, ganz im Gegensatz zu den norddeutschen Besitzungen, die mit dem Friedensschluss von 1648 für Leopold Wilhelm endgültig unerreichbar blieben.

Anlässlich der Wahl Leopold Wilhelms zum Bischof von Breslau 1655 legte er in seiner Bitte um Konfirmation durch den Papst regelrecht Rechenschaft über seine Situation als Inhaber der verschiedenen Bistümer und Abteien ab.[11] Er schrieb, die Erzbistümer Magdeburg und Bremen seien ihm bereits durch die verschiedenen Friedensschlüsse während des Dreißigjährigen Krieges verloren gegangen, das Bistum Halberstadt und die Abtei Hersfeld habe er durch den Frieden von 1648 abgeben müssen. Er berief sich darauf, dass er sich dabei der Staatsräson (des habsburgisch geführten Reiches) habe unterwerfen müssen. Aus dem elsässischen Bistum Straßburg und den dortigen Abteien Murbach und Luders habe er wegen der Kriegsverwüstungen bislang keine Einkünfte erhalten, sondern habe im Gegenteil Geldmittel geben müssen, um Beamte und Vertreter auf Reichs- und Kreistagen zu unterhalten. Das Bistum Olmütz sei ebenfalls so sehr verwüstet worden, dass er sogar die Domherren sieben Jahre lang aus seinen eigenen Mitteln habe unterstützen müssen. In Passau hätten Missernten und Hungersnot sowie die Kontributionen die Einkünfte so sehr reduziert, dass sie nur noch zum Unterhalt der Amtleute und zur Schuldentilgung ausgereicht hätten, und auch das Bistum Breslau würde nur noch recht geringe Einkünfte abwerfen im Vergleich zur Vorkriegszeit.

Die Einkünfte Leopold Wilhelms waren also keineswegs so hoch, wie es auf den ersten Blick bei der Vielzahl seiner Pfründen aussehen mochte. Trotzdem hatte seine finanzielle Ausstattung aus dem Deutschen Orden – der in der Berichterstattung an den Papst nicht erwähnt wurde – und seinen Bistümern und Abteien offensichtlich eine Höhe erreicht, die ihn in Zukunft seine Liebhabereien leben ließ. Denn die päpstliche Bestätigung Leopold Wilhelms für das Bistum Breslau und seine Resignation auf die Statthalterschaft der Spanischen Niederlande in Brüssel (1647–1656) fallen zeitlich in etwa zusammen. Doch lebte er in Zukunft in keiner seiner Pfründen, sondern in

Wien. Seine verschiedenen geistlichen Ämter wurden durch Stellvertreter verwaltet, sowohl in weltlichen als auch in geistlichen Belangen. Sein persönliches Einwirken beschränkte sich auf das Studium der ihm zugesandten Berichte, anhand derer er notwendige Entscheidungen traf. Dem Plan, ihn 1657 nach dem Tod Kaiser Ferdinands III., seines Bruders, zu dessen Nachfolger zu wählen, erteilte er eine Absage und ermöglichte somit seinem Neffen Leopold I. die Thronfolge.

Das einzige reguläre Generalkapitel des Ordens berief Leopold Wilhelm für 1662 nach Wien ein. Neben dem Problem der Wiedergewinnung verlorener Ordensbesitzungen – der Ballei Utrecht in den nunmehr unabhängigen Niederlanden, in Italien und Spanien – widmete es sich auch für die Zukunft wesentlichen ordensinternen Fragen, vor allem aber der Wahl des hochmeisterlichen Nachfolgers. Der 12-jährige

Neffe Karl Joseph wurde als Koadjutor gewählt, im Übrigen mit demselben Austrittsvorbehalt wie einst sein Onkel, und erhielt von Leopold Wilhelm persönlich den Ritterschlag – die habsburgische Politik, deren Exponent Leopold Wilhelm in Nachfolge seines Onkels Leopold gewesen war, sollte fortgesetzt werden, im Deutschen Orden ebenso wie gleichzeitig in Passau. Da Leopold Wilhelm krank und Karl Joseph unmündig war, bestellte das Kapitel für den Fall des hochmeisterlichen Todes einen Regentschaftsrat, der noch im selben Jahr nach dem Ableben Leopold Wilhelms die Regierungsaufgaben übernahm. Allerdings starb auch Karl Joseph bereits zwei Jahre später, so dass mit dem Mitglied des bisherigen Regentschaftsrates Johann Kaspar von Ampringen (1664–1684) ein Ordensritter als Hochmeister gewählt wurde – das Haus Habsburg hatte keine Söhne mehr, die diese Position hätten einnehmen können.

Abb. 2 *Erzherzog Leopold Wilhelm als Kirchenfürst und Triumphator, Kupferstich von Karl Audran nach Alessandro Vaiani, nach 1628, Brüssel, Königliche Bibliothek*

Leopold Wilhelm spielte eine bedeutende Rolle als Exponent der kaiserlichen Reichskirchenpolitik, auch wenn er keineswegs immer mit seinem Bruder einer Meinung war – die Verhandlungen zum Westfälischen Frieden zeigen das deutlich.[12] Da aber diese Rolle gerade während der konfessionellen Auseinandersetzungen des Dreißigjährigen Krieges ebenfalls im Sinne der Kurie war, stimmte Rom der Häufung der geistlichen Pfründen zu, obwohl das den Bestimmungen des Trienter Konzils zuwiderlief.[13] Gleichzeitig herrschte Einverständnis, dass die meisten Bischöfe, gerade wenn sie aus hochadeligem Hause stammten, sich nicht die Priesterweihe erteilen ließen, um auf ihr Bistum resignieren und weltliche Herrschaft übernehmen zu können, falls es zur Aufrechterhaltung der Dynastie nötig war. Als Konsequenz bedurfte es der Übertragung der geistlichen und weltlichen Funktionen des Bischofs auf Weihbischöfe und Administratoren oder die Domkapitel. So dürften seine Einkünfte insgesamt nicht so hoch gewesen sein, wie die Vielzahl der Pfründen vermuten lässt.

Wichtiger als der finanzielle Aspekt war jedoch der politische Einfluss, den die Kaiser Ferdinand II. und Ferdinand III. sich durch die Pfründenhäufung des Sohnes bzw. Bruders erhofften. Dies galt sowohl für den Reichstag, in dem er als Hochmeister und Bischof von Passau und Straßburg sowie der Reichsabtei Murbach jeweils eine Stimme im Fürstenrat führte, als auch für die Reichskreise; allein über den Deutschen Orden war Leopold Wilhelm im Fränkischen, Kurrheinischen, Schwäbischen und (bis 1648) Österreichischen Reichskreis vertreten. Allerdings zeigte der Verlauf der Verhandlungen zum Westfälischen Frieden, dass zum einen der Einfluss von außerhalb des Reiches viel zu stark war, um eine Person wie Leopold Wilhelm trotz seiner Funktionen als Statthalter in Brüssel, mehrfacher Bischof und Hochmeister wirklich zum tragenden Exponenten kaiserlicher Politik machen zu können, und dass zum anderen die Einigkeit unter den Katholiken wie auch zwischen dem Kaiser und seinem Bruder sehr eingeschränkt war. Damit ging die politische Rechnung Wiens hinsichtlich der Pfründenkumulation nicht unbedingt auf.

Für die einzelnen Bistümer wie auch für den Deutschen Orden hatte der Bischof bzw. Hochmeister bei einer solchen Pfründenhäufung normalerweise ebenfalls eine untergeordnete Bedeutung. Demel formuliert die Herrschaftsausübung für den Deutschen Orden treffend als „Regierung auf Distanz",[14] was sich auf die

übrigen Pfründen übertragen lässt. Allerdings ist das Urteil über ihn gleichwohl positiv: „Trotz seiner politisch bedingten Ämterhäufung, die im Gegensatz zum Tridentinischen Bischofsideal stand, erscheint er in der Geschichtsschreibung als geistlicher Regent von fast übergroßem Pflichtgefühl."[15]

Trotz dieser auch in Wien nicht unbekannten Einschränkung wurde der politische Stellenwert Leopold Wilhelms in der habsburgischen Politik hoch geschätzt. Es war die beste Möglichkeit für den Kaiser, auf den verschiedensten Schauplätzen zusätzlich Einfluss zu nehmen, denn auch wenn es zwischenzeitlich zu Differenzen kommen mochte, so blieb die Grundhaltung einer prohabsburgischen und prokaiserlichen Politik eines solchermaßen mit Pfründen versorgten Erzherzogs doch eindeutig. Unter Politik ist dabei stets „die Einheit zwischen Religion und Staatsgefüge der Habsburger bei deren Rekatholisierungsbemühungen"[16] zu verstehen. So dachten im Übrigen nicht nur die Habsburger, die Wittelsbacher versuchten eine ganz ähnliche Politik im Reich, die sogar besseren Erfolg erzielen konnte als die habsburgische.[17] Auch blieb dieser Ansatz nicht auf Leopold Wilhelm beschränkt, wie wir bereits bei seinem Onkel Leopold sahen und wofür auch sein Neffe Karl Joseph verplant wurde. Die Grundlinie von Versorgungs- und Reichspolitik des Hauses Habsburg wird an ihm wiederum deutlich: Karl Joseph folgte seinem Onkel nach als Koadjutor des Hochmeisters des Deutschen Ordens sowie in den Bistümern Passau, Olmütz und Breslau und in den Abteien Murbach und Luders – mit Ausnahme Straßburgs also allen Pfründen Leopold Wilhelms. Natürlich ging es auch um standesgemäße Versorgung eines Erzherzogs mit entsprechenden Pfründen, doch die Kumulation war auf der politischen Ebene noch wichtiger als auf der persönlichen. Dass die Person des Pfründeninhabers dabei jedoch eine untergeordnete Rolle spielte, wird an der Behandlung Leopold Wilhelms bei den Verhandlungen zum Prager und dann zum Westfälischen Frieden deutlich, bei denen die kaiserliche Politik ohne Rücksicht über ihn hinweg ihre eigenen Interessen durchsetzte – er war als Bischof wie als Hochmeister ein Spielstein auf dem Schachbrett der Reichspolitik, die Züge bestimmten letztlich andere.

Anmerkungen

1 Vgl. Johannes Voigt, Geschichte des Deutschen Ritter-Ordens in seinen zwölf Balleien in Deutschland, Bd. II, Berlin 1859, S. 343-375; Bernhard Demel, Leopold Wilhelm von Österreich, in: Arnold, Udo (Hrsg.): Die Hochmeister des Deutschen Ordens 1190-1994, (Quellen und Studien zur Geschichte des Deutschen Ordens 40) Marburg 1998, S. 214-223; ders., Hoch- und Deutschmeister Leopold Wilhelm von Österreich (1641-1662), in: Mertens, J. (Hrsg.): Miscellanea Baliviae de Juncis II, (Bijdragen tot de geschiedenis van de Duitse Orde in de balije Biesen 6) Bilzen 2000, S. 223-264; Renate Schreiber, Erzherzog Leopold Wilhelm. Bischof und Feldherr, Statthalter und Kunstsammler. Studien zu seiner Biographie, Diss. phil. masch. Wien 2001; Ausst.-Kat. Krijg en kunst. Leopold Willem (1614-1662), Habsburger, landvogd en kunstversamelaar, Alden Biesen 2003. Trotz vieler biographischer Artikel und Beiträge steht die umfassende Biographie noch aus.

2 Vgl. Demel 1998, S. 249 f., Anm. 25.

3 Zur Rolle der Kurie hinsichtlich einer Bistumsbesetzung oder auch der Koadjutorie im 17. Jahrhundert vgl. knapp zusammenfassend Matthias Schnettger, Der Kaiser und die Bischofswahlen. Das Haus Österreich und die Reichskirche vom Augsburger Religionsfrieden bis zur Mitte des 17. Jahrhunderts, in: Duchardt, Heinz/Schnettger, Matthias (Hrsg.): Reichsständische Libertät und habsburgisches Kaisertum, (Veröffentlichungen des Instituts für europäische Geschichte Mainz, Abteilung Universalgeschichte, Beiheft 48) Mainz 1999, S. 213-255; hier S. 216 f.

4 Bernhard Demel, Karl von Österreich, in: Arnold 1998, S. 197-203, hier S. 198.

5 Vgl. Heinz Noflatscher, Johann Eustach von Westernach, in: ebd., S. 203-208 sowie Bernhard Demel, Johann Kaspar von Stadion, in: ebd., S. 208-214.

6 Demel 2000, S. 225 in Anlehnung an Hubert Jedin, Die Krone Böhmens und die Breslauer Bischofswahlen 1468-1732, in: Archiv für schles. Kirchengesch. 4 (1939) S. 165-208, ND in ders., Kirche des Glaubens - Kirche der Geschichte. Ausgewählte Aufsätze und Vorträge, Bd. 1, Freiburg 1966, S. 413-454, dort S. 438: Er bezeichnet Leopold Wilhelm als „einen der größten Pfründenbesitzer der deutschen Kirchengeschichte überhaupt".

7 Im Folgenden wird aus der Vielzahl der geistlichen Positionen nur das Amt des Hochmeisters des Deutschen Ordens herausgehoben; zur Gesamtheit der geistlichen Pfründen vgl. Udo Arnold, Leopold Wilhelm als Kirchenfürst, in: Ausst.-Kat. Krijg en kunst 2003, S. 15-21.

8 Vgl. Udo Arnold/Günter Kölzer, Deutscher Orden und Westfälischer Frieden, in: ebd., S. 29-38.

9 Zitiert bei Schreiber 2001, S. 166.

10 Vgl. Winfried Irgang, Freudenthal als Herrschaft des Deutschen Ordens 1621-1725, (Quellen und Studien zur Geschichte des Deutschen Ordens 25) Bonn 1971, Register s. v. Österreich, Leopold Wilhelm.

11 Vgl. Alfred A. Strnad, Wahl und Informativprozeß Erzherzog Leopold Wilhelms von Österreich, Fürstbischof von Breslau (1655-1662), in: Archiv für schles. Kirchengesch. 26 (1968) S. 153-190, hier S. 172-174.

12 Vgl. Arnold/Kölzer 2003.

13 Vgl. Hubert Jedin, Geschichte des Konzils von Trient, Bd. 2, Freiburg 1957, S. 297 ff.; Bd. 4/2, Freiburg 1975, S. 141, 143, 145, 147.

14 Demel 1998, S. 217.

15 August Leidl, Leopold Wilhelm, in: Gatz, Erwin (Hrsg.): Die Bischöfe des Hl. Römischen Reiches. Ein biographisches Lexikon, Bd. III: 1648-1803, Berlin 1990, S. 265-267, hier S. 266.

16 Demel 2000, S. 225 f.

17 Vgl. Schnettger 1999, S. 250-255.

Jozef Mertens, Franz Aumann, Arnout Mertens

Leopold Wilhelm als Statthalter der spanischen Niederlande (1647–1656)

Ein erfahrener Prinz von Geblüt

Am 11. April 1647 trat Erzherzog Leopold Wilhelm von Österreich (1614-1662) in Brüssel sein Amt als Statthalter der südlichen Niederlande an, deren territoriale Ausdehnung in etwa dem späteren Belgien entsprach. Im Namen des Königs von Spanien, Philipps IV. (1605-1665), übernahm er die Verwaltung des burgundischen Erbes im Besitz der spanischen Krone. Diese spanischen Niederlande, deren nördlicher Teil (grosso modo die heutigen Niederlande) im Achtzigjährigen Krieg (1568-1648) autonom geworden war, bestanden außer der Herrschaft Mecheln aus den vier alten Herzogtümern Brabant, Geldern, Limburg und Luxemburg und aus den vier alten Grafschaften Artois, Hennegau, Namur und Flandern. Jedes dieser kleinen Fürstentümer verfügte über eigene Institutionen. Unabhängig von den anderen Besitzungen der spanischen Krone wurden sie aber alle zentral verwaltet.

In den spanischen Niederlanden verlangte die gesellschaftliche Elite, dass der vom spanischen König bestellte Statthalter, welcher in Vertretung des Landesherrn die Gebiete an Ort und Stelle regierte, von Geblüt sein müsse, um dadurch dem Land gegenüber die besondere Bedeutung angemessen zum Ausdruck zu bringen. Im spanischen Zweig der Habsburger verfügte Philipp IV. aber nach dem Tod von Statthalter Don Fernando, Kardinal-Infant und Bruder des Königs, über keine geeigneten Kandidaten mehr für diese Funktion. Es war Pieter Roose, *Chef-Président* des Geheimen Rates, dem wichtigsten politischen Organ in Brüssel, der auf Erzherzog Leopold Wilhelm hinwies, der zu dieser Zeit Oberbefehlshaber der kaiserlichen Truppen im Dreißigjährigen Krieg war. Madrid ging trotz einer guten Portion Misstrauen gegen die Wiener Verwandten sehr schnell auf diesen Vorschlag ein. Seit 1635 war nämlich der Kampf zwischen der französisch-holländischen Koalition und Spanien entbrannt, wobei die spanischen Niederlande völlig in die Zange genommen wurden. Madrid übertrug deshalb nur ungern die Macht einer Regierung in Brüssel, von wo aus die spanischen Kriegsoperationen koordiniert werden sollten. Trotz allem ersuchte man Kaiser Ferdinand III.,

seinen kriegserfahrenen Bruder Leopold Wilhelm das Amt eines Statthalters übernehmen zu lassen. Madrid hoffte nämlich auf das aktive kaiserliche Interesse für die prekäre Situation der spanischen Truppen, sobald der Erzherzog einmal in den Niederlanden mitzureden hätte.

Leopold Wilhelm ließ jedoch noch viele Jahre auf sich warten. Nach seiner schmählichen Niederlage in der Schlacht bei Breitenfeld Anfang November 1642 zog er sich einstweilen aus dem öffentlichen Leben zurück. 1645 wurden die Unterhandlungen über die weitreichenden Befugnisse, die der Bruder des Kaisers als zukünftiger Statthalter forderte, erneut aufgenommen, und am 7. März desselben Jahres wurde seine Ernennung vom König unterzeichnet. Durch das zweite Oberkommando Leopold Wilhelms über die kaiserlichen Truppen (1645-1646) konnte sich der Erzherzog erst im Frühjahr 1647 auf den Weg nach Brüssel begeben, um den zwischenzeitlichen Stellvertreter abzulösen.

Tatsächlich waren die Befugnisse Leopold Wilhelms ein Kompromiss zwischen souveräner Macht und dem normalen repräsentativen Zuständigkeitsbereich eines Statthalters. Leopold Wilhelm ernannte z. B. die Offiziere, die Bischöfe und die Kommandanten der Städte, König Philipp IV. die Generäle, die Erzbischöfe und die Kommandanten der Provinzen. Dennoch wurde der 33-jährige Erzherzog, dem man nachsagte, er fasse Beschlüsse am liebsten selbst, von Spaniern umringt, die mit Herz und Seele an Madrid hingen. Der wichtigste spanische Wachhund wurde Don Alonzo Pérez de Vivero, Graf von Fuensaldaña. Dieser erhielt zu Beginn 1648 nicht nur den Oberbefehl über die spanischen Truppen in den Niederlanden, sondern war als Oberhofmeister auch politischer und finanzieller Drahtzieher. Außerdem hielt er Graf Johann Adolf von Schwarzenberg, den starken Mann hinter Leopold Wilhelm, weg von diesem Amt. Letzterer musste sich in Brüssel mit dem Titel eines Kammerherrn zufrieden stellen.

Es sah für Leopold Wilhelm nicht besonders rosig aus. Schon nach seiner ersten Zusammenkunft im April 1647 mit der leitenden Elite wurde ihm klar, wie chaotisch der politische und militärische Zustand

Abb. 1 *Ankunft Leopold Wilhelms und seines Gefolges am 11. April 1647 in Brüssel, gemalt von Peter Snayers*

des Landes war. Schon in seinem ersten Brief an seinen Bruder, den Kaiser, gab er zu verstehen, dass er die Niederlande wohl einmal sehr schnell verlassen könne!

Krieg mit Frankreich trotz des Westfälischen Friedens

Das Bündnis zwischen Frankreich und der Republik (= nördliche Niederlande) war für die spanischen Niederlande sehr fatal. 1635 waren zwei Heere aufgeboten worden, durch die den Niederlanden in den folgenden Jahren an zwei Fronten schwere Verluste zugefügt wurden. Vom Süden her eroberten die Franzosen das Artois und große Teile von Hennegau und Flandern. Vom Norden her eroberte Statthalter Friedrich Heinrich von Nassau Teile von Brabant und Flandern. Mit der Besetzung der flämischen Stadt Kortrijk im Jahre 1646 stand die gesamte Südgrenze einer französischen Überrumpelung offen und im Norden war der Feind fast bis Antwerpen herangerückt. Die Verzweiflung in den Niederlanden war unbeschreiblich. Als die Hollän-

der schließlich doch eine Pufferzone zwischen ihrem Grundgebiet und Frankreich bevorzugten (*Gallia amica, non vicina*) und sie die Seehafenstadt Dünkirchen nicht in französischen Händen sehen wollten, konnte die Republik zu einem separaten Frieden mit Spanien bewogen werden, allerdings mit großen spanisch-niederländischen Zugeständnissen.

Als Leopold Wilhelm 1647 in die Niederlande kam, waren die Friedensverhandlungen in Westfalen beinahe abgeschlossen. Mit dem Frieden von 1648 wurden schließlich der Dreißigjährige und der Achtzigjährige Krieg beendet. In den spanischen Niederlanden war man begeistert, obwohl die Spaltung der Niederlande in zwei verschiedene Staaten ihre internationale Bestätigung bekommen hatte, und trotz der Import- und Exportbeschränkungen für die flämischen Seehäfen, des zusätzlichen Gebietsverlustes für die spanischen Niederlande und der definitiven Abriegelung der Schelde. Außerdem wurden die Holländer mit den südniederländischen Händlern im Handel mit Spanien und den Kolonien gleichgestellt, eine tödliche Konkurrenz.

Die Republik konnte infolge der Friedensbestimmungen Frankreich nicht mehr beistehen und auch der Kaiser konnte dem spanischen König nicht mehr zu Hilfe kommen. Es blieb allerdings für Spanien nur noch *ein* Feind an *einer* Front übrig, und zwar das expansionistische Frankreich. Die Erwartungen, die die spanischen Niederlande in ihren neuen Statthalter gesetzt hatten, wurden dadurch nur noch größer. Das erschöpfte Land und das fast bankrotte Spanien waren in ihrer Not bereit, noch zusätzliche finanzielle Mittel für die Kriegsführung des ehemaligen Generalissimus aufzubringen.

Schon ziemlich schnell nach Leopold Wilhelms Amtsantritt konnten die Spanier erste Erfolge melden: u. a. wurden 1647 die Städte Armentières, Diksmuide, Landrecies und Lens erobert, 1648 auch die Stadt Kortrijk. In diesem letzten Jahr erlitt der Statthalter allerdings eine schmähliche Niederlage bei oben erwähnter Stadt Lens, der Pforte zum Artois und auf der Route nach Paris. Dieser Verlust ließ Leopold Wilhelm erkennen, dass ein Krieg gegen das viel stärkere Frankreich eigentlich nicht zu gewinnen sei. Er knüpfte 1650 sogar mit Gaston von Orléans (1608 – 1660) zögerliche Unterhandlungen an, doch wollte Spanien keinen wirklichen Frieden, u. a. auch wegen der damaligen politischen Situation in Frankreich, die durch die Fronde (1648 – 1653) beherrscht wurde. Dieser Bürgerkrieg in

Frankreich gereichte in den ersten Jahren der Statthalterschaft Leopold Wilhelms auf dem Schlachtfeld zum Vorteil Spaniens. In Erwartung der Volljährigkeit Ludwigs XIV. hatte der französische Premierminister Mazarin mit der Königinmutter Anna von Österreich eine straffe, zentralistische Politik geführt. Das erregte großen Widerstand, sowohl vom Pariser Parlament als auch von einem Teil des höchsten französischen Adels. Spanien hoffte deshalb fest, dass Frankreich auseinander fallen würde. Und tatsächlich holte Leopold Wilhelm - wenn auch nur vorübergehend - verschiedene französische Unzufriedene ins spanische Lager: 1650 den berühmten Marschall Turenne und ab 1651 Ludwig II. von Bourbon, besser bekannt als „le Grand Condé". Die Unterstützung des aus seinen Staaten verjagten, aber unbeständigen Kondottiere, Herzog Karl IV. von Lothringen, hatte Spanien schon früher erhalten. Wenn sich die Generäle untereinander auch nur mit der größten Mühe verstanden, so buchten die Spanier in den Jahren 1648 - 1652 doch militärische Erfolge in der Thiérache, in Hennegau und in Flandern. Der Statthalter konnte sogar kurze Zeit bis Paris vorstoßen.

Durch die Propaganda am Brüsseler Hof, vor allem aber durch Jesuitenkreise, wurde Leopold Wilhelm

Abb. 2 *Statthalter Leopold Wilhelm nimmt Besitz von dem wiedereroberten Gravelines, Ölgemälde auf Leinwand, Lambert I. de Hondt zugeschrieben, 1652*

sechs Jahre lang in den Niederlanden bejubelt. Es gab zu dieser Zeit kein Buch, das nicht dem Statthalter gewidmet gewesen wäre, kein Theaterstück, keine Schülerveranstaltung oder -ausstellung ohne die Tugenden des Erzherzogs im Mittelpunkt. In Gedichten und Liedern, bei Prozessionen und Umzügen, auf Medaillen, Kupferstichen und Gemälden war er der große Held. Es gab keinen römischen Gott oder Kaiser und keine biblische Figur, mit denen Leopold Wilhelm nicht verglichen worden wäre. Minerva, die Göttin der Künste und des Krieges, mit dem unbeirrbaren Herkules übertrafen dabei alle anderen. Hunderte Ehrennamen wurden für den Erzherzog ausgedacht: der Befreier, der Verteidiger, der Großmütige, der Städtebezwinger, Vater des Vaterlandes ... Nach der Eroberung von Gravelines und der Seehafenstadt Dünkirchen im Jahre 1652, wodurch Flandern ganz von den Franzosen befreit wurde, erreichte der Österreicher den Gipfel seines Ruhmes in den Niederlanden.

1653 aber wendete sich das Glück. In Frankreich war die Einheit wiederhergestellt, was sich sogleich in einer erneuten Offensive auf katalanischem und südniederländischem Gebiet zeigte. Frankreich begann aufs Neue einen Vormarsch durch das Artois, Flandern und Hennegau. Die Hilfe Karls IV. von Lothringen (1654 von Leopold Wilhelm wegen seines verräterischen und undisziplinierten Verhaltens unter Arrest gestellt) und des großen Condé hatte nicht den erhofften Durchbruch gebracht. Ab 1653 war es denn auch vorbei mit Huldigung, Euphorie, Friedenshoffnung und Propaganda. Das bankrotte Spanien konnte die erforderlichen Mittel nicht mehr aufbringen, so dass Leopold Wilhelm auf seine Entlassung drängte. Er hatte zwar wichtige Städte erobert, doch sollten schließlich in den letzten Jahren seiner Statthalterschaft Artois und die südlichsten Teile von Flandern und Hennegau für immer verloren gehen. Die Eroberungen während seiner kurzen Amtszeit als Statthalter der spanischen Niederlande haben allerdings dazu beigetragen, dass letztendlich nicht noch mehr südniederländisches Gebiet in französische Hände fiel.

Unter Einfluss der Jesuiten

Außer als Sieger ist Leopold Wilhelm in den Niederlanden auch als überzeugter Anti-Jansenist bekannt. Im Laufe des 17. Jahrhunderts waren zwei Parteien mit ganz verschiedenen Anschauungen innerhalb der Katholischen Reformbewegung entstanden. Eine bischöfliche Partei setzte sich ein für die Erneuerung im Sinne des Tridentinischen Konzils und für die Beibehaltung der „nationalen" Approbation päpstlicher Dekrete. Die päpstliche Partei kümmerte sich nicht so sehr um die Reform und sah Rom als universelle kirchliche Oberhoheit. Einer der wichtigsten Stützpfeiler dieser päpstlichen Partei waren die Jesuiten. Sie griffen ein postumes theologisches Werk des Bischofs Cornelis Jansenius († 1638) von Ypern über die Lehre des Kirchenvaters Augustinus an, um die bischöfliche (oder jansenistische) Partei in den Niederlanden zu treffen. Besonders tonangebende Geistliche und Politiker – aus Familien stammend, die auch die fürstlichen Räte bemannten – gehörten letzterer Partei an.

Die Jesuiten bestimmten diesen anti-jansenistischen Kurs des Jesuitenschülers Leopold Wilhelm, was die Anhänger der bischöflichen Partei zu spüren bekamen. Der Statthalter ernannte z. B. ausschließlich Anti-Jansenisten zu Bischöfen und machte Bischöfen und anderen Machthabern mit jansenistischen Sympathien das Leben schwer.

Die Jesuiten führten als Beichtväter, Lehrer der Edelknaben am Hof usw. von ihren Klöstern und Schulen aus einen bemerkenswerten Propagandafeldzug für den Statthalter. Auch in der stark politisch gefärbten habsburgischen Frömmigkeit (*pietas austriaca*), deren feuriger Anhänger Leopold Wilhelm war, wurde der Statthalter von diesem gegenreformatorischen Orden gecoacht. Mit dieser öffentlich gezeigten Religiosität betonten die Habsburger, sie seien das auserkorene Fürstengeschlecht. Zur Zeit der katholischen Erneuerung im 17. Jahrhundert nahm diese politische Frömmigkeit umfassende Gestalt an. Die habsburgische Herrschaft beruhte nach ihrer Auffassung auf einem streng katholischen Glauben, den die Mitglieder des Hauses durch ihr Vorbild zu fördern und zu verteidigen hatten. Jeder Untertan musste sich hinter den katholischen Glauben des Fürsten scharen. Abweichendes Glaubensverhalten (so wie der Jansenismus) wurde deshalb als Rebellion angesehen. Inhaltlich basierte diese Frömmigkeit auf den katholischen Glaubensmysterien, die den Protestanten gegenüber nachdrücklich betont wurden: die Verehrung der hl. Eucharistie, des hl. Kreuzes, der Gottesmutter, vor allem der damals noch umstrittenen „Immaculata" und von spezifischen Heiligen und ihren Reliquien. So versuchte Leopold Wilhelm in den Niederlanden auch die Verehrung des hl. Leopold von Österreich zu fördern. Die Jesuiten halfen mit, diese auserwählte fürstliche Macht der Habsburger zu legitimieren und zu propagieren. Sie bestimmten das umfangreiche Programm kirchlicher Veranstaltungen, Wallfahrten und Prozessionen. Dieses schon unter den Erzherzögen Albrecht und Isabella bestehende Programm führte Leopold Wilhelm das ganze Jahr über strikt durch, auch wenn der Statthalter selbst kaum Schenkungen oder Stiftungen tätigte. Besonders die Brabanter Wallfahrtsorte Alsemberg, Halle, Jezus-Eik, Laken und der nationale Wallfahrtsort Scherpenheuvel wurden regelmäßig von ihm besucht, oftmals in Gesellschaft des Hofes, von den Musikanten der Brüsseler Hofkapelle und von Leopold Wilhelms ausgezeichneter Kammermusik. Durch diese geschickte Stellungnahme gegen den Protestantismus und durch ihr Eintreten für dynastische Belange stellten die Jesuiten auch ihre Bedeutung für das spanisch-österreichische Herrscherhaus in den Vordergrund und verstärkten damit natürlich auch ihren Einfluss.

Unter anderem waren es auch südniederländische Jesuiten, die Königin Christina von Schweden dazu bewegen konnten, auf den Thron zu verzichten und dem Luthertum abzuschwören. Auf der Reise nach Rom blieb sie zwischen 5. August 1654 und 22. September 1655 in Antwerpen bzw. in Brüssel. In der Weihnachtsnacht von 1654 ist die Tochter Gustav Adolfs II. († 1632) – des großen Rivalen Habsburgs! – in Anwesenheit ihres Gastherrn Leopold Wilhelm im Brüsseler Palast im Geheimen zum Katholizismus konvertiert. Für die katholische Propaganda wurde diese Rückgewinnung ein großer gegenreformatorischer Erfolg. Die Königin wurde dadurch gleichwohl von Philipp IV. politisch einverleibt, was sie unter anderem daran gehindert hat, eine Rolle als Friedensstifterin zwischen Frankreich und Spanien zu spielen.

Der Kunstliebhaber

In der Kunstgeschichte kennt man Leopold Wilhelm sehr gut aus Teniers berühmten Galerie-Bildern, worauf der Statthalter inmitten seiner Kunstsammlung zu sehen ist. Der Erzherzog war einer der größten Kunstsammler des 17. Jahrhunderts. Bei seinen Ankäufen und in seinem Mäzenatentum ging er systematisch vor. Als bewanderter Kunstkenner hatte er als einer der Ersten übersichtliche und repräsentative Kollektionen im

Auge. Er war außerdem oftmals selbst Erfinder oder gab zumindest Anweisungen. So kaufte er in Brüssel nicht nur schon bestehende Wandteppichserien. Vielmehr hatte er das Konzept und das ikonografische Programm zur Tapetenreihe „Die zwölf Monate" selbst entwickelt. Inspirationsquelle waren die Entwürfe von Rubens für „Der Triumph der hl. Eucharistie". Sein Hofmaler Jan van den Hoecke († Brüssel 1650), unterstützt von anderen Kunstmalern, beschaffte die Kartons für die Teppichweber.

Der Ruf der Niederlande als Paradies der Künste hat sicher dazu beigetragen, dass der Erzherzog die Statthalterschaft in den Niederlanden angenommen hat. Kunsthändler wie Matthijs Musson aus Antwerpen hielten Ausschau nach Leopold Wilhelms Eintreffen und haben ihm nach seinem Amtsantritt in Brüssel unmittelbar Kunstwerke zum Kauf angeboten. Bedingt durch den Bürgerkrieg in Großbritannien gab es in den Niederlanden ein noch größeres Angebot an Kunstwerken. Aus Angst vor Beschlagnahmung durch das englische Parlament gab es eine massenhafte Kunstflucht nach dem Kontinent, und zwar ging es dabei nicht nur um Gemälde, sondern um vielfältige Kunstobjekte. Leopold Wilhelm kaufte im großen Stil, nicht nur für sich selbst (z. B. die Kollektion des Herzogs von Hamilton), sondern auch für seinen Bruder, Kaiser Ferdinand III.

Leopold Wilhelm besaß ein besonders breites Interesse für die Künste. In der Malerei gab er vor allem der italienischen Renaissance und dem klassischen Barock den Vorzug, und was die zeitgenössische Malerei in den südlichen Niederlanden betrifft, so zeigte er eine ausgesprochene Vorliebe für verfeinerte Blumenstücke und Stillleben (Jan van den Hecke, Jan Anton van der Baren, Jan Davidz. de Heem und Daniel Seghers). 1659 besaß er nicht weniger als 1400 Gemälde italienischer, deutscher und niederländischer Meister. Außer seiner schon vielfach erforschten Gemäldesammlung zählte die erzherzögliche Kollektion in demselben Jahr auch 344 Zeichnungen, wiederum von italienischen, deutschen und niederländischen Meistern. Leopold Wilhelm war sicher ein Liebhaber alles Italienischen, was sich auch in italienischer Poesie aus seiner Hand („Diporti del Crescente", 1656 in Brüssel herausgegeben) und in seinem enormen Musikmäzenatentum äußerte. Er berief ausgezeichnete ausländische Künstler an seinen Hof und gab so dem Musikleben in Brüssel neue Impulse. Dort ließ er 1650 sogar die erste Oper der Niederlande aufführen,

Abb. 3 *Leopold Wilhelm mit Bischof Anton Triest von Gent und Hofmaler David Teniers d. J. in seiner Brüsseler Galerie mit den aus der Sammlung Hamilton angekauften Gemälden, 1651*

„Ulisse all'Isola di Circe", bereichert mit Ballett und vielen wechselnden Bühnenbildern. 1655 ließ er die Oper sogar eigens für Christina von Schweden wiederholen.

Von Leopold Wilhelms grafischer Kollektion ist kein Inventar bekannt, doch steht fest, dass er die Kupferstecherkunst, deren wichtiges Zentrum Antwerpen damals war, sehr schätzte. Viele der Kupferstiche (u. a. von Pieter de Jode, Nicolaas Lauwers, Paulus Pontius, Schelte a Bolswert und Lucas Vorsterman jr.) sind ihm persönlich gewidmet. Sie haben nicht nur oft imposante Ausmaße, sondern sind auch fast ausschließlich von höchster Qualität. Porträtstiche des Statthalters fanden reißenden Absatz, besonders nach seinen Siegeszügen in Flandern und Hennegau. Porträtmedaillen gab er Brüsseler Gold- und Silberschmieden mit großer Regelmäßigkeit in Auftrag, um verdienstvolle Personen damit zu belohnen.

Leopold Wilhelm besaß auch eine ganze Kollek-

tion von Kleinskulpturen aus der italienischen Renaissance. Weiters gab er Arbeitsaufträge an südniederländische Bildhauer wie Hieronymus II. Duquesnoy, der mit ziemlicher Sicherheit der Schöpfer des Reiterstandbildes aus Bronze mit der Gestalt Leopold Wilhelms (Wien, KHM, Pl. 6002) ist. Darüber hinaus war der Erzherzog nicht nur ein großer Liebhaber von Skulpturen aus dem klassischen Altertum, sondern auch von großteils in den Niederlanden gesammelten antiken Kuriositäten wie Intaglios, Keramik, Münzen und Juwelen wie jenen etwa, die aus dem Grab des fränkischen Königs Childerich († 481) stammten, das 1653 in Doornik (Tournai) entdeckt wurde. Viele Drucke sind ihm als Statthalter gewidmet. Sie landeten in seiner Bibliothek, die er den Jesuiten von Wiener Neustadt hinterlassen hat.

Der Großteil von Leopold Wilhelms umfangreichen Sammlungen war vom Erzherzog unter Mithilfe seiner aufeinander folgenden Hofmaler Jan van den Hoecke und David Teniers jr. in den südlichen Niederlanden zusammengetragen worden. Was davon beisammen blieb, bildet heute den Basisbestand des Kunsthistorischen Museums in Wien.

Entlassung

In der Überzeugung, dass das geschwächte Spanien gegen Frankreich militärisch nicht standhalten würde, ließ Leopold Wilhelm zu Beginn des Jahres 1655 Philipp IV. wissen, dass man „zum Einstecken von Verlusten (z. B. 1654 die Stadt Arras) keinen Erzherzog brauche". Weil Madrid nicht mehr Mittel für die Kriegsführung zur Verfügung stellte, verließ der Statthalter, von Philipp IV. schon lange hingehalten, ein Jahr später tatsächlich die Niederlande. Er hat auch die Entfernung Schwarzenbergs, seiner rechten Hand, nie verwinden können. Dieser „österreichische" Aristokrat, der informell sehr einflussreich war, hatte unter den spanischen führenden Persönlichkeiten in Brüssel, wie etwa bei Fuensaldaña und dem Madrider Diplomaten Penaranda, viel Missgunst und sogar ausgesprochene Feindschaft erweckt. Philipp sah sich daher gezwungen, Schwarzenberg den Befehl zum Verlassen der Niederlande zu geben. 1653 war tatsächlich das Jahr, in dem sich für Leopold Wilhelm die Situation in den Spanischen Niederlanden absolut ins Negative wendete.

Am 8. Mai 1656 verließ er schließlich nach neun Jahren Aufenthalt die Niederlande, nachdem er vom schwachen Don Juan d'Austria abgelöst wurde. Dieser uneheliche Sohn Philipps IV. musste 1656 Valenciennes und 1658 Dünkirchen neuerlich den Franzosen preisgeben. Der Pyrenäenfriede bedeutete 1659 neue Gebietsverluste für die spanischen Niederlande. Leopold Wilhelm hatte sich inzwischen völlig seiner Kunstsammlung zugewandt.

Seit Jahr und Tag war Leopold Wilhelm von ernsten Gesundheitsproblemen geplagt. Während seiner Statthalterschaft musste er seine Feldzüge nicht selten unterbrechen, um z. B. im Lütticher Kurort Spa neue Kräfte zu schöpfen. Im Alter von nur 48 Jahren starb er am 20. November 1662 in Wien an Darmkrebs. Jesuiten wie Nikolaus Avancini, der 1665 in Antwerpen eine Hagiographie des Erzherzogs drucken ließ, lobpriesen ihn auch nach seinem Tod über alle Maßen. Ihr Orden stimulierte mit diesem Werk - jahrhundertelang die einzige Biographie des Erzherzogs - ebenfalls die Volksverehrung, die in Brüssel und in Hietzing (bei Wien) beim Anblick von Abbildungen Leopold Wilhelms entstanden sein soll. Damit wollten die Jesuiten (vergeblich) einen zweiten hl. Leopold (Wilhelm) schaffen, der für Habsburg, das Heilige Römische Reich und die katholische Kirche ein Gottesgeschenk gewesen wäre.

Literatur

Mertens, Jozef/Aumann, Franz (Hrsg.), unter Mitwirkung von Mertens, Arnout: Krijg en Kunst - Leopold Willem (1614-1662), Habsburger, landvoogd en kunstverzamelaar, Bilzen 2003, S. XLVIII-352. Mit niederländischen und deutschen Beiträgen, und mit weiteren Literaturangaben.

Herbert W. Wurster

Unruhen und Aufstände im Hochstift Passau während der Frühen Neuzeit

Die politische Geschichte des Hochstifts Passau während der Frühen Neuzeit ist zweifach geprägt – von den allgemeinen Bedingungen der Geschichte des Heiligen Römischen Reiches Deutscher Nation und von dem fürstbischöflichen Bestreben, einen jeweils zeitgemäßen Staat zu entwickeln. Im 16. und 17. Jahrhundert bedeutete dies den Aufbau eines absolutistischen Systems, während dann im 18. Jahrhundert ein Musterstaat der Aufklärung entstehen sollte. Diese politischen Bestrebungen hatten natürlich Konsequenzen für die Wirtschaft und die Gesellschaft des Hochstifts wie auch für seine Verfassung. Das Hochstift Passau besaß eine landständische Verfassung, d. h. dass die politische Mitsprache der Untertanen auf den immer wieder einzuberufenden Landtagen erfolgte. Mitglieder des Landtages waren vor allem das Domkapitel, das Kloster Niedernburg, das Stift St. Nikola, mehrere Adelsgeschlechter mit Hofmarken und Herrschaften im Hochstift sowie schließlich die Stadt Passau und die Märkte; die Bauern waren - der Normalfall im Reich - von der politischen Teilhabe ausgeschlossen. Auf Grund der Gegebenheiten eines fürstbischöflichen Territoriums und angesichts des geringen Umfangs des adeligen Besitzes war die politische Kraft des Landesherrn noch stärker als in anderen, weltlichen Territorien des Reiches. Zudem war der Fürstbischof für die meisten der Bauern und sonstigen Untertanen nicht nur Landesherr, sondern zugleich der Grund- und der Gerichtsherr. Die Ausbildung der modernen Staatsgewalt war hier also bereits weiter gediehen als in den meisten anderen Territorien des Reiches. Bekräftigt wurde dies durch eine strukturierte und effiziente Verwaltungsorganisation. Seit dem Ende des Mittelalters nahm wegen der langwierigen Auseinandersetzung mit Frankreich und vor allem wegen der ständigen Türkenkriege der Finanzbedarf des Reiches unaufhörlich zu. Die Höhe der dem Kaiser für die Abwehr dieser äußeren Bedrohungen bewilligten Umlagen hing allerdings stets von den innenpolitischen Konstellationen ab. Die politischen Ziele der deutschen Landesfürsten im Gefüge des Reiches, vor allem ihre jeweilige Konfessionspolitik und ihr Expansionsbestreben, überwogen dabei meist die Bewertung der militärischen Gefährdung des Reiches.

Die Erbringung der bewilligten Abgaben war dem unterschiedlichen Engagement der Landesherren übertragen, die Prälaten der Reichskirche als herausragende Stützen des Kaisers waren dabei besonders in der Pflicht. Diese spezielle Belastungssituation verband sich mit der besonderen Stärke des Passauer Fürstbischofs in seinem Territorium: Eine massiv gesteigerte Abgabenlast konnte von einer modern ausgebauten Verwaltung eingehoben werden. Dagegen standen die Bauern wie die übrigen Grunduntertanen des Hochstifts auf. Sie waren zwar nicht im Landtag des Hochstifts vertreten, nichtsdestotrotz verfügten sie über offenkundig nicht zu unterschätzende politische Kraft. Die landesfürstliche Vereinheitlichung des Territoriums hatte zugleich die Zersplitterung des bäuerlichen Untertanenverbands beseitigt; die ländlichen Untertanen waren in Amtsbezirken von je eigener Lebens- und Handlungsfähigkeit zusammengefasst und es gab eine ausgeprägte ländliche Führungsschicht von weltlichen Amtsträgern, Zechpröpsten, Bruderschaftsvorständen, Wirten, etc. Damit bestand ein System, mit dessen Hilfe die Bauern ihre Position und politische Meinung zum Ausdruck bringen konnten. Das politische Denken der Bauern basierte angesichts der oben skizzierten Neuerungen auf der Betonung des Herkommens, des guten alten Rechts und der mangelnden Legitimität von herrschaftlich befohlenen Veränderungen, vor allem der neuen Abgaben und der vermehrten Robotverpflichtung. Die Einführung des Reichskammergerichts und des rechtlich ausgebauten Wirkens des Reichshofrates, Elemente der Modernisierung der Reichsverfassung bzw. ihrer Anpassung an die Gegebenheiten der zeitgenössischen Realität, stellten den juristischen Rahmen bereit, um den politischen Kampf um die Neuaustarierung der Forderungen der Obrigkeit mit der Belastungsfähigkeit und -bereitschaft der Untertanen auf eine prinzipiell legale und wenig gewalttätige Weise zu bewerkstelligen. In diese Gegebenheiten ist das Handeln vor allem der Bauern in den Steuerkonflikten des Hochstifts Passau in der Frühen Neuzeit einzuordnen.

Der Bauernaufstand und Steuerstreik 1581–1591

Wegen der Auseinandersetzung des Deutschen Reiches mit den beständig aggressiven Türken hatte der Reichstag 1576 eine Türkensteuer bewilligt, die in drei Raten im Abstand von je zwei Jahren zu bezahlen war. Als 1580 die hochstiftisch-passauischen Untertanen zur Zahlung der letzten Rate aufgefordert wurden, begannen Steuerverweigerungen, die sich zu Unruhen auswuchsen und schließlich im Februar 1581 in einer Revolte endeten. Mit einer Mischung von Diplomatie und Gewaltanwendung versuchte die hochstiftische Regierung von Fürstbischof Urban von Trennbach (1561-1598) die Revolte zu beenden. Daraufhin verklagten die Bauern ihren Landesherrn vor dem Kaiser, dessen Reichshofrat den Bauern sofort rechtliches Gehör gab. Die Bauern verklagten ihren Bischof dann auch vor dem Reichskammergericht wegen zu großer Belastung mit Steuern. Als eine Kommission des Bayerischen Reichskreises den aufständischen Bauern die Rechtmäßigkeit der Türkensteuer darlegte, lenkte ein Teil der Bauern ein, ein anderer Teil begann die gewaltsame Auseinandersetzung. Diese zog sich durch November und Dezember 1581. Der gefährlich eskalierende Konflikt wurde im Januar 1582 durch die Entscheidung des Reichskammergerichtes entschärft, das zwar dem Bischof auf dessen Klage hin das Recht zur Steuererhebung zusprach, ihm aber als Entscheidung auf die Klage der Bauern verbot, vor dem Ausgang des Rechtsstreites Gewaltmaßnahmen gegen die Untertanen anzuwenden. Daraufhin endete die gewaltsame Auseinandersetzung und in den folgenden Jahren bis 1591 bezahlten die Untertanen allmählich die geforderte Türkensteuer. Der Prozess schleppte sich weiter hin und wurde schließlich 1605 eingestellt, als sich die ganze Sache beruhigt hatte.

Der Aufstand scheint nicht mehr als zwei Tote gefordert zu haben, war aber wohl doch neben der Türkengefahr Grund dafür, dass Bischof Urban die Veste Oberhaus als moderne Festung mit Schutz des Vorfelds und Artilleriebatterien ausbauen ließ. Auch dürfte der Aufstand wesentliche Impulse für die Reform der hochstiftisch-passauischen Landesorganisation vermittelt haben; 1593 kam es zur Umstrukturierung der Landgerichtseinteilung im Hochstift.

Der Bauernaufstand 1581-1591 ist schließlich in noch ganz anderer Hinsicht von Bedeutung für das Hochstift. Schuld an der Zuspitzung der Situation im Hochstift war der Pfleger zu Leoprechting, Christoph Neuburger zum Kaltenstein. Viele der Klagen der Bauern richteten sich gegen ihn. Neuburger musste deswegen wohl auch Kritik von der fürstbischöflichen Regierung einstecken; jedenfalls verließ er nach jahrzehntelanger Tätigkeit, während der Neuburger vom Beamtenstand in den Amtsadel, mit dem Titel *zum Kaltenstein,* aufgestiegen war, 1583 den passauischen Dienst und wurde bayerischer Hofrat. Im Herzogtum Bayern setzte sich damals gerade der fürstliche Absolutismus durch und Neuburger wurde eine der wichtigsten Stützen der herzoglichen Alleinregierung. Neuburger ist offenbar im Zorn von Passau geschieden, denn in der Folge war er es, der den bayerisch-passauischen Konflikt um den Salzhandel auf dem Inn und dem Goldenen Steig vorantrieb. Gestützt auf seine intime Kenntnis der hochstiftischen Verwaltung konnte er Passau in kürzester Frist aus dem internationalen Salzhandel ausschalten - 1595 bereits führte Bayern den entscheidenden Schlag, mit dem Passau aus der Reihe der reichen europäischen Fernhandelsstädte herausgestrichen wurde.

In den folgenden Jahrzehnten engagierten sich die erzherzoglichen Fürstbischöfe in der Politik. Besonders galt dies für Erzherzog Leopold, dessen „Passauer Kriegsvolk" die eigenen hochstiftischen Untertanen, besonders die Bauern, so sehr belastete und bedrückte, wie dies nicht einmal im Dreißigjährigen Krieg der Fall war.

Der Steuerstreik 1679–1684

Die erste Hälfte des 17. Jahrhunderts brachte mit dem Dreißigjährigen Krieg und der Pest dem Hochstift Passau wie den benachbarten wittelsbachischen und habsburgischen Landen ganz außerordentliche Belastungen. In der Folge war die wirtschaftliche Lage des Hochstifts sehr bedrängt, *trotz aller erstaunlichen Bemühungen* (Hofbauer 399). Das Hochstift Passau hatte daher im Jahr 1664 einen Schuldenstand von über 300 000 fl. Zur Abwehr des erneuten französischen Vorstoßes gegen den Rhein und des wieder aufgenommenen türkischen Angriffs aus Ungarn gegen das Reich waren weitere erhebliche Summen erforderlich, auch für den Wiederaufbau der 1662 abgebrannten Stadt Passau. Die schwierige Situation wird deutlich an dem Konflikt zwischen der Stadt Passau und

Fürstbischof Wenzeslaus Graf von Thun (1664-1673), als dieser 1672 nach 10-jähriger Steuerbefreiung die Abgaben der Stadt wieder einheben wollte. Erst nach der Arretierung des Bürgermeisters und Rates unterwarfen sich die Bürger der Zahlungsverpflichtung. Gegen Ende der 1670er Jahre steigerte Fürstbischof Sebastian Graf von Pötting (1673-1689) die Belastung der Bauern, um die aufgelaufenen Finanzverpflichtungen des Hochstifts abzutragen.

Im Herbst 1679 kulminierte der bäuerliche Unmut und es fanden sich zwei Führer, Adam Baumgartner von Hauzenberg und Georg Urmann aus Loizersdorf. Ausschüsse aus jedem Gerichtsbezirk des Hochstifts wählten eine Reihe von Sprechern; man beschloss, alle Abgaben und Leistungen zu verweigern und die Klagen dem Fürstbischof persönlich vorzutragen. Nach Abweisung durch Fürstbischof und Domkapitel ging eine Abordnung nach Wien und erreichte bei dem außerordentlich volkstümlichen Kaiser Leopold die Aufhebung aller Neuerungen. Weil aber der zweite Passauer Stadtbrand von 1680 und die Nöte des Türkenkriegs die hochstiftischen Finanzen zerrütteten - vier ordentliche und vier außerordentliche Steuern hatte der Fürstbischof dem Kaiser bereits vorgeschossen, ohne seine Untertanen zu belasten - verschloss sich der Fürstbischof dem Anliegen der bäuerlichen Untertanen. Daher wandten sich diese 1680 erneut an den Kaiser. Dieser, nun auch vom Fürstbischof eingeschaltet, entsandte daraufhin 1681 einen Kommissär, der einerseits die Zahlungspflicht der Untertanen zu bekunden hatte und daran ging, den bäuerlichen Widerstand zu brechen, andererseits die Untertanen auf den Rechtsweg vor dem Reichshofrat verwies. Klageschriften, Gravamina und Abordnungen nach Wien vertraten die Position der Bauern, während der Fürstbischof vor größten finanziellen Herausforderungen stand. Wegen der anhaltenden Leistungsverweigerung durch die Bauern und wegen der wachsenden Kriegsgefahr wurde im Frühjahr 1682 eine schärfere Gangart eingelegt: Der Kaiser unterstützte die fürstbischöfliche Forderung auf Gehorsam und Zahlungsleistung, der Fürstbischof warf die ersten der Widerspenstigen in den Kerker und begann mit der gewaltsamen Einhebung der Beträge. Doch angesichts des geschlossenen Widerstands der Untertanen reichte seine Macht nicht aus; er erbat deshalb als Mitglied des Bayerischen Reichskreises am 1. Oktober 1682 die so genannte Exekution durch bayerisches Militär. Nachdem eine letzte Frist verstrichen war, ging das bayerische Militär

Anfang Januar 1683 zur Exekution über. Nun leistete der allergrößte Teil der hochstiftischen Untertanen seine ausständigen Steuern, ganz oder wenigstens teilweise. Gegen die 92 verbliebenen Steuerverweigerer ging das Militär letztendlich vor - deren Vieh wurde aus den Ställen heraus an Ochsenhändler verkauft. Nach 14 Tagen war die Exekution durchgeführt und das bayerische Militär zog wieder ab.

Der bayerische Kommissär Wämpl wollte nun die Rädelsführer abstrafen, musste allerdings feststellen, dass ihnen keine strafbaren Handlungen vorzuwerfen waren; selbst die von Fürstbischof Sebastian mit besonderem Eifer betriebene Strafverfolgung gegen den Hauprädelsführer Georg Urmann von Loizerstorf erwies, dass auch er kein strafbares Delikt begangen hatte. So wurde er im Spätjahr 1684 aus der bayerischen Haft zu München entlassen. 1685 beendete das Urteil des Reichshofrates die Konflikte: Die zu hohen Belastungen wurden aufgehoben, die Neuerungen verboten, die Bauern aber auch zu Leistungen verpflichtet. Diese Entscheidung zeigt, dass selbst in der höchsten Not der Türkenkriege, als 1683 Wien zum zweiten Mal von den Türken belagert wurde, ein zwar mühsam erreichter, aber doch abgewogener Ausgleich von außenpolitischer, militärischer Bedrohung und innerer Belastungsverteilung möglich war.

Der Untergriesbacher Zinsstreik 1697

Die Untertanen waren in der Zeit der Türkenkriege also auf Grund der dafür notwendigen Abgaben massiv belastet, schlechte Erntejahre verschärften die Situation zusätzlich. Dadurch wurden die in der frühneuzeitlichen Finanzwirtschaft üblichen Darlehen von sehr langer Laufzeit trotz ihrer geringen Zinssätze zu einer weiteren Bürde. Der Zusammenhang zwischen den Türkensteuern der Jahre um die Belagerung Wiens und den ökonomischen Problemen am Ende des 17. Jahrhunderts wird deutlich beim Untergriesbacher Zinsstreik von 1697. Wegen ihrer teils seit 1684 aufgelaufenen Zahlungsrückstände bei der dortigen Pfarrkirchenstiftung und der dortigen Frauenbruderschaft, womöglich hatten manche die für die Türkensteuern fälligen Summen durch Nichtzahlung der anstehenden Darlehenszinsen beigeschafft, wurden am 9. März 1697 26 Bürger des Marktes Untergriesbach vom Pfleger zu Obernzell in Arrest gesteckt. Fürstbischof Johann

Abb. 1   *Leoprechting, Kopie von M. Stadler nach einer Tuschzeichnung des Passauischen Ingenieurs Joseph Haas von 1734*

Philipp Graf von Lamberg (1689-1712) hob diese drakonische Maßnahme sofort auf und öffnete den Bürgern einen Weg, ihren Verpflichtungen auf billige Weise nachzukommen. Bei Obrigkeit wie Untertanen dürfte die Erfahrung des Steuerstreiks das Verhalten in diesem Zinsstreit geleitet haben – bis zum Ende des Hochstifts brachen keine größeren politischen Konflikte mehr aus.

Der Passauer Steuerstreit 1715–1732 und der Freyunger-Passauer Bäckerstreik 1754

Die Finanzsorgen des Hochstifts veranlassten Bischof Ferdinand Raymund von Rabatta (1713-1722) zu einer verschärften Besteuerung der Stadt Passau. Diese berief sich dagegen auf den Bayerischen Schiedsspruch von 1535, der das Verfahren bei Streitigkeiten zwischen Stadt und Landesherr regelte. Angesichts der wiederholten Forderungen des Fürstbischofs schaltete die Stadt schließlich den Reichshofrat ein; 1732 regelte

dieser die städtische Zahlungspflicht, die 1733 von Fürstbischof Kardinal Joseph Dominikus Graf von Lamberg (1723-1761) und Stadt in einem grundlegenden Verfassungswerk umgesetzt wurde.

1754 kam es in Freyung zu einem Konflikt zwischen dem Fürstbischof und den dortigen Bäckermeistern, zu dem es in anderen Territorien epochentypische Parallelfälle gab. Ein nach Freyung zugezogener Meister beschäftigte mehrere Gesellen; gegen die fürstbischöfliche Unterstützung bei dieser Auflösung des Zunftgebrauchs wandten sich die einheimischen Meister. Als sie im Oberhaus inhaftiert wurden, rebellierten die Gesellen und gewannen die Passauer Gesellen als Mitkämpfer – das Militär schlug den Aufstand jedoch nieder, der daher mit langen Haftstrafen für die Rädelsführer und mit Schadenersatzzahlung durch die Freyunger Bäckerzunft endete.

Die Unruhen in der Epoche der Französischen Revolutionskriege

Die Epoche der Französischen Revolutionskriege hatte mit ihren politischen Umwälzungen wie mit den militärisch-finanziellen Belastungen auch für das Hochstift Passau Konsequenzen. Wegen der säumigen Steuerzahlung im Pfleggericht Leoprechting entsandte Joseph Franz Anton Kardinal Graf von Auersperg (1783–1795) Militär dorthin. 1794 gab es in Passau unter den Bäckern Unruhen, die der Kardinal unterdrücken konnte. Weit gravierender war eine Demonstration von etwa 4000 unbewaffneten Bauern 1798. Deren Unmut richtete sich gegen die außerordentliche Kriegssteuer, die Fürstbischof Leopold Leonhard Raymund Graf von Thun (1796–1826) einheben ließ. Kaiserliche und passauische Truppen trieben die Demonstranten zur Stadt hinaus, womit die Affäre endete.

Die Bedeutung der Unruhen und Aufstände für die verfassungsgeschichtliche Entwicklung des Hochstifts

Der Bauernaufstand und die Steuerstreiks waren ein wesentlicher Faktor für die Ausgestaltung der Rechtsverhältnisse der Untertanen im Hochstift Passau. Den fürstbischöflichen Versuchen zum Aufbau einer absolutistischen Regierung und zur Durchsetzung hoher Abgaben wurden durch Beharren auf dem überlieferten Recht, durch Klagen gegen den Fürstbischof vor den Reichsgerichten, durch Widerstand und selbst durch Aufstand Grenzen gesetzt. Durch den Verzicht auf Gewaltanwendung und Beschreiten des Klagewegs wiesen die Bürger und Bauern ihren Landesherrn in seine Schranken und erreichten es so, dass die in der Frühen Neuzeit überall steigende Belastung durch Steuern in erträglichen Grenzen blieb. Dabei erweist sich als ein Grundzug der Geschichte des Hochstifts Passau: Die Passauer Untertanen, in Stadt und Land, haben sich nicht gescheut, ihren fürstbischöflichen Landesherrn vor mittelalterliche Schiedsgerichte oder das neuzeitliche Reichskammergericht zu zitieren, um gegen die wachsende Staatsgewalt in der Hand des Fürsten, gegen steigende Belastungen eigene Rechtspositionen zu wahren. Zahlreiche Prozessakten des Reichskammergerichts und des Reichshofrates belegen dies in aller Deutlichkeit. Die Erinnerung an diese kritischen Vorgänge wurde über die Zeiten hinweg im literarischen Gedächtnis Passaus gepflegt.

Solcher Freimut der Untertanen unterscheidet das Hochstift Passau von vielen anderen Territorien, auch von solchen der Reichskirche. Wesentlich ist aber auch, dass die Passauer Fürstbischöfe immer bereit waren, die vermittelnden Urteile des Reichskammergerichts und des Reichshofrates zu respektieren. Die weltlichen Fürsten taten dies oft genug nicht, so dass die Bauern in weltlichen Territorien am Schluss nicht nur die Steuern bezahlen mussten, sondern als bedauernswerte Verlierer gnadenlos gestraft und massenhaft hingerichtet worden sind – schon der Blick in das benachbarte Oberösterreich und auf das Schicksal der dortigen Bauern führt die extreme Gegensätzlichkeit der Erfahrungen hier wie dort vor Augen.

Auf dem Rechtsweg vor den Instanzen des Reiches haben die Bürger und Bauern des Hochstifts die Fürstbischöfe und ihre Regierungen dazu gezwungen, in den Veränderungen und Umbrüchen der Neuzeit eine einigermaßen gerechte Lebensordnung im Hochstift zu etablieren, eine Lebensordnung, die den Untertanen zwar Pflichten aufbürdete, ihnen aber auch Rechte beließ. Die letztlich friedliche Verfahrensweise ist ein besonderer Ausdruck des für Passau so kennzeichnenden Selbstverständnisses der Bischöfe als Landesherrn und Oberhirten. Der ziemlich konsequent auf dem Rechtsweg verbleibende Widerstand der passauischen Bauern gegen erhöhte Leistungsforderungen wies die Bahn, das frühneuzeitliche Handlungsmuster des Dissimulierens und Dilatierens vermied den ungemessenen Einsatz von Gewalt, und die Einbindung des Hochstifts Passau in die Kreis- und Reichsverfassung begrenzte den absolutistischen Herrschafts- und Machtanspruch des Landesherrn. Dieses Ineinanderwirken verschiedener Faktoren machte die Flexibilität eines kleineren Territoriums des Heiligen Römischen Reiches aus und beleuchtet dessen Jahrhunderte dauernde Lebensfähigkeit, selbst unter den außerordentlich schweren Bedingungen des 16. und 17. Jahrhunderts, der *Eisernen Epoche* der Frühen Neuzeit.

Literatur

Anderle, Alois: Der Bauernaufstand 1679 bis 1683, in: Der Markt Röhrnbach in Vergangenheit und Gegenwart, dargestellt v. Anderle, Alois/Paulus, Karl-Heinz/Praxl, Paul u. a., Röhrnbach 1990, S. 117–119

Ausst.-Kat. Der oberösterreichische Bauernkrieg 1626, Ausstellung des Landes Oberösterreich, Linzer Schloss – Schloss zu Scharnstein im Almtal 1976, Linz 1976

Ausst.-Kat. Weißes Gold. Passau – Vom Reichtum einer europäischen Stadt, hrsg. v. Herbert W. Wurster u. a., Ausstellung von Stadt und Diözese Passau im Oberhausmuseum Passau 1995, Passau 1995

Buchinger, Johann Nepomuk: Geschichte des Fürstenthums Passau, 2 Bde., München 1816–1824

Enthofer, Ferdinand: Ein Bauernaufstand im Bayerischen Walde (1680–83), in: Monatsschrift für die ostbairischen Grenzmarken. Heimatkundliche Blätter des Inn-Salzachgaues, des niederbayrisch-oberösterr. Donautals mit Mühlviertel, des Bayrischen- und des Böhmer-Waldes 15 (1926) S. 263–272; S. 297–303

Erhard, Alexander: Geschichte der Stadt Passau, 2 Bde., Passau 1862–1864; ND: Passau 1974

Grüll, Georg: Bauer, Herr und Landesfürst. Sozialrevolutionäre Bestrebungen der oberösterreichischen Bauern von 1650 bis 1848, (Forschungen zur Geschichte Oberösterreichs 8) Linz/Graz/Köln 1963

Hartmann, Peter Claus: Die Landstände des Hochstiftes Passau im Rahmen der ständischen Bewegung des Spätmittelalters, in: Ostbairische Grenzmarken 27 (1985) S. 63–81

Historischer Atlas von Bayern. Teil Altbayern 35: Passau. Das Hochstift, bearb. v. Ludwig Veit, München 1978

Hofbauer, Josef: Die wirtschaftliche Lage der Bauernschaft in der Grafschaft Neuburg am Inn um die Mitte des 17. Jahrhunderts, in: Ostbairische Grenzmarken 11 (1969) S. 398–415

Hopfner, Wilhelm: Das Schicksal eines Bauernrebellen, bearb. nach den Akten des Bayerischen Hauptstaatsarchivs, in: Heimatglocken. Beilage [der Passauer Neuen Presse] für heimatliche Belehrung und Unterhaltung 10 (1958) Mai-Nummer, S. 1 f.

Lanzinner, Maximilian: Bauern, Bischof und Reich – Überlegungen zu einer frühneuzeitlichen Bauernrevolte, in: Zeitschrift für Agrargeschichte und Agrarsoziologie 41 (1993) S. 136–151

Lanzinner, Maximilian: Passau als geistliches Fürstentum am Beginn der Neuzeit, in: Ostbairische Grenzmarken 36 (1994) S. 95–106

Lanzinner, Maximilian: Passau, in: Schindling, Anton/Ziegler, Walter (Hrsg.): Die Territorien des Reichs im Zeitalter der Reformation und Konfessionalisierung. Land und Konfession 1500–1650. 6: Nachträge, (Katholisches Leben und Kirchenreform im Zeitalter der Glaubensspaltung 56) Münster 1996, S. 58–76

Lanzinner, Maximilian: Geistliche Residenzstädte im bayerisch-fränkischen Raum vom 15. bis zum 17. Jahrhundert, in: Beiträge zur altbayerischen Kirchengeschichte 44 (1999) S. 13–41

Loibl, Richard/Feldmeier, Herbert: „Dem Menschen uneinnehmbar"? Beiträge zur Geschichte der Burg und Festung Oberhaus ob Passau in Mittelalter und früher Neuzeit, in: Wurster, Herbert W./ Loibl, Richard unter Mitarbeit v. D[ionys] Asenkerschbaumer u. Winfried Helm (Hrsg.): Ritterburg und Fürstenschloss, 1: Geschichte, Begleitband 1 zur Ausstellung von Stadt und Diözese Passau im Oberhausmuseum Passau 1998, Passau 1998, S. 249–286

Müller, Friedrich von: Das Land der Abtei im alten Fürstentum Passau. Eine wirtschafts- und kulturgeschichtliche Studie, in: Verhandlungen des historischen Vereins für Niederbayern 57 (1924) S. 1–152

Ott, Gabriel M.: Das Bürgertum der geistlichen Residenzstadt Passau in der Zeit des Barock und der Aufklärung. Eine Studie zur Geschichte des Bürgertums, (Neue Veröffentlichungen des Instituts für Ostbairische Heimatforschung 6) Passau 1961

Praxl, Paul: Ein Bauernaufruhr im Abteiland, in: Der Markt Röhrnbach in Vergangenheit und Gegenwart, dargestellt v. Anderle, Alois/Paulus, Karl-Heinz/Praxl, Paul u. a., Röhrnbach 1990, S. 95 f.

Praxl, Paul: Freyung im Hochstift Passau, in: Freyung. Porträt einer kleinen Stadt am großen Wald, hrsg. v. Mindl, Hans, Freyung 2001, S. 63–127; hier: S. 102, 109

Schmidt, Martha: Die Aufklärung im Fürstbistum Passau, in: Verhandlungen des Historischen Vereins für Niederbayern 67 (1934) S. 1–146, S. 68; (1935) S. 145–239

Sittler, Karl: Bischof und Bürgerschaft in der Stadt Passau vom 13. Jahrhundert bis zum Laudum Bavaricum von 1535. Ein Beitrag zur Entwicklungsgeschichte der Stadt Passau, (Veröffentlichungen des Instituts für ostbairische Heimatforschung in Passau 15) Passau 1937

Wagner, Helmut: Literaturgeschichte, in: Boshof, Egon u. a. (Hrsg.): Geschichte der Stadt Passau, Regensburg 2. Aufl. 2003, S. 581–594

Weiß, Rudolf: Das Bistum Passau unter Kardinal Joseph Dominikus von Lamberg (1723–1761). Zugleich ein Beitrag zur Geschichte des Krypto-Protestantismus in Oberösterreich, (Münchener Theologische Studien I, 21) St. Ottilien 1979, S. 194–196

Wurster, Herbert W.: Das Bistum Passau und seine Geschichte, 3: Von der Reformation bis zur Säkularisation, Strasbourg 2002

Wurster, Herbert W.: Die Bruderschaften der 33 Brüder in der Diözese Passau, in: Ostbairische Grenzmarken 45 (2003) S. 47–61

Walter Hartinger

Die katholische Aufklärung und das Fürstbistum Passau

An kaum einer anderen Person der bayerischen Geschichte scheiden sich so sehr die Geister wie an ihm: an Maximilian von Montgelas, leitender Staatsminister in München von 1799 bis 1817. Für die einen ist er der geniale Baumeister des modernen Bayern, der den überkommenen Fleckerlteppich von mittleren, kleinen und kleinsten Territorien zu einem machtvollen Zentralstaat zusammengeschweißt hat; für die anderen ist er der Totengräber einer blühenden Klosterlandschaft und religiösen Volkskultur, der nicht nur die Träger des barocken bayerischen Kirchen- und Bibliotheksbaus hinweggefegt, sondern auch dem gemeinen Mann seine kleinen Vergnügungen im Gewand der Frömmigkeit nicht gegönnt hat: seine vielen Feiertage und arbeitsfreien Wallfahrten und Prozessionen, die mitternächtliche Mette zu Weihnachten, die figurenreichen Krippen und die schön-schaurigen Karfreitagsprozessionen und Ölbergandachten[1].

Es fällt auf, dass der wohl beste Kenner der Persönlichkeit von Maximilian von Montgelas, der Historiker Eberhard Weis, diesen keineswegs als Kirchenhasser oder Atheisten schildert, sondern als einen Mann, der die Kirche schätzte als wichtige Ordnungsmacht seiner Zeit, der er wichtige Aufgaben für die allgemeine Ordnung und Sicherheit zumaß, und der selber – wenngleich ohne erkennbare Begeisterung – am kirchlichen Leben im Umkreis des Münchner Hofes aktiven Anteil nahm[2]. Man gewinnt bei näherer Beschäftigung mit dieser Zeit schnell den Eindruck, dass der bayerische Minister weniger ein Vordenker für die Heraufführung der Aufklärung in Bayern gewesen ist, als vielmehr im Strom der Zeit mitgeschwommen ist. Besonders wenn man auf die Verhältnisse im Fürstbistum Passau sieht, dann zeigt sich, dass man hier manche Reformmaßnahmen angestoßen hat, lange bevor die bayerische Bürokratie sich solche Aktionen zu Eigen gemacht hat.

Festmachen lässt sich das auf einigen Feldern des Frömmigkeitslebens, welche für die barocke Katholizität typisch gewesen waren: die Heiligenverehrung, das Wallfahrtswesen, die paraliturgische Schaudevotion (Andachten außerhalb der Messfeiern) und die so genannten Sakramentalien (Bilder und Zeichen mit Heilsbedeutung), d. h. samt und sonders an Erscheinungen des frommen Lebensstils der Laienbevölkerung, mit denen sie auf sinnenhafte, anschauliche, teilweise sehr drastische Weise ihre Vorstellung von der Nähe der jenseitigen Sphäre und der Hilfe von oben zum Ausdruck bringen wollte.

Den Stein ins Rollen brachte der Pfarrer von Röhrnbach, der 1710 beim Passauer Domkapitel nachsuchte, ob er nicht einen seiner 14 jährlich durchzuführenden Kreuzgänge ausfallen lassen könne; Grund: Versäumnisse des Pfarrgottesdienstes und der Predigt sowie mangelnde Ordnung der „jungen muettwilligen Pursch" auf dem Weg[3]. Das Ordinariat greift diesen Gedanken auf und entschließt sich zu einer „Universalreduction aller Kirchgäng", weil „durch die Menge der Kürch- und Creuzgäng [...] die Predig und Kinderlehr und ander nothwendige Unterrichtung in Glaubenssachen" versäumt würden. Bei einer Umfrage im Bistum hatte man nämlich feststellen können, dass es überall ähnlich wie in Röhrnbach zuging, manche Pfarreien brachten es auf noch höhere Zahlen solcher gemeinschaftlichen Prozessionen pro Jahr (Braunau 17, Siegertshofen 23, Auerbach 24, Plattling 25 und Feldkirchen gar 30).

Am grünen Tisch der Bistumsverwaltung unternimmt man nun eine gewaltige Streichaktion: Generell sollte es neben den drei Umgängen am Tag des hl. Markus und an den Bitttagen nur mehr zwei Wallfahrten pro Pfarrei geben, und diese sollten auf Feiertage verlegt werden. Es wird deutlich, worauf es der hohen Geistlichkeit ankommt: Predigt durch die Pfarrer und die Kinder- oder Christenlehre, d. h. theoretische Unterrichtung in Glaubenssachen, sind wichtiger als die Menge der Gebete bei den Wallfahrten und die fromme Verehrung von Heiligenbildern, die Fußfälle auf dem Weg, das Umkreisen des Gnadenortes, das Absingen von Liedern, die Mitnahme von heiligem Wasser oder heiliger Erde etc. Über den Kopf soll sich der Zugang zum Jenseits erschließen und nicht über das Herz oder das Gemüt. So wird im Kern ein aufklärerisches Programm sichtbar, das andere Schwerpunkte setzt als die bisherige Frömmigkeitspraxis. Hinzu kommt nun schon auch der Gedanke an die sinnlose Verschwendung von fruchtbarer Arbeitszeit: Die zwei schäbig verbleibenden Wallfahrten sollten tunlichst auf traditionelle Feiertage gelegt werden, damit man ja nicht gemeinnützliche Arbeitszeit verschwende. Das ist Geist der Aufklärung, wie er aus den Mandaten eines Joseph II. und Maximilian von Montgelas zwei bis drei Generationen später sprechen wird!

Interessant sind die Reaktionen auf diese beabsichtigte Trendwende. Dass die gläubigen Laien diesen Schlag ins Gesicht nicht einfach widerstandslos hinnehmen, versteht sich von selbst. Im Ordinariat stapeln sich bald die Beschwerdebriefe. Hagelschäden, Viehseuchen, übermäßige Dürre oder Regenwetter, Überschwemmungen und andere Katastrophen werden interpretiert als Strafe Gottes für die unterlassenen Kreuzgänge. Die Pfarrer beklagen sich, dass man sie im Wirtshaus oder auf dem Kirchplatz beschimpft, dass man ihnen die Zehntabgaben oder Stolgebühren (Reichnisse für geistliche Verrichtungen) verweigert und sie auf jede Weise unter Druck setzt.

Das Ordinariat weiß sich selber kaum zu helfen gegen diesen Widerstand, wendet sich an die Regierung in München und bittet um Hilfe durch den Landesherren: Die Regierungen in Straubing, Landshut und Burghausen sollen mit weltlichen Strafen gegen die aufsässigen Gläubigen im bayerischen Teil des Bistums vorgehen. Und nun passiert das eigentlich Erstaunliche: Die weltlichen Beamten signalisieren ebenfalls Ablehnung, sie verweisen auf die berechtigten Überlegungen und Hoffnungen der Vorfahren, als sie jene Kreuzgänge einführten, sie befürchten Unruhen bei den Untertanen und haben Verständnis für die Angst vor einer Strafe Gottes, lassen teilweise anklingen, dass die Geistlichen nur zu faul seien, um bei den Wallfahrten mitzumarschieren. Kurzum, ein staatliches Verbot war zunächst nicht zu haben. Das Passauer Ordinariat bleibt auf sich allein gestellt, bedroht die Pfarrer mit drakonischen Geldstrafen, wenn sie persönlich an unerlaubten Wallfahrten teilnähmen, kann aber ansonsten wenig dagegen tun, dass die Gläubigen aus eigener Initiative solche gemeinschaftlichen Aktionen durchführen.

Obwohl auch das Bistum Regensburg die Münchner Regierung zeitlich parallel bedrängt, dauert es bis in die Zeit nach 1780, bis dann die weltlichen Behörden dem Druck der geistlichen Obrigkeiten nachgeben und das Wallfahrtswesen weitgehend abzuwürgen versuchen.

Die hohen Geistlichen der Passauer Diözese haben also mehrere Jahrzehnte eine Frömmigkeitspolitik betrieben, die man vom Ergebnis her als aufklärerisch bezeichnen muss: Mit den Wallfahrten wurde die breit

Abb. 1 *Vorstellung eines lebenden Ölbergs mit Figuren in Landau, 1789, kolorierte Zeichnung, Staatsarchiv Landshut (Regierung Unterdonaukreis, Kammer des Innern, A 7323)*

auswuchernde Heiligenverehrung zurückgedrängt, desgleichen die tief eingelebte Bilderverehrung; an die Stelle von gemeinschaftlichem Gebet und Lied sollte die theoretische Unterweisung in Predigt und Christenlehre treten; die ganzheitliche religiöse Aktion sollte zurückweichen vor der nützlichen, gottgefälligen Arbeit.

Ganz auf dieser Linie lag man auch, wenn man versuchte, die paraliturgischen Feiern zu beschneiden oder abzuschaffen, d. h. all die spielerischen Aktionen im Kirchenraum oder in dessen Umfeld, mit denen man Ereignisse der Heilsgeschichte in Bildern, mit stummen Personen oder gar in Spielszenen nachstellen und spielerisch wieder lebendig werden lassen wollte.

Fast alle hohen Festtage des Kirchenjahres waren im Lauf von Mittelalter und früher Neuzeit mit solchen gut gemeinten, freilich oft recht unzulänglich ausgeführten Andachten und Einzelaktionen ausgeschmückt worden: Kindleinwiegen, Paradeisspiele und

Hirtenaufzüge an Weihnachten, Ankunft der Hl. Drei Könige an deren Festtag, Umzüge mit dem Palmesel am Palmsonntag, Geißlerprozessionen am Karfreitag, Judasverbrennen am Karsamstag, Auslassen einer (Hl.-Geist-)Taube aus dem Schallloch der Kirche an Pfingsten, Hochziehen einer Christusfigur an eben dieser Stelle zu Christi Himmelfahrt usw. Damit wurde das Gemüt angesprochen, allenfalls eine Stimmung erzeugt, jedenfalls das aktive Glaubenswissen nicht vermehrt.

Wie man nach dem Vorangehenden erwarten darf, entsprach es der rationalistischen Grundeinstellung von Ordinariatsgeistlichen, welche mit einer beschwerlichen Fußwallfahrt nichts anzufangen wussten, auch nicht, wenn man am Karfreitag in einem umständlichen Zeremoniell eine lebensgroße Christusfigur in einem fingierten Grab beisetzte und dieses dann mit Lichtern vor farbigen Glaskugeln zierte. Auch auf diesen Feldern wurden die Passauer längst vor den bayerischen Zentralbehörden unter den Kurfürsten Karl Theodor (1777–1799) oder Max IV. Joseph (1799–1825) mit Verbotsmaßnahmen aktiv. Man scheint oft direkt auf einen günstigen Anlass gewartet zu haben, um einschreiten zu können.

Als etwa 1698 der Pfarrer Martin Hefele aus Perlesreut berichtet, bei der letzten „Karfreytags-Kommedi" – d. h. bei einer Art Passionsspiel – sei seine Kirche vom Ruß der Fackeln und dem Gelächter der Zuschauer erfüllt gewesen, ist man in Passau gleich bei der Hand mit der Einstufung dieses Spiels als „Unfug und ungeziemliches Undernehmen" und einem strikten Verbot, muss aber dann wieder nachgeben auf Grund der konzentrierten Bittgesuche eben dieses Pfarrers sowie der Marktbehörde und der Pfarrgemeinde. Ähnliches wiederholt sich wenig später in Obernzell, als man hört, dass dort durch „den Passion" die Friedhofsmauer beschädigt würde.

Als 1737 im Passauer Benediktinerinnen-Kloster Niedernburg eine Schwester bei der Vorbereitung zum Zeremoniell des Christi-Himmelfahrts-Tages durch das Schallloch auf das Kirchenpflaster stürzt und zu Tode kommt, untersagt der Bischof sofort solche Unternehmungen für die Zukunft, weil ohnehin „das gemaine häufig antringende Volckh mit mehrer Ungebühr und Ausgelassenheit dann gottgefälliger Andacht und Auferbäulichkeit zuerscheinen pfleget". Man vermag also nur mehr „Ungebühr und Ausgelassenheit" zu erkennen, wo man einst plastische Belehrung und Rührung empfindsamer Seelen unterstellt hatte.

In vielen Kirchen hatte es sich eingebürgert, während der Fastenzeit Ölbergandachten abzuhalten und die entsprechende Szene auch durch leibhaftige Spieler oder durch mechanisch bewegte Figuren vorstellen zu lassen. Oft wurden eigene theaterähnliche Aufbauten in den Chorraum gestellt, damit man das Geschehen gut verfolgen konnte. 1751 beklagten sich die Mitglieder des Kollegiatstiftes in Vilshofen, dass sie auf dem Weg zur Messe unter diesem Aufbau hindurchgehen müssten und ihnen dabei das Öl aus der Mechanik auf die Chorröcke tropfte. In Passau war man postwendend mit einem Verbot bei der Hand, obwohl Bürgermeister und Rat meinten, dass durch das „seit unfürdenklichen Jahren aufgerichte Theatrum, worauf die bewegliche Vorstellung unseres bluetschwitzenden Heylandes Jesu Christi vorgenommen würdet, die Pfarrgemein viell hundert guete Gedanckhen schöpfet". Solche Überlegungen vermochten das Ordinariat fortan nicht mehr zu überzeugen.

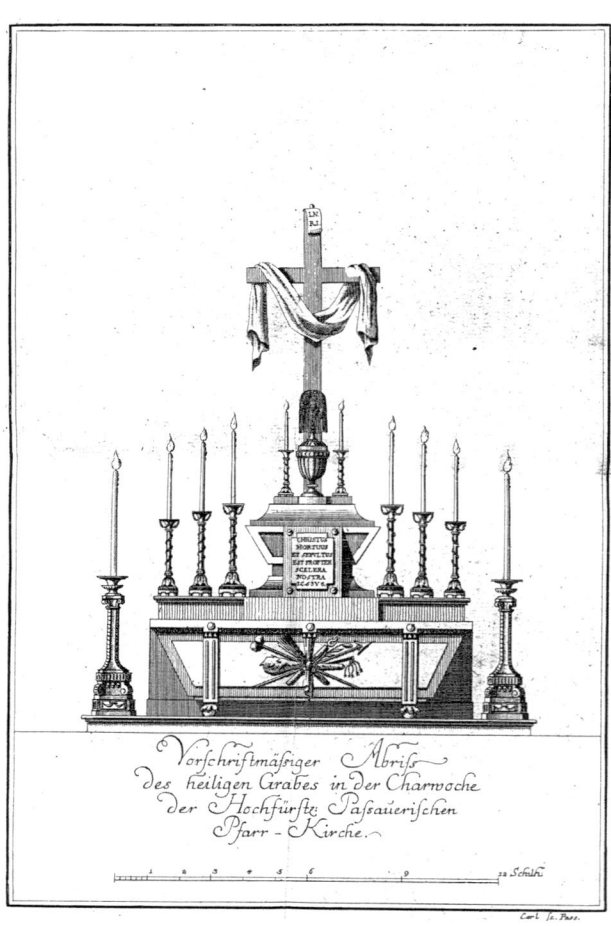

Abb. 2 Modell für ein „Heiliges Grab" nach den Vorstellungen des Ordinariats Passau, 1786, Kupferstich, Archiv des Bistums Passau (OA Nr. 8296)

Diese seit Jahrzehnten gezeigte innere Distanz der führenden Passauer Geistlichen zur sensitiven, sinnenhaften Frömmigkeitspraxis der Laien führte unter dem Episkopat von Fürstbischof Joseph von Thun dazu, dass man bereits 1762 die Passionsspiele im Bistum generell verboten hat. In dem Schreiben an die Dekane gibt man als Begründung an, dass „hierzu mehr ein zeitlicher Gewinst deren Bürger als die danckschuldigiste Erinerung des bittern Leydens und Sterbens unseres Erlesers der Haubtstoß gewesen, ergerliche Mißbreuch und Raufhändel entstanden, auch in anderweg sindhafte Vergehungen wider die Geboth Gottes und seiner Kirchen gesche[he]n seyen".

Da abzusehen war, dass wie beim Vorgehen gegen die Wallfahrten wiederum manche Pfarrei oder Gemeinde Widerstand leisten würde, bemühte sich das Passauer Ordinariat von Neuem um Schützenhilfe der Münchner Regierung; diesmal mit mehr Erfolg: Am 6. 3. 1763 ergeht das erste kurbayerische Generalverbot gegen die Passionsspiele, teilweise mit wörtlicher Übernahme der Begründungen aus den Ordinariats-Schreiben. Als sich aber Widerstand regt, ist man in München schnell zu Ausnahmen bereit, so dass in den nächsten Jahren in den kurbayerischen Märkten und Städten wie Schönberg, Grafenau, Mattighofen, Schärding, Osterhofen, Landau, Triftern, Marktl, Thann und Neuötting weiterhin die Passionsspiele stattfinden konnten; in den Orten des Landes der Abtei dagegen, wo der Passauer Bischof gleichzeitig Landesfürst war, hatte man sich an die strikten Verbote zu halten. Erst 1770 wurde dieser ungute Zustand beendet, nun zog auch die bayerische Verwaltung nach: Die Passionsspiele blieben verboten, bis dann unter Ludwig I. nach 1825 ein liberalerer Geist Einzug hielt. Nicht erst der vielgeschmähte Staatsminister Montgelas hatte also die Tradition der geistlichen Schauspiele in Bayern zum Abreißen gebracht, sondern die geistlichen Oberbehörden, inklusive derjenigen aus Passau. In den meisten Orten hat man im 19. Jahrhundert die alte Tradition nicht mehr aufleben lassen, es war ein Stück der barocken Erlebnis-Frömmigkeit endgültig verloren gegangen.

Die Passauer Fürstbischöfe der zweiten Hälfte des 18. Jahrhunderts waren samt und sonders mehr oder weniger entschiedene Vertreter der Aufklärung und orientierten sich aus Überzeugung und nicht gezwungen etwa an den einschlägigen Maßnahmen eines Kaisers Joseph II. von Österreich. Der Fürstbischof Joseph Maria von Thun-Hohenstein (1761–1763) versuchte, die Priesterausbildung in der Diözese von den Jesuiten und deren traditionellem Frömmigkeitsstil, in dem geistliche Spiele, Kongregationen, Weihungen und Sakramentalien eine große Rolle spielten, abzukoppeln. Sein Nachfolger, der spätere Kardinal Leopold Ernst von Firmian (1763–1783), fand sich mit dem Verbot des Jesuitenordens (1773) in seinem Bistum ab und vollzog hier die österreichischen Reformen, wie die Verminderung der vielen Feiertage, eifrig mit; schon sein Vorgänger war bestrebt gewesen, die Arbeitskraft der Bevölkerung zu erhöhen, indem er eine Reihe von Feiertagen abgeschafft hatte. Und wiederum Firmians Nachfolger, Joseph Franz Anton von Auersperg (1783–1795), trat vor allem in den ersten Jahren seines Episkopats als entschiedener Aufklärer auf.

Ganz allgemein war unter dem Passauer Ordinariat dieser Zeit die Skepsis gegenüber den Bettelorden (teilweise auch gegenüber den Benediktinerinnen in Niedernburg) und den von ihnen geförderten frommen Aktionen vorherrschend. Um 1777 wurde man hier aufmerksam auf ein Breverl (eine Art Kompositamulett in einem verschlossenen Behälter), welches die Kapuziner vertrieben; diese bezogen es von ihren Ordensbrüdern aus der Steiermark: Es bestand aus pulverisierten Kräutern, Erde vom Grab Christi, Wachs von päpstlichen Agnus Dei, heiligen Ölen und Wassern, geweiht mit vielen Weihungen und war eingewickelt in Segens- und Verwünschungszetteln, u. a. mit dem Anfang des Johannes-Evangeliums. Es wurde „Breve de Marcha" genannt und sollte helfen gegen alle möglichen Mächte des Satans, Krankheit, Unwetter, schwierige Entbindungen, für eine gute Ehe, gegen Besessenheit und alle Anfechtungen des bösen Feindes.

Sofort versuchte Bischof Firmian, diesen Vertrieb einzustellen und beklagte sich in einem Schreiben an den Papst, dass die Mehrheit seiner ungebildeten Untertanen an gewissen frommen Lappalien hingen, die mehr Aberglaube als echte Frömmigkeit seien. Er wollte auch das Läuten mit den Kirchenglocken gegen heranziehende Gewitter sowie die Spendung des Segens gegen dieselben mit Hilfe des Allerheiligsten in der Monstranz vor den Kirchenportalen nicht mehr zulassen; er ging sogar so weit, dass er Kerzenweihe, Reichung des Johannisweins an Hochzeitspaare und den Blasiussegen verboten hat[4].

Auch Bischof Auersperg hielt wie viele rationalistische Geister seiner Zeit die Bettelorden und deren Frömmigkeitspraxis für eine Quelle des Aberglaubens und als abträglich für ein wahrhaftes (aufgeklärtes)

Christentum. Der Verdacht richtete sich besonders gegen die Pförtner und die Sammelbrüder der Franziskaner und Kapuziner, welche dubiose geweihte Sachen unter die Leute brachten: schwarze Kerzen gegen die Ungewitter, Lukaszettel und Hexenrauch gegen die Nachstellungen der Hexen, Agnus Dei und Fraisenhäubchen als Hilfen gegen Krankheiten, Schadfeuer und die nächtlichen Attacken von Druden und anderen bösen Geistern und vieles andere mehr. Auersperg ließ unvermutet 1784 eine Hausdurchsuchung in den vier Klöstern seiner Stadt durchführen, alles konfiszieren, was man an „derlei unächter Ware" auffinden konnte und es samt und sonders anschließend in den Inn werfen.

Kurzum, lange bevor Maximilian von Montgelas als allgewaltiger leitender Minister in Bayern mit den Mitteln der staatlichen Macht eine Frömmigkeits-Praxis durchzudrücken versuchte, welche den Überlegungen einer „aufgeklärten" Theologie entsprach und welche sich orientierte an den Prinzipien der Nützlichkeit, hat man im Passauer Ordinariat damit begonnen, für eine Seelsorge einzutreten, welche sich nicht mehr an der barocken Frömmigkeit ausrichtete. Heiligenkult, Gnadenbildverehrung und fromme Pilger- und Wallfahrtsreisen standen für die Verantwortlichen in der Diözese nicht mehr im Mittelpunkt. Man entdeckte jetzt sinnlose Zeitverschwendung, anrüchige Frömmigkeitsformen, Gelegenheit zum Müßiggang und zu mancherlei unrühmlichen Lastern, wo man vorher Unternehmungen zur größeren Ehre Gottes und seiner Heiligen unterstellt hatte. Auch die farbigen liturgischen und halbliturgischen geistlichen Schauspiele und plastischen Handlungen in den Kirchen, mit denen man das Heilsgeschehen anschaulich gemacht hatte, erfuhren eine

Abb. 3 *Heiliges Grab der „Grab-Christi-Bruderschaft" in Landshut, Karl Joseph Maravine, 1738 (2003 restauriert)*

Umwertung: Früher galten sie als Möglichkeit zur Bildung des religiösen Gemütes, zur nachdrücklichen Unterweisung einer analphabetischen Bevölkerung; jetzt mokierte man sich über die sprachlichen, organisatorischen und dramatischen Unzulänglichkeiten dieser Aktionen und stufte sie als vordergründige Anlässe zum Vorteil von Metzgern, Bäckern und Wirten und wiederum als Gelegenheit zum Müßiggang ein. Auch die vielen „Bilder und Zeichen religiösen Volksglaubens"[5], mit denen einst die katholische Frömmigkeit sich von der evangelischen oder gar kalvinistischen unterschieden hatte, wurden zunehmend verdächtigt. Die gelehrte Welt der Geistlichen und zunehmend auch der gebildeten Bürgerlichen fasste all dies mehr und mehr pauschal zusammen unter dem Begriff des „Aberglaubens".

Die Passauer hohe Bistums-Geistlichkeit setzte schon seit Beginn des 18. Jahrhunderts zunehmend auf theoretische Unterweisung in religiösen Dingen statt auf Anschauung oder spielerisches und konkretes Nacherleben. Die Vernunft und nicht so sehr das Gemüt sollte die Grundlage für die Frömmigkeit abgeben. Es passt ins Bild, wenn bereits 1727 von Bischof Josef Dominikus von Lamberg in Passau eine Christenlehr-Bruderschaft begründet wurde; sie sollte mithelfen, dass die Heranwachsenden, aber auch die Erwachsenen selbst sich am Sonntag nach den Gottesdiensten in der Pfarrkirche versammelten und Katechismus-Antworten auswendig lernten – und nicht etwa wallfahrten gingen, den Rosenkranz abbeteten, Lieder sangen oder sich geistliche Schauspiele anschauten. Wer auch nach der großen Säkularisation von 1803 hierfür eine Vorliebe hatte, und viele aus dem Kreis der ungebildeten Laien hatten dies, der wurde leicht verdächtigt, einer überholten Frömmigkeit anzuhängen, u. U. gar unverbesserlich „abergläu-

bisch" zu sein. In der Welt der Gelehrten wurde dies bald in die Hypothese zusammengefasst, dass die einfachen Leute eigentlich gar nicht richtig vom wahren Christentum erreicht worden seien. Man glaubte sie noch versteckten Formen einer vorchristlichen Religion anhängen. Diese – überhebliche – Behauptung hat sich lange gehalten, in der Gegenwart findet sie sogar wieder neue Vertreter.

Anmerkungen

1 Anita Brittinger, Die bayerische Verwaltung und das volksfromme Brauchtum im Zeitalter der Aufklärung, phil. Diss. München 1938.
2 Eberhard Weis, Montgelas. 1759–1799. Zwischen Revolution und Reform, München 1971.
3 Archiv des Bistums Passau, OA Nr. 943. Hier oder im Umfeld dieses Faszikels liegen auch die übrigen angeführten Quellenstellen. Ich verzichte auf den jeweiligen unmittelbaren Nachweis des Fundortes und verweise auf die folgenden Veröffentlichungen, in denen man diese sowie weiterführende Literatur finden kann: Walter Hartinger: Kirchliche Frühaufklärung in Ostbayern. Maßnahmen gegen Wallfahrten und geistliche Spiele in den Bistümern Passau und Regensburg am Beginn des 18. Jahrhunderts, in: Ostbairische Grenzmarken 27 (1985) S. 142–157; ferner: Walter Hartinger, „... nichts anders als eine zertrunckene Bierandacht ..." Das Verbot der geistlichen Schauspiele im Bistum Passau, in: Harmening, Dieter/Wimmer, Erich (Hrsg.): Volkskultur-Geschichte-Region. FS für Wolfgang Brückner zum 60. Geburtstag, Würzburg 1990, S. 395–419.
4 Hierzu wie zum gesamten Umfeld der Aufklärung in Passau vgl. vor allem Konrad Baumgartner, Die Seelsorge im Bistum Passau zwischen barocker Tradition, Aufklärung und Restauration, St. Ottilien 1975; Gabriel Maria Ott, Das Bürgertum der geistlichen Residenzstadt Passau in der Zeit des Barock und der Aufklärung. Eine Studie zur Geschichte des Bürgertums, Passau 1961; Herbert W. Wurster, Das Bistum Passau, 3 Bde Strasbourg 1994, 1996 und 2002.
5 Lenz Kriss-Rettenbeck, Bilder und Zeichen religiösen Volksglaubens, 2. Aufl. München 1971.

Alois Brunner

Passauer Kunst des 17. und 18. Jahrhunderts im Überblick

Fürstbischof Leopold von Österreich (1598–1625) war der erste von drei Erzherzögen aus dem Haus Habsburg, die in den ersten 60 Jahren des 17. Jahrhunderts die Geschicke des Passauer Bistums bestimmten. Im Jahre 1611 erhielt Leopold vom sächsischen Kurfürsten als Gastgeschenk ein Madonnenbild von Lukas Cranach, das schließlich als Kopie in Passau eine bedeutende, bis heute lebendige Wallfahrt begründete. Die 1622 errichtete Holzkapelle fand bereits 1624–1627 einen steinernen Nachfolger (Abb. 1), wohl nach Plänen von Francesco Garbanino errichtet, der damit schon früh barocke Bauideen nach Passau gebracht hat.[1]

Auf Initiative von Leopold ließ sich ab 1612 der Jesuitenorden in der Stadt nieder. Unter der Leitung des Rektors Johannes Isphording entstand nach dessen Plänen das mächtige Kollegiengebäude, das auch

Abb. 1 *Passau, Wallfahrtskirche Mariahilf*

heute noch markant das Stadtbild auf der Innseite prägt.[2] Die gemalten Tugendpersonifikationen in den Nischen und ehemals auf dem Gesims aufgestellte Statuen sollten für Bewunderung bei den Vorbeifahrenden sorgen. Nach dem verheerenden Stadtbrand von 1662 erhielt das Kolleg in typischer Inn-Salzach-Bauweise einen Gebäudeabschluss in Form einer hochgezogenen Dachstirnmauer, womit letztlich die Monumentalität des Gebäudeblocks noch gesteigert werden konnte (Abb. 2).

Von 1665–1677 ließen die Jesuiten vom Architekten Pietro Francesco Carlone ihre neue Kollegienkirche erbauen, die so genannte Studienkirche St. Michael[3] (Abb. 2 und 3). Die tonnengewölbte Wandpfeilerkirche zeigt eine klare Grundrissstruktur, gebildet aus zwei Quadraten: dem zweijochigen Chorquadrat und dem dreijochigen Langhausquadrat, das seitlich mittels eingeschobener Wandpfeiler jeweils drei Seitenkapellen ausbildet; daran schließt sich - getrennt durch einen schmalen Quergang - das Westjoch mit der Orgelempore an. Dieser Raumtypus findet sich in einer Gruppe von süddeutsch-österreichischen Kirchen wieder, etwa in der Jesuitenkirche Linz oder den Klosterkirchen Garsten und Schlierbach. Diese als Carlone-Räume bezeichneten Gotteshäuser können als exemplarische Kirchenräume im Sinne des Konzils von Trient gelten; ein wichtiges Charakteristikum dafür ist, dass dieser Kirchentypus - ganz im Gegensatz zu mittelalterlichen Raumdispositionen - den freien Blick zum Altar (und damit zum zentralen Sakrament der Eucharistie) und zur Kanzel (als Ort der Predigt) ermöglicht.[4] In Verbindung mit den in den Kapellenzonen geradezu pompös anmutenden Stuckarbeiten von Giovanni Battista Carlone (ca. 1650–1707) mit Liegefiguren und Putten in den Arkadenzonen entstand damit neben dem Dom der wichtigste Sakralbau in Passau mit ebenso überregionaler Bedeutung.

Fast zeitgleich wurde 1667–1678 die durch den Brand von 1662 zerstörte mittelalterliche Stadtpfarrkirche St. Paul durch einen völligen Neubau ersetzt[5] (Abb. 4). Auf Grund der engen Verwandtschaft in der Raumdisposition zur Jesuitenkirche liegt es nahe, als Baumeister ein Mitglied der Carlone-Familie in Betracht zu ziehen. Die ebenfalls tonnengewölbte Wandpfeilerkirche ist vor allem dadurch charakterisiert, dass die Arkaden der Kapellennischen und der drei Emporenjoche gleich hoch sind und damit quasi die Idee eines Innenhofes widerspiegeln. Die neubarocke Stuckdekoration mag dazu beitragen, dass die architektonische Qualität bisher nur unzureichende Würdigung fand.

Höhepunkt des barocken Wiederaufbaus in der Stadt Passau war der weitgehende Neubau und die völlige Neuausstattung des durch den Stadtbrand schwer beschädigten Domes St. Stephan[6] (Abb. 5). Fürstbischof Wenzeslaus von Thun (1664–1673) leitete die ersten Schritte des Wiederaufbaus damit ein, dass er die nach seinem Empfinden unzulänglichen Restaurierungskonzepte des Dombaumeisters Wolf Sakra ablehnte und dafür im Jahre 1668 den Architekten Carlo Lurago (1615–1684) nach Passau berief, um gemeinsam mit ihm ein zeitgemäßes Konzept für den Wiederaufbau des Domes umzusetzen. Fürstbischof von Thun kannte Lurago wohl aus seiner böhmischen Heimat, wo dieser als Großunternehmer komplette Bauwerke samt Innendekoration erstellte. In Passau wurden dem Architekten allerdings nur die Baumeisterarbeiten übertragen. Bei der Gestaltung der Fassade scheint der Fürstbischof sogar selbst mitgewirkt zu haben.[7] Dennoch darf die Tätigkeit Luragos nicht unterschätzt werden. Beim Wiederaufbau des Innenraumes musste der Architekt das aufgehende Mauerwerk von Chor, Querhaus und Kuppel übernehmen sowie die Grundstruktur des mittelalterlichen Langhauses. Gänzlich neu zu erbauen waren die Südmauer des Seitenschiffes, einige Pfeiler und die gesamte Wölbung. Und gerade hier stellte Lurago seine ausgezeichneten Fähigkeiten unter Beweis. Galt es doch, die ehedem gewaltige Höhenerstreckung der gotischen Kathedrale in ein überzeugendes barockes Architektursystem zu überführen. In Absprache und Zusammenarbeit mit dem Stuckateur Giovanni Battista Carlone, der seit 1677 am Dom arbeitete und vorher sein herausragendes Können - wie bereits erwähnt - in der Jesuitenkirche demonstrierte, konstruierte Lurago im Langhaus gewaltige Pilaster korinthischer Ordnung mit weit in den Raum vorkragendem Gebälk, dessen Kranzgesims von muskulösen Atlanten gestützt wird. Entsprechend tragen im Chor Atlantenhermen einen gewaltigen Architrav und verdeutlichen damit gemäß barocker Formensprache das Prinzip von Stütze und Last. Zwischen der Langhaushochwand und den fünf Hängekuppeln sind optisch vermittelnde Propheten-

figuren eingeführt. Die querovalen Kuppeln in Verbindung mit der jochübergreifenden Bildfläche im Chor ermöglichen schließlich eine für die Deckenmalerei nördlich der Alpen bis dahin noch nie da gewesene Entfaltung. Mit der Freskenausstattung beauftragte Fürstbischof Sebastian von Pötting (1673–1689) den Maler Carpoforo Tencalla (1623–1685), der - wie auch Carlone - aus dem oberitalienischen Seengebiet stammte. Tencalla hatte sich vor seinem Passauer Auftrag dadurch empfohlen, dass er im österreichisch-böhmisch-mährischen Raum die Deckenmalerei als wesentliches Ausstattungselement etablieren konnte. Die umfangreiche Freskierung des Passauer Domes ist demnach eine schlüssige Fortführung seiner künstlerischen Intentionen. Die fünf großen Deckenbilder sind nicht ausschließlich originäre Erfindungen Tencallas. Die Ablösung des mosaischen Gottesdienstes durch das eucharistische Opfer (2. Joch) sowie der Triumph der Kirche (4. Joch) und des Glaubens (5. Joch) orientieren sich an Rubens' Teppichserie „Triumph der Eucharistie". Die Deckenbilder werden in jedem Joch ikonographisch erweitert durch Propheten und Engel, die mit ihren Bibeltexten einmünden in jeweils vier Tugendpersonifikationen, welche auf den Arkaden ruhen. So werden zur „Tempelreinigung" des 1. Joches als Tugenden Wahrheit, Gehorsam, Buße und Demut gezeigt. Ergänzt wird das anspruchsvolle Ausstattungsprogramm durch die prächtigen Altaraufbauten Carlones, die großformatige Bilder von hervorragenden Malern des süddeutsch-österreichischen Raumes rahmen: Francesco Innocenzo Turriani, Frans de Neve, Johann Michael Rottmayr, Johann Carl Resler von Reslfeld, Johann Andreas Wolff und Johann Caspar Sing. Der Wiederaufbau des Passauer Domes konnte 1698 weitgehend abgeschlossen werden. Dem Zusammenwirken der am Dombau beteiligten Künstlerpersönlichkeiten ist es zu verdanken, dass in Passau - neben dem Salzburger Dom - der anspruchsvollste Kirchenbau des 17. Jahrhunderts nördlich der Alpen entstand.

Der einzige sakrale Großauftrag des 18. Jahrhunderts im Passauer Raum war die Barockisierung der Stiftskirche St. Nikola[8]; da das Stift aber zur damaligen Zeit nicht zum Hochstift Passau gehörte, sondern auf bayerischem Territorium lag, wird es in diesem Kontext nicht weiter behandelt.

Als wichtiger Profanbau dieser Zeit ist die Neue Residenz zu nennen, die in der Altstadt einen bedeutenden Akzent setzt[9]. Mit dem Erwerb des städtischen Kramhauses im Jahre 1707 eröffnete sich die Möglich-

Abb. 2   Passau, Jesuitenkirche St. Michael und Jesuitenkolleg

Abb. 3   *Passau, Jesuitenkirche St. Michael*

Abb. 4   *Passau, Stadtpfarrkirche St. Paul*

Abb. 5
Passau, Dom St. Stephan

keit, den Residenzkomplex nach Osten zu erweitern, was im Wesentlichen unter Hofbaumeister Domenico d'Angeli bis 1730 geschah. Die wenig ansprechende Gebäudefront bewog schließlich Fürstbischof Leopold Ernst von Firmian (1763–1783) dazu, die Fassade durch den vor allem in Wien geschulten Tiroler Architekten Melchior Hefele (1716–1794) im Sinne des Wiener „Barockklassizismus" gestalten zu lassen. Die Schauseite ist seither geprägt von der engen vertikalen Betonung durch kräftige Pilaster ionischer Ordnung als Stütze für eine Balustrade mit Figuren- und Vasenschmuck. Die figürliche Dekoration hat die Aufgabe,

das Wirken des Fürstbischofs Firmian zu verherrlichen. Das Innere des Gebäudes erhält seinen besonderen Reiz durch die Stuckarbeiten Johann Baptist Modlers (1700–1774), die Bleiplastiken Joseph Berglers d. Ä. (1718–1788) und das Deckengemälde von Johann Georg Franz Unruhe (1724–1801) (Abb. 6).

Die überregional bedeutende Schlossparkanlage in Hacklberg und Freudenhain ist leider nur mehr rudimentär erhalten.[10] Beginnend mit ersten Gartenanlagen Mitte des 16. Jahrhunderts war es dann vor allem Fürstbischof Johann Philipp von Lamberg (1689–1712), dem die Fertigstellung des so genannten Fürstenbaus 1692 zu verdanken ist und der den Garten-architekten Matthias Diesel mit der Gestaltung einer umfangreichen, geometrisch konzipierten Gartenan-lage zwischen Donau und Berghang beauftragte. Nord-östlich dieser Schlossanlage ließ schließlich der Pas-sauer Aufklärerbischof Joseph Kardinal von Auersperg (1783–1795) einen englischen Park anlegen, den „Freuden-Hayn", der als allgemein zugänglicher Volks-park bestimmt war. Kunstvoll errichtete „Partien und Staffagen" umgaben im Park das frühklassizistische Sommerschloss, 1786–1789 vom Hofbaumeister Jo-hann Georg Hagenauer (1746–1835)[11] errichtet, der auch das Theater und das Redoutenhaus erbaute.

Dieser knappe Abriss zur Bau- und Ausstattungs-geschichte vom frühen 17. bis zum späten 18. Jahr-hundert zeigt, dass das barocke Erscheinungsbild der Stadt Passau weitgehend von auswärtigen Künstlern geprägt wurde, maßgeblich von italienischen. Wie sieht es nun aber mit den Passauer Lokalkünstlern aus? Der Blick soll gerichtet werden auf die in der Zunft organi-sierten und die unter dem Schutz des fürstbischöf-lichen Hofes stehenden Künstler. Auffallend ist, dass die Mehrzahl von ihnen nicht aus Passau stammte. Entsprechend wurde bei der Einbürgerung vielfältiges

Abb. 6 *Passau, Neue Residenz*

Formengut mitgebracht, was eine kontinuierliche Stil-entwicklung in den Passauer Werkstätten bewirkte. Potentielle Auftraggeber waren die Pfarreien, Abteien und Stifte in Passau und im Hochstift, aber auch kirch-liche Auftraggeber im angrenzenden österreichischen Diözesangebiet. Das kurbayerische Territorium war dagegen den Passauer Künstlern weitgehend verwehrt. Die größeren Aufträge konzentrierten sich im Passauer Raum auf die Zeit von 1662 (Stadtbrand) bis um 1730, mit der Folge, dass in den nächsten Jahrzehnten die Künstlerwerkstätten immer mehr verkümmerten. Im Jahre 1814 existierten schließlich von vormals sechs Malerwerkstätten nur noch drei und von drei Bild-hauerwerkstätten nur noch eine.

Im Bereich der Architektur ist der Kapitelmaurer-meister Jakob Pawanger (1680–1743)[12] zu nennen, der 1709/10 damit beauftragt war, die Grabkapelle für Fürstbischof Johann Philipp Kardinal von Lamberg (1689–1712) zu errichten und die Kapellenaußen-wand in Anlehnung an die Domfassade zu gestalten. Mehrere Aufträge der Umgebung (z. B. St. Nikola, Nie-deraltaich) tragen seine architektonische Handschrift.

Von den Bildhauern seien die wichtigsten Namen herausgegriffen. Ab 1636 entwickelte die Bildhauer-werkstatt von Johann Seitz[13] eine reichhaltige Tätigkeit, gesichert sind für ihn beispielsweise der Sebastians-altar in der Wallfahrtskirche Aigen am Inn (1653) und das Epitaph für den Fürstbischof Wenzeslaus von Thun aus dem Jahre 1673. Dessen Nachfolger Johann Matthias Högenwald[14] ist u. a. mit Arbeiten vertreten in Untergriesbach (Hochaltar, 1686–1689; Abb. 7), Pas-sau St. Paul (Sebastiansaltar, 1689) und in der Dom-kirche (Epitaph für den Fürstbischof Sebastian von Pötting, 1689).

Der ab 1710 in Passau nachweisbare Bildhauer Joseph Hartmann (1674–1734)[15] gab wichtige neue Impulse für die Passauer Bildhauerei, wovon noch heute der ehem. Hochaltar von St. Nikola (jetzt: Vils-hofen, Stadtpfarrkirche; Abb. 8), entstanden um 1715, ein bemerkenswertes Zeugnis gibt. Die Dekorationen für die Epistel- und Evangelienorgel (1716/17) im Pas-sauer Dom entstammen ebenfalls seiner Hand. Dessen größter Konkurrent wurde der in Passau bzw. St. Ni-kola wirkende Joseph Matthias Götz (1696–1760)[16], der bedeutendste und bis nach Niederösterreich wir-kende Bildhauer im Passauer Raum. Er lieferte 1731 ff. wohl die prächtigen Schnitzarbeiten am Hauptorgel-gehäuse des Passauer Domes. Seine theatralisch aufge-fassten figürlichen Inszenierungen in Verbindung mit den raumgreifenden Architekturen seiner Altarauf-bauten vermögen auch heute noch den Betrachter zu faszinieren (z. B. Hochaltar in Aldersbach 1723, Hoch-altar und Schnitzereien am Orgelprospekt im Stift Zwettl 1728–1732, Hochaltar und Seitenaltäre in der Karmelitenkirche Straubing 1740 f.). Als bedeutendster Bildhauer der 2. Hälfte des 18. Jahrhunderts ist der bereits erwähnte Hofbildhauer Joseph Bergler d. Ä. (1718–1788)[17] zu nennen. Geprägt von Einflüssen des Wiener Klassizismus fand Bergler etwa bei seinen Blei-figuren der Neuen Residenz (1760/um 1770; Abb. 6) zu einer gleichsam „höfischen" Ausformung seiner bild-hauerischen Handschrift im Gegensatz etwa zur eher „volkstümlichen" Variante des Rokoko eines Joseph Deutschmann (1717–1787)[18], dem Werkstattnachfol-ger von Götz in St. Nikola. Als wichtiges Werk Deutsch-manns sei die Bibliothek in Fürstenzell genannt.

Die Passauer Malerwerkstätten des 17. Jahrhunderts wurden bislang kaum erforscht, nur sehr wenige ur-kundlich gesicherte Werke sind bekannt. Eine der be-deutenderen Malerpersönlichkeiten dieser Zeit war der Hofmaler Matthias Lettenbüchler.[19] Eine stattliche Anzahl seiner Arbeiten ist erhalten geblieben, etwa das Gemälde einer Blindenheilung am Grab des hl. Adal-bero im Stift Lambach (1638/39), das Hochaltarbild in der Braunauer Stadtpfarrkirche St. Stephan (1642) oder das ihm zugeschriebene Hochaltarbild in der Wallfahrtskirche St. Leonhard in Aigen am Inn (1653).

Für das 18. Jahrhundert ist das Wissen über die Passauer Maler insgesamt schon greifbarer; neben den künstlerisch solide arbeitenden Malern wie etwa Gor-dian Sänz[20], Joseph Georg (1710–1783)[21] und Franz Thaddäus Helbling (1737–nach 1783)[22], Johann Georg Ainstand (1723–1803)[23] oder Joseph Anton Wiedmann[24] wird man als bedeutendste Passauer Maler den bereits erwähnten Johann Georg Franz Un-ruhe (1724–1801)[25] und Joseph Bergler d. J. (1753–1829)[26] ansprechen dürfen.

Unruhe arbeitete 1748 bis 1750 bei Paul Troger an der Freskierung des Brixener Domes mit; neben zahl-reichen Altarblättern für Kirchen der Passauer Um-gebung ist heraushebend zu erwähnen das Decken-bild im Treppenhaus der Neuen Residenz in Passau (Abb. 6).

Zahlreiche Arbeiten sind auch heute noch von Joseph Bergler d. J. erhalten, der ab 1796 fürstbischöf-licher Hofmaler war und schließlich im Jahre 1800 als Leiter der Prager Kunstakademie berufen wurde. In seiner Passauer Zeit malte er beispielsweise die zwei

1774 für die Wallfahrtskirche Mariahilf entstandenen Seitenaltarblätter „Beweinung Christi" und „Mariä Heimsuchung" oder die durch starke Hell-Dunkel-Kontraste geprägte klassizistische Kreuzigungsdarstel-lung mit Maria Magdalena in der Passauer Stadtpfarr-kirche St. Paul (1794).

Abschließend sei noch hingewiesen auf die Pas-sauer Goldschmiedewerkstätten[27], die bislang in der Forschung nur unzureichend gewürdigt wurden. Der wohl wichtigste Meister der Barockzeit war Johann Peter Schwendtner, der 1739 das prächtige Gold-schmiedewerk für den Gnadenaltar (nach Entwürfen von Joseph Matthias Götz) in der Wallfahrtskirche Maria Taferl lieferte.

Anmerkungen

1 Felix Mader (Bearb.), Die Kunstdenkmäler von Bayern. Regie-rungsbezirk Niederbayern, Bd. 3: Stadt Passau, München 1919, S. 227–237. Walter Hartinger, Mariahilf ob Passau. Volkskund-liche Untersuchung der Passauer Wallfahrt und der Mariahilf-Verehrung im deutschsprachigen Raum, (Veröffentlichungen des Instituts für Ostbairische Heimatforschung der Universität Pas-sau 43) Passau 1985. Georg Dehio, Handbuch der Deutschen Kunstdenkmäler, Bayern II: Niederbayern; bearb. von Michael Brix, München 1988, S. 523 f. Herbert W. Wurster, Wallfahrts-kirche Mariahilf ob Passau, Passau 2003.

2 Mader (wie Anm. 1), S. 219–227. Franz Xaver Eggersdorfer, Die Philosophisch-theologische Hochschule Passau. Dreihundert Jahre ihrer Geschichte. Ein Blick in die Entwicklung der katho-lischen Geistlichen-Bildung in Deutschland seit dem Ausgang des Mittelalters zur Hundertjahrfeier 1933, Passau 1933, S. 399–401.

3 Johann Sturm, Beiträge zur Architektur der Carlone in Öster-reich, phil. Diss. (masch.), Wien 1968/69, S. 45–48. Ders., Der Kirchenraum von St. Michael in Passau, in: Ausst.-Kat. Passavia sacra. Alte Kunst und Frömmigkeit in Passau, Passau 1975, S. 34–45. Dehio (wie Anm. 1), S. 510–513. Karl Möseneder, Architektur und Innendekoration 1560–1800, in: Geschichte der Stadt Passau, Regensburg 2. Aufl. 2003, S. 533 f. Robert Giersch, Die Passauer Jesuitenkirche St. Michael (Studienkirche), Passau 2003.

4 Sturm, Kirchenraum (wie Anm. 3), S. 34.

5 Mader (wie Anm. 1), S. 282–296. Sturm, Beiträge (wie Anm. 3), S. 48–51. Dehio (wie Anm. 1), S. 514–516.

6 Karl Möseneder (Hrsg.), Der Dom in Passau. Vom Barock zur Ge-genwart, Passau 1995. Dort umfassendes Literaturverzeichnis. Ders. (wie Anm. 3), 536–538.

7 Hans Ramisch, Drei Fürstbischöfe aus dem Hause Thun-Hohen-stein als Mäzene barocker Kunst: Guidobald, Erzbischof von Salzburg (1654–1668), Wenzeslaus, Bischof von Passau (1664–1674) und Johann Ernst, Erzbischof von Salzburg (1687–1709), in: Barockberichte. Informationsblätter des Salzburger Barock-museums zur bildenden Kunst des 17. und 18. Jahrhunderts 31 (2001) S. 38.

Abb. 7   *Untergriesbach, Pfarrkirche, Hochaltar*

Abb. 8   *Vilshofen, Stadtpfarrkirche, Hochaltar*

8 Ludger Drost, St. Nikola in Passau – Kunstgeschichte des einstigen Augustinerchorherrenstiftes von 1067 bis heute, (Neue Veröffentlichungen des Instituts für Ostbairische Heimatforschung der Universität Passau 52) Passau 2003.

9 Edith Schmidmaier, Die fürstbischöflichen Residenzen in Passau. Baugeschichte und Ausstattung vom Spätmittelalter bis zur Säkularisation, (Europäische Hochschulschriften 28, Kunstgeschichte 215) Frankfurt am Main/Berlin/Bern/New York/Paris/Wien 1994. Möseneder (wie Anm. 3), S. 541–543.

10 Möseneder (wie Anm. 3), S. 544–546. Wolfram Hübner, Hacklberg und Freudenhain. Passauer Schlösser und Gärten vom 16. bis 18. Jahrhundert, phil. Diss. (masch.), Regensburg 2001 (im Druck).

11 Ulrich Thieme u. Felix Becker, Allgemeines Lexikon der bildenden Künstler von der Antike bis zur Gegenwart, Band 15, Leipzig 1922, S. 466.

12 Thieme/Becker (wie Anm. 11), Band 26, Leipzig 1932, S. 322. Rudolf Walter Litschel, Der Barockbaumeister Jakob Pawanger, in: Oberösterreich 18 (1968) S. 46–49.

13 Holger Schulten, Plastik und Malerei des 17. und 18. Jahrhunderts, in: Geschichte der Stadt Passau, Regensburg 2. Aufl. 2003, S. 552.

14 Ebd.

15 Holger Schulten, Der Passauer Bildhauer Joseph Hartmann und der ehemalige Hochaltar von St. Nikola, in: Ostbairische Grenzmarken 34 (1992) S. 60–78.

16 Schulten (wie Anm. 13), S. 557 f. Alexander Heisig, Joseph Matthias Götz (1696–1760). Spätbarocke Skulptur in Bayern und Österreich, Regensburg (im Druck).

17 Thieme/Becker (wie Anm. 11), Band 3, Leipzig 1909, S. 407 f. Schulten (wie Anm. 13), S. 558.

18 Hubert Vogl, Joseph Deutschmann 1717–1787. Der letzte Klosterbildhauer von St. Nikola vor Passau, Weißenhorn in Bayern 1989. Schulten (wie Anm. 13), S. 558.

19 Schulten (wie Anm. 13), S. 558 f.

20 Thieme/Becker (wie Anm. 11), Band 29, Leipzig 1935, S. 307.

21 Gottfried Schäffer, Passauer Barockmaler, in: Ostbairische Grenzmarken 30 (1988) S. 69–72.

22 Ebd.

23 Schäffer (wie Anm. 21), S. 72 f.

24 Schulten (wie Anm. 13), S. 561.

25 Schäffer (wie Anm. 21), S. 73–79; Schulten (wie Anm. 13), S. 561 f.

26 Schäffer (wie Anm. 21), S. 79–87; Schulten (wie Anm. 13), S. 563 f.

27 Wolfgang Maria Schmid, Passauer Goldschmiede, in: Niederbayerische Monatsschrift 3 (1914) S. 25 f. Ders., Alt-Passauer Zünfte II, Goldschmiede, in: Niederbayerische Monatsschrift 8 (1919) S. 54–66. Ders., Illustrierte Geschichte der Stadt Passau, Passau 1927, S. 291–294.

Konrad Ruhland

Musikgeschichte „grenzenlos"

Einige Anmerkungen hierzu aus der Passauer Region

Als fürstbischöfliche Residenzstadt war Passau ein Brennpunkt von großer Anziehungskraft und Ausstrahlung. Über Passaus Musikgeschichte wurden bereits zahlreiche und mitunter auch sehr umfangreiche Arbeiten veröffentlicht, wobei aber die Kenntnis der musikalischen Werke selbst und die Erforschung anhand von Quellen bisweilen noch immer starke Defizite aufweist. Nachfolgend soll in ausgewählten Kapiteln nicht nur auf überregional bekannte, sondern auch auf noch unerforschte Komponisten und ihre Werke eingegangen werden.

Die Auswertung eines in Privatbesitz befindlichen INVENTARIUM MUSICALIUM[1], ein Inventarverzeichnis der Musikalien des Passauer Domes und der Maria Hilf-Kirche von den Jahren 1680 bis 1727, wird zeigen, wie unglaublich umfangreich der Musikalienbestand, das Instrumentarium und die Verbindungen und Beziehungen überallhin waren. Dies ist besonders durch die Namen der im Verzeichnis vorkommenden Komponisten zu ersehen. Viele dieser Beziehungen gehen auf den Einfluss des Bischofs von Olmütz, Karl zu Liechtenstein-Castelkorn, zurück. Seine böhmische Sommerresidenz Kremsier beherbergt wohl das wichtigste erhaltene Musikarchiv für das 17. Jahrhundert in ganz Europa. Sein Bestand ist weithin identisch mit dem Repertoire, das der Passauer Dom einst besaß.

Bischof Karl zu Liechtenstein-Castelkorn war ab 1653 Kanoniker und Domherr in Passau, ab 1654 Domdekan in Salzburg und von 1664 bis zu seinem Tode 1695 Bischof von Olmütz/Kremsier. Ein großes Kunstverständnis und weitreichende Verbindungen und Einflüsse zeichnen diesen Bischof aus. Hier zeigen sich im weiten Viereck Kremsier–Wien–Salzburg–Passau „grenzenlos" die gegenseitige Einwirkung und der Austausch bayerischer, böhmischer und österreichischer Musik und Musikkultur. Dabei sollen die vielen Meister italienischer Herkunft vor allem vom Kaiserhof in Wien nicht vergessen werden. Das erzbischöfliche Musikarchiv zu Kremsier gilt gleichsam als ein Gütesiegel für die einzelnen Komponisten, da die Hofkapelle des Bischofs mit den besten Musikern besetzt war. Um so bedeutender und interessanter ist die Tatsache, dass sich ein großer Teil des fast vollständig erhaltenen Kremsierer-Repertoires in Passau (hier total verschollen!) nachweisen lässt.

„Musik kennt keine Grenzen", und so werden hier in der Folge immer wieder die heutigen Grenzen zu wechseln, und hüben und drüben in Bayern und Österreich verschiedene musikalische Fakten aufzuzeigen sein.

Georg Kopp (um 1610–1666)

Über Geburtsort, Eltern, Schulbildung und Schülerschaft von Georg Kopp wissen wir nichts. Im Jahre 1635 ist er als Organist des Prämonstratenser Stiftes Schlägl im Mühlviertel für uns fassbar.[2] Nach dem Tod von Urban Loth wurde Kopp 1637 als Domorganist nach Passau berufen. Von seinen bei Georg Höller[3] in Passau gedruckten Messen (1642) sind nur noch torsoartig je drei Stimmbücher erhalten. Diese sind dadurch für eine musikalische Aussage kaum tauglich. Bedeutender für uns sind seine drei barocken Kirchenliedsammlungen:[4]

- 1642 Mariä Hülff Ehrenkränzlein
- 1659 Der groß Wunderthätigen Mutter Gottes Mariä Hülff, Lobgesang
- 1661 Eucharistale

Die drei Sammlungen sind uns erhalten und bestehen alle aus einer Singstimme mit Generalbassbegleitung. Insgesamt handelt es sich um 121 Lieder.[5] Weiters sind von Kopp noch die 8-stimmige Doppelchormotette „Benedicite omnia opera domini", also der Gesang der drei Jünglinge im Feuerofen,[6] und eine 6-stimmige Sonata für 2 Trompeten, 4 Streicher und Basso continuo in Kremsier erhalten.[7] Kopps Requiem-Vertonung zu 10 Stimmen ist heute im erzbischöflichen Musikarchiv zu Kremsier nicht mehr vorhanden. Vermutlich teilt sie ihr Schicksal mit manch anderen Kompositionen, die auf dem Weg zwischen Kremsier und Wien oder auch bei mehreren anderen Entleihungen verloren gegangen sind. Nach dem verheerenden Stadtbrand von Passau im Jahre 1662 werden im INVENTARIUM MUSICALIUM jedenfalls noch weitere 31 Kompositionen von Georg Kopp genannt. Dabei handelt es sich um die nachfolgend angeführte Reihe, die, ohne weitere Kommentierung, in der vorgefundenen Abfolge wiedergegeben ist:

Regina coeli	2 C + Basso continuo
Litania	5 voc.
Ave Maria	8 voc.
Ave regina	5 voc.
Alma redemptoris	5 voc.
Salve regina	5 voc.
Litania	5 voc. + 5 Instr.
Litania alia	5 voc.
2 Litaniae	8 voc.
Litania	5 voc., 2 Viol., 2 Tromb.
Litania	5 voc.
Regina coeli	5 voc. cum Rip.
Missa à 20 voc. et Instr.: CC, AA, TT, BB, 2 Viol., 2 Clarinen, 2 Te Deum hs.	
Missa „Che viva"	
Missa sine Titulo	
Missa III. Toni	
Missa S. Quirini	
Missa Pleno choro 8 voc.	
Missa II. Toni 8 voc.	
Missa Exaltationis	
Missa S.Wenceslai	

Motetten:

Iste S. Wenceslaus	6 voc.
Cantantibus organis	5 voc.
De profundis	6 voc.
Tollite portas	5 voc.
Misericordias domini	6 voc. sine organo
Angelus domini	5 voc.
Haec est virgo sapiens	3 voc.
Hodie scietis	4 voc.

Alle diese Werke runden unsere Vorstellung von diesem vielseitigen, interessanten und für Passau so wichtigen Komponisten Georg Kopp erst ab.

Johannes Baptista (Janez Krstnik) Dolar SJ (um 1620–1673)

Im INVENTARIUM MUSICALIUM sind zahlreiche bekannte und unbekannte Namen von Komponisten und ihren Werken angeführt. Des Weiteren erfahren wir von seltenen und großen Besetzungen und musikalischen Formen, von Instrumenten und Tätigkeiten einzelner Personen. Daraus können wir ersehen, wie groß in Pas-

sau die Musikpflege allgemein, aber auch die eigenen schöpferischen Kräfte waren. Zu diesen Unbekannten gehört auch der Jesuit Johann Baptist Dolar, der am Passauer Jesuitengymnasium von 1658 bis 1662 als Musikpräfekt gewirkt hat. Mit einigen Ausnahmen befindet sich sein musikalisches Werk ausschließlich im erzbischöflichen Musikarchiv zu Kremsier. Nur Weniges wissen wir über die Verbreitung seiner Werke aus Originalinventaren heute meist verschollener Musikaliensammlungen, so aus Stift Osseg, aus dem Piaristenkolleg Slany. Von den 25 im Inventar von Kremsier Dolar zugeschriebenen Werken sind heute nur noch 13 erhalten. Zwei weitere Werke befinden sich auf dem Fürst-Schwarzenberg'schen Schloss in Krumau. In Kremsmünster befindet sich Dolars großangelegte 32-stimmige MISSA VIENNENSIS, also eine „Wiener Messe" in der fulminanten Besetzung: 16 Vokalsolisten, 4 Chöre zu je 4 Stimmen, 2 Violinen, 5 Violen, je 2 Clarinen und Cornetti (Zinken), 4 Tromboni, Fagotto, Organo e Violone.

Dolars bis heute bekannte gesamte Instrumentalmusik liegt im Band 40 der Reihe MUSICA ANTIQUA BOHEMICA aus dem Jahre 1959 in Prag vor. Dort wird sein Name allerdings mit „Tolar" und der Komponist selbst vermeintlich als Tscheche angegeben. Diese Tatsache rief natürlich einige Slowenen auf den Plan, die dann durch viele Quellenbefunde nachweisen konnten, dass Dolar aus Slowenien kommt und in Ljubljana, Wien, Passau und wieder Wien lebte und als Jesuit der Wiener Ordensprovinz angehörte. So ist es auch nicht verwunderlich, wenn in unserem Inventarium auch Werke Dolars erscheinen.

Zunächst die in Band 40 der MAB veröffentlichten Sonata à 10 und Sonata à 13 Stimmen (Nr. 8 und Nr. 14), die vermutlich im Passauer Domchorarchiv mehrfach vorhanden waren. Interessant ist, dass die Sonata à 13 voc. in Passau den Beinamen „Sonata Clementina" trägt und wahrscheinlich der auch im Inventarium erscheinenden „Missa Clementina" von Dolar zuzuordnen ist. Da bei der Messe die Besetzung nicht ausdrücklich angegeben ist, können wir uns auf Grund der Sonata Clementina à 13 ein Bild von der prächtigen Messe machen. Die Sonata ist besetzt: 2 Clarinen, 2 Cornetti, 4 Tromboni, 2 Violini, 3 Violae, Fagott, Organo e Violone. Treten dazu noch die Singstimmen, haben wir vermutlich die Besetzung der „Missa Clementina".

Im Passauer Inventar finden wir dann noch ein MAGNIFICAT, das mit einem weiteren Magnificat von

J. C. Kerll angeschafft worden war. Ebenso findet sich ein MISERERE (Psalm 50), das man besonders für die Fastenzeit und die Karwoche zur liturgischen Verwendung benötigte. Vielleicht handelte es sich um die wunderbare Vertonung des Psalms für 4 Solostimmen, 4-stimmigen Chor, 2 Violinen, 4 Violae da gamba, Organo e Basso, die als Neudruck vorliegt.[8] Dieses MISERERE ist unter weiteren Vertonungen dieses Psalms auch in Kremsier zu finden, die heute wieder als Neuausgaben zugänglich sind.[9]

In Ljubljana sind neuerdings eine ganze Reihe bedeutender Werke von J. B. Dolar in Neuausgaben erschienen, um dem slowenischen Meister eine späte Ehrung zuteil werden zu lassen.[10]

Nach dem derzeitigen Wissensstand sind außer in Kremsier nur noch in Passau in unserem Inventarium so viele Werke Dolars nachzuweisen gewesen. Nach seinem Passauer Aufenthalt hatte Dolar in Wien an der Hofkirche das höchste kirchenmusikalische Amt inne und beste Beziehungen zu den kaiserlichen Hofmusikern.

In einem „Verzeichnis von Messe-Kompositionen" aus dem Besitz des kaiserlichen Hofkapellmeisters Antonio Bertali (1605–1669) ist neben eigenen Werken Bertalis und J. H. Schmelzers auch eine Messe von Dolar aufgeführt, nämlich die berühmte MISSA SUPER LA BERGAMASCA. Jedenfalls ist dies eine Dolar auszeichnende Erwähnung. So hat vermutlich ein falsches „T" im Namen „D"-olars eine Renaissance dieses sympathischen slowenischen Meisters, der 1673 in Wien viel zu früh verstorben ist, herbeigeführt und bewirkt. In Passau ist J. B. Dolar SJ bis auf den heutigen Tag leider vergessen.

Instrumente

Zu aller instrumentalbegleiteten Musik gehören die geforderten, die möglichen und vielleicht auch nur die vorhandenen Klangwerkzeuge, die Instrumente. Das Passauer INVENTARIUM gibt einen interessanten Einblick über den Instrumentenbestand von Maria Hilf und jenen der Domkirche.

Demnach gab es in Maria Hilf eine große Viola, 2 Violinen, eine „vom Tiburtio Winckhler ohne Figlbogen dahero beehrt worden, wozue der einige Figlbogen gehörig so hindt und vorn mit Silber beschlagen und erst hier zue erkhauft ist worden. Dazu ein schlechtes (schlichtes) Fueteral gemacht worden".

Die andere Violine ist eine gewöhnliche Geige von Marcell Pichler zu Hallein, zu ihr gehört ein Violinbogen „von indianischem Holz", vorne mit Silber bestückt, weil er einmal abgebrochen war. Bögen von exotischen Hölzern (Schlangenholz etc.) waren auch damals schon sehr teuer. Aufschluss dazu geben oft die Versteigerungsprotokolle bei der Säkularisation, aus denen hervorgeht, dass ein derartiger Bogen weit mehr einbrachte als ein Instrument (Beispiel: Kloster Aldersbach).[11]

Von den Instrumenten am Dom erfahren wir, dass „zwey schöne guete Violin vom Stainer und zwei dergleichen präzen von eben diesem" vorhanden waren, also zwei Violinen und zwei Bratschen des hochberühmten Jakob Stainer (um 1618–1683) aus Absam/Tirol.

„Dan 2 Prätschen von dem Geigenmacher allhier Wasner genannt". Von den 5 Geigenmachern der Familie Wassner kann dies nur der Stammvater der Wassners gewesen sein, nämlich Blasius Wassner, der 1695 in Passau gestorben ist.

Dazu kam noch eine zerbrochene Violine von Marcell Pichler aus Hallein und „eine alte schwarze, aber, guete perfecte Präzen von Paul Panholzer, Geigenmacher". Dieser sonst völlig unbekannte Geigenmacher hat auch für das Stift Kremsmünster 8 Geigen geliefert. Panholzer soll aus Freudenstein stammen. Sonst ist von ihm nichts bekannt.

Pikant ist bei den Aufzeichnungen über die Instrumente folgender Vermerk: „Ein Violin von ob gesagten zweyen ist vom Chor hier weckh gestolen worden als der Kheißer in der Flucht ao 1683 hier gewesen." Es wurde also während des Aufenthaltes von Kaiser Leopold I., der ja schon wegen seiner Trauung in Passau 1676 seine Hofmusiker mitgebracht hatte, eine wertvolle Stainer-Geige acquiriert, d. h. mitgenommen. So waren also 4 Stainer-Instrumente am Dom vorhanden und die kaum minderen Instrumente von Marcell Pichler, dem berühmten Meister aus Hallein. Auch das Kloster Aldersbach besaß 2 Stainer-Geigen.[12] Nur Bischof Karl zu Liechtenstein-Castelkorn, der Bischof von Olmütz, besaß in seiner Sommerresidenz zu Kremsier fast ausschließlich Instrumente des Absamer Meisters in seinem „vielstimmigen Geigenwerk". Sie nahmen ihren Weg von Innsbruck sicher per Schiff nach Passau und weiter nach Böhmen.

Bei der Aufstellung der Passauer Instrumente, die im 17. Jahrhundert vorhanden waren, fallen zwei Dinge auf: Der Hinweis auf die tiefen Streichinstrumente, wie

Viola da gamba, Violoncello, Violone oder Kontrabass fehlt völlig, obwohl wir aus vielen vergleichbaren Inventaren wissen, dass diese großen Instrumente zum Fundus einer Institution gehören und selten in privatem Besitz waren. Vielleicht sind dies auch noch Auswirkungen der beiden großen Stadtbrände von 1662 und 1680, so dass in unserem Zeitraum noch nicht alles Nötige wieder beschafft werden konnte.

Das andere Phänomen ist das völlige Fehlen von Blasinstrumenten, Holz- wie Blechblasinstrumenten. Doch ist das schon eher erklärlich, denn die Bläser, die in Passau am Dom meist auch aus den Stadtmusikanten und Türmern angeheuert wurden, hatten ihre Instrumente meist in Privatbesitz. Wie dem auch sei, das Inventarverzeichnis der Passauer Instrumentenkammer müssen wir jedenfalls als sehr unvollkommen und unvollständig ansehen. Dem späteren bedeutenden Geigen- und Lautenmacher Simon Schödler (um 1730-1793), der wohl die schönsten Instrumente in Niederbayern verfertigt hat – man denke nur an seine herrlich verzierten Baryton-Instrumente –, müsste man ein eigenes Kapitel widmen.[13]

P. Romanus Weichlein = SB (1652–1706)

Auch P. Romanus Weichlein gehört zu jenen zu Unrecht vergessenen Komponisten Oberösterreichs, die theoretischen wie praktischen Musikern weitgehend unbekannt geblieben sind. Anlass für weitere Erörterungen gibt der Hinweis auf ein quasi „Konzert-Ereignis" von 1683 im Passauer Dom, wobei berichtet wird, dass sich „H. P. Romanus [Weichlein] im Passauer Thumb vor der corporis Christi procession mit einer Sonata allein summa cum laude hören" ließ. Sicher ein Ereignis sowohl für die Passauer Zuhörer, die damit einen von Heinrich I. F. Biber (1644-1704), dem berühmtesten Geiger seiner Zeit, geprägten vielleicht auch ausgebildeten Virtuosen hören konnten, als auch für P. Romanus selbst, der sich an einem so bedeutenden Festtag, wie es das Fronleichnamsfest im Barock darstellte, sicher vor großer Zuhörerschaft an einem bestimmten Ort in der Liturgie hat hören lassen.

Der in Linz geborene Weichlein ist sicher schon in seiner Studienzeit in den Jahren 1671-1673 an der Universität Salzburg mit Muffat und Biber zusammengekommen und quasi in deren Dunstkreis gewachsen

und geprägt worden. Das aber erst recht, als P. Romanus in den Jahren 1687 bis 1690 in der Benediktinerinnen-Abtei Nonnberg als Kaplan, Musikpräfekt und Hauskomponist tätig war. Biber hatte engste Beziehungen zum Stift Nonnberg; seine Tochter Anna-Magdalena trat dort als Chorfrau ein und wurde zu einer versierten Musikerin.

Weichleins bedeutendste kompositorische Hinterlassenschaft wurde im Jahre 1695 in Innsbruck gedruckt: ENCAENIA MUSICES; das sind 12 Sonaten mit 5 und mehr Instrumenten.[14] Wie immer bei ähnlichen Werken steht die Viola II. im Tenor (c4)-Schlüssel, also in der für das 17. Jahrhundert typischen süddeutsch-österreichischen Besetzung. Als Anhang hat dieses Werk noch 24 kurze generalbasslose Clarinen-Duette.[15] Widmungsträger dieses feudalen Druckes ist kein geringerer als Kaiser Leopold I. Weichleins Sonaten können sich in ihrer musikalischen Qualität getrost neben so wichtige und bedeutende Werke wie J. H. Schmelzers SACRO PROFANUS CONCENTUS MUSICUS, Nürnberg 1662[16] und H. I. F. Bibers SONATAE TAM ARIS QUAM AULIS ..., Salzburg 1676 stellen. Auch Bibers Werk hat als Anhang 12 Trompeten-Duette.[17] Im Stimmbuch der Violino I. befindet sich eine kurze Vorrede an die Musizierenden. Diesem folgt ein kleines Postscriptum in Form eines NB (nota bene), das über die Maßen wichtig ist und bisher kaum Beachtung gefunden hat: „Ubi habentur Gambistae, poterunt in prima, tertia, sexta & undecima Sonata loco Violarum perpulchre Gambae adhiberi" (= „Wo man Gambisten zur Verfügung hat, können in der ersten, dritten, sechsten und elften Sonata anstelle der Bratschen besonders schön Gamben eingesetzt werden").

Dieses Zitat ist ein authentischer Hinweis auf ein Besetzungsproblem, das im ganzen 17. Jahrhundert und somit auch in den meisten Werken unseres Passauer INVENTARIUMS eine zentrale Rolle spielt und das bei Ausführenden oft heiß diskutiert wird, nämlich: besetzt man die mit Violen bezeichneten Mittelstimmen eines Werkes mit Violen, d. h. mit gewöhnlichen Bratschen, oder mit Violen da gamba?

Für mindestens 4 Sonaten verlangt Weichlein lieber Gamben, für die Sonaten I, III, VI und XI. Auch andere Sonaten aus der Reihe wären dafür möglich. Für das Passauer Repertoire ist diese von Weichlein präferierte Besetzungsart eine ganz wichtige Frage, besonders für die zahlreichen vielstimmigen Sonaten und die großbesetzten Messevertonungen.

So bedeutet uns dieses Postscriptum Weichleins ein

wichtiges Zeugnis aufführungspraktischer Überlegungen. Der zu Unrecht vergessene Meister ist es absolut wert, wieder ins Bewusstsein gerückt zu werden.

Rupert Ignaz Mayr (1646–1712)

Von der Musikwissenschaft wurde das 17. Jahrhundert allgemein recht stiefmütterlich behandelt - man hat sich nur an den großen Namen eines Claudio Monteverdi und eines Heinrich Schütz erwärmen können -, die so genannten „Kleinmeister" fanden wenig Interesse, waren doch weder deren Biographie noch deren Werke spektakulär genug. Macht man sich aber einmal klar, dass alle diese so genannten „Kleinmeister", die oft ihr Handwerk hervorragend beherrschten, als Klosterkomponisten und Stadtmusikanten landesweit jenen Humus bildeten, aus dem die großen Gestalten der Musikgeschichte erst hervortreten konnten, dann gewinnen diese Musiker eine andere Bedeutung. Zu diesen Meistern gehört auch der aus Schärding stammende Komponist Rupert Ignaz Mayr, der, vor seiner Tätigkeit als Violinist in Passau (1683 – 1685), am Eichstätter Bischofshof nachweisbar ist. Von Passau aus wurde dieser begabte Geiger und Komponist an den Münchner Hof berufen, wo er durch bedeutende Kompositionen hervortrat. Sein wichtigstes noch erhaltenes Instrumentalwerk PYTHAGORISCHE SCHMIDS-FÜNCKLEIN vom Jahre 1692 ist eine Sammlung von 7 Suiten mit insgesamt 43 Sätzen, unter denen sich wahre Juwelen der Streichermusik des 17. Jahrhunderts befinden. Adolf Sandberger, der große Münchner Musikhistoriker, war der Erste, der Mayrs kompositorisches Talent und seine Bedeutung erkannt hat und um seine Werke bemüht war, die Quellen aber vermutlich nicht vollständig gelesen oder ausgewertet hat. So hat sich die Mär von Mayrs Studienaufenthalt bei Lully in Paris von Sandberger bis heute fortwirkend erhalten. Dass dem nicht so war, hat Irmgard Schmid[18] überzeugend nachgewiesen: „Rupert Ignaz Mayr, dessen Begabung der Kurfürst offenbar keineswegs sofort erkannt hat, dem erst im Nachhinein von der Wissenschaft fälschlicherweise die ‚Perfektionierung' in Lullys Nähe bescheinigt wurde, ist in Wirklichkeit über Bayerns Grenzen nie hinausgekommen. Dass er trotzdem auch fremdländische Stilistik, die er nur daheim, sozusagen aus zweiter Hand, kennen lernen konnte, einwandfrei beherrschte und seiner ganz persönlichen kompositorischen Aussage dienstbar zu machen verstand, spricht

indessen umso mehr und überzeugender für seine wirklich überdurchschnittlichen Fähigkeiten".

Der Protagonist für Lully in München war zur Zeit Mayrs vermutlich der berühmte Tanzmeister und Violinist Melchior d'Ardespin, von dem sich herrliche Tanzsuiten im Lully'schen Stil erhalten haben.

Neben den 7 Suiten der PYTHAGORISCHEN SCHMIDS-FUNCKLEIN sind von Mayr noch 3 Sonaten für Violine und Basso continuo und eine Triosonate für 2 Violinen und Basso continuo erhalten geblieben. Mit all diesen Werken liegt das gesamte Instrumentalwerk Mayrs durch den Unterzeichneten im Neudruck vor.[19] Alle übrigen Instrumentalwerke Mayrs sind leider verschollen. Dazu gehört sein erstes Werk PALAESTRA MUSICA, 12 Sonaten à 2, 3, 4 samt einem LAMENTO à 5 Stromenti. Ebenso sein zweites Werk ARION SACER à 4 Strom. & Basso continuo von 31 Stücken: Sinfonien, Allemanden, Couranten, Sarabanden, Giquen etc., Regensburg 1678. Nur die Basso di Viola-Stimme des Widmungsexemplars hat sich erhalten. Die 6 Suiten haben alttestamentliche Überschriften:

I.   Jephtias lugens
II. Joseph amissus
III. Plausus Judithae
IV. David Saltans
V.   Samson Ludens
VI. Benjamin

Auffallend ist, dass fast alle diese Suitensätze mit Tempoangaben versehen sind. Ein wichtiger Hinweis für die Suitenforschung.

Auch Mayrs PASSIGAGLIO à 4 Violini im Canon und sein Werk TERPSICHORE oder Canones von 6 Sonaten à 2 Strom. sind leider verloren gegangen, wogegen von seinem kirchenmusikalischen Werk noch drei große Sammlungen erhalten geblieben sind.

1. SACRI CONCENTUS, PSALMORUM, ANTIPHONARUM, PIARUMQUE CANTIONUM, 1681
2. GAZOPHYLACIUM MUSICO SACRUM: Offertorien und Motetten, 1702
3. PSALMODIA BREVIS AD VESPERAS TOTIUS ANNI; 1706.[20]

Sein GAZOPHYLACIUM besteht aus XXV Offertorien und Motetten für die Sonntage des ganzen Kirchenjahres zu 4 bis 5 Vokalstimmen und 5 Instrumenten. Seine PSALMODIA BREVIS ist eine Kombination von 15 Psalmen, einem Magnificat und dem Eingangsversikel, mit denen man die wichtigsten Vespern des Kirchenjahres bestreiten kann. Die Besetzung sieht 4 Vokalstimmen,

2 Violinen, 3 Violen oder Posaunen und Basso continuo vor. Es handelt sich um Mayrs letztes Opus.

Musikgeschichtlich ist Mayrs Opus III. SACRI CONCENTUS 1681 sicher sein bedeutendstes und wohl auch interessantestes Werk. Der originale Index gibt genaue Auskunft über Titel, verlangte Solostimme und verschiedenste Instrumentalbesetzungen. Rezitative und arioser Gesang wechseln mit rein instrumentalen Sätzen in den reichen Soloformen. Auch ausgedehnte instrumentale Vor- und Zwischenspiele erscheinen häufig. Gelungen ist im Opus III. auch der übersichtliche Aufbau der 12 Nummern des Werkes. Zunächst 4 Psalmvertonungen, die einzeln für eine Vesper zu gebrauchen sind oder als Motetten in der Liturgie eingesetzt werden können. Im liturgischen Jahr kommen diese 4 Psalmen in dieser Konstellation nie als Vesper vor. Ihnen folgen, dem Verlauf des Kirchenjahres entsprechend, die 4 Marianischen Antiphonen:

Alma redemptoris mater
Ave regina caelorum
Regina caeli laetare
Salve regina mater misericordiae

Danach folgen die im Titel so bezeichneten PIAE CANTIONES für verschiedene Gelegenheiten: eine Weihnachtsmotette, ein Stück für ein Kongregationsfest, eine Namen Jesu-Motette und eine doppelt textierte Motette für die Kreuz- und Namen Jesu-Verehrung. Neben den vier gewohnten Singstimmen Canto, Alto, Tenore, Basso erscheinen als Begleitinstrumente außerordentliche Besetzungen.

III. *Beati omnes qui timent Dominum* (Psalm 127) ist für Alt-Solo und Posaune oder Viola da gamba gesetzt, eine ganz ungewöhnliche Zusammenstellung.

VII. *Regina caeli laetare,* die Marianische Antiphon zur Osterzeit, ist für Bass-Solo und 2 Trompeten (Clarinen) geschrieben, eine fulminante, triumphale Ostermusik.

IX. *In terra descendam,* eine herrliche Weihnachtsmusik (Engelsverkündigung) mit Pastorellencharakter, mit 3 Streichern.

XII. *Venite gentes* mit Doppeltext für Canto- oder Tenor-Solo, eine Fakultativbesetzung in diesem großangelegten geistlichen Solokonzert.

Alle diese XII geistlichen Konzerte oder Solo-Motetten sind Juwelen barocker Kirchenmusik mit ganz eigener Prägung. In Passau hat diese Art des kleinbesetzten geistlichen Konzertes in Urban Loth's MUSA MELICA I. (1616) und MUSA MELICA II. (1619) und auch in Joh. Kyrzingers LESBY MODI ... (Passau 1624) schon beachtliche Vorläufer. Allerdings ohne jene ausgeprägten, z. T. virtuosen Instrumentalparte, wie sie von Mayr verlangt werden.[21]

Es ist ein großes Hoffnungszeichen, dass Mayrs SACRI CONCENTUS in diesem Jahr der Ausstellung „grenzenlos" als Band in der Reihe „Denkmäler der Tonkunst in Österreich" erscheint und hoffentlich auch in der kirchenmusikalischen Praxis den gebührenden Platz erhält.

Gangolpho Strahlesi (um 1800)

Aus gegebenem Anlass folgt eine Anmerkung zur Musikgeschichte des Klosters Asbach. Bis heute gibt es nur ein Werk eines Asbacher Klosterkomponisten, das auch eine Neuausgabe erfahren hat: CERTAMEN AONIUM, (Präambeln, Versetten, Kadentien in den acht Kirchentonarten) von P. Carlmann Kolb OSB (1703-1765). Dem als „pars prima" angekündigten Werk folgte leider keine „pars secunda". Ein beachtliches, unerwartetes Orgelwerk aus dieser bescheidenen, weil immer kleinen Abtei aus dem Rottal.[22] So wie Kolb über seine zeitgenössischen Ordensmitbrüder, z. B. Marian Königsperger (1708-1769) (Prüfening), Placidus Metsch (1700-1778) (Rott am Inn) und Valentin Rathgeber (1682-1750) (Banz) bedeutend hinausragt, so ist es auch mit der „MISSA IN A" à 4 voc. Soli, Chor, 2 Violini, Basso continuo des völlig unbekannten Komponisten Gangolpho Strahlesi. Er war kein Mönch oder Ordensangehöriger und wurde somit auch nicht in klösterlichen Personallisten geführt. Er hatte das Amt eines Camerario des Abtes von Asbach inne, war also Kammerdiener des Abtes Amand Arnold, der von 1750 bis 1834 lebte und von 1787 bis zur Auflösung des Klosters 1803 der letzte Abt vor der Säkularisierung war.

Strahlesis große MISSA IN A wurde vom letzten „regens chori" von Asbach, von P. Bernhard Senft OSB (1775-1851), geschrieben. Das Manuskript liegt heute im Musikarchiv des Klosters Metten unter zahlreichen Manuskripten von Bernhard Senft, der bis zu seinem Tode Pfarrer in Münchham/Rottal war.

Die MISSA IN A-DUR sucht ihresgleichen unter den Messen der süddeutschen Klosterkomponisten. Sie wurde von den Niederaltaicher Scholaren unter Leitung des Unterzeichneten spartiert (in Partitur gebracht) und vor Jahren in Asbach auch aufgeführt, wo sie nicht wenig Staunen erregte. Die Messe verlangt eine einfache Instrumental-Besetzung, lediglich 2 Violinen und Bass, von den Sängern aber, den Solisten wie auch vom Chor, einen sehr großen Ambitus in hoher Lage, besonders vom Sopran und vom Bass. Eine Transposition um einen Ton tiefer nach G-Dur kann nicht erfolgen, da dann die 2. Violine häufig das tiefe g unterschreitet. Auch würde die Messe dann ihre ungeheuer leuchtende Strahlkraft verlieren. Ein Werk, das jedem Kloster größte Ehre gebracht hätte.

Es ließen sich keine weiteren Quellen zur vita dieses nur unter dem latinisierten Namen Gangolpho Strahlesi greifbaren und für das Kloster Asbach tätigen Komponisten ausfindig machen. Fragen zu seiner Herkunft, zu Qualität und Umfang seines Gesamtwerkes bleiben unbeantwortet. Bei wem hat Strahlesi komponieren gelernt? Gibt es nur dies eine Werk von dieser Qualität? Welche Person verbirgt sich hinter dem latinisierten Namen? Handelt es sich um ein Pseudonym oder haben wir es mit einem Kryptographen zu tun, also einem verschlüsselten Schreiber-Namen? Wie dem auch sei. Wir besitzen aus Asbach ein hervorragendes Zeugnis schönster Kirchenmusik. Der hohe Anspruch der Messe setzt bei deren Realisierung auch voraus, dass im Kloster Asbach ein ausgezeichnet besetztes Chor- und Instrumentalensemble vorhanden war.

Anmerkungen

1 Dieses Inventarium Musicalium wird in einem der nächsten Hefte „Musik in Bayern" wissenschaftlich veröffentlicht.

2 Freundliche Mitteilung von Dr. Rupert Frieberger O.Praem.

3 Franz Jürgen Götz, Die Geschichte des Buchdrucks in der geistlichen Residenzstadt Passau 1641–1803, in Ostbairische Grenzmarken (1994) S. 107–146

4 August Scharnagl, Geistliche Liederkomponisten des Bayerischen Barock, in: KmJ (1958) S. 81 ff.

5 Konrad Ruhland, Georg Kopp, Elf Marienlieder, in: Musik aus Ostbayern Heft 58 (1994).

6 Georg Kopp, Canticum Trium Puerorum, Staatsbibliothek zu Berlin, Slg. Bohn Ms. mus. 163.

7 Georg Kopp, Sonata à 6, Erstdruck Ebersberg 1997.

8 J. B. Dolar, Miserere mei deus (Ps. 50) in der Reihe: Musik alter Meister, Heft 36/37, hrsg. von Janez Höfler, Graz 1974.

9 J. B. Dolar, Psalmi in der Reihe: Monumenta Artis Musicae Sloveniae, Ljubljana 1993, Bd. XXIII.

10 J. B. Dolar, Missa Villana und Missa sopra La Bergamasca in der Reihe: Monumenta Artis Musicae Sloveniae, Bd. IV, Ljubljana 1984 und 1992.

11 Robert Münster, Das Musikinventar der Zisterzienserabtei Aldersbach aus dem Jahre 1803, in: Schläft ein Lied in allen Dingen, Festschrift für Konrad Ruhland, Passau/Schongau 2003.

12 Ebd.

13 Siehe auch Musikinstrumente aus Ostbayern vom 17.–19. Jh., (Kataloge des Stadtmuseums Deggendorf, Nr. 10) Deggendorf 1993.

14 Neuedition in: Denkmäler der Tonkunst in Österreich, Bd. 128, Graz 1979 und Bd. 139 Graz 1980.

15 In DTÖ, Bd. 130, Graz 1980.

16 Neuedition in: DTÖ, Bd. 111/112, Graz 1965.

17 Neuedition in: DTÖ, Bd. 105/106, Graz 1963.

18 Irmgard Schmid, Rupert Ignaz Mayr (1646–1712): Die Kompositionen für das Musiktheater. Neue Beiträge zu Leben und Werk des Komponisten, Diss. Salzburg 1989.

19 R. I. Mayr, Pythagorische Schmids-Füncklein, in der Reihe: Musik aus Ostbayern, Heft 4, S. 20, 40, 44, 46, 48, 63 und 64.

20 Daraus die Psalmen und Magnificat der Marien-Vesper in der Reihe: Musik aus Ostbayern, Heft 61 und 62.

21 Auswahl aus Mayrs Werken in Rupert Ignaz Mayr, Ausgewählte Kirchenmusik, in: Das Erbe Deutscher Musik, Landschaftsdenkmale Bayern Band I = Band 37 der Denkmäler der Tonkunst in Bayern, Braunschweig 1936.

22 Carlmann Kolb, Certamen Aonium, Altötting 1960.

A. HDAV-Multivision: „Der Löwe von Passau"

Dionys Asenkerschbaumer, Winfried Helm

B. Das Fürstentum Passau zwischen Bayern und Österreich

Als selbstständiges Fürstentum des römisch-deutschen Reiches war Passau unmittelbarer Landesnachbar der Herzogtümer Österreich und Bayern und des seit 1526 zum Imperium der Habsburger gehörenden Königreiches Böhmen. Das Territorium des Passauer Hochstifts umfasste das Gebiet des südlichen bayerischen Waldes mit den Exklaven Wegscheid, Vichtenstein, Obernberg und Aigen am Inn. Die ober- und niederösterreichischen Besitzungen Passaus entlang der Donau standen unter habsburgischer Landeshoheit. Das von Bayern bis an die Grenzen Ungarns reichende Passauer Donaubistum gehörte mit Mainz, Konstanz und Salzburg zu den größten Diözesen des Reiches.

A. H.

1.

Passau und seine Umgebungen Anno 1566

Passau (?) 1820
Papier, Kopie, H. 31 cm, B. 46 cm
Archiv des Bistums Passau, Seminar
St. Stephan, S 7

Die bemerkenswerte Karte zeigt die Dreiflüssestadt mit den die Region bestim-

menden Gewässern. Donau und Inn verbinden Passau mit den Nachbarn Bayern und Österreich, die Ilz ist wesentlich für die Erschließung des Territoriums des Hochstifts Passau. Über den Inhaltsreichtum hinaus ist die Karte Ausdruck der Eigenständigkeit Passaus zwischen den übermächtigen Nachbarn, den Territorien der Häuser Wittelsbach und Habsburg, die auch in der Epoche des zur Entstehungszeit der Karte regierenden Bischofs Urban von Trenbach (1561–1598) die katholischen Staaten des Heiligen Römischen Reiches führten.

Lit.: Ausst.-Kat. Weißes Gold. Passau 1994, S. 10, Nr. 3 (mit weiterer Lit.); 155 f., Nr. 6.4.

H. W. W.

B.1 Passau und die Habsburger

Die Besetzung des Passauer Bischofsstuhls führte immer wieder zu Konflikten zwischen Habsburg und Wittelsbach, wobei sich das Domkapitel – mit Ausnahme Georg Heßlers – im 15. und 16. Jh. ausschließlich auf Bischöfe von Bayerns Gnaden einigte. Im Kampf um den Passauer Salzhandel und in der Abwehr

der bayerischen Bistumspolitik musste Passau aber Ende des 16. Jhs. schwere Schläge hinnehmen. Die aggressive Expansionspolitik Bayerns bewirkte, dass sich Fürstbischof Urban von Trenbach dem Drängen des bayerischen Herzogs Wilhelm V. widersetzte, dessen Sohn Ferdinand als Koadjutor und designierten Nachfolger einzusetzen. Die Situation verschärfte sich mit der Verurteilung des bayerisch gesinnten Domherrn Dr. Georg Gotthardt wegen Hoch-/Landesverrats am Passauer Bistum. Nach einem panischen Fluchtversuch aus der Festungshaft und einem dabei begangenen Tötungsdelikt an einem Gefängniswächter wurde Gotthardt in der Passauer Landesfestung Oberhaus hingerichtet.

A. H.

1.1

Fürstbischof Urban von Trenbach (1561–1598)

Passau, Öl/Leinwand, datiert: 1564
Passau, Oberhausmuseum, Inv. Nr. 406

Der auf Schloss St. Martin im Innkreis geborene Urban von Trenbach (1525–1598) war der letzte bayerische Potentat, der vom Hause Wittelsbach für das Pas-

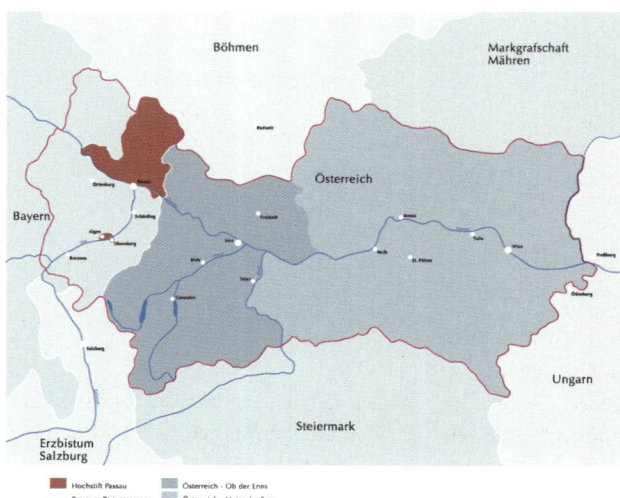

Hochstift und Bistum Passau 16./17. Jahrhundert

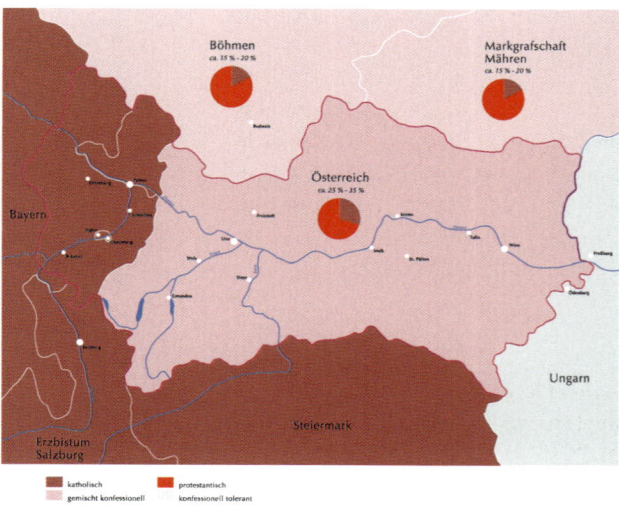

Das Großbistum Passau. Katholische und protestantische Bevölkerungsanteile um 1600

sauer Bischofamt durchgesetzt werden konnte. Mit der Wahl seines Nachfolgers Erzherzog Leopold V. von Österreich nahmen das Passauer Bischofamt bis zur Säkularisation ausschließlich habsburgische Prinzen bzw. Kandidaten aus österreichischem Adel ein. Es war nicht absehbar, dass das Passauer Fürstbistum erst nach zwei Jahrhunderten – als säkularisierter Kirchenstaat – wieder in die Hände Bayerns übergehen sollte.

A. H.

1.2
Siegelplatte (Passauer Domkapitel)
1593
Eisen, gegossen, ⌀ 3,3 cm
Passau, Oberhausmuseum,
Inv. Nr. 14787.

Zentrales Motiv: hl. Stephanus, darunter Schild mit Wappen des Hochstifts Passau; Umschrift: CAPITULI PATAVIENSIS SIGILLUM 1593

A. H.

B.1.1 Habsburger Prinzen als Passauer Fürstbischöfe

Mit der Wahl Erzherzog Leopolds V. (1598–1625) zum Passauer Fürstbischof regierten 66 Jahre lang nachgeborene Prinzen des Erzhauses Habsburg in Passau. In zweiter und dritter Generation folgten die Erzherzöge Leopold Wilhelm (1625–1662) und Karl Josef (1662–1664). Als nachgeborene Prinzen des Habsburger Kaiserhauses wurden sie bereits im Kindesalter zur geistlichen Laufbahn bestimmt.

Die Sicherung des Passauer Bischofsamtes für die noch minderjährigen Prinzen erforderte eine geschickte kaiserliche Diplomatie, wobei sich das Domkapitel sein Entgegenkommen vom Habsburger Stammhaus mit außerordentlichen Privilegien honorieren ließ.

A. H.

1.1.1
Erzherzog Leopold V. (1598–1625), Kupferstich: „LEOPOLDUS ARCHIDUX AUST."
Passau, Oberhausmuseum, Inv. Nr. 7199

1.1.2
Erzherzog Leopold Wilhelm (1625–1662)
Kupferstich mit Devise:
„TIMORE DOMINI"
Cornelis Galle d. J., 1647/56,
H. 35,5 cm, B. 26 cm (beschnitten)
Passau, Oberhausmuseum, Inv. Nr. 7155

1.1.3
Erzherzog Karl Josef (1662–1664)
Kupferstich: „CARLO GIUSEPPE ARCIDUCA D'AUSTRIA &"
Des Weiteren handschriftlicher Zusatz:
„Gran Maestro del ordine Teutonis et Episcopus Passviensis et olomucensis etc."
J. Sandrart, 1662/64, H. 27,5 cm,
B. 20 cm
Passau, Oberhausmuseum, Inv. Nr. 7476

B.1.2 Leopold V. und der Habsburger Bruderzwist – Passauer Kriegsvolk

Wegen der drohenden dynastischen Schwächung durch den unter geistiger Verwirrtheit leidenden Kaiser Rudolf II. erhob der habsburgische Familienrat dessen Bruder Erzherzog Matthias zum Familienoberhaupt. Der daraus resultierende Bruderzwist erreichte im Vertrag von Lieben (1608) mit dem unfreiwilligen Verzicht Rudolfs II. auf Österreich, die ungarische Königskrone und die Markgrafschaft Mähren zu Gunsten Matthias einen vorläufigen Höhepunkt. Mit dem Einfall des so genannten „Passauer Kriegsvolkes" – 9000 Mann Fußvolk und 4000 Reiter – unter Oberst Laurentius von Ramée in Oberösterreich und Prag, verfolgte Erzherzog Leopold V. den nicht uneigennützigen Zweck, den wankend gewordenen Kaiserthron seines Oheims Rudolf II. im Habsburger Bruderzwist gegen Matthias zu stützen. Aus dieser dynastischen Krise des Hauses Habsburg ging aber nicht der von Rudolf II. favorisierte Leopold V., sondern König Matthias als Sieger und künftiger Kaiser hervor. Ein Relikt aus dieser Zeit ist die so genannte „Passauer Kunst", auf welche sich der Passauer Scharfrichter Kaspar Neidhart und der relegierte Student Christian Elsenreiter verstanden haben sollen. Durch das Schlucken von magi-

schen Zauberzetteln mit der zugeklebten Aufschrift „Teufel hilf mir, Leib und Seele geb ich dir" sollte man einen Tag unverwundbar gegen Schuss-, Hieb- und Stichverletzungen sein. Starb man aber während dieser Zeit auf anderem Wege, war die Seele des Teufels.

A. H.

1.2.1
Kaiser Matthias und Kaiserin Anna
Jeremias Günther (tät. 1604–1633),
um 1615
Öl/Leinwand, H. 50,5 cm, B. 59,5 cm
Klosterneuburg, Stiftsmuseum,
Inv. Nr. GM 582

Fragment eines Gemäldes aus einem größeren Bild, wahrscheinlich einem Altarbild unbekannten Inhalts, von dem im Stift Klosterneuburg noch ein weiteres Bruchstück mit der Figur eines Bischofs erhalten ist. Jeremias Günther war bereits seit 1604 Kammermaler Kaiser Rudolfs II. und diente in dieser Position auch in der gesamten Regierungszeit Kaiser Matthias. Letztmalig ist seine Tätigkeit von 1629 bis 1633 im Stift Klosterneuburg bezeugt.

Lit.: Ausst.-Kat. Was ist neu an der Neuzeit? Österreich zwischen Mittelalter und Barock (1500–1650), Eisenstadt 1991, Kat. Nr. VII. 16.

W. H.

1.2.2–1.2.9
Der Einmarsch des Passauer Kriegsvolkes in Oberösterreich und Prag
Serie von Radierungen, Wilhelm Peter Zimmermann (nachweisbar seit 1589–um 1630)
H. 29 cm, B. 38 cm
Wien, Heeresgeschichtliches Museum,
Inv. Nrn. BI 20.828, BI 20.824,
BI 20.832, BI 20.833, BI 20.834,
BI 20.830, BI 20.831, BI 20.829

Lit.: Kurz, Franz. Der Einfall des von Kaiser Rudolf II. in Passau angeworbenen Kriegsvolkes in Oberösterreich und Böhmen (1610–1611), Linz 1897. – Ausst.-Kat. Renaissance in Österreich, Schallaburg 1974, S. 141.

A. H.

1.2.2 Einfall des Passauer Kriegsvolkes in Oberösterreich, 1610 Dezember 21., Nr. 3

1.2.3 Plünderung von Schwandorf durch das Passauer Kriegsvolk, 1611 (o. Nr.)

1.2.6

1.2.4 Übergang d. Passauer Kriegsvolkes über d. Donau, Plünderung eines Ortes, 1611/Jan. (o. Nr.)

1.2.5 Erstürmung von Budweis durch das Passauer Kriegsvolk, 1611/Februar (o. Nr.)

1.2.6 Erstürmung der Prager Kleinseite u. d. Hradschin durch d. Passauer Kriegsvolk, 1611/Feb./Nr. 7

1.2.7 und 1.2.8 Das Passauer Kriegsvolk, 1611, Nr. 9 und Nr. 10

1.2.9 Krönung des Erzherzogs Matthias zum König von Böhmen durch den Kardinal Bischof von Dietrichstein, 1611 Mai 27, Nr. 11

1.2.10
Oberst Laurentius von Ramee und seine Offiziere
Gemälde von einem unbekannten Künstler, um 1610, H. 135 cm, B. 203 cm
Schloss Friedberg, Tirol

Nach dem Einschreiten König Matthias gegen das Passauer Kriegsvolk in Prag waren Erzherzog Leopold V. und Ramée gezwungen eiligst den Rückzug anzutreten. Ramée verschanzte sich mit seinen kaiserlichen Landsknechttruppen in Budweis, das er bereits vorher mit großer List eingenommen und vorsorglich als Zufluchtsort ausgewählt hatte. Dabei ließ er gegen neun seiner Offiziere, die er zu einem Abendmahl ins Budweiser Rathaus eingeladen hatte, ein Standgericht ergehen. Sie wurden nacheinander ins Zimmer des Obersten Ramée gerufen und des Hochverrats bezichtigt. Angeblich hätten sie bei der Belagerung der Prager Kleinseite gemeinsame Sache mit den böhmischen Ständen und dem Grafen Thurn gemacht. Ihre enthaupteten Leichname ließ Ramée zur Abschreckung auf dem Budweiser Stadtplatz zur Schau aufstellen. Er selbst entfloh mit der gesamten Kriegsbeute über den Golden Steig nach Passau. Als unbelehrbarem Abenteurer, der im Krieg sein Glück suchte, wurde ihm aber letztlich von Erzherzog

Leopold der Prozess gemacht und am 23. April 1613 in der bischöflichen Festung Hohenbar bei Zabern sein Todesurteil vollstreckt.

Lit.: August Graf Preysing, Laurentius Ramee, der Führer des Passauer Kriegsvolkes. In: OBG 1959, 105 ff. – O. Trapp, Das Offiziersgruppenbild des Obristen Lorenz von Ramée in Friedberg. In: Tiroler Heimat 1947, 31–37 – Ausst-Kat. Tausend Jahre Oberösterreich, Wels 1983, Bd. 2, S. 232, Nr. 12.35 (mit weiterer Literatur).

A. H.

B.1.3 Leopold V. als katholischer Reformator

Als 1597/98 der 13-jährige Leopold von Habsburg das Bischofsamt in Passau übernahm, galten bereits länger strenge Bestimmungen zur Wahrung der Rechtgläubigkeit im Hochstift. Hierzu gehörten die Unterdrückung oder Annullierung gemischtkonfessioneller Ehen, das Verbot evangelischer Gottesdienste, ein verstärktes Heranziehen der Kinder zum Katechismusunterricht, die Kontrolle des Sakramentenempfangs mittels Kommunikantenlisten und Beichtzettel, schließlich die Bespitzelung und polizeiliche Überwachung des Glaubenslebens der Bürger. Auf der anderen Seite stand die Propagierung einer neuen Glaubenspraxis im Sinne des Konzils von Trient. Leopold holte 1612 gegen den Widerstand des Domkapitels die Jesuiten nach Passau, die nicht nur die Schulbildung übernahmen, sondern durch geistliche Theater, Kanzelpredigten, Prozessionen, Liedgut und erneuerte Festtagsbräuche für eine sinnenfrohe, volksnahe Glaubensgestaltung einstanden. In diesem Zusammenhang gehörte auch eine verstärkte Heiligen- und Marienverehrung, mit der man sich vom Protestantismus abzusetzen suchte. In Passau fand sie ihren nachhaltigsten Ausdruck in der Begründung der Wallfahrt von Maria-Hilf, die von Anfang an massiv durch das Haus Habsburg unterstützt wurde.

L. D.

1.3.1
Grenzstein des Hochstiftes Passau
1610
Granit (?), behauen. Inschrift: L[eopold] A[rchidux] E[piscopus] P[ataviensis], H. 67 cm

1.2.10

Passau, Oberhausmuseum,
Inv. Nr. 13753

Die Grenzsteine mit dem Wappen des Hochstifts und den Initialen des Fürstbischofs markierten einst den Beginn von dessen weltlichen Herrschaftsbereich. Wer sich hier niederlassen wollte, musste seine Rechtgläubigkeit mit Beichtzetteln nachweisen.

L. D.

1.3.2
Medaille von Leopold I.
Passau zw. 1617–1625
Bleiguss, H. 37 mm, B. 30 mm
Inschriften: „LEOPOLD.. ARC.. AN S. EPS ARG: ET PASS:", v: „PIETAS AD OMNIA VTILIS".
Passau, Oberhausmuseum,
Inv. Nr. 14711

Die Vorderseite der Medaille zeigt das Portrait Erzherzog Leopolds, die Inschrift stellt ihn als Bischof von Passau und Straßburg vor. Auf der Rückseite ist seine Devise dargestellt: Ein Storch verteidigt sein Nest gegen einen angreifenden Raubvogel. Das Bild leitet sich von einem Emblem des Peter Isselburg (1617) ab. Es steht für die Verteidigung des Volkes durch den Herrscher: „Ein Fürst, ja alle Obrigkeit / Billich für die Sein[en] krigt und streit." Zusammen mit dem Motto „Pietas ad omnia utilis" steht die Devise für die Bereitschaft des Bischofs kriegerisch und fromm für seine Untertanen einzustehen.

Lit.: Henkel, Arthur / Albrecht Schöne: Emblemata, Stuttgart und Weimar 1996, Sp. 829 f.

L. D.

B.1.3.1 Tridentinische Glaubenserneuerung

1.3.1.1
Neubürgerverzeichnis Passau 1589/90
München, Bayerisches Hauptstaatsarchiv, BlK 35, Nr. 4, Fasz. 6

Das Verzeichnis listet die Passauer Neubürger auf, zusammen mit einem Vermerk über den jeweils vorgelegten Beichtzettel, der sie als Katholiken ausweist.

Lit.: Eichhorn, Gertraud K.: Beichtzettel und Bürgerrecht in Passau 1570 – 1630, Passau 1997, S. 180 – 183.

L. D.

1.3.1.2
Beichtzettel für Matthäus Aufinger
Passau/Ilzstadt, 1592 Mai 30
München, Bayerisches Hauptstaatsarchiv, BlK 35 Nr. 4. Fasz. 8, 24

Der Beichtzettel ist ausgestellt von Vikar Johann Hiltz. Er bestätigt die Osterbeichte und den Empfang der Kommunion nach katholischem Brauch.

Lit.: Eichhorn, Gertraud K.: Beichtzettel und Bürgerrecht in Passau 1570–1630, Passau 1997, S. 37.

L. D.

1.3.1.3
Missale Romanum
Titelkupfer mit Doppelwappen Leopolds von Habsburg, herausgegeben von Leopold V., München, Nicolaus Henricus 1608
Ledereinband, Papierdruck, 7 ganzseitige Kupferstiche, H. 34 cm, B. 23 cm
Kößlarn, Pfarrkirchenstiftung

Das neue römische Messbuch war im Gefolge des Trienter Konzils 1570 eingeführt worden. Leopold V. gab in seiner Funktion als Bischof von Passau und Straßburg ein solches Messbuch heraus und präsentierte sich auf dem Titelkupfer mit seinem bischöflichen und seinem erzherzoglichen Wappen sowie der Devise „Pietas ad omnia utilis" als Verfechter der tridentinischen Ideen zur Kirchenreform.

L. D.

1.3.1.4
Antidotum: Gewisse Artzney wider die Kranckheit der Seele jetziger Zeit
1585
Ledereinband, Papierdruck. Kößlarn, Sammlung Wurm

Das Werk nimmt Stellung gegen die Irrlehren der Zeit und wendet sich unter anderem ausführlich gegen den Utraquismus.

L. D.

1.3.1.5
Lutherbibel („Brandbibel"). Nachdruck, Johann Endters Erben (Verleger)
Nürnberg 1786
Brandspuren am Ledereinband, Holzkern des vorderen Buchdeckels gebrochen.
Passau, Evangelisches Dekanat

Die Luther-Bibel wurde 1880 bei einem Hausbrand am Passauer Rindermarkt in angesengtem Zustand geborgen. Sie war dort zwischen Dachsparren versteckt worden – offensichtlich in einer Zeit in der der Besitz von lutherischen Schriften noch mit hohen Strafen geahndet wurde. Ein weiterer Beleg für die Kontinuität des Kryptoprotestantismus auch in Passau.

Lit.: Strom, Albert (Dekan): maschinenschriftl. Manuskript, Otterskirchen 2004.

A. S.

1.3.1.6
Evangelischer Kommunionkelch (Laienkelch)
Regensburg, um 1750
Silber, vergoldet. Cuppa: ⌀ 15 cm
Gestiftet von Frau Evphrosyna Cordula Wiederin. Leihgeber: Regensburg-Dreieinigkeitskirche, Evangelisch-lutherische Kirchengemeinde

Kelch mit besonders großer Cuppa, in dem an die Gläubigen bei der gemeinsamen Kommunion unter beiden Gestalten – Brot und Wein – der konsekrierte Wein ausgeteilt wurde.

A. H.

1.3.1.7
Utraquistisches Krankenziborium oder Reisekelch mit integrierter Hostiendose
Datiert: 1599
Silber vergoldet, deutliche Gebrauchsspuren
Ezelheim, Depot, Inv. Nr. 45. Leihgeber: Nürnberg, Landeskirchliches Archiv

Auf der Unterseite des Kelchfußes ist im Schaft eine scharnierte Hostiendose eingearbeitet. Damit konnte die Krankenkommunion unter beiden Gestalten (sub utraque specie) durchgeführt werden. Ein zusätzliches Gefäß für die Krankenölung ist nicht vorhanden.

A. H.

B.1.3.2 Einführung des Jesuitenordens

1.3.2.1
Liber oeconomicus collegii Passaviensis Societatis Jesu ordinatione superiorum erectus
Passau 1709

Papierhandschrift 25 × 38,5 cm,
206 gez. Blätter + 36 ungez. Blätter.
Passau, Staatliche Bibliothek, Mst. 88

Der „Liber oeconomicus" ist ein pein-
lichst genau geführtes Wirtschafts- und
Verwaltungsbuch, das mit einer Reihe
Federzeichnungen ausgestattet ist. Auf
Anordnung des Ordensgenerals Thyrus
Gonzales wurden in allen Ordenshäusern
solche Bücher geführt. Sie waren schon
auf Grund der Lebensweise der Ordensbrüder, die häufige Ortswechsel ein-
schloss, lebensnotwendig. Im ersten Teil
werden die Prinzipen der Buchführung
dargelegt und jeweils mit einem Beispiel
aufgezeigt, wie man aus den Diarien den
aktuellen wirtschaftlichen Stand des Kollegs errechnen kann. Im zweiten Teil
kann man sich einen Überblick über die
zu erwartenden Einnahmen verschaffen.
Der dritte Teil führt detailliert alle anfallenden und möglichen Ausgaben auf, für
Nahrungsmittel, Kleidung, Gerätschaften, Handwerker, etc. Der Studienkirche,
dem Seminar und der Schule sind eigene
Abschnitte gewidmet.

Lit.: Ausst.-Kat. Die Jesuiten in Passau –
Schule und Bibliothek 1612–1773. 375 Jahre
Gymnasium Leopoldinum und Staatliche Bib-
liothek Passau, Passau 1987, Kat.-Nr. 15.

R. H.

1.3.2.2
**Liber quotidianarum expensarum
1613–1614**
Papierhandschrift. H. 10,5 cm, B. 30 cm,
94 Bll.
Passau, Staatsbibliothek, Signatur:
Mst. 93

Ältestes Haushaltsbuch des Passauer Je-
suitenkollegiums, welches einen Einblick
über die Ausgaben in den ersten beiden
Jahren nach der Gründung des Kollegs
gibt.

Lit.: Ausst.-Kat. Die Jesuiten in Passau –
Schule und Bibliothek 1612–1773, Passau
1987, Kat.-Nr. 4.

A. H.

1.3.2.3
**Templum Gratiarum, Serenissimi
Principis, ac Dominis, D. Leopoldi …
Fundatoris Munificentissimi … pii
manibus, cineribusque: a memoria
Archiducalis Collegii Passaviensis
Societatis Iesu … dicatum,
dedicatumque**

Passau 1633
Passau, Staatliche Bibliothek,
Signatur Mlh 1633/1

Die große Verbundenheit des Passauer Jesuitenkollegs gegenüber seinem Stifter,
Erzherzog Leopold, zeigte sich in dem
anlässlich seines Todes im Jahre 1632 in
Auftrag gegebenen und ein Jahr später erscheinenden Emblembuch „Templum
gratiarum". Dieser „Templum gratiarum"
ist im Frontispiz als Rundtempel dargestellt. Dazu kommen innerhalb des Bandes 29 Emblemkupfer des Münchner Ste-
chers Philipp Sadeler. Die Kupfer zeigen
meist in Figuren- und Architekturkartu-
schen gefasste, ovale Emblem-Pictura, in
deren Rahmen die Inscriptio eingeschrieben ist. In jeder Kartusche findet sich
eine kleine Darstellung des Passauer Jesuitenkollegs in dem Zustand vor dem
Stadtbrand 1622.

Das Emblem auf S. 32 symbolisiert, dass
das Streben nach Frömmigkeit wahre
Herrschaft bringt, indem es die Verehrung der Heiligen Eucharistie durch Leopold V., Fürstbischof von Passau, auf-
zeigt. Die habsburgischen Säulen des
Herkules tragen die Personifikationen
von „Religio" und „Pax" mit ihren Attributen. Zwischen den Säulen ist ein Seil
gespannt, an dem die Heilige Eucharistie
hängt, nach der der Ritter Leopold mit
der Lanze kämpfend strebt. Der Priester
auf dem Pferd im Bildvordergrund mit
der Heiligen Eucharistie in der Hand
greift die in vielen Jesuitendramen vor-
kommende Anekdote auf, dass Rudolf
von Habsburg einem Priester auf dem
Versehgang aus Ehrfurcht vor der Heiligen Eucharistie sein Pferd überlassen
hat. Leopold wird da-mit in die Tradition
der habsburgischen „Pietas Eucharistica"
gestellt, und es wird demonstriert, dass
seine Friedensherrschaft auf seinem Streben nach eucharistischer Frömmigkeit
beruht.

Lit.: Ausst.-Kat. Die Jesuiten in Passau –
Schule und Bibliothek 1612–1773. 375 Jahre
Gymnasium Leopoldinum und Staatliche Bib-
liothek Passau, Passau 1987, Kat. Nr. 78.

R. H.

1.3.3.1

B.1.3.3 Wallfahrt Mariahilf

1.3.3.1
Mariahilf-Stifterbild
Um 1634
H. 105 cm, B. 86 cm
Passau, Wallfahrtskirchenstiftung
Mariahilf

Das Gemälde zeigt das Porträt des Wall-
fahrtsgründers Marquard von Schwendi
mit Rosenkranz und Buch. Rechts oben
über einem kleinen Mariahilf-Bild ist die
Inschrift zu lesen: „MARQUARDUS A
SCHWENDI DECANUS ET ADMINIS-
TRATOR EPS. PASS. FUNDATOR AETAT.
LII OB 29. IVL 1634". Schwendi ließ
vom Cranachbild zwei Kopien anfertigen.
Eine davon verbrachte er in eine Holzkapelle in der Innstadt am Fuße des Schu-
lerberges. Nachdem Schwendi mehrfach
in Visionen „viel unterschiedliche Liech-
ter, also in die Ordnung gerichtet, als
wann sie processionaliter herumbgien-
gen", auf dem Berg gesehen hatte, ließ er
dort 1622 für das Marienbild eine Holzkapelle errichten. Eine weitere Vision, bei
der ihm „die glorwürdigste Jungfrau
Maria, an dem Armb ihr liebstes Kind
haltend", erschien, und der große Zulauf
der Gläubigen veranlassten ihn, den Bau
der heutigen Kirche (1624–27) in Auftrag
zu geben.

Lit.: Mader, Felix (Bearb.): Die Kunstdenkmäler von Bayern. Regierungsbezirk Niederbayern, Bd. 3: Stadt Passau, München 1919,
S. 230. – Ausst.-Kat. Passavia Sacra. Alte Kunst
und Frömmigkeit in Passau, Passau 1975,
Nr. 335.

A. B.

1.3.3.2
Mariahilf-Monstranz
Um 1628
Silber, teilvergoldet; getrieben, gegossen,
ziseliert, punziert, H. 53 cm
Passau, Wallfahrtskirchenstiftung
Mariahilf

Lit.: Die Kunstdenkmäler von Bayern (Niederbayern), Bd. 3: Stadt Passau, München 1919,
S. 232. – Ausst.-Kat. Passavia Sacra. Alte Kunst
und Frömmigkeit in Passau, Passau 1975,
Nr. 342. – Wurster, Herbert W.: Wallfahrtskirche Mariahilf ob Passau, Passau 2003, S. 25.

1.3.3.3
Mariahilf-Bild
Johann Seitz (tätig seit 1636–vor 1680
Passau), Passau, um 1660/70
Elfenbein, Hartholz, Ebenholzauflagen,
H. 26,1 cm
Wien, Kunsthistorisches Museum,
Kunstkammer, Inv. Nr. 4535

Die Anwesenheit des berühmten Mariahilf-Bildes von Lucas Cranach regte den
v. a. in Passau und Oberösterreich tätigen
Johann Seitz vermutlich zu dieser kleinplastischen Variante in Elfenbein an. Die
originale Sockelung der „Maria Auxiliatrix" mit Fruchtgehänge, Voluten und
Kartusche im Knorpelstil verrät sein bild-
hauerisches Denken als Schöpfer von
Altaraufbauten und Grabmälern, die zumeist eine ähnlich kleinteilige, reiche Ornamentik aufweisen. Die enge Verwandtschaft in Konzeption und Modellierung
mit dem 1671 entstandenen Ecce Homo-
Andachtsbild in Göttweig rechtfertigt die

1.3.3.3

Einordnung in das Oeuvre des „kunstrei-
chen und berühmten Meisters von Passau, nämlich den Ratsbürger und Bildhauer Johann Seitz". 1776 im Inventar
der Großen Galerie bei Hof, der Kunstkammer der Salzburger Erzbischöfe verzeichnet, gelangte das Gnadenbild im
19. Jh. in die kaiserliche Schatzkammer
in Wien.

Lit.: Ausst.-Kat. Dürers Verwandlung in der
Skulptur zwischen Renaissance und Barock,
Frankfurt 1982, Nr. 125 (B. Decker). – Ausst.-
Kat. 900 Jahre Stift Göttweig 1083–1983. Ein
Donaustift als Repräsentant benediktinischer
Kultur, Baden 1983, unter Nr. 733 (G. Lech-
ner). – Ausst.-Kat. Seitenstetten. Kunst und
Mönchtum an der Wiege Österreichs, Bad
Vöslau 1988, Nr. 20.5 (S. Krenn).

S. H.

1.3.3.4
Bruderschaftsbuch der Mariahilf-
Bruderschaft zu Passau
Pergament-/Papiercodex mit Stoff
bezogenem Holzdeckel und Lederrücken
und mehreren Malereien. Passau,
1630–1705, H. 36, B. 26 cm
Passau, Bistum: Domkapitlisches Archiv,
Mariahilf-Bruderschaft

Lit.: Hartinger, Walter: Mariahilf ob Passau,
Passau 1985. – Ausst.-Kat. Maria Allerorten,
Landshut 1999, S. 73, Abb.4; 448; 450,
Nr. III/24 (mit weiterer Lit.).

B.1.4 Leopold V. als Landesfürst

Nach dem Tod Erzherzog Maximilians III. des Deutschmeisters wurde Leopold V. 1618 die Landesadministration
Tirols und der Vorlande übertragen, die
er 1623 von Kaiser Ferdinand II. vertrag-
lich zu zwei Dritteln als Eigentum für sich
und seine eventuellen Nachkommen
zugesichert bekam. Im dritten Drittel
(Breisgau, Sundgau, Elsass, Hagenau und
Ortenau) blieb er bis 1630 nur Statthalter. Die Regierungszeit Erzherzog Leopolds fällt auch mit der ersten Hälfte des
Dreißigjährigen Krieges zusammen, so
kommt es nicht von ungefähr, dass er
sich zunehmend auf die politischen Interessen des von Kriegsnöten bedrängten
Habsburger Imperiums konzentrierte.
Seinen Reichsinteressen als absolutisti-
scher Landesfürst nachkommend, resignierte er 1626 mit päpstlicher Dispens
alle kirchlichen Ämter, was ihm die Ver-

1.4.1

ehelichung der verwitweten Claudia de'
Medici ermöglichte.

A. H.

1.4.1
Erzherzog Leopold V.
Anonym, deutsch, nach 1630
Öl/Leinwand, H. 115 cm, B. 90 cm
Wien, Kunsthistorisches Museum,
Gemäldegalerie, Inv. Nr. GG 7968

Leopold V. (1586–1632), ursprünglich
für den geistlichen Stand bestimmt, übernahm 1618 das Amt des Gubernators in
Tirol und den österreichischen Vorlanden
und wurde schließlich 1630 Tiroler Landesfürst. Das Porträt stammt von einem
unbekannten Hofmaler und zeigt den
Erzherzog in repräsentativer Haltung und
zeitgenössischer Kleidung, deren Stickereien u. a. die ineinander verschlungenen
marianischen Symbole STMAR aufweisen.

Lit.: Günther Heinz: Studien zur Porträtmalerei an den Höfen der österreichischen Erblande, in: Jahrbuch der Kunsthistorischen
Sammlungen in Wien 59, 1963, S. 202. –
Ausst.-Kat. Ruhm und Sinnlichkeit. Innsbrucker Bronzeguß 1500–1650, Tiroler Landesmuseum Ferdinandeum Innsbruck, 1996,
Kat. Nr. V, S. 14. – Ausst.-Kat. Jacob Stainer
„kayserlicher diener und geigenmacher zu
Absom", Kunsthistorisches Museum Wien,
2003, Kat. Nr. VII 1.

V. S.

1.4.2
Halbharnisch Erzherzog Leopolds V.
von Tirol (1586–1632)
Hans Jakob Topf (erw. 1605–1628),
Innsbruck, um 1620

Dunkel gebläutes Eisen, Messing, Leder, Samt, H. 105 cm, B. 80 cm, T. 57 cm
Wien, Kunsthistorisches Museum, Hofjagd- und Rüstkammer,
Inv. Nr. A 1530

Gleich nach Ausbruch des Dreißigjährigen Krieges (1618–1632) bestellte sich Erzherzog Leopold V. von Tirol (1586–1632) bei seinem Innsbrucker Hofplattner Hans Jakob Topf neben einem Reiterharnisch auch diesen überschweren Halbharnisch, der ihm bei Belagerungen in den Schanzgräben zweifellos hervorragenden Schutz bot. Er kennzeichnet aber jenen Moment in der Entwicklung, in der die Feuerwaffe den Harnisch überflügelte und bald zum Verschwinden brachte. Denn um den Harnisch kugelsicher zu machen, und die Schussproben am Helm, auf Brust und Rücken beweisen dies, musste man ihn derart verstärken, dass er ein Gewicht von über 40 Kilogramm erreichte, wodurch er selbst von einem geübten Mann nur kurze Zeit getragen werden konnte. In Form und Farbe lässt sich hier schon ganz deutlich das barocke Körperideal erkennen. Vorbild ist der selbstbewusste Kraftmensch, der in seiner Gesamterscheinung stämmig und füllig wirken sollte. So wirkt der Helm eiförmig, fast kugelig gerundet. Das vorgeschnallte Visier hat ausgeschnittene Okulare und verdeckt das ganze Gesicht. Breit ausladend sind die Schultern, die hier als geschobene Achseln die bis zu den Ellenbogen reichenden Handschuhe überlappen. Durch die hoch angesetzte Taille wird der Oberkörper stark verkürzt, der Leib entsprechend stattlich und durch die ausladenden Hüften der barocken „Imponierhaltung" angeglichen, die dieses Körperideal anstrebt. Zusammen mit der dunklen Oberfläche und den spärlich verwendeten Dekorationselementen, die sich auf den Kontrast der vergoldeten Messingnieten beschränken, wird eine drohende, fast feindselige Wirkung erreicht.

Lit.: Ausst.-Kat., Treasures of the Habsburgs. Masterpieces of the Kunsthistorisches Museum Wien, Japan (Nara) 1995, S. 141, 220 (Kat.Nr. 115); Ausst.-Kat., Roberto Capucci – Roben wie Rüstungen. Mode in Stahl und Seide einst und heute, Wien 1990, S. 182 f. – W. Boeheim, Handbuch, S. 180, Fig. 84, 99.

C. B.-S.

B.1.5 Leopold V. als Förderer von Kunst und Wissenschaft

Der Regierungsstil Leopold V. als Landesfürst Tirols und der österreichischen Vorlande offenbarte absolutistische Neigungen. Die unter seiner Regentschaft ausgeführten Staatsaufträge waren von einem herrschaftlichen Repräsentationsstil geprägt. Sie dienten der Huldigung des Hauses Habsburg und der Herausstellung seines absolutistischen Machtanspruches. Aber auch der Jesuit und Naturwissenschaftler Christoph Scheiner fand in Erzherzog Leopold V. einen großen Förderer. Erzherzog Maximilian III. hatte 1611 den damals bereits berühmten JS Christoph Scheiner (Mitentdecker der Sonnenflecken) wegen astronomischer Fragen nach Innsbruck geholt. Dort wurde unter seiner Aufsicht auch der Bau der Jesuitenkirche begonnen. Durch die Verheiratung 1626 mit Claudia de' Medici kamen Italiener und italienische Hofsitten nach Innsbruck, ebenso das Barock, die italienische Musik und das italienische Theater.

A. H.

1.5.1
Christoph Scheiner SJ als Astronom und Naturwissenschaftler
Nach 1724
Öl/Leinwand, H. 188 cm, B. 198 cm
Ingolstadt, Stadtmuseum

Das Bild im so genannten Bassgeigenformat zeigt Scheiner an seinem Arbeitsplatz, umgeben von astronomischen Geräten und seinen wichtigsten Veröffentlichungen. In seiner linken Hand hält er eine Tafel, auf der eine Zeichnung mit den Sonnenflecken angeheftet ist.

Lit.: Franz Daxecker: Scheiner, Christoph, in: Biographisch-Bibliographisches Kirchenlexikon XXI (2003), S. 1307–1312.

E. H.

1.5.2
Christoph Scheiner SJ (1575–1650): Beschreibung der Sonnenflecken. Rosa Ursina sive Sol ex admirando facularum et macularum suarum phaenomeno varius ...
Bracciano 1626–1630
Passau, Staatliche Bibliothek,
Signatur a Sa (b) 7

Unter dem Titel „Rosa Ursina sive Sol" erschien das Hauptwerk Scheiners, in dem er die Sonnenflecken genauestens beschrieb. Das in vier Bücher unterteilte Werk ist dem Fürsten Paulus Jordanus II. Orsini gewidmet. Scheiner wollte damit das beste Buch über die Sonne für alle Zeiten schreiben, in welchem er auch „Herrn Galilei zufrieden stellen" und dessen „sehr groben Fehler" enthüllen wollte. Neben dem Beobachtungsmaterial zu den Sonnenflecken und den Sonnenphänomenen behandelt er die Frage der Priorität der Sonnenflecken und die Darstellung von Fernrohren und Projektionsmethoden; und es wird die Optik eines Fernrohres der Optik des Auges gegenübergestellt. Scheiner beschäftigt sich mit den beiden Sonnenphänomenen Flecken und Fackeln, entdeckt die Umdrehungszeit der Sonne mit 27 Tagen und die Neigung ihrer Achse. Im letzten Teil des Buches führt er Zitate aus der Heiligen Schrift und von den Kirchenvätern an, um zu beweisen, dass die Sonne um die Erde kreist – Scheiner konnte sich nicht der Meinung Galileis anschließen, dass die Erde um die Sonne

1.5.1

kreist –, das so genannte kopernikanische System, das Kopernikus kurz vor seinem Tod 1543 veröffentlichte.

Lit.: Franz Daxecker: Das Hauptwerk des Astronomen P. Christoph Scheiner SJ „Rosa Ursina sive Sol" – eine Zusammenfassung, Ingolstadt 1996. – Ausst.-Kat. Sonne entdecken – Christoph Scheiner 1575–1650, Ingolstadt 2000, S. 30–35. – Franz Daxecker: Christoph Scheiners Hauptwerk „Rosa Ursina sive Sol", in: Festschrift Christoph Scheiner SJ (1575–1659) (= Sammelblatt des Historischen Vereins Ingolstadt 109. Jahrgang, 2000), Ingolstadt 2001, S. 43–60.

R. H.

1.5.3
Christoph Scheiner SJ (1575–1650): Beschreibung des Pantografen. Pantographice seu ars delineandi res quaslibet per parallellogrammum lineare seu cavum mechanicum, mobile
Rom 1631
Passau, Staatliche Bibliothek,
Signatur Sl (b) 12

Der Pantograf oder Storchenschnabel genannt ist ein von Scheiner erfundenes Maschinenelement, mit dem man Zeichnungen genau abzeichnen und vergrößert oder verkleinert abbilden kann. Ein Maler hatte ihm 1603 in Dillingen von dem Gerät erzählt, sich aber geweigert es ihm zu zeigen. Deshalb fand Scheiner selbst – wie er schreibt „im Traum" – die Lösung. Er entwickelte das Gerät weiter und verfasste 1631 darüber ein Buch. Darin berichtet er über die Anregung zu dieser Erfindung und liefert eine detailgetreue Beschreibung, so dass man den Pantografen anhand der beigefügten Konstruktionsbeschreibung problemlos nachbauen kann. Scheiner gibt auch praktische Anweisungen zur vielfältigen Einsatzmöglichkeit des Gerätes.

Lit.: Ausst.-Kat. Peter Frieß: Der Pantograf, in: Sonne entdecken – Christoph Scheiner 1575–1650, Red. Beatrix Schönewald, Ingolstadt 2000, S. 49–52. – Peter Frieß: Christoph Scheiner und die dritte Dimension der Malerei, in: Festschrift Christoph Scheiner SJ (1575–1659) (= Sammelblatt des Historischen Vereins Ingolstadt 109. Jahrgang, 2000), Ingolstadt 2001, S. 33–42.

R. H.

1.5.4
Trabantenkuse der Leibwache Erzherzog Leopolds V. von Tirol (1586–1632)
Deutsch, dat.1626
Eisen, schwarzgeätzt, L. 230 cm,
B. 22 cm
Provenienz: Aus dem kaiserlichen Zeughaus in Wien. Wien, Kunsthistorisches Museum, Hofjagd- und Rüstkammer, Inv. Nr. A 1856

Die Kuse dürfte über den burgundischen Hof zur charakteristischen Verbindung der österreichischen Habsburger geworden sein. Diese alte Verbindung zu Burgund ist auf dieser Gardekuse Erzherzog Leopolds V. von Tirol (1586–1632) noch

1.5.5

zu bemerken, da sie auf der einen Seite das burgundische Andreaskreuz trägt. Die andere Seite ist mit dem vom Herzogshut gekrönten Wappen und den Initialen E. L., sowie der Jahreszahl 1626 geschmückt.

Lit.: A. Grosz / B. Thomas: Katalog der Waffensammlung in der Neuen Burg, Wien 1936, S. 146.

C. B.-S.

1.5.5
Claudia de' Medici (160?–1648)
Kopie nach Lorenzo Lippi(?),
1. Viertel 17. Jh.,
Öl/Leinwand, H. 205 cm, B. 120 cm
(ohne Rahmen)
Innsbruck, Servitenkloster

Ganzfiguriges Porträt der Erzherzogin Claudia de' Medici, en face, in spanischer Mode mit Kröse, rosafarbenem Kleid, ärmellosem Oberteil und gemustertem Blankscheit bekleidet. Darunter trägt sie ein bodenlanges weißes Kleid mit gold gewirktem Muster und zweifach abgebundenen Ärmeln. Ein würdevoll drapierter Umhang verleiht der mit dem Erzherzogshut bekrönten Tiroler Landesfürstin eine majestätsvolle Erscheinung; auffallend ihr rötliches kurz gekräuseltes Haar. Erzherzog Leopold V. konnte die Ehe mit Claudia de' Medici erst eingehen, nachdem er mit Genehmigung des

Heiligen Stuhles 1625 auf seine geistlichen Würden – Bischofsamt von Passau und Straßburg – resigniert hatte.

Lit.: Österreichische Kunsttopographie, Bd. LII, Die sakralen Kunstdenkmäler der Stadt Innsbruck, Teil 1, Innere Stadtteile, Wien 1994, S. 224. – Heinz – Schütz 1976, 280, Nr. 250.

A. H.

1.5.6
Erzherzog Leopold V. (* 9. 10. 1586 in Graz, † 13. 9. 1632 in Schwaz i. Tirol) zu Pferd
Augsburg oder Innsbruck (?),
2. Viertel 17. Jh.
Silber gegossen und ziseliert; Ebenholz, H. 19,7 cm (mit Sockel), B. 14,1 cm
Wien, Kunsthistorisches Museum, Kunstkammer, Inv. Nr. 968

Die kleine Reiterstatuette aus Silber zeigt Erzherzog Leopold V. in Analogie zu seinem großen Reiterstandbild aus Bronze in Innsbruck als Landesfürsten von Tirol und Vorderösterreich. Für die kirchliche Laufbahn bestimmt, erhielt Leopold bereits im Kindesalter ein Kanonikat in Passau. 1598 wurde er Administrator des Bistums und nach Abschluss seines Theologiestudiums 1605 als Bischof inthronisiert. Hier wie auch in Straßburg (Bischof seit 1607) setzte er sich an der Seite der Jesuiten intensiv für Reformen ein. Überaus aktiv in die habsburgische Familienpolitik involviert, wurde er 1619 von seinem Bruder Kaiser Ferdinand II. mit der Regierung in Tirol und Vorderösterreich betraut. 1625 legte Leopold

1.5.6

alle seine geistlichen Ämter zurück und heiratete mit Dispens des Papstes Claudia de' Medici. Als Bischof von Passau folgte ihm sein Neffe Leopold Wilhelm nach.

Lit.: Ausst.-Kat. Spielwelten der Kunst – Kunstkammerspiele, hg. von W. Seipel, Kunsthistorisches Museum Wien, Mailand/Wien 1998, S. 76 f., Kat.-Nr. 2.42 (mit Literatur).

F. K.

1.5.7
Längsschnitt durch das Innsbrucker Hoftheater

Hörmann, Innsbruck, 1818
Aquarell, H. 50 cm, B. 70 cm
Innsbruck, Tiroler Landesmuseum,
Ferdinandeum, Bibliothek,
Inv. Nr. FB 4387 (b)

Mit dem Bau des Innsbrucker Hoftheaters (Komödienhaus) hatte man 1653 begonnen. Nach venezianischem Vorbild war es als Fachwerkbau auf massivem Kellergeschoss ausgeführt worden und stand (abgesehen von kleineren Veränderungen im Innenraum) in dieser Form bis zum Abbruch im Jahr 1844. Die umfangreiche Bühnentechnik erlaubte die Aufführung großer Barockopern im venezianischen Stil, wie Antonio Cestis „L'Argia", die hier anlässlich der öffentlichen Konversion Christinas von Schweden in Innsbruck aufgeführt wurde.

Lit.: Ausst.-Kat. Jakob Stainer „…kayserlicher dienerund geigenmach zu Absom", hrsg. v. Wilfried Seipel, bearb. v. Rudolf Hopfner, Wien 2003, Nr. VII, 12.

L. D.

B.2 Der Dreißigjährige Krieg

Inszenierung als Bodengrafik mit Illustrationen von Julia Belot und Pierre Exner, FH Wiesbaden, Lehrbereich wissenschaftlich-didaktische Illustration unter Leitung von Prof. Dr. Boris Röhrl. Idee und Konzept Adolf Hofstetter.

Böhmisch-pfälzischer Krieg
(1618–1623)
Dänisch-niedersächsischer Krieg
(1625–1629)
Schwedischer Krieg (1630–1635)
Schwedisch-Französischer Krieg
(1635–1648)

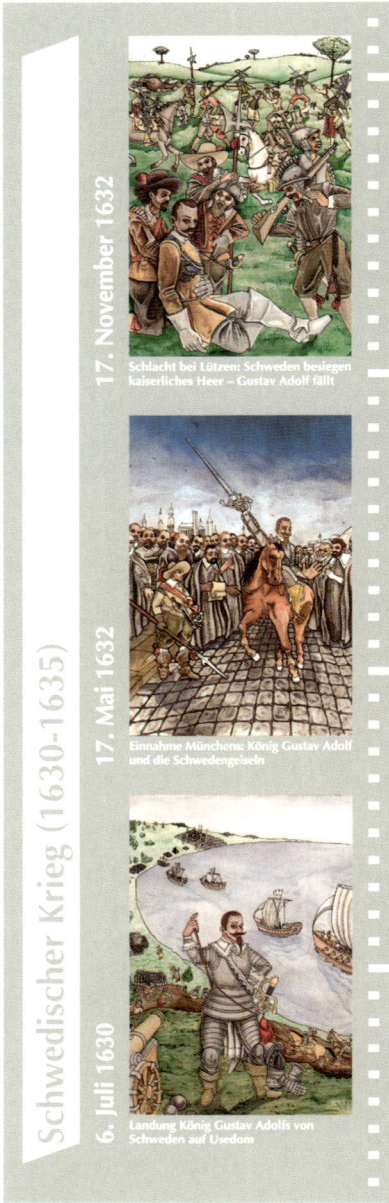

B.2

B.2.1 Himmlischer Beistand – Mariahilf

2.1.1
Mariahilf-Gnadenbild (Kopie)
19. Jh.?
Öl auf Leinwand, H. 106 cm, B. 76 cm
Passau, Wallfahrtskirchenstiftung
Mariahilf
(siehe S. 160, Abb. 2)

Das Gnadenbild zeigt eine von Zärtlichkeit und Zuneigung geprägte Mutter-Kind-Beziehung und entspricht damit der besonderen Ausformung der Marienfrömmigkeit des 17. und 18. Jhs. Zur raschen Ausbreitung dürfte der Name „Mariahilf" beigetragen haben, den Dom-

der Türkengefahr. Schließlich gelang den christlichen Truppen am 12. September 1683 mit dem Ruf „Maria hilf!" der entscheidende Sieg.

Lit.: Ausst.-Kat. Passavia Sacra. Alte Kunst und Frömmigkeit in Passau Nr. 334 – Walter Hartinger: Mariahilf ob Passau, Passau 1985 – Ders.: Mariahilf. Ein Marienbild erobert die Welt, in: Maria Allerorten. Die Muttergottes mit dem geneigten Haupt, 1699–1999. Das Gnadenbild der Ursulinen zu Landshut. – Ausst.-Kat. Altbayerische Marienfrömmigkeit im 18. Jh., Landshut 1999, S. 67–77 – Wurster, Herbert W.: Wallfahrtskirche Mariahilf ob Passau, Passau 2003.

A. B.

B.2.2 Schwedisch-französische Allianz 1635–1648

Nach dem Prager Frieden von 1635 schien zwar der innere Zusammenhalt im Reich wieder hergestellt, doch blieben die Interessenkonflikte mit den auswärtigen Mächten, insbesondere Schweden und Frankreich, ungelöst. 1634 hatten auch die Spanier in die Auseinandersetzungen eingegriffen. Der spanische Habs-

burger und Kardinal-Infant Don Fernando hatte von Italien kommend sich 1634 bei Nördlingen mit den kaiserlichen und den bayerisch-ligistischen Truppen vereinigt und die Schweden unter General Horn geschlagen. Letzterer wurde in Burghausen gefangen gesetzt. Ziel habsburgischer Interessen war die Herstellung einer Landbrücke zwischen Spanien und den Niederlanden, was vor allem den Interessen Frankreichs zuwiderlief. In mehreren Waffenbündnissen fand sich Frankreich zu einer Allianz mit den Schweden zusammen. 1645 konnten die Schweden bis nach Mähren und Niederösterreich vordringen, wo sie bereits Wien bedrohten. Der kaiserliche Generalissimus Erzherzog Leopold Wilhelm von Habsburg erhielt in diesem Jahr militärische Vollmachten in einem Umfang, wie sie zuvor nur Wallenstein innegehabt hatte. Bereits ein Jahr später wurde er jedoch nach verschiedenen Niederlagen wieder abgesetzt und mit dem Amt des Statthalters in den spanischen Niederlanden entschädigt. Maximilian von Bayern sah sich durch die wachsenden schwedisch-französischen Erfolge 1647 in Ulm

dekan Marquard von Schwendi, der Begründer der Wallfahrt, für das Gnadenbild gewählt hatte. Die lateinische Anrufung „Maria auxiliatrix christianorum" („Maria, Hilfe der Christenheit") ist der Lauretanischen Litanei entnommen, die seit Mitte des 16. Jhs. insbesondere durch den Jesuitenorden weite Verbreitung fand. Von Anfang an war die Wallfahrt mit den Kapuzinern eng verbunden, die seit 1615 in Passau wirkten. Das Haus Habsburg erwies sich als bedeutender Förderer des Mariahilf-Gnadenbildes. Als 1683 die Türken vor Wien standen, zog sich Kaiser Leopold mit seinem Gefolge nach Passau zurück und betete vor dem Gnadenbild für die Abwendung

2.2.1

zu einem Waffenstillstand gezwungen, bekam hierfür allerdings auch eine eigene bayerische Kurwürde sowie die Oberpfalz mit der Grafschaft Cham zugesagt. Als er den Waffenstillstand bereits kurze Zeit darauf wieder aufsagte und sich erneut mit dem Kaiser verbündete, rückten Schweden und Franzosen ohne Rücksichten vor. Ziel war die Eroberung Bayerns und Österreichs. Nach der Schlacht von Zusmarshausen am 17. Mai 1648 stand dem Feind das neue Kurfürstentum offen. Der schnelle Vorstoß kam erst am Inn zum Stillstand. Hier gelang es den vereinigten kaiserlich-bayerischen Truppen unter Octavio Piccolomini wieder in die Offensive zu kommen, und den Feind bis Oktober 1648 aus Bayern zu verdrängen. Der Westfälische Frieden vom 24. Oktober 1648 beendete das Kriegsgeschehen endgültig.

L. D.

2.2.1

Maximilian von Bayern
1598/1600
Öl auf Leinwand, H. 157 cm, B. 120 cm

Ingolstadt, Bayerisches Armeemuseum, Inv. Nr. 466/66

Maximilian von Bayern sah sich zunächst – das zeigen fast alle seine Porträts – vor allem als militärischer Herrscher. In der letzten Kriegsphase gelang es ihm zunächst durch geschicktes Lavieren zwischen Schweden und Franzosen einerseits und dem Kaiser andererseits, für das bisherige Herzogtum Bayern eine eigene Kurwürde und zusätzlich die Oberpfalz zu gewinnen. 1648 geriet er nur kurzfristig in die Defensive und musste nach Braunau und Salzburg fliehen. Nach der Rückeroberung Bayerns mit Hilfe der kaiserlichen Truppen Piccolominis gelang es ihm um so erfolgreicher, sich als Friedensfürst darzustellen.

Lit.: Ausst.-Kat. Erzbischof Paris Lodron (1615 bis 1653), Salzburg 2003, S. 228 Nr. 2.1.23. – Johannes Erichson: Princeps Armis Decoratus, in: Wittelsbach und Bayern 1980, Bd. II, 1. S. 196–224. – Ernst Hofer: Das Ende des dreißigjährigen Kriegs, Köln u. a. 1997.

L. D.

B.2.2.1 Der Inn schützt

2.2.1.1

Belagerung von Wasserburg am Inn im Juni 1648
Werkstatt des M. Merian, aus Theatrum Europaeum VI, Frankfurt 1652.
Kupferstich: „Gelegenheit der Statt Wasserburg, und wie die Königl: Schwed: und Frantzösische Armen ein Versuch darauf gethan den 5. Juny un den 8. dito wider abmarschiret.
Anno 1648.“
Wasserburg am Inn, Städtisches Heimatmuseum

Nachdem Schweden und Franzosen im Juni 1648 bis zum Inn vorgedrungen waren, versuchte General Wrangel zunächst die Besetzung von Wasserburg, das er aufgrund einer Fehlinformation schutzlos wähnte. Hier standen jedoch sechs kaiserliche Regimenter bereit. Nach kurzer Kanonade musste der General einsehen, dass eine Belagerung der gut zu verteidigenden Stadt sinnlos war, weshalb er seine Truppen nach Mühldorf lenkte.

Lit.: Hofer, Ernst: Das Ende des Dreißigjährigen Krieges, Köln u. a. 1997, S. 168 ff, 210, 325 f.

L. D.

2.2.1.1

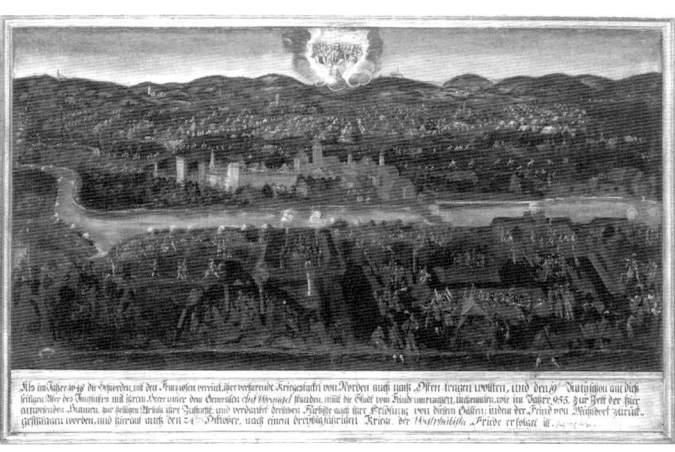

2.2.1.2

2.2.1.2

Votivbild zur Besetzung Mühldorfs 1648
Dat. 1656
Öl auf Leinwand, H. 102 cm, B. 188 cm
Mühldorf/Inn, Kirchenstiftung
St. Nikolaus, vertreten durch das Kunstreferat der Erzdiözese München

In Mühldorf am Inn versuchten die alliierten Truppen von Schweden und Franzosen unter den Generälen Wrangel und Turenne die Innlinie zu durchbrechen. Das bayerische Heer hatte bei seinem Rückzug aus der salzburgischen Enklave sämtliche Brücken zerstört. Das Hochwasser des Flusses verhinderte schließlich den Plan der Allianz zur Errichtung einer Schiffsbrücke. Die dankbaren Mühldorfer Bürger stifteten aus diesem Grunde 1656 eine Votivtafel an die Hl. Ursula, die schon im Jahr 955 den Angriff der Hunnen abgewehrt haben soll.

Lit.: Ausst.-Kat. Erzbischof Paris Lodron (1615 bis 1653), Salzburg 2003, S. 227, Nr. 2.1.22.

2.2.2.1

– Hofer, Ernst: Das Ende des dreißigjährigen Kriegs, Köln u. a. 1997. – Kunstdenkmale Oberbayern 1902 – Wittelsbach und Bayern 1980, S. 478, Nr. 755.

L. D.

B.2.2.2 Not der zivilen Bevölkerung: Hunger, Pest, Viehseuchen

2.2.2.1
Memento Mori: Passauer Tödlein

Unbekannter Bildhauer, 1673
Buchsbaum, H. 25 cm
Bayerisches Nationalmuseum,
Inv. Nr. L. 59/319 (Leihgabe des Oberhausmuseums Passau)

Die 1673 geschaffene Statuette des personifizierten Todes ist durch den Köcher mit Pfeilen und den heute verlorenen Pfeil und Bogen als todbringender Jäger gekennzeichnet. Sie gemahnte die Menschen im 17. Jh. an die Vergänglichkeit ihres Lebens, die zugleich immer als eine Folge der Erbsünde verstanden wurde. Die leidvollen Erfahrungen des Jhs. mit Krieg und Seuchen spiegeln sich in dieser Figur wider.

Lit.: Ausst.-Kat. Apokalypse, Passau 2000, S. 32, Nr. 2.1.

L. D.

2.2.2.2
Pestkreuz aus Kößlarn

Unbekannter Bildhauer, Ende 16. Jh.
Holz, gefasst, H. 85 cm (Korpus)
Kößlarn, Pfarrkirchenstiftung.

Als die Pest in den Markt Kößlarn im Jahr 1648 ihren Höhepunkt erreichte und der Friedhof nicht mehr genügend Platz für die Toten bot, errichtete die Bevölkerung ein eigenes Massenbegräbnis auf einem dem Ort vorgelagerten Feld. An der Abzweigung zu diesem Pestfriedhof wurde eine Kapelle errichtet, aus der dieses Kreuz stammt. Es stand hier ursprünglich zwischen den verlorenen Figuren der Pestpatrone Sebastian und Rochus. Die Figur des Gekreuzigten gehört sicherlich noch in das 16. Jh. und wurde für die Aufstellung in der Pestkapelle zweitverwendet.

Lit.: Huber, Josef: Schweden und Pest in Kößlarn, in: Heimat an Rott und Inn 3, 1966, S. 81–86.

L. D.

2.2.2.3
Votivbild aus Langwinkl

Unbekannter Maler, 1649
Öl auf Leinwand, H. 37,5 cm,
B. 28,5 cm
Bayerisches Nationalmuseum,
Sammlung Kriss (KrV 364)

Das Votivbild stammt aus der Wallfahrtskirche Maria-Heimsuchung in Langwinkel. Die dortige Wallfahrt war 1629 entstanden und in Folge von Krieg und Pest rasch aufgeblüht. Eine Kößlarner Bürgersfrau opferte die Tafel, nachdem sie im Jahr 1648 zusammen mit ihrem Kind von zwei Soldaten nachts stark bedrängt und mit dem Tod bedroht worden war. Die Tafel zeigt die in einer Landschaft mit einem Kind am Boden liegende Frau, die

2.2.2.3

von zwei stehenden Soldaten mit dem Degen bedroht wird. Aus einer Wolkenglorie mit der Darstellung der Heimsuchung Mariens, dem Patrozinium von Langwinkel, fällt ein Lichtstrahl auf die Stifterin.

Lit.: Soffner, Monika: Langwinkel, Passau 1993 (mit weiterer Literatur). – Kriss, Rudolf: Volkskundliches aus altbayerischen Gnadenstätten, Augsburg 1930.

L. D.

2.2.2.4
Votivtafel aus Kößlarn

Unbekannter Maler, 1670
Öl auf Leinwand, H. 91 cm, B. 80 cm
Kößlarn, Pfarrkirchenstiftung

Eine der ältesten erhaltenen Votivtafeln der Kößlarner Wallfahrtskirche bezieht sich auf eine Viehseuche im Markt im Jahr 1669. Die Pfarrgemeinde gelobte die Stiftung der Tafel in der eigenen Kirche. Das Bild zeigt über der Inschrift die betende Stiftergemeinde mit Pfarrer und Ministranten. In einer Landschaft dahinter lagert das Vieh. Den Hintergrund bildet die Darstellung der Wallfahrtskirche mit dem darüber schwebenden Gnadenbild.

Lit.: Huber, Josef: Baugeschichte der Wallfahrts- und Pfarrkirche Kößlarn, in: Ostbairische Grenzmarken 1930, H. 8–11. – Kaiser, Sebastian: Die Wallfahrt Kößlarn, Passau 1989.

L. D.

2.2.2.5
Münzketten aus dem Wallfahrtsschatz Kößlarn

1500–1700
Silber
Kößlarn, Pfarrkirchenstiftung

Als im Jahr 1647 das Herannahen der Schweden befürchtet wurde, sorgte der Kößlarner Pfarrer P. Theobald Golling dafür, dass die „Kirchenornate" rechtzeitig nach Braunau in Sicherheit gebracht wurden. Neben der berühmten Kößlarner Silbermadonna, zahlreichen Vasa sacra gehörten zu dem geflüchteten Schatz ohne Zweifel auch die alten Münzketten. Als die Schweden im Juni 1648 tatsächlich in Kößlarn eintrafen, fanden sie die Schatzkammern der Kirche leer. Aus Wut darüber erschossen sie den ersten Zechpropst der Kirche. In den kommenden Tagen bemühte sich Theobald

Golling, eine Salva guardia aus Braunau zu erhalten. Der Pfarrer wurde nur ein Jahr nach diesen Ereignissen Opfer der inzwischen in Kößlarn tobenden Pest.

Lit.: Huber, Josef: Baugeschichte der Wallfahrts- und Pfarrkirche Kößlarn, in: Ostbairische Grenzmarken 1930, H. 8–11. – Kaiser, Sebastian: Die Wallfahrt Kößlarn, Passau 1989. – Zue, Gerold: Der Schwede Wrangel – er war eine Heimsuchung, in: Passauer Neue Presse, Ausgabe GE, 27. Juni 1998.

L. D.

B.2.2.3 Der Friede von Westfalen

2.2.3.1
Porträt Johannes von Giffen
Kupferstich: Petrus de Jode nach
Anselm van Hulle, 1649
Passau, Oberhausmuseum,
Inv. Nr. 2445

Die langjährigen Verhandlungen zum „Frieden von Westfalen" wurden für die katholische Seite in Münster bzw. für die protestantische im gemischt konfessionellen Osnabrück geführt. In Münster fungierte dabei der Rat und Passauer Landrichter Johannes von Giffen als oberster Stellvertreter Leopold Wilhelms, der als kaiserlicher Generalissimus (1639–1642, 1645–1647) den zum europäischen Mächtekonflikt gewordenen Krieg zwischen Spanien-Habsburg und Frankreich fortsetzte. Dabei vertrat Giffen als Generalbevollmächtigter des Erzherzogs für das Hoch- und Deutschmeistertum die Reichsstifte Passau, Straßburg, Hersfeld, Halberstadt, Murbach und Lüders, ferner die Grafschaft Hohenstein und die Reichsballei Koblenz. Zusammen mit dem fränkischen Landkomtur Elkershausen, genannt Kübler, vertrat er auch die Interessen des Deutschen Ordens auf dem Nürnberger Exekutionskongress.

Lit.: Demel, Bernhard: Hoch- und Deutschmeister Leopold Wilhelm von Österreich (1641–1662), in: Miscellanea Baliviae de Juncis II, Hrsg. Josef Mertens, Historisches Studienzentrum Alden Biesen, Belgien, Bilzen 2000, S. 223–264, hier: Anmerkung 145.

A. H.

2.2.3.2
Allegorische Personifikation der Pax
Erasmus II. Quellinus, 1648
Ölgemälde auf Holz, 212 × 117 cm
Antwerpen (B), Museum Vleeshuis,
Inv. Nr. AV 5661

Von der Prunktribüne auf dem Großen Markt in Antwerpen (siehe Kat.-Nr. 2.2.3.4) blieb nur die Bekrönung erhalten: die hier gezeigte Pax. Sie ist als sitzende Frau mit Lorbeerkranz dargestellt, der Frieden, der siegt und alles beherrscht. In ihrer Linken hält sie einen Olivenzweig (Frieden, Glück), in ihrer Rechten den geflügelten, schlangenumwundenen Stab Merkurs (Symbol des Handels), der die Schlange (Gefahr, Krieg) zu ihren Füßen vertreibt. An ihrem linken Fuß liegt ein Füllhorn (Wohlfahrt). Kurzum, nur der Frieden konnte der Handelsmetropole für immer Wohlstand und Glück bringen. Die Tribüne zur Verkündigung des Friedens von Münster in Antwerpen war als Grisailleskizze vom Antwerpener Stadtmaler Erasmus II. Quellinus konzipiert worden, der auch die Kunstmalereien, z. B. diese Paxfigur, angefertigt hatte.

Lit.: Mertens und Aumann (Ausst.-Kat. Krijg en Kunst, Landkommende Alden Biesen, 2003), S. 76–77, 176.

J. M.

2.2.3.3
Die Proklamation des Friedens von Münster auf dem Großen Markt in Antwerpen
Maximilian Pauwels zugeschrieben, 1649
Öl auf Leinwand, 107 × 168 cm
Antwerpen (B), Koninklijk Museum voor Schone Kunsten, Inv. Nr. 234

In den spanischen Niederlanden war man begeistert über den Frieden von Münster des Jahres 1648, obwohl 1. die Unabhängigkeit der abgetrennten nördlichen Niederlande europäisch anerkannt wurde und 2. Spanien die damalige Frontlinie als Grenze zwischen beiden anerkennen, sowie zahllose nachteilige Bedingungen in Kauf nehmen musste. Die südlichen Niederlande, im Besonderen Antwerpen sehnten sich jetzt nach Ruhe und Wohlstand, da nur noch ein Krieg an einer einzigen Front (der französischen) zu führen war. Auf dem Gemälde ist die Friedensproklamation vom 5. Juni 1648 auf dem Großen Markt in Antwerpen abgebildet. Vor dem Rathaus wurde eine Prunktribüne errichtet, auf der die Friedensbedingungen vorgelesen wurden. Auf der linken Seite der Tribüne wurde dem österreichischen Habsburg gehuldigt, auf der rechten dem spanischen. An der Spitze stand eine allegorische Personifikation des Friedens (siehe Kat.-Nr. 2.2.3.3). Auf einem Gemälde in der rechten unteren Ecke ist Leopold Wilhelms Wappen angebracht. Die Giebel der Patrizierhäuser waren mit den Wappenschildern der Stadt Antwerpen, Philipps IV., Leopold Wilhelms und des Herzogtums Brabant verziert. Antwerpen war eine der ersten Städte, die den Frieden festlich beging. Der Statthalter konnte jedoch wegen seines Feldzugs gegen Frankreich an der Festlichkeit nicht teilnehmen.

Lit.: Mertens / Aumann (Ausst.-Kat. Krieg und Frieden, Landkommende Alden Biesen, 2003), S. 163, 175–176.

J. M.

2.2.3.4

B.3 Habsburg und das Imperium Sacrum

Das Habsburger Kaiserhaus wird von Rom und der katholischen Kirche zum Beschützer und Retter des seit Luther von der Kirchenspaltung betroffenen „Imperium Sacrums" erhoben. Die Proponierung der Prinzen des Hauses Österreich zu Domherren und Fürstbischöfen des Heiligen Römischen Reiches war ein wichtiges Instrumentarium der von Rom geduldeten und bisweilen tatkräftig unterstützten habsburgischen Versorgungspolitik.

A. H.

B.3.1 Erzherzog Leopold Wilhelm – Kirchenfürst und Pfründesammler

Die Passauer Bischofswürde war für den erst 11-jährigen Habsburger Prinzen der Anfang einer Reihe von Versorgungen mit weiteren geistlichen Ämtern in der adeligen Reichskirche. Zu recht wird Leopold Wilhelm als einer der größten Pfründebesitzer der Kirchengeschichte bezeichnet. Neben der Zugehörigkeit zum Domkapitel in den rheinischen Kurfürstentümern Köln (1615), Mainz (1621) und Trier (1622), wurden dem noch minderjährigen die Bischofswürden in Passau (1625), Straßburg (1626) und im bikonfessionellen Bistum Halberstadt (1627) zuteil, des Weiteren wurde er zum elsässischen Fürstabt von Murbach und Lüders (1625) und Stiftsadministrator von Hersfeld (1626) konfirmiert.

Sein Bischofsgebiet erstreckte sich vom Gebiet rechts und links der Donau bis nach Kurbrandenburg, fast an das ehemalige preußische Ordensland, und grenzte im Osten an die polnisch-ungarischen Bistümer an.

A. H.

3.1.1
Leopold Wilhelm als junger Kirchenfürst verherrlicht

Karl Audran, 1628 oder später
Kupferstich, H. 36,7 cm, B. 46,3 cm
Brüssel, Koninklijke Bibliotheek,
Prentenkabinet, S. I. 9117 (Plano)
(siehe S. 166, Abb. 2)

3.1.2

In der Mitte thront auf einem außerordentlichen Triumphwagen unter einem Baldachin der durch seine Kleidung überdeutlich als Kirchenfürst gekennzeichnete junge Habsburger. In den Seitenpavillons sitzen Personifikationen der geistlichen (links) und der weltlichen Macht (rechts). Sechs schwebende Putti tragen Wappenbanner, die zwei mittleren die Wappen der Eltern des Erzherzogs (Habsburg und Wittelsbach) und die vier äußeren die heraldisch nicht immer korrekt dargestellten Wappen der vier Bistümer, die Leopold Wilhelm damals in jungen Jahren schon innehatte, von links nach rechts das Fürstbistum Straßburg, das Erzbistum Bremen (?), die Fürstbistümer Halberstadt und Passau. Der von vier Adlern gezogene Wagen hat die Ketzerei, dargestellt als Frau mit Schlangenhaar, zu Fall gebracht. Links bekämpft eine Gruppe Putti Bacchus mit seinen Trabanten, die Leidenschaft und Unzucht personifizieren. Rechts ehrt eine andere Gruppe die Gerechtigkeit, die Stärke, die Philosophie und die Malerei. Der Auftraggeber dieses Stiches, nach einem Entwurf von Alessandro Vaiani angefertigt, bleibt unbekannt.

Lit.: Mertens und Aumann (Ausst.-Kat. Krijg en Kunst, Landkommende Alden Biesen, 2003), S. 148–149.

F. A.

3.1.2
Leopold Wilhelm im schwarzen Gewand, Kniestück

Kopie nach Johann Ulrich Mayr
(um 1660)
Öl auf Leinwand, gerahmt, H. 128 cm,
B. 96 cm

Passau, Diözesansammlung,
Inv. Nr. D 508

Die Darstellung Erzherzog Leopold Wilhelms als Hochmeister des Deutschen Ordens dürfte um 1660 nach seiner Rückkehr aus den spanischen Niederlanden gemalt worden sein. Die modische lange Haartracht und der asketische Eindruck weisen darauf hin. Im Hintergrund ist der abgelegte Erzherzogshut dargestellt. Als Kopie nach einem Original von Johann Ulrich Mayr dürfte dieser Porträttypus in mehrfacher Ausfertigung existiert haben. In Passau ist es das einzige zeitgenössische Porträt, das von Leopold Wilhelm erhalten geblieben ist.

Lit.: Heinz, Porträtmalerei, S. 176, 206, Nr. 136

A. H.

B.3.2 Leopold Wilhelm als Hochmeister des Deutschen Ordens

Die letzte Würde, die der Sohn Kaiser Ferdinands II. im Reich erringen konnte, war jene des Hoch- und Deutschmeisters (1638). Mit dem Amt des Hoch- und Deutschmeisters wurde Leopold Wilhelm der Rang eines Reichsfürsten unmittelbar nach den Erzbischöfen zuteil. Der hochrangig im Reichstagsgefüge platzierte Hochmeister erbrachte eine wichtige Fürstenratsstimme, die den Habsburgern vermehrten Einfluss im Reich sicherte.

A. H.

3.2.1
Leopold Wilhelm als Hochmeister
1641/62
Ölgemälde auf Leinwand, H. 202 cm,
B. 130 cm
Mecheln (B), Stadtarchiv

Dieses Herrscherporträt Leopold Wilhelms, Hochmeister des Deutschen Ordens, war im Besitz der Mechelner Kommende Pitsenburg, die zur Deutschordensballei Koblenz gehörte. Der erzherzogliche Hut verweist auf das Herrscherhaus Habsburg, der Kommandostab auf sein Oberkommando im Dreißigjährigen Krieg. Der Helm deutet auf den Ritter hin, während seine Rechte das Hochmeisterkreuz hält, das auf fast allen Abbildungen Leopold Wilhelms prominent anwesend ist. Allerdings war der Deutsche Orden, der durch die damaligen Kriegsumstände sehr schweren Schaden gelitten hatte, für den Erzherzog eher von nebensächlicher Bedeutung. 20 Jahre lang hat er den Orden aus räumlicher Distanz und mittels Briefwechsel verwaltet. Es ging Habsburg in erster Linie um die reiche Präbende, die mit dem Hochmeistertum verbunden war, während der Deutsche Orden selbst – zum Überleben – die habsburgische Unterstützung dringend brauchte.

Lit.: Mertens und Aumann (Ausst.-Kat. Krijg en Kunst, Landkommende Alden Biesen, 2003), S. 15–21, 29–38, 156.

J. M.

B.3.3 Leopold Wilhelm als Statthalter der spanischen Niederlande

Unmittelbar nach dem Abschluss des Friedens zwischen Spanien und den Vereinigten Niederlanden wurden die seit 1643 von der Casa de Austria gehegten Überlegungen realisiert, Erzherzog Leopold Wilhelm als Statthalter der Spanischen Niederlande nach Brüssel zu entsenden. 1647 trat Leopold Wilhelm im Auftrag von König Philipp IV. von Spanien die Statthalterschaft in den spanischen Niederlanden an, wo er in Brüssel bis 1656 Residenz nahm. Vor seiner Abreise von Wien nach Brüssel, konnte der Fürstbischof in Passau noch ausstehende Bistumsangelegenheiten regeln. Bistumsadministrator Johann Hektor von Schad kam dabei wie bisher die Funktion als Stellvertreter und Statthalter zu. Die Anreise nach Brüssel war gefährlich und anstrengend, wozu ihm der spanische König 50 000 Kronen mit auf den Weg gab. Als weiteres Deputat sollten monatlich jeweils 30 000 Kronen hinzukommen. Am 11. April 1647 kam der Erzherzog in Brüssel an.

A. H.

3.3.1
Statthalter Leopold Wilhelm als Wiedereroberer von Landrecies
Paul Pontius, 1647
Kupferstich, H. 48,5 cm, B. 35,5 cm
Antwerpen (B), Prentenkabinet,
Inv. Nr. OP 20.077

3.3.3

Der schönste Porträtstich von Leopold Wilhelm wurde ihm 1647, nach seinem ersten erfolgreichen Feldzug in die spanischen Niederlande, vom Antwerpener Kupferstecher Paul Pontius nach einem Entwurf des Hofmalers Frans Luyckx gewidmet. Im Hintergrund ist die Belagerung von Landrecies im Hennegau, das am 18. Juli dieses Jahres durch den Sieg über die Franzosen zurückerobert wurde, in vollem Gange. Die Kulisse ist voller Symbolik: Der Engel Gottes und der Adler Jupiters stellen die geistliche und weltliche Macht des Erzherzogs dar, Bischof und Statthalter zugleich. Die Inschrift, vom Antwerpener Stadtschreiber Gaspar Gevartius bedacht, spielt auf die kaiserliche Abkunft des Österreichers an, seine Frömmigkeit, seinen Mut, zuerst gegen die Schweden und später gegen die Franzosen, und zugleich auf seine Friedfertigkeit.

Lit.: Mertens und Aumann (Ausst.-Kat. Krijg en Kunst, Landkommende Alden Biesen, 2003), S. 207–208.

F. A.

3.3.2
Statthalter Leopold Wilhelm mit dem Glorienschein des Siegers
Paul Pontius, ca. 1647
Stich, H. 66,3 cm, B. 49,3 cm
Antwerpen (B), Stedelijk Prentenkabinet, Inv.-Nr. OP 19.285

Leopold Wilhelm wird in diesem Stich nach einem Entwurf seines Hofmalers Jan van den Hecke (Brüssel, Broodhuis) als Statthalter der spanischen Niederlande verherrlicht. Die drei Lorbeerkränze verweisen auf seine ersten Siege 1647 gegen Frankreich (Armentières, Landrecies und Diksmuide). Die Personifika-

tionen, die Leopold Wilhelm in einem Medaillon von Palme (Sieg) und Lorbeer (Ruhm) umgeben, symbolisieren seine Wachsamkeit (Öllämpchen und Kranich mit Kugel in seiner Klaue) und sein staatsmännisches Geschick (Liktorenbündel).

Lit.: Mertens und Aumann (Ausst.-Kat. Krijg en Kunst, Landkommende Alden Biesen, 2003), S. 75, 287–288.

J. M.

3.3.3
Flandria liberata
Schelte a Bolswert, 1653
Kupferstich, H. 96,7 cm, B. 137,4 cm
Gent (B), Stadtarchiv

Nach der vollständigen Wiedereroberung Flanderns 1652 wollte Gent, die wichtigste Stadt der Grafschaft, den Statthalter auf originale Weise mit einem außerordentlichen Stich ehren. Der Jesuit Willem Hesius entwickelte die Ikonographie, der Maler Erasmus Quellinus d. J. arbeitete sie aus und Kupferstecher Bolswert stach die Abbildung auf vier Platten. Der siegreiche Statthalter, gefolgt von den vier Kardinaltugenden: Mäßigkeit, Stärke, Vorsicht und Gerechtigkeit, reitet durch ein Ehrenspalier jubelnder Putti, von denen jeder eine vom Landvogt zurückeroberte Stadt verkörpert, an der Spitze die Jungfrau von Gent. Der aus dem klassischen Altertum entlehnte Triumphbogen trägt die Büste des befreiten Flanderns. Der Statthalter treibt düstere Kriegspersonifikationen vor sich her. Die leuchtende Sonne trägt die Initialen des spanischen Königs (Philippus Liberator) und seines Statthalters (Leopoldus Guilielmus). Sie sendet wohltuende Strahlen auf die von Leopold Wilhelm wiedereroberten Städte in der weiten flämischen Landschaft am Meer und vertreibt eine dunkle Wolke, in der sich Kriegsallegorien verbergen, die ebenfalls die Ketzerei symbolisieren.

Lit.: Mertens und Aumann (Ausst.-Kat. Krijg en Kunst, Landkommende Alden Biesen, 2003), S. 221–222.

F. A.

3.3.4
Statthalter Leopold Wilhelm nimmt Besitz von dem wiedereroberten Gravelines

Lambert I. de Hondt zugeschrieben, 1652
Ölgemälde auf Leinwand, H. 144 cm, B. 254 cm
England, Privatbesitz
(siehe S. 171, Abb. 2)

Intensive Sommerfeldzüge, von seiner Ankunft in den Niederlanden (1647) an, sorgten dafür, dass es Leopold Wilhelm 1652 gelang, die Franzosen aus der ganzen Grafschaft Flandern zu vertreiben. Seit 1644 hatten diese die Küstenstadt Gravelines, westlich von Dünkirchen, in ihrer Macht. Am 11. April 1652 belagerten die spanischen Truppen Gravelines, das am 17. Mai in ihre Hände fiel. Das Gemälde gibt uns einen Ausblick auf die gerade zurückeroberte Festungsstadt. Auf den Stadtwällen wurden schon weiße Fahnen mit dem roten burgundischen Kreuz gehisst und in der linken unteren Ecke ziehen die letzten französischen Truppen mit ihrem Geschütz ab. Im artifiziell erhöhten Vordergrund reitet der Statthalter auf einem Schimmel. Er ist umringt von seinem Generalstab und einigen Edelknaben. Der spanische Oberbefehlshaber, Graf Fuensaldaña, lädt ihn ein, die gerade wiedereroberte Stadt in Besitz zu nehmen. Diese Szene basiert auf der sehr präzisen Radierung, die Wenzel Hollar 1652 von der Belagerung von Gravelines nach den topographischen Vermessungen eines Landvermessers angefertigt hatte. Die Radierung wurde auch von Peter Snayers als Modell für sein Gemälde verwendet, das sich jetzt im Prado befindet. Die Wiedereroberung von Gravelines brachte dem Statthalter viel Ansehen. Der Hofmaler David Teniers d. J. porträtierte seinen Herrn und der Blumenmaler Jan van den Hecke malte einen farbenreichen Blumenstrauß, beide mit der Belagerung von Gravelines als Hintergrund.

Lit.: Mertens und Aumann (Ausst.-Kat. Krijg en Kunst, Landkommende Alden Biesen, 2003), S. 217–219.

F. A.

B.3.4 Triumph des TIMORE DOMINI

Sämtliches Handeln war bei Leopold Wilhelm von seiner Devise TIMORE DOMINI (In der Furcht des Herrn) geprägt. Letztlich war es eine von tiefer Religiosität geprägte Lebensformel, von der seine Ziele als Staatsmann bestimmt wurden: Gottesverehrung und Gottesfurcht als Staatsprinzip. Dabei dürfte der Übertritt der schwedischen Thronfolgerin Christina zum Katholizismus als größter persönlicher Triumph Leopold Wilhelms gewertet werden. Angeregt von den südniederländischen Jesuiten ist sie im Beisein Leopold Wilhelms in der Weihnachtsnacht von 1654 im Brüsseler Palast im Geheimen zum Katholizismus konvertiert. Für die katholische Propaganda wurde diese Rückgewinnung ein großer gegenreformatorischer Erfolg.

J. M./A. H.

3.4.1
Erzherzog Leopold Wilhelm

Jan Roettiers (Antwerpen? 1631–1703? London) Antwerpen, um 1656
Schildpatt, gepresst; Silber vergoldet, ⌀ 5,4 cm
Wien, Kunsthistorisches Museum, Kunstkammer, Inv. Nr. 10015

Das Schildpattmedaillon wurde nach dem Model einer Medaille gefertigt. Die Vorderseite zeigt den etwa 40-jährigen gerüsteten Erzherzog (1614–1662) im Profil nach rechts. Über der Brust hängt an einem Bande das Kreuz des Hochmeisters des Deutschen Ordens. Dieses Amt hatte er seit 1641 inne, jedoch standen die sechsfachen geistlichen Würden einem intensiven Engagement für den Ritterorden entgegen. Der Revers zeigt Leopold Wilhelms Devise TIMORE DOMINI (In der Furcht des Herrn) mit Löwe und Lamm als Sinnbilder Christi sowie das Monogramm I.R.F., das sich mit Jan Roettiers fecit auflösen lässt. Die präzise Modellierung verrät Roettiers Tätigkeit als Medailleur, Münzstecher und Steinschneider an der Antwerpner Münze. Das aus dem Panzer der Karrettschildkröte gewonnene Schildpatt konnte nach Eintauchen in kochendes Wasser unter Zusatz von etwas Olivenöl weich und formbar gemacht werden. Es wurde zwischen die beiden Hälften einer Kupferform gelegt, ins Wasser gegeben und nahm in den zusammengepressten Modelhälften die gewünschte Gestalt an. Arbeiten aus Schildpatt erfreuten sich ab dem 17. Jh. wachsender Beliebtheit.

Lit.: Philippovich, Eugen von: Kuriositäten/ Antiquitäten (= Bibliothek für Kunst- und Antiquitätenfreunde XLVI), Braunschweig 1966, S. 470; Smerda, Jan und Krejcik, Tomas: Medaile, Palkety a Zetony Olomouckeho Biskupa Leopolda Vilema, in: Numismaticky sbornik 17 (1986) S. 244, Nr. 14.

S. H.

3.4.2
Straße (Meir) in Antwerpen, mit Christina von Schweden (?)

Erasmus de Bie, ca. 1660
Ölgemälde auf Leinwand, H. 84 cm, B. 116 cm
Antwerpen (B), Rathaus

3.4.2

Am 16. Juni 1654 verließ Königin Christina von Schweden nach einem aufsehenerregenden Thronverzicht ihr Vaterland. Während ihrer langen Reise (zum Papst in Rom) blieb sie vom 5. August 1654 bis 22. September 1655 in Antwerpen und Brüssel. In der Weihnachtsnacht 1654 bekehrte sie sich im Palast Leopold Wilhelms in Brüssel im Geheimen zum Katholizismus. Am 3. November 1655 machte sie ihre Bekehrung in Innsbruck bekannt und am 23. Dezember desselben Jahres wurde sie von Papst Alexander VII. in Rom empfangen. Ihr Glaubensbekenntnis war ein wahrer Triumph für die katholische Kirche, den Papst, Philipp IV. von Spanien, die Jesuiten und Leopold Wilhelm, die an diesem gegenreformatorischen Erfolg mitgearbeitet hatten. Für Leopold Wilhelm und seine österreichische Familie muss es außerdem eine besondere Genugtuung gewesen sein, die Tochter Gustav Adolfs II., des großen Gegners der Habsburger im Dreißigjährigen Krieg, ins katholische Lager überwechseln zu sehen. Aus Geldnot musste Christina Unterstützung bei mächtigen Schirmherren suchen. So wurde sie von Philipp IV. politisch einverleibt, wodurch ihre Versuche, als Friedensstifterin zwischen den ewigen Feinden Frankreich und Spanien aufzutreten, missglückten. Von der Dame in der Kutsche auf der Hauptstraße (Meir) in Antwerpen nimmt man an, dass es die Königin war. In dieser Stadt hat sie ein halbes Jahr lang ein sehr mondänes Leben geführt.

Lit.: Mertens und Aumann (Ausst.-Kat. Krijg en Kunst, Landkommende Alden Biesen, 2003), S. 53–56, 248–250.

J. M.

B.3.5 Leopold Wilhelm als Mäzen und Kunstsammler

Während der nur neun Jahre dauernden Statthalterschaft von Erzherzog Leopold Wilhelm in Brüssel entsteht durch das besondere Engagement des Sammlers eine der bedeutendsten fürstlichen Kunstsammlungen Europas, die alle Bereiche der Kunst umfasst. Einen absoluten Höhepunkt bildet dabei die Gemäldesammlung mit Werken aller Malschulen; unter diesen zeichnet sich

insbesondere die italienische aus, die durch den Erwerb der großartigen Sammlung Hamilton Meisterwerke der Venezianer erhielt. Leopold Wilhelms Hofmaler David Teniers d. J. trug durch gemalte Galeriebilder (siehe S. 174, Abb. 3) und das „Theatrum Pictorium", einem mit Stichen illustrierten Prachtband der italienischen Gemälde, zum Bekanntheitsgrad dieser glanzvollen Sammlung und damit zum Ruhme des kunstsinnigen Erzherzogs bei. Als Leopold Wilhelm vom Amt des Statthalters abdankte und am 10. Mai 1656 seine Rückreise von Brüssel nach Wien antrat, führte ihn der Weg wie schon auf der Hinreise über die Bischofsstadt Passau, seine geschätzte Residenzstadt, insbesondere für Aufenthalte während der Reisen durchs Reich. Die Bevorzugung Passaus äußert sich auch darin, dass der Erzherzog seinen gesamten Kunstbesitz aus Brüssel dorthin schicken und für längere Zeit einlagern ließ, bis die Sammlung nach Wien überführt und große Teile 1659 in der Wiener Stallburg aufgestellt wurden. Nach dem Tode Leopold Wilhelms gingen die Gemälde in den Besitz von Kaiser Leopold I. über. Im Kunsthistorischen Museum zu Wien bilden sie noch heute einen Höhepunkt. Leopold Wilhelms enge Verbundenheit mit Passau äußert sich nicht zuletzt in seinem testamentarischen Vermächtnis „aller geistlichen Bilder und Tafeln" aus der „Schatzkammer zu Wien oder im Gewölbe" an die Bischofsstadt.

M. K.

3.5.1
David Teniers d. J. als Hofmaler in Brüssel
Lucas Vorsterman II,
Stich, 34,5 × 24 cm
Antwerpen (B), Stedelijk Prentenkabinet, Inv. Nr. OP 17.293

Die letzte Abbildung im „Theatrum pictorium" betrifft David Teniers d. J., einen Stich von Lucas Vorsterman II nach einem Entwurf von Pieter Thys I. Teniers war der Herausgeber, Geldgeber und Verantwortliche für diese außergewöhnliche Publikation. Nach dem Tod Jans van den Hecke 1650 wurde Teniers sein Nachfolger als Hofmaler des Erzherzogs. Er trägt den Kammerherrnschlüssel Leopold Wilhelms (und von dessen Nachfolger, Statt-

halter Don Juan d'Austria). An einer goldenen Kette hängt der Gnadenpfennig mit dem Bildnis des Erzherzogs. Im Hintergrund sieht man möglicherweise den Wohnsitz von Teniers in der Nähe der Brüsseler Residenz.

Lit.: Klinge, Margret: David Teniers d. J. – Theatrum Pictorium, in: Ausst.-Kat. Krijg en Kunst, Landkommende Alden Biesen, 2003, S. 101–108, 296.

J. M.

3.5.2–3.5.5
Pasticcii von David Teniers d. J. als Vorlage für die Radierungen im „Theatrum Pictorium"

Leopold Wilhelm bestimmte seinen Hofmaler David Teniers d. J. zum Direktor seiner Brüsseler Galerie. Neben dem Aufbau der Sammlung stellte sich für Teniers die Aufgabe der Herausgabe des „Theatrum Pictoriums", einer umfangreichen Buchpublikation mit Illustrationen der Brüsseler Gemälde. Für diesen Katalog fertigte Teniers zahlreiche gemalte kleinformatige Kopien nach italienischen Bildern der Sammlung, wobei der Schwerpunkt in der venezianischen Malerei lag. Die Pasticcii dienten den von den verschiedenen Kupferstechern ausgeführten Radierungen als Vorlage.

Insgesamt 243 Gemälde sind im „Theatrum Pictorium" wiedergegeben. Von den Pasticcii sind heute noch ca. 120 vorhanden.

Lit.: Klinge, Margret: David Teniers d. J. – Theatrum Pictorium, in: Ausst.-Kat. Krijg en Kunst, Landkommende Alden Biesen, 2003, S. 101–108, 293–298.

A. H.

3.5.2

3.5.3

3.5.2 Junge Frau in grünem Kleid,
Pasticcio nach Jacopo Palma il
Vecchio, H. 16,5 cm, B. 12,3 cm

3.5.3 Die Kreuztragung Christi,
Pasticcio nach Gerolamo Bassano,
H. 21 cm, B. 30,5 cm

3.5.4 Der hl. Hieronymus, Pasticcio
nach Dosso Dossi, H. 17,8 cm,
B. 23,5 cm

3.5.5 Sitzender Mann, Pasticcio nach
einem venezianischen Meister,
H. 22,2 cm, B. 16,5 cm

3.5.6
Schilder-Thoneel – El Teatro de Pinturas: „Theatrum Pictorium", vollständige und unnumerierte Erstausgabe von David Teniers d. J.

Brüssel 1660

Edingen, Archief en Cultureel Centrum
Arenberg

3.5.7
Theatrum Pictorium – Le Theatre des Peintures: herausgegeben von Jacobus Peeters

Antwerpen 1684

Nach der nummerierten Ausgabe von
1673 der Witwe Abraham Teniers, von
der er die originalen Druckplatten
erwarb.

Loppem, Schloss, Stiftung Jean van
Caloen

Lit.: Klinge, Margret: David Teniers d. J. –
Theatrum Pictorium, in: Ausst.-Kat. Krijg en
Kunst, Landkommende Alden Biesen, 2003,
S. 101–108, 293–294.

A. H.

3.5.8
Porträtstich von Blumenmaler Daniel Seghers

Paul Pontius, herausg. von Jan Meyssens,
Mitte 17. Jh.

Stich, H. 16,8 cm, B. 11,8 cm

Antwerpen (B), Stedelijk Prentenkabinet,
Inv.-Nr. OP 9.090

Der Jesuitenbruder Daniel Seghers (Antwerpen 1590–1661), Schüler von Jan Brueghel d. Ä., ist hier nach einer Entwurfsskizze von Jan Lievens abgebildet. Er war ein genialer Blumenmaler, unübertrefflich in der hauchzarten Wiedergabe von eigenwilligen Blumengirlanden: reizende, realistische Fauna und Flora in typischer Gestaltung mit abwechslungsreicher Kombination von Sorten und Varietäten, nicht selten ausgesucht um ihrer spirituellen Symbolik willen. Die Bildunterschrift teilt mit, dass er für Statthalter Leopold Wilhelm und dessen Bruder Kaiser Ferdinand III. gearbeitet hat. Leopold Wilhelm z. B. besaß mindestens drei Gemälde von Seghers.

Lit.: Mertens und Aumann (Ausst.-Kat. Krijg en Kunst, Landkommende Alden Biesen, 2003), S. 288–289.

J. M.

3.5.9
Der hl. Franziskus Xaverius in Anbetung vor der Madonna mit Kind

Daniel Seghers und Abraham van
Diepenbeeck, 1659

Ölgemälde auf Leinwand, H. 128 cm,
B. 91 cm

Antwerpen (B), VZW Loyola

3.5.9

In einer Kartusche von vier Blumengirlanden sehen wir den hl. Franziskus
Xaverius in Anbetung vor der Madonna
mit Kind. Daniel Seghers ist der Urheber
der Blumen, die er 1659, zwei Jahre vor
seinem Tod, für die Jesuiten in Mecheln
malte, wo er sein Noviziat absolviert
hatte. Die Blumen und vor allem die
Früchte sind typisch für das spätere Werk
von Seghers. Auffallend sind die blühende Opuntie und der große Akanthus
links oben. Sam Segal schreibt die Figur
des Heiligen dem Abraham van Diepenbeeck zu. Dieser hatte auch „die Blumen-
kartusche mit dem hl. Leopold vor
der Madonna mit Jesuskind" (1647) gemalt, ein Gemälde, das Leopold Wilhelm
bei seinem Besuch in Antwerpen am
30. März 1648 von Seghers und dessen
Kloster zum Geschenk erhielt. Es wird
heute im Musée Fabre in Montpellier bewahrt.

Lit.: Mertens und Aumann (Ausst.-Kat. Krijg
en Kunst, Landkommende Alden Biesen,
2003), S. 90–91, 290–291.

J. M.

3.5.10–3.5.12
Drei Szenen aus dem Triumph der Eucharistie von Rubens

Schelte a Bolswert (2) und Nicolaas
Lauwers (1), ca. 1650
Kupferstiche, H./B. 64,5 × 103,6 cm;
64,8 × 91 cm; 63,8 × 90,8 cm
Antwerpen (B), Prentenkabinet,
Inv. Nr. OP 16.132, 20.598 und 16.134

Seit Stammvater Rudolf von Habsburg
sein Pferd einem Priester überlassen
hatte, der mit dem Allerheiligsten auf
dem Weg zu einem Sterbenden war,
wurde die hl. Eucharistie von seinen
Nachkommen besonders verehrt als Bestandteil der so genannten „Pietas Austriaca". Das österreichische Herrscherhaus warf sich damit zum Stützpfeiler der
hl. Kirche auf. Gleichzeitig erwarb es dadurch auch eine besondere Legitimation.
Wie es sich im gegenreformatorischen
Zeitalter ziemte, trat der Statthalter in
den Niederlanden zahlreichen gottes-
fürchtigen Vereinigungen bei, so auch im
Juli 1650 der Bruderschaft vom Allerheiligsten Sakrament in Antwerpen. Diese
ließ nach dem „Triumph der Eucharistie", der von P. P. Rubens entworfenen
anspruchsvollen Wandteppichserie, von
den besten Antwerpener Kupferstechern

3.5.14

drei große Stiche schneiden. Sie wurden
mit lateinischen Widmungen versehen,
worin Leopold Wilhelm als Verehrer der
Eucharistie, Verteidiger der katholischen
Kirche und Erhalter des wahren Glaubens gegen verschiedene Ketzereien ge-
priesen wird. Es sind dies „Der Triumph
der Kirche durch die Eucharistie", „Das
Neue Gesetz" und „Der Sieg der Eucharistie über die heidnischen Opfer". Rubens' in Kupfer gestochener Zyklus bildete 1679–1685 auch die Grundlage
für die Gestaltung der Deckenfresken im
Passauer Dom durch Carpoforo Tencalla.

Lit.: Mertens und Aumann (Ausst.-Kat. Krijg
en Kunst, Landkommende Alden Biesen,
2003), S. 57–58, 255–258 – Möseneder, Karl:
Stuckdekoration und Deckenmalerei, in: Der
Dom in Passau, hrsg. v. dems., S. 198–196.

F. A.

3.5.13
Philipp Eugen van Horne widmet seine Magisterarbeit dem Statthalter Leopold Wilhelm

Antoon Sallaert, 1650
Ölgemälde auf Leinwand, H. 71 cm,
B. 105 cm (ohne Rahmen)
Schloss von Gaasbeek (B), Inv. Nr. 1.019

Horne dissertierte 1651 am mathemati-
schen Kolleg des Jesuiten Andreas Tac-
quet mit Lehrsätzen über Optik, Statik
und Ballistik. Die Magisterarbeit und ein
Stich zu diesem Anlass wurden Leopold
Wilhelm gewidmet. Nach der hier gezeig-
ten Grisaille gravierte Peter Dannoot die-
sen eindrucksvollen Stich in zwei Teilen
(Brüssel, Prentenkabinet, S II 49215).
Der Stich zeigt die Anerkennung und
Huldigung für den wiedereroberten
Statthalter durch die flämische Familie
Horne und die Jesuiten, die nicht aufhör-

ten, Leopold Wilhelm zu schmeicheln.
Dieser Orden benutzte den Stich auch als
Werbegeschenk. So machte man auf das
berühmte Kolleg von Tacquet aufmerk-
sam und verfolgte die politisch-religiösen
Ziele des Ordens.

Lit.: Mertens und Aumann (Ausst.-Kat. Krijg
en Kunst, Landkommende Alden Biesen,
2003), S. 81, 242–243.

J. M.

3.5.14
Theodor van Immerseel widmet seine Magisterarbeit dem Statthalter Leopold Wilhelm (Entwurf)

Abraham van Diepenbeeck, 1651/52
Zeichnung, B. 66,5 cm, H. 95 cm
Privatbesitz

Theodor van Immerseel, aus einer bekannten flämisch-brabantischen Familie
stammend, dissertierte 1652 am mathematischen Kolleg von Andreas Tacquet.
Er ließ zu dieser Gelegenheit den folgenden Stich anfertigen, dessen Entwurf Abraham van Diepenbeeck zeichnete und
den er Leopold Wilhelm widmete. Links
schreitet Minerva auf den Statthalter zu,
der in einem Medaillon von Palme und
Lorbeer und umgeben von der Unend-
lichkeit (Frau mit Ouroboros) und der
Zeitlichkeit (Chronos-Herkules) dargestellt ist; rechts zeigt der junge Immerseel
auf den Statthalter. Bei der Planung von
Immerseels Stich kamen die Jesuiten wieder ins Spiel. Sie machten so auf sich und
ihren Unterricht aufmerksam, während
die Immerseels damit den Statthalter lob-
ten und den Habsburgern danken wollten. Vater Engelbert van Immerseel war ja
schon früher von Kaiser Ferdinand III.
für seine Dienste im Dreißigjährigen
Krieg belohnt worden.

Lit.: Mertens und Aumann (Ausst.-Kat. Krijg en Kunst, Landkommende Alden Biesen, 2003), S. 58, 82, 244–247.
J. M.

3.5.15
Der Kupferstich von Lauwers
Nicolaas Lauwers, 1652
Stich, 92 × 120 cm
Privatbesitz

Der hier gezeigte Stich von Nicolaas Lauwers nach dem oben gezeigten Entwurf entstand während Leopold Wilhelms Sieg bei Gravelines und der nahenden Wiedereroberung von Dünkirchen im Jahre 1652. Er zeigt die südniederländische Euphorie zu einem Zeitpunkt, da fast ganz Flandern durch den Statthalter befreit worden war. Er spiegelt auch die enorme Popularität Leopold Wilhelms wider und illustriert die Propaganda, die um ihn geführt wurde, vor allem in Hofkreisen und von den Jesuiten. Der Stich wurde von Jesuiten wie Ferdinand Verbiest auf ihre Mission nach China mitgenommen, wo einige Personifikationen der Komposition Abrahams van Diepenbeeck von einem Chinesen nachgezeichnet wurden (s. 3.5.15). Die Jesuiten suchten bei den Machthabern in vielerlei Hinsicht Unterstützung zum Gelingen ihrer Missionsaktivitäten, so bei den habsburgischen Kaisern und bei Leopold Wilhelm.

Lit.: Mertens und Aumann (Ausst.-Kat. Krijg en Kunst, Landkommende Alden Biesen, 2003), S. 58, 82, 244–247.
J. M.

3.5.16–3.5.17
Zwei chinesische Zeichnungen: Frauengruppe bzw. eine Frau mit Ouroboros in Anlehnung an einen Stich Nicolaas Lauwers zur Verherrlichung des Statthalters Leopold Wilhelm
Den Stich hatten flämische Jesuiten nach China gebracht.
New York, American Museum of Natural History, Sammlung B. Laufer
J. M.

3.5.18
Venus Amphitrite
Jérôme II. Duquesnoy
(Brüssel 1602–1654 Ghent) (?)
Niederländisch, um 1645
Messing, gegossen, H. 49,2 cm

Wien, Kunsthistorisches Museum, Kunstkammer, Inv. Nr. 5850

Die Statuette aus dem Besitz Erzherzog Leopold Wilhelms ist erstmals auf dem 1652 datierten Bild von David Teniers mit der Wiedergabe der Erzherzoglichen Galerie in Brüssel nachweisbar, wo sie an prominenter Stelle auf dem Schrank neben dem Fenster links im Bilde steht. Jérôme Duquesnoy war Hofbildhauer des kunstsinnigen Erzherzogs während dessen Regentschaft in Brüssel und im Besitz des künstlerischen Nachlasses seines Bruders François, mit dem er lange in Rom gelebt hatte. Vielleicht liegt der Venus Amphitrite ein älteres Modell aus der römischen Werkstatt der Brüder zugrunde, das ursprünglich als Brunnenfigur gedacht war. Trotz der schweren, nordischen Proportionen der technisch sorgfältig ausgeführten Figur sind der klassische Habitus der Venus sowie ihre Nähe zur venezianischen Skulptur der Spätrenaissance unübersehbar.

Lit.: Ausst.-Kat. Von allen Seiten schön, Berlin 1995, S. 534–536, Nr.198 (mit gesamter älterer Literatur) (M. Leithe-Jasper).
S. H.

3.5.19–3.5.22
Je zwei Dosenböden/-deckel
Hans Daucher (Ulm 1486–1538 Stuttgart). Augsburg, 1525 datiert
Nussbaumholz, Birnholz; ⌀ 22 cm
Wien, Kunsthistorisches Museum, Kunstkammer, Inv. Nrn. KK 3878, 3879, 3893, 3894
3.5.19 Dosenboden mit dem Brustbild des Kurfürsten Friedrichs des Weisen (1463–1525)
3.5.20 Dosendeckel mit Kentaur
3.5.21 Dosenboden mit dem Brustbild der Anna Dornle (?)
3.5.22 Dosendeckel mit Sirene

Der das Rahmenrund beinahe sprengende, leicht aus der Vorderansicht gewendete Kopf des Kurfürsten wiederholt seitenverkehrt den Kupferstich mit dem Porträt des Sachsen von Albrecht Dürer aus dem Jahr 1524. Entsprechend der Rahmenumschrift HERCZOG FRIDRICH CVRFVRST IN SASEN 1525 ist die Dose im Todesjahr Friedrichs entstanden. Die Außenseite des Deckels zeigt einen Kentauren mit Helm, Schild und Lanze. Die Feinheit der Schnitzarbeit entspricht den

Anforderungen eines Kunstkammerstückes. Erst nach Öffnen der Dose zeigt sich das an einen überdimensionierten Spielstein erinnernde Bildnis des Kurfürsten – ein Effekt, der die Freude an der perfekten Ausführung noch gesteigert haben dürfte. Repräsentation und *memoria* spielten dabei keine Rolle. Das Gegenstück mit einer Sirene am Deckel zeigt gemäß der Rahmenumschrift ANNA KASPER DORNLE STIEFTOCHTER 1525 das Porträt der Konkubine Friedrichs, Anna Weller. Gemeinsames Charakteristikum der Werkgruppe ist die präzise ausgeführte Schnitzerei, deren klarer Kontur und nuancierte Modellierung die Hand eines Medailleurs verraten. Die Autorschaft der Dosen ist in der Forschung noch immer umstritten. Wie aus einer Inschrift des Deckelinneren hervorgeht, stammen die Wiener Dosenköpfe beide aus dem Besitz des Kurfürsten, und gelangten schließlich über Erzherzog Leopold Wilhelm in die kaiserlichen Sammlungen.

Lit.: Eser, Thomas: Hans Daucher. Augsburger Kleinplastik der Renaissance, Berlin 1996, S. 297 ff., Kat. Nr. 47 (mit gesamter älterer Literatur); Hauschke, Sven: Ein Paragone um Grabdenkmäler der Vischer-Werkstatt. Kardinal Albrecht von Brandenburg und Kurfürst Friedrich der Weise von Sachsen, in: Anzeiger Germanischen Nationalmuseums (2002) S. 231–240.
S. H.

3.5.23
Blick auf Leopold Wilhelms Kunstgalerie in Wien
Frans van den Steen
Stich, H. 27,5 cm, B. 40 cm
Antwerpen (B), Stedelijk Prentenkabinet, Inv. Nr. OP 17.916

Der Stich – nach einem Entwurf von Nicolaas van Hoey (Antwerpen 1631–Wien 1679) – kommt aus dem berühmten „Theatrum pictorium" (Antwerpen 1660) von David Teniers, einem Katalog mit 243 Stichen, nach vor allem italienischen Gemälden Leopold Wilhelms angefertigt. Er gibt uns einen Überblick über Einrichtung und Aufstellung von Leopold Wilhelms Sammlung in einer der drei langen Galerien der Wiener Stallburg. Diese Sammlung hatte der Erzherzog nach seiner Statthalterschaft (1647–1656) aus Brüssel über Passau nach

3.5.16

3.5.17

3.4.18

Wien bringen lassen. Die Bildunterschrift gibt an, dass Leopold Wilhelms Sammlung 1300 Gemälde und 268 Statuen zählte.

Lit.: Mertens und Aumann (Ausst.-Kat. Krijg en Kunst, Landkommende Alden Biesen, 2003), S. 101–108, 293–296.

J. M.

3.5.24
Le balet du Monde, Accompagné d'une Comedie en musique [...]
Brüssel, Hubert Anton Velpius, 1650
Druck, H. 21 cm, B. 15,5 cm
Gent (B), Universitätsbibliothek,
Handschriften und kostbare Werke,
BL 6304

Leopold Wilhelm sorgte in Brüssel neun Jahre lang für ein unvergleichliches Musikleben. So wurde am 24. Februar 1650 anlässlich der Hochzeit König Philipps IV. von Spanien mit Maria Anna von Österreich, Patenkind Leopold Wilhelms, an seinem Hof die Oper „Ulisse all'Isola di Circe" aufgeführt. Der Prolog und die drei Akte der Oper wechselten ab mit Ballettaufführungen, deren Choreograf der venezianische Tanzmeister Giovanni Battista Balbi war. Das ausgestellte kleine Werk ist ein französischsprachiges Programmbüchlein für Oper und Ballett.

Lit.: Mertens und Aumann (Ausst.-Kat. Krijg en Kunst, Landkommende Alden Biesen, 2003), S. 109–118, 307–308.

J. M.

3.5.25
Der verstorbene Erzherzog Leopold Wilhelm bildlich dargestellt
Kupferstiche aus Nikolaus Avancini (siehe Kat. Nr. 3.5.26), Frans van den Steen nach Frans Luyckx und nach Philibert Luchaerius
H./B. 26 × 31 cm; 26,2 × 30,8 cm; 49,5 × 25,9 cm
Hechtel (B), Jozef Mertens

Diese Stiche geben eine Vorstellung von den Beisetzungsfeierlichkeiten für den am 20. November 1662 in Wien verstorbenen Erzherzog. Die aufgebahrten irdischen Reste sind in den Mantel des Hochmeisters des Deutschen Ordens gehüllt. Die Erzherzogskrone deutet auf die Mitgliedschaft zum Erzhaus Österreich, die Mitren und die Bischofsstäbe auf die verschiedenen Bischofswürden, die der

Verstorbene bekleidete. In der reichen Barockverzierung des Zinnsarges, in den der Sarg nachher gestellt wurde, dominiert der Löwe (leo, eine Allusion auf den Vornamen des Erzherzogs). Auf dem Deckel herrschen geistliche Attribute und Bistumswappen vor, auf dem Koffer militärische Symbole. Der mit Kerzenlicht übergossene Katafalk, der während der Trauerzeit in der Wiener Augustinerkirche stand, drückt Rang, Stand, geistliche und militärische Funktionen und die Tugenden des Verstorbenen aus.

Lit.: Mertens und Aumann (Ausst.-Kat. Krijg en Kunst, Landkommende Alden Biesen, 2003), S. 330–332.

F. A.

3.5.26
Biographie Erzherzog Leopold Wilhelms von Avancini Niccolo: Leopoldi Guilielmi, archiducis Austriae, principis pace et bello inclyti, virtutes. Antverpiae, Plantin-Moretus 1665
Passau, Staatliche Bibliothek,
Signatur SBP, Me (b) 38

Die erste Biographie, die über Leopold Wilhelm herausgegeben wurde, stammt vom bedeutenden Jesuitendramatiker Nikolaus Avancini, der von 1664–1666 Rektor des Passauer Kollegiums war. In panegyrischer Form wird in drei Teilen auf den Erzherzog, seine Zeit als Feldherr und Statthalter sowie als Bischof eingegangen.

Lit.: Die Jesuiten in Passau, Schule und Bibliothek 1612–1773. Passau 1987. Mertens und Aumann (Ausst.-Kat. Krijg en Kunst, Landkommende Alden Biesen, 2003), S. 333 f., Nr. IV.17.

A. H.

B.4 Erzherzog Karl Josef – letzter Habsburger Prinz als Passauer Fürstbischof

4.1
Kaiserin Maria Leopoldine
Lorenzo Lippi, 1649
Öl auf Leinwand, H. 200 cm, B. 110 cm
Wien, Kunsthistorisches Museum,
Inv. Nr. GG 8119

Maria Leopoldine (1632–1649), die jüngste Tochter Erzherzog Leopolds V. von Tirol und der Claudia de Medici,

4.2

4.3

4.2

Erzherzog Karl Joseph

Cornelis Sustermans, 1653/54

Öl auf Leinwand, H. 140 cm, B. 101 cm

Wien, Kunsthistorisches Museum,
Gemäldegalerie, Inv. Nr. GG 3188

Bereits als 13-Jähriger trat Karl Joseph (1649–1664) die Nachfolge Erzherzog Leopold Wilhelms als Bischof von Passau an, verstarb aber nach nur zwei Jahren. Auf dem Bildnis, das ihn als Vier- bis Fünfjährigen mit einem Eichhörnchen zeigt, trägt er eine ziemlich extreme Mode, die vermutlich am Hofe Ludwigs XIV. in Paris durch den Gesandten Rheingraf Salm entstanden ist. Charakteristisch für diese Kleidung sind weite, spitzengefütterte Stiefel, ebenfalls weite, tief sitzende Hosen, „Rhingrave" genannt, ein kurzes offenes Jäckchen, unter dem ein bauschiges Hemd hervorquillt und ein großer, federgeschmückter Hut.

Lit.: Günther Heinz, Studien zur Porträtmalerei an den Höfen der österreichischen Erblande, in: Jahrbuch der Kunsthistorischen Sammlungen in Wien 59, 1963, S. 170 und 210, Nr. 163. – Kat. Porträtgalerie zur Geschichte Österreichs von 1400 bis 1800, Führer durch das Kunsthistorische Museum Nr. 22, Wien 1976, Nr. 134.

M. R.

4.3

Der junge Erzherzog Karl Joseph von Österreich

Ca. 1663

Ölgemälde auf Kupfer, H. 22 cm,
B. 13,3 cm

Privatbesitz

wurde 1648 die zweite Frau Kaiser Ferdinands III. Bereits ein Jahr später starb die erst 17-jährige Kaiserin bei der Geburt ihres Sohnes, Erzherzog Karl Josef. Das Porträt zeigt die hochschwangere Kaiserin in einem Kleid, das der Mode der Jahrhundertmitte entspricht. Die Schwangerschaft auf einem Bild darzustellen, war durchaus üblich, da das Weiterbestehen einer Dynastie für die Öffentlichkeit von Interesse war.

Lit.: Günther Heinz, Studien zur Porträtmalerei an den Höfen der Österreichischen Erblande, in: Jahrbuch der Kunsthistorischen Sammlungen in Wien 59, 1963, S. 153, 208, Nr. 145. – Katalog Porträtgalerie zur Geschichte Österreichs von 1400 bis 1800, Kunsthistorisches Museum Wien, 1976, S. 149 f., Nr. 124.

K. S.

Das sympathische Miniporträt in der ungewöhnlichen Form eines Ölgemäldes, von einem habsburgischen Doppeladler in Kupfer eingefasst, zeigt einen jungen Erzherzog von vorne, mit langen Haarlocken und in spanischer Hofkleidung. Es handelt sich wahrscheinlich um ein privates kleines Porträt, das als Geschenk dienen sollte. Karl Joseph (1649–1664), Sohn Kaiser Ferdinands III., blickt den Zuschauer offen an. Dem jungen Erzherzog wurden 1662, kurz vor dem Tod seines Onkels Leopold Wilhelm, die Titel eines Hochmeisters des Deutschen Ordens und Koadjutors von Passau verliehen, er starb jedoch schon 14-jährig im Jahre 1664. Karl Joseph war einer der letzten habsburgischen Erzherzöge, der Positionen innerhalb des Reiches bekleidete.

Lit.: Mertens und Aumann (Ausst.-Kat. Krijg en Kunst, Landkommende Alden Biesen, 2003), S. 20, 327–328.

J. M.

C. Passau und das österreichische Kaiserhaus

C.1 Die Passauer Kaiserhochzeit

Ein Ereignis, das die Bischofsstadt Passau in das Blickfeld der europäischen Mächte rückte, stellte die Hochzeit Kaiser Leopold I. mit seiner dritten Frau Eleonora Magdalena von Pfalz-Neuburg am 14. Dezember 1676 dar. Aus Gründen der Trauer um seine am 8. April desselben Jahres verstorbene zweite Frau, Claudia Felicitas von Tirol, wurde die dritte Hochzeit Leopolds nicht in Wien, sondern relativ still in Passau gefeiert. Die Trauung des Kaiserpaares wurde von Fürstbischof Ernst Graf von Pötting in der Hofkapelle der fürstbischöflichen Residenz vollzogen. Das mehrtägige Hochzeitsfest stellte einen Höhepunkt in der Geschichte der vom großen Stadtbrand des Jahres 1662 gezeichneten Residenzstadt dar. Die große Oper, die dem Anlass entsprechend gegeben werden musste, fand ebenfalls aus Gründen der Trauer, um die erst verstorbene zweite Frau Kaiser Leopolds, nicht in Wien, sondern im adaptierten Sitzungssaal des Linzer Landhauses statt. Bereits der Titel „Hercole Acquisitore dell' Immortalitá" („Herkules, der Besitzer der Unsterblichkeit") drückt den sehnlichsten Wunsch des Kaiserhauses aus, dass die neue eheliche Verbindung dem Haus Habsburg durch die Geburt eines Thronfolgers zu Unsterblichkeit, d. h. zu einem Weiterbestand des Hauses verhelfen möge.

A. H.

1.1
Passauer Kaiserhochzeit. Ölskizze für Wandgemälde im großen Passauer Rathaussaal, 1893
Ferdinand Wagner (1847–1927), signiert und datiert: Ferd. Wagner 93
H. 130 cm, B. 170 cm
München, Bayerische Staatsgemäldesammlung 08058

Der Passauer Historienmaler Ferdinand Wagner hat in seinem Entwurf für das Wandgemälde im großen Rathaussaal nicht unmittelbar den Moment der Trauung des Kaiserpaares gewählt, sondern den feierlichen Akt des Hochzeitszeremoniells in der Hofkapelle auf eine Szene bezogen, die in Alexander Er-

hards „Passauer Stadtgeschichte" von 1862 (Band I, S. 260) folgendermaßen beschrieben wird: „... Nachdem das kaiserliche Paar am Eingange in die Kapelle das ihm vom Fürstbischofe dargereichte Kreuz mit dem Bildnis des Erlösers geküßt, dann vor dem Hochaltar kniend das heil. Abendmahl empfangen hatte, wurde die Trauung von dem Bischof Sebastian unter Assistenz von 23 Domherrn, dann von 20 infulierten und 60 nicht infulierten Prälaten aus Bayern und Österreich vorgenommen, ..."

Lit.: Schmiedmaier-Kathke, Edith, „Die Glückliche Vermählung ...", in: OBG 19 (1994), S. 147–157 – Oswald, Josef, Kaiser Leopold I. und seine Passauer Hochzeit im Jahre 1676, in: OBG 19 (1977), S. 22–37 (mit weiterer Literatur).

A. H.

1.2–1.7
Trabantenpartisanen (6 Stück) der Leibgarde Fürstbischofs Sebastian von Pötting
Geätzte Klinge, vorderseitig mit dem Wappen und Insignien des Passauer Fürstbischofs, rückseitig im Wappenschild der Passauer Wolf, oben datiert mit der Jahreszahl 1673
Passau, Oberhausmuseum,
Inv. Nr. 61–66

1.8
Porträt des Bischofs Sebastian Graf von Pötting (1673–1689)
Wohl Passau , nach 1689
Öl auf Leinwand, schlichter vergoldeter Holzrahmen, H. 146 cm, B. 98 cm
Passau, Diözesansammlung P45

Der auf Empfehlung Kaiser Leopolds 1673 zum Bischof von Passau gewählte Sebastian Graf von Pötting leitete ein Jahrzehnt des Aufbruchs in Seelsorge und Seelsorgeorganisation ein. Zugleich führte er den Dombau energisch weiter, und die Diözese, besonders die Stadt Passau, trat unter Bischof Sebastian wieder in das Blickfeld des Reiches. 1676 feierte Kaiser Leopold I. hier seine dritte Hochzeit anlässlich der Eheschließung mit Eleonora Pfalzgräfin von Neuburg; die Zeremonie fand in der nach dem Stadtbrand von 1662 wiederhergestellten Hof-

kapelle der Alten Residenz statt. Die Wallfahrtskirche Mariahilf verdankt diesem Anlass die Kaiserampel und das Fest der Kaiserhochzeit wurde zu einem der zentralen Bilder des Passauer Geschichtsbewusstseins. Das Porträt dagegen zeigt eher die persönliche Seite des Fürstbischofs, der hier deutlicher als Individuum vorgestellt wird als dies auf dem viel bekannteren Porträt auf seinem Epitaph im Dom der Fall ist.

Lit.: Ferdinand Wagner: Das Großgemälde „Hochzeitsfeier Kaiser Leopolds I." im Großen Rathaussaal zu Passau, in: OG 14 (1972), S. 274–277. – Oswald, Josef: Kaiser Leopold I. und seine Passauer Hochzeit im Jahre 1676, in: OG 19 (1977), S. 22–37. – Schmidmaier-Kathke, Edith: „Die Glückliche Vermählung ...", in: OG 36 (1994), S. 147–158.

H. W. W.

1.9–1.10
Kaiser Leopold I. und seine Gemahlin Eleonora Magdalena
Franz de Hamilton (tätig 2. Hälfte 17. Jh.–frühes 18. Jh.). Wien, 1677?
Perlmutter graviert, Schiefer, H. 34,4 cm, B. 26,7 cm bzw. H. 34,6 cm, B. 26,6 cm
Bez. unten links: F.De.Hammilton bzw. F.De.H. Wien
Kunsthistorisches Museum, Kunstkammer, Inv. Nrn. 3497 und 3517

Franz de Hamilton gestaltete die Porträts des Kaiserpaares als Perlmutt-Intarsia, eine Einlegetechnik, die sich damals in Nordeuropa besonderer Beliebtheit erfreute. Die als Gegenstücke konzipierten Bildnisse von Kaiser Leopold I. und seiner dritten Gemahlin Eleonora Magdalena entstanden wohl kurz nach deren Eheschließung, vielleicht 1677, als die Kaiserin dem an den Höfen von Potsdam, Hannover und München vornehmlich als Maler von Stillleben und Tierstücken geschätzten Künstler in Wien Modell saß. Der Kontrast zwischen der dunklen Schieferplatte und dem irisierenden Glanz der detailreich modellierten Figuren aus graviertem Perlmutter bestimmt den ästhetischen Reiz der beiden raren Intarsienbilder. 1772 gelangten sie aus der kaiserlichen Bildergalerie in die Schatzkammer.

Lit.: Ausst.-Kat. Kurfürst Max Emanuel. Bayern und Europa um 1700, München 1976,

1.1

1.11

Nr. 67 (P. Volk). – Ausst.-Kat. Welt des Barock, Ausstellung des Landes Oberösterreich, Wien 1986, Nr. 7.12 (F. Polleroß).

S. H.

1.11
Deckelhumpen aus Elfenbein mit Bacchanal und mythologischen Szenen
Meister IPG. Hans Jakob I. Bachmann (Memmingen 1574–1651 Augsburg).
Augsburg, 1642 datiert
Elfenbein; Silber vergoldet, gegossen, getrieben, punziert; H. 43,5 cm
Mz.: Seling Nr. 1127*;
Bz.: Seling Nr. 65* um 1641–42
Wien, Kunsthistorisches Museum, Kunstkammer, Inv. Nr. 4465

Das Prunkgefäß wurde entsprechend einem Eintrag im Schatzkammerinventar von 1750 „… anno 1681 zu Linz dem kaiser Leopoldo von herzog zu Neüburg verehret …“. Das Beschauzeichen sowie die vergoldete Silberplatte auf der Unterseite des Deckels mit dem Wappen der Stadt Neuburg und der Bezeichnung C(ivitas).N(eoburgensis).D(anubiensis). 1642 bestätigen jedoch, dass der Humpen rund 40 Jahre früher entstanden ist und ursprünglich als Hochzeitsgeschenk der Stadt Neuburg für Herzog Philipp Wilhelm und seine Gemahlin Katharina Constantia von Polen diente. Dieser Verwendung entsprechen das mit Bacchanalien geschmückte Zylinderrelief, sowie die mythologischen Liebespaare an Fuß und Deckel. Die Goldschmiedearbeit konnte jüngst Jakob I. Bachmann zugewiesen werden. Die Identität des nach Augsburg lokalisierten und von Georg

Petel beeinflussten Elfenbeinschneiders IPG ist hingegen immer noch unbekannt.

Lit.: Schlosser, Julius von: Album ausgewählter Gegenstände der Kunstindustriellen Sammlung des Allerhöchsten Kaiserhauses, Wien 1901, S. 27 f. – Feuchtmayr, Karl/Schädler, Alfred: Georg Petel, Berlin 1973, Nr. 119. – Seling, Helmut/Schommers, Annette/Weinhold, Ulrike: Hans Jakob I. und Jakob Bachmann – Augsburger Goldschmiedewerke, in: Jahrbuch des 1999, S. 266 f, Nr. 11 (mit älterer Literatur).

S. H.

1.12
Mariahilf-Kaiserampel
Silber, teilvergoldet. Getrieben, gegossen, ziseliert. Silberfiligran, Steinbesatz. 1676, H. 160 cm, ⌀ 110 cm

1.9

1.10

1.12

Beschauzeichen: Augsburg, Meistermarke LL (Lukas Lang)
Passau, Wallfahrtskirchenstiftung Mariahilf

Der durchbrochene, reich mit Halbedelsteinen besetzte Corpus ist mit Akanthusranken geschmückt, die mit Filigraneinsätzen wechseln. Die am vasenförmigen, oberen Wulst angebrachten Engelhermen halten an Ketten die Ampel und dienen wie die drei kleineren, an Armen herauswachsenden Engelhermen als Lampenträger. Der untere Wulst trägt drei Adler mit den habsburgischen Herrschaftsinsignien, die auf Kaiser Leopold I. verweisen. Dieser stiftete diese prunkvolle Ampel als Votivgabe anlässlich seiner Vermählung mit der Wittelsbacher Pfalzgräfin Eleonore, die 1676 in Passau stattfand. Im Zuge der Säkularisation musste die Ampel zunächst abgeliefert werden, kam aber auf Intervention des österreichischen Kaiserhauses wieder in die Wallfahrtskirche zurück.

Lit.: Ausst.-Kat. Bayerische Frömmigkeit, München 1960, Nr. 500. – Ausst.-Kat. Augsburger Barock, Augsburg 1968, Nr. 475. – Ausst.-Kat. Passavia Sacra. Passau 1975, Nr. 337. – Seling, Helmut: Die Kunst der Augsburger Goldschmiede 1529–1868. Dritter Band. Meister, Marken, Beschauzeichen. München 1980, Nr. 1655. – Wurster, Herbert W.: Wallfahrtskirche Mariahilf ob Passau, Passau 2003, S. 20 f.

A. B.

1.13
Kaiser Leopold I., seine Gemahlin Eleonora Magdalena und sein Sohn Joseph (VS); Ansicht der Pestsäule von Süden (RS)

Johann Ignaz Bendl (tätig 1682?–1730? Wien), Wien, um 1692
Elfenbein; H. 9 cm, seitl. ⌀ 4,2 cm, Dicke 0,5 cm
Signiert IBENDL F LEOPOLD I R MAGDALENA R I JOSEPH I REX (VS); GLORIA PATRI ET FILIO ET SPIRITVI SANCTI (RS); SANCTA TRIAS TRIADEM NOSTRAM SALVARE MEMENTO (Rand). Wien, Kunsthistorisches Museum, Kunstkammer, Inv. Nr. 10184

Das virtuos geschnittene Elfenbeinmedaillon zeigt auf der Schauseite die Büsten von Kaiser Leopold I. (1640–1705; reg. 1658), flankiert von seiner dritten

Gemahlin, Eleonora Magdalena zu Pfalz-Neuburg (1655–1720) und seinem Sohn Joseph (1678–1711) im seitlichen Profil nach links. Die Rückseite zeigt die Pestsäule am Graben in Wien, jenes bedeutende Votivprojekt des für seine Frömmigkeit gerühmten Herrschers, das nach langjähriger Planung am 1. Juni 1692 eingeweiht wurde. Im Abschnitt ist die Signatur des Elfenbeinschnitzers – JBENDL F – eingeschnitten.

Das dem Konzept der Pestsäule zugrundeliegende Leitmotiv der Dreizahl wurde von Bendl auch auf das Medaillon übertragen. Dem Dreifachporträt der Vorderseite steht der vielschichtige Bezug zur Dreizahl der Dreifaltigkeitssäule der Rückseite gegenüber. Der umlaufende Schriftzug in der Kehlung des Randes verklammert Porträts und Architekturvedute. So wie die heilige Trinität über die souveränen Herrschaftsgebiete des Erzhauses waltet, vertraut Leopold als Herrscher des irdischen Reiches seine Familie dem Schutz der himmlischen Dreieinigkeit an.

Lit.: Haag, Sabine: „SANCTA TRIAS TRIADEM NOSTRAM SALVARE MEMENTO". Zu einem unbekannten Elfenbeinmedaillon von Johann Ignaz Bendl, in: Jahrbuch des Kunsthistorischen Museums Wien 4/5 (2002/ 2003), S. 346–353.

S. H.

1.14
Kaiser Joseph I.

Paul Strudel (1648–1708), um 1706
Marmorrelief, 39 × 31,5 cm (oval)
Klosterneuburg, Stadtmuseum, Inv. Nr. KG 278

Derartige Porträtreliefs des Kaiserpaars wurden von Strudel in seiner Funktion als Hofbildhauer fast serienmäßig produziert. Von dem Porträt Kaiser Josephs sind heute noch 18 Varianten erhalten, von dem Gegenstück mit der Darstellung seiner Gemahlin Wilhelmine Amalie ist das Klosterneuburger Stück allerdings das einzige. Sie dienten als diplomatische und freundschaftliche Geschenke an hoch gestellte Mitglieder des weltlichen wie geistlichen Standes und dürften auch als Geschenk des Kaiserhauses in das Stift Klosterneuburg gekommen sein. Koller datiert die Reliefs um 1705/06 unmittelbar nach der Kaiserkrönung Josephs. Die Darstellungen korrespondie-

ren mit den Münzbildnissen des Kaiserpaares.

Lit.: Koller, Manfred: Die Brüder Strudel. Hofkünstler und Gründer der Wiener Kunstakademie, Innsbruck 1993, S. 76, 193, Abb. 192 – Ausst.-Kat. Der Traum vom Weltreich. Österreichs unvollendeter Escorial, Klosterneuburg 1999, Kat. Nr. 75.

W. H.

1.15
Kaiserin Wilhelmine Amalie

Paul Strudel (1648–1708), um 1706
Marmorrelief, 39 × 31,5 cm (oval)
Klosterneuburg, Stadtmuseum, Inv. Nr. KG 279

Lit.: Koller, Manfred: Die Brüder Strudel. Hofkünstler und Gründer der Wiener Kunstakademie, Innsbruck 1993, S. 193, Abb. 192 – Ausst.-Kat. Der Traum vom Weltreich. Österreichs unvollendeter Escorial, Klosterneuburg 1999, Kat. Nr. 76.

W. H.

C.2 Türkengefahr – Flucht Kaiser Leopolds I. nach Passau

Infolge der zweiten Türkenbelagerung Wiens musste Kaiser Leopold I. 1683 mit dem gesamten Hofstaat und seiner Familie nach Passau fliehen. Der Großteil des kaiserlichen Trosses war mit von Pferden gezogenen Schiffen über Linz nach Passau gekommen. Die Unterbringung der Fremden von Juli bis September 1683 bedeutete für Passau ein große Belastung. Kaiser Leopold I. und sein Hofstaat logierten in der fürstbischöflichen Residenz. Dort wurde auch der Generalstab für die Organisation des Entsatzes eingerichtet. Für die Unterbringung der Flüchtlinge standen in Passau 513 Häuser zur Verfügung, von denen 32 wegen des großen Stadtbrandes von 1680 noch immer unbewohnbar waren. Eine Quartierliste vom 28. Juli 1683 nennt alleine über 400 Personen, die unmittelbar dem Hofstaat angehörten. Hinzu kamen die Bediensteten der Hofkanzlei, eine Vielzahl ausländischer Beamter und Gesandter, über 200 Diener und Lakaien, sowie 538 nicht dem Hof angehörende Personen. Auch im Kloster St. Nikola bei Passau wurden ab Juli 1683 Schutz suchende Flüchtlinge und der „... closter schatz ..." von Kloster Neuburg untergebracht, darunter wohl auch der österreichische Erzherzogshut. Bereits am 14. Juli 1683 waren die türkischen Truppen unter Kara Mustapha bis an die Stadtgrenzen Wiens gelangt. Die unter dem Befehlshaber Graf Ernst Rüdiger von Starhemberg zur Stadtverteidigung zurückgebliebenen Truppen sahen sich einer Übermacht von 230 000 muselmanischen Kriegern mit 300 Geschützen ausgesetzt. In größter Eile wurden in Passau die Hilfskontingente für das zu sammelnde Reichsheer der christlichen Allianz zusammengeführt. Die Kurfürsten Johann Georg III. von Sachsen und Max Emanuel von Bayern stellten jeweils ca. 11 400 Mann zur Verfügung. Aus den fränkischen und schwäbischen Kreisen stießen 8400 Mann und aus den österreichischen Erblanden 21 000 Mann hinzu. Auch der Passauer Fürstbischof Sebastian Graf von Pötting entsandte Mannschaften. Lediglich Kurfürst Wilhelm von Brandenburg-Preußen stellte nur ein Pflichtaufgebot von 1200 Mann. Von kriegsentscheidender Bedeutung war aber die Einbindung Polens mit einem 26 000 Mann starken Reiterheer unter Anführung König Johann III. Sobieski, der in der Entsatzschlacht am Kahlenberg vom 12. September 1683 wesentlich zum Sieg der antiosmanischen Allianz beitrug. Die Belagerung Wiens war damit aufgehoben.

A. H.

2.1

Krakauer Schreibkalender auf das Jahr 1683

Papier, Ledereinband mit reicher Goldprägung, H. 19,5 cm, B. 14,5 cm
Klosterneuburg, Stiftsarchiv, Kalendersammlung

Die Kalendersammlung des Stiftes Klosterneuburg reicht von 1562 bis ins späte 19. Jh. und besitzt durch die handschriftlichen Eintragungen zu aktuellen Ereignissen unschätzbaren Wert als Geschichtsquelle. Die Eintragung des Propstes Sebastian Mayr auf der Juli-Seite des Kalenders für das Jahr 1683 lautet: *Den 8. von hier auß auf dem wasser vmb 10 Uhr in der frühe mit 2 schiffen, 6 pferden daran mit des closters schatz und villn geistlichen, wie auch andern villen leuten auß barmherzigkeit weggefahren nacher Passau vnd seind den 21. huius nach vill außgestandner*

gefahr gleiwoll glükhlich zu Passau in dem Closter zu S. Nicolai angekhommen. Deo sint laudes.

Lit.: Ausst.-Kat. Klosterneuburg 1683. Türkensturm und Verteidigung, Klosterneuburg 1983, Kat. Nr. 128.

W. H.

2.2

St. Nikola von Süden mit Propst Eustachius Hauser

Johann Ulrich Krauss, Augsburg 1688
Kupferstich, H. 53,5 cm, B. 45 cm
Passau, Oberhausmuseum I/42

Das Kloster St. Nikola vor den Toren der Stadt Passau hatte durch den bayerischen Salzumschlagplatz in seiner unmittelbaren Umgebung seit Ende des 16. Jhs. an Bedeutung gewonnen und seine innseitigen Gebäudetrakte um 1620 ausgebaut. Während des Dreißigjährigen Krieges blieb es weitgehend verschont und konnte während der zweiten Türkenbelagerung Wiens aus Klosterneuburg geflohene Mitbrüder zusammen mit deren mitgebrachten Klosterschätzen in seinen Mauern beherbergen. Darunter befand sich wohl auch der österreichische Erzherzogshut.

Lit.: Passau in der Druckgraphik, Passau 1988, S. 22, Nr. I/42 – Drost, Ludger: St. Nikola in Passau. Passau 2003, S. 76f. – Ausst.-Kat. Klosterneuburg 1683. Türkensturm und Verteidigung, Klosterneuburg 1983, Kat. Nr. 128.

L. D.

2.3

„Kurtz Lesens-Würdige Erinnerung ... um die Kayserliche Haubt = und Residenz Stadt Wien", Wien, 1702

Aufgeschlagen: Wienn, von Türcken belagert den 4. (14.) Julij, von Christen entsetzt den 2. (12.) Sept., Anno 1683.
Kupferstich von Moritz Bodenehr (1665–1749) nach Daniel Suttinger (1640–um 1690). Dresden 1688
Klosterneuburg, Stiftsbibliothek, F 5 II 67

Der Kartograph Daniel Suttinger hat nach eigener Aussage während der Türkenbelagerung „vom Anfang bis zum Ende Ingenieurs-Dienste gethan." Er hinterließ mehrere Pläne, darunter diesen, der erst vier Jahre nach den kriegerischen Geschehnissen entstanden ist. Auf dem Grundrissplan von Wien und seiner Umgebung erkennt man die türkischen Zelt-

lager und das zum Teil noch Widerstand leistende Heer. Das Vorrücken des kaiserlichen Entsatzheeres von Klosterneuburg über Kahlen- und Leopoldsberg ist durch Balkensignaturen angedeutet. Auf der linken Blatthälfte, im Osten der Stadt sieht man bereits die flüchtenden türkischen Heerscharen. Im unteren Teil des Stiches ist die Schlachtordnung des Entsatzheeres („Forme de Bataille") dargestellt.

Lit.: Broucek, Peter/Hillbrand, Erich/Vesely, Fritz: Historischer Atlas zur 2. Türkenbelagerung Wiens 1683, Wien 1983. – Ausst.-Kat. Klosterneuburg 1683. Türkensturm und Verteidigung, Klosterneuburg 1983, Kat. Nr. 114 – Fischer, Karl: Der Kartograph Daniel Suttinger (1640–um 1690). Sein Leben und sein Werk im Rahmen der frühen Wiener Stadtkartographie, in: Studien zur Wiener Geschichte. Jahrbuch des Vereins für Geschichte der Stadt Wien Bd. 47/48 (1991/1992), S. 51–91.

W. H.

2.4

Die Belagerung Klosterneuburgs durch die Türken 1683

Österreichischer Maler nach 1683
Öl auf Leinwand, H. 87,5 cm,
B. 133,5 cm
Klosterneuburg, Stadtmuseum,
Inv. Nr. GM 361

Das Gemälde ist wohl nach dem Kupferstich von Johann Martin Lerch in „Wahrhaffter Bericht" gemalt. Die türkischen Angriffe vom 17. Juli, 26. Juli, 24. August sowie 7. und 8. September sind darauf gleichzeitig dargestellt. Von der Donau sieht man auf die brennende Stadt. Mit Buchstaben sind in dem Bild mehrere Details bezeichnet, darunter die brennende Martinskirche, herbeistürmende türkische Reiter, das Scharmützel Donat Heißlers mit den Türken auf der Klosterwiese und das Scharmützel im Schiefergarten nahe des Stiftes.

Lit.: Röhrig, Floridus: Klosterneuburg in alten Ansichten, Klosterneuburg 1973, S. 18. – Ausst.-Kat. Klosterneuburg 1683. Türkensturm und Verteidigung, Klosterneuburg 1983, Kat. Nr. 101.

W. H.

2.5

Marzellin Orthner verteidigt Klosterneuburg gegen die Türken

Johann Till jun. (1827–1894), dat. 1851
Öl auf Leinwand, H. 116 cm, B. 145 cm
Klosterneuburg, Stadtmuseum,
Inv. Nr. GM 305

2.4

Das Gemälde stellt in heroischer Über-steigerung den Ausfall der Verteidiger der Klosterneuburger Oberstadt gegen das türkische Belagerungsheer am 23. August 1683 dar. In der Mitte steht der Organi-sator des Widerstandes, der Laienbruder Marzellin Orthner (1633–1692) mit er-hobenem Schwert einem türkischen Angreifer gegenüber. Links davon formie-ren sich türkische Bogenschützen und Schwertkämpfer, rechts die Verteidiger, unter denen man den Chorherrn Wil-helm Lebsaft erkennt, der die Soldaten mit dem erhobenen Kruzifix anfeuerte. Er verblieb als einziges Mitglied des Kon-vents während der gesamten Kriegszeit im Stift. Unter vollkommener Verken-nung der tatsächlichen topographischen Gegebenheiten spielt sich das dramati-sche Geschehen auf einer Terrasse vor der Westfassade der Stiftskirche ab.

Lit.: Ausst.-Kat. Die Türken vor Wien, Wien 1983 Kat. Nr. 29/13. – Ausst.-Kat. Kloster-neuburg 1683. Türkensturm und Verteidi-gung, Klosterneuburg 1983, Kat. Nr. 125. – Ausst.-Kat. Die Krone des Landes. Klosterneu-burg und Österreich, Klosterneuburg 1996, Kat.Nr. 65.

W. H.

2.6–2.13

Serie mit acht Reliefs von siegreichen Feldherren des zweiten Türkenkrieges

Kaiser Leopold I. (1640–1705)
König Karl II. von Spanien (1661–1700)
König Joseph I. (1678–1711)
Erzherzog Karl (1685–1740)
Markgraf Ludwig Wilhelm von Baden (1655–1707)
Kurfürst Max Emanuel von Bayern (1662–1726)
Kurfürst Johann Georg III. von Sachsen (1647–1691)

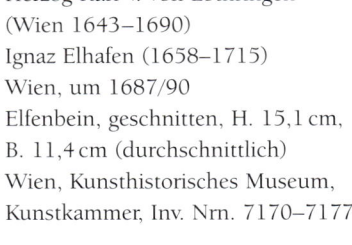

Herzog Karl V. von Lothringen (Wien 1643–1690)
Ignaz Elhafen (1658–1715)
Wien, um 1687/90
Elfenbein, geschnitten, H. 15,1 cm, B. 11,4 cm (durchschnittlich)
Wien, Kunsthistorisches Museum, Kunstkammer, Inv. Nrn. 7170–7177

Unter Kaiser Leopold I. (reg. 1657–1705) erfolgte der Aufstieg Österreichs zur europäischen Großmacht. Diese Vor-machtstellung wurde in langen Kriegen, vornehmlich gegen den „Reichsfeind", die Osmanen im Osten und gegen den „Erbfeind" Frankreich an der Westgrenze des Reiches erkämpft, was zugleich zu einer wesentlichen Erweiterung des Terri-toriums führte. Das wieder erstarkte mi-litärische Selbstbewusstsein fand seine künstlerische Entsprechung im äußerst beliebten Darstellungsmodus des sieg-reichen Feldherrn oder Herrschers zu Pferd. Die Reliefserie mit acht siegreichen Feldherren des zweiten Türkenkrieges entstand unter dem Eindruck des mi-litärischen Triumphes der kaiserlichen Truppen. 1767 in der bedeutenden Kunstsammlung des Fürsten von Liech-tenstein in Wien nachgewiesen, war sie vielleicht ehemals, wie Bohrlöcher ver-muten lassen, als Dekoration in ein Repräsentationsmöbel eingelassen. Auf einem bühnenartig erhöhten Standpunkt sind die Feldherren in zeitgenössischem Harnisch auf kurbettierendem bzw. im Trab ausschreitenden Pferd vollplastisch gegen das fein geschnittene Flachrelief des Hintergrundes gesetzt; solcherart zwar in federnder Kampfbereitschaft, aber souverän über das Schlachten-getümmel hinausgehoben. Die insgesamt sehr ähnlich gestalteten Täfelchen sind eigenständige Kompositionen nach Sti-chen des 16. und 17. Jhs. (Crispin de Passe, Antonio Tempesta, Matthäus Merian u. a.), deren örtlich nicht näher definierte Hintergrundszenerie mit Ge-fechtsszenen oder berittenen Heerscha-ren Bezug auf die historischen Verdienste des jeweiligen Feldherrn nimmt, und in der Bildnistreue auf geprägte Münzen zurückgeht. Die qualitativ nicht ganz ein-heitliche Serie steht, wenn nicht eigen-händig, zumindest dem zunächst in Wien, später in Düsseldorf tätigen Ignaz Elhafen sehr nahe und bezeugt zu-

2.5

2.6

2.11

2.10

2.13

gleich Bedeutung und Qualität der Elfenbeinschnitzerei am Wiener Hof.

Lit.: Theuerkauff, Christian: Der „Helffenbeinarbeiter" Iganz Elhafen., in: Wiener Jahrbuch für Kunstgeschichte XXI (1968), S. 92–157. – Ausst.-Kat. Kurfürst Max Emanuel. Bayern und Europa um 1700, München 1976, II, Nr. 233 (P. Volk). – Ausst.-Kat. Von teutscher Not zu höfischer Pracht 1648–1701, Nürnberg 1998, S. 92–93, Nr. 51 (S. Haag).

S. H.

2.14

Modell des Reiterstandbildes Prinz Eugen für das Denkmal auf dem Wiener Heldenplatz

Reiterstatuette von Anton Dominik Fernkorn (1813–1878)
Bronzeguß, H. 55 cm, L. 52 cm
Wien, Heeresgeschichtliches Museum, Inv. Nr. BI 20.713

Unter dem Protektorat des spanischen Gesandten, Marchese von Borgomanero, war der erst 19-jährige Prinz Eugen von Savoyen als Voluntär Herzog von Lothringens in Passau dem kaiserlichen Ent-

2.14

satzheer beigetreten. Als sich am 12. September 1683 das 65 000 Mann starke Christenheer mit der von Pater Marco d'Aviano propagierten Parole „Maria hilf" in die Entscheidungsschlacht gegen die osmanischen Truppen warf, hatte der Prinz von Savoyen an der Seite seines Vetters Ludwig Wilhelm von Baden als einer der Ersten die türkischen Belagerungslinien erreicht und die Verbindung mit den Verteidigern Wiens hergestellt. Mit seinen späteren Siegen als Oberbefehlshaber des kaiserlichen Heeres gegen die Türken und im Spanischen Erbfolgekrieg gegen Frankreich ist auch der triumphale Aufstieg Österreichs zur europäischen Großmacht verbunden.

Lit.: Ausst.-Kat. Prinz Eugen und das barocke Österreich. Wien 1986, Nr. 12.47. – Ausst.-Kat. „De Habsburger en Mechelen", Mechelen 1987, Nr. 60.

A. H.

2.15

Osmanischer Reiterkarabiner; glatter Vorderlader mit Migueletschloss

Türkisch, 2. Hälfte 17. Jh.
Holzschaft mit ornamentaler Perlmutterauflage (z. T. ausgefallen); mit Gold ausgelegte Marken; Seitenblech.
L. 116 cm, Lauflänge 82,5 cm,
Kaliber 14 mm
Klosterneuburg, Stadtmuseum

Zielvorrichtung: Stand- und Klappvisier, Messingkorn. In die Laufoberseite sind nicht identifizierbare Marken eingeschlagen und mit Gold ausgelegt. Der in das Seitenblech eingeschraubte Tragering weist den Karabiner als Reiterwaffe aus. Der Ladestock ist eine spätere Ergänzung.

Lit.: Ausst.-Kat. Klosterneuburg 1683. Türkensturm und Verteidigung, Klosterneuburg 1983, S. 114, Abb. S. 81.

M. D.

2.16–2.21

Pfeile türkischer Truppen

16./17. Jh.
Eisenspitzen ergänzt
Klosterneuburg, Stadtmuseum

Die Pfeile sind aus Fichtenholz und Schilfrohr gefertigt; wobei die Befederung noch in Resten erhalten ist.

Lit.: Ausst.-Kat. Klosterneuburg 1683. Türkensturm und Verteidigung, Klosterneuburg 1983, S. 114.

M. D.

2.22

Trapezförmige Pulverflasche eines Musketiers

16./17. Jh. Holz mit Eisenbeschlägen, Schütte aus Eisenblech, Schüttsperre. Bodenfläche: 17 × 5 cm, Holzkörper: H. 15 cm, Schütte: L. 7,5 cm

Klosterneuburg, Stadtmuseum

An der Schmalseite der Pulverflasche befinden sich je zwei Tragösen. Derartige Pulverflaschen gehörten vom 16. bis zum 17. Jh. zur Ausrüstung eines jeden Musketiers.

Lit.: Ausst.-Kat. Klosterneuburg 1683. Türkensturm und Verteidigung, Klosterneuburg 1983, S. 114.

M. D.

2.23–2.26

Türkische Votivgaben Kaiser Leopold I. für die Wallfahrtskirche Mariahilf

Vor 1683

Pferdehalsschmuck, Bogentasche, Fahnenspitze, Schild

Passau, Wallfahrtskirchenstiftung Mariahilf

Als Dank für die Befreiung Wiens stiftete Kaiser Leopold I. für die Passauer Wallfahrtskirche Mariahilf die oben angeführten, von den Türken erbeuteten Waffen und Ausrüstungsgegenstände. Während der drohenden Einnahme Wiens 1683 in den entscheidenden Wochen von August bis September suchte der mit seinem Hofstaat nach Passau geflüchtete Kaiser oft das Mariahilfer Gnadenbild auf, um für die Errettung aus der Türkengefahr zu beten.

Lit.: Ausst.-Kat. Ritterburg und Fürstenschloss, Bd. I, Passau 1998, S. 122–123, Nr. 8.13 (mit Abb.).

A. B.

2.27

Comicbasierte Multivisionsshow: „1683 – Die Türken in Wien"

Konzeption, Illustration und Animation: Walter Tackovic

Produktionsleitung und Idee: Adolf Hofstetter

Technik: Georg Thuringer

D. Das Hochstift zwischen barocker Tradition, Aufklärung und Untergang

Sowohl die Bedrohung des Deutschen Reiches durch die Türken als auch die geographische und politische Lage zwischen Bayern und Österreich verwickelten das Bistum Passau immer wieder in Kriegswirren. Die Reformen, Zwangsrekrutierungen und Steuererhebungen der Passauer Fürstbischöfe führten wiederum zu Aufständen bei der Landbevölkerung innerhalb des Hochstifts. Aber nicht nur Kriege, sondern auch Epidemien oder Brandkatastrophen ruinierten das Hochstift und die Residenzstadt am Beginn der Neuzeit.

Mit dem Sieg über die Türken begann mit der Epoche des Barock eine neue Blütezeit im Hochstift und der Stadt Passau. Die katholischen Reformen waren begleitet von zahlreichen Kirchen- und Klosterbauten in der Diözese, die bis heute die Landschaft prägen. In enger Anlehnung an das Kaiserhaus erlebten die Passauer Bürger wieder Pracht und Glanz am fürstbischöflichen Hof.

Diese barocken Traditionen sah man im Zeitalter der Aufklärung in neuem Licht. Von den führenden europäischen Philosophen beeinflusst, regierten die Passauer Fürstbischöfe nun im Sinne eines aufgeklärten Absolutismus. Das Volk sollte teilhaben an „Wissen und Vernunft", doch die Macht musste weiterhin beim Fürsten bleiben. Das Habsburger Kaiserhaus blieb darin das große Vorbild.

Trotz dieser Habsburgtreue wurden Kaiser Joseph II. und Napoleon zum Schicksal für Passau. Joseph trennte auf seinem Weg zur Staatskirche alle österreichischen Gebiete von Passau ab und Napoleon sprach den besiegten deutschen Fürsten die Reichsstädte und geistlichen Fürstentümer als Entschädigung für ihre verlorenen Gebiete zu. Passau wurde säkularisiert und verkam zum Provinzstädtchen.

P. G.

D.1 Bauernaufstände zwischen Donau, Inn und Ilz

von Roland Pongratz

Im 16. und 17. Jh. trugen die Bauern längst die Hauptlast der Feudalgesellschaft und der Druck auf die ländliche Bevölkerung nahm stetig zu. Auf die erwirtschafteten Erträge waren immer höhere Abgaben zu entrichten, umfangreiche Frondienste gegenüber den Grundherren waren zu leisten und der Kaiser forderte zur Türkenabwehr eine Sondersteuer ein.

Als Luther in einer seiner Schriften argumentierte, dass „Ein Christenmensch [...] ein Herr über alle Dinge und niemandem untertan" sei, und das Neue Testament ins Deutsche übersetzte, waren dies weitere entscheidende Auslöser für ein Aufbegehren der dörflichen Bevölkerung. Nun konnten auch einfache Leute die mit dem „Willen Gottes" gerechtfertigten Ansprüche von Adel und Klerus hinterfragen.

Auch im Gebiet der Diözese, sowohl im bayerischen, im österreichischen als auch im passauischen Teil kam es zu zum Teil massiven Aufständen. Während sich die großen Massenerhebungen 1626 im Land ob der Enns und 1705/06 in Südostbayern vorwiegend auch gegen die fremden Mächte im eigenen Land richteten und in Schlachten mit einer großen Zahl von Opfern auf Seiten der Bauern gipfelten, wurden die unblutigen und wesentlich kleineren Aufstände im Hochstift Passau, die ihren Ursprung in der zu entrichtenden Türkensteuer hatten, auf gerichtlichem Weg beigelegt.

D.1.1 Ursachen für Bauernaufstände

Obwohl der Bauer die Hauptlast der spätmittelalterlichen Wirtschaft trug, war er eines der verachtetsten Glieder der Gesellschaft, über das sich zudem der Spott der höheren Stände ergoss. In den Städten entwickelte sich eine blühende Wirtschaft und die Stellung der Stadtbürger wurde zusehends besser: Stadtluft machte frei!

Die Landbevölkerung hingegen sah sich mehr und mehr der Willkür der Obrigkeit ausgesetzt.

Nach Abzug der verschiedenen Abgaben an Grundherren, Leibherren und Kirche verblieb oft nur das Allernotwendigste. Neben der üblichen Abgabenlast kam eine weitere hinzu: um den türkischen Eroberungsfeldzügen, die die Osmanen 1532 bis Gleink in Oberösterreich vorstoßen ließen, entsprechend Paroli bieten zu können, wurde eine spezielle Türkensteuer eingeführt.

Um einen einheitlichen Staat zu formen, strebten die Landesfürsten eine Gesetzesreform an: bisher hatte jedes Dorf, jede Stadt ihr eigenes Weistum. Um für eine Vereinheitlichung zu sorgen griff man auf das römische Recht zurück und erließ ein für das ganze Land gültiges Gesetzbuch und regelte durch zusätzliche Erlasse und Verordnungen alle Fragen des täglichen Lebens. Besonders die Bauern sahen ihre Ansprüche beschnitten und wollten am „alten Recht" festhalten.

Viel ländliche Bevölkerung hatte sich dem protestantischen Glauben angeschlossen. Besonders im Land ob der Enns fanden sich zahlreiche Anhänger der Lehre Luthers. Kaiser Ferdinand II. (1578–1637) versuchte durch eine strikte Politik der Gegenreformation dem entgegen zu wirken: In protestantischen Gemeinden wurden katholische Priester eingesetzt, Gottesdienste wurden wieder in lateinischer Sprache abgehalten, „Lutherische" mussten ins Exil (z. B. Ortenburg) ziehen und strenge Kontrollen zur Religionszugehörigkeit wurden eingeführt.

Um die ländliche Bevölkerung im Sinne der Obrigkeit gefügig zu machen wurde massive Gewalt ausgeübt. Zwangsrekrutierungen, Plünderungen und militärische Auseinandersetzungen der Soldateska mit den Bauern waren an der Tagesordnung. Bei Einquartierungen mussten die Soldaten zudem versorgt werden, was die wirtschaftliche Entwicklung damit hoffnungslos werden ließ.

1.1.1–1.1.3
Drei türkische Waffen
Türkisch, um 1683
Holz, Metall, Elfenbein, Seide,
L. 61–69 cm
Eferding, Schloss Starhemberg

Ab der ersten Hälfte des 16. Jhs. verbreiteten Türkenheere in Ungarn sowie Österreich und damit im Deutschen Reich immer wieder Angst und Schrecken. Im Zuge der Auseinandersetzungen belagerten die Türken mehrmals Wien und stießen mit ihren Truppen bis nach Oberösterreich vor. Auch für Passau bestand besonders im 17. Jh. eine reale Gefahr, da sich Passau auf Grund seiner geographischen Lage an der Verkehrshauptschlagader Donau durchaus in Reichweite der vorrückenden Türken befand. Fast 200 Jahre lang stritten die Habsburger mit den türkischen Sultanen um die Herrschaft über die Ungarn.

1.1.4
Passauer Münzen
Pfennig, 1423–1451 (OHM, M 51),
Halbbatzen, 1509 (OHM, M 58),
Zehner, 1524 (OHM, M 68), Dukat,
1570 (OHM, M 108), Pfennig,
1451–1460 (OHM, M 57), Batzen, 1517
(OHM, M 61), Zweier, 1523 (OHM,
M 86), Vierteltaler, 1598–1625 (OHM,
M 110), Batzen, 1516 (OHM, M 62),
halber Reichsguldiner, 1574 (OHM,
M 109), Taler, 1694 (OHM, M 120),
Halbgulden, 1682 (OHM, M 112),
Dukat, 1705 (OHM, M 115)

Um den Türkenkrieg finanzieren zu können beschloss der Reichstag 1576 eine spezielle Reichstürkensteuer einzuheben. 4 Millionen Gulden bewilligte man Kaiser Rudolf II. zur Grenzsicherung. Auf Urban von Trennbach, den Fürstbischof von Passau, entfielen davon 31 680 Gulden, die er selbstverständlich auf seine Untertanen umlegte. Der Passauer Landtag, der dies zu genehmigen hatte, verteilte die Lasten wie folgt: Stadt Passau: 3400 Gulden, 18 Inhaber adeliger Güter im Hochstift: 7000 Gulden und hochstiftische Bauern: 30 000 Gulden.
Ein Großteil dieser Sonderabgabe wurde mit Passauer Münze bezahlt, da die Bischöfe von Passau als Reichsfürsten das Recht hatten, eigene Münzen zu prägen. Im Übrigen war das Passauer Geld im

1.1.5

16. Jh. auch außerhalb des Hochstifts gängiges Zahlungsmittel.

Lit.: Maximilian Lanzinner: Bauern, Bischof und Reich – Überlegungen zu einer frühneuzeitlichen Bauernrevolte, in: Zeitschrift für Agrargeschichte und Agrarsoziologie 41 (1993) Heft 2, S. 136–151.

1.1.5
Zehenttruhe der Jörger
1617
Eisenbeschlagene Truhe, H. 80 cm,
B. 54 cm, L. 220 cm
Privatbesitz

Die Truhe ist an der Vorderseite mit dem Wappen der Jörger, flankiert von zwei Schwert und Hellebarde haltenden Männern bemalt. Darunter befindet sich die Jahreszahl „16-17". Der Deckel ist absperrbar. Unter dem Deckel sind nach Münzsorten gekennzeichnete Einwurfschlitze eingelassen, in die die zehentpflichtigen Untertanen ihr in der Regel pauschaliertes Zehentgeld einwarfen.

Lit.: Ausst.-Kat. Der oberösterreichische Bauernkrieg 1626, Ausstellung des Landes Oberösterreich, Linz 1976, S. I/28 – Ausst.-Kat. Das Mühlviertel. Natur – Kultur – Leben, Ausstellung des Landes Oberösterreich, Linz 1988, S. 96 – Heinrich Wurm: Die Jörger von Tollet, Linz 1955.

1.1.6

1.1.6
Gerichtsschwert
Ende 15. Jh.
Stahl, Messing, L. 119,5 cm
(Klinge: L. 94 cm)
Passau, Oberhausmuseum, Inv. Nr. 679

Im Hochstift Passau übten die Fürstbischöfe alle Rechte eines Landesherren aus, auch die des obersten Gerichtsherren. Während die Verwaltung des Hochstifts von der Residenzstadt Passau aus organisiert wurde, wurde die Gerichtsbarkeit von den Land- bzw. Pfleggerichten (Oberhaus, Leoprechting, Wolfstein, Jandelsbrunn und Wegscheid), den drei Passauer Stadtgedingen und den Marktgerichten ausgeübt. Das Gerichtsschwert war das Symbol für diese Strafgerichtsbarkeit. Es wurde vor allem bei Gerichtssitzungen und feierlichen Anlässen gebraucht. Das gezeigte Gerichtsschwert trägt auf der Klinge in Messing eingelegte Wolfsmarken, die auf eine Herstellung in Passau verweisen.

Lit.: Ausst.-Kat. Weißes Gold. Passau – Vom Reichtum einer europäischen Stadt, hrsg. v. Herbert W. Wurster, Max Brunner, Richard Loibl, Alois Brunner, Passau 1995 – Heinz Robert Uhlemann: Die mittelalterlichen Symbolschwerter für die Gewalt des obersten Gerichts zu Passau. Ausstellungskatalog, Passau 1983.

1.1.7
Druckband: Landrecht/
Gerichtsordnung
1588
Papier, Pergament, Pappe, H. 32 cm,
B. 21 cm
Passau, Stadtarchiv, A I 218

Nachdruck des Bayerischen Landrechts von 1518 („Reformation der Bayrischen Landrecht") und der Gerichtsordnung von 1520 („Gerichtsordnung im Fürstenthumb Ober und Nidern Bayrn") in einem Band. Die Bayerische Gerichtsordnung von 1520 ist beinahe textgleich mit der Passauer Gerichtsordnung von Herzog Ernst aus dem Jahr 1536.

Lit.: Michael Kobler: Bemerkungen zur Passauer Gerichtsordnung von 1536, in: Ostbairische Grenzmarken 28 (1986), S. 70–91.

1.1.8
Schandgeige
18. Jh.
Holz, Stahl, B. 26 cm, L. 66 cm

Passau, Oberhausmuseum,
Inv. Nr. 1756b

Delikte, die der niederen Gerichtsbarkeit unterstellt waren, wie Raufereien, leichte Körperverletzung, Beleidigung, kleinere Diebstähle etc., wurden mit Geld- oder Ehrstrafen bestraft. Dazu gehörte das Prangerstehen und das Tragen einer Schandmaske oder Schandgeige. Das gezeigte aufklappbare Brett in abstrakter Geigenform besitzt drei kreisrunde Öffnungen, in die der Kopf und die beiden Hände eingespannt wurden.

Lit.: Ch. Hinckeldey: Strafjustiz in alter Zeit (Schriftenreihe des mittelalterlichen Kriminalmuseums Rothenburg ob der Tauber III), Rothenburg 1980, S. 161–162 – Ausst.-Kat. Weißes Gold. Passau – Vom Reichtum einer europäischen Stadt, hrsg. v. Herbert W. Wurster, Max Brunner, Richard Loibl, Alois Brunner, Passau 1995.

1.1.9
Richtrad
Holz, Eisen, H. 9 cm, L. 54 cm,
∅ 122 cm
Steyr, Heimathaus, Inv. Nr. 13.870

An dieses schwere Holzrad mit 14 Speichen wurde außen eine Eisenschneide angefügt. Es diente dem Henker zu einer besonders grausamen Hinrichtungsmethode: der Räderung. Dabei wurden dem zum Tod Verurteilten mit Hilfe des Richtrades beim Kopf beginnend die Knochen zerschlagen. Bei verschärften Strafen wurde bei den Füßen begonnen.

Lit.: Ausst.-Kat. Der oberösterreichische Bauernkrieg 1626, Ausstellung des Landes Oberösterreich, Linz 1976, S. I/27.

1.1.10

1.1.10
Novum Testamentum.
Das Newe Testament
Gedruckt in Wittenberg 1574,
Einband 1581
Papier, Leder, H. 21 cm, B. 17,5 cm
Rutzenmoos, Evangelisches Museum Oberösterreich

Die Bibel, deren Deckeleinband vorne ein farbiges Portrait Martin Luthers und hinten das Portrait Melanchthons zeigt, enthält den ersten Teil des Neuen Testaments – Evangelien und Apostelgeschichte – in lateinischer und deutscher Sprache. Bis zur Vertreibung der lutherischen Prädikanten im Jahr 1599 wurde die Bibel bei Gottesdiensten im so genannten „Steinernen Saal" des Landhauses in Linz verwendet. Trotz Verbot und Verfolgung hielt sich der evangelische Glaube in weiten Teilen Oberösterreichs und damit im Bereich der Diözese Passau. Heimlich traf man sich zu Andachten, die im gemeinsamen Lesen von Bibeln, evang. Andachts- und Gesangsbüchern bestanden. Die Bücher waren für die geheimen Protestanten ein kostbares Gut, aber ihr Besitz strafbar.

Lit.: Verein „Evangelisches Museum Oberösterreich" (Hg.), Evangelisches Museum Oberösterreich. Rutzenmoos, Linz 2001 – Ausst.-Kat. Der oberösterreichische Bauernkrieg 1626, Ausstellung des Landes Oberösterreich, Linz 1976, S. I/47.

1.1.11
Das hoamliche G'läut
Rekonstruktion
Leder, Metall
Passau, Oberhausmuseum

Die Geheimprotestanten waren erfinderisch: um vor Hausdurchsuchungen der Obrigkeit gefeit zu sein, wurden für die evangelischen Schriften Verstecke angelegt – zur verschlüsselten Verständigung bezüglich der heimlichen Andachten oder der gegenseitigen Warnung benutzten sie Schellenbänder – und nach außen gaben sie sich als gut katholische Christen.

1.1.12
Beichtzettel
Ab 1628
Papier, 39 Folien, H. 27,5 cm,
B. 43,5 cm
Linz, Oberösterreichisches Landesarchiv, Stadtarchiv Freistadt, Hs. 1135

Auf die Ausübung der beiden Sakramente Beichte und Kommunion nach katholischem Ritus durch die Bevölkerung wurde von den Gegenreformatoren besonders viel Wert gelegt. Die Teilnahme daran wurde gleichsam als eindeutiges Indiz für die Zugehörigkeit zum katholischen Glauben gewertet. Um eine Überprüfung möglich zu machen wurden von den Geistlichen nach abgelegter Beichte derartige Bestätigungen ausgestellt.

Lit.: Ausst.-Kat. Der oberösterreichische Bauernkrieg 1626, Ausstellung des Landes Oberösterreich, Linz 1976, S. I/73.

1.1.13
Liste Auswanderungswilliger
Freistadt 1626
Papier, H. 21 cm, B. 32 cm
Linz, Oberösterreichisches Landesarchiv, Inv. Nr. StA Freistadt, Sch 567,
Fasz. 13,8

Zur Zeit der Gegenreformation gab es für die Protestanten unter dem Druck der Obrigkeit nicht viele Alternativen. Auf Befragen erklärten die einen, sich „accomodieren" zu lassen, also wieder den katholischen Glauben annehmen zu wollen, die anderen zogen es vor, ihrem evangelischen Glauben treu zu bleiben und in die Emigration zu gehen. In dieser Liste für die kaiserliche Reformationskommission in Linz vermerkt der Freistädter Stadtrichter 1626 das Ergebnis dieser weitreichenden Gewissensentscheidung.

Lit.: Georg Kuhr und Eberhard Krauß: Die Einwohner von Freistadt/Oberösterreich während der Gegenreformation 1626–1630, in: Blätter für fränkische Familienkunde 13 (1989), S. 167–191 – Ausst.-Kat. Der oberösterreichische Bauernkrieg 1626, Ausstellung des Landes Oberösterreich, Linz 1976, S. I/54 – Ausst.-Kat. Das Mühlviertel. Natur – Kultur – Leben, Ausstellung des Landes Oberösterreich, Linz 1988, S. 157.

1.1.14
Schrank
Innviertel, frühes 16. Jh.
Weichholz, H. 173 cm, B. 112 cm,
T. 60 cm
Privatbesitz

Dieser Schrank stammt aus Engertsberg bei Peuerbach (BH Schärding) und ist ein sehr frühes Beispiel für die Bemalung eines Weichholzmöbels mit einfachen Kreisornamenten und einem IHS-Monogramm.

Lit.: Ausst.-Kat. Brüder – Feinde – Nachbarn. Österreich – Bayern. Katalog zur Ausstellung im Kastenhof Niederbayerisches Vorgeschichtsmuseum Landau a. d. Isar, hrsg. v. Herbert W. Wurster, Passau 1991, S. 167 – Siegfried Seidl: Niederbayerische Bauernmöbel zwischen Isar und Inn, München 1979, S. 21 f.

1.1.15
Kruzifix
18./19. Jh.
Holz, farbig gefasst, H. 84 cm,
B. 45,5 cm
Passau, Oberhausmuseum,
Inv. Nr. 13455

Die bäuerlichen Ängste und Nöte hatten sich im Prinzip im Laufe der Jahrhunderte kaum verändert. Auch die Formen religiösen Handelns sind nahezu gleich geblieben. Ihren Ausdruck fanden sie beispielsweise seit Ende des 17. Jhs. im individuellen Gebet vor dem Herrgottswinkel in der Stube des Bauernhauses. Mittelpunkt des Herrgottswinkels bildete ein Kruzifix, das von einem oder mehreren Bildern flankiert wurde.

1.1.16
Soldaten überfallen Ehepaar
Wallfahrtskirche Maria-Loretto
Angerbach, 1705
Holz, Ölfarbe, H. 42 cm, B. 32 cm
Angerbach, Katholische Kirchenstiftung

Im Zuge der kriegerischen Auseinandersetzungen im 17. und 18. Jh. war die Bevölkerung immer wieder der Willkür der Soldateska ausgeliefert. Die jeweilige Besatzungsmacht setzte Zwangseinquartierungen und -rekrutierungen als gezieltes Mittel ein, um den Gegner auf ganzer Linie zu schwächen. Für den Fall, dass man die eroberten Gebiete wieder an den Feind verlieren würde, sollte er nur noch „verbrannte Erde" vorfinden. Das Votivbild zeigt ein von kaiserlichen Dragonern überfallenes bayerisches Ehepaar während des Spanischen Erbfolgekrieges. Der Mann, der nur noch sein Unterzeug trägt und am Knie blutet, wurde ausgeplündert und misshandelt. Der rechte Fuß der Frau steht in brennenden Holzscheiten, was auf Folterung schließen lässt.

Lit.: Christian Probst: Lieber bayrisch sterben. Der bayrische Volksaufstand der Jahre 1705 und 1706, München 1978.

D.1.2 Die große Bauernschlacht – „Lieber bairisch sterben, als kaiserlich verderben!"

Sein dynastischer Ehrgeiz und die Aussicht auf militärischen Ruhm machten den bayerischen Kurfürsten Max Emanuel (1679–1726) zum Parteigänger Kaiser Karl II. Als dem Bayer trotz seiner Siege in den Türkenkriegen die erwartete Belohnung verwehrt wurde, erhoffte er sich von einer Teilnahme am Spanischen Erbfolgekrieg an der Seite Ludwigs XIV. von Frankreich eine entsprechende Entschädigung. Doch für Bayern endete diese Politik in einer Katastrophe.

Nach einer vernichtenden Niederlage der bayerischen und französischen Heere bei Höchstadt (1704) wurde Bayern von österreichischen Truppen besetzt. Nach den Worten des siegreichen Kaisers Joseph I. sollte Bayern „insoweit genossen werden, dass es inskünftig dem Kurfürsten unnütz sein soll".

Übermäßige Steuern und anhaltende Schikane der österreichischen Besatzer brachten die Volksseele zum Kochen. Zwangsrekrutierungen und Folter trieben die bayerische Bevölkerung schließlich zum Aufstand. In der Oberpfalz erhoben sich die Bauern ebenso wie im Oberland, wo die gewaltsame Befreiung Münchens geplant wurde. Mittelpunkt der Aufstände jedoch ist das niederbayerische Rottal. Unter Leitung der „Landesdefension" in Braunau wurde das Rentamt Burghausen mit den Städten Burghausen, Braunau und Schärding ebenso von den etwa 20 000 Aufständischen eingenommen wie Vilshofen, Landau a. d. Isar, Plattling und Deggendorf.

Die erhoffte Unterstützung von Seiten der Stadtbürger und des Adels blieb aus. So tat die Uneinigkeit der Bauern ein Übriges und die Aufstandsversuche der bayerischen Bauern scheiterten. Bei Gemetzeln in Sendling vor den Toren Münchens (1705) und Aidenbach nahe Vilshofen (1706) wurden ihre Aufgebote von den überlegenen kaiserlichen Truppen vernichtend geschlagen.

1.2.1–1.2.2
Zwei österreichische Infanteriegewehre
Österreich, 2. Hälfte 18. Jh.
Eisen, Holzschaft, L. 143 u. 148 cm

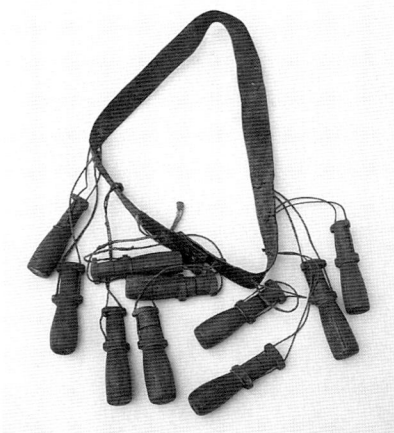

1.2.5

(Lauf: L. 105 u. 110 cm), Kaliber 19 u. 18 mm
Passau, Oberhausmuseum,
Inv. Nrn. 2665, 2666

1.2.3–1.2.4
Zwei Radschlosskarabiner
Süddeutschland, um 1600
Eisen, Kupfer, Holzschaft, L. 97 cm
(Lauf: L. 68 cm), Kaliber 16 mm
Passau, Oberhausmuseum,
Inv. Nrn. 801, 806

1.2.5
Patronengurt (Flaschenhangsel)
17. Jh.
Holz, Leder, B. 3,5 cm, L. 105 cm
Passau, Oberhausmuseum, Inv. Nr. 6307

1.2.6
Kugelbeutel
18. Jh.
Leder, Metall, L. 29 cm
Passau, Oberhausmuseum, Inv. Nr. 660

1.2.7–1.2.8
Zwei Perkussionspistolen
18. Jh.
Eisen, Messing, Holzschaft, L. 44 u. 56 cm (Lauf: L. 27 u. 40 cm), Kaliber 14 u. 18 mm

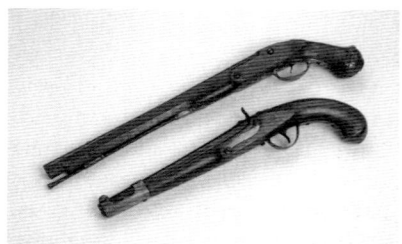

1.2.7/1.2.8

1.2.9

Passau, Oberhausmuseum,
Inv. Nrn. 2105c, 2105d

1.2.9
Kanonenmodell
Stadtbüchsenmeister Hans Windfang,
Passau, 1545
Bronze, Holz, Eisen, H. 30 cm, B. 40 cm,
L. 90 cm
Passau, Oberhausmuseum, Inv. Nr. 691

1.2.10–1.2.12
Drei Kavalleriesäbel
Österreich (?), 17./18. Jh.
Stahl, Holz, Leder L. 92–105 cm
Passau, Oberhausmuseum,
Inv. Nr. 1942, 1943, 1944

1.2.13
Landsknechtstrommel
18. Jh.
Holz, Tierhaut, H. 51 cm, ⌀ 55 cm
Passau, Oberhausmuseum

Nahezu alle Bauernaufstände wurden
letztendlich durch die militärische Übermacht der Obrigkeit niedergeschlagen.
Wenngleich die Bauern oft durch die wesentlich größere Zahl an Kämpfern Teil-
erfolge erringen konnten, so waren sie
doch in Ausrüstung, militärischer Ausbildung und Taktik weit unterlegen. 1705
etwa konnte der ca. 7000 Mann starke
Bauernhaufen bei der Schlacht bei Aidenbach General Kriechbaum und seinen
österreichischen Truppen kaum adäqua-
ten Widerstand leisten. Alleine 800 Reiter hatte Kriechbaum aufgeboten. Diese
setzten sich zusammen aus Dragonern,
die durch Helm und Brustkürass geschützt und mit Radschlosskarabinern
bewaffnet waren, und leichten berittenen
Hilfstruppen, die sich mit Säbeln und
Lanzen ins Gefecht warfen. Das Ergebnis
war verheerend: 4000 Gefallenen auf Seiten der Bauern standen 8 getötete kaiserliche Soldaten gegenüber.

1.2.14
Matrikelbuch der Pfarrei Beutelsbach
1680–1710
Papier, H. 31 cm, B. 42 cm (Buch
aufgeschlagen)
Passau, Archiv des Bistums Passau,
Pfbb. Beutelsbach 2

Zum Jahreswechsel 1705/06 kam es zu
blutigen Auseinandersetzungen zwischen
den Truppen der kaiserlichen Administration Bayerns und den bayerischen
Bauernhaufen. Am 8. Januar 1706 fand
nur wenige Tage nach der „Sendlinger
Mordweihnacht" die so genannte Aidenbacher Bauernschlacht statt. Mindestens
4000 Angehörige des Bauernstandes und
der unterbäuerlichen Landbevölkerung
wurden von der österreichischen Soldateska unter Führung von General Kriechbaum niedergemetzelt. Alleine im Matrikelbuch der Pfarrei Beutelsbach finden
sich 101 Einträge von namentlich bekannten und anonymen Gefallenen.

Lit.: Ausst.-Kat. Kurfürst Max Emanuel.
Bayern und Europa um 1700 (Bd. II), München 1976, S. 188–199, S. 289–291.

1.1.15
**Michael Aiegner wird bei
Aidenbacher Bauernschlacht
verschont**
Wallfahrtskirche Langwinkl, ca. 1706
Holz, Ölfarbe, H. 33,6 cm, B. 30,2 cm
München, Bayerisches National-
museum, Inv. Nr. KrV 363

Als sich die Bauernhaufen bei Aidenbach den gut ausgerüsteten und überlegenen Truppenverbänden gegenübersa-
hen, ergriffen viele Bauern die Flucht um
ihre eigene Haut zu retten. So mancher
konnte mit Herz, Verstand und Gottver-
trauen den Soldaten entkommen. Im
gezeigten Votivbild wird die Geschichte
eines Michael Aiegner, der sich auf einem
Baum versteckte und bei Errettung eine
Wallfahrt zur Muttergottes von Langwinkl gelobte, dargestellt.

D.1.3 Bauern contra Fürstbischof
– „Unterm Krummstab ist
gut leben!"

Die gesellschaftlichen Veränderungen im
Spätmittelalter gingen auch am Hochstift
Passau nicht spurlos vorüber. Auch hier
standen politische Reformen an, die bei

ihrer Umsetzung den Widerstand der
Bevölkerung hervorriefen. Bauern und
Bürger versuchten ihre Interessen durch
Klagen vor den Reichsgerichten durchzusetzen. Aus diesem Eintreten der Untertanen für ihre Rechte und der Bereitschaft der Fürstbischöfe Urteile des
Reichskammergerichts zu respektieren
erwuchs die vormoderne Lebenswelt, die
sich mit dem Spruch „Unterm Krummstab ist gut leben!" gut charakterisieren
lässt.
Doch auch das Hochstift Passau blieb
von Bauernerhebungen nicht verschont.
Als Fürstbischof Urban von Trennbach
1580 seine Verwaltung beauftragte, den
letzten Teil der 1576 bewilligten Türkensteuer einzuheben, zogen die Bauern vor
das Schloss zu Leoprechting und auch
um Viechtenstein und im Dreisesselge-
biet rotteten sich Hunderte von bewaffneten Bauern zusammen und verweigerten die Steuern. Die Bauern beschritten
mit einer Klageschrift beim Reichskammergericht den langwierigen Instanzen-
weg. Als Fürstbischof Urban einen Vergleich ausschlug drohte die Situation zu
eskalieren, doch der Schiedsspruch des
Reichskammergerichts sorgte für Ent-
spannung. Das Urteil gestattete dem Bischof, Steuerverweigerer mit dem Dop-
pelten der Steuer zu bestrafen, verbot
ihm aber weiterhin, Bauern gefangen zu
nehmen oder Höfe zu konfiszieren. 1586
beantragte der Advokat des Bischofs die
Androhung der Acht gegen die Steuerverweigerer. Daraufhin brach der Widerstand endgültig und bis 1591 bezahlte
der Großteil der Bauern seine Steuern.
1673 gab es wegen der strengen landesherrlichen Politik des gerade verstorbenen Fürstbischof Wenzeslaus von Thun
einen erneuten Aufstand. Im Herbst 1679
verweigerten die Bauern im Abteiland
alle Steuerzahlungen, Abgaben und Leistungen. Zugleich beschwerten sie sich
über die hohen Lasten beim Kaiser.
Auf Ersuchen von Fürstbischof Sebastian
Graf von Pötting wurden im Frühjahr
1683 200 Mann kurbayerische Truppen
nach Waldkirchen verlegt um die Bauern
zur „Raison" zu bringen. Die unblutige
Erhebung aber blieb nicht ohne Erfolg,
denn der Bischof musste Zugeständnisse
machen und berechtigte Forderungen
seiner Untertanen erfüllen.

1.3.1
Gefängnistür Oberhaus
18./19. Jh.
Holz, Eisen, Türrahmen: H. 200 cm,
B. 82 cm; Tür: H. 188 cm, B. 77 cm
Passau, Oberhausmuseum

Um seine Untertanen zum Einlenken
und zum Bezahlen der ausstehenden
Steuerschuld zu bewegen, ließ Fürstbischof Sebastian Graf von Pötting 1682 in
nächtlichen Aktionen die Rädelsführer
des Bauernaufstandes im Land der Abtei
festnehmen und auf Oberhaus in schärfs-
ten Kerker werfen. Die Inhaftierungen im
Jahr 1682 alleine halfen herzlich wenig.
Um die Lage endgültig in Griff zu bekommen, bat Pötting den bayerischen
Kurfürsten Max Emanuel Soldaten zu
schicken. Der Fürstbischof selbst verfügte über keine entsprechenden Truppen und war daher auf die Hilfe von
außen angewiesen. Im Frühjahr schließlich schickte der Kurfürst zwei Kompa-
nien mit 200 Mann. Angesichts der bayerischen Soldaten brach der Widerstand
zusammen und innerhalb weniger Tage
kamen die meisten Bauern ihren Steuer-
schulden nach.

Lit.: Ferdinand Enthofer: Ein Bauernaufstand
im Bayerischen Walde (1680–83), in: Ostbairische Grenzmarken, 15 (1926), S. 263–
272 und S. 297–303 – Maximilian Lanzinner:
Bauern, Bischof und Reich – Überlegungen zu
einer frühneuzeitlichen Bauernrevolte, in:
Zeitschrift für Agrargeschichte und Agrarsoziologie, 41 (1993) Heft 2, S. 136–151.

**D.1.4 Bauernrevolten im Land ob
der Enns – „Vom Bayrischen
Joch und Tyranney und
seiner großen Schinderey
Mach unß, O lieber Herr
Gott frey!"**

Besonders die Geschichte des Landes ob
der Enns, des heutigen Oberösterreichs,
wurde von Bauernerhebungen im 16.
und 17 Jh. nachhaltig geprägt. Bereits
1525 erreichten Ausläufer des großen
deutschen Bauernkrieges den Attergau,
wo sich einige Herrschaften und Pfarreien erhoben. Nachdem Erzherzog Ferdinand gegen Verhandlungen und für ein
gewaltsames Vorgehen war, wurde das
Landesgebiet einberufen, worauf sich alle
Aufständischen kampflos unterwarfen.

Der Zweite oberösterreichische Bauernaufstand 1594–1597 begann mit der gewaltsamen Vertreibung der katholischen
Pfarrer in St. Peter am Wimberg und in
den Stiften St. Florian, Schlägl und Wilhering. Schnell griff der Aufstand auf das
Hausruck-, Mühl- und Machlandviertel
über. Bei der einzigen kriegerischen Auseinandersetzung im November 1595 erlitt das Heer um Weikhard von Polheim
bei Neumarkt am Hausruck durch mehrere tausend Bauern eine vernichtende
Niederlage. Nach einem Waffenstillstand
erließ Kaiser Rudolf II. am 6. Mai 1597
eine Interimsresolution. Diese stellte
zwar keine der beiden Parteien vollends
zufrieden, führte jedoch dazu, dass die
Bauern ihre Waffen abgaben und der
Bauernaufstand damit zu Ende war.
Der bedeutendste Bauernkrieg für Oberösterreich fand 1625/26 statt und war
eng mit den Ereignissen des Dreißigjährigen Krieges verknüpft. Um Maximilian
von Bayern dessen Kriegskosten als Ver-
bündetem zu ersetzen, verpfändete Kaiser Ferdinand II. das Land ob der Enns.
Maximilian besetzte daraufhin mit mehreren tausend Soldaten das Land und
ließ die Bewohner die ganze Härte der
Militärregierung spüren. Die zu entrichtenden 26 000 Gulden Garnisons-
geld, Einquartierungen von Soldaten und
eine Inflationswelle führten zu großer
wirtschaftlicher Not und Wut gegen die
Besatzungsmacht. Die Versuche Ferdinands, die überwiegend protestantische
Bevölkerung wieder „katholische zu machen", taten ein Übriges. Es kam zum
Aufstand. Die Ziele der Bauern waren religiöser, sozialer, wirtschaftlicher und politischer Natur. Unter der Führung Stefan
Fadingers erzielten die Bauern beachtliche Erfolge. Als schließlich kaiserliche
Truppen die Kräfte des bayerischen Statthalters Adam von Herberstorff unterstützten, konnte der Bauernaufstand blutig niedergeworfen werden.

1.4.1
**Flugblatt: „Bedechtnis des Bauren
Kriegs im Jahr. 1626."**
1626
Papier, H. 22 cm, B. 15,5 cm
Linz, Oberösterreichisches Landesarchiv,
Neuerwerbungen, Sch. 80/4

Um für ihre Sache zu werben und um

die Ziele, für die sie zu kämpften bereit
waren, öffentlich zu machen, bedienten
sich die Bauern der modernen Medien.
Dieses Flugblatt beispielsweise umfasst
die in 12 Punkten aufgelisteten Forderungen der Bauern aus dem „Ländlein
Ob der Ens" von 1626. Der Kern der
Forderungen lautet: Religionsfreiheit und
Aufhebung der bayerischen Pfandherrschaft.

1.4.2
Adam Graf Herberstorff
17. Jh.
Öl auf Leinwand
Reproduktion

Adam Graf Herberstorff war von 1620
bis 1628 bayerischer Statthalter in Oberösterreich. Nach Beendigung der bayerischen Pfandherrschaft im Jahre 1628
wurde er bis zu seinem Tod am 11. September 1629 Landeshauptmann von
Oberösterreich. Auf Anordnung von Kaiser Ferdinand II. machte sich Statthalter
Herberstorff daran, die Gegenreformation im Land ob der Enns massiv in Angriff zu nehmen und versuchte Patente
(Erlasse) des Kaisers z. B. bezüglich der
Ausweisung evangelischer Prediger und
Schulmeister rigoros durchzusetzen, was
für gehörigen Unmut bei der größtenteils
evangelischen Bevölkerung sorgte.

Lit.: Hans Sturmberger: Adam Graf Herberstorff. Herrschaft und Freiheit im konfessionellen Zeitalter, Wien 1976.

1.4.3
Patent Herberstorffs
1625 Mai 14
Papier, H. 31,2 cm, B. 38 cm
Linz, Oberösterreichisches Landesarchiv,
Musealarchiv, Sch. 42, Miscellanea

Die Installierung eines katholischen Pfarrers im überwiegend protestantischen
Markt Frankenburg im Jahre 1625 führte
zu Aufruhr. Bürger und Bauern blieben dem Installierungsgottesdienst am
11. Mai 1625 fern, bewaffneten sich,
verprügelten und verjagten den Pfarrer
und belagerten den Pfleger im Schloss
Frankenburg. Der Aufstand endete am
13. Mai, als der Pfleger Abraham Grien-
pacher Straffreiheit für alle diejenigen
ankündigte, die die Waffen niederlegen
würden. Statthalter Herberstorff jedoch
war wild entschlossen ein Exempel zu

statuieren. Am 14. Mai forderte er mit dem gezeigten Patent alle Bewohner der beteiligten Pfarreien auf, sich tags darauf bis spätestens drei Uhr nachmittags auf dem Haushamerfeld bei Frankenburg zu versammeln. Gleichzeitig versicherte er allen Gnade zu gewähren, die diese begehren. Vor allem dieser Passus veranlasste die Bevölkerung, seiner Aufforderung nachzukommen, nachdem die Rädelsführer bereits vorher geflohen waren.

1.4.4
3 Würfel mit Becher
17. Jh.

Knochenbein, Ahornholz

Privatbesitz

Statthalter Herberstorff trat den ca. 5000 Leuten am Haushamerfeld bei Frankenburg mit einem starken Militäraufgebot, Kanonen und Henker gegenüber und ließ die Ratsherren und Ausschussmänner absondern. Nach einer ausführlichen Belehrung mussten sie den Untertanengehorsam schwören. Zur Abschreckung ordnete er an, dass die 36 Richter, Räte, Achter und Vierer um ihr Leben würfeln sollten. Nach mündlicher Überlieferung soll es sich bei den gezeigten Würfeln um jene vom Blutgericht am Haushamerfeld handeln. Die Verlierer dieses grausamen Würfelspiels wurden exekutiert.

Lit.: Hans Gebetsberger: Das Frankenburger Würfelspiel. Würfelspiel-Wanderweg – Ein vertiefender Gang durch die Geschichte, Ried o. J.

1.4.5
Mumifizierte Hand
um 1626

Knochen, Haut, H. 8,5 cm, B. 13 cm, L. 24,5 cm

Lasberg, Gemeindeverwaltung

Grausamkeiten waren während der Bauernaufstände auf beiden Seiten gang und gäbe. Auf dem Mitterbauernhof in Walchshof bei Freistadt soll sich der Überlieferung nach folgende Geschichte abgespielt haben: die Pürchfellners, die Anfang des 17. Jhs. den Hof bewirtschafteten, gehörten allesamt dem Luthertum an. Eines Tages verlobte sich die 21-jährige Margareta mit einem katholischen Mann. Vor der Heirat versprach sie, ihrem Glauben abzuschwören und zum katholischen Glauben überzutreten. Als der

1.4.5

Hoferbe Thomas Pürchfellner, ein fanatischer Verfechter der protestantischen Lehren, davon erfuhr, zerrte er seine Schwester kurzerhand zum Hackstock und hieb ihr die rechte Schwurhand ab, um den Glaubenswechsel zu verhindern.

1.4.6
Stefan Fadinger
18. Jh.

Öl auf Leinwand, H. 127 cm, B. 89 cm

Linz, Oberösterreichisches Landesmuseum, Inv. Nr. G97

Stefan Fadinger, der Führer der aufständischen Bauern und deren Oberhauptmann im Hausruck- und Traunviertel 1626, war die wohl schillerndste Persönlichkeit auf Seiten der Bauern und – wenn man so will – der direkte Gegenspieler von Adam Graf Herberstorff. Die von Fadinger zusammengestellten Truppen eroberten Wels, Kremsmünster, Vöcklabruck, Gmunden und Steyr. Beim Kampf um Linz aber verließ Fadinger das Glück. Trotz seines Vertrauens auf die „Passauer Kunst", einen Abwehrzauber, der ihn eigentlich unverwundbar machen sollte, wurde ihm von einer Kugel ein Bein zerschmettert. Am 5. Juli 1626 schließlich erlag er im „Christlichen Feldlager", dem Hauptquartier der Bauerntruppen, seiner schweren Verwundung und wurde zwei Tage später von seinen Getreuen am Friedhof zu Eferding standesgemäß begraben.

Lit.: Hans Fattinger: Stefan Fadinger und Christoph Zeller. Ihre Familien und ihre Heimat, in: Oberösterreichische Heimatblätter 19 (1965), S. 49–60.

1.4.7
Brief mit Siegel Stefan Fadingers
1626 Juni 12

Papier, 1 Folie

St. Florian, Stiftsarchiv

Der Schreiber des Bauernanführers Stefan Fadinger fordert in diesem Brief das Stift St. Florian auf, Wein und Brot ins Lager der Bauern bei Ebelsberg zu liefern. Das Schreiben trägt das Siegel Fadingers mit seinen Initialen S. F. Die Unterschrift stammt allerdings vom Schreiber.

1.4.8
Fadingers Jodlhut
Rekonstruktion

Filz, H. 21 cm, ⌀ 28 cm

Linz, Oberösterreichisches Landesmuseum

Am 17. Mai 1626 nahm der Bauernaufstand seinen Anfang. Stefan Fadinger und sein Schwager Christoph Zeller riefen als erste die Bauern dazu auf und diese leisteten ihnen bereitwillig Gefolgschaft. Unter Führung der beiden gelangen erste Erfolge, doch bald nach ihrem unerwarteten Tod im Kampf erlitten die Aufständischen vernichtende Niederlagen gegen die bayerischen Besatzer und der Aufstand brach zusammen. Harte Bestrafungen mit einer Vielzahl von Hinrichtungen folgten. Die furchtbare Bilanz: von den etwa 40 000 am Aufstand beteiligten Bauern sollen an die 12 000 ums Leben gekommen sein. Die Anführer der Bauern, besonders aber Stefan Fadinger, avancierten zu Volkshelden, um deren Leben und Wirken sich zahlreiche Legenden bildeten, die bis heute tradiert werden. So ist es nicht verwunderlich, dass sich auch vermeintliche Gegenstände aus dem Besitz des Bauernführers, wie sein Jodlhut, Geschirr aus seinem Hausrat, seine Waffen oder sein Feldbett bis heute erhalten haben.

Lit.: Georg Heiligensetzer: Der oberösterreichische Bauernkrieg 1626 (Militärhistorische Schriftenreihe, Heft 32), Wien 1976 – Ausst.-Kat. Die Bauernkriege in Österreich. Historische Sonderausstellung, hrsg. v. Museumsverein Pottenbrunn, St. Pölten 1974.

1.4.9

Scharfrichterquittung

1627 Mai 16 (Abschrift)

Papier, H. 15 cm, B. 21 cm

Linz, Oberösterreichisches Landesarchiv,

Musealarchiv, Sch. 1 (Linz)

Die Rache der Sieger machte selbst vor den toten Rebellenführern nicht Halt. Auf Anordnung des Statthalters Adam Graf Herberstorf vom 5. Mai 1627 wurden die Leichen von Stefan Fadinger und Christoph Zeller vom Henker aus den Gräbern in Eferding, wo sie ursprünglich beigesetzt worden waren, exhumiert und im Moos beim Dorf Seebach verscharrt. Der Scharfrichter bestätigte dann mittels einer Quittung für diese Tätigkeit, die *„Verdilgung des Fättingers und Zellers, der rebelierten Paur(schaft) geweste obristen"*, 20 Gulden erhalten zu haben. Der Fadingerhof wurde niedergebrannt und die Frau des Rebellen mitsamt den Kindern des Landes verwiesen.

Lit.: F. Stieve: Der Oberösterreichische Bauernaufstand des Jahres 1626, Linz 1904, S. I 315 – Ausst.-Kat. Der oberösterreichische Bauernkrieg 1626, Ausstellung des Landes Oberösterreich, Linz 1976, S. II/71.

1.4.10

12 Szenen aus dem Bauernkrieg von 1626

17. Jh.

Öl auf Leinwand, H. 93 cm, B. 142 cm

Kremsmünster, Benediktinerstift

In zwölf Einzelbildern werden die Ereignisse der oberösterreichischen Bauernerhebung im Jahre 1626 dokumentiert. Die Bilder beziehen sich auf Begebenheiten, die sich bei Peuerbach, Linz, Enns, Ebelsberg, Neuhofen, Wels, Geiersberg, Lambach, Eferding, Gmunden, Vöcklabruck und Wolfsegg zugetragen haben. Jede Darstellung wird durch einen vierzeiligen Reim erläutert. Das Gemälde ist nahezu identisch mit einem zweiten und dritten Exemplar im Oberösterreichischen Landesmuseum Linz bzw. in Privatbesitz.

Lit.: Ausst.-Kat. Der oberösterreichische Bauernkrieg 1626, Ausstellung des Landes Oberösterreich, Linz 1976, S. II/19 f.

1.4.11–1.4.12

Zwei Bauernmesser

Bodenfunde, 16. Jh.

Eisen, B. 5 u. 3 cm, L. 48,5 u. 34,5 cm

Ingolstadt, Bayerisches Armeemuseum,

Inv. Nrn. A-5990, A-5998

1.4.13

Bauernschwert

Bodenfund, 16. Jh.

Eisen, B. 4,2 cm, L. 49,5 cm

Ingolstadt, Bayerisches Armeemuseum,

Inv. Nr. A-5992

1.4.14

Kurzer Bauerndolch

17. Jh. (?)

Eisen, Holz, B. 8 cm, L. 27 cm

Mühldorf, Kreisheimatmuseum im

Lodronhaus, Inv. Nr. W39

1.4.15

Sauspieß

Deutsch, 17. Jh.

Eisen, umwickelter Holzschaft,

L. 231,5 cm

München, Deutsches Jagd- und

Fischereimuseum, Inv. Nr. 2012

1.4.16

Ochsenziemer mit Scheide

17. Jh.

Eisen, Ochsensehnen und -haut,

L. 80 cm

Kremsmünster, Rüstkammer des

Benediktinerstifts, Inv. Nr. 302 f

1.4.17–1.4.18

Zwei Kriegsflegel

16./17. Jh.

Holz, Metall, L. 142 u. 145 cm

Kremsmünster, Rüstkammer des

Benediktinerstifts, Inv. Nr. 42;

Linz, Oberösterreichisches Landesmuseum, Inv. Nr. C228

1.4.19–1.4.21

Drei Kriegssensen

17. Jh.

Holz, Metall, H. 79 cm, L. 213 cm

Linz, Oberösterreichisches Landesmuseum, Inv. Nr. C328;

Schärding, Heimathaus

1.4.22 – 1.4.26

Fünf Morgensterne

17. Jh.

Holz, Metall, H. 25–35 cm,

L. 90–229 cm

Linz, Oberösterreichisches Landesmuseum, Inv. Nr. C 326, C 2420;

Ried, Innviertler Volkskundehaus,

Inv. Nrn. 230, 7112;

Schärding, Heimathaus

1.4.27

„Unheimliches Geläut"

Hausruckviertel (?),

17. Jh.

Messing, Leder, Holz,

L. 167,

⌀ Schellen 13 cm

Ried, Innviertler

Volkskundehaus,

Inv. Nr. 222

1.4.27

1.4.28–1.4.29

Zwei Spieße

17. Jh.

Holz, Metall, L. 211–232 cm

Schärding, Heimathaus

Die Bewaffnung der Bauern war eher dürftig und behelfsmäßig. Wirkliches Kriegsgerät oder gar Feuerwaffen nahmen sie allenfalls ihren Gegnern im Kampf ab oder entnahmen sie den Zeughäusern und Waffenkammern der von ihnen besetzten Städte, Stifte und Schlösser. Auch einzelne Geschütze konnten erbeutet werden und wurden dann bei Belagerungen eingesetzt. Mit der Bedienung von Feuerwaffen und Geschützen freilich waren in der Regel nur die „Gedienten" vertraut. Außerdem machte ein steter Mangel an Munition und Schießpulver den Bauernhaufen zu schaffen.

Zu den üblichen Bauernwaffen, deren Handhabung keinerlei waffentechnische Ausbildung erforderte, sondern nur Mut, Gewandtheit und Körperkraft verlangte, zählten umgeschmiedete landwirtschaftliche Werkzeuge, Jagdwaffen, einfache Messer und Spieße.

D.2 Facetten einer barocken Residenzstadt

von Petra Gruber

Im Hochstift existierte zu Beginn der Neuzeit nur eine einzige Stadt: die Residenzstadt Passau. Sie war Zentrum der Herrschaft, dort hatte der Fürstbischof seinen Sitz, hier nahm er die Repräsentationspflichten als Landesherr wahr. Die Veste Oberhaus diente vor allem militärischen Zwecken, die Residenz war Wohn- und Repräsentationsbau und St. Stephan die Kirche des Bischofs. Die Plätze vor Dom und Residenz waren die beherrschenden Elemente in der Stadtbebauung.

Der kirchliche Bereich wurde beherrscht von den Domherrenpalais, das Viertel zur Donau hin von den Händlern und Handwerkern, die in Beziehung zum Hof standen. Die dominante Lage der Pfarrkirche St. Paul nahe dem Domplatz auf einem Hügel demonstrierte das Selbstverständnis der Passauer Bürger. Trotzdem bestimmte der Bischof als Stadtherr Stadtrat und Bürgermeister.

Der Bau einer modernen Stadt am Ende des 17. Jhs., modern im Sinne von neuzeitlich bzw. nachmittelalterlich, spiegelt den Lebenswillen und die Lebensfreude einer neuen Generation von Regenten und Bürgern wider. Der Barock mit seiner rauschenden Fülle, seinen bewegten Formen und seiner Pracht zeigte sich nicht nur bei Kathedral- und Kirchenbauten, sondern auch bei Palästen und Bürgerhäusern. Während das Leben am Lande grundsätzlich vom Kampf ums Überleben geprägt war, konnten sich in der Residenzstadt Passau, obgleich auch von schrecklichen Ereignissen getroffen, neue Ideen in Wissenschaft, Musik, Kunst oder Mode entwickeln.

D.2.1 Stadtbrand ebnet italienischem Barock den Weg

In der Epoche der Neuzeit war das Schicksal der Menschen geprägt von den Kriegswirren und ihren Folgen. Schreckensnachrichten über die Lage der Landbevölkerung waren an der Tagesordnung. Aber nun kamen schlagartig auch Katastrophenmeldungen aus der Residenzstadt: Passau liegt in Schutt und Asche!

Am 27. April 1662 vernichtete ein Großfeuer 4 Klöster, 13 Kirchen und 600 Wohnhäuser – 200 Menschen starben in den Flammen. Bereits 18 Jahre später brennt Passau erneut – eine Katastrophe! Die Chance nach dem Desaster erhielt Passau mit dem Regierungsantritt von Fürstbischof Wenzeslaus von Thun. Trotz desolater Finanzen gelang es ihm mit kluger Wirtschaftspolitik, eine moderne Stadt wieder aufzubauen. Auf den erhaltenen Resten der gotischen Kathedrale entstand der größte barocke Kirchenbau jenseits der Alpen: „Ein barocker Dom mit gotischer Seele".

Nach dem zweiten Stadtbrand setzten Sebastian von Pötting und Johann Philipp von Lamberg den Aufbau von Dom und Residenz fort. Zu dem berühmten Architekten Carlo Lurago holten sie zwei weitere Italiener: den Stukkateur Giovanni Battista Carlone und den Freskanten Carpoforo Tencalla.

D.2.1.1 Stadtbrand

2.1.1.1

„Wahre Abbildung der weltberühmten Bischöfflichen Stadt Passau ..."
Lucas Schnitzer fecit, 1662
Kupferstich, Blatt, H. 47,5 cm,
B. 38,5 cm
Passau, Oberhausmuseum, Inv. Nr. 1896

Das Blatt (nach Merian, 1644) zeigt Passau vor und während dem großen Stadtbrand von 1662. In der Legende wird die Stadt beschrieben, sowie Ereignisse vor dem Stadtbrand und die Schäden an den Gebäuden: „In allem sind verbrannt vier Clöster/ 13 Kirchen und Kapellen/ 26 Thürn/ 10 Stadt-Thor/ 20 Herren Höfe/ samt der ganzen Residenz/ und über 600 Bürgerliche oder andre Häuser." Diese Darstellungen mit Berichten von Großfeuern, Erdbeben, Kometen oder anderen Schreckensnachrichten wurden von Hausierern, die über das Land zogen, verkauft. Man könnte diese Flugblätter der Sensationen als Vorläufer der Boulevardpresse bezeichnen.

2.1.1.1

2.1.1.2
„Wahrhaffte in Grundgelegte Statt Bassaw ..."

Jo Isaac und Elias Wellhöfer, Augsburg, 1662
Holzschnitt, H. 31,5 cm, B. 35,5 cm
Passau, Oberhausmuseum, Inv. Nr. 267

Der spiegelverkehrte Holzschnitt zeigt die brennende Stadt Passau. In der Legende ist über den Brandvorgang geschrieben: „Deren Häuser und Güter seind/ ehe sie anhaim kommen/ in der Aschen gelegen/ die schöne Pfarrkirchen S. Pauli/ wie auch die daran stossende Thumbherren Häuser (…) neben der vortrefflichen Thumb-Kirchen so da war mit 4 Orgeln und vielen Altären geziert/ ist alles durchgebrant und verschmolzen/…"

2.1.1.3
„Ausführliche (...) Beschreibung des abermal unerhörten (...) Brand=Schadens..."

Felsseckern, 1680
Kupferstich, H. 40 cm, B. 30 cm
Passau, Oberhausmuseum, Inv. Nr. 949

18 Jahre nach dem großen Stadtbrand von 1662 brannte Passau erneut. Das Ausmaß des Schadens scheint den Berichten zufolge jedoch geringer gewesen zu sein. Im oberen Teil des Flugblattes eine Ansicht des zweiten großen Stadtbrandes in Anlehnung an den Kupferstich von Merian. In dem Text werden der erste und der zweite Stadtbrand (29. Juli 1680) kurz geschildert.

D.2.1.2 Wiederaufbau

2.1.2.1
Ansicht von Dom und Residenz zu Passau

Martin Engelbrecht (1684–1756, Augsburg) und Friedrich Bernhard Werner (1690–1778, Breslau), um 1740
Kupferstich, H. 21 cm, B. 30,7 cm
Prospectus Ecclesiae Cathedralis Passaviensis ex parte postica et foro publico adspiciendus. Prospect des hinteres theils von der Dom Kirch in Passau, wie solche vom Marckt oder Platz anzusehen ist. F. B. Werner delin
Cum Priv.Sac.Caes. Majest. Martin Engelbrecht excud. Aug. Vindel
Passau, Ostbayerische Kulturstiftung, Inv. Nr. 655

Das Blatt zeigt den Residenzplatz von Passau mit den nach dem Stadtbrand neu erbauten Gebäuden: Neue Residenz, Dom und Marschallhaus. Der Platz war zugleich Marktplatz, wo sich bis zum Ende des 17. Jhs. auch das Kramhaus befand. Dieses Gebäude wurde von Fürstbischof Johann Ph. von Lamberg im Tausch erworben und durch die Neue Residenz ersetzt, der Markt blieb bestehen. Selbst im (heute) noch existierenden gotischen Chor des Doms standen dafür kleine Läden zur Verfügung. Die Residenzfassade erhielt in der 2. Hälfte des 18. Jhs. ein neues Gesicht, auch am Dom wurden bis zum Ende des 19. Jhs. Veränderungen (Türme) vorgenommen.

2.1.2.2
Ansicht des Domes zu Passau von Westen

Martin Engelbrecht (1684–1756, Augsburg), um 1740
Kupferstich (beschnitten), H. 20,4 cm, B. 29,2 cm
Prospect der Faciata des vortrefflichen Doms St. Stephanus zu Passau
Prospectus Passaviensis Basilicae S. Cathedralis Ecclesiae splendidissimae structurae ex parte antica conspicuus
F. Werner delin, Martin Engelbrecht excud. Aug. Vind.
Passau, Diözesansammlung

Auf diesem Blatt ist der Blick auf die Fassade des Passauer Doms gerichtet. Der Domplatz selbst – er ist ca. 8000 qm groß – ist an den übrigen drei Seiten von den Palais der Domherren umbaut. Auf der rechten Seite sieht man das Gästehaus des Fürstbischofs, das für den Besuch von Maria Theresia (1745) umgebaut wurde. Über den Domplatz ziehen in einer Prozession Geistliche mit Fahnen und Bürger.

2.1.2.3
Vertrag von Carlo Lurago

Spaltzettel, Passau, 1668 März 14
Archiv des Bistums Passau, OA Pfa, Passau St. Stephan I,3

Carlo Lurago (geb. 1615, Intelvi-Tal), Baumeister aus Oberitalien, hatte sich bereits durch viele Werke in Böhmen – der Heimat des Fürstbischofs – ausgezeichnet, bevor ihn Wenzeslaus von Thun engagierte. Nicht nur das Honorar von 25 000 fl. ist in dem Vertrag festgelegt, sondern alle zu leistenden Arbeiten bis hin zum Abtransport des Bauschutts. Die Steinmetzarbeiten sollten Francesco Torre aufgetragen werden, der aus derselben Gegend wie Lurago stammte. Carlo Lurago starb nach Vollendung seiner Aufgabe 1684 in Passau.

Lit.: Karl Mösenender: Der Dom in Passau, Passau 1995, S. 90 ff.

D.2.2 Die neue Residenz: Zentrum der Macht in barocker Pracht

Im Zeitalter des Barock wurde Passau von Fürstbischöfen aus dem österreichischen Adel regiert. Die Ära der Habsburger Erz-

2.1.2.1

herzöge auf dem Passauer Bischofsstuhl ist vorbei. Die Fürstbischöfe waren nun nicht mehr in großer Weltpolitik unterwegs, sondern ihre Aufgaben lagen im Bereich des Bistums und Hochstifts. Sie residierten in Passau und hielten nach 75 Jahren wieder einen Pontifikalgottesdienst im Dom.

Dennoch orientierten sich die Bischöfe weiterhin am Habsburger Herrscherhaus. Auf Grund dieses guten Verhältnisses konnten zwei Fürstbischöfe die Position eines Prinzipalkommissars erlangen. Sie vertraten den Kaiser auf dem Regensburger Reichstag. So war Prinzpalkommissar Johann Philipp von Lamberg (1652–1712) ein Grandseigneur des Barock, der einen großen Hofstaat führte. Sein Neffe hingegen, Joseph Dominikus von Lamberg (1681–1761), widmete sich ganz seiner Bestimmung als Seelsorgebischof. Mit Fürstbischof Joseph endete diese Epoche des Barock. Seine letzte Ruhestätte fand er im Passauer Dom, jedoch

sein Herz wurde gemäß barocker Tradition separat an einem sakralen Ort bestattet. Dadurch wollte er, wie auch die Fürstbischöfe Johann und Sebastian, einer persönlichen Frömmigkeit Ausdruck geben, die mit der Herzsymbolik der Gegenreformation aufblühte. Mit dem Tod von Joseph Dominikus von Lamberg endete nicht nur der Barock, sondern es zogen die ersten Schatten über die Zukunft des Hochstifts.

2.2.1
Ehem. Tafelzimmer in der Alten Residenz
Nico Ueckermann, 2003
Panoramafotografie (Auschnitt aus multimedialer Inszenierung)

2.2.2
Ehem. Festsaal in der Neuen Residenz
Nico Ueckermann, 2003
Panoramafotografie (Auschnitt aus multimedialer Inszenierung)

2.2.3

2.2.3
Sänfte
Frankreich oder Österreich, 18. Jh.
Holz, Leinen, Leder, bemalt, H. 155 cm, B. 73 cm, T. 78 cm
Salzburg, Museum Carolino Augusteum, Inv. Nr. 1740/50

Die Sänfte war vor allem ein „Transportmittel" der vornehmen Gesellschaft. Besonders Damen – in barocker Garderobe – beanspruchten die Sänften, die von zwei Dienern getragen wurden. Diese Sänften waren einsitzig und mit kostbaren Stoffen bezogen. Im 18. Jh. standen zuerst in Wien, später auch in München Mietsänften bereit.

Lit.: Salzburger Museum Carolino Augusteum: Katalog, München u. a. 1996, S. 72.

2.2.1

D.2.2.1 Zwei Passauer Fürstbischöfe der Barockzeit

Fast alle Fürstbischöfe der Barockzeit kamen – wie auch die Domherren, die den Bischof wählten – aus dem österreichischen Hochadel. Somit war auch deren Einstellung bzw. Politik vorgegeben, die sich am Habsburger Herrscherhaus orientierte. Während der Regierungszeit von Johann Philipp konnten vier seiner Neffen ins Domkapitel aufgenommen werden, weitere Verwandte brachte er im Hochstift unter. Auch seinen Neffen Joseph Dominikus förderte er. Dieser war Domherr in Salzburg, Dompropst in Passau und Bischof von Seckau (Steiermark). Nach dem Tod seines Oheims

2.2.2

2.2.1.1

konnte er die Chance Fürstbischof von Passau zu werden noch nicht nutzen. Da die Wahl schon mehrmals gescheitert war und keiner der Kandidaten eine Mehrheit erzielte, stimmten er und seine Anhänger für Raimund Ferdinand von Rabatta. Erst 10 Jahre später, nach dessen Tod, wurde Johann Dominikus mit der Unterstützung von Kaiser Karl VI. auf den Passauer Bischofsstuhl gewählt.

2.2.1.1
Johann Philipp von Lamberg
Um 1700
Öl auf Leinwand, H. 101,8 cm,
B. 87,7 cm
Passau, Diözesansammlung,
Inv. Nr. D 436

Johann Philipp von Lamberg (1652–1712), Sohn des kaiserlichen Obersthofmeisters, studierte u. a. in Wien, Passau und Italien neben Theologie auch Rechtswissenschaften. Zunächst kaiserlicher Kammerherr und Reichshofrat, wurde er mit knapp 37 Jahren zum Fürstbischof von Passau gewählt. 10 Jahre später stieg Johann Philipp von Lamberg zum Prinzipalkommissar auf, wurde Stellvertreter des Kaisers am Regensburger Reichstag. Er war Staatsmann sowie Diplomat des Wiener Hofes und versuchte ein gutes Verhältnis mit Kurbayern zu wahren. So wurde er als Fürstbischof von Passau in den Spanischen Erbfolgekrieg und das Ringen um die Grenzstadt hineingezogen, was seine große Zukunft als Politiker verhinderte. Als Grandseigneur des barocken Zeitalters veranlasste er einen Neubau der Residenz, ließ den Dom ausstat-

ten, kaufte Schlösser und gab immense Summen für Prunk und prachtvolle Repräsentationen aus. Das Hochstift war am Ende hoch verschuldet. Auf diesem Gemälde ist er als Kardinal mit Barockperücke dargestellt.

Lit.: August Leidl: Das Bistum Passau zwischen Wiener Konkordat und Gegenwart, Passau 1993, S. 123 ff.

2.2.1.2
Joseph Dominikus von Lamberg
1. Hälfte 18. Jh.
Öl auf Leinwand, H. 95,5 cm,
B. 83,2 cm
Passau, Oberhausmuseum,
Inv. Nr. 3428

Joseph Dominikus von Lamberg (1680–1761), Neffe von Joh. Ph. von Lamberg, gehörte zu den ersten Adelsfamilien von Österreich. Er wurde erst mit knapp 43 Jahren zum Fürstbischof von Passau gewählt und 1738 zum Kardinal erhoben. Er sah seine Hauptaufgabe darin, die Protestanten in seiner Diözese zur katholischen Religion zu führen. In diesem Sinne bereiste er während seiner fast 40-jährigen Amtszeit als Seelsorger unzählige Male das Bistum Passau, um Kirchen und Altäre zu weihen und Gläubige zu firmen. Neben Bau und Ausstattung von Kirchen ließ Joseph Dominikus von Lamberg in Passau die Residenz fertigstellen und ausstatten und erwarb die Herrschaft Neuburg am Inn.

Lit.: Rudolf Weiß: Das Bistum Passau unter Kardinal Joseph Dominikus von Lamberg, St. Ottilien 1979.

D.2.2.2 Der Platz des Fürstbischofs im Reich

Die Passauer Fürstbischöfe waren in der Außenpolitik von den Nachbarn des Hochstifts abhängig. Die Regierungszeit von Johann Philipp und Joseph Dominikus war vom Spanischen und Österreichischen Erbfolgekrieg belastet. Beide konnten die bewaffnete Besetzung der Stadt nicht abwehren, jedoch die Zerstörung von Passau wussten sie zu verhindern. Nachdem der Kaiser 1676 in Passau Hochzeit feierte bzw. 1683 hierher geflüchtet war, traten auf Grund dieses guten Verhältnisses Fürstbischof

2.2.2.1

Sebastian und Johann Philipp als Prinzipalkommissare am Reichstag zu Regensburg wieder ins Blickfeld des Reichs. Alle anderen Passauer Regenten waren als Gesandte des Hochstifts dort vertreten.

2.2.2.1
Armlehnsessel mit Regensburger Stadtwappen
Hans Brodtwolf, Regensburg, 1671
Ahorn, z.T. gefasst; Rindsleder geprägt, geschnitten, gestanzt, abgesteppt; Zierbeschläge aus Messing
Auf der Rückenlehne HB G 1671
Regensburg, Historisches Museum,
Inv. Nr. AB 308a

Der Thronsessel stammt aus dem Reichssaal des Alten Rathauses in Regensburg, in dem sich die Vertreter der Kurfürsten, Fürsten und Reichsstände des Immerwährenden Reichstags trafen. Die Passauer Fürstbischöfe Sebastian Freiherr von Pötting und Persing und Johann Philipp von Lamberg waren kaiserliche Prinzipalkommissare am Immerwährenden Reichstag. Sie nahmen das höchste Amt ein, das der Kaiser zu vergeben hatte. Sie wohnten während dieser Zeit in der Reichsstadt Regensburg, in St. Emmeram, wo man auf das Wohl der Herren sehr bedacht war.

Lit.: Ausst.-Kat. Von teutscher Not zu höfischer Pracht, 1648–1701, hrsg. v. G. Ulrich Großmann, German. Nationalmuseum Nürnberg, Köln 1998, S 80 f.

2.2.2.2
Der Einzug des Prinzipalkommissars Kardinal Philipp von Lamberg am 1. 12. 1701

Georg Christoph Eimmart (1638–1705) und Matthäus Eimmart (1640–1710), Nürnberg, 1701
Kupferstich, H. 61,2 cm, B. 95,7 cm
Privatbesitz

Der feierliche Einzug des Prinzipalkommissars fand unter Trompeten- und Paukenklängen mit Kanonen und Böllerschüssen statt. Der Zug setzte sich aus 266 Personen und 231 Pferden zusammen. Aber nicht nur die Anzahl der prachtvoll ausgestatteten Wagen – Lambergs sechsspänniger Wagen war vergoldet – auch die Ausstattung des Passauer Hofstaates war immens. Für die Neueinkleidung seiner Dienerschaft gab Lamberg über 16 000 fl. aus, gut ²/₃ der kaiserlichen Apanage! Dieser Einzug eines Prinzipalkommissars in die Stadt Regensburg gilt als der prächtigste in der Geschichte, womit er nicht nur seinen Kaiser würdig vertreten hatte, sondern zugleich sich selbst Anerkennung verschaffen konnte.

Lit.: Karl Möseneder: Feste in Regensburg, Regensburg 1986, S. 272 ff.

2.2.2.3
Die Übergabe von Passau

Joh. Balthasar Gutwein
(1702, Augsburg–1785, Würzburg),
Augsburg, 1. Hälfte 18. Jh.
Kupferstich (Blatt), H. 36 cm, B. 19,5 cm
Passau, Oberhausmuseum, Inv. Nr. 3557

Das Blatt ist aus dem Werk Germanis Sacra von dem Jesuitenhistoriker Markus Hansiz. Er war ein enger Berater von Johann Philipp von Lamberg, sein Neffe stand ihm und seinem Werk skeptisch gegenüber. Dieses Blatt zeigt eine Ansicht von Passau von der Ilzstadtseite gesehen, angelehnt an den Merian Stich von 1644. Das eigentliche Geschehen findet sich hier im Hintergrund auf der Innseite. Dort wird dargestellt, wie Johann Philipp von Lamberg am 11. Januar 1704 die Stadt Passau an die bayerischen Truppen übergibt. Dazu kam es, nachdem die kaiserlichen Truppen Passau besetzten und die bayerischen Truppen von Schärding aus auf Passau zumarschierten und die Stadt von Mariahilf aus beschossen. Der

Fürstbischof erreichte, dass die österreichischen Truppen abzogen und somit die Stadt nicht Schauplatz eines Kampfes wurde. Dennoch belagerten ca. 3000 Soldaten bis Ende des Jahres Passau und brachten Tausenden von Passauern den Tod durch Typhus. Dieses Ereignis ist nur ein Beispiel dafür, dass Passau immer wieder zum Spielball der mächtigen Nachbarn wurde, denn während des Österreichischen Erbfolgekrieges wiederholte sich die Geschichte.

Lit.: Franz Niedermayer: Johann Ph. v. Lamberg, 1651–1712, Veröffentl. d. Inst. f. Ostbair. Heimatforschung in Passau, Passau 1938, S. 127 ff.

D.2.2.3 Exotische Artefakte in fürstbischöflichen Residenzen

Das Fremde und in der Verarbeitung wie Wirkung geheimnisvoll Unbekannte machte den Reiz exotischer Objekte aus. Diese raren exquisiten Artefakte befanden sich auch in der Hofsilberkammer der Passauer Fürstbischöfe. Leider wurden fast alle Objekte in den Jahren nach der Säkularisation eingeschmolzen oder auf Versteigerungen verschleudert. Bei der Einschmelzung wurde ein vermünzbarer Betrag – allein der Materialwert! – von 73 800 fl. erzielt.

2.2.3.1
Kokosnusspokal

Passau, 16. Jh.
Silber, getrieben, gegossen, ziseliert, punziert; Kokosnussschale,
H. mit Deckel 22,5 cm, ⌀ Fuß 9 cm
Beschauzeichen Passau,
Meistermarke HE
Regensburg, Historisches Museum der Stadt Regensburg, Inv. Nr. K 1960/10

Cuppa und Deckel des Pokals bestehen aus einer Kokosnuss, die von drei silbernen Spangen gehalten wird. Diese tropischen Kunst- und Wunderkammer-Naturalien wie Kokusnuss und Straußenei waren bereits in der Renaissance begehrte Objekte.

Lit.: Ausst.-Kat. Kostbarkeiten aus kirchlichen Schatzkammern, Ausstellung im Diözesanmuseum Regensburg, München 1979, S 182.

2.2.3.1

2.2.3.2
Prunktisch

2. Hälfte 18. Jh.
Holz, furniert, Platte aus Intarsienarbeit: Schildpatt, Perlmutt, Elfenbein,
H. 79,5 cm, B. 60 cm, L. 95,5 cm
Passau, Diözesanmuseum

Kleines Prunktischchen mit Intarsienarbeiten, vermutlich aus dem Wohnkabinett auf der Südseite der Neuen Residenz. Die eingelegten Materialien sind Schildpatt von der Seeschildkröte und Perlmutt von der Schale der Seeschnecke oder Perlmuschel.

2.2.3.3
Lichtschutzrollo

2. Drittel 18. Jh.
Leinengewebe, bemalt, H. 259 cm,
B. 126 cm
Passau, Staatliches Hochbauamt

Während der Restaurierungsarbeiten an der Residenz entdeckte man in den letzten Jahren in den Rollladenkästen im grünen Tafelzimmer drei Lichtschutzrollos, auf welchen See- und Handelsszenen aus fernen Ländern dargestellt sind. Diese fügten sich perfekt in die noch erhaltenen Wandbespannungen ein, auf welchen exotische Landschaften zu sehen sind.

2.2.3.4

2.2.3.4
Franz Anton II. Graf von Harrach
Anfang 18. Jh.
Öl auf Leinwand, H. 104,5 cm, B. 87 cm
Passau, Diözesansammlung,
Inv. Nr. D 431

Die Eltern von Franz Anton II. von Harrach waren der kaiserliche Obersthof-
meister Ferdinand Bonaventura und Jo-
hanna Theresia Gräfin von Lamberg.
Franz Anton II. wuchs in Madrid auf und
studierte in Rom. Mit 20 Jahren (1685)
wurde er Domherr in Passau, später
Dompropst. 1702 ernannte ihn der Kaiser zum Bischof von Wien. Seit 1705 war
er bereits Koadjutor des Erzbischofs Johann Ernst Graf von Thun und Hohenstein. 1706 übernahm die Stelle des Passauer Domprobstes sein Vetter Joseph
Dominikus von Lamberg. Harrach wurde
1709 Erzbischof von Salzburg. Er war
sehr beliebt und wohltätig. Angeblich
kam es immer wieder vor, dass er sich auf
den Bänken der Residenz mit Bürgern
unterhielt. Franz Anton war der erste
Salzburger Bischof, der eine Perücke trug!
Er starb 1727 im Alter von 62 Jahren.

D.2.2.4 Repräsentation durch den Hofstaat

Der Passauer Hofstaat wuchs sich bis
zum Ende des 18. Jhs. auf über 350 Be-
dienstete aus.

2.2.4.1
Leibrock
18. Jh.
Elen Leder, Goldborte, Samt
Passau, Oberhausmuseum, Inv. Nr. 681

2.2.4.2

Die Trabanten des fürstbischöflichen Hofstaates trugen Lederkoller und führten
Prunkpartisanen mit. Für seinen Einzug
in Regensburg ließ Fürstbischof Johann
Ph. von Lamberg seine mitgeführte Dienerschaft für 16 198 fl. neu einkleiden!

2.2.4.2
Partisanen
1698–1717
Holz, Eisen, L. 208 cm, B. 18 cm
Passau, Oberhausmuseum,
Inv. Nrn. 45, 46, 47, 48, 49, 52, 58, 59,
63

Die Prunkpartisanen dienten der repräsentativen Bewaffnung der Leibgarde.
Die Klingen tragen in ornamentalem
Schmuck die Wappen, Insignien u. dgl.
der Passauer Fürstbischöfe.

2.2.4.3
Johann Michael Krävogl von Freyenstauf
2. Hälfte 18. Jh.
Öl auf Leinwand auf Sperrholzplatte,
H. 90 cm, B. 73,5 cm
Inschrift: Johann Michael Krävogl v.
Freyenstauf HofkamerRath und
Truchseß verstarb als Guttäter den
17en 8ther 1777
Passau, Oberhausmuseum, Inv. Nr. 9973

Der Hofkammerrat Krävogl von Freyenstauf trägt eine Perücke und lässt sich in
grünem Rock, roter Weste und Spitzen-
hemd malen. Wie man bereits an der
Kleidung erkennen kann, war ein Hofkammerrat in Passau gut versorgt. Er
hatte (1735) ein Einkommen von 300 fl.
Ein Hofrat verdiente schon 550 fl. und
der Hofratsdirektor 750 fl. Sein Diener

bekam immerhin noch 89 fl. Die Passauer lebten von den Domherren und
ihrem Gefolge, durch die Hofbedienten
und Pensionisten. Alle wollten möglichst
eine Beschäftigung bei Hofe, denn dann
war ihr Auskommen gesichert. „Und die
besseren Leut fangen bei den Lakaien an
(100 fl.)."

Lit.: Margarete Laudenbach: Aufklärung und
Schule, Passau 1993, S. 31.

2.2.4.4
Siegelstock
1783–1795
Silber, gegossen, H. 4,8 cm, B. 3,5 cm,
L. 4,2 cm
Passau, Landkreissammlung,
Inv. Nr. L 68

Siegel der Hofkammer mit dem Wappen des Fürstbischofs Joseph Franz von
Auersperg. Die Hofkammer war das
„Finanzministerium des Fürstbischofs",
denn es verwaltete das Kapital des gesamten Hochstifts.

D.2.2.5 Fürstbischof, Domherren und Hofstaat beim Spiel

Das barocke Zeitalter hatte eine eigene
exklusive Festkultur, die in das Hofzere-
moniell eingebettet war. Neben diesen
großen Festen zu Geburt, Hochzeit oder
kirchlichem Feiertag gab es auch die kleinen Vergnügungen des Alltags, wie den
Besuch des Ballhauses.

2.2.5.1
Blick auf Passau von der Innseite
Martin Engelbrecht (1684–1756,
Augsburg) und Friedrich Bernhard
Werner (1690–1778, Breslau),
2. Viertel 18. Jh.
Kupferstich, H. 23,5 cm, B. 39 cm
Conspectus Residentia Ducalis cum
Basilica a latere Oeni fluvii; Prospect
der fürstl. Residenz samt des Doms von
seiten des Inn Flusses anzusehen
Passau, Oberhausmuseum, Inv. Nr. 9633

Westlich von der Residenz lag das Ballhaus, das nach dem Stadtbrand wieder
aufgebaut wurde. Es diente ausschließlich der Unterhaltung des Hofes und der
Domkanoniker. Sie verfolgten das Ball-
spiel von ihren Logen aus und machten
ihre Wetteinsätze. Ein Spiel, das sich vom

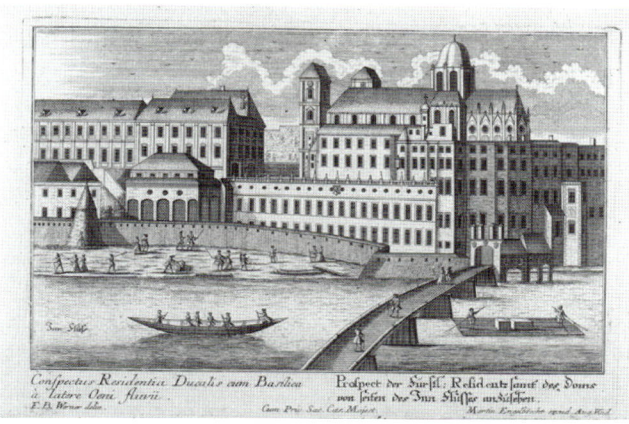

2.2.5.1

heutigen Tennis nicht sehr unterschied. Von den Ballhäusern in Salzburg und Regensburg weiß man, dass dort auch Spieltische aufgestellt wurden – für Würfel-, Karten-, Schach- oder Billardspiel – zum Amusement des Hofes. Der letzte fürstliche Ballmeister in Passau war Johann Andreas Anfossa; er verstarb 1750. Zu dieser Zeit war jener Ballsport bereits außer Mode, so dass das Ballhaus schließlich zum fürstbischöflichen Opernhaus umgebaut wurde.

Lit.: Gottfried Schäfer: Das fürstbischöfliche und königliche Theater zu Passau, Passau 1973, S 8 ff.

2.2.5.2
Ignaz Cajetan von Freyenstein
2. Hälfte 18. Jh.
Öl auf Leinwand, H. 110 cm, B. 102 cm
Stift Kremsmünster, Sternwarte

Bereits mit 22 Jahren wurde Ignaz Cajetan von Freyenstein zum Truchsess des Passauer Fürstbischofs ernannt. Er war mit der Apothekersgattin Maria Anna Eleonora Freischlag von Freyenstein verwandt. Besonders interessant an diesem Gemälde ist, dass er sich mit Billardkugel und Queue darstellen ließ. Billard war damals groß in Mode und Personen von Rang mussten es natürlich beherrschen.

2.2.5.3
Tarock-Billard-Kugeln
Salzburg (?), 18. Jh.
Elfenbein geschnitten und eingefärbt
Salzburg, Museum Carolino Augusteum,
Inv. Nr. IN 3545/49

Adel und Volk, Frauen und Männer waren im Barock gleichermaßen von einer Spielleidenschaft besessen: Glücksspiele (Hasardspiel), Lotterien, Würfel-, Brett-

und Kartenspiele waren beliebtes Freizeitvergnügen. Im Laufe des 18. Jhs. kam aus Frankreich das neue Modespiel zu uns: Billard. Adelige ließen sich im Spiel unterrichten und integrierten in ihren Palais immer häufiger auch ein Billardzimmer. Man weiß z. B., dass der Erzbischof von Salzburg, Franz Anton II. von Harrach, 1717 ein Billardzimmer in seiner Residenz einrichten ließ. In Passau sind Hasardspiele im Lokal von Forestello (1758) überliefert und in der 2. Hälfte des 18. Jhs. streiten sich die Weingastgeber und die Kaffeehausbetreiber darüber, wer alles einen Billardtisch in seinem Lokal aufstellen darf.

Lit.: Gabriel Maria Ott: Das Bürgertum der geistlichen Residenzstadt Passau in der Zeit des Barock und der Aufklärung, Passau 1961, S. 203.

2.2.5.4
Vier Spielkartenbögen mit deutschen Farben
Michael Schakberger aus Passau (sign.), um 1800
Franz Hofmann, Passau, 1770
(sign, dat)
Holzschnitt z.T. koloriert, H. 36 cm, B. 45 cm
Passau, Oberhausmuseum,
Inv. Nrn. 3216a,b und 3127a,b

Vier noch nicht geschnittene Spielkartenbögen zu je 18 bzw. 24 Karten mit deutschen Farben: Eichel, Grün, Herz und Schellen. Das Bild ist ein Standardbild des 18. Jhs. in einfacher Ausführung. Eng verwandt dem fränkischen Bild mit Landsknechten mit Schwertern, Speeren und Trommeln. Auf der Herzkarte zwei (Daus) ist der Passauer Wolf zu sehen.

D.2.2.6 Musik bei Hofe

Musik gehörte zur Tafel, zum Tanz und zum Theater; sie wurde zur Jagd, beim Empfang und beim Gottesdienst gespielt. Die Passauer Hofkapelle hatte nicht nur sonntags, sondern auch an zwei oder drei Werktagen Tafelmusik zu machen – mittags und abends. Sie umfasste etwa 14 bis 20 Instrumentalisten. Unter den Hof- und Domkapellmeistern waren so berühmte Männer wie Georg Muffat (1653–1704) und Benedikt Anton Aufschnaiter (1665–1742), der sich v. a. der Kirchenmusik widmete. Neben den Kapellmeistern – die nicht nur die Orchester leiteten, sondern auch komponierten – und den Hofmusikern, gehörten auch Geigenbauer zum Hofstaat des Fürstbischofs.

2.2.6.1
Franz Paul Schwarzmann
1760
Öl auf Leinwand, H. 83 cm, B. 65 cm
Passau, Oberhausmuseum, Inv. Nr. 3161

Auf dem Gemälde ist der Hofmusiker Franz Paul Schwarzmann (1728–1806) zu sehen – das einzig existierende Porträt eines Passauer Hofmusikers. Er ist mit Fagott und Violine dargestellt, auf den Notenblättern findet sich die Inschrift „Il Contrapunt", da Schwarzmann eine Schrift über den Kontrapunkt verfasst hat. Der Kontrapunkt ist eine Kompositionstechnik (nach der Regel des kontrapunktischen Satzes), in der einer vorhandenen Stimme die Noten einer (oder

2.2.6.1

mehrerer) Gegenstimmen intervallmäßig so hinzugefügt werden, dass neben der selbständigen Stimmfortschreitung auch der Zusammenklang den Regeln folgt. Franz Schwarzmann war seit 1762 als Fagottist, ab 1786 als Hof- und Kammerfagottist und ab 1801 als Violinist tätig.

Lit.: Ferdinand Hirsch: Das große Wörterbuch der Musik, Berlin 1990 – Heinz-Walter Schmitz: Passauer Musikgeschichte, Passau 1999, S. 346.

2.2.6.2
Missa in C Maggiore. Canto, Alto, Tenore et Basso. Violino Prima et Secondo. Con Violone et Organo. Oboe e Corni a piacere. Del Sig(re) ? Francesco Schwarzmann.
Handschrift, Passau, 2. Hälfte 18. Jh.
Archiv des Bistums Passau,
DKA Dommusik Schwarzmann 1

Franz Schwarzmann komponierte als Passauer Hofmusiker eine Missa in C für vier Singstimmen, zwei Violinen, Bassgeige und Orgel; Oboen und Hörner können zusätzlich begleiten. Bei der Passauer Dommusik waren zu dieser Zeit die Musiker auf mehrere Plätze bzw. auf die Musikemporen an den (heute nicht mehr existenten) Pfeilerchören unter der Kuppel verteilt. Der Chor – vier Knaben im Diskant und einige Männer für Alt, Tenor und Bass – standen meist nicht auf einer Musikempore, sondern vor dem Abschlussgitter des Presbyteriums.

Lit.: Heinz-Walter Schmitz: Passauer Musikgeschichte, Passau 1999, S. 460.

2.2.6.3
Kontrabass
Johann Benedikt Wassner (1676–1759), Passau, 1753
Decke: Fichte; Boden, Zargen, Hals: Ahorn; Korpuslänge 112,5 cm, Korpusbreite max. 64 cm
Handschriftlicher Zettel eingeklebt mit folgender Inschrift: Johann Benedikt Wassner, Hochfürstl. Musicus und Lauten- und Geigenmacher zu Passau. Anno 1753
Passau, Oberhausmuseum, Inv. Nr. 7569

Größtes Streichinstrument, das ursprünglich zur Dommusik gehörte, zur Verstärkung der Bassstimme. Johann Wassner war nicht nur Lauten- und Geigenma-

cher zu Passau, sondern auch Hofmusiker und Kaufmann.

Lit.: Ausst.-Kat. Musikinstrumente aus Ostbayern vom 17.–19. Jh., Ausstellung im Stadtmuseum, 13. Nov. 1992 bis 31 Jan. 1993, Deggendorf, Deggendorf 1992, S. 19.

2.2.6.4
Zwei Violinen
Anton Zwerger (1761–1831)
Passau, Oberhausmuseum,
Inv. Nrn. 7977, 14979

Anton Zwerger (1761 in Mittenwald – 1831 in Passau) war der letzte Hoflauten- und Hofgeigenmacher in Passau (1794–1803). Die Lauten- und Geigenmacher waren meist an den Höfen beschäftigt, nicht so die Hersteller der Blasinstrumente, da der Bedarf an Blasinstrumenten wesentlich schneller gedeckt war.

Lit.: Ausst.-Kat. Musikinstrumente aus Ostbayern vom 17.–19. Jh., Ausstellung im Stadtmuseum, 13. Nov. 1992 bis 31. Jan. 1993, Deggendorf, Deggendorf 1992, S. 25 u. 170.

2.2.6.5
Bassetthorn
Anton und Michael Mayrhofer (1707–1778), um 1760
Buchsbaum, Messing, Leder,
L. Luftröhre 114 cm
Gravur: ANT. et MICH.:/MAYERHOFER/INVEN:&ELABOR/PASSAVII
Passau, Oberhausmuseum, Inv. Nr. 3160

Man vermutet, dass Hoftrompeter Anton Mayrhofer (d. Jüngere, 1731–1794) zusammen mit Michael Mayrhofer am Bau des Bassetthorns beteiligt war. Dass sie die Erfinder des Instruments sind, wird heute in Fachkreisen bezweifelt. Mozart nahm das Bassetthorn mit seinem „silb-

2.2.6.5

rigen Klang" in die Zauberflöte und in seine Requien auf.

Lit.: Ausst.-Kat. Musikinstrumente aus Ostbayern vom 17.–19. Jh., Ausstellung im Stadtmuseum, 13. Nov. 1992 bis 31 Jan. 1993, Deggendorf, Deggendorf 1992, S. 121.

2.2.6.6
Münze (Dukat)
Passau 1747
Gold, ∅ 2,0 cm
Münzherr: Joseph Dominikus von Lamberg
Passau, Oberhausmuseum
Inv. Nr. M 148

Als der 6-jährige Mozart im September 1762 mit seiner Familie Station in Passau machte, um dem Fürstbischof Jos. Maria von Thun vorzuspielen, erhielt er jedoch nicht die gewünschte Auszeichnung, sondern nur eine Gabe von einem Dukaten (= 10 × 4 fl.). Sein Vater beschwerte sich in einem Brief an seinen Freund Lorenz Hagenauer in Salzburg (3. 10. 1762) über die geringe Entlohnung, nachdem der Fürstbischof die Familie Mozart fünf Tage auf das Vorspiel warten ließ. Thun berief Johann Josef Friebert als Hofkapellmeister nach Passau. Diesem zahlte er einen Lohn von 500 fl. als Kapellmeister und nochmals 500 fl. als Hofkammerrat.

Lit.: Heinz-Walter Schmitz: Passauer Musikgeschichte, Passau 1999, S. 390ff.

D.2.2.7 Der Fürstbischof und die letzte Reise

Frömmigkeit und Seelsorge haben am Ende des Barockzeitalters ihren Höhepunkt erreicht, dennoch war der Kryptoprotestantismus in Österreich immer noch nicht ausgelöscht. So unternahm Joseph Dominikus Lamberg in den 38 Jahren als Fürstbischof von Passau etwa 95 Visitationsreisen, deren hohe Ausgaben er aus eigener Tasche bezahlte, und firmte über 1 254 000 Gläubige! Nach seinem Tod kam mit dem neuen Fürstbischof die Aufklärung nach Passau.

2.2.7.1
Protocollum functionum episcopalium
Handschrift, 1723–1735
Archiv des Bistums Passau,
OA Generalakten B 125

2.2.7.2

2.2.7.5

In dieser Handschrift wurden die Visitationsreisen von Joseph Dominikus Lamberg von 1723 bis 1735 festgehalten. Man findet eine genaue Auflistung, in welchen Orten bzw. Kirchen der Fürstbischof Altäre geweiht hat und wieviele Menschen er firmte. Am 28. Juni 1724 startete Lamberg zu einer Visitationsreise nach Niederösterreich. In Maria Taferl blieb er vom 29. Juni bis 1. Juli, weihte die Wallfahrtskirche und firmte 9271 Menschen! Bereits drei Tage später firmte er in Spitz wieder 2280 Menschen.

2.2.7.2
Kelch

Passau, 1738
Silber, vergoldet
Beschauzeichen Passau, Meistermarke
FTH (Ferdinand Thaddäus Heindl)
Passau, Diözesanmuseum

Auf der Cuppa sind Szenen aus der Mosesgeschichte zu sehen, die sich auf die Eucharistie beziehen. Dazwischen die Namenspatrone von Joseph Dominikus von Lamberg. Bezeichnend ist die Darstellung des Hl. Petrus mit der Schlüsselübergabe, da 1728 das Bistum Passau direkt Rom unterstellt wurde. Im Entstehungsjahr des Kelches erhielt Joseph Dominikus die Weihe zum Kardinal.

Lit.: Ausst.-Kat. Passavia sacra, alte Kunst und Frömmigkeit in Passau, Ausstellung in der Studienkirche St. Michael in Passau vom 19. April bis 14. September 1975, S. 121.

2.2.7.3
Testament des Joseph Dominikus von Lamberg

Handschrift, Passau, 1757
Archiv des Bistums Passau,
OA Generalakten 1261

Joseph Dominikus von Lamberg hat bereits 1738 sein Testament gemacht und 1750 und 1757 leichte Abänderungen vorgenommen. Als der Kardinal am Sonntag, dem 30. August 1761 „sanft entschlief", wurde die Domkustodie zum Universalerben. Am 1. September wurde der Leichnam einbalsamiert, seine Eingeweide vom Leibarzt Dr. Johann Kaspar Rueff entnommen und in der Lambergkapelle beigesetzt. Sein Herz wurde hingegen am Gnadenaltar von Mariahilf beigesetzt! Nach der Aufbahrung in der Hofkapelle hat ein Trauerzug den Kardinal zur Bischofsgruft geleitet. Mit Ausnahme des Domkapitulars Joseph Felix Adam erschien zur Beisetzung am 10. September keiner seiner Verwandten.

Lit.: Rudolf Weiß: Das Bistum unter Kardinal Joseph Dominikus von Lamberg, St. Ottilien 1979, S. 432 ff.

2.2.7.4
Das Leichenbegräbnis des Prinzipalkommissars Kardinal Johann Philipp von Lamberg

1712
Kupferstich, H. 17,2 cm, B. 39,1 cm
Bezeichnet: „zufinden bey Adam Pühler Buchbünder in Regenspurg"
Privatbesitz

Kardinal Johann Philipp von Lamberg verstarb am 20. Oktober 1712 in Regensburg. Noch am selben Tage öffneten seine Leibärzte den Leichnam und balsamierten ihn ein. Im Kloster St. Emmeram wurde er auf einem Paradebett öffentlich aufgebahrt. Einige Tage später geleitete man ihn in einem Trauerzug zum Schiff, das ihn zu seiner Begräbnisstätte in Passau überführte.

Lit.: Karl Möseneder: Feste in Regensburg, Regensburg 1986, S. 286 f.

2.2.7.5
Herzbegräbnis des Passauer Bischofs Sebastian Graf von Pötting

1689
Messing, gegossen, vergoldet, graviert,
H. 9,5 cm, B. 17,5 cm, L. 22,0 cm

S[ebastianus] D[ei] G[ratia] E[piscopus] P[assaviensis] S[acrae] R[omanae] I[mperii] P[rinceps] Q[ue] S[acrae] C[aesarea] M[ajestatis] A[d] C[omitiam] R[atisbonensem] P[lenipotentarius] E[t] C[ommissarius] P[rincipalis] C[omes] D[e] P[ötting] E[t] B[urggravius] H[aereditarius] I[n] L[ienz]
Nürnberg, Germanisches Nationalmuseum, Inv. Nr. KG 1291

Sebastian Graf von Pötting (1628–1689), Johann Ph. von Lamberg, wie auch Joseph Dominikus von Lamberg ließen ein Herzgräbnis vornehmen. Nach der Entnahme ihrer Eingeweide fanden sie ihre letzte Ruhestätte im Dom zu Passau. Der Brauch der getrennten Herzbestattung war in der Barockzeit bei den Habsburgern (ab 1618) und den Wittelsbachern (ab 1651) die Regel. Die Herzen wurden an einem sakralen Ort bestattet, dem sich der Verstorbene in seinem Leben verbunden fühlte – ein Ausdruck besonderer Frömmigkeit. Das Herz vom Johann Ph. und Joseph Dominikus von Lamberg wurden beim Altar in Maria Hilf zu Passau beigesetzt, wo sie noch immer verwahrt werden.

Lit.: Ausst.-Kat. Von teutscher Not zu höfischer Pracht, 1648–1701, hrsg. v. G. Ulrich Großmann, German. Nationalmuseum Nürnberg, Köln 1998, S. 193 f.

2.2.7.6
Grufttüre

1679
Holz
Passau, Oberhausmuseum,
Inv. Nr. 10144

In der Domgruft, die unter dem Presbyterium liegt, wurden seit 1688 fast alle

Fürstbischöfe begraben. Sebastian von Pötting, der 1678 einen Vertrag mit Carlo Lurago über die Erbauung einer Domgruft schloss, wurde 1689 dort beigesetzt. Die Grufttüre trägt sein Wappen und zeigt die Zahl 1679, was mit der Fertigstellung der Domgruft in Zusammenhang gebracht wird.

Lit.: Karl Möseneder: Der Dom in Passau, Passau 1995, S. 99 ff.

2.2.7.7
Georg Michael Stainer

Anfang 18. Jh.
Öl auf Leinwand, H. 129,5 cm,
B. 105,5 cm
Passau, Diözesansammlung,
Inv. Nr. D 471

Georg Michael Stainer (1672–1729) war zuerst Pfarrer in Winzer und ab 1714 Offizialnotar und Geheimer Rat in Passau. Der Notar des Offizialats war immer auch Geistlicher und Vertreter des Direktors dieser Behörde. Er hatte mit den besten Überblick über die Zustände im Bistum. Weiterhin gehörte er dem Hofrat an, der für Innen- und Außenpolitik, sowie als Justizministerium zuständig war. Georg Michael Stainer war ein enger Vertrauter des Fürstbischofs Johann Ph. von Lamberg. Zum Tode des Fürstbischofs hielt G. M. Stainer die Leichenrede. Er selbst stiftete seine Bibliothek, die 1200 Bände umfasste, den Jesuiten unter der Bedingung, dass er in der Jesuitenkirche begraben werde.

Lit.: Ludwig H. Krick: 33 alte Passauer, Passau 1927, S. 46 ff.

D.2.3 Vis-à-vis zur Residenz: von Kaufleuten, Apothekern und Gastwirten

Im Herzen der Passauer Altstadt lagen rund um den Domplatz die Palais der Domherren. Jedoch die Häuser vis-à-vis zur Residenz, die außerhalb des kirchlichen Bereiches lagen, gehörten dem wohlhabenden Bürgertum von Passau. Es waren die Kaufmannsfamilien, die mit Spezereien (species/lat. = Gewürze) oder Seidenstoffen handelten. Ihr Warenangebot waren nicht nur Gewürze aus dem Orient, sondern auch Schokolade, Zucker, Tee und Kaffee. Besonders Scho-

2.3.1

kolade und Kaffee gehörten zu den barocken Genüssen. Dies waren die Luxuswaren des Hofes und der Reichen.

Am Residenzplatz befand sich auch die Hofapotheke, in deren Schränken sich ebenso orientalische Kostbarkeiten befanden: Ingwer oder Myrrhe, aber auch Vanille und Kakao. Die Apotheker standen unter Hofschutz und waren von Zunftzwängen befreit, die Kaufleute hingegen waren in einer Zunft zusammengeschlossen. Die übrigen Handwerker hatten wie in Städten ohne Herrscherhaus eine mehr oder weniger konservativ ausgerichtete Produktpalette, so dass der Hof viele Waren auf auswärtigen Märkten erwarb.

Zur Passauer Oberschicht gehörten neben den Kaufleuten die Weinwirte, einzelne (Zucker-)Bäcker und natürlich der Apotheker: Die Pummerer, Freudenberger, Röttler sind auch auf den Stadtrats-Listen zu finden. Eine kleine Oberschicht gab den Ton an, der größere Teil der Bürgerschaft lebte in bescheideneren Verhältnissen.

Der Lebensstil der Oberschicht orientierte sich am Passauer Hof, man kleidete sich à la mode und ging ins Kaffeehaus. Jeder versuchte bei Hofe sein Auskommen zu haben. Man verließ sich auf die Fürsorge des Fürstbischofs, blieb beim alten System und war wenig innovativ. Dabei darf man jedoch nicht vergessen, dass die Passauer Bürger, die so zu Geld kamen, dieses auch wieder Klöstern, Kirchen oder sonstigen Einrichtungen spendeten. So bestimmte der Schiffsmeister und Gastwirt Lukas Kern in seinem Testament die immense Summe von 50 000 fl. für den Bau eines Waisen-

hauses in Passau, das heute noch existiert.

2.3.1
Offizin und Apothekenschrank mit Apothekengefäßen der Stadt- und Hofapotheke

2. Hälfte 17. Jh. – 20. Jh.
Passau, Oberhausmuseum

Diese Einrichtungsstücke entstanden wohl im 17. Jh. unter dem Hofapotheker Johann Philipp Kunz. In den Schränken wurden in hunderten von beschrifteten hölzernen Dosen, Glasgefäßen, Majolika-, Porzellanbehältern und Schubläden das reiche Material für die Zubereitung der Arzneien aufbewahrt: pflanzliche Rohstoffe, wie Blüten, Blätter, Früchte, aber auch Hörner und Knochen aus dem Tierreich. Orientalische Kostbarkeiten wie Ingwer, Myrrhe, Kampfer oder aus dem neuen Kontinent Vanille und Kakao konnten in der Hofapotheke erworben werden. Kugelfische oder Krokodile, die oftmals in den Apotheken aufgehängt waren, sollten auf diese exotische Produktpalette hinweisen.

Lit.: Josef Zormeier: Die Hofapotheke in Passau, in: Ostbairische Grenzmarken 28 (1986) S. 31–58.

2.3.2
Franz Sebastian Röttler und Gattin Maria Anna Eleonora Freyschlag von Freyenstein

Franz Thaddäus Helbing, 1774
Öl auf Leinwand, H. 93,8 cm,
B. 77,6 cm
Inschrift: Franz Röttler aus Wienn gebürtig dermahlen Pfleger des Stiffts Heyl: Geist in Passau, auch

Stadt:hauptman, dan Hoff Apothecker, seiner 48 Jahr gemalt Anno 1774 Privatbesitz

2.3.3
Josefa Mohl

Franz Thaddäus Helbing, 1774
Öl auf Leinwand
Privatbesitz

Pharmazeut Franz Röttler kam, nachdem er Stiftsprovisor in Gaming war, 1753 nach Passau, wo er die Hofapotheke für 14 000 Gulden übernahm. Er wurde in Passau zum Magistrat und zum Hauptmann der Bürgerkompanie ernannt. Kurz nach dem Erwerb der Apotheke heiratete er Maria Anna Eleonora Freyschlag von Freyenstein, die Tochter des Stiftskämmerers von St. Florian, die ihrem Mann 14 Kinder schenkte. Sie verstarb an Typhus. Seine zweite Frau, Josefa Mohl, war die Tochter eines Weingastwirtes aus Stein/Donau.

2.3.4
Ernst Joachim Pummerer und Gattin Josefa Maria

F. Xaver Span, 1765
Öl auf Leinwand, H. 101 cm, B. 84 cm
Inschrift: Joachim Ernst Pummerrer 30 Jahre alt Span Pinxit 1765
Inschrift: Maria Josepha Pummerrin geborene Rotbauerrin 22 Jahr
F. Xaveri Span Pinxit
Passau, Oberhausmuseum,
Inv. Nr. 9974

Eine kleine Oberschicht von ca. 20 Familien bestimmte das Leben in Passau. Hierzu gehörten neben den Apothekersfamilien vor allem die Kaufmannsfamilien. Die Pummerer konnten durch intelligentes wirtschaftliches Handeln sowie durch geschickte Heiratspolitik mehrere Häuser am Residenzplatz ihr Eigen nennen. Joseph, der Sohn von Josefa und Ernst, heiratete die Passauer Spezereihändlerstochter Katharina Jäger, die eine stattliche Mitgift von 64 000 Gulden mitbrachte! So betrieben die Eltern ein Spezereigeschäft (Residenzplatz 11) und Sohn und Schwiegertochter den Spezereihandel im Nachbarhaus (Residenzplatz 13). Zum Warenangebot – den Spezereien (species/lat. = Gewürz) – gehörten feine Gewürze und überseeische Produkte. Aber die Spezereihändler lie-

2.3.4

ferten auch die Luxuswaren für den Hof, wie Zucker, Schokolade, Tee und Kaffee.

2.3.5
Familienporträt Pummerer

Um 1798
Öl auf Leinwand, H. 96 cm, B. 83 cm
Privatbesitz

Hier sind drei Generationen der Pummerer zu sehen. Ernst und Josefa mit ihren Söhnen Franz (späterer Chorherr) und Joseph mit seiner Frau Katharina und deren Kindern.

Lit.: K. Haertl und J. Zormeier: Genealogie und Familienchronik der Pummerer und Haertl, Bocholt 1993.

2.3.6
Lucas Kern und Gattin Theresia

1750
Öl auf Leinwand, H. 88 cm, B. 68,5 cm
Inschrift: Herr Lucas Kern Stüfter 1750 und Frau Theresia Kern MitStüfterin
Passau, Oberhausmuseum,
Inv. Nrn. 165a,b

Lucas Kern war Schiffsmeister und stand durch den Transport von Handelsgut in direktem Kontakt mit den Passauer Kaufmannsfamilien. Durch Heirat kam er auch in den Besitz der Gastwirtschaft „Zur goldenen Sonne". Durch kluges Wirtschaften konnte er großen Reichtum

2.3.5

2.3.7

erwerben, den er sozialen Zwecken zuführte. Darüber hinaus stand er in direktem Kontakt mit dem Fürstbischof Joseph Dominikus von Lamberg, dem er den Vorschlag der Holztrift auf der Ilz unterbreitete, um den Mangel an Bau- und Brennholz zu beheben.

Lit.: Gabriel Maria Ott: Das Bürgertum der geistlichen Residenzstadt Passau in der Zeit des Barock und der Aufklärung, Passau 1961, S. 303 f.

2.3.7
Gemälde: Hauptmann Franz Paul Freudenberger mit Bürgerkavallerie
Ende 18. Jh.
Öl auf Leinwand, H. 73,5 cm, B. 105 cm
Passau, Oberhausmuseum, Inv. Nr. 812

Der hier als Hauptmann der Bürgerkavallerie dargestellte Franz Freudenberger (1716–1803) betrieb drei Gewerbe. Zum einen Weinwirt, zum anderen Lohnkut-

2.3.8

scher und schließlich noch Schiffsmeister. Das im Hintergrund zu sehende Gebäude ist sein Weingasthof „Zum goldenen Hirschen". Dies lässt die Dimensionen seines Vermögens an Kapitalien, Fuhrpark und Schiffen erahnen. Heute wäre dieser Mann Millionär! Die Bürgerwehr hatte zu jener Zeit v. a. die Aufgabe zu paradieren, insbesondere beim Empfang hoher Gäste.

Lit.: Gabriel Maria Ott: Das Bürgertum der geistlichen Residenzstadt Passau in der Zeit des Barock und der Aufklärung, Passau 1961, S. 194.

2.3.8
Justeaucorps und Gilet
Süddeutschland, Ende 18. Jh.
Tuch, Stickerei und Seide
Salzburg, Museum Carolino Augusteum, Inv. Nrn. 94/34 und 95/34

Ein Justeaucorps aus braunem Tuch mit reicher Seidenstickerei an den Randpartien. Auch die Weste bot Gelegenheit zum Luxus in Hinsicht auf Material, Stickereien und Knöpfe. Sie blieb durch den offen getragenen Rock stets sichtbar.

Lit.: Ausst.-Kat. Salzburg zur Zeit der Mozart, hrsg. v. Salzburger Museum Carolino Augusteum Salzburg (= SMCA), 1991, S. 111.

2.3.9
Zwei Damenröcke
2. Hälfte 18. Jh.
Seidenbrokat
Salzburg, Museum Carolino Augusteum, Inv. Nrn. K 4466/49 und 78/35

Bodenlanger Rock aus rosafarbener bzw. ultramaringrüner Seide.

Lit.: Ausst.-Kat. Salzburg zur Zeit der Mozart, hrsg. v. SMCA, Salzburg 1991, S. 115.

2.3.10
Zwei Damen-Taillen
1770–1790
Seide, Leinen
Salzburg, Museum Carolino Augusteum, Inv. Nrn. 2040/83, 183/36

Seidenstoffe mit aufgestickten Blüten und langen Ärmeln.

Lit.: Ausst.-Kat. Salzburg zur Zeit der Mozart, hrsg. v. SMCA, Salzburg 1991, S. 115

2.3.11
Damen Halbhandschuhe
Süddeutschland, um 1770
Seide
Salzburg, Museum Carolino Augusteum, Inv. Nr. K5813/49

Hellbeige Seide mit Blumenranken.

Lit.: Ausst.-Kat. Salzburg zur Zeit der Mozart, hrsg. v. SMCA, Salzburg 1991, S. 119

2.3.12
Fächer
Um 1780
Seide, bemalt, Pailetten, Elfenbein (?), L. 27,5 cm, B. 2,3 cm (Deckstab)
Deggendorf, Stadtmuseum, Inv. Nr. 3123

Darstellung einer Schäferszene im Medaillon.

2.3.13
Weste
Um 1780
Hellgrüne Herrenweste, mit weiten Schößen, L. 70 cm
Passau, Oberhausmuseum, Inv. Nr. 1623

Vorderteil aus hellgrüner Seide, atlasbindig, bestickt mit farbig gestreiften Seidenbändchen, Stil- und Kettstich. Florales Muster mit Blüten und Blattranken, am Halsausschnitt, an den vorderen Kanten und auf den Schößen und Taschenklappen. Die vorderen Kanten sind mit 12 bestickten Knöpfen und dementsprechend vielen Knopflöchern versehen. Das Rückenteil ist aus naturfarbenem, fischgratbindigem Leinen gefertigt. Die Weite der Weste lässt sich mit zwei Gurtbändern, von denen eins mit einer Schnalle versehen ist, regulieren.

2.3.14
Schnürbrust
2. Hälfte 18. Jh.
Schnürbrust aus rotem Seidendamast, mit Brusteinsatz, Vorder- und Rücken-

schnürung, am unteren Rand rundum „Schuppen", vordere und hintere Länge 45 cm

Passau, Oberhausmuseum,
Inv. Nr. 10867

Alle Teile der Schnürbrust sind mit Fischbein ausgesteift und durch gleichmäßige Stepplinien fixiert. Einzelne Nähte sind mit einem Flechtband besetzt. Arm- und Halsausschnitt sind mit roten, leinwandbindigen Bändchen besetzt.Die vorderen und hinteren Schuppen sind mit Leinen abgefüttert und mit roten Bändchen eingefasst. Die seitlichen Schuppen sind mit hellem Leder abgefüttert und mit diesem auch eingefasst. Die Schnürbrust ist insgesamt mit naturfarbenem Leinen abgefüttert.

2.3.15
Kaffeekanne, Kakaokännchen, Zuckerschale

Passau, um 1800
Silber getrieben, Holzgriff; Passauer Wolfsmarke, Meistermarke Dominikus Storr
Passau, Oberhausmuseum
Inv. Nrn. 7548–7550

Das Tafelsilber entwickelte sich an den absolutistischen Höfen, doch der Wunsch nach komfortabler Gestaltung bringt es im späten Rokoko auch in den privaten Bereich. Für Kaffee, Tee und Schokolade, die erst Ende des 17. Jhs. auf den europäischen Markt kamen, entstanden spezielle Service aus Silber oder Porzellan. Zuerst an den Fürstenhöfen verbreitet, kam der Kaffee nach und nach auch in die Privathaushalte. Wer auf sich hielt, erwarb solch ein Kaffeegeschirr für den häuslichen Bereich und gab Einladungen zum Kaffee.

Lit.: Ausst.-Kat. Die anständige Lust, Ausstellung im Münchner Stadtmuseum 1993, München 1993, S 231 ff.

2.3.15

D.3 Passau im Strudel der Aufklärung

von Roland Pongratz

Gegen Ende des 17. Jhs. entstand eine Geistesbewegung, die ganz Europa erfassen und verändern sollte: die Aufklärung. Auch das Hochstift Passau wurde von diesem Gedankengut mitgerissen.
Die Fürstbischöfe Joseph Maria von Thun und Hohenstein (1761–1763), Leopold Ernst von Firmian (1763–1783), Joseph Franz von Auersperg (1783–1795) und Thomas Johann Nepomuk Kaspar Reichsgraf von Thun-Hohenstein (1795–1796) lenkten in diesen Zeiten die Geschicke des kleinen Fürstbistums zwischen Bayern und Österreich. Sie alle richteten ihre Politik stets an der des Habsburger Kaiserhauses aus, so dass viele Parallelen, vor allem zum Österreich Josephs II. zu erkennen sind.
Jeder Passauer Landesherr setzte seine eigenen Akzente. Besonders Firmian und Auersperg hinterließen tiefe Spuren in der Passauer Geschichte, während die Fürstbischöfe Joseph Maria und Thomas Johann Nepomuk Kaspar von Thun-Hohenstein ob ihrer äußerst kurzen Amtszeiten nur wenig von Tragweite zu Stande brachten.
Allen voran war es Fürstbischof Auersperg, der dem Wesen der Aufklärung in Passau breiten Raum einräumte: er reformierte das Bildungswesen grundlegend, öffnete seine Parkanlagen für das Bürgertum und baute das bisherige Ballhaus zu einem Theater um, zu dessen Vorstellungen nicht nur die Hofgesellschaft zugelassen wurde.

3.1.1
Fürstbischof Joseph Maria von Thun und Hohenstein

18. Jh.
Öl auf Leinwand
Passau, Diözesansammlung

Am 19. November 1761 wurde Joseph Maria von Thun und Hohenstein zum Fürstbischof von Passau gewählt. Trotz der nur neunzehn Monate kurzen Regierungszeit begann der neue Landesherr mit außerordentlicher Energie eine Vielzahl von Reformen und Neuerungen: er arbeitete daran die Religion vom barocken Pomp zu reinigen, wollte in der

Wirtschaft merkantilistische Grundsätze durchsetzen und baute im Sozialwesen eine erste staatliche Versorgung auf. Am 15. Juni 1763 starb er auf einer Visitationsreise durch das damals noch bayerische Innviertel in Mattighofen.

Lit.: August Leidl: Die Bischöfe von Passau 739 bis 1968 in Kurzbiographien, Passau 1978, S. 136–139.

3.1.2
Fürstbischof Leopold Ernst von Firmian

1772/83
Öl auf Leinwand, H. 134 cm, B. 95,3 cm
[o. Rahmen]
Passau, Oberhausmuseum, Inv. Nr. 4356

3.1.3
Siegelstock: Fürstbischof Leopold Ernst von Firmian

1772–1783
Stahl, H. 4,8 cm, B. 4,4 cm, L. 4,8 cm
Passau, Oberhausmuseum, Inv. Nr. L 71

3.1.4–3.1.5
Visitenkarten: Fürstbischof Leopold Ernst von Firmian

Friedrich Carl (A), 1786/1800
Papier, H. 5 u. 6,9 cm, B. 7,1 u. 10,7 cm
(beschnitten u. unbeschnitten)
Passau, Oberhausmuseum,
Inv. Nr. 1899 d

Für Leopold Ernst von Firmian sollte es die Krönung seiner Laufbahn sein, den Salzburger Bischofsstuhl zu besteigen. Doch alle Bemühungen blieben vergeblich. Stattdessen wurde er im zweiten Anlauf mit großer Unterstützung Kaiserin Maria Theresias am 1. September 1763 einstimmig zum Fürstbischof von Passau gewählt. 1772 erhob ihn Papst Klemens XIV. auf Vorschlag des Kaisers gar in den Kardinalsstand.
Als Passauer Kirchenfürst gründete er die fürstbischöfliche Akademie mit den drei Fakultäten Philosophie, Jurisprudenz und Theologie, reformierte die Priesterausbildung und weihte das Allgemeine Krankenhaus ein. Das Sichern der Grenzen durch die Gründung von Rodungsdörfern und die Arrondierung des Hochstifts war Firmian ein besonderes Anliegen. Dazu schloss er Verträge mit Österreich, wodurch das Hochstift zu einem geschlossenen Territorium von etwa acht-

zehn Quadratmeilen mit 50 000 Einwohnern wurde.

Mit dem Ableben Firmians, er starb am 13. März 1783, endete gleichzeitig eine wichtige Epoche für das an Umfang größte Bistum des Heiligen Römischen Reiches Deutscher Nation. Auf Anordnung Kaiser Josephs II. wurde der österreichische Anteil des Passauer Kirchensprengels gewaltsam abgetrennt. Passau war nun nur noch ein Rumpfbistum.

Lit.: August Leidl: Die Bischöfe von Passau 739 bis 1968 in Kurzbiographien, Passau 1978, S. 140–147.

3.1.6
Fürstbischof Joseph Franz Anton von Auersperg
De la Gross, 2. Hälfte 18. Jh.
Öl auf Leinwand, H. 94 cm, B. 77 cm
München, Bayerische Staatsgemäldesammlung, Inv. Nr. 12846a

3.1.7
Visitenkarten: Fürstbischof Joseph Franz von Auersperg
Friedrich Carl, um 1790
Kupferstich auf Papier, H. 7 u. 6,9 cm, B. 9,5 u. 8,8 cm
Passau, Oberhausmuseum, Inv. Nrn. 8925, 8927

3.1.8
Medaillon
1783/95
Pergament, Seide, Gold, Glas, Haar, ∅ 6,2 cm
Passau, Oberhausmuseum, Inv. Nr. 6121

3.1.9
Siegelplatte: Fürstbischof Joseph Franz Anton von Auersperg
1783/95
Silber gegossen, B. 4,3 cm, L. 5 cm
Passau, Oberhausmuseum, Inv. Nr. L 63

Die Mehrheit des Passauer Domkapitels wählte am 19. Mai 1783 den Bischof von Gurk, Joseph Franz Anton von Auersperg zum neuen Fürstbischof von Passau. Am 21. August 1795 starb Auersperg, der 1789 von Papst Pius VI. in das Kardinalskollegium aufgenommen wurde, nach einem erfüllten Seelsorger- und Fürstenleben.

Fürstbischof Auersperg ist wohl derjenige Passauer Landesherr, der den Ideen der Aufklärung am aufgeschlossensten gegenüberstand. Er reformierte das Finanz-, Justiz- und Polizeiwesen des Hochstifts, führte eine Bildungsreform durch und verfasste zahlreiche Dekrete zur Beseitigung religiöser Kulte. Als Fürst des aufgeklärten Spätabsolutismus pflegte er vor allem die fürstliche Repräsentation im von ihm errichteten Hofopernhaus oder im reich ausstaffierten Park seines Sommerschlosses Freundenhain.

Lit.: August Leidl: Die Bischöfe von Passau 739 bis 1968 in Kurzbiographien, Passau 1978, S. 148–153.

3.1.10
Fürstbischof Thomas Johann Nepomuk Kaspar von Thun-Hohenstein
Um 1795
Öl auf Leinwand, H. 98 cm, B. 77 cm
Passau, Oberhausmuseum, Inv. Nr. 12586

3.1.11
Triumphbogen zum festlichen Einzug von Fürstbischof Thomas Graf von Thun-Hohensteinn am 23. Mai 1796
1796
Kupferstich auf Papier, H. 53 cm, B. 37,5 cm
Passau, Oberhausmuseum (Kupferstichsammlung)

3.1.12
Miniaturdenkmal: Fürstbischof Thomas Graf von Thun-Hohenstein
Christian Jorhan d. J., 1796
Marmor (Büste), Holz (Denkmal), Gips (Genius), gefasst, H. 85 cm, B. 38 cm, T. 30 cm
Passau, Diözesansammlung, Inv. Nr. P 125

Während der Regierungszeit von Fürstbischof Firmians widmete sich Weihbischof Thomas Johann Nepomuk Kaspar von Thun-Hohenstein der Verwaltungs-, Finanz- und Wirtschaftspolitik des Hochstifts. Im hohen Alter überließ Firmian Weihbischof Thomas die politischen Geschäfte fast gänzlich. Als er nach dem Tod Firmians gegen Joseph Franz von Auersperg zum Fürstbischof in der Bischofswahl unterlag, zog er sich als Führer des konservativen Lagers im Domkapitel zurück.

3.1.12

Am 4. November 1795 aber wurde er vom Domkapitel als Nachfolger Auerspergs auf den Thron des Passauer Fürstbischofs gewählt. Schnell versuchte er Akzente zu setzen: Er betrieb den Ausbau der Brauerei Hacklberg, förderte die Holztrift auf der Ilz und belebte die Passauer Porzellanmanufaktur. Nach nur 11 Monaten und 4 Tagen Regierungszeit aber starb er an den Folgen eines Reitunfalls.

Lit.: August Leidl: Die Bischöfe von Passau 739 bis 1968 in Kurzbiographien, Passau 1978, S. 154–156 – Franz Mader: Thomas Johann Nepomuk Kaspar Reichsgraf von Thun-Hohenstein, der vorletzte Passauer Fürstbischof, in: Ostbairische Grenzmarken 38 (1996), S. 135–148 – Joseph Schöller: Die Bischöfe von Passau und ihre Zeitereignisse, Passau 1844, S. 263.

D.3.2 Vom Kampf gegen „abergläubische Praktiken"

Im Zuge der Gegenreformation bauten zahlreiche Ordensgemeinschaften wie die Jesuiten, Kapuziner und Karmeliter die bereits vielfältig existierenden Formen der Volksfrömmigkeit weiter aus. Wallfahrten wurden intensiviert, die Fronleichnamsprozessionen, das geistliche Schauspiel, das Bruderschaftswesen und die Heiligen- und Marienverehrung wurden massiv gefördert.

Im 18. Jh. aber kam es zu einer massiven offiziellen Kritik an diesen „abergläubischen Praktiken und inhaltsleeren Andachtsübungen". Auch die staatlichen Stellen schlossen sich schließlich der Unterdrückung der volksfrommen Bräuche an. So eiferte Fürstbischof Auersperg mit seinen umfassenden Maßnahmen seinem Idol Kaiser Joseph II. nach: Wallfahrten, Heiligenverehrung, Passions- und andere geistliche Spiele wurden abgeschafft bzw. zugunsten von Predigt, Gemeindegottesdienst und religiöser Unterweisung erheblich reduziert. Er ließ den Blasiussegen, den Verkauf von gefärbten Ostereiern, die Gestaltung von Heiligen Gräbern am Karfreitag, das Wetterläuten oder die Palmprozession untersagen und schuf zahlreiche Feiertage ab.

Lit.: Walter Hartinger: Religion und Brauch, Darmstadt 1992, S. 62–69 – August Leidl: Die Bischöfe von Passau 739 bis 1968 in Kurzbiographien, Passau 1978, S. 151 – Konrad Baumgartner: Die Seelsorge im Bistum Passau zwischen barocker Tradition, Aufklärung und Restauration, St. Ottilien, 1975, S. 451–504.

3.2.1
Prozessionsfigur: „Christus auf Palmesel"

Um 1500, neue Fassung
Holz gefasst, H. 136 cm, B. 141 cm,
T. 46 cm
Kößlarn, Katholische Pfarrgemeinde

Im geistlichen Schauspiel wurde spielerisch der Evangelientext nachvollzogen. Diese spätgotische Prozessionsfigur, die den auf einem Esel in Jerusalem einziehenden Jesus darstellt, wurde beispielsweise bei der Prozession am Palmsonntag mitgeführt. Andernorts wurde Christus auch von einem Darsteller, meist dem Priester, verkörpert. Die eindrucksvollen Palmprozessionen sind fast überall ein Opfer der Aufklärungszeit geworden. Lediglich die Palmbuschen konnten als Requisiten dieses geistlichen Volksschauspiels ihren Platz bis heute behaupten.

Lit.: Kunstdenkmäler von Niederbayern XXI. Bezirksamt Griesbach, München 1929, S. 165 f., Fig. 95 – Walter Hartinger: Religion und Brauch, Darmstadt 1992, S. 210 f.

3.2.2

3.2.2
Zwei Prozessionsstangen der Fasszieherzunft

1750
Holz, Blech, H. 240 cm
Passau, Oberhausmuseum,
Inv. Nr. 34 (a–l)

Bei Prozessionen in Passau folgten dem Allerheiligsten die Zünfte und Bruderschaften. Sie führten Prozessionsfahnen, Kerzen- und Heiligenstangen mit sich. Auch die Fasszieherzunft (= Fassbinder) beteiligte sich. Hier sind zwei der erhaltenen zwölf Prozessionsstangen, die reich mit vergoldeten Arkanthusranken und -blättern verziert sind, ausgestellt. Im barocken Passau zogen sich alleine die Feierlichkeiten an Fronleichnam über 7 Tage hin – kein Wunder, dass diese zeitaufwändigen Feste den Fürstbischöfen der Aufklärung ein Dorn im Auge waren.

Lit.: Ausst.-Kat. Das Geheimnis der Bruderschaft. Zunft und Handwerk in Passau, hrsg. v. Richard Loibl, Passau 1996, S. 57.

D.3.3 Tiefgreifende Reformen: von intelligenten Blättern und benoteten Lehrern

Oberstes Ziel der Aufklärer war es, den Menschen aus seiner selbst verschuldeten Unmündigkeit zu befreien. Unter Unmündigkeit verstand man nach Immanuel Kant „das Unvermögen, sich seines Verstandes ohne Leitung eines anderen zu bedienen." Die Passauer Fürstbischöfe versuchten mit vielfältigen Maßnahmen die Ziele Fortschritt und Verbesserung der Lebensbedingungen zu erreichen: Firmian und besonders Auersperg führten eine umfangreiche Schulreform durch. Sowohl das Gymnasium als auch das Elementarschulwesen wurden neu organisiert, wobei es zu einem fruchtbaren Austausch zwischen Passau und den habsburgischen Ländern unter Maria Theresia und Joseph II. kam. Neben der Priesterausbildung wurde auch die Lehrerbildung intensiviert und staatlich organisiert.

1773 gründete Fürstbischof Firmian die fürstbischöfliche Akademie, die mit den drei Fakultäten Philosophie, Jurisprudenz und Theologie ausgestattet wurde. Mit dem 1784 von Auersperg gegründeten „Passauer Intelligenzblatt" wurde für Passau eine eigene Zeitung ins Leben gerufen.

Außerdem wurden von den aufgeklärten Passauer Fürsten durch Erlass zahlreicher Gesetze und Verordnungen umfangreiche Reformen und Veränderungen im Finanz-, Justiz-, Polizei- und Verwaltungswesen vorgenommen.

Lit.: Margarete Laudenbach: Aufklärung und Schule. Die Reform des Elementarschulwesens im fürstbischöflichen Passau unter dem Einfluss zeitgenössischer Schulreformkonzepte, Passau 1993 – Franz Xaver Eggersdorfer: Die Philosophisch-theologische Hochschule Passau, München 1933 – August Leidl: Der Weg der Philosophisch-Theologischen Hochschule Passau. Vom Jesuitenkolleg bis zur Katholisch-theologischen Fakultät der Universität Passau, in: Ostbairische Grenzmarken 20 (1978), S. 5–14 – Josef Oswald: Zur Geschichte des Passauer Zeitungswesens, in: Ostbairische Grenzmarken 13 (1971), S. 144–160.

3.3.1
Verzeichnis der Lehrgegenstände der Hauptschule

1785
Papier, H. 34 cm, B. 42 cm
(aufgeschlagener Bogen)
Passau, Archiv des Bistums Passau,
Inv. Nr. OA 3572

Wie aus der „Tabelle über die deutsche Hauptschule" ersichtlich ist, wurde um

1785 an der Passauer Hauptschule in - folgenden Fächern Unterricht erteilt: 1. Katholische Religionslehre (a) Katechismuslehre, b) Religionsgeschichte, c) Sittenlehre, d) Lesen und Erklären der Evangelien); 2. Schreiben verschiedener Schriften (Schönschreiben); 3. Lesen und (Recht-)Schreiben bis zur Vollkommenheit; 4. Deutsche Sprachlehre; 5. Anleitung, kleinere Briefe zu verfertigen; 6. Tabellisieren; 7. Rechnen; 8. Anfangsgründe der lateinischen Sprache; 9. Rechtschaffenheitslehre; 10. Freies Handzeichnen; 11. Messkunst (Feldmess- und Baukunst);

Lit.: Margarete Laudenbach: Aufklärung und Schule. Die Reform des Elementarschulwesens im fürstbischöflichen Passau unter dem Einfluß zeitgenössischer Schulreformkonzepte, Passau 1993, S. 291–294.

3.3.2
Übersicht über die Einnahmen und Ausgaben des deutschen Schulfonds im Kalenderjahr 1785
1785
Papier, H. 34,3 cm, B. 43,2 cm
(aufgeschlagener Bogen)
Passau, Archiv des Bistums Passau,
Inv. Nr. OA 7961

Im Zuge der Vorbereitungen zur Neuorganisation des deutschen Schulwesens stellte für Fürstbischof Auersperg vor allem die Finanzierung eine knifflige Aufgabe dar. Er gründete dazu am 12. November 1784 den deutschen Schulfonds und erschloss zahlreiche potente Geldquellen, die schließlich die Schulreform auf eine solides finanzielles Fundament stellten. Die „Summarische Tabell über Einnam und Ausgaben bei dem deutschen Schul:Fond" für das Jahr 1785 weist u. a. eine Schulgeldeinnahme in Höhe von 310 fl 44 kr aus.

Lit.: Margarete Laudenbach: Aufklärung und Schule. Die Reform des Elementarschulwesens im fürstbischöflichen Passau unter dem Einfluß zeitgenössischer Schulreformkonzepte, Passau 1993, S. 224–231.

3.3.3
Zeugnis des Geistlichen und Katecheten Johann Georg Sattler, ausgestellt an der Normalschule zu Linz
1785
Papier, H. 34 cm, B. 21,5 cm
(Bogen; geschlossen)

Passau, Archiv des Bistums Passau,
OA, Personalakte Sattler

Mit der Bildungsreform ging eine Qualifizierungsoffensive für Lehrer einher. Als sich Johann Georg Sattler 1788 in Passau um die Stelle eines Katecheten bewarb, reichte das gezeigte, 1785 von Joseph Miller in Linz ausgestellte Zeugnis nicht aus. Trotz der darin bezeugten guten Lehrmethoden musste er sich in Passau einer Einstellungsprüfung unterziehen.

Lit.: Margarete Laudenbach: Aufklärung und Schule. Die Reform des Elementarschulwesens im fürstbischöflichen Passau unter dem Einfluß zeitgenössischer Schulreformkonzepte, Passau 1993, S. 187.

3.3.4
Schulbuch: Johann Ignaz von Felbiger, Großes Lesebuch für die Schüler der Trivialschulen in den k. k. Staaten, Wien 1777 (Ausgabe Nr. 5 des Normalkatechismus).
Eichstätt, Universitätsbibliothek

Im Zuge der Reform des Primarschulwesens gewann auch das Schulbuch an Bedeutung. Die Vereinheitlichung des Schulbetriebs (Lehrmethode, Lehrgegenstände, Lehrerbildung etc.) machte den Einsatz von Einheitsschulbüchern notwendig. Im Religionsunterricht an Passaus deutschen Schulen war u. a. das 1777 erschienene „Große Lesebuch" von Johann Ignaz von Felbiger in Gebrauch, das, auf das „Kleine Lesebuch" aufbauend, für ältere Schüler einen vertieften katechischen Teil sowie die Gegenstände Sittenlehre und Biblische Geschichte vermittelte.

Lit.: Margarete Laudenbach: Aufklärung und Schule. Die Reform des Elementarschulwesens im fürstbischöflichen Passau unter dem Einfluß zeitgenössischer Schulreformkonzepte, Passau 1993, S. 264–285.

3.3.5
Kupferstich: Schulmeister mit Schülern
Kaspar Luyken, Amsterdam
(Nachdruck. Original von 1695)
Papier, H. 19,1 cm, B. 15,2 cm
Passau, Oberhausmuseum,
Inv. Nr. 1524

Der Stich zeigt einen am Pult sitzenden Lehrer, der über ein Buch gebeugt ist. Zwei Schüler stehen neben ihm, weitere sitzen an Tischen. Der eingedruckte Text lautet: „Durch Buchstab=Kunst wird uns im Leben, Viel Nutzen an die Hand gegeben, ja gar ein Stab zu Gottes Thron: Doch muß man Gold von Schlacken scheiden, und bey der Kunst den Mißbrauch meiden, sonst wird verschenkt der Weißheit Kron."

3.3.6
Passauer Intelligenzblatt
Gebundene Ausgaben der Jahre 1785 und 1786
Papier, H. 20 cm, B. 17 cm
Passau, Staatliche Bibliothek

3.3.7
Passauer Zeitung
1789 Januar 21
Papier, H. 22,3 cm, B. 17,5 cm
Passau, Oberhausmuseum,
Inv. Nr. 3201

Mit Erlass vom 13. Dezember 1784 rief Fürstbischof Auersperg unter dem Titel „Passauer Intelligenzblatt" ein erstes regelmäßig erscheinendes Nachrichtenblatt ins Leben. 1786 wurde der Titel der Zeitung in „Passauer Wochenblatt" umgeändert. Ab 1789 erschien das Blatt unter „Passauer Zeitung" bereits dreimal wöchentlich und ab 1790 unter „Kurrier an der Donau" an vier Tagen. Zwischen

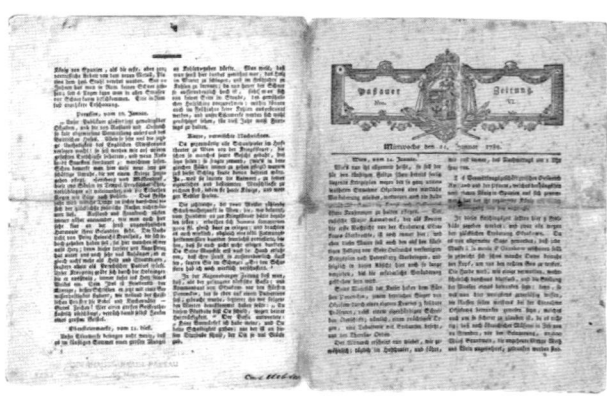

3.3.7

Verordnungen und Anzeigen fanden sich Nachrichten aus Passau und anderen Ländern, es gab eine eigene Sparte „Krieg und Frieden". Geburten, Trauungen und Todesfälle in Passau wurden gewissenhaft registriert und auch Theaterspielpläne wurden veröffentlicht.

Lit.: Josef Oswald: Zur Geschichte des Passauer Zeitungswesens, in: Ostbairische Grenzmarken 13 (1971), S. 145 ff.

3.3.8
Dekretenbuch der Sanitäts-kommission
1790/91
Papier, Karton, H. 31,5 cm, B. 41 cm
(Buch aufgeschlagen)
Passau, Archiv des Bistums Passau,
OA, Bände, B 121, 2

3.3.9
Generale von Fürstbischof Auersperg
1785 Dezember 7
Papier, H. 35 cm, B. 23 cm (Titelseite)
Passau, Archiv des Bistums Passau,
Generalien

Fürstbischof Auersperg war in seinen Verwaltungsreformen überaus bemüht und scheute sich nicht, auch selbst Ideen und Vorschläge in die verschiedenen Kommissionen aktiv einzubringen. So war er u. a. „Präsident" der „Sanitäts-Commission", deren Dekrete aus den Jahren 1790 und 1791 hier gezeigt werden. Der Bevölkerung wurden die sie betreffenden Entscheidungen des Fürsten durch so genannte Generalien bekannt gemacht. Mit Nachdruck wird am Schluss der gezeigten Verlautbarung auf die Einhaltung der Gesetze hingewiesen: „Es wird demnach jedermann sich nach dem klaren Buchstaben dieses Gesetzes zu verhalten, und vor all möglichem Nachtheile zu hüten wissen: denn darin bestehet Unser gnädigster Wille."

3.3.10–3.3.11
Uniformentwürfe: Hofjäger und Küchenhilfe
2. Hälfte 18. Jh.
Papier, H. 31,5 u. 31 cm,
B. 20 u. 19,7 cm
Passau, Oberhausmuseum,
Inv. Nrn. 2846, 2850

Die Verwaltung des kleinen Hochstifts war recht umfangreich und zum Teil äußerst kompliziert gegliedert. Im Zuge der von Fürstbischof Auersperg durchgeführten Verwaltungsreform wurde auch die Beamtenkleidung vereinheitlicht. Hier sind die Entwürfe für die Uniformen eines „Hofjäger zur Galla" und eines „Haus-Kücheknecht- und Küchenjung" zu sehen.

Lit.: Edith Ringelmann: Die Säkularisation des Hochstifts und des Domkapitels Passau, Passau 1939, S. 17.

D.3.4 Die Fürstbischöfe in Sorge um Kranke und Arme

Das Wirken der Fürstbischöfe im Zeitalter der Aufklärung war in besonderem Maße von sozial-caritativen Bemühungen geprägt. Die Sorge um die Kranken und Heimatlosen, die Armen und Elenden fand ihre Wurzeln aber nicht in einer humanitären oder sozialen Einstellung, sondern in dem Glauben an eine Selbstheilung durch gute Werke und die Sorge um das eigene Seelenheil.
Jeder Passauer Fürstbischof setzte in der Sozialpolitik seine eigenen Akzente: Fürstbischof Joseph Maria von Thun z. B. errichtete 1762 im Niederhaus eine Armenbeschäftigungsanstalt, ließ bedürftige Bürger mit billigem Brennholz versorgen und gründete zur Armenversorgung eine Art Verein: die „Christliche Liebesversammlung".
Fürstbischof Auersperg rief 1788 ein „Armeninstitut" ins Leben, das für eine erste umfassende und systematische Sozialfürsorge steht. Durch die Verbindung einer wohl durchdachten und organisierten Wohlfahrtseinrichtung mit der allgemeinen Polizeiordnung sollte vor allem die weit verbreitete Bettelei unterbunden werden.

3.4.1
Fürstbischof Leopold Ernst von Firmian
um 1780
Öl auf Leinwand, H. 115 cm, B. 94,5 cm
Passau, Oberhausmuseum, Inv. Nr. 6470

Während der durch eine Missernte ausgelösten schrecklichen Hungerjahre 1770–1772 kamen die Einwohner des Passauer Hochstifts in arge Bedrängnis – sowohl Bayern, als auch Österreich lehnten Getreidelieferungen kategorisch ab.

3.4.1

Fürstbischof Firmian konnte schließlich durch seine guten Beziehungen nach Italien dort für 20 000 fl aus seiner Privatschatulle Getreide erstehen und somit seine Landeskinder vor dem Schlimmsten bewahren.
Darüber hinaus machte sich Firmian besonders durch die Gründung eines ersten Allgemeinen Krankenhauses im Jahre 1775 verdient. Zur Finanzierung des Krankenhauses wurden alle Kapitalien der verschiedenen bereits existierenden Krankenpflegestiftungen zu einem gemeinsamen Fonds mit einem Vermögen von etwa 125 000 fl zusammengeführt. Fürstbischof Firmian selbst, der das Krankenhaus am 5. Juli 1775 feierlich einweihte, stiftete aus seinem Privatvermögen 7000 fl in Form von Baumaterialien.

Lit.: August Leidl und Gottfried Schäfer: St. Johannes-Spital Passau. Seit 1971 St. Johannis-Spital-Stift Passau. Festschrift zum Neu- und Umbau 1977–1979, Passau 1978 – Max Kumpfmüller: Geschichte des Passauer Krankenhauses, München 1952 – Georg Weinholzer: Geschichte des Städtischen Krankenhauses in Passau, in: Ostbairische Grenzmarken 18 (1929), S. 233–240, S. 263–273.

3.4.2
Dr. Julius von Guella
um 1780
Öl auf Leinwand, H. 108 cm, B. 87 cm
Passau, Oberhausmuseum

Von der Notwendigkeit eines Allgemeinen Krankenhauses, nicht zuletzt für das zahlreiche Hofpersonal, überzeugten Fürstbischof Firmian vor allem zwei Männer: der Kanzler des geistlichen Offi-

3.4.2

ziums, Johann Nepomuk Phillip, und Firmians Leibarzt, Dr. Julius von Guella. Beide verband jedoch mehr mit dem Krankenhaus. Während Phillip auch als Architekt für die Pläne verantwortlich zeichnete, wurde Guella nach Eröffnung der Einrichtung ihr erster Chefarzt. Schnell brachte die Bevölkerung der Anstalt großes Vertrauen entgegen: 1775 wurden 37 Kranke, 1776 schon 107 und 1783 bereits 316 Kranke unentgeltlich medizinisch versorgt.

Lit.: August Leidl: Soziale Einrichtungen in der Stadt Passau, in: Leidl, August und Gottfried Schäfer, St. Johannes-Spital Passau. Seit 1971 St. Johannis-Spital-Stift Passau. Festschrift zum Neu- und Umbau 1977–1979, Passau 1978, S. 11 f.

3.4.3
Mörser mit Stößel
18. Jh.
Bronze , H. 14,2 cm, ⌀ max. 14 cm
Passau, Oberhausmuseum, Inv. Nr. 3233

3.4.4
Arzneibuch: Dispensatorium Pharmaceuticum Austriaco Viennense
1729
Leder, Papier, H. 29 cm, B. 20,2 cm
Passau, Oberhausmuseum,
Inv. Nr. 9226

Schon zu Beginn des 18. Jhs. erlebten die Naturwissenschaften einen ungeheuren Aufschwung. Neue Theorien wurden geboren und in die Praxis umgesetzt. Besonders die Medizin nahm hier eine führende Stellung ein. Aus dieser Zeit stammt auch das gezeigte Arzneibuch,

das die Professoren Johann Baptist Philippus von Reddersthall, Maximilian Tammen von Oldendorff und Carl Wolfgang von Lebzeltern 1729 für das „Collegium Pharmaceuticum Viennensis" an der Universität Wien herausgegeben haben.

3.4.5
Mitgliederverzeichnis der christlichen Liebesversammlung
1762
Papier, Kalbsleder, Gold, H. 41,5 cm, B. 29 cm
Passau, Stadtarchiv, A III 88

Die Gründung der „Christlichen Liebesversammlung" durch Fürstbischof Joseph Maria von Thun stellte den Versuch dar, die Passauer Armenfürsorge in geordnete Bahnen zu lenken. Die Vorstandschaft des „Vereins", bekannte und verdiente Passauer Männer und Frauen, hatten nicht nur über die Almoseneinsammlung und -verteilung zu wachen, sondern mussten sich auch um die Erziehung der Bettelkinder und die Versorgung der Kranken kümmern. In dem gezeigten wuchtigen Buch aus dem Jahr 1762 wurden die Mitglieder verzeichnet.

Lit.: Konrad Baumgartner: Die Seelsorge im Bistum Passau zwischen barocker Tradition, Aufklärung und Restauration, St. Ottilien 1975, S. 427.

3.4.6–3.4.8
Drei Sammelbüchsen
16./18. Jh.
Eisen geschmiedet, teils bemalt, H. 13–15 cm, ⌀ 10,3–11 cm
Passau, Oberhausmuseum,
Inv. Nrn. 12629, 16, 14b

Zur Finanzierung der „Christlichen Liebesversammlung" wurden, wie für andere Bruderschaften auch, allwöchentliche Haussammlungen durchgeführt. Trotz der intensiven Werbekampagnen und den versprochenen „herrlichen Gnadenschätzen" – Papst Clemens XIII. hatte der Bruderschaft eine große Zahl von Privilegien und Ablässen zugesprochen – blieb die Mitgliederzahl und damit die Wirksamkeit relativ gering. Öffentliches Betteln war weiter an der Tagesordnung.

D.3.5 Opernhaus & Parkanlage – Orte der Erbauung und Erholung

Der „aufgeklärteste" unter den Passauer Kirchenfürsten war zweifelsohne Joseph Franz von Auersperg. Er war von den Ideen der Aufklärung zutiefst durchdrungen und setzte alles daran, seinen Untertanen ein neues, an Voltaire und Rousseau orientiertes Bildungs- und Gesellschaftsideal vorzuleben. Dies zeigte sich nicht nur in den von ihm durchgeführten Reformen, sondern auch in besonderem Maße an den unter seiner Regie durchgeführten Baumaßnahmen. Sie sollten nicht mehr allein einem bevorzugten Stand, sondern der gesamten Bevölkerung dienen.

So wurden das Opernhaus und die benachbarten Redoutengebäude zu einem neuen Mittelpunkt der Geselligkeit von Hof und Bürgerschaft umgestaltet, die neu angelegte Innpromenade stand allen Bewohnern zur Erholung offen und die großartige Parkanlage bei seinem 1792 vollendetem Schloss „Freundenhain" war von Anfang an als öffentlicher Park geplant und damit einer der ersten „englischen Gärten" für das Volk.

Lit.: Gottfried Schäffer: Das Fürstbischöfliche und Königliche Theater zu Passau (1783–1883). Beiträge zur Theaterkultur in der fürstbischöflichen Residenzstadt Passau und deren Nachwirkungen im 19. Jh., Passau 1973.

3.5.1
Visitenkarte: Intendant und Hofmarschall Leopold Graf Arco
Um 1792 von Friedrich Karl
Papier, H. 8,8 cm, B. 10,5 cm (unbeschnitten)
Passau, Oberhausmuseum,
Inv. Nr. 1899a

Unter Fürstbischof Auersperg, der vom Bildungsnutzen des Theaters sehr überzeugt war, erreichte das Passauer Theater seine glänzendste Blüte. Auersperg gab bei seinem „Hochfürstlichen Baudirektor und Architekt" Johann Georg Hagenauer die Umgestaltung des Theaters in Auftrag. In nur wenigen Monaten verwandelte sich das frühere Ballhaus zu einem, im frühklassizistischen Stil ausgestatteten „Hochfürstlichen Opernhaus". Am 1. November 1783 öffnete sich erstmals

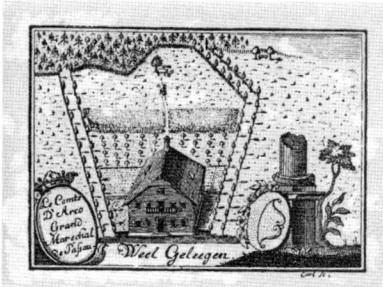

3.5.1

der Vorhang des neuen Theaters. In der Folge gastierten verschiedene Ensembles in Passau. Die herausragendsten Erfolge wurden aber unter der Leitung des Hochfürstlichen Schauspieldirektors Andreas Joseph Schopf mit einem festengagierten Ensemble gefeiert, das vom Fürstbischof und seinem Obersthofmarschall und Intendanten Graf Arco besoldet wurde.

Lit.: Gottfried Schäffer: Das Fürstbischöfliche und Königliche Theater zu Passau (1783–1883). Beiträge zur Theaterkultur in der fürstbischöflichen Residenzstadt Passau und deren Nachwirkungen im 19. Jh., Passau 1973, S. 63.

3.5.2
Querflöte
Um 1850, Heidegger Passau
Holz, Horn, Messing
Passau, Oberhausmuseum, Inv. Nr. 3139

Stets war man am Passauer Opernhaus bemüht, en vogue zu sein. So wurde Passau zu einer der frühesten und intensivsten Pflegestätte der neuen musikdramatischen Werke. Das Passauer Publikum bekam die Opern von Wolfgang Amadeus Mozart, Antonio Salieri und Giovanni Paisiello weit eher zu Gehör, als dies in ungleich größeren Hofopern in München, Dresden oder Berlin der Fall war.

Lit.: Gottfried Schäffer: Das Fürstbischöfliche und Königliche Theater zu Passau (1783–1883). Beiträge zur Theaterkultur in der fürstbischöflichen Residenzstadt Passau und deren Nachwirkungen im 19. Jh., Passau 1973, S. 57.

3.5.3
Klarinette in B
Um 1820, Ignaz Schifferer Passau
Holz, Horn, Messing, Metall
Passau, Oberhausmuseum, Inv. Nr. 3129

3.5.4
Fürstbischof Joseph Franz von Auersperg
Um 1800
Öl auf Leinwand, H. 108,5 cm, B. 84 cm
Passau, Oberhausmuseum,
Inv. Nr. 12582

Fürstbischof Joseph Franz von Auersperg wählte als Bauplatz für seine Schlossanlage „Freundenhain" das Gelände oberhalb des fürstbischöflichen Landsitzes in Hacklberg. Mehrere Quadratkilometer Wald wurden gerodet, um Raum für Schloss, Garten und die vielen weiteren Gebäude zu gewinnen. Besonders die stimmungsvolle Umgebung des Schlosses und die Verbundenheit mit der Natur waren dem der Romantik und der Aufklärung verpflichteten Fürstbischof ein besonderes Anliegen. Ein ausgedehntes Wegenetz führte vom Schloss über weitere 20 Baulichkeiten, etwa einem Chinesischen Porzellankabinett, einer Einsiedelei, oder Ruinenarchitektur hin zu einer kleinen Dorfanlage, dem so genannten „Holländischen Dörfchen". Dies war Auerspergs Lieblingsplatz und dort verschied er auch am 21. August 1795 in seinem kleinen „Plantage-Haus".

Lit.: Ausst.-Kat. Ritterburg und Fürstenschloß – Band 1 Geschichte, hrsg. v. Herbert W. Wurster und Richard Loibl, Passau 1995, S. 128.

3.5.5–3.5.12
Park Freundenhain
1798
Papier, H. 20,4–26 cm (12,5–13 cm), B. 27,2–33 cm (17–17,9 cm)
Passau, Oberhausmuseum,
Inv. Nrn. 3013, 3015–3045

Die Kupferstichserie (29 Blätter) über den Schlosspark Freundenhain erschien 1798. Die Jahreszahl 1792 wurde nachträglich eingefügt und entspricht der Erstausgabe mit 22 Blättern. Die Blätter zeigen von einem erhöhten Betrachterstandpunkt aus jeweils ein Gebäude der Parkanlage, das am unteren Bildrand in französischer Sprache benannt ist. Ziel der Gärten war es, die Landschaft durch Staffagen, beispielsweise Brücken und kleine Gebäude stimmungsvoll für den Betrachter in Szene zu setzen. Der Park lässt sich in verschiedene Gruppen einteilen, die gewisse Stimmungen hervor-

rufen, z.B. Melancholie oder Heiterkeit, aber auch das Exotische findet seinen Platz.

Lit.: Ausst.-Kat. Ritterburg und Fürstenschloß – Band 1 Geschichte, hrsg. v. Herbert W. Wurster und Richard Loibl, Passau 1995, S. 129.

D.3.6 Wirtschaftsförderung der Fürstbischöfe

Wie heute, so kam der Wirtschaftspolitik auch im Zeitalter der Aufklärung eine zentrale Bedeutung zu. Um den vielfältigen Aufgabenbereichen im Hochstift, in der Residenzstadt und im Bistum nachkommen zu können, war der Fürstbischof auf eine florierende Wirtschaft angewiesen. Nachdem der Passauer Salzhandel seit dem 17. Jh. stetig an Bedeutung verlor, war es wichtig zur Finanzierung der eigenen Vorhaben neue Geldquellen aufzutun.

Das Hochstift Passau mit seinen 950 Quadratkilometern und den etwa 50 000 Einwohnern war vorwiegend landwirtschaftlich geprägt. Den Hauptreichtum des Landes stellten die zahlreichen und ausgedehnten Wälder nördlich der Donau und in der Grafschaft Neuburg dar. Nicht zuletzt deshalb versuchten die Fürstbischöfe des 18. Jhs. die Infrastruktur im Land der Abtei auszubauen und die Holztrift auf der Ilz zu fördern. Den merkantilistischen Grundsätzen der Wirtschaft folgend, versuchten die Fürsten aber auch neue Wirtschaftszweige zu erschließen: so wurden Manufakturen zur Herstellung von Luxusprodukten (Porzellan) und Massenware (Wollzeug) gegründet und die fürstbischöfliche Brauerei Hacklberg ausgebaut.

Der Merkantilismus vertrat eine Niedriglohntheorie und bezweckte durch die Verbindung von einzelnen Großbetrieben mit massenhafter Heimarbeit auf dem flachen Land, sowie der Fabrikarbeit durch Arbeits-, Zucht- und Waisenhausinsassen die Erziehung einer arbeitsamen und disziplinierten Gesellschaft. Arbeitssparende Maschinen oder neue Energiequellen spielten hierbei noch keine Rolle.

3.6.1
Joseph Maria von Thun und Hohenstein
um 1762
Öl auf Leinwand, H. 153 cm, B. 105 cm
Passau, Diözesansammlung

Fürstbischof Joseph Maria von Thun und Hohenstein war ein früher Anhänger der nationalökonomischen Theorien der Physiokraten. In seiner kurzen Regierungszeit, 1761–1763, wollte er die Volkswirtschaft seines Hochstifts mit aller Kraft zu neuer Blüte führen. Seine Bemühungen um die Landwirtschaft – er veranlasste den Anbau von Futterklee im Hochstift und ließ aus Ungarn Vieh zur Rinderzucht einführen – brachte ihm den Beinamen „Kleebischof" ein. Außerdem errichtete er eine Seiden- und Wollzeugmanufaktur und verhalf dem „Passauer Leinen" durch gezielte Maßnahmen zu großer wirtschaftlicher Bedeutung. Er bemühte sich um eine Verbesserung der Infrastruktur und ließ, wie im Hintergrund des Portraits zu sehen, zur besseren Verkehrsanbindung des „Landes der Abtei", des nördlichen Teils des Hochstifts, in den Felsrücken neben der Burg Niederhaus in Passau einen Tunnel schlagen. Besondere Sympathien beim Volk erlangte er als erster Passauer Landesfürst, der Märzenbier brauen ließ, „welches auch großen Absatz fand."

Lit.: August Leidl: Die Bischöfe von Passau 739 bis 1968 in Kurzbiographien, Passau 1978, S. 139 – Konrad Baumgartner: Die Seelsorge im Bistum Passau zwischen barocker Tradition, Aufklärung und Restauration, St. Ottilien, 1975, S. 24.

3.6.2
Lustgarten Hacklberg
Jeremias Wolff (A) 1701–1725
Kupferstich auf Papier, H. 20 cm, B. 30 cm
Passau, Oberhausmuseum, Inv. Nr. L 85

3.6.3
Sommerkeller Hacklberg
Johann Friedrich Karl, ca. 1792
Kupferstich auf Papier, H. 26 cm, B. 34,7 cm
Passau, Oberhausmuseum, Inv. Nr. 3040

Nicht selten wurden bei Regierungsantritt eines neuen Bischofs Prinzipien, Vorstellungen und Ziele des Vorgängers rasch über Bord geworfen. Schnell wurden auch wirtschaftlichen Zielen die eigenen Luxusprojekte untergeordnet. Ein gutes Beispiel ist die Schlossanlage Hacklberg: während Fürstbischof Auersberg noch anstelle einer „Wassertreppe" im Schlosspark des unter Kardinal Johann Philipp von Lamberg errichteten barocken Sommerschlosses Hacklberg ein aufwändiges Badehaus mit Wandelgängen erbauen ließ und in seine neue Schlossanlage Freundenhain integrierte, ging Fürstbischof Thomas Johann Kaspar von Thun und Hohenstein wesentlich pragmatischer mit dem Besitz um. Er wollte die Produktivität der seit 1618 bestehenden fürstbischöflichen Brauerei zu Hacklberg steigern und ließ daher kurzerhand inmitten der Parkanlagen einen Bierkeller errichten. Die beiden gezeigten Stiche verdeutlichen die Baumaßnahme sehr anschaulich.

3.6.4–3.6.6
Drei Bierseidl
18. Jh.
Zinn, H. 9–11,6 cm, ⌀ 7,5–11 cm
Passau, Oberhausmuseum,
Inv. Nrn. 2713, 2714, 2715

3.6.7
Bierkrug
17. Jh.
Zinn, H. 15 cm, ⌀ max. 12 cm
Passau, Oberhausmuseum,
Inv. Nr. 3230

3.6.8
Weizen-Einkaufsliste der Fürstbischöflichen Brauerei Hacklberg
1. Hälfte 18. Jh.
Papier, H. 33,3 cm, B. 21,2 cm
Passau, Oberhausmuseum,
Inv. Nrn. 890, 891, 895, 901 und 902

An der Fassade der Brauerei Hacklberg erinnern noch heute eine Büste, Inschrifttafeln und drei Wappen an den großen Förderer des fürstbischöflichen Brauhauses: Thomas Johann Kaspar von Thun und Hohenstein. Darüber hinaus sorgte er sich in seiner nur elfmonatigen Regierungszeit um den Ausbau der Holztrift auf der Ilz und um die Neubelebung der Passauer Porzellanmanufaktur.

D.3.7 Aus Habsburgtreue wird der Anfang vom Ende

Die Herrschaften des Hochstifts Passau waren weit verstreut. Neben den reichsunmittelbaren Herrschaften, also jenen Gebieten, in denen der Passauer Bischof nicht nur Oberhirte, sondern auch Landesherr war, besaß Passau auch sieben Herrschaften in Österreich. In Anbetracht dessen, dass diese österreichischen Herrschaften dem Passauer Fürstentum zweieinhalbmal so hohe Einkünfte erbrachten wie das restliche Hochstift, waren die Beziehungen Passaus zum Hause Habsburg stets von größter Bedeutung.

Trotz der strikten Orientierung Passaus an der Politik des Hauses Habsburg, war die Partnerschaft keineswegs unproblematisch. Um das Hochstiftsgebiet abrunden zu können, mussten die Passauer Fürstbischöfe u. a. noch die relativ große österreichische Enklave Rannariedl ankaufen, was nach langen und zähen Verhandlungen durch den Staatsvertrag vom 25. 10. 1765 geschah.

Offenbar war dies der Preis, den das habsburgische Kaiserhaus zu zahlen bereit war, um eine österreichische Landeskirche aufbauen zu können. Denn als Fürstbischof Firmian 1783 starb, wurden alle Passauer Besitzungen in Österreich von Joseph II. beschlagnahmt und auf Anordnung des Kaisers die neuen Diözesen Linz und St. Pölten errichtet. Trotz massiver Interventionen des Firmian-Nachfolgers Auersperg, musste dieser sich damit abfinden, dass die Diözese Passau von nun an auf ein Siebtel ihres Gebietes dezimiert worden war.

Lit.: August Leidl: Das Hochstift Passau im 18. Jh. Die Entwicklung des reichsunmittelbaren Territoriums bis zur Auflösung des Fürstentums, in: Ostbairische Grenzmarken 23 (1981), S. 74–84.

3.7.1
Papst Pius VI. in Linz
Oberösterreichisch, 1782
Öl auf Leinwand, Inschrift auf extra Holztafel, Bild: H. 71 cm, B. 70 cm
(Holz: H. 21 cm, B. 70 cm)
Linz, Stadtmuseum, Inv. Nr. 242

Kaiser Joseph II. plante in der 2. Hälfte des 18. Jhs. den größten Einschnitt für Passau: er wollte eine österreichische Staatskirche etablieren und die österreichischen Gebiete der Diözese Passau von Passau abtrennen. Als Josephs Reformpläne bekannt wurden, reiste Papst Pius VI. 1782 nach Österreich, um mit dem Kaiser zu verhandeln. Bezüglich Passau blieben die Verhandlungen ohne nennenswerten Erfolg. Auf seiner anschließenden Fahrt von Wien nach München machte der Papst auch in Linz Station. Das Portrait zeigt Pius beim Erteilen des Segens vom Balkon des Linzer Rathauses am 24. April 1782.

Lit.: Ausst.-Kat. Österreich zur Zeit Kaiser Josephs II. Mitregent Kaiserin Maria Theresias, Kaiser und Landesfürst, Ausstellung des Landes Niederösterreich, Wien 1980, S. 502.

3.7.2
Kol. Kupferstich: Konferenz Joseph II. mit Papst Pius VI.
Hieronymus Löschenkohl
Wien, Historisches Museum
Reproduktion

Trotz der zahlreichen Konferenzen und Gespräche, die Papst Pius VI. in Wien mit Kaiser Joseph II. und seinen Unterhändlern führte, blieben seine Bemühungen, den Kaiser zu einer Rücknahme oder Modifikation seiner kirchenstaatlichen Maßnahmen zu bewegen, erfolglos. Der Kupferstich zeigt Joseph und Pius einander an einem Tisch gegenübersitzend. Beide scheinen in ihren Gesten Unnachgiebigkeit und das Beharren auf dem eigenen Standpunkt auszudrücken.

Lit.: Ausst.-Kat. Österreich zur Zeit Kaiser Josephs II. Mitregent Kaiserin Maria Theresias, Kaiser und Landesfürst, Ausstellung des Landes Niederösterreich, Wien 1980, S. 496.

3.7.3
Portrait Kaiser Josephs II.
Art des Bartolomeo Altomonte
Öl auf Leinwand, H. 77 cm, B. 62,5 cm
Linz, Stadtmuseum, Inv. Nr. 243

Als Fürstbischof Firmian am 13. März 1783 starb, begann Joseph II. mit der Beschlagnahmung der österreichischen Bistumsgebiete sofort seine Pläne in die Tat umzusetzen. Das Passauer Domkapitel wählte bereits am 19. Mai 1783 Joseph Franz Anton von Auersperg, einen Freund und Parteigänger Kaiser Joseph II., zum neuen Fürstbischof von Passau. Er sollte dank seiner guten Beziehungen die österreichische Abspaltung des Bistum Passau rückgängig machen.

Doch seine Bemühungen blieben erfolglos. 1785 schließlich sanktionierte Papst Pius VI. die kaiserliche Aktion und beurkundete die Errichtung der neuen Diözesen Linz und St. Pölten. Damit schied nun auch kirchenrechtlich gültig das Land ob der Enns aus dem Diözesanverband Passau aus. Passau war nun auf ein Siebtel seines ursprünglichen Territoriums dezimiert.

Lit.: August Leidl: Die Bischöfe von Passau 739 bis 1968 in Kurzbiographien, Passau 1978, S. 148–153.

D.4 Die Säkularisation: Passaus Untergang

von Roland Pongratz

War die Abtrennung der österreichischen Gebiete vom Passauer Diözesangebiet 1783 schon ein massiver Schlag für Passau und seine Herrscher, so sollte es jetzt noch schlimmer für das kleine Fürstentum kommen.

Nachdem im August 1802 kurzzeitig Österreich vom Passauer Territorium Besitz ergriffen hatte, rückten am Vormittag des 22. Februar 1803 bayerische Truppen in Passau ein. Am selben Tag entband der Passauer Fürstbischof Leopold Leonhard Raymund von Thun-Hohenstein seine Untertanen von ihrem Treueid und zog sich bald darauf enttäuscht auf sein böhmisches Gut zurück.

Die Aufteilung der Passauer Besitzungen erfolgte nach den Bestimmungen des Reichsdeputationshauptschlusses vom 25. Februar 1803: das Kurfürstentum Bayern verleibte die Stadt Passau und den kleineren Teil des Hochstifts seinem Staatsgebiet ein, während das Land der Abtei dem neugeschaffenen Kurfürstentum Salzburg zugeschlagen wurde. Die Passauer Herrschaften in Österreich, die ebenfalls für Salzburg bestimmt gewesen wären, hatte Wien in Absprache mit Frankreich bereits beschlagnahmt und war nicht mehr bereit sie herauszugeben.

Das Fürstbistum Passau war damit säkularisiert und hörte auf zu existieren. Die Stadt Passau verlor ihre Funktion als Haupt- und Residenzstadt!

D.4.1 Passaus neue Herren

Für das Fürstbistum und die Residenzstadt Passau stellte die Säkularisation von 1803 einen gewaltigen Umbruch dar: als am 22. Februar 1803 bayerische Truppen die Stadt besetzten, kam mit den Soldaten der bayerische Hofkommissar Franz Paul Freiherr von Fraunberg nach Passau. Zusammen mit seinem Kollegen von der salzburgischen Besitznehmungskommission und einem umfangreichen Beamtenstab ging er sofort daran, die Besitzungen, Einkünfte und Schulden des ehemaligen Fürstentums Passau zu ermitteln und in Beschlag zu nehmen.

Nach einigem Hin und Her zwischen Bayern und Salzburg-Toskana bezüglich der Besitzansprüche schaffte 1805 der Friede von Preßburg endgültige Klarheit: mit Ausnahme der österreichischen Besitzungen gehörte nun das gesamte ehemalige Passauer Fürstbistum zu Bayern.

4.1.1
Fürstbischof Leopold Leonhard Raymund von Thun-Hohenstein
Joseph Bergler, d. J., um 1800
Öl auf Leinwand, H. 64 cm, B. 50 cm
Passau, Oberhausmuseum, Inv. Nr. 409

Am 27. August 1797 wurde Leopold Leonhard Raymund von Thun-Hohenstein (1748–1826) feierlich in sein Amt als Fürstbischof von Passau eingeführt und am Tag darauf brachte ihm die Bürgerschaft ihre Huldigung entgegen und legte den Treueid gegenüber ihrem neuen Landesherrn ab. Die Regierungszeit des letzten Passauer Fürsten wurde von der Drangsal des Krieges überschattet. Mehrmals wurde Passau von Franzosen und Österreichern besetzt und wurde zum Spielball der Großmächte. Am 22. Februar 1803 schließlich, als bayerische Truppen Passau endgültig besetzten, entband der Fürst seine Untertanen vom geleisteten Treueid.

Nach längeren Streitigkeiten mit dem bayerischen Aufhebungskommissar kehrte er, abgefunden mit einer Jahrespension von 50 000 Gulden, Passau enttäuscht den Rücken. 1826 starb der letzte Fürstbischof auf seinem Schloss Cybulka bei Prag, ohne jemals in seine Diözese zurückgekehrt zu sein.

4.1.2

Lit.: Alexander Erhard: Geschichte der Stadt Passau. Erster Band, Passau 1862, S. 291–293 – Edith Ringelmann: Die Säkularisation des Hochstifts und des Domkapitels Passau, Passau 1939 – August Leidl: Die Bischöfe von Passau 739 bis 1968 in Kurzbiographien, Passau 1978, S. 45 – Anton Landersdorfer (Hg.), Vor 200 Jahren – Die Säkularisation in Passau, Passau 2003.

4.1.2
Landkarte: „Das Fürstenthum Passau"
1805
Papier, H. 51,7 cm, B. 44,9 cm
Passau, Oberhausmuseum, Inv. Nr. 4674

Im Reichsdeputationshauptschluss vom 25. Februar 1803 wurde die Aufteilung des Fürstbistums Passau wie folgt festgelegt: *„[…] § 1. […] Dem Erzherzoge Großherzoge für Toskana und dessen Zugehörungen: … der jenseits der Ilz und des Inn auf der Seite von Östreich gelegene Teil des Bistums Passau, jedoch mit Ausnahme der Innstadt und Ilzstadt, samt einem Bezirke von 500 französischen Toisen im Durchschnitte vom äußersten Ende jener Vorstädte an gemessen, und endlich die in den oberwähnten Diözesen gelegenen Kapitel, Abteien und Klöster. […]*
§ 2. Dem Kurfürsten von Pfalzbaiern … die Bistümer Bamberg, Freisingen, Augsburg und das von Passau, mit Vorbehalt dessen, was § pho I. dem Erzherzoge Großherzoge davon bestimmt ist, nebst der Stadt Passau, derselben Vorstädten und allen und jeden Zugehörden diesseits des Inn und der Ilz und überdies noch einen von ihren äußersten Enden an zu nehmenden Bezirk von 500 französischen Toisen im Durchschnitt. […]"

In der vorliegenden Karte zeigen die Farbflächen die neue Gebietsverteilung an: grüne Gebiete gehören zur „Churpfalz Baiern", während rot und gelb hinterlegte Ländereien „Chur Salzburg" unterstehen.

4.1.3.
Portrait: Kurfürst Max IV. Josef von Bayern-Pfalz und späterer König Maximilian I. Joseph von Bayern
Johann Kapelle, 1805
Öl auf Leinwand, H. 150 cm, B. 113 cm
Passau, Oberhausmuseum, Inv. Nr. 640

Das Kurfürstentum Bayern ging neben Preußen, Württemberg und Baden als großer Gewinner aus der Säkularisation heraus. Alleine aus Stadt und Hochstift Passau fielen (nach 1805) 50 000 Landeskinder sowie Steuern und Kameraleinkünfte in Höhe von etwa 155 000 Gulden an Bayern.
Das Halbbild zeigt Kurfürst Max IV. Joseph von Bayern (1756–1825) als neuen Herren von Passau. Er ist in der Uniform eines Obersten des k. b. Infanterieregiments „König" mit dem Hubertus- und dem Georgiritterorden dargestellt. Mit der rechten Hand deutet er symbolisch auf den Plan der Veste Oberhaus, deren neuer Festungsherr er ist, und im Hintergrund ist deutlich die Passauer Stadtsilhouette mit den Burganlagen Ober- und Niederhaus zu erkennen.

Lit.: Maximilian Lanzinner: Die Säkularisation 1802/03 – Ursachen und Folgen einer Epochenwende, in: Anton Landersdorfer (Hg.), Vor 200 Jahren – Die Säkularisation in Passau, Passau 2003, S. 2 f. – Ausst.-Kat. Ritterburg

4.1.3

und Fürstenschloß – Band 1 Geschichte, hrsg. v. Herbert W. Wurster und Richard Loibl, Passau 1995, S. 145 – Ausst.-Kat. Bamberg wird bayerisch. Die Säkularisation des Hochstifts Bamberg 1802/03, hrsg. v. Renate Baumgärtel-Fleischmann, Bamberg 2003, S. 342 ff.

4.1.4
Portrait: Erzherzog Ferdinand Joseph, Kurfürst von Salzburg und Großherzog von Toskana
Hofmaler Andreas Nesselthaler,
um 1803
Öl auf Leinwand, H. 73,5 cm, B. 59 cm
Salzburg, Erzabtei St. Peter

Im Frieden von Lunéville wurde Großherzog Ferdinand III. von Toskana (1769–1824) als Entschädigung für seine jetzt von Frankreich besetzten Ländereien ein Staat mit Salzburg, Berchtesgaden, Eichstätt und Passau zuerkannt. Mit dem Reichsdeputationshauptschluss vom 25. Februar 1803 wurde ihm zudem die Kurwürde verliehen. Über seine neugewonnen Gebiete konnte sich Kurfürst Ferdinand allerdings nicht all zu lange freuen. Nach dem Dritten Koalitionskrieg wurde im Frieden von Preßburg 1805 festgelegt, dass Ferdinand sein Kurfürstentum, also auch Passau, abgeben musste und als Entschädigung das Fürstentum Würzburg erhielt. Am 23. Februar 1806 erfolgte daraufhin die Übergabe des ehemals toskanischen Hochstiftanteils an das nunmehrige Königreich Bayern.
Das Portrait zeigt Kurfürst Ferdinand in weißer Galauniform und dekoriert mit dem Goldenen Vlies in einer idealen Landschaft. Der Abt von St. Peter zu Salzburg, Dominikus von Hagenauer gab das Bildnis um 1803 für 43 Gulden und 162 Kreuzer beim Salzburger Hofmaler Andreas Nesselthaler (1748–1821) in Auftrag.

Lit.: Franz Pesendorfer: Ein Kampf um die Toskana. Großherzog Ferdinand III. 1790–1824, Wien 1984 – Dieter Schäfer: Ferdinand von Österreich. Großherzog zu Würzburg – Kurfürst von Salzburg – Großherzog der Toskana, Köln 1988 – Johannes Heuhardt (Hg.), Dommuseum und alte erzbischöfliche Kunst- und Wunderkammer zu Salzburg. Katalog, Salzburg ²1981, S. 141 f.

Liebe Leserin, lieber Leser,

aus der unübersehbaren Fülle von Büchern haben Sie
sich treffsicher für ein Pustet-Buch entschieden. Für die
Lektüre wünschen wir Ihnen viel Freude. Wenn Sie auch
in Zukunft gute Bücher aussuchen wollen, können wir
Sie zielgenau in Ihren Interessengebieten informieren,
selbstverständlich kostenlos und unverbindlich.
Dazu brauchen Sie hier nur anzukreuzen:

Religion/Theologie

☐ Gottesdienst / Verkündigung / geistliches Leben
☐ Pastoral / Katechese / Religionsunterricht
☐ Handbücher / Wissenschaft
☐ Ökumene / Systematische Theologie
☐ Kirchengeschichte

Geschichte

☐ Gesamtdarstellungen
☐ Biografien
☐ Ost- und Südosteuropa
☐ Ratisbonensia

Sie können das Programm auch online „treffen" unter
www.pustet.de
Wir freuen uns auf Ihr Interesse

VERLAG
FRIEDRICH
PUSTET

Bitte Absender nicht vergessen:
(mögl. in Druckschrift)

(Name)

(Vorname)

(Straße/Hausnr.)

(PLZ/Ort)

(Beruf)

Diese Karte habe ich dem nachstehend aufgeführten Buch entnommen:

Postkarte – Antwortkarte

VERLAG

FRIEDRICH PUSTET

Postfach 100862

93008 Regensburg

Bitte
frankieren
wenn
Briefmarke
zur Hand

4.1.5
Bayerisches Infanteriegewehr
Amberg, nach 1801
Eisen, Holzschaft, L. 149 cm (Lauf:
L. 110 cm), Kaliber 18 mm
Passau, Oberhausmuseum, Inv. Nr. 2666

4.1.6
Bayerischer Raupenhelm, Kaskett für Mannschaften der Artillerie
Bayern, 1806
Leder, Messing, Wolle, H. 37 cm,
B. 19 cm, T. 26 cm mit Schirm
Ingolstadt, Bayerisches Armeemuseum,
Inv. Nr. H. 17446

Am 22. Februar 1803 erfolgte die unblutige Besetzung Passaus durch bayerische Truppen. Generalmajor von Deroy führte Truppen der Regimenter Herzog Wilhelm und Pius, eine Eskadron Fugger Chevauxlegers, einen Zug Migazzi-Kürassiere und eine Abteilung Artillerie in die Stadt. Die in Passau stationierten bayerischen Soldaten prägten von da an mit ihren Uniformen sicher das Stadtbild. Besonders auffällig dürften die 1800 bei der Infanterie eingeführten Lederhelme mit Wollraupe, die so genannten Raupenhelme gewesen sein.

Lit.: Ausst.-Kat. Krone und Verfassung. König Max I. Joseph und der neue Staat (Wittelsbach und Bayern III/2), hrsg. v. Hubert Glaser, München 1980, S. 242 ff – Alexander Erhard: Geschichte der Stadt Passau. Erster Band, Passau 1862, S. 293 f.

4.1.7
Uniformrock eines Forstbeamten
Bayern, um 1804–1840
Wolle, Leinen, Baumwolle, Silberlahn mit Seidenseele, Messingknöpfe,
L. (hinten) 97 cm, Halsgrube bis Taille 28 cm, Brustumfang 75,5 cm, Schulterbreite 10,5 cm, Revers 8 cm, Kragenhöhe 8 cm, Ärmellänge 63 cm
München, Bayerisches Nationalmuseum, Inv. Nr. 28/3105

4.1.8
Beamtenhut
Bayern, um 1820
Haarfilz, Seide, Baumwolle, Goldlahn, Bouillondraht, vergoldeter Knopf,
H. 15,5 cm, B. 44,5 cm, T. 18,5 cm
Passau, Oberhausmuseum,
Inv. Nr. 10679

4.1.9
Beamtendegen
Bayerisch, um 1815
Eisen, Holz, L. 93,6 cm,
Klinge: L. 78,5 cm
Lindau, Städtisches Museum „Haus zum Cavazzen", Inv. Nr. WGs 17

Mit den bayerischen Soldaten kamen auch bayerische Beamte nach Passau, um die Besitzergreifung möglichst zügig und im Sinne Bayerns abwickeln zu können. An der Spitze der Administration stand der geheime Rat und Hofgerichtspräsident aus Straubing, Franz Paul Freiherr von Fraunberg, der zum Hofkommissarius ernannt worden war. Aus der fürstbischöflichen Residenzstadt Passau wurde nun der Sitz eines kurfürstlichen Generalkommissariats und Hauptstadt des Unterdonaukreises, in der man eine neue Verwaltung aufbaute. Die passauischen Beamten wurden zum Teil in den Ruhestand versetzt, teils für den neuen Landesherrn in Dienst genommen.

Da man von Seiten der Regierung im Zuge der bayernweiten Verwaltungsreformen bestrebt war die Beamtenschaft als Berufsstand kenntlich zu machen, war eine Vereinheitlichung der Uniformen nötig. Eine Fülle von Verordnungen diente nur zu genaueren Vorschriften für die jeweilige einheitliche Uniformierung der verschiedenen Zweige und Grade der Beamtenschaft. Im August 1804 wurde beispielsweise die Uniformvorschrift für Forstbeamte erlassen. Bald darauf dürfte der gezeigte Rock entstanden sein. Beamtendegen und -hut waren obligatorische Accessoires.

Lit.: Ausst.-Kat. Bayern entsteht. Montgelas und sein Ansbacher Mémoire von 1796, hrsg. v. Michael Henker, Margot Hamm und Evamaria Brockhoff, Augsburg 1996, S. 154 f – Ausst.-Kat. Krone und Verfassung. König Max I. Joseph und der neue Staat (Wittelsbach und Bayern III/2), hrsg. v. Hubert Glaser, München 1980, S. 158.

4.1.10
Friedrich Freiherr von Montigny
Johann Kapelle (?), 1. Viertel 19. Jh.
Öl auf Leinwand, H. 106 cm, B. 80 cm
Passau, Oberhausmuseum, Inv. Nr. 3475

Neben den Verwaltungsbeamten waren es vor allem die Offiziere, die die weiteren Geschicke Passaus lenkten. Noch für

4.1.10

einige Zeit sollte im beschaulichen Passau kein dauerhafter Frieden einkehren. Nach dem Bündnis zwischen Frankreich und Bayern wurden ab 1805 Truppen beider Mächte hier stationiert, wodurch Passau unmittelbare Frontstadt zu Österreich wurde. Mehrmals drangen daraufhin während der Napoleonischen Kriege österreichische Truppen in Passau ein. Im April 1809 – Passau war eben von den Österreichern erneut besetzt – verhinderte der bayerische Stadt- und Festungskommandant Ludwig Friedrich Freiherr von Montigny (1780–1828) die Zerstörung Passaus durch seinen französischen Verbündeten General Chambarlhiac.

Lit.: Alexander Erhard: Geschichte der Stadt Passau. Erster Band, Passau 1862, S. 305 f.

D.4.2 Passaus Reichtum geht den Bach hinunter!

In München beeilte man sich Nägel mit Köpfen zu machen. Zu leer war die bayerische Staatskasse und zu reich die Passauer Beute, als dass man sie dort belassen wollte. Wichtige und wertvolle Passauer Bestände wurden per Fuhrwerk oder Schiff in die Residenzstadt transportiert:
Domschatz und Hofsilber wurden durch Einschmelzen oder Versteigerung in klingende Münze umgewandelt; das umfangreiche Hofarchiv nach München gebracht; wertvolle Gemälde verkauft oder an den bayerischen Hof transportiert; die Bestände der fürstbischöflichen Hofbib-

liothek der bayerischen Staatsbibliothek einverleibt; eine umfangreiche Sammlung römischer Skulpturen landete im königlichen Antiquarium in der Münchner Residenz; die Passauer Akademie wurde aufgehoben und die Studenten fortan an das bayerische Landesseminar Georgianum nach Landshut geholt.

Das wirtschaftliche, gesellschaftliche und kulturelle Leben Passaus brach zusammen. Depression machte sich breit: Hunderte von Beamten und Hofbediensteten – vom Hofkammerpräsidenten bis zum Stallburschen – büßten ihren Arbeitsplatz ein; das Domkapitel wurde aufgelöst und die adeligen Herren verließen Passau; die Hoflieferanten sahen sich ihrer Hauptabnehmer beraubt; die Stadt war mit der Selbstverwaltung maßlos überfordert; nach dem Weggang Weihbischofs Karl Kajetan Graf von Gaisruck 1818 fanden bis 1824 keine Pontifikalhandlungen wie Priesterweihen oder Firmungen statt; der Dom verwahrloste.

Passau verkam von einer blühenden fürstbischöflichen Residenzstadt zum bedeutungslosen Provinzstädtchen.

4.2.1
Kelch
Franz Leitner, Passau (?),
2. Hälfte 18. Jh.
Gold, Kupfer, Messing, Zinn, Glasfluss,
H. 32 cm, ⌀ 15 cm
Passau, Oberhausmuseum,
Inv. Nr. 13878

4.2.2
Reliquienmonstranz
Franz Leitner, Passau (?),
2. Hälfte 18. Jh.
Gold, Kupfer, Messing, Zinn, Silber,
Glas, Papier, Silberdraht, Chenille,
Knochen, H. 25,6 cm, B. 11 cm, T. 9 cm
Passau, Oberhausmuseum,
Inv. Nr. 13876

4.2.3
Kreuz
Franz Leitner, Passau (?),
2. Hälfte 18. Jh.
Gold, H. 42 cm, B. 21 cm, T. 12 cm
Passau, Oberhausmuseum,
Inv. Nr. 13877

4.2.4/4.2.5

4.2.4
Weihrauchschiffchen mit Löffel
Schiffchen: Franz Leitner, Passau,
2. Hälfte 18. Jh.
Löffel: Dominikus Storr, Passau (?),
1. Viertel 19. Jh.
Silber, H. 13,5 cm, B. 19 cm, T. 8,2 cm
Passau, Oberhausmuseum,
Inv. Nr. 13881

4.2.5
Weihrauchfass
Franz Leitner, Passau, 2. Hälfte 18. Jh.
Silber, H. 26 cm, B. 13,5 cm, L. 82 cm,
⌀ 13,5 cm
Passau, Oberhausmuseum,
Inv. Nr. 13885

Als das Passauer Tafel- und Kirchensilber im Sommer 1805 in München eintraf, wurde es vom Auspacken weg sofort abgewogen und nach dem Herausbrechen der Edelsteine eingeschmolzen. Nur wenig passauisches Silber entkam dem Schmelztiegel und wurde schließlich am 27. Juli 1807 zusammen mit Passauer Messkleidern und anderen Paramenten versteigert: 30 931 fl 22 kr Gewinn wurden daraus für die bayerische Staatskasse erzielt. Zusammen mit dem Materialwert des eingeschmolzenen Goldes und Silbers in Höhe von 73 801 fl 2 kr ergab sich die stolze Summe von 104 732 fl 24 kr. Ein Betrag, den nur der Gesamtertrag der bayerischen Klöster übertraf.

Viele unersetzliche Kunstwerke wurden in jenen Tagen unwiederbringlich zerstört oder sind in alle Winde verstreut worden. Nur wenige Passauer Gold- und Silberschmiedearbeiten aus der Zeit vor 1803 konnten gerettet werden oder blieben an anderer Stelle erhalten. Die gezeigten Kirchengeräte beispielsweise stammen allesamt aus der Kirche des Passauer Waisenhauses, das der Schiffsmeister und Gastwirt Lukas Kern zusammen mit seiner Frau 1748 stiftete.

4.2.6
„Seehafen"
deutsch, um 1700
Öl auf Leinwand, H. 135 cm, B. 180 cm
München, Bayerische Staatsgemäldesammlungen, Inv. Nr. 13127

4.2.6

Als im Sommer 1805 Landesdirektionsrat von Elbling als bayerischer Lokalkommissär nach Passau kam, wurden unverzüglich Verzeichnisse über sämtliches Inventar in der Residenz, im Zengerhof, Ballsaal, Theater, im fürstlichen Oratorium im Dom und in der Hofkapelle angefertigt. Nach diesem „Residenzinventarium" von 1805 hingen im Kaisersaal 66 und im Durchgang zum fürstlichen Oratorium 45 zum Teil großformatige Gemälde. Als Meister der Werke wurden u. a. Bergler, Caravaggio, Dürer, Rotmayr, Sandrart, Lotti und Rubens aufgeführt. Über den Verbleib der Bildergalerie ist leider nicht viel bekannt. Einige wenige Gemälde, wie der gezeigte „Seehafen" wurden der Staatsgemäldesammlung einverleibt, andere wiederum soll der französische Marschall Soult 1806 weggeschafft haben.

Lit.: Edith Ringelmann: Die Säkularisation des Hochstifts und des Domkapitels Passau, Passau 1939, S. 64–67.

4.2.7
Thun'sche Sammlung antiker Skulpturen
Römisch

Bronze

München, Staatliche Antikensammlung

Neben Gemälden, Paramenten und Goldschmiedearbeiten wurde auch eine umfangreiche Sammlung antiker römischer Skulpturen (212 Nummern), die von Fürstbischof Joseph Maria Thun-Hohenstein gesammelt und zu einem „Raritätenkabinett" zusammengestellt worden war, nach München verfrachtet und dem königlichen Antiquarium in der Residenz einverleibt.

Josef Maria Thun-Hohenstein, ein kulturell hochgebildeter und interessierter Mann, hatte vor allem während seiner Zeit als Fürstbischof von Gurk (1741–1762) und bei seinen Romaufenthalten diese Sammlung von Antiken zusammengetragen. Erhalten blieben vor allen Dingen Bronzestatuetten der römischen Kaiserzeit, aber auch Gerätschaften aus Bronze, Inschriften, usw.

Lit.: Ausst.-Kat. Die Sammlung Thun, hrsg. v. Raimund Wünsche, München 2003.

4.2.8
Bücher aus der Fürstbischöflichen Hofbibliothek
Deutsch

Papier

Passau, Staatliche Bibliothek

Die Passauer Hofbibliothek galt im Laufe ihrer Geschichte als eine der bedeutendsten in ganz Europa. Trotz der Stadtbrände von 1662 und 1680, die dem Bestand große Verluste zufügten, zählte die Bibliothek 1803, als der bayerische Zentral-Oberhofbibliothekar Johann Christoph Freiherr von Aretin nach Passau kam, an die 30 000 Bände.

Insgesamt wählte die Kommission 472 Handschriften, 516 Inkunabeln, 12 557 andere Bücher, 615 Span.-ital.-franz. Bücher, 124 Landkarten und Kupferstichbände, 158 Faszikeln und 650 weitere verschiedene Bücher aus. Die 15 092 Bände wurden in große Kisten verpackt und auf dem Wasserweg nach München gebracht, um in die dortige Hofbibliothek eingegliedert zu werden. Kleinere Teilbestände haben sich auch in den Passauer Bibliotheken bis heute erhalten.

Lit.: Edith Ringelmann: Die Säkularisation des Hochstifts und des Domkapitels Passau, Passau 1939, S. 67–71.

4.2.9
Aktenbüschel: Verwaltungsakten zur Pfarrgemeinde Leoprechting
1780

Papier, H. 5 cm, B. 11 cm, L. 32,5 cm

Passau, Archiv des Bistums Passau, OA, Pfarrakten Röhrnbach I, 31

Ein wichtiges Anliegen der neuen Herren des Hochstifts Passau lag natürlich darin, sich sämtliche rechtlichen Ansprüche zu sichern und alle Urkunden zu Rechtstiteln, Verträgen etc. als Rechtsnachfolger des Hochstifts zu besitzen. Deshalb wurde kurzerhand das Hofarchiv, das darüber hinaus die zahlreichen Registraturen der hochstiftischen Zentralbehörden (Hofkammer, Obereinnahme, Lehenhof etc.) beinhaltete, beschlagnahmt. Die Schriftstücke wurden gesichtet, ausgewählt und geordnet. Großteils wurden sie nach München verbracht und dem kurfürstlichen Staatsarchiv angegliedert. Darüber hinaus sind auf Grund archivalischer Unregelmäßigkeiten oder Zufälle

einige wenige Urkunden in Passau verblieben.

Die Menge an Papier, die das Passauer Hofarchiv umfasste, ist nicht bekannt. Aber das Hochstiftsarchiv Augsburg kann als Beispiel dienen. Es wurde, um es vor den nahenden Franzosen zu schützen nach Passau verschifft und in der Jesuitengasse in einem leerstehenden Haus des Passauer Kaufmanns Venino zwischengelagert: es umfasste ein Gesamtgewicht von über 2528 Zentner (!).

Lit.: Werner Altmann und Thomas Felsenstein: Zu wessen Nutz und Frommen? Die Säkularisation in Augsburg 1802/03, Augsburg 2003, S. 54.

4.2.10
Aquarell: Bürgermeister Joachim Jäger
Albini 1801

Papier, H. 17,8 cm, B. 24,4 cm

Passau, Oberhausmuseum,

Inv. Nr. 2906a

4.2.11
Ratsprotokolle
Dezember 1804 bis März 1806

Papier, gebunden, H. 32,3 cm, B. 22 cm

Passau, Stadtarchiv, A III 49

Der Spezereyhändler Joachim Jäger (1756–1804) war der letzte fürstbischöfliche Bürgermeister. Auf dem ausgestellten Aquarell ist er im langen braunen Mantel mit weißem Pelz, den Dreispitz in der Hand haltend dargestellt. Ihm voran schreitet der Passauer Wolf, in den Vorderpfoten ein schmiedeeisernes Ornament tragend, das das Monogramm „J. J." zeigt. Hinter Jäger ist – wesentlich kleiner – vermutlich ein Stadtbediensteter im dunklen Mantel mit Dreispitz abgebildet. Als die bayerischen Verwaltungsbeamten im Februar 1803 ihre Arbeit in Passau aufnahmen, fanden sie ein Stadtparlament vor, das nur schwer in der Lage zu sein schien, die Geschicke Passaus in Zukunft zu leiten. Allzu sehr hatten sich die Passauer Stadtväter in den letzten Jahrzehnten der Vorsorge des Landesherrn anvertraut. Ein bayerischer Beamter beschrieb Magistrat und Verwaltung 1805 gar als siebzigköpfigen „polnischen Reichstag im Kleinen" und als „ein Unwesen ohne gleichen".

Die umfangreichen Protokolle der wöchentlich stattfindenden Ratssitzungen

4.2.10

geben ein gutes Zeugnis für den enormen Handlungsbedarf von Seiten der Stadtverwaltung. Unterzeichnet wurden die Ratsprotokolle von Joachim Ernst Pummerer, dem „Bürgermeisteramtsverwalter".

Lit.: Edith Ringelmann: Die Säkularisation des Hochstifts und des Domkapitels Passau, Passau 1939, S. 82 f – Maximilian Lanzinner: Die Säkularisation 1802/03 – Ursachen und Folgen einer Epochenwende, in: Anton Landersdorfer (Hg.), Vor 200 Jahren – Die Säkularisation in Passau, Passau 2003, S. 9 – Franz Mader: Tausend Passauer, Passau 1995.

4.2.12
Adam Kaspar Burghard von Haasi
um 1811
Öl auf Leinwand, H. 56 cm, B. 42 cm
Passau, Oberhausmuseum,
Inv. Nr. 9746

Hunderte von Beamten und Hofbediensteten büßten im Zuge der Säkularisation ihren Arbeitsplatz ein. Etwa 200 von Bayern übernommene ehemalige Beamte des Hochstifts erhielten bis 1807 vorerst keine Gehaltszahlungen. Die Musiker der Domkapelle blieben gar bis 1812 ohne Einkünfte. Zahlreiche handel- und ge-

werbetreibende „Hoflieferanten" wurden ihrer Hauptabnehmer beraubt.

Doch die Umstrukturierung im Verwaltungswesen – maßgeblich von Maximilian Joseph von Montgelas, nicht nur in Passau, sondern in ganz Bayern organisiert – bot auch berufliche Chancen für einen Neuanfang oder für einen Aufstieg. Adam Kaspar Burkhard von Haasi beispielsweise war ab 1786 Pflegskommisär von Hals, zugleich 1797–1799 Pflegsverweser und dann bis 1803 Landrichter von Dießenstein. Im Zuge der Neubesetzung von zahlreichen Ämtern stieg er zum Landrichter des Landgerichts Grafenau in Schönberg auf. Das Portrait entstand wohl, als er dieses Amt bekleidete.

Lit.: Hans Donaubauer: Burg Dießenstein, Passau 1980.

4.2.13
Truhe
16. Jh.
Eisen, H. 41 cm, B. 38,5 cm, L. 67,5 cm
Passau, Oberhausmuseum, Inv. Nr. 231

Die großen und kleinen Gläubiger der Domkapitel- (341 373 fl.) und Kameralschuld (1 582 624 fl.) wurden nicht oder erst sehr spät abgefunden und erhielten auch kaum Zinsen. Bayern weigerte sich bis 1829 die alten Obligationen in neue bayerische Schuldscheine zu überführen. Die vormals blühenden, wohltätigen und kulturellen Zwecken gewidmeten städtischen Stiftungen kamen nicht zuletzt dadurch in arge Bedrängnis. Betroffen war auch das allgemeine Krankenhaus, das die Leistungen für Arme, Kranke und Pfründner erheblich einschränken musste. Die leeren Kassen ließen eine verbitterte Stimmung in der Bürgerschaft gegenüber der bayerischen Beamtenschaft entstehen.

Lit.: Edith Ringelmann: Die Säkularisation des Hochstifts und des Domkapitels Passau, Passau 1939, S. 24–34.

4.2.12

4.2.14
Steinfragmente: Dom, St. Stephan
17. Jh.
Kalk-, Sandstein
Passau, Oberhausmuseum

Der Dom verwahrloste ohne Oberhirten (bis 1830) zusehends. Zeitgenossen berichteten, dass besonders der Umstand der fehlenden Türsteher für chaotische Zustände im Dom sorgte. So liefen Hunde ungehindert im Dom herum oder Marktleute brachten ihre Kleintiere mit, wenn sie vor dem Wochenmarkt den Gottesdienst besuchten. Die bayerischen Kommissäre stellten keine Geldmittel für Reparaturen am Dom zur Verfügung, sogar kaputte Fensterscheiben wurden nicht mehr ersetzt. Den gotischen Kreuzgang des Domes gar ließ man derart baufällig werden, dass er 1816 samt der enthaltenen St. Annenkapelle (Ludwigskapelle), Nothelfer- oder Allerheiligenkapelle, Elisabeth- oder Starzhauserkapelle und Michaelskapelle abgerissen werden musste und den Bürgern als Steinbruch diente.

Schärding

Stadt. Menschen. Leben.

Gericht Schärding.

Ein Statt und Gericht / im Renntambt Burgkhausen / Bistumb Passau / ware vor Alters nur ein Marckt / hat ursprünglich den Namen von denen Grafen von Schärding / und weilen dieselbe schon in dem Jahr 895. in Bayrn sich befunden / als ist diser Marckt von gedachten Grafen erbauet worden / darbey ein Churfürstl. Schloß / ligt am Yhnstromb / ist gegen Orient und Mitternacht etwas bergig / und mit Waldungen umbgeben / gegen Mittag und Occident aber / gantz eben Lands / auch an der Passau= und Oesterreichischen Gräntz: befindt sich dermahlen an Gebäuen in gutem Standt. Als der letzte Graf von Schärding / Namens Eckprecht verstorben / haben umb seine Verlassenschafft Hertzog Odacker auß Steyr der ältere / und Marquart Bertholdt von Oesterreich / deß verstorbenen Grafens von Schärding / Schwester Mann gestritten / in Gestalten dann der Margraf Bertholdt Neuburg am Yhnstromb / samt denen Zugehörungen / Hertzog Odacker aber Formbach / Schärding / sambt der Grafschafft Pitten bekommen. Nachdem nun Hertzog Odacker keine Erben hatte / vermachte er im Jahr 1186. das Hertzog-thumb Steyer / sambt vorigen Herrschafften / dem Hertzog Leopold auß Oesterreich / welcher mit Bewilligung Hertzogs Ludwigs in Bayrn / das Schloß zu Schärding / im Jahr 1248. erbauet / und als Rudolph von Habspurg / Römischer König / gantz Oesterreich / als deß Heil. Röm. Reichs / verfallenes Lehen eingenommen / hat Er mit Hertzog Heinrichs in Bayrn Sohn Otto / und seiner Frauen Tochter Catharina / ein Heyrath gemacht / und ihme anno 1277. für sein Heyrath=Gut auch gegeben die Graf-schafft Schärding / Neuburg / Riedt. Auff Absterben diser Catharina / hat dero Herr Bruder Albert / mit Hertzog Heinrich in Nider Bayrn / blutige Kriege geführt / ist aber durch den Bischof von Regenspurg / und Passau solcher Vergleich gemacht / daß Neuburg Oesterreichisch / Schärding aber / sambt Riedt / Bayrisch erklärt worden.

Im Jahr 1449. hat Hertzog Ludovicus in Bayrn / und Graf zu Mortany / der Königin in Franckreich Herr Bruder / angefangen den Zwinger an dem Vorhof / das Thor / und den Thurn von Grund herauß zu mauren / auch von beyden Seyten an dem Yhnstrohm / den Graben auß denen Felsen zu brechen / auch den Statt=Zwinger Thurn / das Thor genannt Heilling / und das Yhn=Thor / und den Zwinger von dem Aichbichel / biß an den Vorhof / von Grund herauß auffzumauren / auch andere der Statt und Vestung Schärding / nußliche Gebäu gethan. In der Pfarr=Kirchen ist der heilige Georgius Schutz=Patron / und die Spitaler=Kirchen / ist GOTT dem H. Geist gewidmet.

Hertzog Georg in Bayrn / hat das so genannte reiche Allmosen / dann Ulrich Göldinger zu Adeltz-hausen / geweßt Churfürstlicher Mauttner allda zu Schärding / auch ein Beneficium gestüfftet / und wird bey deren Jährlich haltenden Seel-Aembtern / und zwar beym reichen Allmosen / alwegen in der Fasten / und bey dem Göldingerischen Beneficio im Advent / schwartzes Tuech und Brodt zur Gespendt / under die arme Leuth vertheilet.

Dise Statt ist an einem gesunden Orth entlegen / hat ein wochentliche Trayd=schrannen.

Im Jahr 1310. zu Zeiten Kayser Heinrichs deß Sibenden / hat ein Hertzog vom Hauß Oesterreich / disen Orth belagert / und weilen die Burgerschafft den Feind widerumben hinweck : und würcklichen geschlagen / daß sie darbey vil Beuth erobert / ist in Ansehung der Burgerschafft solch erwisenen Tapferkeit / auß dem damahligen Marckt / ein Statt gemacht / und seynd mit underschydlichen Privilegiis begnadet worden.

Aus: Michael Wening, Historico topographica descriptio das ist Beschreibung deß Churfürsten und Herzogthums Ober- vnd Niedere Bayrn, welches in 4 Theil oder Renntämbter ... eingetheilt ist (etc.), Das Renntambt Burgk-hausen, München 1721

Elisabeth Vavra

Städtelandschaften

„… hat jezt eine schöne breite Strasse mit artigen Häusern, die alle weis angestrichen sind, welches dem Auge wehe thut, und einen alten massiven schönen Thurm am Eingang. Der Getreidemarkt alle Mittwoche, die 5 Jahrmärkte, die Fahrten auf der Donau, der Siz des Gerichts und die Passage nach Östreich verschaffen diesem Städtchen viel Gewerb, daher besonders die 6 Brauer, Krämer, Mezger, Bekker und andere Handwerker sich im Wohlstand befinden." So beschrieb 1804 Joseph Hazzi in den von ihm verfassten „Statistischen Aufschlüssen über das Herzogthum Bayern" die Stadt Vilshofen an der Donau.[1] Die wenigen einleitenden Worte vermitteln bestens das Bild von einer Stadt, das seit dem Mittelalter nahezu unverändert in den Köpfen der Menschen existierte. Mauern, Tore und Türme umschließen ein eng verbautes Stück Land, grenzen es von der „Wildnis" ab. Der Raum, den sie umschließen, ermöglicht seinen Bewohnern relativ viele Freiheiten, wird mehr oder weniger selbst verwaltet. Den Mittelpunkt des städtischen Lebens bildet der Marktplatz: Hier fanden die Märkte statt; hier zeigte sich der Bürger bei kirchlichen und weltlichen Feiern und Prozessionen. Um ihn gruppierten sich die wichtigen öffentlichen Gebäude, das Rathaus, das Brothaus, die Waage und die Gesellschaftshäuser der Zünfte. Die reichen Bürger hatten hier und in den Seitengassen ihre Häuser gebaut. Städte besaßen noch weitere öffentliche Gebäude, Kornhäuser, Spitäler für die Alten, Siechenhäuser außerhalb der Stadtmauern für Seuchenkranke. Überragt wurden die meist mehrgeschossigen Häuser von den Türmen der Kirchen und Klöster. So verwirrend das Gefüge der engen Straßen und Gassen zwischen Marktplatz und Stadtmauern auch auf den ersten Blick wirken mag, dahinter stand ein ausgeklügeltes System: Nicht jeder konnte und durfte dort bauen, wo er wollte. Bestimmten Gewerben waren bestimmte Gassen vorbehalten. Die Handwerkszweige, die Wasser in größeren Mengen benötigten, wurden an Bach- oder Flussläufen angesiedelt. In den Vierteln nahe der Stadtmauern lebten die armen Stadtbewohner, die Inwohner oder Tagwerker. Der Grundriss einer Stadt spiegelte so ihre soziale Struktur.

Die Städte im Gebiet, das von Salzach, Inn, Isar und Donau durchflossen wird, gehen meist auf Gründungen der Wittelsbacher zurück. Neben den frühen, vor der Übernahme des bayerischen Herzogtums durch die Wittelsbacher gegründeten Städten wie Regensburg oder Passau entstanden seit dem ausgehenden 12. Jahrhundert mittlere und kleinere Städte als regionale Zentralorte.[2] Daneben sorgte eine große Zahl von Märkten für eine Versorgung der nahen Umgebung. Allerdings blieben sie alle mit wenigen Ausnahmen bis in die Neuzeit Mittel- und Kleinstädte ohne überregionale Bedeutung. Die Stadtherren waren in den meisten Fällen die Wittelsbacher. Sie setzten gezielt Städtegründungen zur Festigung und Ausbreitung ihres Territoriums ein. Städte wurden an strategisch wichtigen Positionen gegründet: Manchmal wollte man sich damit eines anstehenden Erbes bemächtigen, wie im Falle Straubings, wo es galt, die Grafen von Bogen zu beerben, oder Städte wurden als Konkurrenten politischer Enklaven gegründet, wie im Falle Dingolfings: Der Wittelsbacher Otto II. legte hier auf einer Geländeterrasse die so genannte Oberstadt an, während der dieser zu Füßen liegende Markt Dingolfing in regensburgisch-bambergischem Besitz war; in der Folge verzichtete 1265 der Regensburger Bischof auf seine Rechte an der Ansiedlung, die sich nun zum Händler- und Handwerkerviertel der Stadt entwickelte. Andere Städte wurden von den Wittelsbachern in territorialen Grenzgebieten errichtet zur Sicherung und als Ausgangspunkt für weitere territoriale Expansion; das gilt in der Innregion etwa für Neuötting und Braunau. Meist wählte man eine von natürlichen Gegebenheiten begünstigte Stelle in Verbindung mit einer strategisch wichtigen Position, etwa an einer Furt oder Brücke. In der Regel waren solche Gründungen mit einer herzoglichen Burg verbunden und wurden somit gleichzeitig zu Verwaltungszentren und Sitzen der bayerischen Pfleg- und Landgerichte. Die Städte wurden so zum zentralen Ort des Gerichtsbezirkes. Nur wenige Städte lassen sich auf adelige Gründungen zurückführen. Die vereinzelt noch im Spätmittelalter erfolgten Marktgründungen durch adelige Grundherren geschahen offensichtlich immer im Einvernehmen mit dem Landesherren: So verlegte Johann der Ältere, Landgraf von Leuchtenberg, den Markt neben dem Kloster Osterhofen 1378 auf einen neuen Platz und machte ihn zur

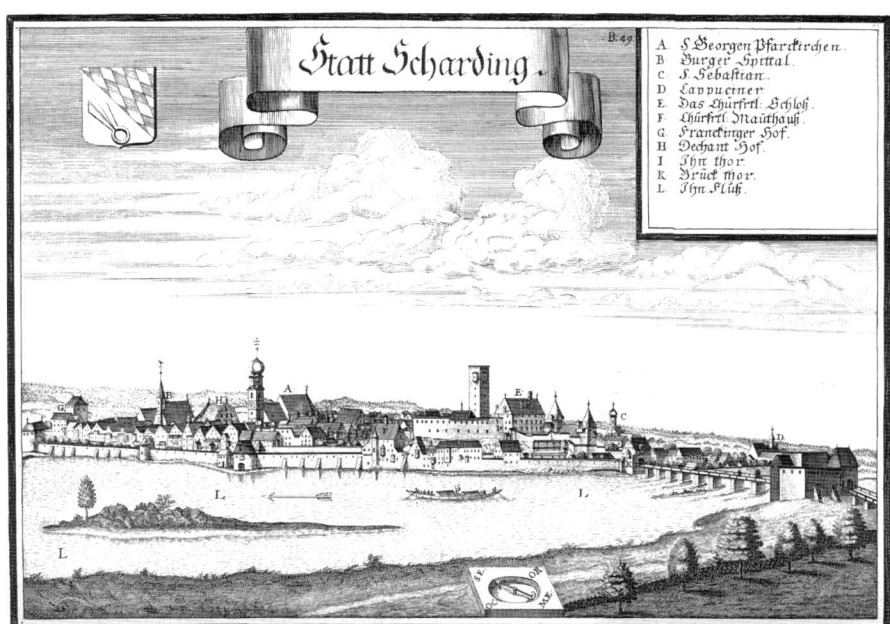

Abb. 1
*Schärding, Kupferstich,
Michael Wening, 1721*

Abb. 2
*Neuötting, Kupferstich,
Michael Wening, 1721*

Stadt. Als dann die Wittelsbacher 1428 die Stadt unter ihre Obhut nahmen, statteten sie diese mit einem erweiterten Stadtrechtsprivileg aus, das dem von Neuötting (1321) folgte. Denn erst die Verleihung von Privilegien und Rechten ermöglichte die Sicherung und den Ausbau der Städte bzw. Märkte als Orte des Handels und Gewerbes. Die Verwaltung und in Folge die Gesetzgebung sowie die Gerichtsbarkeit wurden zumindest teilweise den Bürgern übertragen. Die damit verbundene Bürgerfreiheit und das dadurch ermöglichte Wirtschaftswachstum entstanden im Zusammenspiel von stadtherrlichem Schutz, stadtherrlichem Geldbedürfnis und innovativer Kraft des kaufmännischen und gewerblichen Unternehmertums.[3] Diese Kraft war es auch schließlich, die ab 1400 eine zunehmende Verschiebung der Machtverhältnisse innerhalb der Städte bewirkte, von den adelsgleichen Patriziern zu den Handelsgeschlechtern. Dass es dadurch zu Reibereien zwischen den Städten und ihren Stadtherren kam, liegt auf der Hand. Das Konfliktpotential verstärkte sich in dem Maß, in dem die Politik des Landesherrn zentralistische Züge annahm.

Abb. 3
*Ried, Kupferstich,
Michael Wening, 1721*

1598 wurden im gesamten Herzogtum Bayern 34 Städte sowie 90 gefreite und ungefreite Märkte gezählt. Die größte demographische Katastrophe stellte für Bayern der Dreißigjährige Krieg dar. Um 1600 lag die Zahl der städtischen Herdstätten bei ca. 40 000, um 1717 waren es erst wieder ca. 30 000. Man schätzt, dass durch die Kriegshandlungen 30–50 % der Bevölkerung in Altbayern ihr Leben verloren. Für die Zeit um 1800 nimmt man an, dass 18,8 % der Bevölkerung in den Städten und Märkten wohnten, davon 35 % in den funktionell wichtigen Hauptstädten bzw. Rentamtssitzen, 10 % in den großen Lokalstädten (über 2000 Einwohner: Burghausen, Dingolfing, Deggendorf), 19 % in den kleineren Städten und Märkten (über 1200 Einwohner: z. B. Neuötting, Vilshofen) sowie 36 % in den übrigen kleinen Märkten (z. B. Trostberg).[4]

Städte und Märkte unterschieden sich voneinander durch Umfang und Gewicht der ihnen vom Landesherrn verliehenen Privilegien.[5] Diese behielten auch im 17. und 18. Jahrhundert ihre Gültigkeit. Allerdings wurden aus den Rechten nun Pflichten, deren Einhaltung bzw. Ausübung von der Staatsbürokratie kontrolliert wurde. Nur eine gut funktionierende Stadtverwaltung gewährleistete einen funktionsfähigen Staat. Die Entwicklung von einer autonomen zur beauftragten Selbstverwaltung kennzeichnet die frühe Neuzeit. Hauptstädte wie Burghausen, Straubing oder Landshut verfügten über mehr Privilegien. Sie besaßen die hohe und niedere Gerichtsbarkeit, erhielten die Generalausschreibungen direkt von der Zentralbehörde

und mussten keine Kontrollen durch den Rentmeister über sich ergehen lassen. Die Rentmeister, die ab dem 15. Jahrhundert zunehmend mit Verwaltungsaufgaben und mit der Überwachung der Behörden in den Territorien betraut wurden, stammten in der Regel aus dem Bürgertum.[6] Sie übten Aufsicht und Kontrolle über die lokalen Beamten während jährlich durchzuführender Visitationen in den ihnen unterstellten Rentämtern aus. Zunächst für die Revision des Rechnungswesens eingesetzt, erstreckte sich ab dem ausgehenden 15. Jahrhundert ihre Kompetenz auch auf die Ausübung des landesherrlichen Begnadigungsrechtes, bei dem Todes-, Leibes- und Freiheitsstrafen in Geldstrafen umgewandelt wurden. In der Landesfreiheitserklärung von 1616 waren das bereits zwanzig Delikte, diese umfassten auch schwere Verbrechen wie Hoch- und Landesverrat, Friedensbruch, Mord, Raub, Notzucht, Münzfälschung und schweren Diebstahl: Eine neue Einnahmequelle für den Landesherrn sollte damit erschlossen werden.

Im Zuge der Behördenreform unter dem Wittelsbacher Albrecht IV. entstanden 1506/07 vier Rentämter mit Sitz in München, Burghausen, Landshut und Straubing, deren Zusammensetzung in Land- und Pfleggerichte bis zur Abtretung des Innviertels 1779 gleich blieb. Die so genannten Rentmeisterinstruktionen, die 1470, 1512, 1574, 1613, 1669, 1750 und 1774 abgefasst wurden, regelten die Aufgaben dieses Amtes und deren Durchführung. Die Rentmeisterumritte dienten der Überwachung der lokalen Beamten, ermöglichten den Kontakt mit der Bevölkerung in den Städten, Märkten und Hofmarken und übten damit auch eine Schutzfunktion gegen Behördenübergriffe aus. Die Untertanen sollten nicht durch die Einhebung ungerechtfertigter Gebühren ausgesaugt, das Wirtschaften in die eigene Tasche eingestellt und die Annahme von Bestechungsgeldern verhindert werden. Die Zunahme der Gesetzgebung im 16. Jahrhundert, die Fülle der Polizei- und Landesordnungen sowie der Mandate - unter Maximilian I. von Wittelsbach erschienen von 1596 bis 1651 196 gedruckte Mandate - werteten das Amt des Rentmeisters weiter auf; er wurde zum wichtigen Bindeglied zwischen der verordnenden Zentral- und der ausführenden Lokalbehörde. Er war der verlängerte Arm des frühabsolutistischen Staates und hatte die Einhaltung der Maßnahmen zur Disziplinierung der Untertanen zu überwachen. Die Rentmeisterinstruktionen des Jahres 1613 zeigen die weitreichenden Obliegenheiten dieses Amtes: Einhaltung der Wehrgerechtigkeit, Eindämmung der Gebührenexzesse, Kontrolle der Justiz durch Überwachung der Gerichtsbarkeit, Überwachung der Religionsausübung - u.a. hatte sich der Rentmeister danach zu erkundigen, *„ob nit solche Lasster und Untugenden so wol bey Geistlichen alß Weltlichen einreissen, dardurch der Gemaine Mann unnd (die) Jugent sehr fast geergert und guete Sütten, Zucht, Ehr und Erbarkeit beflekht"* - bis zur Befragung der mit Verwaltungsangelegenheiten betrauten Beamten: Pfleger, Landrichter und Pflegverwalter, Kastner, Zöllner/Mautner und deren Gegenschreiber, Überreiter, Förster und deren Knechte, Brauereiverwalter, Amtleute und Schergen, Bürgermeister und Schulmeister.

Die in den Archiven erhaltenen Visitationsberichte geben Einblick in den Vorgang: Mit einem Brief wurde der Besuch angekündigt und die Stadtbehörden aufgefordert, Protokolle und Rechnungen herbeizuschaffen und die anstehenden Viztumhändel vorzubereiten. Einige Wochen nach der Visitation erhielten die Stadt oder der Markt dann einen Prüfbericht mit den Beanstandungen. Das 1628 abgefasste Protokoll[7] des Rentmeisters Hans Christoph Neuburger über die Prüfung der Stadt Wasserburg rügte etwa die mangelnde Gewissenhaftigkeit des Stadtrichters, zu geringe Strafausmaße bei Vergehen wie Zechen, Spielen, Fluchen und Gotteslästerung oder zu undifferenzierte Strafen in Streit- und Beleidigungsfällen. Der Ratsschreiber solle sich in Hinkunft kürzer fassen. In manchen Fällen mahnte der Rentmeister zu Milde. In Sachen Lebens-mittelbeschau verlangte er in Hinkunft genauere Kontrollen. Er überprüfte die Stadtkammerrechnungen, die Kirchenrechnungen, die Rechnungen des Siechen- und des Bruderhauses. Im Fall der Vormundschaftsrechnungen - die Vormundschaft wurde von der Stadt ausgeübt - mahnte er zur größeren Vorsicht bei der Veranlagung der Gelder, insbesondere bei der Vergabe von wenig abgesicherten Darlehen. Die von Umritt zu Umritt monoton wiederkehrenden Beanstandungen zeigen aber auch die beschränkte Wirksamkeit dieses Kontrollorgans auf. Bis zum Beginn des Dreißigjährigen Krieges unterstützte ein staatlich organisiertes Spitzelsystem diese Überwachung, bis schließlich die Spitzel auch den Rentmeister bespitzelten.

Die Kriegs- und Nachkriegsjahre öffneten den Missbräuchen wieder Tor und Tür. Übergriffe seitens der Beamten nahmen zu, ebenso deren Bestechlichkeit. Wieder kam dem Amt des Rentmeisters eine wichtige Rolle im Prozess der Konsolidierung des vom Krieg heimgesuchten Landes zu; ihm oblag u.a. auch die Aufgabe, die öden Güter zu erfassen und die „Regeneration des Landes", was die Bevölkerungszahl betraf, zu verfolgen.

Die 1669 neu erarbeitete Rentmeisterinstruktion macht einmal mehr die beabsichtigte Schutzfunktion dieses Amtes für das „Staatsvolk" deutlich. Die 117 Punkte, die sie umfasst, betreffen den ländlichen und den städtisch/märktischen Bereich. Der Rentmeister hatte die Ratswahlen zu bestätigen, und er hatte die Steuerveranlagung der Bürger zu überprüfen, damit der „gemeine" Mann nicht einseitig belastet werde. Die Regentschaften Max Emanuels und Karl Albrechts zielten auf eine Expansion der Herrschaft und verfolgten in erster Linie außenpolitische Interessen, die sich für die bayerischen Lande verheerend auswirkten. Neben einem wirtschaftlichen Niedergang durch Kriegsdienstleistungen und ausländische Besatzertruppen herrschten in der Beamtenschaft wieder Ämterkäuflichkeit, Bestechlichkeit und Willkür, die die leidgeprüfte Bevölkerung in zusätzliche Bedrängnis brachten. Die Situation besserte sich erst durch den Regierungsantritt Max III. Joseph, der mit Anordnung vom 18. Juni 1745 verlangte, dass die Rentmeisterumritte nach der Instruktion von 1669 wieder „befördert" werden. 1748 wurde für die Städte und Märkte eine „Neu verbesserte Instruktion" erlassen. Die Kontrolle durch den Rentmeister diente nicht nur zur Überwachung der von „oben" verordneten Maßnahmen, sondern sie sorgte auch dafür, dass die in den Privilegien festgeschriebenen Rechte auch tatsächlich genutzt wurden. Allerdings konnte es bei Versagen der Verwaltung zu einer vorübergehenden Außerkraftsetzung der Selbstverwaltung kommen, wie etwa im Falle Burghausens im 18. Jahrhundert, als die Finanzen der Stadt auf den Ruin zusteuerten. Aber selbst in einem solchen Fall des völligen Versagens der städtischen Organe wurden die Privilegien nur auf bestimmte Zeit außer Kraft gesetzt. Sie gingen einer Stadt oder einem Markt nicht für alle Zeit verlustig.

Die wirtschaftliche Entwicklung einer Ansiedlung ist von unterschiedlichen Faktoren abhängig. Eine wichtige Rolle spielt dabei immer der Standort. Hier waren die Städte Altbayerns deutlich benachteiligt. Fern- und Transithandel verlagerten sich ab dem 15. Jahrhundert zunehmend auf die österreichischen, schwäbischen oder eidgenössischen Routen. Wichtige Verkehrsadern waren zwar weiterhin Donau und Inn; der Schiffsverkehr auf der Donau wurde allerdings durch die Türkenkriege schwer behindert. Altbayern fehlten auch Rohstoffvorkommen. Es gab kaum exportorientierte Wirtschaftszweige, sieht man vom Salz ab, das herzogliches Monopol wurde. Im 16. Jahrhundert gab es noch eine florierende Textilproduktion, deren Fabrikate in der Folge allerdings durch ausländische Waren verdrängt wurden. Die Städte waren auf den Binnenhandel hin orientiert. Die geringe Marktdichte – für 1794 errechnete man pro ordentlichen Marktplatz 73 000 Einwohner – brachte den Städten ein beachtliches Konsumentenpotential. Das äußere

Abb. 5   *Riss zur Bemalung der Rathausfassade in Wasserburg, Wolfgang Pittenharter, 1634, Museum der Stadt Wasserburg*

Abb. 4   *Siegel der Stadt Wasserburg, Museum der Stadt Wasserburg*

Erscheinungsbild der meisten altbayerischen Städte wird bis heute von einem langen und relativ breiten Straßenmarkt bestimmt, der groß genug für alle Warenangebote war. Hier konnte ein Viehmarkt genauso stattfinden wie ein Getreide- oder Salzmarkt. Das Marktrecht brachte Händler und Käufer in die Stadt. Zumeist handelte es sich um „gefreyte" Märkte: d. h. an den Markttagen herrschte der Marktfrieden. Während dieser Zeit durfte kein Rechtsstreit ausgetragen werden. Die Freiung galt für ortsansässige wie für ortsfremde Käufer und Verkäufer. Die Markttage wurden festgelegt; man unterschied zwischen Jahr- und Wochenmärkten.

In Schärding etwa gab es Jahrmärkte zu Bartholomäi und Martini, einen weiteren zu Floriani – alle mit einer 14-tägigen Freiung verbunden. In Braunau war der Wochen-(Schrannen-)Markt am Mittwoch. 1479 wurden zwei wöchentliche Milchmärkte jeweils am Dienstag und am Samstag bewilligt. Die drei Jahrmärkte, die acht Tage dauerten, fanden am Pfingstdienstag, zu Jakobus und Martin statt. Am ersten Mittwoch im Oktober war Wollmarkt.

Den Einzugsbereich solcher Märkte zeigt ein Ratsbeschluss der Stadt Burghausen im Pestjahr 1634: Um die Verbreitung und Einschleppung der Pest zu verhindern, wurde der Jahrmarkt zu St. Gallus am 16. Oktober abgesagt. Um die davon Betroffenen zu unterrichten, wurden zwei Boten in die zwei „Zirkel" des Rentamtes Burghausen ausgesandt: nach Ranshofen, Braunau, Altheim, Ried, Mauerkirchen, Mattighofen, Wildshut, Wald, Trostberg, Kraiburg, Mörmoosen, Tüßling, Forst, Neuötting, Altötting und Marktl. Die erhaltenen Listen der Händler auf der St. Sebastiani- und der Osterdult in Ebersberg in den Jahren 1724–1731 lassen vermuten, dass das anzunehmende Einzugsgebiet von Jahrmärkten vermutlich noch größer war[8]: Auf diesem Jahrmarkt stellten Händler aus den Landkreisen Ebersberg, Wasserburg, Erding, Miesbach, Mühldorf, Rosenheim das größte Kontingent. Daneben finden sich aber auch Vertreter aus Würzburg, Schwäbisch-Gmünd, Mattighofen und Wanderhändler aus Oberösterreich, Tirol und Italien, die mit ihren Warenangeboten die Bedürfnisse der Käufer zu erfüllen suchten.

Die gewerbliche Struktur der Städte Altbayerns wird durch ein vielfältiges Grundgewerbe ohne größere Produktionszentren bestimmt. Sieht man von der Residenz München ab, so dominierten in den Städten die Gewerbezweige, die der Versorgung der alltäglichen Bedürfnisse dienten. Die Liste der in den Städten angesiedelten Berufszweige, erstellt anhand des Herdstättenverzeichnisses von 1717, zeigt auch für kleinere Städte eine ausdifferenzierte Gewerbestruktur. 1717 wurde die Herdstättenanlage als direkte Steuer vom Landesherrn eingeführt. Ausgenommen waren u. a. die Pfarrhöfe, Spitäler und andere wohltätige Stiftungshäuser. Für die Einhebung musste ein Verzeichnis der Häuser, der in diesen gelegenen Herdstätten und der Bewohner angefertigt werden. Dabei wurden auch die Berufe der Hausherren erhoben sowie die Zahl der Inwohner. Diese Gesamtzahlen für Altbayern zeigen deutlich die Dominanz der Residenz München. Das kleinste Rentamt Burghausen verfügte über 2085 Häuser mit 3023 Herdstätten. In den vier dazugehörigen Städten – Burghausen, Braunau, Neuötting und Schärding – erhob man 982 Häuser mit 1471 Herdstätten. Die genaue Auflistung der Herdstätten aus Burghausen blieb erhalten: In der Stadt standen demnach 261 Häuser mit 373 Herdstätten, die zur Veranlagung

herangezogen werden durften. 37 Häuser mit 56 Haushalten waren gefreite Häuser und 34 Häuser mit 38 Herdstätten standen auf der Burg. In der Stadt lebten die für die Erledigung der Regierungsgeschäfte verantwortlichen Beamten im gehobenen Dienst, 33 an der Zahl, ihre Gehilfen (Steuerschreiber, Forstgerichtsschreiber, Mautner, Mautgegenschreiber und Landschaftsbote) und das Personal der Stadtverwaltung – zwei Bürgermeister, ein Stadtschreiber, ein Ratsdiener, zwei Amtmänner und der Brothüter. Handwerks- und Gewerbebetriebe zeigen eine ausdifferenzierte Struktur[9]: So waren z. B. in der metallverarbeitenden Branche neben 15 Schmieden, vier Schlossern und zwei Hufschmieden zwei Kupferschmiede, ein Nagel-, ein Messer- und ein Goldschmied tätig, weiters jeweils ein Zinngießer, Spengler, Sporer und Nadler. In der Holzverarbeitung waren Zimmerleute (11), Schreiner (4) und ein Wagner tätig. Mit der Zurichtung von Leder beschäftigten sich ein Weißgerber, Lederer (3) und ein Lederzurichter. Verarbeitet wurde es von Schustern (8), Schuhmachern (3), Riemern (2) und einem Gürtler. Weber (8), Tuchmacher (3), Tuchscherer (1) und Färber (2) erzeugten die notwendigen Textilien. Daneben finden sich im Textilbereich hochspezialisierte Gewerbe wie Bortenwirker, Strumpfstricker, Handschuhmacher, Nestler und Schirmer. Den gehobenen Wünschen der städtischen Bevölkerung kamen Uhrmacher (2), Büchsenmacher (1), Maler (2), Bildhauer (1) und wohl auch der Seifensieder nach. Handelsmänner (5), Krämer (2) und Fragner[10] (2) schafften die notwendigen Waren herbei. Um den „gefräßigen Magen der Stadt" sorgten sich Metzger (14), Bäcker (14), Lebzelter (2), Bierbrauer (10), „*Weingastgeb*" (3), Wirte (2) und Stadtköche (3). Um die Gesundheit sorgten sich ein Apotheker, drei Bader und ein Stadtphysikus. Daneben gab es natürlich auch noch Maurer, Glaser, Seiler, Binder, Bürstenbinder, Hafner, Ofenmacher usw. Ergänzt wurde das Berufsspektrum durch die Schar der Tagwerker.

Vergleicht man die Gewerbestruktur Burghausens mit der Wasserburgs im selben Jahr, so zeigt sich, dass auch in Wasserburg Nachfrage nach Gütern des gehobenen Bedarfs bestand: In Wasserburg gab es immerhin drei Goldschmiede, einen Geschmeidemacher, Pfeifenmacher, Kämplmacher und zwei Buchbinder – Handwerksbetriebe, die in Burghausen fehlen oder nur durch eine Werkstatt vertreten sind. Leider fehlen die entsprechenden Listen für Schärding und Braunau. Eine für Schärding erhaltene Steuerliste[11] mit Angabe zum Beruf der Steuerzahler aus dem Jahr 1628 lässt sich für einen Vergleich nur bedingt heranziehen, da der Dreißigjährige Krieg zu einem starken Niedergang des Handwerks führte. Die Zahlen für Schärding zeigen aber deutlich, dass in dieser Stadt die Innschifffahrt und der damit verbundene Handel eine wichtige Rolle spielten: Im Verzeichnis werden unter den Hausbesitzern sechzehn Handelsleute und drei Schiffsmeister angeführt, weiters zehn Gastwirte, drei Weißbierwirte und ein Weinwirt, die sich wohl alle auch um das leibliche Wohl der Schiffsleute kümmerten. Neun Metzger, zwei Fischer und fünfzehn Bäcker trugen das Ihre dazu bei.

Alle Städte hatten ab dem ausgehenden 16. Jahrhundert mit einem Strukturwandel in der Wirtschaft zu kämpfen. Bis zu diesem Zeitpunkt hatte, folgend der traditionellen Aufgabenverteilung einer ständisch geordneten Gesellschaft, der Bauer die Rohstoffe zu produzieren und diese auf den gefreiten Märkten zu verkaufen. Im Gegenzug versorgte sich die ländliche Bevölkerung mit den in städtischen Zunftbetrieben hergestellten Fertigprodukten. Ab dem 16. Jahrhundert begannen sich in den Hofmarken weitere Spezialhandwerkszweige anzusiedeln, die nun neben die vier in Dörfern zugelassenen Gewerbe - Wirt, Schmied, Müller und Bader - traten. Notwendig war dies geworden, um den kleinbäuerlichen Sölden[12] eine wirtschaftliche Existenz zu schaffen. 1616 wurde diese Entwicklung durch eine Polizeiordnung legalisiert. Der drastische Bevölkerungsrückgang durch den Dreißigjährigen Krieg ließ nicht nur weite Landstriche verwaisen, in den Städten wirkte er sich verschlechternd auf den Umsatz der Gewerbe und Handwerke aus, was zu einer Schließung der Zünfte führte, da *alle handtwerckher zu fast ybersezt seindt*. Die Kriege des 18. Jahrhunderts verhinderten eine Verbesserung der Situation. Weitere markante Einschnitte verursachte die zentralistisch orientierte Politik der Landesfürsten. Der erste, von den betroffenen Städten nur schwer zu verkraftende Schlag war die Verstaatlichung des Salzhandels 1587. Der zweite betraf das Bier: Gründung von herzoglichen Brauhäusern, Bierzwang und die Einführung des Weißbiermonopols schmälerten deutlich die Einnahmen eines der wichtigsten städtischen Gewerbezweige, der Brauer und der selbst brauenden Wirte.

Trotz Funktionsarmut und geringer Außenwirkung mussten die Städte und Märkte der Region an Salzach, Inn, Isar und Donau nicht unbeträchtliche Steuersummen nach München abliefern: Die erhaltenen Zahlen für das Jahr 1736 belegen dies: Wasserburg steht an der Spitze mit 1000 fl., gefolgt von Braunau mit 917 fl., Schärding mit 604 fl., Deggendorf mit 541 fl., Neuötting mit 522 fl. und Burghausen mit 500 fl.[13] Sie führten darüber häufig Klage, da die der Stadt verbleibende Summe kaum mehr zur Durchführung der notwendigsten Aufgaben reichte. Zwangsanleihen und Steuern leerten die Kassen der Städte, die unter einer ständigen Überschuldung litten. Der Markt Trostberg[14] etwa musste neben der jährlichen Steuerleistung von 166 fl. 1721 und 1741 2000 fl. Anleihe zusätzlich aufbringen. Die Betrag wurde zwar reduziert, war aber nur durch Kredit aufzubringen. 1789 hatten alle im Markt Kredit gewährenden Institutionen Ausstände in der Höhe von 50 897 fl.

Herdstättenverzeichnisse und Steuerlisten schärfen auch den Blick auf die soziale Struktur der Städte. Denn Stadtbewohner ist nicht gleich Stadtbewohner. Neben den Stadtbewohnern mit vollem Bürgerrecht gab es zahlreiche, die keinen Anteil an den bürgerlichen Rechten, aber auch Pflichten besaßen, obwohl sie nicht unbedingt zu den städtischen Unterschichten zu rechnen waren. Über den Grad der Teilhabe am „bürgerlichen" Leben entschied nicht so sehr das Vermögen, sondern Herkunft, Geschlecht und Tradition. Die statistischen Erhebungen in Straubing, 1798 durchgeführt, führten 451 Bürger, 88 Bürgerswitwen, 151 bürgerliche Beisitzer und 115 unbürgerliche Beisitzer an.

Die „offizielle" gesellschaftliche Rangordnung spiegelte sich in den vom Landesherrn erlassenen Kleiderordnungen. Die Polizeiordnung von 1578 teilte die Gesamtbevölkerung in sieben Rangklassen ein, auf die städtische Bürgerschaft entfielen davon drei: An der Spitze standen die Geschlechter der Hauptstädte München, Landshut, Straubing, Ingolstadt sowie die Bürgermeister von Burghausen. Der Rang darunter wurde von den Kauf- und Gewerbeleuten und Bürgern mit Sitz im Rat oder bei Gericht eingenommen. Die unterste städtische Bevölkerungsschicht umfasste die Bürger und Handwerker, die Krämer und alle, die weder Handelsleute noch Mitglieder der Geschlechterfamilien waren. Die städtischen Unterschichten - die Dienstboten, die „Unehrlichkeit", die „Stadtarmut" und die Beisitzer, die nur über ein eingeschränktes Bürgerrecht verfügten - wurden in der Ordnung nicht einmal erwähnt.

Das Problem der städtischen Unterschichten war eng mit dem der Zuwanderung aus ländlichen Gebieten in die Städte und Märkte verknüpft. Die Abwanderer rekrutierten sich aus der Masse der „nachgeborenen Söhne und Töchter", die in den Städten und Märkten ein Unterkommen in ihrem ursprünglichen Tätigkeitsbereich suchten oder Arbeitsplätze in den nebengewerblichen und unterhandwerklichen Berufsgruppen fanden, etwa als Torhüter, Nachtwächter, Transportarbeiter usw. Manchen gelang es, in der zweiten oder dritten Generation auch in das zünftische Gewerbe vorzudringen. Die Landesordnung von 1616 versuchte durch restriktivere Maßnahmen diesem Trend gegen zu steuern: Heiratserschwernisse für Tagelöhner wurden verlangt, die betreffenden Personen sollten ledig bleiben und sich als Dienstboten verdingen. Das löste allerdings kaum das Problem der Armut in den Städten. Die erhaltenen Almosenlisten liefern ein beredtes Bild der von Hilfe abhängigen, arbeitsunfähigen, kranken und alten Menschen.

Nicht erzählen sie uns aber von der Gruppe derer, die Zeit ihres Lebens an der Armutsgrenze lebten. Und sie verschweigen auch die großen Gruppen derer, die übers Land zogen und sich mit Betteln und/oder Kriminalität ein Überleben sicherten, denen es nicht gelungen war, eine Lizenzierung als „hauseigener" Bettler zu erhalten. Sie kamen aus dem Tagwerker- und Gelegenheitsarbeitermilieu, aus dem Landhandwerk, das keine zünftische Organisation und damit Hilfe in Notzeiten kannte, waren Handwerkergesellen, die auf der Walz ins Bettlermilieu abgerutscht waren, sie waren Dienstboten, die keinen Arbeitgeber fanden, sie waren Kinder aus Unterschichtenfamilien, die auf die Straße geschickt wurden. Sie mag es wenig getröstet haben, wenn die Prediger von den Kanzeln die Bürger zur Barmherzigkeit mahnten und die Bettler zum geduldigen Ertragen ihres Loses aufforderten: *„Wo seyd ihr Arme / Verlassne / Verschimpffte / Bedrängte diser Erden? Die ihr jedermann müst abgeben gleichsam einen Fuß-Hader und Kehr-Koth dieser Welt ... seyd getröst ... es wird eine Zeit kommen / daß ihr unter denen Kinderen Gottes werdet euer Looß haben ..."*[15]

Anmerkungen

1 Zitiert nach Joseph Hazzi, Statistische Aufschlüsse über das Herzogthum Bayern Gericht Vilshofen, in: Vilshofener Jahrbuch 8 (2000) S. 39-58.

2 Grundlegend für die folgenden Erörterungen sind die Forschungen Störmers 1983 und 1999 sowie Hoffmanns 1999.

3 Vergleiche dazu die Thesen Karl Bosls 1969 zur Städtetypologie in Bayern.

4 Zahlen nach Störmer 1981, S. 238.

5 Hoffmann 1999, S. 84 ff. Vgl. auch den Beitrag von Schuster hier in diesem Band.

6 Zum Amt des Rentmeisters vgl. Rankl 1997.

7 Martin Wildgruber, Rentmeister-Umritte, in: Heimat am Inn 13 (1993) S. 29-45.

8 Barbara Heller, Händler auf der St. Sebastiani- und der Osterdult zu Ebersberg 1691/92 und 1724-1731, in: Bayerisches Jahrbuch für Volkskunde (1968) S. 85-102.

9 Die komplette Auflistung bei Wormer 1987, S. 90.

10 Fragner sind Kleinhändler mit Lebensmitteln.

11 Otto-Karl Tröger, Die Steuerzahler der Stadt Schärding im Jahre 1628, in: Blätter des Bayerischen Landesvereins für Familienkunde 53 (1990) S. 71-77.

12 Sölden waren die kleinsten bäuerlichen Anwesen. Sie verfügten über nur wenig Ackerland, das kaum ausreichte, um den Eigenbedarf zu decken und die Abgaben zu leisten. Zumeist musste daher neben der Landwirtschaft ein gewerblicher Beruf ausgeübt werden, und man verdingte sich als Dienstbote bzw. Tagwerker.

13 Die Zahlen nach Störmer 1981, S. 262.

14 Hoffmann 1999, S. 105.

15 Clemens von Burghausen, zitiert nach Elfriede Moser-Rath, Dem Kirchenvolk die Leviten gelesen. Alltag im Spiegel süddeutscher Barockpredigten, Stuttgart 1991, S. 94.

Literatur

Bosl, Karl: Typen der Stadt in Bayern. Der soziale und wirtschaftliche Aufstieg der Städte und des Bürgertums in bayerischen Landen, in: Zeitschrift für bayerische Landesgeschichte 32 (1969) S. 1-25

Hoffmann, Carl A.: Territorialstadt und landesherrliche Politik in Altbayern. Aspekte des Verhältnisses in der Frühen Neuzeit, in: Flachenecker, Helmut - Kießling, Rolf (Hrsg.): Städtelandschaften in Altbayern, Franken und Schwaben. Studien zum Phänomen der Kleinstädte während des Spätmittelalters und der Frühen Neuzeit, München 1999, S. 81-112

Rankl, Helmut: Der bayerische Rentmeister in der frühen Neuzeit. Generalkontrolleur der Finanzen und Justiz, Mittler zwischen Fürst und Bevölkerung, Promotor der „baierischen Libertät", in: Zeitschrift für bayerische Landesgeschichte 60 (1997) S. 617-648

Schremmer, Eckart: Die Wirtschaft Bayerns. Vom hohen Mittelalter bis zum Beginn der Industrialisierung. Bergbau Gewerbe Handel, München 1970

Störmer, Wilhelm: Wirtschaft und Bürgertum in den altbayerischen Städten unter dem zunehmenden absolutistischen Einfluß des Landesfürsten, in: Rausch, Wilhelm (Hrsg.): Die Städte Mitteleuropas im 17. und 18. Jahrhundert (Beiträge zur Geschichte der Städte Mitteleuropas V), Linz 1981, S. 237-266

Ders.: Zur Bedeutung altbayerischer Städte im Spätmittelalter, in: Verhandlungen des historischen Vereins für Niederbayern 109 (1983) S. 113-133

Ders.: Kleinere Städte und Märkte im mittelalterlichen Altbayern südlich der Donau, in: Flachenecker, Helmut - Kießling, Rolf (Hrsg.): Städtelandschaften in Altbayern, Franken und Schwaben. Studien zum Phänomen der Kleinstädte während des Spätmittelalters und der Frühen Neuzeit, München 1999, S. 39-80

Wormer, Eberhard: Die Bewohner der bayerischen Landstadt im 18. Jahrhundert. Nach dem Herdstättenverzeichnis des Jahres 1717 für die Städte Burghausen, Wasserburg und Weilheim, München 1987

Walter Schuster

Städtische Verfassung und Verwaltung

Die Entstehung von städtischen Siedlungen bewirkte im Mittelalter eine Modernisierung von Verfassung und Gesellschaft. Auf dem Stadtgebiet galten Frieden (der vom Stadtherrn und von der Bürgergemeinde garantiert wurde), die Freiheit und Gleichheit aller Bürger (das Bürgerrecht besaß freilich nur die städtische Oberschicht, die über Hausbesitz verfügte), eine Stadtverfassung auf gemeindlich-genossenschaftlicher Grundlage, Leitungsbefugnisse eines Kollektivorgans (Stadtrat), ein rationales Recht sowie ein differenziertes Wirtschafts- und Verwaltungssystem.[1]

Noch um 1200 war das Herzogtum Bayern ein städtearmes Gebiet. In einer Zeit, in der geschlossene Territorialstaaten unter einem starken Landesherrn erst in Ausbildung begriffen waren, war der Besitz einer städtischen Ansiedlung für den jeweiligen Stadtherrn, der als Schutz- und Gerichtsherr fungierte, in mehrfacher Hinsicht wertvoll: erstens wegen der Verfügungsgewalt über einen militärischen Stützpunkt, zweitens wegen der Funktion als Verwaltungsmittelpunkt und drittens wegen der wirtschaftlichen Bedeutung, etwa hinsichtlich der Einnahmen aus Maut, Zoll, Steuern und Gericht sowie als Markt für Waren des täglichen Bedarfs (Wochenmarkt) und für Luxusgüter (Jahrmarkt). Die wirtschaftliche Potenz von Städten oder einzelnen Bürgern machte sie zudem als Geldgeber für den Stadtherrn attraktiv.[2]

In der Region an Inn und Salzach, der eine strategische Bedeutung im Mächtedreieck zwischen Bayern, dem Erzbistum Salzburg und Österreich zukam, konnten sich vor allem die bayerischen Herzöge als Gründer und Förderer städtischer Siedlungen profilieren: Burghausen, ursprünglich Königsgut, gelangte 1180 aus dem Besitz der Grafen von Burghausen an die Wittelsbacher, die Landesherren geworden waren. Auch Braunau befand sich vorerst im Eigentum der römisch-deutschen Herrscher und diente als Sitz von Reichsministerialen, also königlichen Amtsträgern. Doch bereits Mitte und Ende des 12. Jahrhunderts war die Macht des Königs rund um die ehemalige Königspfalz Ranshofen so im Schwinden begriffen, dass die bayerischen Herzöge aus der Familie der Welfen und die

Abb. 1   *Stadt Burghausen. Ausschnitt aus Michael Wening, Historico Topographica Descriptio Teil 2, München 1721*

ihnen nachfolgenden Wittelsbacher über das Reichsgut verfügen und die Dienstmannen des Reiches zu den ihren machen konnten. Schärding, ursprünglich den Grafen von Formbach und nach deren Aussterben jenen von Andechs-Meranien zugehörig, war in der ersten Hälfte des 13. Jahrhunderts zwischen Wittelsbachern und Babenbergern umstritten, ehe der Ort 1248 endgültig an die bayerischen Herzöge gelangte. Die Stadt Mühldorf am Inn hingegen gehörte – wie die Salzachstädte Laufen und Tittmoning – dem Erzbischof von Salzburg. Sie stellte den Mittelpunkt der erzbischöflichen Besitzungen am Inn dar und blieb bis 1802 eine Salzburger Enklave im bayerischen Territorium.[3]

Die militärische Bedeutung von Siedlungen lässt sich auch an der Entwicklung der genannten Orte nachvollziehen: Bereits in der ersten Hälfte des 11. Jahrhunderts existierte die Burg zu Burghausen. Auch der Ursprung der Stadt Schärding ist auf eine Burgsiedlung des 12. und 13. Jahrhunderts zurückzuführen, die von den Wittelsbachern noch im Mittelalter zur Festungsstadt ausgebaut wurde. Braunaus strategische Bedeutung lag in der Situierung zwischen den Innstädten Mühldorf (im Besitz des Erzbischofs von Salzburg) und Obernberg (gehörte dem Bischof von Passau). Der bayerische Herzog veranlasste in der

Mitte des 13. Jahrhunderts den Ausbau zur befestigten Stadt, in die Gericht, Zoll und Verwaltung aus der alten Pfalz Ranshofen verlegt wurden. Mühldorf am Inn muss schon in der ersten Hälfte des 13. Jahrhunderts über eine Stadtmauer, in jedem Fall aber über Gräben und Palisaden verfügt haben. 1322 war die erzbischöfliche Stadt Schauplatz der Schlacht um den römisch-deutschen Königsthron zwischen dem Wittelsbacher Ludwig dem Baiern und dem Habsburger Friedrich dem Schönen.[4]

Mit Burghausen waren bereits in der ersten Hälfte des 13. Jahrhunderts eine Maut, eine Salzniederlage (d. h. Händler mussten hier das herangeführte Salz zum Verkauf anbieten) sowie ein Markt verbunden. In der Folge konnten sich Bürger von Burghausen als Salzhändler durchsetzen, indem sie das Salz in Hallein kauften und auf der Salzach über Laufen nach Burghausen transportieren ließen. Salzhandel und Salzschifffahrt stellten bis Ende des 16. Jahrhunderts eine Haupteinnahmequelle dar, bis Herzog Wilhelm V. das städtische Salzmonopol in ein herzogliches umwandelte. Die wirtschaftliche Bedeutung von Schärding lag in der Funktion als Markt, als Niederlage und Umschlagplatz für das Salz aus dem bayerischen Reichenhall, dem Salzburger Hallein und dem berchtesgadischen Schellenberg, in der Innschifffahrt sowie in der

Abb. 2   *Braunau am Inn. Ausschnitt aus Michael Wening, Historico Topographica Descriptio Teil 2, München 1721*

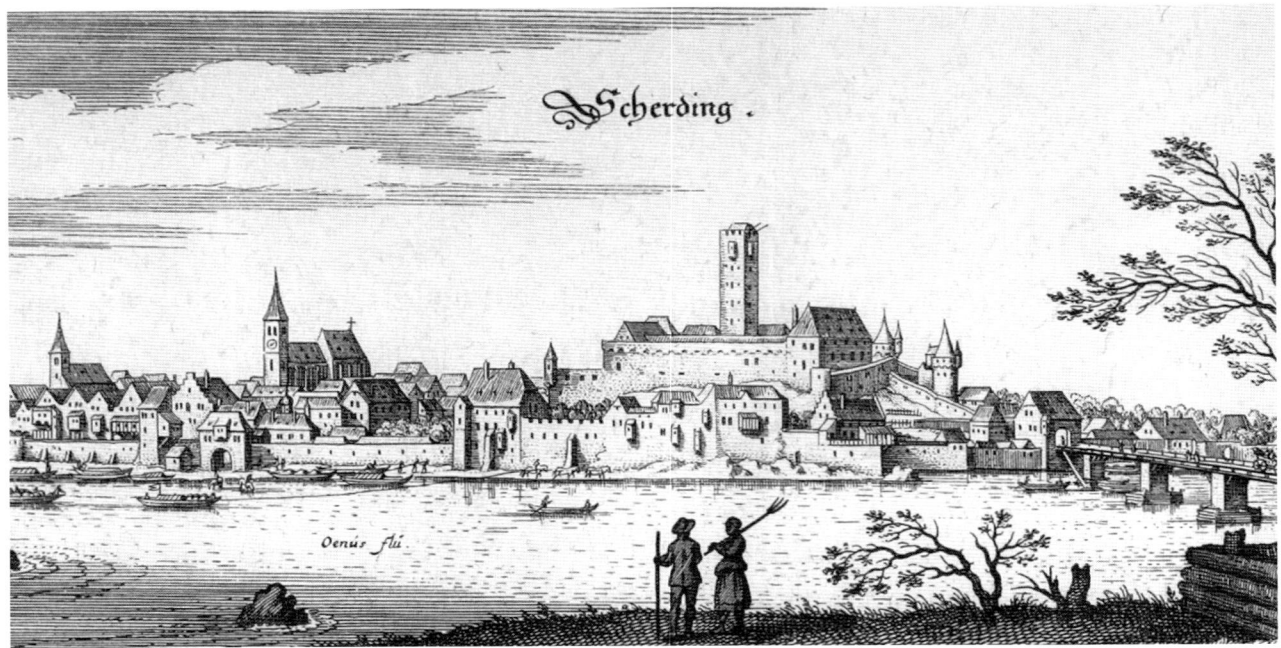

Abb. 3 *Schärding. Ausschnitt aus Matthäus Merian, Topographia Bavariae 1644. Die auf dem Bild dominierende Burg wurde im 18. und 19. Jahrhundert durch Brände zerstört*

Tuch- und Leinenerzeugung. Braunau entwickelte sich im 13. und 14. Jahrhundert durch den Zoll an Brücke und Fluss, den Handel auf Inn und Salzach, im Besonderen von Salzhandel und Salzniederlage. Die Stadt konnte aber letztere Rechte nicht behaupten und erlangte dadurch für den Salzhandel nicht jene Wichtigkeit wie Burghausen oder Schärding. Die ökonomische Bedeutung von Mühldorf am Inn erkennt man daran, dass der Ort auf dem Fernhandelsweg zwischen Salzburg und Regensburg lag, über eine Maut verfügte und das Zentrum der Kornkammer des Erzstiftes darstellte. Zudem war er schon um 1190 mit einem Salzniederlagsrecht privilegiert. 1367 fand als erste Zunft jene der Kaufleute Erwähnung.[5]

Die Existenz einer Brücke war wohl gleichermaßen aus militärischen und ökonomischen Gründen wichtig: Die Mühldorfer Innbrücke wird in den Quellen bereits im Jahr 1177 erwähnt, die Braunauer 1260, jene von Schärding etwa 1310 und die Salzachbrücke zu Burghausen 1272.[6]

Zu den frühesten Stadtentwicklungen an Inn und Salzach zählte Burghausen. Bereits 1130 als Stadt („urbs") bezeichnet, tauchen Burghausener Bürger schon im 12. Jahrhundert in den Quellen auf. Relativ früh - um 1200 - begegnen uns auch im salzburgischen Besitz Mühldorf am Inn Bürger („urbani"); die Stadt („civitas") wurde spätestens 1239 als solche

bezeichnet. Die Entwicklung Braunaus von einer dörflichen Siedlung zur Stadt kam hingegen erst 1260 in Gang, als Herzog Heinrich XIII. von Niederbayern die umliegende Bevölkerung veranlasste, in den Ort zu ziehen und den Bewohnern Grund und Boden zu Burgrecht überließ. Dementsprechend spät, nämlich erstmals 1276, wurden Braunauer Bürger („cives") urkundlich erwähnt.[7]

Förmliche Stadtrechtsverleihungen durch den Landesherrn zeugten im Mittelalter weder von der Entstehung oder dem Alter einer Kommune, noch waren sie für die Existenz einer Stadt überhaupt notwendig. So ist die Herausbildung einer Stadtverfassung eher als länger dauernder Prozess zu verstehen, der im 12. und 13. Jahrhundert begann und im 16. Jahrhundert mit der Ausformung komplexerer Verwaltungsstrukturen einen ersten Höhepunkt erreichte. Der Sinn eines geschriebenen oder ungeschriebenen städtischen Rechts lag darin, rechtliche Bestimmungen für die Kommune zu definieren, die das herkömmliche Landrecht ablösten oder ergänzten. Schriftliche Fixierungen von Stadtrechten existieren für Burghausen (1307), für Braunau (1335, nach dem Muster von Burghausen) sowie für Mühldorf (1343–1365). Für Schärding, dessen Stadtrechtsurkunde von 1316 nur in einer Abschrift aus dem Ende des 17. Jahrhunderts erhalten ist, galt als Vorbild das Stadtrecht von Neuötting, das wiederum

Abb. 4 *Mühldorf. Aus Matthäus Merian, Topographia Bavariae 1644*

demselben Rechtskreis wie Burghausen und Braunau zuzurechnen war. Den wechselnden Herrschaftsverhältnissen zuzuschreiben ist der Umstand, dass Schärding außer der Stadtrechtsurkunde der niederbayerischen Herzöge aus dem Hause Wittelsbach von 1316 auch über eine des Habsburgers Rudolfs IV. des Stifters von 1364 verfügte. Sichtbare Beweise der Existenz und hoheitlichen Tätigkeit eines Gemeinwesens stellten die Siegel der Bürgergemeinde dar, wie sie von Burghausen (ca. 1290), Mühldorf (1298), Braunau (1331) und Schärding (1386) erstmals überliefert sind.[8]

Die Entwicklung einer städtischen Selbstverwaltung setzte im 13. und 14. Jahrhundert ein. Ursprünglich wurde das Gemeinwesen von den Vertretern des Stadtherrn dominiert. Diese waren vorerst allein für die Verwaltung und Rechtsprechung in der Kommune zuständig. In Burghausen, Braunau, Schärding und Mühldorf fungierten lange Zeit die Stadtrichter als Amtsträger des Stadtherrn. Erst ab 1581 war in Burghausen der Stadtrichter städtischer Beamter. Als Sitz des Viztums, der als Stellvertreter des Herzogs in einem Landesteil fungierte, wurde Burghausen 1399 eine der Hauptstädte des Herzogtums Bayern. Auf der Braunauer Burg saß im 13. Jahrhundert ein herzoglicher Pfleger, der Gerichtsrechte ausübte und die Gewalt des städtischen Rates noch im 16. Jahrhundert eng begrenzte. Der Schärdinger Burg wiederum

stand im 14. Jahrhundert ein herzoglicher Burggraf vor. Auch der Salzburger Erzbischof setzte in Mühldorf ab dem 13. Jahrhundert Vertreter zur Ausübung seiner Hoheitsrechte ein, die später allgemein als Pfleger bezeichnet wurden. Gerade dieser stadtherrliche Vertreter war um 1330 eine Triebfeder im vergeblichen Bestreben Mühldorfs, sich aus der Herrschaft des Erzbischofs zu lösen und freie Reichsstadt zu werden. 1514–1519 und 1571–1582 diente Mühldorf als erzbischöfliche Residenz.[9]

Der Stadtrat galt als Symbol der städtischen Autonomie. Der Ursprung des bürgerlichen Stadtregiments lag in der Mitwirkung von Bürgern als Beisitzer und Urteilsfinder im Gericht des Stadtherrn begründet. Der Stadtrat von Burghausen, der so genannte „Rat der Zwölf", lässt sich bis in die erste Hälfte des 13. Jahrhunderts zurückverfolgen. Seine Mitglieder rekrutierten sich aus den herzoglichen Dienstmannen und den reichen Handelsherren. Als Vertretung der Bürgerschaft wirkte der Rat 1307 an der schriftlichen Fixierung des Stadtrechts mit. Zudem hatte er auf das Stadtgericht, dem der herzogliche Richter vorstand, Einfluss. Gemeinsam mit dem Richter kontrollierte der Rat Güte und Preis der Handwerkserzeugnisse. Im Jahr 1387 erteilte der Landesfürst dem Rat das Recht, die Niedergerichtsbarkeit in der Stadt auszuüben, die freilich nur auf Bürger und Inwohner beschränkt war und nicht für Adelige und Prälaten sowie deren Dienst-boten galt. Zu dem Rat der Zwölf, auch innerer Rat ge-nannt, kam Anfang des 16. Jahrhunderts ein äußerer Rat, bestehend aus sechzehn, später aus zwölf Mitglie-dern, hinzu. Diese entstammten den Handwerkerkrei-sen des Kleinbürgertums. 1581 übergab Herzog Wil-helm V. dem Rat die Blutgerichtsbarkeit, die davor dem Viztum als herzoglichem Amtsträger vorbehalten war. Damit fielen auch schwere Delikte wie Totschlag, Ver-gewaltigung und Diebstahl in die Kompetenz des städtischen Gerichts. Nach der Ratswahlordnung von 1528 gab es zwei Bürgermeister, die jeweils ein halbes Jahr amtierten. 1581 ist sogar von vier Bürgermeistern die Rede, die jeweils ein Vierteljahr ihre Funktion aus-übten.[10]

Im Jahr 1329 erhielt die Braunauer Bürgerschaft vom Landesherrn das Recht, selbstständig Steuern einzuheben, wofür die Existenz einer Stadtvertretung Voraussetzung war. Ab 1347 verfügte die Stadt Brau-nau, für die das Stadtrecht von Burghausen als Vorbild galt, auch offiziell über einen Rat. Um 1400 galt der Kämmerer, zuständig für die städtischen Finanzen, als Erster des Rates. 1511 existierten auch in Braunau ein innerer und ein äußerer Rat mit je zwölf Mitgliedern. Zudem gab es auch hier zwei Bürgermeister, die jeweils ein halbes Jahr ihre Funktion ausübten. Die Macht des Braunauer Rates war wesentlich geringer als jene des Rates von Burghausen: In Braunau konnte der Rat ohne Mitwirkung des landesfürstlichen Pflegers oder Richters lediglich Vergehen der Bürger gegen die Marktordnung bestrafen, somit nur dort allein han-deln, wo bürgerliche Satzungen und Ordnungen von Bürgern, Inwohnern und Dienstboten übertreten wor-den waren. Auch besaß die Stadt kein Recht, über Ausländer zu richten; dieses stand nur dem herzogli-chen Pfleger zu. Erst 1636 verlieh der Landesherr der Stadt Braunau die niedere Gerichtsbarkeit, also rund 250 Jahre später als Burghausen. Der „regulierte Magis-trat" von 1788 bestand aus einem Bürgermeister und drei Ratsherren, von denen einer als rechtskundiger Syndikus fungierte.[11]

Auch Schärding verfügte bereits im 14. Jahrhundert über einen Rat der Zwölf. Im 16. Jahrhundert wurde die bekannte Differenzierung in einen inneren und äußeren Rat mit jeweils sechs Ratsherren vorgenom-men. Eine Übertragung des Stadtgerichtes an die Stadt sowie die Exemtion von der Jurisdiktion des landes-fürstlichen Pflegers erfolgten in Schärding in der ersten Hälfte des 17. Jahrhunderts. Wie in Braunau stellte

auch in Schärding das Amt des Kämmerers schon im 15. Jahrhundert eine Schlüsselposition im Rat dar und bedeutete quasi die Funktion eines Bürgermeisters. Im 16. Jahrhundert wurde der Bürgermeister auch als solcher bezeichnet. 1780–1809 führte er den Titel Stadtrichter. Eine Folge der Abtretung des Innviertels durch Bayern im Jahr 1779 bestand für Braunau und Schärding in der Einführung der österreichischen Magistratsverfassung mit einem Bürgermeister und bürgerlichen Räten an der Spitze.[12]

Der neuzeitliche Zentralismus kündigte sich schon in der ersten Hälfte des 16. Jahrhunderts an, als in Ratswahlordnungen für Burghausen und Braunau fest-gelegt wurde, dass der Landesherr das Recht habe, ge-wählte Ratsmitglieder abzulehnen und ihm genehme Personen in den städtischen Rat zu entsenden.[13]

Die Existenz eines Rates in Mühldorf lässt sich für 1356 nachweisen. Seine Größe war bis in die frühe Neuzeit mit acht Mitgliedern festgelegt. Später gab es elf Ratsherren, von denen drei dem inneren und acht dem äußeren Rat angehörten. Der Ursprung des Bür-germeisteramtes lag auch in Mühldorf in der Funktion eines Kämmerers begründet, der gemeinsam mit dem Vizekämmerer und dem inneren Rat den Magistrat als das eigentliche beschließende Gremium bildete. Schließlich verfügte Mühldorf über zwei Bürgermeis-ter, die sich während des Jahres in ihrer Funktion ab-wechselten. Die Bedeutung dieses obersten Repräsen-tanten war aber offensichtlich sehr begrenzt. Trotz des Mitwirkungsrechtes des Rates verblieb das Stadt-gericht als Niedergericht in der Obhut des vom Salz-burger Stadtherrn eingesetzten Stadtrichters bzw. Pflegers.[14]

Die Einwohnerzahl der Städte Burghausen, Brau-nau, Schärding und Mühldorf belief sich im späten Mittelalter und in der frühen Neuzeit auf jeweils 1000 bis 3000 Einwohner, was der Größe von Kleinstädten bzw. kleinen Mittelstädten entsprach. Die hoheitlichen und administrativen Aufgaben in einer Kommune wie Einhebung von Steuern, Erlassung und Kontrolle städ-tischer Vorschriften, Gerichtsbarkeit sowie die Sorge für Schule und Bürgerspital erforderten zunehmend geschultes Verwaltungspersonal. Als ältestes Organ der städtischen Verwaltung begegnet uns in Braunau 1341 ein Stadtschreiber. In der zweiten Hälfte des 18. Jahr-hunderts entwickelte sich aus der Funktion des Schrei-bers das Amt des Syndikus, der über eine juristische Ausbildung verfügen musste. Der Stadtschreiber von Schärding hatte bereits in der ersten Hälfte des 17. Jahrhunderts - nach der Übernahme des Stadtgerichts durch die Kommune - rechtskundig zu sein.[15]

Die Städte in der Grenzregion wurden durch den direkten Einbezug in Kampfhandlungen oder durch Quartierlasten für Truppen, vor allem seit dem Dreißigjährigen Krieg, ökonomisch schwer getroffen. Nach der Abtretung des Innviertels an die Habsburgermonarchie im Jahr 1779 bzw. endgültig 1816 verloren die ehemaligen bayerischen Städte Braunau und Schärding, die nun unmittelbar an der Grenze lagen, - auch wegen dem Rückgang der Schifffahrt - weiter an Bedeutung. Aber auch für Burghausen setzte durch den Verlust des Hinterlandes ein wirtschaftlicher Niedergang ein, der erst Ende des 19. Jahrhunderts mit dem Bahnanschluss gestoppt wurde.[16]

Anmerkungen

1 Eberhard Isenmann, Die deutsche Stadt im Spätmittelalter: 1250-1500. Stadtgestalt, Recht, Stadtregiment, Kirche, Gesellschaft, Wirtschaft, Stuttgart 1988, S. 74, 84 u. 93 f.; - Karl Bosl, Die bayerische Stadt in Mittelalter und Neuzeit. Altbayern - Franken - Schwaben, Regensburg 1988, S. 12 f.; - Herbert Knittler, Die europäische Stadt in der frühen Neuzeit. Institutionen, Strukturen, Entwicklungen (Querschnitte 4), Wien 2000, S. 123; - Heinz Schilling, Stadt und frühmoderner Territorialstaat: Stadtrepublik versus Fürstensouveränität. Die politische Kultur des deutschen Stadtbürgertums in der Konfrontation mit dem frühmodernen Staatsprinzip, in: Michael Stolleis (Hrsg.), Recht, Verfassung und Verwaltung in der frühneuzeitlichen Stadt, Köln/Wien 1991, S. 24.

2 Wilhelm Volkert, Staat und Gesellschaft. Erster Teil: Bis 1500, in: Max Spindler (Hrsg.), Handbuch der bayerischen Geschichte 2, München 1966, S. 518; - Wilhelm Störmer, Zur Bedeutung altbayerischer Städte im Spätmittelalter, in: Verhandlungen des Historischen Vereins für Niederbayern 109 (1983) S. 114 f. u. 122.

3 Heinz Dopsch, Die Salzach-Inn-Städte. Ein Exkursionsführer, Linz 1978, S. 33 f., 41 u. 48; - Georg Franz-Willing, Burghausen: in: Erich Keyser u. Heinz Stoob (Hrsg.), Bayerisches Städtebuch 2, Stuttgart u. a. 1974, S. 117 u. 119; - Hans Gollwitzer u. Josef Federer, Mühldorf am Inn, in: ebd., S. 392; - Sebastian Hiereth, Geschichte der Stadt Braunau am Inn 2, Braunau 1973, S. 9; - Manfred Brandl, Braunau am Inn, in: Alfred Hoffmann (Hrsg.), Österreichisches Städtebuch 1: Oberösterreich, Wien 1968, S. 96; - Franz Engl, Schärding, in: ebd., S. 255; - Friederike Zaisberger, Die Städte der Salzburger Erzbischöfe. Übersicht und Vergleich. Eine Bestandsaufnahme, in: Franz-Heinz Hye (Hrsg.), Stadt und Kirche (Beiträge zur Geschichte der Städte Mitteleuropas 13), Linz 1995, S. 15; - Fritz Koller, Die innere Entwicklung, in: Heinz Dopsch (Hrsg.), Geschichte Salzburgs 1/1, Salzburg 1981, S. 608.

4 Dopsch 1978, S. 33 f.; - Engl 1968, S. 255; Gerlinde Egger, Die mittelalterliche Geschichte der Stadt Schärding mit Bezug

auf den Salzhandel, Geisteswiss. Diplomarbeit Salzburg 1998, S. 67-69; - Max Eitzlmayr, Die historische und wirtschaftliche Bedeutung der Innstädte Braunau und Schärding, in: Oberösterreich Kulturzeitschrift 34/1 (1984) S. 55; - Sebastian Hiereth, Geschichte der Stadt Braunau am Inn 1, Braunau 1960, S. 85; - Karin Schamberger, Aspekte der Wirtschaftsentwicklung der Stadt Braunau am Inn vom Mittelalter bis zum Übergang des Innviertels an Österreich 1779, Geisteswiss. Diss. Salzburg 2000, S. 34; - Helmuth Stahleder, Mühldorf am Inn. Die Landgerichte Neumarkt, Kraiburg und Mörmoosen und die Stadt Mühldorf (Historischer Atlas von Bayern Teil Altbayern 36), München 1976, S. 210; - Gollwitzer/Federer 1974, S. 392; - Heinz Wolf Schlaich, Art. Mühldorf, in: Karl Bosl (Hrsg.), Bayern (Handbuch der historischen Stätten 7), Stuttgart 1961, S. 435.

5 Dopsch 1978, S. 38 u. 51; - Franz-Willing 1974, S. 118 u. 120; - Schamberger 2000, S. 31 f.; - Hiereth 1973, S. 216; - Brandl 1968, S. 98; - Koller 1981, S. 613 f.; - Zaisberger 1995, S. 35; - Stahleder 1976, S. 211.

6 Stahleder 1976, S. 210; - Hiereth 1973, S. 10; - Engl 1968, S. 258; - Franz-Willing 1974, S. 119.

7 Volkert 1968, S. 518; - Dopsch 1978, S. 34; - Franz-Willing 1974, S. 117; - Hiereth 1960, S. 84 u. 1973, S. 209; - Brandl 1968, S. 96; - Schamberger 2000, S. 32 f.; - Stahleder 1976, S. 210.

8 Isenmann 1988, S. 78; - Franz-Willing 1974, S. 120; - Hiereth 1973, S. 17 u. 20-25; - Stahleder 1976, S. 211; - Gollwitzer/Federer 1974, S. 392; - Brandl 1968, S. 102; - Heinrich Ferihumer, Das Stadtrecht von Schärding, in: Festschrift 650 Jahre Stadt Schärding (10. Jahresbericht des Bundesgymnasiums Schärding), Schärding 1966, S. 4; - Volkert 1966, S. 527; - Egger 1998, S. 58 f. u. 65 f.; - Engl 1968, S. 260.

9 Franz-Willing 1974, S. 119; - Engl 1968, S. 259; - Hiereth 1973, S. 9 f., 19, 64 u. 76; - Schamberger 2000, S. 36 f.; - Stahleder 1976, S. 210 ff.; - Schlaich 1961, S. 435; - Gollwitzer/Federer 1974, S. 392.

10 Volkert 1966, S. 523 f.; - Franz-Willing 1974, S. 119; - Heinz Stoob, Burghausen, in: ders. (Hrsg.), Deutscher Städteatlas, Lieferung 2, Nr. 1, Münster 1979; - Hiereth 1973, S. 26, 28 u. 38 f.

11 Hiereth 1973, S. 14, 27 f., 76 u. 108; - Schamberger 2000, S. 42; - Brandl 1968, S. 100.

12 Herta Eberstaller, Fritz Eheim, Helmuth Feigl u. Othmar Hageneder (Hrsg.), Oberösterreichische Weistümer 4, Graz/Köln 1960, S. 83 ff.; - Ferihumer 1966, S. 9; - Engl 1968, S. 259; - Hiereth 1973, S. 106.

13 Vgl. Stoob 1979; - Hiereth 1973, S. 109-112.

14 Rudolf Angermeier, Mühldorf unter der Herrschaft der Salzburger Erzbischöfe, in: Reinhard Wanka u. Josef Steinbichler (Red.), Mühldorf. Stadt am Inn, 2. Aufl. Mühldorf 1995, S. 58; - Zaisberger 1995, S. 21 u. 35; - Stahleder 1976, S. 211; - Gollwitzer/Federer 1974, S. 392.

15 Brandl 1968, S. 98; - Engl 1968, S. 257 u. 259; - Stahleder 1976, S. 214; - Dopsch 1978, S. 39, 45 u. 52; - Hiereth 1973, S. 30 u. 107; - Schamberger 2000, S. 35.

16 Hiereth 1973, S. 259 f.; - Gollwitzer/Federer 1974, S. 392; - Engl 1968, S. 258; - Dopsch 1978, S. 44; - Franz-Willing 1974, S. 120; - Stoob 1979.

Martin Scheutz

Handwerksordnungen, Zunftzeichen und Lebenswelt des alten Handwerks am Inn

In der Darstellung des aus Sachsen stammenden Universallexikons von Johann Heinrich Zedler aus den 1730er und 1740er Jahren werden einzelne Orte des damaligen Oberbayern (bzw. des heutigen Innviertels) wie Schärding oder Braunau vor allem auf Grund ihrer Verteidigungsfunktion als „regulaire Festung und wohlgebaute Stadt" bzw. lediglich als „befestigt und mit einem Wall umgeben" wahrgenommen. Das Handwerk und Gewerbe dieser Städte spielte im Wahrnehmungshorizont der Zedlerschen Lexikonbeiträge abseits des militärischen Blickes offenbar keine nennenswerte Rolle. Das städtische Handwerk lag, so könnte man dies in die Gegenwart übersetzen, im Rahmen des für kleinere Städte erwartbaren Maßes an regionalem Handwerk, das für den täglichen Bedarf produzierte, und beanspruchte keine überregionale, für den Export bedeutsame Geltung. Auf rund 1000 Einwohner einer Stadt entfielen nach einer Schätzung für die frühe Neuzeit, die Zeit zwischen 1500 und 1800, durchschnittlich circa 60 bis 70 Handwerksbetriebe. Braunau wies etwa im Jahre 1600 ca. 3000 Einwohner auf, davon 186 Gewerbeinhaber im Nahrungsmittel-, Textil-/Leder-, Metall-, Bau- und Medizinalgewerbe. Als Standard kann man nach den Untersuchungen von Josef Schwarzlmüller in nahezu jeder oberösterreichischen Stadt der frühen Neuzeit Bäcker, Fleischhauer, Lederer, Müller, Schmiede, Schneider, Schuhmacher, Tischler oder Weber erwarten. Die Produkte der Handwerker sind als anonyme, für den Gebrauch bestimmte Arbeiten meist nicht überliefert, nur selten lassen sich, etwa im Kunstgewerbe, Meister und deren Arbeiten eindeutig fassen. So konnten der Schärdinger Maler Zacharias Gerhardinger 1659/60 bei der Neugestaltung des Schärdinger Schlosses als Fassa-

Abb. 1 *Ein reicher Tuchhändler mit Waage in seiner rechten Hand und Elle in der linken Hand und dem Geldbeutel am Gürtel, 15. Jahrhundert. Hannover, Niedersächsische Staatsbibliothek, Ms. IV 616: Jacobus de Cessolis, Schachbuch 1456*

Abb. 2 *Lederknecht im Goller (18. Jahrhundert). Salzburg, Museum Carolino Augusteum*

denmaler, die Schärdinger Tischler Jakob Negele, Paul Clauser und Gottfried Khinnberger als Mitgestalter der Säle und Zimmervertäfelungen oder der aus Neu-Bistritz/Nová Bystřice eingewanderte Schärdinger Schlosser Kaspar Spitzofner als Produzent der Tür- und Fensterbeschläge archivalisch nachgewiesen werden.

Das Handwerk der frühen Neuzeit wurde lange vorwiegend als eine Geschichte des Niederganges, des Verlustes „alter Zunftherrlichkeit", begriffen und mit Ausdrücken, die ein drohendes „Saisonende" ankündigen, wie etwa dem „Herbst des alten Handwerkes", bedacht. Der Niedergang der zünftisch geprägten Handwerkswelt, der Aufstieg der nicht mehr an den Zunftzwang gebundenen Manufakturen, die Entstehung des Verlagswesens und die in der Habsburgermonarchie mit einigem Rückstand einsetzende industrielle Revolution wurden in diesem Zusammenhang als Indikatoren des handwerklichen Verfalls im 19. Jahrhundert genannt. Dennoch ist gerade die Epoche der frühen Neuzeit, deutlicher noch als das Mittelalter, durch das beträchtliche Anwachsen des Zunft- und handwerklich geprägten Bruderschaftswesens gekennzeichnet. Das Gros der in den Markt-, Stadt- und Landes- bzw. den einzelnen Zunftarchiven überlieferten Handwerksordnungen stammt aus dem 17. und 18. Jahrhundert, wobei der Landesfürst die Zunftgesetzgebung immer stärker an sich zog (wichtig vor allem die im Wesentlichen 1672 schon fertiggestellte, aber erst 1731/32 erlassene Generalhandwerksordnung für das gesamte Reich). Obwohl wirtschaftlich nur mehr bedingt florierend, erlangten die Handwerkszünfte vor allem in der frühneuzeitlichen Lebenswelt der Menschen große Bedeutung. Die Gewerbeordnung von 1859 setzte zwar die alte Zunftverfassung außer Kraft, schuf aber mit der verpflichtenden Mitgliedschaft bei den Innungen Organisationsformen, die noch deutlich an das „alte" Handwerk erinnerten.

Die Lebenswelt des alten Handwerks prägte die Lebenswelt der spätmittelalterlichen und frühneuzeitlichen Städte und Märkte deutlich mit: Die prächtig ausgestalteten Fronleichnamsprozessionen waren optisch ohne die Beteiligung des Handwerks mit seinen Zunftstangen und -fahnen kaum denkbar, das Handwerk prägte wesentlich auch die frühneuzeitliche Wirtshaus- und Trinkkultur, wandernde Handwerksgesellen bestimmten das Bild der frühneuzeitlichen Straße mit. Auch die vom Handwerk getragene Alters-, Witwen- oder Krankenversorgung spielte sozialge-

Abb. 3 *Papiermacher bei der Arbeit: Die verschiedenen Arbeitsschritte (Lumpenstampfen, Schöpfen des Papiers, Gautschen, Glätten) werden parallel dargestellt. Elias Porcelius, Curiöser Spiegel, Nürnberg 1689*

schichtlich eine große Rolle. Das Verhältnis von städtischer Verwaltung und Handwerk blieb eng: Zahlreiche städtische Ämter beschäftigten sich mit der Qualitätskontrolle handwerklicher Produkte, die Brotbeschauer kontrollierten das „rechte" Gewicht der Backwaren – das Brotgewicht war direkt vom Getreidepreis abhängig. Die Fleischbeschauer überwachten den Preis des „ausgehackten" Fleisches, die Feuerbeschauer begutachteten die Kehrleistungen der Rauchfangkehrer usw.

Im ganzen süddeutschen-österreichischen Raum ist die Zunftbezeichnung „Handwerk" oder „Zeche" verbreitet, wobei Zeche darauf hinweist, dass Handwerksverbände im Spätmittelalter häufig die Form mittelalterlicher Bruderschaften annahmen und sich neben dem Handwerk auch dem gesellschaftlichen Leben sowie der Pflege des Totengedächtnisses und dem Gottesdienst widmeten. Die Zünfte waren eigenständige Selbstverwaltungskörper innerhalb der Stadt oder des Marktes und übten in Handwerksangelegenheiten eine eigene Gerichtsbarkeit aus. Mittels der seit dem

14. Jahrhundert verstärkt verschriftlichten und von der Obrigkeit genehmigten Handwerksordnungen versuchte man innerhalb der Zunft ein einheitliches Handwerksrecht festzulegen. Die Gründung einer Zunft ging in der Regel vom Handwerk selbst aus und hängt eng mit dem ständisch-korporativen Selbstverständnis des Spätmittelalters und der frühen Neuzeit zusammen. Die Mitgliedschaft in einer Zunft sollte den Mitgliedern vor allem besseren Rechtsschutz, einheitliche Zugangsregeln zum Handwerk, Qualitätskontrolle der hergestellten Produkte, Gewerbeaufsicht, interne Wettbewerbsregelungen und eine ausreichende gemeinsame wirtschaftliche Basis sichern. Die Bildung der Zünfte wurde vor allem in der Gegenreformation von der Obrigkeit intensiviert, die in den Zünften ein Mittel zur Rekatholisierung der vielfach protestantisch gewordenen Bürger sah. Die zuerst von der städtischen Obrigkeit, im Lauf des 17. und 18. Jahrhunderts verstärkt vom Landesfürsten erlassenen, schriftlichen Handwerksordnungen erlauben uns Aussagen über den äußeren rechtlichen Rahmen eines Handwerkes zu treffen: Die Aufnahmebedingungen für Lehrlinge (eheliche Geburt, Abstammung von „ehrlichen" Berufen, Bedingungen der Freisprechung als Geselle), die Art des zu verfertigenden Meisterstückes, Einrichtung der Zunftämter (Zunftmeister, Beschaumeister usw.) und die Zunftgerichtsbarkeit, der Ablauf des feierlich begangenen Jahrtages (Mahl und Trunk, Handwerksbrauchtum), die gemeinsame Kultausübung (Zunftpatron, der Totenkult und die Krankenbeistandsverpflichtung) werden darin ebenso festgelegt wie die Betonung von Exklusivität gegenüber Außenstehenden. Ab dem 15. Jahrhundert finden sich auch im süddeutschen-österreichischen Raum Zusammenschlüsse von einzelnen Handwerksarten mehrerer Städte. Bestimmte, meist größere Städte (etwa Braunau oder Burghausen) erlangten dabei die Stellung einer „Hauptlade" – die „Lade" als Verwahrort von Geld und Zunftarchivalien war der rituelle Mittelpunkt eines Handwerks –, während andere inkorporierte Handwerker anderer Städte zu Standorten von „Viertelladen" absanken, die aber ihrerseits wieder umliegende, unter der Ägide von Grundherren tätige Handwerksmeister (so genannte „Landmeister") zu inkorporieren suchten. Vor allem das auf dem Land tätige Handwerk erwies sich für die städtischen Handwerksmeister als unangenehme, städtische Waren häufig qualitativ und preislich unterbietende, „störende" Konkurrenz. Mit der Einbindung dieses Landhand-

werkes suchte man einheitliche Produktions- und Qualitätsstandards durchzusetzen und Konkurrenz einzuschränken, indem etwa die Anzahl von Webstühlen für Landhandwerker begrenzt wurde.

Überregionale Bedeutsamkeit erlangte das Gewerbe um den Inn – unter Gewerbe werden in diesem Beitrag gleichermaßen die Tätigkeit von Handel ebenso wie die Warenproduktion verstanden – vor allem bei der Herstellung von Textilien, im Besonderen Tuch und Leinen. Tuch aus Braunau wurde nach der Etablierung der Tuchmacher als eigene Zunft von den Webern ab den 1460er Jahren beispielsweise in Salzburg oder auch innaufwärts in Tirol gehandelt und sogar am Bozener Markt „verstochen". Während im 15. Jahrhundert lediglich weißes Tuch aus Braunau, Mauerbach, Tann, Ried oder Burghausen auf den Märkten der Umgebung nachweisbar ist, wandelte sich die Produktpalette, wie man auf Grund der angebotenen Ware auf den Salzburger Jahrmärkten rückschließen kann, im 16. Jahrhundert in Richtung Mehrfarbigkeit. Die Qualität der aus dem heutigen Innviertel und Bayern stammenden Wolle bestimmte wesentlich die Güte

Abb. 4 *Vom Bier-Brauen. Wien, Österreichische National-bibliothek (284.465-B)*

des Endproduktes. Der Prozess des Tuchmachens war arbeitsaufwändig und langwierig. Nach der Aufbereitung der Wolle (Säuberung, Schlagen über dem Wollbogen, Durchfeuchten mit Fett) wurde die Wolle meist von Frauen gekämmt und gesponnen. Danach folgte das Weben und Walken (und fallweise Färben) des Tuches, bevor die Tuchscherer und Tuchbereiter das Tuch zum Verkauf vorbereiteten. Die Blüte der Tuchmacherei an Inn und Salzach hielt im 16. Jahrhundert an, ging aber danach zurück. In Braunau lassen sich 1600 25 Tuchmachermeister nachweisen, 1691 stieg deren Anzahl sogar noch auf 30 an. Die Braunauer Hauptlade der Tuchmacher besaß 1780 noch 28 Meister aus dem Innviertel. Erst im 19. Jahrhundert kam es zum Stillstand dieses traditionsreichen Handwerkszweiges. Die Leinenindustrie war im Bereich des Inn vor allem zwischen dem 15. und dem 17. Jahrhundert weit verbreitet, allein Ried besaß in dieser Zeit über 100 Produktionsorte, zugleich diente Ried auch als zentraler Handelsort („Niederlage") der oberdeutschen Händler für das im Land ob der Enns aufgekaufte und bis Südtirol gehandelte Leinen. Vielfach wurde Leinwand gegen Seide auf dem Bozener Markt gehandelt. Der Inn war eine der Hauptverkehrsadern (wichtig war der Marktort Hall in Tirol) für die aus dem Süden, über die Pässe hereingeführten Waren. Südtiroler Händler, wie die später in Ried ansässige und im 17. und 18. Jahrhundert bedeutende Leinwandhändlerfamilie Hilleprandt, lassen sich im Innviertel nachweisen.

Neben der beschäftigungsintensiven Textilindustrie besaßen vor allem der Salzhandel (Halleiner, Schellenberger und Reichenhaller Salz) und damit das Schifffahrtsgewerbe entlang der Flüsse große Bedeutung: Viele der am Inn gelegenen Orte verfügten über eigene Salzniederlagen (etwa Burghausen seit 1130/31, Braunau 1383). Streitigkeiten um Niederlagsrechte, wie der Salzkrieg der Braunauer mit Burghausen 1518 oder der Schärdinger Salzkrieg mit den Passauern Ende des 14. Jahrhunderts, bestätigen nur die eminente Wichtigkeit des Salzhandels für die Innregion. Der Salzhandel stand auf Grund seiner wichtigen Einnahmemöglichkeit für den Landesfürsten im Zentrum des obrigkeitlichen Interesses. Das aus Hallstatt und Ischl stammende Salz stand in Konkurrenz mit dem „weißen Gold" aus Salzburg und Bayern. Hauptexportgebiet waren Böhmen und Oberdeutschland. Immer wieder gab es Einfuhrverbote für fremdes Salz in die österreichischen Erbländer, der Salzschmuggel blühte des-

halb. Die Braunauer Glockengießerei – 1891/92 wurde die Firma Gugg nach Linz verlegt – erlangte vor allem ab dem 17. Jahrhundert ebenso überregionale Bedeutung (eine erste in Braunau gegossene Glocke ist 1452 nachweisbar) wie die in Braunau ansässige, vermutlich schon im 15. Jahrhundert bestehende Papiermühle, die seit 1520 das alleinige Privileg zur Produktion von Papier im Umkreis von mehreren Meilen besaß. Bei dieser Papiermühle dürfte es sich um die älteste Papierproduktionsstätte – Ausgangspunkt der Produktion waren Hadern und Lumpen – auf dem Gebiet des heutigen Oberösterreich gehandelt haben (Margarethen bei Linz ist erst 1529 nachweisbar).

Die Erfolge der kaiserlichen Truppen im Spanischen Erbfolgekrieg und die Übernahme der Rentämter

Abb. 5 *Ausschnitte aus einer Darstellung oberösterreichischer Berufstypen von 1580: Plattner und Beckenschlager (Eisenverarbeitende Gewerbe). Original-Tuschzeichnung aus dem Österreichischen Volkskundemuseum*

Burghausen, Straubing und Landshut zwischen 1704 und 1715 brachten neben den Belastungen durch Einquartierungen zahlreiche administrative Änderungen auch innerhalb der zünftischen Verfassung in der Region um den Inn. Die Zugehörigkeit der Landhandwerker zu den städtischen Zünften war durch die kaiserliche Administration verändert worden, sodass nach der Rückkehr unter die bayerische Regierung beträchtliche Unsicherheit unter den einzelnen Handwerken über deren Zugehörigkeit zu den einzelnen Viertelladen herrschte. Zudem hatte diese Umorganisation große Auswirkungen auf die Finanzierung der Zünfte und die von Zunft zu Zunft unterschiedlichen Qualitätsnormen.

Abb. 6 *Schlosser. Aus: Christoff Weigel, Das ist Abbildung der Gemein-Nützlichen Haupt-Stände von allerley Stands-, Ambts- und Gewerbs-Persohnen. Nürnberg 1698*

Abb. 7 *Bäcker. Aus: Christoff Weigel, Das ist Abbildung der Gemein-Nützlichen Haupt-Stände von allerley Stands-, Ambts- und Gewerbs-Persohnen. Nürnberg 1698*

Bei den religiösen Feiern, aber auch bei der Finanzierung von Kirchenbauten oder der inneren Ausgestaltung, etwa der Errichtung von Altären, kam dem Handwerk eine zentrale Rolle zu. Die Mitglieder der Zünfte mussten verpflichtend den sonntäglichen Gottesdienst besuchen. Die Zünfte mit ihren oft meterhohen, mit dem jeweiligen Handwerkspatron versehenen Zunftfahnen und Zunftstangen verliehen den zahlreichen Prozessionen und Wallfahrten besonderes Gepränge. Mit dem Anfall des heutigen Innviertels zu Österreich brach für das Gewerbe dieser Region eine schwere Zeit an, weil man das bayerische Hinterland und Absatzgebiet damit verlor, andererseits führte die beginnende Industrialisierung zum langsamen Niedergang des traditionellen Handwerks und Gewerbes.

Die Fülle der lokalen Gewerbe, die man nach einer Einteilung von Wilfried Reininghaus in das bereits kurz behandelte Textilgewerbe, in Bekleidungsgewerbe (Schneider, Strumpfweber), ledererzeugendes und -verarbeitendes Gewerbe (Gerber, Schuhmacher, Gürtler), eisenverarbeitendes Gewerbe (Schlosser, Schmiede), in Nahrungsmittel- und Genussmittelherstellung (Bierbrauer, Bäcker, Fleischhacker, Müller), in holzverarbeitendes Gewerbe (Tischler) oder Baugewerbe (Zimmerleute, Maurer) gliedern könnte, unterschied sich wenig von anderen bayerischen oder

oberösterreichischen Städten. Topographisch siedelten sich etwa die üblen Gestank verbreitenden und vor allem Wasser benötigenden Lederer in den Vorstädten (häufig Lederervorstand, Lederergasse) an, während Kaufleute und Wirte oder reiches Handwerk wie die Goldschmiede ihre Wohn- und Produktionsstätten um den Hauptplatz (etwa in Schärding Goldschmiedhaus am Unteren Stadtplatz) besaßen. Meist lebte und arbeitete eine bestimmte Handwerkssparte Haus an Haus in einer Gasse (Messerschmiedgassl in Schärding). Arme Handwerke, die wenig Eigenkapital erforderten (wie etwa Schuster oder Schneider), erlangten dagegen auf Grund ihrer geringeren Kapitalkraft weniger prominente Wohnstätten. Vielfach gruppierten sich einzelne Handwerkssparten in einzelnen Stadtteilen oder bestimmten Straßenzügen, deren Namen sich gelegentlich sogar bis heute erhalten haben. Innerhalb der einzelnen Handwerksarten bestanden große Einkommensunterschiede: Während der Betrieb einer Brauerei viel Kapital benötigte (Pachtgelder, technische Ausstattung, Holz usw.), blieben den Schustern oder den Schneidern häufig nur bescheidene Einkünfte. Viele Handwerker versuchten zur Steigerung der Einnahmen neben ihrer auf dem Haus liegenden Handwerks-„Gerechtigkeit" (der vom Stadtrat erteilten Erlaubnis zur Ausübung eines Handwerkes in einem

Abb. 8 *Schneider. Aus: Christoff Weigel, Das ist Abbildung der Gemein-Nützlichen Haupt-Stände von allerley Stands-, Ambts- und Gewerbs-Persohnen. Nürnberg 1698*

städtischen Haus) auch zusätzlich eine „Wirtschaft" zu betreiben, indem sie Bier oder Wein ausschenkten.

Handwerksgeschichte wurde häufig auf der Basis von Handwerksordnungen geschrieben, die auf normativer Ebene die strukturelle und räumliche Organisationsform des einzelnen Handwerks in der Innregion regelten. Die vielfachen „Ehr"-Streitigkeiten inner- und außerhalb des Handwerks werden dagegen vielfach in den Handwerksakten behandelt: Die Erhaltung der persönlichen, aber auch der handwerklichen Ehre als Indikator für den sozialen Stand einer Person war zentral. Eine Beschimpfung eines Bierbrauers etwa als eines schlechten Bierproduzenten traf nicht nur den einzelnen, sondern eine ganze Berufsgruppe und wurde deshalb mit großem Aufwand bekämpft. Die Mitgliedschaft in der Zunft war verpflichtend, selbst nur vorübergehend in einer Stadt oder einem Markt arbeitende Gesellen mussten einen Beitrag (Aufleggeld) dafür bezahlen. Ein in regelmäßigen Abständen gewählter Zechmeister und ein stellvertretender Unterzechmeister standen dem jeweiligen Handwerk vor und leiteten auch die von allen Zunftangehörigen verpflichtend zu besuchenden Versammlungen des Handwerks, die, nach Handwerk verschieden, einmal im Quartal oder in kürzeren Abständen stattfanden. Meist waren Gesellen und Meister in einer gemeinsamen

Zunft vereint. Neben den Vorstehern, die kollegial auch den Schlüssel zur Handwerkslade verwahrten, kam den Beschauern/Beschaumeistern große Bedeutung zu. Sie nahmen im Auftrag der städtischen Obrigkeit und des Handwerks selbst die Qualitätskontrolle vor, überprüften je nach Handwerk das rechte Maß oder das rechte Gewicht und kontrollierten auch den Arbeitsvorgang oder die Werkzeuge. Lediglich beschaute und mit einem Meisterzeichen (Brotzeichen, Bleiplomben bei Tuch, Wasserzeichen etc.) versehene Ware durfte verkauft werden. Waren, die nicht den vorgegebenen Qualitätsnormen entsprachen, mussten von den Meistern zurückgenommen werden. Bei Dingen des alltäglichen Gebrauchs (wie etwa Brot oder Fleisch) wachten, nach Handwerk verschieden, sowohl die zunftinternen wie auch städtische Kontrollorgane über die „gute Ordnung". Die Zunftmitglieder bezahlten als „Mitgliedsbeitrag" den so genannten „Jahrschilling", mit dem die laufenden Ausgaben des Handwerks (etwa die Gebühren für die eingeholten Privilegienbestätigungen) und die Aufwendungen für den festlich begangenen Jahrtag, an dem man, möglichst am Altar des Handwerks, eine feierliche Messe und ein gemeinsames Mahl und Trunk beging, beglichen wurden. Die Ausübung der Handwerksgerichtsbarkeit, das Abstellen von „Exzessen" der Gesellen und die gerechte Verteilung der Arbeit zu möglichst gleichen Bedingungen gehörten zu den wesentlichsten Aufgaben, die von den städtischen Obrigkeiten an das Handwerk delegiert wurden. Die Abgrenzungen zu den städtischen Gerichten waren dabei fließend und sorgten nicht selten für Kompetenzstreitigkeit zwischen Handwerksgerichten und der städtischen Verwaltung. Häufig kam es auch zu Streitigkeiten zwischen benachbarten Handwerken, die sich etwa über konkurrierende Tätigkeiten, die bereits in die Zuständigkeit eines anderen Handwerks fielen, beim Stadtrat beklagten. Das Handwerk suchte sich beim Stadtrat auch gegen meist von auswärts kommende Händler oder im Umland arbeitende „Störer" zur Wehr zu setzen, indem es deren Verkaufsmöglichkeiten einzuschränken suchte oder allenfalls Konfiskationen erwirkte. Ebenso intervenierte das Handwerk beim Stadtrat, wenn Gefahr einer „Übersetzung" des Handwerks und damit eine Verdienstschmälerung für die Zunftmitglieder bestand.

Die Ausbildung der zukünftigen Handwerksmeister, der Werdegang vom Lehrling zum Gesellen und schließlich - das Handwerk wurde sozial zunehmend schwerer durchlässig - zum Meister, wird in den

Handwerksordnungen festgelegt: Die eheliche Geburt, Abstammung von einem ehrbaren Handwerk – Kinder „unehrlicher" Handwerker wie Abdecker oder Scharfrichter sollten keinen Eingang finden – und im Zuge der Gegenreformation vor allem auch katholische Abstammung waren Voraussetzungen für die Aufnahme als Lehrling. Meist garantierten Bürgen die Rechtmäßigkeit der Abstammung und bestätigten auch, dass der Lehrling unverheiratet war. Die Ausbildungszeit schwankte je nach Handwerk, lag aber meist bei drei bis fünf Jahren. Meistersöhne wurden auf Grund ihrer frühen beruflichen Bildung bevorteilt und mussten kürzer als Lehrling dienen. Die Aufnahme eines Lehrlings (das so genannte „Aufdingen") erfolgte in Gegenwart des gesamten Handwerks. Eine Aufnahmegebühr in Geld oder auch in Wachs und später das in seiner Höhe von der Ausbildungsdauer abhängige Lehrgeld mussten entrichtet werden, danach folgte auf Kosten des Lehrjungen ein feierliches Mahl.

Abb. 9 *Weber. Aus: Jost Ammann (Bilder) und Hans Sachs (Text): Eygentliche Beschreibung Aller Stände auff Erden / Hoher und Nidriger / Geistlicher vnd Weltlicher / Aller Künsten / Handwercken vnd Händeln / etc. vom grösten biß zum kleinesten [...]. Frankfurt am Main 1568/ Nachdruck Frankfurt am Main ⁵1975*

Der nach kurzer Probezeit aufgenommene Lehrjunge wohnte im Haus des Meisters und erhielt auch seine Mahlzeiten dort. Der Handwerksmeister sollte als „Hausvater" auch über das Verhalten seines im Übrigen nicht entlohnten Lehrjungen wachen, sollte übermäßigen Alkoholkonsum und „liederliches" Leben hintanhalten und musste nicht nur für eine gründliche Ausbildung, sondern auch für den sonntäglichen Besuch der Messe und der „Christenlehre" sorgen. Nach dem Ende der Lehrzeit wurde der Lehrling gegen Entrichtung eines Freisprechgeldes vor dem ganzen Handwerk und bei geöffneter Handwerkslade „ledig" gesprochen. Mittels des ausgestellten Lehrbriefes konnte sich der nunmehrige Geselle ausweisen und erhielt auf dieser Grundlage Arbeit. Auf der in den meisten Handwerken obligatorischen Wanderschaft musste sich der Geselle in seinem Arbeitsbereich perfektionieren. Die Arbeitsbescheinigung (die häufig mit einer Stadtansicht versehene so genannte „Kundschaft") diente dem Nachweis des rechtmäßigen Arbeitslebens. Die in den verschiedenen Städten eingerichteten Zunftherbergen dienten als Arbeitsvermittlungsbüro. Nahm ein Geselle Arbeit in einer fremden Stadt an, so musste er in der jeweiligen Zunft „aufdingen" und Aufleggeld bezahlen. Nach dem Ende der Wanderschaft verfügten viele Gesellen auf Grund mangelnden Kapitals nicht über die Möglichkeit, zu Meisterwürden aufzusteigen oder eine Handwerkerwitwe zu heiraten. Die Gesellen, einer ledigen Jugendkultur entstammend, waren ein obrigkeitlich argwöhnisch beäugter Unruheherd in den frühneuzeitlichen Städten und Märkten. Die Meister wurden mit deren Kontrolle beauftragt, „blaue Montage", Spiel, Fluchen oder nächtliche „Katzenmusiken" sollten unterbunden werden. Die Meister mussten auch die rigiden frühneuzeitlichen Sexualnormen – Geschlechtsverkehr war an das Schließen einer Ehe gebunden – überwachen; Streitigkeiten zwischen Meister und Gesellen über zu hartes „Halten" des Meisters oder schlechtes Benehmen des Gesellen wurden vor dem Handwerksgericht ausgetragen. Der Aufstieg zur Meisterwürde war nur für wenige Gesellen vorgesehen, die Handwerke wurden in der frühen Neuzeit zunehmend sozial weniger durchlässig und machten nach „unten" hin dicht. Die Erstellung eines kosten- und zeitintensiven Meisterstückes verlangte eine bestimmte finanzielle Basis des Meisterwerbers. Die Ausrichtung eines Meistermahls, bei dem das ganze Handwerk der Stadt anwesend war, wirkte für ärmere Gesellen – Meistersöhne waren häufig davon befreit – zusätzlich aufstiegshemmend. Die Meister mussten die Qualität der hergestellten Waren gewährleisten, verpflichtend bei den Zunftversammlungen, Jahrtagen und den religiösen Feiern anwesend sein und waren für ihre Lehrlinge und Gesellen verantwortlich.

Literatur

Bauböck, Max: Ried im Innkreis, in: Knittler, Herbert (Hrsg.): Österreichisches Städtebuch, Bd. 1: Oberösterreich, Wien 1968, S. 240-252

Berger, Franz: Ried im Innkreis. Geschichte des Marktes und der Stadt, Ried im Innkreis 1948

Brandl, Manfred: Braunau am Inn, in: Knittler, Herbert (Hrsg.): Österreichisches Städtebuch, Bd. 1: Oberösterreich, Wien 1968, S. 95-106

Brandstätter, Klaus: Ratsfamilien und Tagelöhner. Die Bewohner von Hall in Tirol im ausgehenden Mittelalter, Innsbruck 2002, S. 49-61

Dopsch, Heinz (Bearb.): Die Salzach-Inn-Städte. Ein Exkursions-Führer, Linz 1978

Dorner, Johann: Die Burghauser Salzfertiger, in: Treml Manfred/Jahn Wolfgang/Brockhoff Evamaria (Hrsg.): Salz macht Geschichte. Aufsätze, München 1995, S. 297-303

Ehmer, Josef: Zünfte in Österreich in der frühen Neuzeit, in: Haupt, Heinz-Gerhard (Hrsg.): Das Ende der Zünfte. Ein europäischer Vergleich, Göttingen 2002, S. 87-126

Eitzlmayr, Max: Die Zunft der Bäcker in Braunau, in: Heimat am Inn 12 (1988) S. 104-108

Engl, Franz: Zur Kunstgewerbegeschichte Schärdings. I. Teil: Vom Gold-, Silberschmied- und Zinngießerhandwerk, in: Jahresbericht des Bundesrealgymnasiums Schärding 4 (1951/1952) S. 1-7

Engl, Franz: Zur Kunstgewerbegeschichte Schärdings. II. Teil: Vom Bildhauer-, Maler- und Tischlerhandwerk, in: Jahresbericht des Bundesrealgymnasiums Schärding 5 (1952/1953) S. 3-12

Engl, Franz: Zur Kunstgewerbegeschichte Schärdings. III. Teil: Die Schlosser, in: Jahresbericht des Bundesrealgymnasiums Schärding 6 (1953/1954) S. 1-4

Engl, Franz: Schärding, in: Knittler, Herbert (Hrsg.), Österreichisches Städtebuch, Bd. 1: Oberösterreich, Wien 1968, S. 9-18

Fendt, Josef: Die Textilindustrie Oberösterreichs. Untersuchung über die Entwicklung, Bedeutung und strukturellen Verhältnisse eines Industriezweiges, Wien 1978

Ferihumer, Heinrich: Die Brauereien Schärdings, in: Jahresbericht des Bundesrealgymnasiums Schärding 11 (1969/1970) S. 36-72

Hiereth, Sebastian: Geschichte der Stadt Braunau am Inn, 2 Bde., Braunau 1960, 1973

Hoffmann, Alfred: Wirtschaftsgeschichte des Landes Oberösterreich, Bd. 1: Werden, Wachsen, Reifen von der Frühzeit bis zum Jahre 1848, Salzburg 1952

Keyser, Erich/Stoob, Heinz (Hrsg.), Bayerisches Städtebuch, Teil 2, Stuttgart u. a. 1974, S. 117-122 [Burghausen]

Klein, Herbert: Die Tuchweberei am unteren Inn und der unteren Salzach im 15. und 16. Jahrhundert nach Salzburger Quellen, in: Mitteilungen der Gesellschaft für Salzburger Landeskunde 106 (1966) S. 115-139

Knittler, Herbert: Qualitätsvorschriften in Handwerkordnung des

Mittelalters und der frühen Neuzeit (dargestellt an österreichischen Beispielen), in: Medium Aevum Quotidianum 45 (2002) S. 7-19

Lamprecht, Johann: Historisch-topographische und statistische Beschreibung der k.k. landesfürstlichen Gränzstadt Schärding am Inn und ihrer Umgebung, Schärding 1887

Mayer, Wilhelm: Aus Braunaus alten Tagen. Die Zunft der Metzger, Lederer und Weißgerber, in: Braunauer Heimatkunde 4 (1911) S. 67-76

Meindl, Konrad: Geschichte der Stadt Braunau am Inn, 2 Bde., Braunau 1882

Neweklowsky, Ernst: Die Schiffahrt und die Flößerei im Raume der oberen Donau, 3 Bde., Linz 1952-1964

Otruba, Gustav/Kropf, Rudolf: Die Entwicklung von Bergbau und Industrie in Oberösterreich. Von der Manufakturepoche bis zur Frühindustrialisierung. Erläuterungen zu den Industrieakten 1 (ca. 1780-1820) und 2 (1820-1841), in: Oberösterreichische Heimatblätter 23 (1969) S. 3-19 [Anhang: Industrietopographie S. 70-85]

Prankl, Antonie: Die Innviertler Zechen. Von Burschenkameradschaften, Bräuchen und ländlicher Geselligkeit, Ulm 1991 [mit Bezug auf die heutigen „Burschen-Zechen"]

Reininghaus, Wilfried: Gewerbe in der Frühen Neuzeit, München 1990

Reith, Reinhold (Hrsg.): Lexikon des alten Handwerks: Vom Spätmittelalter bis ins 20. Jahrhundert, München 1990

Schamberger, Karin: „Weillen sie [das Bier] beim ausschencken mit hainzl vermischen". Braunauer Bierbrauer im 17. und 18. Jahrhundert, in: Ammerer, Gerhard/Rohr, Christian/Weiß, Alfred Stefan (Hrsg.): Tradition und Wandel. Beiträge zur Kirchen-, Gesellschafts- und Kulturgeschichte. Festschrift Heinz Dopsch, Wien 2001, S. 233-242

Schamberger, Karin: Handel und Handwerk in der Stadt Braunau am Inn von ihren Anfängen im Mittelalter (1260) bis zum Ende der bayerischen Herrschaft 1779, Diss., Salzburg 2000

Schlickinger, Max: Beitrag zum Zunftwesen (Schuhmacherzunft von Mattighofen); in: Braunauer Heimatkunde 1 (1909) S. 64-67

Schwarzlmüller, Josef: Die Berufslaufbahn Lehrling - Geselle - Meister in den Handwerkszünften Oberösterreichs, Wien 1979

Steidl, Annemarie: Das oberösterreichische Landhandwerk vom 17. bis zum 19. Jahrhundert. Mit einer quantifizierenden Betrachtung der Unterschiede zwischen Stadt, Markt und Dorf, Dipl., Wien 1991

Vierlinger, Rudolf: Die Innbrücke Braunau-Simbach in der Geschichte, in: Heimat am Inn 1 (1972) S. 65-83

Uhl, Harald: Handwerk und Zünfte in Eferding. Materialien zum grundherrschaftlichen Zunfttypus, Wien 1973

Wachinger, Wilhelm: Streitsache zwischen den Leinewebern von Altheim und Braunau (1538-1578), in: Braunauer Heimatkunde 1 (1909) S. 68-70

Waltl, Artur: Die Braunauer Glockengießerei; in: Oberösterreichische Heimatblätter 6 (1952) S. 156-177

Wiesinger, Ferdinand: Die Schwarzhafner und die Weißhafner in Oberösterreich, in: Jahrbuch des Oberösterreichischen Musealvereins 87 (1937) S. 85-184

Winzen, Kristina: Handwerk - Städte - Reich. Die städtische Kurie des immerwährenden Reichstags und die Anfänge der Reichshandwerksordnung, Stuttgart 2002 [zur Reichshandwerksordnung 1731/1732]

Elisabeth Vavra

Leben und Sterben in der Stadt N.

„... Den 8ten April 1771, als dem Tag meiner ersten Hoch-
zeit, bin ich mit meiner verlobten Braut Jgfr. Catharina
Magdalena Riedlin durch pristerliche Copulation nach
3maligen Aufgeboth öffentlich getraut worden, haben auch
unsere Hochzeith zum Rothen Hahnen gehalten und unse-
ren Ehestandt vergnügt angetreten. Gott gebe Gnade und
Seegen, daß wir die Zeit unseres Lebens in Friede, Liebe
und Treu beyeinander wohnen mögen, so werden wir die
Gesegneten des Herrn seyn und bleiben bis an Unser
Ende."[1]

Mit diesen Worten vermerkte der Zinngießer Friedrich Christian Weschke in seinem Notizbuch den Tag
seiner Hochzeit. Gottes Segen erbat er für eine Ehe, die
von den Partnern aus „praktischen" Erwägungen geschlossen wurde. Ehe war die einzige von der Gesellschaft sanktionierte Form des Zusammenlebens von
Mann und Frau, war der einzige Ort legitimer Sexua-
lität, und sie war notwendige Voraussetzung für beide
Geschlechter, um die ihnen angemessene Rolle in der
ständischen Gesellschaft zu übernehmen. Ehen wurden nicht im Himmel geschlossen, sondern hier auf
Erden angebahnt. Hielt ein Bürger nach einer Frau
Ausschau, so waren ihm Vermögen, Stand und Leu-
mund wichtiger als Aussehen. Sie sollte eine untadelige
Vergangenheit besitzen, Besitz mitbringen, den Haushalt führen, bei der Erwerbstätigkeit mithelfen und
Kinder gebären. Aber auch die Frauen bzw. ihre Familien kümmerten sich zumindest um geordnete wirtschaftliche Verhältnisse und eine standesgemäße Herkunft. Nur selten wurden gesellschaftliche Schranken
übersprungen, und wenn, dann waren es meist Wit-
wen, die, um das Handwerk weiterführen zu können,
einen Gesellen heirateten, oder sie waren so vermö-
gend, dass sie sich über die herrschenden Moralbe-
griffe hinwegsetzten, wie etwa im Fall der Wirtin Anna
Schalckhin aus Eggenfelden, die 1686 einen Bettel-
mann ehelichte.[2] Der Eheschließung gingen, wenn
Geld im Spiel war, Verhandlungen über den Ehever-
trag voraus. Wichtig war das vor allem auch dann,
wenn ein Witwer oder eine Witwe unmündige Kinder
in die Ehe mitbrachte. Absprachen wurden getroffen
über das Heiratsgut der Braut, die Widerlage des Bräu-
tigams – die Summe, die dieser dem Heiratsgut der
Braut gegenzuhalten hatte –, die Aufteilung des Ver-

mögens und des Zugewinns im Todesfall. Solche Vereinbarungen waren notwendig. Man schloss die Ehe
zwar mit der Formel „bis dass der Tod euch scheidet",
aber Ehen dauerten dennoch meist nicht lang; der Tod
kam schnell in diesen Jahrhunderten; Kindbett, Seuchen, Kriege machten das Leben lebensgefährlich.
Meist behielt die Braut sich einen Teil ihres in die Ehe
mitgebrachten Vermögens als Absicherung vor, und
der Bräutigam musste die entsprechende Summe da-
gegenhalten. Der Ehemann war zwar auf dem Papier
der Verwalter dieses Vermögens, er konnte seine Frau
aber nicht daran hindern, das Geld zu verleihen oder,
wenn es sich um eine Immobilie handelte, diese zu verkaufen. Brachte die Ehefrau diese Summe in den Han-
dels- oder Gewerbebetrieb ihres Gatten ein, so stellte
dieser Betrag gleichsam eine innerfamiliäre Hypothek
dar. Wurde sie Witwe, so floss der Betrag nicht in die
aufzuteilende Erbmasse ein, sondern wurde als Außen-
schuld behandelt. Dass hier von beiden Seiten mit
kühlem Kopf kalkuliert wurde, zeigt etwa der Heirats-
vertrag, der am 13. Februar 1743 zwischen der Witwe
Maria Anna Taxin und dem Junggesellen Hanns Michael Seefeldtner in Deggendorf geschlossen wurde[3]:
Er brachte seine Ausbildung als Metzger mit - veran-
schlagt mit 200 Gulden - und 400 Gulden Bargeld,
sie, eine reiche Witwe im Besitz eines Anwesens, einer
Gewerbeberechtigung auf einen Weinausschank und
eines landwirtschaftlichen Guts mit über 143 Tagwerk,
kam auf ein Gesamtvermögen von 5500 Gulden; davon behielt sie sich 2000 Gulden zur freien Verfügung
vor - eine für diese Zeit gewaltige Summe: Eine mehr-
köpfige verarmte Bürgerfamilie erhielt als Almosen fürs
ganze Jahr an die 25 Gulden, damit mussten sie ihr
Auslangen finden.

War der Vertrag ausgehandelt, konnte zur Hochzeit gerüstet werden. Der Hochzeitslader, *Progroder,*
übernahm die Durchführung der Feierlichkeiten. Ursprünglich gehörte diese Funktion zum Aufgabenbereich des Stadt- oder Marktgerichtsprokurators, der die
Aufgabe hatte, die jeweiligen Parteien bei öffentlichen
oder Zivilrechtsangelegenheiten zu vertreten. Im Laufe
des 18. Jahrhundert taucht dann in einschlägigen
Quellen als alleinige Berufsbezeichnung der Begriff
Hochzeitslader auf.[4] Im Ratsprotokoll des Marktes

Teisbach für das Jahr 1770 findet sich anlässlich einer Neuaufnahme die ausführliche Darstellung der Aufgaben und Pflichten: Laden der Gäste zur Hochzeit, Abwicklung des „*Ehren und Dankens*" und die Organisation der „*Schenk*" als Verlobungsfeier. Die Obrigkeit versuchte mit Hochzeitsordnungen steuernd einzugreifen, um den Aufwand, der getrieben wurde, einzudämmen. Solche Ordnungen regulierten Zahl der geladenen Gäste, Aufwand der Speisen, Kleidung und Geschenke.[5] Sie gehen ins Detail: Die Polizeiordnung von 1578 enthält z. B. detaillierte Anweisungen über Wert und erlaubtes Material für die Braut- und Hochzeitskränze, abgestuft nach den sozialen Gruppen: Adel und Geschlechter durften nur mehr Brautkränze zu 10 Gulden mit einem eingehängten Ring zu 25 Gulden tragen; die geringeren Stände durften keinen Brautkranz tragen, der Bräutigam nur eine „*ziemliche erschnur*" (standesgemäße Ehrenschnur), Bauern sollten nur Nestelkränze (Nestel = Riemen, Band, Schnur) tragen. Auch der Brauch, Gäste mit Kränzen und Hochzeitshemden zu beschenken, wurde obrigerseits eingeschränkt: Adel und Geschlechter durften danach Schnüre mit Gold, Silber und Seide als Geschenk reichen, die anderen nur einfache gewundene Schnüre. Die Gruppe der Beschenkten wurde auf den engen Familienkreis eingeschränkt. Die anderen Hochzeitsgäste durften nur grüne Kränze tragen. Begrenzt wurde auch die Zahl der Spielleute. Die Verordnungen dienten dazu, unmäßige Ausgaben bei Feiern einzuschränken, den Geldfluss ins Ausland durch Erwerb von nicht in Altbayern produzierten Waren zu stoppen und die Ständeordnung zu wahren. Die in steter Folge im Druck erschienenen Mandate mit der Aufforderung, sich doch an die erlassenen Polizeiordnungen zu halten, belegen eine gewisse Gleichgültigkeit innerhalb der Bevölkerung der Gesetzgebung gegenüber.

Ehealltag

Oft dauerten die Feiern mehrere Tage; neben reichlicher Bewirtung war der Tanz ein wichtiger Fixpunkt bei diesen Festivitäten. Jordan von Wasserburg schildert uns in einer seiner Ehestandspredigten die Tanzfiguren und nimmt sie zum Ausgangspunkt für moralisierende Erläuterungen zum Ehealltag: „*Dieser Orthen pflegt man in den Städten diß zu observiren / daß wann die Hochzeit-Leuth nach dem Mahl auf den Dantz-Boden kommen / so wird die Jungfrau-Hochzeiterin von*

denen zwey Brautführeren ihrem Bräutigam zugeführt / und derselbe mit höflichen Worten ersucht / mit seiner geliebten Braut den gebräuchlichen Ehren-Dantz zu verrichten; welcher dann solches Anbringen im gleichen gantz ehrerbietig aufnimmet / und sich gegen die Herren Bräut-Führer höflich bedancket. Nach diesem wendet er sich gegen seiner auserwählten Hochzeiterin / macht vor derselben mit entdeckten Haubt demüthige Reverentz / empfanget selbe mit den freundlichsten Worten / und allerhöflichisten Complementen. Imgleichen thuet auch die Jungfrau-Hochzeiterin / puckt und neigt sich vor ihrem geliebsten Bräutigam / und stellet sich vor ihme auf das allerzüchtigste. Darauf bieten sie einander die Hand / und nimbt der Bräut-Dantz seinen Anfang …".[6] Die Musikanten beginnen zu spielen: die Geige steht für den Barockprediger als Symbol für die Freuden der Ehe, die Bassgeige, die bald in das Spiel einfällt, deutet Sorgen und Verdruss an; die Schnelligkeit des Tanzes und die Bewegungen des Paares werden mit dem Ehealltag gleichgesetzt, der Mann habe „*daraussen*" seinen Pflichten nachzugehen, die Frau „*in der Kuchel bey dem Herd*", am Spinnrad und bei der Beaufsichtigung der Dienstboten und Kinder: „*Dem Mann gehört die Arbeit auf dem Land und Feld daraussen zu, das Weib aber muß daheim ihr Hauß-Arbeit sorgfältig anschicken und ist diese schier so notwendig, als jene; darumen jene nit recht davon seynd, welche die Weiber-Arbeit sogar verachten und verwerffen, sagende: es seye nichts als eitles Däntlwerk und unnützes Zeitverzehren. Ja freylich wohl! Was hätten sonst die Männer an Leib anzulegen. Was hätten sie zu essen, wann die Weiber nit wären mit ihren Spinnen und Näen, Wischen und Waschen, Kochen und Backen und anderen Sachen?*"[7]. Hier spricht der Prediger die Aufgabenverteilung in einem frühneuzeitlichen Haushalt an.

Der Ehemann war der Herr des Hauses, ihm unterstanden alle Hausangehörigen: Ehefrau, Kinder, Gesinde. Das Haus bildete eine Arbeits- und Lebensgemeinschaft, an der alle produktiv beteiligt waren. Der Mann war der offizielle Vertreter des Hauses nach außen, er trug die Verantwortung für die im Haus arbeitenden und lebenden Menschen. Das schloss auch eine Überwachung des sittlich-moralischen Lebenswandels aller Angehörigen der Hausgemeinschaft mit ein. Auch die Ehefrau war ihm untergeordnet, wenn sie sich in manchen Fällen gewisse Rechte – wie etwa im Rahmen der Heiratsverträge – absichern konnte. Als Witwe war es ihr auch gestattet, zumindest kurzfristig den handwerklichen Betrieb weiterzuführen. Der Alltag war naturgemäß nicht konfliktfrei. Als Symbole für

Abb. 1   Porträt des Johann Jakob Wolmayr, 1734, Ried,
            Innviertler Volkskundehaus (Kat. Nr. 4.2.11)

Abb. 2   Porträt der Maria Eleonora Wolmayr, 1734, Ried,
            Innviertler Volkskundehaus (Kat. Nr. 4.2.12)

die während einer Ehe entstehenden Probleme und
Zerwürfnisse dienen dem Prediger wieder Tanzfiguren: „Es ist etwan an etlichen Orten gebräuchig / daß der
Hochzeiter und die Hochzeiterin unter dem Dantz nit
immerdar bey der Hand einander halten / sondern bisweilen beyde anlassen / den Rucken einander wenden /
von einander lauffen / sich eines dort in dem Eckh / daß
andere da umträdlet / lauffen auch wohl für einader und
sicht kaum eins das andere an / gähling aber kommen sie
wieder zusammen / die Braut laufft ihrem Bräutigam /
dieser siener Braut zu / umfangt sie widerum / geben
einander die Hand / und dantzen mit einander auf ein
neues wie vorhero fort." So optimistisch Jordan von Wasserburg die Entwicklung einschätzte, die Realität sah
oft anders aus. Nicht jede Hausfrau nahm es mit der
Hausführung genau und war bereit, sich dem Manne
unterzuordnen. So manche Eheleute mussten da von
der Obrigkeit zur Räson gebracht werden, wie der Fall
der Margaretha Hafenprätl aus Deggendorf zeigt[8]: Sie
war die Ehefrau des Metzgers Michael Hafenprätl;
allerdings war ihr Lebenswandel nicht so, wie er einer
ehrbaren Handwerkersgattin zukam. Statt ihren haus-

fraulichen Pflichten nachzukommen, war sie betrunken, verließ ohne Erlaubnis ihres Ehegatten nächtens
das Haus, ging zu Abendgesellschaften und auf jedes
Kirchweihfest, ließ fremde Personen ein, sie war nicht
bereit, sich ihrem Ehemann zu unterwerfen, im Gegenteil: Sie bedachte ihn mit bösen Worten und verprü-
gelte ihn. Der Stadtrat griff schließlich ein und legte sie
„in burgerliche Straff" – d. h. er ließ sie in die Halsgeige
schlagen. Die Strafe dürfte nicht allzu lang gedauert
haben, immerhin gehörte sie nicht den bürgerlichen
Unterschichten an. Sie unterschrieb eine Erklärung,
mit der sie sich verpflichtete, sich in Zukunft so zu verhalten, wie „ainer frumen Frawen zuesteet und gepurt".
Wie weit sie ihr Verhalten tatsächlich änderte, wissen
wir nicht. Denn auch der Ehemann hatte nur einen ein-
geschränkten Handlungsspielraum; Scheidung und
Wiederverheiratung waren unmöglich, und ein Haushalt bedurfte einer Hausfrau für die anfallenden häuslichen und gewerblichen Arbeiten.

Kinder

Zudem galt eine Ehe nur gesegnet, wenn sich Kinder einstellten und wenn wenigstens einige davon überlebten. Kinder waren Arbeitskräfte und Garanten für eine Versorgung im Alter. Der Prediger Leo Wolff nennt Kinderreichtum einen *„sonderbahren Seegen Gottes"*; blieb dieser aus, nützten auch die von Frau zu Frau tradierten Hausmittel nichts, dann ging man Wallfahren. In Schildthurn etwa ging man *„Wiegeschutzen"*: Das Bewegen einer großen hölzernen Wiege sollte die Frau von der Unfruchtbarkeit heilen. Den erwarteten Lebensweg ging die Ehefrau, wenn sie zahlreichen Kindern das Leben schenkte, wie etwa Sabine Huedtstockhin aus Schärding, die am 7. Oktober 1647 mit dem Weinwirt Wilhelm Prandtner in Deggendorf den Bund fürs Leben schloss: In 19 Ehejahren brachte sie zwölf Kinder zur Welt.[9] Schwangerschaft und Kindbett stellten eine ständige Bedrohung für die Frau dar, verständlich war daher die Freude über ein gut überstandenes Kindbett. Brauchtum rund um Kindbett und Taufe lässt sich anhand aktenkundig gewordener Übertretungen rekonstruieren: Die Regierung von Landshut schritt mit Verboten gegen *„das in grossen Schwung gehende Schüessen und Blänckln"* ein. Obwohl der Ratsdiener z. B. in Dingolfing von Haus zu Haus ging, um das Verbot bekannt zu machen, hielten sich die Bürger nicht daran. Anzeigen gingen beim Magistrat ein anlässlich der Geburt im Hause des Siebmachers, Goldschmieds, Seifensieders, Perückenmachers usw. Andere Verstöße gegen die Obrigkeit betrafen die bei solchen Gelegenheiten abgehaltenen Festmähler: *„die großen Kindmahl, welche noch im Schwange gehen"* seien endlich abzustellen, vermerkte der Rentmeister in seinem Protokoll zur Stadt Dingolfing 1660.[10] Von kirchlicher Seite erschienen Erlässe, die den Klerus aufforderten, sich *„vorderst aber für allemal die Kindlmahlzeiten oder andere dergleichen offenen Zusammenkünfte"* zu enthalten.

Die Taufe war ein wichtiges Sakrament, denn das Leben der Säuglinge und Kleinkinder war ständig bedroht und ungetauften Seelen war der Weg in den Himmel versperrt. Von den zwölf Kindern der Sabine Huedtstockhin überlebten nur sechs die ersten Lebensjahre. Die Kindersterblichkeit war hoch. Votivtafeln und Mirakelbücher der Wallfahrtsbücher geben beredtes Zeugnis von der Gefährdung der Kinder und der Hilflosigkeit der Eltern.[11] Kinderkrankheiten, Infektionen, Seuchen, Unfälle bedrohten das Leben. Kinder machten in den ersten Lebensjahren Arbeit: Sie mussten in bestimmten Abständen gesäugt werden, was für die Mutter eine Belastung ihres Zeitbudgets bedeutete; sie mussten gewickelt werden, d. h. in dieser Zeit in Fatschen von Hals bis Fuß fest eingebunden, so glaubte man krummen Gliedmaßen vorzubeugen. Ein in Honig und Schnaps getauchter oder ein mit Mohn gefüllter Schnuller beruhigte das schreiende Kind. Lernten sie laufen, waren sie von Unfällen bedroht. Ihr Lebensraum war sehr oft gleichzeitig der Arbeitsraum der Eltern. Erziehung und Einüben in den Alltag der Erwachsenen geschahen so nebenbei.

Kindererziehung war in der Vergangenheit ein Thema wie heute. Die Pole schwankten zwischen Affenliebe und Vernachlässigung, glaubt man den Predigern der Zeit. Vernünftige Elternliebe zeichnete sich durch das richtige Maß an Zuwendung und Strenge aus. Eltern sollten für gebührende Nahrung und Kleidung sorgen, für einen Unterricht in Lesen und Schreiben und dafür, dass die Kinder sich einmal selbst erhalten könnten. Gegen Ende des 18. Jahrhunderts versuchten die Prediger auch den Köpfen der bäuerlichen Bevölkerung den Wert des Lesens und Schreibens einzurichtern. Aus den Predigttexten geht auch hervor, dass die Eltern verpflichtet waren, ihre minderjährigen Kinder zu erhalten – nach ihrem Stand und Vermögen. Wichtiger noch als die materielle Versorgung war die moralische und religiöse Erziehung. Erziehung bedeutete Kinderzucht und Schläge galten hierfür als geeignetes Mittel. Allerdings mahnte man auch zur „maßvollen" Züchtigung.

Abb. 3 *Virginal, aus dem Besitz der Familie Surauer, signiert VK, 1588, Museum der Stadt Wasserburg*

Haushalten

Kinder in die Welt zu setzen und sie zu erziehen, war eine Aufgabe der Eheleute. Eine andere war das gemeinsame Haushalten und Wirtschaften. Trotz Misstrauen und Geringschätzung der Frauen, die sich durch Jahrhunderte in den Köpfen der Männer festgesetzt haben, erkannten selbst Prediger die Arbeitsleistung der Frauen an: *„... wann viel Arbeit verhanden / steht ein Hauß-Weib bey der Nacht / noch frühe vor Tag auf / ordnet alles an / legt den Knechten und Mägden den Laib Brod auf den Tisch / kocht eh selbst die Suppen / nur damit alles williger und hurtiger zur Arbeit seye ... Einem häußlichem Weib ist kein Arbeit zu viel / noch zu schwär / sie greifft alles an; oder doch / wann sie sonst nichts thun hat / setzt sie sich zur Kunckel: sie trachtet ihr Flachs und Woll ... nicht allein in der Stuben / Kucel / und Keller / sondern auch auf dem Landgut / und mit Gärtlwerck / lasst ein Hauß'-Weib ihren Fleiß spüren: sie säet / pflantzt / jätet ... Und einem solchen klugen Weib vertraut der Mann billich die Schlüssel zum Geld: dann ist er sicher / daß sie wol keinen Kreutzer umbsonst ausgeben werde.“* Was beide schaffen, fließt in den gemeinsamen Wohlstand ein, der sich im Besitz der beiden nach außen äußert und ihre Stellung im Gesellschaftsgefüge dokumentiert.

Inventare, die die Obrigkeit bei Todesfällen zur Klärung des Erbes aufnahmen, gewähren uns einen anschaulichen Blick hinter die Fassaden der Häuser in den Städten und Märkten. Im Monat Mai wurden in Schärding zwei Verlassenschaften aufgezeichnet, die der Ehefrau des Stadtapothekers Josef Freyer und die des Häuslers und Tagwerkers Matthias Wimmer. Wimmer wohnte in der *„Spitaler Zeille“*; als Räumlichkeiten seiner Behausung verzeichnete man die Wohnstube, eine Nebenkammer, die Küche, den Hausfletz, das *„haus Kämmerl“*, den Dachboden und den Kuhstall, in dem eine achtjährige Milchkuh stand. Die Einrichtung war kärglich: In der Stube ein Tisch mit Schublade, darinnen ein Tischtuch, zwei Löffel, zwei Messer, eine Gabel; acht schlechte irdene Krügel; an der Wand ein Schüsselrahm[12] mit vier irdenen Schüsseln, zwei hölzernen Tellern und ein Kerzenleuchter; dann zwei alte Sessel, zwei Bänke; hinter dem Tisch ein ärmlicher Herrgottswinkel mit Kruzifix, irdenem Weihbrunnkessel und einem kleinen Altar; eine Himmelbettstatt und ein Kinderbett, beide mit schlechtem Bettzeug; in der Küche wurden der Dreifuß, das *„ofen blätl“* und der Schürhaken vermerkt, das vorhandene Geschirr nur

pauschal erfasst. Im Hausfletz und im *„haus Kämmerl“* befanden sich Gerätschaften für die bäuerlichen Arbeiten. Auf dem Dachboden wurden in Truhen einige wenige Kleidungsstücke aufbewahrt, Flachs, Barchent und Flanell im Stück, weiters die für die Woll- und Flachsverarbeitung notwendigen Geräte.

Ganz anders liest sich da die Verlassenschaft der Apothekerswitwe Maria Theresia Freyer.[13] Das Erheben ihres Besitzes war notwendig, weil Kinder aus zwei Ehen vorhanden waren, die neben dem Witwer Erbansprüche erhoben. Die Wohnräume, die im Erdgeschoss erfasst wurden, waren die *„ordlich Wohnstuben“*, der *„Verschlag“* daneben und das hintere *„Stübel“*: An Einrichtungsgegenständen befanden sich in den Räumen u. a. ein grün bezogenes Kanapee, zu dem wohl die neun mit grünem *„Zeug“* bezogenen Sessel gehörten, Tische mit verschieden eingelegten Platten, Sessel, eine Bettstatt in der Wohnstube, ein *„Spann bethstädl mit gelb zeugenen Vorhängen“* in der hinteren Stube, Spiegel, ein alter Schreibkasten mit einer *„Bücher Stöllen“*, ein kleines versperrtes *„Kästl“* mit zehn Schubladen, ein *„feichtener Kommodkasten mit 3 Schubladen“*, Kästen aus verschiedenen Holzarten. Auffallend ist die große Zahl an Bildern: *„18 Grosse Bilder von verschiedenen Gemählen ... 17 Kleine Täferl“* in der Wohnstube, weitere Bilder in der hinteren Stube; vom gehobenen Lebensstandard zeugen ein verglaster Hausaltar, die eiserne Schlaguhr mit Gewichten in einem Uhrenkasten, grüne Vorhänge auf Eisenstangen und die diversen Gegenstände, die in den Laden gefunden wurden: eine elfenbeinerne Zahnstocherbüchse, ein Dutzend silbergefasste *„Leiblknöpfl“*, eine Stockuhr, eine Hausglocke aus Messing und ein vergoldeter Bruderschaftsstab *„nebst dem Schiltl“*. Ein Kasten diente zur Aufbewahrung der Tischwäsche (u. a. 16 Tischtücher, 95 Servietten), der Bettwäsche, der Leinwandreserven und der Habseligkeiten der Verstorbenen: ein mit Silber beschlagenes Gebetbuch (*„der Himmelsschlüssl genant“*), diverse *„Halstücher“*, drei Haubenschachteln, eine *„Goldreiche Hauben mit einen Goldspiz“*, drei alte Weiberhauben, ein *„Weiber Kränl von berln“* (= Kranz aus Perlen), ein *„schwarzer Kraus Heibel samt den Stöckl“*, eine *„goldreiche Ohren hauben mit einen Ottergräm“*, ein Mieder *„samt dem Läzel“*, 24 silberne Miederhaken *„12 lötig“* und fünf Weiberröcke. Im zweiten Kasten befanden sich wieder Tisch- und Bettwäsche, weiters Frauenhemden, ein Mieder und 24 Miederhaken, Fürtücher, Schnupftücher, silberne Knöpfe, unverarbeitetes Garn usw. In der Küche wird der kupferne Wasserkessel verzeichnet, ein eiserner Brater samt dem Seil, ein kupfernes „*Wasser Ständerl*", eine „*Anricht Tafel*" sowie mit einem Pauschalbetrag sämtliches „*Kuchel geschirr*", soweit es nicht aus Messing, Zinn oder Kupfer war. Dieses Geschirr wurde zwar im Weiteren detailliert aufgezeichnet, aber nach dem Gesamtgewicht – also dem Materialwert – bewertet; das Zinngeschirr wog 203 Pfund, das Kupfergeschirr 70 Pfund und das Messinggeschirr 17 Pfund. Aus Zinn waren u. a. das Essgeschirr – 57 Teller, 8 große, 16 mittlere und 6 kleine Schüsseln, Gießbecken, Flaschen, Kannen, Tee- und Milchgeschirr[14] – und die fünf Nachttöpfe. Kupfer war das Material des Kochgeschirrs; hier finden sich diverse Pfannen und Kessel, u. a. eigene für die Bereitung von Fischspeisen, Kaffee- und Milchgeschirr und ein „*Goglhopf Model*". Im ersten Stock befindet sich das „*obern Zimmer*", wohl der über der Wohnstube gelegene repräsentative Raum. Wieder werden zunächst die Andachtsgeräte und Bilder aufgeführt: u. a. ein Cruzifix, eine „*gefaste Mutter Anna Hand*", eine „*schwarz gebaizte Käpsl mit einem Jesu Kindl*", ein Muttergottesbild, ein Bild mit einem kreuztragenden Christus und eines mit der schmerzhaften Muttergottes, ein Bild mit den Apothekerheiligen Cosmas und Damian, acht weitere große und kleine geistliche Bilder, zwei Tierstücke, zwei Landschaften, vier gemalte Feldschlachten, vier illuminierte Stuben. Den gehobenen Ansprüchen dieses Raumes entsprachen zwei große Spiegel mit vergoldeten Rahmen, zwei große und vier kleine Spiegelleuchter, Möbel aus Hartholz, teilweise furniert, als Sitzgarnitur ein gelb überzogenes Kanapee und zwölf ebenfalls gelb bezogene Sessel, ein Himmelbett aus Nussbaumholz mit gelben Vorhängen, ein Schlafsessel, Uhr, diverse Tische und Aufbewahrungsmöbel. Hier findet sich auch der Besitz an Glas- und Porzellangeschirr: „*11 Caffee Schällerl auf Porcelan arth, 1 dergleichen Zucker Schallen*", 58 Weingläser und 25 „*Stutzen Gläser*". Auch der Reitsattel wurde hier vermerkt. Auf dem unteren und oberen Fletz (= Gang) standen alte Kästen und Truhen, in denen z. T. die Dienstboten ihr Hab und Gut aufbewahrten. Zum Abschluss wird noch gesondert das „*Silbergeschmeid*" angeführt: u. a. verschiedene Löffel, Messer und Gabeln, ein „*Salz Fäßl*", ein silberner vergoldeter Becher, zwei kleine silberne Becher, eine silberne Tabakdose mit Spiegel, zwei Ringe, ein silbern beschlagener Hirschfänger, ein Degen und zehn Rosenkränze. Im Gegensatz zur Pauschalbewertung bei Zinn, Kupfer und Messing notierte hier der Schreiber neben den Gegen-

ständen auch ihren Silberwert. Sämtliche Objekte, die eindeutig dem Witwer zuzuordnen waren, wie z. B. Kleidung und persönliche Utensilien, fehlen selbstverständlich in der Aufstellung.

Die Apothekersgattin gehörte dem vermögenden Bürgerstand an, der Tagwerker der städtischen Unterschicht. Dazwischen spannte sich die Bandbreite bürgerlicher Lebensausgestaltung. Noch weiter außerhalb – oder unterhalb – aufgrund ihres Berufes standen die Personen, die mit dem Vollzug der Rechtsprechung befasst waren: die Blutschergen. So, wie im Handwerksbetrieb in oder neben der Stube die Werkstatt lag, lagen private Räume und „Amtsräume" eng beieinander. Für das Haus des Gerichtsdieners in Wasserburg ist ein Inventar von 1799 erhalten, das eine Vorstellung von den Räumlichkeiten und der Einrichtung gibt.[15] Anlass für die Aufzeichnung war der Tod des Blutschergen[16] Wolfgang Enzensperger. Das Haus besaß im Erdgeschoss die Stube, einen Fletz, die Küche und ein Kindsstübel, ein Schlafzimmer, eine Kammer und einen Abtritt. Vier Gefängniszellen lagen unter der Erde. Im ersten Stock befanden sich „*des Gerichtsdieners Schlafkammer*", ein Abtritt, das „*Eisenkammerl*" und vier weitere Zellen. Der dritte Stock teilte sich in ein „*extra Stübl mit einem Ofen*", eine Kammer, eine „*Bauernstuben*", einen Abtritt; daneben lagen das „*Examminier Zimmer*" und die „*Tortur*". In einer älteren Beschreibung aus dem Jahr 1755 lagen diese beiden Räume noch im Erdgeschoß neben der Schlafkammer, waren also noch unmittelbarer in die private Sphäre der Familie integriert. Das private Inventar Enzenspergers zeigt, dass er auch in den „Amtsräumen" private Gegenstände aufbewahrt hatte: Im Verhörzimmer befand sich etwa die Tisch- und Bettwäsche – die zur „Berufsausübung" gehörende Ausstattung, bestehend u. a. aus einem mit schwarzem Wachstuch bezogenen Tisch, sechs mit rotem Tuch bezogenen Sesseln, einem dunkelroten Vorhang, der „*vor die Tortur*" gehängt war, und deren Gerätschaften („*Examinier Stuhl*", „*Tortur Bank*", „*Röckhäftl*" und „*Röcksaill*"), wurde in dem privaten Inventar nicht erfasst. Das Inventar der Räume zeigt gewissen Wohlstand. In der Wohnstube gab es den „Herrgottswinkel" mit Kruzifix und 16 kleinen und großen Tafeln. In der Schublade des Tisches fanden sich Tischtuch, Zinnlöffel, zinnerne Salzgefäße und zwei mit Silber beschlagene Messerbestecke. In der Schüsselrehm gab es neben zwölf irdenen Tellern und Schüsseln auch drei Zinnteller und drei „*zinerne Krügldeller*" und ferner dreizehn steinerne, zinnbe-

Abb. 4 *Eckschrank, bemalt mit Darstellungen der vier Erdteile, aus dem Besitz der Familie Surauer, 1625, Museum der Stadt Wasserburg*

schlagene Krüge. In der Schlafkammer gab es eine Uhr mit „*mesingern Werk und Gürtlerarbeit*", ein „*Loretokindl samt 17 gros und kleinen Tafeln*" und einen Altarkasten mit dem Herrgott auf der Wies. Hier wurden auch dreizehn gläserne Halbmaß- und Maßkrüge aufbewahrt, ferner Kaffee- und Milchgeschirr aus Zinn; hier handelt es sich vermutlich wieder um Kannen für Kaffee und Milch. Von Wohlhabenheit zeugen auch die angeführten Kleidungsstücke: ein „*ganz neuer meergrünfärbiger Rock*", ein „*rothtüchenes Kamisoll samt 36 silbernen Knöpfen*", eine „*schwarz bockhäutene Hosen mit 2 silbern Knöpfen*", silberne Schuhschnallen und schließlich als „männliches" Attribut eine „*Tobackdosen*". In der Küche gab es neben den üblichen Utensilien auch einen eisernen Bratenrost und zwei Bratspieße. Die bereits stattgefundene Ausdifferenzierung

der Arbeitsgeräte belegen ein „*eichenes Leberbrettl*", ein „*Lebermesser*" und ein „*Leberhäckl*" - Gerätschaften, die zum Schaben der Leber dienten.[17] Da gab es auch ein „*Blech zu Schneken aufsetzen*" - also für die Zubereitung einer aufwändigen Süßspeise. Das Inventar zeigt, dass Amtleute nicht schlecht verdienten und mit ihrem Beruf, auch wenn ihm der Geruch des Verfemten anhaftete - Söhne von Blutschergen durften kein ehrbares Handwerk erlernen -, ihr Leben wohl ausstatten konnten.

Vergnügen

Was hinter den Mauern der Häuser sich verbarg, war dem Blick des Nachbarn entzogen, daher kümmerten sich obrigkeitliche Erlässe und Kirchenleute wenig um den Aufwand, der mit Möbeln, Bildern, Devotionalien, Ess- und Küchengeschirr getrieben wurde. Augenfällig und daher zu kontrollieren war, was in der Öffentlichkeit zur Schau gestellt wurde: Das konnte übertriebener oder einfach unstandesgemäßer Aufwand in der Kleidung sein, das konnten Feiern im Jahres- oder Lebenslauf sein, die in Fress- und Saufgelage mündeten und daher die Gemüter erregten, das konnte unbotmäßiges Verhalten sein, das sich schädlich auf die Seele des Einzelnen auswirkte und überdies durch seine Vorbildwirkung auch andere zu Verstößen gegen weltliche und göttliche Obrigkeit verführte.

Das Leben war nicht nur mit Arbeit erfüllt. Außer den Festen im Lebenslauf boten sich öffentlich wie privat Vergnügungen diverser Art. Abraham Kern[18] hielt in seinem Tagebuch fest, was sich so alles für Möglichkeiten in Wasserburg boten: 1583 beteiligte er sich am „*grossen Freyschiessen*" und gewann „*im Nachschüssen das Best von 20 Gulden werth samt einen schönen Fahnen*". Im Fasching 1585 veranstaltete man in Wasserburg ein Bacchusfest „*mit Aufzug und Mummerey*"; der Schulmeister gab Gott Bacchus „*in Leibfarb, quasi nackhent und Girdl von Laubwerch und grünen Cranz geziehrt*"; Abraham Kerns Bruder saß als Jungfrau verkleidet auf dem Schlitten der Göttin Ceres „*in Seiden Weibscleidern auf Haidnisch angelegt, in der ain Handt ain Sichel, mit der andern etlich unausgetroschne Eher* (= Ähren)"; Abraham Kern hatte ebenfalls „*Weibskleider*" angelegt und spielte mit anderen Gefährten die Musik zu diesem Aufzug. Nach der kargen Fastenzeit bot die szenische Umsetzung des Leidens Christi wieder Gelegenheit und die Möglichkeit zur Unterhaltung.

Aus dem Jahr 1737 ist das Manuskript eines Passionsspieles aus Wasserburg erhalten, das sicher auf ältere Traditionen zurückgeht. Bereits 1680 werden Ausgaben für das Leiden Christi Spiel in den Rechnungsbüchern der Stadt vermerkt. Zum Einsatz kamen 58 Sprech- und 17 stumme Rollen. Das Spiel beginnt mit einem Prolog, dem folgen drei Akte mit je sechs Szenen. Das Vorspiel beginnt mit der Vertreibung aus dem Paradies. Einer der Hauptakteure ist der Höllenfürst Luzifer, der auf sein Recht pocht, die Seelen der Menschen in die Hölle zu schleppen. Oft genug flackern trotz der religiösen Handlung Humor und Spielfreude auf, wenn etwa die Höllenszene so geschildert wird: *„Hier eröffnet sich die höll von dem Theatro und steigen vier bueben mit brennenten fackeln als teuflen und dann anderen vier teufeln endlichen Lucifer heraus – worunder mit gestoßenen Calvoni schwarz mell und Bartwischen feuer gemachet und heraus geblast wird …“*. Setzte man die Leiden Christi nicht szenisch ins Bild, so veranstaltete man wenigstens Umzüge am Palmsonntag mit einem Palmesel und am Karfreitag anlässlich der Kreuztragung. Karfreitagsprozessionen lassen sich z. B. für Ried anhand von Kirchenrechnungen, Ratsprotokollen und Innungsbüchern von 1588 bis 1782 nachweisen. So wie bei den Fronleichnamsprozessionen waren die ortsansässigen Zünfte die Hauptträger. Sie waren bei Strafe dazu verpflichtet, dafür zu sorgen, dass sich alle Gruppen rechtzeitig am Versammlungsplatz einfanden. Ein gehörnter Teufel verkündete Horn blasend in dem Markt den Beginn des Umzuges; im Weiteren sorgte er mit Gehilfen für einen ordnungsgemäßen Ablauf. Pechpfanne, Windlichter, Späne und Fackeln erleuchteten das Geschehen. Bei Einbruch der Dunkelheit begann der Zug; eröffnet wurde er von der Gruppe der Geißler oder Flagellanten; in lange weiße Kutten gekleidet, die Gesichter unkenntlich gemacht (*„beschmierbten“*), zogen sie Geißel schwingend durch die Straßen. Von in Pelzen bekleideten Teufeln begleitet folgten die Vorfahren Christi, Holofernes, Abraham und Isaak, und die Akteure der Passion. Auf dem unteren Hauptplatz fand dann das eigentliche Schauspiel der Passion statt. Das religiöse Fest mündete zumindest bisweilen in ein Saufgelage, denn die Burghausener Regierung erteilte 1763 dem Rieder Pfleggericht den Auftrag, das späte Zechen am Karfreitag abzustellen. Die Karfreitagsprozessionen und –spiele waren nur ein Termin im Kirchenjahr, den es feierlich zu begehen galt. Für Ried lassen sich anhand von Ausgaben auch *„eine Sebastiani-Comödie“* belegen, ein Spiel zur

Abb. 5 *Zunftbahrschild der Zimmerleute, Wasserburg, Stadtmuseum*

Verkündigung Mariens, und natürlich eine aufwändige Fronleichnamsprozession – der gesellschaftliche Höhepunkt im Kirchenjahr. 1782 wurden im Gefolge der Aufklärung von den Behörden in Ried kirchliche Prozessionen für das gesamte seit 1779 österreichische Innviertel verboten, was nicht ohne Widerspruch seitens der Bevölkerung blieb.

Aber auch weltliche Jubiläen gaben Anlass zu Feiern. In Vilshofen gedachte man des siegreichen Widerstandes gegen die Belagerung im bayerischen Erbfolgekrieg 1503. Kirchliche Feiern leiteten das Fest ein; die Bürger zogen im feierlichen Zug zum Hochamt in die Kirche ein, musikalisch begleitet vom Stadtpfeifer. Die Bürgerwache zog mit Trommlern und Feldpfeifern oder Heerpaukern zu den Stadttoren. In der Nacht wurde mit Doppelhaken oder Kleingewehren von den Mauern der Stadt geschossen. Dabei wurden bis zu 61 Pfund Pulver verbraucht. Der Rat hielt ein feierliches Mahl, zu dem auch ortsfremde Spielleute aufspielten. Das letzte Mal wurde die so genannte Sturmfeier 1701 begangen.

Und gab es nichts zu feiern, so wurde Neugier und Schaulust der Menschen zumindest manchmal durch außergewöhnliche Ereignisse befriedigt, etwa wenn auf dem Inn seltsame Fracht transportiert wurde. Dreimal wurde ein Elefant den Inn aufwärts bis Wasserburg geführt[19]. Dort wurde er ausgeladen und auf dem Landweg weiter nach München getrieben.

Bedrängnis

Der Satz „Mitten im Leben sind wir vom Tod umgeben" bewahrte für alle sozialen Schichten durch die Jahrhunderte seine Gültigkeit. Der Mensch war ständigen Bedrohungen ausgesetzt. Er stand hilflos Krankheiten gegenüber, wurde bedroht von Seuchenzügen und war sich selbst der größte Feind. Die Region an Inn, Isar und Donau wurde in Mittelalter und Neuzeit immer wieder Aufmarschplatz für kriegerische Auseinandersetzungen. Das Land wurde dabei finanziell zur Ader gelassen; seine Bevölkerung zu Kriegsdiensten eingezogen. Städte und Märkte wurden belagert; siegten die Kanonen der Feinde, so wurden sie auf die vielfältigsten Arten ausgeplündert. Sie hatten die durchziehenden Truppen von Freund und Feind zu verköstigen und mussten ihnen Quartier einräumen. Die Ratsprotokolle der betroffenen Städte geben beredtes Zeugnis von dieser Bedrängnis: So lag z. B. Wasserburg während des Spanischen Erbfolgekrieges mitten im Kampfgeschehen.[20] Abwechselnd war diese Stadt kurfürstlich-bayerisch und kaiserlich-österreichisch. Im Winter 1703/04 waren ca. 500 Soldaten hier im Winterquartier; dazu kamen noch österreichische Gefangene. Preissteigerungen waren nur eine der Folgen. Nach München musste man zur Finanzierung des Krieges immer neue Kriegssteuern abliefern. Bürger und Bürgersöhne wurden rekrutiert. Die Bürger mussten nicht nur diese Lasten tragen, jeder hatte in seinem Haus auch noch Soldaten einquartiert. Wechselndes Kriegsglück führte zum Abzug der kurfürstlichen Truppen. Bis zum Frühsommer 1705 blieb die Stadt von Kampfhandlungen verschont. Zum Dank beschloss die Bürgerschaft eine Wallfahrt zu „Unserer Lieben Frau" nach Halfing, dem nahe Wasserburg gelegenen Wallfahrtsort. Im Juni wurde die Stadt von kaiserlich-österreichischen Truppen überflutet. Sie hatte nun 1647 Mann zu versorgen. Nach der Bauernschlacht auf dem Magdalenenberg oberhalb St. Achatz musste die Stadt auch für die Versorgung der inhaftierten, größtenteils verwundeten Aufständischen sorgen.

Kriege bedeuteten aber nicht nur eine Zerrüttung der Finanzen, oft schleppten die Soldaten auch Infektionskrankheiten ein. Die Pest trat im Gefolge des Dreißigjährigen Krieges, des Spanischen Erbfolgekrieges und des Österreichischen Erbfolgekrieges auf. Um 1575 wurden von der bayerischen Regierung bereits die ersten Maßnahmen zur Eindämmung der Pest getroffen. Man verfügte über ein gut funktionierendes Meldesystem, das außerhalb Bayerns auftretende Fälle anzeigte. Dadurch konnten die Behörden in den Städten, Märkten und Pfleggerichten rasch verständigt werden und durch vorbeugende Maßnahmen eine Einschleppung zu verhindern suchen: Fremden wurde etwa die Einreise in die noch seuchenfreien Territorien verweigert; Jahrmärkte wurden abgesagt, Wallfahrten verschoben. Durch die Pestsperre betroffene Gebiete erhielten Entschädigung für den wirtschaftlichen Verlust.[21] War die Pest doch eingedrungen, so mussten Schritte zur Eindämmung unternommen werden: Die Schulen, so vorhanden, wurden gesperrt; das Waschen der Wäsche in den öffentlichen Brunnen untersagt; die Gottesdienste wurden oft im Freien abgehalten; es herrschte strenge Meldepflicht für Krankheitsfälle. Die infizierten Häuser wurden gesperrt. Niemand durfte sie betreten; die Eingeschlossenen wurden von außen versorgt. Die Stadtverwaltung stellte Personen an, die für die Versorgung der Kranken, für das Wegschaffen und Beerdigen der Leichen sowie für die Säuberung der Häuser verantwortlich waren.[22] Die Pesttoten wurden auf einem eigens dafür angelegten Pestfriedhof nackt „*eingescharret*". Die Häuser wurden mit Räucherpulver (je ein Teil Schwefel und Salpeter und zwei Teile Kleie) ausgeräuchert, Türen, Fenster und der Boden mit Lauge gewaschen. Die zahlreichen den Pestheiligen Sebastian, Rochus und Theresia geweihten Kapellen, Kirchen und Altäre, die Wallfahrtsgelöbnisse von Städten, Märkten und Dörfern sind Zeugen für diese Zeiten der Not. In manchen Regionen fielen 50 % der Bevölkerung derartigen Seuchenzügen zum Opfer.

Kriege, Seuchen, Krankheiten stellten für den Einzelnen nicht nur eine direkte Bedrohung seines Lebens dar, sie konnten ihn auch aus seinem persönlichen Lebensplan werfen. Sie konnten zu bleibenden körperlichen Schäden führen, sie konnten ihm die Existenzgrundlage rauben, wenn dann nicht das soziale Netz der Familie gespannt war, musste er/sie die Hilfe der Allgemeinheit in Anspruch nehmen. Bereits das Mittelalter kennt in den Städten und Märkten die Einrichtung der Sondersiechenhäuser, in denen unheilbar Kranke oder mit ansteckender Krankheit wie Aussatz

Behaftete betreut wurden. Diese Einrichtungen befanden sich immer außerhalb der Stadt, um Ansteckung zu verhindern, meist an einem Wasserlauf gelegen. Die Bewohner lebten nach einem streng geregelten Tagesablauf, der dem in einem Kloster ähnlich war. Sie mussten in Keuschheit leben und dem Verwalter gehorsam sein. Erhalten wurden sie durch Eigenmittel und durch fromme Stiftungen von Bürgern, die sich so eines „ewigen Gedächtnisses" versichern wollten. Mit dem Rückgang der Lepra - oder was immer als Aussatz galt - wurden aus manchen dieser Siechenhäuser in der frühen Neuzeit Anstalten für die Versorgung alter Mitbürger. Nach Erlegen einer Einstandssumme konnten sie dort ihren Lebensabend verbringen. Damit vermischte sich ihre Funktion mit der der so genannten Spitäler, die oft unter der Bezeichnung Heilig-Geist-Spital geführt werden. Es handelte sich dabei um Institutionen, die ursprünglich in den meisten Fällen der Versorgung der Armen dienten. Auch hier stand der Gedanke der Nächstenliebe im Vordergrund. Das Gut, das man auf Erden erwarb, galt als Leihgabe und mit Freigiebigkeit wollte man sich das Himmelreich erwerben. Gestiftet wurden zumeist Bargeld und Immobilien. Die Administration lag im Aufgabenbereich der Stadt, die einen Verwalter - Spitalmeister - dafür einsetzte. Spitalordnungen wurden erlassen, die das Zusammenleben und den Tagesablauf bis zur Speisenfolge regelten. Ein Hausmeister überwachte deren Einhaltung. Die Insassen wurden angehalten, den religiösen Pflichten, wie Gebet und Gottesdienst, nachzukommen und nach Fähigkeit auch kleinere Arbeiten zu übernehmen. Bürger/innen kauften sich ins Spital ein, um sich oder Angehörige im Alter betreut zu wissen. Die Handhabung des Einkaufes war unterschiedlich. So konnte man sich z. B. in Mühldorf in die „*obere Pfründe*" oder in die „*untere Pfründe*" einkaufen.[23] Brachte man wenig oder gar nichts ein, musste man sich zur Arbeit verpflichten. In Dingolfing gab es das „obere oder reiche Spital" und das „untere oder arme Spital".[24] Auch hier entschied die persönliche Vermögenslage über den Eintritt. In vielen Städten stellte das Heilig-Geist-Spital einen bedeutenden Wirtschaftskörper dar.

Durch fromme Stiftungen traf man Vorsorge für die Ewigkeit; Teile des Vermögens hinterließ man kirchlichen Institutionen, andere verwendete man zur Einrichtung von Benefizien[25]. Noch zu Lebzeiten trat man Bruderschaften bei, um sich so deren Beistand im Tod und darüber hinaus gewiss zu sein. Solche Vereinigungen konnten einem gemeinschaftlichen Sinn und Zweck dienen, wie es z. B. im Buch der Sebastiani-Bruderschaft in Ried heißt: „*Item von erst ist die vorbenannt löbliche Bruderschaft gesetzt und benennt auf den hl. Geist, die unvermalige Jungfrau Mutter Maria und den hl. Groß-Marterer und Nothelfer St. Sebastian, denen zu Lob und Ehre, auch Brüdern und Schwestern zu Hilfe und Trost; den lebendigen, dadurch zu erwerben, was ihnen nutz sei zu Seel, Leib, Ehre und Gut; und den toten dort zu ewiger Ruhe und Seligkeit; und auch zu Aufenthaltung der Armen, in dem Spital wohnend.*" Andere Bruderschaften leiteten sich aus dem Zusammenschluss von Handwerkern ab; auch diese öffneten sich in der Neuzeit mehr und mehr anderen um Aufnahme Ansuchenden. Die Statuten dieser Bruderschaften legten die zu erfüllenden Aufgaben fest, setzten die Einkaufs- und Beitragsgelder fest und regelten das Gemeinschaftsleben. Ein wichtiger Punkt in diesen Statuten war immer die Sorge um die Verstorbenen. Jedes Mitglied hatte die Pflicht, am Begräbnis teilzunehmen und bei den Gedenkgottesdiensten zu erscheinen. Die Bruderschaftskerzen spielten eine wichtige Rolle bei Leichenzug, Totenfeier und Begräbnis: „*Item, so ain Brueder oder Schwester sein leste Zeit beschleusst, soll ime von gedachter Bruederschaft gehalten werden ain Grebniß des Nachts mit ainer Vigill, des Morgens mit ainem Seelambt und Gedechtnuß. Ime soll auch aufgesteckht werden durch die Zechleit dieser Bruederschaft acht Khörzen.*"[26] So versuchte jeder, soweit es ihm möglich war, das Gedächtnis an seine Person möglichst lange aufrecht zu erhalten, denn „*Wer sich im Leben keine Gedächtnus schafft, den vergisst man beim letzten Ton der Totenglocke*" (Kaiser Maximilian I.).

Anmerkungen

1 Elisa zu Freudenburg - Wilfram zu Mondfeld, Altes Zinn aus Niederbayern, Regensburg 1983, Bd. II, S. 42.

2 Ludwig Keller, Frau Anna Maria Vaithin - eine Deggendorfer Bürgerin aus der Zeit um 1700, in: Deggendorfer Geschichtsblätter 14 (1994) S. 57.

3 Ebd. S. 64.

4 Fritz Markmiller, Zur Rechtstellung und Funktion des Hochzeitsladers in Niederbayern, in: Der Storchenturm 27 (1992) S. 103 - 112.

5 Baur 1975, S. 73 ff.

6 Jordan von Wasserburg (1745) zitiert nach Elfriede Moser-Rath, Dem Kirchenvolk die Leviten gelesen. Alltag im Spiegel süddeutscher Barockpredigten, Stuttgart 1991, S. 125 f.

7 Zitiert nach Dülmen 1990, S. 48.

8 Lutz-Dieter Behrendt, *Wie einer frumen Frawen zuesteet und gepurt* ... Ein Dokument zur Lage der Bürgerfrau im Deggendorf

der frühen Neuzeit, in: Deggendorfer Geschichtsblätter 20 (1999) S. 169–176.

9 Alfons Huber, Familiengeschichtliche Aufzeichnungen zur Genealogie der Deggendorfer Familie Prandtner, in: Deggendorfer Geschichtsblätter 4 (1984) S. 65–74.

10 Fritz Markmiller, Brauchtümliches um Geburt und Taufe im Raum Dingolfing-Landshut, in: Der Storchenturm 16 (1981) S. 114–130.

11 Josef Haushofer, Kinder in Krankheit und Nöten. Nach dem Angerbacher Mirakelbuch zwischen 1729 und 1760, in: Der Storchenturm 16 (1981) S. 97–113.

12 Wandregal zum Aufbewahren von Schüsseln, Tellern etc.

13 Das Inventar kann nur in Auszügen gebracht werden; es umfasst im Inventarium zum Jahr 1777 (Schärding, Stadtarchiv) 36 Seiten; für die Sichtung des in der Ausstellung und im Katalog verwendeten Archivmaterials und die Transkription danke ich Frau Laura Scherr.

14 Unter Geschirr verstand man die für den jeweiligen Zweck gebrauchten Kannen.

15 Ediert und kommentiert von Habel 1996/96, S. 87 ff.

16 Blutscherge ist die ältere Amtsbezeichnung für den Gerichtsdiener, die aber besser seinen Aufgabenkreis beschreibt, zu dem auch die Folter gehört.

17 Bedauerlich ist es in diesem Zusammenhang, dass gerade Inventare von reichen Bürgerhäusern Küchengeräte meist nur summarisch taxieren und nicht einzeln aufzählen, wie der Fall des Schärdinger Apothekerhaushaltes zeigt. Vielleicht waren aber auch die durchwegs männlichen Gutachter schlichtweg überfordert.

18 Das Original ist verloren, auszugsweise wurde es gedruckt: Ludwig von Westenrieder, Aus dem Tagebuch des Abraham Kern von Wasserburg, in: Beiträge zur Vaterländischen Historie, München 1788, S. 146–173; in Auszügen bei Willi Birkmaier, Abraham Kern d. Ä. auf Zellerreit und Lerchenhub (1563–1628). Ein Beitrag zur Geschichte der Wasserburger Geschlechter, in: Heimat am Inn 8 (1988) S. 167–233.

19 Ferdinand Steffan, Nahui, in Gott's Nam!, in: Heimat am Inn 9 (1998) S. 65 f.

20 Vgl. dazu die Aufarbeitung des Quellenmaterials bei Steffan 1981.

21 1607 erhielten z. B. Braunau 400 Gulden; Münster, Kösslarn und Osterhofen gemeinsam 600 Gulden von München ausbezahlt (Weber 1974, S. 115–120).

22 Vgl. dazu Keller 1995.

23 Sabine Veits-Falk, Armenfürsorge in Mühldorf, in: Salzburg in Bayern 935 – 1802 – 2002, Mühldorf 2002, S. 66–77.

24 Fritz Markmiller, Das Heilig-Geist-Spital in Dingolfing während seiner ersten hundert Jahre, in: Der Storchenturm 10 (1975) S. 1–19.

25 Unter Benefizium versteht man ein Kirchenamt; die Geldsumme wurde angelegt und der Ertrag daraus kam einem Priester zu, der als Gegenleistung für den Stifter – es konnte dies eine Einzelperson sein oder eine Gemeinschaft – Messen zu lesen hatte.

26 Fritz Markmiller, Die Statuten der Schuhmacher-Bruderschaft in Reisbach von 1515, in: Der Storchenturm 11 (1976) S. 82.

Literatur

Baur, Veronika: Kleiderordnungen in Bayern vom 14. bis zum 19. Jahrhundert (Miscellanea Bavarica Monacensia 62), München 1975

Dülmen, Richard van: Kultur und Alltag in der Frühen Neuzeit 1: Das Haus und seine Menschen: 16.–18. Jahrhundert, München 1990

Ders.: Kultur und Alltag in der Frühen Neuzeit 2: Dorf und Stadt: 16.–18. Jahrhundert, München 1992

Ders.: Kultur und Alltag in der Frühen Neuzeit 3: Religion, Magie, Aufklärung: 16.–18. Jahrhundert, München 1994

Grasmann, Lambert: Kultbilder und Andachtsgerät in Vilsbiburger Haushalten des 18. Jahrhunderts, in: Der Storchenturm 15 (1980) S. 12–35

Ders.: Kindbezogene Sachgüter in Haushalten der Märkte Teisbach und Vilsbiburg während des 18. Jahrhunderts, in: Der Storchenturm 16 (1981) S. 85–96

Ders.: Barockzeitliche Kleidungsstücke Teisbacher Ratsbürger. Nach den Verlassenschaftsinventaren zwischen 1717 und 1790, in: Der Storchenturm 18 (1983) S. 23–34

Habel, Eva: Beamte, Schergen, Schreiber: Wasserburger Pfleggerichtsobrigkeit im 18. Jahrhundert, in: Heimat am Inn 16/17 (1996/97) S. 58–124

Dies.: Inventur und Inventar im Pfleggericht Wasserburg. Entstehung und Aussagekraft einer Quelle zur historischen Sachkultur im ländlichen Altbayern des 18. Jahrhunderts (Münchner Beiträge zur Volkskunde 21), Münster 1997

Keller, Ludwig: Das „große" Sterben in Deggendorf Anno 1634, in: Deggendorfer Geschichtsblätter 16 (1995) S. 83–162

Krüninger, Ulrich: Das Deggendorfer Passionsspiel im 17. u. 18. Jahrhundert, in: Deggendorfer Geschichtsblätter 6 (1986) S. 65–98

Liedke, Volker: Verlassenschaftsinventare Rottaler Bauern- und Bürgerhäuser des 17. Jahrhunderts, in: Ars Bavarica 77/78 (1996) S. 81–115

Steffan, Ferdinand: Kriegsnöte in Wasserburg anno 1704–1705, in: Heimat am Inn 2 (1981) S. 93–127

Weber, Matthias: Die Pest im Raum Pfarrkirchen, in: Ostbairische Grenzmarken XVI (1974) S. 115–120

Wunder, Heide: „Er ist die Sonn', sie ist der Mond". Frauen in der Frühen Neuzeit, München 1992

Gunter Dimt

Inn, Innstadt und Innstadthaus

Gebirge trennen – Flüsse verbinden. Auf diese kurze Formel kann man die Ausbreitung kultureller Eigenarten bringen, wenn man die historische Entwicklung des Siedlungsraumes im Alpengebiet beobachtet. Der Inn als Verkehrs- und Wirtschaftsader hat durch Jahrhunderte auch kulturelle Impulse sowohl stromabwärts bis in den Donauraum, als auch stromaufwärts aus den pannonischen Gebieten bis in den gebirgigen Oberlauf mit sich geführt.

Eine besonders eigenartige Entwicklung wurde den im unmittelbaren Einflussbereich der Verkehrsader Inn gelegenen Städten und Märkten zugesprochen und deren äußeres Erscheinungsbild als mehr oder weniger solitär empfunden. Durch neuere Forschungen hat sich allerdings herausgestellt, dass die angenommenen Besonderheiten in den Baustrukturen der „Innstadtbauweise" primär auf eher formale Elemente der Fassaden- und Dachgestaltung zurückgeführt werden können, die Funktions- und Baustrukturen des umbauten Raumes der Häuser aber viel weiter über das bisher angenommene Verbreitungsgebiet hinausreichen und durchaus nicht als Besonderheit einer „Innbauweise" gelten können.

Die Keimzelle und Grundlage jedes städtischen Hauses ist die Bauparzelle. Schon hier wird der Unterschied zum Bauernhaus deutlich, weil im Gebiet des Inns bäuerliche Sammelsiedlungen mit geschlossener Bauweise, wie sie beispielsweise in den hoch- und spätmittelalterlichen Kolonisationsgebieten unterhalb des Strudengaues dominieren, fehlen und in den alten Weilersiedlungen genügend Platz war, um zwar geordnet, aber doch relativ ungezwungen bauen zu können. Der nächste Unterschied zum Bauernhaus liegt in der Funktionsstruktur: der Handel treibende oder ein Gewerbe ausübende Bürger hatte ganz andere Raumbedürfnisse als der Ackerbau und Viehzucht betreibende Bauer, sodass im städtischen Bauwesen a priori ganz andere Voraussetzungen die Bauweise beeinflussten. Spätestens seit dem Hochmittelalter, vor allem dem 12. und 13. Jahrhundert, als Stadt- und Marktgründungen bzw. Erweiterungen bereits bestehender Anlagen einen Höhepunkt erreichten, bildete sich ein Parzellenraster heraus, der die Gestalt der historischen Stadt- und Marktkerne bis zum heutigen Tage prägt.

Wenn in der Folge beispielhaft auf die am Inn gelegenen Städte Braunau und Schärding sowie den Markt Obernberg und das im Binnenland gelegene Ried näher eingegangen wird, sollen Gemeinsamkeiten und Gegensätze in den historischen Wirtschafts-, Sozial- und Baustrukturen aufgezeigt werden, die einerseits für die städtebauliche Entwicklung, andererseits aber auch für die Bauweise der Bürgerhäuser bis in das 19. Jahrhundert relevant geblieben sind.

Stadt- und Marktgrundrisse

Den oben genannten Orten, zwei Städten mit „altem" Stadtrecht und zwei Märkten (Ried ist eine „junge" Stadt, die erst 1857 das Stadtrecht erhielt), ist eines gemeinsam: das Wachsen aus einer ursprünglichen Siedlungskonzentration mit einer Stadtburg, keiner der Orte wurde als so genannte „Gründungsstadt" konzipiert und auf einmal errichtet. Allerdings nahmen die vier Orte in der frühen Neuzeit städtebaulich eine unterschiedliche Entwicklung. Mit der landrechtlichen Trennung Österreichs von Bayern 1156 wurde der Inn bzw. das Vorland bis zum Hausruckkamm zu einer wichtigen Grenz- und Verteidigungslinie für Bayern, die bereits in den Territorialkämpfen des 13. und 14. Jahrhunderts, in deren Folge beispielsweise Ried mehrmals zerstört wurde, eine erste Bewährungsprobe zu bestehen hatte. Aus diesem Grunde wurden die unmittelbar am Inn gelegenen Städte Braunau und Schärding im 17. Jahrhundert mit einem bastionären Befestigungssystem nach italienischem Vorbild umgeben, während die beiden Märkte Ried und Obernberg von diesem städtebaulichen Korsett verschont blieben. Die Konsequenz für Braunau und Schärding war der Verlust der außerhalb der Innenstadt gelegenen Vorstädte bzw. deren Integration in den Innenstadtbereich. Ried und Obernberg hingegen konnten ein ganzes System von Vorstädten oder Vormärkten entwickeln, das ganz besondere Wirtschafts-, Sozial- und Baustrukturen aufzuweisen hatte. Ein Vergleich der vier Orte auf der Grundlage des Franziszeischen Katasters lässt die Unterschiede, aber auch die Gemeinsamkeiten erkennen.

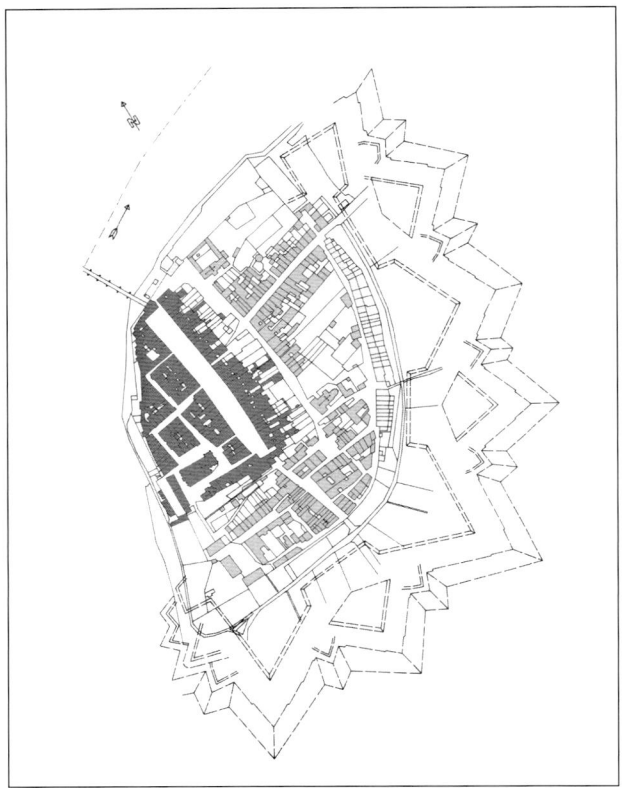

Abb. 1 *Braunau am Inn. Dunkelgrau: Stadtkern; hellgrau: integrierte Vorstädte; strichliert: ehemaliges bastionäres Befestigungssystem*

Abb. 2 *Braunau am Inn. Ältester Stadtkern, Häuserzeile in der Kirchengasse*

Braunau am Inn

Von einem Herzogshof und den dazugehörenden Dienstboten- und Handwerkerhäusern ausgehend, entwickelte sich im 12. Jahrhundert der älteste Stadtkern in jenem Sektor der Altstadt, der das „Scheibenviertel" umfasst (im Grundriss nördlich der Stadtpfarrkirche). Im 13. Jahrhundert, zwischen 1270 und 1290, erfolgte die Erweiterung um den Stadtplatz samt den zugehörigen Häuserzeilen. Dieser innerstädtische Bereich (im Grundriss dunkelgrau) war durch eine Mauer geschützt, der Stadtbach- und der Hundsgraben waren vorgelagert. Im 15. Jahrhundert hat man diesen ersten Mauerring mit Ausnahme des Salzburger Tores wieder geschleift, weil die mittlerweile entstandenen Vorstädte (im Grundriss hellgrau) mit dem Stadtkern vereint und durch eine nun an der Außenseite der Vorstädte verlaufende Mauer gesichert wurden. Zugleich bildete sich eine markante sozialtopographische Gliederung heraus: Während die Handelsherren, vor allem die Tuchhändler, ihre Häuser am Stadtplatz hatten, etablierten sich die Bäcker und Metzger überwiegend in der Vorstadt um die Linzer Straße, während die vom Wasser abhängigen Gewerbe entlang des Stadtbaches angesiedelt waren. Wegen der strategischen Bedeutung der Innlinie wurde ab 1601 mit dem Bau der Festungsanlagen begonnen, die Kurfürst Ferdinand Maria 1672–1679 nach italienischer Manier vollenden ließ. Durch dieses bastionäre Befestigungssystem (im Grundriss strichliert) hat Braunau alle im Nahbereich der Stadt gelegenen Vororte verloren. Nach dem Frieden von Pressburg (1805) musste die Festung geschleift werden. Diese Arbeiten waren bis 1808 abgeschlossen, das Brückentor als letzter Rest der Festung wurde erst im Zuge des Brückenneubaues 1892 abgetragen. Auf dem Gelände der militärischen Einrichtungen entstand zu Beginn des 19. Jahrhunderts die Siedlung „Lerchenfeld" (im Grundriss langgestreckte Häuserzeile im Osten).

Schärding am Inn

Bereits 804 n. Chr. wird am Schnittpunkt des Innweges mit der vom Pramtal in das Rottal in Bayern führenden Straße ein Wirtschaftshof des Hochstiftes Passau erwähnt. Im 11. Jahrhundert entstand auf dem neben dem Innufer aufragenden Granitfelsen eine Burg, in deren Schutz zunächst auf Höhe des Burgberges und dann, in mehreren Erweiterungsschritten, eine Stadtanlage entstand (im Grundriss dunkelgrau). Wegen der Bedeutung als Übergang über den Inn erhielt Schärding 1310 eine Innbrücke, deren gemauerte Fundamente heute noch benützt werden. Zu Beginn des 15. Jahrhunderts wurde die Stadt mit einer Mauer und einem Graben umgeben, die Vorstadt Eichbühel (im

Abb. 3 *Schärding am Inn. Dunkelgrau: Stadtkern; hellgrau: integrierte Vorstadt; strichliert: ehemaliges bastionäres Befestigungssystem*

Abb. 4 *Schärding am Inn, Häuser der „Silberzeile" am Oberen Stadtplatz gegen die Stadtpfarrkirche*

Abb. 5 *Schärding am Inn, Außenansicht des Linzer Tores*

Grundriss hellgrau) wurde erst im 17. Jahrhundert eingegliedert, vermutlich im Zuge der Errichtung des bastionären Befestigungssystems, das ungefähr zeitgleich mit dem von Braunau angelegt wurde. Die sozialtopographische Gliederung folgt den bereits bekannten Regeln: Am Stadtplatz finden sich die Handelsbürger und besser gestellten Gewerbebürger, in den Seitengassen und der ehemaligen Vorstadt Handwerker und kleine Kaufleute.

Die Festung wurde 1705 und nach ihrer Wiedererrichtung 1742, endgültig dann 1809 geschleift. Die vier Tore der ehemaligen Stadtmauer sind noch heute erhalten.

Ried im Innkreis

Um 1140 wird die heute nicht mehr existente Burg als Sitz eines Ministerialengeschlechtes genannt. Unterhalb derselben wurde eine Ansiedlung von Handel- und Gewerbetreibenden angelegt, die in mehreren Ausbaustufen wuchs und seit 1364 als Markt gilt. Dieses Zentrum mit den charakteristischen Straßenplät-

zen war ursprünglich ummauert, das Braunauer und das Schärdinger Tor blieben erhalten. Außerhalb dieser Siedlungskonzentration, die den Handels- und Gewerbebürgern vorbehalten blieb (im Grundriss dunkelgrau), entstanden entlang der Flüsse und Bäche weitläufige Vormärkte. Entlang der heutigen Rainerstraße und „am Grieß" bis St. Anna, dem ehemaligen Siechenhaus, wuchs eine bedeutende Vormarktsiedlung, die im 17. und 18. Jahrhundert fast durchwegs von Leinenwebern besiedelt war. Das Zechhaus der Leinenweber in diesem Vormarkt bildete ein Zentrum außerhalb der Innenstadt. Auch die wasserabhängigen Gewerbe waren hier bzw. im Vormarkt Kleinried, östlich des Marktzentrums, beheimatet. Die Vermutung, dass ein ursprünglich großer und repräsentativer Stadtplatz durch die Errichtung einer Häuserzeile im Sinne eines „Grätzls" in den längsgerichteten Hauptplatz und den Rossmarkt aufgespalten wurde, ist nicht nachweisbar. Auffallend ist, dass in den Vormärkten bis zum 19. Jahrhundert überwiegend Holzhäuser in Blockbauweise errichtet wurden, von denen sich bis heute viele erhalten haben.

Abb. 6 *Ried im Innkreis. Dunkelgrau: Marktkern; hellgrau: Vormärkte*

Abb. 8 *Ried im Innkreis. Vormarkthäuser am „Gries"*

Abb. 7 *Ried im Innkreis. Stadtplatz mit Dietmarbrunnen*

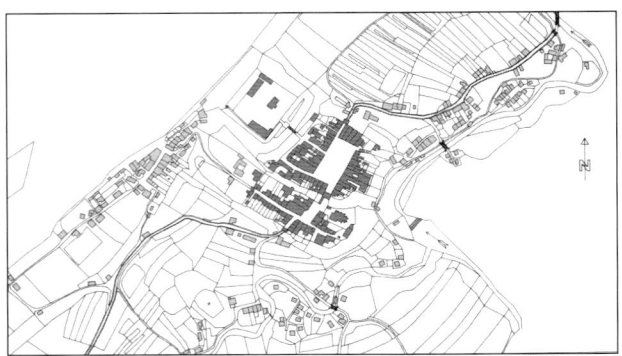

Abb. 9 *Obernberg am Inn. Dunkelgrau: Alter und Neuer Markt, hellgrau: Vormärkte*

Obernberg am Inn

Knapp vor 1200 ließen die Bischöfe des Hochstiftes Passau am südlichsten Ende ihres Herrschaftsbereiches eine Burg erbauen, die den bereits bestehenden „Alten Markt" sicherte. Zwischen diesem und der Burg entwickelte sich der „Neue Markt" mit seinem charakteristischen Rechteckplatz. Um diesen Platz gruppierten sich die Häuser der für den Ort bedeutenden Handels- und Gewerbebürger, vor allem der Brauer und Schiffmeister. Unterhalb dieses Zentrums entstand am Innufer der Vormarkt der Schiffleute, entlang des Gurtenbaches siedelten sich nicht nur die wasserabhängigen Gewerbe, sondern auch Handwerker, Bauleute und Taglöhner an.

Sozialtopographie und Bausubstanz

Die Gliederung der Stadt- und Marktgrundrisse erfolgte nach Regeln, die von der Sozialhierarchie innerhalb des Gemeinwesens bestimmt wurden. Vom 12. und 13. Jahrhundert ausgehend sind bis zum 19. Jahrhundert allerdings immer wieder Wandlungen sowohl im Sozialgefüge als auch in der Definition von sozialen Gruppen festzustellen, sodass eine Übereinstimmung von sozialen Schichten mit Haustypen unscharf bleiben muss. So ist beispielsweise der Begriff „Bürger", der ursprünglich nur den Handel treibenden Einwohner einer Stadt bezeichnete, im Lauf der Jahrhunderte auch auf einzelne Gewerbe treibende und schließlich auf die Handwerker und alle Bewohner einer Stadt aus-

Abb. 10   *Obernberg am Inn. Marktplatz, Ansicht gegen*
Norden

gedehnt worden, sodass die Bezeichnung „Bürgerhaus" heute sehr komplex ist und praktisch alle Wohnhäuser eines Marktes oder einer Stadt umfasst. Aus diesem Grund soll hier nicht vom sozialen Status auf die
Bausubstanz, sondern umgekehrt von dieser auf den
sozialen Status des Eigentümers rückgeschlossen werden.

Das strenge Parzellengefüge in der Stadt führte zur
Fixierung von Haustypen, die sich nicht grundsätzlich
in der Funktions- und Baustruktur, sondern im Bau-
volumen unterschieden. Statistisch gesehen gehört ein
ursprünglich zweigeschossiges, mit drei Fensterachsen
versehenes Haus zum häufigsten Typus. Im Erdgeschoss befindet sich straßen- oder platzseitig das „Gewölbe", der Verkaufsraum, mit dem vor dem Fenster
angebrachten „Laden", der für die Auslage der Waren
diente. Hinter dem Gewölbe waren Werkstatt- und
Lagerräume angeordnet. Den Abschluss bildete ein
Innenhofbereich, der das Vorder- vom Hinterhaus
oder einfacheren Stadelbauten trennte. Im Hinterhaus
konnte bis zum 19. Jahrhundert Zug- und Nutzvieh
untergebracht sein, in jüngerer Zeit wurden die Hin-
terhäuser mehr und mehr zu Wohnzwecken umgebaut, die dann die gleichen Baustrukturen wie die
Vorderhäuser aufwiesen.

Das Obergeschoss enthielt die Wohnung des Hausherren mit der großen, auf die Straße oder den Platz
ausgerichteten Stube. Hinter der Stube lag die oft nur

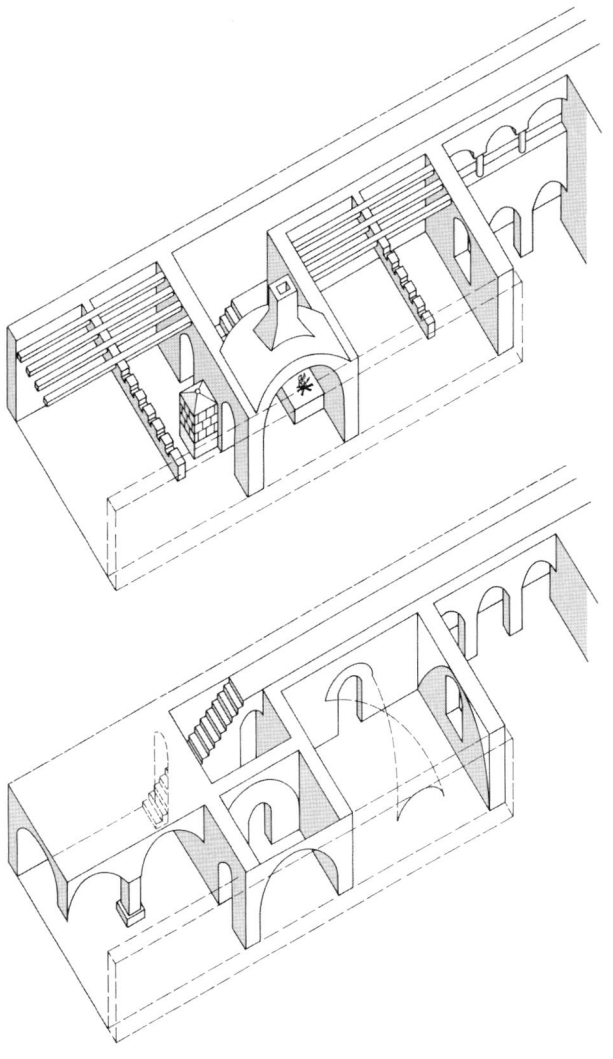

Abb. 11
Schema eines kleinen, dreiachsigen
Bürgerhauses.
Unten: Erdgeschoss, von links nach
rechts das „Gewölbe", dahinter
Stiegenaufgang zum Obergeschoss,
Werkstatt- und Lagerräume, der
Hofraum.
Oben: Obergeschoss, von links nach
rechts die Stube, dahinter die Schwarze
Küche und der Schlafraum.
Der langgestreckte Flur führt zu den
Hofarkaden mit dem Abort und weiter
zum Hinterhaus (hier nicht
dargestellt).
Die Fassade zeigt im Erdgeschoss das
Verkaufsfenster mit dem Laden und
die drei Fensterachsen, darüber eine
Hohe Vorschussmauer im Stil des
18. Jahrhunderts.

Abb. 12 *Schärding am Inn. Bürgerhäuser mit drei Fensterachsen am Oberen Stadtplatz, die zweiten Obergeschosse wurden vermutlich im 18. Jahrhundert aufgesetzt*

Im dicht verbauten Gebiet der Städte sorgte eine Fülle von Verordnungen dafür, dass nicht nur eigentums- und baurechtliche Aspekte berücksichtigt wurden, sondern dass vor allem der Ausbruch von Bränden verhindert wurde.

Verheerende Stadtbrände waren auch dafür ausschlaggebend, dass die „Innsbruckerische Bauweise" ab dem 16. Jahrhundert auch in anderen Städten eingeführt wurde, um ein Übergreifen der Flammen von Haus zu Haus zu verhindern. Unter dieser Bauweise verstand man das Hochziehen der vier Außenmauern eines Hauses und das Hineinsetzen eines sogenannten „Grabendaches". Es gab keine vorspringenden hölzernen Bauteile an Ortgängen und Traufen, die Häuser erhielten ein kastenartiges Aussehen, weil die Dachflächen hinter den hochgezogenen Vorschussmauern der Fassaden verborgen blieben. Diese Art der nüchternen Fassadengestaltung, die höchstens durch zumeist ältere gotische Flach- oder Eckerker unterbrochen wurde, kam dem Stilempfinden des 16. und 17. Jahrhundert entgegen. Die großflächigen, verputzten Mauerflächen zwischen den Fenstern wurden in dieser Zeit häufig sgraffitiert, im 18. und frühen 19. Jahrhundert aber, nach dem Abklingen der Sgraffito-Mode, durch Putzgliederungen und Stuckornamente dem Zeitgeschmack angeglichen. Vermutlich ab dem 18. Jahrhundert wurden die Vorschriften hin-

durch das Herdfeuer erhellte Rauchküche mit dem gemauerten Trichterschlot. Die Küche war vom in der Längsachse des Hauses verlaufenden Flur aus zugänglich, der auch die Stiegenläufe zwischen den einzelnen Geschossen aufzunehmen hatte. Gegen den Innenhof war ein Schlafraum ausgerichtet. Im Bereich des offenen Hofes, der häufig mit kurzen Arkadengängen versehen war, lagen zumeist die Aborte, deren Abfallschächte in die „Reihen" zwischen den Häusern führten. Weitere Obergeschosse, die oft erst im 17. und 18. Jahrhundert aufgesetzt wurden, hatten gleiche Grundrisse. Die in weniger prominenter Lage situierten Nebenräume dienten als Unterkunft für die Dienstboten oder als Lagerräume. Dachbodenräume, die für Lagerzwecke geeignet waren, entstanden nur dort, wo entsprechend hohe Dachstuhlkonstruktionen vorhanden waren. Gerade im Kerngebiet des „Innstadthauses" mit dem charakteristischen, flachen Grabendach war das nicht immer der Fall. Im Verbreitungsgebiet des wesentlich steileren „Ostalpenländischen Grabendaches" hingegen gehörte die Nutzung des Dachraumes, der über eine in der Fassade ausgesparte und mit einem Aufzugbalken versehene Öffnung mit Waren beschickt werden konnte, zur standardisierten Funktionsstruktur des Hauses.

Keller gab es nur in Form von Teilunterkellerungen, die entweder vom Hof oder von der Straße aus durch sogenannte „Kellerhälse" zugänglich waren.

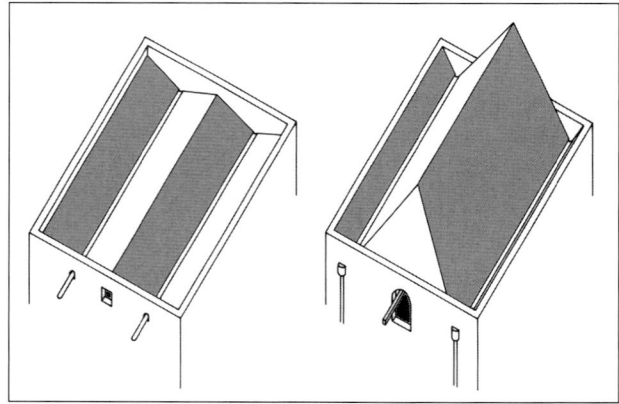

Abb. 13 *Links: „Innstädtisches Grabendach" mit allseits hochgezogenen Umfassungsmauern. Das flache Dach war ursprünglich mit Legschindeln gedeckt, die Ableitung der Dachwässer erfolgte direkt ins Freie.*
Rechts: „Ostalpenländisches Grabendach" mit hohem Dachraum und Steildach, das mit Nagelschindeln oder Ziegeln gedeckt sein konnte, jüngere Form der Dachwasserableitung über Rinnenkessel und Abfallrohre

sichtlich der „Innsbruckerischen Bauweise" gelockert oder nicht mehr beachtet, möglicherweise wurden sogar, so wie beispielsweise im Salzkammergut, behördliche Verfügungen gegen die flachen Legschindeldächer wirksam. Jedenfalls ist eine Umgestaltung der Dachlandschaft, weg vom flachen „Innstädtischen Grabendach" und hin zum steilen „Ostalpenländischen Grabendach" zu beobachten. Statt der waagrechten Abschlüsse der Vorschussmauern dominieren nun markant hochgezogene Vorschussmauern, häufig mit geschwungenen Giebeln, die Fassaden, die traufseitig hochgezogenen Mauern zwischen den Häusern verschwinden, sodass nun unmittelbar Traufe an Traufe grenzt. Das wohl beeindruckendste Beispiel für diese neue Art der Giebel- und Dachausbildung findet sich an der „Silberzeile" genannten Ostseite des Schärdinger Stadtplatzes. Wie bereits erwähnt, konnten Stadtbrände massive Eingriffe in die städtische Bausubstanz bedeuten. Auf den Stadtbrand von 1874 ist die Umgestaltung vieler Häuser des Braunauer Stadtplatzes zurückzuführen, die nach dem Brand nicht mehr giebel-, sondern traufseitig wiedererrichtet wurden.

Oft wurden Brände auch genutzt, um benachbarte Häuser eigentumsrechtlich und baulich zu vereinen. So geschah es ab dem 17. Jahrhundert häufig, dass zwei, manchmal sogar drei Häuser hinter einer gemeinsamen, nun sehr breiten Fassade zusammengebaut wurden. Speziell die großen Braugasthäuser ließen sich die Gelegenheit zur Vergrößerung selten entgehen.

Repräsentative Patrizierhäuser, so wie beispielsweise in Steyr, finden sich in den vier hier vorgestellten Orten kaum. Braunau hat am Ostende des Stadtplatzes, nahe dem Stadtturm, einige Tuchhandelshäuser aufzuweisen, auch Obernberg hat im „Woerndlehaus" ein annähernd vergleichbares Objekt. Diese auf breiteren Parzellen errichteten Handelshäuser, deren Bausubstanz bis in das endende 15. Jahrhundert zurückreichen kann, hatten dann meistens fünf Fensterachsen und eine für Fuhrwerke geeignete Einfahrt, die bis zu den Magazinen im hinteren Teil der Häuser reichte.

Im Gegensatz zu diesen repräsentativen Bauten der gesellschaftlichen Führungsschichte in den Stadtkernen entwickelte sich in den Vorstädten oder Vormärk-

ten ein vergleichsweise wesentlich bescheideneres Bauwesen. Die unterschiedliche Wirtschafts- und somit Funktionsstruktur der Handwerker-, Gewerbebürger- und Taglöhnerhäuser führte zu Objekten mit geringerem umbauten Raum. Auch die Baustrukturen orientierten sich an den Erfordernissen, und so ist es nicht verwunderlich, dass noch im 18. Jahrhundert weite Bereiche der Vormärkte aus in Blockbauweise errichteten Holzhäusern bestanden. Im Gegensatz zu den Festungsstädten Braunau und Schärding, wo ausschließlich Massivbauten anzutreffen waren, sind in Ried noch in der ersten Hälfte des 19. Jahrhunderts sogar im Innenstadtbereich Holzhäuser nachgewiesen.

Literatur

Berger, Franz: Geschichte des Marktes und der Stadt Ried, Ried 1948

Berger, Franz/Bauböck, Max: Bürger- und Häuserbuch von Ried im Innkreis, Ried 1955

Dimt, Gunter: Die Städte und Märkte des Innviertels im 18. Jahrhundert, in: Historische Dokumentation zur Eingliederung des Innviertels im Jahre 1779, Katalog zur Sonderausstellung in Ried im Innkreis, Linz 1979, S. 153-172

Dimt, Gunter: Haus und Wohnung zwischen Mittelalter und Neuzeit am Beispiel Oberösterreichs, in: Alfred Haverkamp (Hrsg.): Haus und Familie in der spätmittelalterlichen Stadt, (Veröff. des Inst. f. vergleichende Städtegeschichte in Münster, XXII) Köln/Wien 1984, S. 66-98

Dimt, Gunter: Haus und Hof zwischen Nordwald und Alpenrand – eine Spurensuche, in: Schultes Lothar/Prokisch, Bernhard (Hrsg.): Gotikschätze Oberösterreich, Katalog des OÖ.Landesmuseums NF. 175, Linz 2002, S. 87-96

Engl, Franz: Schärding am Inn, ein Führer durch Stadt und Geschichte, hrsg. v. Stadtgemeinde Schärding, 1991

Guby, Rudolf: Schärding. Das Bild der Entwicklung der kurbayrischen Landgerichtsstadt als Kunststätte, (Veröff. des Inst. f. ostbairische Heimatforschung) Passau 1927

Klaar, Adalbert: Der gotische Städtebau in Österreich, in: Die Bildende Kunst in Österreich, Band 3, hrsg. v. Karl Ginhart, Wien 1938, S. 13-25

Martin, Franz: Braunauer Häuserchronik, (Schriften zur Braunauer Heimatkunde Heft 1, hrsg. v. Heimatverein Braunau) Braunau 1943

Martin, Franz: Die Kunstdenkmäler des politischen Bezirkes Braunau am Inn, (ÖKT Band XXX) 1947

Reinisch, Rainer: Braunau am Inn, o. J.

Schuster, Max Eberhard: Das Bürgerhaus im Inn- und Salzachgebiet, (Das Deutsche Bürgerhaus V, hrsg. v. Adolf Bernt) Tübingen 1964

Waltl, Artur: Braunau am Inn, ein Denkmal mittelalterlichen Städtebaues, (Schriftenreihe der OÖ. Landesbaudirektion Nr. 5) Wels 1948

Sieglinde Baumgartner

Wallfahrten und Heiligenverehrung

Im Gegensatz zu den Prozessionen versteht man unter Wallfahrt das gemeinsame Wallen (Gehen, Pilgern) wie auch den Gang des Einzelnen, sofern ein bestimmtes Gnadenbild, das als solches durch seine Wunderkraft bestätigt ist, das Ziel darstellt. Zudem muss die Wallfahrt aus einer bestimmten Intuition (etwa einem Gelöbnis) heraus durchgeführt werden und mit einer religiösen Handlung (Gebet, Opfer) zumindest am Kultort selbst verbunden sein.[1] Die volkstümliche Heiligenverehrung basiert auf der Tatsache, dass sich der einfache Mensch in seinen Anliegen über die Heiligen an Gott wendet. Nachdem die katholische Kirche im Konzil von Trient ihr Verständnis der Bilder klar definiert hatte, setzte eine nie da gewesene Flut der Bilderverehrung ein, zu der auch die neuen Druckmedien einen wesentlichen Beitrag leisteten. Sie hielt bis ins 18. Jahrhundert an und fand ihren Niederschlag in der Entstehung unzähliger Wallfahrtsorte, die vor allem Maria geweiht waren.[2] Die Beweggründe für eine Wallfahrt gehen aus den Mirakelbüchern, den „Einschreibbüchern", hervor, die Sorgen und Nöte der Menschen in vergangenen Jahrhunderten bezeugen, andererseits aber auch aus den Texten und Darstellungen auf den Votivbildern, die Zeugnis ablegen für die Erleichterung, die die Menschen durch ihre Kulthandlung gefunden haben. Wegen seiner vielen sichtbaren Äußerungen zählt das Wallfahrtswesen zu den vielfältigsten Zeugnissen der Volksfrömmigkeit.

Als Termine für Wallfahrten werden immer wieder die drei Goldenen Samstage genannt. In Zusammenhang mit der Leonhardswallfahrt von Grongörgen erwähnen die Commenden das Bestehen der „Marianischen Goldenen Samstagnächte St. Leonhards". Es handelt sich dabei um eine früher weit verbreitete religiöse Feier, bei der an den drei Samstagen nach Michaeli die Gläubigen die ganze Nacht hindurch in der Kirche beteten. Über den Ursprung dieser Andacht gibt es mehrere Legenden. Eine besagt, dass drei Knechte am Samstag eine Wiese mähten. Sie waren fast fertig, als die Abendglocke ertönte. Nur einer betete und kehrte heim zum Rosenkranz. Als er am Montag auf die Wiese zurückkam, um weiterzuarbeiten, fand er ein Goldstück, das Maria ihm geschickt hatte. Daraufhin entschlossen sich fromme Leute am Sams-

tag nach dem Aveläuten nicht mehr zu arbeiten, sondern an den drei Samstagen nach Michaeli die Nacht hindurch zu beten. Eine andere Legende besagt, dass Kaiser Ferdinand III. (gest. 1657) diese Andacht sehr gefördert habe, da ihm Maria in einer Erscheinung eröffnete, dass sie großes Gefallen daran finde, wenn jemand an diesen drei Samstagen ihre unbefleckte Empfängnis verehre, um eine glückselige Sterbestunde zu erlangen. Die Verbindung dieser Samstage mit dem Fest des hl. Michael ist wohl darin begründet, dass die Menschen im Oktober nach der Ernte mehr Zeit hatten, Wallfahrten zu unternehmen. Kriss nennt die Goldenen Samstage in Zusammenhang mit den Marienheiligtümern von Kösslarn, Frauenornau, Niedergottsau, Kirchwald, Antwort und der Ponlachkapelle zu Tittmoning sowie der Leonhardswallfahrt von Aigen am Inn, der Wallfahrt zur hl. Kümmernis der Meierkapelle oberhalb von Tann, der Wallfahrt zum hl. Erasmus nach Heiligenberg und der St.-Anna-Wallfahrt auf dem Kreuzberg bei Wolfstein.

Es gibt Quellheiligtümer, Steinheiligtümer, „heilige" Bäume, Wallfahrten in Zusammenhang mit Blutwundern und Hostienfrevel sowie Kultorte, die der Verehrung von Heiligen gewidmet sind. Ursprünglich bildeten in erster Linie die Gräber der Heiligen Wallfahrtsziele. Die erste Blüte der marianischen Wallfahrten setzte erst im 12. bzw. 13. Jahrhundert ein, eine zweite Blüte folgte während der Gegenreformation. Die Auswirkungen waren so weitreichend, dass schließlich die überwiegende Zahl der Gnadenorte ein Marienbild als Kultobjekt hatte.

Das Gebiet diesseits und jenseits des Inn ist überzogen mit einer Vielzahl von Wallfahrtsorten. Während in Bayern zahlreiche überregional bedeutende Gnadenorte wie Altötting, Maria Hilf zu Passau, Maria Dorfen, Maria Landshut oder Bogenberg entstanden, liegt das heutige Innviertel im Spannungsbereich der österreichischen Nationalheiligtümer Mariazell und St. Wolfgang, Maria Plain und Maria Loretto in Salzburg einerseits und der o. a. bayerischen Gnadenorte andererseits. Hier konnten daher lediglich regional bedeutende Kultorte entstehen, die auf einen Zuzug aus der unmittelbaren Nachbarschaft beschränkt waren.

Marienwallfahrten in Bayern

Die Wallfahrt nach Altötting wurde am Ende des 15. Jahrhunderts nach dem Bekanntwerden von zwei Mirakeln schlagartig zu einem Anliegen weiter Bevölkerungskreise. Die älteste Kapellrechnung stammt aus dem Jahr 1492 und zählt bereits beachtliche Geld-, Wachs- und Naturalopfer auf, die von den Wallfahrern gestiftet wurden. Zur Finanzierung des Landshuter Erbfolgekrieges konnte die Kapellverwaltung Herzog Georg dem Reichen von Landshut den gewaltigen Betrag von 57 000 Gulden leihen. Kaiser und Könige pilgerten zur „schwarzen Muttergottes" von Altötting. Diese ca. 65 cm hohe gefasste Schnitzfigur, die aus der Zeit der Wende des 13. zum 14. Jahrhundert stammt, wurde durch chemische Veränderungen der Fassung und durch Kerzenrauch im Laufe der Zeit schwarz. Die „Patrona Bavariae" übte nicht nur in Bayern, sondern auch in weiten Teilen Oberösterreichs eine große Anziehungskraft aus. Gerade das Innviertel liegt im Kerngebiet des Wallfahrtszuzuges. Die Beliebtheit der Altöttinger Madonna führte im Innviertel zu mehreren Filiationen.

Das Originalbild der Maria Hilf zu Passau wurde um 1515 von Lukas Cranach d. Ä. geschaffen und zunächst in der Hofkirche zu Dresden aufgestellt. Erzherzog Leopold V. von Österreich erhielt es 1611 in seiner damaligen Funktion als Bischof von Passau zum Geschenk. Als er 1619 Landesfürst von Tirol wurde, nahm er das Bild nach Innsbruck mit, wo es seit 1650 in der St.-Jakobs-Pfarrkirche aufgestellt ist. Die berühmteste Kopie dieses Bildes entstand bereits um 1620. Sie wurde nach eigenartigen Lichterscheinungen zunächst in eine dafür erbaute Kapelle und schließlich in die 1624 bis 1627 errichtete Wallfahrtskirche samt Kapuzinerkloster am Mariahilfberg übertragen. Besonders bekannt wurde das Gnadenbild durch den Aufenthalt Kaiser Leopolds I., als er 1683 vor den Türken mit seinem Hofstaat nach Passau geflohen war. Die wichtigste Filiation in Oberösterreich ist Maria Schmolln, wo der Bauer Michael Priewasser 1735 aus Schmerz über einen „entlaufenen Sohn" ein Maria Hilf-Bild aufstellte. 1784 wurde in nächster Nähe eine hölzerne Kapelle errichtet, die aber bereits 1810 wieder abgetragen wurde. In behördlichem Auftrag wurde das Bild weggeworfen. Ein Bauer hing es wieder an den ursprünglichen Fichtenstamm. Die Verehrung mehrte sich und erreichte im 19. Jahrhundert ihren Höhepunkt.

Das Bogenberger Gnadenbild ist das Nachfolge-Gnadenbild einer romanischen Madonna des 13. Jahrhunderts (heute rechts vom Hochaltar aufgestellt), das die Donau hinauf geschwommen sein soll. Das heutige Gnadenbild, eine 105 cm hohe Sandsteinfigur aus der Zeit um 1410 stellt den Typus der „Maria gravida"[3] dar und ist für Bayern einmalig und unverwechselbar. Das Original wurde in den Schwedenkämpfen des Dreißigjährigen Krieges schwer beschädigt und musste teilweise überarbeitet werden. Die ursprünglich gotische Fassung ist noch erkennbar, der stuckierte barocke Mantelüberwurf war in dunklem Rot gehalten und zeigte nach Art einer Ährenkleidmadonna aufgemalte goldene Ähren. Die Stiftung eines perlenen Gnadenrocks durch Kaiserin Eleonora, Gemahlin Ferdinands II., zeugt von einem noch weiter zurückliegenden Bekleidungsusus, sodass dadurch den Gläubigen neben der Gravidität auch die Hand- bzw. Armhaltung des Originals nicht bewusst war.[4] Auf ein Gelübde, das im Jahr 1492 abgelegt wurde, geht die Wallfahrt der Pfarrei Holzkirchen bei Vilshofen auf den Bogenberg zurück: Um vor einer Borkenkäferplage verschont zu werden, ziehen die Wallfahrer aus Holzkirchen jedes Jahr zu Pfingsten in einer zweitägigen Wanderung auf den Bogenberg. Dabei tragen sie eine riesige Kerze - eigentlich ist es ein Holzstamm, der mit 75 Pfund Wachs umwickelt ist - von 11 Metern Höhe mit sich. Ein gutes Stück des Weges, vor allem die letzte Strecke den Berg hinauf, wird sie von den Burschen aufrecht getragen. Sie darf auf keinen Fall stürzen, denn das würde der Überlieferung nach Krieg bringen.

Eine Verbindung von Tierorakel mit Baumkult findet sich in der Gründungslegende von Kösslarn, das eine der ältesten Wallfahrten Bayerns ist: Ein Graf Ortenburg und sein Diener sollen im Jahr 1364 durch diese Gegend geritten sein. Als sie an einen Bach kamen, wollte das Pferd plötzlich nicht mehr weiter gehen. Der Diener kam auf den Gedanken, dass vielleicht ein Kronwittzweiglein schuld sein könnte, das er kurz vorher abgepflückt hatte. Sie ritten zurück und fanden in besagtem Wacholderbusch ein hölzernes Marienbild mit dem Jesuskind. Nachdem sie einen Verschlag errichtet und das Bild hineingestellt hatten, ritten sie fort und konnten den Bach nun mühelos überqueren. Später wurde der Bauer eines in der Nähe gelegenen Anwesens krank. Im Schlaf hatte er die Vision, dass er Heilung finden würde, wenn er die Muttergottes im Wacholderbusch aufsuchte. Dies traf auch zu, und ab dieser Zeit kam die Wallfahrt in Schwung.

In den Mirakelbüchern von Kösslarn wird Maria häufig als „wunderbarer Kronwitt" bezeichnet. Seit dem Jahr 1443 unternimmt die Gemeinde Holzkirchen bei Ortenburg jedes Jahr eine Wallfahrt nach Kösslarn.

Wie Kösslarn so kam früher auch Tuntenhausen an Bedeutung Altötting gleich. Ein bayerischer Herzog soll 1334 ein Marienbild gestiftet haben; bereits 1350 wird ein Pilgerzug von Obertaufkirchen erwähnt. Das heutige Gnadenbild stammt von 1520 und zeigt die Muttergottes, die ihr Kind den Besuchern entgegen hält.

Die seit dem Spätmittelalter aufblühende marianische Frömmigkeit war so groß, dass auch ältere Kulte in Vergessenheit gerieten und ein Marienbild die ganze Verehrung auf sich gezogen hat. So finden wir Maria als Kultgegenstand heute in Schildthurn an Stelle der hll. drei Jungfrauen Einbeth, Vilbeth und Warbeth, in Gehmannsberg statt dem hl. Gunther, in Handlab an Stelle der hl. Korona und in Frauenau statt dem hl. Hermann verehrt.[5] Und obwohl uns der Name Mariens schon in der Bezeichnung des Wallfahrtsortes Sammarei entgegentritt, soll auch dieses Heiligtum auf eine Korona-Wallfahrt zurückzuführen sein.

Besonders während der Gegenreformation trat eine starke marianische Orientierung auf. Neben den Darstellungen Mariens mit dem Jesuskind gibt es auch Kultbilder, die die Madonna ohne das Jesuskind darstellen: etwa das Bild der „Madonna mit dem geneigten Haupt", das 1699 von den Landshuter Ursulinen zur Verehrung ausgesetzt wurde, und die „Mutter der schönen Liebe" zu Wessobrunn (1704). Breiteste Verehrung fand jedoch auch die Darstellung der „Mater dolorosa" in der Münchner Herzogsspitalmuttergottes.

Marienwallfahrten im Innviertel

Benedikt Pillwein erwähnt mit der Anmerkung „früher sehr besucht" im Jahr 1755 für den Bereich des heutigen Innviertels folgende Wallfahrtsorte: *„1. Ach, 2. Heiligenstatt, 3. Kirchdorf, 4. die Herrschaftskapelle zu Eberschwang, 5. Brunnenthal bey Schärding, 6. Maria-Bründl bey Rab, 7. St. Florian bey Uttendorf, 8. St. Salvator ob dem Hardt, 9. St. Pantaleon zu Weng".[6]* Von diesen neun Wallfahrtsorten sind fünf Maria, zwei der Verehrung

Abb. 1 *Wallfahrt zur Herrschaftskapelle in Eberschwang. Kupferstich von Michael Wening um 1700, Volksschule Eberschwang*

von hl. Hostien und zwei Wallfahrtsorte anderen Heiligen gewidmet. Gänzlich erloschen ist auch die Wallfahrt zur Herrschaftskapelle zu Eberschwang. Der Bau dieser Wallfahrtskirche wurde von Graf Gottfried Wilhelm von Tattenbach in Auftrag gegeben und 1684 vollendet. Michael Wening hat die Wallfahrtskirche mit dem Gnadenbild – einer Krönung Mariens[7] – um 1700 auf einem Kupferstich dargestellt. Deutlich erkennbar sind auch die Pfarrkirche, das Benefiziaten-Haus der Kapelle, das Pfarr-Kaplanhaus und die Kramläden für den Verkauf von Devotionalien.

Eine Darstellung der Krönung Mariens wird auch in der Pfarrkirche Mariae Himmelfahrt in Kirchdorf am Inn verehrt. Diese Wallfahrt wurde von Kaiser Joseph II. verboten und lebte erst im 19. Jahrhundert wieder auf.

Die Wallfahrtskirche Mariae Heimsuchung in Ach bestand schon um 1180. Die spätgotische Marienstatue hält in der linken Hand eine Weintraube, nach der das Kind greift. Das Gnadenbild wurde der Legende nach von der Salzach bei Ach angeschwemmt. Man brachte es ins Schloss des Herrn Acher, jedoch kehrte es am nächsten Morgen an die Fundstelle zurück. Dies wiederholte sich noch zweimal, dann ließ der Schlossherr am Ufer eine Kapelle für die Statue bauen. Genau an der Fundstelle befindet sich der Hochaltar.

Zwei der bei Pillwein erwähnten Marienwallfahrtsorte, nämlich Maria Brunnenthal und Maria Bründl bei Raab, gehen auf Quellheiligtümer zurück. Assmann weist darauf hin, dass das Innviertel besonders viele Quellheiligtümer hervorgebracht hat, dass aber in den seltensten Fällen ein Kultkontinuum aus vorchristlicher Zeit nachzuweisen ist, da die meisten Quellheiligtümer nicht weiter als in das frühe 17. Jahrhundert zurückzuverfolgen sind. Maria Brunnenthal bei Schärding verdankt seine Entstehung einer 1644 entsprungenen Quelle, deren Heilerfolge sich so rasch herumsprachen, dass neben der Grotte schon bald eine Wallfahrtskirche und darüber eine „Kapelle mit Messlizenz" errichtet wurden. Die Legende erzählt: Dem an einem Fußleiden erkrankten Bauern Georg Auer erschien die hl. Maria und empfahl ihm, sich in der Quelle die Wunde zu waschen. Er gelobte eine Kapelle bei seiner Heilung, die er auch errichtete. Beim Bau der Kapelle halfen Engel mit, daher gedieh der Bau sehr rasch. Mit den vielen Spenden der Wallfahrer konnte schon 1656 eine Kapelle und 1667/68 die von Christoph Zuccalli erbaute Wallfahrtskirche entstehen. Auf dem Hochaltar ist die Auffindung der Quelle dargestellt. Die als Kultgegenstand verehrte Marienfigur kam nach der Sperre der über der Heilquelle erbauten Kapelle 1718/20 in Privatbesitz und schließlich auf den linken Seitenaltar der Wallfahrtskirche.[8]

Ganz ähnlich wie die Entstehung von Maria Brunnenthal wird auch jene von Maria Bründl geschildert: Im Jahr 1645 erlangte an dieser Quelle die Dienstmagd des Raaber Lebzelters Tobias Pöckl durch Waschen ihrer kranken Füße vollkommene Heilung. Zum Dank ließ sie neben der Quelle eine Kreuzsäule mit einem Marienbild setzen. Die Quelle fand regen Zulauf. Das älteste erhaltene Votivbild stammt aus dem Jahr 1656. Bereits 1683 wurde bei der Heilquelle eine bescheidene Kapelle und ein Bild „Unsere liebe Frau mit dem geneigten Haupt" angebracht.[9] Die Kapelle konnte den Zustrom der Wallfahrer bald nicht mehr fassen. Wegen der mannigfachen, teils auf Grund der mineralhaltigen Quelle naturgesetzlich erfolgenden, teils wegen der durch die Muttergottes geschehenen wunderbaren Heilungen machten sich die Bezeichnungen „Heil-Bründl" und „Marien-Bründl" breit. Besonderer Förderer des Kirchenbaues und der Errichtung des Badhauses war Maximilian Franz Graf von Tattenbach auf St. Martin und Raab. Er stattete die Kirche auch mit Kapitalien aus. Die Verbindung der Kirche mit der unteren Kapelle und dem Badhaus[10] wurde durch eine 44-stufige überdeckte Treppe hergestellt. Nach der Stiftung eines Benefiziums im Jahr 1758 erlebte der Wallfahrtsort in der Zeit unmittelbar danach seine größte Blüte. Um dem Zustrom der Pilger Rechnung zu tragen, stellte man etwa zu den Patroziniumsfesten bei günstiger Witterung Beichtstühle und sogar eine provisorische Kanzel im Freien auf. Erst die Josephinischen Reformen ließen die Pilger ausbleiben.[11]

Weitere Quellheiligtümer sind die auf das Jahr 1743 zurückgehende Augenbründl-Kapelle von Viehhausen, das Glatzinger Bründl bei Kopfing (Entstehung 1785) und die Bründlkapelle zur hl. Maria in Pötting bei Andrichsfurt, wo aber eigentlich eine Dreifaltigkeitsgruppe von Johann Franz Schwanthaler verehrt wird.

Als Wallfahrten, deren Gründung in Zusammenhang mit Bäumen steht, sind für das Innviertel neben Maria Schmolln auch Maria Feichten in der Gemeinde Hohenzell und die zwischen Aurolzmünster und Ried gelegene Kapelle Maria Aich zu nennen.

Die Geschichte der Wallfahrt zur „Frau Feichten" in der Pfarre Hohenzell geht der Überlieferung nach auf die Zeit des Spanischen Erbfolgekrieges zurück. 1703 wurde eine Marienstatue von einem Soldaten, der sie in Ried erworben hatte, aus Dankbarkeit für die Heilung von einer schweren Augenkrankheit bei Hohenzell an einen Baum – eine Fichte – gehängt. Der Besitzer des Waldes bemerkte später am Bild zwei Tränen. Er brachte es daher in die Pfarrkirche, doch am nächsten Tag fand man es wieder an der Fichte. Da er dies als Wunder betrachtete, ließ er den Baum fällen und über den fünf Meter hohen Strunk eine hölzerne Kapelle bauen, in der er das Bild aufstellte.

Auch in Aich ist das Gnadenbild an einem dicken Baumstamm – wie der Name schon sagt, an einer Eiche – befestigt. Die Kapelle wurde 1743 über der besagten Eiche von Paul Graf Palffy, k. k. General im Österreichischen Erbfolgekrieg, errichtet. Den Anlass dazu gab vermutlich ein Unfall, den Graf Palffy in der Nähe der Eiche erlitten hatte: Er wurde von seinem Pferd abgeworfen und mitgeschleift. Palffy gelobte, für seine Errettung den Bau einer Kapelle. Um Maria Aich ranken sich noch weitere Legenden. Die eine erzählt, dass ein Graf Hunt, der gerade vom Abt von Admont eine Marienstatue geschenkt bekommen hatte, gelobte, an dieser Stelle eine Kapelle zu errichten, wenn er den plötzlich vor ihm aufgetauchten schwarzen Ritter, der ihn zum Kampf forderte, besiegen würde. Der Graf hielt seinem Gegner das Marienbild entgegen, worauf dieser – der Teufel – davon stürmte. Eine andere Version erzählt, dass ein Bauer, der von den Franzosen verfolgt wurde, im Stamm der Eiche ein sicheres Versteck gefunden und zum Dank für die Errettung die Kapelle erbaut habe. Die weitere Sage berichtet von Holzfällern, die während eines verheerenden Hochwassers die Eiche als letzte Zufluchtsstätte gewählt haben. Als das Wasser zurückging, entdeckten sie ein angeschwemmtes Marienbild, das sie an der Eiche befestigten. Nur vierzig Jahre nach ihrer Errichtung über dem Stamm der Eiche wurde die Kapelle im Zuge der josephinischen Reformen gesperrt und abgerissen und im 19. Jahrhundert wieder errichtet und reaktiviert.[12] Eine gleichnamige Kapelle gab es in Lohnsburg, deren Heilquelle vor allem bei Augenleiden aufgesucht wurde.[13]

Eine blühende Wallfahrt war im 18. Jahrhundert jene zur Schutzmantelmadonna von Eitzing. 1744 wurde der Kirche von Papst Benedikt XIV. ein besonderer Ablass verliehen, jedoch kam die Wallfahrt in der Aufklärung fast vollkommen zum Erliegen. Aus der Kirchenrechnung des Jahres 1626 geht hervor, dass die Eitzinger ihrerseits jedes Jahr 13 Wallfahrten unternahmen. Am St. Florianstag (4. Mai) zogen die Eitzin-

ger nach St. Florian bei Schärding. Seit dem Jahr 1650 werden Wallfahrten nach Maria Hilf bei Passau und die zu Unserer Lieben Frau nach Eberschwang erwähnt, 1648 unternahmen die Eitzinger eine Kirchfahrt nach Altötting.[14]

Abschließend sei noch eine Marienwallfahrt anderer Art erwähnt – nämlich jene von „Altschwendt zum Rauhen Weib". Verehrt wurde hier die Einsiedlerin Maria von Ägypten, deren Gnadenbild in der Wirtskapelle des Hauses Altschwendt 1 aufgestellt war. Der frommen Einsiedlerin war im Laufe der Zeit das Gewand vom Leib gefallen und zum Schutz ihrer Schamhaftigkeit wuchs ihr am ganzen Körper ein zottliges Fell. Altschwendt war besonders im 16. Jahrhundert ein viel besuchter Wallfahrtsort, der besonders bei Frauenleiden, zur Fürbitte um Eheglück und Kindersegen, aber auch um Stallsegen aufgesucht wurde.[15]

Christuswallfahrten

Neben der himmlischen Mutter wurde der „Blutende Heiland" zu einem Lieblingstopos der Wallfahrtsbewegungen. Der Ursprung der relativ jungen Wallfahrt zum „gegeißelten Heiland auf der Wies" geht auf die theatralischen Bräuche barocker Kirchenfeste zurück. Da der Abt des Klosters Steingaden im Jahr 1730 für die Karfreitagsprozession die Figur eines gegeißelten Heilands benötigte, ließ er aus den Gliedmaßen mehrerer nicht mehr gebrauchter Figuren einen Christus an der Geißelsäule zusammensetzen. Bis 1734 wurde die Skulptur in der Prozession mitgetragen, dann gelangte sie in eine Abstellkammer, von da zum Tavernwirt in der Hofmark Steingaden und schließlich zu dessen Gevatterin Maria Lori, der Wiesbäurin, die im Jahr 1738 eines Tages Tränen am Bild entdeckte. Von da an setzte der Zustrom der Pilger ein. 1745 wurde der Grundstein zu der von Dominikus Zimmermann geplanten Rokokokirche gelegt, die ein einzigartiges Architekturjuwel darstellt. Die Figur des Christus in der Wies führte zu zahllosen meist eher kleinen Filiationen im süddeutschen und österreichischen Raum, von denen als Beispiel die Wallfahrt zum Herrgott in der Wies bei Astätt im Innviertel genannt werden soll. In der kleinen Ortschaft Grillham in der Ortsgemeinde Burgkirchen bei Braunau wurde im 18. Jahrhundert ein aus fünf Wunden blutender Heiland verehrt, dessen Blutstrahlen in Form von rot bemalten Drähten dargestellt waren, die in einen zu Füßen der

Abb. 2 *„Jesus in der Wis". Kupferstich koloriert 19. Jh., Ried im Innkreis, Museum Innviertler Volkskundehaus*

Figur stehenden Kelch flossen. Einer Legende zufolge soll die Christusstatue, als man sie an einen anderen Ort brachte, immer wieder an ihren alten Platz zurückgekehrt sein.

Im bayerischen Tann genießt ein wundertätiges Kruzifix, genannt „der Herrgott von Tann", große Verehrung, dem einst die angeleimten Haare zu wachsen begannen. Man glaubte es nicht, und um die Sache zu konstatieren, schnitt der Kooperator Rudolf Maier von Tann am 22. September 1695 dem Kruzifix den Bart ab. Aber der Bart bekam nach und nach seine Länge wieder, *„ohne dass menschliche Kunst und Zutun möglich oder denkbar war".* Aus einer Gedenktafel in der Pfarrkirche geht hervor, dass das wundertätige Kruzifix auf Befehl des Salzburger Fürstbischofs Johann Ernst Graf von Thun am 3. Mai 1696 in feierlicher Prozession aus der Wohnung des Marktschreibers Ignaz Kendt in die Kirche auf den Hochaltar gebracht und zur öffent-

lichen Verehrung ausgesetzt wurde.[16] Aus dem Mirakelbuch der Wallfahrt „Zum Herrgott von Tann" geht hervor, dass diese ins Oberösterreichische und weit darüber hinaus bis zur ungarischen Stadt Ofen ausstrahlte. So verlobte 1724 *„Maria Susana Krümplin bürgerliche Bäckin von Frankenmarkt im Ländl ob der Enns"* ihr 6 Wochen altes „abgezehrtes" Kind, dessen rechtes Bein kürzer war, *„auf Thann".* Von dieser Stunde an erlangte das Kind Besserung, *„es nahm zu an Leib, der kürzere Fuß bekam die gehörige Länge und das Kind war vollkommen gesund."*[17] Dem aus Braunau stammenden Schuhmacher Joseph Lindauer und seiner Frau waren bereits mehrere Knaben an Leibschaden (Bruch) gestorben. Als 1749 wieder ein Knabe mit diesem Gebrechen zur Welt kam, rieten die Verwandten, sie sollten sich zum hl. Kreuz nach Tann verloben. *„Sie verfügten sich ungesäumt samt den Kind nach Thann. Die Mutter legte mit einem kostbaren Opfer das Kind auf den Altar, und ließ zugleich eine hl. Messe lesen und also gleich verging der Leibschaden, und die Aeltern brachten das Kind unter Tausend Freuden frisch und gesund mit sich nach Haus."* Unter anderen Votiven wurde in Tann auch der hölzerne Hammer nachgewiesen – ein sehr seltenes und auf das östliche Niederbayern, Inn-, Rott- und Vilstal beschränktes Votiv. Es ist dies eine Opfergabe in Liebesangelegenheiten.[18]

Blutwunder und Hostienfrevel

Das Blutwunder von Bolsena und die Einführung des Fronleichnamsfestes führten im 13. Jahrhundert zur Festigung der Transsubstantiationslehre. Im Zentrum der Wallfahrten von Heiligenstatt und Hart bei Pischelsdorf steht die Eucharistie. Die dem SS. Sacramentum geweihte Kirche von Hart bei Pischelsdorf entstand um 1490. Diebe sollen ein Ziborium im nahen Auerbach gestohlen und – da sie sich verfolgt fühlten – die Hostie unter einer Buche im Wald verborgen haben. Hostien wurden häufig für abergläubische Handlungen verwendet. An der Fundstelle wurde 1510 die Kirche erbaut. Acht Tafelbilder aus der Zeit um 1620/30 erzählen den Ursprung der Wallfahrt, die bei verschiedenen Krankheiten (Pest, Fraisen, Fuß- und Zahnleiden) aufgesucht wurde. Das eigentliche Wallfahrtsbild zeigt das Sakrament des Altares – Engel mit der Eucharistie; es befindet sich heute hinter dem Hochaltar, wird aber auf zahlreichen Votivbildern dargestellt. Besonders beliebt waren in Hart Gewichtsvotive: 1687

Abb. 3
„Ein andächtiges Gebeth zu dem wunderthätigen Heiligen Kreuz zu Thann in Baiern, welches Anno 1696 erfunden, und den 7. May in die Pfarrkirche gesetzt worden." Kupferstich, Ried im Innkreis, Museum Innviertler Volkskundehaus

opferten ein Bauer und seine Frau ihre aus Wachs gegossenen Bilder, von denen eines 39 Pfund wog. Später wurden daraus Kerzen gegossen. Hart war in früheren Zeiten ein sehr bedeutendes Wallfahrtsziel – 52 Pfarreien aus Bayern, Salzburg und dem Innviertel kamen alljährlich zur Wallfahrt nach Hart aus einem Umkreis von sieben und mehr Gehstunden.

Die Filialkirche von Heiligenstatt ist dem hl. Apostel Matthäus geweiht. Die auf den barocken Deckenfresken geschilderte Legende zeugt von einer großen hl. Hostie, die von einer Frau im Wald unter einer Buche gefunden worden war. Die Hostie konnte erst erhoben werden, als der Bau eines Gotteshauses an der Fundstelle gelobt wurde. Die hl. Hostie kam unter den Altarstein. Dass die Kirche vom Volk auch „Heiligblut" genannt wird, rührt daher, dass 1434 der Ritter Kuchler aus Jerusalem einen Kreuzpartikel für die Kirche mitbrachte, von der er einen Teil der Stiftskirche Mattighofen widmen wollte. Bei der Teilung floss jedoch Blut aus dem Span, sodass er schließlich zur Gänze in Heiligenstatt blieb.

Auch die Wallfahrt zum hl. Blut bei Erding geht auf ein Hostienwunder zurück: Ein Bauer wollte eine Hostie mit nach Hause nehmen, um im Hausstand Glück

zu haben. Er verlor sie jedoch. Nach der Wiederauffindung konnte diese weder vom Pfarrer noch vom Bischof erhoben werden. Man interpretierte dies so, dass der Heiland genau an dieser Stelle eine Verehrungsstätte haben wollte. Das Gnadenbild zeigt Christus mit den fünf Wundmalen, aus denen Blutstrahlen fließen. In der Gruftkirche befindet sich eine kleine Grube an der Stelle, wo die Hostie in der Erde versunken sein soll. Von dort nahmen die Pilger früher Erde mit. Der Mesner verwahrt zwei Holzmodel, in die das Gnadenbild samt dem Erdhügel mit der Hostie gestochen ist. Aus diesen wurden von der mit Wasser vermischten Erde Abgüsse hergestellt, die beliebte Pilgerandenken waren. Ein weiterer sehr eigenartiger, seit dem 17. Jahrhundert nachweisbarer Brauch ist das Mitnehmen von Hals- oder Kopfdraht durch die Wallfahrer. Der Messingdraht wurde am Gnadenbild aufgehängt, und die Pilger konnten sich bei Bedarf ein Stück abschneiden und sich um den Hals winden. Neben lebendigen Opfertieren (Kälber, aber auch Ochsen und Rinder), die zu Gunsten der Kirche verkauft wurden, lässt sich hier auch das Opfer von Butterschmalz und Milch bis zu Beginn des 19. Jahrhunderts verfolgen.

Wallfahrten zu männlichen Heiligen

Neben Pest und Feuersbrunst bestand die elementarste Gefahr für die bäuerliche Bevölkerung in der Gefährdung des Weideviehs durch Seuchen („Viehfall"). Der hl. Leonhard - ursprünglich der Patron der Gefangenen - wurde wegen seines Attributes, der eisernen Kette, zum Patron für das Vieh umfunktioniert. Wie breit die Verehrung des hl. Leonhard war - in Bayern gab es einst 170 Leonhardiritte -, drückt sich auch in der Bezeichnung des Heiligen als der „bayrische Herrgott" aus. Eine der ältesten Gnadenstätten Bayerns und zugleich eine der bedeutendsten Leonhards-Wallfahrten ist jene von Aigen am Inn. Ihre Entstehung wird von einer Legende umrankt: Fischer entdeckten ein im Inn schwimmendes schwärzliches hölzernes Bild. Dreimal stießen sie es vergeblich in den Fluss zurück. Menschenmassen strömten herbei. Der Burgherr von Katzenberg erkannte schließlich das Bildnis des hl. Leonhard, durch dessen Fürbitte seine Tochter aus harter Gefangenschaft befreit worden war. Zu Ehren des hl. Leonhard erbaute er die erste Kirche, auf deren Hochaltar jene Statue aufgestellt wurde.

Bei zahlreichen Leonhardi-Wallfahrten findet man altes Eisenbrauchtum und Eisenopfer wieder. Manche Leonhardikirchen - wie etwa die 1722 geweihte Leonhardkapelle auf dem Kalvarienberg im bayerischen Bad Tölz oder die St. Leonhardkirche in Ganacker - sind mit einer Kette umspannt. Bereits 1674 wurde die Leonhardkirche von Geiersberg mit einer Kette umgeben, die aus 1600 Gliedern bestand.[19] Seinem Attribut entsprechend wurden dem hl. Leonhard vor allem Votivgaben aus Eisen geopfert. Früher vom Dorfschmied angefertigt, konnte man die eisernen Opfergaben - Rinder, Pferde, Schafe, Gänse und Hühner - schließlich beim Mesner für ein geringes Entgelt ausleihen. Für jedes Tier im Stall wurde ein eiserner Stellvertreter im Hut um den Altar getragen. Dies war vor allem am 6. November, dem Fest des hl. Leonhard, gebräuchlich. Aber nicht nur filigraner Figürchen bediente sich das Leonhardi-Brauchtum. Es gibt auch die „Leonhardi-Klötze" - in Bayern „Würdinger" genannt. Sie sind zwischen 6 und 110 Kilogramm schwer und werden am 6. November von den jungen Burschen aus Aigen und Umgebung gestemmt. Je reiner die Seele des jungen Mannes, desto leichter sollte ihm der Kraftakt fallen. Eine ähnliche Bewandtnis hat es mit dem fast 120 Kilogramm schweren und einen Meter langen Eisenkegel, dem „Leonhardsnagel", den die Wallfahrer in St. Leonhard zu Inchenhofen rund um die Wallfahrtskirche trugen. [20]

Aber nicht nur in Viehnöten verlobte man sich dem hl. Leonhard. Auch dann, wenn die - im 18. Jahrhundert noch recht bescheidenen - Möglichkeiten der medizinischen Kunst versagten, wandte man sich an den Heiligen. Die im Mirakelbuch des Leonhards-Heiligtums Ramerberg angeführten Krankheiten und Gebrechen reichen von Seitenstechen, hitzigem Fieber, Hals- und Kopfweh zu Herzbeschwerden, kranken Augen und wehen Zähnen über das gefürchtete Kindbettfieber bis hin zu lahmen Gliedern, offenen Wunden und Geschwüren.[21]

„Heiliger Wolfgang bitte Gott, dass er uns schützt von Krieg und Noth ..."

Eine der populärsten Heiligengestalten war und ist der hl. Wolfgang, der einerseits als Einsiedler am Abersee und andererseits als Bischof von Regensburg in die Geschichte eingegangen ist. Seine Wanderung zwischen den beiden Orten gab Grund zur Annahme von Rastpunkten am Wege, und diese sind für die meisten Wolfgangs-Wallfahrtskirchen in den Legenden überliefert. Kriss nennt für den bayerischen Raum außer St. Wolfgang im Salzkammergut zahlreiche Orte mit diesem Namen - die Legenden zeigen nur geringe Abweichungen.

Obwohl anzunehmen ist, dass all diese Wallfahrtsorte als näherer Ersatz für die beliebte Fernwallfahrt nach St. Wolfgang im Salzkammergut entstanden, nahmen viele Pilger aus Bayern die Strapazen der Fernwallfahrt an den Abersee in Kauf. Die Mirakelbücher belegen dies eindrucksvoll: Rosina Schwatzmayr, Bierbräuersgattin aus Burghausen, versprach für die Genesung ihres an der Fraisen erkrankten 15 Wochen alten Sohnes neben einer Messe, einem Pfund Wachs und einem wächsernen Bild, in St. Wolfgang „auch dreymal umb den Altar des H. Wolffgangi mit gebogenen Knyen zu gehen". Der an starken Kopfschmerzen leidenden Barbara Sigler aus Tittmoning erschien in der Nacht der hl. Wolfgang und rief sie zum Besuch der Kapelle auf, dies versprach sie, „mit blossem Knyen umb dieselbe zu gehen".[22] 1737 verspricht die Tochter des Georg Hueber, Bauer von Hohenaschau aus der Herrschaft Freising, die an der „hinfallenden Sucht" (Epilepsie) litt, „eine Wallfahrt mit brinnenden Liecht hierhero" zu verrichten, und ist genesen.[23]

Ein Wallfahrtsweg nach St. Wolfgang führte durch das Mattigtal, wo entlang dieser Strecke in Abständen von rund einer Stunde Fußmarsch sich Kirchen befanden, die auf ein altes Pfarrpatrozinium verweisen können und selbst über Jahrhunderte Wallfahrtsziele waren. Die Wallfahrer überquerten von Simbach kommend den Inn und erreichten die Stadt Braunau. Ihr Weg führte weiter nach Haselbach zur Kapelle des hl. Valentin, schließlich zur Filialkirche St. Georgen an der Mattig und zur Kirche Maria Himmelfahrt nach Mauerkirchen, deren einstige Bedeutung als Wallfahrtsort durch bedeutende Stiftungen des 14. und 15. Jahrhunderts belegt ist. Der Weg führte weiter nach St. Florian bei Helpfau, zur Barbarakapelle in der Ortschaft Auffang bei Schalchen, zur Kirche zum heiligen Kreuz in Höllersberg bei Munderfing, wo die hl. Siebenschläfer verehrt wurden, und weiter zur Filialkirche St. Valentin in Valentinshaft und zur Pfarrkirche des hl. Martin in Munderfing. Der Weg führte weiter zur Filialkirche zum hl. Matthäus in Heiligenstadt, zur Filialkirche St. Laurenz in Teichstätt und schließlich zur Pfarrkirche des hl. Jakob in Lengau. Von dort führte der historische Wolfgangweg weiter in südlicher Richtung und erreichte kurz vor Straßwalchen Salzburger Gebiet und endete nach dem Mondseegebiet im Wolfgangland.[24] Auch prominente Wallfahrer haben diesen Weg benützt: 1478 wallfahrteten etwa – ein Jahr vor der Regierungsübernahme – der junge Herzog Georg der Reiche und Hedwig gemeinsam auf diesem Weg nach St. Wolfgang, ein Jahr später wurde Hedwig von ihrer Schwiegermutter, der Herzogin Amalie, an den Abersee begleitet.[25]

„Hl. Florian beschütze unser Haus"

Die Feuersgefahr zählt neben der Wassergefahr zu den wesentlichen Gefährdungen der menschlichen Existenz. Die Legende bezeichnet den hl. Florian als römischen Heeresbeamten in Österreich, der als Christ bei der diokletianischen Christenverfolgung nach Lauriacum zieht, um die dort gefangenen Christen zu befreien. Er wird aber selbst gefangen genommen und nach vielen Martern 304 mit einem Mühlstein um den Hals in die Enns geworfen. Seine Leiche wird von den Wellen an einen Felsen geworfen und von einem Adler bewacht. Eine fromme Frau findet den Leichnam und lässt ihn dort bestatten. Über seinem Grab wird später das Stift St. Florian errichtet. In seiner Jugend soll Florian ein brennendes Haus durch sein Gebet gerettet

haben, aber erst nach dem 15. Jahrhundert führt dieser Legendenteil zum Wasserkübel als ständigem Attribut, mit dem er ein brennendes Haus löscht. Dass ausgerechnet der im Wasser umgekommene hl. Florian zum Patron gegen Feuersbrünste wurde, geht auf die missverstandene Deutung seines Attributes zurück, denn die Darstellung des Wassers als Ursache für seinen Tod war nur in einem Gefäß möglich, und das wurde alsbald als Feuerlöscheimer umgedeutet.[26]

Eine Wallfahrt nach St. Florian bei Helpfau kann erstmals im Jahr 1344 in einer Ablass-Verleihung nachgewiesen werden. Die plastische Mittelgruppe des Hochaltares zeigt den hl. Florian als Beschützer vor Feuersgefahr, sie erinnert stark an den Bräueraltar von Thomas Schwanthaler in der Rieder Pfarrkirche. Zeugen der intensiven Florianverehrung sind Votivkerzen des 17. und 18. Jahrhunderts – sie sind im Chor zu beiden Seiten des Hochaltares aufgestellt – und zahlreiche Votivbilder. Darüber hinaus brachten die Wallfahrer früher auch lebende Opfer, wie Hühner, Gänse, Enten, Ferkel und Kälber. Diese Tiere, die man vorerst hinter dem Hochaltar in einen Käfig sperrte, wurden mit Hilfe einer Kälberwaage, deren Reste sich heute noch in der Sakristei befinden, abgewogen.[27] Neben den erwähnten Spenden, waren stets auch große verzierte Wachskerzen beliebte Opfergaben. Opfer von schwarzen Hühnern sind im 18. Jahrhundert auch für den Wallfahrtsort St. Florian bei Schärding belegt. Der hl. Florian findet sich gemeinsam mit dem hl. Georg auf Altären häufig als Nachfolger der gotischen Schreinwächterfiguren. Ein eindrucksvolles Denkmal haben die Gebrüder Zürn dem Heiligen in der Filialkirche St. Georgen an der Mattig gesetzt. Auf dem Hochaltar tötet der hl. Georg hoch zu Ross mit einer Lanze den feuerspeienden Drachen und kann so die Königstochter Margarete retten.

Im Bistum Passau ist Niederperach der einzige Wallfahrtsort, an dem der hl. Andreas verehrt wird. In der Kirche befinden sich spätgotische Tafelbilder, die zu den ältesten Votivbildern des Bistums gehören. Der Pfeil ist auf Grund des erlittenen Martyriums Attribut des hl. Sebastian. Andererseits ist der Pfeil zugleich auch Symbol für alle plötzlichen todbringenden Krankheiten. Sebastian ist daher auch der Pestheilige. Die Pilger bekamen stets kleine Pfeilchen aus Zinn (früher auch kostbare aus Silber), die durch Berührung mit der Reliquie eine besondere Weihe bekamen und als Amulette gegen die Pest getragen wurden. In Ebersberg wird die in Silber gefasste Gehirnschale des hl. Sebastian aufbewahrt. Bis zum Beginn des 20. Jahrhunderts wurde alljährlich am Sebastianstag (20. Jänner) den Pilgern darin Wein gereicht, der mit silbernen Röhrchen aufgesaugt wurde. Der Sebastianswein sollte vor allem gegen die Pest wirksam sein.

Im Innviertel sind in Kapellen häufig Löffelopfer nachweisbar. Die Gründe hierfür waren sehr unterschiedlich: In Pestzeiten wurden dem hl. Sebastian Löffel entweder zum Dank oder als Fürbitte geopfert, da Personen, die an einer ansteckenden Krankheit litten, die Hostie mit dem Löffel gereicht wurde. In anderen Fällen bezieht sich die Opferung auf den Tauflöffel, den man dem Kind schenkte. Wenn das Kind starb, wurde ein hölzerner Löffel der Kirche gestiftet. Auch Hungersnöte werden als Ursache für Löffelopfer genannt. Gegen Zahnschmerzen wurde Salz im Löffel den hll. Apollonia, Koloman, Maria und der Dreifaltigkeit geopfert.[28]

Für Kopfkrankheiten, vor allem Epilepsie, wurden besonders Märtyrer für „zuständig" erklärt, die das Martyrium der Enthauptung erlitten hatten. Die hll. Valentin, Alban und Dionysius finden sich auch unter den 14 Nothelfern. „Sanct Valentin *durch dein Vorbitt / Mich von hin fallender Vraiß behüt ...*" heißt es auf dem Ursprungsbild des Kirchleins von Valentinshaft, das am Wallfahrtsweg nach St. Wolfgang liegt. Neben dem hl. Valentin als Patron gegen Epilepsie und Fraisen wird auch der hl. Wolfgang verehrt. Die Legende berichtet, dass der hl. Wolfgang die Kirche mit einem Stein verschlossen fand. Er griff mit der Hand durch den Stein, um die Kirche zu öffnen. Der „Spurstein" soll früher zu Heilzwecken verwendet worden sein. Der eigentliche Kultgegenstand ist die Statue des hl. Valentin (um 1450) auf dem Hochaltar. Ihm wurden auch schwarze Hühner geopfert, für die es einen eigenen Stall gab.

In Haselbach wird bereits 1140 eine „Kapelle St. Valentin in Hasilpach" als Filiale Ranshofens erwähnt. Auf eine Wallfahrt zu diesem Heiligen weist ein Ablassbrief des Patriarchen Egidius von Grado aus dem Jahr 1299 hin. Von einem großen Wallfahrtsunglück wird im Mai 1533 berichtet: Damals soll die Innbrücke unter der Last einer riesigen Pilgergruppe, die nach Haselbach unterwegs war, eingestürzt sein: 300 Wallfahrer ertranken im Inn. In Haselbach war die Opferung von Kopfurnen gebräuchlich. Es gibt Kopfurnen mit offenem und solche mit geschlossenem Schädeldach, von denen erstere für Getreideopfer Verwendung fanden. Es musste dreierlei Korn (Weizen, Gerste,

Abb. 4   *„Die Wallfahrtskirche Heiligenstadt im oberen Innviertel". Stich 19. Jh., Ried im Innkreis, Museum Innviertler Volkskundehaus*

Roggen) sein, das man sich an drei bzw. neun Orten erbettelt haben sollte. Man brachte das Getreide mit und schüttete es in eine der bereitstehenden tönernen Kopfurnen und umschritt damit den Altar. Das geopferte Getreide wurde vom Mesner durch ein Drahtgitter in eine Holztruhe geschüttet. Die Opferung von Getreide aus Kopfurnen galt zunächst der Bitte um rasche Heirat und Kindersegen, später wurden die Köpfe fast nur noch als Identifikationsopfer bei Kopfleiden geopfert. Kriss führt für den niederbayerischen Bereich und das Innviertel 23 Orte an, wo tönerne Kopfurnen verschiedener Art geopfert wurden. Gegen Fraisen war auch hier die Opferung schwarzer Hühner üblich. Die Opfer lebenden Geflügels waren übrigens oftmals so gebräuchlich, dass man in Inchenhofen besondere „Gockelämter" hielt, bei denen man die Hühner während der Messe um den Altar trug.

„Durch Albans Fürbitte wird geheilt Fraiß, Kopfweh und Gliedersucht"

Die Albani-Wallfahrt in Taubenbach lässt sich bis ins Mittelalter zurückverfolgen. Die Kirche in Taubenbach ist mit der kleinen Albankapelle durch einen Gang verbunden. Der Altar zeigt eine Darstellung des Martyriums des hl. Alban. Die Fresken aus dem 16. Jahrhundert stellen die Opferung von Tonkopfurnen dar. An Votivgaben finden sich hier auch „Lungeln", die nach den Organen schlachtbarer Haustiere angefertigt worden sein sollen. Sie waren in den links und rechts der Salzach gelegenen Bereichen Nieder- und Oberbayerns und Teilen von Salzburg verbreitet. Etwas unterhalb der Kapelle entspringt eine Heilquelle, deren Wasser bei Augenleiden half.

„Hl. Koloman schenk mir einen braven Mann"

Ein gefasstes Relief aus der Mitte des 17. Jahrhunderts, das aus dem „Kolomanischacher" bei Eggelsberg stammt, zeigt das Martyrium des hl. Koloman. Kolomanskapellen liegen häufig abseits einer Siedlung auf einer kleinen Erhebung am Waldrand, stets gibt es auch ein Bründl, dessen Wasser bei Augenerkrankungen hilft. Gegen Zahnschmerzen wurden dem hl. Koloman im Innviertel Löffel mit Salz geopfert. Auch die Kolomanskapelle von Massenhausen wurde bei Mund- und Zahnschmerzen aufgesucht - durch ein Votivbild aus dem Jahr 1674 ist hier aber auch die Heilung eines lahmen Knaben bezeugt. Kolomansköpfe - einfache gedrechselte Holzköpfe mit einer Art Halskrause - wurden als Votivgaben gegen Kopfschmerzen und für Heiraten geopfert. Diese sind für die Kolomanskapellen von Reichertshausen östlich von Wolfratshausen und für Hochstätt bei Rimsting am Chiemsee belegt. Das hölzerne Haupt St. Kolomanis in Massenhausen galt als wundertätig. Zweimal jährlich wurde der üblicherweise auf dem Altar stehende Kopf bei einer Prozession mitgetragen und dann auf einen Tisch im Freien aufgestellt, und die vorbeigehenden Leute opferten in eine davor stehende Schüssel Geld. Dies ist auch für Böhmerkirch bezeugt.

„dass ich am Leben bin, dank ich Erasmo, Maria und Gott"

Dies ist die letzte Zeile auf einer Votivtafel aus dem Jahr 1780. Sie wurde von einem Bürger aus Berchtesgaden geopfert, der auf einer Wanderschaft von seinem Be-

gleiter gestochen und so schwer verletzt wurde, dass „die Därme dringen aus ..." Mit gutem Grund verlobte sich dieser Bürger dem hl. Erasmus: Dieser ist wegen seines angeblichen Martyriums Patron für Darmerkrankungen und Leibschmerzen. Wallfahrtsmäßige Verehrung erfuhr der Heilige in der zur Pfarrei Pürten gehörenden Filialkirche St. Erasmus, in Bücheln bei Hammerau und vor allem in Heiligenberg, wo auch die hll. Wendelin und Leonhard verehrt werden. Lebende Tieropfer können hier sogar vom 15. Jahrhundert bis zum Zweiten Weltkrieg nachgewiesen werden. Hier finden sich auch zahlreiche „Erasmuswinden" als Weihegeschenke. Der hl. Erasmus gilt aber auch als Beschützer des Viehs und Patron der Drechsler. Auch Kindbetterinnen wandten sich an ihn.

In Reischach gibt es gleich zwei dem hl. Antonius von Padua zu Ehren erbaute Kapellen. In der älteren Kapelle gibt es ein Glöckchen gegen Zahnschmerzen. Der Glockenzug musste mit den Zähnen betätigt werden. Die größere Kapelle war ursprünglich eine Marienwallfahrt. Ein Lehenrössler gelobte 1665 ein Bild des hl. Antonius an einem Baum anzubringen, wenn er von seiner tödlichen Krankheit, an der er schon 18 Wochen darniederlag, genesen würde, was auch geschah. Von dieser Zeit an blühte die Verehrungsstätte auf - aus dem Baum mit dem Antoniusbild wurde eine schöne Antoniuskirche. Besonders häufig wird der hl. Antonius bei der Suche verloren gegangener Gegenstände angerufen. In der einstigen Wallfahrtskapelle in St. Anton in der Hallertau wurde ein Bild verehrt, das ein Bauer 1661 aus Padua mitgebracht hatte. Das Altarbild zeigt die Verehrung des Jesuskindes durch den hl. Antonius. Neben Wachs- und Silbervotiven sind auch hölzerne Beine und eine Reihe von Krücken vorhanden.

Zu den Kultorten der „Sieben Schläfer" - etwa Pildenau bei Ering oder der 1648 entstandenen kleinen Kapelle in Schießedt bei Andorf oder Hollersberg nordwestlich von Munderfing - pilgerten die Frauen, um für ihre Kinder gesunden Schlaf zu erbitten. Als Tag der Siebenschläfer wird der 27. Juni gefeiert.[29] Ein interessantes Bild der Siebenschläfer befindet sich im Braunauer Heimathaus - es zeigt den Besuch von Kaiser und Bischof bei den aus dem Schlaf erwachten Jünglingen.[30]

Wallfahrten und Verehrung weiblicher Heiliger
(ausgenommen Maria)

Sammarei bei Ortenburg ist einer der berühmtesten Gnadenorte im östlichen Niederbayern. Die alte 1521 von einem Bauern erbaute Holzkapelle war der heiligen Korona geweiht. Auf wundersame Weise blieb diese Kapelle im Jahr 1619 bei einem großen Brand als einziges Gebäude verschont, was als Wunder angesehen wurde. Neben der Kapelle stand ein Baum, der beim Brand ganz versengt wurde, doch gerade der der Kapelle am nächsten befindliche Ast soll im nächsten Jahr besonders schöne Früchte getragen haben. Man schickte sie der Kurfürstin Elisabeth, der Gemahlin Maximilians I., die fand, noch nie so wohl schmeckende Früchte genossen zu haben. Deshalb erwirkte sie bei ihrem Gemahl die Erlaubnis für den Neubau der Kirche. Der 1631 errichtete Kirchenbau umhüllt das hölzerne Wallfahrtskirchlein, das im Inneren und Äußeren mit Votivtafeln und Votiven der verschiedensten Art völlig bedeckt ist. Das Gnadenbild der hl. Korona wurde 1705 durch ein Bild der Muttergottes mit Kind ersetzt, das heute den Mittelpunkt des Altares und der Gnadenkapelle bildet.[31]

Schon wegen des seltsamen Namens zieht die Wallfahrtskapelle Handlab das Interesse auf sich. Ursprünglich wurde hier allerdings eine Koronafigur verehrt, die noch heute als Gnadenbild auf dem Altar steht und für eine Muttergottesfigur gehalten wird. Zur vermeintlichen Muttergottes kamen viele Gläubige - darunter auch die Gattin des Burgherrn von Engelsburg. Dieser glaubte seine Gemahlin Anna der Untreue überführt zu haben und schlug ihr, als sie einem Bettler eine Gabe reichte, die rechte Hand ab. Sie aber hob die Hand wieder auf, hielt sie an die Stelle, wo diese abgetrennt worden war, und rief „Maria Handl ab", und augenblicklich heilte die Hand wieder an.

Anlass zur Legende von der hl. Kümmernis gaben die romanischen Kruzifixe, die Christus in einem langen, gegürteten Kleid zeigen, das man später als weibliches Kleidungsstück ansah.[32] Die Legende erzählt von der Königstochter Wilgefortis (aus lateinisch Virgo fortis - tapfere Jungfrau), die heimlich Christin geworden war und ein keusches Leben führen wollte. Sie bat Gott, er möge ihr einen Bart wachsen lassen, damit sie ihrem göttlichen Meister ähnlich werde und keinem Mann mehr gefalle. Das Zentrum der Kümmernis-

Verehrung in Deutschland ist Neufahrn bei Freising. Auf dem 1660 errichteten Altar wurde folgende Inschrift angebracht: *„St. Wilgefortis sive Liberata 1661, hl. Jungfrau und Martyrin ohne Kummernuß bitte für uns."*

Eine Verehrungsstätte dieser Heiligen gab es ursprünglich in einer Kapelle auf dem Kümmernisberg nahe Burghausen. Als die Kapelle aber um die Mitte des 19. Jahrhunderts abgebrochen wurde, entfernte man auch das alte Kümmernisbild und ersetzte es durch ein Bild der Mutter Gottes. Weitere Darstellungen der hl. Kümmernis befinden sich in Maria Eich, in der Wallfahrtskapelle zum Heiligen Blut im Dorf Elbach bei Fischbachau (1661), in der Kapelle Streichen (1659), in der Filialkirche von Raithen (Pfarrei Grassau) aus dem Jahr 1537. Die hl. Kümmernis ist eine Lieblingsheilige der Frauen. Die Meierkapelle oberhalb Tann wurde von WallfahrerInnen besonders an den Goldenen Samstagen besucht. Auch ein Bittgang aus Munderfing fand sich ein. Auf dem Altar steht heute allerdings die Figur einer Madonna mit Kind. Unter den Votivgaben sind auch Hämmerchen aus Holz oder en miniature aus Silber. Kriss weist auf die fruchtbarkeitskultische Bedeutung des Hammersymbols hin. Gemeinsam mit einem Blutstein wurde der Hammer bei Frauenangelegenheiten geopfert. Der Blutstein wurde als Amulett gegen häufige, die Fruchtbarkeit gefährdende Blutungen getragen. Nach Ansicht von Kriss wurde der Votivhammer zunächst nur in Marienkirchen geopfert, erst später auch der hl. Kümmernis, da auch sie eine Patronin der Frauen ist. Die Übertragung auf den hl. Leonhard soll sehr spät erfolgt sein.

Die drei hl. Jungfrauen Einbeth, Wartbeth und Wilbeth zählen zu den eigenartigsten Heiligengestalten. Sie gehörten der Legende nach zum Gefolge der hl. Ursula und werden besonders in Tirol, Ober- und Niederbayern verehrt. In Schildthurn werden in der Hauptkirche die drei hl. Jungfrauen und die Muttergottes verehrt, der hl. Leonhard in der kleinen Kapelle daneben. Die Wallfahrt ist bereits in der ersten Hälfte des 15. Jahrhunderts belegt und gehört somit zu den ältesten „Kirchfahrten" in Bayern. Berühmt ist Schildthurn besonders als Mutterschaftswallfahrt. Patron der 1237 erbauten Kirche ist der hl. Ägidius. Der Wallfahrt war stets der Seitenaltar auf der Evangelienseite gewidmet. Der heutige Altar zeigt auf dem Altarblatt eine Darstellung der drei hl. Jungfrauen aus der Mitte des 18. Jahrhunderts. Ein in der Mitte des 16. Jahrhunderts angelegtes Mirakelbuch gibt vor allem die Inschriften von

Votivtafeln wieder. Es enthält als ältestes Datum ein Gelöbnis des Herzogs Friedrich von Bayern-Landshut (Regierungszeit 1392–1393). Es berichtet von Gelöbnissen aus Passau, Ingolstadt, Salzburg, Osterhofen, Eger, Landshut, München, Regensburg, aus dem Ennstal (1419) und sogar aus Ungarn. Daraus lässt sich schließen, dass Schildthurn bereits im 15. Jahrhundert eine weitum bekannte Wallfahrt war. Die Verehrung der drei hl. Jungfrauen lässt sich in Schildthurn schon im 14. Jahrhundert nachweisen. Ab der Gegenreformation tritt an ihre Stelle immer mehr die Marienverehrung. Während die drei hl. Jungfrauen in allen möglichen Anliegen angerufen werden, entwickelt sich hier die Marienverehrung immer mehr zu einem Kult um Kindersegen, der sich an das Berühren und Schaukeln einer Wiege knüpft. Im 18. Jahrhundert gab es hier 20 bis 30 silberne Wiegen als Votivgaben, die aber während der Aufklärung eingeschmolzen wurden. Auch in

Leutstetten im Würmtal existierte einst eine Wallfahrtskapelle zu den drei hl. Jungfrauen – sie wurde aber Mitte des 19. Jahrhunderts aufgehoben. Im oberösterreichischen Bereich sind die drei hl. Jungfrauen kaum bekannt, breite Verehrung finden dagegen die drei „heiligen Madln" Margareta, Barbara und Katharina.

Komplikationen bei der Geburt und Kindersterblichkeit gehörten zum Alltag. Daher gibt es unzählige Votivgaben, die für glücklich überstandene Geburten geopfert wurden. Patronin der Frauen, speziell der Mütter und Schwangeren, aber auch der Dienstboten und Kranken, ist die hl. Mutter Anna. Die für unseren Bereich bedeutendste Wallfahrt zur hl. Anna ist jene auf dem Kreuzberg bei Wolfstein. Einer Legende zufolge habe die Wallfahrt zur hl. Anna schon im 10. Jahrhundert bestanden. 955 soll das Gnadenbild beim Einfall der Hunnen (wohl der Ungarn?) von einer un-

Abb. 5   „Gebet zur hl. Wilgefort oder Kümmerniß" mit „Abbildung der Kümmerniß-Kapelle bei Burghausen". Kolorierter Stich, Ried im Innkreis, Museum Innviertler Volkskundehaus

bekannten Person aus Aicha auf den Kreuzberg gerettet und 42 Jahre lang verborgen geblieben sein, bis die
hl. Anna einer blinden Frau im Traum erschien und ihr
die Stelle beschrieb, wo das Bild verborgen war. Die
Frau fand das Bild unter dem Kronwittstrauch und erlangte so das Augenlicht wieder. Seit dieser Zeit wird
das in der Kapelle fließende Bründl von Augenleiden-
den aufgesucht. Nach einer anderen Überlieferung soll
das Bild in kriegerischen Zeiten verschleppt und nach
der Auffindung in einer Nachbarkirche aufgestellt worden sein. Dreimal kehrte es aber auf den Kreuzberg
zurück – davon soll auch die Feier der drei Goldenen Samstage herrühren. Bereits 1460 gewährte Papst
Pius II. der Kirche von Kreuzberg einen Ablassbrief.
Das Gnadenbild der hl. Anna Selbdritt stammt aus
dem Jahr 1633. Es handelt sich vielleicht um eine
Kopie einer älteren Selbdrittgruppe. Besonders viele
Wallfahrer aus Bayern, Österreich und Böhmen kamen
am Festtag der hl. Anna und an den Goldenen Samstagen nach Kreuzberg. Im Jahr 1777 empfingen an
den Goldenen Samstagen 20 000 Personen die Kommunion. Seit dem Jahr 1710 pilgert jedes Jahr zu
Pfingsten die Gemeinde Schardenberg zur hl. Anna
nach Kreuzberg, um Verschonung vor Hagel und Unwetter zu erbitten.[33] Außer in Kreuzberg werden Gnadenbilder der hl. Anna in Rittsteig, Sulzbach und in
Piegendorf verehrt.

Anmerkungen

1 Für die folgenden Ausführungen grundlegend sind noch immer
die Arbeiten von Kriss und Gugitz sowie die Ausstellungskata-
loge 1985 und 1986 (siehe Literaturverzeichnis).

2 Maria allerorten. Die Gottesmutter mit dem geneigten Haupt.
1699–1999 (Schriften aus den Museen der Stadt Landshut 5),
Landshut 1999, S. 229.

3 Dieser Typus hat im südlichsten Innviertel und vor allem im
Land Salzburg große Verbreitung in Form von „Frautragbildern"
gefunden, die in der Vorweihnachtszeit von einem Hof zum anderen getragen wurden, wo sie je eine Nacht verblieben.

4 Gregor M. Lechner OSB, Das Bogenberger Gnadenbild der
„Maria in der Hoffnung", in: Maria allerorten. Die Gottesmutter
mit dem geneigten Haupt. 1699–1999 (Schriften aus den Museen der Stadt Landshut 5), Landshut 1999, S. 113 ff.

5 Walter Hartinger, Gnadenstätten im Bistum Passau, in: Katalog
zur Ausstellung: Wallfahrten im Bistum Passau, Passau 1986,
S. 37 f.

6 Benedikt Pillwein, Geschichte, Geographie und Statistik des Erz-
herzogthums Oesterreich ob der Enns und des Herzogthums
Salzburg, 4. Theil: Der Innkreis, Linz 1843, S. 131 f. Die von
Pillwein zuletzt genannte Wallfahrt war früher eine der bedeutendsten Oberösterreichs.

7 Vgl. Franz Buchinger, Eberschwanger Panoptikum, Ried 2003.

Das Altarbild befindet sich heute im Besitz der Familie Dr. Thie-
mann.

8 Dietmar Assmann, Innviertler Wallfahrtsorte, in: Blickpunkte
Oberösterreich, Jg. 28 (1979), Heft 4, S. 30.

9 Es kann sich hier also nicht um eine Kopie der Landshuter Madonna handeln, denn diese wurde erst 1699 zur Verehrung ausgesetzt. Vielmehr scheint das 1683 in der Maria-Bründl-Kapelle
angebrachte Gnadenbild ebenso wie das der Landshuter Madonna eine Kopie des ab 1655 bei den Karmeliten in Wien-
Leopoldstadt der allgemeinen Verehrung zugänglich gemachten
Originals der „Muttergottes mit dem geneigten Haupt" zu sein.
Vgl.: Konstantin Kurzhals OCD, Dominikus a Jesu Maria OCD
(1559–1630). Der Auffinder des originalen Gnadenbildes der
„Muttergottes mit dem geneigten Haupt" in Wien, in: Maria allerorten. Die Gottesmutter mit dem geneigten Haupt. 1699–
1999 (Schriften aus den Museen der Stadt Landshut 5), Landshut 1999, S. 231.

10 Das Badhaus hatte im ersten Stock außer dem Gesellschaftssaal
für die Kurgäste und zwei anstoßenden Konversationszimmern
noch zehn Kabinette, wovon jedes mit einer Badekammer in Verbindung stand. Vgl. Hans Rödhammer, Maria-Bründl bei Raab,
in: Die Heimat, Nr. 109.

11 Vgl. Hans Rödhammer, Maria-Bründl bei Raab, in: Die Heimat,
Nr. 110.

Abb. 6 *Die Muttergottes, der hl. Ägidius und die drei
hl. Jungfrauen Einbeth, Warbeth und Wilbeth mit
der Wallfahrtskirche von Schildthurn. Kupferstich,
1837, Ried im Innkreis, Museum Innviertler
Volkskundehaus*

12 Doris Laudert, Wallfahrtsbäume im Innviertel, in: Der Bundschuh. Heimatkundliches aus dem Inn- und Hausruckviertel 5 (2002) S. 19. Auf dem Altar der wiedererrichteten Kapelle steht ein Marienbild aus der ehemaligen Heiliggeistkirche in Ried.

13 Ebda, S. 20.

14 Johann Ev. Lamprecht/Franz Lang, Aurolzmünster, Peterskirchen und Eitzing, Ried 1906, S. 134, 139 f.

15 Irmgard Maier, Das „Rauhe Weib" von Altschwendt, in: Der Bundschuh 4 (2001) S. 100 f. Die Statue des „Rauhen Weibes von Altschwendt" befindet sich heute im OÖ. Landesmuseum.

16 Wallfahrten im Bistum Passau, Passau 1986, S. 66.

17 Bernadette Franziska Prähofer, Das Mirakelbuch der Wallfahrt „Zum Herrgott von Tann", 1996, S. 18.

18 Wallfahrten im Bistum Passau, Passau 1986, S. 70. Gemeinsam mit einem Blutstein wurde der Hammer bei Frauenangelegenheiten geopfert. Kriss weist auf den Hammerwurf zur Symbolisierung der übernatürlichen Befruchtung Mariens in mittelalterlichen Liedern hin.

19 Die Legende berichtet, dass sich ein bayerischer Ritter auf der Jagd im Wald verirrte. Der vollkommenen Erschöpfung nahe, rief er den hl. Leonhard an, der ihm den Weg zu einer Quelle wies. Über dieser ließ der Ritter die Kirche erbauen. Außer zu Leonhardi wurde Geiersberg vor allem am „Schauerfreitag" besucht; an diesem Tag fand auch ein großer Pferdemarkt statt.

20 ‚Oh bayerischer Herrgott hilf'. Bäuerliche Nöte im Spiegel des Eisenvotiv-Kultes. Begleitheft zur Sonderausstellung im Niederbayerischen Landwirtschaftsmuseum 1990/1991.

21 Willi Birkmaier, „Dem hl. Leonard hechsten Danckh ..." Das Mirakelbuch von Ramerberg, in: Heimat am Inn 14/15 (1994/1995) S. 198 f.

22 Mirakelbuch 1665, S. 219, 248 f., zit. nach Ausst.-Kat. Volksfrömmigkeit in Oberösterreich, 1985, S. 36.

23 Mirakelbuch 1753, S. 199, zit. nach Ausst.-Kat. Volksfrömmigkeit in Oberösterreich, 1985, S. 37

24 Herbert Brandstetter, Der St.-Wolfgang-Wallfahrtsweg im Bezirk Braunau. Ungedrucktes Manuskript 2003

25 Johann Dorner, Herzogin Hedwig und ihr Hofstaat. Das Alltagsleben auf der Burg Burghausen nach Originalquellen des 15. Jahrhunderts, in: Burghauser Geschichtsblätter 53 (2002) S. 136.

26 Volksfrömmigkeit in Oberösterreich, S. 141.

27 Herbert Brandstetter, Der St. Wolfgang-Wallfahrtsweg im Bezirk Braunau. Ungedr. Manuskript 2003.

28 Rieder Heimatkunde, 1. Heft 1909, S. 15.

29 Hiltgart L. Keller, Reclams Lexikon der Heiligen und der biblischen Gestalten, Stuttgart 1984[2], S. 516.

30 Robert Schindler, Die „Sieben Schläfer" im Innviertel, in: Die Heimat Nr. 126, Juni 1970.

31 Rudolf Kriss, Volkskundliches aus altbayerischen Gnadenstätten. Nachträge, Baden bei Wien 1933, S. 33 f.

32 Maximilian Seefelder, St. Kümmernis. Eine geduldete Heilige in Niederbayern, in: Der Storchenturm 24 (1989) S. 104 f.

33 Matthias Huber, 300 Jahre Schardenberger Wallfahrt nach Kreuzberg bei Freyung in Bayern, in: Der Bundschuh 4 (2001) S. 94-99.

Literatur

Gugitz, Gustav: Die Wallfahrten Oberösterreichs, Linz 1954

Ders.: Österreichs Gnadenstätten in Kult und Brauch. Ein topographisches Handbuch zur religiösen Volkskunde, 2. Aufl., Wien 1983

Kriss, Rudolf: Die Volkskunde der altbayrischen Gnadenstätten, Bd. 1-3, München 1955

Volksfrömmigkeit in Oberösterreich. Katalog zur Sonderausstellung des OÖ. Landesmuseums im Linzer Schloß 6. September 1985 bis 6. Jänner 1986, Linz 1985

Wallfahrten im Bistum Passau. Katalog zur gleichnamigen Ausstellung der Diözese Passau, Passau 1986

1. *Eine wohlgebaute und befestigte Stadt …*

1.1 *Eine feine wol erbaute Statt …*

Der älteste Zyklus topographischer Ansichten Niederbayerns geht auf eine Initiative Herzog Wilhelms V. zurück: 1586–1600 wurde in seinem Auftrag das Antiquarium der Münchner Residenz zu einem Festsaal umgestaltet. Maler wurden ausgeschickt, um vor Ort die wichtigsten Städte, Märkte und Burgen zu porträtieren. Nach diesen Vorlagen malte der Münchner Hans Donauer die Ansichten von 102 bayerischen Städten, Märkten und Burgen in den Stichkappen und Leibungen der Fenster. 1866 erteilte der Historische Verein von Oberbayern C. Lebschée den Auftrag, diese topographischen Ansichten zu kopieren. Die nächste umfassende Folge entstand für Matthäus Merians Topographia Bavariae 1644. Michael Wening fertigte schließlich für sein vierbändiges Werk der Beschreibung des bayerischen Kurfürstentumes, das 1701–1726 erschien, nahezu tausend topographische Stiche an.

Lit.: Ausst.-Kat. Eine bayerische Topographie aus der Zeit um 1590. Ausstellung des Münchner Stadtarchivs, München 1970 – Gertrud Stetter: Altbayerisches Leben auf Wening-Stichen, Rosenheim 1977 – Rainer Schuster: Michael Wening und seine „Historico-Topographica Descriptio" Ober- und Niederbayerns – Voraussetzungen und Entstehungsgeschichte (Miscellanea Bavarica Monacensia 171), München 1999.

1.1.1
Burghausen
Carl August Lebschée (1800–1877) nach Hans Donauer d. Ä. (um 1521–1596), 1871
Reproduktion; Original: Bleistiftzeichnung, mit Pinsel laviert,
H. 22 cm, B. 32 cm
München, Historischer Verein von Oberbayern, B 9/8

Das Bild der an der Salzach gelegenen Stadt wird durch die gewaltige Burganlage bestimmt, die mit ca. 1 km Länge zu den größten Europas zählt. 1235 erhielt Burghausen das Stadtrecht, das 1322 verbessert wurde. Nach 1255 erfolgte der Ausbau der Burganlage, die die Herzöge

1.1.1

von Niederbayern zur zweiten Residenz wählten. Vom 15. bis zum Ende des 18. Jhs. zählte Burghausen zu den fünf Hauptstädten des Landes. Wirtschaftliche Grundlage für die Stadt waren Salzachschifffahrt und Salzhandel. Mit der Übernahme des Salzhandels durch den bayerischen Staat 1595 verlor die Stadt ihre wichtigste Einnahmequelle. Burghausen war Verwaltungszentrum für das gleichnamige Rentamt.

Lit.: Bonifaz Huber: Geschichte der Stadt Burghausen, ND Burghausen 1993 – Alois Buchleitner – Johann Dorner: 600 Jahre Rent-

amt Burghausen (Burghauser Geschichtsblätter 47), Burghausen 1992.

1.1.2
Neuötting
Carl August Lebschée (1800–1877) nach Hans Donauer d. Ä. (um 1521–1596), 1871
Reproduktion; Original: Bleistiftzeichnung, mit Pinsel laviert,
H. 22 cm, B. 32 cm
München, Historischer Verein von Oberbayern, B 10/12

1.1.6

Burghausen, Braunau und Neuötting bildeten ein Städtedreieck gegen die salzburgischen Besitzungen Tittmoning und Mühldorf. 1321 erhielt Neuötting das Stadtrecht. Die mächtige Stadtpfarrkirche (rechts im Bild) zeugt für die wirtschaftliche Blüte, die die Stadt durch Innschifffahrt und Salzniederlagerecht ab dem 14. Jh. erlebte.

1.1.3
Traunstein
Carl August Lebschée (1800–1877) nach
Hans Donauer d. Ä. (um 1521–1596),
1871
Reproduktion; Original: Bleistift-
zeichnung, mit Pinsel laviert,
H. 22 cm, B. 32 cm
München, Historischer Verein von
Oberbayern, B 10/39

Die auf einer nach drei Seiten steil zur Traun abfallenden Anhöhe gelegene Ansiedlung wurde 1273 bayerisch und erhielt 1311 Gericht und 1375 die üblichen Stadtrechte. Im Zuge des Ausbaus des Salzhandels von Reichenhall nach München wurde ab 1617 in der „Au" ein Salzsudwerk errichtet und eine Soleleitung nach Berchtesgaden gelegt.

1.1.4
Wasserburg
Carl August Lebschée (1800–1877) nach
Hans Donauer d. Ä. (um 1521–1596),
1871
Reproduktion; Original: Bleistift-
zeichnung, mit Pinsel laviert,
H. 22 cm, B. 32 cm
München, Historischer Verein von
Oberbayern, B 10/47

Der in einer Innschleife gelegene Ort kam 1248 in den Besitz Herzog Ottos II. von Bayern. Für 1250 ist der Bau des ersten Rathauses überliefert. Kaiser Ludwig der Bayer verlieh der Stadt das ausschließliche Recht der Salzniederlage, das sie in der Folge des Landshuter Erbfolgekrieges 1504 verlor. In den Jahrhunderten danach besaß Wasserburg Bedeutung als Handels- und Kriegshafen, als Umschlagplatz für Getreide und Wein aus Österreich und Ungarn.

1.1.5
Erding
Carl August Lebschée (1800–1877) nach
Hans Donauer d. Ä. (um 1521–1596),
1871
Reproduktion; Original: Bleistift-
zeichnung, mit Pinsel laviert,
H. 22 cm, B. 32 cm
München, Historischer Verein von
Oberbayern, B 9/18

Um 1228 wurde Erding durch Herzog Otto I. von Bayern unweit einer älteren Siedlung gegründet. Im Mittelalter war die Stadt wichtiger Handelsplatz und strategischer Stützpunkt gegen das Hochstift Freising. Die Erdinger Schranne war im 18. Jh. nach München die größte in Bayern. 1648 verwüstete ein Stadtbrand die Stadt.

1.1.6
Dingolfing
Carl August Lebschée (1800–1877) nach
Hans Donauer d. Ä. (um 1521–1596),
1871
Reproduktion; Original: Bleistift-
zeichnung, mit Pinsel laviert,
H. 22 cm, B. 32 cm
München, Historischer Verein von
Oberbayern, B 9/13

Im Mittelalter bestand Dingolfing aus zwei befestigten Stadtteilen: der „Unteren" und der „Oberen Stadt". In der „Unteren Stadt" liegt die Stadtpfarrkirche St. Johannes, die zu den größten Stadtkirchen Niederbayerns zählt (links im Bild). Bei der die Oberstadt dominierenden Kirche handelt es sich um die Oswaldkirche mit dem Heilig-Geist-Turm, an deren Stelle 1682 die Franziskanerkirche errichtet wurde.

Lit.: Hans Bleibrunner: Niederbayern. Kulturgeschichte des bayerischen Unterlandes in zwei Bänden, Landshut 1979, S. 222 f.

1.1.7
Landau an der Isar
Carl August Lebschée (1800–1877) nach
Hans Donauer d. Ä. (um 1521–1596),
1871
Reproduktion; Original: Bleistift-
zeichnung, mit Pinsel laviert,
H. 22 cm, B. 32 cm
München, Historischer Verein von
Oberbayern, B 9/41

1224 gründete Ludwig der Kehlheimer im Zuge seiner Expansionspolitik in verkehrsgünstiger Lage an einem Isarübergang die Stadt im hochwasserfreien Gelände an der Straße von Landshut nach Deggendorf. Während des Landshuter Erbfolgekrieges verwüstete 1504 ein Brand die Stadt. 1507 wurde sie wieder aufgebaut. Charakteristisch ist die Gliederung in eine unbefestigte „Untere Stadt" und eine befestigte „Obere Stadt"; die Straße, die beide Stadtteile miteinander verband, war von Mauern eingefasst. Die Silhouette der Stadt wird von den Türmen des Rathauses und der Stadtpfarrkirche bestimmt.

Lit.: Hans Bleibrunner: Niederbayern. Kulturgeschichte des bayerischen Unterlandes in zwei Bänden, Landshut 1979, S. 208 f.

1.1.8
Vilsbiburg
Carl August Lebschée (1800–1877) nach
Hans Donauer d. Ä. (um 1521–1596),
1871
Reproduktion; Original: Bleistift-
zeichnung, mit Pinsel laviert,
H. 21,5 cm, B. 29 cm
München, Historischer Verein von
Oberbayern, B 9/6

Biburg war die Bezeichnung für alte, durch Wall und Graben geschützte Erdbefestigungen. Um 1230 ging die Siedlung in den Besitz der bayerischen Herzöge über. Nach 1270 wurde Vilsbiburg zum Markt und bald darauf zur Stadt erhoben. 1323 und 1341 erhielten die Bürger in Freiheitsbriefen ihre Stadtrechte bestätigt, derer sie aber bald danach auf Grund wirtschaftlicher Stagnation infolge von Bränden verlustig gingen.

Lit.: Hans Bleibrunner: Niederbayern. Kulturgeschichte des bayerischen Unterlandes in zwei Bänden, Landshut 1979, S. 284 f.

1.1.9
Eggenfelden
Carl August Lebschée (1800–1877) nach
Hans Donauer d. Ä. (um 1521–1596),
1871
Reproduktion; Original: Bleistift-
zeichnung, mit Pinsel laviert,
H. 21 cm, B. 29 cm
München, Historischer Verein von
Oberbayern, B 9/16

1.1.8

Um 1300 erfolgte die Gründung einer wittelsbachischen Marktsiedlung. Im frühen 14. Jh. erfolgte die Anlage einer Marktbefestigung. 1440 richtete Herzog Heinrich der Reiche hier ein Landgericht ein.

Lit.: Hans Bleibrunner: Niederbayern. Kulturgeschichte des bayerischen Unterlandes in zwei Bänden, Landshut 1979, S. 281.

1.1.10
Vilshofen

Carl August Lebschée (1800–1877) nach Hans Donauer d. Ä. (um 1521–1596), 1871
Reproduktion; Original: Bleistiftzeichnung, mit Pinsel laviert,
H. 22 cm, B. 32 cm
München, Historischer Verein von Oberbayern, B 10/44

Vilshofen, an der Mündung der Vils in die Donau gelegen, kam 1241 in den Besitz der bayerischen Herzöge. Sie kontrollierten damit einen der wichtigsten Donauübergänge. Bei den beiden Giebelhäusern, die an der Donaufront in die Stadtmauer eingebaut sind, handelt es sich um das untere Bad mit dem „Ländtürl" und das kurfürstliche Mauthaus mit dem „Mauttürl". Das mächtige Gebäude mit Treppengiebel rechts von der Pfarrkirche war ursprünglich die Stadtburg und Sitz des wittelsbachischen Pflegers.

Lit.: Hans Bleibrunner: Niederbayern. Kulturgeschichte des bayerischen Unterlandes in zwei Bänden, Landshut 1979, S. 218 f.

1.1.11
Deggendorf

Carl August Lebschée (1800–1877) nach Hans Donauer d. Ä. (um 1521–1596), 1871
Reproduktion; Original: Bleistiftzeichnung, mit Pinsel laviert,
H. 22 cm, B. 32 cm
München, Historischer Verein von Oberbayern, B 9/11

Herzog Otto II. von Bayern gründete neben der unbefestigten Altstadt nach 1242 die befestigte Neustadt, links im Bild. Am rechten Bildrand erkennt man die in der Altstadt gelegene Pfarrkirche (noch in ihrem romanisch-gotischen Erscheinungsbild) und die hölzerne Donaubrücke. Das Haus mit dem steilen Walmdach in der Bildmitte ist das Bürgerspital; im Vordergrund die Bogenweide, hinter der Stadt Weinberge und im Hintergrund der Ulrichsberg mit dem Ulrichskirchlein.

Lit.: Hans Bleibrunner: Niederbayern. Kulturgeschichte des bayerischen Unterlandes in zwei Bänden, Landshut 1979, S. 220 f.

1.1.12
Braunau

Carl August Lebschée (1800–1877) nach Hans Donauer d. Ä. (um 1521–1596), 1871
Reproduktion; Original: Bleistiftzeichnung, mit Pinsel laviert,
H. 22 cm, B. 32 cm
München, Historischer Verein von Oberbayern, B 9/7

Braunau liegt an einem wichtigen Übergang über den Inn, wo sich die Straßenzüge nach Passau, Linz, Salzburg, München und Landshut kreuzen. Diese günstige Lage und die Innschifffahrt führten früh zu einer Blüte der Stadt. 1311 erwarb Braunau die niedere Gerichtsbarkeit, 1335 erhielt sie das Stadtrecht verliehen.

Lit.: Sebastian Hiereth: Geschichte der Stadt Braunau, Bd. 1 Braunau 1960, Bd. 2 Braunau 1973.

1.1.13
Schärding

Carl August Lebschée (1800–1877) nach Hans Donauer d. Ä. (um 1521–1596), 1871
Reproduktion; Original: Bleistiftzeichnung, mit Pinsel laviert,
H. 22 cm, B. 32 cm
München, Historischer Verein von Oberbayern, B 10/28

1316 verliehen die Herzöge Heinrich, Otto und Heinrich von Bayern Schärding alle Rechte der Bannstadt Ötting (= Neuötting). 1429–1437 erhielt die Stadt die erste mächtige Befestigungsanlage, die eine Fläche von ca. 25 ha umschloss. Der wirtschaftliche Reichtum der Stadt basierte auf der Innschifffahrt und dem Salzhandel. Unter Herzog Wilhelm V. (1579–1598) florierte die Tuch- und Leinenerzeugung; die Produkte wurden bis nach Norddeutschland und Italien exportiert.

Lit.: Johann Ev. Lamprecht: Historisch-topographische und statistische Beschreibung der k. k. landesfürstlichen Gränzstadt Schärding am Inn, Schärding 1887 – Herbert Knittler (Red.): Die Städte Oberösterreichs, Wien 1968, S. 255–264.

1.1.12

1.1.14
Ried

Carl August Lebschée (1800–1877) nach
Hans Donauer d. Ä. (um 1521–1596),
1871
Reproduktion; Original: Bleistift-
zeichnung, mit Pinsel laviert,
H. 21 cm, B. 29 cm
München, Historischer Verein von
Oberbayern, B 10/25

1136 erfolgte die erste Erwähnung des
Namens *„de Ride"*. Im 12. Jh. erfolgte die
Anlage einer Burg, im 13. Jh. wurde eine
planmäßige Marktanlage am Fuße der
Burg errichtet. 1364 wird die Siedlung
als Markt bezeichnet; 1402 erhielten die

Bürger das Recht, einen Marktrichter frei
zu wählen. Weiters wurden ihnen alle
Rechte und Freiheiten anderer Städte
und Märkte zugesichert. Ried war bis
zum 18. Jh. Zentrum des Leinwand-
handels. Die Stadterhebung erfolgte erst
1857.

Lit.: Konrad Meindl: Geschichte der Stadt
Ried in Oberösterreich, München 1899 – Herbert Knittler (Red.): Die Städte Oberösterreichs, Wien 1968, S. 241–252

1.1.15
Mauerkirchen

Carl August Lebschée (1800–1877) nach
Hans Donauer d. Ä. (um 1521–1596),
1871

1.1.13

Reproduktion; Original: Bleistift-
zeichnung, mit Pinsel laviert,
H. 21 cm, B. 29 cm
München, Historischer Verein von
Oberbayern, B 10/2

Der im Tal der Mattig gelegenen Siedlung
werden 1373 die Marktfreiheiten bestätigt. Mauerkirchen besaß eine große
Wallfahrt *„daselbst hin zu unseren lieben
Frau"* (Aventin). 1329 bestätigte Herzog
Heinrich die Rechte der Pfarrkirche und
eine 30-Messen-Stiftung: Jährlich wurden am 23. August 30 Messen für die verstorbenen bayerischen Herzöge gefeiert.
1331 erhob Herzog Otto den Pfarrer von
Mauerkirchen zu seinem Hofkaplan. Der
Ort war 1768 Schauplatz eines Meteori-
tenfalls (siehe Kat. Nr. 7.2.1).

1.1.16
Uttendorf

Carl August Lebschée (1800–1877) nach
Hans Donauer d. Ä. (um 1521–1596),
1871
Reproduktion; Original: Bleistift-
zeichnung, mit Pinsel laviert,
H. 21,5 cm, B. 29 cm
München, Historischer Verein von
Oberbayern, B 10/41

Seit ca. 1120 urkundeten die Freien von
Uttendorf und übten ab der Mitte des
13. Jhs. landgerichtliche Befugnisse aus.
1461 ging die Herrschaft an die Herzöge
von Bayern über, die dort ein landesfürst-
liches Pfleggericht innehatten, das 1751
mit dem von Mattighofen vereint wurde.
Das Bild der am linken Ufer der Mattig
gelegenen Siedlung wird von der im
16. Jh. noch intakten Schlossanlage geprägt, die 1761 abgetragen wurde.

1.1.17
Burghausen

Michael Wening (1645–1718), vor 1718
Reproduktion nach Kupferstich,
H. 24,8 cm, B. 68 cm
Grundriss nach Max Eberhard Schuster:
Das Bürgerhaus im Inn- und Salzach-
gebiet, Tübingen 1964.

Der älteste Siedlungskern entwickelte
sich zwischen Burg und Brückenüber-
gang. Auf dem schmalen Landstreifen
zwischen Burgberg und Salzach entstand
die bürgerliche Siedlung. Um 1335 erfolgte eine Stadterweiterung nach Süden,
die die Spitalvorstadt mit einbezog.

Lit.: Alois Buchleitner – Johann Dorner: 600 Jahre Rentamt Burghausen (Burghauser Geschichtsblätter 47), Burghausen 1992 – Bonifaz Huber: Geschichte der Stadt Burghausen, ND Burghausen 1993.

1.1.18
Neuötting
Michael Wening (1645–1718), 1723
Reproduktion nach Kupferstich,
H. 24,8 cm, B. 33 cm
Grundriss nach Max Eberhard Schuster: Das Bürgerhaus im Inn- und Salzachgebiet, Tübingen 1964.

Neuötting besitzt mit rund 500 Meter Länge und 30 Meter Breite den längsten Marktplatz der Städte in der Inn-Salzach-Region. Das Bild der Altstadt wird von den beiden Fassadenreihen der rund hundert Bürgerhäuser, die längs des Marktplatzes liegen, beherrscht.

1.1.19
Wasserburg
Michael Wening (1645–1718), 1723
Reproduktion nach Kupferstich,
H. 24,8 cm, B. 33 cm
Grundriss nach Max Eberhard Schuster: Das Bürgerhaus im Inn- und Salzachgebiet, Tübingen 1964.

Aus einem Fischerdorf unterhalb der „Burg am Wasser" entstand beim späteren Marienplatz die erste Siedlungsanlage. Im 13. Jh. erfolgte unter den Wittelsbachern eine planmäßige Neuanlage mit Stadtplatz und rechtwinkeligen Längs- und Querstraßen. Im 17. und 18. Jh. erfolgte dann eine ringförmige Erweiterung auf den Kiesbänken des Inns.

1.1.20
Mühldorf am Inn
Georg Peter Fischer (1. H. 17. Jh.), 1644
Reproduktion nach Kupferstich
Grundriss nach Max Eberhard Schuster: Das Bürgerhaus im Inn- und Salzachgebiet, Tübingen 1964.

Mühldorf war eine Salzburger Enklave im bayerischen Gebiet. Die Stadtanlage mit dem ca. 460 m langen und 30 m breiten Straßenmarkt entwickelte sich im 13. Jh. Die Bebauung des Platzes ist geschlossen: meist dreigeschossige Bürgerhäuser, an der Nordseite fast durchgehend mit offenen Erdgeschoßlauben. Die Fassaden besitzen zumeist einen horizontalen Vor-

schussmauerabschluss, hinter dem sich ursprünglich Grabendächer verbargen.

Lit.: Mühldorf am Inn, 2. Aufl., Mühldorf 1995 – Mühldorf a. Inn. Salzburg in Bayern 935–1802–2002, Mühldorf am Inn 2002.

1.1.21
Braunau
Michael Wening (1645–1718), 1723
Reproduktion nach Kupferstich,
H. 24,8 cm, B. 62 cm
Grundriss nach Max Eberhard Schuster: Das Bürgerhaus im Inn- und Salzachgebiet, Tübingen 1964.

Wening betont in seiner Beschreibung des Gerichtes Braunau den Verteidigungscharakter der Stadt. Den Namen leitet er von den zahlreichen, am Ort vorhandenen Brunnquellen ab. Als Stifter der Pfarrkirche und des Klosters Ranshofen nennt er Kaiser Heinrich III. Der Stich zeigt die Stadt vom anderen Innufer aus. Man sieht die mächtige Befestigungsanlage. Über den Inn führt eine hölzerne Brücke; deutlich zu erkennen ist der Zollschranken, den man passieren musste, um in die Stadt zu gelangen. Man betritt die Stadt durch das „Inn-Tor". Überragt werden die Häuser von dem mächtigen Bau der Pfarrkirche St. Stephan. Rechts davon steht die Kirche St. Martin; links erkennt man den Stadtturm.

1.1.22
Eggenfelden
Michael Wening (1645–1718), 1723
Reproduktion nach Kupferstich,
H. 24,8 cm, B. 33 cm
Grundriss nach Max Eberhard Schuster: Das Bürgerhaus im Inn- und Salzachgebiet, Tübingen 1964.

Zur Sicherung des Überganges über die Rott und als Mautstelle errichtete Herzog Heinrich der Ältere nach 1259 einen Markt. Der Stich zeigt links die Lazaruskirche beim Siechenhaus. Davor liegt der Rotter Vormarkt mit dem Spital. Daran schließt die den Marktplatz säumende Häuserzeile mit dem Rathaus an. Rechts steht die spätgotische Pfarrkirche.

Lit.: Hans Bleibrunner: Niederbayern. Kulturgeschichte des bayerischen Unterlandes in zwei Bänden, Landshut 1979, S. 281 f.

1.1.23
Pfarrkirchen
Michael Wening (1645–1718), 1723
Reproduktion nach Kupferstich,
H. 24,8 cm, B. 33 cm
Grundriss nach Max Eberhard Schuster: Das Bürgerhaus im Inn- und Salzachgebiet, Tübingen 1964.

1259 gelangte Pfarrkirchen in den Besitz der Wittelsbacher. Es wurde nun Sitz des „Gerichts an der Rott" und eines Viztumamtes als übergeordnete Mittelbehörde für 15 Landgerichte. Die Siedlung erstreckte sich ausschließlich am linken Flussufer. Ihre Befestigung mit drei Tortürmen und fünf Mauertürmen wurde 1558 vollendet. Um 1660 entstand auf dem Gartlberg eine Marienwallfahrt, die weithin sichtbare Kirche wurde 1669–87 errichtet.

Lit.: Hans Bleibrunner: Niederbayern. Kulturgeschichte des bayerischen Unterlandes in zwei Bänden, Landshut 1979, S. 278.

1.1.24
Landshut
Michael Wening (1645–1718), 1723
Reproduktion nach Kupferstich,
H. 24,8 cm, B. 99 cm
Grundriss nach Arch. DI Julius Kehrer in Bleibrunner, Niederbayern.

1204 begann Herzog Ludwig von Bayern Burg und Stadt in Landshut zu erbauen. Zu Füßen der herzoglichen Burg Trausnitz zwischen der Großen und Kleinen Isar erstreckt sich die Siedlung. Jenseits des Flusses liegt die Zisterzienserinnen-Abtei Seligenthal (1231 gegründet). Den ältesten Teil der Stadt bildete der lang gestreckte, unregelmäßige Straßenmarkt der Altstadt. „Zwischen den Brücken" siedelten Flößer und Fischer; auf der Hammerinsel errichtete man Mühlen. Unter Herzog Heinrich XIII. wurde Landshut Residenz. Die „Neustadt" stellte die zweite Stadterweiterung in der 2. Hälfte des 13. Jhs. dar. Geprägt wird das Stadtbild bis heute vom gewaltigen Bau der Stadtpfarrkirche St. Martin mit ihrem alles überragenden Turm.

Lit.: Hans Bleibrunner: Niederbayern. Kulturgeschichte des bayerischen Unterlandes in zwei Bänden, Landshut 1979, S. 182 ff.

1.1.25

Dingolfing

Michael Wening (1645–1718), 1723
Reproduktion nach Kupferstich,
H. 24,8 cm, B. 33 cm
Grundriss nach Arch. DI Julius Kehrer
in Bleibrunner, Niederbayern.

Unter- und Oberstadt zeigen unterschiedliche Siedlungsstrukturen. In der Ebene war die Bürgerstadt mit Handel und Gewerbe, auf dem Bergsporn lagen die herrschaftlichen Ämter und Amtsgebäude. Hier orientiert sich die Bebauung um einen platzartig erweiterten Straßenzug. Erst im Spätmittelalter wurden die ursprünglich getrennten Befestigungsringe miteinander verbunden und Ober- und Unterstadt durch eine steile Gasse, den Steinweg, miteinander verbunden.

Lit.: Hans Bleibrunner: Niederbayern. Kulturgeschichte des bayerischen Unterlandes in zwei Bänden, Landshut 1979, S. 222 f.

1.1.26

Landau an der Isar

Michael Wening (1645–1718), 1723
Reproduktion nach Kupferstich,
H. 24,8 cm, B. 33 cm
Grundriss nach Arch. DI Julius Kehrer
in Bleibrunner, Niederbayern.

Die Obere Stadt liegt hochwassersicher und strategisch günstig auf dem steilen Südhang des Isarufers. Ein schiefwinkeliges Straßenkreuz teilt die Stadt in vier Vierteln. Die quer zum Hang führende Ost-West-Achse ist zum typischen Straßenmarkt erweitert. Am oberen Ende der Nord-Süd-Achse erhebt sich die Pfarrkirche. Auf dem höchsten Punkt der Stadt lag die herzogliche Burg.

Lit.: Hans Bleibrunner: Niederbayern. Kulturgeschichte des bayerischen Unterlandes in zwei Bänden, Landshut 1979, S. 208 f.

1.1.27

Deggendorf

Michael Wening (1645–1718), 1723
Reproduktion nach Kupferstich,
H. 24,8 cm, B. 33 cm
Grundriss nach Arch. DI Julius Kehrer
in Bleibrunner, Niederbayern

Deggendorf ist eine Schwesternstadt von Straubing. Allerdings ist ihr Grundriss oval. Die Hauptstraße ist zum Straßenmarkt erweitert, und auch hier errichteten die Bürger einen Stadtturm. An der

Ost-West-Achse lagen die herzoglichen Verwaltungsgebäude: die Residenz und das Pfleghaus. Die alte Siedlung mit der Pfarrkirche verblieb außerhalb der Befestigung.

Lit.: Hans Bleibrunner: Niederbayern. Kulturgeschichte des bayerischen Unterlandes in zwei Bänden, Landshut 1979, S. 225 ff.

1.1.28

Vilshofen

Michael Wening (1645–1718), 1723
Reproduktion nach Kupferstich,
H. 24,8 cm, B. 33 cm
Grundriss nach Arch. DI Julius Kehrer
in Bleibrunner, Niederbayern.

Den Grundriss der Siedlung bildet ein unregelmäßiges Rechteck mit einer annähernd geraden Seite am Donauufer. Parallel zur Donau verlaufen vier Straßen, die als künstliche Terrassen angelegt sind: Donaulände, Donaugasse, Hauptgasse und „Auf der Bürg". Die Hauptgasse stellt gleichzeitig den Stadtplatz dar und wurde vom Oberen und Unteren Stadtturm abgeschlossen. Außerhalb der Stadt lag Donau aufwärts der Bräuhof.

Lit.: Karl Wild (Hrsg.): Festschrift zur Zwölfhundert-Jahrfeier von Vilshofen 777–1976, Vilshofen 1976 – Hans Bleibrunner: Niederbayern. Kulturgeschichte des bayerischen Unterlandes in zwei Bänden, Landshut 1979, S. 217 f.

1.2 *Ur alt freyheit, gnad und privilegia …*

1.2.1

Karte des Kurfürstentums Bayern

Georg Philipp Finckh junior und senior, 1684
Reproduktion; Original: gedruckte Karte, H. 115 cm, B. 87 cm
München, BayHStA, Kartensammlung 799

Basierend auf den 1568 erschienenen 24 Landtafeln Apians veröffentlichte der Freisingische Rat und Hofsekretär Georg Philipp Finckh 1663 eine Karte, die sein Sohn 1684 in Buchform herausbrachte. Sie zeigt die Rentämter München, Landshut, Straubing, Burghausen und Amberg und die einzelnen Landgerichte. Hier dient sie auch zur Demonstration der Besitzverhältnisse in Bayern; sie zeigt die Enklaven in fremdem Besitz.

Lit.: Ausst.-Kat. „Gerechtigkeit erhöht ein Volk". Recht und Rechtspflege in Bayern im Wandel der Geschichte, München 1990, S. 62 f.

1.2.2

Der Burgfrieden der Stadt Straubing

Michael Eresinger, 1609
Reproduktion; Original: Papier auf Leinwand, Federzeichnung, koloriert, H. 85,5 cm, B. 110 cm
München, BayHStA, Plansammlung, Pl 573

Die Darstellung zeigt die Stadt Straubing von Süden aus in der sie umgebenden Landschaft aus der Vogelschau. 48 Stadtfriedenssäulen markieren den Rechtsbezirk der Stadt. Die mit Schildchen bezeichneten Ortsansichten zeigen Ittling, Aiterhofen und Geltolfing. Die Bauerngehöfte im Umland sind mit Stroh gedeckt, die Felder teilweise von Zäunen umgeben.

Lit.: Edgar Krausen: Die handgezeichneten Karten im Bayerischen Hauptstaatsarchiv sowie in den Staatsarchiven Amberg und Neuburg an der Donau (Bayerische Archivinventare 37), Neustadt an der Aisch 1973, S. 130.

1.2.3

Burgfriedenssäule der Stadt Neuötting
1699

Untersberger Marmor, H. 123 cm, L. 22 cm, B. 24 cm
Neuötting, Stadtmuseum Neuötting

Städte und Märkte verfügten über eine beschränkte Gerichtskompetenz. In landesherrlichen Privilegien wurden diese Grenzen festgeschrieben; Burgfriedenssäulen, meist mit dem Wappen der Stadt versehen, markierten die Grenze dieses Bereiches.

1.2.4

Beschreibung des Burgfriedens der Stadt Neuötting

1536 November 6; Abschrift, um 1650
Papier, H. 32,5 cm, B. 21,5 cm
Neuötting, Stadtarchiv, Urkunde 62

Die Urkunde aus dem Jahr 1536 ist nur in Abschriften erhalten. Der darin festgelegte Burgfriedensgrenzverlauf ist nahezu identisch mit der heutigen Stadtgrenze. Der Burgfrieden definierte den Bereich, in dem das Stadtrecht galt. In der Beschreibung wird der Verlauf der Grenze von Säule (*„Marchsaulle"*) zu Säule beschrieben, Zäune, Gärten und Grundstücke werden namentlich aufgeführt, um eine genaue Definition zu liefern.

Lit.: Rudolf Rossgotterer: Die Beschreibung des Burgfriedens der Stadt Neuötting von 1536. In: Oettinger Land 10 (1990) S. 62–68.

1.2.5
Gerichtsschwert
Passau, Ende 15. Jh.
Stahl, Messing, L. 109 cm und 87 cm (Klinge), auf der Klinge Wolfsmarke und zwei Meistermarken
Passau, Oberhausmuseum, Inv. Nr. 680

In Passau waren die Bischöfe die obersten Gerichtsherren; in Bayern verfügten

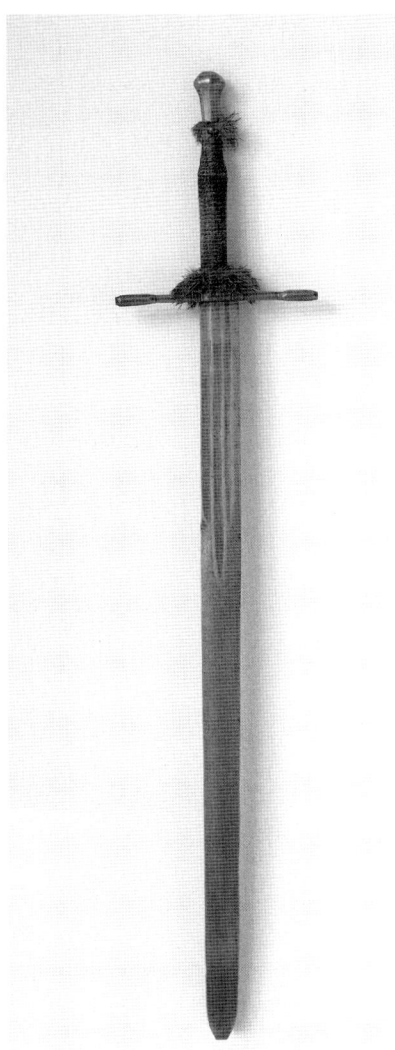

1.2.5

die jeweiligen Landesfürsten über die Blutgerichtsbarkeit. Im Laufe des 16. und 17. Jhs. verliehen sie dieses Recht gegen Entgelt an die wichtigsten Städte des Landes, an München und die anderen Residenzstädte.

Lit.: Heinz Robert Uhlemann: Die mittelalterlichen Symbolschwerter für die Gewalt des obersten Gerichts zu Passau. Ausst.-Kat. Passau 1983 – Ausst.-Kat. Weißes Gold. Passau. Vom Reichtum einer europäischen Stadt, Passau 1995, S. 20.

1.2.6
Bestätigung des Landshuter Stadtrechtsprivilegs durch Herzog Heinrich XIII.
1279 August 17
Urkunde, Pergament, lateinisch, ohne Siegel, Abschrift 13. Jh., H. 36 cm, B. 39,2 cm
Landshut, Stadtarchiv, Urk. 4

Mit dieser Urkunde bestätigte Herzog Heinrich XIII. die Rechte der Residenzstadt Landshut, die teilweise auf den Stadtgründer Ludwig I. zurückgingen. Mit dem Privileg wurden die Stadtverfassung, die Befugnisse der städtischen Organe und die städtische Gerichtsbarkeit geregelt. Das Landshuter Stadtrecht diente in der Folge als Vorlage für zahlreiche andere Stadtrechte.

Lit.: Thomas Eder: Die Entwicklung des Stadtrechts in den altbayerischen Städten im Mittelalter. Dargestellt an den Beispielen der Städte Landshut, Dingolfing und Landau an der Isar, Marburg 2001.

1.2.7
„Sall und Bestett Buech" des Marktes Vilsbiburg
Caspar Haydl, 1575
Reproduktion; Original: Codex, 190 Bl., H. 30 cm, B. 20 cm
Archiv des Heimatvereins Vilsbiburg

Um schriftliche Belege für Privilegien, Zunft- und Handwerkerordnungen etc. zu besitzen, legten die Stadt- bzw. Marktverwaltungen sehr oft Abschriften der wichtigsten Urkunden an. Im Markt Vilsbiburg wurde 1575 ein Verzeichnis aller erworbenen Rechte und Freiheiten, Gülten, Eidesformeln, Handwerksordnungen etc. angelegt.

1.2.8
Das Heiliggeist-Spital in Burghausen erhält eine Abgabenbefreiung
Burghausen, 1332 September 24
Urkunde, Pergament, H. 23,5 cm, B. 41 cm; Siegel: Wachs, ⌀ 5 cm
Burghausen, Stadtarchiv, Spitalurkunde 6

Mit dieser Urkunde bestätigten Stadt und Landesherr die Befreiung von Abgaben für eine Gruppe von Häusern, die Friedrich der Mautner dem Spital gestiftet hatte. Das Heiliggeist-Spital geht auf eine 1326 gemachte Gründung der Herzogin Juta, der Gemahlin Herzog Stephans I., zurück; die reiche Stiftung Friedrichs des Mautners, der einer der reichsten Bürger seiner Zeit in Bayern war, scheint aber erst den Bau von Spital und Kirche ermöglicht zu haben. Er ließ sich auch in der Spitalkirche begraben.

1.2.9
Siegel von Mühldorf
1298 Juli 15
Reproduktion; Original: Wachs, ⌀ 67 mm
Mühldorf, Stadtarchiv

Die Stadt Mühldorf am Inn war ein salzburgischer Stachel im bayerischen Fleisch. Bis 1802 gehörte sie zum Erzbistum Salzburg. Die Grenzsteine des Mühldorfer Burgfriedens tragen auf einer Seite das bayerische, auf der anderen Seite das Salzburger Wappen. Das älteste erhaltene Siegel befindet sich an einer Urkunde von 1298. Es zeigt das Mühlrad mit 16 Schaufeln und trägt die Umschrift SIGILLUM – CIVIVM – MVLDORFENSIVM.

Lit.: Adolf Hartmann: Wappen und Siegel der Stadt Mühldorf, in: Mühldorf am Inn, 2. Aufl. Mühldorf 1995, S. 11–14.

1.2.10
Siegeltypar von Wasserburg
Bronze, ⌀ 7,2 cm
Wasserburg, Museen der Stadt Wasserburg, Inv. Nr. 1151

Aus der Zeit um 1250 stammt das älteste Siegel der Stadt, 1292 ist es in einem ersten Abdruck nachweisbar. Es zeigt den gekrönten Löwen im Siegelfeld.

1.2.11
Verleihung des Wappens an den Markt Ried
Burghausen, 1435 Mai 5
Urkunde, Schöpfpapier, H. 38 cm,
B. 52 cm, ∅ Siegel 7,5 cm
Ried, Stadtarchiv, U 12

Herzog Heinrich XVI. verlieh Ried 1435 ein Marktwappen: in schräg geteiltem Schild oben die blau-weißen bayerischen Rauten, unten in Gold ein schwarzer Bundschuh mit drei goldenen Schnallen und roten Riemen. Der Bundschuh spielt auf die „Gründungssage" Rieds an: Der Müllersohn Dietmar der Anhanger soll auf Grund seines tapferen Verhaltens im Kreuzzug Barbarossas als Auszeichnung ein Landstück erhalten haben, auf dem er Ried begründete.

Lit.: Franz Berger: Das Archiv der Stadt Ried, Ried 1910, S. 6 – Herbert Knittler (Red.): Die Städte Oberösterreichs, Wien 1968, S. 247.

1.2.12
Aufriss des Wasserburger Rathauses mit Entwurf für eine Fassadenmalerei
Wolfgang Pittenharter (um 1590–1643), 1634
Feder in Schwarz und Braun, teilweise mit Gold gehöht, H. 97 cm, B. 70 cm
Wasserburg, Museum der Stadt Wasserburg, Inv. Nr. 1027

Der nicht ausgeführte Riss sah eine prachtvolle Bemalung der Fassade vor; geplant waren u. a. eine reiche Scheinarchitektur, Darstellungen von Exempla für Herrschaft, Weisheit, Gerechtigkeit und Vaterlandsliebe, Personifikationen der Tugenden, Städteansichten usw. Damit wollte man die Bedeutung der Stadt und des Rathauses unterstreichen: Neben den Residenz- und Regierungsstädten war Wasserburg als einzige Stadt Sitz eines Hochgerichtes.

Lit.: Ausst.-Kat. Wittelsbach und Bayern, Band II/2. Um Glauben und Reich. Kurfürst Maximilian I., München 1980, S. 173.

1.2.13
Truhe (Stadtkasse)
Passau, um 1550
Stahl, H. 50 cm, L. 89 cm, B. 48 cm
Passau, Oberhausmuseum, Inv. Nr. 235

Die Truhe besitzt an der Innenseite einen aufwändigen Schließmechanismus mit

1.2.13

zwölf Verriegelungen. Weiters waren Hängeschlösser vorgesehen. Stahlbänder unterteilen die Außenseite in Felder, die Bemalung zeigt: Mann und Frau, Hirsch, laufender Mann, Fratzen usw. In solchen Behältnissen wurden in den Städten und Märkten Urkunden und die Einnahmen der Stadtkasse verwahrt.

Lit.: Ausst.-Kat. Weißes Gold. Passau. Vom Reichtum einer europäischen Stadt, Passau 1995, S. 27.

1.2.14
Laterne aus dem Rathaus Burghausen
Michael Padzer, 1683
Eisen, Glas, H. 86 cm, ∅ 32 cm
Burghausen, Historisches Stadtmuseum, Inv. Nr. 3485

1.3 *Man hält auch die Statt für feste ...*

1.3.1
Steinmörser und Geschützkugel
Passau, 15. Jh. bzw. 16.–17. Jh.
Stahl, Holz, L. 77 cm und 145 cm (mit Gestell), B. 60 cm, ∅ Mündung außen 26 cm, innen 19,5 cm;

∅ Geschützkugeln ca. 16 cm
Passau, Oberhausmuseum, Inv. Nr. 1763 und 1763 b

Das gusseiserne Rohr liegt auf einem jüngeren Holzgestell; das Rohr ist dreiteilig gegliedert: ein dickes Vorderteil („Flug"), ein kurzes, stark verjüngtes Zwischenglied und ein wieder verdicktes Hinterteil mit gerade abgeschnittenem Stoßboden; ca. 5 cm vom hinteren Ende entfernt das Zündloch.

Lit.: Heinz Robert Uhlemann: „Walther von Arle, puchsenmaister zu Passaw" (1379–1382) und die Passauer Steinbüchse, in: Ostbairische Grenzmarken 19 (1977) S. 101–107 – Ausst.-Kat. Weißes Gold. Passau. Vom Reichtum einer europäischen Stadt, Passau 1995, S. 34.

1.3.2
Die Befestigungsanlagen der Stadt Braunau am Inn
ca. 1646
Reproduktion; Original: Papier, Federzeichnung, koloriert, H. 48 cm, B. 62,5 cm
München, BayHStA, Plansammlung, Pl 6256

Die Zeichnung zeigt die Stadt Braunau im Grundriss mit der Innbrücke. Der Raum der Stadt innerhalb der Befestigungsanlage ist nicht ausgeführt. Norden liegt unten. Auf Grund der strategisch wichtigen Position hatte man 1601 mit dem Bau einer Festung begonnen; 1619 und 1621 kaufte Kurfürst Maximilian I. zur Erweiterung der Befestigungsanlage weitere Gärten und Äcker. Als die Armee unter dem Schwedenkönig nach dem Sieg am Lech nach Bayern zog, flüchtete der Kurfürst mit seiner Familie nach Braunau und verbrachte dort den Winter 1632/33.

1.3.1

1.3.3

Lit.: Edgar Krausen: Die handgezeichneten Karten im Bayerischen Hauptstaatsarchiv sowie in den Staatsarchiven Amberg und Neuburg an der Donau (Bayerische Archivinventare 37), Neustadt an der Aisch 1973, S. 199 f.

1.3.3
Votivbild auf die glückliche Abwendung einer Feuersbrunst in Braunau
Braunau, 1677
Öl auf Leinwand, H. 139 cm, B. 121 cm
Bezirksmuseum Braunau am Inn,
Inv. Nr. V/10 (Eigentümer: Museumsverein Braunau)

Der Bürgermeister der Stadt Braunau Gabriel Staufer stiftete dieses Bild als Dank dafür, dass ein Stadtbrand, der bereits die östliche Vorstadt verwüstet hatte, nach Anrufung Mariens nicht auch auf die anderen Stadtviertel übergriff. Das Gemälde zeigt in Vogelschau die Stadt von westlicher Richtung aus; deutlich ist der markante Stadtplatz zu erkennen und der

gewaltige Turm der Stadtpfarrkirche. Beeindruckend ist die Befestigungsanlage, die im Zuge der Kampfhandlungen des Dreißigjährigen Krieges errichtet und in den Jahren danach weiter ausgebaut wurde. Das Bild war eine Stiftung in die Wallfahrtskirche Sammarei.

1.3.4
Prospecht und Revier der Vöstung Stadt Braunau Anno 1742
Braunau, 1742
Öl auf Leinwand, H. 91 cm, B. 135 cm
Bezirksmuseum Braunau am Inn,
Inv. Nr. 547/79 (Eigentümer: Stadtgemeinde Braunau)

Braunau war auf Grund der strategisch wichtigen Lage in drei Kriegen – im bayrisch-pfälzischen Krieg (1504), im spanischen (1704) und im österreichischen Erbfolgekrieg (1742/43) – Ziel von Kampfhandlungen und Belagerungen. Das Gemälde zeigt die Stadt von Norden

aus. Vermutlich handelt es sich um eine Kopie des Kupferstichs „Vorstellung der Belagerung und Bombardierung von Braunau in Bayern nebst dem Abzug der ungarischen Armee".

1.4 *Was Zollgut auf der Achse durchgeht …*

1.4.1
Große Mautkarte von Bayern
Johann Franz Seraph von Kohlbrenner, 1764
Kupferstich, koloriert, H. 58,5 cm, B. 69 cm
Salzburg, Landesarchiv, XIV 10

Eine wichtige Einnahmequelle für den Kurfürsten waren die zu entrichtenden Zölle und Mauten. Die Übersichtskarte zeigt die größeren Orte, vor allem jene mit bayerischen Mautstellen und deren zugeordnete „Beymauthen", die Handelsstraßen mit Kennzeichnung der „erhobenen", d. h. zur Chaussee ausgebauten und damit wegegeldpflichtigen Straßenabschnitte und das Gewässernetz.

Lit.: Wilhelm Schaup: Salzburg auf alten Landkarten 1551–1866/67, Salzburg 2000, S. 312.

1.4.2
Das Bergtor zu Mühldorf am Inn
1634
Reproduktion; Original: Papier, Federzeichnung, koloriert, H. 38,5 cm, B. 30 cm
München, BayHStA, Plansammlung, Pl 6762

1.4.2

Enklaven wie Mühldorf am Inn hatten besonders unter der Schutzzollpolitik der bayerischen Kurfürsten zu leiden. Die zollpolitische Behandlung konnte als Druckmittel gegen Salzburg eingesetzt werden. Das Blatt wurde anlässlich einer Gebietsstreitigkeit zwischen Bayern und Salzburg aufgenommen: Der salzburgische und kurbayerische Schranken sind eingetragen sowie das zwischen beiden Staaten strittige Gebiet.

Lit.: Edgar Krausen: Die handgezeichneten Karten im Bayerischen Hauptstaatsarchiv sowie in den Staatsarchiven Amberg und Neuburg an der Donau (Bayerische Archivinventare 37), Neustadt an der Aisch 1973, S. 184.

1.4.3
Mautinstruktion von Burghausen (mit Zeichnungen der auf der Salzach verkehrenden Schiffe)

Hans Heglinger, Burghausen,
1538 Mai 27
Reproduktion; Original: Libell, Papier, Feder, neun farbige und zwölf unkolorierte Zeichnungen, H. 32 cm, B. 22 cm
München, BayHStA, GL Burghausen 29 1/2

Der herzogliche Zöllner Hans Heglinger verfasste diese Schrift als Nachschlagewerk zum Dienstgebrauch für den Burghauser Mautner. Es enthält insgesamt 21 Darstellungen von auf der Salzach verkehrenden Salzschiffen. Die dem Text beigefügten Illustrationen sollten dem Beamten die Identifizierung der Schiffstypen und damit die Bemessung des zu entrichtenden Zolles ermöglichen. Sie zeigen Schiffstypen, wie sie auf der Salzach vor Übernahme des Salzzwischenhandels durch Bayern üblich waren, u. a. Leibschiff, Hallasch, Meisterschiff und Kindlschiff sowie verschiedene Arten der Beladung.

Lit.: Ausst.-Kat. Salz macht Geschichte, Katalog, (Veröffentlichungen zur Bayerischen Geschichte und Kultur 30/95), Augsburg 1995, S. 269–271.

1.4.4
Blechschild der Burghauser Stadtpflaster-Zolleinnahmestelle

Blech, H. 59,5 cm, B. 58,7 cm
Burghausen, Historisches Stadtmuseum, IN 4197

Eine wichtige Einnahmequelle der Städte und Märkte war der Pflasterzoll, der in manchen Orten noch bis ins 20. Jh. eingehoben wurde. Für manche Städte war es eine Überlebensfrage, so wie für Burghausen, dessen Stadtverwaltung ab 1602 um die Erteilung dieses Privileges kämpfte. Die Einnahmen sollten die Finanzierungslücke im Stadthaushalt, die durch die Einführung des kurfürstlichen Salzhandelsmonopols entstanden war, zumindest ein wenig schließen. 1612 erfolgte dann die Bewilligung; ausgenommen waren Wagen des Adels und der Beamten, Scharwerksfuhren sowie Zulieferungen zu den Bürgern.

Lit.: Johann Dorner: Wie die Stadt Neuötting den Burghausern zum Pflasterzoll verholfen hat, in: Oettinger Land19 (1999) S. 53–56.

1.4.5
Zollschranke

19. Jh.
Holz, bemalt in den bayerischen Landesfarben
Perwang, Zollmuseum

1.4.6
Steueraufkommen der Städte

Inszenierung

Eine Statistik des Jahres 1598 zählt im gesamten Herzogtum Bayern 34 Städte und 90 Märkte. Die Verstädterung der bayerischen Bevölkerung war gering. Man nimmt für die Zeit um 1800 an, dass nur 18% der Bevölkerung in Städten lebte. Die größte Stadt (München) hatte rund 40 000 Einwohner, die kleinsten Märkte rund 400. Ähnlich unterschiedlich gestaltet sich das Steueraufkommen der Städte. Über 1000 fl. waren 1736 lediglich vier Städte veranlagt (Ingolstadt, Landshut, München und Straubing), zwischen 501 und 1000 fl sieben Städte, zwischen 401 und 500 fl fünf Städte, zwischen 301 und 400 fl eine Stadt und vier Märkte, zwischen 201 und 300 fl acht Städte und ein Markt, zwischen 100 und 200 fl fünf Städte und 28 Märkte, zwischen 51 und 99 fl 19 Märkte, zwischen 30 und 50 fl eine Stadt und 15 Märkte und unter 30 fl acht Märkte.

Lit.: Wilhelm Störmer: Wirtschaft und Bürgertum in den altbayerischen Städten unter dem zunehmenden absolutistischen Einfluß des Landesfürsten, in: Wilhelm Rausch (Hrsg.): Die Städte Mitteleuropas im 17. und 18. Jh. (Beiträge zur Geschichte der Städte Mitteleuropas V), Linz 1981, S. 237–266.

2. Die burger regieren ir stet und märkt selbs

2.1 Die des raths pflegen

2.1.1
**Der Rat der Stadt Deggendorf
Anno 1712**

Inszenierung

Der Rat einer Stadt oder eines Marktes hatte die vielfältigsten Aufgaben zu bewältigen. Er war gleichzeitig Verwaltungsorgan, Amtsgericht und Notariat. Der Rat setzte sich aus einem inneren und äußeren Rat zusammen, der auf Grund einer Wahlordnung nach unterschiedlichen, oft komplizierten Modi gewählt wurde. Spätestens seit 1538 bestand der Rat der Stadt Deggendorf aus acht Mitgliedern des inneren und zehn Mitgliedern des äußeren Rates, die die Geschicke der Stadt lenkten.

Lit.: Ludwig Keller: Andre Vaith der Jüngere. Bräu, Wirt und Kommunalpolitiker (1675–1747), in: Deggendorfer Geschichtsblätter 17 (1996) S. 69–152.

2.1.2
Ratswahlordnung des Marktes Ried

Burghausen, 1539 Juli 8
Libell, Schöpfpapier, H. 36 cm, B. 57 cm (geöffnet)
Ried, Stadtarchiv, U 65

Die Organe der Verwaltung waren der erstmals 1384 bezeugte Marktrichter und der aus Inneren (sieben Mitglieder) und Äußeren (zwölf Mitglieder) bestehende Rat. Die Mitglieder des Inneren Rates wurden durch Wahlmänner aus Rat und Bürgerschaft aus der Bürgerschaft gewählt, die des Äußeren Rates durch die neu gewählten Mitglieder des Inneren Rates aus der Bürgerschaft. Ein Mitglied des Inneren Rates wurde vom Äußeren Rat zum Marktrichter gewählt.

Lit.: Franz Berger: Das Archiv der Stadt Ried, Ried 1910, S. 20 – Herbert Knittler (Red.): Die Städte Oberösterreichs, Wien 1968, S. 245.

2.1.3
Archivrepertorium der Stadt Deggendorf

Paul Wäckinger, 1538
Codex, 24 Bl., H. 32 cm, B. 27 cm
Deggendorf, Stadtarchiv, B 1

Als Magister Paul Wäckinger 1534 sein Amt als Stadtschreiber antrat, erhielt er auch den Auftrag, das Archiv der Stadt zu ordnen. 1538 schrieb er eine Zusammenfassung aller bis zu diesem Zeitpunkt der Stadt Deggendorf verliehenen Privilegien, Freiheiten und Rechte in Regestenform nieder. Die Urkunden betrafen u. a. Gerichtsbarkeit, Selbstverwaltung, Besteuerung, Märkte, Zollfreiheit, Beschauordnung, Bräurecht, Handwerkerrechte, Ratswahl, Weide-, Wasser- und Jagdrechte. Weiters vermerkte er ihm wichtig erscheinende Urteile und Vergleiche, die Fragen des städtischen Gemeinwesens betrafen.

Lit.: Lutz-Dieter Behrendt: Das Archivrepertorium des Magisters Paul Wäckinger von 1538. Zur Tätigkeit eines Deggendorfer Stadtschreibers, in: Deggendorfer Geschichtsblätter 22 (2001) S. 125–148.

2.1.4
Ratsprotokoll

1712
Oktavband, H. 31 cm, B. 21,5 cm
Deggendorf, Stadtarchiv

In den Ratsprotokollen wurden vom Stadtschreiber alle Agenden, die bei den Ratssitzungen zur Sprache kamen, sowie die vielfältigen Aktivitäten der Ratsmitglieder festgehalten. Die Zahl der Ratssitzungen schwankte stark; so lassen sich für das Jahr 1713 in Deggendorf 48 Ratssitzungen nachweisen, im Katastrophenjahr 1743, in dem die Stadt von einer Fleckfieberepidemie und von Stadtbränden heimgesucht wurde, nur sieben.

Lit.: Ludwig Keller: Andre Vaith der Jüngere. Bräu, Wirt und Kommunalpolitiker (1675–1747), in: Deggendorfer Geschichtsblätter 17 (1996) S. 69–152.

2.1.5
Der Eid des Stadtschreibers

Deggendorf, um 1560
Texttafel, Quelle: Eidbuch der Stadt Deggendorf
Deggendorf, Stadtarchiv, B 5, Bl. 1ʳ–4ʳ

Eine der einflussreichsten Persönlichkeiten, die über die beste Kenntnis der Geschehnisse in einer Stadt verfügte, war der Stadtschreiber. Er nahm an allen Sitzungen des Rates teil, protokollierte sie

und führte die Stadt-, Rechnungs- und Steuerbücher; weiters erledigte er anfallende Schreibarbeiten der Bürgerschaft. Bei seinem Amtsantritt musste er einen Eid ablegen, mit dem er sich u. a. zur Verschwiegenheit verpflichtete. Weiters wurden die Tarife für seine Leistungen festgelegt: z. B. für Kaufbriefe und Bittschriften auf Pergament 12 Kreuzer, für Geburts- und Todesurkunden 1 Gulden, für Quittungen 8 bis 20 Kreuzer, Heiratsbriefe je nach Wert von 10 Kreuzer bis zu einem Gulden.

Lit.: Lutz-Dieter Behrendt: Das Archivrepertorium des Magisters Paul Wäckinger von 1538. Zur Tätigkeit eines Deggendorfer Stadtschreibers, in: Deggendorfer Geschichtsblätter 22 (2001) S. 125–148.

2.1.6
Ratskanne der Stadt Straubing

Jörg Vogel, 15. Jh.
Zinn, H. 49,5 cm, ⌀ 15,7 cm
Straubing, Gäubodenmuseum,
Inv. Nr. 50.635

Die gefußte Schenkkanne fasst bis zur Eichwarze 1½ bayerische Mass. Der Bauchung vorgelegt ist der tartschenförmige Schild des Straubinger Stadtwappens mit dem Pflug, der Spuren von Farbresten zeigt. Der Deckel ist kuppelförmig, die Deckelbekrönung in Form einer Eichel. Drei Marken – zweimal das Stadtwappen von Straubing, einmal die Meistermarke – befinden sich am Henkel.

Lit.: Elisa zu Freudenberg – Wolfram zu Mondfeld: Altes Zinn aus Niederbayern, Regensburg 1982, Bd. 1, S. 73 und 203.

2.1.6

2.1.7
Ratskanne der Stadt Regensburg

Gottfried Augustin Willkommen, 1744
Zinn, H. 31,9 cm, ⌀ 17,1 cm
Regensburg, Museen der Stadt Regensburg, Inv. Nr. K 1930/233

Die Zinngießermarke befindet sich im Deckel, an der Wandung die Marke der Stadt Regensburg – gekreuzte Schlüssel, darüber „V", darunter 1744.

Lit.: Elisa zu Freudenberg – Wolfram zu Mondfeld: Altes Zinn aus Niederbayern, Regensburg 1982, Bd. 1, S. 203.

2.1.8
Ratsherrenkanne (Schleifkanne)

Passau, 1580
Zinn, Messing, H. 52 cm,
⌀ Boden 26 cm
Passau, Oberhausmuseum, Inv. Nr. 848

An der Wandung wurde in Bodennähe nachträglich ein Zapfhahn angebracht; der flache Deckel mit einem Daumendrücker an dem Scharnier trägt die plastische Darstellung eines Löwen, der ursprünglich das Wappenschild mit dem Passauer Wolf und der Jahreszahl „1580" trug. Die Kanne ruht auf drei abgeplatteten Kugelfüßen. An der Deckelinnenseite befindet sich ein Medaillon mit einem männlichen Porträt, auf der Bodeninnenseite das Flachrelief einer Kreuzigungsgruppe; am Henkel befinden sich vier Marken mit Passauer Wolf und „E", auf dem Deckel Marke mit Passauer Wolf und „P" (für Perger?).

2.1.8

2.1.9

Lit.: Ausst.-Kat. Weißes Gold. Passau. Vom Reichtum einer europäischen Stadt, Passau 1995, S. 27.

2.1.9
Ratsherrenglocke (Handglocke)

Passau, um 1730
Bronze, Stahl, Messing, Holz,
L. 17,5 cm, ⌀ 8,4 cm
Passau, Oberhausmuseum, Inv. Nr. 930

Der Glockenkörper besteht aus Bronze, der Schwengel ist aus Stahl, die Angel aus Messing; in Bronze sind dem Glockenkörper zwei Darstellungen aufgelegt: ornamentierte Wappenschilder mit dem Passauer Wolf.

Lit.: Ausst.-Kat. Weißes Gold. Passau. Vom Reichtum einer europäischen Stadt, Passau 1995, S. 26.

2.1.10
Rechentuch der Stadt München

München, 1609
Kopie; Original: grünes Londoner Tuch,
H. 50 cm, B. 95 cm
München, Stadtmuseum

Zur Ausstattung der Behörden gehörten im 16. und 17. Jh. Zähl- und Rechentücher als ein leicht transportabler Abakus bzw. Rechentisch. Sechs oder mehr parallele waagrechte Linien markierten Einer, Zehner, Hunderter, Tausender usw.; Rechenpfennige dienten zur Durchführung der Rechenoperationen. Man bündelte z. B. 5 Einer durch Legen eines Rechenpfennigs in das über dieser Linie liegende ‚Spacium'; kamen im Verlauf einer Rechnung zwei Rechenpfennige in ein ‚Spacium' zu liegen, so wurden diese durch Legen eines Rechenpfennigs auf die darüber liegende Linie gebündelt. Beim Auslegen einer beliebigen natürlichen Zahl durften also auf keiner Linie

mehr als vier und in keinem ‚Spacium' mehr als ein Rechenpfennig liegen.

Lit.: Ausst.-Kat. Wittelsbach und Bayern, Band II/2. Um Glauben und Reich. Kurfürst Maximilian I., München 1980, S. 276.

2.2 *Von Gottes Gnaden Maximilian Pfaltzgraf bey Rhein, Hertzog in obern vnd nidern Bayrn ...*

2.2.1
Landrecht, Policey-, Gerichts-, Malefitz- und andere Ordnungen der Fürstenthumben Obern und Nidern Bayrn

München, 1616
Reproduktion der Titelseite; Original: Buchdruck, H. 36 cm, B. 24 cm
München, BayHStA, Amtsbücherei

Mit dem Landrecht von 1616 schuf Kurfürst Maximilian I. eine endgültige Rechtseinheit für Bayern. Das Werk umfasst mehrere Gesetzesbücher: die Neufassung der Polizeiordnung, ferner das Landrecht, das das Zivilrecht in Ober- und Niederbayern regelte, die Gerichtsordnung, die den ordentlichen Prozess regelte, eine summarische Prozessordnung, die ‚Malefitzprozeßordnung' als erster Versuch einer Strafrechtskodifikation, Forstordnung und Jagdrecht sowie die Landesfreiheitserklärung in der Fassung von 1553.

Lit.: Ausst.-Kat. „Gerechtigkeit erhöht ein Volk". Recht und Rechtspflege in Bayern im Wandel der Geschichte, München 1990, S. 52–54.

2.2.2
Anweisungen für die Rentmeisterumritte

München, 1596 April 16
München, BayHStA, GR Fasz. 1262/1

Das Rentmeisteramt war die oberste Außenbehörde der herzoglichen Regierung. An ihrer Spitze stand der Rentmeister. Er hatte in dem ihm unterstehenden Gebiet die Durchführung der landesherrlichen Mandate zu überprüfen, die Amtsführung der Beamten zu kontrollieren sowie schwere Vergehen, die vicedomischen Verbrechen – Ehebruch, Gotteslästerung, Fleischessen in der Fastenzeit –, abzustrafen. Mit dem 1596 erlassenen Mandat wurden die Rentmeister aufgefordert, ein besonderes Augenmerk auf das religiös-sittliche Leben der Untertanen zu legen, Zauberei, Fluchen, Ketzerei, Unzucht und Wucher abzustellen und Sonntagsheiligung sowie Türkengebete zu befördern.

Lit.: Walter Ziegler: Altbayern von 1550–1651 (Dokumente zur Geschichte von Staat und Gesellschaft in Bayern. Abt. 1: Altbayern vom Frühmittelalter bis 1800, Band 3, Teil 2), München 1992, S. 595–598.

2.2.3
Bericht des Rentmeisters Hans Christoph Neuburger über die Missstände in Wasserburg
München, 1628 Oktober 12
Wasserburg, Stadtarchiv

Im Herbst 1628 führte der Rentmeister Hans Christoph Neuburger den fälligen Umritt in Wasserburg durch. Die Visitation begann am 21. September. Bereits am 12. Oktober schickte er der Stadtverwaltung das Protokoll mit 78 Punkten von Beanstandungen. Die ersten 22 Punkte betrafen das Stadtgericht und die Ratsprotokolle: Der Stadtrichter war zu wenig gewissenhaft; man habe sich Rechte angemaßt, die nur der kurfürstlichen Regierung zuständen; die Urteile seien zuwenig ausgewogen; schlampig seien auch die Aufzeichnungen in den diversen Rechnungsbüchern geführt. Er forderte den Rat auf, Trinker härter zu bestrafen, die Bürgerstrafen (z. B. verhängt wegen schlechten Brotes) rigoroser einzufordern sowie bei der Entlohnung der Beamten sparsamer zu sein.

Lit.: Martin Wildgruber: Rentmeister-Umritte, in: Heimat am Inn 13 (1993) S. 29–26.

2.2.4
Münzabwertungsmandat zur Bekämpfung der Inflation
München, 1622 September 23
Reproduktion; Original: Druck, Papier, H. 60 cm, B. 32 cm
München, BayHStA, Staatsverwaltung 1742 Nr. 36

Die mit dem Dreißigjährigen Krieg verbundenen hohen Ausgaben hatten dazu geführt, dass man in vermehrtem Maß minderwertige Münzen prägte. Edelmetallmünzen mit hohem Reinheitsgrad

wurden im Gegenzug gehortet oder umgeschmolzen. In dieser „Kipper- und Wipperzeit" stieg der nominelle Geldwert oft weit über den tatsächlichen Metallwert. Inflationäre Preissteigerungen waren die Folge. Maximilian I. versuchte mit dem Mandat eine Sanierung des Währungssystems, da durch das Misstrauen in die Währung kaum mehr Lebensmittel auf dem freien Markt angeboten wurden. Mit zwei Mandaten wurden die im Umlauf befindlichen Münzen um die Hälfte abgewertet und in eine neue Relation zu den vollwertig ausgeprägten Reichsmünzen gebracht. Allerdings gelang erst 1623 eine durchgreifende Neuordnung des Münzwesens.

Lit.: Ausst.-Kat. Wittelsbach und Bayern, Band II/2. Um Glauben und Reich. Kurfürst Maximilian I., München 1980, S. 293.

2.2.5
Kippertaler
München, 1621
Reproduktion; Original: Silber,
⌀ 4,2 cm, 27,59 g
München, Staatliche Münzsammlung

Mit stark verschlechtertem Silbergeld versuchte das Herzogtum Bayern sich außerordentliche Staatseinnahmen zu verschaffen. Als höchste Nominale wurde ein talerartiges Stück zu 120 Kreuzer geprägt. Wie viele Kippermünzen nennt die Prägung den Münzherren nicht direkt. Nach Wiederherstellung geordneter Münzverhältnisse erhielt man im Tausch nur 25 % des Nominalwertes in neuer guter Münze rückerstattet.

Lit.: Ausst.-Kat. Wittelsbach und Bayern, Band II/2. Um Glauben und Reich. Kurfürst Maximilian I., München 1980, S. 371.

2.2.6
Medaille auf die Wiederaufnahme der Münzprobationstage
Augsburg, 1624
Reproduktion; Original: Silber,
⌀ 4,3 cm, 18,45 g
München, Staatliche Münzsammlung

Seit der zweiten Hälfte des 16. Jhs. fanden in den Reichsstädten Augsburg, Nürnberg und Regensburg abwechselnd Münzprobationstage statt. Bei diesen Zusammenkünften wurden neu geprägte Münzen geprüft und die Münzbeamten vereidigt. Im Oktober 1624 fand der

zweite Münzprobationstag der drei korrespondierenden Kreise Franken, Bayern und Schwaben seit dem Ende der Kipper- und Wipperzeit statt.

Lit.: Ausst.-Kat. Wittelsbach und Bayern, Band II/2. Um Glauben und Reich. Kurfürst Maximilian I., München 1980, S. 371 f.

2.2.7
Erhebung der Landsteuer
München, 1623 Juni 8
Reproduktion; Original: Druck, Papier
München, BayHStA, Mandatensammlung

Der Landtag war für die Bewilligung der Landsteuer zuständig. Die Grundlage für die Besteuerung bildeten die Steuerbücher in den Landgerichten und Hofmarken. Die Höhe der Steuer basierte auf der eidesstattlichen Selbsteinschätzung der Steuerpflichtigen und orientierte sich am Vermögen des Steuerpflichtigen. Besteuert wurde die Grundgerechtigkeit und die Fahrnis.

2.2.8
Tagwerkerordnung von 1637 zur Festsetzung der Arbeiterlöhne
München, 1637 Juli 8
Reproduktion; Original: Druck, Papier, H. 32 cm, B. 27 cm
München, BayHStA, Mandatensammlung

Mangel an Arbeitskräften führte zu Überzahlung; um dem entgegenzusteuern legte der Landesfürst in so genannten Tagwerkerordnungen Höchstlöhne für Maurer, Fuhrleute, Hilfsarbeiter usw. fest. Die Löhne richteten sich nach den jeweiligen Nahrungsmittelpreisen. Jeder Arbeiter war verpflichtet, sich zu diesen Löhnen anstellen zu lassen. 1637 verdiente demnach ein Maurer- oder Zimmermeister im Taglohn mit Kost 24 Kreuzer, ohne Kost 35 Kreuzer.

Lit.: Eckart Schremmer: Die Wirtschaft Bayerns, München 1970 – Ausst.-Kat. Wittelsbach und Bayern, Band II/2. Um Glauben und Reich. Kurfürst Maximilian I., München 1980, S. 294.

2.2.9
Höchstpreisverordnung für Lebensmittel
München, 1622 September 23
Reproduktion; Original: Druck, Papier
München, BayHStA, StB 2° Bavar. 960

Aufgrund der neu festgesetzten Münzparitäten verordnete Herzog Maximilian I. eine Senkung der Lebensmittelpreise auf die Hälfte. In der Verordnung werden detailliert die Preise für Getreide, Fleisch, Fische, Häute und Fellwerk, Obst, Wolle und Holz angeführt. Die Nahrungsmittel produzierenden Gewerbe wie Bäcker und Bierbrauer werden aufgefordert, dem Wert der Münze entsprechend zu produzieren und sich ausreichend Vorräte anzulegen. Die Preise galten für München und die den Preisen der Residenz folgenden Städte und Märkte. Die übrigen Regierungen werden aufgefordert, die fest geschriebenen Grundsätze bei der lokalen Preispolitik anzuwenden.

Lit.: Walter Ziegler: Altbayern von 1550–1651 (Dokumente zur Geschichte von Staat und Gesellschaft in Bayern. Abt. 1: Altbayern vom Frühmittelalter bis 1800, Band 3, Teil 2), München 1992, S. 924–929.

2.2.10
Reinheitsgebot des Bieres
Ingolstadt, 1516
München, BayHStA, Staatsverwaltung Nr. 1961

Basierend auf älteren Verordnungen erließ 1493 Herzog Georg der Reiche für das Herzogtum Bayern-Landshut eine Vorschrift, dass die Bierbrauer das Getränk nur aus Gerste, Hopfen und Wasser brauen durften. Im Reinheitsgebot des Bieres, Teil der 1516 von Wilhelm IV. unterzeichneten Landesordnung, werden neben den erlaubten Ausgangsstoffen auch die Preise für das Bier festgelegt: Bier kostete demnach von Michaeli bis Georgi das Mass (= 1,069 Liter) nicht mehr als ein Pfennig Münchener Währung und von Georgi bis Michaeli nicht mehr als zwei Pfennig Münchener Währung.

2.2.11
Kleiderordnung
München, 1626 Juni 26
Reproduktion; Original: Druck, Papier, 6 Bl., H. 34 cm, B. 22 cm
München, BayHStA, Staatsverwaltung 2306, fol. 34–39

Die Kleiderordnungen von 1626 wurden in erster Linie aus wirtschaftlichen Gründen erlassen. Kurfürst Maximilian I. versuchte damit den Abfluss von Geld ins Ausland für den Erwerb von ausländischem Tuch zu verhindern. Die strenge Gliederung nach Ständen – Bauern, gewöhnliche Bürger, Kauf- und Gewerbeleute, Geschlechter, Ritterschaft und Adel, Doktoren und Lizenziaten, Grafen und Freiherren – sollte die Standesunterschiede auch im äußeren Erscheinungsbild wieder stärker betonen. Da die Maximalstrafe in der Beschlagnahme des beanstandeten Kleidungsstückes bestand, gestaltete sich die Durchführung der Bestimmungen äußerst schwierig.

Lit.: Veronika Baur: Kleiderordnungen in Bayern vom 14. bis zum 19. Jh. (Miscellanea Bavarica Monacensia 62), München 1975 – Ausst.-Kat. Wittelsbach und Bayern, Band II/2. Um Glauben und Reich. Kurfürst Maximilian I., München 1980, S. 298.

2.2.12
Bayerisches Religions- und Erziehungsmandat
München, 1569 September 30
Reproduktion; Original: Druck, Papier
München, BayHStA, Mandatensammlung

Herzog Albrecht V. erneuerte mit diesem Mandat früher erschienene Religionsmandate. Besonderen Nachdruck legt er auf eine Erziehung der Jugendlichen an katholischen Orten, Schulen und Universitäten. Damit soll der Abfall vom wahren Glauben verhindert werden. Als gestattet werden namentlich genannt die Universitäten Ingolstadt, Freiburg im Breisgau. Köln, Dillingen, Löwen und Douai (bei Lille), ferner die Schulen und Kollegien der Jesuiten, Salzburg, Freising, Passau und Eichstätt.

Lit.: Walter Ziegler: Altbayern von 1550–1651 (Dokumente zur Geschichte von Staat und Gesellschaft in Bayern. Abt. 1: Altbayern vom Frühmittelalter bis 1800, Band 3, Teil 2), München 1992, S. 380–383.

2.2.13
Mandat zur Erteilung von Geburtsbriefen an Landeskinder im Ausland
München, 1644 Dezember 20
Reproduktion; Original: Druck, Papier, H. 33 cm, B. 21 cm
München, BayHStA, Mandatensammlung

Der Besitz eines Geburtsbriefes war notwendig, wenn man sich verheiraten oder wenn man das Bürgerrecht erwerben wollte. Um die Abwanderung von Landeskindern in nichtkatholische Länder und somit einen drohenden Religionswechsel zu verhindern, wurde bayerischen Untertanen der Geburtsbrief verweigert, wenn sie sich in einem nicht katholischen Territorium aufhielten. Die Oberaufsicht über „Landeskinder" im Ausland hatte der Hofrat in München und seit 1643 der Geistliche Rat.

Lit.: Ausst.-Kat. Wittelsbach und Bayern, Band II/2. Um Glauben und Reich. Kurfürst Maximilian I., München 1980, S. 297.

2.2.14
Mandat gegen Fluchen und Zutrinken
München, 1526 Dezember 1
Reproduktion; Original: Druck, Papier, H. 60,5 cm, B. 33 cm
München, BayHStA, Mandatensammlung

Seit dem 16. Jh. beschäftigten sich Mandate vermehrt mit dem Privatleben der Bürger und versuchten Einfluss auf die Sitten zu nehmen. Dies führte zu einer Kriminalisierung des Alltags. In regelmäßigen Abständen erschienen Mandate, die mit steigender Strafandrohung gegen Gotteslästern, Zutrinken, Ehebruch und Leichtfertigkeit einzuschreiten versuchten. Diese Sünden wurden vielfach als Ursachen für Türkeneinfälle, Seuchen, Hungersnöte und Naturkatastrophen angesehen. Der steigende Alkoholkonsum wurde als Mitverursacher des Sittenverfalls angesehen.

Lit.: Ausst.-Kat. „Gerechtigkeit erhöht ein Volk". Recht und Rechtspflege in Bayern im Wandel der Geschichte, München 1990, S. 59.

2.2.15
Mandat gegen Leichtfertigkeit, Ehebruch, Gotteslästerung, Fluchen und Schwören
München, 1635 September 20
Reproduktion; Original: Druck, Papier, H. 67 cm, B. 42 cm
München, BayHStA, Staatsverwaltung 1499, fol. 160/161

Seit der Landesordnung von 1553 war die „Leichtfertigkeit" (außerehelicher Geschlechtsverkehr) strafbar: Männer wurden in den Stock, Frauen in die Geige geschlagen. Wiederholte Leichtfertigkeit konnte zu Landesverweis führen. Bei

Ehebruch einer ledigen Frau mit einem unvermögenden verheirateten Bürger oder Bauer wird dieser bei Wasser und Brot eingesperrt und muss drei Sonntage hindurch vor der Kirche „*Prechen*" stehen. Vermögende müssen 100 Pfund Pfennige Strafe zahlen; beim zweiten Ehebruch erfolgt ein siebenjähriger Landesverweis, beim dritten die Hinrichtung mit dem Schwert. Eine Ehefrau wird bereits beim ersten Ehebruch des Landes verwiesen und beim zweiten hingerichtet; diese Regelung galt auch für einen unverheirateten Mann, der mit einer Verheirateten Ehebruch beging.

Lit.: Ausst.-Kat. Wittelsbach und Bayern, Band II/2. Um Glauben und Reich. Kurfürst Maximilian I., München 1980, S. 297 f.

2.2.16
Mandat gegen Kindstötung
München, 1793 Dezember 14
Reproduktion; Original: Druck, Papier,
H. 33 cm, B. 20 cm
München, BayHStA, Kurbayern
Mandatensammlung 1793 XII 14

Die Strafverfolgung von „Leichtfertigkeit" und Ehebruch führte zu einem nachweisbaren Ansteigen der Abtreibungsfälle und Kindstötungen. Seit der Mitte des 17. Jhs. entfiel ein großer Teil der Hinrichtungen im Kurfürstentum Bayern auf Kindsmörderinnen. Der Kriminalkodex von 1751 stellte auch verheimlichte Schwangerschaft und Todgeburt unter Strafe.

Lit.: Wilhelm Wächtershäuser: Das Verbrechen des Kindesmordes im Zeitalter der Aufklärung, Berlin 1973 – Ausst.-Kat. „Gerechtigkeit erhöht ein Volk". Recht und Rechtspflege in Bayern im Wandel der Geschichte, München 1990, S. 62.

2.2.17
Mandat gegen Aberglauben, Zauberei und Hexerei
München, 1611 Februar 12
Reproduktion; Original: Druck, Papier,
40 Bl.
München, BayHStA, Mandatensammlung

Das Mandat ist das umfangreichste Gesetz gegen Zauberei und Aberglauben, das in Mitteleuropa jemals publiziert wurde. Es führt 52 strafbare Formen von Aberglauben auf. Besonders häufig schei-

nen Delikte im Bereich des Wahrsagens, der Schatzsuche, der Bannung von Geistern und des Missbrauchs von Scharfrichterutensilien aufgetreten zu sein. Der Teufelspakt und der unter Anrufung des Teufels bewirkte Schadenszauber wurden unter Todesstrafe gestellt. Tatverdächtig waren u. a. die Schmiede auf dem Lande, alte Weiber und Nachrichter.

Lit.: Ausst.-Kat. „Gerechtigkeit erhöht ein Volk". Recht und Rechtspflege in Bayern im Wandel der Geschichte, München 1990, S. 59.

2.2.18
Pestmandat
München, 1634 August 19
Reproduktion; Original: Druck, Papier,
H. 71 cm, B. 48 cm
München, BayHStA, Mandatensammlung

Nahezu bei jedem Seuchenzug wurden von der Regierung in München Pestmandate erlassen; sie enthalten Anweisungen, wie sich Beamte und Betroffene zu verhalten haben. Geregelt wird die Pflege der Kranken, die ärztliche Hilfe, die Desinfektion der befallenen Häuser. Bestrafungen werden für alle festgesetzt, die die Sperrzonen verlassen. Erstmals wird in diesem Mandat ausdrücklich darauf hingewiesen, dass die Pest nicht auf teuflisches Treiben der Hexen, sondern auf natürliche Ursachen zurückzuführen sei.

Lit.: Ausst.-Kat. Wittelsbach und Bayern, Band II/2. Um Glauben und Reich. Kurfürst Maximilian I., München 1980, S. 299.

2.2.19
Mandat zur allgemeinen Landesmusterung
München, 1596 November 12
Reproduktion; Original: Druck, Papier,
4 Bl., H. 33 cm, B. 21 cm
München, BayHStA, Staatsverwaltung
2318/I, fol. 110–113

Die Bedrohung durch die Türkeneinfälle und der Bauernaufstand im benachbarten Oberösterreich waren sicher mit ein Grund, warum Kurfürst Maximilian I. 1596 den Auftrag zu einer allgemeinen Landesmusterung erließ. Kommissare hatten den Auftrag, die von den Hofmarksherren gemusterten Untertanen zu erfassen. Von je 30 Untertanen sollten 10 gemustert werden. Die Bewaffnung sollte einheitlich sein und aus dem landesherr-

lichen oder landschaftlichen Zeughaus gegen Entgelt bezogen werden. Die Bürger in den Städten hatten ihre Bewaffnung selbst zu stellen.

Lit.: Ausst.-Kat. Wittelsbach und Bayern, Band II/2. Um Glauben und Reich. Kurfürst Maximilian I., München 1980, S. 313.

2.2.20
Verbot der Perlenfischerei
München, 1625 Januar 31
Reproduktion; Original: Druck, Papier,
H. 20,5 cm, Br. 32,5 cm
München, BayHStA, GR 1173/2

Seit dem 15. Jh. war der Perlenfang landesherrliches Regal; jede gefundene Perle musste nach München abgeliefert werden. An den „Perlbächen" waren so genannte Perltafeln aufgestellt, die das Gewässer als Bannwasser kennzeichneten. Mit dem Mandat von 1625 sollten solche Gewässer noch mit einem Galgen gekennzeichnet werden. 1633 erschien dann ein Mandat, das für jeden ergriffenen Perlräuber eine Belohnung von 25 Gulden aussetzte.

Lit.: Ausst.-Kat. Wittelsbach und Bayern, Band II/2. Um Glauben und Reich. Kurfürst Maximilian I., München 1980, S. 294.

2.3 *Wir Camrer, Rath …*

2.3.1
Ehaftordnung der Stadt Deggendorf
Deggendorf, 1556
Codex, H. 27 cm, B. 24,5 cm
Deggendorf, Stadtarchiv, B 5

Die hier vorliegende Ordnung wurde zu Georgi und Michaeli 1556 verlesen. Die 29 Artikel betreffen u. a. feuerpolizeiliche Verordnungen, Fragen der Tierhaltung in der Stadt („*Schwein auftreiben, Die Schwein under den Meuern und Plancken nit stehen zulassen, Hennen und Koppaun*"), der Sauberkeit in der Stadt („*Kain Unsaubrigkeit auf die gassen zegießn, Mist und Miststat, Prünnen*"), des sittlich-religiösen Lebenswandels („*Gottslesterung, Gottsdienst haimsuechn, Gmaintenntz, Prantwein*") und wirtschaftliche Belange („*Zoll betreffendt, Scheutermaß, Füerkhauf, Obst und Zeun*"). Die gegen Taglohn arbeitenden Handwerker werden aufgefordert, sich an die in der Landesordnung festgesetzten Tarife zu halten.

Lit.: Walter Hartinger. „… wie von alters herkommen …" Dorf-, Hofmarks-, Ehehaft und andere Ordnungen in Ostbayern. Band 1: Niederbayern (Passauer Studien zur Volkskunde 14), Passau 1998, S. 144–156.

2.3.2
Grundbuch der Stadt Vilshofen
Wolfgang Klopfinger, 1543
Pergament, H. 23 cm, B. 18,1 cm,
Vilshofen, Stadtarchiv, Urk. 30

In einem Grundbuch der Stadt Vilshofen befindet sich die älteste Ansicht der Stadt, angefertigt vom Stadtschreiber Wolfgang Klopfinger, der 1513 an der Universität Wien immatrikuliert war. Im Vordergrund erkennt man die hölzerne Brücke über die Vils, links neben dem Stadttor das Bürgerspital mit Sonnenuhr und deutlich erkennbaren Abtritterkern, hinter dem Spital das Türmchen der Blasiuskapelle, rechts vom Vilstor die Pfarr- und Stiftskirche und noch weiter rechts die Schwarzensteinerkapelle.

Lit.: Karl Wild (Hrsg.): Festschrift zur Zwölfhundert-Jahrfeier von Vilshofen 777–1976, Vilshofen 1976, S. 189f.

2.3.3
Kammerrechnungen des Marktes Teisbach
Teisbach, 1755
Buch, Papier, H. 32 cm, B. 22 cm
Dingolfing, Stadtarchiv, Markt Teisbach,
B I, 2.68

In den Rechnungsbüchern wurden die Ausgaben und Einnahmen der Städte bzw. Märkte verzeichnet. Bei den Rentmeister-Umritten mussten diese Bände zur Kontrolle vorgelegt werden. 1755 war im Markt Teisbach der Schreiber Johann Martin Zirngibl tätig. Die Einnahmen des Marktes bestanden aus Gülten (Besteuerung von Grund und Boden, Handwerkslizenzen etc.) und Brückengeldern, aus Zinsen für geliehenes Kapital, Einnahmen an Schenkrechtgeldern, Siegelgeldern, Strafgeldern, Tanzgeldern, Einnahmen aus dem Ziegelstadel usw. Ausgaben musste der Markt tätigen für Besoldung der Beamten, Reparaturen an öffentlichen Gebäuden und Brücken, für Schreibgebühren und Botenlöhne usw. Unter ‚Allgemeine und besondere Ausga-

ben' wird die Besoldung des Schulmeisters angeführt, dann diverse Beträge für die Schreibstube im Rathaus und u. a. auch Zahlungen an den Bäcker, der über den Winter den Zuchtstier im Stall hatte, und an den Metzger, der den Gemeindewidder untergestellt hatte.

Lit.: Josef Haushofer: Die Teisbacher Marktkammerrechnung vom Jahr 1755, in: Der Storchenturm 6 (1970), S. 14–45.

2.3.4
Vergabe von Spiellizenzen
München, 1756 Februar 10
Papier, handschriftlich, H. 26 cm,
B. 19,5 cm
Burghausen, Stadtarchiv, D V/2

Im Burghauser Stadtarchiv hat sich ein Konvolut von Aktenstücken erhalten, das Einblick in die Auseinandersetzung zwischen dem Thurnermeister und den Stadtspielleuten gibt. Der Thurnermeister (= Stadtpfeifer) stand immer im städtischen oder höfischen Dienst. Zu seinen Aufgaben zählte das Stundenblasen, das Aufspielen bei Wahlen, städtischen und zünftischen Festen, kirchlichen Feiern usw. In Burghausen unterstand er in gleicher Weise der herzoglichen und der städtischen Verwaltung. Zur Aufbesserung seines Salärs besaß er das Privileg der alleinigen Musikaufwartung, das ihm aber immer wieder durch Stadtspielleute und herumziehende Musikanten streitig gemacht wurde. Der Kampf ging u. a. auch um den Gebrauch von nur dem Thurnermeister gestatteten Instrumenten wie z. B. der Bassgeige. In diesem Konflikt stellte sich der Magistrat eindeutig auf Seiten der bürgerlichen Stadtspielleute und versuchte für diese eine bestmögliche Lösung zu erreichen.

Lit.: Peter Vornehm: Von Thurnermeister, Stadtspielleuten und anderen Musikanten. Nicht immer nur Harmonisches aus Burghausens Musikgeschichte, in: Oettinger Land 15 (1995) S. 205–232.

2.3.5
Messstiftung bestätigt durch Richter und Rat des Marktes Ried
Ried, 1696 September 14
Pergament, Siegel in Holzkapsel,
H. 19 cm, B. 37 cm, ∅ Siegel 7 cm
Ried, Stadtarchiv, Nr. 168

Maria Aigner, Witwe nach dem Bürger und Schwarzfärber Maximilian Aigner, geborene Reisinger, Wirtstochter von Andrichsfurt, stiftete mit dieser Urkunde in die Leinweberbruderschaft vier Quatembermessen auf die ewige Gilt von 200 Gulden, verschrieben auf das freiledige Grundstück der Witwe Sophia Castner. Messstiftungen stellten seit dem Mittelalter für den gläubigen Menschen die beste Versicherungspolizze für das ewige Leben dar. Man hoffte, so der ewigen Verdammnis zu entkommen und die Wartezeit im Fegefeuer zu verkürzen. Der Rat übte hier die Funktion eines Notariats aus.

Lit.: Franz Berger: Das Archiv der Stadt Ried, Ried 1910, S. 44.

2.3.6
Vier Flüssigkeitshohlmaße
Passau, 1475
Bronzeguss,
H. 9,5/14,2/16,1/22 cm,
∅ Boden 6,6/8,5/10,2/13,6 cm,
∅ max. 8,9/9,2/12,5/16,6 cm
Passau, Oberhausmuseum,
Inv. Nr. 854, 855, 858, 860

2.3.6

Zu den wichtigen Aufgaben des Rates gehörte auch die Überwachung der verwendeten Maße. Die Passauer Serie von vier Hohlmaßen beruht auf dem bayerischen Hohlmaß: Die Krüge werden bezeichnet als Pfiff (0,27 l), Seidl (0,52 l), Kandl (1,05 l) und Viertel (2,05 l). An der Innenseite befinden sich knapp unter dem Rand drei kleine Zapfen als Eichmarken; auf den Henkeln sitzen drei bzw. zwei Stempel: Passauer Wolf und Dreieck.

Lit.: Ausst.-Kat. Weißes Gold. Passau. Vom Reichtum einer europäischen Stadt, Passau 1995, S. 38.

2.3.7
Chur-Bayerischer Landtschuech introduciert 1732
München, 1732
Holz, Messing, L. 36 cm, B. 4 cm
Traunstein, Heimatmuseum

Der Maßstab stammt aus der Traunsteiner Salinenverwaltung. Die Länge der Maßeinheit „Schuh" schwankt innerhalb Europas zwischen 28 und 34 cm. Ein Schuh war wiederum in 10 oder 12 Zoll unterteilt. Der bayerische Schuh entspricht etwa 29 cm. Die in einem Gebiet gültige Länge musste immer an einem autorisierten Originalmaßstab kontrolliert werden.

Lit.: Ausst.-Kat. Salz macht Geschichte, Katalog, (Veröffentlichungen zur Bayerischen Geschichte und Kultur 30/95), Augsburg 1995, S. 183.

2.3.8
Passauischer Werck Schuh
Passau, 1752
Messing, L. 29,2 cm, B. 1,3 cm
Passau, Oberhausmuseum,
Inv. Nr. 2026

Es handelt sich um das Eichmaß für den Passauer Werkschuh. Der Messingstab mit Maßeinteilung (12 Zoll = 1 Werkschuh) trägt auf der Rückseite die Inschrift *,Mass des bis anhero observirten und Anno 1752 auf des Neue Stabilirten Passauischen Werck Schuhs'* und auf beiden Stirnseiten den Eichstempel mit „L".

Lit.: Ausst.-Kat. Weißes Gold. Passau. Vom Reichtum einer europäischen Stadt, Passau 1995, S. 39.

2.3.9
Ladenmaß
Passau, 18. Jh.
Messing, L. 31 cm, B. 9,5 cm
Passau, Oberhausmuseum, Inv. Nr. 929

Das längliche Messingblatt besitzt fünf verschieden große rechteckige Aussparungen für die unterschiedlichen Brettermaße.

Lit.: Ausst.-Kat. Weißes Gold. Passau. Vom Reichtum einer europäischen Stadt, Passau 1995, S. 39.

2.3.10
Fleisch-Satz der Stadt Landshut
Landshut, 1748
Druck, Papier, H. 33 cm, B. 21 cm
Dingolfing, Stadtarchiv, A 38 Nr. 6

Wie andere Handwerke unterstand auch das Handwerk der Metzger der Kontrolle

der Obrigkeit. Ordnungen, die zumeist auf von München erlassenen Mandaten beruhten, regelten Ausbildung, Zulassung zur Meisterschaft und Berufsausübung. Sie gaben Anweisungen für den Einkauf des Viehs, für das Schlachten, bestimmten die Art der Abwaage – z. B. wo Knochen mit gewogen wurden und wo nicht – usw. Eine weitere Aufgabe der Stadtverwaltung bestand in der Festsetzung der Preise.

Lit.: Fritz Markmiller: Das Dingolfinger Metzgerhandwerk und seine Ordnung von 1777, in: Der Storchenturm 11 (1976), S. 28–65.

2.3.11
Vernichtung von gepanschtem Wein
Nürnberg, 1785/90
Reproduktion, Original: Radierung,
H. 19,3 cm, B. 25,4 cm
Nürnberg, Germanisches Nationalmuseum, Graphische Sammlung,
Inv. Nr. HB 24576 Kapsel 1256

Das Stadtregiment hatte sich auch um die Qualität der angebotenen Ware zu kümmern. Mitglieder des Äußeren oder Inneren Rates bekamen bestimmte Aufgaben auf diesem Gebiet zugewiesen; so gab es in Burghausen 1644 z. B. Wein- und Methsetzer, Biersetzer, Brod-Beschauer, Fleisch-Setzer und Fleisch-Beschauer. Beanstandete Ware wurde, wie auf der Radierung gezeigt, von Beamten der Stadt vernichtet.

2.3.12
Anweisungen für den Apotheker Francis Andre Trauner
Mühldorf, 1678 März 12
Akustik
Mühldorf am Inn, Stadtarchiv,
Ratsprotokolle 1678

Die meisten Apotheken waren bis in die Neuzeit Klöstern angegliedert. In Passau, Mühldorf am Inn und in den bayerischen Residenzstädten Burghausen, Landshut, München und Ingolstadt gab es weltliche Apotheken. 1567 wird eine Apothekengründung in Mühldorf urkundlich bestätigt. Die Apotheke war unmittelbar der Aufsicht des Rates unterstellt. 1677 übernahm Francis Andre Trauner die Apotheke und erhielt vom Rat eine Reihe von Anordnungen, die vor allem Eigenmächtigkeiten in der Zusammenstellung der Rezepturen verhindern sollte. Die Be-

2.3.8

2.3.9

hörde musste immer wieder schlichtend in Streitigkeiten zwischen Arzt, Bader und Apotheker eingreifen.

Lit.: Hans Gollwitzer – Rudolf Spagl: Zur Apothekengeschichte der Stadt Mühldorf, in: Das Mühlrad 25 (1983) S. 85–100.

2.3.13
Maßnahmen der Stadtverwaltung Deggendorf gegen die Pest
Akustik

Meist in Gefolge kriegerischer Auseinandersetzungen traten verheerende Seuchenzüge auf: z. B. in Deggendorf 1348, 1634, 1703/04 und 1742/43. Trat eine Seuche auf und wurden Erkrankungsfälle in der Umgebung bekannt, so versuchte man mit verschiedensten Maßnahmen die Verbreitung einzudämmen: Schulen wurden geschlossen; das Waschen der Wäsche in den öffentlichen Brunnen verboten; infizierte Häuser hermetisch abgeriegelt; die Erkrankten wurden durch ein „Pestfenster" mit Lebensmitteln, Medikamenten etc. versorgt; Personen wurden als Krankenwärter, Totenträger und Totengräber angestellt; andere wurden mit der Säuberung der infizierten Gebäude betraut; sie mussten einen Eid ablegen, dass sie die Arbeit korrekt verrichten und keine Gegenstände veruntreuen werden. Unbelehrbare Bürger wurden bestraft.

Lit.: Ludwig Keller: Das „große Sterben" in Deggendorf Anno 1634, in: Deggendorfer Geschichtsblätter 16 (1995) S. 83–162.

2.3.14
Lochleuchte als Brandschutz
Oberösterreich, 18. Jh.
Eisen, H. 26 cm
Vöcklabruck, Heimatmuseum
Akustik: Feuerordnung der Stadt
Burghausen, 1779
Burghausen, Stadtarchiv, AN-1687

Feuersbrünste, die ganze Stadtteile verwüsteten, zählten zu den häufigsten Katastrophen der Vergangenheit. Schon ein Funke genügte, um die Holzschindeldächer in Brand zu setzen und so die gesamte Stadt zu gefährden. Zu den wichtigsten Aufgaben des Rates zählte daher der Erlass von Feuerordnungen und die Überwachung der Einhaltung derselben. Feuer- und Kaminbeschauen wurden von Kommissionen durchgeführt, die unter der Leitung eines Ratsmitgliedes

standen; zumeist gehörten dieser Maurer- oder Baumeister und, wenn im Ort ansässig, der Rauchfangkehrer an. Die eigens verfassten Feuerordnungen enthielten Instruktionen für die Bevölkerung, wie sie mit Feuer umzugehen habe, und Anweisungen zur Organisation des Brandschutzes und zum Verhalten im Brandfall.

Lit.: Lutz-Dieter Behrendt: Zur Geschichte des Kaminkehrergewerbes in Deggendorf, in: Deggendorfer Geschichtsblätter 22 (2001) S. 149–194.

2.3.15
Bau einer Wasserleitung
Hans Aigner, Brunnmeister, 1648
Reproduktion; Original: Papier, Federzeichnung, koloriert, H. 32 cm, B. 41 cm
München, BayHStA, Plansammlung,
Pl 18605 (aus GL Fasz. 3993 Nr. ad 44)

Städte und Märkte waren auch für diverse Bauangelegenheiten zuständig; sie hatten für den Erhalt der Brücken und Straßen zu sorgen und für die öffentlichen Brunnen. Die Arbeitsskizze zeigt den geplanten Lauf der Wasserleitung, ausgehend von der Hauptbrunn-Stuben; im Hintergrund und seitlich erkennt man Häuser von Teisbach.

Lit.: Edgar Krausen: Die handgezeichneten Karten im Bayerischen Hauptstaatsarchiv sowie in den Staatsarchiven Amberg und Neuburg an der Donau (Bayerische Archivinventare 37), Neustadt an der Aisch 1973, S. 206.

2.3.16
Verkehrswege und ihre Erhaltung
Akustik

Bis ins 19. Jh. unterschied man zwischen „*Commerzialstraßen*", die Städte und Marktorte miteinander verbanden und „*Vicinalstraßen*", die vom Transitverkehr nicht benutzt werden durften, da an ihnen keine Mautstationen lagen. Die „*Commerzialstraßen*" unterstanden der Jurisdiktion des Landesherrn. „Geleit" – also der bewaffnete Schutz der Handelsleute – und Straßenunterhalt wurden sehr oft den Herrschaften und Gemeinwesen übertragen, denen die Maut überlassen war. Allerdings kamen diese nicht immer ihren Pflichten nach, was zu Protesten der Betroffenen bei den Behörden führte.

Lit.: Josef Haushofer: Zoll und Maut in Eggenfelden, in: Ostbairische Grenzmarken 1974, S. 121–153.

2.3.17
„Landesdefension"
Wasserburg, um 1600
Federzeichnung, aquarelliert,
H. 18,5 cm, B. 13,2 cm
Wasserburg, Museum der Stadt Wasserburg, IN 1770, 1772

Kurfürst Maximilian I. unterzog das „*Landesdefensionswesen*" einer Reform, um so den Erfordernissen der neuen Kampftechnik gerecht zu werden, die einen massenhaften Einsatz der Bevölkerung erforderte. Das „Wasserburger" Fähnlein bestand bei der Musterung 1595 aus 524 Mann: 97 Mann mit Harnisch, 83 mit halben Rüstungen ohne Armschienen, 148 Schützen, davon 26 Musketiere, 155 Knechten mit Hellebarden und Seitengewehren sowie 41 Knechten mit langen Spießen. Von diesen Männern waren 159 freie Bürger. 1673 wurde die Uniformierung der Landfahnen einheitlich geregelt. Bekleidung und Ausrüstung wurden nun in den Landfahnenkammern bereit gehalten; für die Kosten mussten jeweils die neun Pflichtigen aufkommen, der zehnte, der einberufen wurde, war von der Bezahlung freigestellt.

Lit.: Sigrid Sangl: Bekleidung, Ausrüstung und Uniformierung der Wasserburger Bürgerwehr vom 16.–19. Jh., in: Heimat am Inn 7 (1987) S. 243–264.

2.3.18
Armenordnung
München, 1627 November 19
Akustik; Quelle: München,
BayHStA, StB 2° Bavar. 960[IV/22]

Kurfürst Maximilian I. versuchte mit dieser Ordnung die inländischen „ehrlichen" Hausarmen zu schützen und andere Bettler und Vaganten aus dem Land zu schaffen. In den Städten und Märkten soll für den Unterhalt der Armen einmal in der Woche gesammelt werden; Arbeitsfähigen sollte Arbeit gegeben werden; wer als Ortsfremder bettelt, soll an den Pranger gestellt und mit Weib und Kind aus dem Gericht geschafft werden. Die Schulhalter werden angewiesen, unbegabte oder faule Kinder, die für ein späteres Studium nicht geeignet erscheinen, von der Schule zu verweisen, damit sie ein Handwerk erlernen und nicht als Vaganten auf der Straße landen.

Lit.: Walter Ziegler: Altbayern von 1550–1651 (Dokumente zur Geschichte von Staat und Gesellschaft in Bayern. Abt. 1: Altbayern vom Frühmittelalter bis 1800, Band 3, Teil 2), München 1992, S. 994–999.

2.4.2

2.4 Burger allhie ...

2.4.1
Bürgerrechtsbuch der Stadt Burghausen
Burghausen, 1693 bis 1761
Codex, Papier, H. 20 cm, B. 15 cm
Burghausen, Stadtarchiv

Zur Aufnahme als Bürger waren zumindest Nachweis ehelicher Geburt, die Zugehörigkeit zur römisch-katholischen Religion, Ausübung eines Gewerbes und ausreichende Geldmittel zum Erwerb eines Hauses erforderlich. Die Bürgerrechtsverleihung kostete Geld: das Bürgerrechtsgeld, das Rüstungsgeld, das Geld für den Löscheimer, so er nicht „in natura" gebracht wurde, das Tisch- oder Weingeld, die Regierungstaxe, das Tanzgeld (entfiel bei Verheirateten), eine Taxe für den Einstand ins Gewerbe, falls man ein Handwerk betrieb, und diverse kleine Gebühren. Jeder Neubürger wurde in den Bürger- oder Bürgerrechtsbüchern verzeichnet.

Lit.: Anton Asboeck: Die Bürgerrechtsbücher der Stadt Burghausen, in: Burghauser Geschichtsblätter 24 (1939) S. 1–104.

2.4.2
Juramentstafel
Wasserburg, 2. Hälfte 17. Jh.
Öl auf Leinwand, H. 73 cm, B. 124,5 cm
Wasserburg, Museum der Stadt Wasserburg

Zu der Ausstattung des Sitzungssaals in den Rathäusern gehörte sehr oft ein Gemälde, das die Heiligkeit des Eides und die Bestrafung des Falscheides symbolisieren sollte. Unter solchen Gemälden legten die Neubürger, aber auch die diversen Beamten der Stadtverwaltungen, ihren Eid ab. Mit dem Eid verpflichtete sich der Bürger, dem Bürgermeister und

der Obrigkeit zu gehorchen, bei Ladungen zu Versammlungen zu erscheinen, sich dabei mit Worten und Gebärden züchtig zu verhalten, seine Zahlungen für das Bürgerrecht zu leisten, für Bewaffnung zu sorgen und seiner Wach- und Wehrpflicht nachzukommen.

2.4.3
Löscheimer
Leder, H. 53 cm, ∅ 17 cm
Ried, Museum Innviertler Volkskundehaus

2.4.4
Sturmhaube
Kopie; Original: 1. Hälfte 17. Jh.
Eisen, schwarz lackiert, H. 32 cm, ∅ 33 cm
Linz, OÖ Landesmuseum, C 3874

In vielen Ordnungen wurde der Neubürger bei der Aufnahme dazu verpflichtet, als Minimalrüstung eine Sturmhaube und eine Brustplatte zu stellen.

2.4.5
Kürassierpanzer
Oberösterreich, 1. Hälfte 19. Jh.
Eisen, schwarz lackiert, Leinenfutter, Ränder mit roter Leinwand überzogen, H. 39 cm, B. 38 cm
Linz, OÖ Landesmuseum, C 1634

2.5 Gerechtigkeit erhöht ein Volk ...

2.5.1
Den Bürgern von Ried wird das Recht gewährt, aus ihrer Mitte einen Marktrichter zu wählen
Landshut, 1402 Juli 31
Urkunde, Schöpfpapier, Siegel,
H. 27,5 cm, B. 15 cm, ∅ Siegel 4,5 cm
Ried, Stadtarchiv, U 3

1402 bestätigte Herzog Heinrich XVI. von Bayern den Bürgern von Ried die ihnen zuvor bereits gewährten Rechte; weiters gestattete er ihnen das Recht, aus ihrer Mitte einen Marktrichter zu wählen, vorbehaltlich der herzoglichen Zustimmung. Dem Marktrichter stand das Recht zu, bei Vergehen gegen die Niedere Gerichtsbarkeit zu urteilen: also bei Rauf- und Streithändeln, bei einfachen Schimpf- und Scheltworten, bei Vergehen gegen vom Rat erlassene Verordnungen.

Lit.: Konrad Meindl: Geschichte der Stadt Ried in Oberösterreich, München 1899, S. 831 f. – Franz Berger: Das Archiv der Stadt Ried, Ried 1910, S. 4.

2.5.2
Gerichtsstäbe
Oberösterreich, 18. Jh.
Holz, Zinn am Griffteil, L. 55,5 cm
Linz, OÖ Landesmuseum, RA 37 und RA 59

Der Stab ist Symbol der richterlichen Macht. Er wurde vom Richter während der Gerichtssitzung gehalten: „… *als ich saß an offener Schranne mit gewaltigem Stab zu Dingolfing an dem Rechten* …".

Meist wurde er in dem Gebäude, in dem Gericht gehalten wurde, aufbewahrt. Prozesseide, in manchen Orten auch der Bürgereid, wurden auf den Gerichtsstab geleistet. Er ist nicht identisch mit dem Stab, der bei Verkündigung der Todesstrafe zerbrochen wurde.

2.5.3
Geldstrafen
Inszenierung

Längere Freiheitsstrafen spielten vor dem 17. Jh. kaum eine Rolle. Man verfügte nicht über die notwendigen Einrichtungen zur Verwahrung der Straffälligen. Die Strafen konzentrierten sich auf Schandstrafen und auf Geldbußen, abhängig von der Schwere der Straftat und der sozialen Stellung des Verletzten. Gnadenweise Strafmilderung erlaubte Rücksichtnahme auf die Vermögensverhältnisse des Übeltäters. Unterschiedlich wurde die Praxis gehandhabt, Leib- und Lebensstrafen in Geldbußen umzuwandeln. Hier waren die Betroffenen auf die Einschätzung durch den Richter angewiesen.

2.5.4
Revers der Margaretha Hafenprätl
Deggendorf, 1541 Dezember 12
Papier, handschriftlich, H. 40 cm,
B. 33 cm
Deggendorf, Stadtarchiv, U 18

Der Stadtrat griff auch bei Streitigkeiten innerhalb der Familie ein; der Ehemann hatte Margaretha Hafenprätl verklagt, weil sie ihn *„mit pößen, verpotnen, uppigen, zornigen Worten, Werffen und Stossen traktiert hatte"*. Weiters hatte sie ohne Erlaubnis ihres Gatten das Haus nächtens verlassen, hatte Fremde ohne Wissen des Hausherren ins Haus gelassen, hatte sich in Wirtshäusern und auf Kirchtagen herumgetrieben. Der Stadtrat warf sie ins Gefängnis und legte sie in die Halsgeige. Gegen Ausfertigung eines Reverses wurde sie wieder nach Hause entlassen.

Lit.: Lutz-Dieter Behrendt: Wie ainer frumen Frawen zuesteet und gepurt … Ein Dokument zur Lage der Bürgersfrau im Deggendorf der frühen Neuzeit, in: Deggendorfer Geschichtsblätter 20 (1999) S. 169–176.

2.5.5
Deggendorf erhält ein eingeschränktes Recht, über Malefizsachen zu richten
Landshut, 1544 Dezember 20
Pergament, 3 Bl., H. 33 cm, B. 25,5 cm
Deggendorf, Stadtarchiv, U 19

Auf Ersuchen von Kämmerer und Rat der Stadt Deggendorf verliehen die Herzöge Ludwig und Wilhelm der Stadt das Recht, wie Straubing über Malefizsachen zu richten mit Ausnahme von *„Totschlag, Mörderei und Rauberei"*.

Lit.: Eberhard Weis: Stadtarchiv Deggendorf, auf der Grundlage eines Inventars von Alois Mitterwieser (Bayerische Archivinventare 10), München 1958, S. 6.

2.5.6
Richtschwert
Johann Heinrich Wiederer, 1690
Stahl, Bronze, Messing, L. 96,5 cm und 76 cm (Klinge)
Passau, Oberhausmuseum,
Inv. Nr. 1752

Zur Ausstattung der landesgerichtlichen Requisitenkammer gehörte in jedem landesherrlichen Landgericht das Richtschwert, mit dem bis ins 19. Jh. die To-

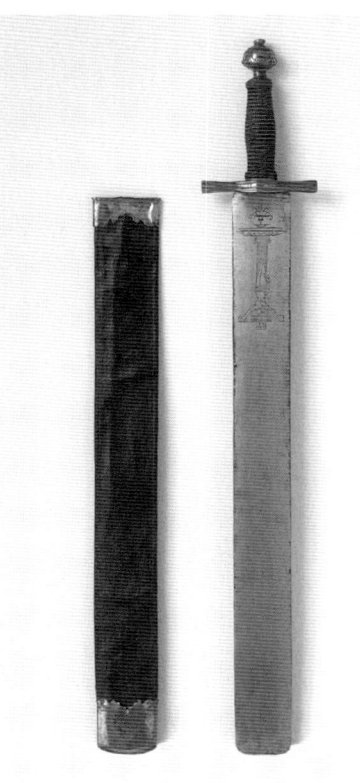

2.5.6

desstrafe vollstreckt wurde. Im Gegensatz zu Österreich lag in Bayern die Blutgerichtsbarkeit im Wesentlichen in den Händen der landesherrlichen Gerichte und wurde nicht an adelige Gerichtsinhaber verliehen. Das ausgestellte Schwert stammt aus dem Fürstbistum Passau.

Lit.: Ausst.-Kat. Weißes Gold. Passau. Vom Reichtum einer europäischen Stadt, Passau 1995, S. 38.

2.5.7
Der Pranger
Modell

Im Bereich der Schandstrafen nahm der Pranger eine zentrale Stellung ein. Vorwiegend war er aus Stein oder Mauerwerk errichtet. An einer Säule waren in Ösen Ketten zur Befestigung der Hände und des Halses angebracht. Der Pranger stand meist im Zentrum des Ortes, am Marktplatz, am Platz vor dem Rathaus, vor der Kirche.

2.5.8
Hals- oder Schandgeige
Ritzing bei Braunau, 18. Jh.
Eichenholz, L. 62 cm, B. 22 cm
Linz, OÖ Landesmuseum, RA 6

Die Schandgeige besitzt drei Öffnungen für Hals und beide Hände. Sie ist in erster Linie eine Frauenstrafe: Frauen werden zur Bestrafung in die „Geige" gesteckt und auf der Straße herumgeführt oder so an den Pranger gestellt.

2.5.9
Block
Oberösterreich, 18. Jh. (?)
Eisen, L. 31,5 cm, B. 24 cm
Linz, OÖ Landesmuseum, RA 10

Der Block besitzt je zwei Öffnungen für Hände und Füße und besteht aus vier auseinander schiebbaren Teilen, die mit zwei Schlössern versperrbar waren. In den Block oder Stock eingeschlossen zu werden, galt als Schandstrafe für geringfügige Vergehen.

2.5.10
Schandmaske für „bösse Zungen"
Traunstein, 17. Jh. (?)
Eisen, 42 × 26,5 × 24 cm
Traunstein, Stiftung Heimathaus
Traunstein, Inv. Nr. 1521

2.5.10

Beim Prangerstehen wurden Personen, die sich gegen die Ehre eines Mitbürgers durch Worte vergangen hatten, Schandmasken aufgesetzt. Die Traunsteiner Maske ist eine vollständig ausgebildete Gesichtsmaske. Das Gesicht der Maske ist fleischfarbig bemalt mit roten Backen, Nasenspitze und Nasenflügeln; in der Mitte der Stirn steht der Schriftzug: *„Für // Böße Zungen"*.

Lit.: Ausst.-Kat. Wittelsbach und Bayern, Band II/2. Um Glauben und Reich. Kurfürst Maximilian I., München 1980, S. 288.

2.5.11
Schandmaske (Saurüssel)

Ritzing bei Braunau (?), 18. Jh.
Eisen, 50 × 26,5 × 18 cm
Linz, OÖ Landesmuseum, RA 13

Die Schandmaske ist aus neun, ca. 2 cm breiten Bandeisenstäben zusammengenietet. Am Hinterkopf ist sie mit zwei Eisenspangen, die durch drei Ösen in der Weite regulierbar sind, zu schließen. Die vorspringende Schnauze (Saurüssel) endet in Art einer Rosette.

2.5.12
Schandmaske mit Pfeiferl

Ritzing bei Braunau (?), 18. Jh.
Blech, 26,5 × 21 × 14,5 cm
Linz, OÖ Landesmuseum, RA 15

Aus Blechstreifen zusammengelötet, mit Nase, spitz aufragenden Ohren und zähnefletschendem Mund; in der Mundöffnung ist innen ein Pfeiferl eingearbeitet, mit dem der Verurteilte Pfeiftöne von sich gab.

2.5.13
Schandmaske

Oberösterreich, 18. Jh. (?)
Blech, bemalt, 24 × 23 × 16,5 cm
Linz, OÖ Landesmuseum, RA 16

Auf dem das Kinn bis zur Nase bedeckenden Maskenkörper sind in roter Farbe Mund und Schnurrbart gemalt; darunter befindet sich ein Spruchband: *„den Weib di Niemal ßcheigen kan, / der Spört man dißen Maulkorb an"*.

2.5.14
Mord und Totschlag

Leib und Leben der Einzelperson standen an oberster Stelle der durch Recht und Gesetz zu schützenden menschlichen Güter. Der Begriff „Mord" erscheint nicht in den Dingolfinger Akten; man unterschied nicht nach der Absicht des Täters. Es war gleichgültig, ob es sich um vorsätzlichen Mord, um Totschlag im Affekt oder um die Todesfolge im Rahmen einer Wirtshausrauferei handelte. Erschwerend wirkten Umstände wie Trunkenheit, Ausführung der Tat in der Nacht und an Tagen, an denen ein besonderer Rechtsfriede herrschte, wie z. B. an gefreiten Jahrmärkten, und der Ort: besonders geschützt waren hier öffentliche Orte, wie Wirtshäuser, Bäder oder Brücken. Fahrlässige Tötung wurde in gleicher Höhe bestraft. Auffallend ist, dass selbst bei Mordfällen Dingolfinger Bürger immer mit Geldstrafen davon kamen. Auswärtige und Landleute wurden mit Leibesstrafen bis zur Hinrichtung bestraft.

Lit.: Fritz Markmiller: Dingolfinger Bürger vor Gericht. Serielle Quellen des 15./16. Jhs. zur Rechtlichen Volkskunde, in: Bayerisches Jahrbuch für Volkskunde 1996, S. 7–41.

2.5.15
Körperverletzung

Mit *„blutrunst"* oder *„leibschaden"* wurden in den Dingolfinger Akten die Ergebnisse der zahlreichen Wirtshausraufereien bezeichnet. Man rauft, schlägt sich die Schädel blutig, sticht mit dem Messer zu, schlägt zu mit jedem Prügel, der unter die Finger kommt. Die Liste der Delikte ist lang, und auch Frauen sind an diesen Raufereien beteiligt. In den Gerichtsakten werden auch Fälle von Kindesver-

wahrlosung und Misshandlung von Untergebenen aktenkundig.

Lit.: wie Kat. Nr. 2.5.14

2.5.16
Diebstahl

Auch bei den Eigentumsdelikten, für die eigentlich auch Leibesstrafen bis zur Hinrichtung vorgesehen waren, wandelte man diese in Geldbußen um. Die Höhe war abhängig von der Schwere der Tat und den Umständen. Oft findet sich in den Akten der Vermerk ‚Armut halb', gleichbedeutend mit einer Milderung des Strafausmaßes. Einfacher Diebstahl wurde vor dem Pfleger verhandelt, für Einbruchdiebstahl war der Rentmeister zuständig. Das Strafausmaß richtete sich nicht nach dem verursachten Schaden: So wurde der Diebstahl von Stroh in gleicher Höhe geahndet wie der Fall, bei dem ein Mädchen einem anderen einen Beutel stahl.

Lit.: wie Kat. Nr. 2.5.14

2.5.17
Hausfriedensbruch

Das Haus eines Bürgers beanspruchte den Burgfriedensschutz. In Dingolfing galt das Haus des Bürgers lange Zeit unantastbar für eine andere Gerichtshoheit. Wurde ein Bürger wegen eines Malefizvergehens aus seinem Haus geholt, so durfte dies nur der Bürgerdiener (= Stadtknecht) tun, das Haus war für die Beamten des Pflegers „tabu". Fenster, Türen und Dach waren meist die Angriffspunkte der Attacken, verbunden mit verbalen und oft auch tätlichen Angriffen. Auch „Fensterln" wurde als Hausfriedensbruch geahndet.

Lit.: wie Kat. Nr. 2.5.14

2.5.18
Betrügereien

Von Betrug bis zu arglistiger Täuschung reichen die Delikte; hierher gehören auch Vergehen gegen die vom Stadtrat erlassenen Gewerbe- und Handwerksordnungen, Qualitätsbestimmungen und Preisfestsetzungen. Besonders harte Geldbußen wurden über betrügerische Maß- und Gewichtsveränderungen gelegt. Diese wurden zumeist vor dem Rentmeister verhandelt. Mit Strafen belegt wurde auch der Fürkauf, also das Feilbieten von Waren unter Ausschaltung des öffentlichen Feilbietens.

Lit.: wie Kat. Nr. 2.5.14

2.5.19
Falsches Zeugnis

Falsche oder nicht beweisbare Bezichtigungen wurden mit hohen Bußen belegt. Die Mehrzahl der Fälle wurde vor dem Rentmeister verhandelt. Die Verurteilung kam einer öffentlichen Ehrenerklärung gleich. Dabei handelte es sich um Verleumdungen, die die Ehre eines Einzelnen betrafen oder ein gesamtes Handwerk in Misskredit bringen konnten.

Lit.: wie Kat. Nr. 2.5.14

2.5.20
Schelte, Schimpf und Spott

Schimpfen und Schelten war üblich; die Strafen dafür lagen bei 1 bis 2 Pfd. Pfg.; der verwendete Wortschatz war groß: Dieb, Schelm, Bösewicht, Rossdieb, *„herentruner"* (Fahnenflüchtiger), *„hundtstrennckh"* (Hundertränker), *„hudlwirt"* (Hurenwirt), usw. Betraf die Schelte die Obrigkeit, so kam noch das Delikt der Beamtenbeleidigung hinzu.

Lit.: wie Kat. Nr. 2.5.14

2.5.21
Schwängerung und Ehebruch

Einen Rechtsbruch bedeutete auch die Schwängerung einer Frau, auch wenn der Geschlechtsverkehr mit ihrem Einverständnis vollzogen wurde. Es war ein Verstoß gegen die kirchliche und weltliche Rechtsordnung. Besonders gravierend war dies in Verbindung mit Ehebruch. Im 17. Jh. treten zu den Geldstrafen auch die Schandstrafen.

Lit.: wie Kat. Nr. 2.5.14

2.5.22
Wider die Unsitten bei den Priestern

Dass sich die Vertreter der Kirche in ihrem Verhalten nicht stark von ihren Pfarrkindern unterschieden, zeigt u. a. eine Aufstellung der Regierung des Rentamtes Burghausen, die an die Passauer Behörden gerichtet war und als Druckmittel bei den Konkordatsverhandlungen 1583 eingesetzt wurde. Die Liste der Vergehen reicht von Raufereien untereinander, Unzucht, Leichtfertigkeit bis zu Rumor, Zauberei und Gotteslästerung.

Lit.: Walter Ziegler: Altbayern von 1550–1651 (Dokumente zur Geschichte von Staat und Gesellschaft in Bayern. Abt. 1: Altbayern vom Frühmittelalter bis 1800, Band 3, Teil 2), München 1992, S. 484–486.

3. Ohne Arbeit kan der Mensch nicht leben ...

3.1 *Nahui, in Gotts Nam!*

3.1.1
Karte des Salzstraßenverlaufs
Passau, um 1520
Pergament, Federzeichnung, koloriert,
H. 83,5 cm, B. 59,5 cm
Schärding, Heimathaus

Die Karte zeigt den Verlauf der Salzstraßen um Passau; sie entstand während Auseinandersetzungen zwischen Schärding und Passau. Gegen Ende des 15. Jhs. versuchte Schärding den Salzhandel nach Böhmen an sich zu ziehen; über Schärding transportiertes Salz war billiger, da die Schärdinger Salzfertiger im Gegensatz zu den Passauern in Schärding und Neuburg am Inn keinen Zoll zahlen mussten. Bischof und Stadt Passau erhoben gegen die Umgehung von Passau bei Kaiser und bayerischem Herzog Klage. Die Karte ist nicht genordet: sie zeigt im Zentrum Passau, die Gebiete südlich der Stadt in der oberen Blatthälfte. Die strittige Straße führt von Schärding über die Innbrücke durch die Grafschaft Neuburg über Donau und Ilz und mündet in das Straßensystem der Goldenen Steige ein.

Lit.: Ausst.-Kat. Weißes Gold. Passau. Vom Reichtum einer europäischen Stadt, Passau 1995, S. 79.

3.1.2
Salzkufe
Nachbau von Hans Jesner, 1994
Holz, H. 50 cm, ∅ (Boden) 43 cm,
∅ max. 57 cm
Passau, Oberhausmuseum,
Inv. Nr. 11372

3.1.2

Auf Grund von Quellen des 18. Jhs. nachgebaut; Dauben, Deckel und Spange aus Fichtenholz, Reifen aus halbierten Nussbaumruten; der Deckel wird mit Spange und zwei Keilen fixiert; charakteristisch für die Salzkufen ist ihre doppelkonische Form. Eine Kufe fasst etwa 70 kg Salz.

Lit.: Ausst.-Kat. Weißes Gold. Passau. Vom Reichtum einer europäischen Stadt, Passau 1995, S. 49.

3.1.3
Innschiffzug um 1800
Modell im Maßstab 1 : 100
Rudolf Wondrak, Mühldorf am Inn, 1987
Maßstab 1 : 100; Holz, L. 200 cm,
B. 50 cm
Mühldorf am Inn, Kreismuseum im Lodronhaus

Bis zu 50 Pferde waren notwendig, um die oft 350 bis 400 m langen Schiffszüge im 18. Jh. flussaufwärts zu ziehen (= treideln). Der Zug bestand aus dem Gespann und den Schiffen Hohenau (Hauptschiff mit hüttenartiger Zurichtung, Fassungsvermögen: 2000 Zentner Getreide, 41 m lang), Nebenbei (zweites Hauptschiff, Fassungsvermögen: 1500 Zentner Getreide, 36 m lang) und Schwemmer (drittes Hauptschiff, offenes Lastschiff für Weinfässer, Häute oder Öl; 33 m lang) sowie Beischiffen wie Seilmutze (Beiboot mit Ersatzteilen), Waidzillen (zum Übersetzen der Mannschaft), Furkelzillen (halten das Hauptseil des Schiffszugs über Wasser), Futterzillen und Rosszillen (zum Übersetzen der Rösser). Der Treidel- oder Treppelweg entlang des Flusses wechselte je nach der Uferbeschaffenheit; dann mussten Mannschaft, Rosse und Schiffe auf die andere Flussseite gebracht werden, ein oft gefährliches Manöver.

Lit.: Ernst Neweklowsky: Die Schiffahrt und Flößerei im Raume der oberen Donau, 3 Bde., Linz 1952–64.

3.1.4
Kurpfalzbayerischer Salzschiffszug
Bez. C. Hofm., 1773
Feder, Papier, koloriert, H. 26 cm,
L. 305 cm

Regensburg, Museen der Stadt Regensburg, GN 1994–2

In der zweiten Hälfte des 18. Jhs. besaß das Kurfürstentum Bayern fünf Schiffverbände, die zum Transport des Salzes Donau aufwärts dienten. Ausgangspunkt für den Transport war das bayerische Salzamt St. Nikola vor den Toren von Passau. Bis Regensburg konnten mit einem Zug 4500 Zentner Salz befördert werden, ab Regensburg dann wegen der geringeren Wassertiefe etwa 3000 Zentner. Der dargestellte Zug besteht aus vier großen Transportschiffen, einem kleineren Kuchlschiff und mehreren Zillen.

Lit.: Ausst.-Kat. Salz macht Geschichte, Katalog, (Veröffentlichungen zur Bayerischen Geschichte und Kultur 30/95), Augsburg 1995, S. 255 f.

3.1.5
Steuerruder
Mühldorf, 1789
Holz, L. 170 cm, B. 116 cm
Mühldorf am Inn, Kreismuseum im Lodronhaus

3.1.6
Schleppkette
Eisen, L. 60 m, Gew. 500 kg
Spitz an der Donau, Schifffahrtsmuseum

Ketten dieser Art dienten zum Verlangsamen der Fahrt, um ein Anlegen zu ermöglichen. Der Teil der Kette, der aus großen Gliedern bestand, wurde in den Fluss geworfen, um durch Reibung am Flussgrund die Fahrt abzubremsen.

3.1.7
Zwei Teller aus der Silberkammer Kurfürst Maximilians I.
Stephan Hoetzer, München vor 1623 bzw. Meister PH, Augsburg vor 1623
Silber, getrieben, graviert, ∅ 22,1 cm bzw. 30 cm
Mühldorf am Inn, Kreismuseum im Lodronhaus, Inv. Nr. 151 und 150

Während des Dreißigjährigen Krieges flüchtete 1648 Kurfürst Maximilian mit Familie, Gefolge und „Hausrat" aus München. Ab Wasserburg nutzte man für den Transport den Inn. Dabei verunglückte das Schiff, das die Bestände der Silberkammer geladen hatte.

Lit.: Ausst.-Kat. Wittelsbach und Bayern, Band II/2. Um Glauben und Reich. Kurfürst Maximilian I., München 1980, S. 479.

3.1.8
Donaugolddukat

Bayern, 1780 (Prägung: Kürfürst Karl Theodor)
Gold, ⌀ 5 cm
Vs.: Büste
Rs.: EX AURO DANUBII MDCCLXXX,
Flussgott mit Wappen
Passau, Oberhausmuseum,
Inv. Nr. M 356

Goldwäsche an Inn und Donau war für Fischer, Schiffer oder Tagwerker ein Zubrot. Der frisch angeschwemmte Sand wurde gesiebt und dann durch einen Korb auf Wolltüchern gewaschen. Dabei blieben die winzigen Goldkügelchen auf den Stofffasern hängen. Die Goldwäscher erhielten von der kurfürstlichen Regierung befristete Patente für ihre Tätigkeit ausgestellt. Das Gold musste dem Rentamt oder Landgericht verkauft werden. 1705 wurden z. B. 29 Patente erteilt. Um die Ausbeute zu steigern und Zwistigkeiten zwischen den Goldwäschern zu unterbinden, wurden die Flüsse vom Kommissär der Goldwäscherei in Distrikte eingeteilt.

Lit.: N.N., Bayerisches Gold, in: Die Heimat. Heimatkundliche Beilage der Rieder Volkszeitung Nr. 170, Februar 1974.

3.1.9
Donaugolddukat

Bayern, 1780 (Prägung: Kürfürst Karl Theodor)
Gold, ⌀ 5 cm
Vs.: Büste
Rs.: EX AURO OENII MDCCLXXX,
Flussgott mit Wappen
Passau, Oberhausmuseum,
Inv. Nr. M 357

3.1.10
Donauwaschgold-Kelch des Abtes Johannes Diozent

Johann Jakob Pfalzer († 1706),
Augsburg 1688
Silber, vergoldet, gegossen und getrieben; vierteilig, geschraubt;
H. 28,2 cm, ⌀ (Fuß) 19 cm
Benediktinerstift Göttweig

Der gegossene Nodus trägt das Allianzwappen des Abtes Johannes Dizent (1672–1689). Der Kelch ist reich mit Flachdekor aus Fruchtgehängen, Engelsputten und Engelsköpfen sowie mit perlen- und steinbesetzten Kronen geschmückt. Am Fuß befinden sich drei bemalte Emailmedaillons mit Ereignissen aus dem Alten Testament: Abraham begegnet Melchisedek, Abraham opfert Isaak, Versöhnung- und Dankopfer Noahs nach der Sintflut. Die Kuppe trägt drei hochovale Medaillons mit Szenen aus dem Neuen Testament: Letztes Abendmahl, Kreuzigung und Christus in Emaus.

Lit.: Ausst.-Kat. 900 Jahre Stift Göttweig 1083–1983. Ein Donaustift als Repräsentant benediktinischer Kultur, 1983.

3.1.11
Siegel der Naufletzerzeche
1583
Obernberg, Heimathaus

Der Passauer Bischof Urban von Trenbach verlieh den Schiffleuten (Naufletzer) in der passauischen Besitzung Obernberg am Inn 1583 eine Ordnung: Diese enthielt Bestimmungen über deren zugelassene Zahl, über Heiraten, Erbnachfolge und Sitz der Zeche auf dem U. L. Frauen-Altar in der Pfarrkirche zu Obernberg. Die Führung der Gilde lag in den Händen zweier Zechmeister (Zechpröbste).

Lit.: Konrad Meindl: Geschichte der ehemals hochfürstlich-passauischen freien Reichsherrschaft, des Marktes und der Pfarre Obernberg am In (sic!), 2. Bd., Regensburg 1875, S. 85–105 – Josef Andessner: Zur Verkehrsgeschichte des Raumes von Obernberg am Inn, in: Oberösterreichische Heimatblätter 18 (1964) S. 39–56.

3.1.12
Büchse der Rosenheimer Schiffleute
1789
Eisen, bemalt, H. 23 cm, ⌀ 14 cm
Rosenheim, Städtisches Museum

Die Büchse trägt die Aufschrift *„Vil glick mein son auf der Reiß / Wendte an Dein pesten Fleiß / … schön Herr Liebster Vatter mein, / dein Willen soll wol segen seyn … / Die Ruedter sollen mier schön Regieren, / Maria wird das Schiflein führen."*

3.1.13
Zunftzeichen der Innschiffer
Oberbayern, 1816
Holz, bemalt, H. 39 cm, B. 59 cm
Rosenheim, Städtisches Museum

Modell einer Innplätte, wie sie in dieser Form bis ins 20. Jh. gebräuchlich war.

3.1.14
Zunftzeichen der Schiffsmüller
Wasserburg, 17. Jh.
Holz, bemalt, 24 × 34 × 29 cm
Wasserburg, Museum der Stadt Wasserburg, Inv. Nr. 2345

Die Kraft des Wassers wurde auch zum Betreiben von Mühlen genutzt. Zwischen den beiden Mühlschiffen war das Mühlrad eingebaut. Die Mühlen waren am Ufer oder an Brücken verheftet bzw. im Flussbett verankert.

3.2 *Handelsmann und Fragner*

3.2.1
Verleihung des Rechts auf zwei Jahrmärkte an den Markt Ried
Burghausen, 1416 Jänner 29
Urkunde, Schöpfpapier, H. 28 cm,
B. 46 cm
Ried, Stadtarchiv, U 5

Die Bürger von Ried erhielten das Recht, einen Jahrmarkt auf St. Peter und Paul und einen am Sonntag nach St. Gilgen abzuhalten, der erste Jahrmarkt mit vierzehntägiger, der zweite mit achttägiger Freiung davor und danach. Während dieser Zeit durften Gläubiger ihre Schuldner bzw. andere Personen an deren Stelle nicht pfänden. Grundsätzlich war es erlaubt und oft geübte Praxis, den Bürger einer Stadt oder eines Marktes an der Stelle seines Mitbürgers, der in der Stadt Schulden hatte, zu pfänden. Das brachte natürlich Probleme mit sich; um während der Marktzeiten eine möglichst hohe Händler- und Kundenfrequenz zu erzielen, war dieses Pfändungsrecht an diesen Tagen aufgehoben.

Lit.: Konrad Meindl: Geschichte der Stadt Ried in Oberösterreich, München 1899, S. 832.

3.2.2.
Ordnung der Kaufleute und Fragner
Salzburg, 1646 Jänner 15
Papier, H. 50 cm, B. 29 cm
Mühldorf am Inn, Stadtarchiv, U 206

Fragner waren Kleinhändler, die die städtische Bevölkerung mit Waren des täglichen Bedarfs und mit Lebensmitteln wie z. B. Mehl, Gemüse, Eier etc. versorgten. Sie waren die bei den städtischen Organen unbeliebten Zwischenhändler, die es auszuschalten oder zumindest doch einzudämmen galt. Wollten sie sich selbst mit Waren an den Markttagen versorgen, so mussten sie abwarten, bis die Bürger und Bürgerinnen ihren Bedarf bei den Bauern oder Händlern, die in die Stadt kamen, gedeckt hatten. Ordnungen, die ihre Befugnisse regelten, sind schon früh in die Stadtrechte aufgenommen worden; im Mühldorfer Stadtrecht (um 1350) etwa beziehen sich sieben Paragraphen nur auf die Tätigkeit der Fragner. Das Zusammenleben von Fragnern und Handwerkern gestaltete sich nie konfliktfrei: einmal ging es um den Branntwein-Ausschank – ein Recht, das in Mühldorf auch die Binder besaßen – oder um die Abgrenzung des Verkaufs von Steingut bzw. Tonwaren. Da im Stadtbrand von 1640 die alte „Ordnung" der Kaufleute und Fragner verbrannte, ließen sie sich 1646 eine Bestätigung der Ordnung ausstellen. Diese setzt sich aus zwei Teilen zusammen; der erste umfasst die Bestimmungen für die Bruderschaft, der zweite setzt sich mit der Berufsausübung auseinander.

Lit.: Hans Gollwitzer: Die Fragner, in: Das Mühlrad 16 (1974) S. 84–97.

3.2.3
Porträt des Kaufmanns Andre Reischl
Mühldorf, 18. Jh.
Reproduktion, Original: Öl auf
Leinwand
Mühldorf am Inn, Kreismuseum im
Lodronhaus

Andre Reischl stammte aus Piding im salzburgischen Pfleggericht Staufeneck: Er heiratete 1769 in die Mühldorfer Kaufmannsfamilie Schmidt ein. Er starb bereits 1779; seine Ehefrau Maria Katharina führte das Geschäft weiter.

Lit.: Hans Gollwitzer: Die Schmidt, eine alte Mühldorfer Kaufmannsfamilie, in: Das Mühl-

rad XVII (1975), S. 106–119 – Mühldorf a. Inn. Salzburg in Bayern 935–1802–2002, Mühldorf am Inn 2002, S. 108–117.

3.2.4
„Stratza-Buch" des Andre Reischl
Mühldorf, 1777–1783
Codex, Papier, H. 41 cm, B. 16 cm
Mühldorf am Inn, Stadtarchiv

Das Buch diente als Einschreibbuch; Reischl vermerkte darin die täglichen Einträge zu den Detail-Verkäufen und deren Bezahlung.

Lit.: Angelika Kromas: Zu Gottes Ehr, mir und den Meinigen zum Nutzen. Ein Blick in die Geschäftsbücher des Andre Reischl, in: Mühldorf a. Inn. Salzburg in Bayern 935 – 1802 – 2002, Mühldorf am Inn 2002, S. 108–117.

3.2.5
„Haubt-Buch" des Andre Reischl
Mühldorf, 1774–1802
Codex, Papier, H. 44 cm, B. 31 cm
Mühldorf am Inn, Stadtarchiv

Für jeden Geschäftspartner legte Reischl eine Doppelseite ein. Darin trug er eine Gegenüberstellung der Forderungen und der Verbindlichkeiten ein. Reischl unterhielt weitläufige Geschäftsbeziehungen mit Händlern z. B. in Frankfurt, Hamburg, Trient, Triest oder Budweis.

Lit.: wie Kat. Nr. 3.2.4

3.2.6
Laufgewichtsbalkenwaage
Ende 18. Jh.
Holz, L. des Balkens 33 cm
Mühldorf am Inn, Kreismuseum im
Lodronhaus, Inv. Nr. 13 / D 54 (59)

3.2.7
Gewichtssatz mit acht Einsätzen
18. Jh.
Messing, ⌀ 4,2–6,9 cm
Mühldorf am Inn, Kreismuseum im
Lodronhaus, Inv. Nr. 13 / D9

3.3 *Pegkh und Pierpreu*

3.3.1
Brotstuhl
Inszenierung

Brothäuser existierten in Bayern bis ins 20. Jh. Die Bäcker mussten das Brot an einem zentralen Ort abliefern. Das Brot

wurde von einem städtischen Beamten, dem „Brothüter", an die Kunden verkauft. So konnten die städtischen Behörden leicht Qualität und Gewicht der abgelieferten Gebäcksorten überwachen, und der Kunde hatte die Möglichkeit, direkt einen Vergleich zwischen der angebotenen Ware zu ziehen.

3.3.2
Zunftordnung der Bäcker in Neuötting
München, 1778 September 1
Buch, Papier, handschriftlich,
H. 32,5 cm, B. 42 cm (aufgeschlagen)
Neuötting, Stadtarchiv

Die häufigsten Gewerbe in der Region waren Bäcker und Bierbrauer. Die bereits im 14. Jh. bestehende Bäckerzunft von Neuötting erhielt 1778 eine neue Ordnung, die 56 Artikel umfasst. In der Zunftordnung wurden u. a. der Zugang zum Gewerbe, die Ausbildung, die Meisterprüfung, die Organisation der Zunft usw. geregelt.

Lit.: Bernadette Mangold: Die Bäckerzunft Neuötting, in: Oettinger Land 15 (1995) S. 81–91.

3.3.3
Tarifbuch für die Bäcker in Dingolfing
Dingolfing, 1677 Oktober 28
Papier, H. 30 cm, B. 19 cm
Dingolfing, Stadtarchiv, B VIII Nr. 26

Die Preise für die Produkte wurden von der Regierung festgesetzt. Von diesen Erlässen wurden beglaubigte Kopien hergestellt und an die mit der Kundmachung und Überwachung der Einhaltung betrauten Behörden verteilt. Die vorliegende Kopie wurde vom kurfürstlichen Regimentsadvokaten und Notar Martin Rainer beglaubigt.

3.3.4
Zunfttruhe der Bäcker
Wasserburg, 1635
Holz, bemalt, H. 29 cm, L. 66 cm,
T. 37 cm
Wasserburg, Museum der Stadt
Wasserburg, Inv. Nr. 904

Die Truhe trägt das Bild der Muttergottes zwischen dem Ritter Egolf und dem hl. Korbinian, daneben das Zunftwappen der Bäcker, die Brezen und die Jahreszahl 1635.

3.3.5
Tischzeichen der Bäcker in Erding
Erding, 1788
Zinn, silhouettenartig ausgeschnitten,
H. 31 cm, B. 22 cm
Erding, Museum, Inv. Nr. 2355

Kartuschenförmige Platte, darauf aus Zinn reliefierte Puttenköpfchen, Madonna mit Kind, bez.: OWER[MEISTER] / IOSEPH · / 17 · // VNTER[MEISTER] PENNO · / MAIR / 88; an der Platte nach unten Breze an drei Kettchen hängend.

3.3.6
Eid der Bierbrauer
Deggendorf, 1555
Akustik
Deggendorf, Stadtarchiv, Sig. B 5, fol 36r

Im Eid-, Tax- und Gerichtsbuch der Stadt Deggendorf ist u. a. auch der Eid der Bierbrauer verzeichnet, den diese jährlich aufs Neue ablegen mussten; wichtig waren vor allem die Passagen, die das Reinheitsgebot des Bieres betrafen: *„Wir schworen zu Gott ainen Aide … Auch zu ainem Pier kain anders Stuckh nemen oder brauchen, dan allein Gerstnn oder Maltz, Hopffen unnd Wasser, … unnd ausser der dreier Stuckh in kainem Pier … gar nichts versieden … noch in dy Vaß mit Pier schüten, … weder Kranawither, Stainwurtz, Firmitat, Wolgemuett, Parißkörner, Poech, Aschen, Sueßholtz, noch andere Kreuter, Wurtzen …"*

Lit.: Ludwig Keller: Andre Vaith der Jüngere. Bräu, Wirt und Kommunalpolitiker (1675–1747), in: Deggendorfer Geschichtsblätter 17 (1996) S. 79.

3.3.7
Biersteuer und Weißbierregal
Inszenierung

Die Verschuldung des Landes als Folge der Türkenkriege führte 1541 zur Einführung des „Bierpfennigs"; 1576 wurde für Bayern ein Generalmandat erlassen, mit dem das Brauen von Weißbier (Weizenbier) den Bierbrauern verboten wurde. 1605 wurde in der „herzoglichen Weißbierbrauerei" in München dann der erste Sud gebraut. Weißbierbrauen stand nur der Landesherrschaft zu; 1761 standen in Kelheim, Traunstein, Vilshofen, Weilheim, Möring, Haag, Miesbach, Hals, Mattighofen, Weix, Niederschönenfeld, Fürstenstein, Seefeld, Tittling, Hasl-

3.3.8

bach, Potnbach und Pfarrkirchen „Weisse Brauhäuser". Braunbier durfte nur zwischen Michaeli und Georgi gebraut werden, Weißbierbrauen war das ganze Jahr über erlaubt.

3.3.8
Bieraufschlagtruhe
Traunstein, 1611
Holz, bemalt, H. 40 cm, B. 76 cm,
T. 40 cm
Traunstein, Heimatmuseum,
Inv. Nr. 1145

Zahlreiche Städte, Märkte oder Klöster hatten das Privileg, eine Biersteuer (Bieraufschlag) einzuheben. Für deren Aufbewahrung diente eine bestimmte Truhe, die oft künstlerisch ausgestaltet wurde. In Braunau nahm man z. B. gegen Ende des 18. Jhs. zwischen 800 und 1100 Gulden ein. Die Szene auf der Vorderseite zeigt eine Bierprüfung: Die vom Rat bestellten Bierbeschauer probieren das Bier und entscheiden darüber, ob es verkauft bzw. ausgeschenkt werden darf.

3.3.9
Zunftzeichen der Brauer und Mälzer
Oberbayern, 1794

3.3.9

Metall, gefasst, H. 64 cm, B. 48 cm
Wasserburg, Museum der Stadt
Wasserburg, Inv. Nr. 871

Die Zünfte der Brauer zählten zu den besonders vermögenden Berufsgruppen; den Brauern gehörten oft mehrere Häuser in den Städten; sie besaßen eigene Zunftkapellen in den Pfarrkirchen und finanzierten Benefiziaten, die zur Messlesung in der jeweiligen Kapelle verpflichtet waren.

3.3.10
Hauszeichen eines Bierbrauers
Dingolfing, 1750
Ton, gebrannt, L. 31,5 cm, B. 31 cm,
T. 5 cm
Dingolfing, Stadtmuseum

3.3.11
Kassette eines Bierbrauers
1756
Zinn, H. 19 cm, B. 26 cm, T. 19,5 cm
Erding, Museum, Inv. Nr. 2211

Die Kassette trägt die Meistermarke „I · G · T · / 1756" und als Beschauzeichen das Münchner Stadtwappen; an der Vorderseite befindet sich ein geviertetes Wappen, darüber Schaufel, Gerstenähre und Schapfer.

3.3.12
Siegelring eines Bierbrauers
Dingolfing, 1. Hälfte 19. Jh.
Messing, ⌀ 2,5 cm
Dingolfing, Stadtmuseum, Inv. Nr. 3747

Ring mit aufgesetzter quadratischer Platte; diese trägt im Ornamentkranz Maischbottich, Schaufel, Gerstenähre und Schapfer.

3.3.13
Krug eines Bierbrauers
Dingolfing, 1708
Zinn, H. 16,1 cm, ⌀ Boden 10,8 cm
Dingolfing, Stadtmuseum, Inv. Nr. 503

Meistermarke „I · M · K", Beschauzeichen Löwe und Jahreszahl 17..; am Deckel sind im Rund Ranken, Schapfer, Gerstenähre und Schaufel angeordnet; bez.: „F P": demnach stammt der Zinnkrug aus dem Besitz des Dingolfinger Bierbräuers Franz Benno Peckenbauer, der 1756 starb.

3.4 Wax, Hönig und Meth

Ursprünglich wurden die Waben der in hohlen Baumstämmen hausenden Bienenvölker vom Zeidler gesammelt; später hielt man die Bienenvölker in einfachen Stroh- oder Holzbehältnissen. Im Frühjahr wurden die unteren Wabenstücke dann abgeschnitten und verwertet. Zunächst wurde durch Wärmeeinwirkung der Honig aus den Waben geholt; der Resthonig wurde vom Metsieder mit heißem Wasser herausgewaschen; diese Flüssigkeit diente als Ausgangsprodukt für die Metherstellung. Das Wachs verarbeitete der Wachszieher. Waren die Gewerbe Wachszieher, Lebzelter und Metsieder ursprünglich getrennt, wurden sie in der frühen Neuzeit dann oft gemeinsam betrieben. Zu Lichtmess (2. Februar) gab es große Wachsmärkte, u. a. in Traunstein, Wasserburg, Mühldorf, Eggenfelden und Pfarrkirchen.

Lit.: Charlotte Angeletti, Geformtes Wachs – Kerzen, Votive, Wachsfiguren, München 1980 – Ursula Pfistermeister, Wachs – Volkskunst und Brauch, Nürnberg 1983 – Ludwig Keller: Wachszieher, Lebzelter und Metsieder in Deggendorf, in: Deggendorfer Geschichtsblätter 11 (1990).

3.4.1
Waxhuet, Wachsring
Eisen, Hut: H. 110 cm, ⌀ 27 cm; Kreisel: ⌀ 60 cm; Gestänge: L. 140 cm
Deggendorf, Sammlung Wiedemann

Wachshut, Kerzenring und Schöpfer sind die notwendigen Utensilien zur Herstellung gegossener Kerzen. Die so produzierten Kerzen waren konisch; um ihnen eine glattere Oberfläche zu verschaffen, wurden sie noch im warmen Zustand auf einer polierten Steinplatte mit einem Walkbrett nachbehandelt. Mit Elfenbein- oder Messingstempeln verzierte man sie.

Liebesgaben
Modeln für Wachsrelief und Lebzelten wurden von den Wachsziehern in der Regel selbst hergestellt. Material war lang gelagertes Holz von Obstbäumen, Apfel, Birne oder Zwetschke. Sie waren oft über Jahrhunderte in Verwendung. Die Lebzelten wurden u. a. zu Kirchweih, um Weihnachten, um Lichtmess verkauft.

Lit. zu den Modeln aus Burghausen: Eva Gilch: Das Lebzelter- und Wachszieherhaus am Burghauser Stadtplatz 111, in: Oettinger Land 23 (2003) S. 210–219.

3.4.2
Model: Tänzer mit Dudelsackspieler
Burghausen, 1786
Holz, H. 11,2 cm, B. 16,7 cm, T. 3,8 cm
Burghausen, Historisches Stadtmuseum, Inv. Nr. 822

3.4.3
Model: Reiter mit Fanfare
Burghausen, 17. Jh.
Holz, H. 19,2 cm, B. 13 cm, T. 3,2
Burghausen, Historisches Stadtmuseum, Inv. Nr. 772

Das Stecherzeichen in der Fanfare könnte mit dem Burghauser Lebzelter Joseph Joachim B(P)erger („I I P") identifiziert werden, der von 1676–1694 archivalisch fassbar ist.

3.4.4
Model: Hl. Katharina mit Spinnrad
Burghausen, 18. Jh.
Holz, H. 24,5 cm, B. 18,7 cm, T. 3,2 cm
Burghausen, Historisches Stadtmuseum, Inv. Nr. 760

3.4.5
Model: Dame mit Fächer
Burghausen, 18. Jh.
Holz, H. 18 cm, B. 13,1 cm, T. 4,4 cm
Burghausen, Historisches Stadtmuseum, Inv. Nr. 774/1

3.4.3

3.4.6

3.4.6
Model: Wappendarstellung
Burghausen, 18. Jh.
Holz, ⌀ 19,6 cm
Burghausen, Historisches Stadtmuseum, Inv. Nr. 799/1

Wappendarstellungen oder religiöse Motive in Rundform gehören zu den ältesten Lebzeltermodeln.

3.4.7
Model: Herz
18. Jh. (?)
Holz, H. 13,5 cm, B. 12 cm, T. 3 cm
Privatbesitz

Votivgaben
Gegen Ende des Mittelalters begann man mit der Herstellung von Wachsvotiven; man fertigte Hohlformen, mit denen vollplastische Votive gegossen wurden, oder man bediente sich zweier Flachmodeln, die dann zusammengesetzt wurden. Gegenständliche Votive beziehen sich auf das Gelübde oder die Wallfahrt auslösende körperliche Gebrechen. Die Kröte als Symbol für die Gebärmutter spendete man für oder nach einer glücklichen Geburt oder auch bei Kinderlosigkeit. Aus demselben Grund stiftete man auch Wickelkinder, deren Gewicht bis zum Gewicht des neugeborenen Kindes gehen konnte.

3.4.8
Votantin
Wachs, H. 51 cm
Vilsbiburg, Heimatmuseum

3.4.9
Pferd
Wachs, H. 21 cm
Vilsbiburg, Heimatmuseum

3.4.10
Wickelkind
Wachs, H. 43,5 cm
Vilsbiburg, Heimatmuseum

3.4.11
Gebärkröte
Wachs, H. 18 cm
Vilsbiburg, Heimatmuseum

3.4.12
Augenvotiv
Wachs, H. 8 cm
Vilsbiburg, Heimatmuseum

3.4.13
Beine
Wachs, H. 19,5 cm, B. 19,5 cm
Vilsbiburg, Heimatmuseum

3.4.14
Haus mit Maria
Wachs
Vilsbiburg, Heimatmuseum

3.4.15
Wachsstock
20. Jh.
Bei flachen Wachsstöcken wurde der Wachsdraht um ein Stück Karton gewickelt.

3.4.16
Kirchenkerze
20. Jh.
In manchen Fällen – bei Kirchenstrafen oder bei Vergehen im Rahmen von zünftischen Bruderschaften – wurden Wachsstrafen zur Buße verhängt. Kerzen spielten eine wichtige Rolle bei Prozessionen, Totenfeiern und bei im Rahmen von Zünften oder Stiftungen abgehaltenen Jahrtagen.

3.5 *Kandlen und Geschirr*

Zinn besaß zwar nicht den hohen Wert von Silber und Gold, bestach aber durch solide Eigenschaften, die es für Gegenstände des täglichen Gebrauchs geeignet machte, und durch seinen matten Schimmer, der ihm eine noble Ausstrahlung verlieh. Jeder größere Markt verfügte in der Neuzeit über wenigstens einen Zinngießer. Die Zusammensetzungen der verwendeten Zinnlegierungen waren oft Werkstattgeheimnisse; grob unterscheidet man zwischen Feinzinn (mindestens 90 % reines Zinn mit Zusätzen von Kupfer, Antimon und Wismut; hell und glänzend), Probezinn (Anteil von 10–20 % Blei, geringe Beimischungen von Kupfer und Wismut; wesentlich dunkler als Feinzinn) und Mankgut (30–40 % Blei; sehr dunkel, nahezu glanzlos). Wegen der gesundheitsschädlichen Wirkung von Blei wurde Küchen- und Tafelgerät aus Feinzinn oder aus einer zumindest wenig bleihaltigen Legierung hergestellt.

Lit.: Elisa zu Freudenberg – Wolfram zu Mondfeld: Altes Zinn aus Niederbayern, 2 Bde., Regensburg 1983.

3.5.1
Zinngießereid
Deggendorf, 16. Jh.
Akustik
Deggendorf, Stadtarchiv B V

Mit dem Eid verpflichtete sich der angehende Meister, die Artikel der Zunftordnung einzuhalten, *„allein auf guetem gerechten Zeug das Zinn herzustellen, damit er dan in ainer jeden Bschau, für Recht besteen kan, darzue ainem jeden gerechts Gwicht, dem Armen als dem Reichen, auch kain Kanl gerecht Statmas, klain noch gros, allein sy sey mit gmainer Stad Zaichen bezaichent …“.*

3.5.2
Meisterstücke
Landshut, 1570
Landshut, Stadtarchiv, Band 191

Die Ordnungen enthalten zumindest ab dem 16. Jh. Angaben über die Meisterstücke, deren Anfertigung für die Aufnahme als Meister in die Zunft erforderlich war. In Landshut musste auch ein fremder Meister, der sich in der Stadt niederlassen wollte, diese Prüfung über sich ergehen lassen. Binnen acht Tagen hatte er auf eigene Kosten Proben von unterschiedlichen Zinnlegierungen, Formen aus Sandstein und Lehm für den Guss und bestimmte Gefäße herzustellen, in Landshut 1570 eine zweimäßige Schenkkanne, eine große Zinnschüssel, eine Zinnplatte und ein Gießfass.

Repräsentationsgeräte

3.5.3
Zunftkanne der Zinn-, Glocken- und Stückgießer des Innkreises
Braunau,
Zinn, H. 30 cm
Bezirksmuseum Braunau am Inn,
Inv. Nr. L 51/13 (Eigentümer: Museumsverein Braunau)

3.5.4
Willkommen der Tuchscherer in Erding
Felix Sick, Erding, 18. Jh.
Zinn, H. 49 cm, ⌀ 15,3 cm
Erding, Museum, Inv. Nr. 989

3.5.5
Platte aus einem Geschirrsatz einer Schützenkompagnie
Georg Jakob Wurm, Regensburg, 1740
Zinn, ⌀ 41,4 cm
Regensburg, Museen der Stadt
Regensburg, Inv. Nr. AB 31

3.5.6
Schreibzeug der Binder
Friedrich Christian Weschke,
Regensburg, 1771
Zinn, H. 8 cm, B. 27 cm, T. 18,8 cm
Regensburg, Museen der Stadt
Regensburg, Inv. Nr. AB 81

Das Schreibzeug besteht aus einem Tablett mit Tintenfass, Sandstreuer und Federablage; auf dem Tablett sind ein Zweigkranz, Fass, Zirkel und Schlägel eingraviert.

3.5.6

Gebrauchsgeschirr

3.5.7
Gravierter Krug
Hans Georg Mayr, Dingolfing,
Anfang 18. Jh.
Zinn, H. 19 cm
Deggendorf, Stadtmuseum, Inv. Nr. 2115

3.5.8
Schnabelstitze
Anton Maries, Erding, Mitte 18. Jh.
Zinn, H. 28 cm
Erding, Museum

3.5.9
Zinnkanne
Josef Eisenkeil, Passau, Ende 17. Jh.
Zinn, H. 15,5 cm, ∅ (Boden) 9,5 cm
Passau, Oberhausmuseum, Inv. Nr. 8791

3.5.10
Daubenkrug
Martin Scherb, Regensburg, um 1780
Zinn, H. 22 cm
Regensburg, Museen der Stadt
Regensburg, K 1931/68

3.5.11
Becher
Regensburg, spätes 17. Jh.
Zinn, H. 8 cm
Regensburg, Museen der Stadt
Regensburg, K 1933/91

3.5.12
Pfeffer- und Salzgefäß
Meister G. T., Deggendorf, spätes 18. Jh.
Zinn, H. 6,8 cm
Deggendorf, Stadtmuseum, Inv. Nr. 2112

3.5.13
Kaffeekännchen
Anton Tapperger, Dingolfing,
2. Hälfte 18. Jh.
Zinn, H. 16 cm
Deggendorf, Stadtmuseum, Inv. Nr. 2148

3.5.14
Henkeldose für Honig oder Zucker
Johann Sebastian Philipp Holzwarth,
Landshut, 2. Hälfte 18. Jh.
Zinn, H. 11,2 cm, ∅ 18,5 cm
Landshut, Museen der Stadt

3.5.14

3.5.15
Gewürzdose
unbekannter Meister, 2. Hälfte 18. Jh.
Zinn, H. 11,5 cm, ∅ 13,4 cm
Regensburg, Museen der Stadt
Regensburg, AB 40

3.5.16
Essenträger
Gottfried Augustin Willkommen,
Regensburg, 1. Hälfte 18. Jh.
Zinn, H. 21,3 cm, ∅ 11,7 cm
Regensburg, Museen der Stadt
Regensburg, K 1954/56

3.5.17
Schraubflasche
Meister I.B.I., Vilshofen, Mitte 18. Jh.
Zinn, H. 20 cm
Innsbruck, Tiroler Volkskunstmuseum

Schraubflaschen dieser Art dienten laut
Inventaren zur Aufbewahrung von Baum-
öl (= Olivenöl).

3.5.18
Nachtgeschirr
Anton Lipp, Eggenfelden, um 1800
Zinn, H. 12,5 cm
Landau an der Isar, Museum

3.5.17

3.6 ... so soll man haben ain Truhen ...

3.6.1
Versammlung der Weißgerber
Salzburg, 1612
Reproduktion, Original: Öl auf Holz
Salzburg, Museum Carolino Augusteum

Für jedes Gewerbe bestand Zunftzwang;
Zünfte besaßen im Verbund der Stadt
oder des Marktes wirtschaftliche und
politische Bedeutung; gleichzeitig stellten sie für ihre Mitglieder eine soziale, religiöse und gesellschaftliche Vereinigung
dar. Aus der Zunftkasse wurden in Not
geratene Mitglieder unterstützt. Wenigstens einmal im Jahr kamen die Mitglieder
der Zunft zusammen, um *„Handwerk zu
halten“*. Im Anschluss an einen Gottesdienst begab man sich zum Stammwirt in
die „Herberge“. Die Zunfttruhe wurde
auf den Tisch gestellt, und der Altmeister
eröffnete die Handwerkssitzung. Er legte
Rechenschaft ab über die Finanzgeba-
rung des vergangenen Jahres; Streitfälle
wurden geschlichtet, die Ämter für das
kommende Jahr verteilt.

3.6.2
Zunftlade der Binder in Eferding
Eferding, 1605
Holz, B. 75 cm, H. 39 cm, T. 36 cm
Eferding, Heimatmuseum

Am Tag des „Handwerkshalten“ wurde
die Zunfttruhe in feierlicher Prozession
vom Haus des Altmeisters zum Herbergs-
vater (= das Stammwirtshaus) getragen.
Das Öffnen der Truhe bestimmte den
Beginn der Zunftverhandlung. Meist besaßen die Truhen zwei Schlösser, so dass
diese nur im Beisein eines Beisitzers geöffnet werden konnte. Vor „offener Lade“
wurden Lehrlinge aufgedungen und frei-
gesagt, Satzungen der Zunftordnung ab-
geändert, Streitigkeiten geschlichtet, Beiträge und Bußzahlungen entrichtet. Sie
war Mittelpunkt des Zunftbrauchtums
und des Zunftrechtes. In ihr wurden
alle wichtigen Schriftstücke aufbewahrt:
Handwerksordnungen, Zunftbücher, Ge-
burts- und Lehrbriefe der Lehrlinge,
Arbeitszeugnisse der Gesellen, Siegel,
Schreibzeug und die *„Pichsen“*, die Zunftkasse.

3.6.3
Zunftordnung der Zimmerer
Burghausen, 1754 August 19
Libell, Siegel anhängend, Papier,
Titelseite: Aquarell, H. 55,5 cm
(mit Siegel), B. 52,5 cm (geöffnet)
Burghausen, Stadtarchiv, Privatzusatz-
urkunde 27

Jede Zunft besaß eine eigene Zunftordnung, in der mit unterschiedlicher Ausführlichkeit das Zunftleben reglementiert
wurde. Im Zeitalter des Absolutismus
hatten sich diese Ordnungen an den
vom Landesherrn ausgehenden Erlässen
zu orientieren. Festgelegt wurden Zahl
der Mitglieder im Gewerbe, Anzahl der
Lehrlinge und Gesellen, die jeder Meister beschäftigen durfte, Ausbildungsweg,
vorgeschriebene Meisterstücke usw. Weiters wurden die Strafen bei Verstößen
gegen die Ordnung festgelegt; solche
Strafen betrafen auch den sittlichen Lebenswandel der Zunftmitglieder. Bestraft
wurde auch Zuspätkommen zu einer
Versammlung, Fernbleiben von Trauerfeierlichkeiten beim Tod eines Mitgliedes,
ungebührliches Verhalten während der
Versammlung usw.

3.6.4
Siegeltypar der Brauer
Dingolfing, 1708
Messing auf Eisenstiel, L. 6,6 cm,
∅ 4 cm
Dingolfing, Stadtmuseum, Inv. Nr. 4641

Im Siegelrund Erzengel Michael über
Wappenschild; in dieses eingeschrieben
Schaufel, Gerstenähre und Schapfer.
Umschrift: „E · EHR: S · HAND: W. D. P: /
PIER: PREV. I. DINGL: FIN: G".

3.6.5
Siegeltypar der Bäcker
Mühldorf, 1659
Silber auf Eisenstiel, L. 8,1 cm, ∅ 3 cm
Mühldorf am Inn, Stadtarchiv

Im Siegelrund Madonna mit Kind über
Wappenschild, darin Breze und Doppel-
semmel.
Umschrift: „S · EINES · ERSAMEN ·
HANDWE / RK : DER · PEKEN : ZV ·
MILDORF".

3.6.6
Siegeltypar der Müller
Mühldorf, 1654
Silber auf Eisen-/Holzstiel, L. 3,8 cm;
∅ 3,1 cm
Mühldorf am Inn, Stadtarchiv

Im Siegelrund Madonna mit Kind über
Wappenschild, darin Kammrad.
Umschrift: „S : DER · MILNER · VND :
MI / LKNECHT · ZV · MILDORF".

3.6.7
Siegeltypar der Metzger
Mühldorf, Mitte 18. Jh.
Messing auf Eisenstiel, L. 8,4 cm,
∅ 3,5 cm
Mühldorf am Inn, Stadtarchiv

Im Siegelrund Hl. Antonius der Einsiedler mit Schwein, daneben Wappenschild
mit Ochsenkopf.
Umschrift: „· SANTANIPATRON · DER ·
MÖGZER · IN · MILTARF".

3.6.8
Siegeltypar der Weber
Erding, Mitte 18. Jh.
Messing an Eisenstiel, in gedrechselter
Holzhülse, L. 13 cm, ∅ 3,6 cm
Erding, Heimatmuseum, Inv. Nr. 329

Im Siegelrund zwei hl. Bischöfe mit run-
dem Wappenschild in Kartusche, darin
drei Weberschiffchen; dazu Pflugschar
(= Erdinger Stadtwappen).
Umschrift: „S · LIWICKVS" und „· S ·
VLRIKHVS".

3.6.9
Siegeltypar der Schneider
Dingolfing, Mitte 17. Jh.
Messing auf Eisenstiel, L. 4,5 cm,
∅ 3,5 cm
Dingolfing, Stadtmuseum, Inv. Nr. 4640

Im Siegelrund Darstellung der Verkündi-
gung Mariens und Wappenschild mit auf-
geklappter Schere.
Umschrift: „E · S · HAND · WER · D ·
SCHNEIDER · I · D · GER : ST · DIN-
GELFIN ·".

3.6.10
Siegeltypar der Schuster
Straubing, Mitte 18. Jh.
Messing auf Eisenstiel, L. 8,9 cm,
∅ 3,5 cm
Straubing, Gäubodenmuseum,
Inv. Nr. 50.706

Im Siegelrund reich gezierter Wappen-
schild, darin Schnabelschuh.
Umschrift:
„SILG.E.E.HANDW.D.SCHUH /
MACHER.I.D.CF.HS.STRAVBING".

3.6.11
Siegeltypar der Schmiede und Wagner
Dingolfing, 1746
Messing auf Eisenstiel, L. 9,5 cm,
∅ 3,6 cm
Dingolfing, Stadtmuseum, Inv. Nr. 4642

Im Siegelrund Bischof Eligius, beseitet
von Hufeisen und Wagenrad.
Umschrift: „GANZ: ERSAMES: HANDW:
D: SCHMID: V: WAGNER: IN: DINGEL-
FIN:"

3.6.12
**Siegeltypar der Schlosser, Uhr- und
Windenmacher**
Straubing, Mitte 18. Jh.
Silber auf Eisenstiel, L. 10,9 cm,
∅ 3,8 cm
Straubing, Gäubodenmuseum,
Inv. Nr. 50688

Im Siegelrund Hl. Petrus über Wappen-
schild, darin Schlüssel, Uhr, Winde,
Büchse.
Umschrift: „S : SCHLOSSER · VER · WI /
NDEN · V : PIXENMACHER".

3.6.13
**Tischzeichen der Schreiner, Schlosser,
Uhr- und Büchsenmacher**
Erding, Ende 18. Jh.
Blech, H. 34 cm, B. 33,5 cm
Erding, Museum, Inv. Nr. 23.681

In Blattranken Uhr, gekreuzte Schlüssel,
Terzerol, Hobel und Schloss.
Das „Handwerkhalten" fand am Stamm-
tisch der Herberge statt. Zur Bezeichnung
des Tisches wurden ab dem 16. Jh. so
genannte Tischzeichen üblich, die das
Wappen der Zunft oder ein Symbol für
das Handwerk zeigen.

3.6.14
Tischzeichen der Wagner
Straubing, Ende 18. Jh.
Holz, braunrot bemalt
∅ 24 cm
Straubing, Gäubodenmuseum,
Inv. Nr. 50555

3.6.14

3.6.15
Zunftzeichen der Schreiner
Oberbayern, 1789
Holz, geschnitzt, H. 49 cm, B. 33 cm
Wasserburg, Museum der Stadt
Wasserburg, Inv. Nr. 8737

3.6.16
Willkommen der Flaschner und Spängler
Regensburg, 1747
Zinn, H. 37,5 cm
Regensburg, Museen der Stadt
Regensburg, Inv. Nr. AB 97

Bei allen Zusammenkünften der Zunft benützte man eigenes Zeremonialgerät aus Zinn; bei der Freisprechung eines Lehrlings oder der Meisterwerdung eines Gesellen wurde diesen der so genannte Willkommen gereicht. Bestritten wurden die Ausgaben für diese Umtrunke aus der Zunftkasse; bestimmte Beträge, die

Meister, Geselle oder Lehrling einzuzahlen hatten, waren in den Zunftordnungen ausdrücklich *„zum Verdrinckchen"* bestimmt.

Lit.: Elisa zu Freudenberg – Wolfram zu Mondfeld: Altes Zinn aus Niederbayern, 2 Bde., Regensburg 1983, Bd. 1, S. 206.

3.6.17
Kanne der Nagelschmiede in Straubing
Franz Joas, Straubing, 1750
Zinn, H. 42 cm, Aufsatzfigur: H. 12 cm,
Ø Boden 21,5 cm
Straubing, Gäubodenmuseum,
Inv. Nr. 50.638

Auf drei Löwenklauen ruht der am Boden ausgestellte, nach oben konisch zulaufende Gefäßkörper, Auslaufhahn aus Messing; auf dem Deckel Ritter als Schildhalter; in Kartusche Herz mit drei Nägeln (Handwerkswappen der Nagelschmiede).

Lit.: Fritz Markmiller: Katalog zur Ausstellung „Alte Handwerkszeichen", in: Der Storchenturm 11 (1976) S. 96–126, bes. 117 – Elisa zu Freudenberg – Wolfram zu Mondfeld: Altes Zinn aus Niederbayern, Regensburg 1983, Bd. 1, Abb. 11.

3.6.18
Trinkschlägel der Binder in Straubing
Straubing, 1697
Zinn, H. 48 cm, B. 12,4 cm
Straubing, Gäubodenmuseum,
Inv. Nr. 50.659

Trinkgefäß in Form eines Binderschlägels mit Schraubverschluss auf lang ausgezogenem Hals; es handelt sich um das Zunftzeichen der Straubinger Fassbinder, das als „Willkomm" benutzt wurde. Die

3.6.19

Gravur auf der Vorderseite zeigt zwei Fassbinder bei der Arbeit, darüber die Handwerksembleme (Zirkel, Schlegel und Stemmeisen).

Lit.: Fritz Markmiller: Katalog zur Ausstellung „Alte Handwerkszeichen", in: Der Storchenturm 11 (1976) S. 96–126, bes. 118 – Elisa zu Freudenberg – Wolfram zu Mondfeld: Altes Zinn aus Niederbayern, Regensburg 1983, Bd. 1, Abb. 70, Kat. Nr. 104, S. 215 f.

3.6.19
Trinkstiefel der Schuster in Straubing
Straubing, 1700
Zinn, H. 28,5 cm, B. 8 cm, T. 23 cm
Straubing, Gäubodenmuseum,
Inv. Nr. 50.660

Vollplastischer Zinnstiefel ohne Marke; auf der Sohle eingravierte Initialen „J.C." und die Jahreszahl „1700".

Lit.: Fritz Markmiller: Katalog zur Ausstellung „Alte Handwerkszeichen", in: Der Storchenturm 11 (1976) S. 96–126, bes. 119 – Elisa zu Freudenberg – Wolfram zu Mondfeld: Altes Zinn aus Niederbayern, Regensburg 1983, Bd. 1, Abb. 68, Kat. Nr. 89, S. 214.

3.6.16

3.6.18

3.6.20

3.6.20
Krug der Tuchmacher in Erding
Erding, 1750
Zinn, H. 26 cm, ∅ Boden 14 cm
Erding, Museum, Inv. Nr. 2391

3.6.21
**Handwerkspokal der Weber,
angeblich in Ried**
Sebastian Holzwarth, Landshut, 1756
Zinn, H. 37 cm; Boden ∅ 13 cm
Landshut, Museen der Stadt,
Inv. Nr. 2668

Über scheibenförmigem, mehrfach profiliertem Fuß erhebt sich der Ständer mit Nodus, die Cuppa ist kugelig gebildet, der Hals zylindrisch; den abhebbaren Deckel bekrönt ein Löwe, der ein tartschenförmiges Schildchen, in das drei Weberschiffchen eingeschrieben sind, hält. Die Cuppa ist mit fünf Löwenmasken verziert.

*Welcher ainen Lehrjungen
aufnemen will ...*

Grundvoraussetzung für den Eintritt in eine Lehrstelle war eine „ehrliche" und „eheliche" Geburt; Kinder von Eltern, die unehrliche Berufe ausübten, als Henker, Schinder, Abdecker, Schergen oder Huren tätig waren, durften kein Gewerbe erlernen. Als Einstandsgebühr hatte der Lehrling das „Aufdinggeld" zu entrichten. Die Länge der Lehrzeit war unterschiedlich; in Landshut dauerte die Zinngießerlehre z. B. vier Jahre, in Cham nur drei Jahre. Danach wurde der Lehrling vor offener Lade freigesprochen, was wiederum mit Kosten verbunden war; damit wurde er in den Verband der Gesellen aufgenommen und musste auf Wanderschaft gehen. Durch den Aufenthalt in anderen Werkstätten sollte der Geselle sich in seinem Handwerk vervollkommnen. Die Landesregierung schritt immer wieder mit Erlässen gegen eine säumige Handhabung dieses Paragraphen ein; vor allem Meistersöhne versuchten diese Regelung zu umgehen, um so möglichst rasch im Betrieb des Vaters mitzuarbeiten. Für die Meisterschaft waren Nachweis der ehelichen und ehrlichen Geburt, ausreichendes Vermögen und die Bürgschaft eines ortsansässigen Meisters notwendig. Entscheidend für die Aufnahme in die Zunft war das Meisterstück, das in der Zunftordnung festgeschrieben war. Nach Abnahme der Meisterstücke waren wieder Gebühren fällig.

3.6.22
Ledererherberge zum Goldenen Kreuz
Salzburg, 1615
Reproduktion; Original: Öl auf Holz
Salzburg, Museum Carolino Augusteum

In einer Stadt angekommen, fand der Geselle auf seiner Wanderschaft zunächst Aufnahme in der Herberge seines Handwerks; hier fand er fürs erste Unterschlupf und konnte Hilfe bei der Vermittlung eines Arbeitsplatzes erwarten.

3.6.23
Legitimationsbrief
Aham, 1751 Dezember 18
Papier, H. 39,6 cm, B. 60,7 cm
Dingolfing, Stadtarchiv, U VI (ohne Nummer)

Eine eheliche Geburt war Voraussetzung für die Aufnahme als Lehrling; in späterer Zeit konnte man mit Hilfe eines Legitimationsbriefes diese ersetzen. Hier bestätigte Johann Eggert, post. Protonotar und Hofpfalzgraf, geschworener Notar und Benefiziat zu Aham, für Joseph Stainhauer, Sohn des Blasl Stainhauer, Söldners zu Mamming, und der Ursula Syberger, Schusterstochter zu Atzmannsberg, dessen uneheliche, aber „ehrsame" Geburt, um, wie es heißt, *„ein ehrlich und zunftmässige Handtierung erlehrnen"* zu können.

Lit.: Fritz Markmiller: Katalog zur Ausstellung „Alte Handwerkszeichen", in: Der Storchenturm 11 (1976) S. 96–126, bes. 111.

3.6.24
Lehrbrief
Wasserburg, 1768 Juli 4
Papier, H. 41,5 cm, B. 33,2 cm
Dingolfing, Stadtarchiv, A 59 Nr. 10 c

Ausgestellt vom Handwerk der Bierbrauer in Wasserburg für Corbinian Schuester, Bürger und Bierbräu in Dingolfing, über dessen Lehrzeit bei Johann Martin Grandauer.

Lit.: wie Kat. Nr. 3.6.18.

3.6.25
Handwerksbrief
Schärding, 1807 März 5
Papier, Kupferstich, H. 35,7 cm,
B. 46 cm
Vilsbiburg, Stadtmuseum

Formular mit handschriftlichen Eintragungen; ausgestellt von den Zech- und anderen Meistern des Handwerks der Kleinuhrmacher in Schärding für Joseph Hille[n]brand von Pfersee bei Augsburg, der später in Vilsbiburg sein Handwerk ausübt und dort am 19. Oktober 1819 stirbt.

Lit.: wie Kat. Nr. 3.6.18.

3.6.26
**Handwerksbrief („Abschied"),
ausgestellt für einen Gesellen**
Straubing, 1768 Februar 9
Pergament, Handschrift, braunes Siegel in gedrechselter Holzkapsel, H. 28 cm, B. 53,3 cm, ∅ Siegel 2 cm
Dingolfing, Stadtarchiv, A 59 Nr. 10c

Ausgestellt von Georg Waas, Bürger und Bierbrauer in Straubing, für Sebastian Waas, Bierbrauersohn von Wallersdorf, über dessen Dienstzeit von zwei Jahren und sechs Wochen.

3.6.27
**Einhuldigungsbrief der Bäcker in
Vilsbiburg**
Vilsbiburg, 1573 September 8
Pergament, H. 19,2 cm, B. 31,5 cm
Vilsbiburg, Stadtmuseum, U 30

Ausgestellt von Hans Feyerer, Christoff Ernnst, Geörg Derndl und Andre Weilandt, alle vier Bäcker, Bürger und derzeit Zechpröpste *„aine leblichen Handtwerchs der Peckhen und Peckhenkhnecht, aines ganzen Handtwerchs des Marckhts zur Vilßbiburg"* für Michael Weickhart, Bäckermeister zu Lichtenhaag.

Lit.: wie Kat. Nr. 3.6.18.

3.6.28
**Meisterbrief der Nagelschmiede in
Landshut**
Landshut, 1787 Mai 14
Papier, Papiersiegel aufgedrückt,
H. 31,3 cm, B. 40,7 cm
Vilsbiburg, Stadtmuseum

Ausgestellt von Frantz Simon Asandt und Benedict Wideman, beide Bürger und

3.6.29

Viermeister des *„ersamen Handtwerchs der Klein und Gross, Schwarz und Waissen Naglschmidten in der königlichen Haubt*

und Regierungs Statt Landshuet" für Franz Stengl, Bürgers- und Nagelschmiedsohn in Vilsbiburg.

Lit.: wie Kat. Nr. 3.6.18.

3.6.29
Handwerkslade der Bäckerjungen
Straubing, 1692
Eichenholz, mehrfarbig bemalt,
H. 37,5 cm, B. 60 cm, T. 40 cm,
Straubing, Gäubodenmuseum,
Inv. Nr. 50537

Außen zwei seitliche Tragegriffe; auf der Vorderseite zwei Wappenschilde mit

Breze, Doppelsemmel, Zopf und Schuberl, bezeichnet „1692"; Deckel: zwei Bäckermeister in Festtracht; linke Seite: Erzengel Michael; rechte Seite: Schutzmantelmadonna und Ehepaar in Festtracht. Laut Inschrift auf der Rückseite ein Geschenk des Michael Schifferle an die Handwerkslade.

Lit.: wie Kat. Nr. 3.6.18, S. 104 (mit Wortlaut der Inschrift) – Dorit-Maria Krenn – Norbert Krenn: Die Geschichte der Straubinger Bäckerknechtsbruderschaft 1370–1995, Straubing 1995.

3.6.30
Schleifkanne der Schlosser-, Uhr- und Büchsenmachergesellen in Straubing
Simon Engel (?), Deggendorf,
1651/75 (?), 1710 erneuert
Zinn, H. 43,5 cm, sechseckig:
Längsseite 11,5 cm
Straubing, Gäubodenmuseum,
Inv. Nr. 50637

Auf drei gerillten Knopffüßen stehend, sechseckiger, nach oben leicht konisch zulaufender Kannenkörper; sechseckiger Deckel mit halbkugeliger Bekrönung; mit Auslaufhahn aus Messing; auf der Vorderseite tartschenförmiges Wappenschild mit gekreuzten Schlüsseln, Uhr, gekreuzte Pistolen, Schloss und Sporn; an den Seiten eingraviert die Bildnisse der Heiligen Bartholomäus, Johannes Evangelist, Johannes der Täufer und Jakobus, dazwischen Blütenmuster und Greife. Die Kanne fasst fünf bayerische Maß.

Lit.: wie Kat. Nr. 3.6.18, S. 117 – Elisa zu Freudenberg – Wolfram zu Mondfeld: Altes Zinn aus Niederbayern, Regensburg 1983, Bd. 1, Abb. 8, Kat. Nr. 7, S. 202f.

3.7.3

3.7.5

3.7 ... *in ir fürgenomen Brueder-schaft verpflichten wellen ...*

Wirtschaftsorientierte Zunft und kirchliche Bruderschaft lassen sich in den meisten Fällen nur schwer voneinander trennen. Sehr oft enthalten Zunftordnungen Kapitel, die das religiöse Leben der Angehörigen betreffen, und sehr oft sind seit dem Mittelalter Handwerksordnungen unlösbar mit den Ordnungen der jeweiligen Bruderschaft verwoben. So beginnt z. B. die Ordnung der Kaufleute und Fragner in Mühldorf am Inn aus dem Jahr 1646 mit den Bestimmungen ihrer Bruderschaft, legt die Pflichten ihrer Mitglieder betreffend Almosen und Gottesdienst fest, regelt die Leichenfeiern und setzt die Strafen für Versäumnisse fest. Zu einer besonderen Blüte kommen die Bruderschaften im Zuge der Gegenreformation. Selbst kleinere Orte und Märkte gründen Bruderschaften auf zünftlerischer Basis, so etwa die Schuhmacher in Reisbach 1513. Allerdings öffnen sich diese Bruderschaften auch für handwerksfremde Personen, um so die Wirksamkeit der von der Bruderschaft initiierten religiösen Werke zu vergrößern. In den Statuten werden die abzuhaltenden Messen verankert, die zu entrichtenden Almosen, die Einkaufs- und Beitragsgelder, um die Bruderschaftskerzen in der jeweiligen Kirche zu finanzieren. So wie jedes Mitglied bei der Beerdigung von Toten aus der Bruderschaft anwesend zu sein hatte, so konnte es auch erwarten, dass ihm die letzte Ehre erwiesen und bei den jährlichen Messfeiern seiner gedacht werde.

3.7.1
Kerzenbrauchtum in St. Johannes in Dingolfing
Modell: Gerhard Kaukal

1467 wurde der Grundstein für eine neue Stadtpfarrkirche gelegt. Die dreischiffige Halle ist von einem Kranz von Kapellen umgeben, die Stiftungen verschiedener Handwerke und von Andachtsbruderschaften sind. Vertreten sind das Handwerk und die Bruderschaft der Tuch-macher, die Zeche und Bruderschaft Unserer Lieben Frau der Bäckenknechte, das Handwerk der Schneider, die Bruderschaft der Fischer, die Zeche und Bruderschaft der Bäckenzeche, das Handwerk der Lederer und Schuhmacher, und die Bruderschaft der Schmiede, Wagner und aller, die mit dem Hammer arbeiten. Für den Altar des jeweiligen Patrons stifteten die Zechen bzw. Bruderschaften „große" Kerzen (ca. einen Meter hoch und rund 7 cm dick); daneben brannte während der Gottesdienste noch das „Ewige Licht", zunächst ebenfalls große Kerzen, später dann Öllichter in Ampeln; weiters gibt es hölzerne Kerzenstangen, mehrfarbig gefasst oder geschnitzt, mit Kerzentellern, die in den Kapellen stehen und bei Prozessionen mitgetragen werden.

Lit.: Fritz Markmiller: Das Kerzenbrauchtum der Dingolfinger Handwerke, in: Der Storchenturm 11 (1976) S. 83–96.

3.7.2
Bruderschaftsbuch der Rieder Bierbrauer
Ried, 1540–1843
Papier, H. 31 cm, B. 22 cm
Linz, Oberösterreichisches Landesarchiv, Herrschaft Steyr, Hs 518

Bis zum Jahr 1628 wurden nur Rieder Bierbrauer in die Bruderschaft aufgenommen, später dann auch solche aus anderen Orten; bis zum letzten Eintrag im Jahr 1843 sind es 251 Bräuer (davon 190 Rieder). Aus dem Jahr 1601 stammt der erste Eintrag eines „Nicht-Bräuers". Die Handschrift ist reich illustriert; zwei ganzseitige Illustrationen stehen am Beginn des ersten und des zweiten Teiles des Verzeichnisses; auf beiden ist der hl. Florian dargestellt, der wie eine Schutzmantelmadonna seinen Mantel über die betenden Mitglieder der Bruderschaft ausbreitet. Die anderen Miniaturen zeigen in einem mehr oder minder reich gestalteten Rahmen das Mitglied allein oder in Begleitung seiner Gattin zu Seiten des Gekreuzigten, eines Marienbildes oder des hl. Florians kniend.

Lit.: Franz Berger: Zwei Bruderschaftsbücher der Stadt Ried, in: Oberösterreichische Heimatblätter 1 (1947) S. 131–136 – Georg Wacha: Bier, die geheime [Kunst] und die Kunst. Das Rieder Bruderschaftsbuch der Bierbrauer aus dem 16. Jahrhundert, in: Blickpunkte 42 (1992) S. 1–9 – Monika Würthinger: Bruderschaften – Volksfrömmigkeit und religiöse Lebensbegleitung. Ein Überblick mit Beispielen aus dem Innviertel, in: Der Bundschuh 6 (2003).

3.7.3
Bruderschaftsbuch der Rieder Bäcker
Ried, 1639–1860
Papier,
Linz, Oberösterreichisches Landesarchiv, Hs 147

Im Bruderschaftsbuch der Bäcker werden die neu aufgenommenen Mitglieder mit ihren Wappen verzeichnet.

Lit.: Franz Berger: Zwei Bruderschaftsbücher der Stadt Ried, in: Oberösterreichische Heimatblätter 1 (1947) S. 131–136

3.7.4
Zunftmonstranz der Fleischer
Ried, 18. Jh. (?)
Buntmetall, H. 79 cm, B. 35 cm,
T. 21 cm
Ried, Museum Innviertler Volkskundehaus, Inv. Nr. 7183

3.7.5
Kreuz einer Bäckerzunft
um 1750
Holz, H. 75 cm
Trostberg, Heimatmuseum

3.7.6
Totenschild der Maurer und Zimmerer
Dingolfing, 18. Jh.
Blech, bemalt, H. 32 cm, B. 45 cm
Dingolfing, Stadtmuseum

3.7.7
Bahrschild der Zimmerleute
Wasserburg, 18. Jh.
H. 32,5 cm
Wasserburg, Museum der Stadt Wasserburg

4. Irrdischer Himmel des guten / irrdische Höll' des bösen Ehestands

4.1 Unter die Hauben kommen

Ehestand oder der Weg ins Kloster waren in der Vergangenheit für Frauen der einzige Weg, sich aus der Abhängigkeit von Familie oder Dienstgeber zu lösen; allerdings führte der Weg direkt in eine neue Abhängigkeit. Die Haube galt seit dem Mittelalter als Zeichen der verheirateten Frau und damit als Symbol für Frauenwürde; mit der Hochzeit legte sie den Kranz der Jungfrau ab und trug fortan in der Öffentlichkeit ihr Haar nur mehr verhüllt.

Aus dem Kopftuch entwickelten sich im Lauf der Jahrhunderte von Region zu Region verschiedene starre Haubenformen. Nach Lipp nimmt die Entwicklung der Goldhauben ihren Ausgang von der weichen Leinen-Bodenhaube, die in den Tauf-, Kinder- und Haushäubchen weiterlebte. Die schlichten Materialien wurden durch kostbare Stoffe ersetzt und mit Stickereien versehen. Schnitttechnisch bestehen sie aus dem Boden, dem Scheitelteil und einem schon stark ausgeprägten Schirm; der Boden wird im Nacken umgenäht, um die Bindemasche durchzuführen. Zwischen 1770 und 1795 entwickelt sich dann nach Lipp die goldene bzw. die schwarze Linzer Bodenhaube. Im Unterschied zur Bodenhaube werden nun der Kopf (= Scheitelteil) und der Boden zu einem „Böndel" vereinigt; in einem weiteren Schritt wurde der alte Boden durch Kniff und eine reiche plastische Stickerei zu einem vom Schirm abgehobenen Knauf ausgebildet. Die zeitgleichen schwarzen Hauben sind in Gestalt und Struktur ein Ebenbild der Goldhauben. Ihr weniger kostbares Material macht sie zu den „gewöhnlichen" Hauben, während die Goldhauben ein Zeichen privilegierter Verhältnisse sind.

Lit.: Franz Carl Lipp: Goldhaube und Kopftuch. Zur Geschichte und Volkskunde der österreichischen, vornehmlich Linzer Goldhauben und oberösterreichischer Kopftücher, Linz 1980.

4.1.1
Weiche Seidenbodenhaube
Linz, OÖ Landesmuseum,
Inv. Nr. F 8586

Die Haube ist noch völlig weich; Material ist ein in sich gemusterter Seidenbrokat; die Begrenzungsbörtchen sind aus paillettenbenähten Goldposamenterieborten; am Scheitelteil ist eine reich gemusterte Goldposamenteriebore mit Buckelmotiv aufgenäht; in die Buckeln sind rote Glassteine eingelassen. Die das Gesicht rahmende Goldspitze ist umgeschlagen und festgenäht.

4.1.2
Brokatgugelhaube
Linz, OÖ Landesmuseum,
Inv. Nr. F 5008

Diese Haubenform ist bereits steif (broschiert); das Grundmaterial ist ein sehr heller, auf Silber und Rosa gestimmter Brokat; der gesamte Scheitelteil ist mit einer Silberspitze überzogen; die Masche mit bis zur Schulter reichenden Bändern ist rosa.

4.1.3
„Großböndelhaube"
Linz, OÖ Landesmuseum,
Inv. Nr. F 8588

Die Haube verkörpert in der Typologie von Lipp die erste Stufe in der Entwicklung hin zur vollständigen Goldhaube. Kopf und Boden haben sich bereits zum „Böndel" vereinigt; der charakteristische Knauf ist noch nicht ausgebildet.

4.1.4
„Großböndelhaube"
Linz, OÖ Landesmuseum,
Inv. Nr. F 5886

In der zweiten Entwicklungsstufe ist das Böndel kürzer und höher geworden; es ist deutlich durch eine Rille vom alten Schirm, der nun die Funktion des Kopfteiles übernommen hat, abgesetzt; durch das Zusammennähen des Schirm-Endes entsteht ein kleiner Flügel, das „Stutzerl"; die schwarze Masche fällt frei herab.

4.1.5
„Klassische" Linzer Goldhaube
Linz, OÖ Landesmuseum,
Inv. Nr. F 21.869

Knauf und Flügelchen haben ihre endgültige Form erreicht; „der Knauf wird

zum bekrönenden Abschluss der nunmehr als Goldhelm empfundenen Haube" (Lipp). Das Volumen der Flügel hat sich verdoppelt. Die Masche wird zum dekorativen Element. Zeitgenossen verglichen die Haube mit den phrygischen Mützen; vielleicht ließ man sich auch vom Küraßhelm der neuen Uniformen in der österreichisch-ungarischen Armee beeinflussen. In Verlassenschaften aus dem Innviertel tauchen bereits 1786 „Linzer Goldhauben" auf.

4.1.6
„Großböndelflorhaube"
Linz, OÖ Landesmuseum,
Inv. Nr. F 5072

Durch den schwarzen Flor des Schirmes ist das Drahtgerüst sichtbar; der Flor schließt mit einem geometrischen Randleistenmuster. Der Knauf ist mit Leinen gefüttert, mit Pappe versteift und mit schwarzem, eng verschlungenem Posamentenmaterial besetzt.

4.1.7
Schwarze Linzer Haube
Linz, OÖ Landesmuseum,
Inv. Nr. F 6433

Eine reich geklöppelte Spitze bildet das „Band" der Flor- bzw. Sturzhaube; die Haube besitzt einen hohen, kaum gewölbten Kopf, ein glattes, nur mit ungemustertem schwarzen Tüll überzogenes Böndel und einen hohen Flügel. Der Bodenrand der Haube ist mit schwarzem Samt eingefasst; die Masche ist aus steifem Atlaspapier.

4.1.8
Florianer Brauthaube
Linz, OÖ Landesmuseum,
Inv. Nr. F 5068

Als Vertreterin für die zahlreichen lokalen Sonderformen steht diese Haube. Vom Aufbau her ist sie eine echte Bodenhaube; am Boden weist sie drei große plastische Lebensbaumblüten auf; der rund um den Kopf laufende Schirm ist mit großzügigem Zackenrand und als durchbrochene Goldspitze geklöppelt.

4.1.10

4.1.9
Bayerische Riegelhaube
Seide, Goldstick
Ried, Museum Innviertler Volkskunde-
haus, Inv. Nr. 2171

Die Bodenhaube schrumpft zur Riegelhaube, wobei Riegel oder Riedl sich auf
das Haarnest des Hinterkopfes bezieht. In
der Endphase der Entwicklung bedeckt
die Riegelhaube nur den Hinterkopf. Die
sonst lose fallenden Bandschleifen sind
meist aus Brokat und stehen steif weg.
Auf herabfallende Bänder wird verzichtet.

4.1.10
Bayerische Riegelhaube
Seide, Goldstick
Ried, Museum Innviertler Volkskunde-
haus, Inv. Nr. 9654

Die Blütezeit der Riegelhaube fällt in die
Regierungszeit König Maximilians und
König Ludwigs I. Obwohl zu diesem
Zeitpunkt das Innviertel bereits zu Österreich gehörte, fand die Haubenform
weite Verbreitung bei den Bürgersfrauen
in Schärding, Ried und Braunau; selbst
in Linz, Wels oder Steyr wurden Riegel-
hauben getragen.

4.2 *Gleich und gleich gesellt sich gern*

Heiraten sei *„ein sehr wichtigs Geschäft"*,
verkündeten die Prediger von den Kanzeln. Ausschlaggebend waren rechtliche
und wirtschaftliche Gründe, aber auch
moralische, denn nur die Heirat gestattete ein einigermaßen straffreies Sexualleben. Die Partnerwahl war von der

Vernunft bestimmt. Von der Norm abweichende Altersunterschiede wurden
als Missverhältnis empfunden; allerdings
war durch die hohe Sterblichkeit im
Kindbett ein älterer Witwer oft gezwungen, sich mit einem jungen Mädchen zu
vermählen, wenn er doch noch zu einem
Erben kommen wollte, und umgekehrt
musste eine ältere Handwerkerwitwe,
wollte sie ihren Betrieb nicht verlieren,
einen jungen Gesellen ehelichen. Man
blieb bei der Heirat zumeist im selben
Stand; nur selten gelang es, gesellschaftliche Barrieren zu überwinden.

4.2.1
„Heuraths-Contract"
Passau, 1788 Juni 7
Original, Pergament, H. 32 cm,
B. 20,5 cm
Passau, Stadtarchiv, I 1925

Joseph Lechner, angehender bürgerlicher
Zinngießer in der Steininger Gasse in
Passau schließt mit Jungfrau Maria Anna
Grad einen Vertrag, in dem die finanziellen Bedingungen niedergeschrieben werden. Sie bringt 300 fl., ein Ehrenbett und
ein Brautkleid mit in die Ehe; von dem
Geldbetrag behält sie sich 100 fl. als
Absicherung (= „Paraphernal") vor; der
Bräutigam „widerlegt" dieses Heiratsgut
mit einer gleich hohen Geldsumme; stirbt
er vor ihr ohne Testament und ohne leibliche Erben, fallen ihr die 200 fl., Ehrenbett und Brautkleid zu; Fährnis, Mobi-
lien und Warenlager soll sie zu nutzen
haben; restliches Vermögen fällt an seine
Verwandten; stirbt sie vor ihm ohne Testament und eheliche Erben, erhält er
Heiratsgut, Widerlage, Ehrenbett, Brautkleid; ihre Verwandten erhalten nur ihr
„Paraphernal".

Lit.: Elisa zu Freudenberg – Wolfram zu
Mondfeld: Altes Zinn aus Niederbayern, Regensburg 1983, Bd. 2, S. 39.

4.2.2
Hochzeitsscheibe
Tittmoning, 1681
Reproduktion; Original: Holz, bemalt,
⌀ 104 cm
Tittmoning, Heimathaus Rupertiwinkel

Bei Hochzeiten wurden sehr oft Fest-
schießen abgehalten; die Scheibe zeigt
das Brautpaar in Festtracht. Zwischen
den beiden wächst eine Pflanze aus dem

4.2.2

Boden, vielleicht als Symbol für die zukünftige Familie; darüber schwebt eine
strahlende Sonne. Der Braut zugeordnet
ist der Satz: *„Von mir dies* (Herz) *alles hast
zum Preiß, gott ist mein Zeig der alles
weiß".* Der Bräutigam präsentiert der
Braut sein Herz mit den Worten: *„So lang
gott mir verleiht das Leben. Der Lieb zum
Pfand sey dieß* (Herz) *gegeben."* Über seiner linken Schulter hängt ein großkalibri-
ger Vorderlader.

4.2.3
Hochzeitsscheibe
Tittmoning, 1722
Reproduktion; Original: Holz, bemalt,
⌀ 97 cm
Tittmoning, Heimathaus Rupertiwinkel

Die Scheibe zeigt das Brautpaar Reichard
Gabauer und Regina Edenhuber; zwischen den beiden ein Mühlrad und eine
Breze, die sie als Ziel in der Scheiben-
mitte halten – wohl in Anspielung auf
deren Standeszugehörigkeit (Müller und

4.2.3

Bäcker). Der Scheibentext lautet: „*Das Kreuz will kein's allein, woll'n die Brötz Ja nit Zreissen, auf Treu und Einig sein, Laß Liebste unß befleißen.*"

4.2.4
Hochzeitsscheibe
Tittmoning, 1755
Reproduktion; Original: Holz, bemalt,
⌀ 97 cm
Tittmoning, Heimathaus Rupertiwinkel

Im aufgewühlten Meer fährt das „Lebensschiff" der Brautleute dahin; sie halten gemeinsam ein weißes Tuch in Händen. Auf dem Heck sitzt die Allegorie der Hoffnung; vor dem Boot schwebt die Göttin Fortuna auf den Wellen, balancierend auf einer Kugel. Im oberen Spruchband steht: „*Die hofnung führet unß, Fortuna*

4.2.4

geth voran biß wür an Sichern bordt, Vergniegens Lenden an", darunter: „*Wir hoffen stets auf Gott, Sein Seegen unß gethey, So leben Wir ihmerhin von allen Unglickh Frey.*"

4.2.5
Brautpokal in Form einer vornehmen Dame
Augsburg, 1. Viertel 17. Jh.
Silber, teilweise vergoldet, H. 13 cm
Linz, OÖ Landesmuseum,
Inv. Nr. Go 230

Der Reifrock der Dame bildet die Cuppa des Bechers. Der Pokal gehört wie die Kat. Nr. 4.2.6–4.2.9 zum so genannten Schwanenstädter Fund. 1907 stieß man bei Arbeiten im Haus Schwanenstadt Nr. 8 auf eine in Leinensäcke gewickelte Kiste; in ihr befanden sich eine Fülle von

Hausrat sowie Gold- und Silbermünzen. Ein leider nicht mehr erhaltener Zettel, in dem ein fünffacher Dukaten Kaiser Ferdinands III. von 1644 eingewickelt war, gab zumindest einen vagen Hinweis auf Besitzer und Datierung: „*Anno 1668 den 2. Oktobris bindt mich mein herzallerliebste hauswirthin Sophia Prandtner mit disen von ihrem ersten hauswirth seelig bundt. Gott der almechtige verleih ihme die ebige Ruer und meiner Liebsten langes Leben und guette Gesundheit. Amen.*" Die unterschiedlichen Monogramme auf den Fundstücken weisen auf mehrere Ehen hin. Die Qualität des Hausrates und die Menge der Gold- und Silbermünzen weisen auf den hohen Lebensstandard der Besitzer.

Lit.: Brigitte Heinzl: Der Schwanenstädter Fund in der kunsthistorischen Abteilung des Oberösterreichischen Landesmuseums 134 (1989), S. 161–178.

4.2.6
Bräutigamhumpen
Daniel Hieber, Lambach,
2. Viertel 17. Jh.
Zinn, H. 22,5 cm
Linz, OÖ Landesmuseum,
Inv. Nr. Z 436

Der Humpen trägt am Deckel die Stadtmarke und die Meistermarke des Zinngießers Daniel Hieber, der 1642 Landmeister war; der Deckel trägt ferner die Zeichen für den Planeten Jupiter und das Besitzermonogramm „PP".

4.2.7
Brauthumpen
Hieronymus Ledermayr (1628–1669),
Wels, 3. Viertel 17. Jh.
Zinn, H. 18 cm
Linz, OÖ Landesmuseum,
Inv. Nr. Z 437

Reich gravierter Humpen, am Henkel Stadt- und Meistermarke; am Deckel Besitzermonogramm „AA/SL"; im Innern Behälter für Gewürze, von Putto bekrönt; an der Leibung kosendes Paar, das an Tafel sitzt.

4.2.8
Brautflasche
Hieronymus Ledermayr, Wels,
3. Viertel 17. Jh.

Zinn, H. 23,5 cm
Linz, OÖ Landesmuseum,
Inv. Nr. Z 440

Reich gravierte, sechsseitige Flasche, am Deckel Stadt- und Meistermarke, Schraubdeckel, Traghenkel; an der Leibung drei vornehme Brautpaare.

4.2.9
Brautflasche
Hieronymus Ledermayr, Wels,
2. Viertel 17. Jh.
Zinn, H. 17,5 cm
Linz, OÖ Landesmuseum,
Inv. Nr. Z 444

Am Deckel Stadt- und Meistermarke, an der Leibung Zeichen für den Planeten Jupiter, Besitzermonogramm PP, Henkel, Palmettendrücker; Putto als Deckelknopf.

4.2.10
Deckelkassette
Süddeutschland, 1602
Holz, gefasst, Eisenbeschläge,
H. 21,5 cm, B. 29,5 cm, T. 20 cm
Linz, OÖ Landesmuseum,
Inv. Nr. Mö 307

Auf der Frontseite ein kostbar gekleidetes Paar, das zur Verlobung oder Vermählung schreitet; und um die Figuren Attribute der Liebe und Ehe wie schnäbelnde Vögel oder zwei ineinander gelegte Hände als Symbol für das Eheversprechen.

4.2.11
Porträt des Braumeisters Johann Jakob Wollmayr
Ried (?), 1734
Öl auf Leinwand, H. 89 cm, B. 67 cm
Ried, Museum Innviertler Volkskundehaus, Inv. Nr. 246

Die Porträts entstanden anlässlich der Vermählung der beiden; Maria Eleonora Wollmayr verstarb bereits 1748, wie die nachträglich angebrachte Inschrift zeigt.

4.2.12
Porträt der Maria Eleonora Wollmayr
Ried (?), 1734
Öl auf Leinwand, H. 89 cm, B. 67 cm
Ried, Museum Innviertler Volkskundehaus, Inv. Nr. 247

4.2.13
Der Kampf um die Hose
Deutschland, um 1600
Reproduktion; Original: Kupferstich,
H. 19,9 cm, B. 25,4 cm
Nürnberg, Germanisches National-
museum, Inv. Nr. 23431 Kapsel 1292 a

Die gottgewollte Ordnung war die Unterordnung der Frau unter den Mann. Der
„Kampf um die Hose" symbolisiert seit
dem Mittelalter den Kampf um die Vor-
herrschaft in der Ehe. Häusliche Ein-
tracht kann nur durch das Regiment des
Mannes gesichert werden. Ehekonflikte
waren ein publikumswirksames Thema
in der Kunst, der Dichtung und nicht zuletzt in der Predigt. Die „böse" Frau war
die Frau, die sich konträr zu den von
Staat und Kirche erlassenen Normen verhielt, die „die Hosen anhatte". Ließ der
Ehemann es an Autorität fehlen, so war
das oft Anlass für Rügebräuche durch die
Nachbarschaft; man zog mit einer Kat-
zenmusik vor das Haus der Betroffenen;
bei schweren Verstößen wurde das Dach
abgedeckt.

4.2.14
**Züchtigung eines untreuen Mannes
durch seine Frau**
Deutschland, um 1640/50
Flugblatt, Papier, Kupferstich,
H. 20,3 cm, B. 30,7 cm
Nürnberg, Germanisches National-
museum, Inv. Nr. HB 15287
Kapsel 1293

Die Hand gegen den Ehemann zu erheben, war wohl die ärgste Form weiblichen
Widerstandes. Prügeleien gehörten aber
nach Aussagen der Prediger, selbst wenn
man ein bestimmtes Maß an Übertrei-
bung abzieht, zum Alltag. Bei aller Mi-
sogynie, die in den Barockpredigten
durchklingt, findet sich doch auch ein
bestimmtes Maß an Verständnis für die
geplagten Ehefrauen: *„wann er gar alleweil
im Würthshauß mit andern Freß- und
Sauff-Narren frisset und sauffet / alles ver-
ludert und verschwendet: hingegen ich und
die Kinder haben offtermahl das Brodt nicht
zu essen."* (Joannes Prambhofer, zitiert
nach Elfriede Moser-Rath: Dem Kirchenvolk die Leviten gelesen. Alltag im Spiegel süddeutscher Barockpredigten, Stuttgart 1991, S. 132).

4.3 *Was meynst wird aus diesem Kindlein werden?*

4.3.1
„Wiegenschutzen"
Inszenierung

Unfruchtbarkeit galt seit dem Alten Testament als Fluch Gottes, Kindersegen als
*„sonders grosse Gnad und Gutthat von dem
Himmel"* (Leo Wolff). Einer der Gründe
für eine Eheschließung war der Wunsch
nach Kindern. Erworbenen Besitz wollte
man an leibliche Erben weitergeben; Kinder waren auch der Garant für die Versorgung bei Notfällen, Krankheit und
im Alter. Kinderlose Ehepaare stifteten
wächserne Wickelkinder oder andere
Votivgaben in Wallfahrtsorten, um so die
Erfüllung ihres Wunsches zu finden. In
Schildthurn gingen unfruchtbare Frauen
„Wiegenschutzen", um so Maria und die
drei dort seit alters her verehrten Jungfrauen Einbeth, Wilbeth und Warbeth
gnädig zu stimmen.

4.3.2
Aufzeichnungen des Wilhelm Prandtner
Deggendorf, 1647–1674
Reproduktion; Original: Papier,
handschriftlich, beigebunden dem
Wappenbuch des Adam Berg, 1580
Straubing, Johannes-Turmai-
Gymnasium, Bbiliothek, Heraldik N 76

Nur durch Zufall haben die familien-
geschichtlichen Aufzeichnungen zweier
Mitglieder der Deggendorfer Familie
Prandtner überlebt. Am 7. Oktober 1647
heiratete der Ratsherr Wilhelm Prandtner
die Schärdinger Bürgerstochter Sabina
Huedtstockhin; diese schenkte ihm während 19 Ehejahren zwölf Kinder. Von diesen überlebten nur fünf. Die anderen sieben starben kurz nach der Geburt; die
erhaltenen Eintragungen sagen nur wenig über die Gefühle aus, die Eltern in
dieser Zeit bewegten: *„Den 19 August
anno 1648, hatt mein frdl. liebe Hausfrau,
zwischen 11 und 12 Uhr zu Mittag, eine
Thochter nahmens Maria Regina gebohren,
und gleich darauf nach der Hl. Thauf zwischen 6 und 7 Uhr wiederumben gestorben.
gott wolle allen Christgläubigen Seelen eine
söllige auferstehung verleihen. Amen."*

Lit.: Alfons Huber: Familiengeschichtliche

Aufzeichnungen zur Genealogie der Deggendorfer Familie Prandtner, in: Deggendorfer Geschichtsblätter 4 (1984), S. 65–74.

4.3.3
Grabkreuz für die Kinder Clemens und Rosina
Johann Nepomuk della Croce, 1780
Blech, bemalt, H. 164 cm, B. 45 cm
Burghausen, Historisches Stadtmuseum,
Inv. Nr. 395

Innerhalb von nur drei Wochen verstar-
ben das neunte und das zehnte Kind des
Malers Johann Nepomuk della Croce; am
23. Juli verschied sein Sohn Clemens im
Alter von fünf Jahren; am 3. August desselben Jahres wurde dessen sechsjährige
Schwester begraben. Das Grabkreuz trägt
folgende Aufschrift:
*„Hier ruhet Clement und die Rose / Sie ruhn
getrost im todten Moose / Kurz war das
Licht, das Sie genossen / Die hier der Ältern
zarte Sproßen / Zwey Wochen lag der Knab
im Staube / Da itzt das Mädtgen auch zum
Raube / Hier Sichst dir Leser ungemildert /
Vom Vatters pinsel selbst geschildert / Sie
ruhen hier, um dir zu zeigen / Fur dem sich
halbe Welten neigen / Mit Staub der Ster-
lichkeit bedeckt, / Bis sie ihr Schöpfer wieder
weckt, / Sie sanken schnell in diese Nacht, /
Dem Morder unterwürfig macht, / Kaum
von der Mutter Küssen kalt, / Die Schulde
der Natur bezahlt, / Im Reitze der Nature
stehn, / Vereint zur Auferstehung gehn, /
Daß jeder Körper Sterblich ist, / für dem
man Kron' und Scepter mißt."*

Lit.: Josef Schneider: Johann Nepomuk della
Croce, Ausst.-Kat. Burghausen 1986, S. 50f.

4.3.4
Bürgerliche Taufe
Salzburg, 3. Viertel 18. Jh.
Reproduktion; Original: Öl auf
Leinwand, H. 50 cm, B. 46 cm
Salzburg, Museum Carolino Augusteum,
Inv. Nr. 346/50

Da die Sterblichkeit der Neugeborenen
hoch war, ließ man sich mit der Taufe
nicht zu lange Zeit, denn ungetauften
Kindern war der Weg zum Himmel versperrt. Prediger forderten Eltern und
Hebammen auf, ein schwächliches Kind
sofort zu taufen; war kein Weihwasser zur
Hand, konnte man jede Art von Wasser
gebrauchen: *„kan man Wasser aus einer
Pfützen oder Kothlacken gebrauchen / ehe*

man das Kind sterben lässet." Nur Wein durfte man nicht verwenden; ein mit Wein getauftes Kind musste wie ein ungetauftes außerhalb des geweihten Erdreichs begraben werden. Wirkte das Kind kräftig genug, trug man es ein oder zwei Tage nach der Geburt in die Kirche.

Lit.: Ausst.-Kat. Salzburg zur Zeit der Mozart, Salzburg 1991 – Elfriede Moser-Rath: Dem Kirchenvolk die Leviten gelesen. Alltag im Spiegel süddeutscher Barockpredigten, Stuttgart 1991, S. 151.

4.3.5
Patenschüssel
Dingolfing, 1805
Zinn, H. 10 cm, ⌀ 12 cm
Dingolfing, Stadtmuseum,
Inv. Nr. 698

In den Inventaren bürgerlicher Haushalte finden sich nur wenig Spuren der zahlreichen Kinder, die die Häuser bevölkerten. Neben Wiegen, Kinderbetten, Saugflaschen und „Kindswändl", die zum Baden dienten, finden sich bisweilen „Gotten Schissln" aus Zinn. Die Patenschüssel war ein Geschenk an den Dingolfinger Bierbrauersohn Franz Thomas Sallacher.

Lit.: Lambert Grasmann: Kindbezogene Sachgüter in Haushalten der Märkte Teisbach und Vilsbiburg während des 18. Jahrhunderts, in: Der Storchenturm 16 (1981), S. 85–96/ Markmiller: Handwerkszeichen Nr. 215 (in Mappe zu Raum 3)

4.3.6
Godenschale
Gmunden, 2. Viertel 17. Jh.
Ton, weiße Zinnglasur, grün geflammt,
⌀ 16 cm
Linz, OÖ Landesmuseum,
Inv. Nr. K 133

Zwei Handhaben in Form von Engelsköpfen; Deckelknauf; die Schalen waren Patengeschenke.

Lit.: Brigitte Heinzl: Der Schwanenstädter Fund in der kunsthistorischen Abteilung des Oberösterreichischen Landesmuseums 134 (1989), S. 161–178, im bes. 169.

4.3.7
Milchfläschchen
Johann Spaz II (1630–1670), Nürnberg,
2. Viertel 17. Jh.
Zinn, H. 11,5 cm
Linz, OÖ Landesmuseum, Z 441

Am Deckel Stadt- und Meistermarke; Besitzerinitialen „SL".

Lit.: Brigitte Heinzl: Der Schwanenstädter Fund in der kunsthistorischen Abteilung des Oberösterreichischen Landesmuseums 134 (1989), S. 161–178, Nr. 32.

4.3.8
Fraiskette
18. Jh. (?)
Hanfschnur mit diversen Amuletten, drei Silber gefasste Eicheln, abgegriffene Münzen, silbernes Amulett mit Darstellung des Schmerzensmannes, Sebastianspfeil, L. 56 cm
Ried, Museum Innviertler Volkskundehaus, Inv. Nr. 362

Fraisketten sollten ähnlich wie Korallenketten Kinder vor jeglichem Unheil bewahren. Sie besaßen apotropäische Wirkung.

4.4 ... lassen ihrer Lieb zu vil den Zaum ...

„Damit die Töchter nicht mißrathen / haben die Eltern / sonderlich Mütter die möglichiste Sorg / man haltets fleissig zu Hauß / verspörret die Thüren / man macht gar Gloggen an die Stiegen / damit man höre / wann jemand ein / oder außgehet / wann mans außlasset / gehet die Mutter / oder sonst ein Auffseherin mit." (zitiert nach Elfriede Moser-Rath: Dem Kirchenvolk die Leviten gelesen. Alltag im Spiegel süddeutscher Barockpredigten, Stuttgart 1991, S. 116).

4.4.1
Liebesbrief
Papier, handschriftlich, bemalt,
⌀ 33 cm
Ried, Museum Innviertler Volkskundehaus, Inv. Nr. 5763

4.4.2
Seidentuch
Seide, L. 72 cm, B. 73 cm
Ried, Museum Innviertler Volkskundehaus, Inv. Nr. 8654

4.4.3
Brennende-Herzen-Ringe
Buntmetall, ⌀ 2,2 bzw. 2,8 cm
Ried, Museum Innviertler Volkskundehaus, Inv. Nr. 1143, 1225

Die Prediger warnten die jungen Leute beständig: Sie warnten vor verborgenen Treffen mit der zukünftigen Ehefrau; wie leicht könne man(n) dabei verführt werden, denn mit einem weiblichen Wesen beisammen zu sein und nicht zu sündigen, das sei ein größeres Wunder als Tote zu erwecken, ertappt zu werden eine Schande, noch eine größere Schande aber, wenn die Zusammenkunft nicht ohne Folgen blieb, denn dann müsse man wie vieler Ortens Brauch eine „Strohhochzeit" feiern: Die schwangere Braut musste einen Strohkranz tragen. Die Prediger warnten vor Vergnügungen jeglicher Art, bei denen sich die beiden Geschlechter zu nahe kamen, denn „wie offt hat schon ein einiger Tantz / ein verehrtes Ringlein / ein Handschuh / Schnupff-Tuch und Hals-Tuch / ein Mieder-Zeug / Liebs-Favor, Liebs-Bild und Liebs-Briefflein / ja ein einiger freundlicher Anblick und Augenwincker zwischen diesen und jenen Persohnen einen Heyrath gemacht?" – und sie warnten vor heimlichen Liebschaften und Liebschaften vor der Ehe – freilich oft vergeblich. Angehörigen der Unterschicht, Dienstboten war es verwehrt, eine Ehe zu schließen, da sie nicht über die notwendigen Geldmittel verfügten, einen Hausstand zu gründen. Liebschaften waren die einzige Möglichkeit für ein einigermaßen ausgeglichenes Sexualleben; für Mädchen boten sie auch eine reelle Chance, doch noch unter die Haube zu kommen: eine Schwangerschaft konnte als Druckmittel eingesetzt werden, um den Partner zur Ehe zu bewegen. Dies war freilich ein gewagtes Spiel; glückte es nicht, hatte den größeren Teil der Schande die Frau zu tragen – oder sie entschloss sich, die ungebetene Leibesfrucht loszuwerden.

4.4.4
„... durch Pulver und Trünck ein Mißgeburth verursachen ..."

Das kanonische Recht verhängte für Abtreibungsdelikte die höchsten Kirchenstrafen; die Höhe war abhängig vom Zeitpunkt der Abtreibung. Fand die Abtreibung nach dem „Beseelungstermin" statt – bei männlichen Embryonen in der Regel vierzig, bei weiblichen achtzig Schwangerschaftstage –, so wurde sie mit Mord gleichgestellt und kirchlicherseits

4.4.1

mit lebenslanger Exkommunikation bestraft. Das weltliche Recht bestrafte mit dem Tod durch Schwert oder Ertränken. Parallel zu dem strengen Abtreibungsverbot war auch der Verkauf von Abtreibungsmitteln streng untersagt. Apotheker durften geburtsfördernde und damit fruchtabtreibende Arzneimittel nur gegen Vorlage eines von einem „angesehenen" Arzt ausgefertigten Rezeptes aushändigen. Der Handel mit bestimmten Kräutern, insbesondere dem Sadebaum, wurde bei Todesstrafe untersagt. In den Kräuterbüchern, von akademisch gebildeten Ärzten verfasst, wurde das Wissen um die abtreibende Wirkung bestimmter Pflanzen bis ins 18. Jh. tradiert. Im „Herbarium vivae eicones" führt der Verfasser, der Kartäusermönch Otto Brunfels (1489–1534), bei 32 Pflanzen abtreibende Wirkung an. Im Kräuterbuch des Leonhart Fuchs (1501–1566), 1542 in lateinischer, 1543 in deutscher Sprache erschienen, findet man unter der Indikation „tote Frucht abtreiben" siebzehn Pflanzen. Hieronymus Bock (1498–1554) schließlich, dessen Werk sich ausdrücklich an den gebildeten, lesefähigen Laien richtet, benennt 28 Pflanzen zur Fruchtaustreibung.

Lit.: Larissa Leibrock-Plehn: Abtreibungsmittel in der frühen Neuzeit. Arzneien oder Hexenkräuter, in: Medizin, Gesellschaft und Geschichte 10 (1991), S. 9–22.

4.4.5
„… Straff der weiber so jre kinder tödten"

Kindsmörderinnen handelten nach Meinung von Kirche und Gesellschaft nicht nur gegen *alle menschliche Liebe*", sie forderten auch die Rache Gottes heraus; um *„diese Blut-Schulden von Stadt und Land abzuwenden"* sollte der Kindsmord gnadenlos bestraft werden. Die Carolina, die peinliche Gerichtsordnung Karls V. 1532, bildete die erste einheitliche Grundlage für die Abstrafung des Kindsmordes in Deutschland. In ihr wurde festgelegt, dass Kindsmörderinnen auf das Härteste zu bestrafen seien: sie sollten lebendig begraben werden; ein „milderes" Urteil war eine Umwandlung in Ertränken. Schwierig war für die Richter festzustellen, ob tatsächlich der Tatbestand des Kindsmordes bestand. Frauen leugneten aus verständlichen Gründen Schwangerschaft und stattgefundene Geburt oder sie behaupteten, eine Totgeburt gehabt zu haben. Die Carolina legte fest, dass das getötete Kind *„leben und glidtmaß empfangen"* haben musste. D. h. das Kind musste lebensfähig sein. Letzteres war noch schwerer zu überprüfen. Zur Wahrheitsfindung zog man auch die Folter heran. Die ab dem ausgehenden 16. Jh. einsetzende Tendenz zu einer Kriminalisierung der unzüchtigen Handlungen dürfte zu einem Ansteigen des Deliktes des Kindmordes geführt haben. Betroffen waren in erster Linie die Unterschichten: Die Liste der Prozessopfer zeigt einen hohen Prozentsatz von Dienstmägden und Töchtern aus einfachen Handwerkerfamilien.

Lit.: Wilhelm Wächtershäuser: Das Verbrechen des Kindsmordes im Zeitalter der Aufklärung, Berlin 1973 – Richard van Dülmen: Frauen vor Gericht. Kindmord in der Frühen Neuzeit, Frankfurt am Main 1991.

4.4.6
Der Liebeszauber
Niederrhein, um 1470
Reproduktion; Original: Öl auf Holz,
H. 23,8 cm, B. 17,9 cm
Leipzig, Museum der Bildenden Künste,
Inv. Nr. 509

Liebeszauber wurden angewandt, um das Herz eines bestimmten Mannes an sich zu fesseln; ältere Mädchen bedienten sich ihrer, wenn sie in der verzweifelten Lage einer „alten Jungfrau" waren, wie es im süddeutschen Spruch heißt: *„Ein Sorg die plagt mich immerdar / Gott gib mir ein Mann! / Bin alt schon vier und zwaintzig Jahr / Meldt sich noch keiner an."* Mädchen vollzogen an bestimmten Tagen Rituale, um den zukünftigen Gatten zu erspähen. Natürlich geschah dies alles unter den missbilligenden Blicken der Kirche, bewegten sie sich doch mit diesen Orakelbräuchen in der Grauzone des Aberglaubens und der Hexerei: *„Also thun manche leichtfertige Menscher mit ausdrücklichen oder heimlichen pact mit dem Teuffel lößlen / wann sie in St. Andreas-Nacht, in St. Thomas-Nacht / in der Christ-Nacht usw. Schuh werffen, Eyr auf dem Kopff zerschlagen / nackend oder hinterwärtig die Stuben außkehren / damit … ihnen der böse Geist solte ihren zukünftigen Mann vorstellen …"* (Heribert von Salurn). Bisweilen schlugen solche Aktionen auch fehl, wie im Fall einer „jungen Tochter" im Bayrischen, die ihren Zukünftigen in der Nacht acht Tage vor Weihnachten im Spiegel erblicken wollte; als sie einen Mann in schwarzer Kutte und Chorrock erblickte, fiel sie vor Schreck in Ohnmacht, da sie glaubte, einen Priester ehelichen zu müssen. Zwei Jahre später heiratete sie dann einen Mesner, der ja ganz ähnlich gekleidet war. In einem anderen Fall erschien einem *„dergleichen vorwitzigen Mensch"* in der Thomasnacht, als sie nackt die Stube auskehrte, der Teufel in Gestalt eines Schmiedes: *„derselben aber einen solchen Zwicken mit der Beißzange versetzt / daß sie viel Wochen nicht sitzen konte."* (Predigtstellen zitiert nach Elfriede Moser-Rath: Dem Kirchenvolk die Leviten gelesen. Alltag im Spiegel süddeutscher Barockpredigten, Stuttgart 1991, S. 198 f.).

Lit.: Brigitte Lymant: Entflammen und Löschen. Zur Ikonographie des Liebeszaubers vom Meister des Bonner Diptychons, in: Zeitschrift für Kunstgeschichte 48 (1994), S. 111–122

5. Wohlregulierte Haushaltung

Als Grundlage für die Gestaltung des Ausstellungsraumes dient das Haus Heilig-Geist-Straße 7 in Rosenheim. Es handelt sich dabei um ein typisches Bürgerhaus des Inn-Salzachgebietes. Eine erstmalige Bebauung der Parzelle dürfte im 13., spätestens im 14. Jh. erfolgt sein. Das Haus war zumindest ab dem frühen 17. Jh. von Eisenwarenhändlern bewohnt; für die Zeit davor fehlen die Quellen. Die Besitzer lassen sich in den Kammerrechnungen bis 1613 zurückverfolgen: in diesem Jahr wurde Martha Schwaiger als Bürgerin aufgenommen. Ihr Sohn Abraham Schwaiger übte bereits den Beruf eines Eisenwarenhändlers aus.
Quelle: Stadtarchiv Rosenheim (Karl Mair)

5.1 Das „Gewölbe"

Man betrat die in der Regel auf einer schmalen, lang gestreckten Parzelle liegenden Häuser durch einen seitlich gelegenen Eingang, der in einen meist gewölbten Raum führte. Ein hinterer Ausgang führte weiter in den Hof. Seitlich vom „Gewölbe" lag der Laden oder die Werkstätte. Handelte es sich um das Haus eines einfachen Handwerkers, so kam man gleich in den Arbeitsbereich. Eine Stiege führte vom „Gewölbe" oder von der Werkstatt in das obere Stockwerk zu den Wohnräumen.

5.2 Die Stube

Über die Stiege gelangte man in den ersten Stock, der durch den Fletz (= Flur) erschlossen wurde. Dieser führte wie das „Gewölbe" bis zur Rückwand des Hauses; bisweilen führte hier eine Tür auf eine Galerie, die zum Wäschetrocknen und ähnlichen Arbeiten diente. Gassenseitig lag die Wohnstube, der größte Raum im Haus. Beheizt wurde sie mit einem Kachelofen, der von der Küche aus beschickt wurde. Die Stube diente als Ess- und Wohnraum, in manchen Fällen auch als Arbeitsraum; Beamte hatten hier ihren Schreib- und Rechentisch stehen; in den Schränken verwahrten sie ihre Unterlagen, wenn sie über keine eigenen

5.2.1

Diensträume verfügten. Die Stube war der repräsentative Raum des Hauses, das zeigen die Inventare. Hier wurde auch das wertvolle Ess- und Trinkgeschirr aus Zinn, Gold oder Glas aufbewahrt.

5.2.1
Eckschrank
Niederbayern, um 1600
Holz, intarsiert, H. 176 cm, B. 91 cm,
T. 55 cm
Trostberg, Heimatmuseum,
Inv. Nr. 1544

5.2.2
Halbschrank
Niederbayern, um 1600
Holz, intarsiert, H. 122 cm, B. 150 cm,
T. 63 cm
Trostberg, Heimatmuseum,
Inv. Nr. 2145

5.2.2

5.2.3
Tisch mit Einlegearbeiten
Oberösterreich, Tischplatte: 1690;
Tischgestell: 18. Jh.
Holz, intarsiert, L. 115 cm, B. 122 cm,
H. 86 cm
Vöcklabruck, Heimathaus

5.2.4
Stuhl
Niederbayern, um 1600
Holz, tapeziert, H. 112 cm; Sitzfläche
62 × 63 cm
Trostberg, Heimatmuseum,
Inv. Nr. 2143

5.2.4

5.2.5
2 Sessel
Niederbayern, um 1600
Holz, tapeziert, H. 108 cm, Sitzfläche
56 × 54 cm
Trostberg, Heimatmuseum

5.2.6
Kücheninneres
Martin Dichtl, um 1675
Öl auf Leinwand, H. 116 cm, B. 97 cm
St. Florian, Kunstsammlungen

Ab der 2. Hälfte des 17. Jhs. mehren sich in den Inventaren gehobener Bürgerhäuser die Anzeichen, dass man nun auch hier Wert auf eine Ausstattung der repräsentativen Räume mit Gemälden oder zumindest mit graphischen Blättern legte. Ihre Thematik konzentriert sich zunächst noch auf religiöse Themen; zunehmend finden dann auch profane Themen wie Stillleben und Landschaften und Porträts Eingang in die Wohnstuben.

Lit.: Ausst.-Kat. Lebenswelten – Alltagsbilder (Kataloge des OÖ Landesmuseums NF 63), Linz 1993, S. 163.

5.2.7
Allegorie des Reichtums
Johann Nepomuk della Croce, 1790
Öl auf Leinwand, H. 74 cm, B. 50,5 cm
Linz, OÖ Landesmuseum,
Inv. Nr. G 852

5.2.8
Allegorie der Armut
Johann Nepomuk della Croce, 1790
Öl auf Leinwand, H. 74 cm, B. 50,5 cm
Linz, OÖ Landesmuseum,
Inv. Nr. G 853

Das erwachte Interesse bürgerlicher Kreise an der Ausstattung ihrer Häuser mit Bildern und Skulpturen führte zu einer Belebung der Künstlerwerkstätten in den Städten. In Burghausen z. B. war im 18. Jh. Johann Nepomuk della Croce erfolgreich tätig; neben Aufträgen für Kirchen und Klöstern fand er bei den Bürgern der Region ein reiches Betätigungsfeld.

Lit.: wie Kat. Nr. 5.2.6, S. 129 – Josef Schneider: Johann Nepomuk della Croce, Ausst.-Kat. Burghausen 1986.

5.2.9
Selbstporträt des Malers Franz Joseph Soll und seiner zweiten Ehefrau Maria Rosalia
Franz Joseph Soll (1734–1798), 1788
Öl auf Leinwand, H. 66 cm, B. 55 cm
Trostberg, Heimatmuseum,
Inv. Nr. 1585

Der Maler war in Niederbayern und im salzburgischen Raum als Kirchenmaler tätig. Von ihm stammen zahlreiche Freskoausstattungen, u. a. in Lauterbach bei Michaelbeuern, Feichten, Gstaig, Kirchweidach, Tacherting, Siegsdorf bei Traunstein usw. Hier porträtierte er sich mit seiner zweiten Ehefrau, die Werkzeuge zum Vergolden in der Hand hält.

5.2.10
Tabernakelsekretär
Niederbayern, um 1770/80
Holz, intarsiert, H. 185 cm, B. 135 cm,
T. 75 cm
Trostberg, Heimatmuseum

5.2.11
Polsterbank
Niederbayern, spätes 18. Jh.
Holz, tapeziert, H. 110 cm, B. 160 cm,
T. 65 cm
Trostberg, Heimatmuseum

5.2.12
Pochspiel
Oberösterreich, 18. Jh. (?)
Holz, bemalt, Spieltafel: 27,5 × 38,5 cm
Ried, Museum Innviertler Volkskundehaus, Inv. Nr. 2032

5.2.13
Kakelorum
Oberösterreich, 18. Jh. (?)
Holz, bemalt, Turm: H. 30,5 cm,
Spielbrett: ⌀ 28,5 cm, mit Kugel
Ried, Museum Innviertler Volkskundehaus, Inv. Nr. 2031

5.3 Die Küche

An die Wohnstube schloss die Küche an, meist ein fensterloser Raum, der seine Beleuchtung aus dem Fletz bekam. Vor der Einführung der gemauerten Kamine befand sich in der Küche der Rauchfang, der durch alle Stockwerke und den Dachboden führte und so den Rauch nach außen ableitete. Hier wurden in erster Linie die direkt zum Kochen benötigten Haushaltsgeräte aufbewahrt, diverse kupferne und eiserne Pfannen, Kellen für spezielle Zwecke (z. B. Straubenkelle, Faumb- oder Faimbkelle), Messer und z. T. Essgeschirr von minderem Wert aus Keramik, Holz oder Kupfer. In größeren Häusern diente zur Aufbewahrung das „Kuchelgwölb".

5.3.1
Kochbuch der Cordula Heilrath
Cordula Heilrath, Ende 17. Jh.
Buch, handschriftlich, H. 20 cm,
B. 15 cm
Mühldorf am Inn, Stadtarchiv

Vgl. Kat. Nr. 5.5.6

Lit.: Ausst. Kat. Mühldorf a. Inn. Salzburg in Bayern 935–1802–2002, Mühldorf am Inn 2002, S. 109.

5.3.2
Schale
Balthasar Grill, Augsburg,
1. Viertel 17. Jh.
Silber, teilweise vergoldet, H. 6,5 cm,
⌀ 13,5 cm
Linz, OÖ Landesmuseum,
Inv. Nr. Go 228

Die Schale gehört wie die Kat. Nr. 5.3.3–5.3.6 zum so genannten Schwanenstädter Fund. 1907 stieß man bei Arbeiten im Haus Schwanenstadt Nr. 8 auf eine in Leinensäcke gewickelte Kiste; in ihr befanden sich eine Fülle von Hausrat sowie Gold- und Silbermünzen.

5.2.9

5.2.12

Lit.: Brigitte Heinzl: Der Schwanenstädter Fund in der kunsthistorischen Abteilung des Oberösterreichischen Landesmuseums 134 (1989), S. 161–178.

5.3.3
Fuß eines Glaspokals in Form eines Einhorns
Augsburg, 1. Viertel 17. Jh.
Silber, vergoldet, kalt weiß emailliert,
H. 14 cm
Linz, OÖ Landesmuseum,
Inv. Nr. Go 231

5.3.4
Pokal
Hans Volgnadt, Breslau,
1. Viertel. 17. Jh.
Silber, vergoldet , H. 14 cm
Linz, OÖ Landesmuseum,
Inv. Nr. Go 226

5.3.5
Akeleipokal
Augsburg, 1. Viertel 17. Jh.
Silber, vergoldet, H. 15 cm
Linz, OÖ Landesmuseum,
Inv. Nr. Go 227

5.3.6
Kerzenleuchter
Nürnberg, um 1600
Messing, später vergoldet, H. 12,8 cm
Linz, OÖ Landesmuseum,
Inv. Nr. Go 721

5.3.7
„einfach geschirr"
Oberösterreich, 18. Jh.
Zinn, Keramik
Ried, Museum Innviertler Volkskunde-haus

Inventare, die von Amts wegen bei To-desfällen aufgenommen wurden, unter-schieden sich auffällig in ihrer Detailliert-heit. Das hing natürlich auch von der Person des aufnehmenden Beamten ab; maßgeblich waren aber auch die Vermö-gensverhältnisse; einfaches Geschirr und Kochgeschirr wurde in den meisten Fäl-len nur in den kleineren Haushalten de-tailliert aufgenommen. Bei der bürger-lichen Oberschicht wurde es pauschal geschätzt; hier wurden genaue Listen der Zinn-, Kupfer-, Silber- und Goldware an-gelegt. Für die Wertfeststellung war aber nicht die Qualität der Ausführung maß-

5.3.7

gebend, sondern nur Gewicht und Zu-sammensetzung der verwendeten Legie-rungen.

5.4 Der Schlafraum

Die Schlafräume befanden sich je nach Größe des Hauses entweder in den hinteren Räumen des ersten Geschosses oder/und im zweiten Geschoss. In den Inventaren werden sie meist mit obe-rer oder hinterer Stube bezeichnet; ihre Funktion erhellt sich nur aus der Existenz eines oder mehrerer Betten, in der Mehrzahl Himmelbetten, nur in ganz ärmlichen Haushaltungen einfacher Spannbetten. Hier standen Truhen, spä-ter dann Kästen, in denen Kleidung, Haushaltstextilien und noch nicht ver-arbeitete Rohmaterialien wie *„rupfenes"* oder *„härbenes"* Garn aufbewahrt wur-

den. Auch persönlicher Besitz wie Schmuck fand sich hier; im 18. Jh. gab es auch hier und nicht nur in der Wohn-stube Kultbilder und Andachtsgeräte.

5.4.1
Madonna mit Kind auf einer Wolke schwebend
Johann Franz Schwanthaler
(1683–1762), Werkstatt,
1. Hälfte 18. Jh.
Linde, original gefasst, H. 42,5 cm
München, Privatbesitz

5.4.2
Demi-Parure
Süddeutsch, 3. Viertel. 18. Jh.
Silber, zum Teil vergoldet, Rubine,
Barockperlen und gedrehte Donau-perlen, H. 5,5 cm bzw. 8 cm,
B. 2,4 cm bzw. 5,1 cm
Salzburg, Museum Carolino Augusteum

Schmuckgarnitur aus einem später zu einer Brosche umgearbeiteten Anhänger und Ohrgehänge.

Lit.: Ausst.-Kat. Salzburg zur Zeit der Mozart, Salzburg 1991, N. I/383.

5.4.3
Ringsonnenuhr
Süddeutsch, 17. Jh.
Messing, ⌀ ca. 12 cm
Altötting, Wallfahrts- und Heimat-museum

Bereits die Römer kannten tragbare Sonnenuhren. Es handelte sich dabei um kleine bronzene Scheiben. Ab dem 17. Jh. dürften dann auch ringförmige Sonnenuhren aufgekommen sein. Sie be-stehen aus einem Metallring, vorwiegend aus Messing. An der Innenseite des Rings sind die verschiedenen Uhrzeiten ange-bracht. Ein kleines Loch in diesem Ring bewirkt, dass das Sonnenlicht durch den Ring auf die Innenseite projiziert wird. Es entsteht ein kleiner heller Fleck. Damit die Zeit richtig angezeigt wird, muss zum einen der Ring in Richtung zur Sonne gehalten werden, zum anderen muss in etwa die Höhe der Sonne über dem Hori-zont bekannt sein. Dazu kann das kleine Loch auf eine entsprechende Monatsmar-kierung gestellt werden.

5.5.1

5.4.4
Nachttopf
Hieronymus Ledermayr, Wels,
2. Viertel 17. Jh.
Zinn, H. 17 cm
Linz, OÖ Landesmuseum,
Inv. Nr. Z 438

Lit.: Brigitte Heinzl: Der Schwanenstädter Fund in der kunsthistorischen Abteilung des Oberösterreichischen Landesmuseums 134 (1989), S. 161–178.

5.5 Familiengeschichten

5.5.1
Votivbild des Hanns Staininger
Braunau, 16. Jh.
Öl auf Leinwand, H. 99 cm, B. 97 cm
Bezirksmuseum Braunau am Inn,
Inv. Nr. 31475/79 (Eigentümer:
Stadtgemeinde Braunau)

Am 28. September 1567 verstarb in Braunau ein Bürger dieser Stadt, den Abraham a Sancta Clara in seinem Buch „Judas der Erzschelm" einer Erwähnung Wert fand, allerdings nicht auf Grund der vollbrachten Leistungen und Verdienste, sondern wegen des langen Bartes. Hanns

Staininger, Sohn des Wolfgang Staininger aus Pfarrkirchen und der Barbara, geb. Menningerin, war ein angesehener Bürger seiner Stadt. Am 12. Oktober 1531 verlieh Kaiser Ferdinand I. der Familie das Recht, das Wappen mit dem Steinraben zu führen. Es geschah der treuen Dienste wegen, die sie sich um Kaiser und Reich erworben hatten. Bei der Erbhuldigung in Prag 1557 war Hanns Staininger Teilnehmer des Festzugs, begleitet

von zwei Pagen, die seinen nahezu zwei Meter langen Bart trugen.

Lit.: Max Eitzlmayr: Hanns Staininger, Stadthauptmann zu Braunau, in: Heimat am Inn 16 (1995), S. 69–73.

5.5.2
Abraham Kern
Wasserburg (?),1599
Öl auf Leinwand, H. 95,5 cm,
B. 74,5 cm
Wasserburg, Museum der Stadt
Wasserburg

Bis ins frühe 16. Jh. lässt sich die Familie Kern in Wasserburg zurückverfolgen. Peter Kern d. Ä. war der Ahnherr des Geschlechts, das durch Handel mit Wein, Getreide, Salz und auch Honig zu Macht und Ansehen gelangte. Bei Abraham Kern, der dieses Vermögen noch durch eine kluge Heirat vermehrte, waren 1604 der Tiroler Erzherzog, die Tiroler Landschaft und mehr als 40 Bürger aus Wasserburg, Rosenheim, Kraiburg, Kufstein usw. mit 39 970 Gulden verschuldet. Kern war Mitglied des Inneren Rats der Stadt Wasserburg und Hofmarksherr zu Zellerreuth und Lerchenhub. Um 1600 wurde Abraham Kern in den Adelsstand erhoben. In seiner Jugend unternahm er eine Italienreise; er gab eine Chronik seiner Stadt heraus und schickte seine Söhne an die Universität nach Ingolstadt zum Studium.

Lit.: Willi Birkmaier: Abraham Kern d. Ä. auf Zellerreit und Lerchenhub (1563–1628). Ein Beitrag zur Geschichte Wasserburger Geschlechter, in: Heimat am Inn 8 (1988), S. 167–233.

5.5.2

5.5.3

5.5.4

5.5.5

5.5.3
Maria Kern, geb. Altershammer
Wasserburg (?), 1599
Öl auf Leinwand, H. 95 cm, B. 75 cm
Wasserburg, Museum der Stadt Wasserburg

5.5.4
Rupert (II) Surauer
Matthias Wilhelm Strohvogl, 1641 (?)
Öl auf Leinwand, H. 102 cm, B. 80 cm
Wasserburg, Museum der Stadt
Wasserburg

Die Geschichte der Wasserburger Wachszieher- und Lebzelterfamilie Surauer begann im 16. Jh. mit Rupert Surauer (gest. 1558). Er begründete eine Dynastie, die ihre Profession bis ins 19. Jh. ausübte. Ab 1605 führten sie ein Wappen mit schwarzem Auerhahn; als angesehene Bürger ihrer Stadt waren sie Mitglieder des Rates und tätigten zahlreiche Stiftungen. Das Wasserburger Museum besitzt Porträts dieser Familie aus 200 Jahren. Anläßlich der Vermählung 1641 ließ Rupert (II.) Surauer sich und seine Gemahlin malen; seine Gemahlin Regina Thal-

hamer brachte das spätere Stammhaus der Familie in die Ehe. In ihrer Blütezeit dominierten die Surauer den Honighandel in Bayern und Österreich. 1919 starb der Letzte aus dieser einst so bedeutenden Familie verarmt im Heilig-Geist-Spital.

5.5.5
Regina Surauer, geb. Thalhamer
Matthias Wilhelm Strohvogl, 1641
Öl auf Leinwand, H. 104 cm, B. 83,5 cm
Wasserburg, Museum der Stadt Wasserburg

5.5.6
Adam Schmidt
1689
Öl auf Leinwand, H. 88 cm, B. 70,5 cm
Mühldorf am Inn, Kreismuseum im Lodronhaus

Am 14. Mai 1619 heiratete Abraham Schmidt Ursula Erb aus Rosenheim und wurde 10 Tage später als Bürger vom Rat der Stadt Mühldorf aufgenommen. Er starb bereits 1625, vier Jahre nach der Geburt seines Sohnes Franziskus, der

zum Begründer der Kaufmannsdynastie Schmidt wurde. Franziskus Schmidt gab am 10. Jänner 1645 Catharina Wöttinger das Eheversprechen und konnte somit das Bürgerrecht erwerben. Am 8. April wurde er als Bürger aufgenommen und erhielt das Recht, Kramereihandelschaft und Tuchschnitt zu betreiben. Er wurde Mitglied des Inneren Rates und auf Lebenszeit wurde ihm 1667 eines der beiden Bürgermeisterämter übertragen. Sein Sohn Adam, am 7. November 1645 geboren, war dreimal verheiratet: Seine erste Frau Apollonia, Tochter eines Laufener Schiffsmeisters, starb nach acht Jahren Ehe; seine zweite Gattin wurde nur 29 Jahre alt; am 26. Januar 1688 heiratete er zum dritten Mal: Maria Cordula, die Tochter des Stadtschreibers Hieronymus Heilrath, war erst 20 Jahre alt. Als Adam Schmidt 1705 verstarb, übertrug die Witwe das Geschäft an ihren Stiefsohn Josef aus der zweiten Ehe ihres Gatten. Dieser wurde wie sein Großvater und Vater Mitglied des Inneren Rates und Bürgermeister. Als er 1749 starb, hinterließ er acht Kinder aus zwei Ehen. Seine Witwe Maria Katharina führte das Handelsgeschäft noch 20 Jahre allein weiter. Ihre Tochter übernahm nach ihrer Heirat mit Andre Reischl 1769 das Geschäft und brachte dieses als Heiratsgut in die Ehe ein. Die Ehe blieb kinderlos; Andre Reischl verstarb 1779 im Alter von 43 Jahren, und wie ihre Mutter führte die Tochter 20 Jahre das Geschäft weiter.

Lit.: Hans Gollwitzer: Die Schmidt, eine alte Mühldorfer Kaufmannsfamilie, in: Das Mühlrad 17 (1975), S. 106–119.

5.5.7
Cordula Schmidt, geb. Heilrath
1689
Öl auf Leinwand, H. 88 cm, B. 73,5 cm
Mühldorf am Inn, Kreismuseum im Lodronhaus

6. ... der Himmel hanget voller Geigen ...

6.1 ... gehalten bey jährlicher Ehren-Gedächtnuß ...

6.1.1
Fronleichnamsprozession in Landshut
Johann Melchior Gutwein, Maria Ursula
Hittlinger nach Georg Franz Fischer,
Landshut, 1733
Landshut, Privatbesitz

Unter den zahlreichen Prozessionen, die
von Pfarrgemeinden, Zünften, Bruderschaften usw. abgehalten wurden, war
die Prozession am Fronleichnamstag sicher die bedeutendste im Kirchenjahr.
In Landshut erschienen dafür drei gedruckte Ordnungen, 1733, 1756; eine
undatierte Ordnung, die zwischen 1733
und 1756 erschienen ist, besitzt vier
Kupferstiche, die den genauen Verlauf der
Prozession durch die Gassen von Landshut zeigen. Die Prozession beginnt mit
den 39 in Landshut vertretenen Zünften; an der Spitze gehen die Lebzelter in
ihrer Funktion als Hostienbäcker, den Abschluss bilden Weinwirte als Verwalter
des Weines. An die Zünfte schließen die
Bruderschaften an, dann die Geistlichkeit mit dem Allerheiligsten unter dem
Traghimmel; auf den Himmel folgen die
Stände: Adel, Jungfrauen, Ehestand, Wit-
wenstand. Die Nachhut bilden Bürger zu
Pferd. Die Vorhut bilden ein Ratsbürger
zu Pferd, begleitet von zwei Stadtknech-
ten, ein Pauker mit vier Trompetern, ein
Herold zu Pferd mit der Monstranzen-
standarte, zwei berittene Genien mit Wei-
zengarbe und Weinstock, drei Berittene
im Harnisch mit dem Stadtwappen in
den Schilden usw. Jede der Gruppen
führt Tragefiguren mit, die Szenen aus
dem Alten und Neuen Testament umset-
zen.

6.1.2

Lit.: Alois Mitterwieser, Geschichte der Fronleichnamsprozession in Bayern, München
1930, S. 65–67.

6.1.2
**Aufnahmebrief der Marianischen
Männerkongregation**
Friedrich Jakob Andreas
nach Stephan Widenberger, um 1730
Aufnahmebrief 1787 ausgestellt
Kupferstich, H. 52,6 cm, B. 37 cm
(Platte)
Straubing, Gäubodenmuseum

Im Jahr 1646 gründete der Jesuitenpater
Lazarus Krieger in Straubing eine Marianische Männerkongregation; Ziel dieser
1563 in Rom gegründeten Gemeinschaft
war die besondere Verehrung Mariens,
eine heiligmäßige Lebensführung, Apos-
tolat und Bekenntnis in Wort und Tat. Ihr
Hauptfest fand am 25. März, dem Fest
Mariä Verkündigung statt. An diesem Tag
zog eine Prozession von der Jesuitenkirche über den Stadtplatz bis zum Unteren Tor und dann wieder zurück in die

6.1.1

Kirche. Die Leute kamen zu Fuß, oft barfuß, um daran teilzunehmen. Die Prozession findet bis heute statt.

Lit.: Ausst.-Kat. Alte Straubinger Ansichten. Druckgraphische Blätter aus der Sammlung Erwin Böhm (Katalog Gäubodenmuseum 23), Straubing 1994.

6.1.3
Stange der Zimmererzunft mit hl. Joseph
Wasserburg, 18. Jh.
Holz, bemalt, H. 310 cm, Statuetten H. 32 cm
Wasserburg, Museum der Stadt Wasserburg

6.1.4
Prozessionsstange der Zimmerer
Wasserburg, Ende 18. Jh.
Holz, bemalt, H. 238 cm
Wasserburg, Museum der Stadt Wasserburg

6.1.5
Prozessionsstangenpaar der Binder mit Engeln
Eggenfelden, 18. Jh.
Holz, bemalt, H. 232 cm, Statuetten: H. 34 cm
Eggenfelden, Stadtarchiv

6.1.6
Prozessionsstange mit hl. Claudius
Straubing, Ende 18. Jh,
Straubing, Bau-Innung

6.1.7
Prozessionsstange mit hl. Micharinus
Straubing, Ende 18. Jh,
Straubing, Bau-Innung

6.1.8
Prozessionsstange der Bäcker mit Erzengel Michael
Straubing, Ende 18. Jh,
Straubing, Bäckerinnung

6.1.9
Prozessionsstange der Bäcker mit geflügeltem Georg
Straubing, Ende 18. Jh.
Straubing, Bäckerinnung

6.1.10
Prozessionsstange mit hl. Christophorus
Straubing, 19. Jh,
Straubing, Fachgruppe der Zimmerer

6.1.11
Prozessionsstange mit hl. Josef
Straubing, 19. Jh,
Straubing, Fachgruppe der Zimmerer

6.1.12
Prozessionsstange mit Pietà und armen Seelen im Fegefeuer
Johann Franz Schwanthaler (1683–1762), Werkstatt
Holz, bemalt, reduzierte Originalfassung
Linz, OÖ Landesmuseum,
Inv. Nr. 820-1-S 1122

6.1.13
Prozessionsstange mit Madonna und Bischof
Schwanthaler-Werkstatt, um 1700,
aus St. Florian am Inn
Holz, gefasst, H. 255 cm
Linz, OÖ Landesmuseum, Mö 214

6.1.14
Prozessionsstange mit Gottvater, Christus und Maria
Österreich, um 1700
Holz, gefasst, H. 335 cm
Linz, OÖ Landesmuseum, S 1058

6.2 *Passio Domini Jesu Christi*

6.2.1
Christus auf Palmesel
1571, renoviert 1771
Holz, bemalt, Figur: H. 110 cm,
Esel: H. 117 cm, L. 114 cm,
Bodenplatte: L. 145 cm, B. 39 cm
Traunstein, Heimatmuseum,
Inv. Nr. 362

Schon in der Vita des hl. Ulrich (890–973), Bischof von Augsburg, wird von einem Palmesel berichtet, den man bei der Prozession am Palmsonntag mitführte. Waren es im Hochmittelalter meist lebende Gruppen, so wurden diese in der Folge mancherorts von geschnitzten Figurengruppen ersetzt. Im Zuge der Aufklärung wurden viele von ihnen deponiert oder vernichtet. Trotzdem haben

6.2.1

sich im bayerischen Raum noch zahlreiche erhalten. Auch Kirchenrechnungen geben ein lebhaftes Bild vom Brauchtum rund um den Palmsonntag: In Landshut etwa wurde 1561 und 1569 ein lebendes *„Rößl"* herumgeführt; 1581 erhielt ein solches *„Rößl"* 1 *„Maßl"* Hafer. 1578 brachten die Küster den Palmesel auf die Burg Trausnitz, wo dann die herzogliche Prinzessin darauf ritt. In Kößlarn wird der spätgotische Palmesel bis zum heutigen Tag bei der Palmprozession mitgeführt.

Lit.: Max Peinkofer: Von niederbayerischen Palmeseln, in: Bayerisches Jahrbuch für Volkskunde (1950), S. 79–85 – Walter Hartinger: Geistliches Schauspiel im Bistum Passau, in Ostbairische Grenzmarken 31 (1989), S. 110–140 – Hans Moser: Volksschauspiel im Spiegel von Archivalien. Ein Beitrag zur Kulturgeschichte Altbayerns (Bayerische Schriften zur Volkskunde 3), München 1991, bes. S. 59.

6.2.2
Stiftung eines Verkündigungsspieles
Eggenfelden, 1472 November 23
Pergament, H. 29 cm, B. 55 cm
Eggenfelden, Stadtarchiv, U 81

Hans Eisenreich, Domkustos zu Passau, stiftete mit dieser Urkunde zum Seelenheil seiner in der Kirche bestatteten Eltern am Fest Mariä Verkündigung *„ain löblich spil und figur irer verkündung"*. Die Priester sollen jährlich am Vorabend des Festes Vesper singen, Complet und Salve, am Morgen des Festes dann Mette, Frühmesse usw. Nach dem Credo solle dann das Spiel stattfinden. Aufgrund der detaillierten Beschreibung in der Urkunde und der Zahlungen, die an die Mitwirkenden zu leisten waren, lässt sich der Spielvorgang gut rekonstruieren; Hauptakteure waren Schüler, die von Altar zu Altar zogen und durch Gesänge den Spielablauf markierten; als Rollen waren vorgesehen: Maria, der Erzengel Gabriel, Gottvater, drei Schüler, die die Antiphon und Reime zu singen hatten, zwei Lautenschläger und eine weiße gemalte Taube, die von einem Priester in den Schoß Mariens gelegt wurde und eine weiße lebende Taube, die Maria aus ihrem Schoß wegfliegen lassen musste.

Lit.: Adrian Zeininger: Urkundenauszüge zur Geschichte des Marktes und Gerichtes Eggenfelden, in: Verhandlungen des historischen Vereins für Niederbayern 14 (1869) S. 334–336 (der komplette Wortlaut) – Josef Haushofer: Stadtarchiv Eggenfelden (Bayerische Archivinventare 31), Freiburg i. Br. 1971, S. 25 f.

6.2.3

„Scena Ludricra de Sanctissimi Christi passione exhibita in foro publico anno 1735"

Textheft zum Deggendorfer Passionsspiel
Deggendorf, 1735
Papier, H. 34 cm, B. 22 cm
Regensburg, Bischöfliches Zentralarchiv, OA-Gen 2010

Im Zuge der Gegenreformation versuchte man u. a. die Bevölkerung durch szenische Darstellungen für den „rechten" Glauben zu begeistern. In Deggendorf veranstalteten 1625 die Kapuziner die erste prunkvolle Karfreitagsprozession, bei der die Bürger in „bunten Kostümen" mitwirkten. Im Spätbarock hatte dann nahezu jede Stadt und jedes Dorf ein aufwändiges Passionsspiel. Die ausufernde Spiellust, die die komischen Züge in den Spielen immer mehr betonte und sehr oft auch in Schlägereien unter den Mitwirkenden eskalierte, führte schließlich zu einem Verbot; am 3. August 1723 erging der erste diesbezügliche Erlass von Regensburg aus. Magistrat und Pfarrer versuchten eine Aufhebung des Verbots zu erreichen; der Geist der Aufklärung verstärkte aber noch die Gegenströmung, die 1770 in ein Verbot durch den Kurfürsten mündete. Statt dessen solle man doch eine erbauliche Predigt von der Kanzel halten. Die „Scena Ludrina" besteht aus 1467 Versen, die in sieben Akte gegliedert sind. Arie und Rezitativ wechseln einander ab. Das Spiel wurde im Rahmen der Karfreitagsprozession aufgeführt. Am Spiel waren mindestens 26 Schauspieler beteiligt: neben den aus dem Neuen Testament bekannten Personen auch Personifikationen der göttlichen Gerechtigkeit, der göttlichen Liebe, der Welt, des Fleisches; weiters die Seele, der Teufel und der Tod. Das Spiel handelt von einer Seele, die – durch „Welt" und „Fleisch" verführt – Gefahr läuft, verdammt zu werden; aber im kritischen Moment greift immer die „göttliche Liebe" ein und verscheucht die höllischen Kräfte. Nach jeder Anima-Szene folgt eine Szene aus der Passion. Nach langem, sechs Akte dauerndem Zögern tut die Seele dann Buße; das Spiel endet mit dem Kreuzestod Christi und den Worten „bueß kan in himel bringen".

Lit.: Ulrich Krüninger: Das Deggendorfer Passionsspiel im 17. und 18. Jahrhundert, in: Deggendorfer Geschichtsblätter 6 (1986) S. 65–98 (mit dem gesamten Text).

6.2.4

„Passio Domini Jesu Christi"
Wasserburg, 1737
Papier, handschriftlich, 95 Blatt, Folio
Akustik
Quelle: Wasserburg, Stadtarchiv

Für Wasserburg lässt sich in den Quellen bereits für 1476 eine figurierte Fronleichnamsprozession belegen, bei der ein Drache mitgeführt wurde. Die Spielfreude der Wasserburger steigerte sich in der Barockzeit weiter. Im 17. Jh. veranstaltete die Corpus-Christi-Bruderschaft figurierte Prozessionen; Spieler von auswärts kamen nach Wasserburg, um ihre Passionsspiele aufzuführen. Ab 1680 wird dann ein solches Spiel von den Einheimischen getragen; der Schulmeister Thomas Rüedl leitet es 1681, 1683 und 1688. Die erhaltene Handschrift aus dem Jahr 1737 enthält am Rand sogar Regieanweisungen. Es beginnt mit einem „Prologus mit Musica"; darauf folgen drei Akte mit sechs, zehn bzw. neun Eingängen (= Szenen). Das Vorspiel hat die Vertreibung aus dem Paradies zum Inhalt. Im weiteren Spiel kommen Luzifer und seinen Kumpanen neben den Figuren aus dem Passionsgeschehen Hauptrollen zu. So lässt Luzifer z. B. Vulcanus die Marterinstrumente für die Kreuzigung schmieden. Das komische Element kommt nicht zu kurz, so wenn es u. a. in der Spielanleitung heißt: „hier eröffnet sich die höll von dem Theatro und steigen vier bueben mit brennenten fackeln als teuflen und dann anderen vier teuflen endlichen Lucifer heraus – worunder mit gestoßenen Calvoni schwarz mell und Bartwischen feuer gemacht und heraus geblast wird – Lucifer sizet auf zwei stummen teuflen oder auf einem schwarzen stuell." Der neunte und letzte Teil spielt dann wieder in der Hölle; die Höllengeister werden von Lucifer auf das Gröblichste beschimpft, weil sie den Kreuzestod Christi und damit die Erlösung der Menschheit nicht verhindert haben. Im Epilog endet das Spiel mit dem Bild des gekreuzigten Heilands; die göttliche Barmherzigkeit ermahnt die Seele, nie mehr zu sündigen, und diese sinkt reuig am Kreuzesstamm nieder. Auch in Wasserburg erfolgten in der Aufklärungszeit Spielverbote, gegen die sich die Bevölkerung wie überall zur Wehr setzte, allerdings auch hier ohne Erfolg.

Lit.: Karl Brunhuber: Ein Wasserburger Passionsspiel, in: Das Bayerland 19 (1908) S. 404–406 – Erwin Richter: „Leyden Christi tragedie". Vom alten Wasserburger Passionsspiel, in: Der Zwiebelturm 9 (1954) S. 53–55.

6.2.5

„Auspicatum Boiariae Sidus, das ist Höchst erwünschtes Glücks-Gestirn Des Bayrlands In der wunderthätigen Bildnuss Mariae Zu Alten Oetting"
Burghausen, 1751
Papier, Druck
Wien, Wiener Stadt- und Landesbibliothek, A 5405

Ihrer missionarischen Aufgabe im Rahmen der Gegenreformation versuchte der Orden der Jesuiten auch dadurch nachzukommen, dass er an seinen Wirkungsstätten, v. a. in seinen Schulen, das religiöse Theaterspiel pflegte. Kurfürst Maximilian I. gründete 1629 in Burghausen das Gymnasium; die Jesuiten leiteten dieses bis zu ihrer Aufhebung 1773. Zunächst führten die Jesuiten Sprechstücke auf; im 18. Jh. wandelten sich diese immer mehr zu prunkvollen Opernaufführungen im italienischen Stil. Der Freisinger Vicekapellmeister Johann Georg Leuthner, der ab 1698 als Kapellmeister in Altötting wirkte, komponierte 1693 und 1694 die Musik für zwei Opern. 1676 wurde ein Spiel über das Gleichnis des verlorenen Sohnes mit über 170 Personen als Mitwirkenden aufgeführt. 1751 z. B. führte das Gymnasium vier Theaterstücke auf: „Theodosius. Ein Eiferer der Gerechtigkeit", am 16. Mai ein Stück über das Leben des hl. Nepomuk, dann ein Stück mit dem Titel „Labor Litterarius" und am 3. und 6. September schließlich das Spiel über die Gründung des Wallfahrtsortes Altötting. In dem dramatischen Geschehen treten der Bayernherzog Theodo, seine Gemahlin Regintrud, die Prinzen Grimoald, Theodobertus und Theobaldus auf. Sie unterstützen den hl. Rupertus im Kampf gegen die barbarischen Heiden unter der Führung des Krodo. Das Stück besteht aus einem Vorspiel, fünf Abhandlungen (= Akte), zwei musikalischen Zwischenspielen und zwei eingeschobenen Chorwerken. Der Komponist war Wolfgang Ströckher, der in Altötting als Chorregent der Stifts- und Kapellmusik wirkte.

Lit.: Dieter George: „Glücksgestirn des Bayrlands, Mariae zu Alten-Oetting". Ein Theaterstück des Burghauser Jesuiten-Gymnasiums von 1751, in: Öttinger Land 10 (1990), 258–271.

6.3 Thurnermeister, Scherzlgeiger und Brettlschlager

In der Stadt öffentlich aufzuspielen, war seit dem späten Mittelalter in Bayern nur dem erlaubt, der über einen „Spielzettel" – eine Spielberechtigung – verfügte. Die Erlaubnis galt immer nur für ein Jahr. Die Einnahmen dienten zunächst dazu, das Gehalt eines oder mehrerer Beamter aufzubessern; meist flossen sie den herzoglichen Hoftrompetern oder -posaunisten zu. Ab 1775 fetteten sie die staatliche Armenkasse auf. Die Zahl der vergebenen Patente ist beachtlich: Hartinger rekonstruiert für das Amt Straubing im 18. Jh. 554 Patente, für Vilshofen 304 Patente und Dingolfing 280 Patente. Nur ein geringer Teil der Musikanten kam aus der Region; aus ganz Bayern, ja selbst aus Böhmen kamen Musikanten in die vermögenden Gebiete, um sich hier ihr Brot zu verdienen; sie rekrutierten sich aus den Unterschichten der Bevölkerung, waren Kleinbauern, Tagwerker oder weniger wohlhabende Handwerker.

Die Spiellizenz war der erste Schritt. Sie bedeutete aber nicht, dass der Musikant nun jedes Instrument spielen durfte. Die besoldeten Spielleute der Städte sollten vor Konkurrenz geschützt werden; weiters sollten Standesgrenzen strikt eingehalten werden: „gefreyte Persohnen", wie es in einem Burghauser Bescheid heißt, durften sich mit Geigen, Waldhorn, Klarinetten und eventuell auch dem Bass aufspielen lassen. Die Trompete blieb als Signalinstrument weiterhin Standessymbol.

Lit.: Walter Hartinger: Beschimpft und begehrt – ostbayerische Musikanten im 18. Jahrhundert, in: Ostbairische Grenzmarken 34 (1992), S. 93–11.

6.3.1
Zugposaune
Antoni Schnitzler, 1576
Messing
Altötting, Wallfahrts- und Heimatmuseum

Die Zugposaune entstand im 15. Jh. aus der breit S-förmig zusammengelegten Form der Busine; ihr Gebrauch war nicht an Standesprivilegien und Signaldienste gebunden, daher wurde sie bereits in der Renaissance vermehrt in Instrumentalensembles eingebunden.

6.3.2
Naturtrompete in f
Georg Heidegger (1815–1859), Passau um 1850
Messing, Gesamte Rohrlänge 174 cm, H. 57 cm
Passau, Oberhausmuseum,
Inv. Nr. 3184

Die alte Trompete besaß nur einen auf die Naturtöne beschränkten Tonvorrat; sie diente in erster Linie zur Repräsentation und zu militärischen Zwecken. Trompeter durften nur an den Höfen oder von den Stadtverwaltungen angestellt werden. Bis etwa gegen 1680 gab es nur Trompeten in C, erst dann wechselte man zur etwas kürzeren und helleren Trompete in d. Die Thurnermeister (Türmer, Stadtpfeifer) in den Städten benutzten noch bis in die 2. Hälfte des 19. Jhs. Naturtrompeten.

Lit.: Konrad Ruhland: Musikinstrumente aus Ostbayern (Kataloge des Stadtmuseums Deggendorf 10), Deggendorf 1993, S. 147.

6.3.3
Naturtrompete in d
1. Hälfte 19. Jh.
Messing, gesamte Rohrlänge 214 cm, H. 46 cm
Salzburg, Museum Carolino Augusteum, A 27/6 (Geir. 176)

Kurz-zweiwindige Schleifenform, Mundrohr links liegend; sächsischer Rand.

Lit.: Kurt Birsak: Die Blechblasinstrumente im Salzburger Museum Carolino Augusteum, in: Salzburger Museum Carolino Augusteum Jahresschrift 22 (1976) S. 27 f.

6.3.4
Orchesterwaldhorn
Anfang 19. Jh.
Messing, H. 40 cm,
∅ Windung innen 25 cm, außen 30 cm, Gesamtrohrlänge 234 cm
Salzburg, Museum Carolino Augusteum, A 24/8 (Geir. 162)

Naturtoninstrument mit Aufsätzen; zweiwindige Kreisform, Steckrohr links liegend, eingerichtet für Aufsätze verschiedener Stimmung; Stürze mit einem nach unten geschlagenen Rand; ein Steckrohr mit Zwinge, ansonsten sind die Rohrteile gesteckt; die Windungen sind aneinander gelötet; Schallstück in einer Breite von 12 cm angenietet; flacher Stützsteg zwischen Windung und Schallstück; kein Mundstück zugeordnet.

K. B.

6.3.5
Querflöte in es¹
Mathias Schwaiger (1784–1857), Salzburg, frühes 19. Jh.
Buchsbaum mit Hornringen; vierteilig, profiliert; Kopf mit Stoppel und Hornkappe; L. 52,5 cm
Mundloch rund. Stimmung etwa 444 Hz.
Brandmarke: M. Schwaiger / Salzburg, darüber Doppeladler und darunter ein Sternchen, auf allen Teilen.
Salzburg, Museum Carolino Augusteum, A 6/3 (Geir. 257)

Sechs Grifflöcher, nicht unterschnitten; eine Messingklappe, eckig, flach, in einem Wulst:

Mathias Schwaiger wurde 1784 als Bauernsohn in Teisendorf geboren und erhielt im Jahre 1803 in Salzburg seinen Lehrbrief als Zimmergeselle. In der Formationsliste des Stabes des königlichen Regiments der Nationalgarde III. Klasse zu Salzburg vom Jahre 1815 wurde er bereits als „Instrumentenmacher" geführt. Guten Ruf hatten seine „*Clarinetts, Fagots, Flöten, Piccolos etc*". Er kam 1856 „*als mittelloser Greis in das hiesige Bürgerspital*" und starb dort am 15. März 1857.

K. B.

Lit.: Kurt Birsak: Die Holzblasinstrumente im Salzburger Museum Carolino Augusteum, in: Salzburger Museum Carolino Augusteum Jahresschrift 18 (1973), S. 29.

6.3.6
Fagott in C
1. Hälfte 19. Jh.
Dunkel lackierter Ahorn,
Gesamtlänge 210 cm, H. 125 cm.
Salzburg, Museum Carolino Augusteum, A 15/9 (Geir. 205)

Ringe aus Messing, auch auf der Stürze, mit Zierrillen; vierteilig, wenig profiliert; Stiftloch mit Holz- und Messingfutter; ein Messingring am Stiefel zum Anhängen, ein Messing-Schutzbügel über der D-Klappe; unter der F-Klappe ein kleiner, hölzerner Schutzbock; stimmt mit modernem S gut auf 440 Hz.
Sechs vordere Grifflöcher, stark schräg gebohrt, zwei Daumenlöcher; neun Messingklappen, schaufelförmig (Form 7) und schmal-oval, flach, in Schienen. F-Klappe zweiflügelig. Griffe flach, zart. Federn klappenarretiert.

K. B.

Lit.: Kurt Birsak: Die Holzblasinstrumente im Salzburger Museum Carolino Augusteum, in: Salzburger Museum Carolino Augusteum Jahresschrift 18 (1973), S. 41.

6.3.7
Klarinette in c[1]
Joseph Decker, 1. Hälfte 19. Jh.
Buchsbaum, mittelbraun, mit Hornringen, Gesamtlänge 59,5 cm
Salzburg, Museum Carolino Augusteum, A 18/13

Sechsteilig, das Holzmundstück mit kurzer Blattauflage, später nachgeschliffen, alt. Stimmung bei etwa 440 Hz.

Sieben Grifflöcher vorne, ein Daumenloch, Grifflöcher konisch; fünf Messingklappen, eckig, flach, in Böcken und Wülsten, Federn klappenarretiert.

K. B.

6.3.8
Violine
Anton Mayrhofer (um 1706–1774)
Passau, 1773
Decke: Fichte, Boden: Ahorn, Zargen: Ahorn, Hals mit Kopf: Ahorn, angeschäftet; Korpus: L. 35,7 cm, B. 17 – 11,6 – 21 cm, Mensur: Decke 19,6 cm, Hals 13 cm
Kremsmünster, Stiftssammlung

Lit.: Konrad Ruhland: Musikinstrumente aus Ostbayern (Kataloge des Stadtmuseums Deggendorf 10), Deggendorf 1993, S. 23.

6.3.9
Viola
Ferdinand Andreas Kosler, Regensburg, 1778
Decke: Fichte, Boden: Ahorn, fein geflammt, Zargen: Ahorn, fein geflammt, Hals mit Kopf: Ahorn; Korpus: L. 40,2 cm, B. 17,8 – 12,7 – 22,3 cm; Mensur: Decke 21,3 cm, Hals 14,2 cm; schwingende Saitenlänge 35,8 cm
Regensburg, Museen der Stadt Regensburg, Inv. Nr. K 1986/1

Lit.: Konrad Ruhland: Musikinstrumente aus Ostbayern (Kataloge des Stadtmuseums Deggendorf 10), Deggendorf 1993, S. 57.

6.3.9

6.3.10
Alt-Baryton
Simon Schödler (um 1730–1793), Passau 1768
Decke: Fichte, Boden: Ahorn, Zargen: Ahorn, Hals mit Kopf: Ahorn, Engelskopf; Gesamtlänge 88 cm, Korpus: L. 43,2 cm, B. 22,7 – 16,8 – 27,3 cm; Mensur: Decke 25,7 cm, Hals 16 cm, schwingende Saite 41,5 cm; Zahl der Saiten: 7 Spiel-, 9 Aliquotsaiten, 1 Darm-Bordun
Benediktinerstift Melk

Von diesem seltenen Instrumententyp gibt es weltweit nur mehr 20 Instrumente. Der Baryton ähnelt von seiner Bauweise her der Viola da gamba. Er besitzt aber neben den sechs bzw. sieben Streich- oder Spielsaiten ein zweites „Saitenregister"; es handelt sich dabei um so genannte Aliquot-, Resonanz- oder sympathetische Saiten, deren Zahl von neun bis zwanzig schwankt. Diese Saiten werden angezupft. Es handelt sich bei dem Baryton also um ein Streich- und Saiteninstrument.

Lit.: Konrad Ruhland: Musikinstrumente aus Ostbayern (Kataloge des Stadtmuseums Deggendorf 10), Deggendorf 1993, S. 98–108.

6.3.11
Bassgeige
Georg Maniecher (?), um 1700
Gesamtlänge 131,5 cm, Korpus: L. 82 cm, B. 36,8 – 28 – 49 cm, Hals: L. 33,8 cm, Griffbrett: L. 58 cm
Salzburg, Museum Carolino Augusteum, Nr. 12/28 (283/29)

Auf einem handgeschriebenen Zettel signiert: „*Georg Maniecher (?)/ Jesus Maria Joseph.*" (Die Signatur ist sehr schwer lesbar).
Korpus mit stark hängenden Schultern und betonten Ecken, mittelbraun lackiert; Decke mit Löchern ohne Mittelkerben; Randadern mit Schellack ergänzt; Boden flach, aus vier Teilen; Zargen am oberen und unteren Rand entlang starke Profilleisten (Karniesen); Boden ohne Einlagen; innen unter dem Stimmstock und im Oberbügel eine Querstrebe, keine Eckklötzchen.
Der Wirbelkasten könnte ursprünglich zu einer Viola da gamba gehört haben, er wurde auseinander geschnitten und verkürzt. Er endet in einem geschnitzten

Tierkopf (Fabelwesen) mit heraushängender Zunge. Die Wirbel sind grob geschnitzt. Der Hals gehört zum Wirbelkasten und wurde durch keilförmige Auflagen dem Instrument angepasst. Er ist mit zwei Holzschrauben von innen im Oberklotz fixiert. Das braune Griffbrett besitzt eine gestückelte und verlängerte Auflage, das Griffbrettende ist mit Löchern und Kerben verziert. Der Saitenhalter, ebenfalls mit gekerbtem Ende, ist mit Draht an einem Holzknopf im Unterblock angehängt. In diesem Knopf steckt auch der 11 cm lange Holzstachel.

K. B.

6.3.12
Hackbrett
18. Jh.
L. 94,5–55 cm, T. 35 cm,
L. (Korpus) 82–42 cm, H. 7 cm
Salzburg, Museum Carolino Augusteum,
Nr. 2/6 (268/29)

Korpus trapezförmig, seitlich angesetzter Anhängerstock bzw. Stimmstock mit abgeschrägter Oberseite. Decke hellbraun, zwei große und vier kleine eingesetzte Holzrosetten. Auf der Decke befinden sich unter den Saiten verteilt mehrere Stimmungsbezeichnungen in lateinischen Großbuchstaben. Die Decke und die Zargen sind mit profilierten Leisten (leicht rot gestrichen) eingefasst. Auf den Stirnseiten des Anhänger- bzw. Stimmstockes sind rote Muster aufgemalt. Der Boden hat eine umlaufende Leiste und drei hölzerne Standpflöcke. Ringe am Boden und den Seiten zum Aufhängen.
20 fünffache Stimmchöre. Saitenbefestigung mit Stiften und eingekerbten Metallwirbeln. Saitenführung über die in den Leisten liegenden Metallsättel und je zehn (Quintsteg bzw. Oktavsteg) teils verbundene Balustradenstege, die aufgeklebte Tonbuchstaben tragen; auf der linken Seite zwei Schneller; diatonisch.

K. B.

6.3.13
**Anstellungsvertrag, ausgestellt
für den Stadttürmer und Stadtpfeifer
Johann Georg Knogenberger**
Mühldorf am Inn, 1747
Libell, H. 32 cm, B. 21 cm
Mühldorf am Inn, Stadtarchiv

Mit dem Anstellungsvertrag werden Rechte und Pflichten des neuen Stadttürmers festgeschrieben. Er habe sich mit *„drey guet gerechten Gesöllen"* zu versehen und mit diesen an allen Donnerstagen, am Fest der Corpus-Christi-Bruderschaft und an allen Sonn- und Feiertagen dem Chorregenten mit seinen Instrumenten zur Hand zu gehen. Morgens und abends habe er vom Turm den Tag und die Nacht zu verkünden. Bei hohen Standes- und Adelspersonen müsse er mit Posaunen anblasen, wenn diese das Tor passieren. Und er solle mit seinen Gesellen die *„Bürgerschafft auf Verlangen ihre Hochzeiten, und Eheversprechen, nach Gelegenheit der Zeit, jedoch umb billiche Belohnung"* mit musikalischen Aufwartungen bedienen. Weiters wird er ermahnt, sich des Raufens und Rumorens zu enthalten.

Lit.: Rudolf Angermeier: Mühldorfs Musikleben in alter Zeit, in: Das Mühlrad 37 (1995), S. 11–18.

6.4 *Allerley Spil, Gespäß und Kurtzweil*

Willkommene Abwechslung im Grau des Alltags boten von Stadt zu Stadt ziehende Schausteller, Gaukler, Taschenspieler, Akrobaten, die gegen ein geringes Entgelt ihre Künste zur Schau stellen durften. Die Einnahmebücher der Magistrate sind voll von solchen Eintragungen: *„Am Jahrmarkt Jakobi vom ainem, genannt Hannß Steffringer von Lauffen, welcher sich mit ainem glickhshafen hie befunden …"* (Burghausen, 1642). Die städtischen Tanzböden wurden vermietet: *„… welcher sich mit Springen vnd andern Kunsten sechen lassen"* oder Einnahmen *„von ainem Commedianten namens Michaeln Mayr …"* (Burghausen, 1642). Selbst *„vfm Rathaus"* durften sie ihre Tätigkeit ausüben: *„Joh. Senfft, Taschenspillern zu Laufen ist verwilliget worden, auf dem Rathaus mit der Taschen zu spillen … Joh. Senif vnd Hannß Jacob Grandtenperger, beede Sailtanzer vnd Taschenspüller haben … vfm Rathaus gespült …"* usw. (Burghausen, 1660). Termine für solche Veranstaltungen waren meist die großen Märkte und die Kirchweihfeste.

Lit.: Hans Moser: Schifferbrauch und Volksschauspiel im alten Laufen, in: ders., Volks-

schauspiel im Spiegel von Archivalien. Ein Beitrag zur Kulturgeschichte Altbayerns (Bayerische Schriften zur Volkskunde 3), München 1991, S. 164–178.

6.4.1
Fasnacht in Wasserburg
Inszenierung

Trotz Verbote der Obrigkeit und heftiger Tiraden von den Kanzeln ließ man sich die Fasnacht nicht vermiesen. Fressen, Saufen und Mummenschanz gehörten dazu; sie dauerte vom „schmutzigen" oder „fetten" Donnerstag bis zum Aschermittwoch. Symbol für den Fastnachtsonntag war der Weingott Bacchus, auf einem Fass sitzend; so wurde er auch in den Umzügen gezeigt, wie Abraham Kern in seinem Tagebuch berichtete: *„Anno 1585 den 10 Februari ist allhier durch Ir Frhr Drhlt Erzherzog Ferdinanden zu Osterreich … und mich der schön aufzug und Mumerey mit dem Bachus und der Ceres alhie gehalten, … Johannes Gerl der phiae (sic!) Magister und derzeit latteinischer Schullmaiser alhie, hat die Person Bachi verträtten, in Leibfarb quasi Nackhent beklaidt, mit Girdl von Laubwerch und grünen Cranz geziehrt, und dick aufgeschopft gewest, auf einem treylling fass gesessen … Herr Joseph Kern in Seidenweibs Claidern auf haidnisch angelegt. in der ainen handt ain sichel. in der andern etlich Unausgetroschne Eher … Ich Abraham Kern in Jungfrau Claidern angethan auf ainen Instrument Schlagend der Ceres bey den Fussen, herr Adam hochreiter mit einer lauthen, herr Wolf Pallinger mit einer Cittern. Christoph Nißl Burger und Krammer auch mit einer Lauten, 2 Thurner mit Geigen und Posaunen. die lautenisten auch in Jungfrau Klaidern, die andern in Satyras gestalt aufgezogen, und in auch umb gemelt der Ceres Schlitten gsessen …"*

Lit.: Lorenz von Westenrieder: Aus dem Tagebuch des Abraham Kern von Wasserburg, in: Beyträge zur vaterländischen Historie, Geographie … Bd. 1, München 1788, S. 146–173.

6.4.2
Gasslschlitten
Braunau, 18. Jh.
Bezirksmuseum Braunau am Inn,
Inv. Nr. V 136 (Eigentümer:
Museumsverein Braunau)

6.4.2

6.5 ... *so genandt walzerischer Danz ...*

Hegte man von kirchlicher Seite schon immer ein hohes Maß an Misstrauen gegenüber dem Tanz, so verstärkte sich dies, als ab der Mitte des 18. Jhs. zunächst im ländlichen Raum eine Vorform des „Walzertanzens" aufkam: *„Habe gleich zu meinem größten Schmerzen erfahren müssen, was gestalten jener vom Teufel selbst auf ein besondere Weise erdichtet ... so genandt walzerischer Danz, bei welchem das Mensch dem Kerl den ganzen Danz hindurch am Hals hanget und beyde solche Figuren mit den Händen machen, welche der Teufl selbst nit ergerlicher erdenkkhen und die Jugent nit leichter verführet werden kann ..."* (Pfarrer von Hauzenberg, 1759). Mit Mandaten versuchte man der Tanzlust beizukommen; man erweiterte die Liste der Tage, an denen das Tanzen verboten war: Zu der Fasten- und Adventzeit kamen jetzt diverse Heiligenfeste sowie deren Vortage, im Sommer – *„da das liebe Getreid auf den Halmen"* – war das Tanzen verboten; starb der Kurfürst oder der Bischof oder ein Mitglied aus der Familie, so galt ein Tanzverbot, ebenso bei Seuchen- oder Kriegsgefahr, bei langer Trockenheit oder übermäßigem Regen. Allerdings fruchteten die Verbote nur wenig, man kalkulierte die Strafen einfach mit ein. Erzbischof Sigismund Schrattenbach erließ 1756 für das Erzbistum Salzburg, zu dem ja auch Mühldorf am Inn gehörte, ein Mandat mit dem Titel *„Verfängliche Abstellung der bey Tänzen und dergleichen Begebenheiten verübten Ungebühren"*. Weitere Tanzordnungen erschienen 1772, 1773 und 1774. Sie regelten u. a. die Anlässe, zu denen getanzt werden durfte, die Dauer der Veranstaltung, die Tanztaxe und die Überwachung.

Lit.: Monika Mittendorfer: „Ein an sich unschuldiges Vergnügen" – Tanz und Tanzgesetze in Salzburg in der zweiten Hälfte des 18. Jahrhunderts, in: Gunda Barth-Scalmani – Brigitte Mazohl-Wallnig – Ernst Wangermann (Hrsg.): Genie und Alltag. Bürgerliche Stadtkultur zur Mozartzeit, Salzburg 1994, S. 103–118.

6.5.1
Der Landlertanz
Johann Baptist Wengler (1816–1899), 1847
Öl auf Leinwand, H. 108,5 cm, B. 123,5 cm
Linz, OÖ Landesmuseum G 2536

Aus den in den Quellen des 18. Jhs. angeprangerten neuen Tanzformen, bei denen sich die Mädchen an den Hälsen der Burschen festhielten, entwickelte sich im 19. Jh. dann im bäuerlichen Bereich der Landler, der von Johann Schrammel als Ursprung der Wiener Tänze bezeichnet wurde. Landler bezeichnet heute den in und um Oberösterreich verbreiteten Figurentanz, der ab der Mitte des 19. Jhs. zu seiner heute gültigen Form als Gruppentanz mit einheitlicher Figurenfolge fand. Wengler stellt weniger die exakten Tanzschritte in den Mittelpunkt seiner Darstellung, sondern wendet sein Augenmerk auf die Lebensfreude, die in diesem Tanz zum Ausdruck kommt und so den Menschen wenigstens für wenige Stunden Ablenkung von der Mühe des Alltags bot. Das OÖ Landesmuseum besitzt auch die Skizze zu diesem Ölgemälde (Inv. Nr. G 791).

Lit.: Ausst.-Kat. Lebenswelten – Alltagsbilder (Kataloge des OÖ Landesmuseums NF 63), Linz 1993, S. 218 (mit Abb. der Skizze) – Hermann Edtbauer: Der Innviertler Landler, seine Tänzer, Sänger und Spielleut, in: Der Bundschuh 1 (1998), S. 55–58.

6.6 *Wir Schützenmaister und Schießgesellen ...*

6.6.1
Schützenordnung von Eggenfelden
Eggenfelden, 1444 August 10
Urkunde, Pergament, H. 32 cm, B. 26 cm
Eggenfelden, Stadtarchiv, U 40

Im Kriegsfall mussten die Bewohner einer Stadt oder eines Marktes auch für die Verteidigung ihrer Siedlung sorgen; schon aus diesem Grund waren die Verwaltungen an regelmäßigen Übungen interessiert; um diesen einen geregelten Ablauf zu geben und deren regelmäßige Abhaltung zu sichern, erließen die Verwaltungsbehörden Schützenordnungen, wie hier für den Markt Eggenfelden. In 15 Punkten werden die Termine für die Übungen und deren Organisation geregelt. Am Sonntag nach dem St. Georgentag – Georg war fast überall der Patron der Schützen – wurden jährlich zwei Schützenmeister gewählt. Strafen wurden festgelegt für die, die dem Schießen fern blieben. Die Ordnung regelte auch den gesellschaftlichen Teil der Zusammenkünfte: So sollte der Kammerer (= Bürgermeister) den Schützen an bestimmten Tagen 2 Viertel Osterwein (= Wein aus Österreich) reichen; ferner sollten diese jeden Sonntag den Taferner (= Wirt) wechseln. Aus dem Erlös der Schützenkasse, die durch Bußen und Preise für die besten Schützen gefüllt wurde, sollte ein Kelch oder eine Monstranz für das Gotteshaus angefertigt werden.

Lit.: Adrian Zeininger: Urkundenauszüge zur Geschichte des Marktes und Gerichtes Eggenfelden, in: Verhandlungen des historischen Vereins für Niederbayern 14 (1869) S. 315 f. (der komplette Wortlaut) – Josef Haushofer: Stadtarchiv Eggenfelden (Bayerische Archivinventare 31), Freiburg i. Br. 1971, S. 13 f.

6.6.2
Feuerschützenordnung von Vilshofen
Vilshofen, 1601
Papier, 6 Bl., H. 34 cm, B. 22 cm
Vilshofen, Stadtarchiv, Akt. 146

Missstände im Schützenwesen veranlassten Kurfürst Maximilian die Städte und Märkte aufzufordern, ein wachsames Auge auf diese Einrichtung zu werfen und sie überdies zu fördern. Aus diesem Grund erließ auch die Stadt Vilshofen 1601 diese Ordnung. Sie sollte dazu dienen, junge Schützen heranzubilden, den Ablauf der regelmäßig abzuhaltenden Übungen zu regeln, Missstände abzustellen sowie Zucht und Ordnung unter die Schützen zu bringen. Strafen wurden kassiert von solchen, die Händel anfingen, die das Ziel verfehlten, die fluchten oder die im Zorn über einen Fehlschuss die Büchse wegwarfen. Wenn das halbe Schießen vorbei war, *„sollen alle Schützen … sämtlich mit Trommeln und Pfeifen … vor das Wirtshaus … gehen und daselbst diejenigen, so ihren Vorteil gewonnen, ein jeder ein Kandl Wein zuvor geben, und sonsten soll keiner mehrers zu verzechen schuldig sein dann ein Köpfl Wein (= drei Viertel Maß).“*

Lit.: 400 Jahre königlich privilegierte Feuerschützengesellschaft Vilshofen, in: Vilshofener Jahrbuch, Sonderbd. 5 (2001), 19–39.

6.6.3
Das Stahlschießen in Regensburg
Peter Opel, Regensburg, 1586
Reproduktion, Original: Kupferstich, jeweils H. 32 cm, B. 43,2 cm
Regensburg, Stadtarchiv, IAE 2, Nr. 1–5

1579 akzeptierten die Regensburger Stahlschützen den Schützenkranz beim Nürnberger Stahlschießen und übernahmen damit die Verpflichtung, eine solche Veranstaltung in ihrer Heimatstadt abzuhalten. Am 31. Juli 1586 begann der Bewerb. Die Schießstätte lag seit dem Mittelalter *„vor sand Jacobs toer“*. Die Veranstaltung schlug sich ab 1581 in den Ausgaben der Stadt zu Buche: 1581 wurden das Schießhaus neu errichtet, 1586 neue Schießhütten und der Glückshafen. Am 31. Juli zogen die Schützen von der Herrentrinkstube zum Schießplatz; voran gingen zwei Pritschenmeister, dann ein Pfeifer und zwei Trommelschlager, die Stadtpfeifer, Knaben trugen Truhen mit den Dokumenten, dann folgten die Kämmerer und Ratsherren mit zwei Stadtschreibern; auf dem Festplatz angelangt wurde der Schützenbrief vorgelesen, die Ehrenmeister des Festes gewählt, Schreiber und Pritschenmeister wurden vereidigt. Aus etwa fünfzig Städten waren 216 Schützen nach Regensburg gekommen; unter den Siegern in den diversen Bewerben werden auch Bürger aus Passau, Schärding, Burghausen, Braunau, Pfarrkirchen angeführt. Ein Nachschießen und der Glückshafen beschlossen das Fest.

Lit.: August Edelmann: Schützenwesen und Schützenfeste der deutschen Städte vom 13. bis zum 18. Jahrhundert, München 1890, S. 128–158 (mit einer Transkription der Beschreibung) – Kris Zapalc: Das Stahlschießen 1586, in: Karl Möseneder (Hrsg.), Feste in Regensburg. Von der Reformation bis in die Gegenwart, Regensburg 1986, S. 135–144.

6.6.4
Kranzlscheibe von Johannes Mötschenbacher
Tittmoning, 1672
Reproduktion; Original: Fichtenholz, bemalt, ⌀ 104,5 cm
Tittmoning, Heimathaus Rupertiwinkel

Der Vorläufer der Schützenscheibe war „der Vogel auf der Stange“, eine Figurenscheibe in Gestalt eines Adlers aus einem starken Stück Holz, die man auf eine hohe Stange steckte. Es galt, den „Vogel abzuschießen“, d. h. man musste mit der Eisenspitze, die man mit der Armbrust abschoss, möglichst viel Holz herunterschießen. Das erste Scheibenschießen ist aus Nürnberg von 1429 und von Augsburg 1430 bekannt. Zunächst genügte es, eine viereckige Scheibe zu treffen; mit der Entwicklung der Handfeuerwaffen und der Verbesserung ihrer Schussgenauigkeit, wurde es notwendig, die Ergebnisse der Schüsse eindeutig zu werten. Ein Nagel markierte nun das Zentrum der Scheibe; um diesen wurden konzentrische Kreise gezogen, der innerste wurde schwarz ausgemalt (= ins Schwarze treffen). Der Preis, das Kranzl, gebührte dem,

6.6.4

6.6.5

der den Nagel traf (= den Nagel auf den Kopf treffen). Mitte des 16. Jhs. dürften die ersten bemalten Schützenscheiben aufgekommen sein. Das Heimathaus Rupertiwinkel in Tittmoning verfügt über eine der größten Sammlungen; die vermutlich älteste Scheibe stammt von 1600.
Der Schlosser Johannes Mötschenbacher stiftete 1672 die Scheibe mit der Inschrift *„Lieber schiz sieh, ich halt dir das Schwarze vor, schieß wackher Drein, so khombst aim Umbs böste Vor“*.

6.6.5
Kranzlscheibe von Carl Castenauer
Tittmoning, 1672
Reproduktion; Original: Fichtenholz, bemalt, ⌀ 101 cm
Tittmoning, Heimathaus Rupertiwinkel

Der Stifter der Scheibe, der Bürger und Maler Carl Castenauer, ließ sich in seinem Festgewand abbilden; in der Hand hält er ein paar bunte Vögel; die Scheibe trägt den Spruch: *„Zart edle Junckfraun, dieweil ich wüst daß Ir zü Vögeln Habt güet Lüst, derhalben sind euch die beschert, die beste Vögel auf dem Hert.“*

6.6.6
Steinschloßflinte
18. Jh.
L. 138 cm
Vöcklabruck, Heimathaus, Inv. Nr. 35

7. Vor Pest, Hunger und Krieg bewahre uns, o Herr

7.1 *Der unsrigen vil erhaut und erschossen ...*

7.1.1
Rekrutierungen
Graphik

Wichtiger Bestandteil des bayerischen Heeres waren das Aufgebot der Städte, Märkte und das Landaufgebot der bäuerlichen Untertanen. Nach der Vereinigung von Ober- und Niederbayern 1507 erfolgte eine Neuorganisation der bayerischen Landesverteidigung, die gegen Ende des 16. Jhs. in der Schaffung der so genannten Landfahnen mündete, die die Grundlage der „Landesdefension" bildeten. Stellvertretend für Tausende werden hier Namen von Soldaten angeführt, die während des Dreißigjährigen Krieges in München einquartiert waren und aus dem Raum Rottal-Inn stammten.

Lit.: Fritz Markmiller: Die Musterung des Jahres 1507 in den Gerichten Dingolfing, Leonsberg, Landau und Teisbach, in: Der Storchenturm 8 (1973) S. 21–29 – Josef Steinbichler: Rekruten aus dem Mühldorfer Raum im Dreißigjährigen Krieg, in: Das Mühlrad 35 (1993) S. 23–24.

7.1.3

7.1.2
Darstellung des Ursprungs der Gnadenkapelle und der Landauer Wallfahrt Maria Hilf in Steinfelsen
1698
Reproduktion; Original: Öl auf Leinwand, H. 70 cm, B. 86 cm
Landau an der Isar, Maria Hilf in Steinfelsen

Anstelle einer 1658 aufgestellten Bildsäule mit einer Kopie des Passauer Mariahilf-Bildes und einer nachfolgenden Kapelle wurde 1698/1700 die Wallfahrtskirche errichtet. Der Landauer Sattlermeister Christoph Christi geriet bei Kämpfen mit den schwedischen Truppen 1645 fast in Gefangenschaft; in höchster Not wandte er sich mit einem Gebet an die Patrona Bavariae – *„und sein Rufen ward erhört. Es war ihm, als sähe er die allersel. Jgfr. Maria auf einem Schilde über sich schweben"* – und augenblicklich ließen die Feinde von der Verfolgung ab. Nach dem Krieg stellte er zunächst zur privaten Andacht ein der Erscheinung gleichendes

Marienbild in einer Sandsteinhöhle seines Garten auf; dann wurde die Bildsäule errichtet; daraus entwickelte sich eine viel besuchte Wallfahrt.

Lit.: Fritz Markmiller: Entstehungsgeschichte und Mirakelbuch der Landauer Wallfahrt Maria-Steinfels, in: Der Storchenturm 15 (1980) S. 82–116.

7.1.3
Votivtafel des Mesnerehepaares Hans und Maria Lährnpeitl aus Greißing im Labertal
1632/34
Reproduktion; Original: Öl auf Holz, H. 51 cm, B. 50 cm
Greißing, Kath. Filialkirchenstiftung

Städtische wie bäuerliche Bevölkerung hatte in Kriegszeiten durch direkte Kampfhandlungen, durch Truppendurchmärsche und Einquartierungen zu leiden. Da gab es keinen Unterschied, ob man der Konfrontation durch feindliche oder eigene Soldaten ausgesetzt war. Zum

Dank für das Überleben der Kampfhandlungen zwischen 1632 und 1634 stiftete das Mesnerehepaar die Votivtafel: Im Hintergrund erkennt man die Kirche von Geiselhöring; im Vordergrund benagen Hunde Gebeine und Skelette. Die Inschrift fasst alle Gräuel des Krieges zusammen: *„Also von oberzelten freund und feinden dermassen geplündert worden, das wir weder pferd, Rinder, Schwein, Lemper, Hennen, Genß, Antten, in Summa nichts mehr gehabt, der unsrigen vil erhaut und erschossen, geschwaibelt. Und welches noch erbärmlicher zu hören und sehen gwest, alß wir wider zu hauß khomen, ein solcher Pestilenz sterben darauf ervolgt, das vil leut auf dem Feld und hinter den Zeunen von den hunden auß hunger gefressen worden ...".*

Lit.: Ausst.-Kat. Bauern in Bayern. Von der Römerzeit bis zur Gegenwart (Veröffentlichungen zur Bayerischen Geschichte und Kultur 23), München 1992, S. 126.

7.1.5

7.1.4
Votivbild des Gabriel Lambacher und seiner Ehefrau
1641
Öl auf Leinwand, H. 34,5 cm,
B. 50,5 cm
Deggendorf, Stadtmuseum, Inv. Nr. 153

Das Votivbild, das eine Ansicht von Deggendorf zeigt, stammt aus der Wallfahrtskirche zur Schmerzhaften Muttergottes auf dem Geiersberg; das dort verehrte Gnadenbild einer Pietà schwebt oben in der Bildmitte. Die Inschrift in der Sockelzone nennt den Anlass: *„Gott dem Allmechtigen und der himel khinigin Junckfrau Maria zu Lob und Danckh, hab ich Gabriel Lanpacher, Bürger und Maurer Alhie in deghendorf sambt meiner Hausfrauen Maria Allhero zu disem Gottshaus verlobt, in dem Wehrten einfall des feinds, so mich Gott der Allmechtig und die Meinigen behüt vor dem feindt, Welches geschehen in Ain tausend Sechshundert Ain und vierzigsten Jahr.“*

Lit.: Ausst.-Kat. Wittelsbach und Bayern, Band II/2. Um Glauben und Reich. Kurfürst Maximilian I., München 1980, S. 477.

7.1.5
Votivbild mit der Belagerung Mühldorfs durch die Schweden
1648
Reproduktion; Original: Öl auf Leinwand, H. 126 cm, B. ca. 194 cm
Mühldorf am Inn, Stadtpfarrkirche St. Nikolaus

Kurz vor Kriegsende gelang es den französischen und schwedischen Truppen noch einmal, tief nach Bayern vorzudringen; sie kamen bis zum Inn und belagerten Mühldorf. Der Hochwasser führende Inn und bayerische Truppen am jenseitigen Ufer verhinderten ein weiteres Vordringen und die Einnahme der Stadt.

Lit.: Ausst.-Kat. Wittelsbach und Bayern, Band II/2. Um Glauben und Reich. Kurfürst Maximilian I., München 1980, S. 478.

7.1.6
Deggendorf im Krieg 1742

Deggendorf war im Zuge des Spanischen Erbfolgekrieges 1703 nur mit Glück einer Plünderung durch die Österreicher entgangen. 13 000 Gulden zahlte man damals an die belagernden Truppen. 16 Wochen war Deggendorf in der Hand der Österreicher. Unter dem Österreichischen Erbfolgekrieg ab 1742 hatten Stadt und Bürger noch mehr zu leiden. Am 1. Februar 1742 erschienen die ersten feindlichen Truppen, Husaren, vor der Stadt. In den Tagen danach besetzten 500 Panduren unter der Führung des legendären Freiherrn von der Trenckh die Stadt. Der einwöchige Aufenthalt der Truppe kostete den Bürgern 2500 Gulden für Verpflegung. Von da an wurde die Stadt in wechselnder Folge Quartierplatz, einmal für eigene, dann wieder für feindliche Truppen. Mit den Truppen kamen Seuchen und Krankheit. Im Frühling 1743 verwüstete ein Stadtbrand die Stadt und zwei Tage danach eroberten 200 feindliche Husaren die Stadt, plünderten sie vollständig aus und trieben mit der Bevölkerung ihre makabren Späße: Viele Bürger *„mußten niederknien und die Soldaten stellten sich, als wollten sie ihnen die Köpfe abschlagen oder sie erschiessen; den Leuten wurde das Gewand vom Leib gerissen, ein Schneider am Althare ganz nackt ausgezogen …“* Im Sommer verheerte ein zweiter Brand die Stadt: 212 Gebäude waren ein Raub der Flammen geworden, nur 33 Wohnhäuser blieben unversehrt.

Lit.: Ludwig Keller: Andre Vaith der Jüngere. Bräu, Wirt und Kommunalpolitiker (1675–1747), in: Deggendorfer Geschichtsblätter 17 (1996) S. 69–152.

7.1.7
Votivgemälde des Stadtpfarrers Ludwig Anton Otto Dalhofer
1743
Reproduktion; Original: Öl auf Leinwand, H. 72 cm, B. 98 cm
Vilshofen, Mariahilf

7.1.7

7.1.8

Am 17. Jänner war der Stadtpfarrer und Chorherr Ludwig Anton Otto Dalhofer von Vilshofen nach Schärding unterwegs, um Unterhandlungen mit den dort stationierten Österreichern zu führen. Trotz seiner Mission wurde er knapp vor Erreichen seines Zieles von feindlichen Soldaten angegriffen und entkam nur mit Mühe. Im Hintergrund des Votivbildes ist die Stadt Schärding dargestellt. Über der Szene schwebt das Marienbild Maria Hilf. Zum Dank für die Errettung stiftete Dalhofer das Votivbild in die Vilshofer Wallfahrtskirche Mariahilf, in der sich eine wundertätige Kopie des Passauer Gnadenbildes befand.

7.1.8
Votivbild des Dionysius Kipfelsberger
Straubing, 1743
Reproduktion; Original: Öl auf
Leinwand, H. 84,4, B. 72 cm
Straubing, Gäubodenmuseum,
Inv. Nr. 50.302

1743 starteten feindliche Truppen, v. a. Panduren, einen zweiten Versuch, Straubing einzunehmen. Dabei fielen ihnen Dionysius Kipfelsberger, Kaplan zu St. Peter in Straubing, und sein Gärtner in die Hände. Das Votivbild zeigt in drastischer Weise die Misshandlungen, denen die beiden ausgesetzt waren. Eine ausführliche Inschrift schildert die Begebenheit und die wundersame Errettung bzw. Heilung der Wunden auf Fürsprache des Heiligen Johannes Nepomuk, dem sich der Kipfelsberger verlobte.

Lit.: Ausst.-Kat. Straubing und seine Bürger auf Gemälden des Gäubodenmuseums, Straubing 1990, S. 22.

7.1.9
Votivbild des Marktes Pfarrkirchen als Dank für die Abwendung der Gefahr anlässlich der Bombardierung 1743
1743
Reproduktion; Original: Öl auf
Leinwand, H. 115 cm, B. 150 cm
Pfarrkirchen, Wallfahrtskirche Gartlberg

Im Mai 1743 bedrohten feindliche Truppen den Markt Pfarrkirchen; zum Dank dafür, dass der Ort durch das Bombardement nicht in Flammen aufging, stifteten die Bürger das Gemälde in die Wallfahrtskirche Gartlberg. Das Bild zeigt Pfarrkirchen, im Vordergrund die aufmarschierten Truppenverbände, rechts im Hintergrund die Wallfahrtskirche auf dem Gartlberg; über der Szene schwebt das Gnadenbild, gehalten von zwei Engeln. Die Bürgerschaft kniet in festlicher Kleidung in der vorderen Bildebene.

7.1.10
Bewaffnung eines Panduren
Drei Säbel und zwei Messer
um 1730/40
Rosenheim, Städtisches Museum

7.1.11
Radschlossbüchsen
16.–17. Jh.
L. 103–128 cm
Vöcklabruck, Heimathaus,
Inv. Nr. 41, 43, 44, 57, 72

7.1.9

7.1.12
Rohr einer siebenpfündigen Haubitze der österreichischen Artillerie
F. Poitevin, Wien, 1769
Bronze, L. 89 cm, ∅ 15 cm,
Gewicht: 280 kg
Wien, Heeresgeschichtliches Museum,
Inv. Nr. NI 81.764

Das Rohr entspricht in Form und Abmessungen den 1753 in Österreich neu eingeführten Geschützen. Das auf Initiative des Neuorganisators der Artillerie Joseph Wenzel Fürst zu Liechtenstein von Anton Graf Feuerstein konstruierte Geschützmaterial bestand aus 3-, 6- und 12-pfündigen Feldstücken, 7- und 10-pfündigen Haubitzen, 12-, 18- und 24-pfündigen Batteriestücken, 10-, 30-, 60- und 100-pfündigen Bombenmörsern und 100-pfündigen Steinmörsern. Die Geschütze zählten mehr als 100 Jahre zur Standardausrüstung der österreichischen Artillerie.

Lit.: Ausst.-Kat. Maria Theresia und ihre Zeit, Wien 1980, S. 282.

7.1.13
Geschützkugeln
16.–17. Jh.
∅ Geschützkugeln ca. 16 cm
Passau, Oberhausmuseum,
Inv. Nr. 1763b

7.2 Spiegel göttlichen Zorns …

7.2.1
Meteorit von Mauerkirchen
Olivin-Hypersthen-Chondrit (L6),
Gewicht: 6100 Gramm, H. 19 cm,
B. 15 cm, T. 10,5 cm
München, Mineralogische Sammlung

Am 20. November 1768 schlug in Mauerkirchen ein Meteorit ein. Augenzeugen berichteten: „… abends nach 4 Uhr bey einem gegen Occident merklich verfinsterten Himmel hörten zu Maurkirchen verschiedene ehrliche Leut, welche darüber eidlich vernommen wurden, ein ungewöhnliches Brausen und gewaltiges Krachen in der Luft gleich einem Donner und Schießen mit Stucken. Unter diesem Luftgetümmel fiel ein Stein aus der Luft … Dieser Stein machte … eine Grube von 2½ Schuh tief in die Erde. … Er ist von einer so weichen

7.2.1

Materie, daß er mit Fingern sich zerreiben läßt. Die Farbe davon ist blaulecht, mit einem weißen Flusse oder Fließerlein vermengt, aussenher ist er mit einer schwarzen Rinde überzogen …"

Lit.: Herbert Brandstetter: Ein ungewöhnliches Brausen und gewaltiges Krachen. Über den Meteoritenfall von Mauerkirchen im Jahr 1768, in: Der Bundschuh 1 (1998) S. 14–17.

7.2.2
Schiffbruch vor der Mühldorfer Brücke
Altötting, 1741
Öl auf Holz, H. 43 cm, B. 74 cm
Altötting, Wallfahrts- und Heimatmuseum

Auf der Fahrt zur Musterung in Eggenfelden erlitt die Garser Bürgerschaft bei der Innbrücke in Mühldorf beinahe Schiffbruch. Als das Schiff auf einen Brückenpfeiler zusteuerte, verlobten sich die Männer gegen Altötting und wurden so wunderbarer Weise gerettet.

Lit.: Robert Bauer: Die Altöttinger Votivtaferl, in: Ostbairische Grenzmarken 13 (1971) S. 176–183.

7.2.3
Hl. Florian
Oberösterreich, 1711
Holz, färbig gefasst, H. 170 cm, B. 75 cm
Augustinerchorherrenstift Reichersberg

Die Statue stammt vom barocken Hochaltar der Pfarrkirche in Edlitz. Der Heilige mit Brustpanzer und Helm gießt mit seiner Linken Wasser aus einem Gefäß auf ein brennendes Haus. Der hl. Florian war neben Maria durch Jahrhunderte einer der meist angerufenen Heiligen. Feuer war sicher eine der am meisten gefürchteten Katastrophen. Es vernichtete binnen kurzer Zeit die Arbeit von Jahrzehnten. Keine Stadt, kein Markt blieb davon verschont. Wallfahrtskirchen sind voll von Votivtafeln, die man stiftete – als Dank für einen glimpflichen Ausgang oder als Bitte um Verschonung in der Zukunft.

Lit.: Ausst.-Kat. 900 Jahre Stift Reichersberg. Augustiner Chorherren zwischen Passau und Salzburg, Linz 1984, S. 386.

7.3 … die laidige pestilenzische Suchten erbärmlich graßiert …

7.3.1
Votivtafel der Landauer Bürgerschaft anlässlich der Pest 1713
1713
Reproduktion; Original; Öl auf Leinwand, H. 196 cm, B. 293 cm
Landau an der Isar, Pfarrkirche

Das Votivbild zeigt die verschont gebliebene Bevölkerung von Landau bei der Ablegung des Gelübdes; auf der Männerseite links kniet in vorderster Reihe der

7.3.1

Pfarrer mit der gerollten Votivurkunde in Händen; dahinter schließen sich die Kooperatoren, die Landauer Franziskaner, die Ratsmitglieder und die Bürger an; auf der rechten Seite knien die Frauen. Im Himmel schwebt die Dreifaltigkeit, zu ihrer Seite die Pestpatrone Sebastian und Rochus. Vom düster umwölkten Himmel zucken die Pestblitze und verschonen kein Haus, keine Kirche.

Lit.: Josef Haushofer: Erinnerungen an die Pest von 1713 in der Stadt Landau, Der Storchenturm 8 (1973) S. 95–104.

7.3.2
Contagions-Votum der Stadt Landau
Landau, 1713
Landau an der Isar, Pfarrarchiv

1713 wütete die Pest in Niederbayern besonders grausam. Am Bartholomäi-Tag (24. August) zeigten sich auch in Landau die ersten Symptome. Bis zum 8. November waren trotz aller Vorsichtsmaßnahmen über 80 Personen verstorben. In dieser verzweifelten Situation legten die Überlebenden unter der Führung des Pfarrers während eines Hochamtes ein Gelöbnis ab: Sobald die Sucht aufhöre, werde man einen Tag bestimmen, an dem man zu Ehren der Dreifaltigkeit und der Heiligen Sebastian und Rochus ein feierliches Hochamt mit Prozession abhalten werde; dies soll zumindest 50 Jahre hindurch geschehen. Weiters werde man eine große Votivtafel in der Kirche aufstellen. Und *„miraculoser Weis"* ließ die Seuche nach und erlosch nach wenigen Tagen.

Lit.: wie Kat. Nr. 7.3.1.

7.3.3
Pestlöffel
Tittmoning, 18. Jh.
Messing, L. 90 cm
Tittmoning, Heimathaus Rupertiwinkel

Mit einem langstieligen Löffel reichte der Priester die Kommunion durch die *„Pesttürln"* in das Haus und versorgte so Erkrankte mit dem Altarsakrament. Die Betreuung der erkrankten Personen stellte ein besonderes Problem dar: einerseits wollte man christliche Nächstenliebe üben, andererseits sollte ein Kontakt vermieden werden. Die Verwaltungen bestimmten Personen, die sich gegen Be-

zahlung um die Pflege kümmern mussten. Oft musste auch hart durchgegriffen werden: So wurde in Landau 1713 unter Strafandrohung ein Franziskanerpater dazu aufgefordert, den infizierten Personen geistlichen Beistand zu leisten. Falls er dazu nicht bereit sei, würde man die Franziskaner aus der Stadt und dem Bistum Passau vertreiben.

7.3.4
Schild des Blatternhauses
Deggendorf, 2. Hälfte 18. Jh.
Blech, H. 37,5 cm, B. 41 cm
Deggendorf, Stadtmuseum,
Inv. Nr. 3545

7.4 *Es ist ein Schnitter heisst der Tod …*

7.4.1
Hausapotheke
18. Jh.
Altötting, Wallfahrts- und Heimatmuseum

Apotheken, die die Ärzte und Bader mit den notwendigen Arzneien versorgten, wurden im Mittelalter meist von Klöstern betrieben. Weltliche Apotheken gab es zunächst nur in den Residenzstädten Burghausen, Landshut und München. In Braunau wird in den Quellen 1524 erstmals eine Apotheke erwähnt, in Ried 1593; in Schärding eröffnete Ludwig Harting 1622 die erste Apotheke am Unteren Stadtplatz, die 1649 auf die Silberzeile verlegt wurde. In Altötting z. B. versorgten bis zur Aufhebung des Ordens 1773 die Jesuiten Stadt und Umgebung mit Arzneien.

7.4.2
Walburgisöl-Altärchen
18. Jh.
Holz, Klosterarbeit, H. 36 cm, B. 30 cm
Tittmoning, Heimathaus Rupertiwinkel

Walburgis, die Schwester Willibalds und Wunibalds, kam um 750 nach Deutschland; als Äbtissin des Benediktinerklosters Heidenheim kümmerte sie sich besonders um Kranke und Hilfsbedürftige. Nach ihrem Tod 779 wurden ihre Gebeine 879 nach Eichstätt überführt. Unter ihrem Sarg sammelt sich zur

7.4.2

Winterszeit eine wasserklare Flüssigkeit, das so genannte „Walburgis-Öl", dem heilende Kraft zugeschrieben wird. In Fläschchen abgefüllt wird es seit Jahrhunderten von Wallfahrern in die Heimat mitgenommen.

7.4.3
Walburgiskästchen
2. Hälfte 18. Jh.
L. 14 cm, B. 10 cm, H. 6,5 cm
Linz, OÖ Landesmuseum, F 10.242
(ex Slg. Spiegl)

Das auf drei Füßen stehende Kästchen ist mit rotem Samt überzogen und mit grüner Seide gefüttert; die Kanten sind mit Goldborten benäht; im Deckel innen ist eine Pergamentminiatur der hl. Walburgis eingeklebt. In den Fächern liegen kleine Glasbläschen mit „Walburgisöl". Als Hilfe bei Geburtsnöten soll das rote Walburgisband dienen.

Lit.: Ausst.-Kat. Volksfrömmigkeit in Oberösterreich, Linz 1985, S. 220.

7.4.4
Walburgisbüchslein
18. Jh.
Holz, H. 5,5 cm, ⌀ 3 cm,
Linz, OÖ Landesmuseum, F 14.976

Der gedrechselte Holzbehälter birgt eine kleine Glasblase mit dem „Walburgisöl". Der beigefügte Zettel erklärt den Inhalt *„Heilsames Oel, so aus den Gebeinen der heiligen Jungfrau und Abtissin Walburgä zu Eichstädt fliesset in ihrem würdigen Gotts-haus unter dem Hochaltar."*

Lit.: Ausst.-Kat. Volksfrömmigkeit in Oberösterreich, Linz 1985, S. 220 (mit Abb.).

7.4.5
Walburgisband
18. Jh.
Seide, L. 91,5 cm, B. 3,5 cm
Linz, OÖ Landesmuseum,
F 14.983 (181), Slg. Pachinger

Das Band aus gelber Seide trägt in der Mitte als Aufdruck das Bild der Heiligen und ihrer Grabstätte in Eichstätt. Ein beiliegender Druckzettel beschreibt in deutsch, französisch und italienisch die Wirkung des Bandes: „*Gegenwärtiges Band hat den Arm der großen Wunderheiligen / und Jungfrau Walburga berühret / ist mit ihrem heiligen Gnaden-Oel besprenget / und Wider verschiedene Haupt- und Glieder-Krankheiten / besonders aber in Kinsnöthen ein bewehrtes Mittel*".

Lit.: Ausst.-Kat. Volksfrömmigkeit in Oberösterreich, Linz 1985, S. 226.

7.4.6
Heilige Länge Christi
18. Jh.
Bedruckte Papierstreifen,
L. ca. 160–190 cm, B. 4,5–6,5 cm
Linz, OÖ Landesmuseum, F 15.102

„Heilige Längen" gehören zur Gruppe der kultisch-magischen Praktiken des Bindens und Lösens. Die auf die Bänder gedruckten Texte erklären Zweck und Verwendung: „*... Und so ein schwangere Frau solches bey sich tragt, oder zwischen der Brust umbindet, die wird ohne großen Schmerzen gebähren, und ihr nichts misslingen in ihrer Geburt ...*"

Lit.: Ausst.-Kat. Volksfrömmigkeit in Oberösterreich, Linz 1985, S. 222.

7.4.7
Fraiskette
18. Jh.
Ag, Ton, Messing, Horn, L. 55 cm
Linz, OÖ Landesmuseum, F 10.516

Meist Kindern wurden diese Ketten umgehängt, um sie vor Fraisen und anderen Kinderkrankheiten zu schützen. Auf einer Kordel ist immer eine ungerade Zahl von verschiedenen Amuletten aufgefädelt; hier etwa ein Schreckstein aus Maria Zell, Wolfgangihackl, Ulrichskreuz, Walburgisbüchslein und Loretoglöcklein.

Lit.: Ausst.-Kat. Volksfrömmigkeit in Oberösterreich, Linz 1985, S. 217.

7.4.8
Rechnungsbuch des Heilig-Geist-Spitals in Schärding
Schärding, 1775
Buch, Papier, H. 31 cm, B. 21,5 cm
Schärding, Stadtarchiv

Schärding verfügte für die Versorgung seiner alten und hilfsbedürftigen Einwohner über mehrere Einrichtungen. 1474 gründete der Kämmerer Paul Asinger gemeinsam mit anderen Bürgern das Heilig-Geist-Spital, das allerdings nur Bürgern der Stadt offen stand. Für die Leute, die nicht aus alteingesessenen Bürgerfamilien stammten, gab es zwei seit 1521 bzw. 1537 bestehende Bruderhäuser in der Oberen und in der Unteren Stadt. In der Regel lebten 17–18 Pfründner im Heilig-Geist-Spital; weiters bestand die Möglichkeit, sich in das Spital einzukaufen. Ordnungen regelten die Aufnahme, den Tagesablauf und das Zusammenleben. Die Pfründner waren zum regelmäßigen Messbesuch und zum Empfang der Sakramente verpflichtet.

Lit.: Johann Ev. Lamprecht: Historisch-topographische und statistische Beschreibung der k. k. landesfürstl. Gränzstadt Schärding am Inn und ihrer Umgebungen, Schärding 1887, 2. Teil, S. 147–165.

7.4.9
Satzungs- und Wappenbuch der Sebastiani-Bruderschaft in Vilshofen
Vilshofen, 1686
Papier, H. 36,5 cm, B. 28,5 cm
Vilshofen, Pfarrarchiv

Als in Vilshofen 1627 die Pest wütete, gründeten die Bürger zu Ehren des Pestheiligen Sebastian eine Bruderschaft, deren Mitglieder sich verpflichteten, die Betreuung der Erkrankten zu übernehmen. Die Kranken wurden in das in der Nähe der Friedhofskirche St. Barbara errichtete Siechenhaus gebracht. Weiters gelobten die Bewohner der Oberen Vorstadt, jährlich eine Wachskerze zu Ehren des Pestpatrons Sebastian zu opfern, wenn auf seine Fürsprache hin die Seuche erlösche. In feierlicher Prozession wurde seitdem eine Kerze unter Glockengeläut von der Oberen Vorstadt in die Pfarrkirche gebracht. 1634 und 1635 wütete die Pest noch einmal, eingeschleppt von bayerischen Soldaten

Lit.: Ludwig Maier: 375 Jahre Sebastiani-Prozession in Vilshofen, in Vilshofener Jahrbuch 10 (2002) S. 27–32.

7.4.10
Epitaph für Bernhart Grättinger
Obernberg, 1566
Adneter Marmor
Obernberg, Heimathaus

Krankheit und Tod machten vor keinem halt. Säuglinge und Kleinkinder waren besonders gefährdet. Die Eltern haben ihrem im Kleinkindalter verstorbenen Knaben einen ikonographisch einzigartigen Grabstein gewidmet. Das tote Kind scheint friedlich zu schlummern; nackt liegt es da, seinen Kopf hat es auf die rechte Hand gestützt; den Polster bildet ein Totenkopf; über dem Kind steht als weiteres Symbol für die Vergänglichkeit eine Sanduhr. Um den Hals trägt das Kind eine Korallenkette mit Amulett, die ihm eigentlich hätte Schutz bieten sollen. Die links und rechts von den beiden Wappen spielenden Putti deuten ebenfalls auf die Sinnlosigkeit menschlichen Tuns.

7.4.11
Tod mit Sense
Innviertel, 18. Jh.
Lindenholz, gefasst, H. 123 cm
(133 cm mit Sense)
Bezirksmuseum Braunau am Inn,
Inv. Nr. RB 23 (Eigentümer: Museumsverein Braunau)

Aufgrund eines Vermerkes auf der Rückseite der Figur dürfte die Plastik aus der Bürgerspitalkirche Hl. Geist in Braunau

7.4.11

stammen. Der Tod ist als reines Geripe ausgeformt; über der rechten Schulter liegt noch das Leichentuch. In der Linken trägt er die Sense. Es ist der „Schnitter Tod", der dem Betrachter entgegentritt, eine Formulierung, die bereits das Mittelalter kennt.

7.5 Komb her mit mir / Leg ab den Crantz / Zum Todtentantz

Dank einer Stiftung der „viel ehr und tugendsamen Frau Maria Barbara Kienspergerin" konnte der Straubinger Maler Felix Hölzl 1763 die Wände der Toten- oder Seelenkapelle auf dem Friedhof St. Peter in Straubing mit einem einzigartigen Totentanzzyklus ausstatten. Im Gegensatz zum mittelalterlichen Totentanz, bei dem die mit Totengestalten gepaarten Personen in ständischer Abfolge in Tanz- oder Reigenhaltung ihren letzten Weg antreten, reißt hier der Tod die Einzelnen direkt aus ihrem Wirkungsbereich; er reicht ihnen auch in den meisten Fällen nicht die Hand zum Tanz, sondern berührt sie mit seiner Knochenhand oder zielt mit Pfeil und Bogen auf sie. Auffallend ist das nahezu völlige Fehlen weiblicher Figuren. Nur in der Gruppe der geistlichen Hierarchie findet sich mit der Nonne die einzige Vertreterin des weiblichen Geschlechts. Die Texte, die die Bilder begleiten, besitzen kaum ständekritische Inhalte; in erster Linie kommt in den kurzen Sätzen und Wechselreden die persönliche Betroffenheit des Einzelnen zum Ausdruck.

7.5.1

Lit.: Josef Freilinger – Wolfgang Hierl – Werner Schäfer: Zum Totentanz in der Toten- oder Seelenkapelle im Friedhof St. Peter in Straubing, Straubing 1980.

7.5.1
Tod und Kind

„O Tod / o grausamkeit! o nie erhörter Wuth! / Was hat dir Leyds gethan das kaum gebohrne Kind / Fragt euern Vatter nur: der weis es gar zu gut / O theurer Apfel bis: o bittre Frucht der Sünd."

7.5.2
Tod und Greis

„Wo ist das Kind? du must mit mir von hinen gehn / Das Kind? ich bin ein greis. von mehr den Neuntzig Jahren / Ich schwöre bey der grücke. bey meinen grauen haaren. / Was hast du denn gethan? Laß die verdienste sehen."

7.5.3
Tod und Wucherer

„Zehntaußend von den Zinsen:/ Wer rueft? ich hab nicht Zeit / Fünftausend bleiben noch, weit mehr hast du zu zahlen / Bei Gott o Wuecherer:/ fort in die Ewigkeit / Ich fort von meinem Gelde? Was könte schwerer fallen."

7.5.4
Tod und Bettler

„O freudenvoller Blick iezt endigt sich die Not! / Geschwind o Todt! mier der ich alltzeit ohne Klagen. / Ja auch sogar mit Lust die Armen übertragen / Mier öffnest du den Himmel, mich führest du zu gott."

7.5.5
Tod und Lüstling

„Der Tod heiset iezt ein Mörder iezt heist er ein Tyran. / wieso was thut er denn? er scheidet Leib und Seele / Sonst nichts stirzt er den Nicht auch in die Hölle? / O nein:/ das ist was nur die Siend alleine kann:/ So virchtet denn die Siend o Menschen nicht den Tod / den jene stierzt auf ewig auch in die gröste noth."

7.5.6
Tod und Totengräber

„Wer greift Mir in mein ambt!/ Wer soll die grueben füllen? / Der Man der file schon für

7.5.6

andere gegraben / Du du so will es Gott der herr des Lebens haben / gib dich es mus doch seyn geschwynd in seinen willen."

7.5.7
Tod und Pfarrer

„Ich war ein Treyer hirt und weidete mit fleiß / Die liebe Herd:/ so mir mein god und herr gegeben, / Jezt werd ich entlich selbst den Wolf dem Tod zu preis / doch hoffe ich:/ mit dier o mein guter Hirt zu leben."

7.5.8
Tod und Prokurator

„Ja ia [sic] Gerechtigkeit den Armen, wie den Reichen, / Und soll die gantze Welt so-

7.5.7

7.5.9

7.5.12

7.5.9
Tod und Bürger

„O Tod/ bewegen dich der Waisen Thränen nicht? / Soll den der liebste Vatter schon ins Grabe geh'n/: ein frommer Vater geht getrost vor das Gericht / und wird die frommen Kinder einst im Himmel seh'n."

7.5.10
Tod und Handelsmann

„Das reich beladne Schif Lauft glicklich in den port / und was, was nutzt es mich der Tod führt mich schon fort. / O Mensch, bist du gescheid, so Kauffe solche Waaren, / mit welchen du kanst sicher dem Himmels port zufahren."

7.5.11
Tod und Apotheker

„O Wie vill Kreuter säft und geister seind nicht hier/: und Dennoch ist nicht eines das ietzt mir helffen Kan? / Der Tod ruekht wyrklich schon mit großen schritten an / O Kunst o eitle Kunst wie wenig hilffst du mir!"

7.5.12
Tod und Sterndeuter

„Wie? triegen mich die Augen? dort bey des bärens Klauen / Laset mit geflammter Ruthe ein Schröckenstern sich schauen! / Der Kayser ist des Todes! o Reich du fürchte dir! / Du irrest, sagt der tod, izt gehst nur du mit mir."

gleich zu grunde gehn / und ich soll durch den Pfeil des Mörders nun erbleiben / O Rechte der Natur/ was muß ich dort ersehn."

Stift
Reichersberg

Bauern,
drent und herent

In Reichersberg betritt der Besucher historischen Boden. Seit über 900 Jahren leben und wirken hier Augustiner-Chorherren. Reichersberg ist ein Kloster, das nie aufgehoben war, nicht in der Reformationszeit, nicht in der Säkularisation, nicht einmal im Dritten Reich. Sicher, alle diese Epochen haben der Gemeinschaft schwere Lasten aufgebürdet und große Opfer abverlangt, aber es ging immer wieder weiter.

Als Gründungsjahr gilt nach der Überlieferung 1084. Der Edle Wernher war mit Dietburga, einer geborenen Gräfin von Helfenstein, verheiratet. Ihr einziger Sohn Gebhard starb in jungen Jahren, der Legende nach soll er im Inn ertrunken sein. Auf dem gotischen Stiftergrabstein in der Kirche sind diese drei Personen abgebildet.

Unter dem berühmten Propst Gerhoch begann eine über 30 Jahre dauernde Blütezeit. Dieser wurde 1132 vom Salzburger Erzbischof Konrad als Vorsteher nach Reichersberg geholt. Unter der Leitung dieses Propstes erreichte das Stift eine solche Höhe, dass sein Ruf weit in die Lande drang. Acht Bände seiner Psalmenerklärung bilden heute noch den wertvollsten Bestand des Stiftsarchivs. Die Salzburger Erzbischöfe übertrugen ihm damals ein riesiges Seelsorgegebiet an der (damaligen) ungarischen Grenze, in dem die Chorherren heute noch tätig sind.

Das größte Unglück in der Geschichte des Hauses ereignete sich 1624. Damals fiel die gesamte Klosteranlage einem verheerenden Brand zum Opfer. Nur das Archiv mit seinen etwa 2000 Urkunden entging den Flammen.

Der Wiederaufbau gestaltete sich infolge des Bauernaufstandes von 1624 und des Dreißigjährigen Krieges recht schwierig und fand erst um 1700 seinen Abschluss.

Die heutige Anlage, die sich um zwei Höfe gruppiert, kann sich zwar an Größe und Pracht nicht mit anderen österreichischen Stiften messen, besticht aber als architektonisches Kleinod und gibt wegen ihres überschaubaren Charakters das Gefühl des Familiären und der Geborgenheit. Vor allem bietet der äußere Stiftshof mit seinen Arkadengängen, dem marmornen Michaelsbrunnen und den zwiebelgekrönten Erkern einen ungemein freundlichen Anblick.

Unter Propst Ambros Kreuzmayr (1770–1810) kam das Innviertel im Frieden von Teschen 1779 an Österreich. Hier griffen die Reformen Kaiser Josephs II. tief in die alten Traditionen ein. Wie viele andere Klöster wurde auch das benachbarte Chorherrenstift Suben als entbehrlich aufgehoben. Reichersberg wurde als nützlich eingestuft – vielleicht weil es doch seit Jahrhunderten als ausländisches Kloster in Österreich Pfarreien betreut hatte.

In den Franzosenkriegen waren abwechselnd österreichische und französische Militäreinheiten einquartiert. 1810 brach die Cholera aus, der an die 1000 französische Soldaten erlagen. Von 1940 bis 1945 mietete die Deutsche Luftwaffe einen Teil der Gebäude als Fliegerschule, die Chorherren konnten aber ihr klösterliches Leben fortsetzen.

Die Stiftskirche ist seit Joseph II. auch Pfarrkirche. An großen Feiertagen aber strömen von allen Seiten die Menschen herbei. Der Kirchenchor gestaltet die Liturgie mit Messen von Mozart, Haydn, Schubert ... Die Barockkirchen bieten ja mit ihrer Fülle von Licht, Farben und Musik gleichsam ein Stück Himmel auf Erden!

Seit 1956 finden Konzerte statt: im Festsaal, in der Kirche, im Stiftshof. Die Programme enthalten Werke aller Epochen der Musikliteratur bis zur Gegenwart. Auch die Kunst kommt nicht zu kurz. Seit 1966 gibt es Ausstellungen zeitgenössischer Künstler.

In den letzten Jahren ist das Stift zu einem Zentrum der Erwachsenenbildung geworden. Ein reichhaltiges Programm, besonders auch auf dem Gebiet der Brauchtumspflege, steht allen Interessierten zur Verfügung. Für die Kursteilnehmer wurden entsprechende Räume adaptiert.

Die Gemeinschaft zählt zur Zeit 22 Mitglieder: 18 Priester und 4 Junioren. Sie betreuen 14 Pfarren und werden infolge des spürbaren Priestermangels immer stärker in der außerordentlichen Seelsorgearbeit beansprucht.

So erfüllt das Stift auch heute noch seine große Aufgabe und ist nicht nur „totes Gemäuer", das uns vom Glanz vergangener Zeiten erzählt, sondern ein lebendiges Wahrzeichen der Arbeit und des Gebetes und damit auch des Segens, der von alter Klosterstätte ausströmt.

Die Inschrift am Stiftstor gelte als Erbe und Auftrag:

> Herren, Ritter, reisig Knechte, fromme Scharen
> zogen durch dies Tor in neunmal hundert Jahren.
> Dass es fürder gastlich stehe offen:
> Gottes Schutz für unser Haus wir wollen stetig hoffen.

Gregor Schauber

Siegfried Bernkopf

Historische Kulturpflanzen

Das Mansfeldverzeichnis landwirtschaftlicher und gärtnerischer Kulturpflanzen (ohne Zierpflanzen) weist weltweit ca. 4800 Pflanzenarten auf, die als Nahrungs-, Futter-, Gewürz-, Arzneipflanzen oder für technische Zwecke kultiviert werden oder wurden.

Die entsprechende Zahl für das Inngebiet in Oberösterreich und Niederbayern für die Zeit bis 1779 kann auf Grund der äußerst dürftigen, allerdings noch nicht voll ausgeschöpften Quellenlage nicht einmal geschätzt werden. Tatsächlich enthalten z. B. die Urbare und Wirtschaftsaufzeichnungen der Stifte, Urkundenbücher der Bistümer etc. meist nur spärliche Hinweise auf die seinerzeit angebauten Nutzpflanzen. Das im bayerischen Burghausen um 1440 entstandene und im Innviertel aufgefundene Kräuterbuch des Dr. Johannes Hartlieb weist eine größere Zahl an Arzneipflanzen auf, von denen ein Teil auch Nahrungs-, Gewürz- und Futterpflanzen darstellt. Mehr Informationen bieten die landwirtschaftlichen Schriften des deutschsprachigen Raumes, die erst ab 1800 vermehrt erschienen sind. Es ist naheliegend, dass viele dort beschriebenen Nutzpflanzenarten bereits vor 1779 im gegenständlichen Gebiet eine gewisse Verbreitung im Anbau erreicht haben.

Die wohl wertvollste und unverzichtbare Quelle für die Geschichte der Kulturpflanzen Oberösterreichs und teils auch der angrenzenden Gebiete Bayerns sind die Arbeiten des Linzer Agrarbiologen Dr. H. L. Werneck.

Die folgende Darstellung kann in Anbetracht der gebotenen Kürze und der großen Artenvielfalt im Kulturpflanzenbereich trotz Schwerpunktsetzung auf den landwirtschaftlichen Bereich und Verzicht auf die Zierpflanzen nur lückenhaft erfolgen.

Ackerbauliche Kulturpflanzen

Die Hauptgetreidearten Weizen, Roggen, Hafer und Gerste spielen bereits seit der Urgeschichte eine wichtige Rolle als Nahrungs- und Futtermittel sowie für die Strohgewinnung. Die Zehentlisten der Stifte weisen bereits im frühen Mittelalter artenspezifische Getreidedienste auf. Im letzten Drittel des 18. Jahrhunderts gab es u. a. neben dem Gemeinen Weizen, dem Polnischen Weizen und dem Geschwollenen Weizen den damals und heute bereits wieder geschätzten Spelzweizen oder Dinkel. Die wichtigste Brotgetreideart war damals der Roggen und da besonders der Staudenroggen, der Johannisroggen und andere. Bei der Gerste gab es die für Brauzwecke besonders geeignete zweizeilige Sommergerste, weiters die vier- und sechszeilige Wintergerste sowie verschiedenzeilige Nacktgersten. Zu den kultivierten Haferarten zählten u. a. der Gemeine Weiße Glatthafer, der Fahnenhafer, der Rauhafer sowie der Nackthafer. Auch der Mais (Türkisches Korn, Kukuruz) wurde damals schon angebaut. Obwohl nicht zum Getreide im eigentlichen Sinn gehörend, sei auch der Buchweizen erwähnt, im Speziellen der Sibirische (Tatarische) Buchweizen. Angebaut wurden weiters Rispen- und Kolbenhirsen, Felderbsen, Pferdebohnen, Linsen und vieles mehr.

Was die Futtergewächse betrifft, so sind hier zunächst die Futtergräser (z. B. verschiedene Raygräser, Wiesenfuchsschwanz etc.), weiters diverse Kleearten (Weißklee, Rotklee, Luzerne, Hopfenklee etc.) zu nennen. Inwieweit der Anbau verschiedener Futterrüben praktiziert wurde, ist derzeit noch fraglich.

Der Kartoffelanbau war vor 1779 erst am Beginn seiner Entwicklung. Vereinzelt wurden Erdbirnen (Topinambur) angebaut. Sehr frühe Belege gibt es für den Anbau von Weißkraut und Mohn.

Werneck eruierte, dass es bereits zwischen 1220 und 1240 Weißkrautdienste von Bauernhöfen in Königseich (Neukirchen/Enknach) und Ebenthal (Schwandt) gab. Weißkraut scheint auch im Kräuterbuch des Dr. Hartlieb auf. Weitere Belege weisen das Ebersberger Mautregister von 1482–1487 (Krautfässer aus Schärding als Schiffsladung donauabwärts) und die Zehentordnungen des Landes von 1536–1782 auf. Dienste von Mohn (Mogen, Magen, Papaver) gab es 1278 in Cholbermos (Amt Überackern bei Braunau) und Sintzing bzw. Puech (Amt Neukirchen bei Braunau). Was den Lein betrifft, so gibt es auch frühe Belege. Leindienste sind nachweisbar: 1278 in Lintach und Mayerhof (Amt Haselbach bei Braunau), 1303 in Moroltzdorf, Weidenbach, Staudäch (Amt Kollbach bei Eggenfelden) sowie in Stempelhub, Perchaim, Prauching und Obern-Julbach (Amt jenseits des Inn).

Arznei- und Gewürzpflanzen

Hier soll primär auf das Kräuterbuch des niederbayerischen Arztes Dr. Johannes Hartlieb hingewiesen werden, der um 1440 als Bediensteter des bayerischen Herzogs Ludwig des Bärtigen in Burghausen dieses Werk verfasste. Die in Obermuhrham (Weilbach bei Reichersberg) aufgefundene Schrift enthält Beschreibungen und färbige, stilisierte Abbildungen von 112 Arzneipflanzen. Neben den klassischen Heilpflanzen, wie z. B. Salbei, Brennnessel, Käsepappel, Pfefferminz, Pilsenkraut etc., sind viele Arten enthalten, die auch als Nahrungspflanzen (z. B. Weizen, Dinkel, Roggen, Reis, Hirse, Haselnuss, Linse, Salat, Mohn etc.), als Gewürzpflanzen (z. B. Origanum, Kümmel, Petersilie, Majoran, schwarzer Senf etc.) oder als Futterpflanzen (z. B. Klee, Rübe etc.) genutzt wurden.

Hopfen, Obstbäume und Weinreben

Laut Werneck hat es bereits um 1180 zwischen Salzburg und Burghausen Anbau von Hopfen gegeben, und er erwähnt auch die Anbindung dieses Hopfen-

Abb. 1   *Mohn, Kräuterbuch Dr. Hartlieb, um 1440*

baugebietes über Gars am Inn an jenes von Freising bis in die Hallertau.

Der landwirtschaftliche Obstbau war vom Mittelalter bis um 1800 herum nur sehr gering entwickelt. Einen Aufschwung gab es erst, als der später als Pomologe berühmtgewordene Apotheker Dr. Georg Liegel 1803 seine Tätigkeit in Braunau aufnahm. Eine weit über Niederbayern hinausgehende Wirkung hatte auch die von Engelbert Fürst gegründete Gartenbaugesellschaft zu Frauendorf. Was die Sorten betrifft, so gibt es kaum Belege. Die heute in der Region weit verbreitete Apfelsorte „Plankenapfel" („Blongara"), von der eine bessere Varietät später „Schmidbergerrenette" getauft wurde, hat es bereits vor 1779 dort gegeben. Dass es in den Stiftsgärten bereits im Mittelalter Tafelobst gab, beweist ein Schreiben des Herzogs Wilhelm von Bayern an das Stift Reichersberg (datiert mit 5. 10. 1578), das auch die Bitte um Übersendung von Edelreisern enthält.

Im Gegensatz zum Obstbau war der Weinbau laut Werneck schon sehr früh entwickelt. Im Jahre 898 schenkt Kaiser Arnulf bei Erbauung der Kapelle zu Rantersdorf (Ranshofen) Weingärten. 1025 besitzt das Bistum Freising Weingärten zu Ranshofen. 1041 erhält das Domstift St. Peter vier Weinberge in Roßessing. 1117 besitzt die Salzburger Vogtei drei Weingärten in Prienbach. Das Stift Reichersberg besitzt 1084 Weinberge in St.Martin/Antiesen, 1195 in Beneventenreuth (Lambrechten) und 1407 in Antiesenberg. Das Stiftbuch von Erasmus von Aham (Herrschaft Wildenau) weist 1438 64 weinzehentpflichtige Grundholden in heute zum Innviertel gehörigen Gemeinden auf. Ab ca. 1500 ging der Weinbau stark zurück, was vermutlich auf eine fortschreitende Klimaverschlechterung zurückzuführen ist.

Literatur

Anonym: Entwurf eines Unterrichts für die Landjugend in der Feldwirtschaft, Hauswirtschaft, Naturgeschichte und Technologie, München 1804

Beckmann, Johann: Grundrisse der teutschen Landwirtschaft, Göttingen 1783

Lenk, Michael: Monathliche Oekonomie oder Land- und Hauswirtschaft, München 1791

Schiffmann, Konrad: Die mittelalterlichen Stiftsurbare des Landes ob der Enns, Teil I, Wien und Leipzig 1912, Teil IV, Wien 1925

Trautmann, Leopold: Versuch einer wissenschaftlichen Anleitung zum Studium der Landwirtschaftslehre, Band 2, Wien 1811

Werneck, Heinrich L.: Die naturgesetzlichen Grundlagen des Pflanzen- und Waldbaues in Oberösterreich, Wels 1950

Werneck, Heinrich L./Speta, Franz (Hrsg.): Das Kräuterbuch des Johannes Hartlieb, Graz 1980

Michael Hohla

Kostbarkeiten der heutigen Flora am unteren Inn

Der Zufall will es, dass gerade ein Augustiner-Chorherr vom Stift Reichersberg, Leopold Reuss, im Jahr 1819 die erste Gebietsflora Oberösterreichs verfasste, die „Flora von Reichersberg". Einige Jahrzehnte später war es dann ein Professor am Gymnasium in Ried im Innkreis, Franz Vierhapper, der mit seinem „Prodromus einer Flora des Innkreises in Oberösterreich" (1885–1889) eine wichtige Grundlage für das Wissen um unsere hiesige Pflanzenwelt schuf. Vieles hat sich seither verändert, wie sich im Zuge der Arbeiten an einer neuen Flora des Innviertels herausstellte. Man darf also ruhig etwas wehmütig werden, wenn man den Vergleichen von Hohla (2002b) mit jener Pflanzenwelt folgt, die Leopold Reuss vor fast 200 Jahren in Reichersberg vorfand.

In diesem Beitrag soll aber weniger den Verlusten nachgetrauert werden. Vielmehr wird die Gelegenheit genützt, um die verbleibenden wertvollen Biotope der Landschaft am Inn im Rahmen der Landesausstellung vorzustellen:

Beginnen wir mit den Leitenwäldern am unteren Inn. Diese herrlichen Mischwälder heben sich wohltuend von den Fichtenmonokulturen der umgebenden Wälder ab. Sie treten in verschiedenen Zusammensetzungen auf: Entlang der Salzach sind es vor allem die Buchen-Mischwälder, am unteren Inn dann häufiger Eschen-Bergahorn-Wälder, stellenweise mit Resten von Eichen-Hainbuchen-Wäldern. Zu den Bewohnern dieser Leiten (Böschungen) zählen unter anderem der attraktive Türkenbund (*Lilium martagon*), die Frühlings-Platterbse (*Lathyrus vernus*), der Echte Seidelbast (*Daphne mezereum*), das Leberblümchen (*Hepatica nobilis*), und auch so manche Orchidee verbirgt sich dort. Sogar der Mittlere Lerchensporn (*Corydalis intermedia*) konnte dort vor kurzem mehrfach gefunden werden, erstmalig im Innviertel. Diese Pflanzen zeigen sich vor allem im Frühling und Frühsommer, später weichen sie dem dichten Blätterdach. Viele davon haben eine „Vorliebe" für Kalk, welcher mit Ausnahme des Sauwaldes reichlich in unseren Böden gebunden ist.

Diese Leiten verdanken ihre Entstehung den nacheiszeitlichen Flüssen Inn und Salzach. Unmengen von Schmelzwasser schliffen tiefe Furchen in diese Land-

schaft. Sie hinterließen die heutigen Terrassen mit ihren Böschungen. Einige Pflanzen aus dem Gebirge haben sich bis heute an den nord- bis nordwestseitigen schattigen Leitenwäldern halten können. Man spricht von dealpinen Arten. Viele tausend Jahre haben sich diese Eiszeit-Relikte an gewissen Stellen versteckt, wie z. B. die Hirschzunge (*Asplenium scolopendrium*) und der Lanzen-Schildfarn (*Polystichum lonchitis*) an einer Leite am unteren Inn. Die stellenweise auftretenden Konglomerat-Anrisse bieten vielen weiteren Farnen reichlich Lebensraum. Andere Gebirgsbewohner, wie etwa der Hainsalat (*Aposeris foetida*), die Zyklame (*Cyclamen purpurascens*) und der Schweizer Moosfarn (*Selaginella helvetica*), begleiten die Salzach- bzw. Innhänge zum Teil bis in tiefste Lagen. Manche werden auch noch heute gelegentlich durch die jährlichen Hochwässer mitgerissen und an den Ufern angeschwemmt, so etwa der Bunt-Schachtelhalm (*Equisetum variegatum*), die Alpen-Gänsekresse (*Arabis alpina*) und das Alpenmaßlieb (*Aster bellidiastrum*).

Charakteristisch für die Leiten in unserem Gebiet sind die zahlreichen Hangquellen. An der Oberkante von wasserundurchlässigen sandig-tonigen Schichten tritt das Sickerwasser aus. Spezielle Moose entziehen dem Wasser Kohlendioxid. Das austretende Wasser verliert daher den Kalk. Es bildet sich Tuff, stellenweise sogar in mächtigen Lagern. Viele Kirchen, Burgen und alte Mauern im Innviertel sind aus diesem Material gebaut, welches vor allem an den Salzachleiten abgebaut wurde. Diese Kalktuffquellen gehören zu den EU-weit „prioritären Lebensraumtypen", sind also im höchsten Grad schützenswert (vgl. Ellmauer und Traxler, 2000). Ein typischer Bewohner solcher Tuffquellen, das Pyrenäen-Löffelkraut (*Cochlearia pyrenaica*), gilt bei uns als „vom Aussterben bedroht". Es kommt heute in Oberösterreich nur mehr im Gebiet des Inn ganz versteckt an zwei Stellen vor.

Ein weiteres Kernstück der Landschaft am Inn sind die Auwälder mit ihren Altarmen, Wassergräben und Teichen. Die gravierendsten und nachhaltigsten Veränderungen im Gebiet waren bei uns die große Regulierung des wilden „Aenus" (so ein alter Name für den Inn) Mitte des 19. Jahrhunderts und vor allem der Bau der Kraftwerke. Man hatte den einst mächtigen, verzweigten, ständig hin- und herpendelnden Fluss gezähmt. Aus Hochwasserschutzgründen und zur Stromgewinnung wurden damals Flüsse begradigt, kanalisiert und mit Dammbauten und Staustufen ausgerüstet. Dadurch erhöhte sich die Fließgeschwindigkeit und das Flussbett wurde tiefer ausgewaschen. Der Grundwasserspiegel sank durch die Eintiefungen beträchtlich. Es folgte meist ein Austrocknen der Auen. Außerdem schrumpften sie auf Restbestände, und die reinigenden, nährstoffbringenden Überflutungen fanden ein Ende. Nicht umsonst gilt der natürliche Auwald heute als einer der am meisten bedrohten Lebensräume. Als Symbol dafür wurde die Silberweide (*Salix alba*) 1999 zum Baum des Jahres erklärt.

Trotz all dieser Eingriffe und dem Aufforsten durch Hybrid-Pappeln (*Populus x canadensis*) und Fichte (*Picea abies*) gehören die Rest-Auwälder am Inn und an der Salzach auch heute noch zu den wertvollsten Naturräumen des Innviertels. Seltene Pflanzen wie etwa die Borsten-Karde (*Dipsacus pilosa*) und das in Oberösterreich vom Aussterben bedrohte Gelbe Zypergras (*Cyperus flavescens*) deuten dies an. Vor allem die üppige Frühlingsflora ist wahrlich zauberhaft. Zu den typischen Frühlingsboten in den Innauen zählen auch z. B. das Gelbe Windröschen (*Anemone ranunculoides*), der Gefleckte Aronstab (*Arum maculatum*) und die unscheinbar blühende Haselwurz (*Asarum europaeum*). Um Braunau und auch an der Salzach um Ostermiething sind es noch tausende von echten Schneeglöckchen (*Galanthus nivalis*) und Zweiblatt-Blausternen (*Scilla bifolia*), die den Frühlingsausflug zum Erlebnis werden lassen. Auch der Duft von Bärlauch (*Allium ursinum*) liegt an sonnigen Tagen über den Auen.

In den Sickergräben und Teichen fluten noch Wiesen seltenster Unterwasserpflanzen, etwa der Astlose Igelkolben (*Sparganium emersum*), verschiedene Wasserhahnenfuß-Arten (*Ranunculus circinatus, R. trichophyllus,* usw.), die Untergetauchte Wasserlinse (*Lemna trisulca*), die Echte Brunnenkresse (*Nasturtium officinale* agg.), die Berle (*Berula erecta*), der Sumpf-Wasserstern (*Callitriche palustris* agg.) und viele weitere. In den Mündungsbereichen und Altwässern mischen sich neben dem Großen Nixenkraut (*Najas marina*) noch einige andere rare Wasserpflanzen dazu: Laichkräuter (*Potamogeton berchtoldii, P. perfoliatus, P. crispus*), Tausendblatt (*Myriophyllum* spp.*), das Rauhe Hornblatt (*Ceratophyllum demersum*), Tannenwedel (*Hippuris vulgaris*) u. a. Mit dem Großen Wasserschlauch (*Utricularia australis*) stellt sich sogar eine

fleischfressende Pflanze ein. Kommt jedoch das kalte, trübe Gebirgswasser des Inn („Gletschermilch") dazu, ist es meist Schluss mit dieser Unterwasserflora.

Auch kleine Wiesenbäche können mit Überraschungen aufwarten, wie der österreichweit einzigartige Pinselblatt-Wasserhahnenfuß (*Ranunculus penicillatus*) in Bogenhofen (St. Peter am Hart) beweist. Ein Teppich an zarten weißen Blüten liegt dort an der Wasseroberfläche und folgt dem Spiel der Wellen.

Wenden wir uns nun den trockenen Böschungen der Leitdämme zu: Sie beherbergen zahlreiche Pflanzen der einstigen mageren Ackerraine und Wiesenböschungen, die es in dieser Region ja fast nirgends mehr gibt. Ein sommerbuntes Blütenmeer mit vielen Raritäten erwartet den Naturfreund. Das Helm-Knabenkraut (*Orchis militaris*) z. B. kommt an den Inndämmen so reichlich vor wie kaum an einem anderen Ort in Oberösterreich und Bayern. Der Große Klappertopf (*Rhinanthus serotinus*), das zarte Zittergras (*Briza media*), die leuchtende Karthäuser-Nelke (*Dianthus carthusianorum*), die elegante Tauben-Skabiose (*Scabiosa columbaria*), die Glanz-Wiesenraute (*Thalictrum lucidum*), die duftige Moschus-Malve (*Malva moschata*), der Natternkopf (*Echium vulgare*), die Gelb-Resede (*Reseda lutea*) und eine Reihe weiterer Arten verstehen es, die Blicke von Spaziergängern und Radfahrern auf sich zu lenken.

In den Stauräumen oberhalb der Innkraftwerke lagerten sich im Laufe der Jahrzehnte nach der Errichtung der Staumauern riesige Mengen von Schlamm an. Durch Verlandungen entstanden neue Inseln, und eine artenreiche Lebensgemeinschaft stellte sich ein. Besondere Pflanzen und vor allem auch viele seltene Wasservogelarten nahmen diese Sandbänke und Flachwasserzonen dankbar an. Die Pflanzen, die diese Verlandungszonen nun bewohnen, zählen zu den großen Kostbarkeiten der heimischen Flora: Als Pionier besiedelt z. B. die Wurzelnde Waldbinse (*Scirpus radicans*) – derzeit ziemlich einzigartig in Oberösterreich – das Innufer bei Mühlheim am Inn. Das Quellgras (*Catabrosa aquatica*), das Schlammkraut (*Limosella aquatica*), die Nadel-Sumpfbinse (*Eleocharis acicularis*), die Zypergras-Segge (*Carex pseudocyperus*), die wärmeliebende Reisquecke (*Leersia oryzoides*), die Borsten-Moorhirse (*Isolepis setacea*), der mächtige Teich-Ampfer (*Rumex hydrolapatum*), die Frosch-Simse (*Juncus ambiguus*), das Braune Zypergras (*Cyperus fuscus*), der Graue Gänsefuß (*Chenopodium glaucum*), der Gefährliche Hahnenfuß (*Ranunculus sceleratus*)

Abb. 1 *Die Hirschzunge* (Asplenium scolopendrium) *als Eiszeitrelikt an einer Leite am unteren Inn*

Abb. 2 *Ein reichlicher Bestand des seltenen Großen Nixenkrautes* (Najas marina) *in der Au bei Schickenedt (St. Peter am Hart)*

Abb. 3 *Kalktuffquellen mit dem Riesen-Schachtelhalm* (Equisetum telmateia) *wie bei der Bründlkapelle in Viehausen (Antiesenhofen) gehören zu den EU-weit prioritären Lebensräumen*

Abb. 4 *Das in Oberösterreich vom Aussterben bedrohte Pyrenäen-Löffelkraut* (Cochlearia pyrenaica) *gibt es in unserem Bundesland nur mehr versteckt an zwei Stellen*

Abb. 5 *Das erste gesicherte Vorkommen des Pinselblatt-Wasserhahnenfußes* (Ranunculus penicillatus) *in Österreich im Dorfbach von Bogenhofen (St. Peter am Hart)*

Abb. 6 *Eine prachtvolle Kulisse bilden die Pflanzen auf den Anlandungen wie hier in der Reichersberger Au*

und das Ufer-Reitgras (*Calamagrostis pseudophragmites*) stellen nur eine kleine prominente Auswahl dieser wertvollen, z. T. hochgradig gefährdeten Flora dar. Üppig und prachtvoll werden die Schlammbänke im Spätsommer durch den Blutweiderich (*Lythrum salicaria*), das Zottige Weidenröschen (*Epilobium hirsutum*) und den Nickenden Zweizahn (*Bidens cernuus*) rosa und gelb verzaubert. Mit der Gauklerblume (*Mimulus guttatus*) und dem Schwarzfrucht-Zweizahn (*Bidens frondosus*) haben sich zwei weitere Neubürger aus Nordamerika dauerhaft angesiedelt.

Man soll jedoch nicht vergessen: Die heute großteils unter Naturschutz stehenden, wichtigen Flächen des Naturschutzreservates „Unterer Inn" sind eigentlich Paradiese aus „zweiter Hand". Fauna und Flora der ehemaligen natürlichen Fließstrecke sind Geschichte, wichen fast überall einer künstlichen Fluss- bzw. sogar Seenlandschaft. Die vielen Schotterinseln sind verschwunden, mit ihnen die so typischen Bewohner dieser Plätze. An dieser Stelle sei stellvertretend die Deutsche Tamariske (*Myricaria germanica*) erwähnt, die heute in unserem Bundesland als ausgestorben gilt.

Die meisten Feuchtwiesen wurden entwässert, viele Laubwälder in Fichtenforste umgebaut, magere Blumenwiesen und -böschungen weggedüngt, Grünflächen verbaut ... Als Ersatzlebensräume haben die betroffenen Pflanzen- und Tierarten oft auch künstliche („anthropogene") Standorte als Zufluchtsstätten gewählt: die zahlreichen Schottergruben, Straßenböschungen, Bahnanlagen, Friedhöfe usw. Neben dem Bewahren der schützenswerten klassischen Biotope dürfen auch diese Alternativen nicht aus den Augen gelassen werden, da eine Rückkehr in die Vergangenheit unserer Landschaft nur mehr gedanklich möglich ist.

Wissenschaftliche und deutsche Pflanzennamen richten sich weitgehend nach der „Exkursionsflora von Österreich" (Adler u. a. 1994). *Gefährdungsgrade gelten für das Bundesland Oberösterreich und wurden der aktuellen „Roten Liste gefährdeter Farn- und Blütenpflanzen Oberösterreichs" (Strauch, 1997) entnommen. Nähere Informationen über die einzelnen Funde siehe Hohla (2000, 2001, 2002a und 2003) sowie Hohla (in Druck). (Die Fotos stammen ebenfalls vom Autor.)*

Literatur

Adler, Wolfgang/Fischer, Manfred A. (Hrsg.) u. a.: Exkursionsflora von Österreich. Stuttgart/Wien 1994

Ellmauer, Thomas/Traxler, Andreas: Handbuch der FFH-Lebensräume Österreichs. Umweltbundesamt-Monographie 130, Wien 2001

Hohla, Michael: Beiträge zur Kenntnis der Flora des Innviertels und des angrenzenden Bayerns, in: Beitr. Naturk. Oberösterreichs 9 (2000) S. 251 - 307

Hohla, Michael: *Dittrichia graveolens* (L.) W. Greuter, *Juncus ensifolius* Wikstr. und *Ranunculus penicillatus* (Dumort.) Bearb. neu für Österreich und weitere Beiträge zur Kenntnis der Flora des Innviertels und des angrenzenden Bayerns, in: Beitr. Naturk. Oberösterreichs 10 (2001) S. 275 - 353

Hohla, Michael: *Agrostis scabra* Willd. neu für Oberösterreich sowie weitere Beiträge zur Kenntnis der Flora des Innviertels und Niederbayerns, in: Beitr. Naturk. Oberösterreichs 11 (2002a) S. 465 - 505

Hohla, Michael: „Flora von Reichersberg". Reuss 1819 einst und jetzt – (k)ein Vergleich!, in: ÖKO-L Zeitschrift für Ökologie, Natur- und Umweltschutz 24/2 (2002b) S. 17 - 23

Hohla, Michael: Leitenwälder im Innviertel - gefährdete Kostbarkeiten einer geplünderten Landschaft, in: Bundschuh 6 (2003) S. 152 - 162

Reuss, Leopold: Flora von Reichersberg. Passau 1819

Strauch, Michael (Hrsg.): Rote Liste gefährdeter Farn- und Blütenpflanzen Oberösterreichs und Liste der einheimischen Farn- und Blütenpflanzen Oberösterreichs, in: Beitr. Naturk. Oberösterreichs 5 (1997) S. 3 - 63

Vierhapper, Friedrich: Prodromus einer Flora des Innkreises in Oberösterreich, Teile 1 - 5. Jahrbuch d. k.u.k. Stiftsgymnasium Ried i. I. XIV - XVIII (1885 - 1889)

Josef H. Reichholf

Der untere Inn

Rückblick auf ein Jahrtausend Flussgeschichte

Zwei höchst ungleiche Flüsse treffen sich in Passau und werden dabei zur eigentlichen Donau: Der größere, an Wasser reichere ist der Inn, aber die Talführung hat die Donau. Mit 510 km seit seinem Ursprung in den Hochalpen der Schweiz im Engadin hat der Inn auch schon rund 100 km mehr an Länge als die Donau beim Zusammenfluss in der „Dreiflüsse-Stadt", wo auch noch die Ilz hinzu kommt und somit tatsächlich drei recht unterschiedliche Wasser zu einem Strom vereint werden. Im Sommer, von Mitte oder Ende Mai bis in den August hinein, lassen sich ihre drei Wasser beim Blick von oben klar unterscheiden: Milchig weiß bis hell bräunlich schiebt der Inn seine Wassermasse in die viel klarere „blaue" Donau hinein und drängt sie hinüber auf die andere Flussseite, wo das fast schwarze Wasser der Ilz als schmales Band entlang zieht. „Gletschermilch" nennen die Anwohner das trübe Innwasser. Tatsächlich sind es – wie die Fettkügelchen in der Milch – aufgeschwemmte, feinste Gesteinsteilchen, die vom wirbelnden und strömenden Innwasser in der Schwebe gehalten werden und die kennzeichnende Farbe geben. Sie verrät das Haupteinzugsgebiet: Gletscher und Bäche der Zentralalpen von der Schweiz durch die österreichischen Alpen bis zum Austritt aus den Bergen bei Kufstein.

Der Inn führt daher nicht nur sehr stark mit Schwebstoffen angereichertes, sondern auch sehr kaltes Wasser, das selbst in warmen Sommern kaum mehr als 15 Grad Celsius erreicht. Von Mai bis August führt er, mit Höchstwerten im Juli, das meiste Wasser – mit 2000 Kubikmetern pro Sekunde fast das Zehnfache des winterlichen Niedrigwassers. So fallen auch die meisten der starken Hochwässer in die Sommermonate. Wie etwa 1954, als seine Fluten 6000 Kubikmeter pro Sekunde erreichten und große Verheerungen den ganzen Lauf entlang und darüber hinaus donauabwärts verursachten. Das letzte große Hochwasser von Anfang August 2002 erreichte die Höhe jener Flut nicht. Aber noch viel größere hatte es in den früheren Jahrhunderten gegeben. Die Hochwassermarken in Schärding und in anderen Innstädten zeugen davon. Dort reichte das größte aller registrierten Hochwässer im Jahre 1598 noch weit über jenes von 1954 hinaus.

Die Hochwassermarken verweisen auf eine wechsel-

volle Geschichte des Inns und der Natur an diesem größten Alpenfluss. Sie verknüpfen damit auch die wirtschaftlichen und kulturellen Entwicklungen der Menschen, die über die Jahrhunderte am Inn und vom Inn lebten. Das vergangene Jahrtausend stellt zwar nur ein winziges Stück in der gesamten Zeitspanne dar, seit es den Inn gibt, aber sicherlich das für uns und unsere Zeit bedeutendste. Viel früher war kein Mensch Zeuge, als sich der Ur-Inn und die Ur-Donau in das Urgesteinsmassiv des Böhmerwaldes hineinsägten und ihre Durchbruchstäler vor Passau schufen – die Vornbacher Enge mit ihrer wildromantischen Flussschlucht im Fall des Inns. Damals gab es noch keine Menschen. Aber vor mehr als 10 000 Jahren könnten spät- und nacheiszeitliche Jäger und Sammler die gigantischen Fluten schaudernd gesehen haben, die von den abschmelzenden Gletschern am Ende der letzten Eiszeit den Inn hinabrauschten und das Inntal in seinem heutigen Zustand geschaffen hatten. Verglichen damit muten die höchsten Hochwässer des letzten halben Jahrtausends wie kleine Flutwellen in der Normalwasserführung an, müssen jene doch 20-, 30- oder vielleicht über 50-tausend Kubikmeter Wasser pro Sekunde gebracht haben, Mengen, die mit dem heutigen Amazonas vergleichbar wären!

Doch bereits zur Zeit der Kelten und der Römer, von deren Leben am Inn sehr viele Funde Zeugnis geben, war der Inn vergleichsweise zahm geworden, auch wenn ihn die Römer noch, ob seiner Wildheit, „Aenus" nannten, den „Schäumenden" also. Der Name mag schon von den Griechen stammen, bei denen er wohl „Ainos" hieß, was Ähnliches bedeutet und gleichzeitig auch „riesig" heißen konnte. Reißend und turbulent dürfte der Inn in jenen Zeiten vor zwei bis zweieinhalb Jahrtausenden gewesen sein. Ungleich ruhiger und gleichmäßiger strömte die Donau.

Das änderte sich mit der nachhaltigen Verbesserung des Klimas im Hochmittelalter, als es vor 1000 Jahren auch nördlich der Alpen so warm wie gegenwärtig südlich davon, am Mittelmeer, geworden war. Die Gletscher in den Alpen verschwanden fast vollständig – und mit ihrem Schwund ging die Wasserführung des Inns zurück. Er wurde jetzt für Jahrhunderte eine „gute" Wasserstraße, die den niedrigen, sicheren Brennerpass als Hauptübergang über die Zentralalpen für die Transporte nach Osten und Nordosten umfassend nutzbar machte.

In dieser Zeit besonders warmen Klimas wanderten aber nicht nur Menschen über den Brenner und den Inn entlang, sondern auch viele Tiere und Pflanzen, für die sich nördlich der Alpen nun günstige Lebensmöglichkeiten auftaten. Einige wenige überlebten die folgenden Jahrhunderte in kleinen Restvorkommen bis in unsere Zeit: Die Äskulapnatter (*Elaphe longissima*) z. B., unsere größte, gleichwohl aber ungiftige Schlange, und höchstwahrscheinlich auch die flinke, schmucke Mauereidechse (*Podarcis muralis*). Als Kriechtiere können sie sich nicht so schnell ausbreiten und wieder zurückziehen wie die Vögel, die sicherlich mit einer ganzen Reihe südlicher Arten während der warmen Jahrhunderte entlang des Inns verbreitet waren und Kontakt mit ihren Artgenossen bekamen, die von Südosten her, die Donau aufwärts, ihren Weg genommen hatten.

Nach einem kürzeren Zwischenspiel einer Kälteperiode, die einige Jahrzehnte dauerte, wurde es jedoch ernster mit der Klimaverschlechterung. Ende des 16., Anfang des 17. Jahrhunderts fing die „Kleine Eiszeit" an, die bis ins 19. Jahrhundert andauerte und tief greifende Folgen nach sich zog. Die Gletscher wuchsen wieder stark an und erreichten neue Höchststände in den Alpen. Winter von einer heute kaum mehr vorstellbaren Kälte erzeugten - als Tauwetter einsetzte - gewaltige, vernichtende Eisstöße, und es kamen die größten in den letzten 1000 Jahren registrierten Hochwässer zustande; Fluten, die um ein Mehrfaches größer waren und viel länger anhielten als die stärksten Hochwässer des 20. Jahrhunderts! Sie prägten auf ihre Weise das Inntal neu. Die Eisstöße rasierten die Inseln im Fluss. Die Fluten hielten die Kiesbänke in Bewegung und so machten Eis und Wasser das eigentliche, reich verzweigte und von Inseln durchsetzte Flussbett offen und begehbar. Die Treidel-Schifffahrt wurde zum wichtigsten Transportmittel auf dem Inn. Uferwege ließen sich befestigen und von allzu rasch aufkommendem Bewuchs freihalten.

Pferdegespann um Pferdegespann, „Rott" genannt, kämpfte im Sommer mühsam gegen den angeschwollenen Fluss. Die besten Zeiten für die Treidel-Schifffahrt waren sicherlich die Frühjahrs- und Herbstmonate vor und nach dem sommerlichen Höchststand der Fluten, die es oftmals den Pferden unmöglich machten, auf den Uferwegen noch Fuß zu fassen. In den Eiswintern aber zerbarsten Bäume krachend wie Kanonendonner, wenn der Frost allzu scharf geworden war.

In diesen Jahrhunderten markieren äußerlich sichtbar offene Kiesbänke und lichter Bewuchs in den Auen das Bild des Inns. Im Wasser aber waren es die eindrucksvollen und höchst ergiebigen Fischzüge, die zu bestimmten Zeiten flussaufwärts zu den Laichplätzen gerichtet waren. Da mag auch noch der eine oder andere Riese aus der Donau, ein Hausen - sicherlich aber kaum minder gewaltige Waller und Huchen - im Inn vorgekommen sein. Denn der Fluss hatte noch etwas Lebenswichtiges, was ihm nach seiner fortschreitenden Regulierung Ende des 19. und Anfang des 20. Jahrhunderts genommen wurde - die weiten Auen! Aus ihnen gelangte das Laubwerk in den kalten und im Sommer so schwebstoffreichen Inn und versorgte ihn mit dem, was die Kleintierchen auf dem Kies und im Sand brauchten und in Nahrung für die Fische umwandelten.

Die Viehhaltung am Inn, insbesondere Tausende Pferde, die für die Bergfahrt der Plätten als Zugkraft gebraucht wurden, und die Schafe, die zur Beweidung der Auen im Herbst und Winter durchgetrieben worden waren, gaben ihren Teil für die „Ernährung" des von seinem Wasser her eher wenig produktiven Flusses dazu.

Bis in die zweite Hälfte des 20. Jahrhunderts zogen daher Fische verschiedenster Arten in Massen den Inn hinauf und die Flussfischerei war ein Privileg, von dem heute noch „uralte" Koppelfischerei-Rechte zeugen. Natürlich floss Jahrhunderte lang auch alles Abwasser aus den Innstädten ungeklärt in den Fluss; die Salzach als größter Nebenfluss brachte die entsprechende „düngende Fracht" von Salzburg mit. Ein sauberer Fluss kann nicht „produktiv" sein - ein produktiver nicht sauber! Diese Gegebenheit trifft genau so zu draußen im Vorland, in den Auen, den Auwiesen und -feldern. Es war das Hochwasser, das immer wieder düngte und die Auen, die ganze Flussniederung, so überquellend produktiv gehalten hatte. Aber auch so unsicher, weil die Fluten oft genug gerade vor der Ernte kamen! Zu oft, um die Niederungen dauerhaft unter den Pflug zu nehmen. Weidewirtschaft musste den Getreideanbau ersetzen, der in den guten Jahrhunderten davor, während des „mittelalterlichen Klima-Optimums", vor allem im niederbayerischen Inntal so ertragreich gewesen war, dass in Aigen am Inn ein großer, an ein italienisches Kastell erinnernder

Getreidespeicher, der „Zehentstadel", errichtet worden war, im Nachklang an diese „gute Zeit". Das umgebende Land gehörte dem Bischof von Passau und der Zehent war in diesem Gebäude gelagert worden.

In den Jahrhunderten der „Kleinen Eiszeit" trug die Wallfahrt nach Aigen bald mehr ein und wurde viel wichtiger als die Lagerung von Getreide. Die Zeiten waren mit der Klimaveränderung anders geworden. Und die Tier- und Pflanzenwelt änderte sich entsprechend. Das feuchte Auenvorland wurde sogar vom Birkwild besiedelt. Eine vielleicht letzte Birkhenne (*Tetrao tetrix*) wurde noch um 1960 gesichtet. Da waren aber andere Veränderungen bereits wirksam geworden: Die Begradigung des Inns, die auch eine klare Grenzziehung ermöglichte, beschleunigte den Fluss auf fast das Doppelte seiner Fließgeschwindigkeit. Und mit weiten Schleifen, großen Seitenarmen und einer Vielzahl kleiner und kleinster Gerinne war es nun, ab etwa den 30er Jahren des 20. Jahrhunderts, vorbei.

Als am unteren Inn 1942/43 die ersten beiden großen Staustufen in Betrieb genommen wurden (Ering-Frauenstein und Egglfing-Obernberg), hatte sich der Inn bereits mehrere Meter tiefer in sein Bett eingegraben. Die Folge davon war, dass der Grundwasserspiegel absank und die Auen stellenweise trocken fielen. „Brennen" nannte man diese Trockenzonen in den Auen. Die Böden außerhalb der Auen, wo den Kies aus der Endphase der Eiszeit nur etwa zwei Handbreit dicke Humusschichten deckten, verschlechterten sich. Viele Altwässer fielen trocken und aus ehemals großen Seitenarmen des Flusses waren stehende, rasch verschilfende und versumpfende Altwasser-Ketten geworden.

Doch mit dem Bau der Staustufen zwischen 1942 und 1965 kam es erneut zu großen Veränderungen. 1954 war mit der Stufe Simbach-Braunau auch das Mündungsgebiet der Salzach mit eingestaut worden. Seither besteht der gesamte untere Inn aus einer lückenlosen Kette von Stauseen.

Es war und ist wiederum die Natur des Inns, die sich durchsetzte und mit den gewaltigen Mengen an Schwebstoffen die Becken der Stauseen rasch – innerhalb eines guten Jahrzehnts – auffüllte. In den Monaten Juni und Juli bringt der Inn allein rund zwei Millionen Tonnen Schwebstoffe aus den Bergen mit; im Jahresdurchschnitt sind es 2,5 bis 3 Millionen Tonnen! Aber starke Hochwässer können diese Menge mehr als verdoppeln. Daher verlandeten die Stauseen schnell und mit der Verengung des Durchfluss-Querschnittes

musste die Strömung wieder zunehmen. War sie ursprünglich mit dem Einstau auf nur noch 20 Zentimeter pro Sekunde abgebremst, so stieg sie nach der weitgehenden Auffüllung wieder auf das Doppelte bis Dreifache davon an. Ablagerung und Abtransport halten sich nun in etwa die Waage, je nachdem, wie in den verschiedenen Jahren die Wasserführung ausfällt. Sichtbar wurde dieser Vorgang im Auftauchen von Sandbänken und der Entwicklung von Inseln, auf denen bald ein dichter Auwald zu wachsen anfing. Gegenwärtig, rund ein halbes Jahrhundert nach Beginn dieser neuen Entwicklung, tragen die Inseln und Anlandungen in den Stauseen am unteren Inn einen von Menschenhand praktisch unbeeinflussten Auwald, der mit Fug und Recht als echter Urwald bezeichnet werden darf. Als „Holzfäller" betätigen sich darin Biber, und für sie gilt, dass sie zur Natur des Auwaldes gehören – wie die Fülle der anderen Arten von Tieren und Pflanzen auch, die sich dort angesiedelt haben. Ganz von selbst und ohne Mithilfe durch den Menschen, wie bei den Bibern, die aus Schweden nicht hätten kommen können, als sie vor über 30 Jahren wieder eingebürgert wurden. Biber hatte es über die Jahrhunderte hinweg, insbesondere in der Zeit der „Kleinen Eiszeit", am unteren Inn und wohl auch an all seinen Zuflüssen gegeben. Aber gegen Ende des 19. Jahrhunderts waren sie mit dem Fang der letzten ihrer Art an der Salzachmündung ausgerottet worden. Ein Jahrhundert später kamen sie – mit Erfolg – zurück und gehören seither zur Natur dieses Flusses wie die vielen Wasservögel oder vielleicht bald auch die Seeadler, die vereinzelt allwinterlich den unteren Inn aufsuchen. Ein so bedeutender Rast- und Brutplatz für Wasservögel war der untere Inn durch die Staustufen und dank einer veränderten, auf Erhaltung der Natur ausgerichteten Haltung der Bevölkerung geworden, dass der gesamte Bereich zwischen der Salzachmündung und Schärding-Mittich als „Feuchtgebiet von internationaler Bedeutung" ausgewiesen und beidseitig zu einem der größten Naturschutzgebiete im mitteleuropäischen Binnenland außerhalb der Alpen gemacht wurde. Es trägt den Titel „Europareservat".

Zu den Besonderheiten der „neuen Natur", die sich ganz von selbst eingestellt hat, zählen rare Reiherarten, wie der Nachtreiher (*Nycticorax nycticorax*) oder die Beutelmeisen (*Remiz pendulinus*), die höchst kunstvolle Beutelnester bauen, und die noch selteneren Schwarzkopfmöwen (*Larus melanocephalus*), die nur Vogelkenner unter den in großer Zahl auf Anlandungen brütenden Lachmöwen herauszufinden wissen. Aber auch viele prächtige Schmetterlinge, schillernde Libellen und bunte Käfer sind zu den Besonderheiten zu rechnen. Unter den Pflanzen finden Kenner Anschwemmlinge aus den Alpen und die Flora urwüchsiger Auen. Manche, andernorts seltene Art ist hier häufig, wie das rosafarben blühende, nicht zu übersehende Helmknabenkraut *(Orchis militaris)* an den Dämmen, oder der merkwürdige kleine Moosfarn *(Selaginella helvetica),* der an die Urzeit des Pflanzenlebens erinnert. Die zoologische und botanische Forschung am unteren Inn förderte eine solche Fülle von Arten zutage, dass es keineswegs die Wasservögel und die Biber allein sind, die den internationalen Schutzstatus rechtfertigen.

Sicherlich kann der Inn, der sich innerhalb der Stauseen über weite Strecken zu seinem früheren Naturzustand zurück entwickelte, nicht mehr die volle, ungebremste Dynamik eines Wildflusses aus den Alpen entfalten. Das ginge bei der so weit fortgeschrittenen Besiedelung des Tales auch längst nicht mehr. Aber das, was sich innerhalb der Stauräume gebildet hat, ist eindrucksvoll und wertvoll genug.

Blicke in die alten Karten aus dem 17. oder 18. Jahrhundert zeigen, dass manche Insel und mancher heutige Seitenarm tatsächlich an genau denselben Stellen wieder entstanden ist, wo es sie früher, vor der Regulierung des Inns, gegeben hatte.

Die Natur am Inn verändert sich mit der Zeit, wie jede sich selbst überlassene Natur. War es ein fast mediterraner Zustand mit geringer Wasserführung und weitem, offenem Tal, das den unteren Inn gekennzeichnet hatte, so zeigt der Fluss heute mehr den Zustand der großen östlichen Ströme mit dichtem Bewuchs auf den Inseln und in den Auen.

Dazwischen lagen drei Jahrhunderte mit „nordisch-kalten" Eisstößen und schrecklichen Hochwässern. Die neue Zeit bringt mit wärmerem Klima wieder ähnliche Entwicklungen in Gang, wie es sie vor 1000 Jahren schon einmal gegeben hatte. Doch wie es weiter gehen wird, vermag gegenwärtig niemand vorauszusagen. Ein Jahrtausend erscheint uns eine unüberschaubar lange Zeit. Für einen Fluss, der mehrtausendfach älter ist, spielen Jahrhunderte so gut wie keine Rolle. Sie gehen vorüber wie die Eisstöße und die Hochwässer, oder auch wie die Gletscher, die vor 20-30000 Jahren das gesamte Inntal innerhalb der Alpen ausgefüllt und den Inn zu einem Rinnsal gemacht hatten. Auf den Gletscherschottern baute er sein Bett, und über dem Schlick der Gletscher fließt er jetzt.

Karl Brunner

Bauern im Innviertel

Raum und Geschichte

Das Land beiderseits des unteren Inns, von Oberösterreich aus gesehen das Innviertel, ist eine naturräumliche, ökonomische und geopolitische Einheit, die sich lange Zeit in der Geschichte wieder findet und, nachdem in der EU fast jedes Hemmnis der Grenze fiel, wieder finden wird. Zur Römerzeit zeichnet sich seine spezifische innere Logik längst ab. Im Jahre 488 wurden die römischen Donauprovinzen offiziell geräumt. Mitglieder der Oberschicht, die hoffen konnten, südlich der Alpen unterzukommen, zogen ab. Die meisten Menschen, die mit dem Land verbunden waren, sind geblieben. Für die krisengeplagte Generation davor gab es eine Persönlichkeit, an die sie sich halten konnten, kein Soldat, kein Beamter – obwohl er vielleicht in jüngeren Jahren einer gewesen war –, sondern ein Geistlicher: der hl. Severin. Hinter den „Wundern", die von ihm berichtet werden, steckte oft tiefe Menschenkenntnis und großräumige Übersicht.

Als in Mautern, am Ausgang der Wachau, Hunger ausbrach, forderte er zuerst von den Bewohnern Buße, dann von einer reichen Witwe, dass sie ihre Vorratsspeicher öffne, und schließlich kamen endlich die erwarteten Schiffe die Donau herunter, mit Handelsgütern voll beladen. Sie waren im Eis des Inns stecken geblieben. Diese kostbare Geschichte aus den letzten Jahren des Römerreiches nördlich der Alpen wirft ein Schlaglicht auf unsere Landschaft. Die Region, die damals die Grenze zwischen Rätien und Ufernoricum bildete, war eine Kornkammer, und man konnte sich offenbar bis fast an die Grenze Pannoniens auf ihre Lieferungen verlassen, wenn nicht auf Grund ungünstiger Witterung im Spätwinter das Eis am damals natürlich unregulierten Inn zu spät aufbrach.

Die Kulturlandschaft erstreckte sich allerdings nur auf einen relativ schmalen Streifen vor allem entlang des Westufers des Inns. Weiter westwärts von diesem Altsiedelland gab es bis zur Isar im frühen Mittelalter großflächige Waldgebiete. Am rechten Ufer ging der Wald – mit Ausnahme der Flusstäler von Ach und Mattig – meist bis an den Fluss. Durch das Mattigtal führte schon zur Römerzeit eine Verbindungsstraße und seit dem Mittelalter ein Wallfahrtsweg nach St. Wolfgang.

In Ranshofen war im Frühmittelalter eine königliche Pfalz mit Tiergarten, der wie die „Forste" in der Gegend vor allem der herrschaftlichen Jagd diente.

Auf einer Karte des 16. Jahrhunderts zeigt sich, dass der Wald, der nun die Grenze zwischen dem Erzherzogtum ober der Enns und dem damals bayerischen Innviertel bildete, in einem weiten Bogen vom Flussufer zurückgedrängt worden war. Die Grenze verlief von Jochenstein an der Donau über den Jungfernstein, Berndorf, Antlangkirchen, den Salletwald, Ebergassen, die Pram zwischen Riedau und Geiersberg, östlich von Haag über den Hausruck und westlich von Pöndorf zum Salzburgischen.

Um die Zeit der Erwerbung des Innviertels im Frieden von Teschen (1779) wies eine Karte das „Amt Braunau" immer noch als größtenteils bewaldet aus, mit Lach Forst, Weilharter Forst und Kobernaußer Wald, der seinen ursprünglichen Laubwaldcharakter in einzelnen Teilen bis heute bewahren konnte. In dieser Zeit begann die Holzschwemme von dort zu Mattig und Inn.

„Guten Getreidboden" zeigt eine Wirtschaftskarte aus dieser Zeit nur im Becken südlich der Pram, woran die alten Chorherrenstifte Suben und Reichersberg wohl ihren Anteil hatten. Damals hatte das Innviertel etwa 80 000 Einwohner auf etwa 30 Quadratmeilen, das sind etwa 1700 km^2; heute werden für das Viertel 2250 km^2 und 203 500 Einwohner angegeben. Joseph II. schrieb anlässlich einer Besichtigungsreise im Herbst 1779 an seine Mutter Maria Theresia: „Es ist ein winziger Gegenstand, wenn man bedenkt, was vielleicht hätte gelingen können; aber an und für sich ist dieser Landstrich schön und gut und für Österreich sehr gelegen." Joseph hatte auf ganz Bayern gehofft, Maria Theresia hatte ihn aber gemahnt: „Aber vergesset niemals: besser ein mittelmäßiger Frieden als ein glorreicher Krieg."

Nördlich und südlich dieses agrarischen Kernraumes findet man auch die alten Fernstraßenzüge, von Peuerbach Richtung Schärding mit dem Fernziel Regensburg und von Haag am Hausruck nach Ried über Braunau Richtung Augsburg bzw. München. Die alte Römerstadt Augsburg war eine europäische Drehscheibe, wo sich auch die kaiserlichen Heere für die

Züge nach Italien trafen. Nach München hatten noch die Welfen (1158) den Salzweg aus Reichenhall verlegt; die Stadt wurde von den Wittelsbachern seit dem 13. Jahrhundert planmäßig als Residenz ausgebaut. Regensburg war die alte Hauptstadt des bayerischen Herzogtums mit der heute ältesten steinernen Donaubrücke, über die die Fernstraße nach Sachsen und weiter an die Ostsee ging. Für die Leute des Bistums Freising war das Land am unteren Inn zwar nur Durchzugsstrecke, die sie aber häufig frequentierten, denn sie hatten nach Osten hin, zum Beispiel im Ybbstal, starke Interessen. Über Salzburg kam im Mittelalter wieder das Salz aus Hallein und Reichenhall die Flüsse herunter. Das Bistum Passau erstreckte sich zwar bis zur heutigen Landesgrenze, also noch ein gutes Stück die Salzach hinauf, aber Reichersberg wurde unter den Schutz des Salzburger Erzbischofs gestellt.

Zur Römerzeit war also das Land vor allem an den „Gunstlagen", mit besten Böden und möglichst nahe an günstigen Verkehrsadern, besiedelt. Die politisch und militärisch wichtigen Zentren lagen anderswo. Die „villae", landwirtschaftliche Großbetriebe, sind nach dem Zusammenbruch der römischen Staatsgewalt gegen Ende des 5. Jahrhunderts verfallen. Innerhalb von nicht viel mehr als einem Jahrhundert entwickelte sich aus der hier lebenden keltoromanischen Bevölkerung und verschiedenen germanischen Zuwanderergruppen im Rahmen der so genannten „Völkerwanderung" eine neue Identität, die den Namen „Bayern" erhielt.

Nicht im Innviertel selbst, aber im nahen Umfeld, gibt es heute noch Ortsnamen romanischen Ursprungs und solche mit der germanischen Bezeichnung für romanische Einwohner, „Walchen" und „Barschalken" (z. B. Paschallern bei Grieskirchen). Die Bezeichnung Kobernaußer Wald wird ebenfalls auf romanische Wurzeln zurückgeführt. Es erhielten sich Reste des spätantiken Christentums, das seit dem 7. Jahrhundert durch irische, angelsächsische und fränkische Mönche erneuert, vertieft und organisiert wurde. Die Bistümer Regensburg, Freising, Passau und Salzburg entstanden; Salzburg wurde zur Zeit Karls des Großen Erzbistum. Wir können davon ausgehen, dass in dieser Zeit eine erste Ausweitung des Siedlungsgebietes erfolgte: In der Regel wurde die romanische Vorbevölkerung nicht verdrängt, sondern die Germanen besiedelten neue Gründe in ihrer Nachbarschaft. Die große Binnenkolonisation setzte aber auch hier erst im 12. Jahrhundert ein.

Sieht man auf eine historische Karte, so erscheint dieses frühmittelalterliche Bayern sehr groß. Zeitweise gehörten auch die südlichen Marken Friaul und Verona dazu. Nach und nach entwickelten und verselbständigten sich einzelne Regionen, besonders nach dem Sieg über die Ungarn 955: die Markgrafschaft an der Donau, aus der 1156 das österreichische Herzogtum wurde; Kärnten (976 Herzogtum) und die karantanische Mark, die spätere Steiermark (1180 Herzogtum); die südlichen Marken und das Gebiet der Bistümer Brixen und Trient (das spätere Tirol). Sie alle gingen eigene Wege, aber bayerische Adelige und Kirchenvertreter hatten noch lange im ehemals bayerischen Großraum ökonomische und politische Interessen, zu deren Erfüllung sie ständig Personal aus dem Kernraum, also auch dem Land am unteren Inn, brauchten.

Das spätere Oberösterreich gehörte zum bayerischen Kernland, eine große Zahl von kleineren Herrschaften agierte aber verhältnismäßig selbständig. Seit dem 13. Jahrhundert gab es ein „Gericht ob der Enns" mit der Basis im alten Traungau, aber es brauchte noch das ganze Mittelalter, bis das Land aus verschiedensten Wurzeln zusammenwuchs.

Zu den sächsischen Königen und Kaisern, den so genannten Ottonen, hielten die bayerischen Herzoge in der Regel politische Distanz. Nach dem Tod Ottos III. 1002 wurde mit Heinrich II. ein bayerischer Herzog selbst König. Das bayerische Herzogtum war danach für etwa ein Jahrhundert eine Art Königsland, was die Chancen bayerischer hochadeliger Familien verstärkte. Sie und ihre Leute waren auch Träger des Landesausbaus.

Eine Wende für das bayerische Herzogtum stellten die fünf Generationen welfischer Herrschaft dar. Neben der jeweiligen Königsfamilie waren sie die zweite Macht im Reiche und bauten in Bayern ihre territoriale Hausmacht systematisch aus. Dem entgegen konnten die Könige und Kaiser nur auf die Unterstützung einzelner regionaler Gewalten setzen. Bedeutende eigenständige weltliche Herrschaften haben sich aber in diesem Raum nicht entwickelt bzw. nicht gehalten. Einige Adelsgruppen, wie die Formbacher (genannt nach Vornbach am Inn), waren wie die Kirchenherren wesentlich beteiligt an der Entwicklung der Mark im Osten. Nachfolger der Formbacher, z. B. in Ried und Schärding, wurden die Andechser, die es zu fürstlichen Ehren bringen sollten, und, z. B. in Aschach, die Herren von Julbach, die später nach ihrer Burg

Abb. 1
*Pflügender Bauer vor der
Ansicht des Kirchdorfes
Ottmaring,
Friedrich Kasimir von
Ortenburg (1591–1658),
um 1620/30. Privatbesitz
(Kat. Nr. 2.2.1)*

Abb. 2
*Eggen und Säen,
im Hintergrund Isarhofen,
Friedrich Kasimir von
Ortenburg (1591–1658),
um 1620/30. Privatbesitz
(Kat. Nr. 2.2.3)*

Abb. 3
*Schafschur vor der Ansicht
des Schlosses Neu-Ortenburg,
Friedrich Kasimir von
Ortenburg (1591–1658),
um 1620/30. Privatbesitz
(Kat. Nr. 6.1.7)*

Schaunberg genannt wurden und sich mit ihrem Territorium erst im späten 14. Jahrhundert der Hoheit des österreichischen Landesfürsten unterwarfen. Weitere Teile des Formbacher Erbes fielen an die Ortenburger, nach Ortenburg bei Passau, die von den rheinischen Spanheimern abstammten, die 1122–1276 den Kärntner Herzog stellten. Mächtigstes Geschlecht auch im Land am unteren Inn wurden schließlich die Wittelsbacher, die nach den Welfen 1180–1918 die führende Rolle in Bayern spielen sollten.

Das Innviertel wurde von Burghausen aus verwaltet. Otto von Scheyern/Wittelsbach, der erste seiner Familie auf dem bayerischen Herzogsstuhl, war auch Graf von Burghausen gewesen. Zunächst mussten die Wittelsbacher alles daran setzen, ihre Hausmacht auf Kosten der alten Hochadelsgeschlechter zu vergrößern. Dabei kam ein großer Teil der Gebiete westlich des Inns direkt oder indirekt unter wittelsbachische Herrschaft. Unter den ersten Wittelsbachern wurde auch die Ämter- und Gerichtsorganisation ausgebaut. Es gab allerdings eine altertümliche Sitte, die zu Schwierigkeiten führen sollte: Die Wittelsbacher kannten das Ältestenerbrecht nicht, so dass es immer wieder zu Erbteilungen kam, zuerst um die Mitte des 13. Jahrhunderts in Ober- und Niederbayern. In der Konkurrenz mit den Habsburgern, die zeitweilig auch am Inn ausgetragen wurde (z. B. 1322 Schlacht bei Mühldorf am Inn), setzte sich Ludwig der Bayer durch und erlangte sogar das Königtum. Er erließ mit dem „Stadt- und Landrecht" eine Art bayerische „Verfassung". Die Verwaltung durch Adelige und Ministeriale wurde von einer Beamtenschaft abgelöst. Städte und Märkte erlangten eigene Selbstverwaltungsorgane.

Ober- und Niederbayern wurden im Spätmittelalter immer wieder geteilt, in einem verheerenden Erbfolgekrieg 1504/05 erlitt auch das Land am unteren Inn großen Schaden. Die Teilungen hatten aber auch positive Effekte, denn in den einzelnen Regionen konnte sich eine regionale Vielfalt in Kultur, Ökonomie und Verwaltung bilden. Nach dem genannten Erbfolgekrieg verhinderten die Stände erneute Teilungen; seit 1506 gab es eine Primogeniturordnung.

In den Bauernkriegen von 1524/25 blieb das Herzogtum weitgehend verschont, vor allem, weil die bayerischen Bauern in Streitfällen in der Regel einen Richter fanden – sie erhielten (1470) sogar das Recht, gegen ihre Grundherren vor landesherrlichen Gerichten zu klagen. Viele Adelige führten zwar in ihren Territorien die reformatorischen Lehren ein, die Wittels-

bacher selbst aber nicht und natürlich hielten auch die geistlichen Herrschaftsgebiete an der „alten" Religion fest. Schon 1571 wurden die Lutheraner des Landes Bayern verwiesen, 1598 wurden regelmäßiger Gottesdienstbesuch, jährliche Beichte und Kommunionempfang per Gesetz vorgeschrieben. Der Einfluss der Stände wurde systematisch zurückgedrängt. Im Dreißigjährigen Krieg litt Bayern, dessen Fürst die Führung der katholischen „Liga" innehatte, schwer, das Innviertel blieb aber weitgehend verschont.

Nach dem Westfälischen Frieden 1648 entwickelte sich in Bayern der fürstliche Absolutismus weiter. Schon das „Landrecht für Ober- und Niederbayern" (1616) sicherte ausschließlich dem Fürsten Gesetzgebung zu. Besonders kleine Leute konnten davon profitieren. Ohnehin lebte rund die Hälfte des Einwohner Bayerns unter direktem landesfürstlichen Regiment. Während die zweite Hälfte des 17. Jahrhunderts im Großen und Ganzen friedlich blieb, verwickelten sich die bayerischen Herzoge am Beginn des 18. Jhs. in alle in Europa anstehenden dynastischen Konflikte und gerieten in einen gefährlichen Gegensatz zu den Habsburgern. Das wollte finanziert werden, im wesentlichen durch Steuern, auch von den Bauern im Land am unteren Inn. Noch einmal (1742) wurde ein Wittelsbacher (Karl VII.) Kaiser. Nach dem Aussterben der altbayerischen Linie der Wittelsbacher versuchte der Habsburger Joseph II. Bayern als erledigtes Reichslehen einzuziehen, aber im Bayerischen Erbfolgekrieg setzte 1779 Friedrich II. von Preußen das Erbe der pfälzischen Linie durch. Allerdings musste, wie schon erwähnt, das Innviertel abgetreten werden. Da in Bayern das aufgeklärte Reformwerk nur zögernd angegangen worden war, lösten die Reformen Josephs II. im Innviertel durchaus geteilte Stimmung aus.

Weder für die Landesfürsten oder die Bischöfe noch für die Adelsgruppen war das Land am unteren Inn im Laufe der Geschichte im Zentrum ihrer Interessen gewesen, aber seine Menschen und seine Produkte waren immer gefragt. Sowohl für den inneren Landesausbau als auch für die Interessen in den verschiedensten mit Bayern verbundenen Gebieten, von Südtirol bis zum Wald nördlich der Donau, brauchte man vor allem eines: Leute, qualifizierte Leute, und zwar nicht nur Ritter, sondern vor allem Bauern. Um die Leute zu ermutigen, die Chancen des Landes wahrzunehmen, musste man den Bauern freiere Rechte geben, nicht nur an den äußeren Rändern des bayerischen Stammesgebietes, sondern auch im Inneren.

Wir sind also in einem sehr alten, landschaftlich und geschichtlich vielfältigen Kulturraum, dessen Bewohner immer schon eine mehrfache Orientierung aufwiesen. Während politisch die Zugehörigkeit zu Bayern bis ins 18. Jahrhundert maßgeblich war, musste sich wirtschaftlich der Absatz flussabwärts über Passau hinaus, die Donau hinunter, auswirken. Die agrarische Produktion, das ist ein über die Jahrhunderte gleich bleibendes Leitmotiv, diente meist nicht bloß dem eigenen Bedarf. Waren zwar in späteren Zeiten kaum mehr, wie unter den Römern, weit entfernte Provinzen zu versorgen, spielte doch der Verkehr am Fluss direkt und indirekt auch für die Bauern eine wichtige Rolle. Er begünstigte die Städte an seinem Ufer, besonders an den alten Übergängen, wie Braunau und Schärding, und die Städte und Märkte wurden ihrerseits wieder Abnehmer von Agrarprodukten. Bis in einzelne Details des täglichen Lebens bemerkt man bis heute, dass die Lebensformen der Städtebürger und der Bauern sich weniger voneinander unterschieden und unterscheiden als anderswo.

Bauern und Dienstleute im Land am unteren Inn

Nun, wie ein Innviertler Bauer aussieht, glauben wir aus dem Klischee vom reichen Innviertler Körndlbauern zu wissen. Wir haben aber schon aus dem Mittelalter ein kostbares Stückchen Weltliteratur, das Werner der Gärtner - von poetischen Blumen - schuf, und das in zwei Fassungen überliefert ist: Die eine hat Ortsnamen aus dem Traungau, wohl, um einem „Sponsor" der Handschrift entgegenzukommen, die andere - in Kaiser Maximilians „Ambraser Heldenbuch" überliefert und daher wohl kaum nur von regionalen Interessen geprägt - nennt Hohenstein, Haldenberg und Wanghausen. Wanghausen liegt in einer vom Weilharter Forst umschlossenen Siedlungsinsel gegenüber Burghausen, neben Landshut die zweite Residenz des Herzogs von Niederbayern. An seinem Hof hat die Dichtung offenbar einmal einen Interessentenkreis gefunden. Der Autor verwendet für seine Satire auch Stilmittel der Geschichtsschreibung, so dass man sie schon früh für „wahr" hielt und sogar einen Bauernhof nach den „Helden", dem älteren und dem jüngeren Helmbrecht, benannte.

Die Dichtung stammt wohl aus der zweiten Hälfte des 13. Jahrhunderts, einer politisch reich bewegten Zeit, die ein Historiker einmal die „Erntezeit des Mittelalters" genannt hat, weil wir nicht nur in der Oberschicht, sondern auch in breiten Bevölkerungskreisen Wohlstand und kulturelles Interesse finden. Der Warenverkehr und die Steuern wurden damals gerade von Natural- auf Geldwirtschaft umgestellt. Mit dem Aufschwung der Städte fanden die Bauern immer besseren Absatz für ihre Produkte. Die Naturalabgaben für die adeligen Herren wurden zunehmend in Geld abgelöst, wovon zumindest die wohlhabenderen Bauern auf Grund guter Preise zunächst profitierten. Viele kleinere Adelige gerieten hingegen in eine Kostenschere: Sie mussten sich nun nicht nur die alltäglichen Dinge für ihren Lebensunterhalt kaufen, sondern auch - besonders, wenn sie sich im Umfeld eines Hofes halten wollten - mit hohen Repräsentationskosten rechnen.

Ordnungen

Helmbrechts Vater war Meier, d. h., er hatte einen größeren Hof als die übrigen Bauern und versah von dort aus auch Verwaltungstätigkeiten für den Grundherren. Das war eine bedeutende Position, und ein Problem, vor dem der Dichter warnte, bestand nun darin, zum Wohlstand auch die Lebensweise der Oberschicht kopieren zu wollen. Das war für das höfische Publikum zum Lachen, aber mit einem gewissen Unterton, denn sie kannten solche Aufsteiger, fühlten sich von ihnen bedrängt und so mancher aus ihrem Kreise hatte, um ökonomisch überleben zu können, die wohlhabende Tochter eines solchen Aufsteigers geheiratet. Auch das Motiv vom Aufstieg aus bäuerlichem Milieu bleibt über Jahrhunderte lebendig. Zu Konjunkturzeiten gab es immer wieder Versuche, die Bäuerinnen und Bauern durch Kleiderordnungen wenigstens am Zeigen ihres Wohlstandes zu hindern.

In unruhigen Zeiten konnte es schon auch geschehen, dass man nicht so genau hinsah, wer sich da in Krieg oder Fehde in eine „ritterliche" Kriegerschar einordnete, deren Hauptziel die Beute, der Raub, war. Lächerliche Fehdegründe präsentiert der Dichter, hinter denen sich eine saftige Gesellschaftskritik versteckt. Nun, die Karikatur des Adelslebens soll uns hier nicht beschäftigen, dem macht schließlich ein Richter mit seinen Schergen - es genügen, ein letzter Hohn, insgesamt fünf Mann - ein gründliches Ende. Aber wie das bäuerliche Leben geschildert wird, ist recht eindrucksvoll und beispielhaft.

„Arm" heißt bei dieser Familie nicht, dass es ihr an Gütern fehlt, sondern dass sie mit ihrem Status zunächst recht zufrieden war, bis sie ihren Sohn „verzog": Denn das unbäuerliche lange Haar bekam er nicht in ein paar Tagen. Später erfährt man, dass sein Pate ein edler Ritter war. Der Kontakt zur Herrschaft war also recht eng.

Êhalten

Bei einem Besuch zwischendurch wird der Junge von *vrîwîp* und *kneht* bzw. *vrîman* begrüßt (711, 743), d. h., der Hof hatte freies Gesinde. Theoretisch ging die häusliche Strafgewalt der bäuerlichen Dienstherren sehr weit, aber zumeist herrschte - wenigstens in der Saison - eher Dienstbotenmangel, so dass das Verhältnis zwischen Bauern und Gesinde eher familiär gewesen sein dürfte. Die „Êhalten", Personen, die vertragsgemäß dienende Hausgenossen anderer sind, waren oft selber Kinder von Bauern und standen im Ansehen und in den Rechten nicht weit unter diesen. Sie trugen im Wesentlichen die gleiche Kleidung und wurden in Spiel, Tanz und Unterhaltung kaum von den Bauernkindern unterschieden.

Einstandszeit bzw. möglicher Wechsel des Dienstherren war zu Mariae Lichtmess am 2. Februar, außer es gab triftige Gründe zur vorzeitigen Lösung des Vertrages. Oft ist er mit einem symbolischen „Drangeld", auch „Häftelgeld" oder „Dingpfennig", geschlossen worden. Der Lohn wurde versteuert und die Rechnungsbücher aus der Wende zur Neuzeit weisen ganz beträchtliche Summen unter diesem Titel aus. Daneben gab es Taglöhner, die nur zeitweilig beschäftigt wurden und gewöhnlich als „Häusler" oder „Hintersassen" einen eigenen Hausstand gründeten oder irgendwo zur Miete wohnten. Die Heirat von Dienstboten, die dann oft die Zahl der Häusler vermehrten, war im Prinzip eher nicht gewünscht. Allerdings scheint nicht wenigen ein bescheidener sozialer Aufstieg - auch in Richtung Gewerbe - oder eine Einheirat gelungen zu sein, da es bei detaillierteren „Seelenbeschreibungen" kaum Personen über 30 gibt. In guten Zeiten war anscheinend die Existenz als Knecht oder Magd eher eine Alters- als eine Standesfrage.

In der Neuzeit gab es regelmäßig Dienstbotenordnungen, Ehaltenordnungen, mit deren Hilfe der absolutistische Staat die - neben den Tieren - wichtigste agrarische Produktionskraft regulieren wollte. Immer wieder tritt dabei der Versuch zutage, die Löhne nach oben hin zu begrenzen. Man sollte allerdings nicht meinen, dass andauernd Arbeitskräftemangel herrschte; wenn die Löhne niedrig waren, bedurfte es keiner obrigkeitlichen Regelung. Funktionen und Löhne der Dienstboten waren untereinander stark abgestuft. Zu den Geldbeträgen kamen noch Kost und Kleidung inklusive Schuhe oder Stoff bzw. Geld dazu. Dazu kamen außerdem, wollte man die Obergrenzen der Löhne umgehen, verschiedene Naturalvergünstigungen, wie z. B. ein eigenes Stück Vieh aufzuziehen oder einen Acker auf eigene Rechnung anzubauen. Das Quartier war bescheiden. Noch weit in die Neuzeit hinein ist hauptsächlich von Ställen, Heu- und Dachböden die Rede. Aber die Kost schlägt nicht wenig zu Buche. Noch im 19. Jahrhundert heißt es: „Bei den Ehalten steht aber der Magen obenan und daher ist das allerwichtigste, der Küchenzettel, der ‚Fraß und Suff', wie die bayerischen Knechte in ihrer derben Humorsprache sagen." Überraschenderweise taucht in Rechnungsbüchern der Neuzeit immer noch für die Festtage vor allem Rindfleisch auf - und das ist schon Helmbrechts wichtigste Beute.

Zurück zu diesem. Käse und Eier bringt der Meier im 13. Jahrhundert wohl nur mehr aus symbolischen Gründen an den Hof, für Zins und Zehent wäre das zu wenig gewesen, und diese Steuern wurden wohl längst in Geld gezahlt, Zins an den Herren und Zehent an die Kirche. Von Robot und Scharwerk, das normale Bauern am Herrenhof zu leisten hatten, ist hier nicht die Rede. Ein Maier war wohl persönlich befreit davon; vielleicht musste er aber Dienstboten schicken, wenn der Herr es verlangte. Auch von einem Dienstzwang der Kinder hört man nichts. Ein solcher war bis in das 18. Jahrhundert immer heftig umstritten: Hatten nun die Herren das Recht, von Bauernkindern Gesindedienste zu verlangen und zu welchen Bedingungen? Zahlreiche Verordnungen beschäftigten sich mit diesem Problem, so dass man zu dem Schluss kommen muss, dass es fallweise zu solchen Verpflichtungen kam, sie aber nie als allgemeines Recht anerkannt wurden.

Für die Ausstaffierung des Sohnes investieren Mutter und Schwester einiges. Es ist bemerkenswert, wie selbständig die bäuerlichen Frauen hier agieren. Sie verkaufen Hühner, Käse und Eier und Helmbrechts Schwester besitzt mindestens ein Rind, offenbar ein Teil ihrer künftigen Ausstattung. Die Frauen hatten auch eine Verbindung zu einem Nonnenkonvent. Dass die Auseinandersetzung der Stände untereinander auch mit Hilfe von Putz und Kleidern geführt wurde,

Abb. 4
*Erntewagen in Peslöd
bei Voglarn,
Friedrich Kasimir von
Ortenburg (1591–1658),
um 1620/30.
Privatbesitz (Kat. Nr. 2.2.24)*

Abb. 5
*Dorfplatz in Rainding,
Friedrich Kasimir von
Ortenburg (1591–1658),
um 1620/30.
Privatbesitz (Kat. Nr. 6.1.20)*

Abb. 6
*Sauschlachten in
Oberegglham,
Friedrich Kasimir von
Ortenburg (1591–1658),
um 1620/30.
Privatbesitz (Kat. Nr. 2.1.9)*

wissen wir aus Kleiderordnungen, die Bauersleuten gewissen Luxus verbieten wollten, den sie sich aber offenbar leisten konnten. Bei der Familie Helmbrechts sind *gadem unde schrîn*, Kammer und Truhen (837), voll, dort finden sich auch Polster und Kissen, und sie haben schon einen *oven* in der Stube, nicht nur eine offene Herdstelle in der Küche. Leintücher am Bett haben sie allerdings nicht, wissen aber, dass es so was gibt, daher legt ihm die Schwester zum Schlafen ein Hemd unter. Mitbringsel des Sohnes waren Wetzstein und Sense für den Vater, tatsächlich ein *gebûrkleinât*, ein Bauernschatz (1062), ein gutes Beil und eine Hacke. Die Mutter bekommt einen Fuchspelz, die Schwester ein seidenes Gebinde und einen Gürtel, der Knecht erhält Schnürschuhe und die Magd ein Kopftuch und ein rotes Band.

Der Vater gibt dem Sohn beim Aufbruch einen Hengst mit; es war nicht üblich, dass ein Bauer ein solches Tier besaß, und der alte Meier muss es auch erst kaufen. Das Pferd für den jungen Helmbrecht kostet angeblich 30 Ellen Loden (weit über 20 m), vier Kühe, zwei Ochsen, drei Stiere und vier Scheffel Korn, also ein kleines Vermögen, nach dem Autor der Gegenwert von 10 Pfund Silber (390 ff.). Das entspricht durchaus anderen Nachrichten, nach denen ein richtiges ritterliches Kriegspferd, ein *ors*, den Preis einer kleinen Bauernstelle hatte. Als Zugtier verwendete man Ochsen, keine Pferde, und deren hat dieser Meier vier, wie er wohl auch doppelt oder dreimal so viel Grund wie ein normaler Bauer hat, nicht 30, sondern 60 oder 90 Joch. Aber bei den Ochsen hält es den Jungen nicht. Drei Jahre rechnet er, um ein Fohlen oder ein Rind großzuziehen, bis es vollen Wert hat, das bringt ihm zu wenig Gewinn. Lieber will er auf Beute gehen. Er will wissen, wie es bei Hofe riecht, keine Säcke mehr schleppen – statt froh zu sein, dass sie voll sind –, nicht mehr Mist fassen oder Hafer säen. Dabei hat er so gute Aussichten: Die Tochter eines anderen Meiers, samt ordentlicher Mitgift in Form von Schafen, Schweinen und zehn Rindern.

Dîn ordenunge ist der phluoc, sagt der Vater (291), dein Stand ist der des Pfluges; er soll *bouwen*, anbauen, davon kommt das Wort Bauer (545 u. a.). Der Sohn glaubt, sich so benehmen zu können, dass niemand auf die Idee käme, er hätte je Korn auf der Scheune gedroschen oder Stecken eingeschlagen und Zäune geflochten. Das und die Erwähnung von *tür unde tor* ist leider das Einzige, was wir vom Gebäude des Meierhofs erfahren. Wir wüssten gerne, wo in der Entwick-

lung vom bayerischen Haufenhof zum typischen Innviertler Vierseithof das Gehöft Helmbrechts stand. Aus Holz war er sowieso, meist bis ins 19. Jahrhundert, und in der Regel mit Stroh gedeckt.

Seiner Schwester hält er vor, sie würde als Bäuerin doch nur Körner stampfen, Flachs brechen und Rüben graben müssen, eines mühseliger als das andere. Die im Mörser mit schwerem Stößel gestampfte Grütze gehörte zur wichtigsten Alltagsnahrung neben dem Kraut. Das Mehl für das Brot musste gegen Abgaben in der meist herrschaftlichen Mühle gemahlen werden. Das Linnen der Bauersfrauen war eine beliebte Abgabe, Flachs wurde im Innviertel aber auch für die gewerbliche Verarbeitung gebraucht. Die Arbeitsphase, in der man mit der Hechel die Faser vom getrockneten Stängel trennte, war eine besonders harte Arbeit. Die Rüben waren so lange ein Grundnahrungsmittel, bis man im 18. Jahrhundert begann, die aus Amerika importierten Kartoffeln, die bis dahin als exotische Zierpflanzen galten, als Nahrungspflanzen zu kultivieren.

Der Vater versucht es noch einmal: Der Sohn solle Wasser statt Wein trinken, *clamirre* essen (445), wie es die Österreicher nennen, eine Art Pofesen mit Fleischfüllung, den Roggen mit Hafer mischen (um ihn mit dem billigen Getreide zu strecken) und keinen Fisch, der offenbar als Speise von Herren gilt. Noch die Braunauer Êhaftordnung aus dem 16. Jahrhundert verbietet für Bauern Fische, Krebse und süßen Wein. Der Autor verwendet den Fisch anstelle des sonst üblichen Adels-Stereotyps Wild; auch von Jagd ist nie die Rede, außer in einem kurzen Rückblick über das frühere höfische Leben. Der Sohn aber will von nun an *von wîzen semeln ezzen brôt* (478), also nur mehr Weißbrot essen (das Wort Semmel kommt von der lat. Bezeichnung für Weizen, *simila*) und keine Grütze. Bei seinem Zwischenbesuch bekommt er vom Vater sogar Hühner angeboten, gekocht und gebraten; das Festmahl sollte dann aus Kraut, (Schweine-)Fleisch und Käse, einer gebratenen Gans und den versprochenen Hühnern bestehen (867 ff.). Krapfen werden bei anderer Gelegenheit erwähnt (1143). Wein und Met hat der Meier nicht, das sind Herrengetränke, vergorener Most als Getränk einfacher Leute war noch nicht üblich, der kam erst in der Barockzeit auf. Bier wird seltsamerweise in diesem Zusammenhang nicht erwähnt. Da man um diese Zeit das als schlechter geltende Getreide, Hafer und Gerste, durchaus noch zur Menschennahrung nutzte, kam es nicht billig. Aber vermutlich rühmt der alte Helmbrecht das saubere

Quellwasser hier in der Dichtung eher aus symbolischen Gründen. Immerhin, man war sich dessen bewusst, wie wertvoll eine gute Quelle sein konnte. Die Räuber trinken Wein und essen Rindfleisch, ersteres ein Luxus und zweiteres ein Frevel, weil es von geraubten Tieren stammte, die Bauern anderweitig mehr von Nutzen gewesen wären.

Der junge Helmbrecht hat einen neuen Rufnamen bekommen, der genauso schrecklich klingt wie die seiner Kumpanen: Er heißt *slintesgeu*, Schlingsland. Das ist wohl nicht nur ein Witz des Dichters, sondern auch ein Hinweis auf Burschen- und Zechennamen, die man sich in der Tat in Männergruppen gab und manchmal voll Stolz ein ganzes Leben lang neben oder anstelle des Taufnamens trug. Das begann bei Studenten und Kriegsleuten, griff dann über auf zünftige Bürgersöhne und sollte später auch in Bauernzechen üblich sein, für die das Innviertel berühmt und berüchtigt wurde. Diesen verlorenen Sohn nimmt der Vater nach seiner Verurteilung und gerichtlichen Verstümmelung nicht mehr auf. Im Wald, wo er Bauern beim Brennholz Sammeln begegnet, die er einst beraubte, wird er nach elender Wanderung aufgeknüpft.

Êhaft

Das ist das einzige Mal, wo Nachbarschaft als handlungstragendes Element auftaucht, das aber gleich in recht drastischer Weise, die vom Autor – wohl in Erwartung der Zustimmung seines adeligen Publikums – nicht kritisiert wird. Das erinnert an die Erzählung über „Ruodlieb" aus Tegernsee aus dem 11. Jahrhundert, wo – in einem Lehrbuch für Adelige – ebenfalls eine Dorfgemeinschaft Verletzungen ihrer Rechte durch Höhergestellte direkt und gewaltsam rächt. Friedensbrecher dürfen mit aller Gewalt abgewehrt werden. Das Friedensgebot liegt am Haus, am Hof und am Dorf. Die Selbstjustiz im Wald aber betrifft einen schon Abgeurteilten, Vogelfreien.

Vieles an bäuerlicher Arbeit ist der Koordination bedürftig, von der gemeinsamen Weide- und Waldnutzung, Pflege von Weg und Steg, über den Gemeindestier bis zu Absprachen im Anbauplan, von der mittelalterlichen Dreifelderwirtschaft bis zu modernen Liefer-Kontrakten. Wir müssen an ein vielfältiges Ineinander von gemeinschaftlichen und herrschaftlichen Rechtsetzungen denken, z.B. adelige Hofmarksgerichte und Dorfgerichte, die einander eher ergänzten als konkurrierten. In einzelnen Fällen, vermehrt seit der Wende zur Neuzeit, haben Rechts- und Verhaltensregeln, auch unter dem Sammelbegriff „Êhaftenordnungen" zusammengefasst, schriftliche Fixierung erfahren. Das konnten Anlassgesetze oder systematische Verordnungen sein. Wie repräsentativ solche Quellen für die Lebenswirklichkeit sind, ist umstritten. Alle Versuche, eine kontinuierliche Evolution des Rechtslebens herauszuarbeiten, sind gescheitert. Im Bereich der dörflichen Konfliktregelung gibt es bis heute miteinander verflochtene formelle und informelle Ebenen. Es konnten durchaus Untertanen verschiedener Herren in einer Hofmarksgerechtigkeit zusammengefasst werden. Das war sogar die Regel.

Die „Halsgerichtsbarkeit", also wenn Todesstrafe drohte, war immer in der Zuständigkeit des Landesherren. Aus vielen Rechten geht hervor, dass es einen festen Platz gab, oft eine Säule, an dem die Übergabe eines Delinquenten, der unter ein anderes Recht gehörte, stattfand. Solche Säulen haben sich fallweise bis in heutige Tage als Rechtsaltertümer erhalten. Die Hofmarken unter landesfürstlicher Hoheit werden regelmäßig - meist ein- bis dreimal im Jahr - von auswärtigen Richtern besucht, um ein „Ehafttaiding", eine Gerichtssitzung, abzuhalten. Die Richter hatten vor allem die Rechtlichkeit des Verfahrens zu garantieren, die Urteilssprecher oder Beisitzer stammten aus der Gemeinde. Tagungsort war lange Zeit - wegen der als notwendig erachteten Öffentlichkeit - ein geeigneter Platz unter freiem Himmel, manchmal z.B. vor der Kirche oder auf dem Tanzboden.

Zu Beginn der Verhandlung muss dann - wie z.B. aus einem Êhaftrecht (auch Ehehaft-Recht geschrieben) von Braunau aus dem Jahre 1583 hervorgeht - festgestellt werden, ob es rechte Zeit ist, dann werden die Bestimmungen verlesen und noch einmal bekräftigt. *Alle die ienigen, die aigne Rauch haben*, also einen eigenen Haushalt, sollen bei Gericht sitzen. Besondere Rechte gelten für Mühlen, Schmieden, Tavernen und Bäder. Besonders geschützt sind der Widder, der Deckhengst, der Stier und der Eber. Selbstverständlich dürfen die Grenzzeichen nicht verändert werden. Dann folgt eine Unzahl von Bestimmungen über Zäune, Wege, Bäume, Vieh, Bienen (*das edle thierl impe*) und Feuervorsorge, aber auch über Ehe, Brauchtum und Moral, Dienstboten, Kleidung und Hundehaltung.

Die Dichtung Werners erweist bei jeder neuen Lektüre ihre Meisterschaft aufs Neue. Diesmal mit einer kulturgeschichtlichen Fragestellung gelesen, überrascht sie durch Kenntnis und Detailreichtum. Wenn man sie so nacherzählt, glaubt man kaum, dass es mehr als 700 Jahre her ist, als sie entstand. Land und Leute stehen einem bei aller Überspitztheit der Satire lebendig vor Augen, und so manches Heimatmuseum hat sich das zu Nutzen gemacht. Wir haben sie nicht ausgesucht, um vorzugeben, dass sich im Laufe der Jahrhunderte nichts geändert hätte, sondern gerade aus dem Bewusstsein der Vielfalt ländlicher Lebensordnungen heraus, die nur exemplarisch gezeigt werden kann.

Die großen Zentren der Politik waren anderswo, auch die Stätten, wo man kostbare Rohstoffe gewann. Aber auf der Lebensader des Flusses und auf den Straßen kamen Fuhr- und Schiffsleute, Reisende und Kaufleute durch, mussten über den Fluss, brachten einen bescheidenen Wohlstand. Das Salz, das wichtigste Konservierungsmittel, war noch billig. Während zur Römerzeit das Getreide donauabwärts verschifft wurde, ging es seit dem Spätmittelalter innaufwärts ins Tirolische; Kopfstation war Hall. Seit dem 14. Jahrhundert wird von „Roßzillen" berichtet, bis dahin zogen Menschen die Schiffszüge flussauf. Der Aufwand war groß und auch der Versorgungsbedarf. Ein Großteil der stromabwärts fahrenden Schiffe kam niemals wieder, ihr Holz wurde am Zielort mitverkauft. Gutes Holz hatte seit dem Spätmittelalter einen Markt, was den Bewohnern der ausgedehnten Wälder zugute kam. Aus dem Osten kamen alle Jahre bis ins 16. Jahrhundert ungarische Viehtransporte durch.

Die Bevölkerung dieses Binnenlandes war und ist sozial stark differenziert, ebenso die Wirtschaft. Vom Köhler am Ibmer Moos bis zum sprichwörtlichen Innviertler Körndlbauern ist sozial ein ebenso weiter Abstand wie von der mittelalterlichen Flachserzeugung

zur heutigen Herstellung von High-Tech-Komponenten für Sport und Weltraumfahrt. Der Ort, der einst eine herrscherliche Residenz barg, gibt heute einem weltweit bedeutenden Aluminium-Werk den Namen. Selbst die oft grausam und auf Kosten von Gut und Leben der Bewohner geführten Kriege, auf die wir hier nicht eingehen wollen, sind noch ein Zeichen für den Wert des Landes. Unter dem Krummstab der Bischöfe und Prälaten ließ sich ohnehin ganz gut leben. In der frühen Neuzeit war es durchaus üblich, dass Bauern wenigstens mit einem langen Messer und einem Sauspieß bewaffnet waren, die nicht nur bei der Landwehr, sondern leider auch bei internen Streitigkeiten und Raufereien zum Einsatz kamen. Das Selbstbewusstsein, Ergebnis der eigenen Arbeit und der Gunst der Lage, haben sich die Bewohner bis heute erhalten.

Literatur

Bauern in Bayern, hrsg. von Michael Henker u. a., München 1992

Haider, Siegfried: Geschichte Oberösterreichs, Wien 1987

Hartinger, Walter: „wie von alters herkommen …" Dorf-, Hofmarks-, Ehehaft- und andere Ordnungen in Ostbayern, Bd. 1: Niederbayern (Passauer Studien zur Volkskunde 14), Passau 1998

Heilingsetzer, Georg/Heinisch, Reinhard R. (Hg.): Historische Dokumentation zur Eingliederung des Innviertels 1779, Linz 1979

Hoffmann, Alfred: Wirtschaftsgeschichte des Landes Oberösterreich, Salzburg 1952

Spindler, Max: Handbuch der bayerischen Geschichte, 6 Bde., 2. Aufl. 1979-1988, 3. Aufl. 1995 ff.

Tausend Jahre Oberösterreich. Das Werden eines Landes, Wels 1983

Wernher der Gärtner: Helmbrecht, hrsg. und übers. von Fritz Tschirch, Stuttgart 1978

Wolfram, Herwig: Geschichte Österreichs, 14 Bde., Wien 1994-2004

Roman Sandgruber

Agrarland beiderseits des Inns

Das Land am Inn ist Bauernland, diesseits und jenseits der Grenze. Das Innviertel ist ein landwirtschaftliches Land, von den Böden mittlerer Qualität im Bezirk Braunau, wo die Grünlandwirtschaft überwiegt, über das fruchtbare Flachland der Innterrasse und die Hügellandschaft hin bis zum Urgesteinsmassiv, das im Sauwald aus dem Mühlviertel über die Donau ins Innviertel herübergreift. Der südliche Teil Niederbayerns, also rechts der Donau und links des Inns, galt immer als die eigentliche „Kornkammer" Bayerns: fruchtbarer Boden und günstiges Klima. Das Tal der Rott mit Eggenfelden, Pfarrkirchen, Rotthalmünster und Griesbach und die angrenzenden Gerichte und Ämter Straubing, Deggendorf, Vilshofen und Osterhofen gehören zu den besten landwirtschaftlichen Gebieten des Landes.

Freilich sind sowohl das Innviertel wie Niederbayern längst keine Bauernlande mehr. Der landwirtschaftliche Anteil ist von drei Viertel auf weniger als ein Zehntel der Bevölkerung abgesunken. Die alten bäuerlichen Oberschichten, Bräuer, Müller, Viehhändler, Wirte, sind meist verschwunden. Die Industrie durchsetzt die alten Agrargebiete. Industrielle Kerne etablierten sich um Passau und Burghausen, um Braunau und Ried. Und die Dienstleistungen, einst Domäne der Stadt, sind auch auf dem Land im Vormarsch.

Bis ins 18. Jahrhundert ist die gemeinsame Geschichte vornehmlich eine Geschichte der Landwirtschaft und der Agrarverfassung beiderseits des Inns, natürlich geprägt durch regionale Besonderheiten, die der Agrarentwicklung auch kleinräumig oft recht unterschiedliche Richtungen gaben. Die „lange Dauer", die für die traditionelle Gesellschaft gerade im agrarisch-ländlichen Bereich besondere Bedeutung hat, endet mit dem Beginn der industriellen Revolution und mit dem Weg in die Moderne, der mehr oder weniger zufällig mit dem Zeitpunkt des Übergangs des Innviertels von Bayern an Österreich zusammentrifft.

Der Weg in die moderne Agrargesellschaft verlief in Bayern und Österreich nicht so wesentlich verschieden. Allerdings wäre es reizvoll herauszuarbeiten, wie agrarpolitische Besonderheiten, unterschiedliche Vorgehensweisen in der Grundentlastung und Entfeudalisierung, unterschiedliche Konzepte der Agrarmarkt-

und Agrarstrukturpolitik und das unterschiedliche Schicksal der beiden Staaten im 19. und 20. Jahrhundert die landwirtschaftliche Entwicklung beeinflussten und ob die Änderung der landesherrlich-staatlichen Zugehörigkeit des einen Teiles eine unterschiedliche Entwicklung der Landwirtschaft eingeleitet und hervorgerufen hat, bis seit 1995 mit dem Eintritt Österreichs in die Europäische Union wieder ein gewisser Gleichklang der agrarpolitischen Maßnahmen gegeben ist.

Die Formierung der Agrargesellschaft

Das zahlenmäßig wesentliche Element der hochmittelalterlichen ländlichen Bevölkerung Bayerns stellten Unfreie dar. Die direkte Abhängigkeit vom Herzog bzw. König, als Freiheit angesehen, schloss Unabhängigkeit ein: freie Unfreiheit, wie Karl Bosl es bezeichnete. Rechtlich im gleichen Verhältnis standen auch Reste vordeutscher Bevölkerung. Organisiert war die gesamte Unterschicht in Villikationen, zentralen Gutsbetrieben mit zugeordneten dienstpflichtigen Hufen.

Man weiß nicht viel über die bairische Agrarwirtschaft des ersten Jahrtausends nach Christus. Die Acker- und Kulturflächen hatten seit der Römerzeit abgenommen. Man unterschied den ungepflegten Urwald (silva) und den gehegten Forst (forestum). Die Viehwirtschaft stand im Vordergrund einer Mischökonomie, bei der nicht nur Viehzucht und Pflanzenbau, sondern auch Landwirtschaft und Waldnutzung, Bodenbearbeitung und Sammelwirtschaft, Lebensmittelgewinnung und Herstellung von Gebrauchsgegenständen eng miteinander verknüpft waren. Die Ambivalenz zwischen Wildnis und Kultur galt für Wiesen wie Obstbäume, für Schweine wie Bienen. Der Wald barg viel Gefährliches, er bot aber auch viel Verwertbares: Brennholz und Wild, Kräuter und Pilze, Wurzeln und Knollen, Beeren und Obst, Honig und Wachs, Eicheln, Bucheckern und Nüsse, Pech und Pottasche, Heu, Laub und Reisig. Der Wald lieferte Futter für das Vieh, Unterstreu für den Stall, Dünger für die Äcker.

Abb. 1
*Frühling, David Vinckboons,
um 1610/20, Kat. Nr. 1.1.3*

80 bis 90 % der Bevölkerung lebten in und von der Landwirtschaft, die allerdings weitgehend auf Selbstversorgung ausgerichtet war und damit viel mehr Grundbedürfnisse abdeckte als die bloße Erzeugung von Lebensmitteln und biogenen Rohstoffen: Auch die Weiterverarbeitung der Lebensmittel, die Herstellung von Kleidern und Geräten, die Durchführung von Transporten und der Bau von Häusern, Straßen und Befestigungsanlagen wurden meist von der landwirtschaftlichen Bevölkerung besorgt.

Besondere Bedeutung auf den frühmittelalterlichen Höfen hatten Dinkel (Triticum spelta), Emmer (Triticum dicoccum) und Einkorn (Triticum monococcum), jeweils fest mit Spelzen umschlossene Verwandte des Weizens (Triticum aestivum), die sich durch ihre gute Lagerfähigkeit auszeichneten. Hafer und Roggen, die jahrtausendelang als Unkraut in den Getreidefeldern zu finden waren, begann man nunmehr systematisch anzubauen. Daneben kannte man noch Hirse (Brein, panicum miliaceum), Bluthirse (Himmeltau), Fench oder Fenich (panicum italicum), Sirch (sorghum), auch Mohrenhirse genannt, Erbsen und Bohnen, Kraut und Kohlrüben, Zwiebel, Äpfel, Birnen, Kirschen und Pflaumen, Wein und Hopfen, Flachs, Hanf und Waid und eine Reihe von Küchenkräutern. An Haustieren hatte man die heute üblichen, mit Ausnahme der Truthühner. Das Rind war das wichtigste Nutztier. Den Quantitäten nach hielt man aber wohl sehr viel mehr

Schafe als Rinder. Die Schweine, mehr als Wild- denn als Haustiere, bevölkerten die Wälder. Die Weide- und Almwirtschaft hatte besondere Bedeutung. Geflügel war angesichts der vielfachen Bedrohung durch Wildtiere etwas Kostbares. Die Tiere waren klein und langsamwüchsig, auch wenn die Germanen für ihre im Vergleich zu den Römern größeren Rinderrassen bekannt waren. Die Milch- und Fleischleistung müssen gering gewesen sein.

Die Siedlungen wurden von Zeit zu Zeit verlegt, um einer Übernutzung des Ackerbodens entgegenzuwirken. Die Einführung der Dreifelderwirtschaft, bei der jeweils zwei Drittel des verfügbaren Ackerlandes bestellt werden, erhöhte gegenüber der Zweifelderwirtschaft, bei der jeweils eine Hälfte brach liegt, die Anbaufläche theoretisch um ein Drittel. Durch die Dreiteilung des Ackerlandes in Winterfeld (Roggen, Weizen), Sommerfeld (Gerste, Hafer) und beweidete Brache und die Aufteilung auf Winter- und Sommersaat wurden zudem eine günstigere Verteilung der Arbeiten über das Wirtschaftsjahr und eine Streuung der Risiken bewirkt. Die Erhaltung der Bodenfruchtbarkeit sicherte man durch den Fruchtwechsel, die Brachlegung, die Ausbringung von Stallmist und die intensivierte Bodenbearbeitung mit neuen Geräten. Statt des symmetrischen Hakens, der unter dem alten Wort „Arl" als Pflug für seichte Böden und Häufelpflug im österreichisch-bairischen Raum noch bis ins 20. Jahrhundert bekannt blieb, wurde zunehmend der mit eiserner Schar und zunächst noch hölzernem Streichbrett ausgestattete und zur Stabilisierung auf ein Rädergestell gehängte, asymmetrische Beetpflug eingesetzt, der die Erde nicht nur aufreißt, sondern umstürzt. Statt einer einfachen, aus Reisig zusammengebundenen Egge benutzte man die Rahmenegge, statt der Hausense die Mähsense und statt des Dreschstocks den beweglichen Dreschflegel, der seit dem 11. Jahrhundert immer mehr Verbreitung fand.

Bei der Verwendung des den Boden bloß aufreißenden Hakens blieb zwangsläufig zwischen den einzelnen Furchen ein Streifen von etwa fünf bis sieben Zentimeter Breite unbearbeitet. Durch das Längs- und Querpflügen, das „in traverso" und „in longo arare", wie es schon die Lex Baiuvariorum im 8. Jahrhundert gefordert hatte, konnte die nicht aufgerührte Fläche zwar vermindert werden, auch wenn immer noch viereckige Reststücke von jeweils 20 bis 50 cm² übrigblieben, die Unkrautherde darstellen mussten. Das Resultat einer solchen Bearbeitungstechnik war mehr ein Feldgrasgemisch als ein Getreidefeld. Die neuen Beetpflüge, die den Boden in langen, geraden Furchen in eine Richtung umstürzten, ergaben ein gleichmäßiger bestelltes und unkrautfreieres Feld. Der Wegfall der Notwendigkeit des Querpflügens begünstigte die Teilung der Fluren in Längsstreifen. Die Äcker mussten mit asymmetrischen Pflügen und, um lange Leerwege zu vermeiden, in Form schmaler Bifänge bearbeitet werden. Die dabei entstehenden Wölbäcker, d. h. die Beete und dazwischen liegenden Abzugsfurchen, gewährleisteten eine günstigere Regulierung des Wasserhaushalts im Boden.

Die Ausdehnung der Wiesenwirtschaft ging mit der Verbesserung der Sensen einher, die sich von kurzstieligen Hausensen, mit denen das Gras förmlich abgehauen werden musste, zu langstieligen Mähsensen mit ausgewinkelter Klinge entwickelten, mit denen wirklich „gemäht" werden konnte. War auf den Wiesen zuerst nur einmal im Jahr das „Heu" angefallen, so konnte bereits vor der Jahrtausendwende infolge Düngung oder guter Bewässerung zweimal im Jahr gemäht werden. Der ersten Nutzung im Juni, die das „Heu" erbrachte, folgte eine in lateinischen Texten als „fenum secundum" bezeichnete zweite Ernte im August, bei der das Grummet, das „grün Gemähte", eingebracht wurde. Das Wort, das sprachgeschichtlich wesentlich jünger und konkret erst seit dem 13. Jahrhundert, u. a. in der im Innviertel beheimateten Geschichte vom

Meier Helmbrecht, nachweisbar ist, verweist im Unterschied zum Heu ausdrücklich auf den Mähvorgang.

Aus der Haus- und Gefolgschaftsherrschaft entwickelte sich die Grundherrschaft: Sie war mehr als eine bloße Herrschaft über Unfreie. Sie bedeutete immer zugleich Verfügung über Boden und über freie wie unfreie Leute. Der Boden konnte auf verschiedene Weise bebaut werden: durch Unfreie auf dem Herrenhof (servi indominicati), durch Unfreie, die auf eigenen Höfen wohnten und arbeiteten, aber zu bestimmten Arbeitsleistungen herangezogen wurden (servi casati oder „behauste" Unfreie), und letztlich durch Freie, die sich unter den Schutz eines Herrn stellten und von ihm mit Boden ausgestattet wurden. Selbst zur Zeit des frühen Villikations-, Fronhof- oder Meierhofsystems dürfte das in Eigenregie mit unfreien Hofknechten und Mägden bewirtschaftete Herrenland (terra salica, Salland, Dominikalland) nur den kleineren Teil der gesamten landwirtschaftlich genutzten Fläche umfasst haben.

Dem Begriff „Hufe" oder „Hube" begegnet man erstmals im 9. Jahrhundert. Hofplatz, Haus und Grund wurden zu untrennbaren Einheiten und bezeichneten die für den Unterhalt einer Familie ausreichende Wirtschaftsgröße. Die Pflichten der Hubeninhaber, seien es Freie, Zensualen oder Unfreie, die ursprünglich zumeist in Arbeitsdiensten bestanden, wurden in Produkt- und allmählich in Geldrenten umgewandelt. Solche Geldrenten wurden möglich, sobald es für die Bauern auch entsprechende Absatzmärkte für Lebensmittel gab. Mit dem Entstehen und der Ausdehnung des Städtewesens waren Vermarktungsmöglichkeiten verbunden. In diesem Falle konnte es für die Herren vorteilhafter werden, den Bauern den Verkauf ihrer Produkte zu ermöglichen und anstelle der bisherigen Naturalabgaben und Arbeitsleistungen Gelddienste zu verlangen.

Die Meierhofwirtschaft büßte im hohen Mittelalter ihre frühere Bedeutung ein. Im 11. und 12. Jahrhundert änderten sich die Organisationsprinzipien: Die Eigenwirtschaft der Grundherren trat zurück. Nicht mehr der große, zentrale Herrenhof, sondern die einzelnen Höfe oder Huben der Untertanen wurden zur dominierenden Wirtschaftseinheit. Viele Meierhöfe wurden im 12. und 13. Jahrhundert aufgelöst und an selbständige Bewirtschafter ausgegeben.

War im Begriff „Hube" noch eine durchaus intensive Form der bäuerlichen Abhängigkeit enthalten, so rückte das Wort „Lehen", das sich statt dessen vor allem im östlichen Kolonisationsgebiet immer mehr durchsetzte, die bäuerliche Betriebseinheit in die Nähe der Landausstattung für militärische Gefolgsleute. „Lehner" zahlten Geldzins. Oft bestanden auch Unterschiede in der Betriebsgröße: Nach Kremsmünsterer Quellen war ein Meierhof (curia) gleich zwei Huben und drei Lehen. Mit den landwirtschaftlichen Produktivitätsfortschritten konnte die Fläche, die eine Familie ernährt, verkleinert werden. Es entstanden Halb- und Viertelhufen. Noch kleinere Einheiten waren bestenfalls bei Intensivkulturen denkbar oder mussten sich auf nichtagrarische Zuerwerbe stützen.

Sieht man von größeren Sammelsiedlungen ab, so waren die herrschenden Siedlungsformen des Altsiedellandes die Einzelhofsiedlung oder der Weiler bzw. eine häufig um einen Meierhof angelegte oder daraus hervorgegangene Höfegruppe. Die Kulturlandschaft, wie sie im Hochmittelalter ihre Ausprägung erhielt, hat seither wenig Veränderung erfahren: Sicherlich gab es Veränderungen im Umfang und in der Nutzung der bewirtschafteten Flächen: einen Rückgang im Spätmittelalter, eine neuerliche Zunahme seit dem 16. Jahrhundert, den Beginn umfangreicher Meliorationen mit den Flussregulierungen und Entsumpfungen seit dem 18. Jahrhundert. Die Wertigkeit von Ackerbau und Viehzucht verschob sich, neue Feldfrüchte wurden eingeführt.

Auch in Bayern geht im Spätmittelalter die Tendenz zur Stabilität der Leiheverhältnisse, zur Vererbrechtung. Gemeinden bilden sich am ehesten im kirchlichen Bereich. Zur Formierung politischer Gemeinden kommt es auch in Bayern erst im 19. Jahrhundert. Mit der zunehmenden Vererbrechtung der Höfe seit dem späten Mittelalter war eine Tendenz zu Erbteilungen und zur Abtrennung kleiner Besitzstände verbunden, für die die Landwirtschaft nur mehr die Subsistenzbasis für einen gewerblichen oder protoindustriellen Erwerb oder Taglohn abgab. Andererseits zeigte sich gerade in Bayern die Tendenz, dass solche kleinbäuerlich-handwerklichen Betriebe im 18. Jahrhundert ihre Ausstattung mit Boden deutlich verbessern konnten.

Die lange Dauer der traditionellen Agrargesellschaft

Niederbayern und das Innviertel haben eine Agrargesellschaft entwickelt, die einen eigenen Zuschnitt ausweist und sich vom übrigen Oberösterreich deutlich abhebt. Das Vorherrschen großbäuerlicher Betriebe und günstiger Besitzrechte führte beiderseits des Unterlaufs des Inns zu einer Wohlhabenheit, wie sie in anderen Teilen Bayerns unbekannt war.

„Frei rödn und hoch singa, / Schnell fahrn und schwar tringa, / Treu liabn und föst wehrn, / So hams d'Innviertler gern", lautet das bekannte Innviertler Motto von Anton Reischl. „Frei Reden" ist der besondere Innviertler Bauernstolz, „fest Wehren" die viel besprochene Kampfeslust der Burschenzechen, mit „hoch Singen" sind die aus dem Stegreif gedichteten vierzeiligen Gstanzln mit dem jodlerartigen Drübersingen gemeint, das „schnell Fahren" hängt mit der einstigen Innviertler Vorliebe für den bäuerlichen Pferdesport zusammen und das „treu Lieben" hingegen nur entfernt mit dem Hang zum Fensterln Gehen. Was das „schwer Trinken" ist, braucht nicht näher erklärt zu werden, wobei das innviertlerische Leibgetränk das Bier ist, das aus der immer noch dichtesten Brauerei-Landschaft Österreichs kommt.

Im bedeutendsten Epos zur Innviertler Agrargeschichte, dem „Meier Helmbrecht" des Werner der Gartenaere, vermutlich eines Mönchs der Abtei Ranshofen (um 1250), ist allerdings noch Wasser das Bauerngetränk. Die Herren hingegen trinken Wein. Als der „Meier Helmbrecht", dieser Sohn eines reichen Innviertler Bauern, sich entschließt, ein Ritterleben zu führen, ruft er dem Vater zu: Trinke du weiter Wasser, mir steht wohl Wein zu! Und als er sein Vaterhaus wieder besucht, setzt man ihm zwar Gerichte vor, die sonst den Bauern und der Landbevölkerung unbekannt sind, doch er seufzt: Schon eine Woche, dass ich keinen Wein getrunken habe!

Werner der Gartenaere erzählt die Geschichte eines reichen Bauernsohnes, der den Bitten seiner Familie zum Trotz seine Standesgenossen verlässt, um das Leben eines Raubritters zu führen. „Und het ich win, der müeste hint getrunken sin", sagt der alte Meier bei der vorübergehenden Rückkehr des Sohnes. Der alte Helmbrecht trinkt frisches Quellwasser statt Wein, der nur Adeligen gestattet sei, er fordert den Sohn auf, lieber Brei, Roggen und Hafer zu essen als geraubtes Vieh gegen Geflügel und Fische, die als Herrenspeisen galten, einzutauschen. Helmbrecht bevorzugt Wein und gesottenes Huhn, Brot von weißen Semmeln und lehnt bäuerliche Kost wie Giselitze und Haferbrei ab. Für seine Verbrechen und seinen Hochmut erreicht Helmbrecht schließlich die verdiente Strafe.

Abb. 2   *Sommer, David Vinckboons, um 1610/20, Kat. Nr. 1.1.4*

Eine Charakterisierung der bayerischen Bauern als tüchtige Esser und eifrige Weintrinker findet sich auch in einer bekannten Stelle bei Aventin: „Der gemain man, so auf dem gä und land sitzt, gibt sich auf den ackerpau und das viech, ligt demselbigen allain ob, darf sich nichts in geschaft der öbrigkait understen, wird auch in kainen rat genomen oder landschaft ervodert; doch ist er sunst frei, mag auch frei ledig aigen guet haben, dient seinem herren, der sunst kain gewalt über in hat, jerliche güld zins und scharwerk, tuet sunst was er will, sitzt tag und nacht bei dem wein, schreit singt tanzt kart spilt; mag wer tragen, schweinspieß und lange messer. Grosse und überflüssige hochzeit, totenmal und kirchtag haben ist erlich und unsträflich, raicht kainem zu nachtail, kumpt kainem zu übel.“

Die Geburtenzahlen waren niedrig, der Anteil unehelicher Geburten im Vergleich zu anderen deutschen Gebieten hoch. Die Kindersterblichkeit war hoch, und oft genug, zumindest behauptete dies der Statistiker Joseph von Hazzi, aus Absicht der Eltern, die in einer zahlreichen Nachkommenschaft ein Hindernis des Wohlstandes sahen. Über die „Ehescheu“ wurde allgemein geklagt, zum Teil zusammenhängend mit den Vererbungsgewohnheiten.

Die Furcht vor Überbevölkerung war im 18. Jahrhundert in Bayern recht weit verbreitet. Man wollte zwar genügend Knechte und Mägde haben, war aber immer von der Angst geleitet, sie nicht ernähren zu können, zu viele Bettler, Arme und Alte ernähren zu müssen. Man klagt über „Arbeitsscheu“, über viele Feiertage und arbeitsfreie Tage, fast 200 im Jahr. Der Absatz an Agrarprodukten war gering, die Preise niedrig, insbesondere seit Österreich gegenüber Bayern immer höhere Importbeschränkungen einführte. Beklagt wurde die Unbildung der Bauern. Gleichzeitig wünschte die Obrigkeit aber nicht, dass der Bauer allzu wissend sei.

Die neuen, mit dem kolumbianischen Transfer nach Europa gelangten Feldfrüchte gewannen in der Region erst verspätet Anteil am agrarischen Fortschritt. Der Mais spielte in Niederbayern und im Innviertel bis nach dem Zweiten Weltkrieg überhaupt keine Rolle. Auch die Kartoffeln wurden spät eingeführt. Dies muss nicht nur angesichts der vielfältigen Vorteile der Kartoffel, sondern noch viel mehr wegen des Umstandes in Erstaunen setzen, dass gerade der Bayerische Erbfolgekrieg, der zur Abtretung des Innviertels an Österreich führte, häufig als Kartoffelkrieg bezeichnet wird. Im Innviertel waren Kartoffeln um 1778 noch kaum bekannt und auch zur Zeit der Aufnahme des Franziszeischen Katasters um 1830 noch wenig genutzt und in der bäuerlichen Küche nur fallweise verbreitet.

Jeder der großen europäischen Kriege des späten 18. und beginnenden 19. Jahrhunderts, der Siebenjährige Krieg, der Bayerische Erbfolgekrieg (auch als „Kartoffelkrieg" bezeichnet) und die Napoleonischen Kriege, förderten den Kartoffelanbau. Die Hungersnöte beschleunigten die Eingliederung in den Speiseplan.

Durch das Mosttrinken, das den Oberösterreichern zu ihrem charakteristischen Spottnamen „Mostschädel" verholfen hat, blieb lange ein Unterschied zwischen dem Innviertel und dem übrigen Oberösterreich. In den meisten Gebieten des Innviertels war Obstmost im frühen 19. Jahrhundert noch weitgehend unbekannt. Im Gilgenberger Gebiet, so berichtet der Hausforscher und Landarzt Eduard Kriechbaum, der diese Gegend von seiner Tätigkeit her gut kannte, hatte man erst knapp vor Ausbruch des Ersten Weltkriegs mit dem Mosttrinken angefangen.

Entfeudalisierung

Die Entfeudalisierung und Auflösung der Grundherrschaft fällt in die Zeit, als Bayern und das Innviertel schon verschiedenen Landesherren unterstanden. Die Grundherrschaft als Ordnungsinstanz war längst brüchig und fragwürdig geworden. Als untere Verwaltungsebene des modernen Staates war sie wenig geeignet. Der liberalen Eigentumslehre, die das Eigentum ausschließlich vom Einzelindividuum her begründete, erschien jede Situation suspekt, wo immer einer Gemeinschaft oder einer sonstigen überindividuellen Größe ein Eigentum zugeschrieben werden sollte. Das geteilte Eigentum, das die Grundherrschaft darstellte, war in diesem Sinne rechtlich wie ökonomisch fragwürdig. Fleiß könne nur dort gedeihen, wo wirkliches Eigentum bestehe, wurde zur neuen Meinung der Ökonomen. Folgerichtig wurde von der Beseitigung der Grundherrschaft als Beseitigung des geteilten Eigentums zwischen Grundherrn und Untertan und der Herstellung des „wahren" Eigentums ein entsprechender Wachstumsimpuls erwartet. Die Privilegien, die die Grundherrschaft repräsentierte, waren mit der von der ökonomischen Theorie zunehmend geforderten Freiheit auf den Waren- und Faktormärkten nicht vereinbar.

Auch Gemeineigentum (Allmenden) stellte einen wesentlichen Faktor der bayerischen Flur- und Dorfverfassung dar, der allerdings in erster Linie den eigent-

Abb. 3
Herbst, David Vinckboons,
um 1610/20, Kat. Nr. 1.1.5

lichen Bauern, und nicht den Kleinen in den Dörfern, zugute kam. Die Nutzungsrechte waren genau geregelt. Schon seit dem Anfang des 18. Jahrhunderts setzten in Bayern Bestrebungen ein, diese „Gemeinheiten" zur Auflösung zu bringen, einerseits durch Beschränkung oder Aufhebung der gemeinsamen Nutzung, andererseits durch Aufteilung dieser Ländereien. In dieser Hinsicht war die bayerische Agrarpolitik allen anderen deutschen Ländern vorangegangen. Bei der Strukturbereinigung diskutierte man einerseits die Zerteilung von Großgrundbesitzungen, andererseits die Aufteilung von Allmenden und die Vereinödung der Betriebe.

Um 1770 begann man in Österreich die Vorrechte der Grundherrschaften im Bereich des Kaufs und Verkaufs von Produkten zu bekämpfen: Vor allem der Anfeilzwang, der den Grundherren das Vorkaufsrecht auf die Erzeugnisse ihrer Untertanen sicherte, und auch die Bannrechte für Tavernen und Mühlen wurden gelockert. 1768 wurde für Österreich ob der Enns der grundherrliche Anfeilzwang aufgehoben, 1787 der Tavernenzwang und noch bestehende Reste des Anfeilzwanges. Den Schlussstrich unter die Bannrechte setzte in Österreich die Grundentlastung 1848 mit der ersatzlosen Streichung aller Bannrechte.

In Österreich war bereits mit der theresianischen Steuerregulierung die Steuerfreiheit des Dominikallandes beseitigt worden, wenngleich weiterhin für Adel und Kirche niedrigere Sätze galten als für die Bauern. In Bayern wurde die bisherige Steuerfreiheit des Adels 1808 abgeschafft.

Von der Aufhebung der Leibeigenschaft unter Joseph II. im Jahre 1781 waren die Alpen- und Donauländer mangels Vorkommen kaum betroffen. 1808 wurde auch in Bayern die Leibeigenschaft aufgehoben, was aber wenig Bedeutung hatte, da es auch in Bayern nur noch wenige Fälle von Leibeigenschaft gab.

Das Patent Josephs II. vom 10. Februar 1789 brachte die grundsätzliche Trennung von Urbarialeinkünften der Herrschaft und landesfürstlicher Grundsteuer als staatlicher Giebigkeit. Zugleich ergab sich aus der Festsetzung eines dem Bauern auf jeden Fall gesicherten Mindestbetrages von 70 % des Bruttoertrages in vielen Fällen eine Minderung der grundherrschaftlichen Einkünfte. Joseph II. erwartete daraus auch einen Anreiz zur Zerschlagung großer herrschaftlicher Güter. Das Patent verlangte auch die zwingende Ablösung aller Giebigkeiten und Leistungen in Geld. Im Effekt wären damit mit einem Schlag die Reste der mittelalterlichen Naturalwirtschaft beseitigt worden. Die Urbarialreform Josephs II. hätte die Grundherrschaft weitestgehend aus der alten Feudalverfassung gelöst und in ein System kapitalistischer Renten- oder Pachtwirtschaft übergeführt. Die 17,6 %, die den Vorstellungen der josephinischen Steuerregulierung zufolge den Grundherren vom bäuerlichen Bruttoertrag hätten zustehen sollen, und die 12,3 % (+ 1 % für die Steuereinhebung), die dem Staat gehören sollten, hätten daher für die Grundherrschaften einen beträchtlichen Einkommensausfall bedeutet, für die Bauern aber kaum eine Entlastung. Joseph II. wollte durch seine Grundsteuerregulierung jedes Land und jeden Stand gleich behandelt wissen.

Mit dem Tode Josephs II. wurden die Reformen nicht weitergeführt bzw. zurückgenommen. Unter Leopold II. und Franz II. kam in Österreich die Reform der Grundherrschaft fast ganz zum Stillstand. Die Möglichkeit der freiwilligen Ablöse wurde 1798 geregelt. Wie weit sie genützt wurde, ist nicht bekannt. Die niederösterreichischen Stände drängten in den dreißiger und vierziger Jahren des 19. Jahrhunderts vehement auf eine Geldablöse von Zehent und Robot, sprachen sich aber gegen die Beseitigung des Untertänigkeitsverhältnisses im Ganzen aus. So kam es zum Ablösungsgesetz von 1846, das im Wesentlichen die Bestimmungen von 1798 bezüglich der freiwilligen Ablösung wiederholte.

Daher waren die Regelung der bäuerlichen Untertänigkeit und die Beseitigung der Lasten in Österreich im Revolutionsjahr 1848 zu einer Hauptfrage geworden. In den Landtagen wurden Entschließungen gefasst, die auf eine Umwandlung der bäuerlichen Giebigkeiten in eine erst festzusetzende Rente hinausliefen. Die generelle Lösung, die 1848 in Österreich beschlossen und in der Folge durchgeführt wurde, sprach den ehemaligen Grundherren eine Entschädigung für den Verlust ihrer grundherrschaftlichen Einnahmen zu. Die Ablöse war in Geld zu erlegen, was den Bauern zwar ihren landwirtschaftlichen Besitzstand erhielt, ihnen aber vorerst beträchtlich erscheinende Lasten aufbürdete: Entschädigungslos wurden nur alle jene bisherigen Einkommen der Grundherren gestrichen, die aus dem persönlichen Untertänigkeitsverhältnis, aus der Ausübung der Justiz- und Polizeihoheit oder aus etwaig noch bestehenden Vorkaufs- und Bannrechten entstammten. Für die übrigen Einnahmen wurde ein auf 20 Jahre abgezinster Kapitalwert berechnet. Ein Drittel dieser Summe hatten die Bauern in langjährigen Raten abzuzahlen, ein weiteres

Drittel steuerte der Staat bei, was über die Grundsteuer, die weitaus einträglichste Steuer, letztendlich wieder zu einem Gutteil von den Bauern zu bestreiten war, das letzte Drittel fiel entschädigungslos weg oder wurde als Gegenwert der vom Grundherrn nunmehr nicht mehr zu erbringenden Verwaltungsleistungen angesehen. Die Preisentwicklung in den „letzten goldenen Jahrzehnten" der österreichischen und europäischen Landwirtschaft zwischen 1850 und 1870 erleichterte den Bauern die Tilgung. Bereits zu Ende der fünfziger Jahre hatten viele ihre aus der Entlastung resultierenden Schulden bezahlt.

Auch in Bayern ist die Durchführung der Bauernbefreiung nach den ersten Anläufen zu Beginn des 19. Jahrhunderts stecken geblieben und konnte erst in den Stürmen des Jahres 1848 zu einem Abschluss gebracht werden. Auch hier ist die Verzögerung nicht darauf zurückzuführen, dass der Reformwille zu Beginn des Jahrhunderts nicht ernsthaft gewesen wäre. Im Gegenteil, der Reformwille wurde sogar mit ähnlicher Leidenschaft vertreten wie in Österreich von Joseph II. Mit der Aufhebung zahlreicher Klöster in den Jahren 1802/03 vermehrte sich die Zahl der landesherrlichen Grundholden beträchtlich. Der Reformwille begann aber bald nachzulassen. Der Übergang vom Fürstenstaat zum bürgerlichen Verfassungsstaat, wie er 1808 vollzogen wurde, änderte aber die gesamte Basis so grundlegend, dass Friedrich Lütge davon ausgeht, dass man nachher von keiner Grundherrschaft mehr sprechen könne. Die alten Herrschaftsrechte wurden zu Realberechtigungen rein privatrechtlichen Charakters. Die Gerichtsherrschaft wurde zur staatlichen Auftragsangelegenheit, bis sie 1848 völlig verschwand.

Die niedere Gerichtsbarkeit mit den dazugehörigen Rechten und der Polizei verblieb zwar beim Adel, wurde aber nunmehr im Auftrag des Staates ausgeübt. Erst 1848 konnten die standes- und gutsherrliche Gerichtsbarkeit und Polizei aufgehoben werden. Ein längerer Weg ergab sich bei der Grundentlastung. 1779 war neben der Umwandlung der geringeren Leiherechte in Erbrecht die Besitzveränderungsgebühr, das Laudemium, fixiert und in 20 Jahresraten zahlbar gemacht worden. 1803 war den Grunduntertanen die Möglichkeit eröffnet worden, binnen Jahresfrist die Grundbarkeit abzulösen. Damit wurde der Hof volles Eigentum des Besitzers. Die laufenden Abgaben blieben aber als Bodenzins bestehen. 1808 wurde fast umgekehrt den Hintersassen der Patrimonialgerichtsbar-

keit die Möglichkeit eingeräumt, alle ständigen und nicht ständigen Abgaben und Dienste abzulösen. 1826 wurde die Ablösung der ständigen grundherrlichen Gefälle eingeleitet, 1832 auch die nicht ständigen Gefälle für ablösbar erklärt. Die Gesetzgebung von 1848 dekretierte einen Katalog von entschädigungslosen Aufhebungen, wie persönlichen, nicht auf Grund und Boden haftenden Diensten, Naturalfronen, Besthaupt, gewissen Weiderechten, Zehnten. Fixiert wurden alle noch bestehenden Abgaben. Die Bodenzinse blieben bestehen, nur flossen sie jetzt in die Grundrentenablösungskasse, die die bisherigen Grundherren zu entschädigen hatte. Die Gesetzgebung von 1872, 1898 und 1908 hatte die Aufgabe, auch die Bodenzinse abzulösen. Den Schlusspunkt unter die letzten Reste der mittelalterlichen Agrarverfassung setzte in Bayern erst die Inflation nach dem Ersten Weltkrieg. Als Ergebnis steht am Ende, dass die Sozialstruktur des Bauerntums nicht verändert wurde. Eine Akkumulation zu Großbetrieben fand nicht statt.

So hat in Bayern wie in Österreich die Grundentlastung, wenn auch auf etwas verschiedenen Wegen, zu sehr ähnlichen Ergebnissen geführt.

Ausblick

Im Innviertel wie in Niederbayern dominierten bis in die 1950er Jahre in traditionell vielseitiger Weise geführte Acker-Grünland-Betriebe. Das Ackerland machte etwa zwei Drittel der landwirtschaftlichen Nutzfläche aus. Bis 1918 wurde auch Flachs, der „Ho" oder „Haar", kultiviert. Bis gegen Ende der 1930er Jahre waren noch die „Gfeiert Acker" üblich gewesen, eine Art Halbbrache. Die Arbeit erfolgte von Hand.

Die Rinderzucht verschob sich in den 1970er Jahren immer mehr in die Grünlandgebiete, die Schweinehaltung nahm zu, trotzdem ist der Innviertler Bauer ein „Hörndl"- und „Körndl"-Bauer geblieben. Im Innviertel dominiert das Fleckvieh. Daneben ist es auch ein Zentrum der Braunviehzucht.

Pferde spielten im Innviertel bis um 1960 eine besondere Rolle: In der Derbheit des Bauernspruchs „Weibersterben kein Verderben, Rossverrecken großer Schrecken" werden Innviertler Wertigkeiten deutlich. Der Innviertler Mundartdichter Gottfried Glechner schreibt: „I bi nu in Rosszeitalter áfgwachsn ..." In der Donauleiten des Sauwaldes war es anders: hier gab es gar kein Rosszeitalter oder haben viele Bauern Pferde erst zu dem Zeitpunkt gekauft, als die anderen schon auf den Traktor umstellten. Vorher ist man hier mit Ochsen gefahren.

Landwirtschaftliche Arbeit war Schwerarbeit: 130 kg wogen die Säcke, die in der Mühle in Pram geschultert wurden, und man erkannte bei älteren Müllerburschen schon an der Körperhaltung, ob sie Rechts- oder Linksträger waren. Und gearbeitet wurde im Sommer von vier Uhr früh bis spät abends.

Die Veränderungen waren überall ähnlich: das Verschwinden der Pferde, die gerade beim Innviertler Bauern immer einen hohen Stellenwert einnahmen, der Siegeszug der Traktoren, der Übergang von der Selbstversorgung zur Marktwirtschaft, die Freisetzung von Arbeitskräften, der Trend von den großen Haushalten und bäuerlichen Großfamilien zu den Einmann- oder Einfrau-Betrieben. Bis in die 50er Jahre, sagte ein Innviertler Bauer, da war der Bauer noch Bauer. Aber heute, da ist der Bauer nur noch der Knecht. Aber wie lange wird es überhaupt noch Bauern geben?

Literatur

Aigner, Hermine: Mägde. Lebensweise und Lebensverhältnisse der weiblichen bäuerlichen Dienstboten im oberösterreichischen Innviertel, Wien, Univ. Dipl.-Arb., 1988

Bauernland Oberösterreich. Entwicklungsgeschichte seiner Land- und Forstwirtschaft, hg. von Alfred Hoffmann, Linz 1974

Beck, Rainer: Unterfinning: ländliche Welt vor Anbruch der Moderne, München 1993

Bleibrunner, Hans: Niederbayern. Kulturgeschichte des bayerischen Unterlandes in 2 Bden. Hrsg. v. Bezirkstag v. Niederbayern. 1. Erdgeschichte, von den Anfängen bis zum Ausgang des Mittelalters. 2. Vom Beginn der Neuzeit bis zur Gegenwart, Landshut 1979

Dollinger, Philippe: Der bayerische Bauernstand vom 9. bis zum 13. Jahrhundert, München 1982

Fried, Pankraz: Die Sozialentwicklung im Bauerntum und Landvolk, in: Handbuch der bayerischen Geschichte, Bd. 4,2, hg. v. Max Spindler, München 1979, S. 751 ff.

Graf, Sieglinde: Aufklärung in der Provinz: die sittlich-ökonomische Gesellschaft von Ötting-Burghausen 1765–1802, Göttingen 1993 (Veröffentlichungen des Max-Planck-Instituts für Geschichte 106)

Haushofer, Heinz: Aus der bayerischen Agrargeschichte: 1525–1978; gesammelte Beiträge zur bayerischen Agrargeschichte, hrsg. von Pankraz Fried u. Wolfgang Zorn, München 1986

Litschel, Rudolf Walter: Land am Inn in Bayern und Oberösterreich. 2. Aufl. Linz 1975

Lütge, Friedrich: Die bayerische Grundherrschaft. Untersuchungen über die Agrarverfassung Altbayerns im 16.–18. Jahrhundert, München 1949

Müller, Gerald: Hunger in Bayern 1816–1818. Politik und Gesellschaft in einer Staatskrise des frühen 19. Jahrhunderts, Frankfurt 1998 (Europäische Hochschulschriften 3, 812)

Niklas, Marianne: Vergleichende Studie zur Illegitimität in zwei ländlichen Gemeinden Oberösterreichs: 1785–1950, Salzburg, Univ. Dipl.-Arb., 1992

Petra Menke: Recht und Ordo-Gedanke im Helmbrecht, Frankfurt 1993

Pietrusky, Ulrich: Niederbayern im 19. Jahrhundert: eine geographische Analyse zur Sozialstruktur, Grafenau 1988 (zugl.: München, Univ. Habil.-Schr. 1982 u. d. T.: Pietrusky, Ulrich: Die sozialgeographische Struktur Niederbayerns um 1840)

Pietrusky, Ulrich: Niederbayern. Zur Bevölkerungs- u. Wirtschaftsgeographie eines unbekannten Raumes, Passau 1980

Sandberger, Adolf: Die Landwirtschaft, in: Handbuch der bayerischen Geschichte, Bd. 4,2, hg. v. Max Spindler, München 1979, S. 732 ff.

Sandberger, Adolf: Die Landwirtschaft, in: Handbuch der bayerischen Geschichte, Bd. 2, hg. v. Max Spindler, München 1977, S. 657 ff.

Sandgruber, Roman: Ökonomie und Politik: österreichische Wirtschaftsgeschichte vom Mittelalter bis zur Gegenwart, Wien 1995

Schlögl, A. (Hg.): Bayerische Agrargeschichte. Die Entwicklung der Land- und Forstwirtschaft seit Beginn des 19. Jahrhunderts, München 1954

Schnorbus, Axel: Die ländlichen Unterschichten in der bayerischen Gesellschaft am Anfang des 19. Jahrhunderts, ZBLG 30 (1967) S. 824–852

Wochermair, Eleonora: Die Wirtschaft des Innviertels von 1779 bis 1959, Innsbruck Univ. Rechts- u. staatswiss. Diss., 1961

Gunter Dimt

Bauernhöfe zwischen Sauwald und Weilhartforst

Die Bezeichnung „Innviertel" suggeriert Einheitlichkeit und kulturelle Uniformität nicht zuletzt deshalb, weil der rechts des Inns – zwischen Donau, Hausruck und Weilhart – gelegene Landstrich bis 1779 bzw. 1816 zu Bayern gehörte.

Dass dem nicht so ist, wird bei einer Durchquerung des Landes von Norden nach Süden, aber auch von Westen nach Osten offenkundig. Zwar stehen die Gemeinsamkeiten mit den westlich des Inns gelegenen niederbayerischen, aber auch mit den östlich des Hausruck gelegenen seit jeher zum Land ob der Enns gehörenden Gebieten im Vordergrund, doch weisen – oft kleinräumig begrenzte – Eigenheiten im ländlichen Bauwesen auf Unterschiede hin, die unter anderem auch mit der ursprünglichen Siedlungsentwicklung und Siedlungsgeschichte zusammenhängen können.

Das im frühen Mittelalter zum kernbairischen Siedlungsgebiet gehörende Land, das sich im Osten bis an die Traun erstreckte, wurde ja nicht gleichmäßig und zeitgleich besiedelt. Zunächst hat man jene Landstriche kultiviert, die nicht oder nur in untergeordnetem Ausmaß einer Rodung von Waldflächen bedurften. Haufendörfer, Groß- und Kleinweiler, die in einer jüngeren Phase bereits bestimmten Ordnungsprinzipien unterlagen, waren die bevorzugte Siedlungsform der Landnahme vor der ersten Jahrtausendwende.

Diese Art der Besiedlung in Verbindung mit alten Block- und Blockstreifenfluren wurde primär in den ebenen oder nur schwach hügeligen Gebieten des zentralen Innviertels durchgeführt. Zwar zeigt die Verbreitungskarte dieser ältesten Siedlungs- und Flurformen auch in den Waldgebieten des Berglandes im Hausruck und im Sauwald zahlreiche alte Siedlungshorste, doch ist eine Siedlungskonzentration eindeutig im Zentrum des Landes und im Umfeld des Mattigtales festzustellen.

Eine vereinfachte Flurformenkarte des Innviertels lässt erkennen, dass die ältesten, weitestgehend noch ohne intensive Rodung entstandenen Ansiedlungen in dem Gebiet zwischen den Städten Braunau, Schärding und Ried zu finden sind. Hausruck und Kobernaußer Wald blieben zu einem Großteil ausgespart, und noch heute finden sich die größten zusammenhängenden Waldgebiete im Süden und Südwesten des Innviertels.

Dass der Sauwald trotz seiner klimatischen Ungunst schon bald relativ intensiv besiedelt wurde, kann mit der Einflusssphäre des Hochstiftes Passau zusammenhängen, das auch jenseits der Donau bis zur Großen Mühl ein intensives Siedlungswerk betrieben hat.

Die Karte zeigt die ältesten Siedlungshorste, in denen Blockfluren mit Streifen zu finden sind (schwarz). Zu diesen Flurformen gehören Haufendörfer und

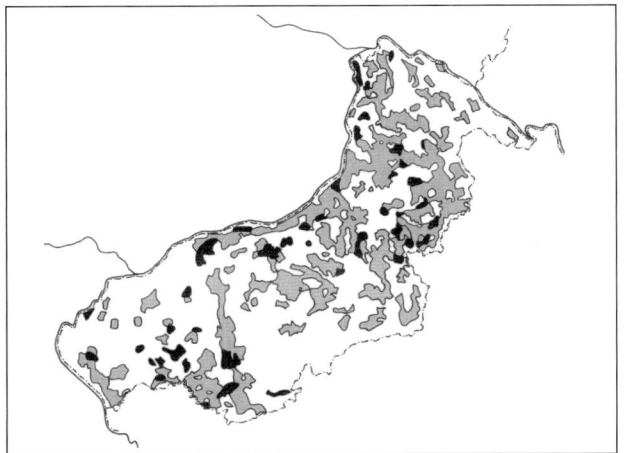

Abb. 1 *Vereinfachte Flurformenkarte des Innviertels.*
Schwarz: ältere Blockfluren mit Streifen;
grau: jüngere Streifenfluren

Abb. 2 *Kleinweiler (Zeilenweiler) mit Streifenfluren*
Siebenmaiern, Bez. Braunau

Großweiler, die in der Regel auf waldlosem Boden noch vor der ersten Jahrtausendwende entstanden sind. Verschiedene Streifenflurformen (grau) sind das Kennzeichen einer Weiterentwicklung, die jedoch das ordnende Prinzip jüngerer Gewannflurformen, wie sie beispielsweise nördlich der Donau angelegt wurden, noch vermissen lässt. Unregelmäßige Weiler, Gassen- und Gassengruppendörfer gehören meistens zu diesen Fluren. Die Übereinstimmung mit der Verbreitung der auf „-ing" und „-ham" auslautenden Ortsnamen, die sich von altbairischen Sippensiedlungsnamen herleiten, bestätigt die frühe Besiedlung im Innviertel noch vor dem Jahr 1000. Einödblockfluren sind das Kennzeichen der Streusiedlung mit Einzelhöfen. Sie finden sich in allen drei Verwaltungsbezirken, etwas verdichtet westlich des Mattigtales, zwischen der Waldzeller Ache und der Pram und in den stark hügeligen Teilen des Sauwaldes. Da diese Siedlungstype sowohl vom Gelände unabhängig als auch zeitlich indifferent ist, kann eine generelle Zuordnung zu einer bestimmten Phase der Kolonisation nicht getroffen werden. Auffallend ist das häufige Vorkommen von „Doppelgehöften", also jeweils zwei Gehöften in unmittelbarer Nachbarschaft mit zugehörigen Einödblockfluren in annähernd gleichem Ausmaß. Diese Bauernwirtschaften sind aus ursprünglich größeren Einheiten durch nachträgliche Teilung hervorgegangen.

Den Gepflogenheiten altbairischer Bautradition entsprechend, wurden diese frühen Gehöfte als so genannte Haufenhöfe angelegt, die jedoch wegen der engen Nachbarschaft in den Weilersiedlungen bereits

bestimmten Ordnungsprinzipien entsprechen mussten. Archäologische Grabungen in der Nähe von München haben erstmals ein relativ genaues Bild der frühmittelalterlichen, altbairischen Vorgängerbauten der Gehöfte vermittelt. Diese Befunde bestätigen die aus der „Lex Baiuvariorum", dem Volksrecht der Baiern, bekannten schriftlichen Hinweise auf die Zusammensetzung der Gehöfte und die Konstruktion der Häuser. Man kann davon ausgehen, dass die beiden wichtigsten Gebäude eines Gehöftes, nämlich das Wohnhaus und die Scheune (bzw. Stallscheune) schon bald in ein Schema gebracht wurden, das den spätmittelalterlich-frühneuzeitlichen Paarhöfen entspricht. Die parallele Stellung dieser beiden Trakte in den neuzeitlichen und rezenten Vierseithöfen kann als Indiz für diese ursprüngliche Ordnung in den früh- und hochmittelalterlichen Gehöften gewertet werden.

Die auch heute noch in allen Teilen des Innviertels anzutreffende Gehöftform des „Offenen Vierseithofes" ist die Ausbaustufe einer Gehöftbildung, die im 17. Jahrhundert einsetzt und im 18. und frühen 19. Jahrhundert den Abschluss und Höhepunkt erreicht. Auch die gegenwärtigen Um- und Neubauten behalten diese traditionelle Gehöftform weitestgehend bei.

Den vier Hauptfunktionen jedes Bauernhofes, nämlich Wohnung für den Menschen, Unterkunft für das Vieh, Bergen der Ernte und der Gerätschaften, werden eigene Gebäude zugeordnet. Vier Einzelgebäude gruppiert man derart um einen annähernd quadratischen oder zumindest breit rechteckigen Hof, dass die voneinander weit entfernten Ecken der Gebäude eine Durchfahrt oder einen Durchgang möglich machen. Diese Durchgänge werden mit Toren verschlossen, sodass der Innenhofbereich gänzlich nach außen abgeschlossen werden kann. Im Zentrum des Innenhofes befindet sich die Miststatt, bei modernisierten Gehöften erfolgt die Entmistung der Ställe in nach außen verlagerte Güllegruben, sodass der Innenhof mist- und somit weitestgehend geruchsfrei sein kann.

Diese über alle Gegenden des Innviertels reichende Gehöftform mutiert in den Übergangszonen zu den Nachbarlandschaften an der Donau und im Hausruck zu Gehöften, die bereits deutliche Tendenz zur Schließung des Innenhofes zeigen. Beginnend bei den drei Wirtschaftstrakten wird der bauliche Zusammenschluss dichter, bis schließlich eine Gehöftform entsteht, die durch U-förmig zusammengebaute Wirtschaftgebäude und ein noch freistehendes Wohnhaus

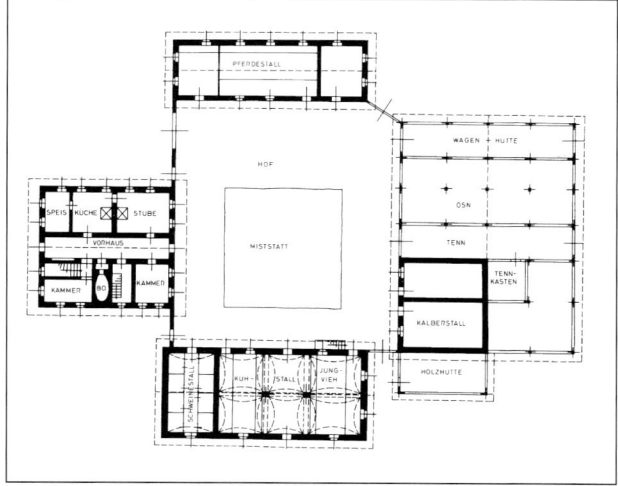

Abb. 3   *Grundriss eines Offenen Vierseithofes. Klare Gebäudetrennung, Wohnhaus giebelständig gegen Innenhof. Burgkirchen, Bez. Braunau*

Abb. 4 *Mittertennhof mit flacher Legschindeldeckung. Jeging, Bez. Braunau*

gekennzeichnet ist. Diese Form des unregelmäßigen Vierseithofes wird auch „Doppeleinspringer" genannt, weil die Umfassungslinie des Gehöftes im Bereich des Wohnhauses durch zwei einspringende Ecken gekennzeichnet ist. Diese Gehöftform ist bereits östlich von Ried anzutreffen und bildet gemeinsam mit einfachen „Einspringern", also Gehöften, bei denen das Wohnhaus bereits an einer Seite mit den Wirtschaftgebäuden baulich verbunden ist, ein größeres Verbreitungsgebiet, das sowohl das Obere Mühlviertel, die Ausläufer des Sauwaldes bis knapp vor Eferding, den Hausruck bis knapp vor Wels und sogar noch das äußere Salzkammergut bis Altmünster bedeckt. West-

lich des Inns, in Niederbayern, setzt sich der Offene Vierseithof in Form des „Rottaler Gehöftes" und des „Südostbayerischen Vierseithofes" fort.

Neben den verschiedenen Spielarten des unregelmäßigen Vierseithofes findet man im Süden des Innviertels auch den Mittertenn-Einhof. Bei dieser Gehöftform, die aus einer hochmittelalterlichen Rationalisierungsform eines Rodungsgehöftes hervorgegangen sein dürfte, befinden sich die vier Hauptfunktionen des Gehöftes unter einem großen, gemeinsamen Dach. Der Wohnbereich wird durch die von Traufe zu Traufe reichende Tenne vom Stallbereich getrennt, weshalb diese Gehöftform „Mittertenn"-Einhof genannt wird. Auch diese Gehöftform findet ihre Fortsetzung in den Nachbarlandschaften des Innviertels, also sowohl im Salzburger Flachgau als auch im Bereich der Vöckla-Agerfurche bis zum Attersee und westlich der Salzach bis in den Chiemgau.

Die Wohnhäuser oder Wohntrakte der Vierseithöfe weisen einen dreiteiligen Grundriss auf. Das durchgängige Vorhaus, das gegendweise noch die altbayerische Bezeichnung „Fletz" trägt, führt von der außenliegenden Haustüre zur Hoftüre und teilt das Haus einerseits in einen Küche-Stube-Komplex und andererseits in einen Bereich mit Kammern oder Nebenräumen. Die Hereinnahme des Zugviehstalles, der dann statt der Kammern angeordnet ist, entspricht einer Tradition, die archivalisch bis in die frühe Neuzeit verfolgt werden kann. Ungeklärt ist allerdings, ob das Vorhandensein des Ross- oder Ochsenstalles im Wohnhaus

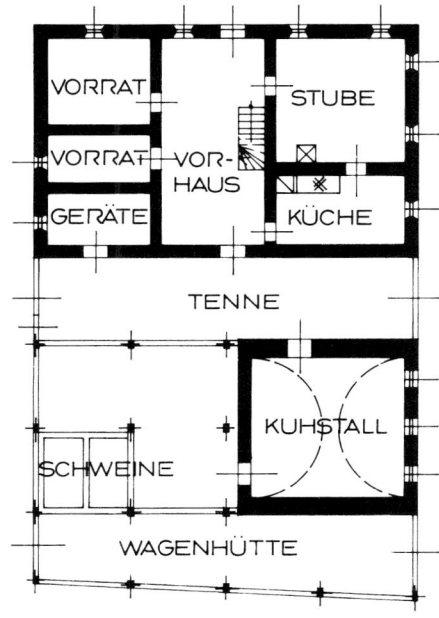

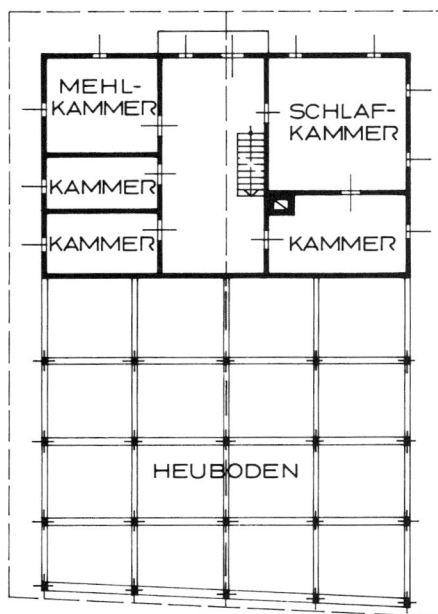

Abb. 5
Grundrisse eines Mittertenn-hofes. Links: Erdgeschoss, rechts: Obergeschoss; Astätt, Bez. Braunau

Abb. 6 *Offener Vierseithof mit Wohnhaus in Blockbauweise und Stallbauten mit gemauertem EG in Bloßstein-mauerwerk. St. Roman, Bez. Schärding*

Abb. 7 *Bundwerkstadel. Schwand, Bez. Braunau*

Abb. 8 *Zimmermannsmalereien auf Pfettenköpfen und Vordachschalungen eines Bauernhauses. St. Roman, Bez. Schärding*

kulturgeschichtlich auf einen älteren Wohnstall-Kulturkreis zurückzuführen ist, oder ob es sich um eine spätmittelalterlich-frühneuzeitliche, pragmatisch-praktische Gewohnheit handelt, die sich östlich des Hausruck-Kammes fortsetzt und erst in der Umgebung von Wels von reinen Wohnspeicher-Grundrissen abgelöst wird. Diese Grundrissform, die ursprünglich aus dem Zusammenbau des Wohnhauses mit einem Speicher entstanden ist, beherrscht die Haus- und Gehöftlandschaften östlich des Hausruck bis weit in den pannonischen Raum. Mit Beginn der Neuzeit ist auch mit dem „Aufstocken", also dem Aufsetzen von Obergeschossen auf die ursprünglich nur ebenerdig-eingeschossigen Häuser zu rechnen. Noch im 18., spätestens aber im 19. Jahrhundert waren die Wohnhäuser der Innviertler Gehöfte durchwegs mit Obergeschossen versehen, in denen Schlafräume, aber auch Speicherräume untergebracht wurden. Die wegen des – im Vergleich zu heute – geringen Viehstandes kleinen Stallbauten hat man erst ab dem 18. Jahrhundert vergrößert, als verschiedene Innovationen in der Bewirtschaftungs- und Anbautechnik höhere und hochwertigere Raufuttermengen und somit einen vergrößerten Viehbestand ermöglichten. Wenn das Zugvieh nicht im Wohnhaus aufgestallt wurde, erfolgte eine Trennung des Viehbestandes in den beiden Stalltrakten, die zwischen Wohnhaus und Stadel angeordnet wurden. Erst mit der Mechanisierung und dem Entfall des Zugviehstalles wurden die Stallbauten umfunktioniert und für die Aufzucht von Kälbern oder Jungtieren genutzt. Auch die großen Stadelbauten, die ursprünglich für große Mengen an Raufutter und Stroh ausgelegt waren, wurden durch die Umstellung auf Silofutter nicht mehr in vollem Ausmaß genutzt. Ebenso verloren die „Tennkastln" und die Dreschtennen in den Scheunen ihre Funktion. Ein gleiches Schicksal ereilte auch die verschiedenen Nebengebäude, die ursprünglich zum Gehöft gehörten. Besonders hervorzuheben sind die freistehenden Kastenspeicher, die „Troadkästen", die manchmal nicht nur von außergewöhnlicher Größe, sondern überdies noch zimmerungstechnisch besonders ausgearbeitet und mit Malereien versehen sein konnten.

Unabhängig von der Gehöftform sind die Verwendung von Baumaterialien und deren bautechnische Verarbeitung. Noch bis in das 19. Jahrhundert wurden Wohnhäuser und Stallungen in Blockbauweise errichtet. Der Holzblockbau, der den älteren Ständer- und Ständerbohlenbau seit dem ausgehenden Mittelalter verdrängt hat, wurde im zentralen und südlichen Bereich des Innviertels erst ab der Mitte des 19. Jahrhunderts langsam durch den Ziegelbau verdrängt, im Norden, im Granithochland des Sauwaldes, war der Massivbau schon früher üblich. Auch hier war, so wie im Mühlviertel jenseits der Donau, das Bloßsteinmauerwerk bei Wirtschaftsbauten ein Kennzeichen der Kulturlandschaft. In Stallbauten wurden fallweise auch größere Spannweiten ohne dazwischenliegende Unterzüge mit massiven Plattenstreifen aus Granit überdeckt und andere massive Bauteile wie Säulen,

Tür- und Fensterüberlagen waren im gesamten nördlichen Innviertel üblich.

Das Weiterleben des altbairischen Ständerbaues kann in den oft aufwändigen Stadelbauten gesehen werden. Vierschiffige Hallen mit durchgehenden Firstsäulen prägen noch heute das Landschaftsbild, die ausladenden Pfettendächer sind stets steil; sie waren ursprünglich mit Stroh, seltener mit Nagelschindeln gedeckt. Nur im Süden des Innviertels waren mitunter auch Flachdächer, die mit Legschindeln gedeckt waren, anzutreffen.

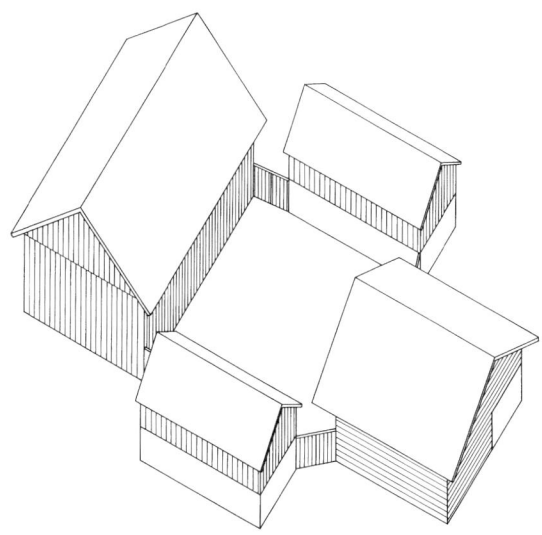

Abb. 9   *Offener Vierseithof, Typus südliches Innviertel, ältere Form*

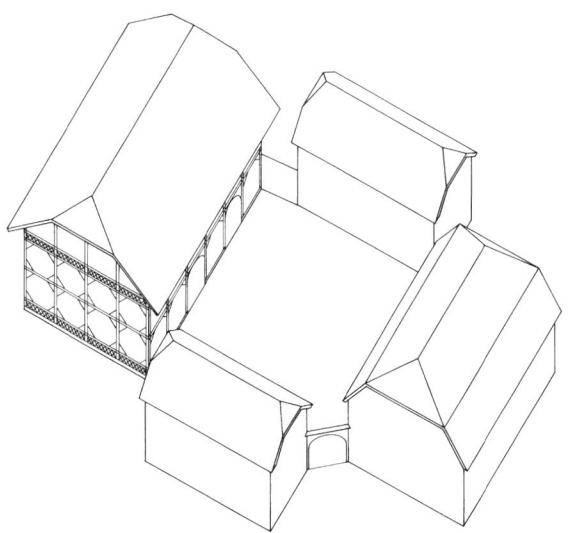

Abb. 10   *Offener Vierseithof, Typus südliches Innviertel, jüngere Form*

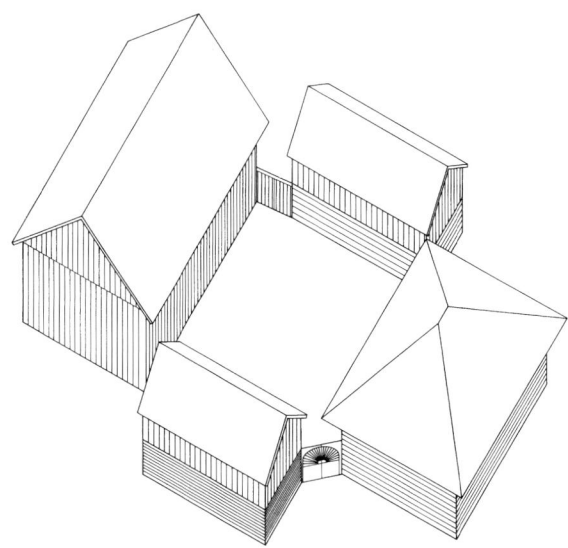

Abb. 11   *Offener Vierseithof, Typus mittleres und östliches Innviertel*

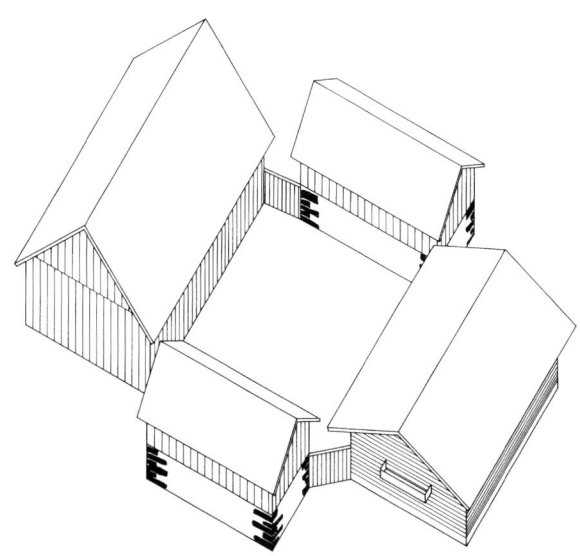

Abb. 12   *Offener Vierseithof, Typus nördliches Innviertel*

Abb. 13   *Offener Vierseithof mit gemauertem Wohnhaus und Walmdach. Osternach, Bez. Ried*

Abb. 14   *Offener Vierseithof im südlichen Innviertel, ältere Form. Palting, Bez. Braunau*

Abb. 15   *Offener Vierseithof im südlichen Innviertel, jüngere Form. Schwand, Bez. Braunau*

Eine manierierte Sonderform der späten Neuzeit bilden die so genannten Bundwerkstadel des südlichen Innviertels westlich der Mattig. Diese im ausgehenden 18., vor allem aber im frühen 19. Jahrhundert entstandenen Ständerbauten, deren komplizierter Abbund das statisch Notwendige um ein Vielfaches übersteigt, sind ein letzter Ausläufer einer Zimmerungstechnik, die sich entlang des Inns von Graubünden über Tirol, Ober- und Niederbayern bis in das Innviertel ausgebreitet hat. Während bei den üblichen Stadelbauten die Konstruktion hinter Bretterwänden verborgen bleibt, sind bei den Bundwerkstadeln die Verbretterungen hinter den konstruktiven Bauteilen und den mit ihnen verbundenen Bundwerken angeordnet, sodass die Konstruktion zugleich Schaustück wird. Die Handwerkskunst der Zimmerleute äußerte sich auch in aufwändig ausgeformten Vorköpfen von Pfetten und Konsolbalken aller Art, den Schrotgängen unter den ausladenden Vordächern unterhalb von Ortgang und Traufe und den wie Scherenschnitte wirkenden zweiflügeligen Hoftoren mit ihren zierlichen Ausschnitten. Regionale Besonderheiten wie die gedrechselten Baluster der Schrotgänge im Süden oder die Ausformung von Balkenköpfen zu so genannten „Täubchen" im Norden des Innviertels unterstreichen die kleinräumige Vielfalt an volkskulturellen Äußerungen. Auch die heute nur mehr selten anzutreffenden Zimmermannsmalereien bereichern oft das Äußere der sonst weitestgehend schmucklosen Fassaden von Wohnhäusern oder Kastenspeichern im Blockbau, sofern diese nicht durchgehend verschindelt waren. Vor allem die Staubläden entlang der Ortgänge und Traufen, aber auch Pfettenköpfe waren mit dem Formenrepertoire der Volkskunst des 17. bis 19. Jahrhunderts ausgestattet. Derselben Zeit gehörten auch die Freude an kunstvoll aufgedoppelten Haustüren und die Ausgestaltung mit Ziernägeln an. Beim gleichbleibenden Grundriss des Offenen Vierseithofes sind regionaltypische, formale Elemente zu beobachten, die eine ungefähre geografische Systematisierung und Zuordnung der Innviertler Gehöfte ermöglichen. So ist das ältere Gehöft des Sauwaldes durch ein schlichtes Wohnhaus in Blockbauweise gekennzeichnet, dessen Satteldach ursprünglich flach und mit Legschindeln gedeckt war. Vermutlich hat, so wie überall im Lande, die Aufsteilung der Dächer im 19. Jahrhundert eingesetzt. Ob auch hier, wie beispielsweise im Salzkammergut, herrschaftliche Verordnungen maßgebend waren, müsste noch überprüft werden. Die Vorköpfe der Pfetten sind durchwegs reich ausgeschnitten, manchmal auch bemalt. An den Giebelseiten sind kurze Schrotgänge in Höhe des Obergeschosses mit ausgesägten Balusterbrettern zu finden. Die Stallbauten haben Untergeschosse in Bloßsteinmauerwerk und Obergeschosse in verschalter Ständerbauweise.

Die Stadelbauten sind durchwegs Fünfständerkonstruktionen mit weitgehend schmucklosem Äußeren. Über den Tenntoren können Hinweise auf Bauherren und Bauleute angebracht sein. Zum Gehöft gehörten oft Nebengebäude wie Backöfen und Troadkästen, die ebenfalls flache Dächer hatten. Der Kastenspeichertypus des Sauwaldes fand eine Fortsetzung jenseits der Donau im Oberen Mühlviertel.

Im mittleren Innviertel mit dem geografischen Schwerpunkt um Ried war die Holzbauweise ursprünglich dominierend. Wohnhaus und Stallbauten waren in Blockbauweise, der Stadel in Ständerbauweise errichtet. Häufig war im östlichen Teil des Landes das so genannte „Vierblattlerdach", ein zeltartiges Vollwalmdach mit extrem kurzem First, über dem Wohnhaus anzutreffen. Die Fassaden waren zumeist verschindelt, wobei der monotone Gleichklang optisch durch Reihen von Zierschindeln reizvoll unterbrochen wurde. Bei jüngeren Gehöften dominiert bereits der Ziegelbau, wobei speziell im Bereich des Hausruck die im 19. Jahrhundert aufgekommene Mode des unverputzten und weiß verfugten Ziegelmauerwerks dominiert. Diese spätneuzeitliche Art des Mauerwerks setzt sich quer durch den oberösterreichischen Zentralraum bis in das Kerngebiet des Vierkanthofes im Raum Enns – St. Florian – Steyr fort und klingt erst im Hügelland des niederösterreichischen Mostviertels aus.

Im südwestlichen Innviertel ist beim älteren Vierseithof ein flachgedecktes Wohnhaus in Blockbauweise mit aufwändig gestalteten Schrotgängen die Regel, deren gedrechselte Baluster primär auf den zum Innenhof gerichteten Giebelfassaden zu finden sind.

Bei jüngeren, gemauerten Wohnhäusern hingegen ist oftmals ein biedermeierliches Mansarddach anzutreffen, während die Fassade meist schmucklos ist. Zu beiden Wohnhaustypen kann westlich der Mattig ein reich ausgestatteter Bundwerkstadel gehören oder doch zumindest ein Teilbundwerk im Obergeschoss der Stallbauten.

Literatur

Dimt, Gunter: Der Mittertennhof, in: Bauernhöfe erhalten, neu gestalten, hrsg. v. der OÖ. Raiffeisenzentralkasse, Band 1, Linz 1984, S. 17–24

Dimt, Gunter: Unregelmäßige Vierseithöfe. Einspringer und Doppeleinspringer, in: Bauernhöfe erhalten, neu gestalten, hrsg. v. der OÖ. Raiffeisenzentralkasse, Band 5, Linz 1984, S. 22–27

Dimt, Gunter: Der Offene Vierseithof, in: Bauernhöfe erhalten, neu gestalten, hrsg. v. der OÖ. Raiffeisenzentralkasse, Band 8, S.22–28

Dimt, Gunter: Formen und Varianten des oberösterreichischen Mittertenn-Einhofes im 19. Jahrhundert. Planungen des Maurermeisters Mathias Bachleitner aus St. Georgen im Attergau in den Jahren 1855–1864, in: Heimat als Erbe und Auftrag (Festschrift für Kurt Conrad), hrsg. v. Rotraud Acker-Sutter für das Salzburger Landesinstitut für Volkskunde und die Salzburger Heimatpflege, Salzburg 1984, S. 171–191

Gebhard, Torsten: Der Bauernhof in Bayern, München 2. Aufl. 1976

Heckl, Rudolf: Oberösterreichische Baufibel. Die Grundformen des ländlichen Bauens, hrsg. v. der OÖ. Landesbaudirektion, Linz 1949

Klaar, Adalbert: Die Mischzonen in den Hauslandschaften, in: Veröff. des Instituts für Volkskunde der Universität Wien, Band 2, S. 215–226

Klaar, Adalbert: Bäuerliche Ortsformen in Oberösterreich, in: Atlas von Oberösterreich, Erläuterungsband zur 4. Lieferung, Linz 1971, S. 117–134

Kriechbaum, Eduard: Das Bauernhaus in Oberösterreich (Forschungen zur Deutschen Landes- und Volkskunde, hrsg. v. Friedrich Metz, Band 29), Stuttgart 1933

Lipp, Franz: Oberösterreichische Stuben, Linz 1966

Werner, Paul (Hrsg.): Das Bundwerk. Eine alte Zimmermannstechnik. Konstruktion, Gestaltung, Ornamentik, München 1985

Hermann Scheuringer

Achse statt Grenze

Dialektlandschaften am unteren Inn

In der wissenschaftlichen Darstellung der deutschen Dialektgeografie gilt der Inn an seinem Unterlauf von der Einmündung der Salzach etwa mittwegs zwischen Burghausen und Braunau bis zu seiner eigenen Einmündung in die Donau im Gebiet der Stadt Passau als eines der herausragenden Beispiele für Flüsse als Achsen kohärenter Sprach- und Kulturräume. Dem Inn in dieser Rolle vergleichbar ist etwa der Rhein in seinem mittleren Flusslauf zwischen Basel und Karlsruhe als Achse des Kulturraums Elsass-Baden.

Die natürliche Achsenfunktion großer Flussläufe auf Grund ihrer alten Bedeutung als Verkehrswege vermögen letztlich nur politische Entscheidungen aufzuheben. Flüsse als Grenzen sind verführerisch für Herrscher und deren Militärstrategen, früher wie heute. Auch der Inn war schon – auf weitaus längerer Strecke als heute und konsequent bis zum Zusammenfluss mit der Donau – Grenze zwischen Rätien und Noricum. Die nachfolgende bairische Herrschaft hat ihm in ihrer Territorialbildung keine Aufmerksamkeit geschenkt und stattdessen die Grenzen Altbaierns an Lech und Enns gesetzt. Erst 1779/1816 hat Österreich es wieder geschafft, den Inn zur Grenze zu machen, und damit seine jahrhundertelange Westausdehnung im Donauraum beendet.

Die Gestalt der Sprachlandschaft unterer Inn ist unmittelbare Folge der dahinter stehenden Territorialgeschichte. Je älter sprachliche Ebenen und Formen ihrer Entstehungszeit und ihren sprachhistorischen Grundlagen nach sind, desto bestimmender ist für sie die Innachse und desto belangloser die Inngrenze. Je jünger sie sind, desto einflussreicher ist Letztere. Die bäuerlichen Kleinraumdialekte des Deutschen, die so genannten Basisdialekte, sind bis heute Reflex der frühmittelalterlichen Siedlung und frühen Territorialbildung. Die nachvölkerwanderungszeitliche Stammeswerdung der Baiern und nachfolgende Herausbildung des bairischen Stammesherzogtums der Agilolfinger bis 788 zwischen Lech und Enns ist bis heute in der Basisdialektlandschaft *Westmittelbairisch*, bis zur Linie Krems - untere Traun reichend[1], ersehbar, in einer chronologisch angesetzten Terminologie müsste es *Altbairisch* heißen. Diesem gegenüberzustellen ist *Neubairisch* östlich von Traun und Krems, in der

Dialektraumgliederung des Bairischen gemeinhin als *Ostmittelbairisch* bezeichnet. Charakteristisch altbairisch bzw. westmittelbairisch sind lautliche Formen wie die den ganzen Raum prägenden diphthongischen Vertretungen der sprachhistorisch langen *o*-Laute in Wörtern wie *groß*, *rot* oder *hoch*, als *grous/roud/hou*[2] – dies die Formen weiter Teile Altbayerns, des Innviertels und auch Salzburgs – oder als *greos/reod/heo* mit der vor allem das oberösterreichische Hausruckviertel kennzeichnenden *eo*-Lautung. Ebenso charakteristisch altbairisch sind auch die *h*-Lautungen im Plural des Verbs *sein: mia han* „wir sind", *es hats* „ihr seid" usw. Für diese altbairischen Großraumkennzeichen ist der Inn bedeutungslos oder höchstens eine von mehreren Achsen.

Ebenso inmitten einer größeren altbairischen Landschaft ist der Inn im Falle der mundartlichen Neuaufteilung der sprachhistorisch kurzen und langen *a*-Laute nach dem Gesichtspunkt ursprünglich folgender unterschiedlicher Vokale in den Nebensilben. Diese neue *a*-Verteilung, auch genannt *Kollmersches Gesetz*[3], scheidet in ihrem hauptsächlichen Realisierungstyp geschlossene *o*-Laute von offeneren *å*-Lauten. Sie ist nur relativ neu, weil wohl auch schon ein Jahrtausend alt, und gilt in etwa in der östlichen, konservativeren Hälfte des Alt- oder Westmittelbairischen von Erding in Oberbayern über ganz Niederbayern und das Innviertel hinweg bis ins westliche oberösterreichische Hausruckviertel und obere Mühlviertel. So erscheint geschlossenes *o* (reimt mit dem *o* in Wörtern mit auch historischem - kurzen - *o* wie *Hose, Boden, Moos*) in *oschn* „Asche", weil im bairischen Althochdeutsch in der Nebensilbe ein *o* folgte (ahd. *asco*), und aus demselben Grund auch *hoos* „Hase" oder *groom* „Graben", aber *å* wie in *dååg* „Tag" oder *sågn* „sagen" oder auch *grååm* „graben", weil in diesen Fällen ein anderer oder gar kein Nebensilbenvokalismus vorhanden war. Weitere Regeln verfeinern diese Gesetzmäßigkeit, die sich in ihrer räumlichen Verbreitung bis heute an keine der späteren Territorialgrenzen hält, nicht an die doch über viele Jahrhunderte gewesene bairisch-österreichische Grenze, die heute Inn- und Hausruckviertel scheidet, und auch nicht an die junge Territorialgrenze am Inn. Geradezu „drent" und „herent" verbindend

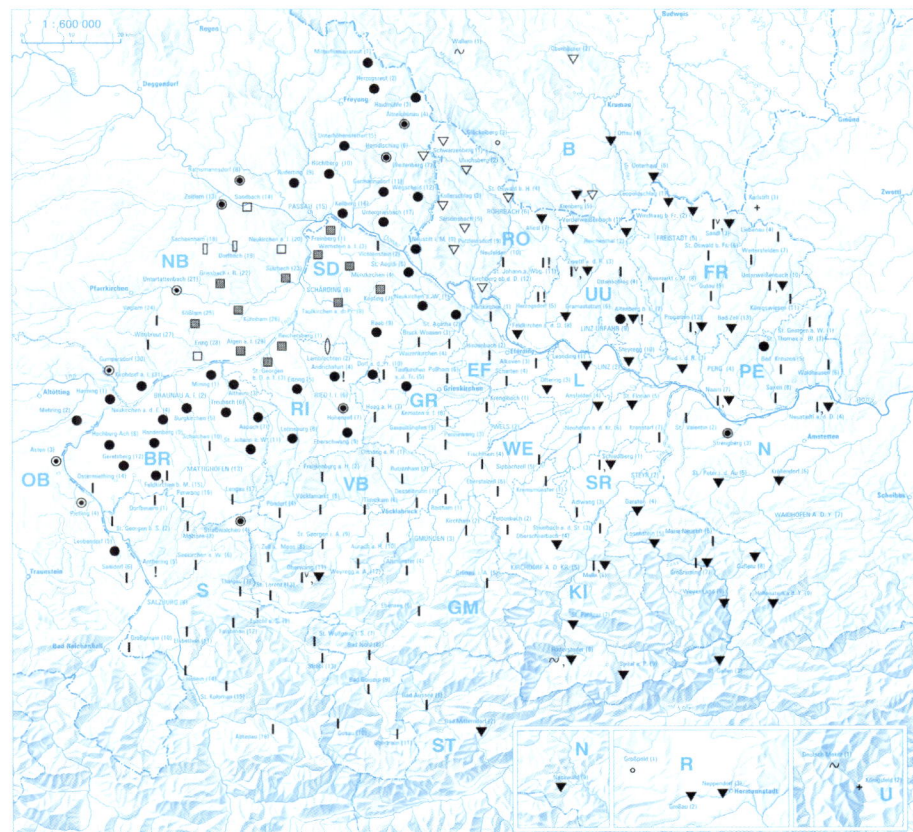

Karte 1
Lautgeografie des a in Rafe ("Dachsparren") – schwarze Punkte bezeichnen die östlichsten Belege für geschlossenes o, schraffierte und offene Vierecke rund um Schärding definieren den Schärdinger a-Verteilungs-Teilraum (SAO-Karte I 20)

Karte 2
Wortgeografie von Metzger und Fleischhacker in Oberösterreich (Erscheint 2005 in SAO-Band IV, Wortgeographie I; Bearbeiter: Jakob Ebner)

ist ein Teilraum des größeren *a*-Verteilungs-Gebietes, den man als *Schärdinger a-Verteilungs-Raum* bezeichnen kann und in dem in all jenen Wörtern, in denen im größeren Raum ein geschlossenes *o* erscheint, in mehreren noch kleinräumigeren Schattierungen Laute zwischen diphthongischem *ou* und offenem *ö* (Letzteres reimt mit dem Vokal in der ostmittelbairischen, also altoberösterreichisch-niederösterreichischen Aussprache von *Welt* oder *Geld*) auftreten, also *ouschn/öschn, hous/höös, groum/grööm*. Schärding, das als Stadt diese Lautung nicht mehr kennt, dürfte der Ausgangspunkt dieser für unteres Innviertel und unteres Rottal charakteristischen bäuerlichen Lautung sein und erscheint hier ungeachtet der späteren Grenzziehung, die es von seinem Rottaler Hinterland getrennt hat, weiterhin als sprachliches Zentrum für sein ganzes Umland in Bayern wie in Österreich. Karte 1 veranschaulicht dies am Beispiel des Wortes *Rafe* („Dachsparren").

Auf der basisdialektalen Ebene ist die altbairisch-westmittelbairische Kulturraumeinheit über das Lautliche hinaus in vielerlei Hinsicht feststellbar, so auch in der Neuaufnahme des aus dem Romanischen kommenden Wortes *Metzger*, das von Westen kommend das alte deutsche *Fleischhacker* in die südöstliche Ecke des Sprachraums zurückgedrängt hat. Die heutige basisdialektale Grenze zwischen den beiden Formen verläuft mitten durch Oberösterreich (s. Karte 2) und ist beredter Ausdruck für natürliche Ränder von sprachlichen Gravitationsfeldern, hier zwischen München im Westen und Wien im Osten, abseits späterer sprachlicher Grenzausbildungen, wie sie auf höheren sprachlichen Ebenen auch den Inn betreffen. So markant Bayern und Oberösterreicher diese heute auch

manchmal empfinden, sind sie doch im Gesamten nur unbedeutend im Vergleich mit den groß- und auch kleinräumigen Gemeinsamkeiten dies- und jenseits des Inns.

Anmerkungen

1 Grund für diese geringfügig geringere Ostausdehnung des Sprachraums Altbaiern ist die slawische Vorbesiedlung Donau-Österreichs östlich der Krems und die der Germanisierung nachfolgende sprachliche Ausrichtung auf prestigemäßig höher stehende Sprachformen.

2 Dem Darstellungszweck entsprechend hier in „breiter", nicht in wissenschaftlich exakter „enger" Transkription.

3 Nach Michael Kollmer (1917–2001), der diese Neuverteilung der *a*-Laute ausführlichst ergründet hat. Vgl. Kollmer (1987).

Literatur

Gaisbauer, Stephan: Kollmers Gesetz aus (ober)österreichischer Sicht, in: Alfred Wildfeuer/Ludwig Zehetner (Hrsg.): Bairisch in Bayern, Österreich, Tschechien. Michael-Kollmer-Gedächtnis-Symposium 2002. Regensburg 2002, S. 47–68

Kollmer, Michael: Die schöne Waldlersprach von Wegscheid bis Waldmünchen, von Passau bis Regensburg. Prackenbach 1987

Scheuringer, Hermann: Staatsgrenze und Dialektgrenze - Passau, Niederbayern und das Innviertel, in: Ostbairische Grenzmarken. Passauer Jahrbuch für Geschichte, Kunst und Volkskunde 29 (1987) S. 95–109

Scheuringer, Hermann: Die Dialektgrenze Innviertel - Hausruckviertel. Über den langen Atem der Geschichte, in: Werner Bauer/Hermann Scheuringer (Hrsg.): Beharrsamkeit und Wandel, Festschrift für Herbert Tatzreiter zum 60. Geburtstag. Wien 1998, S. 281–288

Sprachatlas von Oberösterreich (SAO). Bearbeitet von Stephan Gaisbauer und Hermann Scheuringer, hrsg. v. Adalbert-Stifter-Institut des Landes Oberösterreich. Linz 1998ff. [Bis dato erschienen: Kartenband I, Lautgeographie I, mit IV + 204 Karten und Kartenband II, Lautgeographie II, Lieferungen 1 und 2 mit 64 Karten]

1. Blick-Richtungen

1.1 Lobende Blicke

1.1.1
Wandernder Hirte
Antwerpen, um 1530
Eichenholz, H. 20,5 cm, B. 17 cm
Linz, OÖ Landesmuseum,
Inv. Nr. Ka 284

Die Rolle der Bauern in der Bibel ist zwiespältig. Da ist einmal das Bruderpaar Abel und Kain: Der Schafhirte Abel bringt ein Lamm Gott dar, Kain der Ackerbauer Früchte des Feldes. Gott bevorzugt das Opfer des Lammes. Aus Neid erschlägt Kain darauf seinen Bruder. Auf der anderen Seite sind es Hirten, die als Erste der Geburt des Erlösers teilhaftig werden. Sie sind die Auserwählten, die des Kindes ansichtig werden. Das kleine Relief, vermutlich aus dem Zusammenhang einer Geburt Christi, zeigt einen Hirten, der, auf seiner Schulter ein Lamm als Gabe für das neugeborene Kind, durch eine felsige Landschaft schreitet.

Lit.: Ausst.-Kat. Lebenswelten – Alltagsbilder (Kataloge des OÖ Landesmuseums NF 63), Linz 1993, S. 125 (mit Abb.).

1.1.2
Krippenfiguren
Werkstatt des Johann Peter Schwanthaler d. Ä. (1720–1795), Ried/I., 1760
Holz, gefasst, bekleidet, H. 57,5 cm,
H. 55,5 cm, H. 57,5 cm (ausgestreckt)
Pfarrkirchenstiftung Kößlarn

Das Krippenwerk der Wallfahrtskirche Kößlarn besteht aus einer Reihe von hölzernen, bekleideten Gliederpuppen mit geschnitzten Köpfen und Gliedmaßen. Der Grundbestand wurde urkundlich 1760 von einem „Bilthauer zu Ried" geliefert. Es handelt sich wohl um Johann Peter Schwanthaler d. Ä., der um diese Zeit auch noch andere Mitglieder der Familie in seiner Werkstatt beschäftigte. In der folgenden Zeit wurde das Krippenwerk durch weitere Figuren anderer Meister ergänzt. Im 19. und 20. Jh. gingen große Teile verloren. Die drei Hirten gehören zu einer Gruppe sehr qualitätvoller Exemplare, die stilistisch wohl dem Erstbestand von 1760 zuzurechnen sind. Sie stellen zwei zeitgenössische Bauerngestalten in Sonntagstracht und Stiefeln, so wie einen einfachen, barfuß gehenden Landmann (mit Zahnlücke) dar. Die charakteristischen Köpfe mit ihren derben, fast karikierenden Zügen zeigen große Könnerschaft des ausführenden Bildschnitzers. In ihrer Volkstümlichkeit unterscheiden sie sich deutlich vom übrigen bekannten Werk Johann Peter Schwanthalers d. Ä., insbesondere von dem vornehmeren, ganz in Holz ausgeführten Krippenwerk in Pram/OÖ.

L. D.

Lit.: Ausst.-Kat. Die Bildhauerfamilie Schwanthaler 1638–1848. Reichersberg 1974 – Helga Achleitner: Johann Peter der Ältere Schwanthaler 1720–1795. Ried I. 1991 – Gerold Zue: Die Kößlarner Barockkrippe – heute ein Sanierungsfall, in: Passauer Neue Presse, Ausgabe GE 20. Dez. 2003, S. 35.

1.1.3
Frühling
David Vinckboons (?) (1576–1631/33),
um 1610/20
Öl auf Eiche, H. 25,5 cm, B. 35,5 cm
Stift Kremsmünster, Kunstsammlungen,
Inv. Nr. 142

Darstellungen der Jahreszeiten boten den Künstlern Gelegenheit, Alltag und Fest der Menschen zu zeigen. Seit der Antike entwickelte sich für die einzelnen Abschnitte des Jahres ein Kanon an Tätigkeiten. Bäuerliche Arbeit wird zumeist bar jeder Realität dargestellt: In einer idealen Landschaft gehen ideale Menschen in ländlicher Idylle ihren Verrichtungen nach. Das Frühjahrsbild zeigt als bäuerliche Arbeit das Umgraben des Bodens; die Szene wird von den Vergnügungen der Adeligen im Vordergrund dominiert: Liebespaare musizieren und lustwandeln, Vorbereitungen zur Falkenjagd werden getroffen.

Lit.: wie Kat. Nr. 1.1.1, S. 155 f.

1.1.4
Sommer
David Vinckboons (?) (1576–1631/33),
um 1610/20
Öl auf Eiche, H. 25,5 cm, B. 35,5 cm
Stift Kremsmünster, Kunstsammlungen,
Inv. Nr. 143

Das Sommerbild enthält die charakteristischen Motive der Schafschur, der Heu- und Kornernte. Als Vergnügen der warmen Jahreszeit werden Badefreuden dargestellt.

Lit.: wie Kat. Nr. 1.1.1, S. 155 f.

1.1.5
Herbst
David Vinckboons (?) (1576–1631/33),
um 1610/20
Öl auf Eiche, H. 25,5 cm, B. 35,5 cm
Stift Kremsmünster, Kunstsammlungen,
Inv. Nr. 144

Zu den Arbeiten der Herbstmonate gehören Obsternte und Holzschlagen. Hier weist das Bild noch ein typisch niederländisches Motiv auf: brennende Martinsfeuer.

Lit.: wie Kat. Nr. 1.1.1, S. 155 f.

1.1.6
Winter
David Vinckboons (?) (1576–1631/33),
um 1610/20
Öl auf Eiche, H. 25,5 cm, B. 35,5 cm
Stift Kremsmünster, Kunstsammlungen,
Inv. Nr. 145

Das Winterbild konzentriert sich auf die Freuden der kalten Jahreszeit: Fußgänger und Eisläufer bilden ein munteres Treiben auf einem zugefrorenen Kanal.

Lit.: wie Kat. Nr. 1.1.1, S. 155 f.

1.2 Tadelnde Blicke

1.2.1
Zechende und rauchende Bauern im Wirtshaus
Österreich, nach Adriaen von Ostade (1610–1684), spätes 18. Jh.
Miniatur, H. 10,2 cm, B. 8 cm
Linz, OÖ Landesmuseum,
Inv. Nr. G 985

Die Miniatur stellt eine Kopie des 1660 entstandenen Gemäldes Ostades „In der Dorfschenke" (Dresden, Gemäldegalerie Alter Meister) dar. Ostade ist der wesentliche Schilderer bäuerlichen Lebens. Das Motiv der spielenden und zechenden feiernden Bauern wird seit dem 16. Jh. als moralisierender Hinweis auf die Las-

1.1.6

terhaftigkeit der Welt verwendet. Die Bauern werden zu Repräsentanten der menschlichen Triebnatur mit all ihren Schattenseiten.

Lit.: Bernhard Schnackenburg: Das Bild des bäuerlichen Lebens bei Adriaen van Ostade, in: Herman Vekeman – Justus Müller Hofstede: Wort und Bild in der niederländischen Kunst und Literatur des 16. und 17. Jahrhunderts, Erftstadt 1984, S. 31–42 – wie Kat. Nr. 1.1.1, S. 171.

1.2.2
Wirtshausszene
Pieter Quast (1606–1647),
1. Hälfte 17. Jh.
Öl auf Holz, H. 27 cm, B. 19 cm
Linz, OÖ Landesmuseum,
Inv. Nr. G 996

Das Treiben in einer bäuerlichen Schenke steht hier symbolisch für das Laster der Trunksucht. Zwei Zechkumpanen lauschen fasziniert den Erzählungen des rot

gewandeten Bauern, der nahezu die Bildmitte einnimmt; dem rechten ist der Weinkrug bereits aus der Hand geglitten. Trotz des kritischen Untertons blinzelt so etwas wie Verständnis für die Schwächen der Mitmenschen durch die Gestaltung der Szene.

Lit.: wie Kat. Nr. 1.1.1, S. 170.

1.2.3
Wirtshausszene
Egbert van Heemskerk (1634/35–1704),
2. Hälfte 17. Jh.
Öl auf Holz, H. 34,5 cm, B. 28 cm
Linz, OÖ Landesmuseum,
Inv. Nr. G 227

In einer bäuerlichen Schenke sind einige Bauern beim Kartenspiel heftig aneinander geraten. Das Fass, das als Spieltisch diente, ist umgeworfen, die Messer sind

bereits gezogen, während einer noch versucht, beschwichtigend einzugreifen. Die Laster Trunk- und Spielsucht haben zur Todsünde des Zorns geführt.

Lit.: wie Kat. Nr. 1.1.1, S. 170.

1.2.4
Kiebitze
Aegidius van Tilbourgh (1625–1678),
3. Viertel 17. Jh.
Öl auf Leinwand, H. 85 cm, B. 68 cm
Stift Seitenstetten, Stiftsgalerie,
Gal 16-04

Ein zunächst vermutlich friedlich verlaufendes Kartenspiel eskalierte; die Kontrahenten gerieten sich kräftig in die Haare; einer zieht das Messer und versucht sich durch Fußtritte gegen den Angreifer zu wehren; dieser wiederum hat zum Weinkrug als Waffe gegriffen. Frauen versuchen die Streitenden zu trennen. Mit Kläffen und Zähnefletschen versucht ein Hund einzugreifen. Trunk- und Spielsucht, gepaart vermutlich mit betrügerischem Handel, führen hier fast zu Mord und Totschlag.

1.3 Satirische Blicke

1.3.1
Zechende Bauern
Art des Adriaen van Ostade
(1610–1685), um 1630/40
Öl auf Holz, H. 27 cm, B. 21 cm
Linz, OÖ Landesmuseum,
Inv. Nr. G 226

Eine Gruppe von Bauern hat sich hier zum Zechen in eine Scheune zurückgezo-

1.2.1

1.2.2

1.2.3

gen. Ein Leiermann spielt auf; im Hintergrund spielt ein Kind mit einem Hund. Bei Ostade lässt sich ein Wandel vom moralisierenden Blick hin zu einem leicht amüsierten Augenzwinkern feststellen. Die Vertreter des Bauernstandes dienen zur Darstellung menschlicher Schwächen, für die der Künstler Verständnis aufzubringen scheint.

Lit.: wie Kat. Nr. 1.1.1, S. 173 (mit Abb.).

1.3.2
Der Prahlhans
Johann Baptist Wengler (1816–1899), 1848
Öl auf Holz, H. 45 cm, B. 36 cm
Linz, OÖ Landesmuseum,
Inv. Nr. G 1148

Der Innviertler Spätbiedermeiermaler schafft mit seinen Gemälden ein minutiös gezeichnetes Porträt seiner bäuerlichen Heimat. In manchen Sujets, die er aufgreift, dominiert in der detailreichen Darstellung ein leicht satirischer Blick, mit dem er sich über die Schwächen seiner Zeitgenossen lustig macht; in herausfordernder Pose sitzt hier ein reicher Bauernsohn, ein Meier Helmbrecht des 19. Jhs., in der Gaststube; die Kellnerin beeindruckt er allerdings nicht sehr, wie ihr Lächeln anzudeuten scheint.

Lit.: wie Kat. Nr. 1.1.1, S. 218 f. (Abb. S. 54).

1.3.3
Der pfiffige Sepp
Johann Rint (1814–1900), 1896
Holz, ungefasst, H. 11 cm, B. 10 cm
Linz, Stadtmuseum Nordico,
Inv. Nr. 711

1.3.2

1.4.1

Der Pfeife rauchende Bauer wird zum Symbol für „Bauernschläue".

Lit.: wie Kat. Nr. 1.1.1, S. 227 (mit Abb.).

1.4 Verklärende Blicke

1.4.1
Die Kegelbahn
Johann Baptist Wengler (1816–1899), 1854
Öl auf Leinwand, H. 82 cm, B. 98 cm
Linz, OÖ Landesmuseum,
Inv. Nr. G 1699

Viele der Bilder Wenglers zeigen bäuerliche Idyllen, wie sie die städtische Käuferschicht zu sehen wünscht. Wohl genährte, saubere und gut gekleidete Bauern treten hier zu einem Preiskegeln an. Im rechten Teil hat der Preisrichter an einem Tisch Platz genommen, um die Treffer zu notieren. Der neben der Kegelbahn stehende Wirt kassiert das Preisgeld. Der geschmückte Ziegenbock im Vordergrund stellt das „Preisgeld" dar.

Lit.: wie Kat. Nr. 1.1.1, S. 219 (mit Abb.).

1.4.2
Schnitter beim Mittagsmahl
Johann Baptist Wengler (1816–1899), 1872
Öl auf Leinwand, H. 51 cm, B. 63 cm
Linz, OÖ Landesmuseum,
Inv. Nr. G 683

In diesem Gemälde schließt Wengler eng an die Wiener Spätbiedermeiermalerei seines Freundes Johann Matthias Ranftl an. Wengler zeigt die Vorbereitungen zum Mahl: Der Bauer leert die Knödel aus einem irdenen Krug in die mittig platzierte Schüssel. Rechts verrichtet die Bäuerin gemeinsam mit dem vor ihr knienden Buben das Tischgebet. Magd und Knecht links im Bild warten auf den Beginn der Mahlzeit und bilden eine aufeinander bezogene Gruppe. Die Vorzeichnungen für dieses Gemälde sind bereits 1848 entstanden.

Lit.: wie Kat. Nr. 1.1.1, S. 220 (mit Abb.).

1.4.3
Bauer vor Kornmandeln
Johann Baptist Wengler (1816–1899), 1857
Öl auf Pappe, H. 44 cm, B. 31,5 cm
Linz, OÖ Landesmuseum,
Inv. Nr. G 576

1.4.2

Wie eine Trachtenstudie wirkt diese Studie, die einen jugendlichen Bauern in eigenartiger Pose vor Kornmandeln stehend zeigt. Die Kleidung wirkt sonntäglich: Lederhose, Hemd, ärmellose Jacke und hoher Hut. Vielleicht war ursprünglich geplant, dass der Bursche ein Arbeitsgerät in der geballten linken Hand halten sollte.

Lit.: wie Kat. Nr. 1.1.1, S. 221 (mit Abb.).

1.4.4
Sitzender Bauer

Johann Baptist Wengler (1816–1899), 1859
Öl auf Leinwand, H. 32,5 cm, B 24,5 cm
Linz, OÖ Landesmuseum,
Inv. Nr. Ha 350

Ein alter, zahnloser Bauer sitzt vor einem Kornfeld; in der linken Hand hält er einen Rosenkranz, mit der rechten stützt er sich auf die Holzbank. Zu seinen Füßen liegen Sichel und Strohhut. Trotz der Müdigkeit, die man aus seiner Haltung zu erkennen glaubt, verkörpert die Figur die Würde des Bauernstandes.

Lit.: wie Kat. Nr. 1.1.1, S. 220 (mit Abb.).

1.4.5
Spinnende Bäuerin

Johann Baptist Wengler (1816–1899), vor 1860 (?)
Ölstudie auf Pappe, H. 18,8 cm, B. 24 cm
Linz, OÖ Landesmuseum,
Inv. Nr. Ha 324

Im Vordergrund sitzt die Bäuerin am Spinnrad und plaudert mit einer anderen; im Hintergrund ist der Bauer mit dem Dengeln der Sense beschäftigt; ein Bub, wahrscheinlich der Sohn, schaut ihm interessiert zu. Das Bild thematisiert den Fleiß der ländlichen Bevölkerung, die selbst nach getanem Tagwerk am Abend nicht ruht, sondern weiter häuslichen Verrichtungen nachgeht.

Lit.: wie Kat. Nr. 1.1.1, S. 221 (mit Abb.).

1.4.6
Pfeifenkopf mit bäuerlichen Arbeiten

Alpenländisch, 1. Hälfte 19. Jh.
Holz, Flachschnitzerei, durchbrochener Silberdeckel
Linz, OÖ Landesmuseum,
Inv. Nr. F 11.242

Im reichen Rankenwerk sind Szenen aus dem bäuerlichen Leben in Verbindung mit Darstellungen der Jahreszeiten eingeflochten. Der Herbst wird durch eine Frau mit einer Traube symbolisiert, ihr beigeordnet ist ein säender Bauer; für den Winter steht ein schlafender Mann am Feuer; in der Szene darunter fährt ein Paar mit einem Gasselschlitten; für den Frühling stehen ein mit Blumen geschmücktes Mädchen und ein pflügender Bauer, für den Sommer schließlich ein mit Sichel erntendes Bauernpaar, begleitet von einer halbfigurigen Frau mit Ährenbüschel und Sichel.

Lit.: wie Kat. Nr. 1.1.1, S. 255 (mit Abb.).

1.5 Patriotische Blicke

1.5.1
Bäuerin aus Hohenwarth (bei Emmerting) an der Alz in Trauerkleidung

Johann Georg von Dillis (1759–1841), wohl 1803
Reproduktion; Original: Aquarell auf Papier, H. 235 mm, B. 176 mm
München, Staatliche Graphische Sammlung, Inv. Nr. 1983:56

Johann Georg von Dillis ist nicht nur der wichtigste Vertreter der sog. Münchner Schule; über die lokale Größe hinaus darf er als einer der bedeutendsten Künstler in Deutschland an der Wende des 18. zum 19. Jh. gelten. In seinem Werk nimmt er die Traditionen der klassischen Landschaftskunst auf; sein Nachlass umfasst allein rund 8500 Zeichnungen und 40 Skizzenbücher. Dillis bannte alles, was ihn faszinierte, auf Papier. In dieser Zeit entdeckten Wissenschaftler und Staatsbeamte Land und Leute Bayerns. Für das von Felix Joseph Lipowsky herausgegebene Werk „Baierische National-Costüme" schufen Dillis und andere Münchner Künstler die Vorlagen. Der Bauer wird für den Städter zur Verkörperung patriotischer Gesinnung.
Pelzkappe schwarzbraun; Flortuch schwarz mit Silberschließe; Leibl schwarz geknöpft; Jacke (Schalkl) schwarz, Schößl dunkelgrün unterfüttert; Schurz und Rock schwarz; Schuhe schwarz mit roten Absätzen.

Lit.: Gisela Scheffler – Paul Ernst Rattelmüller: Volkstracht und Landschaft in Altbayern. Ihre Entdeckung um 1800 durch Johann Georg von Dillis und seine Zeitgenossen, Ausst.-Kat. München 1991, S. 195 (mit Abb.).

1.5.2
Bäuerin aus dem Rottal

Johann Georg von Dillis (1759–1841), wohl 1803
Reproduktion; Original: Aquarell auf Papier, H. 235 mm, B. 180 mm
München, Staatliche Graphische Sammlung, Inv. Nr. 1983:52

Dunkelblaulila Kopftuch, mit weiß-blau gemustertem Rand; Hemdkragen oder Halstuch (?) weiß; Brustfleck dunkelblaulila, oben mit grünem Streifen abgefasst, unter der Brust von einem blauen Band gequert; Jacke (Schalkl) dunkelblau, mit weißen Streifen abgefasst; Schurz und Strümpfe blau; Rock schwarz; Schuhe schwarz mit schwarzen Bändern.

Lit.: wie Kat. Nr. 1.5.1, S. 199 (mit Abb.).

1.5.3
Bauer aus dem Rottal

Johann Georg von Dillis (1759–1841), wohl 1803
Reproduktion; Original: Aquarell auf Papier, H. 235 mm, B. 176 mm
München, Staatliche Graphische Sammlung, Inv. Nr. 1983:53

Breitkrempiger schwarzer Hut; schwarzes Flortuch; weißes Leinenzeug; schwarzes Leibl, seitlich geschnürt; dunkelgrüner Stoffhosenträger, federkielbestickter Gürtel mit Messingschließen, Rock blau, an den Kanten grün abgefasst; Verschluss unklar; wasserblaue Strümpfe, Schuhe schwarz mit schwarzen Bändern.

Lit.: wie Kat. Nr. 1.5.1, S. 199 (mit Abb.).

1.5.4
Bäuerin aus dem Rottal in Trauerkleidung

Johann Georg von Dillis (1759–1841), wohl 1803
Reproduktion; Original: Aquarell auf Papier, H. 235 mm, B. 180 mm
München, Staatliche Graphische Sammlung, Inv. Nr. 1983:55

Haube von dunklem Pelz, darunter weißes Kopftuch; Brustfleck dunkelblau; Jacke (Schalkl) dunkelblau, mit silberner Plattenkette gegürtet; Rock schwarz, Schurz schwarz; Strümpfe weiß; Schuhe schwarz mit schwarzen Bändern.

Lit.: wie Kat. Nr. 1.5.1, S. 201 (mit Abb.).

1.5.5
Prangerin aus St. Salvator
Johann Georg von Dillis (1759–1841),
wohl 1803
Reproduktion; Original: Aquarell auf
Papier, H. 236 mm, B. 180 mm
München, Staatliche Graphische
Sammlung, Inv. Nr. 1983:62

Mädchen, die bei der Fronleichnamsprozession am „Prangtag" die Figuren
trugen, nannte man Prangerinnen. Goldhaube mit roten Schleifen; schwarzer Flor
mit silberner Schließe; Unterkleid in sich
rotgelb gemustert, doppelt geknöpft,
Brust grün-gelb-rot bestickt; Mieder
schwarz; breite Metallkette auf dem unteren Miederteil; weiße Schürze; Rock, die
Schauben, schwarz mit rotem Vorstoß;
Schuhe schwarz, rot eingefasst, mit roten
flachen Absätzen und Schuhbändern.

Lit.: wie Kat. Nr. 1.5.1, S. 201 (mit Abb.).

1.5.6
**Hochzeiterin aus der Gegend von
Simbach – Fürstenzell**
Johann Georg von Dillis (1759–1841),
wohl 1803
Reproduktion; Original: Aquarell auf
Papier, H. 235 mm, B. 176 mm
München, Staatliche Graphische
Sammlung, Inv. Nr. 1983:60

Bei der Frau handelt es sich entweder um
die Braut oder um eine Brautjungfer; zy-
lindrische schwarze Kopfbedeckung mit
Band gehalten; das Band wird mit gelben
und roten Bändern in den Zopf eingeflochten; schwarzes Flortuch; Goller kar-
minfarben; Brustlatz dunkelgrün mit
roten Rosen; Mieder schwarz; Rock
schwarz; Schurz und Hemd weißlei-
nen; oberhalb der Taille eine metalle-
ne Plattenkette (Brautgürtel?); Strümpfe
weiß; Schuhe schwarz mit schwarzen
Bändern.

Lit.: wie Kat. Nr. 1.5.1, S. 201 (mit Abb.).

1.5.7
Zwei Bauersfrauen aus dem Rottal
Ludwig Neureuther (1770?–1832),
um 1805
Reproduktion; Original: Aquarell auf
Papier, H. 243 mm, B. 175 mm
München, Staatliche Graphische
Sammlung, Inv. Nr. 15040

1.6.1

Die Frauen tragen Arbeitstracht; Kopftuch blau; Schalkl bzw. Mieder; Hemd
weiß; kniefreier Rock, schwarz, eng gereiht; eng gereihtes schwarzes Fürtuch;
Strümpfe blau mit weißen Zwickeln und
roten Strumpfbändern. Der Weidenkorb
wird mit einem Polster unterlegt auf dem
Kopf getragen; seine Form ist typisch für
das Rottal.

Lit.: wie Kat. Nr. 1.5.1, S. 202 (mit Abb.)

1.5.8
Bauer und Schiffreiter aus dem Rottal
Ludwig Neureuther (1770?–1832), um
1805
Reproduktion; Original: Aquarell auf
Papier, H. 244 mm, B. 174 mm
München, Staatliche Graphische
Sammlung, Inv. Nr. 15039

Bauer links: breitkrempiger schwarzer
Hut; dunkelblauer Rock mit drei Falten
auf dem Rücken; Lederhose schwarz;
Strümpfe blau; Schuhe schwarz, ge-
schnürt.
Schiffreiter: breitkrempiger schwarzer
Hut; weißes Hemd (Pfoad); gelb-rotes
Halstüchl; rote Weste mit Metallknöpfen;
Jacke und Hose aus ungebleichtem Lei-
nen; Wasserstiefel, dick eingefettet und
geölt.

Lit.: wie Kat. Nr. 1.5.1, S. 202/4 (mit Abb.).

1.6 Heroisierende Blicke

1.6.1
Ernte bei Gewitter
Wilhelm Dachauer (1881–1951)
Öl auf Leinwand, H. 110 cm, B. 125 cm
Linz, OÖ Landesmuseum,
Inv. Nr. G 881

Der in Ried geborene Maler Wilhelm
Dachauer studierte an der Akademie der
Bildenden Künste in Wien; in der Sezes-
sionsausstellung 1913 stellte er erstmals
fünf seiner Bilder aus. Stilistisch geht
er von der sezessionistischen „Heimat-
kunst" aus, entwickelte aber daraus
einen Realismus, mit dem er fast ausschließlich Szenen aus dem bäuerlichen
Leben gestaltete. In der „Ernte bei Gewitter" wird bäuerliches Tagewerk zum
heroischen Akt im Kampf gegen die Un-
bilden der Natur.

Lit.: wie Kat. Nr. 1.1.1, S. 237.

1.6.2
Tischgebet
Wilhelm Dachauer (1881–1951)
Öl auf Leinwand, H. 95 cm, B. 120 cm
Linz, OÖ Landesmuseum,
Inv. Nr. G 815

Die Gruppierung der in Rückensicht
gezeigten Figuren um den Tisch schließt
den Betrachter vom eigentlichen Geschehen aus. Er ist nur Zaungast. Dachauer
schneidet das Bild auf Fensterbretthöhe
ab und fokussiert so den Blick ganz
auf die Betenden. Im Vordergrund knien

1.6.2

Bauer, Bäuerin und eine weitere Frau, vielleicht die Tochter, im Hintergrund Mann und Frau vor einer gepolsterten Bank, auf der ein Kind steht. Das Ziel des Gebetes, der Herrgottswinkel, ist ausgeblendet.

Lit.: wie Kat. Nr. 1.1.1, S. 237 (mit. Abb.).

1.6.3
Kornschnitt
Wilhelm Dachauer (1881–1951),
vor 1927 (?)
Öl auf Leinwand, H. 114 cm, B. 127 cm
Linz, OÖ Landesmuseum,
Inv. Nr. G 833

Das Gemälde gehört zu einer Gruppe von Bildern, die Dachauer in der XVIII. Jahres-Haupt-Ausstellung der Innviertler Künstlergilde im OÖ. Landesmuseum 1930 zeigte. Zehn der ausgestellten Bilder, darunter den „Kornschnitt", kaufte die OÖ. Landesregierung an. Ab 1927 war Dachauer als Professor an der Wiener Kunstakademie tätig. 1940 hielt er eine Vorlesung mit dem Titel „Gestaltung des Bauerntums und des deutschen Mythos", in der er seine Auffassung von bäuerlichem Leben und Arbeit ganz im Sinne der nationalsozialistischen Blut-und-Boden-Ideologie darstellte.

Lit.: wie Kat. Nr. 1.1.1, S. 236 f.

1.7
Bauern aus einem Schachspiel
Oberösterreich (?), 18. Jh.
Holz, farbig gefasst, H. der Stäbe ca. 123 cm, Figuren ca. 24 cm hoch
Linz, OÖ Landesmuseum,
Inv. Nr. S 896

Das Schachspiel, zu dem diese Bauern gehören, stammt aus dem Schloss Weinberg; Erwähnungen von Schachspielen in den Archivalien des 18. Jhs. lassen auf Grund ungenügender Beschreibungen keinen Schluss auf Entstehungsort und -zeit zu. Es besteht auch die Möglichkeit, dass Figuren eines Tischschachs zu dem Standschach in der heutigen Form umgearbeitet wurden. Die Figuren der Bauern zeichnen sich durch ihre realistische Darstellung aus. Bereits im 11. Jh. setzt in Europa eine literarische Auseinandersetzung mit dem Schach und seinen Figuren ein.

Lit.: wie Kat. Nr. 1.1.1, S. 130.

1.6.3

2. Arbeit

2.1 Frauenhände

„Dem Mann gehört die Arbeit auf dem Land und Feld daraussen zu, das Weib aber muß daheim ihre Hauß-Arbeit sorgfältig anschicken und ist dise schier so notwendig, als jene; darumen jene nit recht daran seynd, welche die Weiber=Arbeit so gar verachten und verwerffen, sagende: es seye nichts als eitles Däntlwerck und unützes Zeit verzehren. Ja freylich wohl! was hätten sonst die Männer an Leib anzulegen, was hätten sie zu essen, wann die Weiber nit wären mit ihren Spinnen und Näen, Wischen und Waschen, Kochen und Backen und anderern Sachen?" (Jordan von Wasserburg, 1670–1739). Missachtung der Frauenarbeit war an der Tagesordnung; ihre Wertschöpfung war nicht augenfällig genug, um Anerkennung zu erlangen. Dass die Arbeit der Frau nicht nur auf Haus und Garten beschränkt war, wusste schon Wernher der Gartenaere im Meier Helmbrecht zu berichten: um Gotelind davor abzuraten, einen Bauern zu heiraten, werden die Arbeiten aufgezählt, die sie dann zu leisten hätte: Gerste und Hirse stampfen, Flachs brechen und schwingen, die Wäsche mit dem Wäschepleuel bearbeiten und Rüben graben bzw. stechen. Zu allen Zeiten musste die Frau auch am Feld ihren Mann stehen; das belegen auch die Bildquellen, die Frauen bei der Heuernte zeigen, beim Lesen und Binden der Garben und als Helferinnen beim Dreschen. Oft war es auch die Bäuerin, die die Produkte des Hofes am Markt zum Kauf anbot. Und nicht zuletzt war sie viele Jahre ihres Lebens schwanger.

Lit.: Jordan von Wasserburg zitiert nach Karl Böck: Das Bauernleben in den Werken bayerischer Barockprediger, München 1953, S. 133f.

2.1.1
Weidende Kühe vor dem Wasserschloss in Dorfbach
Friedrich Kasimir Graf von Ortenburg (1591–1658), 1620/30
Reproduktion; Original: Aquarell,
H. 20 cm, B. 30 cm
Privatbesitz

Im Vordergrund der Ansicht des Wasserschlosses in Dorfbach treiben zwei Rinderhirten eine Herde Rinder. Unter Graf Kasimir wurde das Schloss erbaut; bis 1653 war die Hofmark Dorfbach im Besitz der Grafen Ortenburg. Die Rinderrassen waren zunächst kleinwüchsig; gegen Ende des 18. Jhs. begann man aus den Alpenländern Zuchtvieh zu beziehen. Manche wogen, so rühmte der Verfasser eines Aufsatzes zur Verbesserung der bayerischen *„Landescultur"*, 5 bis 6 bayerische Zentner (300 bis 340 kg). Für die Bauern wichtig war der Zugtierbestand. Die geringe Fütterung verzögerte die Entwicklung der Jungtiere. Sie konnten meist erst im dritten oder vierten Jahr zur Zucht herangezogen werden. Erbärmlich war der Zustand der Tiere nach den Wintermonaten.

Lit.: Ausst.-Kat. Wittelsbach und Bayern, Band II/2. Um Glauben und Reich. Kurfürst Maximilian I., München 1980, S. 302.

2.1.2
Melken
Wolf Helmhard von Hohberg, Georgica curiosa aucta, das ist umständlicher Bericht und klarer Unterricht von dem vermehrten und verbesserten adelichen Land- und Feldleben, Nürnberg 1701
St. Pölten, Niederösterreichische Landesbibliothek

Wolf Helmhard von Hohberg (1612–1688), ein in Niederösterreich geborener, als Protestant im Exil in Regensburg verstorbener Landadeliger verfasste dieses enzyklopädische, alle Aspekte der Wirtschaft, der Rechtsprechung und der Grundherrschaft umfassende Nachschlagewerk, das einer der wichtigsten Vertreter der Hausväterliteratur ist. Die aus diesem Werk im Rahmen der Ausstellung verwendeten Kupferstiche stehen hier stellvertretend für die bäuerliche Arbeit auf den adeligen oder klostereigenen Gütern. Für den niederbayerisch-oberösterreichischen Raum nicht korrekt ist die Verwendung eines Melkschemels.

Im ausgehenden 18. Jh. beschäftigte sich das Schrifttum auch mit dem Melken; bis dahin hatte man es vernachlässigt, da dieses Geschäft den Frauen überlassen war. Die Frauen wurden aufgefordert, auf mehr Sauberkeit zu achten.

2.1.3
Schweinehaltung
Wolf Helmhard von Hohberg, Georgica curiosa aucta, das ist umständlicher Bericht und klarer Unterricht von dem vermehrten und verbesserten adelichen Land- und Feldleben, Nürnberg 1701
St. Pölten, Niederösterreichische Landesbibliothek

Schweine wurden seit der Jungsteinzeit gehalten; das äußere Erscheinungsbild der Schweine änderte sich durch die Jahrhunderte kaum: sie waren hochbeinig und hatten einen lang gestreckten, keilförmigen Schädel. Im Herbst wurden sie zur Eichel- und Bucheckernmast in die Gemeindewälder getrieben. Forstordnungen griffen regulierend ein, da der durch sie verursachte Schaden bisweilen groß war. Nicht nur die Forstbeamten

2.1.3

klagten, auch für die Bauern waren die Schweine, die mit ihren Rüsseln die Äcker aufwühlten, *„die größte Plage der fleissigen Landwirte"*. Schweinezucht im heutigen Sinn kannte man nicht. Schweine dienten zur Deckung des eigenen Fleischbedarfs; bei größeren Höfen mussten in Abhängigkeit von der Hofgröße Schweine als Naturalabgaben abgeliefert werden. Erst im 19. Jh. kam es zu einer züchterischen Veredelung, die den Typ des Fettschweins herausbrachte.

2.1.4
Stalllaterne
Innviertel, um 1880
Holz, Glas, H. 25 cm, B. 16 cm, T. 15 cm
St. Roman, Heimathaus

2.1.5
Mistgabel
Innviertel, 19. Jh.
Schalchen, Heimathaus

2.1.6
Frauen beim Melken und Buttermachen
Art des Hans Sebald Beham, 16. Jh.
Holzschnitt

Die wichtigsten Geräte für die Butterherstellung sind die Butterfässer und die Buttermodeln. Das Stoßbutterfass, das hier die Frau rechts betätigt, ist in seiner Form als hohes zylindrisches Gefäß seit dem 9. Jh. überliefert. In Niederbayern wurde es erst Mitte des 19. Jhs. vom Drehbutterfass abgelöst.

2.1.7
Butter und Käsezubereitung
Wolf Helmhard von Hohberg, Georgica curiosa aucta, das ist umständlicher Bericht und klarer Unterricht von dem vermehrten und verbesserten adelichen Land- und Feldleben, Nürnberg 1701
St. Pölten, Niederösterreichische Landesbibliothek

In der herrschaftlichen Küche sind zwei Mägde mit der Zubereitung von Butter und Käse beschäftigt. Die Butter wird im Stoßbutterfass zubereitet; auf einem niederen Tisch oder Hocker steht eine hölzerne Butterschüssel zum Auswaschen der Butter. Zur Käsebereitung diente in der Regel ein großer, kupferner Kessel, der über das Feuer gehängt wurde. Als Käseformen dienten hölzerne Reifen, wie sie hier auf dem Tisch zu sehen sind.

2.1.8
Butterstoßfass
Innviertel, um 1880
Holz, H. 96 cm, ⌀ 20 cm
Osternach, Bauernmuseum „Rheintaler"

2.1.9
Schweineschlachten in Oberegglham im Winter
Friedrich Kasimir Graf von Ortenburg (1591–1658), 1620/30
Reproduktion; Original: Aquarell,
H. 20 cm, B. 30 cm
Privatbesitz

In den Jahreszeiten- und Monatsbildern ist für den Winter oder den Monat Dezember das Schweineschlachten die typische Tätigkeit im Jahreskreislauf. Die kalte Jahreszeit erleichterte Verarbeitung und Konservierung des Fleisches; für die Festtage hatte man Frischfleisch und im Stall war ein Fresser weniger.

2.1.10
Schmalztiegel
Innviertel, vor 1800
Steingut, H. 37 cm, ⌀ 25 cm
St. Roman, Heimathaus

2.1.11
Brotbacken
Wolf Helmhard von Hohberg, Georgica curiosa aucta, das ist umständlicher Bericht und klarer Unterricht von dem vermehrten und verbesserten adelichen Land- und Feldleben, Nürnberg 1701
St. Pölten, Niederösterreichische Landesbibliothek

Ein weitere wichtige Aufgabe der Frauen war das Backen des Brotes. Zunächst wurde ein Sauerteig zubereitet; dies konnte direkt im Backtrog geschehen oder man verwendete ein eigenes Behältnis dafür. War er „reif", knetete man den eigentlichen Teig im großen Teigtrog ab, der oft aus einem Baum im Stück herausgeschnitten war. Dann machte man im Backofen Feuer; war die richtige Temperatur erreicht, schoss man mit dem Brotschießer die Laibe ein. Je nach Region besaßen die Bauernhöfe eigene Backöfen oder man buk das Brot im Dorfbackofen.

2.1.12
Sauerteigrühreimer
Innviertel, um 1850
Holz, H. 63 cm, ⌀ 35 cm
St. Johann am Walde, Heimatmuseum „Beandhaus"

2.1.13
Teigtrog
Innviertel, um 1800
Holz, L. 120 cm, B. 47 cm, H. 33 cm
St. Johann am Walde, Heimatmuseum „Beandhaus"

2.1.14
Brotschießer
Innviertel, 19. Jh.
Holz, L. 180 cm
Maria Schmolln, Bauernmuseum „Sollinger Bauer"

2.1.15
Brotständer mit Brotsimperln
Innviertel, um 1850
Holz, Korbgeflecht, H. 140 cm
Schardenberg, Troadkasten

2.1.16
Krauthobel
1793
Tittmoning, Heimathaus Rupertiwinkel

2.1.17
Schafschur
Wolf Helmhard von Hohberg, Georgica curiosa aucta, das ist umständlicher Bericht und klarer Unterricht von dem vermehrten und verbesserten adelichen Land- und Feldleben, Nürnberg 1701
St. Pölten, Niederösterreichische Landesbibliothek

Sinn und Zweck der Schafhaltung war die Gewinnung der Schafwolle. Die Schafschere bewahrte in Europa seit der Antike ihre unveränderte Form.

2.1.18
Spinnrad
Innviertel, 19. Jh.
Holz, H. 110 cm, B. 55 cm
Raab, Heimathaus

Das Spinnrad hatte die Aufgabe, die feinen Fäden zu einem starken Faden zu vereinen und diesen Faden aufzuwickeln. Spinnen war eine Tätigkeit der Winter-

2.1.17

wurde „feingebrochen". Nach diesem Arbeitsvorgang wurden die Fasern „geschwungen": Mit dem Schwingscheit, einem scharfen Schwert aus hartem Holz, schlug man so lang in senkrechter Richtung den Flachs, bis dieser glänzte und sich mild anfühlte. Bei dieser Arbeit, die man im Stehen ausführte, fiel das gröbste Werg zu Boden; aus diesem Abfall drehte der Bauer Seile, Stricke und Gurte. Dann wurden die Fasern gehechelt; die Arbeit geschah im Sitzen; wollte man besonders feines Material gewinnen, so nahm man das Hecheln zweimal vor.

monate. Im November begann man damit. Die Zeit des Spinnens war auch eine Zeit der Geselligkeit: Kunkelstuben waren Orte, wo erste Kontakte mit dem anderen Geschlecht geknüpft werden konnten.

2.1.19
Wollhaspel
Innviertel, 19. Jh.
Holz, H. 100 cm, ∅ 90 cm
Raab, Heimatmuseum

2.1.20
Flachs brechen
Wolf Helmhard von Hohberg, Georgica curiosa aucta, das ist umständlicher Bericht und klarer Unterricht von dem vermehrten und verbesserten adelichen Land- und Feldleben, Nürnberg 1701
St. Pölten, Niederösterreichische Landesbibliothek

Die Bastfasern des Stängels sind der Grundstoff für Leinengewebe. Der Flachs wurde nach den Eisheiligen ausgesät und im August dann „gerauft", also nicht mit Sichel oder Sense gemäht, sondern händisch ausgerissen und gleich zu Bündeln geordnet. In der Scheune wurde der Flachs dann geriffelt, um die Samenkapseln abzustreifen. Dann wurde er „geröstet"; dazu wurde er entweder auf nassen Wiesen ausgelegt oder zwei bis drei Wochen in Wasser gelegt; durch den einsetzenden Verrottungsprozess ließen sich die Fasern leichter von den hölzernen Teilen der Stängel trennen. In den Wintermonaten erfolgte durch die Frauen die weitere Verarbeitung: Zunächst wurde der Flachs gedörrt, dann zumeist in zwei Arbeitsgängen gebrochen: Das Grobbrechen oder Vorbrechen geschah mit einer alten Breche, die nicht mehr so fein arbeitete, und die gröbsten, die Faser umhüllenden Stängel entfernte. Dann

2.1.21
Flachsdoppelriffel
Niederbayern
Pfarrkirchen, Heimatmuseum

2.1.22
Flachsbrechel
Innviertel, um 1850
St. Roman, Heimathaus

2.1.23
Flachshechel
Innviertel, um 1850
H. 47 cm, B. 15 cm, T. 13 cm
St. Johann am Walde, Heimatmuseum
„Beandhaus"

2.1.24
Wiege
Innviertel, 19. Jh.
Holz, bemalt, L. 96 cm, H. 50 cm
Lohnsburg, Heimatmuseum

2.1.25
Blasbalg
Innviertel, um 1850
St. Roman, Heimathaus

2.1.26
Randbeschlagene Holzschaufel
Holz, Eisen
Pfarrkirchen, Heimatmuseum,
Inv. Nr. 84

2.1.27
Wein- und Obsternte in Semerskirchen und Gottfrieding
Friedrich Kasimir Graf von Ortenburg
(1591–1658), 1620/30
Reproduktion; Original: Aquarell,
H. 20 cm, B. 30 cm
Privatbesitz

2.1.20

2.1.27

Die Darstellung der beiden Ortschaften wird mit Wein- und Obsternte im Oktober verbunden. Die Früchte werden von Frauen in gebundene hölzerne Butten verschiedener Größen gefüllt: zwei Holzschaffe mit Griffdauben, ein geflochtener Korb. Über den Weinbau in Niederbayern berichtete Apian: „Ich kann nicht verschweigen, dass die Berge und Hügel um Landshut mit Reben bepflanzt sind, die für diese Lage und für dieses Klima einen recht lobenswerten Saft zeitigen, namentlich die roten." Der Wein um Dingolfing wurde an der Tafel als Ehrenwein kredenzt.

Lit.: Ausst.-Kat. Wittelsbach und Bayern, Band II/2. Um Glauben und Reich. Kurfürst Maximilian I., München 1980, S. 303.

2.2 Männerhände

„Din ordenunge ist der phluoc" heißt es im Meier Helmbrecht: Bauernarbeit wird mit Feldarbeit gleichgesetzt. Das Arbeitsjahr des Bauern begann mit dem Mistführen, dann folgten Pflügen und Eggen, Aussaat und Ernte. Das Getreide wurde bis weit ins 19. Jh. hinein mit der Sichel geschnitten; nur so war das Stroh für das Dachdecken geeignet. In den Wintermonaten wurde dann wochenlang gedroschen – eine Schwerarbeit. Ein wesentlicher Teil der Bauernarbeit bestand aber auch in der Holzarbeit: vom Fällen, Zubringen, Entrinden, Behauen bis zum Verarbeiten. Holz verwendete der Bauer für Stege, für Zäune, für Schindeln, für Doppeljoche, Werkzeugstiele, Rechen, Gabeln, für Kienspäne und Brennholz, für Holzschuhe, all das fertigten der Bauer und seine Knechte im Winter für den Eigenbedarf oder als Nebenerwerb

an. Daneben hatte er Scharwerk für den Grundherren und das Dorf zu leisten.

2.2.1
Pflügender Bauer vor Otmaring
Friedrich Kasimir Graf von Ortenburg (1591–1658), 1620/30
Reproduktion; Original: Aquarell, H. 20 cm, B. 30 cm
Privatbesitz

Die Darstellung des Räderpfluges mit Grindel, Sech und Pflugsäule ist eine der frühesten Darstellungen dieses Typs in Bayern. Eine Besonderheit ist die Form der Pflugstelzen; sie sind sehr flach gestellt und offenbar längs der Pflugsohle befestigt. Er diente offenbar zum Pflügen schwerer Böden.

Lit.: Ausst.-Kat. Wittelsbach und Bayern, Band II/2. Um Glauben und Reich. Kurfürst Maximilian I., München 1980, S. 293.

2.2.2
Häufelpflug mit Holzschar
Innviertel, um 1750
Holz, L. 220 cm, B. 60 cm, H. 84 cm
Maria Schmolln, Bauernmuseum „Sollinger Bauer"

Pflug, Egge und Ackerwalze bilden die so genannten schweren Ackergeräte; die Aufgabe des Pfluges ist es, das zur Bebauung vorgesehene Feld umzuackern. Er wendet das Erdreich, lockert den Unterboden und zerkleinert schwere Böden. Durch ein Schneidewerkzeug (die Schar) wird ein Erdstreifen mit unterschiedlichem Querschnitt aus der Erde geschnitten und mit einer an die Schar anschließenden Vorrichtung, dem Streichbrett, ganz oder teilweise umgelegt. Der Haken und die Arl durchwühlen nur das Erdreich, ohne es umzukehren.

2.2.3
Eggen und Säen mit Sätuch in Isarhofen
Friedrich Kasimir Graf von Ortenburg (1591–1658), 1620/30
Reproduktion; Original: Aquarell, H. 20 cm, B. 30 cm
Privatbesitz

Im Vordergrund des Dorfes Isarhofen führt ein Bauer die so genannte Lotta- oder Rissegge über das Feld; ein anderer verwendet für die Aussaat ein Sätuch bzw. einen Säsack, wie er im Rottal üblich war. Links haben sich zwei zur Brotzeit niedergelassen. Der Speltenzaun lässt auch noch im oberen Teil die zusätzliche Absicherung mit Hilfe durchflochtener Weidenruten erkennen.

Lit.: Ausst.-Kat. Wittelsbach und Bayern, Band II/2. Um Glauben und Reich. Kurfürst Maximilian I., München 1980, S. 305.

2.2.4
Hölzerne Rahmenegge
Holz, L. 135 cm, B. 124 cm, H. 77 cm
Weng, Heimathaus

Im nächsten Schritt werden mit der Egge das Feld eingeebnet und die Erdschollen zertrümmert. Der Boden wird dadurch gelockert und belüftet. Auf der Wiese setzt man sie ein, um Maulwurfshügel einzuebnen oder den Mist der Weidetiere zu verteilen. Der Rahmen ist bis zur Mitte des 19. Jhs. aus Holz; in ihm sind eiserne oder hölzerne Zinken befestigt.

2.2.5
Bauern bei der Heuernte beim Hofmarksitz Söldenau
Friedrich Kasimir Graf von Ortenburg (1591–1658), 1620/30
Reproduktion; Original: Aquarell, H. 20 cm, B. 30 cm
Privatbesitz

Zwei Bauern und eine Bäuerin sind im Vordergrund mit dem Aufhäufeln des Heus beschäftigt; im Hintergrund die Ansicht des Hofmarksitzes Söldenau, der von 1599 bis 1802 unmittelbarer ortenburgischer Besitz war.

Lit.: Ausst.-Kat. Wittelsbach und Bayern, Band II/2. Um Glauben und Reich. Kurfürst Maximilian I., München 1980, S. 308.

2.2.6

2.2.7

2.2.6
Ortschaft Ledering mit Heuernte
Friedrich Kasimir Graf von Ortenburg
(1591–1658), 1620/30
Reproduktion; Original: Aquarell,
H. 20 cm, B. 30 cm
Privatbesitz

Das Blatt vereinigt mehrere bäuerliche
Arbeiten: Im Vordergrund wird mit Spa-
ten, Grabscheit und Haue ein Graben
zwischen Weg und Wiese angelegt; auf
einem zweirädrigen Karren wird Reisig
gefahren und im Mittelgrund wird Heu
zusammengetragen (dreizinkige Gabel
und hölzerner Rechen). Im Hintergrund
die Ortschaft Ledering. Die Häuser lassen bereits deutlich eine Gehöftbildung
erkennen; der Ziehbrunnen – ein Galg-
bzw. Galtbrunnen – versorgte wohl das
gesamte Dorf. Die Dorfweide ist eingezäunt.

Lit.: Ausst.-Kat. Wittelsbach und Bayern,
Band II/2. Um Glauben und Reich. Kurfürst
Maximilian I., München 1980, S. 302.

2.2.7
Kornschnitt vor Markt Ortenburg
Friedrich Kasimir Graf von Ortenburg
(1591–1658), 1620/30
Reproduktion; Original: Aquarell,
H. 20 cm, B. 30 cm
Privatbesitz

Die Szene, nach niederländischen Vorbildern komponiert, zeigt im Mittelgrund
die Getreideernte mit Garbenbindern
und Kornwagen; links ein Selbstporträt
des Grafen, rechts eine Gruppe rastender
Schnitter (?); im Hintergrund der Markt
Ortenburg und in der Ferne das Schloss
Altortenburg.

Lit.: Ausst.-Kat. Wittelsbach und Bayern,
Band II/2. Um Glauben und Reich. Kurfürst
Maximilian I., München 1980, S. 303.

2.2.8
Kornschnitt mit Sichel in Kemating
Friedrich Kasimir Graf von Ortenburg
(1591–1658), 1620/30
Reproduktion; Original: Aquarell,
H. 20 cm, B. 30 cm
Privatbesitz

Dargestellt ist der Kornschnitt, der vermutlich im August stattfand. Die Arbeit
wird auf diesem Blatt nur von Männern
ausgeführt; zum Schnitt verwenden sie
die Sichel, wie es in Bayern bis ins 20. Jh.
üblich war.

Lit.: Ausst.-Kat. Wittelsbach und Bayern,
Band II/2. Um Glauben und Reich. Kurfürst
Maximilian I., München 1980, S. 312.

2.2.9
Sichel
Innviertel, 19. Jh.
Schalchen, Heimathaus

2.2.10
Sense
Innviertel, 19. Jh.
Schalchen, Heimathaus

2.2.11
Heugabel
Holz, L. 170 cm
Sigharting, Heimatmuseum

2.2.12
Holzrechen
Innviertel, 19. Jh.
Schalchen, Heimathaus

2.2.13
Dreizinkige Strohgabel
Innviertel, 19. Jh.
Schalchen, Heimathaus

2.2.14
Strohgabel
Holz, L. 170 cm, B. 40 cm, T. 20 cm
Landau an der Isar, Heimatmuseum

2.2.8

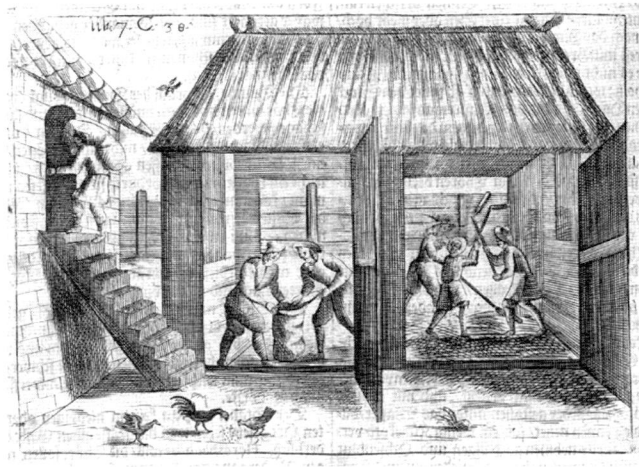

2.2.15

2.2.15
Dreschen

Wolf Helmhard von Hohberg, Georgica curiosa aucta, das ist umständlicher Bericht und klarer Unterricht von dem vermehrten und verbesserten adelichen Land- und Feldleben, Nürnberg 1701
St. Pölten, Niederösterreichische Landesbibliothek

Das Dreschen des Getreides erfolgte mit einem Dreschflegel oder einem eisenbewehrten Dreschstecken. Nach dem Ausdreschen wurde das Stroh mit Holzgabeln weggegabelt: Zum Sauberputzen der Körner verwendete man verschiedene Reuter (= Siebe); das Getreide wurde in Säcken abgefüllt und in den Troadkasten gebracht.

2.2.16
Dreschstecken
Bayern, 19. Jh.
Wasserburg, Museum der Stadt Wasserburg

2.2.17
Dreschstecken
Niederbayern, 19. Jh.
Pfarrkirchen, Heimatmuseum,
Inv. Nr. 41a

2.2.18
Holzarbeit

Wolf Helmhard von Hohberg, Georgica curiosa aucta, das ist umständlicher Bericht und klarer Unterricht von dem vermehrten und verbesserten adelichen Land- und Feldleben, Nürnberg 1701
St. Pölten, Niederösterreichische Landesbibliothek

2.2.19
Dreschen und Schindelmachen

Wolf Helmhard von Hohberg, Georgica curiosa aucta, das ist umständlicher Bericht und klarer Unterricht von dem vermehrten und verbesserten adelichen Land- und Feldleben, Nürnberg 1701
St. Pölten, Niederösterreichische Landesbibliothek

2.2.20
Schindeleisen

Wasserburg, Museum der Stadt Wasserburg

2.2.21
Hoanzlbank (Schnitzbank)
Innviertel, um 1800
L. 160 cm, B. 24 cm, H. 80 cm
St. Johann am Walde, Heimatmuseum
„Beandhaus"

2.2.22
Kienspanhalter
Innviertel, vor 1800
L. 55 cm, B. 36 cm, H. 50 cm
St. Roman, Heimathaus

2.2.23
Strohdeckerkraxn und Strohmesser
Innviertel, 19. Jh.
L. 100 cm, B. 60 cm, H. 60 cm
Sigharting, Heimatmuseum

2.2.24
Peslöd bei Voglarn mit Erntewagen
Friedrich Kasimir Graf von Ortenburg
(1591–1658), 1620/30
Reproduktion; Original: Aquarell,
H. 20 cm, B. 30 cm
Privatbesitz

Im Vordergrund des Bildes ein mit Pferden bespannter Erntewagen mit aufgeladenen Garben; die Einöde Peslöd besaß ein Wirtshaus, das vermutlich mit dem getünchten Gebäude in der Bildmitte zu identifizieren ist; die Dachdeckung besteht wieder aus Legschindeldächern.

Lit.: Ausst.-Kat. Wittelsbach und Bayern, Band II/2. Um Glauben und Reich. Kurfürst Maximilian I., München 1980, S. 307 f.

2.2.25
Ochsenjoch (Doppeljoch)
Niederbayern
Pfarrkirchen, Heimatmuseum,
Inv. Nr. 83

Zumindest seit dem Ausgang des Mittelalters war in Bayern das Doppeljochgespann mit Ochsen üblich und zwar mit Kopfzuggeschirren. Ein Einzelgespann verwendete man für die Arbeit mit dem Häufelpflug; Dreier- und Vierergespanne stellten eine Ausnahme dar.

3. Besitz

3.1 Hofübergabe

Die Hofübergabe war Voraussetzung für die Hochzeit; nur wer eine materielle Basis vorweisen konnte, durfte eine Ehe eingehen. Im bäuerlichen Bereich war dies, sieht man von den unterschiedlichen Rechtsverhältnissen zu Grundherren ab, die Hofübergabe. Mit einem Übergabebrief, der bei der zuständigen Behörde, meist dem Hofmarksgericht, schriftlich fixiert wurde, wurden der Hof überschrieben, Leistungen gegenüber Eltern und Geschwistern festgelegt und weitere Erbregelungen für den Todesfall getroffen. Dann war es möglich, „Hochzeit zu halten". Dies bestand zunächst aus einem schlichten „Verspruch", wie die Eintragungen in das Trauungsbuch der Pfarre in Sulzbach am Inn (1619–1632) zeigen: Das Brautpaar kam zum Pfarrer, um Heirat oder Verkündigung anzuzeigen („Haben ihr Heurat angeben"); sie gaben vor Pfarrer und zwei Zeugen ihr Eheversprechen ab („Haben ihren Handtschlag oder Versprechen gehabt"); am nächsten Sonntag oder Feiertag wurde das Eheversprechen dann der Pfarrgemeinde auf der Kanzel verkündigt. War dies ein- bis dreimal geschehen, fand die Hochzeit statt („haben sie ihren Ehrentag gehabt"). Beliebte Hochzeitstage waren in Sulzbach Montag und Dienstag. Über das Brauchtum rund um die Hochzeit für die Zeit vor 1800 weiß man nur wenig; in Übergabebriefen aus der Gegend um Dingolfing werden formelle Abschiedsszenen erwähnt: „am Hochzeittag mit ainem Trunckh Pier und Prott gleich wie es das Haus vermag zurichten" oder „zum Ausgang mit Prodt und Prandtwein versechen werden". Selbstverständlich brachte die Braut Heiratsgut in die Ehe mit; in den Heiratsbriefen werden Bargeld, „ain gerichts Pött", Truhen oder Kasten, eine „Khue samt der hochzeitlichen Ehrngwandtung" erwähnt; ferner gehörte die Ausstattung des Brautbetts dazu.

Lit.: Siegfried Herböck: Das Leben in der Pfarrei Sulzbach in religiöser, sozialer und wirtschaftlicher Hinsicht unter besonderer Berücksichtigung der Jahre 1619 bis 1632 des 1. Matrikelbuches, in: 1200 Jahre Stephanuskirche in Sulzbach am Inn 788–1988, Hartkirchen 1988, S. 63–149 – Fritz Markmiller: Rechtsgeschäft und Rechtsbrauch im Rahmen der Hochzeit. Das Beispiel der niederbayerischen Bauernfamilie Bleibrunner im 17./18. Jahrhundert, in: Der Storchenturm 27 (1992), S. 1–28.

3.1.1
Rottaler Brautpaar
Sulzbach am Inn, um 1700
Reproduktion
Sulzbach am Inn, Pfarrarchiv,
Trauungsbuch 2

3.1.2
Leibgedingbrief für das Friedlgütl in Lindach
Burghausen, 1614, in: *„Beschreibung etlicher Guetter, Stückh, Gülten und dergleichen, welche zur Pfarr Burckhausen so vil sich hin und wieder mögen befinnden gestift worde im Jahr 1602"*
Codex, Papier, handschriftlich,
H. 31 cm, B. 42,5 cm (aufgeschlagen)
Passau, Diözesanarchiv, IN 720

Wenn der Grundherr starb, hier der Pfarrer von Burghausen, musste sein Nachfolger für die Bauern, die den Hof bewirtschafteten, einen neuen *„Leibgedingsbrief"* ausstellen. In diesem wurden die Rechte und Pflichten gegenüber den Grundherrn festgelegt. Grundgült und Scharwerkleistungen wurden festgelegt. 1614, als der Leibgedingbrief ausgestellt wurde, waren auch noch Naturalleistungen vorgesehen: Sebastian Aigner und seine Hausfrau hatten für das Friedlgütl neben Bargeld zwei Hennen, dreißig Eier und ein Stiftviertl Wein abzuliefern.

Lit.: Wolfgang Hopfgartner: Leibgedingbrief für das Friedlgütl in Lindach aus dem Jahr 1614, in: Oettinger Land 7 (1987) S. 88–90.

3.1.3
Rundbogentruhe
Oberes Innviertel, 1701
Malerei auf Blankholz
Linz, Oberösterreichisches Heimatwerk

Die Innviertler Möbellandschaft ist nach Lipp besonders durch eine Vorliebe für Renaissanceformen gekennzeichnet. Typische Vertreter dafür sind die Rundbogentruhen. Gegen Ende des 17. Jhs. entwickeln sich dann zwei regionale Möbelmotive im oberen Innviertel: die Ross- oder Hirschentruhe und die Nelkentruhe. Die gezeigte Truhe stammt aus dem Bezirk Braunau; die die Front gliedernden Arkaden sind in Holz vorgeblendet; die sparsame Malerei in Grün und Rot auf Blankholz aufgetragen; der originale Sockel zeigt auf die Sockelstollen gemalt je ein rotes Pferd.

Lit.: Franz C. Lipp: Oberösterreichisches Bauernmöbel, Wien 1986, S. 280 (mit Abb.).

3.1.4
Holzpendeluhr
Innviertel, 19. Jh.
Holz, bemalt, H. 24 cm, B. 21 cm
Schalchen, Heimathaus

3.1.5
Brettchenwebstuhl
Niederbayern, 1706
Holz, H. 20 cm
Altötting, Wallfahrts- und Heimatmuseum

3.1.6
Wäschepleuel
Bayern, 1665
Holz, mit Kerbschnitzmuster verziert,
L. 56 cm
Tittmoning, Heimathaus Rupertiwinkel

3.1.7
Schwingstock zur Flachsbearbeitung
Niederbayern, 1765
Wasserburg, Museum der Stadt Wasserburg

3.1.6

3.1.7

3.2 Wohnen

Stube

Nahezu jedes Inventar, das anlässlich eines Todesfalles aufgenommen wurde, beginnt in der Stube. Die für uns so vertraute Einrichtung eines „Herrgottswinkels" in der Stube taucht erst ab dem 18. Jh. auf; zunächst sind es nur wenige religiöse Objekte, meist nur ein Kruzifix. Erst ab der Mitte des 18. Jhs. mehrte sich die Ausstattung: Auf größeren Höfen werden nun auch „*Altärl*" und „*Tafeln*" genannt. Das wichtigste Möbel in der Stube war der Tisch, meist mit einer Schublade, in der Löffel und Tischtuch aufbewahrt wurden. Letzteres war aus Leinen oder Rupfen. Messer und Gabeln werden nie genannt; dieses Essbesteck gehörte zum persönlichen Besitz; man trug es bei sich mit. Zur Ausstattung der Stube gehörten ferner Teller und Schüsseln. Zum Abstellen der heißen Pfannen oder Suppentöpfe diente ein „*Pfannholz*". In Stubenöfen war der Warmwasserkessel fest eingebaut, oder der kupferne „*Höllhafen*" für das Heißwasser hing im Ofen. Unter dem Ofen oder unter den Stubenbänken standen Hühnerkäfige: So war das Federvieh vor Raubtieren geschützt, und die Wärme in der Stube erhöhte die Legeleistung. Zur Beleuchtung der Stube diente der Kienspanhalter. Als Behältnisse zur Aufbewahrung der Kleidung, des Leinens und des gesponnenen Garns dienten Truhen, die in dem Fletz (Gang im Erdgeschoss) oder bei eingeschossigen Höfen auf der Dilln (Gang im ersten Stockwerk) oder in der oberen Stuben standen. Auf der Dilln bewahrte man

auch Saatgut und das notwendige Werkzeug zur Woll- und Flachsverarbeitung auf.

Lit.: Max Udo Kasparek/Torsten Gebhard: Niederbayerische Verlassenschaftsinventare des 17. Jahrhunderts, in: Bayerisches Jahrbuch für Volkskunde 1962, S. 201–216 – Ingolf Bauer: Das Verhältnis zwischen „erdenen" und „hilzernen" Gefäßen in niederbayerischen Verlassenschaftsinventaren des 17. und 18. Jahrhunderts, in: Ostbairische Grenzmarken 10 (1968), S. 237–254 – Volker Liedke: Verlassenschaftsinventare Rottaler Bauern- und Bürgerhäuser des 17. Jahrhunderts, in: Ars Bavarica 77/78 (1996), S. 81– 115 – Eva Habel: Inventur und Inventar im Pfleggericht Wasserburg. Entstehung und Aussagekraft einer Quelle zur historischen Sachkultur im ländlichen Altbayern des 18. Jahrhunderts, Münster 1997.

3.2.1
Kruzifix

Innviertel, um 1800
Holz, bemalt. H. 92 cm, B. 75 cm
St. Roman bei Schärding, Heimathaus

3.2.2
„Wettersegen"

18. Jh.
Verglaster, runder Holzrahmen mit Amuletten
Linz, OÖ Landesmuseum,
Inv. Nr. F 15.090 (ex. Slg. Pachinger)

Ungefähr 50 Amulette sind in der Art eines runden Bildes symmetrisch angeordnet; darunter eine Statuette der Altöttinger Madonna, ein Wolfgangihackl, ein Pestpfeil, ein Benediktuspfennig und Benediktusschild, Siegel mit Jesus und Maria, Anastasiushaupt, Zweige vom „Segenbaum", geweihte Palmkätzchen usw. Solche Wettersegen sollten Unglücksfälle, Sturm, Gewitter, Pest und auch Gespenster vom Haus fern halten.

Lit.: Ausst.-Kat. Volksfrömmigkeit in Oberösterreich, Linz 1985, S. 215.

3.2.3
Hausaltärchen

Innregion, 18. Jh. (?)
Pfarrkirchen, Heimatmuseum

3.2.4
Bäuerliche Wanduhr

Anfang 19. Jh.
Simbach am Inn, Heimatmuseum

3.2.5
Hühnerkäfig

Obernberg, Heimathaus

3.2.6
Monstranzentruhe

Oberes Innviertel, Schwand, um 1720
Holz, bemalt
Linz, OÖ Landesmuseum, F 22.374

Die Monstranzentruhen stellen nach Lipp einen echten Lokaltypus des Oberen Innviertels dar. Auf schwarzem Grund in Stupftechnik gemalt nimmt die Monstranz die gesamte Truhenhöhe ein; flankiert wird sie von zwei in Rundbögen eingestellten Tulpenbäumen. Die angewandte Technik und die punktierten Silhouetten lassen eine Entstehung um 1720 annehmen.

Lit.: Franz C. Lipp: Oberösterreichisches Bauernmöbel, Wien 1986, S. 282 (mit Abb.).

3.2.7
Hirschentruhe

Oberes Innviertel, 1737
Linz, OÖ Landesmuseum, F 8.114

Auf weißen Grund ist eine fünfteilige Arkade gemalt; zwei breite Arkadenfelder werden von schmalen Feldern flankiert. In jedes Feld ist ein Lebens- oder Tulpenbaum eingestellt, der im breiten Feld von zwei roten Hirschen flankiert wird.

Lit.: Franz C. Lipp: Oberösterreichisches Bauernmöbel, Wien 1986, S. 280 (mit Abb.).

Küche

Je nach Größe und Anlage des Hofes war die „Kuchel" in Verbindung mit dem Wohnraum oder ein eigener Raum mit Zugang zu einem „*Speiskammerl*". Als wichtigste Gerätschaften befanden sich hier der Dreifuß, auf den die eisernen oder kupfernen Pfannen gestellt wurden, für das Kochen von Mehlspeisen die „*Schmarrnkhössl*" und „*Khiechelspieß*", für das Schmalz ein Kessel oder eine Pfanne, zum Umrühren hölzerne Kochlöffel, Nudelscherer, dann diverse Fässer, etwa für Kraut, das Butterfass, Eimer, Schaffeln, Waschzuber, Kübel zum Aufbewahren des Sauerteiges, Backtrog und Brotschießer usw. Hölzerne und irdene Gefäße für die unterschiedlichsten Zwecke fanden sich im gesamten Haus verstreut. Je nach Zeitstellung und Besitzgröße schwanken Zahl und Ausführung des gesamten Gefäßbestandes in beachtlichem Umfang: Die Auswertung von Ingolf Bauer für den Zeitraum von 1626–1750 gibt z. B. für einen Hof mittlerer Größe, der 6 Ochsen und 6 Kühe besaß, 97 Behältnisse an, für einen Achtelhof hingegen nur 27.

3.2.8
Wassergrand
Kröning, 18. Jh.
Vilsbiburg, Heimatmuseum

Das größte im Kröning gefertigte Hafnererzeugnis war der Wassergrand, der bis zu 85 cm hoch war. Er dürfte im unteren Gefäßbereich auf der Töpferscheibe gedreht, im oberen dann in Wulsttechnik aufgebaut worden sein. Sie dienten als Vorratsgefäße für Wasser und waren in Stube und Stall eingebaut.

3.2.9
Speise und Trank
Inszenierung

Quellen zu bäuerlichen Nahrungsgewohnheiten fließen nur spärlich. Die ab dem 16. Jh. einsetzende Fleischverknappung, die zu einer Teuerungswelle führte, verdrängte im süddeutschen Raum Fleisch aus dem täglichen Speisezettel der Unterschichten und der bäuerlichen Bevölkerung. Mehlspeisen, zunächst noch brei- oder suppenartig, dominierten. Um Abwechslung zu schaffen, entwickelten sich ab 1600 diverse Zubereitungsarten, wie sie bis heute bekannt sind: Knödel, Dampfnudeln, Topfnudeln, Küchl usw. Gemüse wurde – im Gegensatz zur norddeutschen Küche – vielfach roh, als Salat oder ohne Zubereitung aufgetischt (Kraut, Rettich). Für die Zeit vor 1800 konzentriert sich aussagekräftiges Material auf einige wenige Speisezettel für Dienstboten von Klöstern und Gutsbetrieben im nördlichen Oberbayern; Berichte über die Kost in Niederbayern und dem Innviertel stammen erst vom Beginn des 19. Jhs. Man wird diese aber auf Grund der feststellbaren Beständigkeit im Nahrungswesen mit einiger Vorsicht heranziehen können; allerdings berücksichtigen sie nicht lokale Eigenheiten, die sich in bestimmten Speisenfolgen immer wieder manifestieren. Generell ist die Kost in diesem Raum fleischarm; sie wird

von Mehlspeisen dominiert; Fleisch kam nur an den Feiertagen auf den Tisch. Wimmer berichtete 1858 über die Alltagskost im Rottal: „[sie] *bestand durchweg in sogenannter Roggenkost, das heißt die sämtlich in großer Quantität, aber dieser nicht entsprechenden Qualität vorgesetzten Mehlspeisen werden aus Roggenmehl verfertigt und spielen hiebei die sogenannten Knödel die größte Rolle. Die gewöhnliche Kost wird jedoch geändert, wenn die Heu- und Getreideernte heranrückt. Schon während des Mähens der Wiesen werden nämlich Küchel gebacken und dies während der ganzen Erntezeit. Dabei wird in der Regel der Unterschied gemacht, daß bei der Winterernte Küchel aus Weizenmehl, bei der Sommerernte aus Roggenmehl, sogenannte Schuksen gebacken und in Abundanz verzehrt wird. Ebenso machen in der gewöhnlichen Kost die Weihnachtsfeiertage, Ostern, Pfingsten und die Kirchweih ruhmvolle Ausnahmen …"* Eine Ausnahmesituation war natürlich auch die Hochzeit, die, im Wirtshaus gefeiert, Anlass zu einer mehrgängigen Speisenfolge war: *„a. Suppe mit Leberwürst; b. sogen. Lüngerl; c. Fleisch mit Gemüse; d. Hirn- oder Zwetschgenbavesen; e. Braten (Kalbs- oder Schweinsbraten); f. Backwerk."* (zitiert nach Gebhard 1986, S. 113 und 116).

Lit.: Günter Wiegelmann: Alltags- und Festspeisen. Wandel und gegenwärtige Stellung, Marburg 1967 – Torsten Gebhard: Landleben in der guten alten Zeit, München 1986.

3.3 Hab und Gut

3.3.1
Inventar des Egidin Fridl
Übermoos, 1752 Oktober 19
Inventar $^1/_1$ Hof (= Hofbaue)
München, Staatsarchiv, Pfleggericht Wasserburg, Pr 179

Die Räume, die bei der Inventur begangen wurden, umfassten Wohnstube, Fletz, Kuchl, Kuchlkammer, „*Speiß Gwölb*", Schlafkammer, Ehalten-Kammer, Dille, Rossstall, Kuhstall, Schafstall, Heutenne, Getreidetenne, Getreidekasten, Bad(stube) und Hof. Das Inventar beginnt mit dem Kruzifix in der Wohnstube, dem Tisch mit Schublade, den sechs Löffeln und Tischtuch darinnen; zwei kupferne Höllhafen in der Stube dienen zur Heißwasserbereitung; ebenfalls

in der Stube befinden sich diverse Utensilien zum Kochen, z. B. der Uretkübel für den Sauerteig. In der Küche gibt es den Dreifuß, drei kupferne Pfannen, ein Schmalzpfändl, Kochlöffel, „*Küchelspieß*"; im Fletz stehen diverse Behältnisse für Mehl, Kraut und dgl. mehr. In der Schlafkammer, die vermutlich im ersten Stock lag, da daran anschließend die Ehaltenkammer und die „*Dilln*" erfasst wurden, befand sich das Himmelbett mit Ober- und Unterbett, Polster, Kissen und „*rupfenen Leylachen*", drei Truhen mit der Kleidung des Erblassers, Bettwäsche usw., in einem versperrten Kasten vier verschiedene „*pappierer bilder*", ein Kruzifix, ein Branntweinglas. Auf der Dilln waren der Backtrog, acht Spinnräder, Waschkessel, Schaufeln usw. Im Rossstall standen vier alte Zugpferde, vier Kummet, diverses Werkzeug und eine Bettstatt („*schlechtes Ehehalten Pött*"); im Kuhstall sechs Milchkühe, zwei Kälber und ein „*Ziech Kälbl*", im Schafstall sieben alte Schafe. Auf der Heutenne fanden sich auch neben Rechen und Graskorb vier Fuder Heu, ein Fuder Grummet, sechs Fuder Hafer-Stroh und 23 Schaffel Hafer, auf der „*traid thennen*" lagen ungedroschenes Korn, Gerste, Roggen; weiters wurden hier hölzerne Schaufeln, Druschstecken, Reiter zum Sieben des Korns aufbewahrt; ferner verfügte der Hof über drei Sensen, zwei Pflüge und drei eisernen Eggen.

3.3.2
Inventar des Paulus Posch
Reitmehring, 1751 April 21
Inventar $^1/_2$ Hof (= Hube)
München, Staatsarchiv, Pfleggericht Wasserburg

Das Inventar der Hube ist überraschend reichhaltig: in der Wohnstube Kruzifix und ein Frauenbild, Tisch mit Schublade, Holzlöffel und Tischtuch, Spinnrad und Rocken, ein versperrtes Kastl mit 34 irdenen Weidlingen, zwei irdenen Weihbrunnkrügeln, zwei eisernen Kerzenleuchtern usw.; in der Stube fehlen die Hennensteigen nicht, mit zehn Hennen und einem Hahn. Auch im Fletz hängen ein Kruzifix und zwei Frauenbilder; dann gibt es hier Milchgeschirr, zwei Sägen, eine Sichel usw.; in der Küche zwei kupferne und eine eiserne Pfanne, ein Wasserschaff, Küchelspieß, Eisengabel, Dreifuß etc. Die „*Kuchelkammer*" dient als Lagerraum für Nahrungsmittel und als Schlafraum für einen Knecht oder eine Magd; in der Schlafkammer des Bauern gibt es wieder ein Kruzifix, ein Himmelbett, ferner u. a. zwei Wäschekörbe, Schafscheren, einen mit Zinn beschlagenen Maßkrug, zwei versperrte Truhen für die Kleidung der Bauersleute und einen versperrten Kasten mit Tisch- und Bettwäsche und unverarbeiteten Textilien. Der größte Vorrat an Textilien befindet sich in der Kamin-Kammer in einer Truhe (Zwilch, farbige Leinwand, rupfenes Tuch, färbiges Tuch). In den Ställen stehen drei Zugpferde, sechs Milchkühe, zwei jährige Kühe, zwei Kälber, neun alte und ein junges Schaf; genau werden die Mengen an Getreide und Stroh verzeichnet und die Geräte für die Ernteeinbringung, darunter acht Sicheln, ein Pflug, zwei Eisen-Eggen. Im Hof befand sich neben Vorräten von Holz und Brettern auch der Brunnen mit Kette.

3.3.3
Inventar des Wolf Schmidt

Edt, 1751 April 20
Inventar $1/4$ Hof (= Lehen, Lehner, auch Viertelbauer)
München, Staatsarchiv, Pfleggericht Wasserburg 179

Das Haus verfügte nur über die Wohnstube, den Fletz, Küche, Keller und Schlafkammer. Es gab mit Sicherheit keine Ehehalten auf diesem Hof. In den Ställen standen ein Pferd, drei Milchkühe, drei alte und zwei junge Schafe, drei Gänse und ein Ganterich; neun Hennen und ein Hahn waren in der Wohnstube untergebracht. Haushaltsgegenstände, Kleidungsstücke und Textilien unterscheiden sich in Qualität und Quantität. So sind z. B. die Teller aus Holz, es gibt nur zwei irdene Schüsseln. In der versperrten Truhe befinden sich nur ein blauer Rock, ein weißes wollenes Leibl, eine lederne Hose und zwei rupferne Hemden.

3.3.4
Inventar des Johann Flötzinger

Springlbach, 1751 Februar 13
Inventar $1/8$ Hof (= Bausölde, Söldner)
München, Staatsarchiv, Pfleggericht Wasserburg 179

In den größeren Dörfern waren in der Neuzeit oft auch die vier Ehehaftgewerbe vertreten – Wirtshaus, Schmiede, Mühle, Bad. Johann Flötzinger war der Schmied in Springlbach; zur Schmiede gehörte auch eine kleine Landwirtschaft. Das Inventar zeigt durch diverse Einzelheiten, dass er zur „Oberschicht" im Dorf gehörte. Das Haus besaß ein voll ausgebautes Obergeschoss. Im Erdgeschoss waren Wohnstube, Kuchel, Braut-Kammer und Stallkammer. In der Stube befand sich u. a. eine eiserne Schlaguhr; eine weitere Uhr bewahrte er in der oberen Stube auf, die ihm mit zwei Himmelbetten nicht nur als Schlafraum diente, sondern auch mit einem Schreibpult zur Abwicklung seiner Geschäfte. Hier gab es auch zwei „Tafeln" (= Bilder), eine davon verglast. Das Himmelbett in der Brautkammer war mit einem Federbett versehen. In der Küche vermerkte man neben den üblichen Hausgeräten einen Feuerhund, sechs kupferne Pfannen und einen „*pratpöckh*". Der Größe der Landwirtschaft angepasst standen im Stall ein Zugross und drei Milchkühe.

3.3.5
Inventar des Peter Höld, Weber

Übermoos, 1750 Juni 25
Inventar $1/16$ Hof (= Gemeine Sölde, Häusler)
München, Staatsarchiv, Pfleggericht Wasserburg 178

Peter Höld bewirtschaftete eine Sölde und ging der Weberei nach. Trotz der geringen Größe der landwirtschaftlich genutzten Fläche, die ihm zur Verfügung stand, beschäftigte er Dienstboten; das Inventar nennt eine Schlafstelle in der „Dirnen-Kammer", eine in der „Hinteren Kammer" und eine im Rossstall, wo gewöhnlich der Knecht schlief. Unter den Gegenständen in der Stube fällt das „*Evangeli buch*" auf; im Fletz hängt eine Eisen-Schlaguhr; in der Küche gibt es zwei Ofengabeln, in der „*Kuchelkammer*" ein „*kupfernes Milch Seichl*". In den Stallungen standen u. a. zwei Rosse, vier Milchkühe, vier alte und zwei junge Schafe.

3.3.6
Inventar des Mathias Pfeifer, Korbmacher

Dirnhart, 1763 März 23
Inventar $1/16$ Hof (= Gemeine Sölde, Häusler)
München, Staatsarchiv, Pfleggericht Wasserburg, 182

Das Inventar von Mathias Pfeifer steht hier stellvertretend für den Häusler, der in einem ebenerdigen Haus mehr schlecht als recht sein Leben „*gfrettete*". Zur Aufbesserung der geringen Erträge aus der Landwirtschaft fertigte er noch Körbe an. In der Stube stand der Tisch mit Schublade, darinnen vier hölzerne Löffel, aber kein Tischtuch; in einem unversperrten „Kastl" bewahrte er zwei Weihbrunnkessel auf, zwei hölzerne Teller, zwei Spanschnitzer, zwei irdene Schüsseln usw. In der Küche gab es nur einen Dreifuß, eine Eisen- und eine Schmalzpfanne, drei irdene Hefen, zwei irdene Krüge, zwölf irdene Weidling und eine leere Truhe. In der Schlafkammer stand ein „schlechtes Pöthl" und eine Truhe mit Mehl, der Mehlkübel und das Uretfass (= Gefäß für Sauerteig). Im Stall gab es noch eine Kuh.

3.4 Persönlicher Besitz

Bei einer Inventarisierung anlässlich eines Todesfalles unterschieden die Beamten genau zwischen dem, was zum Hof gehörte, und dem, was persönlicher Besitz war. Persönlicher Besitz waren Kleidung, Schmuck, Uhren, Andachtsgegenstände usw. Wie so oft im Bereich der bäuerlichen Sachkultur, fehlen für den Zeitraum vor 1800 nahezu zur Gänze Originalobjekte. Bild- und Schriftquellen ermöglichen eine vage Annäherung. In den Inventaren, die Liedke für das Rottal auswertete, dominiert im 17. Jh. bei den Kleidungsstücken die Farbe schwarz; die Bäuerin trug ein vorn geschlossenes Wams und eine Jacke; die Röcke der Kirchenkleidung waren bodenlang, die Alltagstracht hingegen kürzer, den Erfordernissen angepasst. Der Bauer trug ein ledernes oder ein wollenes Wams, Lederhose oder „*wullen parr Hosen*"; das Hemd war meist aus Rupfen; die Strümpfe waren gestrickt; des Öfteren wird auch ein schwarzer „*Mannßhueth*" erwähnt. Ein ähnliches Bild liefern Steckbriefe aus dem Regierungsbezirk Straubing, die detailliert die Kleidung der Gesuchten beschreiben. Die männliche Tracht bestand aus dem schwarzen oder braunen Rock, der bis zu den Knien reichte und mit Hafteln geschlossen wurde, einer naturfarbenen oder schwarzen Lederhose, gehalten von einem ledernen „Bauernhalfter", Bundschuhen, Hut und rotem Leibl oder Brustfleck. Erst im Lauf des 18. Jhs. wurden die Gewänder farbiger; die Frauenjacken öffneten sich und ließen nun den Brustfleck, meist rot, und das Geschnür erkennen. In den Inventaren finden sich nun auch schon Schuhschnallen und diverse Schmuckstücke, wie Panzerketten, *„silbernes Gschnier",* *„Goller Gschier samt Schliessen."* Für die Kleidung um 1800 liefert dann Joseph Hazzi in seinen „Statistischen Aufschlüssen" ausführliche Beschreibungen, die bereits die Ausbildung regionaler Trachtenformen erkennen lassen: *„Zur Kleidung haben die Landleute disseits im Wolfach- und Vilsthale meistens grüne Röke mit weißen zinnernen Knöpfen, rothe Westen … Um Pleinting erscheinen die Männer in dunkelblauen Röken, und die Weiber ziehen die rothe und grüne Farbe der schwarzen vor; das blaue Korset verwandelt sich in ein braunes …".*

Lit.: Hans Schlappinger: Spitzbuben und Landstreicher im Regierungsbezirk Straubing vor 200 Jahren, in: Jahrbuch des historischen Vereins Straubing 42 (1939), S. 20–59 – Oskar von Zaborsky-Wahlstätten: Die Tracht im unteren Rott- und Vilstal, München 1943 – Irmgard Gierl: Trachtenschmuck aus fünf Jahrhunderten, Rosenheim 1972 – Volker Liedke: Verlassenschaftsinventare Rottaler Bauern- und Bürgerhäuser des 17. Jahrhunderts, in: Ars Bavarica 77/78 (1996), S. 81–115 – Eva Habel: Inventur und Inventar im Pfleggericht Wasserburg. Entstehung und Aussagekraft einer Quelle zur historischen Sachkultur im ländlichen Altbayern des 18. Jahrhunderts, Münster 1997.

3.4.1
Männergurt
Innviertel, vor 1809
Simbach am Inn, Heimatmuseum

3.4.2
Bauerngürtel mit Geldkatze
Innviertel, Ende 18. Jh.
Leder, Federkielstickerei, Metallschnalle,

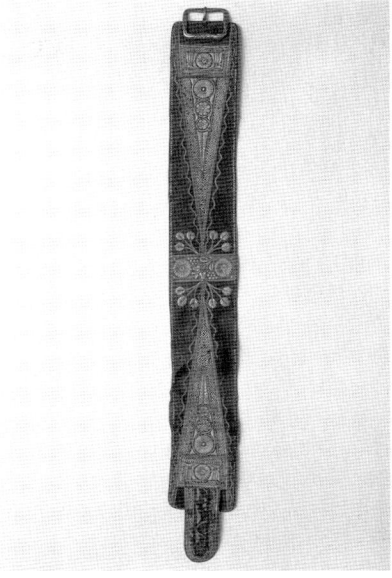

3.4.2

L. 92,5 cm, B. 11 cm
Ried, Museum Innviertler Volkskundehaus, Inv. Nr. 7471

Der Gurt diente auch zur Aufbewahrung der Barschaft; zu diesem Zweck wurde er schlauchförmig gearbeitet und mit Lederriemchen verschnürt.

3.4.3
Uhrkette aus 18 Silbermünzen
Innviertel, um 1770
Vöcklabruck, Heimathaus

3.4.4
Bäuerliche Taschenuhr
Ried, Museum Innviertler Volkskundehaus, Inv. Nr. 2391

3.4.5
Essbesteck in Lederetui
Tittmoning, um 1800
Tittmoning, Heimathaus Rupertiwinkel

3.4.6
Tabakpfeife
Ried, Museum Innviertler Volkskundehaus, Inv. Nr. 9673

3.4.7
Florschnallen
18. Jh.
Silberfiligranarbeit, mit Steinen besetzt,
B. 10, 5 cm, H. 5,5 cm
Ried, Museum Innviertler Volkskundehaus, Inv. Nr. 7650 a, b

Zu Beginn des 18. Jhs. brachten italienische Hausierer den schwarzen Halsflor aus Crepon oder Baumwolle nach Niederbayern und ins Innviertel. Er verdrängte die weißen Kragen. Als Verschluss verwendete man eine silberne Schnalle; in den Quellen sind sie ca. ab dem 2. Drittel des 18. Jhs. belegt; ab der Mitte des Jhs. tauchen sie auch in ländlichen Inventaren auf. Oft wurde das kostspielige Silber durch billiges Zinn ersetzt.

3.4.8
Halskette
Silber (?), mit Steinen besetzt,
L. 34,5 cm, B. 6 cm
Ried, Museum Innviertler Volkskundehaus, Inv. Nr. 9676

Ab der 2. Hälfte des 18. Jhs. tauchen in den bäuerlichen Inventaren vereinzelt silberne Halsketten auf, die die Wickelketten ablösten. Es sind dies mehrgängige Ketten, die vorn mit Schließe bzw. Schuber geschlossen werden.

3.4.9
Frauengürtel
Simbach am Inn, Heimatmuseum

Obwohl die Bilddokumente keinen Hinweis auf das Tragen von Gürteln geben, finden sich in den Hinterlassenschaftsinventaren noch immer Gürtel. Es sind das *„beschlagene Sammetgürtel"* oder *„schwarze mit Silber beschlagene Gürtel".* An ihnen hingen zumeist Beutel und Messerbesteck.

3.4.10
Rosenkranz
Silberfiligran, Granate, L. 38 cm
Ried, Museum Innviertler Volkskundehaus, Inv. Nr. 4836

3.4.11
Gebetbuch
Ledereinband, Papier, handschriftliche,
H. 13,5 cm, B. 8,5 cm
Ried, Museum Innviertler Volkskundehaus, Inv. Nr. 5794

3.5.12
Spanschachtel
Span, bemalt L. 20,5 cm, B. 8 cm,
H. 5 cm
Ried, Museum Innviertler Volkskundehaus, Inv. Nr. 9675

3.4.9

3.5 Dienstbotenlos

3.5.1
Die öffentliche Meinung

Die Barockprediger zeigen beide Seiten der Medaille: Einmal stellen sie die schädlichen Ehehalten, die nur unter Murren ihre Arbeit verrichten, nachlässig sind und nur Schaden verursachen, an den Pranger. Zum anderen tadeln sie die Bauern als Leuteschinder, die ihre Dienstboten schlechter behandeln als das Vieh: *„Klagen eure Ehehalten über euch, I. daß sie mehrer Arbeit thun müssen, als ihnen eingedinget worden, dargegen aber sie keine auch allermindiste Ergäntzung bekommen. II. Ihre Kost betreffend, so ist ihr Brodt und Mähl=Speiß so schwartz und rauh, daß solche auch eure Hund kaum anrühren und fressen wollen. III. Tausenderley heimliche List brauchet ihr, damit sie nicht viel essen können, … IV. Im Sommer schleppet ihr sie ab, so viel als ihr könnet, wann aber der Winter kommet, und sie ihre Kleidlein abgeschleppet haben, da wolt ihr wieder allein hausen und jaget sie demnach fort, ob sie schon nicht wissen wohin …"* (Johann

3.4.10

Christoph Beer, 1690–1760). Sie raten ihnen, Knechte und Mägde gut zu behandeln. Um gute Dienstboten länger als ein Jahr zu halten, sollen die Bauern ihnen Versprechungen machen, diese aber dann auch einhalten; so etwa soll die Bäuerin der Magd sagen: *„I. Wann du dieses Jahr auch noch bey mir in dem Dienst bleibest, so will ich dir einen Flachs auf dem Sommer anbauen. II. Es wurde ja ein Haus Vatter oder Haus Mutter nicht erarmen, da sie ihrer Magd etwan ein Schäflein schenckte, und selbes mit ihr um halb auch in ihrem Stall behielte. III. Es wäre einem Hauswesen ganz kein Schad, da eine Haus=Mutter einer Magd etwan um ein leichtes Geld, ein Kälblein, oder etwan einen Immen zukommen ließe, und selbe gleichfalls mit ihr um halb hätte, und behielte, glaubet mir … solche und andere Mittel und kleine Verehrungen und Freygebigkeiten, wurden euch nit nur nit schaden, sondern einen großen Nutzen bringen."* (Johann Christoph Beer, Mercks Baur …).

Lit.: Karl Böck: Das Bauernleben in den Werken bayerischer Barockprediger, München 1953.

3.5.2
Die Ordnungen

Bereits die bayerischen Landesordnungen von 1516 und 1553 enthalten verstreut Bestimmungen, die die ländlichen Dienstboten betreffen. Das Landrecht und die Polizeiordnung von 1616 fassen dann einigermaßen systematisch die rechtlichen Aspekte des Dienstes zusammen. 1630 und 1638 erscheinen die ersten geschlossenen Ehehalten(= Dienstboten)ordnungen. Nach dem Dreißigjährigen Krieg finden sie eine zahlreiche Nachfolge in Ordnungen, die für die einzelnen Rentämter erlassen werden. Die Ordnungen von 1746, 1755, 1761 und 1781 gelten dann wieder für das gesamte Land. Sie zielen auf eine Regelung der rechtlichen Aspekte und auf eine ausreichende Versorgung des ländlichen Raumes mit erschwinglichen Dienstboten. Handel und Handwerk entzogen der Landwirtschaft die Arbeitskräfte.

Lit.: Hanns Platzer: Geschichte der ländlichen Arbeitsverhältnisse in Bayern, München 1904.

3.5.3
Dingung und „Schlenkelweil"

In Zeiten, da das Analphabetentum in der ländlichen Bevölkerung noch weit verbreitet war, brauchte man eine eindeutige Form der Verdingung. Dies geschah durch die Annahme des „Dingpfennigs" oder „Häftelgeldes". Trat ein Knecht oder eine Magd, die sich auf diese Weise verdingt hatten, den Dienst nicht an, so wurden sie mit Geld- und Ehrenstrafen belegt. Die Ordnungen regelten auch das Aufsagen des Dienstes für beide Teile: sechs Wochen vorher musste der Dienstherr, acht Wochen vorher das Gesinde den Dienst aufkündigen. Geschah dies nicht, verlängerte sich der Dienst automatisch um ein weiteres Jahr. Die Ordnung von 1781 legte für das ländliche Gesinde zwei Termine fest: Lichtmess (= 2. Februar) und Michaeli (= 29. September). Die Tage um den Dienstwechsel waren die einzigen, wenigen Tage, an denen Dienstboten so etwas wie Urlaub hatten. In den Ordnungen werden ihnen dafür vier Tage zugestanden; bei Übertretung drohten Geldstrafen. Die Tage um Lichtmess waren dann auch die Tage, in denen es, glaubt man den Zeitgenossen, in den Wirtshäusern besonders hoch herging.

Lit.: Hanns Platzer: Geschichte der ländlichen Arbeitsverhältnisse in Bayern, München 1904 – Walter Hartinger: Bayerisches Dienstbotenleben auf dem Land vom 16. bis 18. Jahrhundert, in: Zeitschrift für bayerische Landesgeschichte 38 (1975), 598–638.

3.5.4
Die „Hindingerin"

Ländliche Dienstboten auf der Suche nach einer neuen Anstellung mussten sich entweder selbst umhören oder sie beanspruchten die Dienste der Hindingerin; diese Institution kennt bereits das Landrecht von 1616. Da die Hindingerin für die Vermittlung eine Gebühr kassierte, kam es natürlich bisweilen zu nicht gesetzeskonformen Vorgehensweisen: Sie warben Dienstboten ab, um sie selbst weiterzuvermitteln, beherbergten sie dann, bis diese eine neue Stelle antreten konnten, oder sie kassierten zu hohe Gebühren. Um die Missstände abzuschaffen, wurden die Behörden dazu angehalten, eidlich verpflichtete Frauen in begrenzter Zahl mit dieser Tätigkeit zu beauftragen.

Lit.: Hartinger, wie Kat. Nr. 3.5.3.

3.5.5
Die Rangordnung

Innerhalb der ländlichen Betriebe gab es, abhängig von der Größe, die unterschiedlichsten Funktionen. Es bildete sich eine Hierarchie. An der Spitze der männlichen Dienstboten stand bei Hofmarken und Klöstern der Baumeister, dem die Führung des Betriebes anvertraut war; dann kamen Oberknecht, Baumann, Anschaffer und Rossknecht; eine Stufe darunter Drittel-, Mitter- oder Ochsenknecht; dann Rossbub, Ochsenbub und eventuell noch Hirten. Die weibliche Dienstbotenhierarchie führte die Oberdirn an, ihr folgte die Mitterdirn, dann die Unterdirn oder gemeine Haus- und Viehdirn. Die Position in dieser Hierarchie entschied über die Höhe der Entlohnung.

Lit.: Hartinger, wie Kat. Nr. 3.5.3.

3.5.6
Die Entlohnung

Seit dem 14. Jh. wurden in Bayern Höchstsätze für Gesinde- und Tagwerkerlöhne festgesetzt. Galten diese zunächst einheitlich für das gesamte Land, wurde 1616 die Tariffixierung den Hauptstädten (München, Straubing, Landshut, Burghausen) übertragen, um so unterschiedliche Arbeitsmarkt- und Wirtschaftsverhältnisse besser in den Griff zu bekommen. Die Einnahmen an Strafgeldern zeigen aber, dass sich kaum ein Arbeitgeber an die Höchstlöhne hielt; Überzahlen war in Zeiten von Arbeitskraftmangel üblich. Der Gesindelohn bestand nur zu einem Teil aus Geld; auch Naturalien waren üblich und erlaubt, allerdings nur in mäßigem Umfang; dies solle nicht führen zu *„sündhafte Bedingnisse, wodurch nicht nur die gute Hauszucht empfindlich leidet, sondern nebenbey der Herr in seiner Wirtschaft merklich verkürzt“* werde.

Lit.: Hanns Platzer: Geschichte der ländlichen Arbeitsverhältnisse in Bayern, München 1904 – Hartinger, wie Kat. Nr. 3.5.3.

3.5.7
Die Nahrung

In Zeiten des Arbeitskräftemangels konnte ein bäuerlicher Betrieb Dienstboten auch durch ausreichende und qualitativ gute Verpflegung gewinnen und halten. Die von der Obrigkeit erlassenen Ordnungen enthalten Punkte, die die Frage der Kost regeln. Schon in der „Landt- und Policey-Ordnung“ von 1616 wird darauf hingewiesen, dass die Ehehalten sich mit der *„gebreuchigen Speiß“* begnügen sollen. Allerdings war deren Einhaltung kaum zu überprüfen; zumindest die Rechnungsbücher aus Klöstern und Hofmarken sprechen da eine andere Sprache: An den hohen Festtagen und an Feiertagen im ländlichen Jahreskreis wurden zusätzlich Fleisch und Bier gereicht.

Lit.: Hartinger, wie Kat. Nr. 3.5.3, S. 616.

3.5.8
Das sittliche Leben

Die Hausväter und -mütter wurden dazu angehalten, auch das sittliche Leben ihrer Dienstboten zu kontrollieren. Sie hatten dafür Sorge zu tragen, dass diese den Gottesdiensten beiwohnten, die Sakramente empfingen und ein keusches Leben führten. Allerdings blieb dies oft Theorie, wie die Zahl der unehelichen Kinder belegt. Glaubt man den Predigern, so sahen die Burschen das nächtliche „Gaßlgehen“ als Gewohnheitsrecht an: *„An etlichen Orten tragen ihnen schlimme Knecht / wann man sie dingt / diß vor auß: ia Baur / ich wil dir wol umb 12 und 15 Gulden / um ein Hemmet und 2 paar Schuh ein Jahr hinum dienen / aber das sag ich dir vor: das Nacht-Gäßlen laß ich mir nit wehren / das ist so vil geredt: das huren und Buben nimm ich mir vor auß.“* (Christoph Selhamer, um 1640–1709).

3.5.9
Inventar des Philipp, Dienstknecht
Doblham, Gericht Griesbach, 1668

Das Inventar, das anlässlich des Todes des Philipp, Dienstknecht beim Weidtinger in Doblham, am 26. Mai 1668 aufgenommen wurde, umfasst so wenig, dass es hier zur Gänze wiedergegeben werden kann: In der Kammer befanden sich *„1 gespirte Truchen, darinnen: 1 rupfes hemet, 2 khrägen, 1 alt wolene leibpfaidt,*

1 alt praunes baar sockhen. 1 anders par strimpf. 1 khlebers baar päg, 2 zwilchene paar hosen. 1 liderner mannsleib, 2 schwarze hiet.“

Lit.: Volker Liedke: Verlassenschaftsinventare Rottaler Bauern- und Bürgerhäuser des 17. Jahrhunderts, in: Ars Bavarica 77/78 (1996), S. 108.

3.5.10
Inventar der Anna Weber, Pfarrerhaushälterin
1746 April 28
München, Staatsarchiv, Pfleggericht Wasserburg 176

Am 28. April 1746 nahm man das Inventar der Pfarrersköchin Anna Weber auf, auch sie ein Dienstbote. Ihren Besitz bewahrte sie in einem angestrichenen „feichtenen“ Legkasten auf, der seitlich Henkel zum leichteren Transport hatte. Darinnen befand sich ihre reichhaltige Kleidung: drei Hauben, eine davon mit Marderverbrämung, zwei Mieder in rot und schwarz, sieben Röcke, Fürtücher, Halskittel und Goller, Hemden, Strümpfe, Halstücher, Pantoffel, Schuhe usw. Für diese Zeit ungewöhnlich sind drei *„auf Glas gemahlen Täfeln“*; selbstverständlich besaß sie auch zwei Rosenkränze, ein Gebetbuch und ein *„Messerbsteckh“*.

3.6 Aus-Tragen

Bei der Hofübergabe wurde in Austragsbriefen schriftlich festgelegt, welche Leistungen die Jungbauern zu erbringen hatten. Einmal ging es um die Unterbringung: In größeren Gehöften gab es dafür ein eigenes Gebäude, das Austragshäusl, oder es war Platz genug vorhanden, ein solches zu errichten. Die Kosten für die Instandhaltung des Gebäudes mussten geregelt werden. Bei kleineren Anwesen beanspruchten die Austrägler eine Stube für sich und Platz für die Unterbringung ihrer Habseligkeiten. Die Verköstigung war ein weiterer Punkt: Getreide musste geliefert werden; in einem der von Sageder herangezogenen Austragsbriefe wurde für den Fall, dass *„den alten Leuten, dessen Hausbrot zu sperr und stark wäre“*, ausdrücklich Weißbrot verlangt. Ein Teil des anfallenden Obstes gehörte den alten Leuten, weiters eine Kuh, deren Unterbringung und Futter gesichert werden musste. Brennholz wurde erbeten, Stroh, bisweilen auch ein Anteil am Flachsanbau; auch das Recht, den Backofen, den Dörr- und Selchofen, die Wasserlacke zu benutzen sowie Wasser vom Brunnen zu holen, wurde schriftlich fixiert. Gesundes und in manchen Fällen sicher auch berechtigtes Misstrauen kennzeichnet die Verträge.

Lit.: Anton Sageder: Austrags- oder Leibgedingsbriefe zwischen 1641 und 1708 aus der Gegend um Aspach, in: Das Bundwerk 6 (1991), S. 2–4 – Fritz Markmiller: Rechtsgeschäft und Rechtsbrauch im Rahmen der Hochzeit. Das Beispiel der niederbayerischen Bauernfamilie Bleibrunner im 17./18. Jahrhundert, in: Der Storchenturm 27 (1992), S. 1–28.

3.6.1
Inventar der Susanne Kürmayrin, Wittib und Austrägerin
Pfaffing, 1770 Oktober 8
München, Staatsarchiv, Pfleggericht Wasserburg 186

In der Stube, die der Witwe als Ausgedinge zur Verfügung stand, befanden sich ein Tisch ohne Schublade, ein Sessel, eine „Himmelbettstatt", weiters eine versperrte Truhe und zwei versperrte Kästen. In der Truhe lagen die wenigen Kleidungsstücke: vier Mieder, Halstuch, Schlafhaube. Ein Kasten diente zur Aufbewahrung der Bettwäsche, der Tischtücher und der noch nicht verarbeiteten Leinwand. Im anderen waren neben einem Tischtuch und zwei Fürtüchern noch fünf „*Weiber Rockh*". Als wertvollsten Hausrat besaß sie eine zinnerne Flasche und zwei silberne Haarnadeln.

3.6.2
Inventar der Barbara Späglin, Austrägerin
Hohenburg, 1746 Juli 15
München, Staatsarchiv, Pfleggericht Wasserburg 176

In der Kammer der Austräglerin befand sich eine versperrte Truhe mit den wenigen Habseligkeiten: eine Weiberhaube, eine schwarze Joppe, ein rotes Mieder mit Brustfleck, drei rupfene Hemden, zwei Halsketten, ein schwarzes und ein blaues Fürtuch, zwei paar blaue Strümpfe, ein schwarz seidener Flor samt einem silbernen „*Schlüssl*", ein Weiberkragen und ein Paar Schuhe.

4. Die Böden und ihr Ertrag

4.1 Die Böden

In Zeiten ohne Kunstdünger wurde der Ertrag in der Landwirtschaft von der Beschaffenheit der Böden und vom Klima bestimmt. Extreme Witterungsverhältnisse eines Jahres führten zu Missernten und in ihrem Gefolge zu Hungersnöten. Die Region, von Donau, Isar und Inn durchflossen, umfasst recht unterschiedliche Landschaftsräume. Südlich der Donau erstreckt sich das fruchtbare tertiäre Hügelland. Besonders ertragreich ist die Landschaft um Straubing, der so genannte Gäuboden. Vom Erdmittelalter bis in die Erdneuzeit bestand im Gebiet der Alpen bzw. südlich davon eine Reihe unterschiedlicher mariner Bereiche; auf deren Grund bildeten sich große Mengen von kalkigen und tonigen Ablagerungen. Nach Faltung und großräumiger Überschiebung dieser Sedimente („Deckenbau") sowie während der Heraushebung der Alpen in der Zeit von Jura bis Jungtertiär (vor etwa 150 bis 16 Millionen Jahren) begannen Verwitterung und Abtragung der neu gebildeten Gebirge. Die Flüsse brachten aus den Alpen und aus dem Bayerischen Wald gewaltige Mengen an Geschiebe und Schotter und füllten damit das Molasse-Becken auf. Es entstanden die Sedimente der Oberen Süßwassermolasse, Tone, Mergel und der Sand des Flinz. Sie bilden heute den Untergrund des niederbayerischen tertiären Hügellandes und sind Rohstofflieferanten für Ziegel und keramische Produkte. Die klimatischen Bedingungen verursachten ein üppiges Pflanzenwachstum; durch die Senkung des Beckenbodens kamen die Pflanzen immer wieder unter den Meeresspiegel; die sich darüber schiebenden Sand- und Schlammmassen der Flüsse verhinderten deren Verwesung, und so entstanden aus diesen Pflanzenansammlungen kleine Braunkohlelagerstätten. Die endgültige Prägung erhielt das Landschaftsbild durch die Eiszeit. Sie endete etwa vor 10 000 Jahren. Die Ströme der Schmelzwasser lagerten mächtige Schottermassen ab und formten die Hoch- und Niederterrassen der Flusstäler. Besonders breite Täler wurden von den aus den Alpen kommenden Flüssen Inn und Isar gebildet. Die Eiszeit lieferte der Landschaft an Donau, Isar und Inn aber auch den für die Region wichtigsten Beitrag: den Löß, der in weiten Regionen den fruchtbaren Boden für die Landwirtschaft bildete.

4.2 Kröninger Töpferwaren
18.–19. Jh.
Vilsbiburg, Heimatmuseum

„Krening – eine Ortschaft. Im Westen davon ein Forst, der auch Krening heißt: daher heißt die Gegend gemeinhin auf dem Krening. Es leben da viele Töpfer, denn es gibt da eine Erde und ein Material, das sich ausgezeichnet für Töpfergeschirr eignet …". Mit diesen Worten beschrieb Philipp Apian in der bayerischen Landbeschreibung, um 1560 entstanden, die Region im niederbayerischen Hügelland, südöstlich von Landshut, zwischen Vilsbiburg und Dingolfing gelegen, in der sicher seit dem 15. Jh., vielleicht auch schon früher, Keramikprodukte hergestellt wurden. Die Hafner auf dem Kröning versorgten damit nicht nur Altbayern, sondern exportierten ihre Waren im 17.–19. Jh. zumindest bis nach Tirol, Pfalz-Neuburg und Italien.

Die Grundlage bildeten reiche, leicht abbaubare Tonvorkommen, eine blaugraue, ziemlich fette Tonerde, die sich beim Brennen ockergelb verfärbte. Die Besitzer der Tongruben waren Bauern, bei denen die Hafner den Ton erwarben. Die früheste schriftliche Nachricht liefert die Bestätigung der Hafner-Ordnung durch Herzog Heinrich den Reichen von Niederbayern 1428. In der Ordnung, bei der es sich um keine Neuschöpfung handelt, sondern um die Bestätigung einer älteren, wird der Ort Jesendorf erwähnt, der bis zum Niedergang des Gewerbes im frühen 20. Jh. der Hauptort der Produktionsstätten blieb. Die Handwerksrolle nennt für 1767 an die 46 Orte mit 72 Werkstätten, die dem Kröninger Hafnerhandwerk angehörten. Hafnerei wurde auch an der Bina im Pfleggericht Vilsbiburg betrieben. Charakteristisch für diese Art von Landhandwerk war die Kombination einer kleinen Landwirtschaft mit der Werkstätte. Der Grundbesitz war nicht groß, ein paar Wiesen und Äcker und ein Stück Wald, dessen Holz zumeist nicht einmal den Bedarf der Brennöfen deckte. Genauere Angaben über die Hofgrößen besitzen wir erst aus dem Anfang des 19. Jhs. Bei den Häusern handelte es sich um Einfirsthöfe, bei denen unter einem Dach Wohnbereich, Hafnerwerkstatt, Stall, Tenne und Stadel lagen. Die Wohnstube war der größte Raum; er diente als Werkstatt und Küche. In der Mitte lag ein Keller („Dowerkeller") zur Lagerung des Tonvorrats im Winter. Die Hauptmenge befand sich in der „Dowerstatt" – einer gemauerten Grube – vor dem Haus. Je nach Größe des Betriebes standen in der Stube zwei bis vier Drehscheiben zur Fertigung der Tonwaren. Eine von der Decke abgehängte Ablagevorrichtung nahm das zum Trocknen bestimmte Geschirr auf. Um die Gefäße dicht zu machen, musste man die Irdenware glasieren. Die Bleiglätte wurde in der Glasurmühle zermahlen und mit Wasser zu einer flüssigen Pasta abgerieben. Die Gefäße wurden dann über einer Schüssel – „Gledt" – zunächst innen, dann außen mit Glasur beschüttet. In der neben der Stube liegenden „Kuchl" war der Brennofen untergebracht. In der Geschirrkammer schließlich lagerte die fertige Ware. Typische Kröninger Ware zeichnet sich durch einen einfachen Spritzdekor aus. In erster Linie wurde Gebrauchsgeschirr produziert. Das dafür verwendete Typenrepertoire blieb über Jahrhunderte konstant. Wichtigstes Produkt waren die „Millweitinge" – Weitlinge, also Schüsseln, die zur Aufbewahrung der Milch dienten –; daneben gab es auch „Schmalzweitinge", „Dampfweitinge" und „Spillweitinge" (= Spülschüsseln). Große Schüsseln dienten zum gemeinsamen Essen von Suppen jeder Art. „Seifte Schüsseln" – seichte, niedrige Gefäße – dienten als „Nudelschüsseln" zum Auftragen der Dampfnudeln. Das „Bratlbeck" – eine flache Schüssel mit bis zu 60 cm Durchmesser – wurde zum Auftragen von Fleisch verwendet. Es findet sich in Inventaren seit dem 17. Jh. Weiters wurden die unterschiedlichsten Formen an Koch- und

Trinkgefäßen angefertigt. Die größten Gefäße, die in den Werkstätten hergestellt wurden, waren die als Schwarzhafnerware angefertigten „*Wassergrand*": bis zu 85 cm hohe Behältnisse, die der Wasseraufbewahrung in Haus und Stall dienten. Auch Kachelöfen entstanden in den Werkstätten auf dem Kröning. Die älteste Nachricht darüber stammt aus dem Jahr 1595. Als eines der Meisterstücke wurde in der Handwerksordnung von 1646 verlangt, „*ainen schwarzen oder grienen Ofen mit Fueß, Mitl und Obergsimbs*" zu setzen.

Lit.: Lambert Grasmann: Kröninger Hafnerei, Regensburg 1978 (mit Bibliographie) – Georg Schwarz: Die Hafner auf dem Kröning als verfassungsgeschichtliches Element im spätmittelalterlichen Herzogtum Bayern, in: Der Storchenturm 14 (1979), S. 36–47 – Fritz Markmiller: Zur Textüberlieferung und Datierung der Kröninger Hafnerordnung von 1428, in: Der Storchenturm 16 (1981), S. 1–8 – ders.: Kröninger Hafner in Strafrechtsquellen des 15. Jahrhunderts, in: Der Storchenturm 23 (1988), S. 3–6.

4.2.1
Kröninger Drehscheibe
17. Jh.
Holz, H. 42 cm, ⌀ 38 cm bzw. 33 cm;
Kreuz, L. 46 cm, H. 9 bzw. 6 cm
Vilsbiburg, Kröninger Hafnermuseum,
Inv. Nr. 2004/06

4.2.2
„Städtisches Krugl" (Kanne)
Irdenware, Glasur: gelbgrün, braun
gespritzt, H. 20,5 cm, ⌀ 8 cm,
⌀ (Boden) 10 cm
Vilsbiburg, Kröninger Hafnermuseum,
Inv. Nr. 760329

4.2.3
Krug
Irdenware, Glasur: braun mit weißen
Tupfen; H. 18 cm, ⌀ 10 cm,
⌀ (Boden) 9,5 cm
Vilsbiburg, Kröninger Hafnermuseum,
Inv. Nr. 760327

4.2.4
„Bludser" (bauchige Henkelflasche)
Irdenware, reduzierend gebrannt;
H. 27 cm, ⌀ 5 cm,
⌀ (Boden) 14 cm
Vilsbiburg, Kröninger Hafnermuseum,
Inv. Nr. K 91/59

4.2.5
„Weidling" (Schüssel)
Irdenware, reduzierend gebrannt;
H. 6,5 cm, ⌀ 22 cm, ⌀ (Boden) 12 cm
Vilsbiburg, Kröninger Hafnermuseum,
Inv. Nr. Geratspoint O1

4.2.6
„Nudlschüssel" (flache Schüssel)
Irdenware, Glasur: orange; H. 6,5 cm,
⌀ 28 cm, ⌀ (Boden) 22,5 cm
Vilsbiburg, Kröninger Hafnermuseum,
Inv. Nr. K 83/22

4.2.7
Doppelhenkeltopf
Irdenware, Glasur: außen dunkelbraun,
innen orange, H. 19 cm, ⌀ 28 cm,
⌀ (Boden) 29 cm
Vilsbiburg, Kröninger Hafnermuseum,
Inv. Nr. K 89/47

4.2.8
Henkeltopf
Irdenware, Glasur: außen braun, innen
orange; H. 15 cm, ⌀ 15,5 cm,
⌀ (Boden) 11 cm
Vilsbiburg, Kröninger Hafnermuseum,
Inv. Nr. K 83/9

4.2.9
„Doihopfdegl" (Backform)
Irdenware, Glasur: braunorange;
H. 8,5 cm, ⌀ 23 cm,
⌀ (Boden) 13 cm
Vilsbiburg, Kröninger Hafnermuseum,
Inv. Nr. K 83/4

4.2.10
„Betthaferl" (Bügeltopf)
Irdenware, Glasur: gelb; H. 19 bzw.
23 cm, ⌀ 15 cm, ⌀ (Boden) 13 cm
Vilsbiburg, Kröninger Hafnermuseum,
Inv. Nr. L 730624

4.2.11
„Durchschlag" („Seier", Sieb)
Irdenware; H. 9 cm, ⌀ 36 cm,
⌀ (Boden) 20 cm
Vilsbiburg, Kröninger Hafnermuseum,
Inv. Nr. K 81/6

4.2.12
„Plattenhaferl" (Henkeltopf)
Irdenware, Glasur: gelb, außen braun
gespritzt; H. 10 cm, ⌀ 14,5 cm,
⌀ (Boden) 13,5 cm

Vilsbiburg, Kröninger Hafnermuseum,
Inv. Nr. K 2004/02

4.2.13
Reine
Irdenware, Glasur: gelb; H. 7,5 cm,
L. 44 cm, B. 20,5 cm
Vilsbiburg, Kröninger Hafnermuseum,
Inv. Nr. K 2004/03

4.2.14
„Ganslkrug" (Viehtränke)
Irdenware, unglasiert; H. 13 cm,
H. mit Bügel 16,5 cm, ⌀ 11,5 cm,
⌀ (Boden) 22,5 cm
Vilsbiburg, Kröninger Hafnermuseum,
Inv. Nr. K 91/69

4.2.15
„Bauernschüssel" („Suppenschüssel")
Irdenware, Glasur: braun; H. 12 cm,
⌀ 47,5 cm, ⌀ (Boden) 23,5 cm
Vilsbiburg, Kröninger Hafnermuseum,
Inv. Nr. K 84/04

4.2.16
„Milchweidling"
Irdenware, Glasur: braun, außen
unglasiert; H. 7,5 cm, ⌀ 26,5 cm,
⌀ (Boden) 15 cm
Vilsbiburg, Kröninger Hafnermuseum,
Inv. Nr. 730527

4.2.17
Deckel
Irdenware, Glasur: gelb, unten
unglasiert; H. 2 bzw. 3,5 cm,
⌀ 31,5 cm
Vilsbiburg, Kröninger Hafnermuseum,
Inv. Nr. 710523

4.3 Feldbau

Als Joseph von Hazzi 1804 die „Statistischen Aufschlüsse über das Herzogthum Bayern" abfasste, vermerkte er für die einzelnen Regionen auch die angebauten Feldfrüchte und deren Ertrag, so z. B. für die Region um Wasserburg: „*Die Dreifelderwirtschaft besteht hier ebenfalls noch, wie wohl etwas nützlicher, indem zum Teil in dem Brachfeld Erbsen, Linsen, Rüben oder Klee gezogen wird. Der Hauptanbau geht auf Korn und Haber, etwas Weizen oder Gerste, davon die Ernte den 4. oder*

5. Samen abwirft. Die wenigen wiesen werden vernachlässigt. Der Erdäpfelanbau gewinnt aber vollen Aufschwung, seit der Pfarrer in Rieden das Brandweintbrennen aus Erdäpfel mit so glücklichem Erfolg trieb und solches auch seine Nachbarn lehrte. Hanf und Flachs wird nur zur Not gezogen, desto mehr beginnt jetzt der Hopfenanbau um Wasserburg herum." Ähnliches berichtete er über die anderen Gebiete der Region zwischen Donau, Isar und Inn. Nirgends hatte sich noch zu Beginn des 19. Jhs. der Erdäpfelanbau richtig durchgesetzt. Man betrieb noch die Dreifelderwirtschaft, d. h. die gesamte Ortsflur wurde in ungefähr drei gleich große „Gewanne" aufgeteilt; jeder Hof hatte seine Fläche gleichmäßig auf diese drei Felder verteilt. Im Wechsel wurden ein Drittel vom gesamten Dorf mit Wintergetreide, ein Drittel mit Sommergetreide bebaut und ein Drittel blieb Brache. Der Boden sollte sich von den vorangegangenen Erntejahren erholen; gleichzeitig wurde das Unkraut durch zweimaliges Pflügen der Brache im Juni – Johannisbrache – und im August – Zwiebrache – bekämpft. Eine Nutzung der Brache durch Feldfrüchte wie Erbsen, Linsen, Rüben oder Klee setzte erst gegen Ende des 18. Jhs. ein. In der Zeit davor wurde die Brache als Viehweide genutzt. Damit hatte ein im Hochmittelalter entwickeltes Bewirtschaftungssystem bis ins 19. Jh. hin Bestand.

Untersuchungen von Bodenproben des frühen Mittelalters (Küster 1994) aus dem Gäuboden ergaben eine nur kleine Zahl an Kulturpflanzen: Einkorn, Emmer, Rispenhirse und vermutlich auch Gerste, Dinkel und Hafer. Einkorn (Triticum monococcum) gehört zu den ältesten uns bekannten Getreidearten, ist aber kein direkter Vorfahre des Weizens. Beide gehen auf einen vor ca. 10 000 Jahren wachsenden Vorfahren zurück. Ausgehend vom Gebiet zwischen Euphrat und Tigris haben sich die Kulturformen des Einkorns ab ca. 7600 v. Chr. schrittweise von Kleinasien über Europa verbreitet. Mit dem Beginn der Ackerbaukultur scheint Einkorn neben Emmer und Gerste bald eine mengenmäßig nur mehr geringere Bedeutung gehabt zu haben. Der Emmer (Triticum dicoccum Schübl.) verlor ab der Römerzeit als Hauptnah-

rungsgetreide langsam an Bedeutung. Durch die Intensivierung der Landwirtschaft ab dem 18. Jahrhundert und die sich ändernden Ernährungsgewohnheiten der Menschen (von Brei und Fladenbrot zu hellerem Brot und Feingebäck) wurden Einkorn und Emmer zunehmend vom „normalen" Weizen verdrängt. Vom Mittelalter bis zum 20. Jh. war Roggen (Secale cereale) allerdings die Hauptbrotfrucht. Er verdrängte zunehmend die Gerste (Hordeum vulgare). Die Abgabenverzeichnisse nennen neben Korn und Gerste immer auch Hafer (Avena sativa) – Hafer, der als Pferdefutter diente, aber auch in der Ernährung als Brei eine wichtige Rolle spielte. Der Bericht Hazzis zeigt, dass zu Beginn des 19. Jhs. auch noch Linsen (Lens culinaris) als Feldfrucht angebaut wurden. Linsen wurden zu Suppen, Gemüse oder Brei verarbeitet. In ärmeren Regionen mengte man sie auch dem Brotgetreide bei.

Lit.: Wilhelm Abel: Geschichte der deutschen Landwirtschaft vom frühen Mittelalter bis zum 19. Jh. (Deutsche Agrargeschichte II), Stuttgart 1962 – Otto Bauer: Die Landwirtschaft im Wandel der Zeiten. Eine Betrachtung über die Landwirtschaft im ehemaligen Landkreis Wasserburg, in : Heimat am Inn 6 (1985), S. 113–151 – Udelgard Körber-Grohne: Nutzpflanzen in Deutschland, Stuttgart 1994 – Hansjörg Küster: Die Geschichte der Kulturpflanzen im Landkreis Deggendorf – eine Zwischenbilanz, in: Deggendorfer Geschichtsblätter 14 (1994), S. 23–33.

4.3.1
Arl
Modell, Maßstab 1:50
Herstellung: Gerhard Kaukal

Die Arl wurde zum Aufreißen der Erde verwendet. Deshalb besaß sie auch kein Streichbrett und keine Streichleisten. Die Arl wurde auch zum Unterpflügen des Samens der Sommerfrüchte eingesetzt. Die Urform der Arl war ein vierseitiges Gerät mit zweischneidiger Schar und einer Sterze (Sterzenbaum), aber ohne Sech und ohne Radvorgestell.

Lit.: Helmut Sperber: Die Entwicklung der Pflugformen in Altbayern vom 16. Jh. bis zur Mitte des 19. Jhs. (Veröffentlichungen zur Volkskunde und Kulturgeschichte 7), München 1982.

4.3.2
Beetpflug
Modell, Maßstab 1:50
Herstellung: Gerhard Kaukal

Die Beetpflüge stellen das größte Kontingent an in Bild und Objekt überlieferten Pflügen dar. Die von Sperber unterschiedenen Haupttypen sind altdeutsche Landpflüge, hölzerne Beetpflüge mit eisernem Pflugkörper und in der Weiterentwicklung des 19. Jhs. Sterzgrindelbeetpflüge, Brabanter, flandrische und Hohenheimer Beetpflüge. Sie treten als Karrenpflüge, unterstützte Schwingpflüge und echte Schwingpflüge auf. Ihre Bauweise ist überwiegend asymmetrisch.

Lit.: wie 4.3.1.

4.3.3
Häufelpflug
Modell, Maßstab 1:50
Herstellung: Gerhard Kaukal

Der Häufelpflug ist ein Spezialgerät zum Anhäufeln von schmalen, hochgewölbten Beeten für Hackfrüchte. Er besitzt wie die Arl und der Haken eine symmetrische Schar. Auffälliges Kennzeichen ist nach Sperber der symmetrische Bau dieses Ackergerätes. Sperber unterscheidet hölzerne Pflüge mit herkömmlicher Sterzenführung, hölzerne Doppelsterzgrindel und moderne Doppelsterzgrindel. Die Schar besitzt bei nahezu allen erhaltenen Objekten die Form eines gleichschenkeligen Dreiecks.

Lit.: wie 4.3.1.

4.3.4
Leitenpflug
Modell, Maßstab 1:50
Herstellung: Gerhard Kaukal

Die Leitenpflüge gehören zur Gruppe der Kehrpflüge. Sperber unterscheidet im Untersuchungsgebiet den österreichischen Typus mit nicht gebrochenem Grindel (Pflugbaum) und den bayerischen Typus mit gebrochenem Grindel. Beim Leitenpflug gibt es dreierlei Schartypen: relativ breite Scharen ohne Spitze (Verbreitungsgebiet 1: Berchtesgaden – Burghausen), breite oder lange Scharen mit Spitze (Verbreitungsgebiet 2: Trostberg – Burghausen) und breite, teilweise leicht nach unten gewinkelte Scharen ohne Spitze, aber mit Nasensech (Verbreitungsgebiet 3: Kochelsee – Miesbach). Diesen Verbreitungsgebieten entsprechen auch drei unterschiedliche Formen des Streichbrettes: im Verbreitungsgebiet 1 das hohe, über die Nebensterze hinausreichende niederbayerische Streichbrett; im Verbreitungsgebiet 2 das nach hinten konisch zulaufende oder gotisch gerundete österreichische Streichbrett und das lang gestreckte, niedere südwestoberbayerische Streichbrett im Verbreitungsgebiet 3.

Lit.: wie 4.3.1.

4.3.5
Steyr Traktor Typ 180
Modell, Maßstab 1 : 50
Steyr Werke – St. Valentin

Der Steyr 180 war der erste in Österreich nach dem 2. Weltkrieg entwickelte und auf den Markt gebrachte Traktor. Von ihm wurden zwischen 1947 und 1953 25 302 Stück produziert. Der 4-Takt-Motor (WD 213) leistete 26 PS (bei 1500 U/min) bzw. 30 PS (bei 1600 U/min). Er war der erste in Großserie hergestellte Traktor in Österreich.

4.3.6
Steyr Traktor Typ 180a
Modell, Maßstab 1 : 50
Steyr Werke – St. Valentin

Das Modell 180a wurde zwischen 1953 und 1959 produziert (14 420 Stück). Es handelte sich um keine grundlegende Neukonstruktion; im Vergleich zum Typ 180 wurden Verbesserungen angebracht und die Technik auf den neuesten Stand gebracht: So besaß Typ 180a größere Hinterräder und einen weiteren Radstand. Die größere Bodenfreiheit machte ihn auch für Hackfruchtarbeiten geeignet. Ein 6/1 Getriebe war serienmäßig.

4.3.7
Steyr Traktor Typ 6135 Profi
Modell, Maßstab 1 : 50
Steyr Werke – St. Valentin

Das Modell 6135 Profi wird von einem emissionsarmen Turbodiesel (Leistung: 136 PS) mit Intercooler angetrieben, der die Tier II Abgasnorm erfüllt. Zur Wahl stehen ein STEYR Power-2 oder ein STEYR Power-8 Getriebe mit 2- bzw. 8-fach Lastschaltung, beide als Wendegetriebe konstruiert und auf Wunsch mit Kriechganggetriebe lieferbar. Ebenfalls erhältlich ist ein STEYR Power-8 mit einer Spitzengeschwindigkeit von 50 km/h. Die Hydraulik mit elektronischer Hubwerksregelung (EHR) stellt eine Hubkraft bereit, die allen Anbaugeräten in dieser Leistungsklasse gewachsen ist.

4.3.8
Steyr Traktor Typ 9145a
Modell, Maßstab 1 : 50
Steyr Werke – St. Valentin

Der Steyr Traktor Typ 9145a besitzt einen leistungsstarken Motor mit 150 PS; er verfügt ferner über ein STEYR Power-4 Vollsynchron-Wendegetriebe mit 4 Lastschaltstufen und 6 Gängen (insgesamt 24/24 Gänge).

4.4 „Gartengewächse"

Auf dem Gartenacker oder im Bauerngarten wurden „Gartengewächse" angebaut. In der Literatur des 18. Jhs., die sich wissenschaftlich mit dem Thema Landwirtschaft auseinander setzte, werden – bezogen auf Gesamtdeutschland – Kohl (weißer und roter Kopfkohl, brauner Kohl, Blumenkohl, Kohlrabi), Spinat, Salate, Möhren, Karotten und Rüben, Petersilie, Pastinaken und Rettich genannt, weiters die Hülsenfrüchte Bohnen, Erbsen und Linsen, sofern sie nicht feldmäßig angebaut werden. Bereits seit der Antike wird (Grün-)Kohl (Brassica oleracea) als Gemüse angebaut. Auch den Kelten war der Kohl bestens bekannt. Die alte Bezeichnung „mus", womit man auch Kohl meinte, ist Stamm für die spätere Sammelbezeichnung „Gemüse". Plinius beschrieb 14 verschiedene Kohlsorten; echte „Kohlköpfe" kannte man im Altertum vermutlich noch nicht. In typischer Ausprägung entwickelten sich Rot- und Weißkohl im westlichen und mittleren Europa wohl erst im Hochmittelalter. Kohl fehlte in keinem Nutzgarten. Ab dem 16. Jh. werden spezifische Sorten unterschieden wie Kopfkohl, krauser Kohl (Grünkohl), Blumenkohl, Kohlrabi und zuletzt 1785 Rosenkohl aus Brüssel. Spinat (Spinacia oleracea) wurde vermutlich durch die Araber verbreitet und dürfte über Spanien nach Mitteleuropa

seinen Weg genommen haben. Er diente zunächst nur als Arzneipflanze; Hieronymus Bock beschrieb ihn in seinem Kräuterbuch (Straßburg 1561) dann als Gemüse. Zu den Salaten zählte der Lattich (Lactuca sativa). Von Ägypten breitete sich der Salat über die ganze griechische und römische antike Welt aus. Die älteste Nennung findet sich im Capitulare de villis. Im Kräuterbuch von Leonhard Fuchs (1543) werden drei Lattich-Sorten beschrieben, eine davon *„gewindt grosse breyte bletter, thüt sich gegen dem hertzen zusammen"* – die erste Erwähnung des Kopfsalats, der offensichtlich erst im Mittelalter in Deutschland gezüchtet wurde. Der Pastinak (Pastinaca sativa) wurde vermutlich im Mittelmeergebiet aus einer Wildform kultiviert. Nach Mitteleuropa kam die Pflanze sowohl als Wild- wie auch als Kulturform wahrscheinlich erst mit den Römern. Allerdings ist wegen der unklaren wechselweisen Begriffsverwendung von „carotus" und „pastinaca" für Möhre wie auch für Pastinak bis ins Mittelalter nicht eindeutig zu klären, welche Pflanze jeweils gemeint war. Aus Frankreich finden sich ab Beginn des 15. Jhs. eindeutige Hinweise für die Kultur von Pastinaken. Albertus Magnus nennt als Erster eindeutig den Namen „daucus" – Daucus carota = Karotte – in Verbindung mit einer roten Mittelblüte. Hieronymus Bock bildet eine gelbe Rübe ab, die im Rheinland als Gemüse angebaut wurde, und unterscheidet diese auch von der holzigen wilden Möhre mit weißer Wurzel, die nur in Notzeiten gegessen wurde. Die Petersilie (Petroselinum crispum) war im Mittelalter ein verbreitetes Gartenkraut. Man schätzte sie in erster Linie als Heilpflanze. Hildegard von Bingen empfiehlt die Petersilie in Gemischen mit verschiedenen anderen Kräutern bei Herz,- Milz- und Seitenschmerzen, schwachem Magen und Nierensteinen; darüber hinaus gegen leichtes Fieber und äußerlich bei Lähmungen. Wurzeln und Samen der Petersilie dienten im Mittelalter in hohen Dosen als Mittel für Abtreibungen. Seit dem 16. Jh. wurde die Knollenpetersilie wegen ihrer essbaren Wurzeln angebaut. Im 17. Jh. war Petersilie ein fest etabliertes, wichtiges Würzkraut der feineren Küche. Der Ursprung des Rettichs (Raphanus sativus) ist im östlichen Mittelmeergebiet oder im Kaukasus zu suchen. Im Gegensatz zur alten Kulturpflanze Rettich erscheint das Radieschen erst im 16. Jh. in Mitteleuropa und hat botanisch wohl auch andere Ursprünge. Bereits im 1. Jh. n. Chr. wurde nach Aussage der Schriftquellen in den Mittelmeerländern und stellenweise im römischen Germanien Rettich angebaut und roh mit Salz bzw. Essig oder gekocht wie Kohlrüben gegessen. Im Mittelalter erfolgte die Kultur des Rettichs in Klostergärten. Hildegard von Bingen und Albertus Magnus erwähnen ihn, ab dem 16. Jh. erscheint er in fast allen Kräuterbüchern.

Unter den Hülsenfrüchten zählten Ackerbohnen oder Saubohne (Vicia faba) neben Erbsen und Linsen zu den wichtigen Nährstofflieferanten. Seit der Bronzezeit (1900 v. Chr.) finden sich bereits Reste von Bohnen. Die großsamigen Formen, als „Dicke Bohnen" bezeichnet, traten erst seit dem Mittelalter auf. Die Erbse (Pisum sativum) wurde schon in der Antike angebaut und genutzt. Erwähnungen im „Capitulare" Karls des Großen und im „Salischen Recht" belegen, dass zu diesem Zeitpunkt Erbsen neben Ackerbohnen in Gärten und auf dem Feld in größerem Umfang kultiviert wurden. Waren es zunächst nur dunkelkörnige Formen, so traten ab dem 13. Jh. weißsamige Erbsen hinzu. Die Kräuterbücher des 16. Jhs. beschreiben „Kleine Felderbsen" mit weißen Blüten und „Große Gartenerbsen" mit rosa oder roten Blüten. Im 16. und 17. Jh. wurden in Mitteleuropa Erbsen angebaut, die mit der Hülse gegessen werden konnten (offenbar Zuckererbsen). Erbsen wurden nach den Quellen häufig als Tierfutter verwendet.

Daneben wurden in den Gärten natürlich auch Pflanzen wie Knoblauch oder Zwiebeln angebaut. Im Mittelalter galt Knoblauch (Allium sativum) z. B. sogar als Mittel gegen die Pest; er war Bestandteil des Pestessigs, zu dessen Zubereitung u. a. auch Raute und Salbei gehörten. Knoblauch war der Theriak der einfachen Leute. Theriak ist eine Sammelbezeichnung für magisch hergestellte Mixturen, die als universelle Gegengifte und lebensverjüngende Elixiere galten.

Daneben gab es zahlreiche alte Kultur-

pflanzen wie Waid (Isatis tinctoria) und Färberwau (Reseda luteola), welche als Mittel zur Färbung von Textilien dienten, oder die Weberkarde (Dipsacus sativus), die zum Aufrauhen – Krempeln – von Wollstoffen verwendet wurde. Hierzu erntete man die Köpfchen zur Vollblütezeit und trocknete sie zunächst an der Sonne und dann im Schatten. Wegen einer ähnlichen Verwendung zum „Hecheln" des Leins (Aufspalten der zusammenhängenden und Auskämmen der kürzeren Fasern, bevor sie versponnen werden) dürfte die Weberkarde als Utensil für die Leinenweberei in die Pflanzenliste des Capitulare aufgenommen worden sein. Erwähnt sei auch noch das Bilsenkraut (Hyoscyamus niger), dessen Samen früher dem Bier zugesetzt wurden, um dessen Rauschwirkung zu verstärken. Der Name der böhmischen Stadt Pilsen geht auf diese Praxis zurück. Letztendlich hatte das Reinheitsgebot zum Ziel, dieser Unsitte ein Ende zu bereiten. Durch Bestreuen einer heißen Platte mit Bilsenkrautsamen und Einatmen der Dämpfe können Rauschzustände erzeugt werden. Bilsenkraut war der qualitativ wichtigste Bestandteil der Hexensalben.

4.5 Kräuterpflanzen

In den Bauerngärten wurden auch die verschiedensten Würzkräuter angebaut; (Sommer-)Bohnenkraut (Satureja hortensis) war bereits seit den Römern auf Grund seiner verdauungsfördernden Wirkung bei fetten und blähenden Speisen geschätzt. Die einfache Bevölkerung verwendete Bohnenkraut ob seines pfefferig-würzigen Geschmackes als Pfefferersatz. Kümmel (Carum carvi) setzte sich im 16. Jh. als würzende Zutat zu Käse, Brot, fettem Fleisch, Fisch und Suppen allgemein durch. Eberraute (Artemisia abrotanum) galt als probates Mittel gegen üble Geister, Behexung und sogar Feuersbrünste; ein Schlag mit einem Beifußstängel entzauberte behexte Milch und verschriene Eier und löste die Behexung von Kindern. Beifuß sollte sogar die Schwindsucht heilen und wurde im 17. Jh. als Mittel gegen die Pest eingesetzt. Als Würzpflanze diente die Eber-

raute bei der Zubereitung fetten Fleisches und anderer Speisen und Getränke. Auch als Duftpflanze wurde sie verwendet. Liebstöckel (Levisticum officinale) wurde schon seit dem Mittelalter in Klostergärten kultiviert. Rosmarin (Rosmarinus officinalis) diente seit dem Altertum als Schmuckpflanze, Weihrauchersatz, vor allem aber als Gewürz- und Heilpflanze und als Abortivum. Die verdauungsfördernde Wirkung des Rosmarins wurde offenbar schon zu dieser Zeit hoch geschätzt, sodass die Pflanze gemeinsam mit Kümmel und Kreuzkümmel in der Gruppe der Verdauung beeinflussenden Kräuter im „Capitulare de villis" genannt wird. Salbei (Salvia officinalis) galt lange Zeit als die Heilpflanze schlechthin: *„Wüchse ein kreutlein vor den todt, Es wer fürwar die salb* [Salbei] *on spot."* Wahrscheinlich schon zur römischen Zeit gelangte die Pflanze über die Alpen nach Mitteleuropa und fehlte von da an in keinem Klostergarten. Vor allem mittelalterliche Quellen berichten immer wieder von der großen Heilkraft des Salbeis.

Natürlich fehlten auch die Blütenpflanzen in den Bauerngärten nicht; eine Rekonstruktion ihres Bestandes kann auf Grund des Fehlens schriftlicher Quellen aus dem bäuerlichen Bereich vor 1800 höchstens auf Grund der Überlieferung in Kräuterbüchern und in der Hausväterliteratur erfolgen. Freilich spiegeln diese Quellen ein anderes soziales Spektrum. Vermutlich befanden sich in den Gärten Ringelblume (Calendula officinalis), Bartnelke (Dianthus barbatus), Fingerhut (Digitalis purpurea), Goldlack (Cheiranthus cheiri), Königskerze (Verbascum densiflorum), Stiefmütterchen (Viola tricolor), Stockmalve (Alcea rosea), Eibisch (Althaea officinalis), (Dach-)Hauswurz (Sempervivum tectorum), Iris (Deutsche Schwertlilie, Iris germanica), Madonnenlilie (Lilium candidum) und Pfingstrose (Paeonia officinalis).

4.6 Baumgarten

In den Urbaren wie etwa dem des Kastenamtes Burghausen für den Kasten Ober- und Niederweilhart (vgl. Kat. Nr. 6.3.10) wurden regelmäßig auch Angaben über den Bestand im *„Baumgarten"* aufgezeichnet. Die Zahl der Bäume schwankt stark; mancher Hof besaß bis zu 40 „früchtiger paumb", andere dagegen gar keine. Allerdings wurden die verschiedenen Obstsorten nicht vermerkt. Oft findet sich in diesem Urbar auch der Vermerk „nicht früchtig". Joseph Hazzi vermerkte für nahezu alle Gerichte Bayerns zu Beginn des 19. Jhs., dass die Obst- und Gartenkultur vernachlässigt wäre. Apfel (Malus domestica), Birne (Pyrus communis), Kirsche (Prunus avium), Weichsel (Prunus cerasus), Zwetschke, Ringlotte (Prunus domestica), Walnuss (Juglans regia), Mispel (Mespilus germanica) wuchsen vermutlich in den verschiedensten Sorten in den Baumgärten rund um den Höfen.

Lit.: Joseph Hazzi: Statistische Aufschlüsse über das Herzogthum Bayern, München 1801–1804 – Günther Franz: Geschichte des deutschen Gartenbaues (Deutsche Agrargeschichte VI), Stuttgart 1984.

4.7 Pferde

Bereits im 16. Jh. versuchte der bayerische Kurfürst die Pferdezucht auf dem Land zu verbessern: Herzog Albrecht V. ließ 1558 Hengste auf die Klosterhöfe verteilen – mit der Auflage, dass diese auch die Stuten der Bauern decken soll-ten. Die Beschaffung und Haltung der hochwertigen Vatertiere erfolgte so auf Kosten des Staates, die Muttertierhaltung und Fohlenaufzucht war den Klöstern, Hofmarksherren und Bauern anvertraut. 1754 wurden wieder Hengste durch den kurfürstlichen Marstall auf Landbeschäl-stationen geschickt. Zum Aufbau der Zucht wurden Stuten aus Mecklenburg und neapolitanische Hengste eingekauft. Im unteren Rottal wurden angeblich Hengste piemontesischer Abstammung zur Zucht eingesetzt. Im Gericht Griesbach kamen auf einen Staatshengst bis zu 55 Stuten. 1768 wurden im Rottal die Beschälstationen („Beschell Blätz") Hörgertsham und Weihmörting eingerichtet, 1769 dann Griesbach im Rottal; in diesen Stationen standen etwa sechs bis acht Beschäler. 1777 wurden 2981 Stuten im Rottal gezählt und ein erstes Zuchtbuch angelegt. Ziel dieser Aktionen war eine Veredelung der Landespferde-zucht, um das notwendige Reservoir für die Beschaffung von Militärpferden zu schaffen. Als Anreiz wurden ab 1771 Preise für die Pferdezucht ausgegeben; auf dem Braunauer Pferdemarkt erhielten z. B. die Züchter aus dem Rottal 15 bis 50 Gulden. Zu Beginn des 19. Jhs. stammte ein Drittel der bayerischen Pferde aus dem Gericht Griesbach.

Lit. und Quelle: Arnold Scherling: Das Rottaler Pferd. Kultur- und Zuchtgeschichte der ältesten bayerischen Pferderasse, Passau 1999.

4.7.1
Schiffsreitersattel
Inngegend
Holz mit Eisenbeschlägen, Ledergurt, Eisenbügel
Obernberg, Heimatverein

4.7.2
Peitsche („Goaßl")
Schärding, um 1780
Hanfschnüre, Holz mit Lederüberzug (Griff)
Schärding, Heimathaus

4.7.3
Kummet
Schärding, um 1720
Leder, Haar, Holz, H. 70 cm, B. 40 cm
Schärding, Heimathaus

4.7.4
„Spange"
Schärding, um 1720
Holz, Eisenbeschläge, H. 90 cm, B. 89 cm
Schärding, Heimathaus

5. Wald und Fluss

5.1 Fluss und Fischerei

5.1.1
Handwerksordnung der Fischer an der Vils
München, 1554 April 30
Pergament, Seidenschnur, Siegel,
H. 31 cm, B. 24,4 cm
Vilsbiburg, Stadtmuseum, U 99

Herzog Albrecht V. bestätigte mit dieser Ordnung für die *„Vischer bey der grossen und clainen Vills"* einen *„Brieve irer Freyhait und Vischordnung"*, den sie von früheren Herzögen erhalten hatten. Die Ordnung stammt von Herzog Heinrich und wurde von diesem am Dienstag nach St. Johannes Baptist (= 1. Juli) 1432 ausgestellt.

Lit.: Lambert Grasmann: Handwerksordnungen im Markt Vilsbiburg, in: Der Storchenturm 11 (1976) S. 16–27.

5.1.2
Fischwaage
Wasserburg, 1583
Kupfer, Balken: L. ca. 130 cm
Wasserburg, Museum der Stadt Wasserburg

5.1.3
Tafel mit Fischschonmaßen
Ingolstadt, 17. Jh.
Öl auf Holz, mit Eisenbändern,
H. 76,9 cm, B. 47 cm
Ingolstadt, Stadtmuseum, Inv. Nr. 2008

Seit dem Spätmittelalter wurden Fischereiordnungen erlassen, um u. a. das Ausfischen der Gewässer zu verhindern. Im fünften Buch der Bayerischen Landesordnung von 1553 befindet sich eine solche unter dem 9. Titel *„Wider die Unordnung mit dem fischen"*; hier wird eine Fischordnung für die Donau und alle großen und kleinen Gewässer des Herzogtums festgelegt. In 18 Artikeln werden Beschränkungen erlassen, um eine Erholung des stark dezimierten Artenbestandes zu gewährleisten. Fanggeräte werden reglementiert; die Befischung auf drei Wochentage beschränkt. Hier finden sich auch schon bestimmte Mindestmaße für die einzelnen Fischarten. Die ausgestellte Tafel gibt

5.1.3

mit Eisenbändern das Maß an. Dargestellt sind *„Hechten, Karpfen, Huchen, Schiedl, Perpen, Rueden, Nerffling (= Frauennerfling), Preken, Krebse und Zünen"*. Die Amtsleute waren angehalten, Kontrollen bei den Schiffern und auf den Märkten durchzuführen.

5.1.4
Huchen (Hucho hucho)
Linz, OÖ Landesmuseum, Biologiezentrum

Vorkommen: in kühlen, sauerstoffreichen Flüssen mit steinigem oder kiesigem Grund; im Einzugsbereich der oberen und mittleren Donau (Äschen- und Barbenregion).
Ernährung: bevorzugt Fische (Äschen, Nasen).
Fortpflanzung: strömungsliebender Kieslaicher; zur Laichzeit, März–April, wandert er vor allem in größere, bergbachähnliche Zubringersysteme mit entsprechenden Schotterlaichplätzen (z. B. Traisen, Pielach, Melk und Enns).
Lebensraum: Jungfische: zunächst im Flussschotter, später in flach überströmten Kies- und Schotterbänken. Adultfische: Fließstrecke der Donau, Mittel- und Unterläufe vor allem der größeren rechtsufrigen Zubringer.

Häufigkeit: sehr selten; Bestände in Fließstrecken der Wachau basieren hauptsächlich auf Besatzmaßnahmen. Im Bereich der Fließstrecke flussab von Wien auch früher selten, da in diesem Bereich nur wenige zum Laichen geeignete Zubringer vorliegen.
Gefährdung: Europa: vom Aussterben bedroht – Österreich: stark gefährdet – Donau: vom Aussterben bedroht; bei Schließung der Stauraumkette mit Sicherheit völliges Verschwinden.
Größe: 60–120 cm, maximal bis 150 cm und 60 kg Gewicht.

S. W.

5.1.5
Äsche (Thymallus thymallus)
Linz, OÖ Landesmuseum, Biologiezentrum

Vorkommen: meist gesellig in schnell fließenden, sauerstoffreichen, kühlen Gewässern mit steinig-kiesigem Grund. In der Donau nur in den stark strömenden Bereichen der Durchbruchstäler und den Mündungsbereichen gebirgsbachähnlicher Zuflüsse.
Ernährung: Kleintiere.
Fortpflanzung: März–Mai, Kieslaicher.
Größe: 25–50 cm, Gewicht bis 2 kg.

S. W.

5.1.6
Wels (Silurus glanis)
Linz, OÖ Landesmuseum, Biologiezentrum

Vorkommen: einzelgängerischer Bodenfisch in Seen und Flüssen.
Ernährung: Wassertiere aller Art.
Fortpflanzung: Mai–Juni. Legt seine Eier an flachen, Pflanzen bewachsenen Uferstellen ab. Die Stauräume der Donau sind normalerweise für eine natürliche Fortpflanzung zu kalt. Die heimische Population stützt sich daher vor allem auf künstliche Besatzmaßnahmen.
Größe: in Österreich erreichen Welse eine Länge bis zu 230 cm, wobei die Männchen größer als die Weibchen werden. Gewicht bis 130 kg.

S. W.

5.1.7
Frauennerfling (Rutilus pigus virgo)
Linz, OÖ Landesmuseum, Biologiezentrum

Vorkommen: endemische Art im oberen und mittleren Donaueinzugsgebiet.
Ernährung: Bodenfauna.
Fortpflanzung: strömungsliebender Kieslaicher, April–Mai.
Lebensraum: Jungfische: wegen Unsicherheit der Artbestimmung nicht bekannt. Adultfische: stark angeströmte Uferbereiche, Prallhänge und Schotterbänke im Hauptstrom; oft mit Nasen vergesellschaftet.
Häufigkeit: selten; in Stauräumen vereinzelt und fast nur in Stauwurzelbereichen anzutreffen; in der freien Fließstrecke regelmäßig, aber in geringen Stückzahlen vorhanden.
Gefährdung: Europa: gefährdet – Österreich: stark gefährdet – Donau: vom Aussterben bedroht.
Größe: 30–50 cm.

S. W.

5.1.8
Zingel (Zingel zingel)
Linz, OÖ Landesmuseum, Biologiezentrum

Vorkommen: Donau, Prut und Dnjestr und Nebenflüsse; Grundfisch mäßig strömender Flussabschnitte.
Ernährung: Bodenfauna.
Fortpflanzung: laicht im März–April auf sandigem Substrat.
Lebensraum: Jungfische: mäßig angeströmte Schotterkörper im Uferbereich. Adultfische: im gesamten Stauraum in allen mäßig angeströmten Bereichen; in der Fließstrecke auf Uferbereiche entsprechender Strömung beschränkt.
Häufigkeit: Diese Art weist Strömungs- und Substratansprüche auf, die in der regulierten freien Fließstrecke nur mehr in geringem Ausmaß abgedeckt werden. In den Stauräumen hingegen ist das Aufkommen vor allem im Stauwurzelbereich feststellbar.
Gefährdung: Europa: vom Aussterben bedroht – Österreich: potentiell gefährdet – Donau: nicht gefährdet, da in Stauräumen großflächige Bereiche vorhanden sind, die den Lebensraumansprüchen dieser Art gerecht werden.
Größe: 30 cm, maximal bis 80 cm.

S. W.

5.1.9

5.1.9
Schrätzer (Gymnocephalus schraetser)
Linz, OÖ Landesmuseum, Biologiezentrum

Vorkommen: Donauraum; bodenorientierte Art, die sich bevorzugt an sandigen, schwach strömenden und tieferen Stellen aufhält.
Ernährung: Bodenfauna.
Fortpflanzung: April–Mai, flache Uferstellen.
Lebensraum: Jungfische: strömungsberuhigte Bereiche mit Feinsediment; im Strömungsschatten von Schotterbänken, in Buhnenfeldern und Buchten. Adultfische: schwach durchströmte (Optimum 0,1–0,3 m/sec) Flussabschnitte; in Stauräumen im gesamten Quer- und Längsprofil; in der freien Fließstrecke nur im ufernahen Bereich von Schotterbänken.
Häufigkeit: mittlere Häufigkeit; in Stauräumen massives Auftreten; in der Fließstrecke eher geringe Bestandsdichten.
Gefährdung: Europa: vom Aussterben bedroht – Österreich: potentiell gefährdet – Donau: nicht gefährdet, da Lebensraumansprüche hinsichtlich Strömung und Sediment auch in Stauen großräumig erfüllt sind.
Größe: 15–25 cm.

S. W.

5.1.10
Strömer (Leuciscus souffia agassizi)
Linz, OÖ Landesmuseum, Biologiezentrum

Vorkommen: rasch fließende, Natur belassene Gewässer mit Kiesgrund. Nur in Bereichen mit hoher Tiefenvarianz.
Ernährung: kleine Wassertiere.
Fortpflanzung: strömungsliebender Kieslaicher; in der Laichzeit, die von März bis Mai dauert, bilden besonders die Männ-

chen eine dunkle, violett glänzende Längsbinde aus.
Größe: 12–17 cm, maximal bis 25 cm.

S. W.

5.1.11
Schied (Aspius aspius)
Linz, OÖ Landesmuseum, Biologiezentrum

Vorkommen: größere Fließgewässer mit Kiesgrund (Barben-Region) sowie größere Seen; Mitteleuropa bis zum Ural.
Ernährung: Fische.
Fortpflanzung: April–Mai, auf überströmten Kiesbänken.
Größe: 30–80 cm, selten bis 100 cm.

S. W.

5.1.12
Nase (Chondostroma nasus)
Linz, OÖ Landesmuseum, Biologiezentrum

Vorkommen: Bodenfisch der Fließgewässer im Bereich der Äschen- und Barbenregion; bevorzugt schnell fließende Flachwasserstrecken mit sandig-kiesigem Grund; in Seen nur vor den Zu- und Abflüssen; von Nordfrankreich bis zum Kaspischen Meer.
Ernährung: Algen an Steinen und Wurzelwerk, sowie Kleintiere.
Fortpflanzung: Schwarmfisch, der von März bis Mai auf flach überströmten Schotterbänken laicht.
Laichbiotop: Schotterbänke mit gröberen Fraktionen und starker Strömung; felsiger Untergrund.
Lebensraum: Jungfische: Buchten in Kombination mit Schotterbänken im Strom, Buhnenfelder; im gesamten Uferbereich der freien Fließstrecke massenhaft; in Stauräumen fast ausschließlich auf Stauwurzelbereiche beschränkt. Adultfische: großflächige Schotterbänke, Stauwurzelbereiche; große Wanderungsten-

5.1.12

denz; zur Nahrungssuche auch in Altarmen und anderen Bereichen der Stauräume.

Häufigkeit: dominante Art in der freien Fließstrecke, längerfristig starke Abnahme der Population in den Stauräumen.

Gefährdung: Europa: gefährdet – Österreich: Status unsicher – Donau: gefährdet. Bei zusätzlichen Kraftwerksbauten Bestandsrückgang durch Verlust von Brutbiotopen und Verringerung der Weideflächen.

Größe: 25–40 cm, selten bis 50 cm.

S. W.

5.1.13
Karausche (Carassius carassius)
Linz, OÖ Landesmuseum, Biologiezentrum

Vorkommen: in ganz Europa beheimatet; meidet nur große, tiefe und kalte Seen sowie schnell fließende Gewässer; oft in kleinen, stark verkrauteten Tümpeln, wo sie meist die einzige Fischart ist, die sich dort halten kann. Durch den Verlust adäquater Lebensräume im Donausystem gefährdet.

Ernährung: Wasserpflanzen und Bodenorganismen.

Fortpflanzung: Mai–Juli; Krautlaicher.

Größe: 15–25 cm, maximal bis 45 cm.

S. W.

5.1.14
Wechselkröte (Bufo viridis)
Linz, OÖ Landesmuseum, Biologiezentrum

Merkmale: Die 8–9 cm große Wechselkröte besitzt eine auffallend grüne Fleckenzeichnung der Oberseite auf hellem Grund. Vor allem bei den Weibchen sind die größeren Warzen an den Körperflanken orange-rötlich gefärbt. Unterseite hellgrau bis weißlich, oft mit kleinen

5.1.14

grünen Flecken. Männchen mit innerer Schallblase an der Kehle.

Verbreitung: Riesiges Areal, von Ostfrankreich bis Südwestasien, und von Südschweden bis Nordafrika. Verbreitungsschwerpunkt in den südöstlichen Steppengebieten mit kontinentalem Klima. In Österreich vor allem in den östlichen und südöstlichen Ebenen, mit lokalen Vorkommen im Voralpen- und Alpengebiet.

Lebensraum: Die Wechselkröte ist wenig empfindlich gegenüber Trockenheit, Wärme, Kälte und erhöhtem Salzgehalt im Laichgewässer. In Mitteleuropa besiedelt sie Erdaufschlüsse verschiedenster Art, Halbtrockenrasen, Dünenlandschaften, und dringt in lichte Wälder ein.

Lebensweise: Sie sucht nur zur Fortpflanzung flache, vegetationsarme Gewässer auf. Wandert auf der Suche nach neuen Lebensräumen weit umher. Zur Fortpflanzungszeit auch tagaktiv, ansonsten dämmerungs- und nachtaktiv. Paarungsrufe: Melodisches Trillern. Laichzeit im April und Mai, kann bis Juli dauern. Die 2–4 m langen Laichschnüre (2000– 15 000 Eier) werden auf dem Gewässerboden oder auf Wasserpflanzen abgesetzt. Die Larven sind Bodenbewohner und erreichen eine Gesamtlänge von fast 5 cm. Nach 3–4 Monaten verlassen die Jungkröten das Wasser.

S. W.

5.1.15
Triel (Burhinus oedicnemus)
Linz, OÖ Landesmuseum, Biologiezentrum

Der Triel bewohnt Trockenstandorte in offenem, ebenem oder leicht hügeligem Gelände der Niederungen. Er bevorzugt schottrige Böden mit spärlichem Bewuchs. Seinen idealen Lebensraum stellen Sandsteppen, sandige Heidegebiete,

5.1.16

Karstflächen, steiniges Ödland, Kiesbänke sowie trockene Flussbette dar. Solche Lebensräume verschwanden durch Flussregulierungen und im Zuge der landwirtschaftlichen Produktionsmaximierung. Daher wich der Triel auf Sekundärstandorte, wie große Kiesgruben, sandige Weingärten oder schottrige Äcker aus. Intensivere Bewirtschaftung solcher Flächen führt aber wieder zu deren Aufgabe.

Im 19. Jh. brütete der Triel an den Schotterbänken einiger damals noch unregulierter Flüsse. In Oberösterreich an der Enns, bis 1908 an der Donau und bis 1913 an der Traun bei Wels und Lambach. Die wenigen aktuellen Beobachtungen stammen aus dem Bereich des unteren Trauntales und der Welser Heide.

S. W.

5.1.16
Bienenfresser (Merops apiaster)
Linz, OÖ Landesmuseum, Biologiezentrum

In Mitteleuropa brütet der Bienenfresser in klimatisch begünstigten, offenen Land-

5.1.13

5.1.21

schaften, vornehmlich der Niederungen. Zur Anlage der Brutröhre benötigt er Geländeanschnitte in feinkörnigem Substrat (Sand, Ton, Löß). Ursprünglich waren das hauptsächlich Abbruchkanten im Bereich unregulierter Flüsse. Da diese heute bei uns weitgehend fehlen, ist der Bienenfresser auf künstliche Geländeanrisse, wie Schottergruben angewiesen. In der Umgebung des Brutplatzes müssen ausreichend Sitzwarten zum Jagen und Schlafen und ein hohes Angebot an Insekten (vor allem Hautflügler) vorhanden sein.

Von 1985 bis 1987 existierte ein Brutvorkommen dieses Vermehrungsgastes in einer Schottergrube in der Gemeinde Lohnsburg. In den Folgejahren wurden keine Bienenfresser mehr beobachtet. Aktuell wird die Art als unregelmäßiger Durchzügler eingestuft. Im Osten Österreichs kam es in den letzten Jahren zu einer Zunahme der Bienenfresser, sodass ein neuerliches Brüten bei uns wieder wahrscheinlicher wird.

S. W.

5.1.17
Nachtreiher (Nycticorax nycticorax)
Linz, OÖ Landesmuseum, Biologiezentrum

Der Nachtreiher ist (mit Ausnahme Australiens) weltweit verbreitet. Zum Nestbau braucht er vor Bodenfeinden sichere Brutplätze, zumeist in geflutetem dichten Weidengebüsch. Im Umkreis von bis zu 15 km sucht er seine Nahrung. Am Unteren Inn sind es in erster Linie Fische und Seefrösche, die er in Augewässern und verwachsenen Kiesgruben fängt.

Der Bestand des Nachtreihers wurde seit der ersten Besiedlung 1965 jährlich erfasst und betrug Ende der 1970er Jahre 90 Brutpaare. Bis 1990 sank die Zahl der Paare auf 13, danach erholte sich der Bestand, im Jahr 2000 konnten 49 Bruten festgestellt werden. Der Nachtreiher ist ein Sommervogel, der in Oberösterreich zwischen Mitte April und Juni an seinem Brutplatz eintrifft. Im Oktober verlassen die letzten Vögel Oberösterreich.

S. W.

5.1.18
Wiedehopf (Upupa epops)
Linz, OÖ Landesmuseum, Biologiezentrum

In Österreich war der Wiedehopf bis in die 1950er Jahre ein regelmäßiger, zum Teil häufiger Brutvogel. Seither hat dieser Zugvogel den größten Teil des ehemaligen Brutareals geräumt und ist fast nur noch im Südosten Österreichs anzutreffen.

In Oberösterreich wurden vor allem offene, parkähnliche Biotope, wie z. B. Streuobstwiesen mit entsprechendem Höhlenangebot und Beweidung, genützt. Die Nahrungssuche erfolgt am Boden, dabei werden leichte Böden mit niedriger oder lückiger Vegetation bevorzugt. Derzeit scheint sich der Bestand zwischen Erlöschen und unregelmäßigen, vereinzelten Bruten zu bewegen. Der Hauptgrund für den Rückgang des Wiedehopfs ist vor allem durch die Veränderung der Landwirtschaft erklärbar und weniger durch klimatische Faktoren. Pestizideinsatz und das Ausräumen kleiner, „unordentlicher" Strukturelemente in der Landschaft verschlechterten die Ernährungssituation und Brutmöglichkeiten drastisch.

S. W.

5.1.19
Beutelmeise (Remiz pendulinus)
Linz, OÖ Landesmuseum, Biologiezentrum

Die Beutelmeise besiedelt vor allem Auwälder an Flüssen und Seen der Niederungen, wo Schilf- und Rohrkolbenbestände und eine reich strukturierte Bodenvegetation bis ans Gewässer reichen. Ihr beutelförmiges Nest mit seitlicher Eingangsöffnung baut sie bevorzugt in höheren Büschen und Bäumen, meist über einer Wasserfläche. Außerhalb der Brutzeit trifft man Beutelmeisen oft truppweise im Schilf oder in feuchten Weidengebüschen an.

S. W.

5.1.20
Mauereidechse (Podarcis muralis)
Linz, OÖ Landesmuseum, Biologiezentrum

Merkmale: 16–25 cm lange schlanke flache Echse, bräunlich oder gräulich bis grünlich mit kleinen dunkleren Flecken; Rücken heller mit – beim Weibchen deutlicher sichtbarem – Fleckenband, Flanken dunkler, Bauch weißlich bis rötlich.

Verbreitung: West-, Mittel- und Südeuropa bis Westasien.

Lebensraum: Überwiegend sonnige, trockene bis mäßig feuchte Biotope, dort an Felsen, Geröll, Mauern; im Gebirge bis 2000 m.

Nahrung: Insekten, Spinnen, Würmer, Raupen.

Lebensweise: Die Wärme liebende Art hält in warmen Gegenden nur einen kurzen Winterschlaf. Die Männchen bilden Reviere und sind sehr aggressiv, die Weibchen legen 3–9 Eier. Im deutschsprachigen Raum selten geworden.

Die Bestände in Oberösterreich gehen möglicherweise alle auf Aussetzungen durch den Menschen zurück.

S. W.

5.1.21
Äskulapnatter (Elaphe longissima)
Linz, OÖ Landesmuseum, Biologiezentrum

Merkmale: mit 160 cm, in ihrem südlichen Verbreitungsgebiet bis 2 m, sehr lange, schlanke Natter mit großen Augen und runder Pupille. Färbung der Oberseite gelbbraun, bräunlich oder oliv mit vereinzelten weißlichen Flecken; Bauch weißlich oder gelblich.

Verbreitung: Nordspanien, Mittel- und Südfrankreich, Südschweiz, Süddeutschland, Österreich, Italien mit Sardinien und Sizilien, Balkan, Tschechien bis Ungarn und Rumänien und Griechenland.

Lebensraum: sonnige Laubwaldränder und Hänge mit Unterholz, Gemäuer; bis 1800 m.

Nahrung: Kleinsäuger, Vögel und deren Eier und Junge, Eidechsen.

Lebensweise: tag- und dämmerungsaktiv; sehr sonnenhungrig; klettert gut und gerne in Geäst; Winterruhe von September/Oktober bis April/Mai; Paarung Mai/Juni, Ablage von 5–8 oder auch mehr Eiern Ende Juni, Schlupf der anfangs 20–25 cm langen Jungschlangen im August.

Die Äskulapnatter wurde nach dem griechischen Gott der Heilkunde, Asklepios, benannt; seine heilige Schlange umwindet den Äskulapstab, das Abzeichen der Ärzte. Möglicherweise wurde die Äskulapnatter erst durch die Römer nördlich der Alpen verbreitet.

S. W.

5.1.22
Eurasischer Biber (Castor fiber)
Linz, OÖ Landesmuseum, Biologiezentrum

Verbreitung: Eurasien.

Aussehen: hellbraunes bis schwarzes Fell, unbehaarter, breiter Schwanz („Kelle"). Gesamtlänge bis 120 cm, Gewicht bis 30 kg.

Lebensweise: dämmerungs- und nachtaktiv, sieht schlecht, hört und riecht ausgezeichnet, kein Winterschläfer!

Großfamilie bewohnt und verteidigt ihr Revier, Paare bleiben lebenslang zusammen, Paarungszeit Jänner, Tragzeit 3 Monate, 1 Wurf pro Jahr, mit 1–4 Jungen.

Lebensraum: alle Gewässer mit ganzjähriger Wasserführung und ausreichend Ufervegetation.

Ernährung: rein vegetarisch, im Sommer Ufer- und Wasservegetation, im Winter Gehölzrinde und -knospen.

Alle bei uns heute vorkommenden Biber gehen auf Wiederansiedlungen seit den 1970er Jahren zurück. Die ursprünglichen Bestände sind in den 1860er Jahren auf Grund menschlicher Verfolgung erloschen.

S. W.

5.1.23
Fischotter (Lutra lutra)
Linz, OÖ Landesmuseum, Biologiezentrum

Verbreitung: Eurasien, Japan, Nordafrika.

Lebensraum: Uferstreifen von Flüssen, Bächen und Seen.

Nahrung: Fische, Krebse, Muscheln, Bisamratten, Frösche, Wassergeflügel, Würmer, Insekten.

5.1.23

Größe: Körpergewicht bis 12 kg, Kopf-Rumpf-Länge: bis 90 cm, Schwanzlänge: 30–50 cm.

Lebensweise: überwiegend dämmerungs- und nachtaktiv, ungestört auch tagaktiv, amphibische Lebensweise (Schwimmhäute zwischen Fingern und Zehen, sehr dichtes Fell), Trächtigkeitsdauer: ca. 62 Tage, 2–5 Jungtiere pro Wurf, Höchstalter: 22 Jahre.

Gefährdung: Bejagung, Gewässerbegradigung, Gewässerverschmutzung, Straßenverkehr.

S. W.

5.2 Waldnutzung

Die Region umfasst bis heute noch ausgedehnte Waldgebiete: im Innviertel den Kobernaußer Wald und den Weilharter Forst, jenseits des Inns z. B. den Öttinger Forst, der mit rund 3000 Hektar Fläche der größte des Landkreises ist. Laut schriftlicher Quellen umfasste der Baumbestand im Mittelalter hauptsächlich Laubhölzer, Buche und Eiche, wenige Linden. Im 16. Jh. trat an die Stelle der Laubbäume die Fichte. Die heute im Öttinger Forst weit verbreitete Kiefer drang erst nach dem Dreißigjährigen Krieg in die Region ein.

Lit.: Erich Maier: Der Öttinger Forst, in: Oettinger Land 1 (1981) S. 21–27.

5.2.1
Forstordnung für das Herzogtum Bayern
München, 1568 November 1
München, BayHStA, Amtsbücher
2° E 253

1568 erließ Herzog Albrecht V. eine ausführliche Forstordnung mit 105 Kapiteln zum Schutz der Wälder und zur Festlegung der Nutzungsgerechtigkeiten. Getrieben von der Sorge um den bedenklichen Zustand der Wälder, die nur schlecht oder mangelhaft bewirtschaftet werden, erlässt er die Ordnung, um den Rohstoff Holz auch für künftige Generationen zu sichern; denn *„von wegen des abgang desselben jhre guter, heußliche wonungen vnd narung sempt weib vnnd kinden verlassen vnnd sich von denselben begeben müssen vnnd also ein vnwiderbringlicher schaden darauß eruolgen."* Die Ordnung befasst sich zunächst mit den

Aufgaben und Pflichten der im Forst tätigen „Beamten", Forstmeister, Jäger, Förster usw. Dann regelt sie u. a. die Mengen des Holzschlages, die erlaubte Form der Eichelmast der Schweine, die Weiderechte, die Größe der Brennholzdeputate, die verschiedenen Arten der Holzverwertung und schließt mit einer Ermahnung an die Landhofmeister, Räte, Pfleger usw., die Einhaltung der Forstordnung streng zu überwachen.

Lit.: Walter Ziegler: Altbayern von 1550–1651 (Dokumente zur Geschichte von Staat und Gesellschaft in Bayern. Abt. 1: Altbayern vom Frühmittelalter bis 1800, Band 3, Teil 2), München 1992, S. 372–377.

5.2.2
„Hönnhardter Wald" (jetzt Kobernaußer Wald)
Kurbayern, 1581
Reproduktion; Original: Papier auf Leinwand, H. 136 cm, B. 174 cm
München, BayHStA, Plansammlung
Pl 2303

Die Karte zeigt aus der Vogelschau den Abriss des im Gericht Friedburg gelegenen, bis 1779 zu Bayern gehörigen landesherrlichen Henhartforstes (heute Kobernaußer Wald). Die Darstellung wird durch einige Waldszenen mit Wildschweinen und Eichhörnchen belebt. Bei der Ortschaft Lengau ist ein Galgen zu erkennen, auf dem ein Rabe sitzt. In Schildchen sind die Orts- und Flurnamen angegeben. Die Grenzen der Gerichte sind durch farbige Linien markiert.

Lit.: Edgar Krausen: Die handgezeichneten Karten im Bayerischen Hauptstaatsarchiv sowie in den Staatsarchiven Amberg und Neuburg an der Donau (Bayerische Archivinventare 37), Neustadt an der Aisch 1973, S. 43.

5.2.3
Das zwischen Kurbayern und dem Hochstift Passau strittige Waldgebiet bei Safferstetten
Kurbayern, 1640
Reproduktion; Original: Papier, Federzeichnung, koloriert, H. 41,5 cm, B. 62 cm
München, BayHStA, Plansammlung
Pl 18675

Landschaftsdarstellung aus der Vogelschau; auf dem strittigen Gebiet liegen jetzt die Kuranlagen von Bad Füssing. Aufgezeigt wird das strittige Waldgebiet, das Gemain-Holz bei Safferstetten, „*Khriefeld*" genannt. Waldungen sind durch Baumgruppen, die Felder durch Schraffen gekennzeichnet. An Lokalitäten sind das heute abgebrochene Schloss Riedenburg, die Ortschaften Safferstetten und Würding und die Aichmühle am Inn zu erkennen. Die hölzernen Bauernhäuser sind durchwegs mit Stroh gedeckt.

Lit.: Edgar Krausen: Die handgezeichneten Karten im Bayerischen Hauptstaatsarchiv sowie in den Staatsarchiven Amberg und Neuburg an der Donau (Bayerische Archivinventare 37), Neustadt an der Aisch 1973, S. 187.

5.2.4
Die strittigen Pflegjagden im Gebiet Mörmoosen

Kurbayern, 1642
Reproduktion; Original: Papier, Federzeichnung, H. 41,5 cm, B. 109 cm
München, BayHStA, Plansammlung
Pl 18701

Landschaftsdarstellung aus der Vogelschau mit Darstellung der zwischen den Hofmarksherrn von Guttenburg und dem kurfürstlichen Pfleggericht Mörmoosen strittigen Jagdgrenze am Gallenbach. Bestimmte Objekte sind mit Ziffern versehen, die am unteren Kartenrand erläutert werden; Ansichten von Schloss Guttenburg sowie der Dörfer Frauendorf und Flossing und zahlreicher charakteristischer Vierseithöfe. Begrenzung: Flossing – Oberneukirchen – Eigelwand – Schönhub – Schloss Guttenburg – Frauendorf – Moosham – Mühle zu Heisting – Inn. Norden ist links, nach unten abweichend. Auf dem Blatt befinden sich die Unterschriften von Hochbrandt Freiherr von Tauffkirchen zu Guttenburg und Georg Mayr, kurfürstl. Pfleggerichtsverwalter zu Mörmoosen. Komplizierte Besitzverhältnisse und ungeklärte Grenzverläufe führten immer wieder zu Konflikten zwischen den Grundherren. Betroffen waren davon auch die Jagdrechte.

Lit.: Edgar Krausen: Die handgezeichneten Karten im Bayerischen Hauptstaatsarchiv sowie in den Staatsarchiven Amberg und Neuburg an der Donau (Bayerische Archivinventare 37), Neustadt an der Aisch 1973, S. 193 f.

5.2.5
Pechlerpatent für Joseph Carl Fondin, Pechler zu Burghausen und Mühldorf

München, 1765 Juli 23
Pergament, H. 32,5 cm, B. 59 cm
Mühldorf am Inn, Stadtarchiv, U 108

Mit der Urkunde erneuerte Kurfürst Maximilian von Bayern das Pechlerpatent des Joseph Carl Fondin, Pechlers zu Burghausen und Mühldorf, für den oberen Weylhardt bis zur Salzburger Grenze einschließlich aller Bauerngehölze, sodann bis zur Neukircher Straße, dem Winterstaig und allen Hölzern des Pfleggerichts Julbach bis an die Grenzen der Gerichte Eggenfelden und Reichenberg gemäß Polizei- und Forstordnung vom 12. Januar 1763. Als Abgaben hatte Fondin 10 fl zum Forstgericht Burghausen, 4 fl Stift oder Pechlerzins zum Gericht Julbach, 2 Zentner Pech ins Zeughaus Burghausen als Pechlerstift abzuliefern.

Lit.: Edgar Krausen: Stadtarchiv Mühldorf am Inn (Bayerische Archivinventare 13), München 1958, S. 108.

6. Ordnung

6.1 Die Idylle

Vermutlich zwischen 1620 und 1630 entstand eine Serie von 40 Aquarellen, die der Tradition des Hauses Ortenburg zufolge Graf Friedrich Kasimir von Ortenburg (1591–1658) schuf. Die Blätter zeigen Dörfer, Weiler, Einöden und Schlösser, die sich einmal im Besitz der gräflichen Familie befanden. Der nördlichste Ort ist Ottmaring, der westlichste Seemannskirchen, der südlichste Mattighofen. Für die figuralen Motive im Vordergrund, die sich eng an Jahreszeitendarstellungen anschließen, könnten niederländische Werke als Vorlage gedient haben. Es handelt sich bei den Darstellungen keinesfalls um exakte Wiedergaben der tatsächlichen lokalen Verhältnisse; teils zeigen viele Details, wie etwa die überhöht gezeichneten Dächer, deutlich die eigenwillige Handschrift des Ausführenden, teils handelt es sich dabei um idyllisierende Umsetzungen einer Wirklichkeit, die so sicher nicht existiert hat.

Lit.: Max Peinkofer: Unbekannte alte Ansichten von Ortenburg und Umgebung, in: Ostbayerische Grenzmarken II (1958), 259–266 –

6.1.3

Ausst.-Kat. Wittelsbach und Bayern, Band II/2. Um Glauben und Reich. Kurfürst Maximilian I., München 1980, S. 300–312.

6.1.1
Steinkirchen bei Ortenburg
Friedrich Kasimir Graf von Ortenburg, (1591–1658), 1620/30
Aquarell, H. 20 cm, B. 30 cm
Privatbesitz

Die Friedhofkirche St. Laurentius war während des Mittelalters die Pfarrkirche der Gegend. Mit Einführung der Reformation 1563 wurde der Pfarrsitz nach Ortenburg verlegt. Die Stadel sind Ständerbauten. Im Vordergrund werden diverse Holzarbeiten dargestellt: ein Baumstamm wird mit Hilfe eines Spitzkeils gespalten; die Frau liest die Holzscheite auf, die wohl als Brennholz bestimmt sind. Im Mittelgrund übt auf der Wiese vor der Wehrmauer der Kirche wohl die gräfliche Reiterei.

6.1.2
Schwaibach
Friedrich Kasimir Graf von Ortenburg (1591–1658), 1620/30
Aquarell, H. 20 cm, B. 30 cm
Privatbesitz

Im Hintergrund links erkennt man das Schloss Neudeck. Das Dorf Schwaibach, am anderen Ufer der Rott gelegen, besteht aus Holzbauten. Das Haus mit Kamin etwa in der Mitte könnte die Taverne sein. Links ein aufgespanntes Hirschnetz und so genannte Wehrtücher; rechts der gräfliche Reisewagen; eine Hundemeute jagt die Hirsche, die ihr Glück in der Flucht über die Rott suchen, allerdings auch im Wasser von den Hunden verfolgt werden.

6.1.3
Hofmarksitz Neudeck
Friedrich Kasimir Graf von Ortenburg (1591–1658), 1620/30
Aquarell, H. 20 cm, B. 30 cm
Privatbesitz

Die Burg Neudeck existiert heute nicht mehr. Unterhalb des Schlosses liegt ein stattliches Gehöft mit wenigstens fünf Einzelbauten in einer Umzäunung mit Hoftor. Rechts liegt das Wohngebäude mit Kamin; im Vordergrund links ein Laufbrunnen mit Brunnensäule; auf der Straße berittene gräfliche Dienstleute.

6.1.1

6.1.2

6.1.5

6.1.4
Dorf Königbach
Friedrich Kasimir Graf von Ortenburg
(1591–1658), 1620/30
Aquarell, H. 20 cm, B. 30 cm
Privatbesitz

Das Dorf Königbach liegt weilerartig zerstreut in einer welligen Landschaft. Wie auf allen Aquarellen sind die Häuser zu hoch geraten. Nach den angedeuteten Fenstern handelt es sich um ebenerdige Gebäude. Felder und Fluren sind eingezäunt; im Vordergrund wieder eine Jagdszene.

6.1.5
Birnbach bei Nacht
Friedrich Kasimir Graf von Ortenburg
(1591–1658), 1620/30
Aquarell, H. 20 cm, B. 30 cm
Privatbesitz

Wohl das künstlerisch interessanteste Blatt der Folge: es zeigt Birnbach im unteren Rottal im Winter bei Nacht. Birnbach war geschlossene Hofmark; die Dorfeinfriedung ist deutlich zu erkennen. In der Bildmitte die Pfarrkirche mit der Friedhofskapelle; links davon das Schloss Birnbach mit Treppenturm; am linken Bildrand ein Gebäude mit vorkragendem Laubengang im Obergeschoss, vielleicht ein Gasthof; der Reiter, der von einem Bedienten mit Fackel durch die Nacht geleitet wird, ist wohl Graf Kasimir.

6.1.6
Högertsham
Friedrich Kasimir Graf von Ortenburg
(1591–1658), 1620/30

Aquarell, H. 20 cm, B. 30 cm
Privatbesitz

Der kleine Weiler Högertsham ist von einem Speltenzaun umgeben; er dürfte nur aus den vier Gehöften, die der Maler im Bild wiedergibt, bestanden haben.

6.1.7
Schloss Neu-Ortenburg
Friedrich Kasimir Graf von Ortenburg
(1591–1658), 1620/30
Aquarell, H. 20 cm, B. 30 cm
Privatbesitz

Das Schloss wurde 1781/82 abgetragen; links im Hintergrund das Schloss Söldenau; im Mittelgrund des Bildes das Gehöft des Weihermeisters; zwei Männer waschen die Schafe vor der Schur im Weiher; im Vordergrund werden sie geschoren; ein Mann und eine Frau sammeln die Wolle in Säcke.

6.1.8
Unteriglbach
Friedrich Kasimir Graf von Ortenburg
(1591–1658), 1620/30
Aquarell, H. 20 cm, B. 30 cm
Privatbesitz

Blick auf das Dorf Unteriglbach von Norden mit der Pfarrkirche St. Vitus; deutlich sind die Zaunformen unterschieden: Speltenzaun und Spitzzaun; ein Bauer trägt in einer Schwinge Obst.

6.1.9
Würding
Friedrich Kasimir Graf von Ortenburg
(1591–1658), 1620/30
Aquarell, H. 20 cm, B. 30 cm
Privatbesitz

Detailansicht des Dorfes Würding; vier Gehöfte sind zu erkennen; das größte links mit Hoftor; das Wohnhaus beherbergt auch den Rossstall; im Hintergrund der Stadel; im Vordergrund wird ein Fass – vermutlich ein Bierfass – auf einer Schleife gezogen.

6.1.10
Buch
Friedrich Kasimir Graf von Ortenburg
(1591–1658), 1620/30
Aquarell, H. 20 cm, B. 30 cm
Privatbesitz

Der Weiler Buch liegt in der Pfarrei Unteriglbach; markant umfriedet der Dorfzaun Gehöfte und Wiesen; im Vordergrund ein Sautreiber und ein Hausiererehepaar.

6.1.9

6.1.12

6.1.11
Blindham im Wolfachtal
Friedrich Kasimir Graf von Ortenburg
(1591–1658), 1620/30
Aquarell, H. 20 cm, B. 30 cm
Privatbesitz

Unterschiedlich erschlossene Gebäude:
das linke, Stroh gedeckte traufseitig, das
rechte mit Kamin giebelseitig; die Anordnung der Eingangstür lässt auf den Typus
eines Eckfletzhauses schließen; an der
Wolfach ein Angler und ein Badender;
bei den gestelzten Bauten im Mittelgrund
könnte es sich um Mühlen mit unter-
schlächtigen Wasserrädern handeln.

6.1.12
Haidenkofen
Friedrich Kasimir Graf von Ortenburg
(1591–1658), 1620/30
Aquarell, H. 20 cm, B. 30 cm
Privatbesitz

Nach Friedrich Hausmann Ansicht des
Schlosses Haidenkofen; im Vordergrund
Reiter mit Jagdhunden; Fischfang mit
großen, an Schwimmern befestigten Fang-
netzen; die Fische werden in Bottiche ge-
schöpft.

6.1.13
Kamm
Friedrich Kasimir Graf von Ortenburg
(1591–1658), 1620/30
Aquarell, H. 20 cm, B. 30 cm
Privatbesitz

Kamm gehörte zur Hofmark Söldenau
und war von 1599 bis 1802 unmittelbarer Besitz des Grafen; in Kamm befand
sich einst die Stammburg der Grafen von
Hals; eine große Schafherde im Vordergrund, wie sie in der Vergangenheit im
Rottal üblich war.

6.1.14
Königbach mit Jagd
Friedrich Kasimir Graf von Ortenburg
(1591–1658), 1620/30
Aquarell, H. 20 cm, B. 30 cm
Privatbesitz

6.1.15
Oberiglbach
Friedrich Kasimir Graf von Ortenburg
(1591–1658), 1620/30
Aquarell, H. 20 cm, B. 30 cm
Privatbesitz

Der Weiler Oberiglbach wird von der Kirche St. Martin dominiert; nur eines der
Gebäude besitzt einen Kamin; das Ent-
ästen der Bäume war Herbstarbeit.

6.1.16
Obervoglarn
Friedrich Kasimir Graf von Ortenburg
(1591–1658), 1620/30
Aquarell, H. 20 cm, B. 30 cm
Privatbesitz

Eine eingezäunte Wiese vor den abwechselnd mit Strohdächern und Scharschin-
deldächern gedeckten Häusern dient als
Bleichanger; Wäschetrocknen, Wäsche-
ploien und das Spannen des Leinens sind
dargestellt.

6.1.17
Anzenkirchen
Friedrich Kasimir Graf von Ortenburg
(1591–1658), 1620/30
Aquarell, H. 20 cm, B. 30 cm
Privatbesitz

Anzenkirchen bei Pfarrkirchen im Rottal
gelegen; im Mittelgrund spielende Kinder: Kopfstand, Bockspringen und Wettlauf; im Vordergrund wieder ein Speltenzaun.

6.1.18
Bleichenbach
Friedrich Kasimir Graf von Ortenburg
(1591–1658), 1620/30
Aquarell, H. 20 cm, B. 30 cm
Privatbesitz

Landschaftsausschnitt mit Gruppierung
von vier Gehöften; rechts kehren Bauern
vom Reisigsammeln heim.

6.1.19
Knadlarn an der Wolfach
Friedrich Kasimir Graf von Ortenburg
(1591–1658), 1620/30
Aquarell, H. 20 cm, B. 30 cm
Privatbesitz

Der Weiler Knadlarn gehört zur Hofmark
Söldenau; der Inhalt des Blattes sind
die Vergnügungen des Sommers: Angler,
Bootsfahrer; rechts ein Stockhaus mit
Kamin: vielleicht eine Kombination von
Speicher und Backhaus.

6.1.20
Rainding mit Dorfplatz
Friedrich Kasimir Graf von Ortenburg
(1591–1658), 1620/30
Aquarell, H. 20 cm, B. 30 cm
Privatbesitz

Die ehemalige Hofmark Rainding wurde
1636 von Graf Kasimir von Ortenburg an
das Kloster Aldersbach verkauft; Rainding liegt in unmittelbarer Nähe des
Wallfahrtsortes Sammarei; das Blatt bietet eine ausführliche Schilderung eines
belebten Dorfplatzes, der auf die Kirche
als Zentrum des Ortes ausgerichtet ist;
rechts im Vordergrund der Dorfbackofen:
ein halbkugeliges Gewölbe aus Kiesel
und Lehm in einem offenen Schupfen;
dahinter ein überdeckter Brunnen; eine
Frau mit zwei Krügen kommt vom Was-
serholen; links balgende Kinder; in der
Mitte ein Bauer mit Kraxe und eine Bäuerin mit Tragtuch.

6.1.21
Hofmark Hirschbach
Friedrich Kasimir Graf von Ortenburg
(1591–1658), 1620/30
Aquarell, H. 20 cm, B. 30 cm
Privatbesitz

Die ortenburgische Hofmark Hirschbach
(1606–1802) gehörte zu den Besitzungen der Ortenburgs im Rottal; 1597 be-

6.1.23

stand sie aus zwei Höfen, zwei Huben, einer Lehe und fünf Sölden; wieder tummeln sich im Vordergrund Kinder: Seilspringen, Stelzenlaufen und ein Wettlauf zu dritt.

6.1.22
Pfarrkirche Holzkirchen
Friedrich Kasimir Graf von Ortenburg (1591–1658), 1620/30
Aquarell, H. 20 cm, B. 30 cm
Privatbesitz

Ansicht der Pfarrkirche Holzkirchen von Norden; ein Wohngebäude links mit Schrot (= Balkon) im Obergaden, vielleicht das Wirtshaus; im Vordergrund wieder spielende Kinder: Kinder schaukeln auf einer Wippe, einer klettert auf einen Baum.

6.1.23
Mühlham bei Hirschbach
Friedrich Kasimir Graf von Ortenburg (1591–1658), 1620/30
Aquarell, H. 20 cm, B. 30 cm
Privatbesitz

Der Weiler gehörte zur Hofmark Hirschbach; im Mittelgrund großes eingezäuntes Gehöft mit Galgenbrunnen; im Vordergrund gräfliche Hasenjagd.

6.1.24
Kirchham
Friedrich Kasimir Graf von Ortenburg (1591–1658), 1620/30
Aquarell, H. 20 cm, B. 30 cm
Privatbesitz

Blick auf das Pfarrdorf Kirchham, das zur Hofmark Neideck gehört; im Vordergrund Rinderhirten, einer spielt die Schalmei.

6.1.25
Reisbach
Friedrich Kasimir Graf von Ortenburg (1591–1658), 1620/30
Aquarell, H. 20 cm, B. 30 cm
Privatbesitz

Blick auf die Hofmark Reisbach mit Darstellung eines Maibaumes und eines Liebespaares; die Wohnbauten sind teilweise wieder mit Kaminen; deutlich ist die Einfriedung des Dorfes mit einem Zaun (= Dorfetter) zu erkennen.

6.1.26
Parschalling
Friedrich Kasimir Graf von Ortenburg (1591–1658), 1620/30
Aquarell, H. 20 cm, B. 30 cm
Privatbesitz

Für Torsten Gebhard ist die Ansicht von Parschalling ein wichtiger Beleg für die Ausbildung von Vierseithöfen in Niederbayern; die Anwesen zur Linken der Straße haben jeweils den Wagenschuppen parallel zu Straßenfront gestellt; das vorderste Anwesen zeigt die Giebelseite traufseitig zum Innenhof; die Rückseite des Wohnbaus lässt eine Ständerbohlenwand des Rossstalls erkennen; Bauern sind mit Zaunmachen beschäftigt, vermutlich eine Scharwerksarbeit.

6.1.27
Sandbach an der Donau
Friedrich Kasimir Graf von Ortenburg (1591–1658), 1620/30
Aquarell, H. 20 cm, B. 30 cm
Privatbesitz

Der Graf zeigt sich selbst beim Malen am Nordufer der Donau; an der Lände sind hölzerne Pfähle zu erkennen, die zum Festmachen der Zillen oder Boote dienen; auf der Donau ist ein Boot mit einem hausartigen Aufbau unterwegs.

6.1.28
Maierhof im Wolfachtal
Friedrich Kasimir Graf von Ortenburg (1591–1658), 1620/30
Aquarell, H. 20 cm, B. 30 cm
Privatbesitz

Im Mittelgrund ist ein großer Bauernhof dargestellt, dessen Wohnteil sowohl von der Giebel- wie von der Traufseite zugängig ist; die Gliederung des Hauses in Wohngebäude, Stadel und Stall ist an der Gestaltung der Außenwand deutlich abzulesen; das Haus besitzt einen Obergaden, in dem vermutlich die Schlafkammern untergebracht waren.

6.1.29
Thiersbach
Friedrich Kasimir Graf von Ortenburg (1591–1658), 1620/30
Aquarell, H. 20 cm, B. 30 cm
Privatbesitz

Thiersbach gehörte zur Hofmark Söldenau; im Mittelgrund große Vollwalmdachscheunen, daneben zwei eng gestellte hohe Bauten, vielleicht Sitz eines gräflichen Pflegers; im Vordergrund drei Reiter, einer wurde eben abgeworfen; die Pferde ungesattelt.

6.1.24

6.1.30
Schloss Alt-Ortenburg

Friedrich Kasimir Graf von Ortenburg
(1591–1658), 1620/30
Aquarell, H. 20 cm, B. 30 cm
Privatbesitz

Das Schloss Ortenburg zeigt das Erscheinungsbild nach der Bautätigkeit von 1567 mit hohem Wall und prunkvollem Eingangstor; links von der Schlossanlage ein hoher Plankenzaun (Dillzaun), offenbar die Eingrenzung eines Wildgeheges; im Giebel des Hauptbaues der österreichische Doppeladler; vor dem Schloss ein Zug von Reiter und Wagen.

6.2 Herren

6.2.1
Die Herren des Landes

Konkrete Zahlen über die Verteilung der Bevölkerung Niederbayerns auf Stadt und Land fehlen bis zum ausgehenden 18. Jh. Schätzungen für das Jahr 1794 belaufen sich dahin, dass in den vier Rentämtern von allen Männern über 21 Jahre rund 64 % dem Bauernstand angehörten, dem Bürgerstand 24,6 %, dem Adel inklusive der Staatsbediensteten und der Dienerschaft 3,5 % und dem Klerus 1,9 % (Zahlen nach Lütge). Nur die wenigsten Bauern verfügten über einen freieigenen Besitz; der größte Teil stand unter der Herrschaft eines Grundherrn. In der Regel besaßen diese Grundherren auch die Gerichtsherrlichkeit, aber nicht immer war dies der Fall. Es konnte durchaus vorkommen, dass in einer dörflichen Gemeinde Grund- und Gerichtsherren unterschiedliche Personen waren. Grundherren waren der Landesherr selbst, die Kirche und kirchliche Stifte, Adelige und in geringem Maß Bürger und Städte. Die Zahlen über die Besitzverteilung beziehen sich wieder auf die vier Rentämter: 50,7 % aller Familien unterstanden der Geistlichkeit, 28,5 % dem ständischen Adel, 11,6 % dem Landesherrn, 1,5 % weltlichen Kooperationen und Stiftungen, 1,3 % anderen weltlichen Grundherren, und 6,4 % aller Familien besaßen freieigenen Besitz. Das Verhältnis zum Gerichtsherren gestaltete sich anders, da nur der ständische Besitzstand Gerichtsbarkeit ausüben durfte,

nicht aber die nicht den Ständen angehörenden Grundherren: Daher war der Landesherr für knapp über 50 % der Familien der Niedergerichtsherr (Zahlen nach Schremmer).

6.2.2
Der Landesfürst als Grundherr

Die Verwaltung der im Besitz des Landesherren befindlichen Hoffuße (= Einteilungsmaßstab für die Besteuerung der Landbevölkerung) lag in den Händen der Kastner, die in den Kastenämtern residierten. Diese waren den zuständigen Rentämtern mit Sitz in München, Burghausen, Straubing und Landshut unterstellt. Der Kastner hatte alle Aufgaben zu erledigen, die mit der Verwaltung des Grundbesitzes zusammenhingen: Überwachung der Besitzungen, Einheben der Abgaben, Buchführung, Aufbewahrung und Verwaltung der Naturalabgaben usw. Ihm zur Seite stand der Pfleger, der vor allem die Aufgabe eines Richters versah; da das Pflegeramt im 18. Jh. oft zur Dotierung männlicher wie weiblicher adeliger Günstlinge diente, die über keinerlei Kenntnisse verfügten, wurde dieses an Pflegsverweser (Kommissare) abgetreten bzw. verpachtet, was in der Folge zu beträchtlichen Missständen führte.

6.2.3
Die Kirche als Grundherr

Der überwiegende Teil des kirchlichen Grundbesitzes lag in den Händen des Prälatenstandes und bildete die Basis für die kirchlichen Hofmarken. Die 59 Klöster in den vier Rentämtern besaßen zusammen 7620 Hoffuß; an der Spitze stand das Kloster Niederaltaich mit rund 733 Hoffuß. Die Situation der Bauern unter klösterlicher Grundherrschaft dürfte sich in einigen Punkten unterschieden haben: Klöster waren eher bereit, in Not geratenen Bauern finanziell unter die Arme zu greifen; das zeigen Arbeiten über die Verschuldung der bäuerlichen Anwesen in der Neuzeit. Ferner wurden sie kaum oder nur wenig zu Scharwerksleistungen herangezogen, da die Klöster in Altbayern in der Regel die Eigenwirtschaften bereits im ausgehenden Spätmittelalter aufgegeben hatten. Dadurch kam hier eine Entwicklung nicht zum Tragen, die durch eine Ver-

schärfung der Scharwerksleistungen gekennzeichnet war. Die geübte Form der grundherrlichen Abgabenablieferung weist auf die engere Bindung zwischen Grundherrn und Bauern hin: In der Regel kamen alle Bauern, Mann und Weib, im Pfarrhof zusammen, lieferten die Abgaben ab und erhielten ein Essen.

6.2.4
Der Adel als Grundherr

Die adeligen Grundherren bilden eine höchst unterschiedliche Gruppe, was die Größe des Grundbesitzes angeht. Nach Hazzi war der größte Grundbesitzer im ausgehenden 18. Jh. der in Oberbayern ansässige Max Graf von Preysing mit 1156 grundherrlichen Höfen und 210 Hoffuß. Die Ortenburgs besaßen zu dieser Zeit 408 Höfe mit 74 Hoffuß. Die kleinsten Grundherren verfügten nur über einen Hoffuß. Kleinere Grundherren, deren Einkommen aus Beamtenstellen bei Hof meist auch nur niedrig dotiert waren, mussten daher auf ihre Bauern stärkeren Druck ausüben, da es bei ihnen eine Frage des Überlebens war. Konflikte waren da vorprogrammiert. Die Situation des Bauern war hier ganz besonders von der Person des jeweiligen Grundherrn abhängig, von dessen Einstellung gegenüber den von ihm abhängigen Untertanen. In manchen Fällen war der adelige Grundherr die Zuflucht in Notzeiten, in anderen Fällen presste er die Bauern aus.

6.2.5
Die Grundherrschaft

Das weitaus wichtigste Recht, das aus der Grundherrschaft resultiert, war der Anspruch auf grundherrliche Leistungen: dazu zählten die Schwarwerksdienste, die regelmäßig anfallenden Abgaben und die Abgaben, die bei Besitzwechsel fällig wurden. Bei Veränderungen, die Grund und Boden betrafen, musste die Zustimmung des Grundherren eingeholt werden; dies betraf z. B. Besitzänderungen, Verpfändungen, Aufnahme von Schulden u. ä. (= Konsensrecht). Wenn ein Bauer ohne Erben oder sonstigen rechtmäßigen Nachfolger starb, so fiel das Bauerngut an den Grundherren zurück (= Heimfallrecht). Dies geschah auch, wenn der Bauer seinen Verpflichtungen nicht nachkam (Unterlassen der Abgabenzahlungen über zwei bis drei Jahre) und/oder den Hof herabwirtschaftete (= Abmeierungsrecht).

6.2.6
Die Gerichtsherrschaft

Alle Bauern unterlagen der Gerichtsuntertänigkeit. Die Gerichtsherrlichkeit umfasste die gerichtlichen Funktionen, Verwaltungsaufgaben und das Recht der Steuererhebung. Die gerichtlichen Funktionen setzten sich aus der Niedergerichtsbarkeit und der Entscheidung zivilrechtlicher Fragen zusammen. Zur Aburteilung kamen Straftaten, wie Raufereien, Beleidigungen, „Leichtfertigkeit", Übertretungen von feld- und gewerbepolizeilichen Vorschriften, Nichteinbringen von Scharwerksleistungen usw. Verhängt wurden Geldstrafen, die oft durch Schandstrafen ergänzt wurden. Zu den Verwaltungsaufgaben zählten die Ausübung der niederen Gewerbe- und Feuerpolizei, die Musterungspflicht usw. Im Auftrag des Landesherren führte der Gerichtsherr die Steuererhebungen durch und hatte die Steuerregister anzulegen. Im Gegenzug hatten die ihm unterstellten Bauern Scharwerksleistungen zu erbringen und festgesetzte Geldbeträge abzuliefern. Eine weitere Einnahmequelle brachte die im 18. Jh. erfolgte Einführung des Bierbezugszwanges: Gerichts- und Grundherren erhielten das Recht, die ihnen untertänigen Wirte zum Bezug ihres Bieres zu verpflichten.

6.2.7
Rechtsprechung in der Hofmark

Vorsitz und Leitung des Gerichtes hatte der Hofmarksrichter; er war ein Beamter der Herrschaft; in verschiedenen Hofmarken konnten die Untertanen auf seine Bestellung Einfluss nehmen. Sehr oft wohnte der Hofmarksrichter nicht in der Hofmark, sondern kam nur zur Rechtsprechung dorthin. Zusammen mit dem Richter bildeten die Urteilssprecher/Beisitzer das Gericht. Letztere stammten zumeist, wenn die Hofmark genügend groß war, aus der Gmain. Ihre Zahl schwankte. Die Aufgabe des Richters bestand darin, das von den Urteilssprechern gefällte Urteil im Sinne des Hofmarksherren zu bestätigen oder abzulehnen. In den kleinen Landgemeinden fanden maximal

drei gleichmäßig wiederkehrende Gerichtstage im Jahr statt. Das Erscheinen zum Ehehaftteiding war Pflicht. Säumige wurden bestraft. Geladen wurden alle „Nachpaurn zum Recht" und geladen wurden speziell die Prozessparteien. Es bestand auch die Möglichkeit, die Klage am ersten Rechtstag vorzubringen.

6.2.8
Die Strafen

Die verhängten Strafen dienten der Wiederherstellung der Ordnung. Spezifische Vergehen zogen spezifische Strafen nach sich. An der Schandsäule büßte man Vergehen gegen die Religion; mit der Geigenstrafe wurden Frauen bei dem Vergehen der Leichtfertigkeit bestraft, Männern drohte da die Stockstrafe; die häufigste Strafform war die Geldstrafe. Für Wirtshausraufereien betrug sie z. B. in Aspach Mitte des 17. Jhs. 1 Pfund Pfennig. War der Verurteilte zur Zahlung der Geldstrafe nicht fähig, so konnte diese in eine Gefängnis- oder Stockstrafe umgewandelt werden. Zu den Leibesstrafen gehörten weiters die Brecher- oder Schrägenstrafe, die Stockstrafe, die Geigenstrafe, die Springer- oder Eisenstrafe, die Schandsäulenstrafe und als härteste Strafe die Ausweisung aus der Hofmark.

6.2.9
Der Landesherr als Gerichtsherr

Altbayern war in Gerichte eingeteilt, die wiederum in Schergenämter untergliedert waren. Richter, Landrichter oder Pfleger übten die Hochgerichtsbarkeit aus. Als ausführendes Organ standen ihnen die Amtmänner zur Seite. Ernennung und Aufstellung erfolgte durch den für das Gericht zuständigen Rentmeister, der auch als Kontrollorgan fungierte. Bei Amtsantritt hatte er einen Eid abzulegen. Sein Aufgabengebiet umfasste u. a. die Feststellung strafbarer Handlungen, die Festnahme auffälliger oder straffälliger Personen, die Übermittlung von Befehlen an die anderen Gerichte und Hofmarken. Bei den Verhörtagen, die regelmäßig im Jahr stattfanden, hatte er anwesend zu sein. Auf seinen Dienstreisen nahm er Quartier bei den so genannten „Brotbauern", die ihn zu beherbergen hatten; dafür waren sie vom Scharwerk befreit. Ab dem 17. Jh. wurde diese Einrichtung

durch Abgaben ersetzt, die die Bauern nun dem Amtmann zu entrichten hatten. Von den zumeist in Geldstrafen umgewandelten Leib- und Lebensstrafen erhielt der Amtmann als „Nachrecht" seinen Anteil, im Gericht Dingolfing z. B. von jedem Pfund Pfennig 32 Pfennige. Für seine Leistungen gab es, um Streitigkeiten abzustellen, etwa ab dem 17. Jh. Gebührensätze, die Tarife für jede Verrichtung festlegten.

6.2.10
Ein Dorf – viele Herren

Die komplizierte Lage der Grundherrschaft soll am Beispiel einer kleinen Obmannschaft im Pfleggericht *„Neuenötting"* demonstriert werden. 1671 wurde eine neue Steuerbeschreibung erstellt. Dabei wurden alle Untertanen erfasst und die Daten ihrer Höfe aufgenommen. Insgesamt waren dies 24 Güter. Die Besitzverhältnisse stellten sich wie folgt dar (nach Wittgräff): Nur sieben Güter hatten einen gemeinsamen Grundherren, sie unterstanden alle dem Kloster Neumarkt-St. Veit; zwei gehörten der Pfarre Pleiskirchen, eines war frei eigen und alle anderen gehörten verschiedenen Grundherren. In einer Gmain mit 24 Anwesen gab es also 15 verschiedene Grundherren.

Lit.: Friedrich Lütge: Die bayerische Grundherrschaft. Untersuchungen über die Agrarverfassung Altbayerns im 16.–18. Jahrhundert, Stuttgart 1949 – Rudolf Wilhelm: Rechtspflege und Dorfverfassung. Nach niederbayerischen Ehehaftordnungen vom 15. bis zum 18. Jahrhundert, in: Verhandlungen des Historischen Vereins für Niederbayern 80 (1954), S. 1–151 – Eckart Schremmer: Die Wirtschaft Bayerns. Vom hohen Mittelalter bis zum Beginn der Industrialisierung. Bergbau – Gewerbe – Handel, München 1970 – Volker H. Liedke: Amt und Amtmann im Gericht Dingolfing, in: Der Storchenturm 2 (1967), S. 28–46 – Rita Wittgräff: Die Obmannschaft Nonnberg im Amt Pleiskirchen anno 1671, in: Oettinger Land 7 (1987), S. 77–87 – Rosmarie Fruhstorfer: Konfliktreicher Alltag – untersucht anhand von Verhörprotokollen der hochgräflich Warttenbergisch/Haslangschen Herrschaft Aspach im Innviertel von 1646 bis 1770 (Passauer Studien zur Volkskunde 12), Passau 1997.

6.3 Pflichten

6.3.1
Bauer ist nicht gleich Bauer

Die Gestaltung der bäuerlichen Besitzrechte war einem ständigen Wandel unterworfen, der sich naturgemäß auf die wirtschaftliche und soziale Stellung der Betroffenen auswirkte. Vereinfacht dargestellt unterschied der 1756 seine Gültigkeit erlangende Codex Maximilianeus Bavaricus Civilis sechs verschiedene Formen von Besitzrechten, die natürlich noch lokale Varietäten kannten. Die Eigengüter gehörten dem Bauern; obwohl er Herr seines Grundes war, hatte er gewisse Zinsen anzuliefern. Gelegentlich kam auch noch das Bauernlehen vor; die sich aus dem Lehensverhältnis ergebende Last hatte einst in der Verpflichtung zu Kriegsdienst bestanden, an dessen Stelle waren nun Zinsabgaben getreten. Die dritte Form war das Erbrecht: es gewährt ein vererbliches Besitzrecht. Dem Bauern gehören alle Erträgnisse des Gutes, allerdings darf er nichts ohne Genehmigung des Grundherren verändern, veräußern oder verpfänden. Der Bauer ist berechtigt, den Hof zu vererben; auch ein Verkauf ist ihm erlaubt, wenn er die Genehmigung des Grundherren erlangt. Besaß ein Bauer sein Gut im Leibrecht, so galten alle Bestimmungen des Erbrechtes mit Ausnahme der Möglichkeit zur Vererbung. Meist übernahm zwar der Sohn das Erbe, musste allerdings ein „Leibgeld" entrichten, das meist Werterhöhungen berücksichtigte. Daneben hatte der Bauer Stifte und Gülten zu entrichten sowie Scharwerk zu leisten. Das Freistiftrecht (Herrengunst) sah vor, dass der Bauer jederzeit oder zu bestimmten Terminen abgestiftet werden konnte, d. h. er wurde gezwungen, seinen Hof zu verlassen. Die Fahrnis gehörte dem Bauern, ebenso musste der Grundherr etwaige Verbesserungen vergüten und für Kosten aufkommen, die der Bauer bei Erwerb geleistet hatte. Die Gegenleistung bestand in jährlichen Abgaben und in Scharwerken. Die sechste Form war das Neustift: Sie entsprach in allen Punkten dem Leibrecht, nur dass es nicht mit dem Tod des Bauern erlosch, sondern mit dem des Grundherrn. Zumeist handelte es sich dabei um Güter in kirchlichem Besitz, bei

denen der Pfarrer oder Benefiziat nicht das Recht hatte, über die ihm zur Verfügung gestellten Güter über seinen Tod hinaus zu verfügen. Im Rentamt Burghausen überwogen die in Erbrecht vergebenen Güter.

6.3.2
Stifte und Gilten

Jährlich hatten die Bauern zu bestimmten Terminen Stifte und Gilten abzuliefern. Die Naturalleistungen wurden mit der Zeit durch Geldleistungen abgelöst. Zumeist handelte es sich um Getreide- und Geldgaben. Daneben gab es aber immer noch kleinere Verpflichtungen, den so genannten Küchendienst. Je nach Region wurden unterschiedliche Naturalien eingehoben: im Rentamt Landshut z. B. Schweine, Lämmer, Gänse, Hennen („Fasnachthennen"), Eier, Käse, Semmeln, Haar (= Flachs), Fische, Bohnen, Bier, Heu, Kraut und Rüben. Die Bauern konnten von Geldwertverschlechterungen profitieren, es konnte aber auch der umgekehrte Fall eintreten. Die Getreidegilten dienten dem Grundherrn zum Verkauf. Die Belastungen der Bauern waren von Region zu Region, von Grundherr zu Grundherr äußerst verschieden.

6.3.3
Laudemium

Eine große finanzielle Belastung wurden im Lauf des 16. und 17. Jhs. die Besitzwechselabgaben (Leibgeld, Laudemium). Bei der Erhöhung der Abgaben ging der Landesherr als Grundherr mit schlechtem Beispiel voran. Zunächst wurde der Prozentsatz der Abgaben erhöht; dann wurden neue Anlassfälle geschaffen. Die Laudemiumszahlungen wurden weiter ausdifferenziert: Zum Laudemium kamen nun noch Abfahrt und Zustand sowie Todfall. Wenn ein Bauer noch bei Lebzeiten den Hof an seinen Sohn übergab, waren Abfahrt und Zustand fällig. Starb der Bauer vor der Hofübergabe, waren Todfall und Zustand zu leisten.

6.3.4
Gerichtsherr

Auch dem Gerichtsherren und seinen Beamten musste die bäuerliche Bevölkerung Abgaben leisten. Nur zu einem ge-

ringen Teil handelte es sich dabei um regelmäßige Zahlungen. Die Höhe der Beträge war wie in allen anderen Fällen von der Hofgröße abhängig. Probleme ergaben sich bisweilen aus den Forderungen der nachgeordneten Beamten wie den in den Amtssprengeln ansässigen Amtmännern bzw. Schergen, die, wie die Beschwerdeprotokolle belegen, mit mehr oder weniger sanftem Druck die ihnen zustehenden regelmäßigen Leistungen zu erhöhen oder neue Gebühren einzuführen versuchten. Neben diesen regelmäßigen Zahlungen wurden gerichtliche Abgaben nach Bedarf und beim Anlassfall eingehoben: Zuzugs- und Abzugsgebühren wurden eingehoben, Gebühren für die Kosten von Zivil- und Strafprozessen. Die „Taxordnung" von 1735 verzeichnet an die 200 verschiedene Gerichtshandlungen mit unterschiedlichen Gebühren. Die härteste Belastung stellte aber das für den Gerichtsherren zu leistende Scharwerk dar.

6.3.5
Der Zehnt

Von den Erträgen des Feldes war der zehnte Teil für kirchliche und karitative Zwecke bestimmt. Der Zehnt war eine Holschuld; der Empfänger musste selbst für die Abholung sorgen; in vielen Fällen bediente er sich dabei scharwerkspflichtiger Bauern. In Bayern unterschied man zwischen dem Feldzehnt (Abgabe vom Ertrag der Felder) und dem Blutzehnt (Vieh und Viehprodukte). In den niederbayerischen Quellen handelte es sich fast immer um Getreideabgaben; der Bauer ließ den der Kirche zukommenden Anteil am Feld stehen. Dem Zehentherr war es verboten, sich „selbst zu bedienen" und vor dem Bauern seinen Anteil vom Feld zu holen. Neben dieser Zehentabgabe mussten Gebühren für geistliche Dienstleistungen wie Taufe, Hochzeit, Versehgang und Beerdigung geleistet werden. Sie richteten sich nach der Größe des Hofes.

6.3.6
Landsteuer

Seit der Steuerinstruktion von 1507 hatten die Grundherren die Aufgabe übertragen bekommen, für den Landesherrn die Landsteuer von ihren Untertanen einzuheben. Die Steuer wurde vom Besitzrecht an Grund und Boden sowie vom konkreten Besitz an Vieh, Geld und Wertgegenständen eingehoben. Der Steuersatz lag etwa bei 3,3 %. Bei Bedarf ließ der Landesherr noch mittels außerordentlicher Ausschreibungen zusätzliche Steuern einheben.

6.3.7
Gemeinde

Die bäuerliche Bevölkerung hatte auch an die Gmain für diverse gemeinschaftliche Aufgaben Abgaben zu entrichten. Es galt, Gemeindebedienstete zu besolden, gemeinsam genutzte Einrichtungen (wie Wege, Brunnen, Back- und Brechhäuser, Schmiede, Bad etc.) zu erhalten oder Forderungen des Grund- oder Gerichtsherren an die Gmain nachzukommen. Die dafür eingehobenen Anlagen richteten sich nach „Vermögen und Nahrung". Weiters musste Scharwerk für die Gemeinde geleistet werden.

6.3.8
Die Armen

Aufgabe und Belastung zugleich bedeutet für die gesamte Gmain die Betreuung der Armen. Bettelordnungen regelten behördlicherseits deren Betreuung; in den Gemeinden wurden so genannte Bettelrichter oder -vögte aufgestellt, die für das Sammeln der Almosen zuständig waren. Unregelmäßigkeiten dabei führten zu Kontroversen, die häufig Gegenstand von Tagsatzungen bei Gemeindeversammlungen waren. Es häuften sich auch die Klagen derer, die auf Grund der Lage ihrer Gehöfte, etwa an stark begangenen Wegen und Straßen, sich durch Arme übermäßig belastet fühlten.

6.3.9
Das Scharwerk

Eine der größten Belastungen stellte für die bäuerliche Bevölkerung das Scharwerk dar. Hier entstand das stärkste Konfliktpotential. Scharwerk hatte man dem Grundherren und dem Gerichtsherren zu leisten. Meist war es zu einem Zeitpunkt einzulösen, da die gesamte Arbeitskraft für den eigenen Hof erforderlich war. Die Liste der zu leistenden Arbeiten war lang. Die der Hofmark Sigharting untertänigen

Bauern mussten u. a. folgende Arbeiten für den Grundherren verrichten: Anbau von Weizen, Korn, Gerste, Hafer und Lins; Aberntens des Heus und des Getreides sowie Heimführen, Dreschen des Getreides und des kotigen Heus; Schlagen von Erlen sowie des Küchenholzes für die Herrschaft, des Brennholzes für die Benefiziaten; Schlagen des Schindelholzes und Schindelmachen; Führen der Sagprügel zur Steiblmühle; Einfrieden von Wiesen und Kuhweiden; Ausführen der Jauche; Räumen der Wiesen und des Schlossbaches; Mühlfahren; Krauthacken und Eichelklauben für die Schweinemast (Quelle: Ruttmann).

Lit. zu 6.3: Friedrich Lütge: Die bayerische Grundherrschaft. Untersuchungen über die Agrarverfassung Altbayerns im 16.–18. Jahrhundert, Stuttgart 1949 – Rudolf Wilhelm: Rechtspflege und Dorfverfassung. Nach niederbayerischen Ehehaftsordnungen vom 15. bis zum 18. Jahrhundert, in: Verhandlungen des Historischen Vereins für Niederbayern 80 (1954), S. 1–151 – Fritz Markmiller: Das Gericht Dingolfing und seine Scharwerksorganisation, in: Der Storchenturm 2 (1967), S. 1–23 – Eckart Schremmer: Die Wirtschaft Bayerns. Vom hohen Mittelalter bis zum Beginn der Industrialisierung. Bergbau – Gewerbe – Handel, München 1970 – Volker H. Liedke: Amt und Amtmann im Gericht Dingolfing, in: Der Storchenturm 2 (1967), S. 28–46 – Rita Wittgräff: Die Obmannschaft Nonnberg im Amt Pleiskirchen anno 1671, in: Oettinger Land 7 (1987), S. 77–87 – Rupert Ruttmann: Sigharting. Heimatbuch, Mattighofen 1989 – Rosmarie Fruhstorfer: Konfliktreicher Alltag – untersucht anhand von Verhörprotokollen der hochgräflich Warttenbergisch/Haslangschen Herrschaft Aspach im Innviertel von 1646 bis 1770 (Passauer Studien zur Volkskunde 12), Passau 1997.

6.3.10
Urbarbuch des Kastenamtes Burghausen für den Kasten Ober- und Niederweilhart

Burghausen, 1581
Linz, Oberösterreichisches Landesarchiv, Archiv der Landeshauptmannschaft Hs. 19a

Die Verwaltung des landesfürstlichen Urbarbesitzes erfolgte auf Grund der Kastenbücher, die unter den Begriffen Urbar-, Sal-, Grund-, Stift- oder Gültbuch aufgezeichnet wurden. In diesen Büchern wurden der landesfürstliche Grundbesitz und die von diesem zu erwartenden Ab-

gaben verzeichnet. Die Hofkammer in München erarbeitete 1578 eine einheitliche Form für die Eintragungen. Diese sollten den Namen des Urbarbauern, seinen Besitz mit Angabe der Größe (Hof, Hube, Lehen, Sölde) und seine Besitzgerechtigkeit umfassen. Weiters sollte der Zustand des Anwesens beschrieben werden. Sodann waren die Geldabgaben (Gülten), der Küchen- und Kleindienst und der Getreidedienst aufzuführen, und zwar bei den verschiedenen Getreidesorten (Weizen, Korn, Gerste, Hafer). Dann erfolgte die Beschreibung der zum Anwesen gehörenden Gründe, Kraut- und Baumgarten beim Haus, Ackerland, Wiesen und Anteil am Holz.

Lit.: Hans Constantin Faussner – Alfred von Grote (Hrsg.): Urbarbuch des Kastenamtes Burghausen für den Kasten Ober- und Niederweilhart von 1581 (Quellen zur bayerischen und österreichischen Rechts- und Sozialgeschichte Abt. I, Bd. 1), Hildesheim 1983.

6.3.11
Traunsteiner Getreidemaß

Traunstein (?), 1644
Kupfer, Eisen, H. 22 cm,
∅ (unten) 33,5 cm
Traunstein, Heimathaus Traunstein,
Inv. Nr. 1141

Der Scheffel war bis ins 19. Jh. das für Getreide geltende Hohlmaß; man unterschied zwischen Kornscheffel und Haberscheffel, die jeweils 6 bzw. 7 Metzen enthielten. Der Münchner Scheffel, dem der Traunsteiner Scheffel im Wesentlichen entsprach, enthielt ca. 222 Liter.

Lit.: Ausst.-Kat. Wittelsbach und Bayern, Band II/2. Um Glauben und Reich. Kurfürst Maximilian I., München 1980, S. 293.

6.3.11

6.3.12

6.3.12
Scheffel
Straubing, 19. Jh.
Schäfflerarbeit, Holz, Eisenreifen,
H. 64 cm, ∅ (unten) 78 cm
Straubing, Gäubodenmuseum

Bis zur Vereinheitlichung der Maßeinheiten und Gewichte 1809 existierten in Bayern an die 350 verschiedene Scheffelmaße, die geringfügige Abweichungen voneinander aufwiesen. 1809 wurde dann der einheitliche Königlich-Bayerische Scheffel mit einem Volumen von 222,36 Liter eingeführt.

6.4 Gemeinschaft

6.4.1
Herrschaft versus „Gmain"

Längst nicht ausdiskutiert und geklärt ist die Frage, wie weit die bäuerliche Bevölkerung die Möglichkeit zu einer selbständigen Wirtschaftsführung und Lebensgestaltung besaß, Konflikte austragen oder allgemein verbindliche Normen durchsetzen konnte usw. Die Meinungen schwanken zwischen rechtlos und die aktiven Gestaltungsmöglichkeiten der bäuerlichen Gemeinde betonend. Gmain ist in den Quellen Niederbayerns die Bezeichnung einer Siedlungseinheit. Die Gmain als „Körper" wird in den diversen Satzungen angesprochen. Wer aber die Satzungen auszusprechen hatte, darüber waren sich laut Aussage der Quellen auch die Zeitgenossen nicht einig. Da gibt es dezidierte Erlässe der Grundherren oder sehr selbstbewusste Äußerungen der Gmain: *„hat die wohledle viel ehrentugenreiche Frau, Frau Barbara von*

und zu Steinling, … diese Gemeins-gute Dorffsordnung ihren Unterthanen … beständig und unwiederrufflich beschlossen, verordnet …" oder *„Zue wissen, was die von Rosenberg in einer Gemain vorgenommen haben, mit Pankraz Stibern ein Ordnung zu machen."*

6.4.2
Die Einberufung

Gleichzeitig mit dem Gerichtstag, dem Ehehaftaiding, fand meist auch die „Gmainversammlung" statt. Handelte es sich um eine außerordentliche Versammlung, musste in den meisten Fällen die Zustimmung des Grund- und/oder Gerichtsherren eingeholt werden, wie es die *„Landts- und Policey-Ordnung"* (1616) ausdrücklich unter Strafandrohung verlangte. Zur Teilnahme verpflichtet waren alle Männer; per Strafe wurde wiederholt verboten, Jugendliche oder gar Frauen als Vertretung zu schicken: *„Wan ain gemain gehalten wird oder ain Gemainarbeit anfahlte, so werden nur die Weiber und claine künder geschickht, dahero bei Straff anbevolchen worden, daz die Untertanen selbst erscheinen."* (Pinkofen 1718).

6.4.3
Der Ablauf

In vielen Dörfern fand die Versammlung in der „Ehehaft-Tafern" statt. Sie begann in der Regel mit dem Verlesen des Dorfrechtes. Dann wurden die Anwesenden aufgefordert, ihre Beschwerden und Streitfälle vorzubringen; Beschlüsse über anstehende Fragen wurden gefasst; diese waren äußerst vielgestaltig: es konnte sich dabei um Alltagsdinge handeln wie die Errichtung eines neuen Backofens oder um die Bestellung der Organe und Amtspersonen in der Gmain. Nach Aussage der Quellen genügte in den meisten Fällen ein Mehrheitsbeschluss. Den Abschluss bildete mancherorts gemeinsames Essen oder Umtrunk, so wie z. B. in Oberaichbach: *„Alßdann … ain gebürliche Zech thuen, sovil ain yeden gelust."*

6.4.4
Die Amtspersonen

Amtspersonen nahmen eine Zwitterstellung ein: Zwar erfolgte ihre Bestellung zumeist durch die Gmain, allerdings be-

durfte diese der Absegnung durch den Grund- und/oder Gerichtsherren; diesem oblag auch die Dienstaufsicht. Gleichzeitig waren die verwaltenden Organe Untertanen der Grundherrschaft. Die in den Quellen angeführten Amtsträger können von Gmain zu Gmain höchst unterschiedliche Funktionen und Befugnisse besitzen. Die häufigsten Leiter der Gmain waren die Vierer. In manchen Gemeinden war dieses Amt an bestimmte Höfe gebunden, in anderen wurden sie von der Gmain gewählt; bei Auseinandersetzungen mit der Herrschaft standen sie immer auf Seiten der Untertanen, waren deren Prozessbevollmächtigte. Ihre Aufgaben waren vielfältig: Sie umfassten u. a. die Überwachung der Flurordnung, das Rechungswesen, die Aufsicht über Wege, Waldnutzung, Einhaltung der feuerpolizeilichen Vorschriften usw. Daneben finden sich in den Ehehaft-Ordnungen z. B. noch Stegmeister, Brot-, Bier- und Fleischbeschauer, Förster, Flurschützen und Feldhüter, Hüter, Gemeindediener, Boten usw.

6.4.5
Wirt-Ehehaft

Die Ehehaftsordnungen befassen sich auch mit den in der Gmain ansässigen Gewerben. Eine besondere Stellung nahmen dabei die so genannten Ehehaftgewerbe – Taferne, Mühle, Schmiede und Bad – ein; sehr oft besaßen diese Gewerbe ein Monopol, das mit einem Benutzungszwang gekoppelt war. Sie erhielten von den Dorfbewohnern ein jährliches Fixum in Geld und/oder Naturalien.

Der Wirt nahm unter diesen Gewerben die sozial führende Stellung ein. Er besaß in manchen Dörfern das Schankmonopol, weiters das Kredit- und Pfandrecht; als Pflichten oblagen ihm die Bereitstellung von ausreichend Übernachtungsmöglichkeiten und Stallungen. Die Ordnungen enthalten die unterschiedlichsten Bestimmungen: Preise, die Sorten der Getränke wurden geregelt.

6.4.6
Schmied-Ehehaft

Waren Schmieden Eigentum der Gemeinde, so wurden sie als Leibrecht vergeben. Alle Ordnungen, die sich mit dem Gewerbe des Schmiedes befassen, bzw. die eigens dafür erlassenen Ordnungen enthalten ausführliche Bestimmungen über die Entlohnung des Schmiedes. Die Preise können von Gmain zu Gmain höchst unterschiedlich sein. Daneben erhielt der Schmied jährlich das „*Dangl- geld*" oder „*Dangltraidt*". Die Höhe der Abgaben richtete sich nach der Größe des Hofes: „*dem schmid ist man schuldig alle Jar ze geben von dem Tenglen, unnd von dem schleifen der Mehrer Hof drey metzen Korn, der Münder zwen metzen khorn Lanndtshuetter.*" (Altheim, um 1400).

6.4.7
Bader-Ehehaft

In den Ordnungen werden zumeist sehr genau die Aufgaben und Pflichten des Baders umrissen und ähnlich wie beim Schmied Tariflisten aufgestellt. Die Dorfmitglieder hatten für bestimmte regelmäßige Leistungen jährlich fixe Beträge in Geld oder Naturalien abzuliefern; alles, was darüber hinausging, mussten sie gesondert bezahlen: So legt z. B. die Bader-Ehehaft von Mettenbach (1792) detailliert fest, dass jeder Bauer bestimmte Getreidemengen und weißes Brot zu den Festtagen beim Bader abzuliefern hatte, unabhängig davon, ob er dessen Leistungen auch in Anspruch nahm. Sie mussten überdies für den Bader Scharwerk leisten. Als Tarife wurden festgelegt: Aderlass 6 Kr, Schrepfen 3 Kr, fürs Barbieren der Bauernsöhne jährlich 12 Kr, Haar schneiden war gratis. Wöchentlich musste der Bader zu jedem Bauer ins Haus gehen und ihn „*barbieren*".

6.4.8
„Huet"-Ordnung

Besonders konfliktträchtig gestaltete sich die gemeinsame Nutzung der Weide; hier kollidierten Interessen der Hofbesitzer mit denen der Söldner, Tagwerker und Inleute. Nutzung der gemeindeeigenen Weideflächen erfolgte durch Mahd oder durch Viehauftrieb, je nach Qualität der Wiesen. In den „Huet"-Ordnungen wurden die Auftriebstage festgelegt, die Entlohnung des Hirten, seine Aufgaben und Pflichten: „*Dagegen mueß diser die Huet ohne Beschwer verrichten, zu rechter Zeit ein- und austreiben, und so ihme ain Vich ausbleibt, suechen, doch daß ihme zeitlich*

von dem, so es ausgeblieben, gesagt wird. Und so ein Vich, es sey, was vor aines wöll, nit under die Gaisl getriben wird, hierumben nit Redt und Antwortt zegeben schuldig.*" (Adldorf, 1696)

6.4.9
„Stier-Brieff"

Die 1569 für Pyrbaum erlassene Ordnung, die in einer Abschrift von 1648 erhalten ist, regelt nicht nur die Handhabung des Zuchtbullen, sondern auch die Entlehnung des Schweinehirten und anderes mehr. Festgelegt wurde die genaue Reihenfolge der Bauernhöfe, in welcher der Stier eingestellt war. Die ersten waren vier große Bauernhöfe, dann erst kamen die 18 kleinen Anwesen mit Viehhaltung an die Reihe. Wer den Stier nicht einstellte, aber dessen Dienste in Anspruch nahm, musste für jede Kuh jedes Jahr vier Pfennig abgeben. Wenn der Stier erkrankte, musste dies der Halter umgehend den Gemeindeverantwortlichen mitteilen.

Lit.: Rudolf Wilhelm: Rechtspflege und Dorfverfassung. Nach niederbayerischen Ehehaftsordnungen vom 15. bis zum 18. Jahrhundert, in: Verhandlungen des Historischen Vereins für Niederbayern 80 (1954), S. 1–151 – Walter Hartinger: „… wie von alters herkommen …". Dorf-, Hofmarks-, Ehehaft- und andere Ordnungen in Ostbayern, Bd. 1: Niederbayern (Passauer Studien zur Volkskunde 14), Passau 1998 und Bd. 3: Nachträge, Ehehaft-Gewerbe (Bader, Schmiede, Wirte) und andere Detailordnungen (Passauer Studien zur Volkskunde 20), Passau 2002.

6.5 Ehehaft

Will man die meist ungeordnet aufgeführten Bestimmungen der Ehehaftordnungen in ein System bringen, so lassen sich neben allgemeinen Punkten, die z. B. das Gemeindevermögen oder die Ehehaft-Gewerbe betreffen, im Einzelnen Schwerpunkte auf den Gebieten der Flurordnung, des Unterhaltes von Wegen, Brücken und Gräben, der Feuerordnung, der Baupolizei, des Umganges mit Fremden und Straffälligen sowie der guten Sitten setzen. Sie sind von Dorfgemeinde zu Dorfgemeinde unterschiedlich gewichtet und weisen auch zeitlich anders geartete Gewichtungen auf.

6.5.1
„vleißig verzeint"

„*Zum ainlafften soll die Gemain der Hofmarck Obernaichpach zu Sanct Georgytag die Velder und Zein vleißig besichtigen, dermaßen auch die Farthlugkhen, ob dieselben vleißig verzeint sein oder nit …*" (Oberaichbach 1521). Die Dreifelderwirtschaft bei Gemenglage und die gemeinschaftliche Nutzung der Brache machten einen Flurzwang notwendig. Das bedeutete, dass auf den Feldern zur gleichen Zeit der gleiche Fruchtanbau betrieben wurde; genau geregelt wurden daher der Zeitpunkt, zu dem die bebauten Felder eingezäunt werden mussten, um das Weidevieh fernzuhalten, und wann die Ernte einsetzte.

6.5.2
„… mehrer Vieh auff die gemain Waid geschlagen …"

Die Gmain regelte auch die Nutzungsrechte des Einzelnen an den gemeinsamen Wiesen- und Weideflächen. Bauern kämpften hier um ihre Rechte gegen Söldner, Häusler, Tagwerker und Inleute, die ihren zwar kleinen, aber für sie überlebenswichtigen Viehbestand durch Nutzung der Gmainflächen zu mehren suchten. Ordnungen, wie die von Oberaichbach (1521), legen bis ins Detail die Anzahl der erlaubten Tiere fest; andere beschränken nur die Viehhaltung der Nicht-Bauern; nur wenn Weide im Überfluss vorhanden war, konnten solche Beschränkungen aufgehoben werden. Auf bestimmten Höfen lag die Pflicht der Zuchttiere: Stier, Widder, Eber und Ganser.

6.5.3
„Seind drei zeun …"

Eng mit der Viehhaltung hängt das Problem der Zäunung zusammen. In den Ordnungen werden teilweise genau Zäune nach ihrer Funktion unterschieden und deren Höhe und Beschaffenheit ausdrücklich festgelegt: „*… Seind drei zeun: der pand-, gemach- und fridtzaun. Der pandzaun soll haben 3 schuech und mitten auf den march stehen. Der gemachzaun aber, wo derselbe 10 jar ohne anspruch gestanden, soll er hinfüran bleiben und nicht mehr abgebrochen werden. Der peunt- oder* *fridtzaun soll allein von Geörgi biß auf Martini und nit lenger stehen …"* (Mauerkirchen, nach 1693).

6.5.4
„weeg und steeg im gericht der notturft gebessert …"

Meist gehörte die Überwachung der Wege und Brücken zu den Obliegenheiten der Vierer. Mängel mussten vorgetragen und deren Beseitigung durch die Gmain veranlasst werden. Bestrafungen richteten sich gegen die Vierer oder die Gmain im Gesamten. Auf Beschluss der Gmain wurden auch neue Wege und Stege errichtet. Waren die zum Scharwerk Verpflichteten nachlässig und verrichteten die aufgetragene Arbeit nicht, so konnte es passieren, dass die Herrschaft die Arbeit ausführen ließ und die dabei entstandenen Kosten der Gmain verrechnete; überdies wurden die nicht zum Scharwerk Erschienenen mit einer Strafe belegt.

6.5.5
„Feuernotdurft"

Wie in den Städten drohte auch in den Dörfern die größte Gefahr vom unachtsamen Hantieren mit Feuer. Daher regelten die Dorfordnungen Reinigung und Begehung der Öfen und Feuerstätten, Beaufsichtigung des Feuers, Bereithalten von Löschwasser und Feuerhaken sowie Leitern u. ä. mehr. In der Ordnung von Oberaichbach wird im 31. Artikel sogar ausdrücklich der Umgang mit dem Feuer beim Brotbacken und Flachsbrechen aufgenommen: *„… wo die Weyber mit Pachen, Prechen, in die Öfen einzustoßen unnd zu diern haben, soll das nit bey der Nacht, sonnder bey dem Tag, unnd mit sonderm Vleiß beschehen, damit nit Schaden daraus erfolge …".*

6.5.6
„wassergrüeben, schwemmen und prünen …"

Wohl lag die letzte Entscheidung über die Bautätigkeit bei der Grundherrschaft, die Gmain sicherte sich aber zumindest ein Mitspracherecht, wenn es um die Errichtung neuer Gebäude ging oder um die Instandhaltung alter. Ferner griff sie dann ein, wenn es um die Sicherheit der

Dorfbewohner ging; Votivbilder geben je ein beredtes Zeugnis von den vielfältigen Gefahren im bäuerlichen Leben, im Besonderen von der Gefährdung der Kinder, und eben darauf bezieht sich der 32. Artikel des Ehehaftrechts von Mauerkirchen (nach 1693): *„Nachdemme bishero die unterthanen bei ihren wohnungen die wassergrueben, schwemmen und prünen aus unfleis nit verwahrt, dardurch etlichs mall die junge künder ertrunken, woll auch vich dareingefahlen und umbkommen, …"*

6.5.7
„das Gottslestern, Fluechen und Sacramentieren höchstens verbotten …"

Ab dem 17. Jh. mehren sich in den Dorfordnungen Bestimmungen, die sich in Anlehnung an kurfürstliche Polizeiordnungen dem sittlichen und moralischen Leben der Gmain widmen. An erster Stelle steht dabei die Sorge um die Heiligung des Sonntags durch Besuch des Gottesdienstes und Einhaltung der Arbeitsruhe; gleich auf damit wird gegen Fluchen und Gotteslästerung vorgegangen. Ein weiterer Punkt betrifft das übermäßige Trinken; wer trunken aufgegriffen wurde, sollte bis zur Ausnüchterung ins Gefängnis geworfen werden: *„Nachdeme auch die Trunckhenheit ein sondteres Laster ist, dardurch ainem sein Vernunpft entweichet und seines Guets erarmet, auch Totschleeg und anderes offtmahls daraus entstehet …"* (Irlbach, 18. Jh.).

6.5.8
„Dieweil auch das ungebiehrliche spillen …"

Man versuchte, auch das Spielen in den Griff zu bekommen; die Abschnitte in den Dorfordnungen betrafen zu langes Spielen in den Tavernen, Spielen mit zu hohem Einsatz und das Spielen in privaten Häusern, das grundsätzlich verboten war: *„Es unterstehen sich etliche, in ihren Häusern das spillen zu gestatten und den spillern unterschlaipf zu geben. Dieselben sollen sambt den spillern ernstlich gestrafft werden …"* (Mauerkirchen, nach 1693).

6.5.9
„Wann ein ledtiger Pursch beydem Cammerfenster …"

Um die Aufrechterhaltung der sittlichen Moral besorgt zeigten sich Grundherren und Dorfobrigkeit; um uneheliche Kinder und heimliche Hochzeiten zu verhindern, verbot man *„Rockhen und Gunckhel Raisen"*, nächtliches Ausgehen der Burschen und jegliche heimliche Zusammenkunft: *„… daselbst vill Unzucht und Leichtfertigkeit treiben und darneben ihre Dienst und Arbeith zuhaus versaumen, auch hindurch offt mancherley Verführung der unverständig und unschuldigen Jugent, Winckhl-Heurathen, Jungfrau Schwechen, Ehebruch, Rumor und andere Ybl entstehen, so werdten … vor allem das an denen Feyer-Nächten und Nacht-Heimbgarten Zusammenlauffen der Mann- und Weibs-Persohnen bey größter Straf verpotten …"* (Irlbach, 18. Jh.).

6.5.10
„Understehen sich etliche weibspersohnen …"

Im Anlassfall fanden auch aktuelle Missstände Aufnahme in die Ehehaftordnungen, so im Fall Mauerkirchen (nach 1693); hier widmet sich Punkt 41 in seltener Ausführlichkeit Verstößen gegen die Kleiderordnungen: *„Understehen sich etliche weibspersohnen … noch immerdar bei den tänzen, auch anderen zusammenkonften und insgemain in gar zu kurzen klaidungen und röcken, welche ihnen oftermals kaumb bis auf die knie hinunter raichen, zu erscheinen, wardurch dan nit geringe scandalo und örgernussen verursacht und dahero solche unerbarkeiten keineswegs können gedult werden …".*

Lit.: siehe 6.4.

6.6 Konflikte
Akustik

Zusammenleben bringt Konflikte mit sich, Konflikte, die einer Regelung bedürfen. Findet sich keine gütliche Lösung, so wenden sich die streitenden Parteien an die Gerichte. Die Gerichtsprotokolle der ländlichen Gerichte geben Aufschlüsse über die Reibungsflächen, die sich innerhalb der „Gmain" sowie zwischen den Dorfbewohnern und der Obrigkeit ergaben. Die Vergehen, die zur Sprache kamen, umfassten Raufhändel, Real- und Verbalinjurien, Leichtfertigkeitsdelikte, Verstöße gegen Polizei- und Verwaltungsverordnungen, Schuld- und Geldangelegenheiten, Flur-, Nachbarschafts- und Gemeindesachen, Probleme zwischen Untertanen und Grundherrschaft und Delikte gegen die „guten Sitten".

Lit.: Andreas Mönnich: Konflikt und Alltag in der Hofmark Amerang. Ein Beitrag zur Rekonstruktion bäuerlicher Lebensberichte des späten 17. Jahrhunderts anhand von Gerichtsprotokollen und anderen Quellen, Magisterarbeit, München 1982 – Winfried Helm: Konflikte in der ländlichen Gesellschaft. Eine Auswertung frühneuzeitlicher Gerichtsprotokolle (Passauer Studien zur Volkskunde 7), Passau 1992 – Rosmarie Fruhstorfer: Konfliktreicher Alltag. Untersucht anhand von Verhörprotokollen der hochgräflich Warttenbergisch/Halsangischen Herrschaft Aspach im Innviertel von 1646 bis 1770 (Passauer Studien zur Volkskunde 12), Passau 1997.

6.6.1
Wider die guten Sitten
Akustik

Kriege, Seuchen und Naturkatastrophen waren im Verständnis der Menschen auch Strafen für das sündhafte Leben der Menschen. Im Zuge der Gegenreformation und in der Folge des Dreißigjährigen Krieges kam es auch in Altbayern zu einer verstärkten Kontrolle des religiösen und sittlichen Lebens der Untertanen. Die Behörden überwachten den Besuch der Gottesdienste an Sonn- und Feiertagen, die Einhaltung der Arbeitsruhe, das Halten der gebotenen Fasttage usw. Wurde jemand beim Fluchen erwischt, wurde er wegen Gotteslästerung abge-

straft. In der Fastenzeit waren Musikanten, Tanzveranstaltungen und jede Art von öffentlichen Belustigungen untersagt. Besonders hart und häufig wurde gegen das Delikt der „Leichtfertigkeit" vorgegangen. Man verstand darunter den Geschlechtsverkehr unter Unverheirateten, der unter Strafe gestellt war, unabhängig davon, ob es zur Zeugung eines Kindes gekommen war oder nicht. Selbst nächtliches Fensterlgehen war ein Delikt. Zu Beginn des 17. Jhs. erfolgte eine Strafverschärfung für Ehebruchsdelikte. Bereits die zweite Verurteilung konnte eine Landesverweisung bedeuten, auf der dritten stand die Todesstrafe.

6.6.2
Wider weltliche Obrigkeit
Akustik

Die Konfliktfelder mit der weltlichen Obrigkeit waren äußerst vielfältig. Sie betrafen Verstöße gegen die geltenden Kleiderordnungen; besonders kurze Röcke und enge Mieder wurden geahndet. Kontrolliert wurden auch Feste und Freizeit. Glücksspiele waren bei allen Bevölkerungskreisen beliebt, aber verboten. Die Dauer des Aufenthaltes in den Wirtshäusern wurde ebenso wie der Konsum alkoholischer Getränke beschränkt, ohne Erfolg, wie die zahlreichen Abstrafungen zeigen. Gerichtsstrafen wurden über Personen verhängt, die sich an die in den Ehehaft-Ordnungen festgelegten Flurbestimmungen nicht hielten oder die ihre Häuser und Gebäude in schlechtem Zustand beließen. Die in der Gmain ansässigen Gewerbebetriebe unterlagen einer strengen Kontrolle, die immer wieder

zu Beanstandungen und Abstrafungen führte. Lebenswichtig war eine strenge Einhaltung der feuerpolizeilichen Bestimmungen. Konsequente Strafen folgten auf die Aufdeckung von Leichtfertigkeiten: Mit Gefängnis bestraft wurde, wer den Rauchfang nicht sauber hielt oder brennbares Material wie Flachs neben der Feuerstätte lagerte.

6.6.3
Wider die Gemeinschaft

Fast ein Drittel aller in den Protokollen der Hofmark Aspach erfassten Gerichtsfälle waren Rumor- und Raufhändel. Konflikte wurden durch Gewaltanwendung gelöst; auf Beschimpfungen folgten Haarreißen, Ohrfeigen und Schlägereien mit blutigem Ausgang. Die Austräger dieser Delikte waren nicht nur Männer, auch Frauen waren vertreten. Und in gleicher Weise wurden Amtspersonen in Raufhändel verwickelt oder lösten diese aus. Konflikte ergaben sich aus der Nutzung von Weideflächen, aus Grenzstreitigkeiten; nicht selten eskalierten diese und führten zu tätlichen Auseinandersetzungen. Vor Gericht endeten auch oft Streitfälle zwischen Bauern und ihren Dienstboten. Besonders blutrünstig endeten Schlägereien auf Äckern, Wiesen und Wegen. Tunlichst trat man weitere Fußmärsche nicht allein, sondern in Begleitung an; dies bot Schutz, allerdings traten dann im Gespräch Meinungsverschiedenheiten zu Tage, die zu Handgreiflichkeiten führten. Besonders konflikträchtig war die Atmosphäre im Wirtshaus, wo der Alkohol seinen Tribut forderte.

7. Dörfer

7.1 Bundwerk

Das Bundwerk lässt sich vom Ständerbohlenbau ableiten. Es ist eine bevorzugte Konstruktionsweise für Stadelwände; charakteristisch dafür sind weit gestellte Holzsäulen mit Querriegeln, Kopf- und Fußbändern; in der Oberzone verwendet man Kreuzbänder (Kreuzzüge), die zu einem dichten, kunstvoll angeordneten Gitterwerk ausgestaltet werden können. Einen Höhepunkt erreicht diese Zimmermannskunst in der Mitte des 19. Jhs. Die Anfänge reichen ins 18. Jh. zurück.

Das hier gezeigte Bundwerk ist einem Stadel in Feldkirchen bei Trostberg nachempfunden. An der Südseite bilden drei Riegel vier Felderreihen; die unterste wird durch Andreaskreuze, die beiden mittleren durch überkreuzte Kopf- und Fußbänder, die oberste durch Gitterbund ausgesteift. An der Nordseite werden sechs Felderreihen ausgebildet, die unterste und oberste werden durch Andreaskreuze, die beiden mittleren durch überkreuzte Kopf- und Fußbänder ausgesteift.

Lit.: Günther Knesch, Der Bundwerkstadel von Feldkirchen bei Trostberg. Bauwerk und Bedeutung, in: Ars Bavarica 77/78 (1996) S. 116–128 (Umzeichnungen: Abb. 6 und 7) – Bundwerkstadel in Niederbayern. Eine Dokumentation, Amerang 1997.

7.2 Aus Liebe zum Detail

Der in Osternberg bei Braunau lebende Maler Hugo von Preen begann 1885 damit, die noch vorhandenen Verzierungen und Malereien an Bauernhäusern im oberen Innviertel mit dem Pinsel festzuhalten. Im Rahmen der Innviertler Künstlergilde, die Preen 1923 gründete, lernte er den Kunsttischler Bernhard Ludwig kennen, der sich für diese Arbeit begeisterte und Kopien der Aquarelle anfertigte. Er gab dem Leiter seines Zeichenbüros, Willi Berkan, den Auftrag, auch im unteren Innviertel und im Rottal bemalte Bauernhäuser zu dokumentieren. Der älteste Beleg für niederbayerische Zimmermannsmalerei, der noch erhalten ist,

dürfte der geritzte und farbige Schmuck am Getreidekasten vom Greindlhof aus Niederneuching bei Erding, datiert 1581, sein. Im 18. Jh. war es dann selbstverständlich, dass man Hof- und Stadeltore, Türrahmungen und Pfettenvorstöße farbig behandelte. Jahreszahlen, Besitzerinitialen, Haus- und Schutzzeichen wurden angebracht.

Lit.: Torsten Gebhard, Zimmermannsmalereien aus Niederbayern und ihre oberösterreichischen Parallelen, in: Festschrift für Franz C. Lipp, Wien 1978, S. 107–112 – Eugenie Hanreich, Bemalte Holzarchitektur im Innviertel, phil. Diss. Wien 1979 – Ausst.-Kat. Bemalte Bauernhäuser im Innviertel. Zeichnungen, Aquarelle und Fotos aus der Sammlung in Schloß Walchen, OÖ. Museum für Volkskunde, Wien 1979.

7.2.1
Farbige Türverkleidung in Uttendorf, dat. 1688
Hugo von Preen (1854–1941)
Aquarell, H. 18,8 cm, B. 20,5 cm
Linz, OÖ Landesmuseum, BA 8.919/1

7.2.2
Türstock in Unterrotenbuch, dat. 1649
Hugo von Preen (1854–1941)
Aquarell, H. 18,8 cm, B. 20,5 cm
Linz, OÖ Landesmuseum, BA 8.919/2

7.2.3
Bemalte Hoftorumrahmung beim Bodinger in Ranshofen
Hugo von Preen (1854–1941)
Aquarell, H. 31 cm, B. 23 cm
Linz, OÖ Landesmuseum, BA 8.931

7.2.4
Tür mit Verzapfung in Julbach, dat. 1735
Hugo von Preen (1854–1941)
Aquarell, H. 22,5 cm, B. 27,3 cm
Linz, OÖ Landesmuseum, BA 8.949/1

7.2.5
Hauseingang beim Huber – Untere Hofmark in Ranshofen, dat. 1705
Hugo von Preen (1854–1941)
Tusche, koloriert auf grauem Karton, H. 18,8 cm, B. 25,5 cm
Linz, OÖ Landesmuseum, BA 8.967

7.2.6
Bemalte Stadeltür in Pettenau, dat. 1797
Hugo von Preen (1854–1941)
Aquarell, H. 23,8 cm, B. 17,5 cm
Linz, OÖ Landesmuseum, BA 8.982

7.2.7
Bemalte Tür zu einem Getreideboden in Erlbrunn am Adenberg, Gem. Gilgenberg, dat. 1737
Hugo von Preen (1854–1941)
Aquarell, H. 33 cm, B. 24,4 cm
Linz, OÖ Landesmuseum, BA 8.983

7.2.8
Bemalter Türrahmen beim Kastenberger in Gilgenberg, 1722
Hugo von Preen (1854–1941)
Aquarell, H. 39 cm, B. 28 cm
Schloss Walchen, Eugenie Hanreich

7.2.9
Tor beim Bodinger in Ranshofen, 1758
Achensölde in Mining
Hugo von Preen (1854–1941)
Aquarell, H. 30 cm, B. 21 cm bzw. H. 24 cm, B. 16 cm
Schloss Walchen, Eugenie Hanreich

7.2.10
Stadltor mit Zimmermannswerkzeug beim Maibauer in Pramberg, 1765
Hugo von Preen (1854–1941)
Aquarell, H. 29 cm, B. 23 cm
Schloss Walchen, Eugenie Hanreich

7.2.11
Balkenverzapfungen beim Leithenbauer in Birnbach, 1768
Walter Berkan
Aquarell, H. 28 cm, B. 23 cm bzw. H. 24 cm, B. 13,5 cm
Schloss Walchen, Eugenie Hanreich

7.2.12
Balkenbemalungen beim Leithenbauer
Walter Berkan
Aquarell, jeweils H. 29 cm, B. 22 cm
Schloss Walchen, Eugenie Hanreich

7.2.13
Balkenmalerei und Bemalung eines Heustadls
Walter Berkan
Aquarell, H. 20,7 cm, B. 29 cm bzw.
H. 15 cm, B. 23 cm
Schloss Walchen, Eugenie Hanreich

7.3 Das Dorf und seine Häuser

7.3.1
Das Dorf Martinsbuch
Modell: Georg Kaukal
Quelle: Hausbuch der Pfarrei Martinsbuch
Franz Xaver Prechtl (1741–1803), 1793
Papier, handschriftlich, Feder in Braun,
Tempera, Aquarell
Regensburg, Bischöfliches Zentralarchiv,
Pfarrmatrikel Martinsbuch Nr. 39

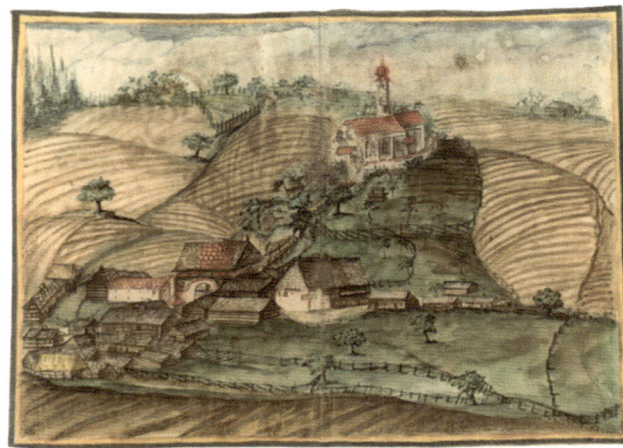

7.3.1

7.3.2

1793 legte der Martinsbucher Pfarrer Franz Xaver Prechtl ein „Hausbuch" seiner Pfarre in 15 Bänden an. Akribisch genau führte er darin die einzelnen Anwesen seiner Pfarrgemeinde an, beschrieb, soweit Archivalien vorhanden waren, deren Besitzgeschichte und gab jeden Hof, selbst jedes „Leerhäusl", naturgetreu im Bild wieder. Jede Illustration versah er noch mit einer Legende, die die einzelnen Gebäude, die Wiesen, Bäche etc. bezeichnete. Seit dem Spätmittelalter waren in Martinsbuch (Lkr. Dingolfing-Landau) vier Anwesen, eine Schmiede als Ehaftgewerbe und der Pfarrhof belegt. Für das Jahr 1690 verzeichnete Prechtl 24 große und kleine Anwesen. Die Anlage des Dorfes entsprach einem Haufendorf. Für den Bau der Häuser verwendete man das reichlich zur Verfügung stehende Holz und errichtete diese in Blockbauweise. Die meisten Häuser des Dorfes waren mit Schindeln gedeckt, die man in den Wintermonaten meist selbst herstellte. Für das ausgehende 18. Jh. vermerkte Prechtl, dass die ersten Häuser „untermauert" wurden: Der Wohnteil des „Hofbauern" war gemauert und verputzt, und ebenso ließ der Wirt die Wohn- und Gaststube untermauern. Einige Ansichten zeigen verputzte und geweißte Bohlenwände, die so Ziegelmauerwerk vortäuschen sollen. Der größte Baukomplex war der Pfarrhof: er bestand aus dem Wohnhaus mit Pferde- und Ochsenstall,

einer Scheune für Getreide und Heu, Ställen für Kühe, Schweine, Schafe, Kälber und Hühner, Schupfen, Wasch- und Backhaus, Wagen-Remise und Getreidekasten sowie einem Holzschupfen. Fast jedes Anwesen verfügte über einen abgesonderten, gemauerten Backofen, oft in Verbindung mit einem Waschkessel. Der zweite große Komplex war die „Hofmarkstaferne", die 1600 erstmals genannt wurde. Neben Wohnräumen befanden sich in dem Gebäude zwei Gaststuben, ein Nebenstüberl und ein Tanzboden im Obergeschoß. Weitere Ehaftbetriebe waren der Schmied (seit 1474 belegt) und der Bäcker (seit 1601 belegt). Seit 1601 gab es auch ein Wohnhaus des Amtmannes mit einem als „Keuche" bezeichneten Gefängnis. Röhrenbrunnen besaßen der Pfarrhof, der „Hofbauer" und der Wirt, Schöpfbrunnen das Mesnerhaus und das „Berghäusl". Hofgrundstücke, die innere Dorfflur, Baum- oder Obstgärten waren eingezäunt. Es gab einen Dorfbach, über

den kleine Brücken führten, die Prechtl ebenfalls minutiös verzeichnete. Die Wege zwischen den Anwesen waren als „Prügelwege" angelegt.

Lit.: Fritz Markmiller: Das niederbayerische Hofmarksdorf Martinsbuch im Jahr 1793, in: Bayerisches Jahrbuch für Volkskunde 1975, S. 76–106 – Ausst.-Kat. Bauern in Bayern. Von der Römerzeit bis zur Gegenwart (Veröffentlichungen zur Bayerischen Geschichte und Kultur 23), München 1992, S. 126–131 (mit Farbabb.).

7.3.2
Der „Kochhof"
Modell: Georg Kaukal
Original: Freilichtmuseum Massing

Der Kochhof verkörpert den Typus des für Niederbayern und das Innviertel typischen Vierseithofes, bestehend aus Wohngebäude, hier mit dem Pferdestall unter einem Dach, Stadel, Stallgebäude und Wagenschupfen mit angebautem Getreidekasten und „Machelkammer". Die Hofanlage war allseitig mit Toren und

Bretterwänden geschlossen; inmitten des Hofraumes lagen die Odelgrube und der Misthaufen. Das Wohnhaus stammt aus Kerneigen (Gde. Wittibreut, Lkr. Rottal-Inn). Es ist ein charakteristisches Rottaler Bauernhaus: Der mit einem flachgeneigten Pfettendach überdachte Blockbau richtet die Giebelseite zum Hof hin. Die Anordnung der Räume ist bestimmt durch die giebelseitig durchgehende Mittelfletz, von der aus auf der einen Seite die Stube und Küche, auf der anderen die Fletzkammer und der Rossstall zugängig sind. Das Obergeschoss ist voll ausgebaut und besitzt einen durchgehenden Schrot (Balkon), darüber noch einen weiteren, kürzeren Oberbodenschrot. Das Wohnstallgebäude stammt wohl aus der Mitte des 18. Jhs. Der Stall, der gewöhnlich im rechten Winkel zum Wohnhaus angebaut ist, stammt aus Unterstetten (Gde. Neumarkt St. Veit, Lkr. Mühldorf); die Bauweise, ein ziegelgemauertes Erdgeschoss, dessen Decke im Kuhstall mit böhmischen Gewölben, im Schweinestall mit so genannten „preußischen" Gewölben gebildet ist, lässt eine Entstehungszeit im 19. Jh. annehmen. Der Stadel aus Roith (Gde. Hebertsfelden, Lkr. Rottal-Inn) ist über dem rechten Stadeltor 1836 datiert.

Lit.: Martin Ortmeier: Ein Bauernhofmuseum für Niederbayern. Freilichtmuseum Massing, Passau 2001, S. 29–39.

7.3.3
Der „Heilmeierhof"

Modell: Georg Kaukal
Original: Freilichtmuseum Massing

Das Ensemble des Heilmeierhofes wurde aus verschiedenen Bauteilen zusammengesetzt und verkörpert den für die Region Dingolfing-Landau typischen offenen Dreiseithof mit Wohnstallhaus. Das Wohnstallgebäude stammt aus Pilberskofen (Gde. Mamming, Lkr. Dingolfing Landau). Im Giebelfeld ist es 1795 datiert. Der Heilmeierhof umfasste laut Liquidationsprotokoll 148 Tagwerk (50 ha) und bestand aus dem Wohnhaus mit Pferdestall, Holzschupfen, Schweinestall, Stadel und Kuhstall. Das Wohnstallgebäude ist ein zweieinhalbgeschossiger Blockbau mit reich bemalten Schroten (Balkone) an Giebel- und Traufseite. Johann Lammer hatte 1786 die Witwe Wal-

7.3.4

burga Ernst geheiratet und errichtete 1795 vermutlich das Gebäude. Die Nutzung als Gastwirtschaft ist nicht ungewöhnlich; nahezu jedes Dorf verfügte über eine „Taferne"; der Wirt war gleichzeitig Bauer. Für den Heilmeierhof ist diese Art der Nutzung für die Entstehungszeit quellenmäßig nicht belegt. Der Überlieferung nach diente im 19. Jh. die Stube als Gastzimmer, die Diele im Obergeschoss wurde als Tanzboden benutzt und im Dachboden befand sich die Kegelbahn.

Der 1770 bezeichnete, eintennige Stadel wurde aus Blindenhaselbach (Gde. Neumarkt-St. Veit, Lkr. Mühldorf) übertragen; er ist ein Ständerbau mit Bundwerk. Der Wagenschupfen mit Getreidekasten stammt aus Trauterfing (Gde. Vilsbiburg, Lkr. Landshut) und wurde im 18. Jh. errichtet. Eine Außentreppe führt zum Bretterschrot vor dem Getreidekasten im ersten Stock; es handelt sich um einen geständerten Blockbau mit offenem Bundwerk. Das Nebengebäude, das hier ein Austraghäusel verkörpert, stand ur-

sprünglich in Winhöring (Lkr. Altötting); es trägt über der Haustür die Datierung 1728. Das zweigeschossige Haus ist z. T. in Blockbauweise, z. T. in Ständerbauweise errichtet.

Lit.: Martin Ortmeier: Ein Bauernhofmuseum für Niederbayern. Freilichtmuseum Massing, Passau 2001, S. 40–45.

7.3.4
Die „Marxensölde"

Modell: Georg Kaukal
Original: Freilichtmuseum Massing

Die Marxensölde stammt aus Seemannshausen, Gde. Gangkofen (Lkr. Rottal-Inn). Eine Inschrift über der Schrottür datiert den Bau in das Jahr 1812. Vom Vorgängerbau wurden Balken verwendet; überraschend sind die Ziegelmauern im Erdgeschoß; die Ziegel dürften vom Kloster Seemannshausen stammen, das nach der Säkularisation teilweise abgebrochen wurde und billiges Baumaterial lieferte. Die Marxensölde verkörpert den Typus des Mittertennhauses. Unter einem Dach liegen Wohnräume, Stadel und Stall. Der

7.3.5

Grundriss zeigt sich horizontal klar ge-gliedert. Die Tenne trennt die beiden Nutzungsbereiche. Von der Tenne aus betritt man die Flez, die parallel zur Tenne geführt wird; längsseitig sind Stube und Kuchl gereiht. Das Obergeschoss war ursprünglich zur Gänze in Blockbauweise errichtet. Das flache Dach war mit Legschindeln gedeckt. Die Marxensölde gehörte bis 1803 dem Kloster Seemannshausen. Sie war immer ein Kleinbauernanwesen, dessen Grundbesitz bei ungefähr 7 ha (20,5 Tagwerk) lag.

Lit.: Martin Ortmeier: Ein Bauernhofmuseum für Niederbayern. Freilichtmuseum Massing, Passau 2001, S. 46–53.

7.3.5
Das „Freilingerhäusl"

Modell: Georg Kaukal

Original: Freilichtmuseum Massing

Das Austragshaus stammt von einem großen Hof in Freiling (Gde. Wurmannsquick, Lkr. Rottal-Inn). Es zählt zu den ältesten erhaltenen Bauernhäusern in der Region Rottal-Inn. Durch dendrochronologischen Befund und durch eine Inschrift kann das Obergeschoss auf das Jahr 1611 datiert werden. Vom Typus her

handelt es sich um ein so genanntes Seitenflurhaus (Eckfletzhaus). Es ist in Kantholzbauweise auf Eichenschwellen errichtet; das Material der Wände sind vierkant behauene Fichtenbalken. Die Deckenbalken sind an der Giebelseite über die Blockwand vorgezogen und tragen einen Stangenschrot vor dem Obergeschoss. Die Fenster wurden mehrfach vergrößert; ursprünglich waren es durch Schubladen verschließbare Fenster. Das flach gedeckte Pfettendach besitzt eine rekonstruierte Legschindeldeckung. Man betritt das Haus giebelseitig; die Flez führt entlang der Traufseite; neben der Flez liegen Stube, Kuchl und Stall hintereinander. In der Küche befindet sich eine offene Herdstelle.

Lit.: Martin Ortmeier: Ein Bauernhofmuseum für Niederbayern. Freilichtmuseum Massing, Passau 2001, S. 39.

7.3.6
Der „Mittermayer-Hof"

Modell: Georg Kaukal

Original: Bauernhausmuseum Amerang

Der Mittermayer-Hof aus Schlicht (Gem. Reichertsheim, Lkr. Mühldorf) ist ein Einfirsthof mit Kniestock; unter einem Dach

sind Wohnbereich, Stall, Tenne und Stadel vereint. Die Flez erschließt den Hof traufseitig, sie verläuft parallel zur Giebelseite. Der Wohnteil war ursprünglich in reiner Blockbauweise ausgeführt. Die Flezwände umschließen den ältesten Bauteil, für den eine Entstehungszeit um 1525 angenommen wird. Links und rechts der Flez liegen Küche und Stube auf der einen, Speis und Kammer auf der anderen Seite; ein schmaler Flur führt von der Flez in den an den Wohntrakt anschließenden Stall. Archivalische Quellen zeigen, dass in den Ställen die verschiedenen Viehstände mit gehobelten Bretterwänden voneinander getrennt waren. Die Viehstände hatten häufig einen Holzboden, der Stallgang konnte mit Mauerziegeln zur besseren Säuberung gepflastert sein; die Stallungen waren die anfälligsten Bauteile, da das Holz von den Ausscheidungen der Tiere ständig angegriffen wurde und ca. alle 20 Jahre erneuert werden musste.

Lit.: Armin Sorge: Das Bauernhausmuseum Amerang des Bezirks Oberbayern, Amerang 1993.

8. Freizeit

Zwar kannte die Vergangenheit bezahlte Urlaubstage nicht, aber die Barockzeit als „Kultur der Feiertage" zählte nicht weniger als 125 Feiertage im Jahr: Zu den 52 Sonntagen kamen in Bayern 19 gebotene und 53 übliche Feiertage hinzu. Bäuerliche Arbeit muss sich bis heute nach den notwendigen Erfordernissen der Viehhaltung und der Witterungsverhältnisse richten. Dass es daher öfter zum Bruch der kirchlicherseits vorgeschriebenen Arbeitsruhe an den Sonn- und Feiertagen kam, ist verständlich, wurde aber trotzdem von öffentlicher Seite geahndet. Auch die Freizeit unterlag der Regelung und Kontrolle durch die Obrigkeit. Verstöße fanden ihren Niederschlag in diversen Protokollen; diese Quellen und barocke Predigttexte eröffnen einen, wenn auch bescheidenen, Zugang zum Freizeitverhalten.

8.1 Wirtshaus

Das Wirtshaus war während der frühen Neuzeit Treffpunkt und Kommunikationszentrum der Dorfgemeinde. Hier traf man sich in der Freizeit, hier kam aber auch die „Gmain" zusammen, wenn es galt, gemeinsame Entscheidungen zu treffen. In Ehehaftordnungen, die den Betrieb des oft dorfeigenen Wirtshauses regelten, wurden bisweilen dem Wirt sogar die Getränke und Speisen vorgeschrieben, die er zu führen hatte. Weltliche und geistliche Obrigkeiten versuchten den Aufenthalt in den Wirtshäusern und den Konsum alkoholischer Getränke einzuschränken. Die Handhabung der Sperrstunde wurde streng kontrolliert: Mit dem Glockenschlag im Sommer um 21 Uhr, im Winter um 20 Uhr – mussten die Gäste ihre Zeche begleichen und das Wirtshaus verlassen. Wer zu späterer Stunde angetroffen wurde, musste mit einer Strafe rechnen, ebenso der Wirt, der die Gäste noch bewirtete oder nicht zum Verlassen der Gaststube aufgefordert hatte. Beim ersten Verstoß erfolgte meist eine Abmahnung, beim zweiten dann schon eine Geldstrafe: „*Treiblmayr, verwittibte wirthin alhir, bis über erlaubte zeit bier ausgeschenkt, wurde dieses dermallen ver-*

wisen mit dem auftrag, daß ihr bei widerumbigen betrettungsfahl die straff nit ausblibe …*". Angezeigt wurde auch, wer in der Öffentlichkeit betrunken war. Hier scheinen nicht nur Männer in den Strafregistern auf, sondern auch Frauen: „*Maria Stempferin wegen ihres in der tafern bei Lorennzen Haidendaller zu Aspach veryebten vollzechen vnnd vngebier mit ernnstlichem verweis vnnd verfigter abstellung.*" Die Protokolle zeigen durch die Häufigkeit der Übertretungen, dass Geldbußen von Wirten anscheinend bereits einkalkuliert wurden.

Lit.: Zitate: Rosmarie Fruhstorfer: Konfliktreicher Alltag – untersucht anhand von Verhörprotokollen der hochgräflich Warttenbergisch/Haslangschen Herrschaft Aspach im Innviertel von 1646 bis 1770 (Passauer Studien zur Volkskunde 12), Passau 1997, S. 72.

8.2 Karten, Würfel, Kegel

Gespielt wurde überall: im Wirtshaus, auf Jahrmärkten, bei der Kirchweih und hinter verschlossenen Türen; grundsätzlich war übermäßiges Spielen der bäuerlichen Bevölkerung verboten: „*Es sol auch den bauern und ihren ehehalten, söhnen, knechten und knaben sonderlich das spilen*

und karten in den tafernen und sonst in den winkeln und anderer ende nit mehr gestattet werden.*" Welche Glücksspiele der einfache Mann betrieb, darüber informiert uns der Jesuitenpater Wolfgang Rauscher in einer seiner Predigten, die sich mit dem Spielteufel beschäftigt: „*… das Paschen mit den Würfflen laß bleiben. Kart etwan mit deines gleichen ein und die ander Maß Bier aus, wers verspielt muß zahlen, so hast gleichwohl auch etwas darvon. Oder kegle etwann umb ein paar pfennig / oder umb einen Kreutzer aufs Höchst. Betrieg nit, fluch nit darbey, so hat kein gescheiter Mann was darwider.*" Der Kampf der Geistlichkeit und der weltlichen Obrigkeit richtete sich gegen das Spielen an geheimen Orten, um zu hohen Einsatz – „*Mancher verspilt auff einen halben Tag mehr / als er die gantze Woche gewonnen*" – und gegen Spielhütten, in denen gewürfelt wurde: „*Dort stehen sie umb ainen runden Tisch herumb … Sie haben zwey / dreyerley Würffel in dem Sack, die ziehen sie herfür, schitlen sie untereinander, blasen in die Hand, schlagen ober / und unter dem Ranfft des Tisch an, stellen sich gantz mundter / und forderen ihre Gegner herauß: ‚wer hat Lust?' wetten auff zwen drey Plätz herumb: ‚Würfft nit sibene, würffz nit fünffe' etc. Und wann sie einen oder mehr*

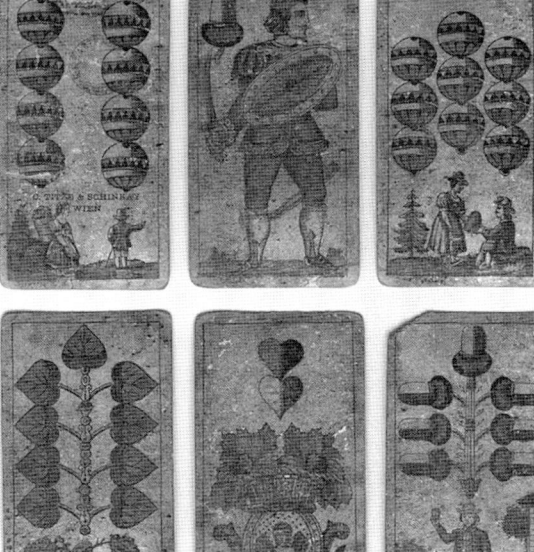

8.2.2

überkommen / die ihnen daran setzen / verloben sie dem Glück haimlich ein schwartze Henn."

Lit.: Zitate: Hubertus Rauscher: Die Barockpredigten des Jesuitenpaters Wolfgang Rauscher in volkskundlicher Sicht, phil. Diss. München 1973.

8.2.1
Lebzelter-Rösselspiel
18. Jh. ?
Gedrechselte Figur, Spieltafel und Würfel; H. des Mannes 24 cm,
Spieltafel 24 × 24 cm
Bezirksmuseum Braunau am Inn,
Inv. Nr. M 111 (Eigentümer: Museumsverein Braunau)

Bei dem Spiel handelt es sich um ein auf Märkten des Oberen Innviertels und des Salzburger Flachgaues von Lebzeltern durchgeführtes Spiel, an dem bis zu sechs Spieler beteiligt sein konnten. Die Spieler setzen auf eine Figur des Spielbrettes und lassen dann der Reihe nach den Würfel durch die Figur ("Turm") auf die Tafel rollen. Bleibt der Würfel auf dem gesetzten Feld liegen und zeigt er auch dieselbe Zahl an, hat der Spieler den eingesetzten Lebkuchen gewonnen und das Spiel ist aus. Kann keiner der Spieler diese Bedingung erfüllen, verfällt der Gegenwert des Lebkuchens dem Lebzelter.

8.2.2
Spielkarten
18. Jh.
Ried, Museum Innviertler Volkskundehaus

8.3 Tanz

Kurfürst Maximilian I., in seinem Bestreben, seine Untertanen zu einem sittlichen Leben zu erziehen, beauftragte seine Beamten in den Pflegämtern auch mit einer rigorosen Überwachung der Tanzveranstaltungen. Zügelloses Tanzen war schon immer ein verdächtiges Vergnügen; nun hatten sich aber bei der bäuerlichen Bevölkerung neue Tanzformen eingeschlichen, die auf Widerstand kirchlicher und weltlicher Obrigkeit stießen: *„… daß vorab bej dem gemainen*

Land, auf dem land vnd sonsten, beim tanzen durch das Paurs Volckh vnd anderwerz örgerliche vnd schändtliche gestus, alle in spiezie mit groben halsen, truckhen, vngeschickhten leichtsinnigen Zusammenlauffen aufheben, halten vns herumbschwingen, firgehn … , welche zur leichtfertigkhait vnd vilen besen vrsach geben … Welche aber hierwider verbrechen vnd sich solcher erger- vnd schändtlicher vngebirn des halsen vnd andern oberzelten nit enthalten wurden, der oder die selben sollen aintweders in stockh alspalden geschlagen oder … mit ander empfindlicher straf zum abschreckhen vnd Exempel wirckhlich angesechen werden." (1625 Oktober 14, Erlass an den Pflegsverwalter von Erding). Der im 17. Jh. begonnene Kampf wurde im 18. Jh. weitergeführt, allerdings nur mit mäßigem Erfolg. Die Prediger wetterten von den Kanzeln; die Vertreter der Obrigkeit griffen strafend ein; aber trotz Androhung himmlischer Strafen und finanzieller Bußzahlungen wollten die Menschen auf ihr Tanzvergnügen nicht verzichten. In manchen Orten kam es zu offenen Auseinandersetzungen zwischen der Bevölkerung und der Obrigkeit oder sogar zwischen weltlicher und geistlicher Obrigkeit: so geschehen 1756 in Bayerbach im Rottal. Anlass für die Auseinandersetzung war ein Tanz, den der Wirt am Osterdienstag ausrichtete. Der neue Pfarrvikar kam in das Wirthaus, um dagegen einzuschreiten, und ging dabei handgreiflich – *„bay sich habent spänischen Rohr"* – gegen die Wirtsleute vor. Der Wirt richtete sogleich ein Schreiben an den Verwalter der Hofmarksherrschaft, da er in dem Vorgehen des Geistlichen eine Kompetenzüberschreitung sah. Geschickt führte er als weiteres Argument ins Treffen, dass der Hofmarksherr ja von den Tänzen profitiere, da er ja vom Wirt *„Danzgelt"* erhalte. Es ging hier auch um die Einhaltung des Tanzverbotes zu bestimmten Zeiten im Jahr: Verboten waren Tanzveranstaltungen in der Advent- und Weihnachtszeit – der 25. November (Fest der hl. Katharina) war der letzte mögliche Termin –, in der Fastenzeit (Aschermittwoch bis Ostermontag), zu Pfingsten, im Hochsommer während der Ernte (1. Juni–8. September); ferner galt Tanzverbot an Fasttagen, Marienfeiertagen, zu Betstunden und

Beichtzeiten und an Sterbetagen hochgestellter Persönlichkeiten.

Lit.: Walter Hartinger: Dem Pfarrer zum Trotz – Tanz am Osterdienstag, Bayerbach im Rottal 1756, in: Der Storchenturm 24 (1989), S. 114–124.

8.3.1
Kropfkette
Silber, L. 33 cm, B. 6,5 cm
Ried, Museum Innviertler Volkskundehaus, Inv. Nr. 1254

8.3.2
Hornlöffel mit brennenden Herzen
Horn, L. 22 cm
Ried, Museum Innviertler Volkskundehaus, Inv. Nr. 9674

8.4 Gezänk und Auflauf

Die Verhör- und Gerichtsprotokolle lassen ein Bild dörflichen Gemeinschaftslebens entstehen, das von Gewalt geprägt war. Wollte der Pfarrer, wie im Fall von Bayerbach, seinen Willen durchsetzen, so nahm er gleich das spanische Rohr mit und griff damit die Wirtsleute tätlich an. Aus einem unbedachten Wort, einem Wortgeplänkel entwickelte sich schnell eine handgreifliche Auseinandersetzung, die mit Ohrfeigen, Haarraufen, Fausthieben begann und manchmal mit dem Messer endete. Raufereien im Wirtshaus waren an der Tagesordnung. Exzessiver Alkoholkonsum senkte die Hemmschwelle. Auslöser waren oft „Iniurien" – also Beschimpfungen, die die Ehre des Angegriffenen verletzten – Streitereien beim Kartenspiel oder Uneinigkeiten bei Diskussionen. Mehr als 70 % der von Fruhstorfer erfassten Händel in den Protokollen der Herrschaft Aspach fanden im Wirtshaus statt; besonders „gefährlich" war der Schritt vor die Tür zum Wasserlassen: *„ … vnnd cleger ungeuer um 8. uhr nachts seiner nottdurft nach, vor das bemeldte wirtshaus hinauskhommen, sey beclagter von der hof tafern allda auch zu ime khommen mit vermelden, du schergenjeger: er sei so guett nit alls beclagter, worüber dann beclagter gleich auf den cleger mit bloßem messern vnnd weidtmesser auf leib vnnd leben gangen, wie er dann ihme am rechten arm next dem Öllenpogen gleich*

*ainen painschrettigen schaden zuegefiegt,
vnnd am linkhen arm ganz plau, mit der
fläch des waidtmessers zerschlagen, weillen nun zubesorgen, daß cleger ganz ver-
krumbt, vnnd große gefahr vor augen, …".*

Lit.: Rosmarie Fruhstorfer: Konfliktreicher Alltag – untersucht anhand von Verhörprotokollen der hochgräflich Warttenbergisch/Haslang-
schen Herrschaft Aspach im Innviertel von
1646 bis 1770 (Passauer Studien zur Volkskunde 12), Passau 1997.

8.4.1
Raufwerkzeuge

Knochen, Leder, Blei
Ried, Museum Innviertler Volkskundehaus, Inv. Nrn. 438, 444, 454, 456, 457

8.5 Innviertler Zechen

Mit dem Begriff ländlicher Freizeitgestal-
tung war im Innviertel bis nach dem
Zweiten Weltkrieg das Phänomen der
„Zeche" eng verknüpft. Dort waren bis in
die Siebzigerjahre die Bauernsöhne in so
genannten Zechen organisiert. Alle Aktivitäten wurden gemeinsam unternommen, ausgefeilte Regeln sorgten dafür,
dass der Zusammenhalt nach bestimmten Regeln gewahrt blieb. Mitglieder waren nur männliche Jugendliche ab ca.
16 Jahre. Der Zeche stand ein Zechmeister vor, der die Burschen beauf-
sichtigte und ihnen den Landla bei-
brachte. Bei Hochzeiten und Kirtagen
hatte jede Zeche beim Wirt einen eigenen Zechtisch. Die Regeln, denen sich
die Zechmitglieder unterwarfen, wurden
mündlich tradiert. Die ältesten Aufzeichnungen stammen vom Beginn des
20. Jhs. Das Aushängeschild jeder Zeche
war ihr individuell entwickelter Innviertler Landla. Der Landla wurde nach der
„Eicht" gelernt, in der genau die einzelnen Schrittfolgen und Aktionen der Burschen beim Tanz festgelegt wurden. Es
konnte bis zu einem Jahr dauern, bis
ein Neuaufgenommener den Tanz beherrschte. Meist einmal in der Woche trafen sich die Zechmitglieder auf irgend-
einem Bauernhof. In der „Stubn" wurde
dann meistens getanzt. Die Musik wurde
von den Zechmitgliedern selbst gemacht.
Neben dem Tanz gab es auch noch Spiele
wie „Stockschlagen", „Fußhackln", „Fin-
gerhackln" usw.

Die Wurzeln dieser Burschenkameradschaften reichen in das 17. Jh. zurück; es
gibt allerdings keine schriftlichen Unterlagen über Entstehen, Verbreitung und
Organisation. Ihre typische Ausprägung
verdanken sie dem 19. Jh. Eine grundlegende Analyse dieses Phänomens durch
Antonie Prankl erarbeitete das Entstehen
und die Bedeutung dieser Einrichtung
für das Funktionieren der ländlichen Gesellschaft: „… die Innviertler Zechen [re-
flektieren] ländlich-bäuerliches Standes-
denken. So legte die Öffentlichkeit Wert
auf ‚anständige' Beziehungen zwischen
Burschen und Mädchen. Dem entsprach
die Zeche in aller Form. Daraus kann jedoch nicht abgeleitet werden, sie habe
das Liebesleben (im Sinne der Altersklasse) geregelt. Denn eine landläufige
Doppelmoral leistete der sexuellen Frei-
zügigkeit Vorschub, wenn sie im Verborgenen blieb. Und kein kultischer Bund
mit der Natur verpflichtete die Zechburschen zum Brauchtum. Die Gesellschaft
brauchte Bräuche, solange andere Möglichkeiten fehlten, die arbeitsfreie Zeit
unterhaltsamer, vergnüglicher zu gestalten. So stünde allein die Prämisse, nur
Ledige aufzunehmen, zur Verfügung, um
die Zeche als Relikt und Altersklasse zu
interpretieren. Diese gewaltsame Zusam-
menschau aber lässt außer Acht, dass soziale, ökonomische und kulturelle Gegebenheiten aufeinander reagieren und
einen ständigen Wandel bewirken – auch
in der Gruppenkultur.

Denn erst die Symbiose mit der Dorfgemeinschaft, die Trennung von Burschen
und Mädchen, die Männlichkeits-Ideolo-
gie hatten die Zeche ermöglicht und getragen. Sie war die Konsequenz einer
gesellschaftlichen Ordnung, der sich die
Ledigen eingliedern und anpassen mussten. Nach den Richtlinien von Sitte und
Brauch erprobte die Zeche die Sozial-
fähigkeit ihrer Mitglieder, sie übte die
Balance von Geben und Nehmen, die
Konformität, die Anerkennung eines

Wertesystems, das den Vorrang des Mannes absicherte. Vom Heranwachsenden
verlangte sie Nachweise seiner Männlich-
keit, Muskelstärke also, Härte, Schneid.
All das befähigte die Burschen, im Zusammenspiel mit den Mädchen auf das
Recht der Stärkeren zu pochen, Formen
des Umgangs zu diktieren sowie in Un-
terwerfungsritualen Gefügigkeit und Gehorsam zu erzwingen. So selbstherrlich
durfte die Zeche aber nur vor den Mädchen auftreten. In der Dorfhierarchie jedoch gehörten auch die Burschen zu den
Ohnmächtigen und Abhängigen. Der
kollektive Druck äußerte sich vor allem
darin, dass sie nur in der Gruppe eine gewisse Freiheit besaßen, sich auszuleben.
Demnach führte nicht ein spezifisch
„männlicher" Antrieb die Burschen zusammen, sondern die Unmöglichkeit, die
arbeitsfreie Zeit anders als mit ledigen
Geschlechtsgenossen zu verbringen. Dieser Umstand und die Integrationskraft
des Landla förderten Männerbündelei in
mancherlei Schattierungen.

Zechburschen schufen eine Freizeitkultur,
die rauhe, erotische, infantile, eintönige,
abenteuerliche und musische Spielfor-
men hervorbrachte. Eine jedoch übertraf die anderen bei weitem: der Zechen-
landla. Dieses ländliche Gesamtkunst-
werk grenzt die Innviertler Zechen klar
von den bayrischen Tafel- und Tanzge-
sellschaften der Ledigen ab, die sich
auch Zechen genannt haben. Unübersehbar verbindet sie der Wirtshausbrauch:
Musik, Tanz und geordnete Zecherei, das
Zusammenzahlen. …" (zitiert nach Antonie Prankl: Die Innviertler Zechen.
Von Burschenkameradschaften, Bräuchen und ländlicher Geselligkeit, München 1991, S. 243 f.).

Die Zahl der Innviertler Zechen nahm in
der 1. Hälfte des 20. Jhs. ständig ab, bis
jene sich in der traditionellen Form in
den 50er und 60er Jahren völlig auf-
lösten. Veränderungen in der ländlichen
Wirtschaftsform, ein wachsendes Angebot am Freizeitsektor, neue Mobilität ver-
setzten den Burschenschaften den Todes-
stoß. Erhalten blieb ein Minimum an
Landla-Tradition.

9. Ängste

9.1 *Hilf der Heiligen*

9.1.1
Pestkapelle in Weng
Rekonstruktion der Ausstattung
Weng, Heimathaus

1650 wurde in Weng zum Andenken an die bei den Pestepidemien 1516 und 1634 verstorbenen Pfarrkinder 1650 eine Kapelle errichtet. 1714 wütete in Weng wiederum die Pest. Der Spanische Erbfolgekrieg war mit dem Frieden von Rastatt eben zu Ende gegangen, als die Pest im Raum zwischen Rott und Inn ausbrach. Trotz aller Versuche der Behörden, die Ausbreitung der Seuche durch rigorose Sperren der betroffenen Gebiete zu verhindern, breitete sie sich rasch aus und entvölkerte ganze Landstriche. In diesen Zeiten wurden besonders die „Pestheiligen" Sebastian, Rochus und Theresia angerufen.

9.1.2
Hl. Leonhard
Oberösterreich, 1. Hälfte 18. Jh.
Holz, gefasst, H. 70 cm
Linz, OÖ Landesmuseum, F 15. 075

Bis ins 20. Jh. hinein war der hl. Leonhard in Bayern der beliebteste Volksheilige. Er wurde seit dem Mittelalter als Gefangenenbefreier, Geburtshelfer und als Beschützer des Viehs angerufen. Der fränkische Mönch Leonhard, Gründer des Klosters Noblac in Südfrankreich, starb Ende des 6. Jhs. Die Legende erzählt, dass sein Gebet der Frau eines merowingischen Königs, die während eines Jagdausflugs von den Wehen überrascht wurde, zu einer glücklichen Geburt verhalf. Zum Dank dafür durfte er Gefangene befreien. Deren Ketten wurden zum Attribut des Heiligen und im 16. Jh. in Viehketten umgedeutet. Im 12. Jh. wurde in Bayern die erste ihm geweihte Kirche errichtet. In Niederbayern verbreitete sich der Kult von Aigen am Inn aus. Bis ins 20. Jh. gab es in Niederbayern und dem Innviertel mehr als 40 Orte, wo der Heilige verehrt wurde. Für seinen Kult typisch sind die Eisenopfer in Form von Identifikationsopfern,

d. h. in Nachbildungen der Hilfe suchenden Person, eines Körperteiles, eines Werkzeuges oder Tieres. Durch die Opferung wird das Votiv des göttlichen Segens und der göttlichen Kraft teilhaftig. Der Verkauf oder Verleih der Eisenvotive war geregelt; in Aigen am Inn lieh der Bauer die Votive gegen Entgelt aus, wanderte in der Reihe der Gläubigen um den Altar und warf die Votive, deren Zahl meist der Anzahl seines Viehbestandes entsprach, dann wieder in einen Korb. Der Erlös kam der Kirche zugute.

Lit.: Ausst.-Kat. „Oh bayerischer Herrgott hilf". Bäuerliche Nöte im Spiegel des Eisenvotiv-Kultes (Schriften des Niederbayerischen Landwirtschaftsmuseums 4), Regen 1991

9.1.3
Würdinger
Eisen, H. 40–78 cm
Aigen am Inn, Wallfahrtskirche St. Leonhard

Eine Besonderheit des Leonhardikultes in Niederbayern ist der Heberitus. Schwere kultische Eisenfiguren – so genannte Leonhardsklötze oder „Würdinger" – werden von den Burschen am Festtag des Heiligen *„geschutzt"* (gehoben). Ursprünglich war dieser Ritus ein Übergangsritus vom Jünglingsalter ins heiratsfähige Mannesalter. In Aigen am Inn befanden sich ursprünglich sechs solcher Eisenvotive. Die größte Figur, der *„Würdinger"* oder *„Männer-Lienel"*, wiegt 145,5 kg, der *„Weiber-Lienel"* 49,5 kg, der *„Ranagel"* 36 kg, der *„Gwandzerreisser"* 49,5 kg, das *„Kolmännl"* 28,5 kg und das kleinste Votiv, das Fatschenkind, 6,5 kg.

9.2 Volksmedizin

Hilflos stand der Mensch in der Vergangenheit vielfältigen Krankheiten gegenüber; Epidemien und Seuchen bedrohten ständig sein Leben. Hatte ein Kind die gefahrvollen ersten Lebensmonate überstanden, so mussten die Eltern nun Kinderkrankheiten fürchten; gegen Scharlach, Masern oder Pocken gab es keine Hilfe. Schlechte Ernährung führte zu Mangelkrankheiten. Wissenschaftlich

ausgebildete Ärzte gab es nur in den Städten; sie spielten bei der Betreuung der Masse der Bevölkerung keine Rolle. In den Dörfern gab es höchstens einen Bader. Man half sich mit alten überlieferten Rezepten und stellte Mixturen aus diversen Kräutern und oft höchst verdächtigen Substanzen her. Selbst in Barockpredigten wie z. B. in Andreas Strobls Predigtsammlung „Geistlicher Artzney= Schatz" finden sich solche alten probaten Heilmittel. Gefährlich war auch die Arbeit auf dem Lande. Zahllose Votivtafeln in den Wallfahrtsorten geben beredtes Zeugnis davon ab.

Für den Bauern war natürlich der Erhalt der eigenen Gesundheit und der seiner Familie wichtig, manchmal scheint ihm aber die Gesundheit seines Viehs noch mehr am Herzen gelegen zu sein. Ein alter Bauernspruch lautet: *„S' Weibersterb'n bringt koa Verderb'n – Aber's Roßverecka kann an Bauern schrecka."* Und so wundert es nicht, dass auf einem Bauernhof in Vorrathing ein handgeschriebenes Büchlein mit Rezepten gegen Tierkrankheiten aus dem 17. Jh. gefunden wurde.

Lit.: Willi Merklein: „Sinnreiche Concepten und bewehrte Artzney-Mittel". Volksheilkunde in den Barockpredigten Andreas Strobls, in: Das Mühlrad 12 (1965–67) 232–255 – Alois Stockner: Das „Vieh Büchlein" von Vorrathing. Rezepte eines Tierheilkundebüchleins unserer Heimat aus dem 17. Jahrhundert, in: Oettinger Land 11 (1991) S. 70–89.

9.2.1
„Krebs-Kranckheit"
„Soll gut seyn / wann man einen Todten-Kopff eines Menschen nimmt / selbigen ausdörret / hernach in einem Mörser zu Pulver stosset / mit Oel anfeuchtet / ein Sälblein daraus machet / solches an das schwürige Ort anstreichet." (Merklein)

9.2.2
„Hunds-Biß"
„Cur und Mittel: Knoblauch / so man ihn isset und äußerlich aufleget." (Merklein)

9.2.3
„Läuß zu vertreiben"
„Nimb einen guten Theil Wermuth / und die innere Abschnitz der Pferd-Hufen / welche

die Huf-Schmidt heraus schneiden / wann sie ein Pferd beschlagen wollen / siede diese beyde Stuck in halb Laug und Wasser / stosse dein Hembd darein / und truckne es an dem Lufft / lasse es anderer Gestalt un-ausgewaschen / so kommt dir kein Lauß darein / sie lieffe ehender heraus / als sie hinein käme." (Merklein)

9.2.4
„Melancholey und Traurigkeit"
„Distillierte Hirschzungen-Wasser / offter-mahl ein paar Loth davon getruncken / denn solches widerstehet der Schwehrmütig-keit. Andere liben Burragen-Zucker / Ros-marin-Zucker / Melissen-Zucker / oder das Wasser verordnen von dem Kräutlein Engel-süß. Andere verordnen eingemachte Citro-nen." (Merklein)

9.2.5
„Für den fliegenden Brand"
„Wan ein Vieh den Fliegenden Brand hat, so liegt es auf der Streu und geschwült ihm der Kopf. Nim die weissen rauen Feder-Pflaum-men (= Distelart) die wachsen in den Wis-sen (= Wiesen), so sauer's Gras wächst, haben Lange Stengel, gib's dem Vieh in einem gesalzenem Brod und ziche ihm einen Meell-sack übern den Kopf, daß es aber bey dem Maul ein wenig Luft hat, es hilft gewiß und ist probirt worden. In dieser Krankheit muß ein Vieh auch in 24 Stunden sterben, wan ihm nicht also geholfen wird." (Stock-ner)

9.2.6
„Für die Kröten"
„Wan Krötten im Stall sein, so bisweilen die Kuh aussaugen, so geschwellen ihnen die Euter sehr und geben nicht Milch sondern Blut, dennen schmir man um die Euter mit Butter, so vergehet es ihnen wider; thue her-nach Wagen-Schmir in ein Scherblein und seze es in Stall, so kommt dir keine Krotte hinein, ist aber eine darin, so wandert sye wider heraus, den sye könnens nicht rie-chen." (Stockner)

9.2.7
„Für die Gülb"
„Ist zu erkennen, wan einem Vieh die Haut und die Augen und das Maul gelb ist, so laß ihm Christ-Wurzel (= schwarze Nieswurz) einziehen, das hilft am besten. Du mußt aber die Wurzel zuvor ein wenig in Wein und Essig legen, so zichen sye besser. Wan

mans aber nicht einzichen läßt, so muß man dem Vieh von diser Wurzel eingeben, aber nicht gar eines halben Fingers lang, so vergehet die Gülb und nimmt das Vieh wie-der zu. Die Wurzel soll auch vor im Wein oder Essig gelegt werden, so hat's auch die Craft. Aber einem tragenden Vieh, soll man's nicht eingeben, denn das purgiret gar sehr." (Stockner)

9.2.8
„So ein Vieh übergällig ist"
„Welches ist zu erkennen an ihrem Gang; wann es mit dem hintern Füssen weiter hinein tritt als wo es mit den vordern Füssen hingetretten hat, so hilf ihn also: Nimm Wachholder-Holz und -Beer und brenne sol-ches zu Aschen. Nimb dan so viel sol Aschen wie auch Salz, halb so viel als die Aschen ist, mische es durcheinander und gieb davon dem kranken Vieh einen Löffel voll morgens und abends, so es aber dise Krankheit noch nicht hat, so leg ihm Wermuth-Kraut ins Trennken, so ist es sicher für die Gallsucht." (Stockner)

9.2.9
„So die Küh toll werden"
„Bis Weillen werden die Küh als wan sye toll wären, reissen an den Stangen und halten sich starck, als wan einer mit der Axt vor ihnen stünde und wolte sye todt schlagen, fürchten sich vor dem Stall, zittern und beben darinen, wollen nicht fressen, geben keine Milch, und wan sye los werden, lauf-fen sye davon, alß wan sye toll wären. Disen gib morgens früh Düllen (= Feld-kohl), Knoblauch, Meister-Wurz (= Große Sterndolde) und Wermuth miteinander zer-hackt zu lecken, so wird's besser mit ihnen." (Stockner)

9.3 Aberglaube

Selbst der Kirchenvater Augustinus war von der Macht des Teufels, Menschen zu Übeltaten anzuregen, von Tierverwand-lungen, Wetterzauber und dem bösen Blick überzeugt. Im Mittelalter entstan-den Aberglaubenskataloge, die in Beicht-spiegel und Bußbücher eingingen und die Geistlichkeit im Kampf gegen Aber-glauben, heidnische Riten und im Auf-decken von Bündnissen mit Dämonen und Teufeln unterstützen sollten. Die Barockpredigten überliefern ein breites

Spektrum abergläubischen Handelns und Denkens, zeigen aber auch, dass ihre geistlichen Verfasser sich manchmal nur wenig von ihren ungebildeten „Schäf-chen" unterschieden. Im folgenden kön-nen wegen der Fülle des Materials nur wenige, weit verbreitete Beispiele ange-führt werden.

Lit.: Elfriede Moser-Rath: Dem Kirchenvolk die Leviten gelesen. Alltag im Spiegel süd-deutscher Barockpredigten, Stuttgart 1991, S. 191–220.

9.3.1
„teufflischer Aberglauben"
„Manche haben unterschidliche Aberglau-ben / als zum Exempel / wann die Weiber umb die Kirchen-Stuel greinen und zan-ken / ist ein Zeichen eines Sterbs. Wann ein Storch sein Nest auff den Rauchfang eines Wirthshauß machet / so soll der Wirt lang leben und reich werden. Wann einer auff seinem Rock oder Mantel ein Spinerin fin-det / so ist es ein Zeichen / daß ihme selbi-gen Tag ein sonderbares Glück widerfahren werde. Welches Weib in der Faßnacht vil tantzet und hoch springet / derselben wachst der Flax hoch / und thut wohl gerathen. Wenn einem ein Haaß begegnet / oder über den Weg laufft / ist es ein übles Zeichen / und hat Unglück zuerwarten / damit er aber demselben entgehe / solle er sich dreymal dahin kehren / wo er herkommen / alsdann hat es sich nichts zu befürchten." (Moser-Rath, S. 195)

9.3.2
„Hülff vom Teuffel"
„… da gebrauchet man allerhand unge-reimte Wörter / Zieffer und Buchstaben / Bänder / Knöpff / Gürtel / Ring und Spiegel etc. da muß ein altes Teuffels-Mütterlein herbey kommen und ihre Ansprechung ver-richten / welche ebenso kräfftig ist den Teu-fel aus der Höllen / als die Kranckheit aus dem Leib zu vertreiben: da haltet man weit mehrer / da glaubet man weit fester auf sol-che Roß-Cur / Wagen-Schmirb und Gabel-Salben … Manche alte Gabelfahrerin zu Vertreibung des Krampffs brauchen einen Ring / so auß dem Glied einer Galgen-Ketten ohne Feur in einer gewissen H. Nacht geschmidet wird … Hat einer Zähn-Schmertzen / so verordnen sie / man solle von dem Galgen einen Splitter herabschnei-den und die Zähn damit stieren …" (Moser-Rath, S. 202)

9.3.3
„feurige Männer"

„… *ob es wahre (wie man insgemein zu sagen pflegt) feurige Männer in den Lüfften abgebe / welche da und dort denen reisigen Wanders-Leuthen bey der Nacht auf den irrsamen Wegen und Strassen / in denen weiten Feldern und Wälderen / in morastigen Wasseren und Pützen mit grossem Liecht erscheinen / ihnen bald vor / bald nachgehen / bald auf diese / bald auf jener Seiten zufliegen / ja so gar auf die Pferd hinauf sitzen / und die Reitenden erschrecken … teufflische Gespenster und Irr-Geister seynd / welche manche raisende Persohnen mit ihrem verblenderischen Irr-Liecht in tieffe Sumpften / Pfitzen / und Gräben hinein führen / daß sie darinn umb Leib und Leben kommen / massen solches die öfftere Experientz erweiset. …"* (Moser-Rath, S. 210)

9.3.4
Hexensabbat

„… *und wenig Tag hernach mit Verwilligung des Satans sich samt dem Mann auf einen Gaißbock gesetzt und zu solcher lustigen Gesellschafft abmarchiret : allwo sich der Baur nicht genug kunte verwundern über dieses so herrliche Jubel-Fest; forderist aber hat ihm gefallen das häuffige Auftragen der stattlichen Speisen / wie nun alle insgesamt zur Tafel gesessen / also war der Bauer fast der erst in der Schüssel / indem ihm aber die Speisen gar zu ungesaltzen vorkommen / also begehrte er nicht nur einmahl / sondern öffters / und zwar mit einem verdrießlichen Geschrey ein Saltz / so ihm endlich durch einen Bedienten vorgesetzt worden. Wie solches der Bauer erblicket / sagt er vor lauter Freuden: Gott seye Lob und Danck / daß nur einmal ein Saltz vorhanden. Kaum daß er solches ausgeredt / da ist alles augenblicklich verschwunden / und der arme Tropff gantz allein im Hembd in der Finstern gesessen."* (Moser-Rath, S. 216)

9.3.5
Bockhochzeit

„*Diß alles ist an S. Joannes-Nacht vorbey gangen / wo ich mich / als eine Braut / zum Bock versprochen / und der Wälsche mein Brautführer war. Als wir bald wider auf obbemeldten Platz bey eitler Nacht zusammen kommen / habe ich mit dem Bock gar Hochzeit gehalten / der aber zuvor von mir einen Haar-Krantz begehrt / welchen der Wäl-*

sche aus denen mir eilends abgeschnittenen Haar-Locken geflochten / und dem Bock aufgesetzet: Also wurde ich / leider! dem Teuffel vermählt / der mich dann gleich in das nächste Gesträuß verführt / und jämmerlich mißbrauchet. Darauf gienge die Mahlzeit und der Tantz an / darvon kam ich aber gantz heißhungerig nach Hauß / als hätte ich lauter Lufft hinein geschluckt. Zu diesem Muth kam ich nachmals alle Wochen zweymal / am Mittwoch und am Freytag. Insgemein nennet mans Hexen-Täntz / sie aber nennen eine solche Versammlung / wochentlich zweymal / Generale Capitulum, ein General-Capitel / wo sich allzeit über 60 eingestellt; wie offt ich darbey gewesen / könnt ich nicht zehlen / weil solche unendlich offt darbey geschehen …" (Moser-Rath, S. 217)

9.3.6
Milch- und Wetterhexen

„*Aber wohl tausendmahl war bleibt es / daß die mehriste Schaur-Wetter … von bösen Hexen-Leuten in dem obern Lufft-Kreyß hergebracht und ausgemacht werden. Kan der höllische Fuhrmann / der Teuffel / sein liebes Hexen-Gesind / in hohen Lüfften herumführen / so können böse Zaubers-Leut / als des Teuffels Instrument und Werckzeug allerhand wider die Natur-laufende Hagel-Wetter / fein geschwind und bald in ihrem gerührten Häfelein aufkochen / und mit härtisten Steinen anderen zum Schaden von sich aus- und herabwerfen … Darumen hört und sieht man / wie manchen guten Weib / die etwan ein saugendes Kind hat / von solchen verteuffelten Menschen die Gespinn gähling genommen wird / daß sie das Kind nicht kan säugen. Man sieht und hört / wie manche Kuh verzaubert wird / daß sie kein Milch kan geben / oder daß man die Milch nicht kan schlagen und zu Butter machen …"* (Moser-Rath, S. 214 f)

9.3.7
Schadenzauber

„… *daß die Zauberer und Hexen-Leut unter andern Zauber-Stücklein / mit denen sie den Menschen schaden / auch dieses haben: sie machen ihnen eine wächserne Bildnuß oder Contrafet eines gewissen Menschen / welchem sie schaden wollen / und dieses Bild stechen / hauen / schiessen / sie hernach / mit diesem Zauberischen Effect / daß alles was dem Contrafet geschicht / der Mensch selber an dem Leib empfinden muß."* (Moser-Rath, S. 215)

9.3.8
Die „Zauberbuben"

Am 6. Juli 1699 wurden vom kurfürstlichen Pfleggericht Neuötting sieben Personen nach Burghausen in das Gefängnis auf der Burg überstellt: Thomas Dächser, Hans Dächser, Mariedl Dächser, Matthias Riedl, Bartholome Schickl und Geörgl Kühsteiner von Marienberg. Parallel zu diesem Prozess liefen ein Begleitprozess in Braunau und Nachfolgeprozesse in Burghausen. Alle Angeklagten waren Jugendliche; unter den insgesamt zwölf namentlich genannten Angeklagten war nur ein Mädchen. Es war eine Bande bettelnder Jugendlicher, die durch die Gegend streifte. Auffällig geworden, wurde sie nun der Zauberei beschuldigt. Auf Grund erhaltener Rechnungsbücher lassen sich Verhöre, Prozess und Urteil rekonstruieren. Schläge mit Hasel- und Birkenruten, die vorher in Heiligdreikönigwasser getaucht wurden, sollten Geständnisse erzwingen. Den meist Verdächtigen beschmierte man mit Schweinekot. In Burghausen werden zwei der sieben Angeklagten enthauptet, in Braunau vier von fünf. Ihre Leichen wurden verbrannt, die Asche vergraben.

Lit.: Johann Dorner: Der Burghauser Hexenbubenprozeß von 1699/1700, in: Oettinger Land 9 (1989) S. 52–61 – Ders.: Der Braunauer Hexenbubenprozeß der Jahre 1699/1700, in: Der Bundschuh 3 (2000) S. 28–33.

9.3.9
Der Fall Walburga Piller

Walburga Piller, Tagwerkerin in Dingolfing, und ihren beiden Söhnen Hans und Gabriel wurde 1715 der Prozess gemacht: … *inhalt der getanen peinlichen Aussag und Bekenntnis und ausgestandener Tortur auf die Hexentänze und sonsten um Schmalz und anders mit Beihilf des Teufels ausgefahren, mit dem bösen Feind einen ausdrücklichen Pakt, Verbündnis und Gemeinschaft gehabt … den Teufel sich mit Leib und Seel völlig ergeben, ja sogar ihre eigenen zwei Kinder dem Teufel verschworen und geschenkt und von dem mit ihrem Blut in ein schwarze Buch einschreiben lassen, also in der Hexerei und zu diesem Laster so schändlich verführt, demselben völlig gewidmet und anstatt deren gegen dem leidigen Satan die Verleugnung Gottes und aller Heiligen abgelegt, wie nichtweniger mit dem bösen Feind wenigst zum Teil durch Antasten und dergleichen unzüchtige Gemeinschaft gepflogen und was dergleichen mehr … auch Wetter gemacht, daß es geblitzt und gedonnert … Walburga Piller* wurde enthauptet; ihre Söhne wegen ihres jugendlichen Alters – der eine war 12 Jahre, der andere 9 Jahre alt – nur ausgepeitscht und unter „Kuratel" gestellt.

Lit.: Fritz Markmiller: Verhandlungen über Hexen- und Zauberwesen im Pfleggericht Dingolfing. Nach Unterlagen des 15. bis 18. Jahrhunderts, in: Der Storchenturm 5 (1970) S. 67–70.

9.3.10
Der Spuk in der Höllschmiede zu Mühldorf am Inn

Das Opfer war die 16-jährige Kindsdirn Maria Pauerin. Im Auftrag ihrer Dienstherrin holte sie von den Kapuzinern in Mühldorf „etwas Geweihtes" – vermutlich Weihrauch und Ablasspfennige –, um diese in die Federbetten zu vernähen. Solchen Dingen wurden Abwehrkräfte zugeschrieben. Kaum war dies geschehen, begann es in den Räumen des Hauses zu rumoren; Kastentüren öffneten sich, Steine flogen durch die Luft. Ein Kapuziner sollte dem Spuk ein Ende setzen; aber das Gegenteil trat ein: nun flogen auch die Werkzeuge der Schmiede durch die Luft: Schmiedehämmer, Kugeln, Gewichte, Beschlagzeug usw. Darauf verließen alle fluchtartig das Haus. Der Spuk war zu Ende. Betrat die Kindsmagd wieder das Haus, ging alles von Neuem los. Dieser wurden Furchtlosigkeit, loses Mundwerk und blühende Phantasie zum Verhängnis. Im Prozess erzählte sie von einem Wiedergänger, der im Haus spuke und der dann erlöst werde, wenn sie eine Wallfahrt unternehme. Man schickte sie aber nicht auf die Wallfahrt, sondern der Prozess weitet sich aus: Die Mutter der Beklagten wird verhört; sie bezichtigt eine dritte Person; diese habe ihre Tochter gleichsam dämonisch angesteckt. Die Verfolgung zog immer weitere Kreise. Am 6. Oktober 1750 wurde Maria Pauerin hingerichtet.

Lit.: Fritz Byloff: Die letzten Zaubereiprozesse in Mühldorf und Landshut, in: Zeitschrift für bayerische Landesgeschichte 11 (1938) S. 427–444.

9.4 Wallfahrten

Es entspringt dem Grundbedürfnis des Menschen, sich in Situationen der Not Hilfe suchend an ein höheres Wesen zu wenden. Der Gläubige sucht dann einen bestimmten Ort auf in der Hoffnung, dass dort die Gnade Gottes direkt oder durch Vermittlung Mariens, Christi oder eines Heiligen besonders wirksam sei. Die Vermittler sind Gnadenbilder, denen besondere Fähigkeiten zugeschrieben werden. Durch Opfer versucht man die Kraft der Gebete zu verstärken. Man versucht einen Handel mit dem göttlichen Wesen einzugehen: für den glücklichen Ausgang verspricht man eine Messe oder ein Pfund Wachs oder ein Votivbild usw.; in Gefahr „verlobt" man sich an einen bestimmten Ort. Vom Wallfahrtsort nahm man dann ein „Andenken" mit; so wollte man die Wirkkraft des Ortes möglichst lang bewahren. Wallfahren hatte aber noch einen anderen Aspekt: Es besaß eine starke soziale und kulturelle Dimension. Die Heiligenfeste brachten für die bäuerliche Bevölkerung eine Unterbrechung des harten Arbeitsjahres, waren mit Wirtsbuden, Marktständen und anderen Lustbarkeiten eine willkommene Abwechslung. Wenn man den Aufklärern in ihren Schmähschriften gegen Wallfahren Glauben schenken darf, so waren 30–40 Tage im Jahr von Wallfahrten und anderen religiösen Festen „blockiert".

Lit.: Franz Mader: Wallfahrten im Bistum Passau, München 1984.

9.4.1
Das Entstehen einer Wallfahrt: Maria Brünnl
Thomas Amplatz, 1666
Heilig Blut, Pfarrarchiv

Am 30. September 1661 entdeckte der Landshuter Riemer Thomas Amplatz in der Hofmark Berg ob Landshut eine Quelle. Vier Wochen später stellte er eine Kreuzsäule auf, an die er eine Kopie des Gnadenbildes Maria Hilf in Passau heftete. Die neue Andachtsstätte erfreute sich zunehmender Beliebtheit unter der Bevölkerung; zunächst wurden Quelle und Säule mit einem Zelt überdacht, dann errichtete man eine hölzerne Kapelle. Amplatz sorgte dafür, dass der Ort bekannt wurde. Als Kurfürst Ferdinand

Maria im April 1663 auf dem Weg nach Altötting durch Landshut kam, besuchte er auch Maria Brünnl. Der Kurfürst und sein Gefolge tranken aus einem goldenen Becher das Quellwasser, dem bereits Heilkraft zugeschrieben wurde. 1666 erbaute man eine steinerne Kapelle. 1719 ließ der Pfarrvikar von Heilig Blut Georg Christoph Pexenfelder den Bau der heutigen Kirche ausführen. Zu dieser Zeit waren bereits zahlreiche Legenden über Wunderheilungen im Umlauf. Der Stifter Thomas Amplatz war in Vergessenheit geraten. Die Geschichte der Entstehung hatte er in einer bebilderten Chronik festgehalten.

Lit.: Hans Bleibrunner: Niederbayern. Kulturgeschichte des bayerischen Unterlandes in zwei Bänden, Landshut 1979, Bd. 2, S. 78 (mit Abb.).

9.4.2
Altötting: Heilige Kapelle

Seit 500 Jahren ist Altötting der Wallfahrtsort Bayerns schlechthin. 788 wurde Altötting karolingisches Krongut. Der Altarraum der heutigen „Heiligen Kapelle" wird erstmals 877 als Pfalzkapelle urkundlich erwähnt, stand zu diesem Zeitpunkt vermutlich aber bereits 100 Jahre. Das Gnadenbild ist die gefasste Lindenholzfigur einer stehenden Muttergottes mit dem Jesuskind auf dem linken Arm. Kerzenrauch und Oxydation des silbernen Untergrundes der Bemalung haben

9.4.2

ihr das schwarze Aussehen verliehen. 1489 begründeten zwei Wunder das Aufblühen der Wallfahrt: Ein ertrunkener Knabe wurde wieder lebendig, als ihn die Mutter auf den Altar legte, und ein anderer Knabe, der vom Ross seines Vaters erdrückt worden war, war am nächsten Tag wieder gesund. Ab 1493 setzen die Wallfahrten aus ganz Bayern ein: Wallfahrtszüge kommen aus Landshut, Straubing, Burghausen, München. Kurfürst Maximilian I. hinterlegte eine mit eigenem Blut geschriebene Weiheformel an Maria; auf ihn geht der Titel „Patrona Bavariae" zurück. 19 Herzen der Wittelsbacher werden in der Gnadenkapelle aufbewahrt. Im Langhaus und im Kapellenumgang zeugen noch heute über 2000 Votivtafeln vom Vertrauen der Bevölkerung auf die Fürsprache Mariens.

9.4.3
Bogenberg

Auf einem Felsen steil über der Donau nordöstlich von Straubing liegt die Marienwallfahrtskirche. Der Legende nach kam 1104 ein steinernes Gnadenbild aufrecht stehend Donau aufwärts geschwommen und landete am so genannten Marienstein. Graf Albert I. von Bogen barg das Gnadenbild und stellte es in seiner Schlosskapelle auf. Das heutige Gotteshaus wurde 1463 vollendet. Im Dreißigjährigen Krieg erlitt es 1633 und 1648 schwere Schäden. Das Gnadenbild, um 1400 entstanden, zählt zum Typus der „mater gravida", der „Maria in der Hoffnung": Maria hält beide Hände schützend über ihren gesegneten Leib; in der eingeschnittenen Öffnung ruht das ungeborene Jesuskind. Maria trägt einen roten Rock und darüber einen mit Ähren bestickten blauen Mantel. Zu bestimmten Zeiten wird das Gnadenbild noch in einen Stoffmantel gehüllt. Das vermutlich ursprüngliche Gnadenbild, eine romanische Muttergottes mit dem Kind, steht heute rechts vom Gnadenaltar in einer Nische.

Lit.: Hans Bleibrunner: Der Bogenberg, ein altes Heiligtum in Niederbayern, Landshut 1962.

9.4.4
Maria Hilf in Passau

1622 erblickte der Passauer Domdekan Markwand Freiherr von Schwendi auf dem heutigen Mariahilfberg bei Passau einen Engelsreigen, sah Lichter und hörte Stimmen und Musik. Er deutete dies als Wunsch Mariens, hier auf diesem Berg ein Heiligtum zu besitzen; daher ließ er zunächst eine hölzerne Kapelle errichten, in die er als Gnadenbild eine Kopie des Mariahilf-Bildes von Lucas Cranach stellte. Die neue Gnadenstätte erfreute sich bald lebhaften Zuspruchs und ermöglichte den Bau einer steinernen Kirche; zur Betreuung der Wallfahrt wurden die Kapuziner geholt, die neben der Kirche ein Kloster errichteten. Beide Gebäude waren 1630 vollendet. Vom Innufer führte eine überdachte hölzerne Stiege zum Gnadenort. Kaiser Leopold I. war ein besonderer Verehrer des Gnadenbildes; er führte den Sieg über die Türken 1683 bei Wien auf die Hilfe des Passauer Gnadenbildes zurück. Die Verehrung, die das Bild genoss, führte zur Ausbildung von Filialwallfahrten, etwa in Amberg, Neumarkt in der Oberpfalz, Vilsbiburg und an der Peterskirche in München.

9.4.5
Mutter mit dem geneigten Haupt, Landshut

1610 fand man im Schutt eines abgebrochenen Hauses in Rom ein Marienbild: „Mutter mit dem geneigten Haupt". 1631 wurde es in die Karmeliterkirche nach München gebracht, 1655 nach Wien. Der Chorherr des Kollegiatstiftes St. Martin in Landshut, Johann Jakob Schmidhofer, brachte 1660 eine Kopie des Bildes aus Wien mit, das nach der Gründung des Ursulinenklosters in Landshut 1699 auf dem Hochaltar aufgestellt wurde. Bald wurde es zum Mittelpunkt der größten Wallfahrt in Landshut und Umgebung. Nur in Altötting wurden mehr Andachtsbildchen angefertigt. Bis zur Aufhebung des Klosters 1809 entstanden an die 2000 Kupferplatten; namhafte Künstler schufen diverse Variationen: das Gnadenbild als Beschützerin von Landshut, als geistliche Rose, als Zentrum eines geistlichen Haussegens. Auch viele „Schluckbilder" wurden mit Aufdrucken des Gnadenbildes hergestellt.

9.4.6
Maria von den Nesseln, Straubing

Ein frommes Ehepaar aus Heilbronn fand unter wuchernden Brennnesseln einstmals eine Figur der Schmerzensmutter mit dem toten Sohn auf dem Schoß. Die Pietà wurde um 1442 zunächst auf einem Bildstock aufgestellt und dann in einer Kirche; die Betreuung der Wallfahrt zur „Nesselmutter" wurde den Karmeliten übertragen; in den Wirren der Bauernkriege ging das Gnadenbild verloren. Um 1550 ließ der Rat der Stadt Heilbronn ein neues anfertigen. Als das Karmeliterkloster in Heilbronn während des Dreißigjährigen Krieges zerstört wurde, holten es die Karmeliter nach Straubing. In festlicher Prozession wurde es am 28. Mai 1661 in die Straubinger Karmeliterklosterkirche gebracht und ist seitdem Zentrum einer Wallfahrt.

9.4.7
Maria Dorfen

Das Gnadenbild auf dem Ruprechtsberg bei Dorfen ist eine thronende Madonna aus dem späten 15. Jh. Der Legende nach fing die Muttergottes von Dorfen bereits im 14. Jh. Wunder zu wirken an. Der ersten Blüte im ausgehenden Mittelalter folgte eine zweite in der Barockzeit. Die entscheidenden Stationen der Marienverehrung in Dorfen waren die Gründung der Rosenkranzbruderschaft 1657, sowie die oberhirtliche Bestätigung eines gnadenreichen und wundertätigen Marienbildes im Jahre 1707. Im 17. und 18. Jh. kamen jedes Jahr bis zu 100 000 Pilger nach Dorfen. Dorfen war zu dieser Zeit nach Altötting der meistbesuchte Wallfahrtsort in Süddeutschland. Die Betreuung des Pilgerzustromes lag in der Hand der Petriner. Wallfahrt und Kult wurden durch Andachtsbilder verbreitet; neben den üblichen Opfergaben spielte in Dorfen das geweihte Öl aus der Ampel, die vor dem Marienbild brannte, eine heilwirksame Rolle: Es diente Mensch und Vieh als äußerlich wie innerlich verabreichte Medizin. Kleine tönerne Kopien des Gnadenbildes dienten als Schabefiguren.

9.4.8
Kößlarn

Die Legende berichtet, dass ein Graf von Ortenburg 1364 im „Grafenwald" in der

Nähe des Kößlhofes in einem Wacholderstrauch ein Marienbild fand. Noch im selben Jahr geschah das erste Wunder: Der Bauer des Kößlhofes ließ sich sterbenskrank zum Marienbild in der hölzernen Kapelle tragen und gesundete. Um 1440 wurde mit dem Bau einer steinernen Kirche begonnen, die später mehrfach erweitert wurde. Ein Wallfahrtslibell verzeichnete 1448 den Besuch von Pilgern aus 137 Pfarreien und Gemeinden. Besonders an den Marienfesten und an den Goldenen Samstagen nach Michaeli war der Zustrom enorm. Die größten Wohltäter waren die niederbayerischen Herzöge in Landshut, die Kirche und Markt Kößlarn mit reichen Privilegien ausstatteten. Mit dem 1515 vollendeten Ausbau war der Höhepunkt der Bautätigkeit erreicht. Betreut wurde die Wallfahrt von den Zisterziensern in Aldersbach.

Lit.: Sebastian Kaiser: Die Wallfahrt Kößlarn. Volkskundliche Untersuchungen des religiösen Lebens einer Gnadenstätte zwischen Spätmittelalter und Gegenwart (Passauer Studien zur Volkskunde 1), Passau 1989.

9.4.9
Maria Feichten

In der Chronik des Feichtener Pfarrers Johann Still ist die Legende überliefert, dass das für den Bau der Kirche bestimmte Bauholz in der Nacht von Engeln auf einen anderen Platz getragen wurde. An diesem Ort fand man dann in einer Fichte (= Feichten) ein steinernes Gnadenbild. Bei der Marienstatue handelt es sich um eine um 1420 entstandene Steingussplastik des Weichen Stils, stilistisch verwandt mit der Breslauer „Schönen Madonna". Großer Beliebtheit erfreute sich die Wallfahrt im 18. Jh.; sie war Ziel von schwangeren Frauen und Verlöbnisstätte für Frauen in Geburtsnöten. Für eine gute Geburt legte man den Wöchnerinnen ein „Feuchtener Marienbildchen" auf die Brust. Auch bei anderen Leiden wie Hals- und Fußleiden, roter Ruhr, Rotlauf oder Fraisen wandte man sich Hilfe suchend an Maria in der Feichten.

Lit.: Edgar Krausen: Die Wallfahrt zu Unserer Lieben Frau von Feichten, in: Ostbairische Grenzmarken 6 (1962/63) S. 228–234.

9.4.10

9.4.10
Sossau

1146 schenkte Graf Albert von Bogen seinen Meierhof Sossau dem Prämonstratenserkloster Windberg. Unter Abt Gebhard wurde die Kirche 1178 geweiht. Die Wallfahrtslegende greift Motive auf, die an die wunderbare Übertragung des Heiligen Hauses von Nazareth nach Loreto erinnern: Ursprünglich stand die Kapelle nämlich in Antenring bei Perka; dort war sie von christlichen Söldnern der römischen Besatzungsarmee erbaut worden. Da die Pilger zu der Gnadenstätte immer wieder von Wegelagerern überfallen wurden, beschloss Maria, in einer friedlicheren Gegend Quartier zu nehmen. 1177 trugen Engel die Kapelle mit dem „Frauenglöcklein" im Turm aus Antenring weg nordwärts. Dreimal hielten sie Rast, bis sie schließlich mit dem „Frauenschiff" die Donau übersetzten und zur Nachtzeit die Kapelle in Sossau niedersetzten. Niemand bemerkte etwas. Erst als das „Frauenglöcklein" am Morgen zum Gebet läutete, sahen die Bewohner, was geschehen war. Das Gnadenbild im barocken Hochaltar ist eine Kalksteinfigur aus der 1. Hälfte des 14. Jhs.; auf dem rechten Arm hält sie das Christuskind, in der linken eine Rose. Das Kind hält in der Rechten einen kleinen Vogel.

Lit.: Kurt Lebert: Sossau, das bayerische Loreto, Straubing 1951.

9.4.11
Handlab

Auf einer Anhöhe, etwa zwei Kilometer von Iggensbach entfernt, steht die Wallfahrtskapelle. Das Gnadenbild, das hier verehrt wird, ist eine hl. Corona; schon vor der Erbauung der Kirche wurde hier auch ein Marienbild in einer hohlen Eiche verehrt. Dreimal versuchte man das Marienbild in die Pfarrkirche nach Iggensbach zu bringen, Engel brachten es aber immer wieder auf den alten Platz zurück. Man stellte das Bild dann auf eine Martersäule, mit der die hl. Corona verehrt wurde. 1596 wurde eine hölzerne Kapelle, 1643 die heutige Kirche errichtet. Um den Namen des Wallfahrtsortes, der auf der dialektischen Aussprache des alten Ortsnamen „Handlohe" basiert, rankt sich eine Legende: Die fromme Burgherrin von Engelsberg kam täglich zur Säule, um ihr Gebet zu verrichten. Ihr misstrauischer Gatte folgte ihr heimlich und sah sie neben einem Hirten vor der Säule knien; voll Zorn hieb er ihr die rechte Hand ab. Sie aber rief voll Schreck: *„Maria, Handl ab!"* und augenblicklich war die Hand wieder angeheilt.

9.4.11

9.4.12
Gegeißelter Heiland in der Wies

Zu den jüngsten, aber erfolgreichsten Wallfahrten Bayerns zählt die zum Gegeißelten Heiland in der Wies. Für die Karfreitagsprozession des Prämonstratenser-Klosters Steingaden im Jahr 1730 wurde ein Heiland an der Geißelsäule als Tragefigur geformt. Allerdings war sie nicht wohl gelungen und wurde daher 1734 wieder ausgeschieden und deponiert. 1738 erbat sich diese Figur eine Bäuerin aus der Umgebung; am 14. Juni ereignete sich dann das Wunder: der Gegeißelte weinte. Das Mirakel wurde für

echt befunden, und im Jahr danach errichtete man eine offene Feldkapelle. Schon 1744 kamen Wallfahrer nicht nur aus Bayern, sondern auch aus Tirol und Böhmen. 1746 wurde der Grundstein zum Bau einer Wallfahrtskirche gelegt, 1749 der Chor geweiht und das Gnadenbild auf den unteren Chor übertragen. 1754 fand die Schlussweihe statt. Das Werk der Brüder Zimmermann wurde zum Inbegriff bayrischen Rokokos.

9.4.13
Herrgott von Tann

1695 meldete ein Bewohner des Marktes Tann dem Pfarrrer, dass einem Kruzifixus in seinem Haus die angeleimten Haare zu wachsen begännen. Der Kooperator schnitt daraufhin den Bart des Gekreuzigten ab, um das Wunder zu überprüfen; der Bart wuchs wieder nach. Nun überführte man den „Herrgott von Tann" in die Pfarrkirche, wo er rasch zum Zentrum einer Wallfahrt mit großer Fernwirkung wurde. Das Mirakelbuch berichtet von Hilfesuchenden aus der nahen Umgebung, aber auch aus Oberösterreich oder Ungarn. Um 1800 betreuten sieben Wallfahrtspriester in Tann die Pilger.

Lit.: Bernadette Franziska Prähofer: Das Mirakelbuch der Wallfahrt „Zum Herrgott von Tann", in: Heimat am Inn 17 (1996) S. 15–20.

9.4.14
Schildthurn

Schildthurn zählt zu den ältesten Kultplätzen in Bayern. In der Hauptkirche wurden im Mittelalter die drei heiligen Jungfrauen Einbet, Warbet und Wilbet verehrt. Sie gelten der Legende nach als die drei Begleiterinnen der hl. Ursula, die bereits in der Nähe von Straßburg ihr Martyrium erlitten. In ihrer Verehrung spiegeln sich heidnische Gestalten, die drei Parzen bei den Römern oder die drei Nornen bei den Germanen. Als Verkörperungen der Volksfrömmigkeit kamen sie als Kirchenpatrone nicht in Frage; daher ist der hl. Ägidius, der Patron der stillenden Mütter, der Hauptheilige. Erst in der Gegenreformation trat die Verehrung der Jungfrau Maria in den Vordergrund. Als Nebenheiliger wurde auch der hl. Leonhard verehrt, dem neben der Kirche, die mit 82 m einen der höchsten Kirchtürme in Niederbayern besitzt, eine Kapelle im ummauerten Areal der Kirche errichtet wurde. Unfruchtbare Frauen gingen nach Schildthurn „Wiegenschutzen"; bis um

9.4.12

9.4.14

1870 stand zu diesem Zweck eine hölzerne Wiege unter der Empore zur Verfügung.

9.4.15
St. Wolfgang am Abersee

Neben regionalen Wallfahrten besaßen für die ländliche Bevölkerung auch überregionale Wallfahrten große Bedeutung. Dazu gehörte auch die nach St. Wolfgang am Abersee. Der hl. Bischof von Regensburg wurde auch an anderen Orten in der Region verehrt, so etwa in St. Wolfgang bei Weng. Der Ursprung der Wallfahrt geht bis ins 12. Jh. zurück. Um 1500 zählte die Wallfahrt nach St. Wolfgang zu den vier meistberühmten Wallfahrten und wurde neben Rom, Aachen und Einsiedeln genannt. Nach einem Rückgang während der Reformation erlebte sie am Ende des 16. Jhs. eine neue Blüte. Eine Wolfgangbruderschaft wurde gegründet; Mirakelbücher aufgelegt. Die Haupteinzugsgebiete waren Niederbayern mit dem Innviertel, Salzburg und das steirische Ennstal.

9.4.16
St. Anna bei Ering

Der Überlieferung nach stifteten Schiffer aus Dankbarkeit für die Errettung aus Wassernot der hl. Anna um 1300 hier eine Kirche. Der letzte Graf von Hals stattete die Kirche 1375 mit Gütern aus. Gegen Ende des 15. Jhs. errichtete der Burghauser Baumeister Hans Wechsel-

9.4.16

perger den heutigen spätgotischen Kirchenbau. Es entwickelte sich hier eine lokale Wallfahrt, zu der die bäuerliche Bevölkerung der engeren Umgebung mit den unterschiedlichsten Anliegen kam. Die Votivbilder zeigen zumeist typisch ländliche Unfälle.

9.4.17
St. Wolfsindis

Am östlichen Ortsrand von Reisbach liegt die Wallfahrtkapelle, die der frühchristlichen Märtyrerin Wolfsindis geweiht ist. Der Name der Heiligen scheint erstmals im Totenbuch des Abtes Benedikt von Wessobrunn (†943) auf. Die Überlieferung kennt zwei Legendenversionen: in der einen war sie heimlich zum Christentum übergetreten, und als sie sich weigerte, zum alten Götterglauben zurückzukehren, ließ sie ihr Vater enthaupten. In der anderen wollte ein feindlicher Kriegsherr sie zur Unkeuschheit verführen. Als sie seinem Ansinnen widerstand,

wurde sie an den Schweif eines Pferdes gebunden und zu Tode geschleift. In einem wie dem anderen Fall entsprang an der Stelle, wo sie ihre Seele aushauchte, eine heilkräftige Quelle. Die Legende geriet in Vergessenheit, bis Pater Cölestin Leutner von Wessobrunn auf den Eintrag im Nekrolog stieß. So wurde

9.4.15

9.4.29

man in Reisbach wieder auf die Heilige aufmerksam. Seit jeher gab es dort eine heilkräftige Quelle, das „Fieberbrünnl". Nun brachte man dieses mit Wolfsindis in Verbindung. Ein Reisbacher Bierbräu errichtete 1761 eine Bildsäule neben der Quelle; 1762 erschienen gedruckte Bildchen; damit nahm eine nicht unbedeutende Wallfahrt ihren Anfang, die auch das Verbot des Regensburger Ordinariates überlebte.

9.4.18
Sammarei
Inszenierung

Bereits im 13. Jh. wird in der Gegend ein Bauernhof in den Quellen *„ad sanctam Mariam"* genannt; d. h. er lag in der Nähe einer Marienkapelle. Beachtung fand sie aber erst, als der Bauernhof 1619 ein Raub der Flammen wurde, die hölzerne Kapelle aber unbeschädigt blieb, obwohl brennende Äste auf das Dach der Kapelle fielen. Und ein Apfelbaum, der verkohlt war, trug im nächsten Jahr wieder Früchte. Daraufhin entstand die originelle Kirche: Um die alte Holzkapelle wurde das Presbyterium des barocken Kirchenneubaus errichtet. Eine mächtige Altarwand schließt den Raum zum Langhaus hin ab. Die Wände der Kapelle sind mit nahezu 1300 Votivtafeln behängt. Die Wallfahrt wurde bis zur Aufhebung des Klosters von den Zisterziensern in Aldersbach betreut.

9.4.19
Tonkopfurnen
18. Jh. (?)
Gebrannter Ton, Weiß- und Schwarzhafnerarbeit, H. 11–14 cm, ⌀ 11 cm
Linz, OÖ Landesmuseum, F 8956,
F 11 403, F 15.071

Tonkopfurnen stehen sehr oft im Zusammenhang mit dem Kult des hl. Valentin, der bei Kopfschmerzen, Epilepsie und Fraisen angerufen wurde. Kriss weist in Niederbayern und im Innviertel 23 Orte nach, wo sich solche Opfergaben erhalten haben. Bei Kopfleiden umschritt man die Altäre und trug dabei die Urne am Kopf. In dem oben offenen Typus füllte man Getreide ein, das man vorher an neunerlei Orten erbettelt hatte. Ein bedeutendes Zentrum des Valentin-Kultes war Haselbach bei Braunau.

Lit.: Ausst.-Kat. Volksfrömmigkeit in Oberösterreich, Linz 1985, S. 160.

9.4.20
Geburtskröte
18. Jh.
Wachsabguss
Linz, OÖ Landesmuseum, F 4.707

Bis in die Antike zurück reicht die Gleichsetzung von Gebärmutter und Kröte. Wachsvotive waren eine beliebte Gabe von schwangeren Frauen, um eine glückliche Geburt zu erbitten.

Lit.: Ausst.-Kat. Volksfrömmigkeit in Oberösterreich, Linz 1985, S. 76.

9.4.21
Wickelkind
18. Jh.
Wachsabguss
Linz, OÖ Landesmuseum, F 4.713

Hatte man ein gesundes Kind zur Welt gebracht, so opferte man zum Dank ein wächsernes Wickelkind. Man stiftete es auch bei Unfruchtbarkeit in der Hoffnung, so dem Übel abzuhelfen.

Lit.: Ausst.-Kat. Volksfrömmigkeit in Oberösterreich, Linz 1985, S. 76.

9.4.22
Votive menschlicher Körperteile
18. Jh.
Neue Wachsabgüsse, H. 6–20 cm
Linz, OÖ Landesmuseum, F 4681 (Bein),
F 4.686 (Arm), F 4.687 (Hand), F 4.695 (Rumpf), F 4.697 (Kiefer mit Zähnen),
F 4.698 (Lungl), F 4.702 (Ohren),
F 16.261 (Augen)

9.4.23
Wolfgangihackel
18. Jh.
Metall, L. 1,7–3,8 cm
Linz, OÖ Landesmuseum, F 1.361,
F 15.013

Mit einem Beil legte der hl. Wolfgang den Standort seines Kirchenbaus fest. En miniature wurden solche Wolfgangihackeln als Heil bringende Andenken verkauft. Sie wurden entweder hinter das Gitter der Zelle in der Gnadenkapelle geworfen oder als Anhänger an Rosenkranz, Uhrkette oder Fraiskette getragen.

Lit.: Ausst.-Kat. Volksfrömmigkeit in Oberösterreich, Linz 1985, S. 83.

9.4.24
Tiervotive
18. Jh.
Neue Wachsabgüsse, H. 4–8 cm
Linz, OÖ Landesmuseum, F 4.717 (Pferd mit Fohlen), F. 4.718 (Pferd),
F. 4.721 (Kuh mit säugendem Kalb),
F 4.725 (Sau), F 4.727 (Gans)

9.4.25
Eisenvotive
18. Jh.
Eisen, geschmiedet, z. T. feuergeschweißt, L. 14–20,5 cm
Linz, OÖ Landesmuseum, F 2.753 (Kuh), F 15. 411 (Schwein), F 10.226 (Kuh mit Kalb), F 10.218 (Huhn oder Gans), F 10.223 (Schwein), F 10.224 (Pferd), F 10. 225 b (Kuh)

9.4.26
Gnadenstatue aus Altötting
18. Jh.
Linz, OÖ Landesmuseum, F 13.994

9.4.27
Schabefigürchen aus Altötting
19. Jh.
Geschwärzter Ton, H. 5,4 cm bzw. 8 cm
Linz, OÖ Landesmuseum, F 14.986,
F 14.987 (ex. Slg. Pachinger)

Die bis ins 20. Jh. produzierten Schabefigürchen dienten wie die Schluckbildchen als Heilmittel bei Krankheiten, vor allem des Verdauungstraktes. Sie wurden zerstoßen und mit Wasser getrunken.

Lit.: Ausst.-Kat. Volksfrömmigkeit in Oberösterreich, Linz 1985, S. 221.

9.4.28
Wies-Herrgott
2. Hälfte 18. Jh.
Holz, gefasst, H. 39 cm (?)
Linz, OÖ Landesmuseum, F 6820

Typische Darstellung des gegeißelten Heilands mit Geißelsäule und Kette.

Lit.: Ausst.-Kat. Volksfrömmigkeit in Oberösterreich, Linz 1985, S. 110.

9.4.29
Wolfgangi-Flascherln
18. Jh. (?)
Glas (blau und weiß), H. 13 cm
Ried, Museum Innviertler Volkskundehaus, Inv. Nr. V 3.380, V 2.386, V 2.385

In den Fläschchen wurde das wundertätige Wasser von der Quelle des Heiligen am Falkenstein von der Wallfahrt mitgebracht. Der Heilige hatte, wie einst Moses in der Wüste, mit seinem Stab einen Felsen berührt, aus dem dann eine Quelle entsprang und den Dürstenden erquickte.

9.4.30
Rosenkranz mit Pestamuletten

18. Jh.

Rote Glasperlen, Silberfiligranperlen, L. 36 cm

Linz, OÖ Landesmuseum, F 15.122

Zwischen den einzelnen Perlen des Rosenkranzes ist eine Reihe von Amuletten aufgefädelt: eine Nepomukszunge gegen üble Nachrede, ein Wolfgangihackl gegen Anfeindungen und drei Pestpfeile mit den Kürzeln „SS", „SB", „S.SEBAS.MO.P.K." Der Anhänger trägt das Bild der „Mater Christi" und des „Salvator mundi".

Lit.: Ausst.-Kat. Volksfrömmigkeit in Oberösterreich, Linz 1985, S. 151.

9.4.31
Weihbrunn

Ende 18. Jh.

Gebrannter Ton, grün geflammt und glasiert, H. 28 cm

Linz, OÖ Landesmuseum, F 7.556

Weihbrunnkessel mit Rückwand und Baldachin; auf dem Kessel Darstellung des Gekreuzigten; in der Rückwand ein ausgespartes Fenster mit einem eingeklebten Kupferstich, der Christus das Kreuz tragend zeigt; der durchbrochen gearbeitete Baldachin trägt als Bekrönung ein Lamm. Das in der Osternacht geweihte Wasser wurde nach Hause gebracht und für das Auffüllen des Weihwasserkessels aufbewahrt. Meist war dieser seitlich von der Tür angebracht. Am Abend nahm man geweihtes Wasser, um sich damit zu bekreuzigen.

Lit.: Ausst.-Kat. Volksfrömmigkeit in Oberösterreich, Linz 1985, S. 211.

9.4.32
Arma-Kreuz

18. Jh.

Holz, bemalt, H. 34 cm

Ried, Museum Innviertler Volkskundehaus

Volkskundlich nicht ganz korrekt hat sich in der Umgangssprache für diese Art von Kruzifixen, die von den Leidenswerkzeugen umgeben sind, der Ausdruck „Wetterkreuz" eingebürgert. Solche Kreuze finden sich in der Landschaft, meist an exponierter Stelle errichtet, in die Himmelsrichtung weisend, aus der in der Regel gefährliche Unwetter aufziehen. Sie gehören auch zur Ausstattung des Herrgottswinkels.

Lit.: Siegfried Seidl: Bäuerliche Volkskunst zwischen Isar und Bayerischem Wald, München 1982.

10. Alle Heiligen, bittet für uns

10.1
Hl. Achatius
Inszenierung

Eine im 12. Jh. entstandene Legende berichtet, dass ein 9000 Mann starkes Heer unter der Führung des heidnischen Fürsten Achatius von den römischen Kaisern Hadrian und Antoninus für einen Feldzug in Kleinasien angeworben wurde. Als die Truppe im Begriff war, eine Schlacht zu verlieren, erschienen Engel am Himmel und versprachen den Sieg, wenn sie sich zum Christentum bekehrten. Dies geschah. Darauf befahlen die Kaiser den römischen Legionären, die von der Staatsreligion Abgefallenen zu foltern, mit Dornenästen zu schlagen und sie anschließend zu kreuzigen. Tausend Legionäre ließen sich aber ebenfalls taufen und erlitten dann dasselbe Martyrium, so dass schließlich zehntausend um ihres Glaubens willen Ermordete zurückblieben. Achatius gilt als Anführer dieser zehntausend Märtyrer, die zur Zeit von Kaiser Hadrian auf dem Ararat in die Dornen gestürzt wurden. Im Ortsteil Hals in Passau steht an der Ilz die Wallfahrtskirche zum Hl. Achatius; unmittelbar daneben befand sich das Siechenhaus. Der Überlieferung nach brachte Ritter Baldemar von Hals 1149 vom Zweiten Kreuzzug Reliquien aus dem Orient mit und erbaute eine Holzkapelle. Der Heilige wird in Todesfurcht, bei schweren Krankheiten und Zweifel angerufen.

10.2
Hl. Albanus von Mainz
Inszenierung

Albanus wurde der Legende nach am Beginn des 5. Jhs. von Rom ausgesandt, um den Kampf gegen die Arianer zu predigen. Über Mailand zog er nach Gallien weiter nach Augsburg und schließlich nach Mainz. Dort setzte er den rechtmäßigen Bischof Aureus wieder ein. 406 erstürmten die Vandalen die Stadt, erschlugen den Bischof und enthaupteten Albanus während des Gebets. Die Legende berichtet, wie er sein Haupt genommen habe, um es an die Stelle zu tragen, wo er begraben werden wollte. Sein Name ist im Martyrologium des Mainzer Erzbischofs Hrabanus Maurus († 856) überliefert. Mainz wurde Zentrum seines Kultes; besondere Verehrung genoss er auch in Ober- und Niederbayern. Der Legende nach kamen die Heiligen Albanus, Wolfgang und Leonhard gemeinsam nach Taubenbach, Wolfgang zog weiter zum Abersee und Leonhard innabwärts nach Aigen, Alban blieb in Taubenbach. Ab 1570 sind schriftliche Aufzeichnungen von dieser Wallfahrt erhalten. „Albanischädel" oder „Kopfdreier" wurden mit Getreide gefüllt und geopfert, meist als Dank für eine gute Ernte oder um Kindersegen zu erflehen. Daneben gibt es auch eine Quelle, der heilkräftige Wirkung zugeschrieben wird.

10.3
Hl. Andreas
Inszenierung

Der Apostel Andreas war der Bruder des Simon Petrus und wie dieser Fischer. Er war der Erste, den Jesus als seinen Jünger berief; in den Evangelientexten wird er bei Abendmahl, Himmelfahrt und Pfingstfest genannt. Die Legende lässt Andreas dann das Evangelium in Pontus und Bithynien in Kleinasien, in Thrakien – dem heutigen Bulgarien entsprechend –, schließlich in Griechenland verkündigen. In Mirmidonia befreite er den gefangenen Matthäus und gab dem Geblendeten das Augenlicht wieder. Zahlreiche weitere Wunder, Heilungen und Erweckungen werden berichtet. In Patras heilte Andreas nach der Überlieferung Maximilla, die Frau des Statthalters Ägeas von Patras, und bekehrte sie zum Christentum. In einer ausführlich berichteten Disputation konnte er den Statthalter nicht bekehren; darauf wurde er gegeißelt und zu besonderer Pein an ein X-förmiges Kreuz gebunden. Zwei lange Tage hängend, predigte Andreas dem Volk, himmlisches Licht verhüllte den Sterbenden. 356 wurden Andreas' Gebeine in die Apostelkirche in Konstantinopel gebracht und 1208 nach Amalfi bei Neapel überführt, wo sie im Dom S. Andrea aufbewahrt sind. In der Reihe der Apostel steht Andreas an zweiter Stelle, da er als Verfasser des 2. Glaubensartikels gilt. Die „Andreasnacht" zum 30. November ist eine besondere Nacht: Dem Volksglauben zufolge können heiratswillige Mädchen in der Andreasnacht den Zukünftigen im Spiegel sehen. Für Bauern war der Andreastag ein wichtiger Lostag für das Wetter: St. Andreas Schnee, tut dem Korne weh. – Hält St. Andrä den Schnee zurück, so schenkt er reiches Saatenglück. – Andreasschnee bleibt gar 100 Tag' liegen. – Es verrät dir die Andreasnacht, was wohl so das Wetter macht.
In Niederperach, am Inn gelegen, bestand die einzige Andreas-Wallfahrt im Bistum Passau.

10.4
Hl. Anna
Inszenierung

Erstmals im Protoevangelium des Jakobus um 150 werden die Eltern Mariens mit den Namen Anna und Joachim genannt. Die legendäre Lebensgeschichte ist dem alttestamentlichen Vorbild von Hanna und ihrem Sohn Samuel nachgebildet: Nach der Legenda Aurea hatte die betagte Anna nach Joachims Tod noch zwei weitere Ehemänner. Der Anna-Kult erreichte in Europa im späten Mittelalter seinen Höhepunkt, als 1481 Papst Sixtus IV. den Gedenktag der Anna in den römischen Kalender aufnahm; 1584 bestimmte Papst Gregor XIII. ihren Festtag. Seit 1500 liegen angeblich Reliquien von Anna in Düren, weitere liegen in Wien und anderen Städten. Der im Gebiet des Passauer Hochstiftes liegende Annen-Wallfahrtsort Kreuzberg, nördlich von Freyung an einem der Goldenen Steige, war im 18. Jh. einer der meist besuchten Wallfahrtsorte. 1777 sollen an den drei Goldenen Samstagen 20 000 Pilger die Kommunion empfangen haben. Der Einzugsbereich reichte weit nach Niederbayern und ins Innviertel. Die Pfarrgemeinde Schardenberg unternimmt bis heute noch eine Wallfahrt zur hl. Anna nach Kreuzberg. Ein zweite Kultstätte besitzt die Heilige in St. Anna bei Ering.

10.5
Hl. Antonius von Padua
Inszenierung

Fernandez Martin de Bulhorn wurde in Lissabon als Sohn einer begüterten Adelsfamilie geboren. Mit 16 Jahren wurde er Augustiner-Chorherr, studierte in Lissabon und später in Coimbra, wurde zum Priester geweiht. Erschüttert durch das Erlebnis der Bestattung der Gebeine der fünf marokkanischen Märtyrer schloss er sich den Franziskanern an; 1220 trat er in Coimbra den Minderbrüdern des Ordens bei und nahm den Namen Antonius an. 1220 ging Antonius selbst nach Marokko, wurde aber durch Krankheit zur Heimkehr gezwungen, wobei ein Sturm ihn nach Sizilien verschlug. So nahm er 1221 in Assisi am Generalkapitel seines Ordens teil, dabei wurde seine Begabung als Redner entdeckt. Man beauftragte ihn 1222 bis 1224 in Rimini und Mailand mit dem Kampf gegen die Katharer. Zu den bekanntesten seiner Legenden gehört die Episode, als jemand die Gegenwart Christi im Sakrament der Eucharistie bezweifelte; Antonius ließ einen Maulesel bringen, der drei Tage nichts zu Fressen bekommen hatte; das Tier fiel, ohne das gereichte Futter zu berühren, vor Antonius nieder, weil der ihm mit der Hostie entgegentrat. 1230 legte er, entkräftet von den anstrengenden Reisen, seine Ämter nieder, und lebte auf einem Nussbaum auf dem Landgut Camposampiero bei Padua. Antonius starb 1231 bei den Klosterfrauen von Arcella bei Padua. In Padua wurde Antonius zu Ehren die Basilika S. Antonio als Grabkirche errichtet. Er wird gegen Unfruchtbarkeit, Fieber, Dämonen, Schiffbruch, Kriegsnot und Pest angerufen; er hilft auch dabei, Verlorenes wieder zu finden. Am Pilgerweg von Eggenfelden nach Altötting errichtete man ihm eine Kapelle; im Dachreiter hängt eine kleine Glocke, die von den Wallfahrern geläutet wurde; es sollte gegen Zahnschmerzen helfen, wenn man das Seil mit den Zähnen zog. Im Vilstal liegt in der Pfarrei Haunersdorf eine weitere ihm geweihte Wallfahrtskirche.

10.6
Hl. Erasmus
Inszenierung

Erasmus war wohl um 300 Bischof von Antiochia. Um der Diokletianischen Christenverfolgung durch Gebet Einhalt zu bieten, verbarg er sich nach den ältesten Legenden sieben Jahre im Libanon-Gebirge: Ein Rabe brachte ihm Nahrung, bis er auf Geheiß eines Engels nach Antiochia zurückkehrte, vor Gericht gestellt und ins Gefängnis geworfen wurde. Mehrfache Martyrien erlitt er: mit einer Seilwinde zog man ihm die Gedärme heraus – diese Winde hat ihn zum Patron der Schiffer gemacht; man kochte ihn in einem Kessel mit kochendem Öl, aber Engel fächelten ihm Kühlung zu. Vom Erzengel Michael wurde Erasmus dann nach Formio in Kampanien geleitet. Dort lebte und wirkte er als Seelsorger, von Engeln ernährt, bis er nach sieben Jahren hochbetagt sanft entschlief. In Heiligenberg, etwa 10 km nördlich von Eggenfelden steht die Wallfahrtskirche St. Erasmus. Betreut wurde die Wallfahrt vom Zisterzienserkloster Aldersbach. Ihr Ursprung liegt wohl im 15. Jh. Für den Kult sind lebende Tieropfer bezeugt, Kitzchen, Gänse und Hennen, die in einer Steige in der Kapelle neben der Kirche eingesperrt wurden. Weiters wurden ihm Tonköpfe mit Getreide geopfert und bei Leibschmerzen hölzerne Spindeln mit Wachs umwickelt, in Analogie zum Heiligenattribut der Schiffswinde.

10.7
Hl. Florian
Inszenierung

In Cetium, dem heutigen St. Pölten, war Florian Offizier der zweiten Legion des römischen Heeres. Nach seiner Bekehrung zum Christentum kehrte er nach Zeiselmauer zurück und lebte längere Zeit dort. Von hier aus eilte er 40 gefangenen Christen in Lauriacum – dem heutigen Lorch – zu Hilfe. Der römische Statthalter ließ ihn verhaften, da er sich weigerte, dem Christentum abzuschwören. Nach vielen Martern erlitt er zusammen mit den 40 mitgefangenen Christen den Märtyrertod. Mit einem Mühlstein um den Hals wurde Florian in der Enns ertränkt. Die Legende erzählt, dass seine Leiche, von den Wellen auf einen Felsen geworfen und von einem Adler bewacht, von Valeria, einer frommen Frau, gefunden und von ihr dort bestattet wurde, wo im 8. Jahrhundert das Stift St. Florian entstand. Im 15. Jh. wird in seine Legende erst die Episode aufgenommen, in der er durch sein Gebet ein brennendes Haus rettete. Florian ist der erste österreichische Märtyrer und Heilige, und er ist einer der Vierzehn Nothelfer. Er wird bei Feuersgefahr und Hochwasser angerufen; auf Grund seiner Attribute war er u. a. Patron der Hafner, Böttcher und Bierbrauer. In St. Florian bei Helpfau wurden dem Heiligen neben Kerzen auch lebende Tieropfer dargebracht, Hühner, Gänse, Enten, Ferkel und Kälber.

10.8
Hl. Georg
Inszenierung

Der Heilige stammte aus Kappadokien und trat unter Diokletian in die römische Legion ein. Zum Christentum bekehrt, erlitt er eine Reihe von Martyrien und wurde 303 in Nikomedien oder zu Lydda enthauptet. Besonders bekannt ist die Legende vom Kampf des Ritters mit einem Drachen, der in einem See vor der Stadt Silena in Lybia hauste und die Stadt mit seinem Gifthauch verpestete. Um ihn milde zu stimmen, mussten die Einwohner ihm täglich Lämmer opfern. Als keine Tiere mehr aufzutreiben waren, wurden die Söhne und Töchter geopfert. Eines Tages traf das Los die Königstochter. Da erschien Georg, nachdem er alle Martern überstanden hatte, geviertelt worden und von den Engeln zu Leben und herrlicher Schönheit gebracht worden war. Georg schwang mit dem Zeichen des Kreuzes die Lanze und durchbohrte das Untier; die Königstochter zog den Drachen mit ihrem Gürtel in die Stadt. Georg versprach, den betäubten Drachen zu töten, wenn die Leute zum Christentum übertraten. Er erschlug den Drachen, und der König ließ sich mit allem Volk taufen. Der Georgitag war in der Landwirtschaft ein wichtiger Tag: Dienstboten konnten auf diesen Tag wechseln, Zinsen waren an diesem Tag zu bezahlen. Pferde wurden an diesem Tag gesegnet, verbreitet sind noch heute Pferdeumritte.

10.9
Hl. Koloman
Inszenierung

Auf der Pilgerfahrt zum Heiligen Land wurde der irische Pilger Koloman in Stockerau bei Wien wegen seiner fremden Sprache und Kleidung verdächtigt, ein böhmischer Spion zu sein. Er wurde gefoltert und, da er kein Geständnis ablegte, an einem Holunderbaum erhenkt. Eineinhalb Jahre hing der Leichnam, ohne zu verwesen; als ein Jäger einen Spieß in seine Seite stach, floss Blut heraus. Koloman wurde vom Baum abgenommen und ins Kloster Melk überführt, wo er am 13. Oktober 1014 feierlich bestattet wurde. Koloman wurde nie offiziell heilig gesprochen, dennoch verbreitete sich die Verehrung von Melk aus in ganz Österreich und in Bayern. Mehrere Kirchen und Kapellen sind in der Inn-Salzach-Region ihm geweiht. Der hl. Koloman ist ein typischer Bauernheiliger, Patron der Pferde und Rinder; gegen Seuchen und Unwetter hilft ein „Kolomani-Büchlein"; der „Koloman-Segen" schützt vor Feuer. Die Wallfahrt nach St. Koloman in der Zell, zwischen Ortenburg und Rainding gelegen, erfreute sich vor der Säkularisation großer Beliebtheit; die Kolomani-Kirchweih am 3. Sonntag nach Ostern dauerte drei Tage.

10.10
Hl. Korona
Inszenierung

Korona, die Gemahlin des hl. Viktor, wurde mit diesem unter Kaiser Antoninus verurteilt: Als Martyrium wurde ihr bestimmt, an zwei niedergebeugte Palmen gebunden zu werden; durch deren Hochschnellen wurde sie zerrissen. Besondere Verehrung genoss sie in Oberitalien, Bayern und Österreich. Neben der Kirche St. Corona in Passau tritt sie als ältere Kultinhaberin in Sammarei, Handlab, Sigrün und Stadleck (Pfarrei Kirchdorf am Inn) auf. An allen vier Orten wurde ihr Kult durch die Verehrung der Gottesmutter überlagert. In Sigrün brachte man als Votive Löffel aus Holz und Blei sowie Zähne. Die Löffel wurden zusammen mit einem Ei und wenig Salz bei Zahnschmerzen geopfert. In Handlab ist das Gnadenbild eine Büste

mit Krone und Herz vor der Brust – eine eindeutige Darstellung der hl. Korona; hier wird sie aber als Gottesmutter verehrt.

10.11
Hl. Sebastian
Inszenierung

Sebastian war Hauptmann der Prätorianergarde am kaiserlichen Hof Diokletians; ungeachtet des Verbotes bekannte er sich zu seinem christlichen Glauben und bekehrte viele zum Christentum. Seine Stellung erlaubte ihm, seinen christlichen Glaubensgenossen in den Gefängnissen Roms beizustehen, ihnen Mut zuzusprechen und immer weitere Römer zu bekehren. Der Legende nach ließ der römische Kaiser Sebastian an einen Baum binden und von numidischen Bogenschützen erschießen. Er wurde jedoch von den Pfeilen nicht getötet. Irene, die Witwe des Märtyrers Castulus, pflegte seine Wunden. Als er sich wieder erholt hatte, trat er dem erstaunten Kaiser öffentlich entgegen, um ihm die grausame Sinnlosigkeit seiner Verfolgungen vorzuhalten. Diokletian ließ ihn daraufhin im Circus von Rom zu Tode peitschen und die Leiche in die „cloaca maxima", die große Kloake, werfen. Die Verehrung in Rom lässt sich bis ins 4. Jahrhundert zurückverfolgen. Zum Pestpatron wurde er, da eine Pestepidemie in Rom 680 erlosch, nachdem man seine Reliquien durch die Straßen trug; Der Pfeil stand symbolisch für plötzlich auftretende Krankheiten und wurde vor allem im Zusammenhang mit der Pest gesehen, weil die Vorstellung bestand, die Pest werde von Pestengeln oder Pestdämonen durch geheimnisvolle Pfeile hervorgerufen. „Sebastiansnpfeile" trug man früher als Schutz gegen die Pest. In Leonberg, nördlich von Marktl, steht eine kleine Wallfahrtskirche zum hl. Sebastian.

10.12
Hl. Wolfgang
Inszenierung

Wolfgang besuchte die Klosterschule auf der Insel Reichenau. Als sein Freund Heinrich 956 Bischof in Trier wurde, folgte er ihm als Leiter der dortigen Dom-

schule. Nach dem Tod seines Freundes wurde er 964 Benediktinermönch in Einsiedeln und 968 von Bischof Ulrich von Augsburg zum Priester geweiht. Als Glaubensbote zog er dann durch Noricum, bis ihn Bischof Pilgrim von Passau als Bischof von Regensburg vorschlug. Von 972 bis zu seinem Tod war er Bischof von Regensburg. In den Legenden werden seine heilkräftige und Böses abwehrende Wirkung und seine Fürsorge betont. Noch zu Lebzeiten wirkte er Wunder: er heilte einen Besessenen, er soll Blinde und Aussätzige geheilt haben und teilte Getreide aus. Die Legende erzählt von Wolfgangs zeitweiligem Einsiedlerleben am Abersee, dem nun nach ihm benannten Wolfgangsee in Österreich. Das Einsiedlerleben wurde nur durch den Teufel gestört, welcher immer wieder versuchte, Wolfgang zu vernichten. Als Wolfgang beschloss, sich an einem freundlicheren Ort eine Klause zu erbauen, bot sich der Teufel als Hilfe an – unter der Bedingung, dass das erste lebende Wesen, das die Kirche betrete, ihm gehöre. Das erste lebende Wesen war ein Wolf, den der Teufel voller Wut packte und mit ihm durch ein Loch in der Kirchendecke davonfuhr. Als Wolfgang nach Regensburg zurückkehrte, prophezeite er, dass sich nach seinem Tod am Grabe in Regensburg keine Wunder ereignen würden, während er allen, die ihn am Ort seiner Einsiedelei am Abersee anriefen, seine Hilfe nicht versagen werde. Als Wolfgang 994 die Donau entlang reiste, fühlte er sein Ende nahen. In Pupping verstarb er in der dem hl. Otmar geweihten Kirche, vor dem Altar, nach Beichte und letzter Ölung. Wolfgang starb also in aller Öffentlichkeit und ordnete dies auch bewusst an, um den Menschen einen vorbildhaften, gelassenen Tod zu demonstrieren.

10.13
Hl. Valentin

In der Vita Severini wird ein Bischof von Rätien mit dem Namen Valentinus genannt, der kurz vor dem hl. Severin im 5. Jh. gelebt haben soll; unsicher ist der Ort seines Wirkens. Er starb am 7. Jänner 473 (?) in einer Einsiedelei in den Bergen. Seine sterbliche Hülle wurde auf der Zenoburg in Mais bei Meran beigesetzt. Etwa 80 Jahre später wurde der Leichnam nach Trient übertragen. 768 schenkte der Langobardenkönig Desiderius auf Bitten seines Schwiegersohnes Herzog Tassilo III. die Reliquien dem Dom zu Passau. Seitdem ist er neben dem Erzmärtyrer Stephanus der zweite Patron der Diözese Passau. Die Überführung der Reliquien fand größtenteils per Schiff statt; an der Stelle, wo man erstmals den Leichnam am Boden absetzte – in der herzoglichen Pfalz in Ranshofen – entsprang eine wundertätige Quelle. Die Legendenbildung rund um den Heiligen wird einerseits durch die Überführung der Gebeine nach Passau bestimmt – dadurch wurde Valentin zum Bischof von Passau gemacht – und andererseits durch eine Vermischung mit Ereignissen aus dem Leben des hl. Valentin von Terni. Der Bischof Valentin von Rätien, dessen Fest am 7. Jänner gefeiert wird, wurde durch die volkstümliche Deutung seines Namens zum Schutzheiligen gegen Fallsucht, Epilepsie; man rief ihn auch bei Fraisen, Augen- und Kopfleiden an. In Haselbach bei Braunau setzten sich die Pilger eine mit Getreide gefüllte Kopfurne auf das Haupt und umschritten so dreimal den freistehenden Altar; dann schütteten sie das Getreide in eine Holzkiste. Auch schwarze Hühner wurden geopfert. Bis zum 1. Weltkrieg befand sich dafür hinter dem Hochaltar ein Hühnerstall.

Lit.: Ferdinand Mallinger: Geschichte des Ortes Haselbach und seiner St.-Valentins-Wallfahrtskirche mit Kirchenführer, Braunau o. J.

10.13.1
Hl. Valentin wird von einem Engel nach Passau geleitet
Oberösterreich, 1680–1684
Öl auf Leinwand, H. 108 cm, B. 220 cm
Haselbach, Wallfahrtskirche St. Valentin

Ein Fackel tragender Engel geleitet den Heiligen vor die Tore der Stadt Passau; Mehr als die rechte Bildhälfte nimmt die Stadt Passau ein; über die Donau führt eine breite Holzbrücke; zwischen Inn und Donau steht ein Mauthaus. Über den Zusammenfluss von Inn, Donau und Ilz erhebt sich die Veste Oberhaus. Der Bildgrund ist mit zahlreichen Einzelszenen gefüllt, die auf die barbarischen Sitten der noch nicht christianisierten Bewohner Passaus anspielen. Das Legendenbild wird durch eine Inschrift erläutert: *„St. Valentin ein Geistlich Mann, / Von fremden Land ankommen, / Des Glaubens-Liecht wollt zünden an, / Von Christi Lieb eingenommen. // Wo Iltz und Donau flieszt zusam, / Passau man jetzt es nennt, / Verkündiget er Gottes Nam, / Von Gott daher gesendet:"*

10.13.2
Hl. Valentin wird im Triumph nach Passau geleitet
Oberösterreich, 1680–1684
Öl auf Leinwand, H. 108 cm, B. 220 cm
Haselbach, Wallfahrtskirche St. Valentin

In einem gläsernen Sarg wird der Leichnam des Heiligen auf den Schultern von vier Bischöfen im feierlichen Zug nach Passau getragen. Ganz in der Art einer barocken Prozession sind auf dem Weg Triumphpforten aufgerichtet. Rechts liegt die mauerumgürtete Stadt Passau mit der charakteristischen zweitürmigen Domfassade; über ihr erhebt sich die Veste Oberhaus. Die Inschrift lautet: *„Paszauer, wo ist euer Hirt, / Wohin habt ihr ihn trieben / Wir haben leider grob geirrt; / Der Sinn wurd uns verrieben. // Nun rufen wir St Valentin! / Zu uns thu wieder kehren / Laß unsre Sünden ab, u: kimm / Sey willkommen dich wir Ehren."*

10.13.3
Wallfahrtskirche St. Valentin in Haselbach
Oberösterreich, 1680–1684
Öl auf Leinwand, H. 108 cm, B. 220 cm
Haselbach, Wallfahrtskirche St. Valentin

Die letzte Tafel des achtteiligen Legendenzyklus hat die Wallfahrtskirche in Haselbach zum Inhalt. Rechts im Bild steht die gotische Kirche Haselbach von einer wehrhaften Mauer umgeben. In die Mauer einbezogen das spätere Mesnerhaus; dahinter steht ein großer Stadel. In die Kirche zieht eben eine Wallfahrerprozession. Im Bildmittelgrund erkennt man die Stadt Braunau mit dem hohen Turm der Pfarrkirche; die Spitalsanlage und das alte Kapuzinerkloster sind zu erkennen, ebenso die Friedhofskirche St. Martin. Zwischen Haselbach und Braunau steht noch die St.-Georgs-Kirche; links am Bildrand erhebt sich der mächtige Komplex des Klosters Ranshofen; von ihm bewegt sich ein weiterer Wallfahrerzug auf Haselbach zu. Über der Kirche schwebt segnend die Büste des Heiligen. Die Inschrift des Legendenbildes lautet: *„Es ist ein Ort heiszt Haselbach, / Nächst Braunau und Ranshofen, / Sant Valentin hat Brun Zelt Dach / Vor Zeit da Gott zu loben. // Nun steht ein würdigs Gotts-Haus hier, / St. Valentin zu Ehren, / Viel Kranke beugen ihre Knie, / Erhalten was begehren."*

10.14
Hl. Kümmernis (Hl. Wilgefortis)
Niederbayern, 1714
Öl auf Leinwand, H. 111,5 cm,
B. 63,5 cm
Altötting, Wallfahrtskirche (Kreuzgang)

Historische Nachrichten über die „Heilige mit Bart" fehlen. Seit dem 14. Jh. konkretisieren sich Bild und Legende dieser Volksheiligen. Sie wird zur Tochter eines portugiesischen Heidenkönigs, die als heimliche Christin einen heidnischen Prinzen heiraten soll. Da sie ihrem Glauben treu bleiben will, gelobt sie Jungfräulichkeit und bittet Christus um einen Bart, der den Prinzen abschrecken sollte. Der weitere Verlauf des Geschehens variiert: in einer Version wird sie verstoßen, in der anderen von ihrem Vater an ein Kreuz gebunden. So wird sie auch dargestellt. Sehr oft kniet zu ihren Füßen ein Geiger; diesem armen Spielmann warf sie ihren goldenen Schuh zu, als er vor ihrem Bild aufspielte. Abgeleitet wird ihre Darstellung vom „Volto Santo" in Lucca; es handelt sich dabei um einen bekleideten Christus, der als triumphierender Gottessohn mit geöffneten Augen am Kreuz hängt. Ihr Kult fand vor allem in der Barockzeit weite Verbreitung. In der Diözese Passau gab es Wallfahrten u. a. zur Kümmernis-Kapelle in Burghausen und Tann, nach Georgenberg (dort teilte sie das Patrozinium mit dem hl. Georg), und nach Stadleck (gemeinsam mit Maria).

Lit.: Maximilian Seefelder: St. Kümmernis. Eine geduldete Heilige in Niederbayern, in: Der Storchenturm 24 (1989) S. 102–109.

10.14   10.15

10.15
Die Vierzehn Nothelfer
1714
Öl auf Leinwand, H. 110,5 cm,
B. 62,5 cm
Altötting, Wallfahrtskirche (Kreuzgang)

Schon im 9. Jh. wurden die vierzehn heiligen Nothelfer angerufen und verehrt. Ausgeformt zu einer Einheit als Andachtsbild bzw. im Gebet wurde ihr Kult seit dem späten 14. Jh., ausgehend vom süddeutschen Raum; Träger der Heiligenverehrung waren zunächst die Bettelorden. Konzentrierte sich die Verehrung im Spätmittelalter auf den städtischen Bereich, so gewann er in der frühen Neuzeit auch auf dem Land seine Anhänger. In einer Gebetsformel zu Ende des 14. Jhs. findet sich die Anordnung und Reihung der Heiligen, wie sie bis heute gebräuchlich ist: drei Bischöfe (Dionysius, Erasmus, Blasius), drei Jungfrauen (Barbara, Margaretha, Katharina), drei Ritterheilige (Georg, Achatius, Eustachius), ein Arzt (Pantaleon), ein Mönch (Ägidius), ein Diakon (Cyriacus), ein Knabe (Vitus oder Veit) und ein Riese (Christophorus). Man rief diese Heiligen aus bestimmten Gründen an: Achatius gegen Todesangst und

Zweifel; Ägidius zum Ablegen einer guten Beichte, Barbara als Patronin der Sterbenden, Blasius gegen Halsleiden, Christophorus gegen unvorbereiteten Tod, Cyriacus gegen Anfechtung in der Todesstunde, Dionysius gegen Kopfschmerzen, Erasmus gegen Leibschmerzen, Eustachius in schwierigen Lebenslagen, Georg gegen Seuchen der Haustiere, Katharina gegen Leiden der Zunge und schwerer Sprache, Margaretha als Patronin der Gebärenden, Pantaleon als Patron der Ärzte und Vitus (Veit) gegen Veitstanz und Epilepsie. Auf Grund der Vision eines Schäfers entwickelte sich in Langheim (Oberfranken) ein Zentrum des Kultes, das im Bau der Wallfahrtskirche Vierzehnheiligen durch Balthasar Neumann (Weihe 1772) gipfelte. Unabhängig davon entstand in der Margarethenkirche auf dem Margarethenberg bei Altötting eine bedeutende Wallfahrt, die seit Ende des Mittelalters eine starke Ausstrahlung in das Innviertel besaß. Weitere Wallfahrten bestanden in Dobl, Buchberg, Berg bei Reischach und Neuhofen bei Otterskirchen.

10.16
Die Siebenschläfer
Innviertel, 18. Jh.
Öl auf Leinwand, H. 88 cm, B. 65 cm
Bezirksmuseum Braunau am Inn,
Inv. Nr. H 32 (Eigentümer: Museumsverein Braunau)

Einer seit dem 6. Jh. im Umlauf befindlichen Wanderlegende zufolge hatten sich während der Christenverfolgung unter

10.16

Kaiser Decius sieben Jünglinge aus Ephesus in eine Höhle geflüchtet. Als der Kaiser dies vernahm, ließ er die Höhle vermauern. Die Jünglinge fielen in einen tiefen Schlaf, der 187 Jahre dauerte. Als Sklaven am 24. Juni 446 die Steine wegräumten, drangen Sonnenstrahlen in die Höhle und weckten die Schläfer auf. Einer machte sich heimlich auf, um Nahrung in der Stadt zu kaufen. Als er mit Münzen aus der Regierungszeit des Kaisers Decius zahlen wollte, machte er sich verdächtig und wurde vor den Richter geführt. Im Verhör stellte sich die Wahrheit heraus. Der Bischof von Ephesos, das Volk und selbst der Kaiser Theodosius eilten zur Höhle, um die Jünglinge zu bestaunen. Diese berichteten ihre

Geschichte und entschliefen dann im Herrn. Ihre Verehrung konzentrierte sich zunächst auf Ephesos; Gregor von Tours (538–594) übertrug die Legende ins Lateinische. In der Barockzeit erfreute sich ihre Verehrung besonderer Beliebtheit. Bis in das 18. Jahrhundert gab es im Bistum Passau in Eichendorf, Pildenau und Rotthof Wallfahrten zu den heiligen Siebenschläfern. In Rotthof, an der Straße von Passau nach Eggenhofen gelegen, baute der berühmte Rokoko-Stukkateur Johann Baptist Modler aus Kößlarn 1785 die Berghöhle mit den Siebenschläfern nach. Im Innviertel dürfte neben Siebenschläfer-Kapellen des 19. Jhs. die Kapelle beim Schachingergut in St. Martin im Innkreis älteren Datums sein. Von den

Gläubigen wurden die Siebenschläfer als Patrone gegen Schlaflosigkeit und Fieber angerufen. Im bäuerlichen Jahresablauf ist der Siebenschläfertag am 27. Juni ein wichtiger Lostag: „Das Wetter am Siebenschläfertag sieben Wochen bleiben mag" oder „Siebenschläfer Regen – sieben Wochen Regen" oder „Ist der Siebenschläfer nass, regnet's ohne Unterlass" oder „Regnet's am Siebenschläfertag, es sieben Wochen regnen mag" oder „Wenn die Siebenschläfer Regen kochen, dann regnet's ganze sieben Wochen".

Lit.: Robert Schindler: Die Verehrung der Siebenschläfer in Oberösterreich, in: Oberösterreichische Heimatblätter 22 (1968) S. 39–42.

Doris Prenn

Gestaltung, Grafik und Didaktik als Schnittstellen zwischen Ausstellung und BesucherInnen

Besucherorientierte Gestaltung – BesucherInnen im Mittelpunkt

Besucherorientierung betrifft sämtliche Aktivitäten, die mit dem Besuchererlebnis in einer Ausstellung in Zusammenhang stehen bzw. dieses prägen:

Eine klare Ausstellungsgestaltung, durch schlüssig präsentierte Objektensembles erzählte Geschichten, verständliche Texte, gute Grafiken sowie eine schnell erfassbare Informationshierarchie sind wichtige Bausteine für eine besucherorientierte Gestaltung. Dabei ist die Gesamtgestaltung einer Ausstellung ein kollektiver Prozess, der nur funktionieren kann, wenn die Ausstellungsplanung per se interdisziplinär angelegt ist. Die enge Kooperation von Wissenschaft, Gestaltung und Didaktik sowie Entwurf und Grafik ermöglichte in den Ausstellungsorten Reichersberg und Schärding die Konzeption einer in allen Aspekten besucherorientierten Gesamtgestaltung. Basis des gesamten Ausstellungskonzeptes war die Vertretung der Interessen der BesucherInnen, diesen den sprichwörtlichen „roten Faden" durch die Ausstellungsinhalte zu legen und eine aktive Auseinandersetzung zwischen Subjekt und Objekt zu initiieren und zu ermöglichen.

Ein Symbol für vier Orte

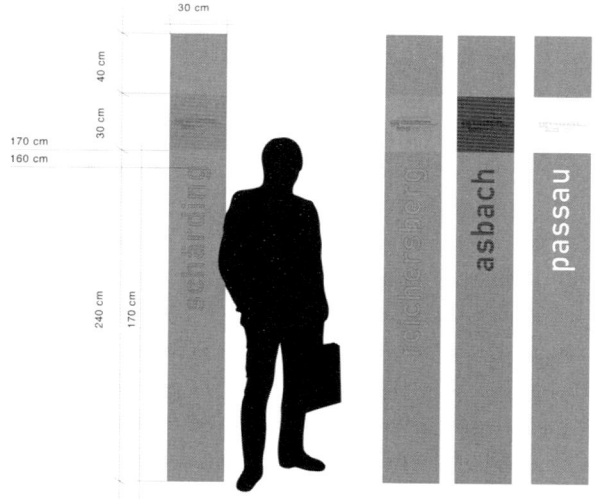

Abb. 1 *Symbolobjekte für alle vier Ausstellungsorte*

Prenn, Reiter

Das Novum, dass eine „oberösterreichische" Landesausstellung länderübergreifend stattfindet und sich aus vier unterschiedlichen Ausstellungsorten zusammensetzt, bewirkte eine differenzierte Gestaltung nach Themenschwerpunkten.

Der Hinweis zu den jeweiligen Partnerorten erfolgt anhand eines Symbolobjektes, das in allen vier Ausstellungsorten gleich gestaltet ist. Das Objekt symbolisiert die jeweils anderen Ausstellungsorte, wirbt für sie, informiert, dass vier Orte an der Landesausstellung 2004 teilnehmen und besitzt einen hohen Wiedererkennungswert.

Da die Ausstellungsgestaltung an allen vier Orten unterschiedlich ist, wurde bei der Entwicklung des Objektes bewusst eine sehr klare, kühle Linie gewählt, die sich einerseits jeder Umgebung anpasst, andererseits jedoch auffallend genug ist, um als Symbol für die anderen Ausstellungsorte wahrgenommen zu werden. Die unterschiedlichen Themenschwerpunkte der einzelnen Orte werden durch die gewählten Farben repräsentiert.

Zwei Ausstellungsorte, zwei Ausstellungsthemen – eine Herausforderung für Gestaltung, Grafik und Didaktik

Bewusst wurde entschieden, bei der Gestaltung der beiden oberösterreichischen Ausstellungsorte Reichersberg und Schärding unterschiedliche Präsentationsformen zu wählen. Damit sollte sowohl den unterschiedlichen Orten und Themen Rechnung getragen als auch BesucherInnen eine spannende Auseinandersetzung mit den präsentierten Inhalten und Objekten geboten werden. Beide Ausstellungen sind einerseits in sich abgeschlossen und stellen eigenständige Themenbereiche dar, ergänzen sich andererseits jedoch komplementär.

Bestimmte Grundprämissen sind jedoch in beiden Ausstellungen gleich:

- In beiden Ausstellungsorten nimmt die Ausstellungsgestaltung direkten Bezug sowohl zur Architektur der Räume wie auch zum Inhalt der Ausstellung. Das Farbkonzept basiert auf den Farben der Symbolobjekte und spiegelt sich in der jeweils dominierenden Farbe und ihrem Farbspektrum wider. Die so gewählten Leitfarben der beiden Ausstellungen gewährleisten einen optimalen Wiedererkennungseffekt.

- Besonderes Augenmerk ist darauf gelegt, Inhalte nicht zu romantisieren oder zu simulieren, sondern auf abstrakte Weise erfahrbar zu machen.
- Inszenierungen werden eingesetzt, um an die Emotionen der BesucherInnen zu appellieren und mit einfachen Mitteln Bilder im Kopf entstehen zu lassen.

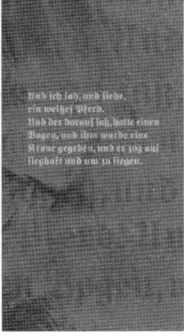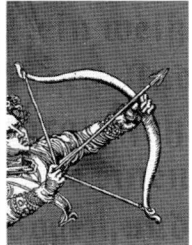

Abb. 2 *Apokalyptische Reiter*   Reiter

- Phasen von reiner Wissensaneignung wechseln mit Phasen des aktiven „Tuns" und der Bewegung sowie Ruhephasen ab.
- Schriftliche Informationen sind in drei klar erkennbare hierarchische Ebenen strukturiert – BesucherInnen können so selbst entscheiden, wie intensiv sie sich mit der Materie auseinander setzen möchten.

Allgemeine Überlegungen zur Ausstellungsgestaltung und -grafik

Als Leitfarbe wurde in Schärding ein ins Aubergine gehendes Rot in unterschiedlichen Schattierungen gewählt. Damit konnte im Farbspektrum des für Schärding stehenden Symbolobjektes geblieben werden. Die Farbe betont den Themenschwerpunkt „Stadt", dient als Stimmungsträger und schafft in den ansonsten modern und steril wirkenden Räumen Intimität.

Die verschiedenen Schattierungen entsprechen den verschiedenen Themenbereichen. Da jeder Themenbereich ein Stockwerk umfasst, kennzeichnen die Farben gleichzeitig die einzelnen Etagen.

BesucherInnen werden im Erdgeschoss von einer sehr dunklen Grundstimmung „eingesogen" und durchwandern immer heller werdende Räume, bis sie zuletzt noch einmal in die Dunkelheit eintauchen und mit Themen wie Tod, Katastrophen und Seuchen konfrontiert werden, die von den Pferden der Apokalypse symbolisiert werden.

Die zwischen den einzelnen Etagen liegenden Stiegenhäuser kennzeichnen mit ihrem fließenden Farbverlauf einerseits eine optische Trennung und dokumentieren andererseits, dass alle Bereiche ineinander übergreifen und miteinander korrespondieren.

Im Gegensatz dazu herrschen in Reichersberg verschiedene Grüntöne von smaragd- über erbsen- bis zu flaschengrün vor. Die Farbe visualisiert die Vielfalt und Form der Natur. In den beiden der Wallfahrt und Kirche gewidmeten Räumen wurde – assoziativ zur dargestellten Thematik – violett als Grundfarbe gewählt. Den gesamten Kellerkomplex durchziehen Vorsatzschalen, die aus bautechnischen Gründen notwendig waren und das Aussehen der Räume stark veränderten. Die Schwierigkeit für die Gestaltung bestand darin, diese Vorsatzschalen so in die Ausstellungsgestaltung zu integrieren, dass sie als Teil der Gestaltung und nicht als architektonischer Fremdkörper wirken. Alle Vorsatzschalen wurden mit zum jeweiligen Raumthema passenden Makromotiven von Pflanzen

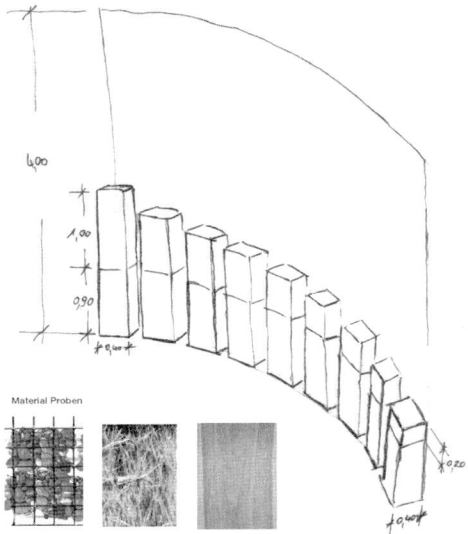

Abb. 3 *Vitrinensystem Reichersberg*   Frischenschlager, Prenn

kaschiert und integrieren sich damit harmonisch in die Gesamtgestaltung. Die ausgewählten Pflanzenmotive dienen als Symbolträger der jeweiligen Inhalte.

Die Vitrinen wurden in Reichersberg - im Gegensatz zu Schärding, wo sie in ihrer einheitlichen Struktur und Farbgebung als Zeichen für städtische Konformität dienen - äußerst unterschiedlich und zum jeweiligen Themenbereich passend gestaltet. Verschiedene freche und ungewöhnliche Materialien wurden als Grundstoff verwendet, um Inhalte wie Arbeit, Natur, Freizeit und Religion auf zeitgemäße Weise zu transportieren.

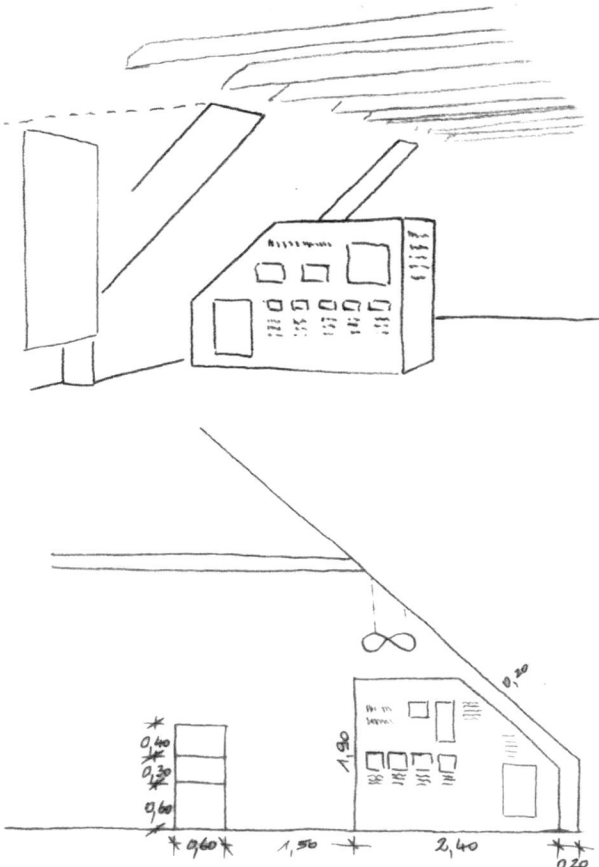

Abb. 4 *Vitrinensystem Schärding*   Frischenschlager, Prenn

Um optimal auf die Räume und präsentierten Objekte eingehen zu können, wurde in Schärding ein flexibles, freistehendes Vitrinensystem gewählt. Grundform bilden - abhängig von den zu präsentierenden Objektensembles - Vitrinenkuben und „Vitrinenwände" für mehrere Objekte mit Einschnitten/Sichtfenstern für jedes einzelne Objekt. Diese Methode ermöglicht einerseits sehr flexible Einzellösungen und andererseits die optische Trennung und Gliederung

der großen Räume in Schärding in einzelne, zusammengehörende inhaltliche Bereiche. Damit wird eine Strukturierung und Rhythmisierung der Räume erreicht. Gleichzeitig werden kleinere, intime Raumeinheiten geschaffen.

Die zeitgenössischen Originalzitate, die BesucherInnen in Schärding durch die Ausstellung begleiten, wirken sich auch in der grafischen Gestaltung aus. Absichtlich wurden sie nur in Schärding eingesetzt und grafisch umgesetzt, da sie neben der historischen Information auch die Schriftkultur der Stadt repräsentieren. Dagegen leiten in Reichersberg Raumtitel in klarer und moderner Schrift durch die Ausstellung.

Interaktive Touchwalls

Originalobjekte wurden in Reichersberg im Gegensatz zu Schärding bewusst sehr vorsichtig eingesetzt, da davon ausgegangen werden konnte, dass dem Großteil der BesucherInnen Objekte, Werkzeuge und Gerätschaften aus dem bäuerlichen Lebensumfeld bekannt sind. Anstelle eines Überangebotes an volkskundlichen Exponaten wurden erstmals in Oberösterreich in die Wandverschalung integrierte interaktive Touch Walls mit informativen Touch Points eingesetzt. Jede Touch Wall setzt sich aus einem modularen System von Touch Points zusammen, die auf Knopfdruck die gewünschten schriftlichen, bildlichen und zum Teil dreidimensionalen Informationen freigeben. Mit Hilfe dieses medialen Vermittlungssystems können sich BesucherInnen selbsttätig mit den Objekten, Inhalten

Abb. 5 *Touchwall Reichersberg*   Prenn, Reiter

und Themen des jeweiligen Ausstellungsschwerpunktes auseinander setzen. Neben Informationen zur greifbaren Sachkultur erhalten sie so ein Bild der Lebensumstände der damaligen Menschen, ihrer Auseinandersetzung mit der Umwelt und der gesellschaftlichen Prozesse der ausstellungsrelevanten Epoche.

Didaktische Elemente als integrative Bestandteile der Gestaltung

Sowohl für Reichersberg als auch für Schärding wurden spezielle didaktische Elemente für Kinder und Jugendliche entwickelt und in den allgemeinen Ausstellungsverlauf eingebaut. In Schärding wurden für jeden Themenbereich ausgewählte Ausstellungsexponate optisch hervorgehoben und mit eigenen Texten versehen. Jungen BesucherInnen wird so ein eigens für ihre Altersstufe entwickelter „roter Faden" durch die Ausstellung gelegt. Dabei ist jede Information für sich abgeschlossen, im Gesamten wird durch die Verfolgung aller spezifisch gekennzeichneten Objekte ein Überblick über die historische Entwicklung und Geschichte der Städte am Inn geboten.

In Reichersberg werden moderne Objekte kontrastierend zu den Ausstellungsobjekten präsentiert. Die jeweiligen modernen Exponate werden wie alle anderen Objekte behandelt, mit Objekttexten versehen, entsprechend präsentiert etc. Diese Gegenüberstellung soll Irritationen hervorrufen, den aktuellen romantisierenden Tendenzen entgegenwirken, zum Nachdenken anregen und auch Nachteile früherer Zeiten aufzeigen.

Aktionsorientierte Vermittlungsprogramme

Selbstverständlich wurde auch für diese Landesausstellung - wie schon in den Jahren zuvor - ein umfangreiches Vermittlungsangebot konzipiert. Für jeden der beiden oberösterreichischen Ausstellungsorte wurden jeweils drei zielgruppenspezifische, aktionsorientierte Vermittlungsprogramme für drei verschiedene Altersstufen sowie ein Workshopangebot für Familien entwickelt. Die Vermittlungsprogramme können einzeln gebucht werden, bei einem Besuch beider Ausstellungsorte ergänzen sie sich optimal und geben SchülerInnen der jeweiligen Altersstufe einen Einblick

Abb. 6   *Zusatzmaterialien als Erschließungshilfen bei aktionsorientierten Vermittlungsprogrammen*
Foto: Baier

in das städtische und ländliche Leben der Menschen am Inn.

Primär liegt der Schwerpunkt aller Vermittlungsprogramme auf eigenaktivem Tun. Mittels ausgewählter Zusatzmaterialien, die als Erschließungshilfen dienen, können SchülerInnen selbst aktiv werden, Neugierde entwickeln, Neues entdecken und Querverbindungen zu übergeordneten Zusammenhängen herstellen. Objekte werden nicht mehr losgelöst von historischen und sozialen Zusammenhängen, sondern vielmehr in Beziehung gesehen. Der Ausstellungsbesuch wird zum lustvollen Erlebnis und ermöglicht den SchülerInnen Erlebnisse und Erfahrungen an gegenständlichem, sinnlichem und experimentellem Lernen, wie sie der klassische Schulunterricht nicht bieten kann.

Grundsätzlich basieren alle Vermittlungsprogramme auf einer Gruppenteilungszahl von 15 SchülerInnen, um eine intensive Auseinandersetzung mit den Ausstellungsinhalten zu gewährleisten. Ein Wechsel von Kleingruppenarbeit und gemeinsamer Diskussion ermöglicht eine selbstständige Aneignung der Ausstellungsinhalte. Ein Wechsel der eingesetzten Methoden - wie Objektpuzzle, Zeitschnur, virtuelles Netzwerk, Signalpunkte etc. - sorgt für eine gleich bleibende Aufmerksamkeit der SchülerInnen.

Zusätzlich wurden Arbeitsblätter zur Vor- und Nachbereitung des Ausstellungsbesuches im Unterricht entwickelt. Sie bieten unter Berücksichtigung des Lehrplans der jeweiligen Schulstufen Anleitungen und Vorschläge für LehrerInnen zur Umsetzung der beiden Ausstellungsthemen im Unterricht. Besonderes Augenmerk wurde darauf gelegt, Inhalte der Ausstellungen nicht zu verdoppeln, sondern sinnvoll zu ergänzen.

Bayerisch-Oberösterreichische Landesausstellung 2004

Schärding und Stift Reichersberg

Veranstalter
Land Oberösterreich

Geschäftsführung
Amt der Oberösterreichischen Landes-
ausstellung
Landeskulturdirektion, Spittelwiese 4,
A-4021 Linz
Leiter: W. Hofrat Dr. Reinhard Mattes

Projektleitung
HR Dr. Reinhard Mattes
Mag. Reinhold Kräter

Public Relations/Marketing
Mag. Reinhold Kräter
Roland Pichlbauer

Organisation
Bernhard Stolberger
Dr. Eduard Nimmervoll
Karin Hauzenberger
Mag. Martina Bauer

Büro
Simone Diebetsberger
Gabriele Scheinhart
Sabine Schönbauer

Katalogredaktion
Dr. Julius Stieber

Kataloglektorat
Mag. Norbert Loidol

Technische Leitung
Ing. Manfred Quatember, Landesbau-
direktion – Abteilung GBM
Bautechnik - Sonderaufgaben

Örtliche Bauaufsicht/-koordinierung
Reinhard Böttcher
Monika Rollinger
Ing. Werner Hammer

WISSENSCHAFT

Gesamtleitung und Konzept
Dr. Elisabeth Vavra

Rahmenkonzept Reichersberg
Univ. Prof. Dr. Karl Brunner

Mitarbeit Wissenschaft
Dr. Ludger Drost, Kößlarn
Laura Scherr, Wien

Reinhold Spannlang, MA, Linz
Mag. Stephan Weigl, Linz

Restauratorische Betreuung
Prof. Mag. Karin Troschke
Mag. Rahel Jahoda
Mag. Mag.art. Monika Roth

PLANUNG UND GESTALTUNG

Ausstellungsgestaltung
Dr. Doris Prenn
Ing. Manfred Quatember

Mitarbeit Ausstellungsgestaltung
Dipl. Ing. Gert Frischenschlager
Mag. Christine Ranseder

Ausstellungsgrafik
Mag. art. Uschi Reiter

Mitarbeit Ausstellungsgrafik
Mag. art. Elisabeth Schedlberger

Werbegrafik
Dr. Robert Lang Marketing & Consulting
Isabella Grödl

Dekor
Josef Kobler

Symbolobjekte
Dr. Doris Prenn
Mag. art. Uschi Reiter

Vitrinengestaltung
Mag. art. Maria Richle
Gertrude Braun
Margit Leitner

Video- und Diainstallationen
Vogel-Audiovision, Linz
Dietmar Offenhuber
Nina Wenhart

Sounddesign
Komposition: Sam Auinger
Hardware: Gerd Thaller
Software: Gerald Schalek
Electronic: Roland Babl

Lichtdesign
Franz Stögner

Pädagogisches Vermittlungskonzept
prenn_punkt., Dr. Doris Prenn

Bauerngarten Reichersberg
Mag. Albin Lugmair
Österr. Agentur für Gesundheit und
Ernährungssicherheit GmbH –

Agrarbiologie Linz
Ing. Freudenthaler
Ing. Kainz

**Planung und Bauleitung Kindergarten-
und Kulturgebäude Schärding**
J. R. Schmatz GmbH – Bauplanungs-
gesellschaft

**Planung und Bauleitung Kultur- und
Veranstaltungszentr. Stift Reichersberg**
Amt der OÖ Landesregierung, Gebäude-
und Beschaffungsmanagement
Bautechnik – Sonderbauten

**Ausgrabungen und archäologische
Gestaltung**
Mag. Wolfgang Klimesch

KOOPERATIONSPARTNER
Landesgartenschau Burghausen
Niederbayerisches Bäderdreieck –
Thermen in Bad Birnbach, Bad Griesbach
und Bad Füssing
Österreichische Bundesbahnen
Österreichischer Rundfunk –
Landesstudio Oberösterreich
Therme Geinberg

SPONSOREN
Energie AG Oberösterreich
Oberösterreichische Versicherung AG
Raiffeisenlandesbank Oberösterreich
voestalpine Stahlhandel GmbH

LEIHGEBER
Aigen am Inn, Wallfahrtskirche St. Leon-
hard
Alkoven, Marion Reisinger
Altötting, Stiftspfarrkirche St. Philippus
u. Jakobus
Altötting, Wallfahrts- und Heimat-
museum
Braunau am Inn, Kirche Haselbach
Braunau am Inn, Museumsverein
Braunau
Braunau am Inn, Stadtgemeinde Braunau
Burghausen, Stadtarchiv Burghausen
Burghausen, Stadtmuseum Burghausen
Deggendorf, Karl Wiedemann Wachs-
warenfabrik GmbH
Deggendorf, Stadtarchiv Deggendorf
Deggendorf, Stadtmuseum Deggendorf
Dingolfing, Stadtarchiv Dingolfing
Dingolfing, Stadtmuseum Dingolfing
Eferding, Stadtmuseum Eferding
Eggenfelden, Stadtarchiv Eggenfelden

Erding, Heimatmuseum Erding
Göttweig, Stift Göttweig – Kunstsamm-lungen und Schatzkammer
Ingolstadt, Stadtmuseum Ingolstadt
Innsbruck, Tiroler Volkskunstmuseum
Kößlarn, Pfarrkirche
Kremsmünster, Stift Kremsmünster
Landau an der Isar, Heimatmuseum
Landshut, Museen der Stadt Landshut
Landshut, Privatbesitz
Landshut, Stadtarchiv Landshut
Linz, Dr. Niklas Fuchshuber
Linz, Nordico – Museum der Stadt Linz
Linz, Oberösterreichisches Heimatwerk
Linz, Oberösterreichisches Landesarchiv
Linz, Oberösterreichisches Landes-museum
Lohnsburg, Heimathaus Lohnsburg
Maria Schmolln, Bauernmuseum „Sollin-ger-Bauer", Georg u. Elfriede Reitmaier
Melk, Benediktinerstift Melk
Mühldorf am Inn, Kreismuseum Lodron-Haus
Mühldorf am Inn, Stadtarchiv Mühldorf am Inn
München, Mineralogische Staatssamm-lung München
Neuötting, Stadtarchiv Neuötting
Neuötting, Stadtmuseum Neuötting
Obernberg, Heimathaus Obernberg
Ort im Innkreis, Osternacher Bauern-museum
Passau, Archiv des Bistums Passau
Passau, Oberhausmuseum
Passau, Stadtarchiv Passau
Perwang am Grabensee, Zollmuseum
Pfarrkirchen, Stadt Pfarrkirchen – Museum im Alten Rathaus
Raab, Marktgemeinde Raab, Markstr. 101
Regensburg, Bischöfliches Zentralarchiv Regensburg
Regensburg, Museen der Stadt Regens-burg
Reichersberg, Augustiner-Chorherrenstift Reichersberg
Ried im Innkreis, Museum Innviertler Volkskundehaus
Rosenheim, Städtisches Museum Rosen-heim
Salzburg, Landesarchiv Salzburg
Salzburg, Museum Carolino Augusteum
St. Florian, Augustiner-Chorherrenstift St. Florian
St. Johann am Walde, Heimatmuseum „Beandhaus"
St. Roman, Gemeinde St. Roman
St. Roman, Heimathaus St. Roman

Schalchen, Heimathaus Schalchen
Schardenberg, Heimatmuseum „Troad-kasten" Schardenberg
Schärding, Heimathaus Schärding
Schärding, Stadtarchiv Schärding
Seitenstetten, Benediktinerstift Seiten-stetten
Sigharting, Gemeinde Sigharting, Heimat-museum Schloss Sigharting
Simbach am Inn, Heimatmuseum Sim-bach am Inn
Spitz an der Donau, Schifffahrtsmuseum Spitz an der Donau
Straubing, Gäubodenmuseum Straubing
Straubing, Fachgruppe der Zimmerer / Verein der Zimmerleute Straubing e.V.
Straubing, Bäcker-Innung Straubing / Fachverein der Bäcker und Konditoren Straubing e. V.
Straubing, Bau-Innung Straubing
Tittmoning, Heimathaus Rupertiwinkel
Traunstein, Stadt- und Spielzeugmuseum Traunstein
Trostberg, Stadtmuseum Trostberg
Vilsbiburg, Heimatmuseum – Kröninger Hafnermuseum Vilsbiburg
Vilshofen, Pfarrarchiv Vilshofen
Vilshofen, Stadt Vilshofen – Stadtarchiv
Vöcklabruck, Heimathaus Vöcklabruck
Walchen, Kinderwelt-Museum Schloß Walchen
Wasserburg, Museum der Stadt Wasser-burg am Inn
Weng, Heimathaus Weng
Wien, Heeresgeschichtliches Museum im Arsenal
Wien, Wiener Stadt- u. Landesbibliothek

DANKSAGUNG

Besonderer Dank für die Beistellung zahlreicher Leihgaben gebührt dem:
OÖ. Landesmuseum

Weiters haben zum Gelingen der OÖ. Landesausstellung 2004 in Schärding und Reichersberg dankenswerterweise beigetragen:
Augustiner Chorherren-Stift Reichersberg
Bayerischer Rundfunk – Regionalstudio Ostbayern
Bundesdenkmalamt – Landeskonservato-rat für Oberösterreich
Sicherheitsdirektion Oberösterreich
Bezirkshauptmannschaft Ried/Innkreis
Bezirkshauptmannschaft Schärding
Chorgemeinschaft Reichersberg

Diözese Linz
Familie Weyland, Schärding
Freiwillige Feuerwehr Schärding
Freiwillige Feuerwehren der Markt-gemeinde Reichersberg
Gemeinde Neuhaus am Inn
Krone Hit R@dio
Landesbaudirektion Oberösterreich Bau-dienstzentralabteilung, Abt. Autobahnen, Abt. Gebäude- und Beschaffungsmanage-ment, Abt. Straßenbau
Landesgendarmeriekommando für Ober-österreich
Land Oberösterreich – Abt. Bildung, Abt. Gewerbe
Landratsamt Passau
Life Radio
Marktgemeinde Reichersberg
Mitglieder Marketingarbeitskreis Landes-ausstellung 2004
Museum Kloster Asbach
Neues Volksblatt
NÖ. Landesregierung – Abt. Straßen-betrieb
NÖ. Landesregierung – Abt. Wissen-schaft und Kultur
Oberhausmuseum Passau
Oberösterreich Tourismus
OÖ. Nachrichten
OÖ. Rundschau
Oberösterreichisches Landesmuseum
OÖ.-Touristik GmbH
ORF – Landesstudio Oberösterreich
Österreich Werbung
Stadt Passau
Stadtgemeinde Schärding
Stadtpfarre Schärding
Tourismus Technologie GmbH
Tourismusverband Schärding
Tourismusverband S'INNVIERTEL
Wirtekooperation

Besonderer Dank ergeht an:
Mag. Otmar Öhlinger aus Schärding, der in Zusammenarbeit mit Prof. Mag. Rudolf Amschal, Ernst Dürr, Prof. Mag. Anna Gugerbauer und Prof. Mag. Karl Schmid, das Thema „Stadt" für das Landesaus-stellungsprojekt von Schärding in den Grundlagen ehrenamtlich forciert hat.

Weiters ergeht unser Dank an:
Bgm. Ing. Franz Xaver Angerer, Schärding
Mag. GR. Eduard Bachleitner, Stadt-pfarrer von Schärding
Friedrich Bernhofer, Abgeordneter zum OÖ. Landtag

Dr. Kurt Birsak, Museum Carolino Augusteum Salzburg

Ing. Alois Emmer, Stadtarchiv Schärding

Dr. Andrea Euler, Oberösterreichisches Landesmuseum Linz

Josef Freund, Leonhardimuseum Aigen am Inn

Markus Furtner, Landesausstellungsverein Schärding

Lambert Grasmann, Vilsbiburg

Bgm. a.D. Ferry Gstöttner, Schärding

Mag. Hubert Gurtner, Landesmusikschule Obernberg

Edwin Hamberger, Stadtarchiv Mühldorf am Inn

Matthias Haupt, Stadtarchiv Wasserburg am Inn

Dr. Helmut Keim, Freilichtmuseum Glentleiten

Hans Killingseder, Symphonisches Blasorchester des Landkreises Passau

Univ. Prof. Dr. Gregor Lechner, Benediktinerstift Göttweig

Stefan Maier, MA, Gäubodenmuseum Straubing

Karl Mair, Stadtarchiv Rosenheim

Dr. Martin Ortmeier, Freilichtmuseum Massing

Bgm. Johann Schamberger, Reichersberg

Dr. Lothar Schultes, Oberösterreichisches Landesmuseum Linz

Mag. Martin Selinger, Oberösterreich Tourismus

Mag. Ute Streitt, Oberösterreichisches Landesmuseum Linz

Rentmeister Mag. Werner Thannecker, Stift Reichersberg

Propst Prälat Eberhard Vollnhofer, Stift Reichersberg

Bettina Würstel, Tourismusverband Schärding

Museum Kloster Asbach

Veranstalter
Landkreis Passau

Projektleitung
Dr. Wilfried Hartleb

Wissenschaftliches Konzept
Prof. Dr. Egon Boshof
Dr. Kerstin Petermann

Mitarbeit Wissenschaft
Walter Wandling M.A.

Organisation
Dr. Kerstin Petermann

Mitarbeit Organisation
Walter Wandling M.A.
Heidrun Berchtold M.A.
Ernst Raith

Public Relations/Marketing
Dr. Wilfried Hartleb

Katalogredaktion
Dr. Kerstin Petermann

Büro
Rita Köck
Sonja Steininger

Restauratorische Betreuung
Oliver Schach
Gaby Schmalhofer
Alfred Stemp

Ausstellungsgestaltung
plan_los Architektur Ausstellungsgestaltung Multimediadesign
Tobias Rieder, Wolfgang Huck

Ausstellungsgrafik
designby frank scheikl

Werbegrafik
Dr. Robert Lang Marketing & Consulting

Museumspädagogik
Dr. Wilfried Hartleb
Katrin Engelmeier
Albertina Niedermeier

Mitarbeiter Museum Kloster Asbach
Heinz Aigner
Agi Jetzinger
Emma Hofaichner

KOOPERATIONSPARTNER
Landesgartenschau Burghausen
Niederbayerisches Bäderdreieck – Thermen in Bad Birnbach, Bad Griesbach, Bad Füssing

SPONSOREN
Sparkasse Passau
Versicherungskammer Bayern
Kopschitz Kerzen
Rottaler Fruchtsaft
Handwerkskammer Niederbayern-Oberpfalz
Ernst-Pietsch-Stiftung

LEIHGEBER
Aldersbach, Kath. Pfarrkirchenstiftung
Arnstorf, Graf Deym
Asbach, Kath. Pfarrkirchenstiftung

Augsburg, Universitätsbibliothek
Beutelsbach, Kath. Pfarrkirchenstiftung
Burghausen, Stadtarchiv Burghausen
Braunau am Inn, Museumsverein
Eberschwang, Privatbesitz
Eggenfelden, Stadt Eggenfelden, Sammlung Hofmark Gern
Ering, Kath. Pfarrkirchenstiftung
Fürstenzell, Kath. Pfarrkirchenstiftung
Haidenburg, G. Adam Freiherr von Aretin
Halsbach, Kath. Pfarrkirchenstiftung
Hamburg, Museum für Kunst u. Gewerbe
Handenberg, Kath. Pfarrkirche
Hartkirchen am Inn, Kath. Pfarrkirchenstiftung
Ingolstadt, Bayerisches Armeemuseum
Klosterneuburg, Augustiner-Chorherrenstift, Stiftsmuseum
Köln, Museum Schnütgen
Kößlarn, Kath. Pfarrkirchenstiftung
Kremsmünster, Stift Kremsmünster
Landshut, Staatsarchiv Landshut
Linz, Nordico – Museum der Stadt Linz
Linz, Oberösterreichische Landesbibliothek
Linz, Oberösterreichisches Landesmuseum
Mittich, Kath. Pfarrkirchenstiftung
Moos, S.H. Dipl. Ing. Riprand Graf von und zu Arco Zinneberg, Schloss Moos
München, Archäologische Staatssammlung München – Museum für Vor- und Frühgeschichte
München, Bayerische Staatsbibliothek
München, Bayerisches Hauptstaatsarchiv
München, Bayerisches Nationalmuseum
München, Bayerische Staatsgemäldesammlungen
München, Münchner Stadtmuseum
München, Staatliche Münzsammlung
Ortenburg, Evang. Kirchengemeinde
Passau, Archiv des Bistums Passau
Passau, Familie Brunner
Passau, Oberhausmuseum
Passau, Staatliche Bibliothek
Passau, Universität Passau
Pocking, Kath. Pfarrkirchenstiftung
Ranshofen, Pfarrei
Regensburg, Museen der Stadt Regensburg
Reichersberg, Augustiner-Chorherrenstift Reichersberg
Ried im Innkreis, Museum Innviertler Volkskundehaus
Rotthalmünster, Kath. Pfarrkirchenstiftung

Salzburg, Residenzgalerie
Sammarei, Kath. Pfarrkirchenstiftung
St. Florian, Augustiner-Chorherrenstift
Schärding, Heimathaus Schärding
Schönau, Kath. Pfarrkirchenstiftung
Stams, Museum Stift Stams, Tirol
Straubing, Gäubodenmuseum
Straubing, Dr. R. Jungbauer, Europäische
Skulpturen
Sulzbach, Kath. Pfarrkirchenstiftung
Tambach, Graf zu Ortenburg
Vornbach, Kath. Pfarrkirchenstiftung
Wien, Erzbischöfliches Dom- und
Diözesanmuseum

DANKSAGUNG

Für Rat und Hilfe danken wir:

Dr. Ernst Aichner, Direktor des Bayerischen Armeemuseums, Ingolstadt
Dr. Martin Angerer, Direktor der Museen der Stadt Regensburg
Bgm. Ing. Franz Xaver Angerer, Bürgermeister der Stadt Schärding
S.H. Dipl. Ing. Riprand Graf von und zu Arco Zinneberg, Schloss Moos
G. Adam Freiherr von Aretin, Haidenburg
Pfarrer Andreas Artinger, Kath. Pfarrkirchenstiftung Ruhstorf
Mag. Dr. Peter Assmann, Oberösterreichisches Landesmuseum, Linz
Margot Attenkofer, Bayerische Staatsbibliothek, München
Birgit Bachl, Tourismus Passauer Land
Dr. Sieglinde Baumgartner, Museum Innviertler Volkskundehaus, Ried im Innkreis
Prof. Dr. Reinhold Baumstark, Generaldirektor der Bayerischen Staatsgemäldesammlungen, München
Dr. Eva Bayer-Niemeier, Museum Quintana, Künzing
Dr. Manuela Beer, Museum Schnütgen, Köln
Prof. Lothar Bodingbauer, Römer-Erlebnismuseum Ochzethaus, Altheim
Dr. Bernhard A. Böhler, Erzbischöfliches Dom-und Diözesanmuseum Wien
Edith Bottler, Leiterin Tourismus Passauer Land
Renate Braun, Vorstandsvorsitzende der Sparkasse Passau
Alois Brunner M.A., Bischöfliches Ordinariat Passau, Kunstreferat
Franziska Brunner, Passau
Dr. Max Brunner, Direktor des Oberhausmuseums Passau
Patrice Bruvier, Aurolzmünster

Franz Buchinger, Eberschwang
Pfarrer Herbert Czech, Kath. Pfarrkirchenstiftung Ering
Josef Graf von Deym, Arnstorf
Gertrud Diepolder, München
Dr. Anne-S. Domm, Münchner Stadtmuseum
Margareta Doppler, Museumsverein Braunau am Inn
Gerhard Ederndorfer, Direktor des Dom- und Diözesanmuseums, Wien
Dr. Renate Eikelmann, Generaldirektorin des Bayerischen Nationalmuseums, München
Ulrike Engelsberger, Landesarchiv Salzburg
Dr. Christian Enichlmayr, Direktor der Oberösterreichischen Landesbibliothek Linz
Endre Graf Esterhàzy, Ering
Marie Gabrielle Gräfin Esterhàzy, Ering
Paul-Daniel Graf Esterhàzy, Ering
Evangelische Kirchengemeinde Ortenburg
Förderkreis Neuburg am Inn
Dr. Peter Germann-Bauer, Museen der Stadt Regensburg
Eva Gilch M.A., Stadtmuseum Burghausen
Dr. Gabriele Groschner, Residenzgalerie Salzburg
Dr. Günter Hägele, Universitätsbibliothek Augsburg
Baron Dr. Norbert van Handel, Schloss Almegg, Steinerkirchen
Dr. Josef Haushofer, Eggenfelden
Univ. Prof. Dr. Friedrich Hausmann, Graz
Dr. Bernhard Heitmann, Museum für Kunst und Gewerbe, Hamburg
Pfarrer Manfred Hendlmaier, Kath. Pfarrkirchenstiftung Schönau
Adolf Hofstetter, Oberhausmuseum Passau
Prof. Dr. Wilhelm Hornborstel, Direktor des Museums für Kunst und Gewerbe, Hamburg
Mag. Wolfgang Huber, Stiftsmuseum Klosterneuburg, Stift Klosterneuburg
Dr. Roswitha Juffinger, Residenzgalerie Salzburg
Dr. Jörg Kastner, Direktor der Staatlichen Bibliothek Passau
Ulla Kendlinger, Stadtarchiv Burghausen
Dr. Georg Ritter von Kern, Bayerisches Armeemuseum, Ingolstadt
Dr. Dietrich Klose, Staatliche Münzsammlung, München

Dr. Dieter Kudorfer, Bayerische Staatsbibliothek, München
Pfarrer Franz Kufner, Kath. Pfarrkirchenstiftung Aidenbach
Elmar Kuhn, Landratsamt Bodenseekreis, Amt für Geschichte und Kultur, Friedrichshafen
Kulturkreis Kloster Asbach e.V.
P. Witold Kuman MS, Kath. Pfarrkirchenstiftung Aldersbach
Norbert Leitner, Heimathaus Schärding
Dr. Malisch, Bayerisches Hauptstaatsarchiv München
Pfarrer Eduard Mayer, Kath. Pfarrkirchenstiftung Pocking
Dr. Ulrich Montag, Bayerische Staatsbibliothek, München
Propst Wilhelm Neuwirth, Augustiner-Chorherrenstift St. Florian
MMMag. Hubert Nitsch, Kunstreferat der Diözese Linz
Mag. Monika Oberchristl, Oberösterreichisches Landesmuseum Linz, Graphische Sammlungen
Heinrich Graf zu Ortenburg, Tambach
Prof. Bernhard Overbeck, Direktor der Staatlichen Münzsammlung, München
Dr. Johannes Prammer, Leiter des Gäubodenmuseums, Straubing
Ing. Manfred Quatember, Amt der OÖ. Landesregierung, Linz
Em. Univ. Prof. DDr. Karl Rehberger, Augustiner-Chorherrenstift St. Florian, Stiftsbibliothek
Mag. Ferdinand Reindl, Aurolzmünster
Univ. Prof. DDr. Floridus Röhrig Can.Reg., Stiftsmuseum Klosterneuburg, Stift Klosterneuburg
Hortensia von Roten, Schweizerisches Landesmuseum, Zürich
Prof. Dr. Hermann Rumschöttel, Generaldirektor der Staatlichen Archive Bayerns
Prof. Dr. Erwin M. Ruprechtsberger, Nordico – Museum der Stadt Linz
Dr. Gregor Schauber, Augustiner-Chorherrenstift Reichersberg
Dr. Martin Schawe, Bayerische Staatsgemäldesammlungen, München
Dr. Astrid Scherp, Bayerisches Nationalmuseum, München
Werner Schießl, Bürgermeister der Stadt Eggenfelden
Josef Schneider, Leiter des Stadtmuseums Burghausen
P. Norbert Schnellhammer, Museum Stift Stams, Tirol

Dr. Lothar Schultes, Oberösterreichisches
Landesmuseum, Linz
Dr. Christine Schwanzar, Oberösterreichisches Landesmuseum Linz, Abteilung
Römerzeit- und Mittelalterarchäologie
Prof. Dr. W. Schweitzer, Rektor der Universität Passau
Dr. Gerhard Schwertl, Direktor des
Staatsarchivs Landshut
Dr. Lorenz Seelig, Bayerisches National-
museum, München
Pfarrer Hans Spielmann, Kath. Pfarr-
kirchenstiftung Haarbach
Johann Spitzlinger, KMA Kulturmanage-
ment Aurolzmünster
P. Manfred Stein, Kath. Pfarrkirchen-
stiftung Fürstenzell
Hr. Thiele, Fa. Schuderer, Eschweiler-
Weisweiler
Dr. Wolfgang Till, Direktor des
Münchner Stadtmuseums
Pfarrer Johannes Trum, Kath. Pfarr-
kirchenstiftung Rotthalmünster
Dr. Peter Volk, München
Gertrud Voll, Neuendettelsau
Propst Prälat Eberhard Vollnhofer,
Stift Reichersberg
Eva A. Wagner, München
Prof. Dr. Ludwig Wamser, Direktor der
Archäologischen Staatssammlung –
Museum für Vor- und Frühgeschichte,
München
Dr. Elisabeth Weinberger, Bayerisches
Hauptstaatsarchiv, München
Dr. Matthias Weniger, Bayerisches
Nationalmuseum, München
Pfarrer Gottfried Werndle, Kath. Pfarr-
kirchenstiftung Halsbach
Prof. Dr. Hiltrud Westermann-Anger-
hausen, Direktorin des Museums
Schnütgen, Köln
Prof. Dr. Joachim Wild, Direktor des
Bayerischen Hauptstaatsarchivs,
München
P. Klaudius Wintz, Kunstsammlungen
Stift Kremsmünster
Dr. Barbara Wührer, Archäologische
Staatssammlung – Museum für Vor-
und Frühgeschichte, München
Pfarrer Dr. Hans Würdinger, Kath.
Pfarrkirchenstiftung Neuhaus am Inn
Pfarrer Manfred Wurm, Kath. Pfarr-
kirchenstiftung Kößlarn
Dr. Herbert W. Wurster, Direktor des
Archivs des Bistums Passau
Dr. Joachim Zeune, Büro für Burgen-
forschung, Eisenberg/Zell

Oberhausmuseum Passau

Veranstalter
Oberhausmuseum Passau

Projektleitung
Ltd. Kulturdirektor Dr. Max Brunner

Organisation
Dr. Max Brunner
Petra Gruber M.A.
Adolf Hofstetter M.A.
Roland Pongratz M.A.
Judith Lamby

Öffentlichkeitsarbeit
Catrin Weh, Dipl. Kulturwirtin

Hotline
GKS, Gesellschaft für Kommunikations-
service mbH, Passau

Büro
Martina Fischer

Bauliche Betreuung
Ltd. Baudirektor F.X. Scheuerecker
Ludwig Berger
Antoinette Barth
Dipl. Ing. Walter Benischke

Kasse und Museumsshop
Hermann Wimmer

WISSENSCHAFT

Gesamtleitung
Dr. Max Brunner

Konzept und wissenschaftliche Umsetzung
Dr. Max Brunner
Petra Gruber M.A.
Adolf Hofstetter M.A.
Roland Pongratz M.A.

Wissenschaftliche Mitwirkung
Dipl. Hist. Jozef Mertens, Landkom-
mende Alden Biesen (B)
Notar Franz Aumann, Sint- Truiden (B)
Arnourt Mertens M.A., Florenz (I)
Dr. Rita Haub, München
Dr. Herbert W. Wurster, Passau
Alois Brunner M.A., Passau
Natascha Mehler M.A., Ingolstadt
Dr. Margret Klinge, Düsseldorf
Dr. Claudia Gadner, Innsbruck (A)
Dr. Ludger Drost, Kößlarn

Autoren der Beiträge und Objekt-beschreibungen
s. Katalog

Restauratorische Betreuung
Petra Gruber M.A.
W.-M. Kolodziejski-Zieba
Alfred Stemp
Klaus Martius
Magdalena Verenkotte-Engelhardt
Ernst Bielefeld
Armin Börnert
Gabriele Schmalhofer

PLANUNG UND GESTALTUNG

Ausstellungsgestaltung
Dipl. Ing. (FH) Petra Kiermeier
Rudi Mautner
Antoinette Barth
Petra Gruber M.A.
Adolf Hofstetter M.A.
Roland Pongratz M.A.
Egon Kohlweg
Herbert Feldmeier

Ausstellungsaufbau
Egon Kohlweg
Josef Rehberger
Erwin Markowetz (Schreinerei Fritz,
Tiefenbach)
Robert Köberl (Fa. Thomas Schütt,
Passau)
Robert Maier (Optimum, Grafenau)
Klaus Spitzenberger (Städt. Bauhof,
Passau)
Fa. Elkatech, Untergriesbach
Fa. Elektro Johann Vogl GmbH, Passau
Fa. Elektro Fredl, Passau
Fa. Elma Elektroplanung, Passau

Ausstellungsgrafik
Rudi Mautner
Georg Thuringer
Prof. Dr. Boris Röhrl, FH Wiesbaden
unter Mitwirkung von:
Julia Belot
Dennis Braun
Ingmar Drewing
Pierre Exner
Sandra Glausch
Alan Schmitt
Christian Weber

Werbegrafik
Dr. Robert Lang Marketing & Consulting
Catrin Weh, Dipl. Kulturwirtin
Rudi Mautner

Kostüme
Cornelia Deml

Fotomodels
Patrick Gottinger (Leopold)
Melanie Gropp (Eleonora)

Multimedia
Dr. Winfried Helm
Dionys Asenkerschbaumer
Walter Tackovic
Georg Thuringer
Nico Ueckermann
Richard Schaffner
Helmut Degenhart
Michael Bader
Rudi Mautner

Museumspädagogik
Petra Gruber M.A.
Judith Lamby
Thomas A. Ziegler

Audioguide
Lutz Oldenmeier (linon medien, Berlin)
Marcus Peter
Hendrik Klein

Übersetzungen
Charles Madsen
Ondrej Kalina
Jan Spin
Lotte Meers-Stangl

Rahmenprogramm
Petra Gruber M.A.
Judith Lamby
Roland Pongratz M.A.
Catrin Weh, Dipl. Kulturwirtin

**Mitarbeit Organisation und Rahmen-
programm**
Andrea Schindler
Tanja Münichsdorfer M.A.
Simone Kuhnt
Juliane Göbl

Praktikanten
Nicole Hartl
Martina Tremml
Birgit Attenberger
Hilke Glockemann
Corinna Landvoigt
Katja Rammler
Jocely Mehringer
Estelle Raso
Katharina Streicher

Mit besonderem Dank an unseren verstorbenen Kollegen Andreas Weishäupl.

KOOPERATIONSPARTNER
Landesgartenschau Burghausen
Niederbayerisches Bäderdreieck-Thermen
in Bad Birnbach, Bad Griesbach und
Bad Füssing
Passau-Tourismus
Wurm und Köck, Schiffahrtsgesellschaft,
Passau
Passau-Card
Römermuseum Kastell Boiotro, Passau

SPONSOREN
Sparkasse Passau
Versicherungskammer Bayern
Bistum Passau
Ostbayerische Kulturstiftung der ZF
Passau
Stadtwerke Passau

LEIHGEBER
Antwerpen, Fondatie Terninck
Antwerpen, Koninklijk Museum voor
Schone Kunste
Antwerpen, Museum Plantin-Moretus
Antwerpen, Museum Vleeshuis
Antwerpen, VZW Loyola
Averbode, Abdij van Averbode
Beloeil, Fondation Ligne ASBL
Brüssel, Stedelijke Musea, Broodhuis
Deggendorf, Stadtmuseum
Eferding, Schloss Starhemberg
Eichstätt, Universitätsbibliothek Eich-
stätt-Ingolstadt, Handschriftenabteilung
Enghien/Edingen, Archief en Cultureel
Centrum Arenberg
Frankenburg, Privatbesitz (Bauunter-
nehmung Schmid)
Gaasbeck, Kasteel van Gaasbeek
Gangkofen, Kath. Kirchenstiftung Anger-
bach
Gent, Stadsarchief
Gent, Universiteit, Centrale Bibliotheek,
Afd. Handschriften, Kostbare Werken en
Munten Penningkabinet
Herzogenburg, Augustiner-Chorherren-
stift
Heverlee, Archief van de Vlaamse
Jezuiten
Innsbruck, Sammlungen Schloss Ambras,
Kunsthistorisches Museum Wien
Innsbruck, Serviten Konvent
Ingolstadt, Bayerisches Armeemuseum
Ingolstadt, Stadtmuseum
Innsbruck, Tiroler Landesmuseum
Ferdinandeum
Klosterneuburg, Augustiner–Chorherren-
stift, Stiftsmuseum

Klosterneuburg, Stadtmuseum
Kößlarn, Kath. Pfarrkirchenstiftung
Kremsmünster, Stift Kremsmünster
Kremsmünster, Sternwarte, Stift Krems-
münster
Landau an der Isar, Privatbesitz
(Fa. Seidl)
Lasberg, Marktgemeinde
Lindau, Städtisches Museum, „Haus zum
Cavazzen"
Linz, Nordico – Museum der Stadt Linz
Linz, Oberösterreichisches Landesarchiv
Linz, Oberösterreichisches Landes-
museum
Mechelen, Stedelijke Musea
Mühldorf am Inn, Kreisheimatmuseum
im Lodronhaus
Mühldorf am Inn, Kath. Pfarramt
München, Archivum Monacense
München, Bayerische Staatsbibliothek
München, Bayerisches Hauptstaatsarchiv
München, Bayerisches Nationalmuseum
München, Bayerische Staatsgemälde-
sammlungen
München, Deutsches Jagd- und Fischerei-
museum
München, Kunstreferat, Erzbischöfliches
Ordinariat
Nürnberg, Germanisches National-
museum
Nürnberg, Landeskirchliches Archiv der
evang.-luth. Kirchen in Bayern
Passau, Archiv des Bistums Passau
Passau, Evang. Pfarramt St. Matthäus
Passau, Staatliche Bibliothek Passau
Passau, Staatliches Hochbauamt
Passau, Wallfahrtskirchenstiftung Maria
Hilf
Passau, Wolfgang Zormeier
Regensburg, Evang.-Luth. Kirchenge-
meinde, Regensburg-Dreieinigkeitskirche
Regensburg, Stadt Regensburg
Ried im Innkreis, Museum Innviertler
Volkskundehaus
Rutzenmoos, Evangelisches Museum
Oberösterreich
Salzburg, Dommuseum
Salzburg, Erzabtei St. Peter
Salzburg, Museum Carolino Augusteum
Salzburg, Zentrale Inventarverwaltung des
Landes Salzburg
St. Florian, Augustiner-Chorherrenstift
St. Florian, Stiftsbibliothek
Schärding, Heimathaus
Steyr, Stadtmuseum
Steyregg, Forstverwaltung
Tournai, Musée d'Archéologie

Wien, Heeresgeschichtliches Museum
Wien, Historisches Museum
Wien, Kunsthistorisches Museum
Zedelgem (Loppem), Stichting Jean van Caloen

DANKSAGUNG

Ein besonderer Dank gilt den vielen öffentlichen und privaten Leihgebern aus Deutschland und seinen europäischen Nachbarländern, ohne deren Entgegenkommen diese Ausstellung nicht realisierbar gewesen wäre (s. Liste der Leihgeber).

Namentlich haben zum Gelingen der Bayerisch-Oberösterreichischen Landesausstellung 2004 im Oberhausmuseum Passau beigetragen:

Ernst Aicher, Kreisheimatmuseum im Lodronhaus, Mühldorf am Inn
Direktor Dr. Ernst Aichner, Bayerisches Armeemuseum, Ingolstadt
Kirchenpfleger Johann Aigner, Wallfahrtskirche Maria-Loretto, Gangkofen
Ltd. Baudirektor Günter Albrecht, Staatliches Hochbauamt Passau
Mag. Dr. P. Amand Kraml, Sternwarte/Stift Kremsmünster
Direktor Prof. Dr. Gert Ammann, Tiroler Landesmuseum Ferdinandeum, Innsbruck
Dr. Martin Angerer, Museen Stadt Regensburg
Prinz van Arenberg, Archief en Cultureel Centrum Arenberg, Enghien/Edingen (B*)
Direktor Mag. Dr. Peter Assmann, Oö. Landesmuseen Linz
Margot Attenkofer, Bayerische Staatsbibliothek, München
Direktor HR Dr. Alfred Auer, Sammlungen Schloss Ambras/KHM Wien, Innsbruck
Dhr. Franz Aumann, Sint-Truiden (B*)
Direktor Dr. Helmut Baier, Landeskirchliches Archiv der ev.-luth. Kirchen in Bayern, Nürnberg
HH. Domdekan Erich Baumann, Wallfahrtskirchenstiftung Maria Hilf, Passau
Dr. Sieglinde Baumgartner, Museum Innviertler Volkskundehaus, Ried im Innkreis
Generaldirektor Prof. Dr. Reinhold Baumstark, Bayerische Staatsgemäldesammlungen, München
Direktor HR Dr. Christian Beaufort-Spon-

tin, Hofjagd- und Rüstkammer – Kunsthistorisches Museum Wien
Abt Oddo Bergmaier, Benediktinerstift Kremsmünster
Bibliotheek van de Stichting Jean van Caloen, Zedelgem-Loppem (B*)
P. Dr. Korbinian Birnbacher OSB, Erzabtei St. Peter, Salzburg
Dr. Birgitt Borkopp-Restle, Bayerisches Nationalmuseum, München
Josef Brandstätter, Marktgemeinde Lasberg
Renate Braun, Vorstandsvorsitzende der Sparkasse Passau
Alois Brunner M.A., Leiter des Diözesanmuseums Passau
Christian Büchele, Universitätsbibliothek, Handschriftenabteilung, Eichstätt-Ingolstadt
Dr. Friedrich Buchmayr, Stiftsbibliothek, Augustiner-Chorherrenstift St. Florian
Pater Daniël Butaye s.j., Archief van de Vlaamse Jezuiten, Heverlee (B*)
Dhr. André Capiteyn, Stadtarchiv, Gent (B*)
Dr. Martin Dallmeier, Regensburg
Dr. Marianne Delcourt-Vlaeminck, Musée d'Archéologie, Tournai (B*)
Fritz Dillinger, D`Unterinntaler Passau e.V.
Josef Doppermann, Trachtenverein Schardenberg
Direktor Mag. Michael Duscher, Stadtmuseum, Klosterneuburg
Superintendent Mag. Hansjörg Eichmeyer, Evangelisches Museum Rutzenmoos, Linz
Ulrike Eichmeyer-Schmid, Evangelisches Museum Rutzenmoos, Linz
Generaldirektorin Dr. Renate Eikelmann, Bayerische Nationalmuseum, München
Bernd E. Ergert, Deutsches Jagd- und Fischereimuseum, München
Dr. Bernd Feiler, Kunstreferat, Erzbischöfliches Ordinariat München
Fondatie Terninck, Antwerpen (B*)
Propst Prl. KR Mag. Maximilian Fürnsinn, Augustiner-Chorherrenstift Herzogenburg
Dr. Claudia Gadner, Abteilung Kultur im Amt der Tiroler Landesregierung, Tiroler Kunstkataster, Innsbruck
Josef Gegenhuber, Museum der Stadt Steyr
Abt Ulrik Geniets, Abdij van Averbode (B*)
Dr. Peter Germann-Bauer, Museen der Stadt Regensburg

Dr. Nina Gockerell, Bayerisches Nationalmuseum
Gunter Grieten, Brussel (B*)
Generaldirektor Prof. Dr. G. Ulrich Großmann, Germanisches Nationalmuseum, Nürnberg
Dr. Sabine Haag, Kunstkammer – Kunsthistorisches Museum Wien
Pater Prior Norbert Harm, Servitenkonvent, Innsbruck
Mit besonderem Dank Archivleiterin Dr. Rita Haub M.A., Archivum Monacense SJ, München
Matthias Haupt, Stadtarchiv Wasserburg am Inn
Hon. Prof. HR Dr. Georg Heilingsetzer, Oberösterreichisches Landesarchiv Linz
Dr. Angela Heilmann, „Haus zum Cavazzen", Städtisches Museum Lindau
Alfons Helmbrecht, Regg.v. Ndb.
Martina Holzmann, Bayerisches Nationalmuseum, München
Mag. Wolfgang Huber, Stiftsmuseum, Augustiner-Chorherrenstift Klosterneuburg
Dr. Wim Hüsken, Stedelijke Musea, Mechelen (B*)
Dr. Paul Huvenné, Koninklijk Museum voor Schone Kunste, Antwerpen (B*)
Direktor Dr. Jörg Kastner, Staatliche Bibliothek Passau
Dr. Willibald Katzinger, Nordico – Museum der Stadt Linz
Dr. Peter Keller, Dommuseum zu Salzburg
Direktorin Lies Kerkhofs, Landkommanderij Alden Biesen, Bilzen (B*)
Dr. Georg Ritter von Kern, Bayerisches Armeemuseum, Ingolstadt
Rainer Klemm, Sternwarte Passau
Dr. Margaret Klinge, Düsseldorf
Matthias Koopmann, Passau
Pfarrer Thomas Kratzer, Kath. Kirchenstiftung Angerbach, Gangkofen
Pater Provinzial Mirko Legawiec (OSPPE), Maria Hilf, Passau
Lehr Christa & Max, Passau
Norbert Leitner, Heimathaus, Schärding
David Lewis, London (GB**)
André Leysen, Antwerpen (B*)
Prince de Ligne, Fondation Ligne ASBL, Beloeil (B*)
Antje Limprecht, Jugendherberge Passau
Dr. Klaus Walter Littger, Universitätsbibliothek, Handschriftenabteilung, Eichstätt-Ingolstadt
Pfarrer Michael Ljubisic, Katholisches Pfarramt St. Nikola, Mühldorf am Inn

Kons. Ing. Dr. Raimund Locicnik, Museum der Stadt Steyr

Dipl. Ing. Thomas Maier, Geschäftsführer der Stadtwerke Passau GmbH

Pfarrer Dieter Martin, Evang. Pfarramt St. Matthäus, Passau

Direktor Dr. Erich Marx, Salzburger Museum Carolino Augusteum

Mag. Natascha Mehler, Römisch Germanische Kommission des Deutschen Archäologischen Instituts, Forschungsstelle Ingolstadt

Arnout Mertens, Hechtel (B*)

Mit besonderem Dank Jozef Mertens, Landkommanderij Alden Biesen, Bilzen (B*)

Dr. Karel Moens, Stedelijke Musea, Broodhuis, Brüssel; Museum Vleeshuis, Antwerpen (B*)

Dr. Siegfried Naser, Vorsitzender des Stiftungsvorstandes der bayer. Sparkassenstiftung

Dr. Francine de Nave, Museum Plantin-Moretus, Antwerpen (B*)

Robert Noortman, Maastricht (B*)

Josef Oberleitner, Dreiflüsse Ballooning Passau

Alois Ortner, Stadtrat, Vorstandsrat im ADAC Südbayern

Birgitta Petschek-Sommer M.A., Stadtmuseum Deggendorf

Jan Pincket, Grimbergen (B*)

Dipl. Ing. Alois Pohmann, Vorsitzender des Fördervereins Oberhausmuseum e.V.

Dr. Bernhard Prokisch, Oö. Landesmuseum, Schlossmuseum, Linz

Heinz Prokop, Vorstandsvorsitzender der Versicherungskammer Bayern, München

Thomas Pummerer und Barbara Kaddick, Riedering

Prof. HR Dr. Manfried Rauchensteiner, Heeresgeschichtliches Museums Wien

DDr. Karl Rehberger, Stiftsbibliothek, Augustiner-Chorherrenstift St. Florian

Dr. Martine de Reu, Universiteit, Centrale Bibliotheek, Afd. Handschriften, Kostbare Werken en Munten Penningkabinet, Gent (B*)

Direktor Prof. DDr. Floridus Röhrig, Stiftsmuseum, Augustiner-Chorherrenstift Klosterneuburg

Prof. Dr. Boris Röhrl mit Studenten, Fachhochschule Wiesbaden

Pfarrer Dr. G. Rosenstein, Evang.-Luth. Kirchengemeinde Regensburg-Dreieinigkeitskirche, Regensburg

Mag. Niklas Salm-Reifferscheidt, Forstverwaltung Steyregg

Kaspar Sammer, Geschäftsführer Euregio, Bayer. Wald – Böhmerwald – Unterer Inn

Dr. Veronika Sandbichler, Sammlungen Schloss Ambras/KHM Wien, Innsbruck

Gabriela Scharli, Universitätsbibliothek Passau

Norbert Schmid, Bauunternehmung, Frankenburg

Dr. Schönewald, Stadtmuseum Ingostadt

HH Diözesanbischof Wilhelm Schraml, Bistum Passau

Anne-Cathrin Schreck, Germanisches Nationalmuseum, Nürnberg

Dr. Manfred Schwab, Vorsitzender der Geschäftsführung, Zahnradfabrik Passau GmbH

Alfred Seidel, Lehrstuhl für Kunsterziehung, Universität Passau

Inge und Siegfried Seidl, Landau

Fürst Georg von Starhemberg, Schloss Starhemberg, Eferding

Dekan Albert Strohm, Otterskirchen

Dr. Christa Svoboda, Salzburger Museum Carolino Augusteum

Andrea Teppan-Geiblinger, Museum Innviertler Volkskundehaus, Ried im Innkreis

Dr. Herfried Thaler, Nordico–Museum der Stadt Linz

Gaudenz Graf von Trapp, Innsbruck

Direktor HR Dr. Helmut Trnek, Kunstkammer – Kunsthistorisches Museum Wien

Direktor Luc Vanackere, Kasteel van Gaasbeek, Gaasbeek (B*)

Pater Jean Verhaeghe s.j., VZW Loyola, Antwerpen (B*)

Domkapitular Dr. Johann Wagenhammer, Kunstreferent der Diözese Passau

Prof. Dr. Gerhard Waschler MdL

Archivrätin Frau Dr. Elisabeth Weinberger, Bayerisches Hauptstaatsarchiv, München

Gottfried Weindler, Geschäftsführer der Stadtwerke Passau GmbH

Dekanin Dr. Edda Weise, Dekanat und Pfarramt St. Matthäus, Passau

Ulrike & Michael Wenninger, Bayernhimmel Ballonfahrt GmbH

Pater Klaudius Wintz, Benediktinerstift Kremsmünster

Dr. Reingard Witzmann, Historisches Museum der Stadt Wien

Pfarrer Manfred Wurm, Katholisches Pfarramt, Kößlarn

Archivdirektor Dr. Herbert Wurster, Archiv des Bistums Passau

Wolfgang Zormeier, Hofapotheker, Passau

B*   = Belgien
GB** = Großbritannien

KATALOGTEXTE

Asbach

E. B.	Egon Boshof
F. B.	Franz Buchinger
G. R. v. K.	Georg Ritter von Kern
J. K.	Jörg Kastner
K. P.	Kerstin Petermann
G. S.	Gregor Schauber
P. V.	Peter Volk
W. W.	Walter Wandling

Passau

F. A.	Franz Aumann
C. B.-S.	Christian Beaufort-Spontin
A. B.	Alois Brunner
L. D.	Ludger Drost
M. D.	Michael Duscher
S. H.	Sabine Haag
R. H.	Rita Haub
E. H.	Edmund Hausfelder
A. H.	Adolf Hofstetter
W. H.	Wolfgang Huber
G. R. v. K.	Georg Ritter von Kern
F. K.	Franz Kirchweger
M. K.	Margret Klinge
N. M.	Natascha Mehler
J. M.	Jozef Mertens
M. R.	Margot Rauch
V. S.	Veronika Sandbichler
K. S.	Katharina Seidl
H. W. W.	Herbert W. Wurster

Teile A, B	Adolf Hofstetter, Ludger Drost
Teile D, D2	Petra Gruber
Teile D1, D3, D4	Roland Pongratz

Schärding und Reichersberg

Elisabeth Vavra

K. B.	Kurt Birsak
L. D.	Ludger Drost
S. W.	Stephan Weigl

Abkürzungen

BayStGS	Bayerische Staatsgemäldesammlungen
BayStB	Bayerische Staatsbibliothek
BayHStA	Bayerisches Hauptstaatsarchiv
OÖLM	Oberösterreichisches Landesmuseum

Bildnachweis

Museum Kloster Asbach

Dionys Asenkerschbaumer, Kellberg: S. 70, 79; Kat. Nrn. 3.4.1, 4.2.2, 4.4.9, 5.2.6, 5.5.2, 5.5.3
Augustiner-Chorherrenstift Reichersberg: S. 53, 78 (Abb. 3, Abb. 4); Kat. Nrn. 2.3.4, 4.1.3, 4.4.4, 5.3.2
Bayerische Staatsbibliothek, München: S. 17, 47, 49, 57, 60 (Abb. 2, Abb. 3), 63 (Abb. 4, Abb. 5); Kat. Nrn. 3.3.1, 3.3.10, 3.3.11, 3.3.15, 3.5.3
Bayerische Staatsgemäldesammlungen, München: Kat. Nrn. 3.2.2, 4.3.1
Bayerisches Hauptstaatsarchiv, München: S. 46; Kat. Nrn. 2.1.2, 2.1.3, 3.3.18, 4.4.5
Bayerisches Nationalmuseum, München: Kat. Nrn. 4.3.2, 5.2.4, 5.2.5, 6.1.4, 6.2.10, 6.2.14
Bildstelle der Diözese Linz: Kat. Nrn. 3.4.2, 4.1.7
Bischöfliches Ordinariat Passau: S. 69 (Gregor Peda, Passau), 72; Kat. Nrn. 4.2.1, 4.2.5
Contactdesign, Coburg: S. 42 (Abb. 2)
Erzbischöfliches Dom- und Diözesanmuseum, Wien: Kat. Nr. 3.4.3
Foto-Atelier Kaps, Passau: Kat. Nrn. 4.1.6, 4.2.3, 4.2.4, 4.2.7, 4.2.9, 4.2.10, 4.2.15, 4.2.16
Foto Geins, Passau: S. 42 (Abb. 1), 43, 52; Kat. Nrn. 1.1.2 b, 3.3.12, 3.3.13, 4.1.1, 5.2.9, 5.3.6, 5.4.8, 7.2
Foto Werbung Bernhard, Straubing: Kat. Nr. 1.4.2 d
Josef Hofbauer, Die Grafschaft Neuburg am Inn (Historischer Atlas von Bayern, Altbayern, Teil 1) 1969: S. 36
Wolfgang Hopfgartner, Raitenhaslach: Kat. Nr. 4.4.7
Otto Känel, Schweizerisches Landesmuseum Zürich: Kat. Nr. 2.3.3
Bernhard Kirk, Pfarrkirchen: S. 34, 67 (Abb. 3)
Landratsamt Bodenseekreis, Friedrichshafen: Kat. Nr. 4.1.9
Münchner Stadtmuseum: Kat. Nr. 4.1.5
Museen der Stadt Regensburg, Regensburg: Kat. Nrn. 4.1.4, 6.1.2, 6.1.5
Museum Innviertler Volkskundehaus, Ried: S. 76 (Abb. 1, Abb. 2), 80
Museum für Kunst und Gewerbe, Hamburg: Kat. Nr. 5.4.5
Museum Stift Stams, Tirol: Kat. Nr. 6.1.1
Museumsverein Braunau am Inn: S. 67 (Abb. 2)
Oberhausmuseum, Passau: S. 71, 81; Kat. Nr. 6.1.6
Oberösterreichisches Landesmuseum, F. Gangl: Kat. Nr. 2.2.4
Oberösterreichisches Landesmuseum, Graphische Sammlungen, Linz: S. 38; Kat. Nr. 4.4.1
Gregor F. Peda, Passau: S. 66
Residenzgalerie, Salzburg: Kat. Nr. 3.4.4
Rheinisches Bildarchiv, Köln: Kat. Nr. 6.2.5
Staatliche Münzsammlung, München: Kat. Nr. 4.3.3
Staatsarchiv Landshut: Kat. Nr. 5.2.7
Stift Klosterneuburg - Stiftsmuseum: S. 54
Otto Stutzer, Untergriesbach: Kat. Nr. 2.2.1 c
Walter Wandling, Passau: Kat. Nr. 1.3.4 a

Oberhausmuseum Passau

Die Kunstdenkmäler von Bayern. Niederbayern, IV, Bezirksamt Passau, S. 162: S. 179
American Museum of Natural History, New York, Sammlung B. Laufer: S. 222 Kat. Nrn. 3.5.16, 3.5.17
Archiv des Bistums Passau: S. 184
Archivum Monacense Sucietatis Jesu, München: S. 160 (Abb. 3)
Bayerisches Armeemuseum, Ingolstadt: S. 211 Kat. Nr. 2.2.1
Bayerisches Nationalmuseum, München, Sammlung Kriss: S. 213 Kat. Nr. 2.2.2.3
Belot, Julia und Exner, Pierre (Studierende Fachhochschule Wiesbaden): S. 210
Braun, Dennis (Studierender der Fachhochschule Wiesbaden): S. 202
Chorherrenstift Klosterneuburg (Fotografie Michael Himml, Wien): S. 228 Kat. Nr. 2.4
Diözesansammlung Passau (Fotoatelier Kaps, Passau): S. 215 Kat. Nr. 3.1.2
Evangelisches Museum Oberösterreich, Rutzenmoos: S. 233 Kat. Nr. 1.1.10
Fondatie Terninck, Antwerpen (B): S. 220 Kat. Nr. 3.5.14
Foto Harry Zdera, Landshut: S. 186

Gemeinde Lasberg: S. 237 Kat. Nr. 1.4.5
Germanisches Nationalmuseum, Nürnberg: S. 247 Kat. Nr. 2.2.7.5
Graphik in: Rudolf Zinnhobler: Passauer Bistumsmatrikeln für das westliche Offizialat, B. 3 (Register), S. 4 (Neuzeichnung Lubomir Svetlinski, Regen): S. 152
Graphische Sammlung Albertina, Wien: S. 156/157
Heeresgeschichtliches Museum Wien: S. 204 Kat. Nr. 1.2.6, S. 229 Kat. Nr. 2.14
Historisches Museum der Stadt Regensburg: S. 243 Kat. Nr. 2.2.3.1
Historisches Museum der Stadt Regensburg (Meiler, Regensburg): S. 242 Kat. Nr. 2.2.2.1
Innviertler Volkskundehaus, Ried: S. 238 Kat. Nr. 1.4.27
Katholische Pfarrkirchenstiftung St. Nikola, Mühldorf/Inn: S. 212 Kat. Nr. 2.2.1.2
Kiepenheuer-Institut für Sonnenphysik, Freiburg i. Breisgau (SJ-Archiv/DiaDienst, München): S. 162 (Abb. 4)
Königliche Bibliothek, Brüssel (B): S. 166
Koninklijk Museum voor Schone Kunsten, Antwerpen (B): S. 214 Kat. Nr. 2.2.3.4, S. 217 Kat. Nr. 3.4.2
Kunsthistorisches Museum Wien: S. 174; S. 207 Kat. Nr. 1.3.3.3/1.4.1, S. 209 Kat. Nr. 1.5.6, S. 221 Kat. Nr. 3.5.18, S. 223 Kat. Nr. 4.2, S. 225 Kat. Nrn. 1.9/1.10/1.11, S. 229 Kat. Nrn. 2.6/2.10/2.11/ 2.13
Landcommanderij Alden Biesen: S. 171
Museum Carolino Augusteum, Salzburg: S. 241 Kat. Nr. 2.2.3, S. 250 Kat. Nr. 2.3.8
OHM, Passau (Fotoatelier Kaps, Passau): S. 144/145
OHM, Passau (Dionys Asenkerschbaumer, Kellberg): S. 148, 188, 190, 191, 192, 194; S. 225 Kat. Nr. 1.1, S. 235 Kat. Nr. 1.2.9, S. 244 Kat. Nr. 2.2.4.2
OHM, Passau (Fotoatelier Kaps, Passau): S. 213 Kat. Nr. 2.2.2.1, S. 232 Kat. Nr. 1.1.6, S. 234 Kat. Nrn. 1.2.5/1.2.7/1.2.8, S. 239 Kat. Nr. 2.1.1.1, S. 240 Kat. Nr. 2.1.2.1, S. 242 Kat. Nr. 2.2.1.1, S. 244 Kat. Nr. 2.2.3.4, S. 245 Kat. Nrn. 2.2.5.1/2.2.6.1, S. 246 Kat. Nr. 2.2.6.5, S. 247 Kat. Nr. 2.2.7.2, S. 248 Kat. Nr. 2.3.1, S. 249 Kat. Nrn. 2.3.4/2.3.5, S. 250 Kat. Nr. 2.3.7, S. 251 Kat. Nr. 2.3.15, S. 252 Kat. Nr. 3.1.12, S. 253 Kat. Nr. 3.2.2, S. 254 Kat. Nr. 3.3.7, S. 255/256 Kat. Nrn. 3.4.1/3.4.2, S. 257 Kat. Nr. 3.5.1, S. 260 Kat. Nrn. 4.1.2/4.1.3, S. 261 Kat. Nr. 4.1.10, S. 262 Kat. Nrn. 4.2.4/4.2.5/ 4.2.6, S. 264 Kat. Nrn. 4.2.10/4.2.12
OHM, Passau (Nico Ueckermann): S. 241 Kat. Nrn. 2.2.1/2.2.2.
Österreichische Nationalbibliothek Wien: S. 153
Privatarchiv: S. 170; S. 204 Kat. Nr. 1.2.10, S. 218 Kat. Nr. 3.5.2, S. 219 Kat. Nr. 3.5.3, S. 223 Kat. Nr. 4.3
Schlossverwaltung Steyregg: S. 232 Kat. Nr. 1.1.5
Servitenkloster, Innsbruck (Foto Egon Wurm, Innsbruck): S. 209 Kat. Nr. 1.5.5
Staatliche Bibliothek, Passau (Fotoatelier Kaps, Passau): S. 159
Staatsarchiv Landshut (Foto Harry Zdera, Landshut): S. 183
Stadtarchiv, Gent (B): S. 216 Kat. Nr. 3.3.3
Städtisches Heimatmuseum, Wasserburg am Inn: S. 212 Kat. Nr. 2.2.1.1
Stadtmuseum Ingolstadt: S. 208 Kat. Nr. 1.5.1
Stedelijke Musea/Staatsarchiv, Mechelen (B): S. 163
VZW Loyola, Antwerpen (B): S. 219 Kat. Nr. 3.5.9
Wallfahrtskirchenstiftung Mariahilf, Passau (Fotoatelier Kaps, Passau): S. 160 (Abb. 2), S. 206 Kat. Nr. 1.3.3.1, S. 225 Kat. Nr. 1.12

Schärding

Aus: Jost Ammann (Bilder) und Hans Sachs (Text): Eygentliche Beschreibung Aller Stände auff Erden / Hoher vnd Nidriger / Geistlicher vnd Weltlicher / Aller Künsten / Handwercken vnd Händeln / etc. vom grösten iß zum kleinesten [...]. Frankfurt am Main 1568/Nachdruck Frankfurt am Main ³1975: S. 288
Archiv der Stadt Linz, Linz (Litzlbauer): S. 276, 277, 278, 279
Bautenarchiv Dr. Gunter Dimt: S. 302, 303, 304, 305 (Abb. 11), 306

Bayerisches Hauptstaatsarchiv, München: Kat. Nr. 1.4.2
Peter Böttcher, Allhartsberg: Kat. Nrn. 1.3.3, 2.1.6, 2.5.10, 3.3.8, 3.6.18, 3.6.19, 3.6.29, 4.1.10, 4.2.2, 4.2.3, 4.2.4, 4.4.1, 5.3.7, 5.5.1, 6.1.2, 6.2.1, 6.4.2, 6.6.4, 6.6.5, 7.1.3, 7.1.5, 7.1.7, 7.3.1, 7.4.2, 7.4.11
Gäubodenmuseum, Straubing: Kat. Nr. 7.1.8
Rudolf Heckl-Archiv des OÖ. Landesmuseums: S. 305 (Abb. 10)
Institut für Realienkunde (Peter Böttcher), Krems: S. 269, 270, 272, 293, 296, 297; Kat. Nrn. 2.4.2, 3.3.9, 3.6.14, 3.7.3, 3.7.5, 5.2.1, 5.2.2, 5.2.4, 5.2.9, 5.5.2, 5.5.3, 5.5.4, 5.5.5, 7.1.9, 7.5.1, 7.5.6, 7.5.7, 7.5.9, 7.5.12
Mineralogische Staatssammlungen, München: Kat. Nr. 7.2.1
Museum Carolino Augusteum, Salzburg: S. 282 (Abb. 2)
Museen der Stadt, Landshut (Harry Zdera): Kat. Nrn. 3.5.14, 3.6.20, 6.1.1
Museen der Stadt, Regensburg: Kat. Nrn. 3.5.6, 3.6.16, 6.3.9
Museum Innviertler Volkskundehaus, Ried: S. 292, 313, 314, 317, 320, 321; Kat. Nr. 5.2.12
Museum Innviertler Volkskundehaus (Privatbesitz Volksschule Eberschwang), Ried: S. 310
Niedersächsische Staatsbibliothek, Hannover: S. 282 (Abb. 1)
Gerhard Nixdorf, Burghausen: Kat. Nrn. 3.4.3, 3.4.6
Oberhausmuseum, Passau (J. Lang/Atelier Kaps): Kat. Nrn. 1.2.5, 1.2.13, 1.3.1, 2.1.8, 2.1.9, 2.3.6, 2.3.8, 2.3.9, 2.5.6, 3.1.2
Aus: Elias Porcelius, Curiöser Spiegel, Nürnberg 1689: S. 283
Stadtmuseum, München: Kat. Nrn. 1.1.1, 1.1.6, 1.1.8, 1.1.12, 1.1.13
Tiroler Volkskunstmuseum, Innsbruck: Kat. Nr. 3.5.17
Aus: Christoff Weigel, Das ist Abbildung der Gemein-Nützlichen Haupt-Stände von allerley Stands, Ambts- und Gewerbs-Personhen. Nürnberg 1698: S. 286, 287
Österreichische Nationalbibliothek, Wien: S. 284
Österreichisches Volkskundemuseum, Wien: S. 285

Stift Reichersberg

Norbert Artner, Linz: Kat. Nr. 1.1.6
Bautenarchiv Dr. Gunter Dimt: S. 417, 418, 419 (Abb. 5), 420, 421, 422 (Abb. 13, 15)
Bischöfliches Zentralarchiv, Regensburg: Kat. Nr. 7.3.1
Peter Böttcher, Allhartsberg: Kat. Nrn. 3.1.6, 3.1.7, 3.4.2, 3.4.9, 3.4.10, 6.3.11, 6.3.12, 9.4.2, 9.4.11, 9.4.12, 9.4.14, 9.4.15, 9.4.16, 9.4.29, 10,16
Freilichtmuseum Massing: Kat. Nrn. 7.3.2, 7.3.4, 7.3.5
Frischenschlager, Prenn: S. 495 (Abb. 3), S. 496 (Abb. 4)
Rudolf Heckl-Archiv des OÖ. Landesmuseums: S. 419 (Abb. 4), S. 422 (Abb. 14)
Michael Hohla: S. 392
Institut für Realienkunde (Peter Böttcher), Krems: Kat. Nrn. 2.1.3, 2.1.17, 2.1.20, 2.2.15, 8.2.1, 9.4.10
Oberösterreichisches Landesmuseum, Linz: Kat. Nrn. 1.2.1 (Ecker), 1.2.2 (Ecker), 1.2.3 (Ecker), 1.3.2 (Ecker), 1.4.1 (Ecker), 1.4.2 (Gangl), 1.6.1, 1.6.2 (Ecker), 1.6.3 (Ecker), 5.1.9, 5.1.12, 5.1.13, 5.1.14, 5.1.16, 5.1.21, 5.1.23
Graf zu Ortenburg, Tambach: S. 400, 404; Kat. Nrn. 2.1.27, 2.2.6, 2.2.7, 2.2.8, 6.1.1, 6.1.2, 6.1.3, 6.1.5, 6.1.9, 6.1.12, 6.1.23, 6.1.24
Prenn, Reiter: S. 494, 496 (Abb. 5)
Reiter: S. 495 (Abb. 2)
SAO-Karte, S. 425 (Karte 1), S. 425 (Karte 2, Jakob Ebner)
Stadtmuseum, Ingolstadt: Kat. Nr. 5.1.3
Stift Kremsmünster, Kunstsammlungen: S. 409, 412, 413
Aus: Werneck, Heinrich L. – Speta, Franz (hrsg.): Das Kräuterbuch des Johannes Hartlieb, Graz 1980: S. 389
Martin Zunhamer, Altötting: Kat. Nrn. 10.14, 10.15

Eine für alle...

Die Versicherungskammer Bayern ist die Versicherung für alle – in jedem Falle. Wir beraten Sie umfassend und individuell. So finden wir mit Ihnen die beste Lösung.

Rufen Sie uns an.

VER**SICHER**UNGS
KAMMER
BAYERN

Wir versichern Bayern.

Hanns Dorfner
Landrat

"**Während andere Banken als Global Player abheben, tut die Sparkasse Passau viel für die Entwicklung unserer Heimat. Das ist es, was für mich zählt.**"

Albert Zankl
Oberbürgermeister

"**Ohne die Sparkasse Passau wäre die Lebensqualität für unsere Bürger geringer.**"

Sparkasse Passau

Ein Unternehmen der S-Finanzgruppe

Die Sparkasse Passau finden Sie 50 x in Stadt und Landkreis Passau. In unseren Geschäftsstellen ist jeder willkommen.

Wir finanzieren den Mittelstand. An gewerbliche Unternehmen haben wir mehr als eine halbe Milliarde Euro an Krediten vergeben. Damit sichern wir Arbeitsplätze für unsere Region. Darüber hinaus stellen wir selbst 896 Arbeitsplätze zur Verfügung - und wir bilden aus. Wir sind der größte nichtstaatliche Förderer von Kultur, Sport und Sozialem in unserer Heimat.
Deshalb: **Wenn's um Geld geht - Sparkasse Passau.**

voestalpine

STAHLHANDEL GMBH

ÖSTERREICHS GRÖSSTER STAHLHÄNDLER MIT EUROPAWEITEM NETZWERK

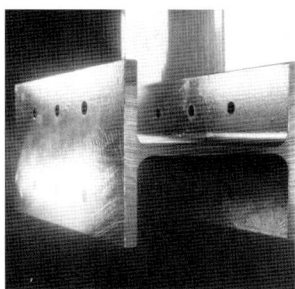

Für Handelsprodukte und Anarbeitung

Mit Kompetenz EINEN SCHRITT VORAUS

Tel.: +43-732-69 24-0 • Fax: DW -1000 • e-mail: office.stahlhandel@voestalpine.com

Besuchen Sie uns auf unserer Homepage: www.voestalpine.com/stahlhandel

Lebenswertes Oberösterreich

Infrastruktur sichert Lebensqualität

Die Energie AG ist Oberösterreichs Nummer 1 in Sachen Infrastruktur und trägt wesentlich zur hohen Lebensqualität in Oberösterreich bei. Als führender Infrastrukturkonzern sichern wir Arbeitsplätze und machen Oberösterreich als Wirtschaftsstandort noch attraktiver. Mehr erfahren Sie unter unserer kostenlosen Service-Nummer 0800 81 8000 oder im Internet unter www.energieag.at

ENERGIE AG
Oberösterreich

Kultur erleben – Kultur erhalten

Kultur bedeutet für jeden etwas anderes. Für uns ist es die einmalige Gelegenheit, zum Erhalt erlebenswerter Feste und Aktivitäten in Oberös- terreich beizutragen. Deshalb unterstützen wir die Kulturträger vor Ort – damit wir auch in Zukunft gemeinsam Kultur erleben können.

Raiffeisenbank

Die Bank für Ihre Zukunft

www.raiffeisen-ooe.at